Hatschek

Das Parlamentsrecht des Deutschen Reiches

Erster Teil

Das Parlamentsrecht

des

Deutschen Reiches

Im Auftrage des Deutschen Reichstages

dargestellt von

Dr. Julius Hatschek

Universitätsprofessor in Göttingen

ERSTER TEIL

BERLIN UND LEIPZIG
G. J. GÖSCHEN'sche VERLAGSHANDLUNG G. m. b. H.
1915

PHOTOMECHANISCHER NACHDRUCK

WALTER DE GRUYTER · BERLIN · NEW YORK
1973

ISBN 3 11 002157 9

Printed in the Netherlands

Den Reichstagsabgeordneten

Dr. Johannes Junck

und

Hans Graf von Oppersdorff

als Zeichen der Dankbarkeit für
die wohlwollende und unermüd-
liche Förderung dieses Buches

Inhaltsverzeichnis.

Einleitender Abschnitt:

Die Grundlagen des deutschen Parlamentsrechts.

I. Teil: Die Organe der Volksvertretung.

II. Abschnitt: Die Organisation der modernen Volksvertretung.

II. Teil: Die Zusammensetzung des Reichstags.

IV. Abschnitt: Wahlrecht und Wahlverfahren.

V. Abschnitt: Die Wahlprüfung der modernen Volksvertretung.

VI. Abschnitt: Das Wahlprüfungsrecht des deutschen Reichstags.

Einleitender Abschnitt.

Die Grundlagen des deutschen Parlamentsrechts.

§ 1. Umfang und Bedeutung des deutschen Parlamentsrechts.

Das deutsche Parlamentsrecht umfaßt die Normen, welche:

1. die Organisation und Zusammensetzung des deutschen Reichstages bestimmen,
2. die Funktionen und das Verfahren des Reichstages regeln, schließlich
3. auf die Frage Antwort geben, wie jene Funktionen mittelst des bestehenden Parlamentsverfahrens und der bestehenden Parlamentsorganisation verwirklicht werden.

Schon auf dem ersten Blick ergibt sich, daß die Beantwortung der eben angeführten Fragen nicht von den vorhandenen Disziplinen des öffentlichen Rechts, insbesondere den Wissenschaften des Staats- und Verwaltungsrechts erwartet werden darf. Geht man von der Ansicht aus[1]), daß das Verfassungsrecht die Kompetenzen der obersten Staatsorgane untereinander und im Verhältnis zum Staatsbürger darstellt, geht man ferner davon aus, daß das Verwaltungsrecht Antwort gibt auf die Fragen: „Durch welche Organe wird die Verwaltung geführt?" „Welches sind die Funktionen der Verwaltung?" „Wie wird die gegebene Funktion der Verwaltung durch die gegebene Organisation verwirklicht"?, so muß man füglich die Notwendigkeit der Abtrennung einer neuen Wissenschaft des Parlamentsrechts anerkennen. Denn das Staatsrecht, das die Verfassung zu seinem Gegenstande hat, kann nicht darauf Antwort geben, weil die Verfassung den Stand und die Rechtslage der obersten Staatsorgane in ihrer Ruhe bedeutet. Ebensowenig aber auch das Verwaltungsrecht, das die Verwaltung zum Gegenstande hat. Freilich handelt es sich im Parlamentsrecht wie im Verwaltungsrecht um Tätigkeit, aber um Tätigkeit des Parlaments und nicht um Tätigkeit der Verwaltung. So ergibt sich schon bei der ersten Betrachtung die Notwendigkeit, ein neues Wissensgebiet abzugrenzen.[2]) Ganz besonders wird

---

[1]) S. statt aller O. Mayer, D. Verwaltgsr. I², S. 1 ff.

[2]) Aus dieser wichtigen Erkenntnis ist auch O. Mayer's Kategorie der verfassungsrechtlichen Hilfstätigkeiten erwachsen. Ein Teil derselben (DVR. a. a. O, S. 8) bildet den Gegenstand des Parlamentsrechts.

aber diese Notwendigkeit klar, wenn man die theoretische und praktische Bedeutung des Parlamentsrechts erkennt.

I. Die theoretische Bedeutung des Parlamentsrechts.

Die theoretische Abtrennung eines neuen Zweiges der Rechtswissenschaft von einem anderen bereits anerkannten darf nicht bloß ein Produkt sein, das dem mehr oder weniger glücklichen Einfall des Theoretikers entspringt, sondern muß, um überzeugend und notwendig zu wirken, eine reale Voraussetzung haben. Diese ist der Eintritt einer Rechtsspaltung, d. h. die Tatsache, daß neben der alten anerkannten Wissenschaft und den ihr zugrunde liegenden Rechtsnormen besondere Rechtsnormen entwickelt sind, welche von der alten Wissenschaft nicht mehr beherrscht werden können. Dieser Prozeß der Rechtsspaltung hat sich für das Verwaltungsrecht vollzogen und hat infolgedessen Anlaß gegeben zur Entwicklung einer besonderen Verwaltungsrechtswissenschaft. Am frühesten ist diese Rechtsspaltung in Frankreich eingetreten im Anschlusse an die Verwaltungsorganisation Napoleons. Zunächst finden wir hier die Ausbildung einer felsenfesten, von den ordentlichen Gerichten unangreifbaren Position der Verwaltungsbehörden, die das Recht nach ihrer Weise, d. h. im öffentlichen Interesse und daher nicht selten im Gegensatze zu den Normen des Privatrechts handhaben. Die Dreiteilung der Gewalten, die Bindung der Prozesse gegen Verwaltungsbeamten wegen Überschreitung ihrer Machtbefugnisse an die Genehmigung der vorgesetzten Behörde, die Einrichtung eines Kompetenzkonfliktgerichtshofs, das waren die Barrieren, welche die Spruchpraxis der Verwaltungsbehörden gegen die ordentlichen Gerichte zu einer uneinnehmbaren Position machten und selbst heute noch machen. Waren diese Barrieren einmal eingerichtet, dann war es eine unausbleibliche Folge, daß sich die Verwaltung nur an Normen hielt, die sie geschaffen und die, wie gesagt, nicht selten im Widerspruch mit der Privatrechtsordnung standen, dies namentlich dann, wenn die Verwaltung mit den Privaten Rechtsgeschäfte schloß, aber auch sonst. Jedoch nicht nur sich selbst, sondern auch den Staatsbürger hielt die Verwaltung an solche dem droit commun oder civil widersprechende Ordnung gebunden[1]).

In Deutschland ging dann im Anschlusse an das Vordringen Napoleonscher Verwaltungsideen auch ein ähnlicher Prozeß vor sich. Auch hier wurden Barrieren zum Schutze der Verwaltung gegen die Rechtsprechung der ordentlichen Gerichte geschaffen, auch hier entwickelte

[1]) Wie schmerzlich übrigens dieser Widerspruch zur Zeit der Herausbildung des droit administratif empfunden wurde, zeigt Tocqueville (Œuvres complètes VII, p. 66): „Vous savez, que, chez nous, le droit administratif et le droit civil forment comme deux mondes séparés, qui ne vivent point toujours en paix, mais qui ne sont ni assez amis ni assez ennemis pour se bien connaître."

sich eine Verwaltungspraxis, gestützt durch landesherrliche und ministerielle Reskripte, die von dem gemeinen oder bürgerlichen Recht bedeutend abwichen. Die Zivilgerichte kontrolliert durch Konflikts- und Kompetenzkonfliktsinstanzen (meist administrativer Natur), förderten diese Rechtsspaltung, wie sie seit der ersten Hälfte des 19. Jahrhunderts vor sich ging, indem sie dort, wo Verwaltungsfragen zu ihrer Kognition gelangten, sich für unzuständig erklärten. So entstand ähnlich wie in Frankreich auch in Deutschland ein Verwaltungsrecht im Gegensatz zum Zivilrecht, aber während dieser Prozess der Rechtsspaltung in Frankreich wegen der vollständigen, lückenlosen Abgrenzung der Verwaltungsbehörden gegenüber den Zivilgerichten, d. i. der vollständig durchgeführten Trennung der Gewalten längst zum Abschluß gelangt ist, sind wir in Deutschland noch weit davon entfernt und befinden uns hier noch ganz in dem Prozesse dieser Rechtsspaltung, den man auch zutreffend die Umbildung zivilrechtlicher Institute durch das öffentliche Recht genannt hat[1]). Der Hauptgrund hierfür ist einmal, daß selbst heute noch die ordentlichen Gerichte über bürgerliche Rechtsstreitigkeiten zu entscheiden haben, worin auch alle vermögensrechtlichen Ansprüche, mögen sie auf einem öffentlichen oder Privatrechtstitel beruhen, eingeschlossen sind[2]), sodann aber, daß die Gerichte — anders als in Frankreich — nicht genötigt sind, Verwaltungsfragen, wenn sie als Präjudizialpunkte in einem ordentlichen Rechtsstreite vorkommen, von der Entscheidung der Verwaltungsbehörden abhängig zu machen. Bei dem unvollkommenen Zustande der Verwaltungsrechtspflege in den deutschen Einzelstaaten wird man dieses Dreinreden der Gerichte in Fragen des öffentlichen Rechts durchaus nicht als Übel empfinden. Aber für die Ausbildung des Verwaltungsrechtssystems, insbesondere für das, was wir hier den Prozeß der Rechtsspaltung nennen, ist dieses hinderlich.

Wir sehen also: Zugunsten der Rechtsspaltung, wodurch das Verwaltungsrecht als Wissenschaft neben dem Staatsrecht aufkam, wirkte als Hauptmoment mit, daß die selbständigen Akte der Verwaltung sich zu sog. Verwaltungsakten entwickeln konnten und entwickeln können, welche in unanfechtbarer Position jeder anderen Behörde, insbesondere den Gerichten gegenüber, dastehen. Solche Verwaltungsakte können das Interesse der Verwaltung immer zum Durchbruch bringen und durchsetzen.

Es bleibt nun die Frage zu erörtern, ob gleiches für das Parlamentsrecht nachzuweisen ist. Sind die Akte des Parlaments, seine Beschlüsse

---

[1]) So Fleiner, Über die Umbildung zivilrechtl. Institute durch das öffentliche Recht. Tübingen 1906.

[2]) S. Oppenhoff, Ressortverhältnisse, 2. Aufl., 1904, S. 24 f.

und Willensäußerungen, sofern sie sich innerhalb der Kompetenz des Reichstages bewegen, ebenso unanfechtbar und unangreifbar allen anderen Staatsorganen, insbesondere den Gerichten, gegenüber? Bei den Verwaltungsakten der einzelstaatlichen Verwaltung wird die Barriere, die Garantie ihrer Unanfechtbarkeit, durch die Tatsache gebildet, daß zugunsten der Verwaltung der Kompetenzkonflikt und zum Schutze der Verwaltungsbeamten, welche Verwaltungsakte setzen, der Konflikt erhoben werden darf. Findet sich für die parlamentarische Körperschaft, insbesondere für den Reichstag, eine analoge Sachlage, dann ist die eine Voraussetzung der Rechtsspaltung und einer selbständigen Wissenschaft des Parlamentsrechts erwiesen.. Die andere Voraussetzung, das Vorhandensein selbständiger Parlamentsinteressen, muß sodann aufgedeckt werden. Das zu zeigen, ist Sache der folgenden Untersuchung.

II. Die Lex Parliamenti.

Frankreich war für die Entwicklung des Verwaltungsrechts richtunggebend, England kann es für die Entwicklung des Parlamentsrechts sein. — Hier geht die nahe Beziehung zwischen Lex Parliamenti und Unüberprüfbarkeit seiner Beschlüsse durch andere Staatsorgane auf eine sehr frühe Zeit zurück. Schon am Ausgange des Mittelalters erklärt der Chief Justice Fortescue im Namen der übrigen Richter, „daß es von altersher nicht üblich war, daß die Richter in irgendwelcher Weise das Privilegium des hohen Parlaments bestimmen sollen. Denn es ist so hoch und mächtig in seiner Natur, daß es Recht machen kann, und das, was Recht ist, in Unrecht verwandeln darf; und die Begrenzung und Kenntnis dieses Privilegs steht den Lords des Parlaments und nicht den Richtern zu"[1]). Später hat der berühmte Lord Oberrichter E. Coke im 17. Jahrhundert den Zusammenhang zwischen Lex Parliamenti und richterlicher Unüberprüfbarkeit von Beschlüssen des Parlaments in folgender Weise formuliert: „Richter dürfen nicht irgend eine Ansicht über eine Angelegenheit des Parlaments abgeben, weil sie nicht entschieden werden kann nach Common Law, sondern secundum legem et consuetudinem parliamenti (Coke IV, Institutes 15)". In einer Reihe von Rechtsfällen haben auch wiederholt die Gerichte sich für inkompetent erklärt, Beschlüsse des Unterhauses auf ihre Rechtsgültigkeit nachzuprüfen, selbst wenn die persönliche Freiheit des von solchen Beschlüssen Betroffenen in Frage gestellt war[2]). Im Rechtsfall Bradlaugh v. Gosset wurde die jetzt herrschende Doktrin vom Richter J. Stephen wiedergegeben, daß prinzipiell eine Überprüfung der Rechtsmäßigkeit einer Unterhausresolution

[1]) Rot. Parl., V., S. 239, Nr. 26.

[2]) S. mein engl. StR., I, S. 368.

durch die Gerichte nicht stattfinde. Wenn sich jedoch Individuen zur Begründung ihrer Rechte, aber wohlgemerkt, nur zur Begründung, auf Unterhausresolutionen beriefen, so unterlägen letztere allerdings der richterlichen Überprüfung. Alles in allem stellt sich das Verhältnis der Unterhausresolutionen zu den Gerichten wie folgt dar: Das Privilegium der Unüberprüfbarkeit wird von dem Unterhause verteidigt, die Gerichte haben bisweilen, jedoch selten, eine Überprüfung vorgenommen, aber selbst in diesem Falle wurden die Beamten, welche Orders des Parlaments auszuführen hatten, wenn sie von den Gerichten für haftbar erklärt wurden, doch nachträglich wegen der zu leistenden Entschädigungssumme und Prozeßkosten vom Schatzamt schadlos gehalten.

Man geht jedoch in England noch weiter und verlangt, daß die Gerichte, die sich anmaßen wollten, Unterhausresolutionen nachzuprüfen, durch das Rechtsmittel der Injunction, d. i. das Verbot seitens des Kanzlergerichtshofs, von dieser Nachprüfung abgehalten werden sollten. Das würde ungefähr auf eine Kompetenzkonfliktserhebung zum Schutze des Parlaments und seiner Resolutionen hinauslaufen. Das ist der Stand des englischen Rechts[1]).

Ähnlich wird in Frankreich die Unüberprüfbarkeit von parlamentarischen Resolutionen durch die Gerichte anerkannt. Allerdings ist hier nicht der Gesichtspunkt wie in England maßgebend, daß Parlamentsprivilegien und ihre Betätigung von den Gerichten nicht nachgeprüft werden dürften, weil das Parlament selbst ein hoher Gerichtshof sei. Die Barriere, wodurch hier die Gerichte von der Überprüfung parlamentarischer Resolutionen abgehalten werden, ist die in Frankreich überall anerkannte Lehre von der Dreiteilung der Staatsgewalt. In zwei Fällen ist dies namentlich von den Gerichten betätigt worden (siehe über beide Fälle Pierre, Traité de droit politique 1908[3] Nr. 458 und Nr. 1118). In dem einen Fall hatte ein Abgeordneter, der durch regelrechten Beschluß des Hauses eine Ordnungsstrafe erlitten, im Zusammenhang mit dieser als ihre geschäftsordnungsmäßige Folge einen Teil seiner parlamentarischen Entschädigung verloren. Er klagte nun die Summe ein, wurde aber von den Gerichten abgewiesen, weil sie sich für inkompetent erklärten, die Legalität der Verfügungen des Hauses sowohl in bezug auf die Strafe als auch in bezug auf die Zurückhaltung der Parlamentsentschädigung nachzuprüfen (Fall des Abgeordneten Baudry-d'Asson, 1879/80). Im anderen Falle hatte sich ein Gerichtshof erlaubt, das Verfahren, das das Parlament in einem konkreten Falle beobachtet hatte, zu kritisieren (Fall des Gerichtshofs von Baugé). Das diese Kritik aussprechende Urteil wurde vom Reichsanwalt mittels der Nichtigkeitsbeschwerde zur Wahrung des Gesetzes angefochten, und

---

[1]) May. Parl. Practice 1906[11], p. 145 f.

der Kassationshof sprach sich wie folgt aus: „Das Untergericht von Baugé hat offenbar das Prinzip der dreigeteilten Staatsgewalt verletzt. Wenn es sich um einen einfachen Verwaltungsakt im gewöhnlichen Sinne des Wortes gehandelt hätte, dessen Rechtmäßigkeit rechtsgültig hätte angefochten werden können, so hätte das Gericht weder das Recht gehabt, die Anfechtung entgegenzunehmen, noch auch den Verwaltungsakt selbst nachzuprüfen. Um wieviel mehr ist das Gericht inkompetent, seiner Würdigung zu unterwerfen einen Akt, der seinen Ausgang hat von den Gewalten, welche an der Spitze der politischen Hierarchie sich befinden." Was also in England der Parlamentsprivilegienbegriff, das besorgt in Frankreich die dreigeteilte Staatsgewalt. Sie ist die Barriere gegenüber Gerichten, die Parlamentsresolutionen auf ihre Verfassungsmäßigkeit und Rechtsgültigkeit nachprüfen wollten.

Geht das deutsche Reichstagsrecht so weit? Die dem deutschen Reichstag gewährte sog. „Autonomie" (Art. 27 der Reichsverfassung) ist nicht das, wofür sie bisher allgemein angesehen worden ist, ein subjektives Recht einer Körperschaft, denn diese Körperschaft ist ja keine Korporation des öffentlichen Rechts. Autonomie kommt nur Korporationen im juristischen Sinne zu. Sie ist auch nicht, wie wir noch sehen werden, eine Verordnung. Der Begriff Verordnung paßt gar nicht für Körperschaften wie das Parlament. Der Verordnungsbegriff hängt einzig und allein an dem Begriffe der Exekutive. Die Autonomie, wie sie Art. 27 der Reichsverfassung ausspricht, ist eine objektive Rechtsgarantie, mit der die Rechtsordnung die Parlamentsresolutionen vor Angriff durch andere Organe schützt[1]), sei es, daß diese anderen Organe die Exekutive oder die ordentlichen Gerichte sind. Diese Rechtsgarantie hat zur Folge, daß die Geschäftsordnungsbestimmungen des Reichstages sowie seine Resolutionen von den ordentlichen Gerichten nur daraufhin nachgeprüft werden können, ob sie sich im Rahmen der bestehenden Gesetzgebung und der dem Reichstag nach der Reichsverfassung zustehenden Kompetenz halten, daß aber die auf Grund der Autonomie gesetzten Verfügungen für die Gerichte unüberprüfbar sind.[2]) In zwei Fällen haben sich die Gerichte nach dieser Richtung hin bereits ausgesprochen. Der eine Fall betrifft den Reichstag, der andere Fall betrifft das preußische Abgeordnetenhaus. In dem einen Falle handelt es sich darum, daß, wenn der Reichstag[3]) das Ersuchen um eidliche Vernehmung von Zeugen stellt, das Amtsgericht

---

[1]) Wirksame Ergänzung findet die Vorschrift des Art. 27 in Art. 30 (berufliche) und Art. 31 (außerberufliche Immunität).

[2]) S. auch Gründe des Reichsgerichts und Strafsachen im Falle der Abgeordneten Borchardt und Leinert, E. d. R. G. in St. XLVII 275.

[3]) Bei der Wahlprüfung.

diesem Verlangen unbedingt Folge zu leisten hat. Das Oberlandesgericht Naumburg (siehe Drucksachen des Reichstags, 2. Session, 1900/01, Nr. 169) sprach sich auch dahin aus, daß eine Prüfung, ob die Zeugen vereidigt werden sollen, dem Amtsgerichte dann nicht zustünde, wenn eidliche Vernehmung von seiten des Reichstags beantragt wäre. In dem anderen Falle handelte es sich darum, ob die Gerichte in der Lage wären, Geschäftsordnungsbestimmungen des preußischen Abgeordnetenhauses auf ihre Rechtmäßigkeit nachzuprüfen. Es waren Abgeordnete kraft einer solchen Geschäftsordnungsbestimmung (§ 64 der GO.) aus dem Abgeordnetenhause ausgeschlossen. Sie leisteten der Aufforderung des Präsidenten Widerstand, die Polizei wurde requiriert und die Abgeordneten aus dem Abgeordnetenhaus zwangsweise entfernt. Bei der von der Staatsanwaltschaft wegen Widerstand gegen die Staatsgewalt erhobenen Anklage machten die Abgeordneten durch ihre Vertreter geltend, daß die betreffende Geschäftsordnungsbetimmung, die sie ausschloß, rechts- und verfassungswidrig sei. Das Reichsgericht lehnte es ab, die Geschäftsordnungsbestimmung (§ 64) für rechtswidrig zu erklären, da sich das Abgeordnetenhaus innerhalb seiner verfassungsmäßigen Kompetenz (Regelung der Disziplin) gehalten habe. Wie das Haus im Einzelfalle diese Bestimmung handhabe, sei allein Sache des Hauses.

Soweit geht allerdings das Reichstagsrecht nicht wie das Recht in Frankreich und in England, die Gerichte zu verpflichten, daß sie eine Erklärung der Inkompetenz abgeben, die Resolutionen und Geschäftsordnungsbeschlüsse des Parlaments nachzuprüfen. Vielmehr ist den deutschen Gerichten zweifellos gestattet, nachzuprüfen, ob der Reichstag sich innerhalb der durch die Verfassung bestimmten Kompetenz gehalten habe, also die angefochtene Maßregel zum Zwecke der Regelung des Geschäftsganges, der Disziplin über die Abgeordneten oder zum Zwecke der Wahlprüfung (Art. 27 RV.) erlassen worden sei. Ist dies festgetellt, so hört jede weitere Prüfung der Zweckmäßigkeit und Rechtmäßigkeit der Maßregel und der im konkreten Fall getroffenen Verfügung auf.

Die Barriere, die Art. 27 RV. gegenüber den Gerichten und der Exekutive aufstellt, läßt sich keineswegs mit der zum Schutze der Verwaltung in den Einzelstaaten aufgerichteten Barrieren: Kompetenzkonflikt und Konfliktserhebung identifizieren[1]). Aber dies ist auch gar nicht

[1]) S. daher zutreffend der Abgeordnete Gamp in der Sitzung vom 15. Dez. 1894, S. 148: „Und nun möchte ich an den Herrn Abgeordneten Roeren, der ja ein hervorragender Jurist ist, die Frage richten: Besteht irgend ein Gesetz, welches den Abgeordneten dem ordentlichen Gericht entzieht, und die Entscheidung darüber, ob Art. 30 Anwendung findet oder nicht, dem Reichstag überträgt? Dieses ist nicht der Fall, und ich meine, wir haben alle Veranlassung, den Grundsatz: ‚Niemand darf seinem ordentlichen Richter entzogen werden‘, zu verteidigen, und nicht aus persönlichen Interessen die Tätigkeit der Gerichte einzuschränken oder zu beeinflussen. Von diesem Grundsatz gibt es nur eine

notwendig, um den Begriff eines selbständigen Parlamentsrechts aufzustellen. Bestehen zugunsten des Parlaments doch, wie wir oben ausgeführt haben, gewisse Schranken, durch welche die Kognition der ordentlichen Gerichte verhindert wird. Also sind zunächst die für die Rechtsspaltung notwendigen Mittel zum Schutze der Parlamentsinteressen gegeben.

Es bleibt noch übrig, den Nachweis zu führen, daß es wirklich solche besondere Interessen des Parlaments gibt, die gegenüber der Justiz, der Staatsregierung und Verwaltung zu wahren sind. Wer daran zweifelt, mag zunächst an die Tatsache erinnert werden, daß ein gewählter Kandidat, der der Wahlumtriebe bezichtigt wird, vom Strafrichter freigesprochen werden kann und dennoch wegen seiner Handlungsweise von dem Parlament ausgeschlossen werden darf, weil die Wahl infolge der Wahlumtriebe ungültig ist. Ein anderes Beispiel für das Auseinanderfallen von Justiz- und Parlamentsinteresse: Mehrere Wähler sind unter Anklage des Delikts der Doppelwahl gestellt und verurteilt worden. Der Strafrichter stellt bloß die Tatsache der Doppelwahl fest. Das Parlament fragt aber weiter, zu wessen Gunsten die Doppelwahl stattgefunden hat, um bei Berechnung des Wahlresultats sicher zu gehen (sten. Ber. vom 24. Mai 1905, S. 6138 ff.). Ein drittes Beispiel: Es steht dem Reichstag zweifellos das Prüfungsrecht darüber zu, ob der zum Abgeordneten Gewählte ein bloß politisches Delikt begangen, das ihn zur Versehung des Abgeordnetenmandats nur für die Strafdauer unfähig macht (§ 3 WG.), selbst wenn der ordentliche Richter ihm wegen desselben Delikts die bürgerlichen Ehrenrechte abgesprochen und ihn daher über die Strafdauer hinaus für die Ausübung des Mandats unfähig gemacht hat[1]). Ein viertes Beispiel (A. z. d. StB. des Reichstages, Drucksache Nr. 120/ex 94—95, S. 645ff.) wäre: Wahlagitation durch Austragen von Stimmzetteln und Flugblättern, die nach § 43 der Gewerbeordnung zur Wahlzeit polizeilich nicht gehemmt werden darf, wird von der Polizeibehörde dennoch gelegentlich gehemmt, weil ein Stimmzettelverteiler wegen Landstreicherei vorbestraft war. Die Wahlprüfungskommission prüft nicht bloß diese Tatsache, sondern auch, ob wirklich eine Verurteilung wegen Landstrei-

---

Ausnahme, und diese Ausnahme bestätigt die Regel. Wenn ein Beamter bei Ausübung oder in Veranlassung der Ausübung seines Amtes Handlungen begangen hat, wegen welcher ein strafrechtliches Verfahren eingeleitet worden ist, so ist der vorgesetzten Behörde das Recht eingeräumt, die strafrechtliche Verfolgung zu hindern und die Entscheidung der Kompetenz der Strafgerichte zu entziehen. Dieses Recht ist durch das Gerichtsverfassungsgesetz allgemein anerkannt. Dagegen gibt es kein Gesetz, welches die Auffassung des Herrn Abgeordneten Roeren und Singer bestätigt, daß der Reichstag darüber zu bestimmen hat, ob Art. 30 der Verfassung Anwendung findet, d. h. ob ein Abgeordneter in Ausübung seines Berufes sich eine Handlung hat zuschulden kommen lassen, die strafbar ist."

[1]) Laband, D. StR., I[5], S. 314; s. auch weiter unter § 50 I.

cherei stattgefunden und ob diese Verurteilung, die von den Polizeibehörden ausgesprochen wurde, berechtigt gewesen. Denn Wahlprüfungsinteresse und allgemeines Verwaltungsinteresse braucht nicht zusammenzufallen. Bei den sog. Immunitätsfragen stößt Parlamentsinteresse und Justizinteresse mitunter hart zusammen. Der Reichstag kann gerade den Abgeordneten nicht missen, der gerichtlich verfolgt werden soll, und gibt nicht die nach Art. 31 RV. notwendige Genehmigung zur gerichtlichen Verfolgung. Die Art, wie hier Justiz- und Parlamentsinteresse miteinander in Gegensatz treten können, hat schon der Abgeordnete Lette bei der Verfassungsberatung im konstituierenden RT. des Norddeutschen Bundes bemerkt (sten. Ber. vom 30. März 1867, S. 468): „Diese Sicherheit (nämlich die parlamentarische Immunität) ... ist ... nicht bloß gegen politische Tendenzverfolgungen, sondern auch in bezug auf die Ausschließung von Zivilhaft notwendig, weil es ja sehr leicht vorkommen kann, daß ein sehr tüchtiges Mitglied, was vielleicht in Eisenbahnsachen, in Banksachen u. dgl. besondere Erfahrungen besitzt, von einem Gläubiger gerade zur Zeit des Reichstags verfolgt wird. Es hat der Reichstag lediglich also zu erwägen, ob das Interesse des Landes, einen Reichstagsabgeordneten in der Versammlung zu sehen, größer ist, wie das Interesse der Justiz, ihn zu verfolgen."

Sehr häufig sind Kollisionen von Verwaltungsinteressen und parlamentarischen Interessen namentlich bei der Etatbewilligung[1]). Verträge, welche die Verwaltung für den Staat abschließt, können vom Standpunkt der Verwaltung äußerst dringend und wünschenswert sein, das Parlament braucht sich aber nicht darauf einzulassen, sondern hat vor allem die Frage zu prüfen, ob es als Volksvertretung die betreffende Summe doch bewilligen soll. Mitunter kann es auch — bloß als Demonstrationsmittel — gewisse, vielleicht im Verwaltungsinteresse notwendige Verträge nicht genehmigen. Auf dieses Demonstrationsmittel darf das Parlament nicht verzichten. Das ist mitunter vielleicht die einzige Waffe, um größere berechtigte Interessen, über welche der Reichstag zu wachen hat, nicht zu gefährden. Solche Interessenkollision muß allein der Reichstag aus seinem Gesichtswinkel heraus zu lösen unternehmen, keine andere Instanz darf ihn daran hindern. Dabei kann der betreffende Vertrag vom juristischen Standpunkt vollständig gültig sein. Was das Parlament nur tut, ist, daß es die betreffenden Gelder nicht bewilligt. Umgekehrt war es im Falle des

---

[1]) Aber auch sonst, s. z. B. betreffs der Frage der Abgrenzung der Wahlbezirke weiter unten § 36, III. oder bezüglich der Frage, wie der RT. vorzugehen habe, wenn der vom RT. angeordneten Vernehmung eines Beamten als Zeugen die Staatsregierung die Genehmigung nicht erteilt. S. weiter unten S. 540.

Tempelhofer Felds vollkommen verkehrt, aus der Genehmigungsnotwendigkeit des Verkaufs durch das Parlament irgendwie die zivilistische Gültigkeit betreffs des Verwaltungsvertrags anzweifeln zu wollen[1]). Beides sind ganz verschiedene Standpunkte und Interessen, Verkauf und Kauf des Tempelhofer Feldes mag vollständig rechtsgültig zustande gekommen sein, ohne daß der Reichstag seine Genehmigung erließ. Die parlamentarische Genehmigung war eben die Frage eines ganz anderen Interessenkomplexes: nicht die nach der Gültigkeit oder Ungültigkeit des Verwaltungsvertrags, sondern die, inwiefern die betreffende Einnahme aus dem Tempelhofer Feld mit dem übrigen Budget als einheitlich zu verarbeiten sei.

Aus der Möglichkeit des Auseinanderfallens von Verwaltungsinteresse und Parlamentsinteresse ergibt sich z. B. die Tatsache, daß während die Verwaltung ein besonderes Interesse daran haben kann, den Etatposten für die Oberrechnungskammer und für den Rechnungshof des Deutschen Reichs als ein einheitliches Ganze, als Kassenetat, zusammenzustellen und so dem Reichstag zu präsentieren, der Reichstag ein viel größeres Interesse daran haben kann, gerade diese beiden Etatposten, der Oberrechnungskammer und des Rechnungshofs getrennt zu sehen und nur den Etatposten für den Rechnungshof zu bewilligen, damit nicht, wie der Abgeordnete Richter treffend ausführte, die Anciennitätszulagen für die preußischen Beamten der Oberrechnungskammer auf Kosten des Reiches getragen würden (stenographischen Berichte des Deutschen Reichstags 1879, Sitzung vom 10. Juni, S. 1046/48).

Aus der Möglichkeit des Auseinanderfallens von Justizinteresse und Parlamentsinteresse ergibt sich das Verständnis für die Stellungnahme des Deutschen Reichstags zur Wahlprüfung durch Gerichte. Es sind nicht lediglich Rechtsfragen, die bei Wahlprüfungen, wie wir noch sehen werden (siehe weiter unten § 49), zu erörtern sind, vielmehr sehr häufig Ermessensfragen, Fragen, für deren Beantwortung nur das Parlamentsinteresse, nicht das Justizinteresse in Betracht kommen darf. Ob die amtliche Wahlbeeinflussung in einem Wahlkreise einen großen oder kleinen Einfluß ausübt, ob die ungesetzliche Verhinderung der Stimmzettel- oder der Flugblattverteilung wirklich die Agitation auf seiten der einen oder anderen Partei geschmälert hat, ob die gesetzlich gebotene Öffentlichkeit der Wahlhandlung in dem einen oder anderen Fall ausgeschlossen worden ist und dadurch den Wahlgang beeinflußt hat, sind alles Fragen,

[1]) Sitzung vom 9. Dez. 1910 S. 3517. Zutreffend der Abg. Speck: „Denn daß auf die Gültigkeit eines privaten Rechtsgeschäfts die Zustimmung des RT. einen direkten Einfluß haben sollte, scheint mir doch noch fraglich. Für uns im RT. ist die Hauptsache die, daß der Vorschrift des Art. 69 Genüge geleistet ist . . . . Und wenn der Anforderung, daß der betreffende Einnahmeposten durch den Etat geführt werden kann, genügt ist, kann, glaube ich, die Volksvertretung von ihrem budgetrechtlichen Standpunkt auch kein weiteres Bedenken geltend machen“.

die als Ermessensfragen nicht von dem Gericht abgeurteilt werden können. Das Rechtsinteresse spielt bei ihnen keine Rolle, es sind Ermessenssachen, und diese Ermessenssachen kann bloß das Parlament beurteilen. Das im vorausgehenden gezeichnete Parlamentsinteresse ist Staatsinteresse, geradeso, wie jedermann, wenn er vom Verwaltungsinteresse spricht, dies ebenfalls mit dem Staatsinteresse identifiziert. Es wäre deshalb ein großes Mißverständnis, wenn man bei Parlamentsinteresse und dessen Vertretung an Sonderinteressen denken wollte [1]). Nein! Die Parlamentsinteressen sind echte Staatsinteressen, aber solche, über deren Wahrung das Parlament ohne Kontrolle irgendeines Staatsorgans zu wachen hat.

Liegt demnach eine Fülle von Tatsachen vor, welche das Vorhandensein eines eigenen Parlamentsinteresses, das dem Interesse anderer Staatsorgane entgegengesetzt sein kann, beweisen, so ergibt dies in Verbindung mit der durch Art. 27 RV. gegebenen Schutzwehr solcher Parlamentsinteressen, gegenüber den anderen Staatsorganen, eine Rechtsspaltung, die die Anerkennung eines Parlamentsrechts ebenso fordert, wie aus ähnlichen Gründen ein Verwaltungsrecht als selbständiges Wissensgebiet neben dem Staatsrecht entstanden ist. Es ergibt sich eine der Staatsrechts- und Verwaltungsrechtswissenschaft ebenbürtige Parlamentsrechtswissenschaft. Hat das Verwaltungsrecht nämlich das der Verwaltung und ihren besonderen Interessen angepaßte Recht darzustellen [2]), so hat das Parlamentsrecht das dem Parlament und seinen besonderen Interessen angepaßte Recht zur Darstellung zu bringen. Auch von ihm wird wohl das gelten, was Otto Mayer in bezug auf das Verhältnis von Staats- und Verwaltungsrecht gesagt hat [3]): „Das altangesessene Staatsrecht freilich möchte seinen Ableger immer nicht als zünftig anerkennen." Auch von dem Parlamentsrecht wird das altangesessene Staatsrecht behaupten, daß es selbst die staatsrechtlichen Grundsätze für das Recht des Parlaments prästiere, und deshalb ein Parlamentsrecht als Wissenschaft überflüssig sei, ganz so wie es [4]) das Verwaltungsrecht auf den „Ausbau seiner Konglomerate" verwies, wofür ihm das Staatsrecht die dazu erforderlichen „staatsrechtlichen Grundsätze" zu liefern hätte. Darauf kann nur mit O. Mayer [5]) geantwortet werden: „Wir wollen nichts tun, als diese staatsrechtlichen Grundsätze selbständig bearbeiten, denn der alte Lieferant

[1]) Wie dies neuestens Binding, die Notwehr der Parlamente gegen ihre Mitglieder, Leipzig 1914 S. 7 f. annimmt.

[2]) S. Fleiner, Institutionen des deutschen Verwaltungsrechts 1913 [3], S. 61.

[3]) D. Verwaltungsrecht, I, S. 18 [7].

[4]) Laband im Archiv für öff. R., II, S. 157.

[5]) D. Verwaltungsrecht, I, S. 18 [7].

hat sie doch nie anders als sehr nebenher behandelt, und das ging auf die Dauer nicht mehr."

§ 2. Die praktische Bedeutung des Parlamentsrechts.

Laband hat uns in seinem Staatsrechte und in den „Wandlungen der deutschen Reichsverfassung" auf die merkwürdige Tatsache aufmerksam gemacht, daß Verfassungsänderungen auch auf einem anderen als dem durch Verfassung vorgezeichneten Wege sich vollziehen. Seit der Zeit hat man dieser Erscheinung bei uns größere Aufmerksamkeit zugewendet. In Frankreich hat 1893 Pierre (in seinem Traité de droit politique) die Ansicht vertreten, „que les Constitutions se modifient par l'usage autant que par les revisions", und ein Amerikaner, Tiedemann, hat im Lande der geschriebenen ein Buch über die „ungeschriebene Verfassung" der Vereinigten Staaten (1896) veröffentlicht. Neuestens hat Laband[1]) uns noch einmal jenen Prozeß der „Verfassungswandlung" im Gebiete des deutschen Reichsrechts ausführlich beschrieben, aber er hat nicht näher ausgeführt, welcher Art die Normen seien, welche die Verfassung mitunter gegen ihren ausdrücklichen Wortlaut ändern. Ist z. B. die verfassungswidrige Praxis der kaiserlichen Initiativanträge im Bundesrat nun Recht oder ist sie nicht Recht? Ist ferner die verfassungswidrige Praxis, den Bundesrat ständig versammelt zu erhalten, Recht oder nicht Recht? Die Fragen sind nicht etwa Doktorfragen, sondern namentlich dann von praktischer Bedeutung, wenn es gilt, solche gegen die Verfassung zustande gekommene Normen durch Gesetz wieder abzuändern. Da erhebt sich alsogleich die Frage: Muß die Abänderung durch einfaches oder durch verfassungsänderndes Gesetz vor sich gehen? Nehmen wir nur die Tatsache des sogenannten Jesuitengesetzes, einer zweifellos verfassungswidrigen Überschreitung der gesetzgeberischen Kompetenz des Reiches. Ist dieses nun wirklich dauernd zur Befugnis gelangt, das Gesetz der Religionsgesellschaften zu regeln? Muß, wenn einmal den Einzelstaaten zu ihrem früheren ausschließlichen Recht solcher Regelung verholfen werden soll, ein verfassungsänderndes Gesetz ergehen? Leben die durch das verfassungswidrige Reichsgesetz zurückgedrängten Landesgesetze wieder auf? Was sind also alle gegen den Wortlaut der Verfassung gesetzten Normen?

Dispositives, nachgiebiges Recht nennt sie Jellinek[2]). Aber sind sie überhaupt Recht, da sie gegen höhere Gesetze verstoßen? Durch die Tatsache, daß der Richter sie auf ihre materielle Verfassungsmäßigkeit hin nicht prüfen darf, ist noch keineswegs gesagt, daß sie auch wirklich

[1]) Jahrbuch des öffentlichen Rechts, 1907, S. 1 ff.

[2]) Verfassungsänderung und Verfassungswandlung 1906, S. 30 ff.

Rechtsnormen sind. Auch läßt sich schwer von dispositivem oder nachgiebigem Rechte dort sprechen, wo der Gesetzgeber niemals die Nachgiebigkeit oder Dispositionsmöglichkeit zugelassen hat. Zudem — und darauf möchte ich das Hauptgewicht legen — müßte auch der Verfassungsrechtsatz, den diese nachgiebigen Rechtsnormen beiseite schieben, selbst wieder nachgiebiges Recht darstellen. Wie weit aber darf man dann in der Annahme solch nachgiebiger Verfassungssätze gehen, ohne den Bestand der Verfassung selbst zu gefährden?

Von sekundärem oder mittelbarem Rechte sprechen andere[1]). Dieser Ansicht ist Ähnliches entgegenzuhalten; was rechtswidrig zustande gekommen ist, kann nicht Recht sein, es wäre denn, daß man an die Bildung eines Gewohnheitsrechtes denkt, und das haben wieder andere versucht[2]). Dann müßten die Voraussetzungen solcher Rechtsbildung, insbesondere dauernde Übung nachgewiesen werden. Aber mitunter stützen sich jene die Verfassung ändernden Normen auf einige wenige Präzedenzfälle, manchmal sogar nur auf einen (siehe z. B. das Jesuitengesetz). Auch die opinio necessitatis wird sich hier meist schwer nachweisen lassen. Für das Staatsrecht wird man aber mit Gerber[3]) an dem Erfordernis beider Voraussetzungen: dauernde Übung und opinio necessitatis, festhalten müssen, und da wird es sich auch herausstellen, daß viele der hier in Frage kommenden Normen auf keiner dauernden Übung beruhen. Ganz ausgeschlossen ist die gewohnheitsrechtliche Bildung dort, wo das Recht die uns interessierenden Normen absichtlich in dem labilen Zustande des Nicht-Rechts erhält. Ich erinnere an die das Kabinett in England regelnden Normen[4]) oder an die Direktiven, die unsere Verwaltungsbehörden sich selbst und ihrem freien Ermessen setzen[5]), und denen sie unter keinerlei Umständen gestatten wollen, sich in starres Recht zu verwandeln[6]).

---

[1]) So Radnitzky im Archiv für öffentl. Recht, Bd. XXI, S. 393 ff.

[2]) S. namentlich Tezner in den österr. juristischen Blättern, 36. Jahrg., S. 301 ff. und dessen Ausgleichsrecht und Ausgleichspolitik, Wien 1907, § 35.

[3]) Grundzüge des deutschen Staatsrechts, 3. Aufl., 1880, S. 15, Anmerkg.

[4]) S. mein englisches Staatsrecht, Bd. II, S. 145.

[5]) S. Entscheidung des Oberverwaltungsgerichts vom 21. September 1898 im preuß. Verwaltungsblatt, Bd. 21, S. 584.

[6]) Dies war eben auch ein Hauptpunkt des Streites zwischen Reichsregierung und Reichstag bei Vorlage des ersten Entwurfs eines Gesetzes, betreffend die Einrichtung und die Befugnisse des Rechnungshofes für das Deutsche Reich im Jahre 1872 (sten. Bericht I, S. 513 ff.). Der Kommissionsvorschlag ging entgegen dem Regierungsentwurf dennoch dahin, in einem Paragraph (23) die preußische Geschäftsinstruktion für die Oberrechnungskammer von 1824 in complexu als Bestandteil des Gesetzes zu erklären und ihr Gesetzeskraft zu verleihen, „soweit ihre Bestimmungen der Verfassung und den bestehenden Gesetzen, insbesondere dem gegenwärtigen Gesetze, nicht widersprechen". Dies wollte die Regierung nicht zugestehen, da dies zur Folge gehabt hätte, daß alle Abweichungen von jener Instruktion, die in der Verwaltungspraxis vorgekommen wären,

Im folgenden wird nachzuweisen sein, daß es sich hier nicht um Rechtsnormen handelt, sondern um Normen, die kraft empirischer Faktizität gelten, Normen, die nicht etwa bloß das Verfassungsrecht umspinnen, sondern das gesamte öffentliche Recht, Normen, die im Prozesse der Rechtsbildung ein Vorstadium des Rechts darstellen, weil sie noch nicht durch die offiziellen Rechtsquellen gegangen, die aber deshalb nicht weniger wirksam sind, Normen, welche gewissermaßen unter der Decke der Rechtsordnung, insbesondere unter der des öffentlichen Rechts sich ausbilden, sie teils ergänzend, teils auf ihren Untergang lauernd, um sich, wo der Widerstand schwach geworden, rücksichtslos an ihre Stelle zu setzen. Diese Normen nenne ich im Anschlusse an die in England hierfür übliche Bezeichnung Konventionalregeln.

Das Hauptanwendungsgebiet dieser Konventionalregeln, dieser Normen kraft faktischer Geltung, finden sich namentlich auf dem Gebiete, welches die Tätigkeit der obersten Staatsorgane und ihr Verhältnis zueinander betrifft. Sie entwickeln sich hier mit besonderer Kraft, haben aber

---

durch Monita der Rechnungskammer zur Kognition des Reichstags hätten gelangen müssen. Der Staatsminister Delbrück sagte damals im Reichstag unter Bezugnahme auf das früher zustande gekommene preußische Gesetz, betreffend die Oberrechnungskammer (a. a. O., S. 518 f.): „Der Herr Referent hat den Grund vermißt, aus welchem man in Preußen sich zuletzt einverstanden erklärt, ‚Gesetze' hier aufzunehmen, und bestritten hat die Aufnahme der ‚Vorschriften'. Ich glaube doch, daß der Grund nicht zu fern liegt. Bei den Gesetzen wirkt der Reichstag, wirken alle legislativen Faktoren mit, und aus dieser Mitwirkung der legislativen Faktoren bei Entstehung einer solchen Vorschrift läßt sich folgern, daß, wenn Abweichungen von den so zustande gekommenen Vorschriften im Wege der Rechnungsrevision sich finden, auch der legislative Faktor, der bei Entstehung der Vorschrift mitgewirkt hat, seinerzeit in Kenntnis gesetzt wird von dieser Abweichung, und daß er in die Lage kommt, über diese Abweichungen sein Wort mitzusprechen. Bei Vorschriften, wie sie hier eingeschoben werden sollen, ist es anders: die kommen nicht zustande unter Mitwirkung der legislativen Faktoren, sie werden erlassen von der Exekutive. Der Grund, der dahin führt, solche Abweichungen der Kognition des Reichstages, diesem legislativen Faktor, zu unterwerfen, trifft hier nicht zu.

Nun hat der Abgeordnete für Waldeck ausgeführt, daß, abgesehen hiervon, es unabweislich sei, für die finanzielle Kontrolle, daß auch die Abweichungen von den Vorschriften zur Kenntnis des Reichstags kommen, ganz abgesehen von dem Grunde der formellen Entstehung. Hier kann ich nun den Satz wiederholen, daß eine Entscheidung des Reichstags über die Frage, ob von den Vorschriften, welche die Verwaltung erlassen hat, abgewichen ist oder nicht, nach meiner Ansicht allerdings ein Eingriff in die Exekutive ist. Es handelt sich, wie gesagt, um Vorschriften, die die Exekutive erlassen hat, Vorschriften, die die Exekutive ändern kann, und Abweichungen von diesen Vorschriften sind solche, deren Billigung oder Nichtbilligung der Natur der Sache nach der Exekutive ihrerseits anheimfällt. Das ist der entscheidende Grund, aus dem ich der Aufnahme der Worte ‚und Vorschriften' zu widersprechen habe."

Aus diesem Grunde hauptsächlich scheiterte auch der Entwurf von 1872, da die verbündeten Regierungen der Ansicht des Reichstags, wie sie der oben zitierte Paragraph (23) ausgesprochen hatte, nicht beitraten (sten. Ber. des Reichstags 1874, I, S. 166).

im Verhältnis dieser Organe zueinander keine Ruhe, keine Stabilität, wie das die älteren Verfassungstheoretiker angenommen haben. Hier wird täglich auf der einen Seite neues Gebiet urbar gemacht und einem anderen Staatsorgane überlassen, als woran die Väter der Verfassung gedacht haben. Ein ewiges Kämpfen und Ringen markiert dieses Gebiet, denn nicht bloß Gesetze sind es, welche Verfassungswandlungen bewirkten (wie Laband annimmt), sondern auch einfache Zugeständnisse der Regierung, die im Parlament gemacht werden, einfache Erklärungen in beiderseitigem Einverständnis, in Zukunft so und nicht anders handeln zu wollen. Einschränkungen der Exekutive sind wiederholt in dieser Weise vorgenommen worden, so, wenn sich die Exekutive durch parlamentartsche Vorlage eines Plans über die Normen und den Aufbau der Beamtenbesoldung in einem bestimmten Verwaltungszweige, z. B. der Postverwaltung, festlegte, so, wenn seit den Jahren 1901 Denkschriften von der Reichsregierung unterbreitet wurden, die Grundsätze darüber, welche Ausgaben auf Anleihen genommen werden dürfen, aufstellten (siehe Denkschriftenband von Nr. 1035 der Drucksachen des Reichstags 1908, S. 29), so, wenn die Reichsregierung vor der gesetzlichen Festlegung der Festungs- und Flottenbaupläne sich auf Flottenprogramme in besonderen Marine-Denkschriften, die schon bis zum Ausgange der 70 er Jahre zurückreichen, sich festlegte u. a. m. Auf dem Gebiete des Budgetrechts wechselt fortwährend solch Vordringen des Reichstages mit Zugeständnissen der Reichsregierung ab.

Es handelt sich nur darum, die markanten Einschnitte dieser Verfassungswandlungen festzustellen, die außerhalb formeller Verfassungsänderung sich vollziehen und Wandlungen in der Kompetenzsphäre des Reichstags herbeiführen, das ist Gegenstand des Parlamentsrechts. Darin liegt seine praktische Bedeutung. Die Hauptaufgabe dieses Parlamentsrechts bleibt, den Parlamentsbrauch zu belauschen, das Verhältnis des Parlaments zur Staatsregierung zu verfolgen und festzustellen, ob der Parlamentsbrauch sich noch im Rahmen der gegebenen Staatsform hält. Denn nicht durch große Revolutionen werden heute Verfassungsformen gewandelt, sondern der Parlamentsbrauch bestimmt das Schicksal so mancher von ihnen. Schon Aristoteles, bei dem noch entsprechend die alten Verhältnisse „Revolutionen und Empörungen" als Hauptursache der Verfassungsänderungen galten (siehe V. Buch seiner Politik), erkennt schon daneben die Verfassungswandlungen *παρὰ μικρόν*. Er sagt von ihnen (V, 3): „Eine andere Ursache (sc. des Verfassungswechsels) liegt in den kleinen Übergängen; ich meine damit, daß sich oft unmerklich ein großer Abfall von dem Verfassungsgesetze vollzieht, wenn man auf das Kleine nicht sieht („*λέγω δὲ παρὰ μικρόν, ὅτι πολλάκις λανθάνει μεγάλη γινομένη μετάβασις τῶν νομίμων, ὅταν παρορῶσι τὸ μικρόν* . . ."). Diese Verfassungswandlung hat aber im modernen Staate eine bedeutend größere Bedeutung als im antiken, weil Regierung und Parlament beinahe im täglichen Leben die Staatsmaschine bewegen. Da gewinnt die Parlamentspraxis eine gesteigerte Bedeutung für das Verfassungsleben und kann sie zum Guten, aber auch zum Bösen gebrauchen. Denn vom parlamentarischen Präzedenzfall gilt, was Shakespeare von jedem Präzedenzfall sagt:

„'Twill be recorded for a precedent
And many an error, by the same example
Will rush into the State"

(Kaufmann von Venedig IV, 1).

Hier gilt es, im einzelnen festzustellen, welcher von den Präzedenzfällen Recht schafft, das Parlamentsrecht aufzudecken, welches zeigt, ob der Parlamentsbrauch mit der Staatsform noch vereinbar ist. Denn der Parlamentsbrauch, wie er hier im Parlamentsrecht darzustellen ist, muß nicht notwendig Rechtsnorm sein. Ein Teil desselben wird freilich durch Umstände, die im folgenden noch klarzulegen sein werden, zum Parlamentsrecht. Es kommt einerseits Gewohnheitsrecht in Frage, andererseits durch Rechtsfindung erschlossenes Recht, und zwar ein namentlich mit Hilfe der Rechtsvergleichung erschlossenes Recht. Damit ist die eine Seite der praktischen Bedeutung des Parlamentsrechts gegeben. Es soll auf Grund der Rechtsvergleichung aufdecken, was vom Parlamentsbrauch die formelle Verfassung wirklich rechtlich abändert, was nicht.

Dazu kommt aber noch eine andere Seite seiner praktischen Bedeutung. Es ist nämlich selbst dieser Teil des Parlamentsbrauchs, der nicht Rechtsregel wird, sondern bloß Konventionalregel bleibt, von hervorragender Wichtigkeit und muß dargestellt und festgelegt werden. Er ist die Grundlage für jene Funktion, welche Laband[1]) so treffend „den Anteil der Volksvertretung an der verwaltenden Tätigkeit des Staats" nennt. Es handelt sich nun darum, daß die Wissenschaft festlegt, inwiefern bereits ein solcher Anteil der Volksvertretung an der verwaltenden Tätigkeit vorhanden ist, und zwar in allen Gebieten der Verwaltung. Gewiß weist Laband (a. a. O., S. 153) mit Recht darauf hin: „Gerade so wie der Geschäftsverkehr der Individuen das Privatrecht langsam, aber stetig weiter ausbildet und aus dem stets wiederkehrenden stereotypen Inhalt der Rechtsgeschäfte erst Gebräuche, dann Rechtssätze schafft, welche als Gewohnheitsrecht oder durch geschäftliche Anerkennung bindende Kraft erlangen, so erzeugt auch die gleichmäßige, in unzähligen Fällen wiederholte und den Bedürfnissen des Staats entsprechende Geschäftstätigkeit der Behörden erst eine Verwaltungstradition und endlich Sätze des öffentlichen

[1]) D. RStR. im öff. R. d. G., I, 1912[6], S. 154.

Rechts". Aber dies ist die Betrachtung vom Standpunkte der Verwaltung. Vom Standpunkte des Parlaments läßt sich genau dasselbe sagen: Zuerst der Parlamentsbrauch, der zunächst in Form von Rechtsgeschäften im Verein mit der Staatsregierung eine feste Tradition für die Anteilnahme des Parlaments an der Verwaltung schafft, dann oft Recht, aber nicht Verwaltungs-, sondern Parlamentsrecht. Das ist die Aufgabe und die praktische Bedeutung der Wissenschaft vom Parlamentsrecht.

Es handelt sich aber nicht darum, bloß für den einzelnen Verwaltungszweig die Anteilnahme der Volksvertretung an der Verwaltung klarzulegen, sondern auch systematisch diese verschiedenen Formen der Anteilnahme miteinander unter dem Gesichtswinkel des Parlamentsinteresses zu betrachten. Denn mitunter kann es vorkommen, daß die Volksvertretung eine mühsam errungene Position auf dem Gebiete des einen Verwaltungszweiges leichthin aufgibt, was natürlich auf andere Gebiete zurückwirken muß. Nur eine vollständige systematische Klarstellung kann dieses verhindern. Wenn die Volksvertretung z. B. bei Kontrolle der Verwaltungsverträge nicht scharf zusieht, so kann sie leicht um ihr Budgetrecht in diesem Verwaltungszweige gebracht werden. Z. B. ist es in den 80 er Jahren vorgekommen (sten. Ber. Sitzung vom 16. Febr. 1883 S. 1584 ff.), daß die Postverwaltung, um dem parlamentarischen Budgetrechte der Bewilligung von Postbauten zu entgehen, einfach Darlehen an Bauunternehmer gewährte zum Zwecke der Erbauung von Mietsgebäuden für die Post, ohne solche Verwaltungsverträge der parlamentarischen Genehmigung zu unterbreiten. Es war ein Mißstand, auf den man im Parlament zu sprechen kam, er wurde gerügt und von der zentralen Verwaltungsbehörde abgestellt. Die vom Parlament im einzelnen erworbenen Positionen der Kontrolle oder Anteilnahme an der Verwaltung stellt ein Interessengeflecht dar, das, im einzelnen Falle klarzulegen, Sache systematischer Wissenschaft, Sache des Parlamentsrechts ist.

Schließlich beruht die Bedeutung des Parlamentsrechts notwendig auf der Betrachtung, daß in ihm allein, nicht etwa in einer noch so genau kodifizierten Geschäftsordnung, auch der Schutz der Parlamentsminorität gegenüber der Parlamentsmajorität liegt. Das Parlament und seine jeweilige Majorität müssen immer von der Auffassung ausgehen, daß das, was sie bisher gegenüber der Staatsregierung errungen, nicht etwa aus Liebdienerei oder um eine Minorität zu unterdrücken, wieder preisgegeben werden darf. In der Hinsicht muß eine Parlamentsmajorität auch immer wieder an die Zukunft denken. Überhaupt darf sie von ihrer stabilen Praxis nicht abgehen, um eine Minorität in ihren Rechten zu verkürzen, denn was sie heute übt, kann ihr von der Minorität, wenn diese später Majorität wird, zugefügt werden. Das

„Wie du mir, so ich dir" gilt namentlich in Fragen des Parlamentsbrauchs. Hier handelt es sich nicht darum, eine Minderheit den momentanen Verhältnissen zuliebe zu bedrücken, sondern geschlossen immer die Kompetenzsphäre des Parlaments gegenüber der Staatsregierung zu verteidigen. Und diese mühsam errungenen Positionen müssen zu jeder Zeit und von der jeweiligen Parlamentsmajorität immer klar im Auge behalten werden. Wenn all diesen Aufgaben das Parlamentsrecht durch Festlegung des Parlamentsbrauchs genügen soll, dann hat es eine reiche und große Aufgabe zu erfüllen.

§ 3. Der Parlamentsbrauch.

Die Quellen des Parlamentsrechts sind: 1. die Reichsverfassung und Gesetze, von denen am einschlägigen Orte berichtet werden wird, 2. der Parlamentsbrauch, 3. die Geschäftsordnung des Reichstags. In diesem Paragraphen soll uns zunächst der Parlamentsbrauch beschäftigen. Derselbe kommt hier in doppelter Qualität in Betrachtung. Erstens in seiner Eigenschaft als Verfassungsumbildner und zweitens in seiner Eigenschaft als Norm für die Geschäftsführung des Parlaments (Parlamentsbrauch im gewöhnlichen Sinne).

I. Parlamentsbrauch und Konventionalregel.

Hier erhebt sich zunächst die Frage: Was sind diese Normen des Parlamentsbrauchs, sind sie Rechtsnormen oder sind sie es nicht? Wir haben schon oben (im § 2) erwähnt, sie wären prinzipiell nicht Rechtsnormen, sondern Konventionalregeln. Was sind nun Konventionalregeln? Wodurch sind solche im Gebiete des öffentlichen Rechts begründet?

1. Ehe wir in das Gebiet des Rechts eintreten, wird es sich empfehlen, die Konventionalregel auf einem anderen Gebiete menschlichen Gemeinlebens zu beobachten, auf dem der Sprache[1]). Hier steht sie als sog. Sprachusus in vollster Blüte. Einen Kodex, nach dem gesprochen wird, gibt es nicht. Die sog. Schriftsprache repräsentiert ein Surrogat für einen solchen Kodex. Aber der Sprachusus ist es gewöhnlich allein, der die Norm bestimmt. Und nun ist es interessant, zu sehen, wie dieser Sprachusus fortwährend, täglich, ja stündlich, Veränderungen ausgesetzt ist. Träger dieser Veränderungen ist das einzeln sprechende, dem Usus unterworfene Individuum. Der Usus beherrscht nämlich nur bis zu einem gewissen Grade das sprechende Individuum, daneben gibt es immer vieles, was der Usus in der individuellen Sprechweise nicht beherrscht, was ureigenstes Produkt des sprechenden Individuums ist. Dazu kommt noch,

---

[1]) S. darüber und zum folgenden Paul, Prinzipien der Sprachgeschichte, 3. Aufl., 1898, S. 27 ff.

daß dieses, weil es zum Sprachmateriale seiner Genossenschaft sich aktiv und passiv verhält, vieles, was es hört und versteht, nicht anwendet und das vorhandene Sprachmaterial verschieden behandelt, bald dies, bald jenes bei der Anwendung bevorzugend. So ergibt sich die Möglichkeit, daß die einzelnen Individualsprachen wesentlich vom Usus differieren. Durch die Summierung einer größeren Zahl solcher Verschiebungen der Individualsprachen gegenüber dem Usus, namentlich wenn sie sich in der gleichen Richtung bewegen, ist als Gesamtresultat eine Verschiebunz des Usus selbst zu erwarten. So ist denn die eigentliche Ursache für die Veränderung des Usus die individuelle Anwendung desselben, d. i. die gewöhnliche Sprachtätigkeit des Individuums. Der Sprachusus gilt, weil das faktisch Geübte, das durch Empirie Erprobte stets darauf rechnen kann, unter ähnlichen Umständen wiederholt zu werden. Die durch das Individuum oder durch mehrere Individuen bedingte Veränderung des Sprachusus ist, sofern sie sich durchsetzt, ebenfalls nur deshalb Norm, weil sie sich durchgesetzt hat, wirkt also nur kraft empirischer Faktizität.

2. Die Bildung des Rechts ist der Sprachbildung analog. Freilich bringen es die Völker selbst in ihren primitiven Zuständen zur Aufzeichnung des Rechts, des Gewohnheitsrechts, ein Zustand, dem in der Sprachbildung die Herstellung einer Schriftsprache wohl analog ist. Aber trotzdem bestimmt die Anwendung, und nur die Anwendung des primitiven Gewohnheitsrechts allein, seine Wirksamkeit und die an ihm vorgenommenen Veränderungen ebenso, wie in der Sprachbildung die Geltung der Schriftsprache fortwährend durch den Sprachusus modifiziert, eingeengt oder bestärkt wird[1]). Hinter dem Gewohnheitsrecht behält also die Konventionalregel ihre maßgebende, bestimmende Bedeutung, eben sowie hinter der Schriftsprache der Sprachusus. Mit dem Erlaß von Gesetzbüchern ist natürlich die sich bildende Konventionalregel nicht ausgeschlossen. Immer läßt ein solcher Kodex eine gewisse Freiheit der Bewegung dem einzelnen übrig. Nicht alle sich ereignenden Rechtsfälle können vorgesehen sein, die Gesetzesbestimmung kann zweideutig sein und erhält erst aus der Praxis, d. h. der Konventionalregel, ihre zweckmäßigste Deutung. Schließlich kann die Gesetzesbestimmung unangemessen sein, der Volksüberzeugung widerstreiten, sie fällt der Vergessenheit anheim, und das ist auch die Funktion der Konventionalregeln, jene dem Tod durch Vergessenheit zu überantworten: oblivione territur. Also auch hinter und neben dem Gesetzbuche behält die praktische Anwendung, die Konventionalregel, ihre Bedeutung. Sie entsteht im kodifizierten Rechte dadurch, daß sich die Individualanwendungen des Gesetzbuchs gegenüber der gesetzlich fixierten Norm anders gestalten,

[1]) Paul, a. a. O., Kap. XXIII.

als der Gesetzgeber gedacht, und Verschiebungen dieser Norm hervorrufen, ja sich mitunter selbst an ihre Stelle eindrängen. Droht also von dem einfachen Erlaß von Gesetzbüchern keine Gefahr für die Weiterspinnung der Konventionalregeln neben und um den Kodex, so haben sie ihren Erbfeind in einer modernen Richtung zu sehen, die ihren Lebensnerv abschneiden wollte und will. Es ist die konstitutionelle Doktrin mit ihren Götzen, „dem Willen des Gesetzgebers" und mit ihrem „Subsumtionsapparat", dem modernen Richter[1]). Der Wille des Gesetzgebers macht aus jedem Gesetzbuch das Idealbild einer in sich vollständigen, geschlossenen Rechtsordnung, aus jedem einzelnen Anwendungsfall des Gesetzbuchs ein mathematisches Rechenexempel[2]), das mit vollständiger Genauigkeit die nötige Entscheidung liefern muß, und aus dem Richter einen Automaten, der in jedem Einzelfall prompt im Sinne des „Gesetzgeberwillens" funktionieren soll. Wir sehen, wie dies die Konventionalregel aufs härteste bedroht: Wo die ideale Lösung des Einzelfalls, die praktische Anwendung schon vom Gesetzgeber durch einen „Standard" bestimmt ist, das Gesetzbuch, da hat die individuelle Abweichung von der Gesetzesnorm, sofern sie etwa eine Verschiebung der Gesetzesnormen herbeiführen könnte, keinen Anspruch auf Beachtung. Sie wird einfach ignoriert. Dieses Ignorieren hat aber der „Subsumtionsapparat", der Richter, zu besorgen, denn das Rechenexempel, welches das Gesetzbuch und der Einzelfall aufgeben, hat vom Richter immer von neuem ausgeführt und gelöst zu werden. Daher das Verbot auf Reglements der Obergerichte, auf Präzedenzfälle usw. Rücksicht zu nehmen und das Gebot immer von neuem den „Willen des Gesetzgebers" zur Lösung des Rechenexempels zu ergründen. Dieses Verbot, Präzedenzfälle zu berücksichtigen, finden wir seit dem Code Napoléon für alle modernen Kodifikationen des Zivilrechts ausgesprochen[3]). Das war und ist als Todesstoß gegen die Konventionalregel im Gebiete des Privatrechts gemeint. Daß er allerdings auch hier nicht so gewirkt hat wie ursprünglich gedacht, zeigen heute die Forderungen nach „freier Rechtsfindung", Interessenabwägung u. dgl. m.

3. Für das öffentliche Recht sind aber der Konventionalregel nicht nur keine Schranken gesetzt, sondern sie kann sich hier ungehindert entfalten. Drei Gründe sind hier maßgebend. Vor allem fehlt hier jede

[1]) Darüber mein englisches Staatsrecht, B. I, S. 154 ff.; Radbruch, Archiv für Sozialwissenschaft, Bd. XXII, S. 355 ff.

[2]) S. Ihering, Geist des römischen Rechts, III, S. 321, gegen den „Irrwahn", „jenen ganzen Kultus des Logischen, der die Jurisprudenz zu einer Mathematik des Rechts hinaufzuschrauben gedenkt".

[3]) Art. 5 des Code Napoléon, § 2 des österr. BGB. — Für Preußen Allerh. KO., vom 1. August 1836 (GS. 218). Noch im Jahre 1817 erließen hier die Obergerichte reglementarische Verfügungen, nach denen sich die Richter bei der Rechtsprechung richten sollten. Oppenhoff, Ressortverh., 2. Aufl., 1904, S. 58.

Gesamtkodifikation mit der daraus resultierenden Möglichkeit, die praktische Anwendung und die Art, wie sie sich durchsetzt, mit Rücksicht auf den vorhandenen oder präsumierten „Willen des Gesetzgebers" zu ignorieren. Zum zweiten ist der Verwaltungsbeamte durch das Gesetz ganz anders bestimmt als der Richter durch das Zivilgesetzbuch. Hat dieser nach der herrschenden Theorie nur die eine Aufgabe, das Rechenexempel im bekannten Sinne zu lösen, d. h. das Recht anzuwenden, so kann sich jener frei betätigen, bis er an die Schranke des Rechts gelangt, d. h. an jenes Gebiet, welches infolge des sog. Gesetzesvorbehalts der Rechtssetzung überantwortet ist. Hier in dem Gebiete des freien Ermessens kann der Verwaltungsbeamte frei schalten und walten, in Wirklichkeit aber hält er sich an die Verwaltungsroutine, die ihm mit seinem Amt als „eiserner Bestandteil" mitgegeben. Die Verwaltungsroutine besteht aber selbst aus Konventionalregeln. Dazu kommt das dritte und meines Erachtens das für die Ausbildung der Konventionalregeln entscheidenste Moment im öffentlichen Recht: der Mangel der Konsonanz zwischen den obersten, mit Entscheidung von Staats- und Verwaltungsrechtsfragen betrauten Staatsorganen. Wir brauchen nur an die Möglichkeit zu erinnern, wie in Fragen des Wahlrechts die parlamentarische Körperschaft über das Recht der Wähler und Gewählten anders entscheiden kann als die für Entscheidung dieser Fragen gleichfalls eingesetzten Verwaltungsgerichte oder ordentliche Gerichte oder zu erinnern an die dem preußischen Rechte eigentümliche Diskrepanz der Rechtsprechung des preußischen Oberverwaltungs- und Reichsgerichts in Fragen des öffentlichen Rechts, des Kammer- und Oberverwaltungsgerichts in Polizeirechtssachen, oder an die der verschiedensten obersten Gerichtshöfe und Verwaltungsgerichte Deutschlands in Fragen der Gewerbeordnung u. a. m.

Wir sagen: jeder dieser obersten Instanzen redet, um bei der Anlehnung an die Sprachwissenschaft zu bleiben, eine Individualsprache, oder besser gesagt, einen eigenen Dialekt gegenüber der Schriftsprache, hier dem geschriebenen Gesetz. So entwickeln sich auf dem Gebiete des öffentlichen Rechts Konventionalregeln, ebenso wie in der Sprache. Im Privatrecht ist solches nicht leicht möglich, denn hier ist Konsonanz der richterlichen Entscheidungen einerseits durch die Monopolstellung der ordentlichen Gerichte in bürgerlichen Rechtsstreitigkeiten und andererseits durch die Einrichtung eines obersten Gerichtshofs gegeb zu Diese Konsonanz fehlt im Bereiche des öffentlichen Rechts. Es fehlten.- nächst die Monopolstellung der obersten entscheidenden Instanzen: Parlament und Gerichte, Ministerien und Gerichte, Oberrechnungskammer und Gerichte, ordentliche und Verwaltungsgerichte wenden einen und denselben Rechtssatz verschieden an. Und es fehlt sodann ein sie alle kontrollierender oberster Gerichtshof und wird immer fehlen. Daher wird für die Konventionalregel, d. i. die Entwicklung von „Dialekten" der obersten entscheidenden Instanzen im Gebiete des öffentlichen Rechts immer großer Spielraum gegeben sein. Nun begreift man aber auch, weshalb das gesamte öffentliche Recht trotz seiner stellenweisen Kodifikation — um mehr als stellenweise Kodifikation wird es sich niemals handeln — von solchen Konventionalregeln umsponnen ist und umsponnen sein muß, und zwar nicht bloß das Verfassungsrecht, wie dies Laband, Jellinek[1]), Dicey, Bryce (American Commonwealth 3. ed., 1905, I, p. 303) u. a. annehmen, sondern das gesamte öffentliche Recht.

In dieser Untersuchung haben wir uns nur mit einem jener „Dialekte" des öffentlichen Rechts, dem parlamentarischen Usus, zu beschäftigen.

II. Der Parlamentsbrauch als Verfassungsumbildner.

Der Parlamentsbrauch als Summe von Konventionalregeln, wodurch die Verfassung umgebildet wird, hat namentlich zwei markante Formen: die eine Form ist die Rechtssetzungsanmaßung, die andere die Formenentartung.

1. Die Rechtssetzungsanmaßung oberster, durch den Richter nicht kontrollierter Staatsorgane.

Hierher gehören in monarchischen Staaten die königlichen Verordnungen, sofern sie die der königlichen Verordnungsgewalt durch die Verfassung gesteckten Schranken überschreiten und selbst entweder rechtlich unüberprüfbar sind oder faktisch deshalb nicht überprüft werden, weil es an antragsberechtigten Parteien fehlt[2]). Sie sind nicht

[1]) In der oben angeführten Schrift „Verfassungsänderung", S. 3. Zwar sagt er auch äußerst zutreffend (S. 14): „Es gibt in jedem Staate Verwaltungsgrundsätze, die durch keinen Rechtssatz eingeführt oder betätigt, ein festes Bild der politischen Wirklichkeit gegenüber dem Unbestimmten der Rechtsmöglichkeit darbieten." Aber er setzt diese Verwaltungsgrundsätze nur mit den positiven Verfassungssätzen in Verbindung und konstatiert, daß jene diese modifizieren können. Daß sie aber auch sonst positives Recht, Verwaltungsrecht, das ganze öffentliche Recht fortwährend modifizieren und auch dadurch „ein festes Bild" nicht bloß „gegenüber dem Unbestimmten der Rechtsmöglichkeit", sondern auch gegenüber dem durch die Rechtsordnung positiv„ Bestimmten" darbieten, muß hervorgehoben werden. Dicey glaubt, daß seine Konventionalregeln nur die Verfassung modifizieren, ja, hält sie sogar für ein nur dem englischen Recht eigentümliches „Mysterium", das die Verhältnisse zwischen Monarch und Parlament (bloß diese?) regelt. Introduction to the study of the Law of the Constitution, 5. ed., p. 352.

[2]) Darauf wird auch der Widerstreit der Meinungen über die Grenzen der königlichen Verordnungsgewalt nach preußischem Rechte, wie er namentlich bei Arndt und Anschütz hervortritt, sich reduzieren lassen. Zweifellos hat Anschütz mit der sog. Exemplifikationstheorie Recht gegenüber der Arndtschen Enumerationstheorie. Aber nicht jede der königlichen Verordnungen praeter legem, wie sie tatsächlich im preußischen Rechte vorkommen, läßt sich mit Anschütz als bloße Verwaltungsordnung bezeichnen. So z. B. kann ich den von Anschütz (Die gegenwärtigen Theorien über den Begriff der gesetzgebenden Gewalt und den Umfang des königlichen Verordnungsrechts nach preußischem Staats-

Rechtsregeln, sondern, sofern sie in der Praxis beobachtet werden, Konventionalregeln[1]). Ein parlamentarisches Gegenstück sind die durch Resolutionen der parlamentarischen Körperschaften, durch ihre Geschäftsordnungsregeln bewirkten Verfassungswandlungen. Das englische Recht weist eine stattliche Reihe solcher Umbildungen der Verfassung durch die Geschäftsordnung auf (siehe mein englisches Staatsrecht I, S. 542 ff.), aber auch dem deutschen, dem französischen[2]) und dem Recht der Vereinigten Staaten[3]) sind sie geläufig. Ingleichen gehören die gesetzgeberischen Kompetenzüberschreitungen der Zentralgewalt auf das der Einzelstaatsgesetzgebung vorbehaltene Gebiet in Bundesstaaten hierher. So im Deutschen Reich, wo dem Richter die Prüfung der materiellen Verfassungsmäßigkeit von Reichsgesetzen versagt ist. Als Parlamentsbrauch in der Form der Rechtsatzanmaßung müssen wir es daher betrachten, wenn die dem Reich nach Art. 4 der Reichsverfassung zustehende Kompetenz ohne Verfassungsänderung einfach erweitert wird. Ein

---

recht [2. Aufl., 1901, S. 78]) als Verwaltungsordnung charakterisierten Allerh. Erlaß, enthaltend Bestimmungen wegen der den Militärs usw. zugewährenden Tagegelder vom 28. Dez. 1848 [GS. 1849, S. 85] durchaus nicht als solche gelten lassen, sondern bin mit Arndt der Ansicht, daß es sich hier um Rechtsnormen handelt. Denn die Festsetzung von Tagegeldern greift jedenfalls in die Individualsphäre des Staatsbürgers, da jene aus den von ihm bewilligten und von ihm gesteuerten Geldmitteln bezahlt werden. Hierdurch werden ihm „Lasten und Leistungen" auferlegt. Desgleichen sind für mich die Normen des Besoldungswesens zweifellos Rechtsnormen. Anders Anschütz, a. a. O., S. 79 ff. Daß die Kammern jenen Erlaß vom 28. Dez. 1848 — wie Arndt hervorhebt — als verfassungswidrig bekämpft haben, also der Ansicht gewesen sind, daß er Rechtsnormen enthielte, scheint Anschütz für irrelevant zu halten. Warum aber sollte solche Ansicht der legislativen Körperschaft, die zweifellos eine Auslegung der Verfassungsurkunde enthält, geringer gewertet werden, als die von Anschütz stets — und mit Recht — hochgeschätzte Meinung des preußischen Oberverwaltungsgerichts in analogen Rechtsfragen? Ähnlich wird man das frühere preußische Pensionsreglement von 1857, das bis zum Pensionsgesetz vom 27. März 1872 (GS., S. 268) gegolten hat, als Rechtssetzung ansehen müssen (s. Arndt, Das selbständige Verordnungsrecht 1902, S. 162). Trotzdem erging es ohne gesetzliche Ermächtigung, die unbedingt nötig gewesen wäre. Wenn solche Normen zweifellos in Geltung stehen, so darf man eben nicht verkennen, daß es sich um Konventionalregeln, nicht um Rechtsnormen handelt. Was aber sowohl Arndt wie Anschütz unterlassen, ist die notwendige Feststellung, daß es sich in solchen und ähnlichen Fällen um verfassungswidrige Rechtssetzung durch Staatsorgane handelt. Anschütz übersieht die Rechtssetzung, Arndt die Verfassungswidrigkeit.

[1]) Über Fälle solcher Verordnungen im österr. Recht, wo das richterliche Prüfungsrecht gegenüber kaiserlichen Verordnungen gegeben ist s. Tezner, Juristische Blätter, 36. Jahrgang [1907], S. 302. Doch verkennt er das Wesen dieser Rechtssatzanmaßungen als Konventionalregeln, indem er sie etwas vorschnell als Gewohnheitsrecht bezeichnet. Den Nachweis hierfür, insbesondere dauernde Übung und allgemeine Rechtsüberzeugung, erbringt er nicht.

[2]) S. Jellinek, a. a. O., S. 10.

[3]) S. Bryce, a. a. O., S. 394 f.

Beispiel hierfür ist das Jesuitengesetz. Andere wird die folgende Darstellung des Parlamentsrechts nachweisen. (Siehe im folgenden III. Teil 1. Abteilung.)

2. Die Formentartung.

Unter dieser Erscheinung begreifen wir alle jene Fälle der Praxis, in welchen die verfassungsmäßige Form des Zusammenwirkens mehrerer Staatsorgane ersetzt wird durch eine nicht verfassungsmäßige und daher widerrechtliche, was mitunter für die Beteiligten bequemer sein kann, einzig und allein aber deshalb möglich wird, weil keines der beteiligten Staatsorgane dagegen Einspruch erhebt. Diese Praxis, die also illegal ist und die verfassungsmäßige Form ersetzt, gilt nicht als Rechtsregel, sondern ist bloß Konventionalregel. Ein charakteristisches Beispiel für den Parlamentsbrauch als Formentartung ist das folgende. Im Jahre 1890 hatte die Regierung eine Novelle zur Gewerbeordnung vorgelegt, die vor den Sommerferien nicht erledigt werden konnte. Um die bereits geleistete parlamentarische Arbeit nicht zu Boden fallen zu lassen, brachte der Reichskanzler im Namen des Kaisers den verfassungsmäßigen Antrag auf Vertagung bis zum 18. November 1890 ein. Man wollte aber auch die Reichstagskommission zur Beratung der Gewerbeordnungsnovelle schon vor dem Wiederzusammentritte des Reichstags, also während der Vertagungszeit, als sog. Zwischenkommission tagen lassen. Ein solches Vorgehen war vom Standpunkte der Verfassung sehr anfechtbar (siehe Abg. E. Richter in der d. RT.-Sitzung vom 28. Juni 1890, S. 654 f.). Das Bedenken wurde aus dem Wege geräumt durch die Worte des Abg. Grafen v. Ballestrem (a. a. O. S. 655): „Ich glaube, daß wenn die beiden Faktoren, die bei der Vertagung mitwirken, nämlich der Kaiser und Reichstag, einig sind, eine gewisse Beschränkung in der Vertagung eintreten zu lassen, dann absolut kein Bedenken vorliegt, und daß wir ganz gut den Antrag 2, wie er gestellt ist, annehmen können.“ Der „Antrag 2“ („der Reichstag wolle beschließen, die zur Vorberatung des Gesetzentwurfs, betreffend die Abänderung der Gewerbeordnung — Nr. 4 der Drucks. — gewählte VIII. Kommission zu ermächtigen, behufs weiterer Fortführung dieser Vorberatung bereits vom 4. November cr. ab zusammenzutreten“) wurde angenommen.

Andere Fälle der Formentartung müssen im Parlamentsrecht noch klargelegt werden.

III. Der Parlamentsbrauch im engeren Sinne.

Eine andere weniger tiefgreifende, aber auch überaus wichtige Bedeutung kommt dem Parlamentsbrauch bei Regelung der inneren Geschäftsgebahrung des Reichstags zu. Die Form, kraft der er hier besonders zur Erscheinung tritt, ist der Organisationsparallelismus und die Organisationsidentität.

1. Der Organisationsparallelismus.

Ich verstehe darunter jenes Phänomen der Normenbildung, wo Normen, Konventionalregeln, aber auch Rechtsregeln — die für eine Organisation von Staatseinrichtungen gelten, für eine parallele rechtliche Organisation d. h. eine in ihrer Struktur der ersten analoge ebenfalls zur Anwendung kommen aber nicht kraft Rechtsgebots, sondern als Konventionalregeln. Dies wird dann namentlich notwendig, wenn die für die zweite Organisation eingerichtete Rechtsordnung nur unvollkommen ist und Lücken aufweist. Die Wirksamkeit des Organisationsparallelismus ist ferner keineswegs auf das Rechtsgebiet eines und desselben Staates beschränkt. So erfolgte die Rezeption des römischen Rechts vorwiegend infolge eines fingierten Organisationsparallelismus zwischen den Organen des römischen Reichs deutscher Nation und denen des alten römischen Kaiserreichs[1]). Ein solcher Organisationsparallelismus liegt dem Gedanken zugrunde, daß das Interpellationsrecht der Parlamente auch dort bestehe, wo es keine gesetzliche Grundlage hat[2]). Ein solcher Organisationsparallelismus trägt auch die selbst heute nicht selten zu findende Rechtsüberzeugung, daß wir Sätze der englischen Parlamentspraxis übernehmen müßten, wenn unsere eigene Geschäftsordnung schweigt. Der Satz der Diskontinuität der Sessionen ist einfach aus solchem Organisationsparallelismus erwachsen, war ursprünglich Konventionalregel. Ob er es auch heute noch ist, wird im letzten Teil dieses Werkes (über das parl. Verfahren) zu untersuchen sein. Ein ganz charakteristisches Beispiel dieser Übernahme von Normen eines andersstaatlichen Rechtsgebiets, kraft Organisationsparallelismus, ist Folgendes: Als am 25. Februar 1867 der verfassungsberatende Reichstag zur Beratung über die Verfassung des Norddeutschen Bundes zusammentrat, fand er keine eigenen Normen vor, nach welchen er seine Geschäfte führen konnte. Er wendete — ohne rechtliche Grundlagen hierfür zu besitzen — kurzweg die Geschäftsordnung des preußischen Abgeordnetenhauses an. (StB. des RT. 1867, I, S. 1 ff.) Es erfolgte zwar später der „Beschluß" (a. a. O. S. 5), die GO. des preußischen Abgeordnetenhauses provisorisch en bloc mit gewissen Modifikationen anzunehmen, aber dieser „Beschluß" mußte doch selbst nach gewissen Normen vorgenommen werden. Für ihn fehlte die rechtliche Grundlage, ebenso für das dem Beschluß vorhergehende, nämlich, daß das älteste Mitglied den Vorsitz übernahm, die vier jüngsten Mitglieder der Versammlung zur provisorischen Wahrnehmung des Schriftführeramts bestellte, die Fest-

---

[1]) S. darüber Stölzel in der krit. Vierteljahrsschrift (gegen Below), 3. Folge, 11. B. (1906/07), S. 5.

[2]) S. mein Interpellationsrecht, Leipzig 1909, passim.

stellung der Zahl der anwesenden Abgeordneten durch Verlesung der Namensliste veranlaßte, Anträge betreffend eine Geschäftsordnung verlesen ließ und zur Verhandlung stellte, alsdann zwei Schlußanträge zur Abstimmung brachte.

Eine besondere Form des Organisationsparallelismus ist die Normenanastase, d. i. das Wiederaufleben längst aufgehobener Gesetzestexte, u. a. Normen, einfach weil die Praxis der gleich oder parallel bleibenden Staatsorganisation sie nötig hat. Diese Anastase des Gesetzes erfolgt keineswegs durch Rechtsgebot, sondern kraft Konventionalregel. Solche Gesetzesanastase ist es z. B., wenn die preußische Verwaltungspraxis[1]) zur Bestimmung des heutigen Rechtsverhältnisses zwischen Staatsregierung und städtischer Selbstverwaltung sich auf die Normen der aufgehobenen Städteordnung von 1831 (§ 139) stützt und die Theorie[2]) ziemlich ratlos vor der Frage steht, weshalb denn das heutige Kommunalaufsichtsrecht des preußischen Staats gegenüber Städten der östlichen Provinzen auf das längst aufgehobene Gesetz von 1831 gegründet werden müßte. Ein Seitenstück aus dem Parlamentsrecht ist die übliche „stillschweigende" Übernahme der Geschäftsordnung einer Session durch das preußische Abgeordnetenhaus in der nächsten Session oder die analoge Art wie der Reichstag die während einer Legislaturperiode maßgebende GO. für die nächste rezipiert. Vom Tage, da sie beschlossen wurde (12. Juni 1868), durch die folgende Zeit bis zur sechsten Legislaturperiode (1884), wurde sie zu Beginn jeder Legislaturperiode ausdrücklich als maßgebend angenommen. (So 1871, 1874, 1877, 1878, 1881.) Seit 1884 hörte dies auf. Man spricht von einer „stillschweigenden" Übernahme[3]). Doch mit Unrecht, denn auch der „stillschweigende" Beschluß setzt eine konstituierte Versammlung voraus, aber diese Konstituierung kann doch selbst nur nach einer Geschäftsordnung vor sich gehen — die bis zur Annahme der früheren aber bei Beginn die Legislaturperiode erloschenen eben noch fehlt. In Wirklichkeit kann man von keiner „stillschweigenden" Übernahme, sondern von nur einer Normenanastase kraft Organisationsparallelismus reden, die aber dazu dient, ein Normenvakuum durch Konventionalregeln auszufüllen[4]).

Eine andere Form des Organisationsparallelismus, der Konventional-

---

[1]) Entsch. des preußischen OVG., Bd. 25, S. 49, Bd. 28, S. 89. Steffenhagen, Handbuch der städtischen Verfassung und Verwaltung in Preußen (1887), II, S. 297: „Man hat sich in praxi daran gewöhnt, das Aufsichtsrecht auf die im § 139 leg cit. hervorgehobenen Rechte und Pflichten zu bauen."

[2]) S. den Aufsatz im Preuß. Verw. Bl., Jahrg. 25, S. 487.

[3]) S. Laband, DStR. I[5], 345[2].

[4]) S. die zutreffende Charakteristik dieses Vakuums durch den Abg. Reichensperger in St. B. des preuß. Abgeordnetenhauses 1862, I, S. 103.

regeln erzeugt, ist das sog. Übergangsrecht[1]). Es ist der Normenanastase sehr nahe verwandt, unterscheidet sich aber von dieser dadurch, daß bei ihm die Veränderung der Staatsordnung vorausgesetzt wird, bei dieser nicht. Ferner handelt es sich bei der Normenanastase um das Wiederaufleben erloschener Normen oder aufgehobener Gesetze durch ausdrückliches Gebot, bei dem Übergangsrecht braucht dies durchaus nicht der Fall zu sein. Solches Übergangsrecht, richtiger die Übernahme wichtiger Bestandteile der aufgehobenen Staats- und Rechtsordnung, sind Begleiterscheinungen aller Revolutionen, ja auch schon des bloßen friedlichen Übergangs von der einen Staatsordnung in die andere. Man hat in diesen Fällen meistens keine Zeit, alles gesetzlich und rechtlich vorzusehen, was das Staatswesen erheischt, und übernimmt das Notwendigste ohne jede rechtliche Sanktion aus der früheren Staatsordnung. Dieses aber gilt nicht etwa kraft Rechtsatzes, sondern einfach kraft Konventionalregel. Es kann auch nicht zugegeben werden, daß das, was früher als Gesetzesrecht unter der alten Staatsordnung gegolten hat, als Gewohnheitsrecht fortbesteht oder daß durch Staatsänderungen das Gewohnheitsrecht der alten Staatsordnung als Gewohnheitsrecht übernommen wird[2]). Dies müßte für die neue Staatsordnung auch von den beiden Erfordernissen jedes Gewohnheitsrechts, dauernde Übung und Rechtsüberzeugung, getragen sein. Aber gerade im Beginn einer durch Revolution oder durch friedliche Staatsänderung entstandenen Neuordnung des Staatswesens fehlt solch dauernde Übung und vor allem die Rechtsüberzeugung zu gunsten des alten Rechts, mit dem man ja gerade in dieser ersten Zeit von Grund aus aufräumen, von dem man nichts wissen will. Wenn es trotzdem, wie z. B. das holländische Wahlgesetz für die Wahlen zum belgischen Nationalkongreß im Jahre 1830[3]) fortgilt, so ist es nur als Konventionalregel kraft Organisationsparallelismus aufzufassen. Markante Beispiele des sog. Übergangsrechts sind das Fortgelten gewisser Sätze der früheren französischen Verfassung und ihres Rechts in der gegenwärtigen Staatsverfassung[4]), das Weitergelten der

[1]) Der Ausdruck stammt von Richard Thoma, der Polizeibefehl im badischen Rechte 1906. Ich kann mich hier darauf beschränken, auf seine zutreffenden Ausführungen daselbst hinzuweisen (S. 112 ff.) Nur halte ich seine Ansicht, daß es sich hierbei um Rechtsnormen handle, für verfehlt. Es sind eben Konventionalregeln, wie er auch selbst zugesteht, daß sich sein „Übergangsrecht" durch keinen Paragraphen (d. i. Rechtsgebot) belegen lasse (S. 113).

[2]) Wie Jellinek, Verfassungsänderung a. a. O. S. 4 f. annimmt. Übrigens auch schon Gesetz und Verordnung, S. 205; Recht des modernen Staats, II, S. 272. Wenn er sich hierbei nicht auf das Naturrecht, sondern auf die herrschende Praxis beruft, so ist diese eben nichts anderes als Konventionalregel.

[3]) S. Frère-Orban, Droit Constitutionel de la Belgique, I (1906), p. 117: „Mais il était impossible d'improviser une loi électorale."

[4]) Jellinek, a. a. O. Andere Beispiele bei Esmein, Eléments de droit constitutionnel francais et comparé 1909, passim.

vorkonstitutionellen Gesetzgebung in der gegenwärtigen deutschen Einzelstaatsverfassung, das heutige Fortgelten der deutschen Bundesakte und sogar des alten Reichsrechts für den Umfang der sog. standesherrlichen Autonomie[1]) u. a. m.

Für das Parlamentsrecht kommt die z. B. in Frankreich zu beobachtende Tatsache, daß Normen der parlamentarischen Ordnung des Julikönigstums noch heute gelten, bei uns aber als Beispiel in Betracht, daß die vom konstitutierenden Reichstag am 6. März 1867 definitiv angenommene GO. vom ersten Reichstag des Norddeutschen Bundes am 10. September 1867 ebenfalls — noch ehe er sie seinerseits angenommen hatte — zur Anwendung gebracht wurde (StGB. d. RT. 1867, S. 3). Ein anderes Beispiel ist die Tatsache, daß die vom Reichstag des Norddeutschen Bundes am 12. Juni 1868 beschlossene GO. vom ersten Reichstag des Deutschen Reichstags ebenfalls noch vor ihrer Annahme durch das Haus insofern angewendet wurde, als ein Alterspräsident den Beschluß des Hauses extrahierte[2]), was doch nur nach der früheren des Norddeutschen Reichstags geschehen konnte.

2. Die Organisationsidentität.

Eine dem vorhergehenden sehr nahverwandte Erscheinung ist die Normenbildung kraft Organisationsidentität. Hierher fallen der Gerichtsgebrauch, die Verwaltungsroutine und der Parlamentsbrauch in gewöhnlichem Sinne. Normen, die von einer Behörde oder einem Staatsorgan in jahrelanger Praxis betätigt worden sind und sich bewährt haben, werden unter gleichen Verhältnissen immer angewendet. Eine Rechtsquelle sind weder Gerichtsgebrauch[3]), noch Parlamentsbrauch, noch Verwaltungspraxis. Warum kommt aber dennoch dem einzelnen Rechtsfall im Gerichtsgebrauch, dem parlamentarischen Präzedenzfall eine „gewaltige Autorität“[4]) zu? Die Antwort kann nur lauten: Es handelt sich hier um keine Rechtserzeugung, keine Rechtssetzung, sondern bloß um die Wirksamkeit von Konventionalregeln kraft Organisationsidentität. Die aus einem Rechtsfall abstrahierte Regel ist, sofern sie eine Abweichung von der Rechtsnorm darstellt, Konventionalregel. Sie wird aber auch im Rechtsleben praktisch, weil es reine „Willkür“ wäre, von einer Norm, die sich bewährt hat, abzuweichen. Treffend hat dies schon Thöl erkannt, wenn er vom Gerichtsgebrauch sagt[5]), was mutatis mutandis auch für den Parlamentsbrauch in gewöhnlichem Sinne gilt: „Er gilt einmal in den Fällen, in welchen der

[1]) Loening, Die Autonomie der standesherrlichen Häuser Deutschlands nach dem Recht der Gegenwart, Halle 1905, S. 19, Anm. 2 (gegen Rehm), und S. 64 ff.

[2]) Sten. Ber. 1871, Sitzg. vom 21. März 1871, I, S. 5.

[3]) S. statt aller Endemann, Lehrbuch des bürgerl. Rechts, I[9], S. 37.

[4]) Dernburg, Das bürgerl. Recht, I, 1906[3], S. 84.

[5]) Einleitung in das deutsche Privatrecht, 1851, S. 137.

Richter auf Billigkeit nach seinem Ermessen, welches stets eine gewisse Willkürlichkeit in sich trägt, angewiesen ist. Wo einmal so nach Billigkeit und Willkür entschieden ist, weil diese statthaft war, da ist es reine Willkür und daher nicht statthaft, unter denselben Verhältnissen von der früheren Entscheidung abzuweichen Was dem einen recht ist, das ist dem andern billig: d. h. was dem einen als billig Recht geworden ist, muß auch dem andern als billig Recht werden."

IV. Mit dem Nachweise, daß der Parlamentsbrauch Konventionalregel ist, kann die vorliegende Untersuchung noch nicht abgeschlossen werden. Denn nun erhebt sich schließlich die Frage nach dem Verhältnis der Konventionalregeln zu den Rechtsnormen. Aus der obigen Beschreibung der Konventionalregeln wird wohl folgendes zu ihrer Charakteristik abgeleitet werden können:

1. daß es Normen sind, die sich nicht gerade selten gegen den ausdrücklichen Wortlaut der Gesetze entwickeln und eine Verbindlichkeit für die Praxis aufweisen, die der Geltung der Rechtsnormen anscheinend nichts nachgibt;

2. daß es Normen sind, die ihre Verbindlichkeit aus der normativen Kraft des Faktischen ableiten: „Eine stärkste Motivationsquelle zu weiterer Übung des Satzes bildet nach durchgängiger psychologischer Erfahrung die Tatsache, daß bisher schon in gleichen Fällen ebenso gehandelt ist"[1]).

3. Alle Konventionalregeln des Rechts unterscheiden sich von Konventionalregeln auf anderen Gebieten gesellschaftlicher Gemeinäußerungen (Sprache, Religion, Sitte) dadurch, daß sie zu ihrem Schutze gewissermaßen als Deckblatt eine Rechtsnorm brauchen, diese Rechtsnorm aber meist irrtümlich zur Anwendung kommen lassen und so die Erweiterung jedenfalls die Veränderung des Rechtskomplexes herbeiführen: die Erweiterung dadurch, daß sie sich allmählich zum Gewohnheitsrecht durchsetzen, was freilich aus Gründen, die oben (S. 13) näher angeführt wurden, im öffentlichen Recht nicht immer möglich ist; die Veränderung dadurch, daß sie an Stelle des vorhandenen Rechtsnormenkomplexes einen anderen Normenkomplex, nämlich sich selbst hinzufügen.

Wodurch unterscheiden sich aber, wird man fragen, diese Konventionalregeln von den wirklichen Rechtsnormen? Dadurch, daß die Rechtsnorm dazu dient, Weisungen für die Gegenwart und Zukunft zu geben, Anweisungen also für ein erst darauffolgendes Handeln, die Konventionalregel

---

[1]) Zitelmann, Archiv für zivil. Praxis, Bd. 66, S. 450; s. auch Jellinek, Recht des modernen Staats, I, S. 345 ff.

aber nur den Zweck hat, praktisch zweckmäßiges Handeln, das sich aus der Befolgung von Präzedenzfällen ergibt, nachträglich a posteriori zu rechtfertigen[1]).

Infolge des obigen Unterschieds der beiden Normenarten dient die Konventionalregel nur von Fall zu Fall, niemand wird sich darüber aufhalten, daß sie einmal im konkreten Falle nicht befolgt wird, während die Rechtsregel, will sie auf Geltung Anspruch machen, immer und in allen Fällen sich durchsetzen muß. So repräsentieren die Konventionalregeln zwar ein Vorstadium des Rechts[2]), aber sie sind von ihm wesentlich verschieden.

§ 4. Die Geschäftsordnung.

Überblick über die Ausgestaltung der Geschäftsordnung des In- und Auslandes.

Man kann drei Haupttypen unterscheiden, von denen sich der letzte wieder in eine Reihe Untertypen scheiden läßt. Die drei Haupttypen sind:

1. der englische,
2. der schwedische,
3. der französische Typ.

I. Der englische Typus. Die sog. Orders, das sind die Geschäftsordnungsregeln des englischen Unterhauses, zerfallen in die sog. Standing Orders, Sessional Orders und einfachen Orders.

a) Die Standing Orders sind diejenigen Geschäftsordnungsregeln, welche von einem der beiden Häuser, wenn einmal beschlossen, so lange für alle künftigen Zeiten gelten, als sie nicht ausdrücklich aufgehoben werden (was man im Oberhause vacating, im Unterhause repealing nennt). Im Unterhause kann diese Aufhebung für einen einzelnen Fall ad hoc erfolgen (z. B. H. D. 352 p. 1853 f.). Die Standing Orders des Oberhauses werden von Zeit zu Zeit gedruckt, die des Unterhauses regelmäßig alljährlich von dem Clerk des Hauses zusammengefaßt und dem Hause im Druck vorgelegt.

b) Die Sessional Orders sind diejenigen Geschäftsordnungsregeln, die nur für eine Session gelten und für jede Session erneuert werden müssen.

---

[1]) Das Stammlersche Kriterium der Konventionalregel (s. Wirtschaft und Recht, §§ 22 bis 24), nämlich die Abhängigkeit ihrer Geltung von dem Willen des Unterworfenen, trifft für die von mir aufgedeckten Erscheinungen gar nicht zu. Man denke nur an die Verwaltungs, Parlaments- und Staatspraxis, der der einzelne unterworfen bleibt, gleichviel ob er will oder nicht. Deshalb, und weil auch meine Begründung der Konventionalregel wesentlich von der Stammlerschen abweicht, möchte ich mich nicht unter diejenigen gezählt wissen, die ihm hierin folgen.

[2]) Als solches hat sie für das Zivilrecht bereits Zitelmann, a. a. O., S. 465 anerkannt.

c) Die einfachen Orders sind Resolutionen beider Häuser, die auf die Geschäftsordnung Bezug haben, deren Geltung aber von vornherein nicht bestimmt ist. Gewöhnlich erledigen sie sich schon mit dem Sessionsschluß. Doch erlangen einige von ihnen eine längere Dauer, namentlich dann, wenn sie zu besonderem parlamentarischen Gewohnheitsrecht durch ständige Übung wachsen sind. So ist z. B. in neuerer Zeit (1876) jene Geschäftsordnungsregel, welche den Fremden den Aufenthalt im Unterhause verwehrte, durch eine Resolution suspendiert worden, und diese Suspension gilt jetzt für jede Session, ohne daß sie zu einer Standing oder Sessional Order gemacht wird.

Die Standing Orders und anderen Orders des englischen Unterhauses sind zweifellos Rechtssätze, die sich im Gegensatz zu den kontinentalen Geschäftsordnungen dadurch bemerkenswert machen, daß sie auch contra legem ergehen können. Dann sind sie zweifellos Rechtssatzusurpationen, aber das Unterhaus nimmt sie vor, denn zwei Hilfsmittel stehen ihm hierbei zu Gebote: Einmal das Privileg der prinzipiellen Unüberprüfbarkeit parlamentarischer Resolutionen durch die Gerichte, sofern nur die Rechtmäßigkeit dieser Resolution geprüft werden soll; zweitens die Zwangsgewalt, welche die beiden Häuser des Parlaments für ihre Resolutionen gegenüber widerspenstigen Individuen (auch Nichtmitgliedern) besitzen (Contempt of court). Die prinzipielle Unüberprüfbarkeit jeder Zwangsgewalt gegen Individuen, die diesen parlamentarischen Resolutionen zuwiderhandeln, ist gewissermaßen die Hauptgrundlage, auf welcher die parlamentarischen Rechtssatzusurpationen zu Parlamentsrecht erwachsen (siehe mein engl. Staatsrecht I, S. 366 ff.). Das amerikanische Recht kennt auch die Dreiteilung der Orders, aber trotz der Nachahmung des englischen Rechts fehlt den amerikanischen Standing Orders und Sessional Orders, wie überhaupt allen Orders der beiden Häuser des Kongresses, die Möglichkeit, die Zwangsgewalt (Contempt of court) auch gegen Nichtmitglieder des Parlaments wegen Widerstands gegen parlamentarische Resolutionen auszuüben (siehe Freund, Das öffentliche Recht der Vereinigten Staaten, im Öffentlichen Recht der Gegenwart, Bd. XII, S. 109). Dadurch kommen die amerikanischen Geschäftsordnungsmaßregeln dem kontinentalen Typ, insbesondere dem französischen nahe

II. Der schwedische Typ ist dadurch charakterisiert, daß die Geschäftsordnung des Riksdag in ihrer Hauptsache durch Gesetz, und zwar ein Verfassungsgesetz festgelegt ist. Die Reichstagsordnung von 1866, die die frühere von 1810 abgelöst hat, ist nach § 85 der schwedischen Verfassung ebenso wie die frühere ein Verfassungsgesetz. Sie regelt in der Hauptsache die Geschäftsordnungsverhältnisse im schwedischen Reichstag. Nur eine untergeordnete Bedeutung haben die Arbeitsordnungen, deren Feststellung den einzelnen Kammern des schwedischen

Reichstags (nach § 78 der Richstagsordnung) zukommt. Die Eigentümlichkeit des schwedischen Geschäftsordnungsrechts, welche eben darin liegt, daß die Hauptsache durch Gesetz festgelegt ist, hängt mit der Eigentümlichkeit der schwedischen Staatsverfassung und ihrem Aufbau zusammen, wonach beide Kammern ebenso wie die früheren vier Stände des Reichstags einandeı gleichberechtigt sind. Die Verhandlungen werden in beiden gewöhnlich über denselben Gegenstand gleichzeitig geführt, und gemeinsame Ausschüsse bereiten die hauptsächlichsten Geschäfte des Reichstags vor. Aus dieser Gleichheit der Kammern, aus dieser Gemeinsamkeit der Ausschüsse folgt die Notwendigkeit, daß keine Geschäftsordnung einer Kammer in der Lage sein darf, über die Verhandlungen einseitig zu beschließen, da dies immer ein Eingriff in die Kompetenz der anderen Kammer wäre und eine Schwächung der Rechte der anderen Kammer bedeuten könnte. Aus dem Grunde ist die Geschäftsordnung für den Reichstag durch Gesetz festgelegt (siehe darüber Rydin, Svenska Riksdagen, Senare Delen II, 1 ff......).

III. Der dritte Typ ist der französische. Man könnte ihn auch den kontinentalen Typ nennen, da er Vorbild für die meisten Geschäftsordnungen des Kontinents geworden ist.

1. Die eine Form der Ausgestaltung dieses Typus besteht darin, daß die Verfassung sich darauf beschränkt, die wichtigsten Organisationsbestimmungen des Parlaments aufzustellen, z. B. Anordnungen über die Organisation des Parlamentsvorstandes, Anordnungen über die Öffentlichkeit der Sitzungen, über die Beschlußfähigkeitsziffer u. dgl., das übrige Detail aber der Regelung durch die Geschäftsordnung überläßt. Dieser Typus ist speziell maßgebend gewesen für die französischen Verfassungen von 1791 und 1830, aber auch für die anderen Staaten: die belgische Verfassung, die spanische, die griechische, die italienische, auch für die holländische und dänische Verfassung, schließlich auch für die preußische Verfassung und daher auch für die deutsche Reichsverfassung.

2. Die zweite Art der Ausgestaltung geht von der Voraussetzung aus, daß die sog. interna corporis der Geschäftsordnung von den beiden Kammern selbst zu regeln seien, daß hingegen die äußeren Beziehungen des Parlaments, nämlich die Beziehungen der beiden Kammern einerseits zur Regierung, andererseits zur Außenwelt und die Verhältnisse der beiden Kammern zueinander durch ein Gesetz geregelt werden müßten, weil das Gesetz allein rechtliche Beziehungen regeln dürfte. Diese Auffassung war zunächst zugrunde gelegt der Art, wie die Charte Frankreichs von 1814 die Sache anfaßte. Die äußeren Beziehungen des Parlaments und der beiden Kammern zueinander waren durch Gesetz geregelt, die interna corporis jeder einzelnen Kammer überlassen. In den Staaten des

deutschen Frühkonstitutionalismus, Bayern[1]), Baden[2]), Hessen[3]), ferner in Sachsen[4]) u. a. wurden zwar zunächst die Geschäftsordnungen der Stände, mochten sie sich auf innere Verhältnisse der ständischen Körperschaft beziehen oder nach außen gerichtet sein, vom Landesherrn durch Reglement oder Gesetz geregelt oder wenigstens bestätigt (Württemberg[5])). Mit der Zeit machte sich auch in den gesamten deutschen Staaten der Einfluß der Charte von 1814 und ihre Regelung der Geschäftsordnung geltend. Bis zum Ausgange der 30er oder 40er Jahre wurde in der Praxis das Recht des Landesherrn, durch Gesetz die äußeren Beziehungen der Stände zu regeln, nicht bestritten, aber für die Kammern das Recht in Anspruch genommen, die interna corporis selbständig festzusetzen. Dementsprechend ist auch der heutige Rechtszustand in diesen Staaten geregelt[6]). In Hessen und in einer Reihe deutscher Kleinstaaten ist dagegen die gesetzliche Regelung der gesamten Geschäftsordnung beibehalten[7]).

§ 5. Die juristische Natur der Geschäftsordnung.

I. Die konstitutionelle Doktrin.

1. Die Lehre von der parlamentarischen Vereinsautonomie und Selbstkonstitutionierung.

Auf die Lehre vom pouvoir constituant geht die Auffassung zurück, daß parlamentarische Versammlungen, wenn sie in ihren ersten Sitzungen ihre Organisation und die ihr eigentümliche Form der Geschäftsberatung festlegen, ein pouvoir constituant ausüben. Das solle nicht jede gesetzgebende Körperschaft tun dürfen, pouvoir constituant und pouvoir constitué müßten voneinander getrennt bleiben, aber der Constituante von 1789 sollte es zustehen, weil sie ja im allgemeinen dazu berufen war, die Konstitution des Landes festzulegen. Jedenfalls müsse diese assemblée générale darauf bedacht sein, von keiner anderen Gewalt ihre Geschäftsordnung anzunehmen, das wäre sonst

---

[1]) S. Seydel, Bayr. Staatsrecht, I², S. 456.

[2]) Walz, Über die Prüfung der parlamentarischen Wahlen, 1902, S. 15 ff.

[3]) Weiß, System des öff. Rechts des Großh. Hessen, I (1837), S. 474; vgl. auch die Ausführungen des Abg. Starck in der Sitzg. vom 8. Juli 1820, Städteverhandlungen der 2. Hess. Kammer, II, S. 11.

[4]) S. Milhauser, Sächs. Staatsrecht, I (1839), S. 176, Anm. a), und Städteverhandlungen, Landtagsakt, 1833/4, II i, S. 319; III i, S. 203 und IV, S. 145.

[5]) Gröber in s. Ausschußbericht für die Württ. 2. Kammer, Beilage 372, ca. 1909, S. 410 f.

[6]) Baden s. Walz a. a. O. S. 18 ff, für die anderen bei Meyer-Anschütz DStR. 328².

[7]) S. ihre Aufzählung bei Meyer-Anschütz, D. StR., S. 328².

Verrat an der Nation. Diese Lehren von Siéyès[1]) wurden dann von der verfassunggebenden Versammlung in Frankreich 1789 bei Festlegung ihrer Geschäftsordnung beobachtet. Auch sie ging, wie die Darlegungen von Mirabeau[2]) zeigen, von der Ansicht aus, daß die Festlegung der Geschäftsordnung eine Ausübung des pouvoir constituant sei. Die Auffassung von Mirabeau, Target u. a. war, daß die gesetzgebende Körperschaft wie jede andere politische Versammlung und Vereinigung vorgehe, indem sie um ihre eigene moralische Existenz (Le moi moral) festzulegen, mit Einstimmigkeit den „pacte social" abschließe, wonach das Majoritätsprinzip bei Abstimmungen zu herrschen habe. Dieses Majoritätsgesetz schaffe erst die Möglichkeit, daß ihren künftigen Beschlüssen die Kraft von Gesetzen innewohne. Man ging also damals von der Auffassung aus, daß die gesetzgebende Körperschaft ein politischer Verein sei, der durch pouvoir constituant und Verfassungsgesetz die Form seiner Geschäftsberatungen festlegen müßte. In der Erhebung des Vereins- und Majoritätsprinzipes zur Grundlage des Verfassungspakts ist auch die Autonomie, die dieser politischen Vereinigung zukommt, gefordert.

In Deutschland fanden diese Lehren schon in den Verfassungsäußerungen des süddeutschen Frühkonstitutionalismus Anklang. Man ist z. B. in Baden, als 1819 die zweite Kammer an die Durchsicht der von der Regierung vorgelegten Geschäftsordnung geht, der Ansicht, daß man hierbei für den durch die Kammer gebildeten „Verein" (Bericht des Abg. Kern, Verhandlungen der 2. Kammer 1819, Heft I, S. 74) ge-

---

[1]) Ausgesprochen in seiner Schrift: „Vues sur les moyens d'exécution dont les Représentants de la France pourront disposer en 1789, 2 ed., 1789, p. 79 f. „Il n'est pas moins important à l'assemblée d'employer ses premières séances à se donner l'organisation et les formes convenables aux fonctions qu'elle est appelée à exercer. Ce n'est pas qu'au fond, la législature ordinaire dût être chargée de se constituer elle-même. Le pouvoir constituant et le pouvoir constitué ne devroient pas se confondre. Mais, puisque la Nation n'a pas pourvu au grand ouvrage de la constitution par une députation spéciale, il faut bien supposer que les prochains Etats-Généraux réuniront les deux pouvoirs. Au surplus, ce sujet intéressant nous mèneroit trop loin; il mérite un mémoire à part. Contentons-nous, ici de remarquer que l'assemblée générale devant être nécessairement dans la plus parfaite indépendance du pouvoir exécutif, elle se rendroit coupable envers la Nation, autant qu'envers la raison, de se laisser modifier par une autorité étrangère. Elle ne peut connaître que ses reglements, et elle les observera nonobstant tous usages, arrêts du conseil, ou décisions contraires."

[2]) M. le comte de Mirabeau. Qu'on me permette encore quelques réflexions; il n'est dans toute association politique qu'un seul acte qui, par sa nature, exige un consentement supérieur à celui de la pluralité: c'est le pacte social qui, de lui-même étant entièrement volontaire, ne peut exister sans un consentement unanime. L'un des prémiers effets de ce pacte, c'est la loi de la pluralité des suffrages. C'est cette loi qui constitue, pour ainsi dire, l'existence, le moi moral, l'activité de l'association. C'est elle qui donne à ses actes le caractère sacré de la loi, en constatant qu'ils sont, en effet, l'expression du voeu général. (Archives parlem. [1. ser.], VIII, p. 299).

wissermaßen ein Vereinsstatut in Form des Geschäftsordnungsreglements gebe[1]). Diese Auffassung in Deutschland findet sich auch anderwärts, zweifellos auch durch die damals erschienene (1816) und weitverbreitete Ausgabe der „Taktik"[2]) Benthams, die Dumont ediert hatte, besonders gefördert. Die Taktik Benthams beginnt mit der Angabe ihres Zweckes. Sie soll sein der Gang der Operationen der politischen Versammlung, die Kunst, die Evolutionen einer Armee zu leiten. Jedes Corpus, d. i. nach Betham jede Versammlung, hat eine solche Taktik nötig. Ganz besonders ein politisches Corpus, worunter Betham entsprechend dem englischen body politic eine solche Korporation versteht, die vermöge ihres Titels eine mehr oder weniger dauernde perpetuierliche Existenz und eine beschränkte Zahl von Gliedern hat (S. 6). Unter diese politischen Corpora fallen auch die gesetzgebenden Versammlungen. Der uns noch heute eigentümliche Ausdruck „politische Körperschaft" in der Anwendung auf das Parlament, geht also auf Bentham zurück. Er führt dann weiter aus: „Da eine vollkommene Identität der Meinungen in einer großen Vereinigung von Menschen unmöglich ist, ist man übereingekommen, einem Akte der Majorität dieselbe Kraft zu verleihen wie einem Akte der Totalität." Das zeigt deutlich, in welcher Weise Bentham wieder von dem Gedankengange Mirabeaus abhängig ist. Diese Aufgabe, immer die Majorität und damit den wahren Willen der Versammlung herzustellen, hat nach Bentham die Geschäftsordnung (S. 7 ff.). Aus dem Gesichtspunkt, daß die parlamentarischen Körperschaften eben Corpora seien, die als Vereine sich Statuten setzen dürfen, ist in Deutschland überhaupt der Widerstand gegen von der Regierung oktroyierte Geschäftsordnungen stets wachgehalten worden. Auch die sächsischen Kammern faßten sich trotz ihrer oktroyierten Landtagsordnung als Korporationen auf[3]). Und anderwärts war es nicht anders.

Ganz besondere Bedeutung erlangte die französische Theorie seit 1848/49. Auch die Frankfurter Nationalversammlung faßte ihr Geschäftsordnungswerk als pouvoir constituant auf. Aus diesem Gedankenkreise erwuchs, wie wir noch weiter unten sehen werden, die Auffassung, daß nur zunächst ein provisorisches Präsidium beim Zusammentritt des Parlaments aufgestellt werden dürfte, welches von dem definitiven abgelöst werden müße: das wäre das pouvoir constitué. In diesem Gedankengang bewegte sich auch die die Frankfurter Nationalversammlung beherrschende Auffassung, daß eine Geschäftsordnung nur für die Versammlung gelten könnte, welche sie beschlossen, daß jede folgende parlamentarische Körperschaft sich eine neue Geschäftsordnung setzen müßte. So sagte damals der Abg. Tellkampf (siehe sten. Ber. der Frank-

[1]) Walz, a. a. O., S. 17.

[2]) In deutscher Sprache bei Encke (Erlangen), 1817, erschienen.

[3]) Siehe O. Mayer, Sächs. StR., im ÖRG. IX. S. 140[11].

furter Nationalversammlung, herausgegeben von Wigard, Bd. I, S. 167): „Diese Geschäftsordnung ist nur aufgestellt für diese Versammlung, wir haben kein Recht, dem künftigen Parlament etwas vorzuschreiben. Das künftige Parlament wird sich konstituieren, indem es einen Präsidenten wählt, und ihm schon einen Modus dafür vorzuschreiben, liegt nicht in unserer Gewalt." Auf demselben Standpunkt stehen auch die anderen Redner zur Frage. Man geht ferner von der Ansicht aus, daß erst, wenn die definitive Geschäftsordnung angenommen sei, das definitive Präsidium gewählt werden dürfte, ganz entsprechend der Lehre von dem pouvoir constituant. So sagt der Präsident (a. a. O., S. 168): „Da die Geschäftsordnung angenommen ist, so ist die Wahl eines neuen Vorstandes die Frage, welche jetzt zunächst kommen muß." Auch in der Berliner Nationalversammlung von 1848 ging man von der Ansicht aus, daß erst, wenn die definitive Geschäftsordnung festgestellt sei, die definitive Wahl des Präsidenten des Bureaus zulässig wäre (siehe Verhandlungen der Versammlung zur Vereinbarung der preußischen Staatsverfassung, I. Bd., S. 25)[1].

Als am 28. März 1849 die jetzt definitive sog. Viebahnsche Geschäftsordnung angenommen, wurde noch der Wunsch laut, das Bureau und die Abteilungen nun auf Grund der definitiven Geschäftsordnung neu zu wählen, trotzdem die vier Wochen, für welche der Präsident bestellt war, noch nicht abgelaufen waren. Man kam jedoch von dieser Erneuerung des Präsidiums ab, weil man dem Präsidenten kein Mißtrauensvotum erteilen wollte; aber wir sehen, selbst damals wirkte noch die Lehre vom pouvoir constituant, wie es bei der ersten Verhandlung einer neuen Versammlung des Parlaments zu betätigen wäre, nach. Auf alle Fälle erhielt sich diese Lehre in der Auffassung, daß ein in neuer Session zusammentretendes Abgeordnetenhaus das pouvoir constituant bei der Neuwahl des Präsidiums und bei Festlegung seiner Geschäftsordnung auszuüben habe. Bezüglich der Neuwahl des Präsidiums werden wir noch weiter unten im Abschnitt über die Organisation der Volksvertretung das Nähere auszuführen haben. Hier sei

[1] Von der gleichen Auffassung ging man auch in Österreich im Kremsierer Reichstag aus und handelte danach (Verhandlungen des österr. RT., Ausgabe der Hof- und Staatsdruckerei, IV, S. 182 ff.). In Österreich lebte die Lehre vom pouvoir constituant in unserer Frage noch später fort. Als am 10. November 1873 der Alterspräsident d'Elvert die Wahl des Präsidiums vornehmen wollte, beantragte der Abgeordnete v. Perger, daß die in der vorigen Session ausgearbeitete Geschäftsordnung gleich angenommen würde, und zwar noch vor der Wahl des definitiven Präsidiums, weil diese Wahl schon nach bestimmten Normen vorgenommen werden müsse. Er glaube, daß das Haus jetzt überhaupt keine Geschäftsordnung habe, und es sei deshalb über seinen Antrag nach etwa vorhergegangener Debatte einfach abzustimmen, so, als wenn das Haus sich noch „im Urzustande, ohne alle Geschäftsordnung", befände (siehe Neisser Die Geschäftsordnung des Abgeordnetenhauses des Reichsrats, I [1909], S. 29).

festgehalten, daß das Abgeordnetenhaus in Preußen wiederholt die Ansicht ausgesprochen und betätigt hat, daß eine Geschäftsordnung für mehr als eine Session keine Geltung habe. Es waren wiederholt Versuche sowohl in den Jahren 1851/52 als auch 1862, welche die Geschäftsordnung dauernd für alle Zeit, bis eine Abänderung gewünscht würde, festlegen wollten. Demgegenüber hat das Abgeordnetenhaus in seiner Majorität jeden solchen Versuch abgelehnt, weil angenommen wurde, daß nach Art. 78 der Verfassungsurkunde ein Beschluß über die Geschäftsordnung für ein späteres, in neuer Session zusammentretendes Abgeordnetenhaus ohne rechtliche Wirkung und Verbindlichkeit sei. Und in der Tat läßt Art. 78 der preußischen Verfassung dieser eigentümlichen Auffassung des pouvoir constituant der parlamentarischen Körperschaft bei Festlegung der Geschäftsordnung insofern Raum, als sein Wortlaut die Regelung der Geschäftsordnung und der Disziplin durch eine Geschäftsordnung, selbst der Wahl des Präsidenten, der Vizepräsidenten und Schriftführer, vorausgehen läßt. Da nun in Preußen die Organe des Abgeordnetenhauses in jeder Session neu bestellt werden und zuvor die Geschäftsordnung erlassen werden muß, so müßte — so wurde von seiten der Majorität des Abgeordnetenhauses argumentiert — auch der Geschäftsgang und die Regelung der Disziplin durch die Geschäftsordnung in jeder Session neu erfolgen (siehe die Drucksachen des preußischen Abgeordnetenhauses 1851/52, Nr. 297; 1851/52, Nr. 60; dann sten. Ber. des Abgeordnetenhauses, 1862, Bd. I, S. 103 ff.). Fassen wir das vorher Gesagte kurz zusammen, so ergeben sich aus der von Frankreich herstammenden konstitutionellen Doktrin drei Sätze:

1. Jede neu zusammentretende parlamentarische Körperschaft, sei es, daß sie nach Schluß einer Legislaturperiode oder nach Schluß einer Session neu zusammentritt, konstituiert sich von neuem.

2. Zu jeder Konstituierung gehört die Festlegung der Geschäftsordnung und dann die Wahl des definitiven Präsidiums.

3. Jede so durch Konstitutionsakt festgelegte Geschäftsordnung gilt nur für die Dauer der parlamentarischen Körperschaft, welche sich auf die Weise neu konstituiert hat. Also ev. für die Dauer der Legislaturperiode oder einer Session.

2. Die Lehre des süddeutschen Konstitutionalismus.

Neben dieser aus Frankreich stammenden Lehre kam im Süden Deutschlands eine andere Doktrin auf, ebenfalls aus Frankreich stammend. Es war aber nicht das Frankreich von 1789, welches das Vorbild für die eben zu besprechende Doktrin war, sondern das Frankreich von 1814.

Als Ludwig XVIII. außer der Verfassung von 1814 den Kammern

noch ein Reglement vorlegte, welches die Verhältnisse der beiden Kammern zum Könige und untereinander regeln wollte, dachte er sich die Sache so, daß es die Kraft seines königlichen Willens wäre, die diese Rechtsbeziehungen ein für allemal festlegen könnte. Er überließ hierbei die Regelung des inneren Geschäftsganges jeder Kammer, nur die äußeren Beziehungen wollte er durch Reglement geregelt wissen, und zwar durch königliches Reglement. Die Kammer der Pairs nahm dies auch an, aber die Kammer der Deputierten wollte Amendements an diesem Reglement anbringen, setzte ihren Willen durch und behandelte überhaupt jenes wie einen Gesetzentwurf. Schließlich fügte sich der König dieser Ansicht, und die Kammer setzte ihren Willen auch im Oberhause durch, denn auch dieses mußte den von der Regierung vorgelegten, mit den Amendements des Deputiertenhauses versehenen Entwurf annehmen (siehe die Verhandlungen [Archives parl., II, Serie XII, pp. 150 ff., 215 ff., 229 ff., 351 ff.]). Aus diesem Vorgang in Frankreich konnte nun die Lehre gezogen werden.

Die innere Geschäftsordnung regelt jede Kammer für sich. Die Beziehungen zur Außenwelt, insbesondere zum Könige und zu anderen Kammern, bilden das äußere Gesetz, sind Rechtsnormen und müssen also durch Gesetz, an dem alle drei Teile der legislativen Gewalt mitgewirkt haben, festgestellt werden. Das wurde auch die Lehre des süddeutschen Frühkonstitutionalismus.

Mohl unterscheidet in seinem Württembergischen Staatsrecht (siehe S. 695 des I. Bandes), in diesem Sinne eine innere und eine äußere Geschäftsordnung, welch letztere immer die Rechtsbeziehungen der einen Kammer zur Außenwelt regelt und infolgedessen auf gesetzgeberischem Wege erlassen werden muß. In der Praxis der süddeutschen Staaten wurde im großen und ganzen der Standpunkt ebenfalls festgehalten (siehe über die Praxis: Walz, a. a. O., für Baden; Gröber in seinem oben angeführten Ausschußberichte für die württ. 2. Kammer, a. a. O., für Württemberg; und Seydel, Staatsrecht, a. a. O., für Bayern). Auch in Österreich, wo man noch in den Jahren 1848/49 der oben unter 1. dargestellten Lehre parlamentarischer Vereinsautonomie gehuldigt hatte, wurde 1861 die süddeutsche Theorie, wie sie Mohl vertritt, vollständig angenommen (siehe die Verhandlungen über die erste autonome Geschäftsordnung dieses Jahres[1]) bei Neisser, Bd. I, S. 19 ff.).

Vom Standpunkt des süddeutschen Konstitutionalismus, mit seiner Scheidung von äußerer Geschäftsordnung (Rahmengeschäftsordnung) und innerer Geschäftsordnung, war es nur ein kleiner Schritt, die innere Ge-

[1]) Schon die „octroyierte", die ihr vorausging, hatte einen § 40: „Wenn das Haus, welches in bezug auf seine inneren Angelegenheiten allein Richter ist, zur Aufrechterhaltung seiner Anordnungen usw. . . ., so kann es bis zur Ausstoßung eines Mitgliedes vorgehen."

schäftsordnung, wie sie das Parlament selbständig feststellt, eine „Ausführungsverordnung“ zum Gesetze, das die äußere Geschäftsordnung regelt, zu betrachten. Diese Konsequenz zieht auch Mohl zuerst (in seinen „Kritischen Bemerkungen über die Wahlen zum deutschen Reichstag“ [1874, S. 12]): „Die Geschäftsordnung hat etwa die staatsrechtliche Bedeutung einer Verordnung; sie ist zwar nicht von der Reichsregierung erlassen, aber von einer durch die Verfassung dazu ausdrücklich bevollmächtigten politischen Gewalt.“ Es war ja sehr naheliegend, hier von einer ausdrücklichen Bevollmächtigung zu reden und zu vergessen, daß eigentlich eine solche Bevollmächtigung von dem Geschäftsordnungsgesetze gar nicht beabsichtigt worden war, auch nicht von der Verfassung, sondern es sich nur darum handelte, sowohl durch die Verfassung als auch durch ein verfassungsmäßiges Gesetz zu verhindern, daß die parlamentarische Körperschaft aus ihrem inneren Geschäftsbetrieb in die Rechte anderer übergreife.

So haben wir nun die dogmengeschichtlichen Wurzeln der auch heute maßgebenden Lehrmeinungen über die juristische Natur der Geschäftsordnung gewonnen: entweder Betätigung der Vereinsautonomie oder Ausführungsverordnung, das soll die Geschäftsordnung sein. In der Geschichte der Entstehung dieser beiden Auffassungen liegt auch schon ihre Kritik. Sie soll aber im folgenden noch ausführlicher vorgenommen werden.

II. Die juristische Natur der Geschäftsordnung nach der heutigen Lehre.

Die herrschende Meinung über die Natur der Geschäftsordnung gliedert sich in folgende Gruppen. Die eine Meinung, vertreten hauptsächlich von Laband (Deutsches Staatsrecht, 5. Aufl., I. Bd., S. 344), sieht in der Geschäftsordnung des Reichstags statutarisches Recht, welches die Mitglieder des Reichstags selbst verpflichtet und unter ihnen Recht erzeugt. Gegen diese Meinung ist mit Recht darauf hingewiesen worden, daß das statutarische Recht nur Korporationen zukomme, dem Reichstag aber nach der modernen Staatsauffassung die Eigenschaft einer Korporation fehle [1]).

Die andere Meinung, vertreten zuerst von Mohl (a. a. O., S. 12), erblickt in der Geschäftsordnung eine Verordnung auf Grund der Verfassungsermächtigung. Dieser Ansicht haben sich namentlich süddeutsche Staatsrechtslehrer angeschlossen, besonders Jellinek (System der subjektiven öffentlichen Rechte, 2. Aufl., S. 169), ferner Walz (a. a. O., S. 2), Kulisch (Festgabe für Laband, 1908, I, S. 359) u. a. m. Während Mohl die Geschäftsordnung auch für befähigt hält, als Rechts- und Aus-

---

[1]) Besonders scharf: Anschütz Deutsches Staatsrecht 1914[2] (in Holtzendorff-Kohlers RE.) S. 144. Dagegen neuester Binding, die Notwehr a. a. O. 87, mit unzureichender die Eigenschaft des Parlaments als Staatsorgan leugnender Begründung.

führungsverordnung Recht zu schaffen, erklären die anderen genannten Schriftsteller, welche ebenfalls die Geschäftsordnung für Verordnungen halten, sie für eine Verwaltungsverordnung. Gegen Mohl ist anzuführen, daß von einer durch Gesetz ermächtigten Rechtsverordnung nur dann die Rede sein kann, wenn einem Staatsorgan die Ermächtigung zu Eingriffen in die Rechtssphäre, die ihm sonst nicht zustehen, erteilt wird. Gerade aber das Gegenteil soll durch die gesetzlichen Verfassungsschranken und die Geschäftsordnungsgesetze erzielt werden. Es soll verhindert werden, daß die parlamentarische Körperschaft in die Rechtssphäre der Individuen übergreife, das lehrt ja die oben gegebene Dogmengeschichte. Aber auch die Auffassung der Geschäftsordnung als Verwaltungsverordnung ist unzutreffend, denn wo in aller Welt bedürfte eine Verwaltungsverordnung noch ausdrücklicher gesetzlicher Ermächtigung? Und als solche müßte man ja notwendig die Bezugnahme der Verfassung auf die Geschäftsordnung auffassen. Zudem übersieht die letztere Auffassung, daß die Geschäftsordnungsmaßregeln häufig dennoch in die Rechtssphäre von Individuen übergreifen. Ich erinnere bloß an die Normen, welche die Einreichung von Wahlprotesten betreffen. Ich erinnere ferner an die Vorschriften über Interpellationen, welche mit dem Antrage auf Billigung oder Mißbilligung des Verhaltens der Staatsregierung schließen können (§ 33a der GO. des RT.) u. a. m. Zweifellos umfaßt die Geschäftsordnung auch Rechtssätze. Also auch mit der Auffassung, daß die Geschäftsordnung Verwaltungsverordnung sei, läßt sich nicht operieren.

Eine Mittelmeinung nimmt der Italiener Romano (Archivio juridico, 3. Serie, Bd. IV [1905], S. 4 ff.) ein. Auch er hält die Geschäftsordnungsmaßregeln prinzipiell nicht für Rechtssätze, sondern für Normen, ähnlich den Verwaltungsverordnungen, Normen des inneren Dienstes, aber sie soll das Parlament erlassen können kraft der ihm zugestandenen „besonderen Souveränität“, die das Parlament neben der allgemeinen Souveränität des Staates besitze. Nun ist es an und für sich schon bedenklich, den unteilbaren Souveränitätsbegriff in einzelne Abarten von Souveränität zu spalten. Im übrigen muß man auch fragen, woher denn das Parlament ein Recht auf diese besondere Souveränität hernehmen soll. Es ist ja doch keine juristische Person, und alle Einwendungen, die sich gegen die sog. rechtssetzende Autonomie der parlamentarischen Körperschaften richten, müssen in gleichem Maße die Theorie von Romano treffen.

Alle die angeführten Theorien sind juristisch unhaltbar: gegen die Theorie von der Geschäftsordnung als „Verordnung“, und zwar als ermächtigter Verordnung, erhebt sich aber noch ein politisch sehr schwerwiegendes Moment, das von den angeführten Schriftstellern gar nicht beachtet zu sein scheint, das aber vom deutschen Reichstag wiederholt geltend gemacht worden ist. Die genannten Theoretiker vergessen, daß, wenn die Geschäftsordnung als Verordnung kraft gesetzlicher (auch verfassungsgesetzlicher) Ermächtigung aufgefaßt wird, diese für die Folgezeit, jedenfalls auch für den nächsten Reichstag gilt. Das widerspricht aber dem Art. 27 RV., welcher keinen Reichstag bei Regelung seiner Geschäftsordnung von irgend einem anderen Willen abhängig macht, auch nicht von dem Willen eines früheren Reichstags. Wie ängstlich das preußische Abgeordnetenhaus sich vor solchen Gedankengängen bewahrt hat, haben wir oben gehört (siehe oben S. 37). Hier sei auch festgestellt, daß der Reichstag Geschäftsordnungsbeschlüsse, die einen künftigen Reichstag in einer neuen Legislaturperiode binden sollten, abgelehnt hat (Präsident in der Sitzung vom 26. März 1873, S. 90). Wir haben oben (S. 26) bemerkt, daß die Geschäftsordnung prinzipiell als nur für eine Legislaturperiode geltend angesehen wird. Noch mehr als einem künftigen Reichstage gegenüber, der den vorhergehenden nicht binden kann und nicht binden will, ist der Reichstag stets auf der Hut gewesen, daß nicht andere Staatsorgane mit an seiner Geschäftsordnung arbeiten. So im Jahre 1879 bei dem sog. Maulkorbgesetzentwurf (sten. Ber. des deutschen Reichstags 1879, I, S. 248 ff. und Drucksache 1879, Nr. 5), wonach dem Präsidenten durch ein Gesetz besondere schwerwiegende Disziplinarmittel eingeräumt werden sollten, und ebenso dann in dem gleichen Jahre, als es sich darum handelte, bloß vorübergehend vor dem gesetzlichen Zustandekommen des deutschen Zolltarifs, schon auf Grund der Beratung des Zolltarifs in zweiter Lesung die neuen Zollsätze einzuführen, nicht erst den Abschluß des ganzen Gesetzes abzuwarten. Vorwiegend war der Reichstag bei dieser Ablehnung von dem Gedankengange erfüllt, daß keine andere Körperschaft als der Reichstag selbst und ausschließlich seine Geschäftsordnung regeln dürfte (für den 2. Fall Sitzung vom 9. Mai 1879, S. 1349 ff. u. Drucksache des Reichstags 1879, Nr. 178). Aus demselben politischen Grunde ist im deutschen Reichstag auch 1906, als die Regierung das sog. Aufwandsentschädigungsgesetz mit einer Geschäftsordnungsmaßregel bepacken wollte, diese abgelehnt worden (siehe den Bericht des Abg. Gröber in der Sitzung vom 12. Mai 1906, S. 3130 D). Die Regelung der Geschäftsordnung durch Gesetze ist seither nicht mehr in Frage gekommen. All diese ängstliche Scheu, sich und die autonomische Kompetenz (Art. 27 RV.) durch irgendwelchen Willen eines anderen Reichsorgans oder eines vorhergehenden Reichstags binden zu lassen, wäre unbegreiflich, wenn der Geschäftsordnung die Natur als „Verordnung" zugesprochen werden müßte. Denn dann wäre sie ja „perpetuierlich" und würde zunächst eine Bindung an den ermächtigenden Willen eines anderen Reichsorganes (des Bundesrats infolge des die „Verordnung" ermächtigenden Gesetzes) und jedenfalls an den Willen eines vorhergehenden Reichstags bedeuten. Das hat der Reichstag aus gutem Grunde stets bekämpft. Nun sieht man deutlich die politische Gefahr der „Verordnungstheorie". Parlamentarische Geschäftsordnungen sind eben keine Verordnungen und beruhen nicht auf einer, etwa den Kammern zustehenden Autonomie[1]). Was sind sie aber dann?

Die Geschäftsordnungen sind eine Summe von Resolutionen des Hauses, die an und für sich nicht rechtsverbindlich sind und welche nur Konventionalregeln in dem oben (§ 3) angeführten Sinn darstellen, d. h. in hundert Fällen werden sie befolgt und im hundertersten Fall wieder außer acht gelassen, je nachdem es das Haus zweckmäßig und angemessen findet. Ich weiß für diese Auffassung, die noch weiter unten näher begründet werden soll (§§ 6, 7, 8) keinen besseren Gewährsmann, als den hervorragenden Parlamentarier Lasker, und der drückte sich über die Sache folgendermaßen aus (siehe sten. Ber. des Reichstags, Sitzung v. 4. März 1878, S. 266): „Kein Gesetz wäre imstande in seiner starren Abgeschlossenheit Genüge zu tun den Wechselfällen, wie sie tagtäglich im Parlament vorkommen. Das ist der hauptsächlichste Grund der Autonomie. Selbst der Geschäftsordnung gegenüber sehen wir uns in der Praxis gar nicht selten gezwungen, durch unabweisbare Notwendigkeit, wenn ein Widerspruch aus dem Hause nicht erhoben wird von unserem autonomischen Gesetz in dem einzelnen Fall abzugehen, und wichtige Staatsinteressen, andere wichtige öffentliche Interessen sind häufig hiervon abhängig.

Aber abgesehen von dieser Schwierigkeit: für eine Korporation, in welcher alles auf die mündliche Verhandlung ankommt, in welcher zu jeder Zeit Person gegen Person gekämpft wird, ist es nicht möglich, eine solche Unsumme von Vorschriften zu geben, als möglicherweise Fragen in Betracht kommen und lediglich aufgeworfen werden, die sofort entschieden werden müssen und häufig die Entscheidung verlangen, verschieden nach der äußeren Situation. Jeder Versuch würde vergeblich sein, eine gesetzliche Grundlage zu finden für die Disziplin, wie sie der augenblicklichen Rede gegenüber gehandhabt werden soll. Die Viva vox kann bloß ertragen die viva lex: das lebendige Wort verträgt nur das verkörperte Gesetz im Präsidenten, nicht aber ein Gesetz, welches schriftlich niedergelegt ist und nicht jederzeit seine Erläuterung durch den Präsidenten finden kann."

Eine solche Geschäftsordnung oder ein Teil derselben, eine Geschäftsordnungsresolution, stellt an sich noch keine Rechtsnorm dar, und man würde auch fehlgehen, wenn man glaubte, daß sie überhaupt im Hause gilt. Hier gilt sie erst, wenn sie durch langen Brauch approbiert ist (per

---

[1]) Ebenso Otto Mayer, Sächs. Staatsrecht, S. 141.

longum usum comprobata). Ohne Parlamentsbrauch und seine Anerkennung gilt keine Geschäftsordnung an und für sich. Daher die Resignation, die das Haus oft überkommt, wenn es eine solche Geschäftsordnungsmaßregel trifft (siehe z. B. Verhandlungen sten. Ber. d. Reichstags v. 11. März 1886, S. 1445, Abg. v. Köller). Daher ferner die wiederholt geäußerte Anschauung, daß das Haus „der Herr seiner Geschäftsordnung bleibt“[1]), d. h. daß das Haus von der Geschäftsordnung abgehen kann, wenn es ihm so besser paßt. Gerade dies ist aber das charakteristische Merkmal der Konventionalregel, wie wir oben gesehen haben. Aus dieser Eigentümlichkeit der Geschäftsordnung als Summe von Resolutionen des Parlaments, welche nur Konventionalregeln darstellen, ergeben sich folgende wichtige Schlüsse:

1. Die Geschäftsordnung ist dem Parlamentsbrauch unterwertig, d. h. sie empfängt ihr Leben und ihr Dasein von dem longus usus, der sie approbiert[2]). Daher kommt es vor, daß eine Geschäftsordnungsmaßregel, trotzdem sie angeordnet ist, einfach außer Brauch kommt und durch einen anderen Parlamentsbrauch vollständig ersetzt wird, so z. B. ist im deutschen Reichstag die Tätigkeit der Abteilungen bei Bildung der Kommissionen vollständig durch die Tätigkeit des Seniorenkonvents beiseite geschoben (siehe darüber noch im folgenden § 30). Ebenso ist § 47 der Geschäftsordnung, welcher die Rednerliste durchaus verbietet, indem er dem Präsidenten das Recht einräumt, bei allen Diskussionen demjenigen Mitglied das Wort zu erteilen, das nach Eröffnung der Diskussion oder nach Beendigung der vorhergehenden Rede zuerst darum ansucht,

---

[1]) S. Beispiele hierfür bei Perels, Das autonome Reichstagsrecht, S. 4 ff. Perels bemerkt dazu richtig: „Die Möglichkeiten, in dieser Weise von der Geschäftsordnung abzuweichen, sind so zahlreich, wie die in der Geschäftsordnung normierten Fälle.“ Wie ist aber dieses Zugeständnis mit seiner Ansicht, daß die Geschäftsordnung statutarisches Recht sei, zu vereinbaren? Das wäre ein sonderbares Recht, von dem jeden Augenblick abgewichen werden könnte. Nur wenn man die Geschäftsordnung als eine Summe von Konventionalregeln auffaßt, wie oben im Texte, ist dies erklärlich.

[2]) So z. B. die Ausführungen des Abg. v. Köller in der Sitzung vom 11. März 1886, S. 1445: „Ich meine daher, daß durch diesen Beschluß“ (es handelt sich um eine Geschäftsordnungsresolution), „falls das hohe Haus ihn zu dem seinigen machen sollte ... eine feste Praxis, von der nicht abzuweichen ist, nicht gegeben wird. ... Die sedes materiae ist die Geschäftsordnung; und wie die Geschäftsordnung in jedem einzelnen Falle gehandhabt und interpretiert werden soll, unterliegt zunächst der Bestimmung des Herrn Präsidenten des Hauses und ev. der Majorität desselben. Und so wird es auch nach dem Beschluß, den die Geschäftsordnungskommission gefaßt hat, bleiben; wir können jeden Augenblick diesem Beschluß, der gewissermaßen als feste Maßregel hingestellt werden soll, entgegen beschließen.“ In diese Resignation stimmte der Abg. v. Bernuth ein, indem er überhaupt die Möglichkeit einer erschöpfenden Regelung durch die Geschäftsordnung, in der Frage, die damals zur Beratung stand — es handelte sich um die sog. Etatresolutionen — verneinte (s. a. a. O., S. 1145).

vollständig zurückgedrängt durch das faktische Bestehen der Rednerliste, die durch Parlamentsbrauch approbiert ist. Wenn eine Geschäftsordnungsresolution einen alten Usus, den sie als malus usus empfindet, abstellen will, so bleibt noch die Frage offen, ob sie sich überhaupt gegenüber dem malus usus durchsetzen kann und durchsetzen wird. An und für sich schafft sie ihn noch keineswegs ab, es wäre denn, daß sie selber in der Folge durch longus usus approbiert erscheint. Daher eben die Resignation, die oft das Haus überkommt, wenn es solchen malus usus durch Geschäftsordnungsmaßregel abstellen soll[1]).

2. Die Geschäftsordnung als Ganzes hat niemals Kodifikationsnatur, d. h. Interpretationen aus dem Geiste der Geschäftsordnung, wie etwa bei Interpretationen aus dem Geiste des Gesetzes bei Gesetzen, sind unzulässig, denn die Geschäftsordnung als solche ist eben kein Ganzes, auf dem Kodifikationsprinzip basierendes Produkt des gesetzgeberischen Willens. Sie stellt nur eine Summe von Resolutionen dar, von denen die einen durch Gewohnheitsrecht oder durch den Parlamentsbrauch approbiert sind, die anderen durch ihn beiseite geschoben sind und dritte, welche sich erst durchsetzen wollen, den Anspruch erheben, vom Parlamentsbrauch schließlich approbiert zu werden. Daß sie es schon seien, ist aber im Momente des Beschlusses der Resolution zur Geschäftsordnung noch nicht gesagt. Bei Feststellung dieser Geschäftsordnungsresolution stellt das Haus in seinen Aussprüchen eine Art der alten germanischen Volksversammlungen dar, wo das Recht durch das Volksbewußtsein und die gemeine Rechtsüberzeugung schon Existenz hatte, ehe es im Ding „gewiesen wurde". Es sind, wenn man so sagen darf, eine Summe von Weistümern, welche das Haus ausspricht und auf diese Weise auch die gemeinsame Rechtsüberzeugung in dem betreffenden Kreise wiederspiegelt. Ob sich diese Weistümer dann durchsetzen, das hängt davon ab, ob sie durch die Gewohnheit bestätigt werden[1]). Die Geschäftsordnung als Ganzes ist also, weil sie den Kodifikationscharakter entbehrt und entbehren muß, eine Zusammenstellung von Resolutionen, an und für sich eine Privatarbeit des Bureaus, welches die Resolutionen zusammenfaßt, welche vom Hause festgestellt werden. Daher fehlt der Geschäftsordnung noch, wie wir noch weiter unten zeigen werden, jede Notwendigkeit einer Publikation im Rechtssinne und die daran geknüpfte Rechtsverbindlichkeit. Wären es wirkliche Rechtsnormen, dann wäre dies unstatthaft. Wir werden gleich sehen, wie das Haus durch sein Bureau Korrekturen an seiner Geschäftsordnung vornehmen läßt, wie das Bureau von sich aus

[1]) Sehr scharf hat dies der Abg. E. Richter in der Sitzung vom 7. März 1884, S. 10 mit den Worten hervorgehoben: „Im übrigen bemerke ich, daß die Regeln der Geschäftsordnung sich erst aus den wiederholten Sitten in diesem Hause bilden."

die Korrekturen, wie es mitunter Neufassungen von Geschäftsordnungsbeschlüssen, Geschäftsordnungsmaßregeln vornimmt, eben weil eine neue Resolution ältere Bestandteile derselben obsolet gemacht hat usf.

3. Da die Geschäftsordnung vom Parlamentsbrauch in ihrer Geltung abhängig ist, da sie ferner in einer neuen Legislaturperiode des deutschen Reichstags nur auf Grund des sog. Übergangsrechts, d. h. auf Grund des Parlamentsbrauchs, wieder in Aktion tritt (siehe oben § 3), werden wir der Geschäftsordnung als solcher die Bedeutung einer selbständigen Quelle des Parlamentsrechts absprechen müssen. Sie hängt in ihrem Dasein, in ihrer Entstehung und in ihrer Wirksamkeit vom Parlamentsbrauch ab. Dieser allein ist neben der Verfassung und dem Gesetzrecht in dem oben § 3 dargestellten Sinne eine richtige Quelle des Parlamentsrechts.

§ 6. Die Publikation und Abänderung der Geschäftsordnung.

I. Die Publikation.

Da die Geschäftsordnung, wie oben nachgewiesen worden ist, keinen Kodifikationscharakter an sich trägt, da sie bloß eine Sammlung von Konventionalregeln umfassenden Resolutionen darstellt, so bedarf sie zu ihrer Geltung nicht der Publikation, wie Rechtsnormen einer solchen bedürfen. Jede Geschäftsordnungsresolution des Reichstags gilt von dem Augenblicke prinzipiell, wo sie beschlossen worden ist. Aber auch der äußere Abdruck der Geschäftsordnung, wie er veröffentlicht wird, hat durchaus nur den Charakter einer Privatarbeit des Reichstagsbureaus, denn die Geschäftsordnung wird nicht im juristischen Sinne publiziert. Es ist infolgedessen auch kein Apparat geschaffen für die Promulgation der Geschäftsordnung, d. i. für die Übernahme der Garantie, daß der öffentliche Abdruck der Geschäftsordnungen wortgetreu übereinstimmt mit den Beschlüssen des Reichstags. Ist nun die Geschäftsordnung in ihrer äußeren Form, der Abdruck der Geschäftsordnung eine reine Privatarbeit, so erklären sich manche Eigentümlichkeiten der Form, in welcher solche Berichtigungen der Geschäftsordnung von seiten des Bureaus vorgenommen werden oder etwaige Neuredaktionen eingetreten. Gewöhnlich beschließt das Parlament, also der Reichstag, die Abänderungen der Geschäftsordnung in der Paragraphenfolge, wie sie ursprünglich gedacht sind: „§ ... erhält nachstehende Fassung.“ In dieser Form sind die meisten Abänderungen erfolgt (siehe z. B. eine der ältesten Abänderungen, den Beschluß vom 12. Mai 1869, sten. Ber. S. 139, die Änderung des § 1 Abs. 3 und dann eine der jüngsten Änderungen, die neu hinzugefügten Paragraphen

§§ 31 a—c, §§ 33 a u. b). Mitunter aber übernimmt es das Bureau, auf eigene Verantwortung solche Veränderungen vorzunehmen.

Ursprünglich war es nach der Meinung des Reichstags notwendig, daß die Schlußredaktion wie jede Neuredaktion vom Hause selbst nach der Beschlußfassung vorgenommen würde. So als am 11. Juni 1868 die heute geltende Geschäftsordnung beschlossen wurde. Da wurde ausdrücklich vom Berichterstatter eine Schlußredaktion der Geschäftsordnung nach ihrer definitiven Annahme vorbehalten (siehe sten. Ber. des norddeutschen Reichstags v. 12. Juni 1868 S. 368). In der neuern Praxis ist diese Redaktionsarbeit auf das Bureau des Reichstags (Bureaudirektor usw.) übergegangen. Das Bureau nimmt nicht bloß formelle Korrekturen vor (wie z. B. an § 12 GO., wo in der vom Reichstag beschlossenen Fassung „Bundespräsidium" steht und vom Bureau in „Kaiser" abgeändert wurde), es hat auch Paragraphen formuliert, ohne daß eine formelle Beschlußfassung stattgefunden. So ist der 4. Absatz des § 9, wonach am Schlusse der zweiten Beratung der Präsident mit Hilfe der Schriftführer die gefaßten Beschlüsse zusammenstellen läßt, falls durch dieselben Abänderungen der Vorlage stattgefunden haben, eigentlich durch formellen Beschluß des Reichstags nie zustande gekommen. Vielmehr erklärte auf Vorschlag aus dem Hause, dem nicht widersprochen wurde, der Präsident, daß er in Zukunft so verfahren würde (Sitzung v. 13. März 1869, S. 38 ff.). Mitunter liegt sogar nicht einmal ein materieller Beschluß der Formulierung der Geschäftsordnung zugrunde. So ist der erste Halbsatz des gegenwärtigen § 57 der Geschäftsordnung vom Bureau ohne irgendwelche rechtliche Grundlage eingesetzt worden (siehe auch Perels, a. a. O., S. 124). Mitunter referiert bloß die Resolution des Reichstags in historischer Form, daß irgend etwas geschehen sei. Das Bureau abstrahiert daraus die allgemeine Norm. So z. B. bestimmt der § 35 Abs. 2, daß in jeder Woche an einem bestimmten Tage, dem sog. Schwerinstage, an erster Stelle die von Mitgliedern des Reichstags gestellten Anträge und die zur Erörterung des Plenums gelangenden Petitionen erledigt werden. In Form einer Anmerkung stellt dann die Geschäftsordnung fest, daß als dieser Tag bis auf weiteres der Mittwoch festgesetzt worden ist. Diese „Feststellung" liegt bloß darin, daß der Präsident seinerzeit den Vorschlag machte, den Mittwoch als Schwerinstag zu nehmen und daß dieser Vorschlag unwidersprochen war. Zur Feststellung dieser historischen Tatsache machte das Bureau die Anmerkung, die auch früher normative Bedeutung hatte. Mitunter erfolgt durch das Bureau die Abstrahierung der Rechtsnorm auf Grund eines historischen Vorgangs, ohne die bescheidene Form der Anmerkung zu wählen. So wurde z. B. in der Sitzung vom 13. März 1869 (sten. Ber. a. a. O. S. 39ff.) der Antrag der Geschäftsordnungskommission angenommen: „Vor Schluß der ersten Beratung (§ 16 der Geschäftsordnung) auf die Vorlage selbstbezügliche Abänderungsvorschläge einzubringen, ist nach der Bestimmung der Geschäftsordnung nicht gestattet." Diese historische Feststellung und Interpretation erfährt nun durch die Umgestaltung des Bureaus folgende Form als selbständiger Absatz 2 des § 18 der GO.: „Vor Schluß der ersten Beratung auf die Vorlage bezügliche Abänderungsvorschläge einzubringen ist nicht gestattet", trotzdem eine solche Einfügung in die GO. von der Geschäftsordnungskommission an der betreffenden Stelle gar nicht beschlossen worden war.

Mit dem Vorausgehenden soll keineswegs gesagt sein, daß das Bureau des Reichstags irgendwie eine Gewalt oder Kompetenz sich anmaßt. Es geht dabei vollständig korrekt vor; es liegt eben in der ganzen Geschäftsordnung, wenn sie veröffentlicht wird, keineswegs eine offizielle Gesetzpublikation vor, sondern nur eine Privatarbeit. Die Geschäftsordnung, wie sie vorliegt, ermangelt jedes offiziellen Charakters, ist reine Privatarbeit des Bureaus[1]). Darauf wird besonderes Gewicht dann zu legen sein, wenn ein Abdruck der Geschäftsordnung vor Gericht in Frage kommt. Der Richter wird, um in verbindlicher Weise über einen Beschluß des Reichstags aufgeklärt zu sein, nicht bloß die stenographischen Berichte, sondern auch die offiziellen Sitzungsprotokolle, welche vom Reichstag genehmigt worden sind, als maßgebend erachten und aufsuchen müssen. (Siehe darüber auch § 29 weiter hinten.)

II. Die Abänderung der Geschäftsordnung.

1. Daß das Haus auch in dem Sinne Herr seiner Geschäftsordnung ist, daß es sie zu jeder Zeit abändern kann, wird von keiner Seite bestritten und ist communis oppinio doctorum (siehe Laband in der D. J. Z. 1903, S. 5 ff.). Nur darüber ist man verschiedener Meinung, ob diese Abänderung der Geschäftsordnung ad hoc, wie man zu sagen pflegt (so auch Laband a. a. O.), stattfinden kann, d. h. für den einzelnen Fall. Diese Formulierung ist nicht ganz klar und wirft zwei verschiedene Dinge und Fragen zusammen. Es handelt sich um zweierlei Fragen: 1. ob die Geschäftsordnung nur in derselben Weise abgeändert werden kann, in der sie zustande kommt, d. h. unter Beibehaltung derjenigen Formen, welche die Geschäftsordnung für solche Anträge vorschreibt. 2. handelt es sich aber auch darum, ob gegenüber solcher Abänderung der Geschäftsordnung jura quaesita vorhanden sind, Rechte der Einzelnen, wohlerworbene Rechte, welche nach der alten Geschäftsordnung, d. h. in ihrer unabgeänderten Form geschützt und gewahrt werden müssen.

Was zunächst die erste Frage anlangt, so wird vor allem daran festzuhalten sein, daß die Geschäftsordnung prinzipiell keine Rechtsregeln darstellt. Der größte Teil derselben wird durch den Parlaments-

---

[1]) A. A., Das Wesen der GO., verkennend Perels, a. a. O., S. 109.

brauch aus Konventionalregeln sicherlich erst später Rechtsnormen, und es ist ja die Hauptaufgabe des Parlamentsrechts, diese Normen als Rechtsnormen im einzelnen nachzuweisen. Aber prinzipiell ist jede Geschäftsordnungsmaßregel Konventionalregel. Solchen Konventionalregeln gegenüber gibt es kein Recht auf Aufrechterhaltung des Formenzwangs. Man kann nur von einer moralischen Verpflichtung des Hauses sprechen, nicht von einer rechtlichen Verpflichtung, die vorgeschriebenen Formen auch einzuhalten[1]). Trotzdem hat in den frühesten Entwicklungsstadien der Reichstagspraxis die Tendenz geherrscht, diese bloß moralische Verpflichtung als Rechtsnorm zu deuten. So wurde schon in der Sitzung vom 30. März 1869 (sten. Ber. 1869, S. 38) vom Präsidenten die Meinung vertreten, daß ein Abänderungsvorschlag zur Geschäftsordnung, der ohne vorhergehende Förmlichkeiten in derselben Sitzung beantragt, beraten und beschlossen werden sollte, nur dann in der Weise behandelt werden dürfe, wenn niemand aus dem Hause Widerspruch erhebe. Und seit der Zeit ist die Meinung stets praktiziert worden: „Abweichungen von der Geschäftsordnung für den einzelnen Fall sind zulässig und können in continenti beraten und beschlossen werden, wenn niemand aus dem Hause widerspricht." Wir haben in dieser Auffassung, die in keiner schriftlichen Norm, sondern bloß in der Praxis festgelegt ist, ein Überbleibsel der seinerzeit von Mirabeau in der französischen Konstituante von 1789 vertretenen Auffassung zu erblicken, wonach die Festlegung einer Geschäftsordnung ein „pacte social", ein Gesellschaftsvertrag sei, der nur durch Einstimmigkeit zustande kommen und nur durch Einstimmigkeit aufgehoben werden könne (siehe oben § 5 I). Für die Gegenwart bringt dieses Recht „des Widerspruchs" eigentlich nur die moralische Verpflichtung, daß man Beschlüsse auf Abänderung der Geschäftsordnung nur in der von der Geschäftsordnung vorgeschriebenen Form vornehmen solle. Aber dieses „Recht", wenn man nicht an dem „pacte social", an dem Gesellschaftsvertrag festhalten will, ist gar kein Recht, sondern bloß eine Umschreibung der moralischen Schranke, daß das Haus sich innerhalb des von ihm gesetzten Verfahrens halten soll. Weiter geht auch das Haus von der Ansicht aus, daß, wenn eine solche Abänderung in continenti gleich nach der Antragstellung unter allgemeiner Zustimmung des Hauses beschlossen werden kann, das Haus wenigstens darauf aufmerksam gemacht werden muß, daß es sich um eine solche Abweichung handelt. Dies wurde denn auch gelegentlich in der Sitzung vom 2. März 1870, wo nachträglich festgestellt worden war, daß der Vorgang, der vom Hause beliebt worden, tatsächlich eine Abweichung von der Geschäftsordnung darstellte, festgelegt (siehe sten. Ber. des Reichstags, S. 289).

---

[1]) S. die oben S. 42 angeführten Ausführungen von Lasker, ferner Otto Mayer, Sächs. Staatsrecht, S. 141, und für Frankreich: Pierre, a. a O., Nr. 450.

2. Was die Formen anlangt, welche für die Abänderungsanträge der Geschäftsordnung verlangt werden, so kommen diejenigen in Betracht, welche für Initiativanträge aus dem Hause, die keine Gesetzentwürfe sind, gelten (also §§ 22 u. 23 der Geschäftsordnung). Der auf die Abänderung gerichtete Antrag muß von mindestens 15 Mitgliedern unterzeichnet und mit der Eingangsformel: Der Reichstag wolle beschließen, versehen sein. Er bedarf bloß einer einmaligen Beratung und Abstimmung. Nach der Antragstellung muß in einer folgenden Sitzung, jedoch frühestens am dritten Tage, nachdem der Antrag gedruckt und in die Hände der Mitglieder gekommen ist, dem Antragsteller das Wort zur Begründung eingeräumt werden. Durch diese zwei Tage ist eine Überlegungsfrist festgelegt, beginnend mit dem Augenblicke der Drucklegung. Eine dritte Kautel ist, daß die Abänderungsvorschläge zu dem Antrag der Unterstützung von 30 Mitgliedern bedürfen, während bei Gesetzentwürfen Amendements ohne diese Unterstützungsziffer zulässig sind. Die Geschäftsordnungsanträge sind eben nur einer einmaligen Beratung unterworfen. Nur dann kann der Antrag in einer Sitzung gestellt, beraten und ohne vorherige Drucklegung beschlossen werden, wenn sowohl der Antragsteller ihm zustimmt, als auch kein Mitglied aus dem Hause dem widerspricht. Das sind die Formen, welche bei jeder Änderung der Geschäftsordnung festgehalten werden sollen[1]). Dazu könnte man noch nach der Praxis des Reichstags hinzufügen, daß die Abänderungsanträge zu dem Antrag auf Abänderung der Geschäftsordnung selbst mit diesem Hauptantrag in Zusammenhang stehen müssen, daß also z. B. anläßlich der Abänderung eines Geschäftsordnungsparagraphen nicht die Revision der ganzen Geschäftsanordnung als Abänderungsantrag verlangt werden darf (siehe dazu sten. Ber. der Reichstagssitzung v. 28. März 1868, S. 19). Alle diese Formalitäten sind aber, wie gesagt, da der Geschäftsordnung überhaupt jeder Rechtscharakter abgeht, nur reine moralische Verpflichtungen[2]).

---

[1]) In der frühesten Reichspraxis, die sich nach der heutigen GO. betätigte, glaubte einmal der Präsident, daß zur Abänderung der GO. „wie zu jedem Gesetze" drei Lesungen nötig seien (s. Sitzung vom 16 März 1869, S. 101). Dem wurde aus dem Plenum widersprochen (Abg. Twesten, a a. O.) und die Auffassung des Präsidenten auch im konkreten Falle nicht befolgt.

[2]) Daß aus der eigentümlichen Natur der Geschäftsordnung die Unabhängigkeit ihrer Änderungen von Formvorschriften prinzipiell folge, hat man schon 1825 in der badischen 1. Kammer klar erkannt. So sagt in einem Kommissionsbericht über die Revision der Geschäftsordnung der Berichterstatter, Kreisdirektor Fröhlich (Beilage, Ziffer 11, S. 43): „Die Geschäftsordnung der Kammer ist kein Gesetz und kann es ihrem Entstehen und ihrem Zweck auch nicht seyn; sie ist das Normativ für die Behandlung der Geschäfte in der Kammer. Sie kann mithin, wenn Gründe dazu vorhanden, modifiziert und abgeändert werden, ohne daß es nötig wäre, den Weg einzuhalten, welcher der Hervorbringung neuer oder der Veränderung bestehender Gesetze vorgezeichnet ist."

In anderen Staaten kommt eine mehr oder weniger strenge Formalität für jede Abänderung der Geschäftsordnung in Betracht. Frankreich steht praktisch, wenn auch nicht nach seiner Geschäftsordnung[1]), auf demselben Standpunkt in unserer Frage, wie das Deutsche Reich (siehe Pierre a. a. O., Nr. 454, siehe auch den Abg. Gröber in der Sitzung vom 4. Februar 1910, S. 1050). In Spanien werden offenbar nach französischem Vorbilde drei Lesungen und das sonstige bei Gesetzentwürfen übliche Verfahren auch für Geschäftsordnungsabänderungen verlangt (siehe Geschäftsordnung des Deputierten-Kongresses Art. 323). Das gleiche gilt in Griechenland (siehe *Ζεγγελης, Κοινοβουλευτικον Δικαιον* I, 310; siehe auch Art. 34 GO.). In Ungarn gilt die Regel, daß Geschäftsordnungsabänderungen während der Session nicht stattfinden sollen, sondern erst am Schlusse der Session und nachdem die Diskussionsberatung von Gesetzentwürfen erledigt ist (Geschäftsordnung der Deputiertenkammer, Art. 309). In Italien muß jeder Geschäftsordnungsänderungsantrag, der als permanenter Zusatz zu der Geschäftsordnung betrachtet werden soll, zuvor der Geschäftsordnungskommission zur Beratung überwiesen werden. (Art. 18 der Geschäftsordnung der Deputiertenkammer). Den einzelnen Abgeordneten fehlt für die dauernde Abänderung der Geschäftsordnung das Initiativrecht, sie können also nur einen Vorschlag oder ein Ansuchen an die Geschäftsordnungskommission überweisen, deren Sache die Formulierung und die Antragstellung sowie die Durchführung des weiteren Verfahrens ist. Handelt es sich hingegen um vorübergehende Abänderungen der Geschäftsordnung, so ist natürlich das Initiativrecht jedes Mitgliedes aus dem Hause uneingeschränkt, doch wird auch hier die Formalität beobachtet, daß jeder solcher Antrag im Plenum erst verlesen wird, wenn er die Vorberatungen der Abteilungen (uffizi) passiert hat. Auch soll gewöhnlich artikelweise über die Abänderung beraten und beschlossen werden (siehe Galeotti in seinem Kommentar zu der italienischen Geschäftsordnung der Deputiertenkammer, insbesondere zu Art. 8, Ausg. von 1902, S. 59 ff.). In Österreich werden die Geschäftsordnungsanträge und Abänderungen der Geschäftsordnung ebenfalls wie Anträge aus dem Hause, die Gesetzentwürfe sind, behandelt. Aber hier sind noch folgende Garantien: Einmal das Geschäftsordnungsrahmengesetz, das ohne den formalen Weg des Gesetzes nicht abgeändert werden kann, und zweitens die Vorschrift, daß sowohl die Geschäftsordnung wie auch das Rahmengesetz den Formen dringlicher Beratung nicht unterworfen werden dürfen. Jeder Antrag auf Abänderung der Geschäftsordnung muß als selbständiger Antrag eingebracht werden, nicht im Zusammenhang mit anderen Anträgen, er muß dann den Weg

[1]) welche für alle Abänderungen drei Lesungen verlangt, ausgenommen der Fall der Dringlichkeit.

der drei Lesungen mit Ausschußberatung zurücklegen wie jeder Gesetzentwurf (siehe Kulisch, a. a. O., S. 361). In Holland muß nach der Geschäftsordnung der zweiten Kammer (Art. 138) jeder Antrag auf Abänderung der Geschäftsordnung denselben Weg zurücklegen wie ein Gesetzentwurf. Manche Staaten verlangen sogar zur Abänderung der Geschäftsordnung eine qualifizierte Majorität, so die Vereinigten Staaten für das Repräsentantenhaus (Rule XXVIII, Nr. 1) eine $^2/_3$ Majorität, und die Geschäftsordnung des Dänischen Folketing (§ 43) sogar eine $^3/_4$ Majorität zur Abänderung der Geschäftsordnung. Man sieht, wie noch hier die Auffassungen vom pouvoir constituant, das die parlamentarische Körperschaft bei Setzung dieser Geschäftsordnung ausüben soll, nachwirkt. Es sind dies ebenfalls so rudimentäre Überbleibsel wie die Geschäftsordnungspraxis des deutschen Reichstags, wonach Abänderungen der Geschäftsordnung in continenti nur ohne Widerspruch irgendeines Abgeordneten durchführbar sind. Noch bleibt die zweite oben gestellte Frage zu erörtern, inwieweit Abänderungen der Geschäftsordnung jura quaesita den Abgeordneten wahren müßten. Darüber ist im folgenden (§ 7) zu handeln.

3. Bedingt die Publikation einer Geschäftsordnungsresolution eine „vacatio legis"? Da die Geschäftsordnung im ganzen, und jede ein Teil derselben bildende Resolution, eine Konventionalregel ist, keine Rechtsregel ist, so gibt es prinzipiell keine vacatio legis, d. h. jede solche Resolution wirkt mit dem Augenblick ihres Beschlusses. Als am 12. Juni 1868 die heute geltende Geschäftsordnung des Reichstags an Stelle einer provisorischen trat, wurde von dem Abg. Kirchmann (siehe sten. Ber. des Reichstags 1868, S. 369) die Frage aufgeworfen, ob für die Gesetzentwürfe, die vorher nach der alten Geschäftsordnung schon beraten worden waren, in Fortsetzung der Verhandlung die neue, damals beschlossene Geschäftsordnung schon zu gelten habe, oder die alte. Hierauf erklärte der Präsident, daß das Haus sich bereits schlüssig gemacht habe, „alle diese Vorlagen, über deren geschäftliche Verhandlung bereits Beschluß gefaßt ist, nach der approbierten Geschäftsordnung zu erledigen". Er fügte aber hinzu, „natürlich fällt aber auch bei deren Beratung die Rednerliste weg". Diese Rednerliste hatte sich damals als unzweckmäßig bewährt, und kein Parlament ist verpflichtet, eine Einrichtung, die es einmal als unzweckmäßig erkannt und durch Abänderung fallen gelassen hat, auch nur aufrechtzuerhalten, um „wohlerworbene Rechte" zu schützen, wohlerworbene Rechte, die es hier überhaupt nicht geben kann. Bei der Zolltarifdebatte von 1902 kamen die die Geschäftsordnung abändernden Anträge sofort nach ihrer Beschlußfassung zur Anwendung (so die lex Aichbichler [siehe Sitzung vom 14. November 1902, S. 6411] und die lex Gröber-Bassermann [Sitzung vom 9. Dezember 1902, S. 7017]). Nur einmal ist im deutschen Reichstage vom Präsidenten die Ansicht

vertreten worden, daß der Geschäftsordnungsbeschluß, der an dem einen Tage festgestellt wurde, erst am nächsten Tage in Wirksamkeit zu treten habe (Sitzung vom 10. April 1874, S. 694). Doch ist diese Auffassung dann bei anderen Gelegenheiten, so namentlich bei den Veränderungen und Reformen des Jahres 1902, wie oben erwähnt, nicht mehr beachtet worden. Ebenso ist in Österreich eine solche vacatio legis für Abänderungen der Geschäftsordnung nicht gegeben (siehe Kulisch, a. a. O., S. 359, Anm. 2).

4. Gibt es also für die Abänderung der Geschäftsordnung keine Schranken, die in der Geschäftsordnung selbst lägen, weder eine durch die Vorschrift der Einhaltung bestimmter Formen gesetzte, noch eine in Gestalt zu schützender wohlerworbener Rechte der Abgeordneten (wie wir im nächsten Paragraph sehen werden), so besteht dennoch eine sehr wichtige Rechtsschranke der Geschäftsordnung: sie darf nicht der Verfassung und nicht Reichsgesetzen zuwiderlaufen. Namentlich das erste Moment ist in der Praxis des deutschen Reichstags wiederholt zur Geltung gebracht worden (siehe sten. Ber., Sitzung vom 5. Juli 1868, S. 458 [Antrag Reincke]; Sitzung vom 14. Mai 1870, S. 895 [Antrag Münster]; Sitzung vom 5. April 1871, S. 165 ff. [Antrag v. Mallinckrodt]). In dieser Einhaltung der Verfassungsschranken ging der Reichstag auch einmal soweit (siehe die oben geführten Verhandlungen in der Sitzung vom 14. Mai 1870, S. 895), daß er selbst dann schon keine entsprechende Abänderung der Geschäftsordnung vorzunehmen geneigt war, wenn zwar nicht ein offenbar direkter Widerspruch vorlag, sondern bloß die Unmöglichmachung einer durch die Verfassung gesetzten Vorschrift. Der Parlamentsbrauch ist der Verfassung gegenüber weniger rücksichtsvoll.

5. Was nun die Stellung der Regierung zu Vorschlägen betreffend die Abänderung der Geschäftsordnung anlangt, so wird man den Brauch feststellen müssen, daß sich gewöhnlich die Regierung an der Debatte über solche Vorschläge nicht beteiligt, ausgenommen, daß bei diesen Vorschlägen etwa die Verfassung berührt werden könnte oder daß Geschäftsordnungsanträge über das interne Gebiet des Reichstags hinausgreifen. Hier pflegt die Meinung der Regierung immer berücksichtigt zu werden (siehe z. B. Geschäftsordnungsdebatte in bezug auf Interpellationen, Reichstagsverhandlungen, Sitzung vom 3. Mai 1912, S. 1653, der Staatssekretär Delbrück). Aber auch außerhalb dieses Gebietes wird die Regierung, wenn sie es will, zweifellos berechtigt sein, teilzunehmen, denn sie hat nach der Verfassung (Art. 9) das Recht, jederzeit sofort das Wort zu ergreifen (siehe die betreffenden Äußerungen des Präsidenten in der Reichstagssitzung vom 6. Juni 1868, S. 270).

§ 7. Die Rechtsstelluug der Abgeordneten im Rahmen der Geschäftsordnung.

Das Problem, das hier zu lösen versucht wird, ist, inwiefern der einzelne Abgeordnete gegenüber Majoritätsbeschlüssen, durch welche die Geschäftsordnung abgeändert wird, in seinen wohlerworbenen Rechten auf Grund der Geschäftsordnung geschützt werden müsse.

Zunächst wird man hier von der allgemeinen Theorie ausgehen können, wonach Gesetze, die die Abänderung eines Verfahrens bewirken, insbesondere Prozeßgesetze, überhaupt keine jura quaesita beachten können (siehe für das gemeine Recht Regelsberger und Holtzendorff, Rechtslexikon, s. v. „Rückwirkung“, ferner Hellwig, Lehrbuch des deutschen Zivilprozeßrechts, I, S. 13). Nun ist das Recht auf Rechtsschutz nach der Prozeßordnung zweifellos ein wirkliches subjektives öffentliches Recht, und trotzdem wird es einer Abänderung der Prozeßordnung gegenüber keineswegs geschützt, um so weniger aber wird ein solcher Schutz den Geschäftsordnungspositionen der einzelnen Abgeordneten zuteil werden können. Der Vergleich der Zivilprozeßordnung ist deshalb naheliegend, weil da und dort die gemeinsame Frage auftaucht, inwiefern bei der Abänderung von Vorschriften des Verfahrens wohlerworbene Rechte zu schützen seien. Dazu kommt aber noch folgende, bloß für Geschäftsordnungsabänderungen geltende Erwägung.

I. Die juristische Position der Reichstagsmitglieder im Rahmen der Geschäftsordnung.

Das Nachfolgende ist im wesentlichen eine zusammenfassende Betrachtung des oben (§ 6 unter II 1 bis 5) Angeführten. Zunächst ist festzuhalten, daß die Stellung des einzelnen Abgeordneten nach der Geschäftsordnung ihm keine subjektiven Rechte gewährt, denn die Geschäftsordnung stellt selbst nur eine Summe von Konventionalregeln, nicht von Rechtsnormen dar. Hat aber nicht der Abgeordnete im Rahmen der GO. gewisse „Grundrechte“? In einer der früheren GO. Griechenlands, vom 6. Juli 1865, war wirklich einmal ein solcher Katalog von „Grundrechten“ der Abgeordneten (*διακήρυξις τῶν βουλευτικῶν δικαίων* = Erklärung der Grundrechte der Abgeordneten) innerhalb der parlamentarischen Körperschaft nach dem Muster der französischen „Erklärung der Menschenrechte“ von 1789 anerkannt, aber man kam bald davon ab. (siehe *Ζεγγηλης, Κοινοβουλευτικον Δικαιον* 1906, I, S. 309). Auch die deutsche Theorie (z. B. Laband) nimmt gewisse „Grundrechte“ dieser Art an, wenn sie das Recht der Reichstagsabgeordneten auf Einhaltung der nicht abgeänderten GO. postuliert, das gegen seinen Widerspruch ihm nicht genommen werden kann, oder wenn sie von einem „Recht“ des Reichstagsabgeordneten auf die im § 19 GO. gewährleistete „Abstimmung“ spricht (Deutsche Juristenzeitung 1903, a. a. O., S. 8).

Der Reichstag hat den Kreis dieser „Grundrechte" in den ersten Jahren seiner Praxis noch um ein „Recht", zur GO. jederzeit das Wort zu erhalten, erweitert und auch ein „Grundrecht" jedes Abgeordneten, die Beschlußfassung des Hauses anzuzweifeln, angenommen[1]). Die Praxis des Reichstags hat aber in der Folge alle diese „Grundrechte" nicht beachtet: das „Recht" auf Abstimmung ebensowenig, wie das Recht auf Beobachtung der Geschäftsordnung bei Widerspruch, anläßlich der Zolltarifverhandlungen von 1902 (siehe oben unter IV), auch nicht das „Recht", zur GO. jederzeit das Wort zu erhalten (§ 44 GO., Antrag Gröber, 1902!) und ebensowenig das „Recht", die Beschlußfähigkeit des Reichstags jederzeit anzweifeln zu dürfen (siehe § 54, Satz 2 GO.). Dies hat der Reichstag mit Fug und Recht getan, denn solche „Grundrechte" innerhalb der GO. gibt es nicht und kann es nicht geben. Diese Theorie hängt, wie wir oben gezeigt haben, mit der älteren Auffassung der konstitutionellen Doktrin zusammen, wonach die Feststellung der Geschäftsordnung ein konstituierender Akt sei, der nur durch Einstimmigkeit als „pacte social" erlassen werde. Diese Theorie, die auf Siéyès und Mirabeau zurückgeht, ist aber wie oben gezeigt worden, hinfällig, denn einen solchen „Verfassungsvertrag" gehen die Mitglieder, die in einer neugewählten Legislatur zusammentreten, nie ein. Es hängt gar nicht von ihrem Belieben ab, solchen Verfassungsvertrag einzugehen, sie m ü s s e n nämlich nach einer GO. so verfahren, ob sie wollen oder nicht. Mit der Annahme der GO. als Akt eines „pouvoir constituant" der zum ersten Male zusammentretenden Legislatur, steht und fällt aber die Annahme von „Grundrechten" des einzelnen Abgeordneten, sofern solche aus der G e s c h ä f t s o r d n u n g herfließen sollen. Das ergibt einmal der Vergleich mit der modernen Aktiengesellschaft und mit Staatsgebilden, die, wie die Vereinigten Staaten von Amerika, auf dem pouvoir constituant beruhen. Für die Aktiengesellschaft ist meines Erachtens überzeugend nachgewiesen worden[2]), daß die Annahme von Grund- oder Sonderrechten der Aktionäre abhängig ist von der Voraussetzung, daß ein Satz des Statutes, der von fundamentaler Wichtigkeit für den Beitretenden ist, ihm ohne seine Zustimmung nicht genommen werden darf. An dieser Schranke findet jede Abänderungsmöglichkeit des Statuts ihre Schranke. Ähnlich erkennt die Verfassung der Vereinigten Staaten unverrückbar die jeder Gesetzgebung entgegenwirkende Schranke in Gestalt von verfassungsmäßigen „Grundrechten" an, weil sie selbst als Ausfluß des „V e r f a s s u n g s v e r t r a g s" gelten. Man kann „Grundrechte" auch anders konstruieren, nämlich als „Persönlichkeits-

[1]) Sten. Ber. d. R. 1870, Sitzung vom 14. Mai, S. 896 (Abg. Lasker gegen den damaligen Antrag Münster).

[2]) S. Karl Lehmann im Archiv f. bürg. R., Bd. 9, S. 344.

recht" des Individuums innerhalb der Genossenschaft[1]), als Individualrechte im Gegensatz zu den Mitgliedschaftsrechten der Genossenschafter. Aber auch dafür bietet die GO. keinen konstruktiven Anhalt, da der Reichstag keine „Genossenschaft" und keine Korporation ist.

Nicht bloß die Geschäftsordnungsänderung hat an solchem „Grundrechte" keine Schranke, sondern auch nicht die Geschäftsführung des Präsidenten. Er soll zwar prinzipiell die GO. beobachten, das schreibt ihm ja § 13 GO. vor, und darf nicht nach eigenem Belieben davon abgehen, das steht nur dem Hause zu[2]). Aber wenn er diese Bestimmungen verletzt, so verletzt er kein „Grundrecht" eines Abgeordneten, sondern Vorschriften des Hauses, wofür das Haus ihn z. B. durch einen Beschluß, „daß die GO. vom Präsidenten nicht beobachtet worden sei", zur Verantwortung ziehen könnte. Da die GO. aber keinen Ausfluß des „pouvoir constituant" darstellt, so macht auch eine vom Präsidenten gestattete Nichtbeobachtung der GO. den betreffenden Akt nicht hinfällig[3]) oder nichtig, sondern gibt nur dem Hause die Möglichkeit, ihn als inkorrekt zu behandeln und ihn unter Beobachtung der richtigen Formen zu wiederholen[4]). Von einer Pflicht des Hauses hierzu kann keine Rede sein. Denn gerade auf der Elastizität der GO. beruht ihr Wert, und daher schreibt sich die Abneigung des Hauses her, seine parlamentarischen Bräuche in detaillierter Weise zu kodifizieren oder auch nur durch die GO. festzulegen. Die „Viva Vox" braucht, wie Lasker anläßlich der Geschäftsordnungsdebatte von 1879 (siehe oben S. 42) sagte, ein „Viva Lex".

II. Aus diesen allgemeinen Prinzipien ergeben sich wichtige Konsequenzen für die Reichstagspraxis. Kein Abgeordneter hat ein „Recht" in formellem Sinne auf Einhaltung der im § 35 Abs. 3 der Geschäftsordnung für Initiativanträge gegebenen Reihenfolge, um so weniger hat er dies Recht auf Einhaltung der Reihenfolge gegenüber einem Antrag auf Änderung der Geschäftsordnung[5]).

Kein Mitglied und keine Partei hat ein geschäftsordnungsmäßiges „Recht" auf Einhaltung des § 19 der Geschäftsordnung, wonach über jeden einzelnen Artikel der Reihenfolge nach die Diskussion eröffnet, geschlossen und die Abstimmung herbeigeführt werden soll. Das gibt keinem Abgeordneten und keiner Partei ein „Recht" auf Abstimmung

---

[1]) Gierke, Genoss. Theorie, S. 171, 191, 316, und passim.

[2]) So richtig der Abg. Spahn in der Sitzung vom 13. Juni 1909, S. 8003 (RTV., XII. Leg.-Periode, 1. Session).

[3]) A. A. Laband, D. Jur.-Zeitg, a. a. O., S. 6, Anm. 1. S. dagegen z. B. RTV., 2. März 1870, S. 288 f. Richtig auch der Präsident, Sitzung vom 27. April 1871, S. 424.

[4]) RTV., Sitzung vom 17. Mai 1887, S. 615 f.

[5]) Übereinstimmend Laband, a. a. O., S. 6. S. auch Verhandlungen des RT., Sitzung vom 12. Nov. 1902, S. 6517 ff., und die dort vom Abg. Bassermann angeführten Präzedenzfälle.

jedes einzelnen Artikels[1]). Deshalb war das Vorgehen des deutschen Reichstags anläßlich der Beratung des Zolltarifgesetzes von 1902 (siehe sten. Ber. des Reichstags, Sitzung vom 27. November 1902, S. 6651 ff., und Sitzung vom 2. Dezember 1902, S. 6777 ff.) rechtlich unanfechtbar. Damals wollte ein Antrag v. Kardorff und Genossen (Drucksache Nr. 704 und 775 ex 1900/1903) den größten Teil der Tarifpositionen, wie sie von der nach der ersten Lesung eingesetzten Kommission angenommen waren, zusammenfassend in zweiter Lesung, ohne eine Beschlußfassung über jeden einzelnen Artikel herbeizuführen, zur Abstimmung bringen. Solches kommt in England häufig vor und heißt dort closure by compartment[2]). Niemand redet dort bei solchen Anlässen von „Grundrechten" der Abgeordneten, die vergewaltigt werden (wie z. B. Laband, a. a. O., S. 8).

Ebensowenig hat jeder einzelne Abgeordnete ein „Recht" darauf, wenn er sich „zur Geschäftsordnung" meldet, unbedingt zugelassen zu werden (übereinstimmend Laband, a. a. O., S. 7). Wenn also dieses sog. Recht sich zur Geschäftsordnung zu melden durch eine Abänderung der Geschäftsordnung von dem Ermessen des Präsidenten abhängig gemacht wird (so infolge der auch jetzt noch geltenden Bestimmung des § 44 der Geschäftsordnung), so ist dadurch keineswegs eine Rechtsverletzung gegeben. Auch auf eine gewisse Zeitdauer seiner Rede hat ein Abgeordneter kein „Recht". Wenn demnach im Jahre 1902 infolge eines Geschäftsordnungsantrages Gröber-Bassermann (siehe sten. Ber. d. Reichstags, Sitzung vom 9. Dezenber 1902, S. 6093) die Rede jedes Abgeordneten „zur Geschäftsordnung" auf 5 Minuten beschränkt wurde, so ist dies absolut keine Vergewaltigung einer Minorität oder des Abgeordneten (anderer Ansicht Laband a. a. O., S. 9). In England ist dieses Mittel zur Abkürzung der Debatte als „Guillotine" sehr wohl bekannt und nicht bloß auf Geschäftsordnungsfragen beschränkt (siehe mein engl. StR. I, 406 u. 470).

III. Nach all den vorausgegangenen Ausführungen wird man wohl sagen können: die Geschäftsordnung gibt den einzelnen Abgeordneten zweifellos eine Geschäftsordnungsposition, einen öffentlich-rechtlichen „Besitzstand". Es ist dies aber nur eine inwärts gerichtete Ordnung, keine Rechtsordnung, eine durch Konventionalregeln bestimmte Ordnung. Wir verwenden den Ausdruck „inwärts gerichtet" mit Absicht, um damit erkenntlich zu machen, daß es sich hier wirklich auch um eine Ordnung handelt, die auf eine gewisse Stabilität rechnen kann. Ähnlich war im Mittelalter das Eigentum der Ministerialen gegenüber ihrem Herrn, zweifellos diesem Herrn gegenüber nach „Hofrecht" geschützt und stabil, nach allgemeinem Landrecht aber überhaupt nicht

---

1) A. A. Laband, a. a. O., S. 8.

2) S. mein engl. StR. I, S. 588.

geschützt. Man sprach damals von „Innenwarte eigen" (siehe Ficker-Puntschart, Vom Reichsfürstenstand 1911, II, S. 223, Anm. 3). Eine solche inwärts gerichtete Geschäftsordnungsposition, aber keine Rechtsposition, hat nun jeder Abgeordnete nach der Geschäftsordnung. Von der soll auch eine parlamentarische Körperschaft ohne Not nicht abweichen. Wenn aber solcher Notstand eintritt, so ist sie zweifellos berechtigt auch gegenüber jener obstruierenden Minorität die Geschäftsordnung abzuändern (siehe die Ausführungen des Abg. Bassermann, sten. Ber. d. deutschen Reichstags, Sitzung vom 28. November 1902, S. 6694)[1]. Wenngleich also eine moralische Bindung des Hauses an seine Geschäftsordnung besteht, so wird man jedenfalls von „Rechten" der Abgeordneten hierbei nicht sprechen können.

§ 8. Die Interpretation der Geschäftsordnung.

Die meisten Schriftsteller, welche sich mit der Frage beschäftigen, wer im deutschen Reichstag berechtigt sei, die Geschäftsordnung authentisch und verbindlich zu interpretieren (Reichstag oder Präsident) gehen von der Auslegung des § 13 GO. aus, wonach dem Präsidenten die Handhabung der Ordnung obliege (so Laband, Deutsche Juristenzeitung, S. 6, Perels, a. a. O., S. 17 u. a. m.), und folgern, daß der Präsident die Auslegungsgewalt habe. Diese Betrachtungsweise ist zu formal, um richtig zu sein. Denn mit beinahe denselben Worten, mit dem § 13 der Geschäftsordnung diese Befugnis dem Präsidenten überantwortet, reden alle anderen Geschäftsordnungen des Kontinents von der Befugnis des Präsidenten, und zweifellos wird in den meisten Parlamenten, wie noch gezeigt werden soll, von der Voraussetzung ausgegangen, daß allein das Haus endgültig die Geschäftsordnung zu interpretieren habe. Bei Beantwortung unserer Frage kommt es vielmehr darauf an, festzustellen, was der Brauch des Reichstags ist, sodann was der Brauch der übrigen Parlamente ist und schließlich, ob der Reichstagsbrauch mit der juristischen Natur der Geschäftsordnung übereinstimmt.

I. Die deutsche Entwicklung.

Sie knüpft zunächst in den süddeutschen Staaten an das Vorbild der Geschäftsordnung der französischen Deputiertenkammer von 1814 an. Hier wird zum ersten Male neben dem Recht des Präsidenten die Verhandlungen zu leiten und die Ordnung aufrechtzuerhalten (Art. 11) noch jedem einzelnen Mitglied des Parlaments das Recht gegeben, jederzeit jeden Kollegen, der von der Hauptfrage abweicht, zur Geschäfts-

[1]) Aus der Literatur vergl. Hubrich, Die parlamentarische Redefreiheit und Diszîplin, 1899, S. 455 ff.; v. Bar in Recht 1912, S. 204 ff.; H. F. Schmid, Parlamentarische Sondergewalt und Disziplin 1913, S. 94; Binding a. a. O. S. 29.

ordnung zu rufen (Rappel au règlement, Art. 29). Das war schon ein bedeutsamer Fortschritt gegenüber der Art, wie in der Revolutionszeit in den parlamentarischen Versammlungen in Frankreich die Geschäftsordnung gehandhabt wurde. Da bestand einmal, so nach der Geschäftsordnung der Constituante und sodann nach der Geschäftsordnung der Législative neben dem Recht des Präsidenten, jemand zur Ordnung zu rufen, also gewissermaßen die Geschäftsordnung auszulegen, noch das Recht jedes einzelnen Abgeordneten, den Betreffenden, der die Ordnung störte, nach seinem, des Abgeordneten Ermessen zur Ordnung zu rufen (siehe weiter unten § 11). Der Präsident war mit einer sehr schwachen Gewalt ausgerüstet (siehe darüber weiter unten § 11). Demgegenüber bedeutete es einen Fortschritt, daß durch die Geschäftsordnung der Deputiertenkammer von 1814 das Recht des Präsidenten, die Geschäftsordnung zu handhaben, nicht mehr die Konkurrenz eines parallelen Rechts des Abgeordneten zu bestehen hatte, daß aber als Ersatz hierfür nun dem Abgeordneten das Recht erteilt wurde, jederzeit mit dem Präsidenten über die Wahrung der Geschäftsordnung zu wachen, dadurch, daß diesem der sog. Rappel au règlement, d. i. die Verweisung zur Geschäftsordnung, jederzeit gestattet wurde. Daran knüpft zunächst die süddeutsche Entwicklung an, z. B. Baden (siehe Verhandlungen der Ständeverfassung, der Ständeversammlung Badens, 2. Kammer F., Beilage Nr. 30, § 13 u. 43, wie sie sich beinahe wörtlich an die Geschäftsordnung der Deputiertenkammer von 1814 anschließt). Und anderwärts wird es ebenso gewesen sein (z. B. Württemberg, § 14 GO. von 1861 bei Gröber a. a. O., S. 50 f.). Die Frankfurter Nationalversammlung spricht nirgends von einem Recht jedes Abgeordneten, zur Geschäftsordnung das Wort zu ergreifen, erteilt aber dem Präsidenten das Recht über die Ordnung und den Geschäftsgang des Hauses zu wachen (§ 14 der Geschäftsordnung der Frankfurter Nationalversammlung, Verhandlungen herausgegeben von Wigard, I, S. 164). In der Praxis wurde die Sache auch wirklich so gehandhabt, daß das Recht, die Geschäftsordnung auszulegen, nur vom Präsidenten ausgeübt wurde und dem Abgeordneten nicht immer, wenn er sich durch die Geschäftsordnung des Präsidenten beschwert fühlte, das Wort, zur Geschäftsordnung zu sprechen, erteilt wurde (siehe z. B. Verhandlungen a. a. O., Bd. IV, S. 2950). Doch stand es in dem Ermessen eines Abgeordneten, nachträglich einen Antrag zu stellen, der die Verletzung der Geschäftsordnung seitens des Präsidenten rügte (siehe Verhandlungen a. a. O. des Bd. II, S. 568—577). Die preußische Nationalversammlung hat in diesen Bestimmungen nicht das Vorbild der Frankfurter Nationalversammlung nachgeahmt, sondern hat sich durch Vermittelung der belgischen Geschäftsordnung an die süddeutsche und an die französische Entwicklung von 1814 angeschlossen. § 36 der provisorischen Geschäftsordnung und § 47 der definitiven, in der preußischen

Nationalversammlung gehandhabten Geschäftsordnung geben jedem Abgeordneten, welcher über die Fragestellung, die Verweisung auf die Geschäftsordnung (gleich Rappel au règlement), die Berichtigung einer Tatsache das Wort ergreifen und eine persönliche Angelegenheit besprechen wollte, das Recht, das Wort zu verlangen (siehe Verhandlungen der preußischen Nationalversammlung I, S. 5, II, S. 391). Man sprach damals in diesem Falle von einem „Recht zur Rede", das man sich als eine Art von Grundrecht dachte. Diese Verweisung zur Geschäftsordnung, wörtlich übersetzt Rappel au règlement (siehe Art. 31 der Geschäftsordnung der belgischen Deputiertenkammer), hat dann in der Viebahnschen Geschäftsordnung des preußischen Abgeordnetenhauses ebenfalls Eingang gefunden, und hat sich in der preußischen Geschäftsordnung bis zum Ausgange der 60 er Jahre unter diesem Titel erhalten (siehe Plate, § 45 der preußischen Geschäftsordnung). Dann macht er dem „Wort" zur Geschäftsordnung Platz. In die Geschäftsordnung des deutschen Reichstags bzw. schon vorher des norddeutschen Reichstags, ging als § 41 (später 44) der Ausdruck „Verweisung zur Geschäftsordnung" ein, um dann später dem Ausdruck „Bemerkung zur Geschäftsordnung" Platz zu machen (Ber. Gröber von 1902). Freilich hat heute (seit 1902) nach der Geschäftsordnung des Reichstags der Abgeordnete nicht mehr das Recht, sofortige Zulassung zum Worte zu verlangen, sondern das Wort zur Geschäftsordnung wird nur nach freiem Ermessen des Präsidenten erteilt.

Wenn wir nun nach dieser historischen Darlegung die Praxis des Reichstags in bezug auf die Interpretation der Geschäftsordnung uns klarzumachen suchen, so finden wir in der ersten Zeit eine Auffassung vertreten, wonach der Präsident zum Schutze der Minorität die Geschäftsordnung selbst handhaben muß (siehe Verhandlungen des Reichstags 1867, S. 261, Sitzung vom 9. März). Allmählich machte sich aber die Auffassung geltend, daß wenn auch der Präsident mit der Handhabung der Interpretation der Geschäftsordnung prinzipiell betraut ist, er doch, wenn er nur den geringsten Zweifel für seine Person in bezug auf die Handhabung der Geschäftsordnung hat, sich einem Beschlusse des Hauses darüber zu unterwerfen hat (Sitzung vom 8. Juli 1868, S. 324 der Präsident). Ebenso sagt der Präsident in der Sitzung vom 2. März 1870, S. 149: „Das Amt, das Sie jetzt die Gewogenheit gehabt haben mir zu übertragen, berechtigt und verpflichtet mich, die Geschäftsordnung nach meinem besten Wissen und Gewissen zu handhaben. Das aber setzt eben mein Wissen voraus, und wenn, wie ich in dem gegenwärtigen Falle anerkennen muß, eine Geschäftsordnung, an deren Abfassung ich keinen Teil gehabt[1]), Zweifel in der

[1]) Dies ist wörtlich zu nehmen. Der Präsident lehnte es deshalb auch in dieser Zeit ab, Anträge auf Abänderung der Geschäftsordnung einzubringen (Sitzung vom 16. November 1870, S. 30).

Interpretation läßt, so will es mir wie eine entschiedene Usurpation dem Hause gegenüber vorkommen, wenn ich mir herausnehme zu sagen: trotzdem, daß mir die Sache zweifelhaft ist, werde ich sie so entscheiden, wie ich die Neigung habe zu tun. Das würde heißen, stat pro ratione voluntas . . ." Seitdem ist es so gehandhabt worden, daß wenn dem Präsidenten über die Geschäftsordnungsmäßigkeit des Antrags Zweifel aufsteigen, er sich deshalb immer an das Haus wendet[1]). Die Initiative zur Aufwerfung einer Geschäftsordnungsfrage stand immer dem Präsidenten zu, jeder einzelne aus dem Hause hatte aber auch die Möglichkeit durch Berufung auf die Geschäftsordnung die Frage vor die Entscheidung des Hauses zu bringen. Durch die Einschränkung der Konkurrenz jedes Abgeordneten, über die Handhabung der Geschäftsordnung zu wachen (lex Gröber 1902)[2]) ist natürlich die Initiative des Präsidenten gewachsen. Aber auch jetzt, wenn ihm Bedenken über die Geschäftsordnungsmäßigkeit eines Antrags aufsteigen, wird er sie dennoch zurückdrängen, wenn der Antrag von einer Anzahl Mitglieder großer Parteien des Hauses unterzeichnet ist und der Präsident annehmen darf, daß voraussichtlich die Majorität hinter diesem Antrag steht. Dann sagt der Präsident, daß eine andere Entscheidung von der Präsidentenstelle aus doch keine Wirkung haben dürfe und läßt den Antrag zu. (Sitzung vom 27. November 1902, S. 6651.) So weit ist also das Haus Herr seiner Geschäftsordnung, daß es sie authentisch jederzeit interpretieren kann. Nur besteht ein Initiativrecht des Präsidenten, das namentlich dadurch gehoben ist, daß die Konkurrenz aus der Mitte des Hauses durch Unterstellung der „Bemerkung zur Geschäftsführung und ihrer Zulässigkeit" unter das freie Ermessen des Präsidenten, (infolge der lex Gröber von 1902) abgeschwächt erscheint.

II. Das ausländische Recht.

In England steht dem Unterhause selbst die letzte Entscheidung in bezug auf die Interpretation der Geschäftsordnung zu. Doch wird natürlich zuerst der Sprecher die Geschäftsordnung interpretieren, ist er aber nicht von selbst auf den fraglichen Punkt gekommen, so hat jedes Mitglied das Recht, in dem Momente, wo es Verletzung der Geschäftsordnung merkt, das Haus oder auch den Sprecher aufmerksam zu machen, der dann wohl die Sache der Entscheidung des Hauses überweist. Schon seit dem Jahre 1604 gilt die Regel: Agreed for a rule, that if any doubt arise upon the bill the speaker is to explain, but not to sway the house

[1]) Aus älterer Zeit, Sitzung vom 18. März 1874, S. 398 f. S. aus neuerer Zeit z. B.: Sitzung vom 14. November 1902, S. 6405; Sitzung vom 4. März 1905, S. 4993 A u. B; Sitzung vom 6. April 1905, S. 5894; Sitzung vom 10. Mai 1905, S. 5932 ff.; Sitzung vom 13. Januar 1911, S. 3834 u. a. m.

[2]) § 44 G. O: „Das Wort zur Geschäftsordnung wird nur nach freien Ermessen des Präsidenten erteilt".

with argument or dispute (May, Parlamentary practice, 11. ed., S. 349). In Frankreich hat natürlich der Präsident, in dem Augenblicke, wo sich in seiner Meinung ein Zweifel an der Auslegung der Geschäftsordnung ergibt, das Recht, der Kammer die Entscheidung vorzulegen, auch das Bureau (Präsident und Schriftführer) des Hauses hat das Recht, Geschäftsordnungsfragen dem Hause zur Entscheidung vorzulegen; aber auch jeder einzelne Abgeordnete hat das Recht, zur Geschäftsordnung das Wort zu ergreifen, und dieses Wort kann ihm in keinem Fall verweigert werden. Der rappel au règlement des älteren Rechts besteht ungeschwächt fort (siehe Pierre a. a. O., Nr. 452 f.). Für Italien ist der Parlamentsbrauch festgehalten, daß der Präsident allein das Recht hat, die Geschäftsordnung nicht nur zu interpretieren, sondern auch zu prüfen, ob der gestellte Antrag geschäftsordnungsmäßig ist. Doch pflegt er sich auch hier zuvor in zweifelhaften Fragen mit den Abgeordneten zu beraten, welche in Geschäftsordnungsfragen besonders bewandert sind (siehe Galeotti a. a. O., Nr. 53, pag. 47). Auch wird ihm in zweifelhaften Fragen empfohlen, die Meinung des Hauses einzuholen, denn „im Wesen gebührt die definitive Entscheidung über die Geschäftstätigkeit des Präsidenten doch der Kammer, sei es, daß sie auch nur in stillschweigender Zustimmung nach Reklamation irgend eines ihrer Mitglieder zum Ausdruck gebracht wird". Also auch hier ist das Haus als letzte Instanz als Geschäftsordnung zu erachten. Nur im Österreichischen Abgeordnetenhause ist dies neuerdings bestritten. Bis zum Jahre 1897 wurde die Kompetenz des Hauses in letzter Instanz, Geschäftsordnungsfragen zu interpretieren, unbedingt durch die Praxis anerkannt. Seit dieser Zeit aber will es ein neuerer Brauch, daß der Präsident die Geschäftsordnung allein interpretiere (siehe Neisser a. a. O., II, S. 42ff.).

III. Die Auslegungsgewalt im D. RT.

Wenn wir nun nach diesen Anführungen zu dem als Brauch des deutschen Reichstags zu betrachtenden Normen zurückkehren, so müssen wir konstatieren, daß zwischen dem Reichstagsrecht und dem ausländischen Recht eine kleine Abweichung besteht: Während nämlich im Auslande neben dem Recht des Präsidenten, Geschäftsordnungsfragen dem Hause vorzulegen, noch ein Recht des Abgeordneten durch Verweisung zur Geschäftsordnung fortbesteht, also eine Konkurrenz von Präsidenten und Abgeordneten bei Handhabung der Geschäftsordnung gegeben, ist im Reichstag diese Konkurrenz seit 1902 (lex Gröber) insofern eingeschränkt, daß nach § 44 der Geschäftsordnung der Präsident das Wort zur Geschäftsordnung nach seinem Ermessen erteilt.

Wenn wir ferner zu der ursprünglichen Frage Stellung zu nehmen haben, wer nach deutschem Parlamentsrecht Befugnis zur Interpretation der Geschäftsordnung besitzt, Präsident oder Reichstag, so werden wir nicht etwa aus dem an und für sich für unsere Frage bedeutungslosen § 13 der Geschäftsordnung unsere Konklusionen ziehen, sondern erstmals aus der historischen Entwicklung, wonach ursprünglich neben dem Präsidenten auch jeder Abgeordnete die Ordnung im Hause aufrechtzuerhalten hat. Im deutschen Reichstagsrecht ist nun die Konkurrenz der Abgeordneten abgeschwächt und blos ein Initiativrecht des Präsidenten anerkannt worden. Aber auch im deutschen Reichstagsrecht muß der Satz zu Recht gelten, daß das Haus unter allen Umständen die letzte Instanz für die Interpretation der Geschäftsordnung bleibt. Denn wäre dies nicht der Fall, dann würde man nicht begreifen, weshalb die Verweisung, oder wie es jetzt heißt „Bemerkung" zur Geschäftsordnung jedem Abgeordneten freilich nicht als Recht zukommt. Dadurch hat es ja jeder Abgeordnete, der wie gewöhnlich mit seiner „Bemerkung zur GO." zugelassen wird, in der Hand, die Sache vor das Forum des Hauses zu bringen.

§ 9. Entstehung und Wandlungen der Geschäftsordnung des deutschen Reichstags.

Wenn wir die Wandlungen in ihrer Allgemeinheit überblicken, so können wir von vornherein das Urteil fällen: Es ist eine allmähliche Lossagung von der konstitutionellen Doktrin im Sinne belgisch-französischer Rechtsordnung, und eine Wendung zu dem viel praktischeren Vorbild der englischen Geschäftsordnung. Dies soll im folgenden nachgewiesen werden.

I. Die Entstehung.

Im konstituierenden Reichstag des Norddeutschen Bundes wurde auf Antrag des Grafen Schwerin-Putzar die Geschäftsordnung des preußischen Abgeordnetenhauses unter Vornahme einiger Änderungen provisorisch en bloc angenommen. Diese Änderungen waren ziemlich unbedeutender Natur, so z. B., daß zunächst an den Stellen, wo in der Geschäftsordnung des Abgeordnetenhauses von Ministern, von Regierungskommissaren gesprochen war, die Ausdrücke: Bundespräsidium, Bundeskommissar usf. gesetzt wurden, sodann, daß die Wahl der Fachkommissionen nur je nach den im Laufe der Beratungen sich ergebenden Bedürfnissen stattfinden sollte, weil der konstituierende Reichstag keine legislative, sondern nur eine die Verfassungsentwürfe beratende Versammlung bildete, und deshalb solche Fachkommissionen nicht notwendig wären. Die dritte Änderung bestand darin, daß nur vom Platze gesprochen wurde, während § 41 der Geschäftsordnung des preußischen Abgeordnetenhauses vorschrieb, daß vom Platze oder von der Tribüne gesprochen werden durfte. Es war in dem damaligen Saale eine Tribüne nicht vorhanden. Der vierte Punkt bezog sich auf den § 69 der damaligen Geschäftsordnung des

Abgeordnetenhauses, der das Verhältnis feststellte, in dem die beiden Häuser des Landtags, das Herrenhaus und das Abgeordnetenhaus, miteinander zu verkehren hätten, in betreff der angenommenen Gesetzentwürfe. Da der Reichstag sich keinem Oberhaus gegenüber sah, so wurde an dessen Stelle beschlossen, daß nach erfolgter Beschlußnahme die Gesetzvorlagen dem Bundespräsidium eingereicht würden. Der Differenzpunkt bezüglich der Tribüne wurde dann fallen gelassen. Im übrigen aber wurde der Antrag des Grafen von Schwerin-Putzar angenommen (siehe Sitzung vom 25. Februar 1867, S. 5). In der Sitzung vom 6. März 1867 (S. 66) blieb die bisherige provisorische Geschäftsordnung des konstituierenden Reichstags auch als definitive Geschäftsordnung desselben in Kraft. Im Reichstag des Norddeutschen Bundes wurde dann die Geschäftsordnung des preußischen Abgeordnetenhauses, wie sie im konstituierenden Reichstag gehandhabt worden war, provisorisch angenommen (in der Sitzung vom 10. September 1867, S. 3). In der Zwischenzeit bis zur definitiven Annahme der Geschäftsordnung stellten die Abgeordneten Lasker und Twesten einen Antrag auf Abänderung der Geschäftsordnung (Drucksachen des Reichstags 1867, Nr. 65 und Sitzung vom 8. Oktober 1867, S. 295). Auch der Abg. Heubner hatte einen Antrag in der gleichen Richtung[1]) hin eingebracht, auch dieser wurde in der Sitzung vom 8. Oktober 1867 der Geschäftsordnungs-K. überwiesen. Sie erstattete auch einen besonderen Kommissionsbericht (siehe Verhandlungen des Reichstags, Drucksachen 1867, Nr. 136). Derselbe blieb aber unerledigt. Im Jahre 1868 stellten dann die Abgeordneten Twesten und Lasker den Antrag auf Abänderung der Geschäftsordnung (Drucksachen 1868, Nr. 14), indem sie den Kommissionsbericht des Vorjahres zur Grundlage ihrer neuen Anträge machten. Der 28. März 1868 war für die Schlußberatung über diese Anträge angesetzt. An diesem Tage wiederholte auch der Abg. Heubner seinen Antrag aus dem Vorjahr, und außerdem waren noch Anträge der Abgeordneten Braun und Oetker hinzugekommen, welche alle in keinem Zusammenhang mit den Twesten-Laskerschen Anträgen standen. Da zunächst nicht die Absicht bestand, eine Totalrevision der Geschäftsordnung herbeizuführen, so weigerte sich der Präsident auch diese Anträge zur Beratung zu stellen. Im Laufe der Verhandlung wurde aber von dem Abg. Braun doch, da sich im allgemeinen die Notwendigkeit einer nochmaligen Kommissionsberatung herausstellte, der Wunsch ausgesprochen, alle Anträge zur Geschäftsordnung, auch diejenigen, die der Präsident zu einer Schlußberatung nicht zulassen wollte, der Kommission zu überweisen und endlich auch der Kommission

[1]) Er bezog sich namentlich auf die Abschaffung der „alten Zählung" zur Ermittelung des Abstimmungsresultats (D. RT., Nr. 66, ex 1867, Sitzung vom 8. Oktober 1867, S. 297). Näher beschrieben ist diese „alte Zählung" nach ihrer Abschaffung durch die GO. des Reichstags von 1868 in RTV. 1874, II, S. 680.

den Auftrag zu erteilen, die ganze Geschäftsordnung einer Totalrevision zu unterziehen (siehe Reichstagsverhandlungen 1868, Sitzung vom 28. März, S. 23). Wenngleich auch der Abg. Graf von Kleist diesem Verlangen auf Totalrevision widersprach und ein Beschluß des Reichstags in diesem Sinne, daß eine Totalrevision von der Geschäftsordnungskommission herbeigeführt würde, nicht zustande kam, sondern einfach bloß beschlossen wurde, der Geschäftskommission die Twesten-Laskerschen Anträge und alle Anträge, welche zur Geschäftsordnung an den Präsidenten genügend unterstützt gelangen würden, zu überweisen, so wurde doch in der Sitzung vom 6. Juni 1868 nicht bloß die Twesten-Laskerschen Anträge angenommen und die anderen wenigstens in modifizierter Form, sondern es wurde auch im allgemeinen vom Präsidenten die Erlaubnis verlangt und erhalten, die gefaßten Beschlüsse mit den unverändert gebliebenem Teil der Geschäftsordnung zusammen drucken zu lassen und so die ganze Geschäftsordnung zur Schlußabstimmung dem Hause vorlegen zu dürfen, welche Schlußabstimmung dann auch in der Sitzung vom 12. Juni 1868 erfolgte. Ohne den Wunsch des Abg. Braun und ohne die Genehmigung der Schlußredaktion in der Sitzung vom 6. Juni 1868 (Reichstagsverhandlung S. 299), die wir oben mitgeteilt haben, wäre die Geschäftsordnung des deutschen Reichstags eigentlich bloß die des preußischen Abgeordnetenhauses, verbessert um einige Beschlüsse geblieben. So aber erfolgte eine neue Redaktion, allerdings vollständig auf der Grundlage der preußischen Geschäftsordnung in der Fassung von 1862.

Nun wissen wir (siehe Plate, Die Geschäftsordnung des preußischen Abgeordnetenhauses, S. 4), daß die Geschäftsordnung des preußischen Abgeordnetenhauses, wie sie 1849 beschlossen und wie sie 1862 abgeändert war, im Wesen von einer Kommission beraten und beschlossen wurde, die bei ihren Arbeiten die Geschäftsreglements der Frankfurter Nationalversammlung, der preußischen Nationalversammlung und der belgischen Kammer benutzt hatte. Es war also das Grundmotiv dieser Geschäftsordnung die französisch-belgische Doktrin. Auf derselben war auch die provisorische Geschäftsordnung des Reichstags des Norddeutschen Bundes aufgebaut, und erlangte erst durch die Twesten-Laskerschen Amendements, wie wir sie oben dargestellt haben, und die ihnen folgenden Verbesserungsvorschlägen des Abg. Oetker u. a. die Form, welche die Geschäftsordnung des Reichstags der englischen Geschäftsordnungspraxis näher brachte.

Dieses erkannte auch schon die Geschäftsordnungskommission, welche im Jahre 1868 über den Antrag Twesten-Lasker und über die anderen Anträge zu beraten hatte (siehe Verhandlungen des Reichstags, Drucksachen Nr. 55, S. 177). Die Kommission begann ihre Arbeiten, „indem sie sich als den Zweck der Geschäftsordnung jeder parlamentarischen Versammlung vergegenwärtigte, daß es sich um möglichst sorgfältige Vorbereitung endgültiger Beschlüsse und, als ein Mittel hierzu, um den Schutz der Minorität bei der Einbringung und Vertretung von Anträgen handle; daß die Lösung dieser Aufgabe auf zwei wesentlich verschiedenen Wegen erstrebt werden könne, von denen der eine seinen Ausbau in England gefunden, der andere hauptsächlich in der belgischen Zweiten Kammer betreten worden sei; und daß in Deutschland zwischen beiden Methoden mehrfach Vermittelungen versucht worden seien, von denen sich die meisten überwiegend der belgischen Geschäftsordnung zuneigten und nur die hannoversche sich mehr der englischen genähert habe; daß die Geschäftsordnung des preußischen Abgeordnetenhauses, welche ohne jede erhebliche Änderung vom Reichstage übernommen worden, wesentlich sich dem belgischen Muster angeschlossen, aber ihre erste Fassung im Frühjahr 1849 unter dem Eindrucke der Erinnerung an mißliche Vorgänge in der preußischen Nationalversammlung des Sommers 1848 erhalten habe; daß allmählich die Bedeutung der Abteilungen gemindert, insbesondere die Vorberatungen der Vorlagen und Anträge auf die Kommissionen übertragen, daß dann eine Abkürzung bzw. eine Beseitigung der Vorberatungen durch die ‚Vorberatung im ganzen Hause' und die ‚Schlußberatung' ermöglicht worden sei und daß die Anträge der Abgeordneten Twesten und Lasker einen Fortbau der Geschäftsordnung in der hiermit betretenen Richtung erstreben."

Die Annäherung an die englische Geschäftsordnungspraxis gesteht auch Twesten selber (Sitzung des Reichstags vom 28. März 1868, S. 23) zu: „Wir haben einiges aus der englischen Geschäftsordnung herübergenommen, weil wir das für gut halten, weil wir selbst in unserer bisherigen Geschäftsordnung schon mehr und mehr uns diesem Verlangen genähert haben." Auch die anderen Anträge, die damals zur Verbesserung der Geschäftsordnung führten, bewegen sich in dieser gleichen Richtung, wie wir noch gleich sehen werden.

Die im Jahre 1868 an der Geschäftsordnung vorgenommenen Verbesserungen, die dann der neuen Redaktion zugrunde gelegt waren, bestanden zunächst darin, an Stelle der französisch-belgischen Geschäftsordnungspraxis über die Form der Gesetzberatung eine mehr dem englischen Brauch sich nähernde Form zu setzen. In der preußischen Geschäftsordnung, wie sie auf Grund der Forckenbeckschen Reform seit 1862 bestand, war für Gesetzvorlagen der Regierung und für Uranträge folgendes Verfahren eingeführt: Beratung über die geschäftliche Behandlung, dann in der Regel Vorberatung in der Kommission, ausnahmsweise Vorberatung im ganzen Hause oder gar keine Vorberatung, schließlich Schlußberatung im ganzen Hause, und zwar zunächst über die Grundsätze der Gesetzvorschläge, darauf folgende Verhandlung über die einzelnen Artikel, ohne daß eine scharfe Scheidung innerhalb der

Schlußberatung zwischen der Generaldiskussion und Spezialdiskussion möglich gewesen wäre. An Stelle dieser von der preußischen Geschäftsordnung übernommenen Form der Gesetzberatung führt die Twesten-Laskersche Reform im Reichstag das englische Verfahren wenigstens annäherungsweise ein, nämlich die drei Lesungen einer Vorlage und die Kommissionsberatung zwischen der ersten und zweiten Beratung. Dadurch wurde die preußische Schlußberatung scharf aufgeteilt in zwei Beratungsformen, die Generaldiskussion als erste Lesung einer Vorlage, die Spezialdiskussion als zweite Lesung. Sodann wurde infolge eines Antrages des Grafen Münster, der sich ebenfalls an das englische und hannoversche Vorbild anlehnte (siehe Reichstagsverhandlungen vom 6. Juli 1868, S. 298) die Rednerliste, die im preußischen Abgeordnetenhause nach französisch-belgischem Vorbild üblich war, formell abgeschafft und an deren Stelle die englische Praxis, wonach der Präsident das Wort nach seinem Ermessen erteilt, eingeführt, allerdings ohne doch die Anerkennung dieser Geschäftsordnungsnorm für die Praxis durchsetzen zu können (siehe darüber noch S. 190 und den letzten Teil des Buches). Ferner wurde im Gegensatz zu der Sorglosigkeit der preußischen Geschäftsordnung von 1862 in bezug auf die Wahlprotesterhebung, für welche gar keine Frist festgesetzt war, weil entsprechend der französisch-belgischen Doktrin als die Hauptsache der Wahlprüfung die Konstituierung des Hauses durch sich selbst, nicht aber Reparatur der Verkürzung des subjektiven Wahlrechts angesehen wurde, nunmehr eine Fristbestimmung für Wahlproteste eingeführt. Es wurde damals behauptet, „daß die Feststellung einer solchen Frist den Wählern erst die Möglichkeit der Beweise für vorgefallene Ungehörigkeiten zu sammeln, sichere, und somit eine Gewähr für das Wahlrecht biete" (Drucksache des Reichstags 1868, Nr. 55, S. 186). Dieser Antrag Braun-Oetker wurde dann in Form der Geschäftsordnung, §§ 3 bis 6, zur Norm erhoben. Schließlich wurde von der Auffassung, als ob jedes neu zusammentretende Parlament sich nach Art eines pouvoir constituant eine Geschäftsordnung geben müsse, und dies nicht eher tun dürfte, als bis es sich selbst konstituiert hätte, ferner von der Auffassung, daß vor dieser Konstituierung, d. h. vor der Feststellung, daß mehr als die Hälfte der Abgeordnetenmandate unangefochten seien[1]), kein definitives Präsidium gewählt werden dürfe, weil jedes neue Haus ein pouvoir constituant ausübe, von allen diesen konstitutionellen Vorurteilen in der Geschäftsordnungskommission des Reichstags und

[1]) Eine Auffassung, welche sich noch in der heute geltenden Geschäftsordnung des preußischen Abgeordnetenhauses findet (§ 7 Abs. 1): „Wenn die Wahlen einer beschlußfähigen Anzahl von Mitgliedern des Hauses (Art. 80 der Verfassungsurkunde) als gültig anerkannt sind, wählt das Haus den Präsidenten, sodann den ersten und hierauf den zweiten Vizepräsidenten."

im Reichstage von 1868 abgegangen, indem man die Wahl des Präsidiums schon auf den Moment hin verlegte, wo eine beschlußfähige Anzahl von Mitgliedern des Reichstags durch Namensaufruf festgestellt ist, gleichviel, „ob man schon sitze oder nicht sitze, daß darunter vielleicht einige seien, deren Wahl angefochten werde" (Drucksache, a. a. O., S. 187). Das war ein bedeutsamer Fortschritt, denn er ermöglichte rasche Geschäftsabwicklung, namentlich die Wahl eines definitiven Präsidiums und die Beschränkung der Dauer des Alterspräsidiums, indem man nicht erst die Entscheidung über Gültigkeit der Majorität der Abgeordnetenwahlen abzuwarten braucht.

II. Wandlungen der Geschäftsordnung des Reichstags seit ihrer Entstehung.

I. Die Verbesserungen, welche die Geschäftsordnung in den ersten Jahren ihrer Wirksamkeit erfuhr, betrafen hauptsächlich Änderungen, welche im Zusammenhang mit den großen Reformen standen, die im Jahre 1868 in die Geschäftsordnung des Reichstags aufgenommen worden waren. Sie betrafen die Vervollkommnung des 1868 festgelegten Verfahrens der drei Lesungen. So wurde zunächst durch Reichstagsbeschluß vom 17. April 1869 (siehe sten. Ber., S. 420) festgestellt, daß es unzulässig sei, vor Schluß der ersten Beratung auf die Vorlage selbst sich beziehende Abänderungsanträge einzubringen (§ 8, Abs. 2 der GO.) entsprechend dem Zwecke der drei Lesungen (siehe sten. Ber. des Reichstags 1869, S. 420). Ungefähr ein Jahr später, am 12. März 1870 (sten. Ber. des Reichstags, S. 290 ff.), wurde die überflüssige, nochmalige Beratung eines Gesetzentwurfs, über den in zweiter Lesung zur Tagesordnung übergegangen worden war, der also in allen seinen Teilen abgelehnt war, abgeschafft (§ 19 GO., letzter Satz). Neben dieser Liquidation der früheren Reform hat auch sonst seit der Zeit der Reichstag sich von dem französisch-belgischen Vorbild in wichtigen Punkten befreit und ist zum guten Teile dem englischen Vorbilde gefolgt.

II. Die in der Folge herbeigeführten Wandlungen der Geschäftsordnung beruhen auf besserem Verständnis der rechtlichen Position des Präsidenten und der Parteienherrschaft im Parlament. Die belgisch-französische konstitutionelle Doktrin ging dabei von zwei Grundirrtümern aus. Zunächst verurteilte sie den Präsidenten zu einer ziemlich einflußlosen Stellung im Hause, die ihn unter allen Umständen der Majorität derselben unterwarf (siehe darüber noch weiter unten im Abschnitt über Organisation der modernen Volksvertretung § 11). Sodann ignorierte sie den Einfluß der Parteien auf das Geschäftsverfahren. Für die konstitutionelle Doktrin gab es das Problem der Obstruktion nicht (weiter unten § 11 und § 25).

Aber auch umgekehrt, der wirksame Schutz der Minorität war kein Problem für die konstitutionelle französisch-belgische Doktrin.

So ergaben sich schon gleich drei Aufgaben für die Reform unserer Geschäftsordnung im Reichstag. Einmal Stärkung der Präsidialbefugnisse, zweitens Schutz der Majorität vor Obstruktion, drittens der Minorität gegenüber den Vergewaltigungen durch die Majorität. Schließlich war es ein konstitutionelles Vorurteil dieser Lehren (siehe weiter unten, § 43), daß zu jeder ordentlichen Konstituierung des Hauses wenigstens eine für mehr als die Hälfte der Abgeordnetenmandate abgeschlossene Wahlprüfung durch das Haus selbst gehöre und daß die Wahlprüfung nur das Haus selbst vornehmen dürfe. Die Abteilungen in ihrer Gesamtheit wurden als das Haus aufgefaßt, und demgemäß mußte den Abteilungen allein die Wahlprüfung vorbehalten sein. Von diesem konstitutionellen Vorurteil kam man alsbald ab, sobald man sich überzeugt hatte, daß die Abteilungen nur eine unvollkommene Instanz waren, die Bürde der Prüfung von mehreren Hunderten Abgeordnetenmandaten zu übernehmen oder selbst nur diese Prüfung vorzubereiten. Dieser Überzeugung gab dann auch die Reform des Wahlprüfungsverfahrens im Reichstag (1875/76) und die Einsetzung einer Wahlprüfungskommission Ausdruck. Sehen wir nun im einzelnen zu.

1. Wie kam zunächst die Stärkung der Präsidialgewalt zustande? Schon die Art, wie das sog. provisorische Bureau (d. i. Präsident und Schriftführer), welches vor der eigentlichen Konstituierung des Hauses zu bilden war, anfangs eingerichtet wurde, war ein Bild der Schwäche und des Vorurteils der konstitutionellen Doktrin. Diese ging von der Ansicht aus, daß, ehe ein Haus konstituiert, d. i. die Majorität der Abgeordnetenmandate für gültig erklärt sei, kein definitives Bureau gewählt werden könnte. Da man aber doch eine Leitung bis zu dem Zeitpunkte der Wahl des definitiven Bureaus brauchte, so mußte alles dem Zufall überlassen werden, weil es nicht dem Beschluß des Hauses unterbreitet werden konnte, denn dieses war ja „de jure" noch nicht existent, es durfte doch erst nach diesem Zeitpunkt, d. i. nach der Gültigkeitserklärung der Majorität der Abgeordnetenmandate, sich konstituieren. Man mußte also alles dem Zufall überlassen, d. h. den Alterspräsidenten und den Jugendschriftführern. Von diesem konstitutionellen Vorurteil kam man in der Geschäftsordnung des Reichstags erst mit Beschluß vom 12. Mai 1869 los (sten. Ber. des Reichstags, S. 1939 in Drucksachen Nr. 123). Es wurde damals zum ersten beschlossen, daß das Alterspräsidium von dem dazu Berufenen auf das im Lebensalter ihm am nächsten stehende Mitglied übertragen werden dürfte, und zum zweiten, daß dieser Altersvorsitzende provisorisch für die Zeit bis zur Konstituierung des definitiven Vorstandes vier Mitglieder zu Schriftführern ernennen könnte. Damit waren die Jugendschriftführer beseitigt. Es war von dem Antragsteller Dr. Becker damals bei Begründung seines Antrags hervorgehoben, daß die Beseitigung der Jugend-

schriftführer vorwiegend den Zweck habe, „um dem Alterspräsidenten ein Vertrauensvotum zu geben und dem Hause eine möglichst bequeme Abwicklung seiner einleitenden Geschäfte zu sichern". Das war die eine Verbesserung der konstitutionellen Doktrin. Die andere, die auch in diesem Zusammenhange zu erwähnen ist, war, daß der Reichstag sofort, wenn die Anwesenheit einer beschlußfähigen Anzahl von Mitgliedern durch Namensaufruf festgestellt sei, die Wahl des definitiven Bureaus vollziehen solle (sten. Ber. des Reichstags 1872, S. 456 f. Sitzung vom 22. Mai 1872). Zwar hatte die Geschäftsordnung des Reichstags von 1868 das Vorurteil der konstitutionellen Doktrin, wie es namentlich die Geschäftsordnung des preußischen Abgeordnetenhauses (§ 7) zeigt, wonach mit der Wahl des definitiven Präsidiums gewartet werden mußte, bis die Majorität der Abgeordnetenmandate für gültig erklärt wurden, beseitigt (siehe oben). Aber noch immer blieb ein Schönheitsfehler, der an die alte konstitutionelle Doktrin erinnerte, nämlich der, daß der Reichstag in dem Momente, wo er in beschlußfähiger Anzahl zusammentrat, nur beschließen konnte, „daß am selbigen und folgenden Tage die Wahlen des Präsidenten und Schriftführers erfolgen sollten" (§ 5 Abs. 7). Um Zeit zu ersparen (siehe sten. Ber. des Reichstags 1872, Sitzung vom 8. Mai S. 280, der Abgeordnete von Hoverbeck) wurde dieser Schönheitsfehler beseitigt und dem § 9 der Geschäftsordnung die heutige Fassung gegeben, deren Inhalt wir oben mitgeteilt. Der Reichstag hat also sofort, wenn die beschlußfähige Anzahl von Mitgliedern vorhanden und durch Namensaufruf festgestellt ist, sein definitives Präsidium zu wählen.

Eine direkte Stärkung der Präsidialgewalt bezweckten folgende Reformen: Zunächst die Reform von § 46 der heutigen (und § 43 der damaligen) Geschäftsordnung. Der Paragraph lautete ursprünglich: „Der Präsident ist berechtigt, die Redner auf den Gegenstand der Verhandlung zurückzuweisen und zur Ordnung zu rufen. Ist solches in der nämlichen Rede zweimal ohne Erfolg geschehen und fährt der Redner fort, sich vom Gegenstande oder von der Ordnung zu entfernen, so kann die Versammlung auf Antrag des Präsidenten ohne Debatte beschließen, daß ihm das Wort über den vorliegenden Gegenstand genommen werden soll." Nun war im Jahre 1871 (Fall Bebel, sten. Ber. des Reichstags vom 8. November 1871, S. 184 ff.) ein Zweifel darüber entstanden, ob der Präsident dem Redner das Wort auch entziehen könne, wenn er ihn vergeblich zweimal auf den Gegenstand der Verhandlung verwiesen. Man war damals der Ansicht (auch die Majorität des Hauses bekannte sich zu dieser Ansicht, Sitzung vom 28. November 1871, S. 442 ff., gegen den Kommissionsbericht Nr. 88), daß das Wort nur entzogen werden dürfe, wenn der Redner zweimal vom Präsidenten zur Ordnung gerufen sei. Um allen Zweifel darüber zu beseitigen und die Präsidialgewalt nach dieser Richtung hin zu stärken, wurde zum Beschluß des Hauses die heutige Fassung (§ 46) erhoben. Danach erfolgt Wortentziehung, auch wenn der Redner zweimal vergeblich während der nämlichen Rede auf den Gegenstand der Verhandlung zurückverwiesen wurde. (Im obigen § 43, heutigen § 46 GO. wurde statt des Ausdrucks „solches" im zweiten Satze eingeführt: „das eine oder das andere . . . geschehen" [siehe sten. Ber. des Reichstags vom 1. Mai 1872, S. 219 ff.; S. 453 ff., Kommissionsbericht Nr. 72].)

Eine andere wesentliche Verstärkung der Präsidialgewalt brachte das Jahr 1895. In der Sitzung vom 6. Februar 1895 (sten. Ber., S. 931 ff.) wurde dem Präsidenten das Recht (§ 60 Abs. 3 der Geschäftsordnung) gegeben, den Abgeordneten, der in gröblicher Weise die Ordnung des Hauses verletzt, von einer Sitzung auszuschließen. Diese Exklusionsbefugnis wurde damals als Verstärkung der Disziplinargewalt des Reichstags und des Präsidenten gegen Reichstagsmitglieder angesehen und beschlossen, im Anschlusse an den Fall des Abgeordneten Liebknecht, der bei einem Kaiserhoch sitzengeblieben war und gegen den die Reichsregierung bzw. der Staatsanwalt die Klage wegen Majestätsbeleidigung erhoben hatte, gleichsam zur Stärkung der mangelnden Autorität des Präsidenten (siehe die Begründung geg. vom Reichskanzler Hohenlohe vom 5. Dezember 1894, Reichstagsverhandlungen, S. 141). Diesem Versuch von Organen außerhalb des Parlaments, sich in interne Geschäftsordnungsfragen einzumengen, glaubte man damals u. a. auch so begegnen zu müssen, daß man die Disziplinargewalt des Präsidenten zu stärken suchte. Die letzte Stärkung der Präsidialgewalt stammt aus dem Jahre 1902 anläßlich der Obstruktion gegen die Beratung des Zolltarifgesetzentwurfs. Dem Präsidenten wurde nach dem Reichstagsbeschluß von 1902 (siehe sten. Ber. SS. 6963 ff., 7013 und Nr. 785 der Drucksachen) das Recht gegeben, auch das Wort zur Geschäftsordnung zu versagen, wenn es seinem Ermessen entsprach. Sein freies Ermessen allein soll nun über die Erteilung des Wortes zur Geschäftsordnung entscheiden. Damit war der ältere Zustand beseitigt, wonach die Mitglieder sofortige Zulassung zum Worte verlangen durften, welche über die „Verweisung zur Geschäftsordnung" reden wollten (§ 44 der Geschäftsordnung).

II. Das zweite Problem, das im Laufe der Zeit zu lösen und das von der konstitutionellen Doktrin[1]) vollständig übersehen war, infolgedessen auch von der ersten Geschäftsordnung des Reichstags, bestand in dem Schutze der Majorität gegenüber der Obstruktion. Im allgemeinen[2]) ist die Meinung verbreitet, als ob das Obstruktionsproblem zuerst in England (1877) anläßlich der damaligen irischen Opposition entstanden wäre: im wesentlichen mag dies zutreffen, doch wird darum

[1]) Über die Art, wie Bentham das Problem ignoriert s. mein engl. StR., I, S. 437.

[2]) Neuestens auch wieder Binding a. a. O. S. 14.

doch schon bereits früher das Wesen der Sache bekannt gewesen sein. So auch im deutschen Reichstag. So versuchte schon im Jahre 1870 der Abg. Dr. von Schweitzer durch wiederholte Bezweiflung der Beschlußfähigkeit „zu konstatieren, daß diese diätenlose Versammlung nicht lebensfähig ist“ (siehe Sitzung vom 9. Mai 1870, S. 802). Damit war die erste Obstruktion im Hause geschaffen. Das Haus erkannte schon damals (wie der Abg. von Hennig, S. 807, a. a. O.), daß es unmöglich sei, „daß die Majorität des ganzen Hauses von einem einzelnen Individuum sich in der Weise tyrannisieren lasse“. Um die allzu häufige Anzweiflung der Beschlußfähigkeit zu beseitigen, wurde damals die auch noch heute geltende Bestimmung in Vorschlag gebracht und angenommen[1]), daß es von dem Belieben des Präsidenten und des übrigen Bureaus abhängt, ob sie auf eine von einem Abgeordneten erhobene Bemerkung, welche die Beschlußfähigkeit anzweifelt, diese Ansicht auch teilt. Dadurch ist dem Präsidenten die Möglichkeit gegeben, im Vereine mit dem Bureau überflüssige Anzweiflungen der Beschlußfähigkeit a limine zurückzuweisen (§ 54, Schlußsatz der Geschäftsordnung). Umgekehrt ist es aber dem Präsidenten oder einem Mitglied des Bureaus frei, auf eine solche Bemerkung des Abgeordneten den Zweifel zu teilen und dann Namensaufruf herbeiführen (§ 54 der Geschäftsordnung Abs. 2).

Vier Jahre später, 1874, wurde das Obstruktionsproblem von neuem in Angriff genommen. Damals handelte es sich darum, sog. namentliche Abstimmungen zum Zwecke der Feststellung der Beschlußfähigkeit durch ein anderes geeigneteres Mittel zu ersetzen, oder auch, die namentliche Abstimmung für die gewöhnliche Feststellung des Resultats einer Abstimmung zu beseitigen. Es kam damals, wie der Abgeordnete, Antragsteller von Unruh, feststellte, vor, daß „wir an einem Vormittage drei namentliche Abstimmungen hatten und dadurch zwei Stunden Zeit verloren“. Um diesen Übelstand zu beseitigen, wurde dann statt der namentlichen Abstimmung prinzipiell die Zählung oder der sog. „Hammelsprung“ nach englischem Vorbild (siehe Verhandlungen des Reichstags vom 9. April 1874, der Abg. von Unruh, S. 681) eingeführt. Die Geschäftsordnungsbestimmungen über die Abstimmungen waren auch in der Folgezeit das Feld, auf dem sich die Obstruktion zu betätigen suchte. Denn war auch mit dem Reichstagsbeschluß vom 9. April 1874 (sten. Ber., S. 686 ff., S. 745, Drucksachen Nr. 110, 138; siehe auch sten. Ber., S. 74/75, S. 98) die namentliche Abstimmung bei Anzweiflung der Beschlußfähigkeit prinzipiell durch den sog. „Hammelsprung“ ersetzt, so blieb doch die namentliche Abstimmung „bei Schluß der Beratung vor der Aufforderung zur Abstimmung und die Möglichkeit daraufhin anzutragen“ (§ 57 Abs. 1 der Geschäftsordnung). Der Antrag brauchte nur von 50 Mitgliedern unterstützt zu werden. Da ergab sich denn die

[1]) D. RT., Nr. 149, ex 1870, und Sitzung vom 14. Mai 1870, S. 895 ff.

Unzuträglichkeit, daß Abgeordnete „eine namentliche Abstimmung oder eine Auszählung des Hauses verlangten, um dann, als wenn sie eine große Heldentat verübt hätten, getragenen Hauptes aus dem Hause hinauszumarschieren, zu dem offen ausgesprochenen Zweck, durch ihr Davonlaufen die Sitzung beschlußunfähig zu machen" (der Abg. Gröber in der Sitzung des Reichstags, sten. Ber., Sitzung vom 24. Juli 1896, S. 2893). Durch Beschluß vom 3. April 1897 (sten. Ber. 1895/97, S. 5509, Drucksache Nr. 594) wurde dieser Übelstand dadurch beseitigt, daß die namentliche Abstimmung über die formellen Anträge auf Vertagung oder Schluß der Debatte beantragt werden darf, wenn die Unterstützung durch Aufstehen geschieht (§ 57 der Geschäftsordnung). Dadurch soll eben verhindert werden, daß auch abwesende Mitglieder sich an dem Antrag auf namentliche Abstimmung in bezug auf rein formelle Geschäftsordnungsanträge beteiligen. Damit war aber die Obstruktion auf diesem Gebiete noch lange nicht erledigt. Dies zeigten die Zolltarifverhandlungen von 1902, wo die Obstruktion durch häufige Stellung der Anträge auf namentliche Abstimmung versucht wurde. Um dieses langwierige Verfahren bei namentlichen Abstimmungen abzukürzen, wurde damals die Lex Aichbichler angenommen. Zur Begründung derselben wurde (siehe Abg. Spahn, Sitzung vom 13. November 1902, S. 6340) festgestellt, daß der Reichstag von neun Beratungstagen etwa 28 Stunden mit namentlichen Abstimmungen verbracht hätte. Um diese langwierige Prozedur zu beseitigen, wurde die sog. Lex Aichbichler angenommen (§ 58 der Geschäftsordnung), daß bei der namentlichen Abstimmung jeder Abgeordnete eine Abstimmungskarte dem Schriftführer abzugeben und nach Beendigung dieser Sammlung der Präsident die Abstimmung für geschlossen zu erklären habe. Die Abstimmungskarten, die zur Verfügung des Abgeordneten stehen, tragen seinen Namen, die Bezeichnung: „ja", „nein" oder „ich enthalte mich". Eine von diesen drei Möglichkeiten hat er nur. Demgemäß wählt er nur unter den ihm zur Verfügung stehenden Abstimmungskarten. Das Verfahren wurde damals eingeführt, wie man sagte, nach französischem Muster (so der Abg. Spahn, a. a. O.). In Wirklichkeit war dies nur eine verbesserte Form des französsichen Verfahrens, das übrigens auch in der Frankfurter Nationalversammlung angewendet worden war. Die Verbesserung besteht nämlich darin, daß, während in Frankreich jeder seinen Zettel in den Korb wirft, bei uns nach der Lex Aichbichler die Schriftführer die Karten entgegennehmen (§ 58 GO.) und infolgedessen Unrichtigkeiten und vor allem der Mißbrauch verhindert wird, daß Karten auch für abwesende Abgeordnete abgegeben werden. In breiterer Form als in bezug auf die hier angeführten Fragen ist das Geschäftsordnungsproblem der Obstruktion im Reichstag zwar da und dort doch diskutiert, niemals aber in umfassender Weise in Angriff genommen worden.

III. Wie die Majorität, so muß auch die Minorität geschützt werden. Das Problem war der konstitutionellen Doktrin bekannt, da sie bemüht war, überall „Grundrechte“ eines Abgeordneten festzustellen, wo von solchen (siehe oben § 7) gar nicht gesprochen werden kann. Den Reichstag bestimmte bei Inangriffnahme des Problems das englische Vorbild. Diesem danken wir den ursprünglich geplanten „Schutz der Minorität“, der im „Schwerinstag“ gedacht war[1]). Nach der Norm des Schwerinstags (§ 35, Satz 2 GO.), der Tag ist so genannt nach dem Antragsteller, dem Grafen Schwerin-Putzar, sollte ein Tag der Woche ausschließlich in erster Linie den Petitionen und den Initiativanträgen aus dem Hause eröffnet sein. Zweifellos lag dem Antrage englisches Vorbild zugrunde (siehe Abg. Twesten, Sitzung vom 16. März 1869, S. 101). Der Antragsteller selbst sagte: „Vielleicht gereicht es noch zur Empfehlung meines Antrages, wenn ich bemerke, daß die Bestimmungen desselben ganz analog der Geschäftsordnung sind, die im englischen Parlamente herrschen“ (sten. Ber., a. a. O., vom 16. März 1869, S. 100). Daß dieser Antrag als Schutz der Minorität aufgefaßt wurde, geht aus den Worten des Abg. Twesten hervor, als er sagte: „Ich halte diesen Schutz für dringend notwendig. Wenn die Majorität durch einfache Entfernung von der Tagesordnung es unmöglich machen kann, daß der Antrag auch nur begründet wird, so würde die Minorität zum Schweigen gebracht, und ihr habt kein Mittel, zu Worte zu kommen.“ Im Laufe der Zeit machten sich Übelstände geltend, da der im Jahre 1869 beschlossene Schwerinstag insofern Schwierigkeit machte, als der damalige § 35 der Geschäftsordnung Abs. 3 die Bestimmung enthielt, daß die von den Mitgliedern des Hauses gestellten Anträge in der Reihenfolge ihres Antrags zur Verhandlung zu bringen seien. Dagegen fehlten Bestimmungen darüber, wie Anträge zu behandeln wären, die gleichzeitig eingegangen und welche vor Eröffnung der Session dem Büreau übergeben worden waren. Um diese Lücke zu beseitigen, und den Schwerinstag wirklich zum Schutze der Minorität auszugestalten, war es notwendig, gerade die in den ersten Tagen der Session auftretende Häufung von Initiativanträgen nach einer bestimmten Reihenfolge, die von der Laune der jeweiligen Reichstagsmajorität unabhängig war, zu regeln[2]). Deshalb wurde im 3. Absatz des § 35 die Bestimmung getroffen, daß alle Anträge, welche innerhalb der ersten zehn Tage einer Session eingegangen sind, als gleichzeitig eingebracht gelten und daß über die Reihenfolge gleichzeitig eingebrachter Anträge sich der Präsident mit dem Hause (will sagen:

---

[1]) S. Sitzung vom 21. April 1870, S. 782, und in neuester Zeit Sitzung vom 4. Febr. 1910, S. 1046 D.

[2]) S. die Ausführungen des Abg. Schmidt-Elberfeld in der Sitzung vom 14. Dez. 1894, S. 102.

Seniorenkonvent"[1])) zu verständigen habe. Kann eine solche Verständigung nicht zustande kommen, so entscheidet das durch den Präsidenten zu ziehende Los. Damit war nur die eine Seite der Schwierigkeit, die die Einführung des Schwerinstags in der Praxis erfahren hatte, berücksichtigt. Auf der anderen Seite war ein wirksamer Schutz der Minorität nicht durchzuführen, wenn man in der Behandlung von Gesetzentwürfen den Mißstand weiter duldete, daß Gesetzentwürfe, die als Initiativanträge die erste Lesung passiert hatten, in zweiter und dritter Lesung zum Stillstand kamen, weil inzwischen 30 oder 40 neue Initiativanträge eingegangen waren. Dei nachteilige Lage, in welche die erstgenannten Initiativanträge hierdurch gerieten, war auch nicht so auszugleichen, daß sie zu Beginn der neuen Session mit den inzwischen neu eingebrachten Initiativanträgen pari passu behandelt wurden und als „gleichzeitig eingebracht" galten.

Deshalb beherrschte den Reichstag (siehe Sitzung vom 5. Februar 1895, S. 671) die Anschauung, daß die Gesetzentwürfe ihre Priorität bis zu ihrer Schlußberatung behalten sollten, daß also die zweite und dritte Beratung derselben vorzunehmen sind, sobald sie zur Beratung im Plenum vorbereitet wären, d. h. sobald der Kommissionsbericht erstattet wäre, und daß ihnen durch inzwischen eingelaufene Initiativanträge in dieser Priorität kein Abbruch geschehen dürfte. Dementsprechend verfügte man 1895 (Sitzung vom 5. Februar 1895, S. 671) den Schlußabsatz des § 35: „Gesetzentwürfe behalten ihre Priorität bis zu ihrer Schlußberatung; die zweite und dritte Beratung hat mithin, soweit sie zur Verhandlung im Plenum vorbereitet ist, vor denjenigen Anträgen stattzufinden, welche in der Reihenfolge der ersten Beratung diesen Gesetzentwürfen nachgestanden haben."

In der Zwischenzeit, also von 1869 bis 1895, hatten aber die Initiativanträge, die auf den Schwerinstag gesetzt wurden, sehr wirksame

---

[1]) In dem ersten Bericht der Geschäftsordnungskommission, welche über die zur Reform führenden Anträge Schmidt-Elberfeld und Gröber zu beraten hatte, heißt es auch ausdrücklich Verständigung mit dem „Seniorenkonvent" (D. RT., Nr. 107/ex 1894 bis 1895). Im zweiten Bericht und in dem neu formulierten Antrag der Geschäftsordnungskommission ist der Ausdruck durch Verständigung „mit dem Hause" ersetzt (D. RT., Nr. 117/ex 1894 bis 1895), „weil" — wie der Berichterstatter Gamp in der Sitzung vom 5. Februar 1895, S. 671 ausführte — „dann die Kommission auch die Verpflichtung hätte, den Seniorenkonvent in der Geschäftsordnung zu definieren . . ." Trotzdem war unter der endgültig festgelegten Formulierung („mit dem Hause") nur Verständigung mit dem Seniorenkonvent gemeint. Der Berichterstatter sagte nämlich im Plenum (a. a. O., Sitzung vom 5. Februar 1895, S. 671): „Die Verständigung zwischen dem Hause und dem Präsidenten soll, wie ich hier noch ausdrücklich konstatieren möchte, nach Ansicht der Kommission allerdings durch die Vermittlung des Seniorenkonvents geschehen."

und kräftige Konkurrenten bekommen, die sie leicht aus dem Sattel heben konnten, schon aus dem Grunde, weil der Mittwoch, der als Schwerinstag festgesetzt war, nicht immer in dem Sinne beobachtet wurde, wie es die Vertreter dieses Antrags ursprünglich aufgefaßt hatten (Sitzung des Reichstags vom 21. April 1870, S. 782), nämlich der Majorität des Hauses jede Möglichkeit zu benehmen, den Mittwoch für andere Geschäfte zu verwenden. Die Konkurrenten der auf den Schwerinstag gesetzten Initiativanträge waren die Resolutionen zur Etatberatung, die sog. Etatsresolutionen, die schon seit früher Zeit, jedenfalls seit Beginn der 80 er Jahre, üblich wurden. Die Praxis des Reichstags ging nun dahin, jedenfalls sie, die Etatsresolutionen, von der Reihenfolge der Schwerinstage unabhängig zu machen. Auch das Wertvolle an der Schwerinsbestimmung, daß sie dem Schutze der Minorität dienen sollte, war inzwischen (bis 1895) durch die Vervollkommnung der Beratungsformen für Etatsresolutionen sehr in den Schatten gedrängt, denn auch die Etatsresolutionen sollten die Rücksicht auf den Minoritätsschutz nicht beeinträchtigen, und durch eine zweckmäßige Reform ihrer Beratungsform wurde dies auch, wie folgt, erreicht: Bis zum Jahre 1886 war es Praxis, daß, wenn Resolutionen zum Etat erst in der dritten Lesung eingebracht wurden, selbstverständlich auch erst in der dritten Lesung die Abstimmung über sie erfolgte. Wenn aber eine solche Resolution während der zweiten Lesung eingebracht ward, so fand zwar die Beratung in der zweiten Lesung über den Etat statt, die Abstimmung blieb aber bis zur dritten Lesung ausgesetzt. Diese Praxis ging (siehe Verhandlungen des Reichstags, Sitzung vom 11. März 1886, S. 1444) aus der Anlehnung der Beratungsform dieser Etatsresolutionen an die Art der Behandlung der Resolutionen, welche zu Gesetzentwürfen eingebracht wurden, hervor. Bei solchen Resolutionen[1]) ist es üblich, die Diskussion in der zweiten Lesung durchzuführen, die Abstimmung aber für die dritte Lesung vorzubehalten. Diese Beratungsform ergab sich aus der Tatsache, daß viele Wochen zwischen Diskussion und endgültiger Abstimmung dazwischenlagen und bewirkte großen Mißstand: die Minorität konnte, da die Etatresolutionen von der Reihenfolge des Schwerinstags emanzipiert waren, leicht bis zur dritten Beratung des Etats mit ihren Plänen warten, um dann bei schwach besetztem Hause ihre Etatsresolution durchzubringen. So ergab sich das Problem: einerseits die Minorität in ihrem althergebrachten Recht auf Etatresolutionen zu schützen, andererseits Vorsorge zu treffen, daß die Majorität nicht von solchen Etatresolutionen überrumpelt würde. Aus diesen widersprechenden Tendenzen stammte der Beschluß des Reichstags vom 11. März 1886 (siehe dazu die Reichstagsverhandlungen, Sitzung

[1]) Nicht zu verwechseln mit Abänderungsanträgen zu Gesetzen!

vom 7. März 1885, S. 664 ff.; vom 9. Januar 1886, S. 435 ff., Kommissionsbericht Nr. 107 und Sitzung vom 11. März 1886, S. 543 ff.). Danach sollten die der Beratung des Reichshaushaltsetats beantragten Resolutionen sofort nach Beendigung der Beratungen dieser Resolutionen zur Abstimmung gelangen, nicht erst in der dritten Lesung des Etats. Zwei Ausnahmen wurden nur eingeführt: einmal für den Fall, daß die Etatsresolution mit einer Position des Etats so eng in Zusammenhang stand und möglicherweise durch die endgültige Abstimmung über die Etatposition selbst anders ausfallen mußte, und zweitens, für den Fall, daß ein von 30 Mitgliedern unterstützter Antrag die Verschiebung der Abstimmung wünschte. In beiden Ausnahmefällen sollte die Beschlußfassung über die Etatresolution „bis nach endgültiger Festsetzung der Etatposition" verschoben werden. Durch diese Vorschrift sollte einerseits die Leichtigkeit bei Einbringung von Initiativanträgen der Minorität gewährleistet, andererseits namentlich die Majorität vor Überrumpelung geschützt werden.

Nun tauchten aber im Laufe der Zeit Zweifel auf, ob die Etatresolutionen auch jene Unterstützung brauchten, wie sie die Geschäftsordnung für andere Initiativanträge vorschrieb (§ 22 GO., 15 Unterschriften). Es kam sogar einmal vor, daß man (siehe Sitzung vom 14. November 1889, S. 302) die Unterstützung von 30 Mitgliedern verlangte.

Das wurde aber im Reichstag doch als viel zu hartes Ansinnen aufgefaßt; denn mit der Einrichtung der Etatresolutionen war ja gerade der Schutz der Minorität bezweckt. Wenn man nun für die Unterstützung solcher Resolutionen eine hohe Unterstützungsziffer verlangte, so wäre der darin gelegene Schutz der Minorität illusorisch (siehe Drucksachen des Reichstags 1890/91, Nr. 303, S. 2095; ferner sten. Ber. des Reichstags vom 5. Dezember 1891, S. 3252). Im Jahre 1891 setzte man sich nun an die Reform der Bestimmung und Beschlüsse vom 11. März 1886. Man ging damals von folgenden Erwägungen aus: Es sei einerseits gewiß nötig, auch bei Gelegenheit der Beratung des Etats die sich kundgebenden Bedürfnisse, die man für dringlich hält, durch Beschluß des Reichstags zum Ausdruck zu bringen. Die Minorität müsse einen Schutz genießen und nicht abhängig sein von derjenigen Reihenfolge, welche hinsichtlich der Initiativanträge in der Geschäftsordnung (durch den Schwerinstag) vorgeschrieben sei. Andererseits dürfe der Schutz der Minorität nicht so weit gehen, daß jedes einzelne Mitglied in die Lage kommen könnte, seinerseits durch Stellung eines überraschenden Antrages das Haus, welches auf einen solchen Antrag gar nicht vorbereitet war, zu einer Beschlußfassung zu drängen und dadurch Mitglieder, welche ein Interesse daran genommen hätten, in bezug auf einen solchen Antrag mitzudiskutieren, hiervon tatsächlich auszuschließen. Formell könne man zwar sagen: wer nicht im Hause sei, müsse sich gefallen lassen, daß in seiner Abwesenheit etwas geschehe, was er nicht wüßte. Allein auch nach dieser Richtung hin sei die Geschäftsordnung doch davon ausgegangen, daß jedes Mitglied dahin geschützt werden solle, daß im Plenum nicht über Dinge verhandelt würde, von denen es vorher keine Kenntnis gehabt. Doch müßte man auch verhüten, daß ein einzelnes Mitglied für sich das Haus mit langwierigen Debatten wider dessen Willen beschäftige. Mit Rücksicht auf diese Erwägungen wurde in der Sitzung vom 12. Dezember 1891 (sten. Ber. S. 3387) der auch heute geltende Beschluß gefaßt. Darnach bedürfen die bei der Beratung des Reichshaushaltsetats beantragten Resolutionen der Unterstützung von 15 Mitgliedern. Die Abstimmung über diese Resolutionen hat frühestens am dritten Tage, nachdem sie gedruckt und in die Hände der Mitglieder gekommen ist, zu erfolgen. Im übrigen wurden die beiden Ausnahmefälle des Beschlusses vom 11. März 1886, in denen die Abstimmung bis in die dritte Beratung des Etats verschoben werden konnte, beibehalten.

So sind nun die Etatresolutionen in ihrem Wettkampf mit den allgemeinen Initiativanträgen vor diesen nach doppelter Richtung hin bevorzugt: Einmal sind sie von der Reihenfolge der Schwerinstage emanzipiert und zweitens brauchen sie nur am dritten Tage vor der Abstimmung (nicht vor der Beratung wie die allgemeinen Initiativanträge!) verteilt zu werden (siehe Drucksache des Reichstags, Nr. 303, 1890/91, S. 2995). So kommt es denn, daß der Schwerinstag und seine Einhaltung in der heutigen Geschäftsordnungspraxis nicht mehr die Bedeutung hat wie früher[1]); die Etatresolutionen sind in wirksame Konkurrenz zu den auf dem Schwerinstag gesetzten Initiativanträgen

[1]) Zunächst werden gegenwärtig Schwerinstage nur sehr unregelmäßig und selten abgehalten (s. die Ausführungen des Abg. Werner, Sitzung vom 4. Februar 1910, S. 1062, und D. RT., Nr. 1425 ex 1907 bis 1909, S. 8695). Es bedarf erst besonderer Anregung aus dem Hause (z. B. Abg. Singer in Sitzung vom 26. November 1907, S. 1819) oder besonderer Abmachung im Seniorenkonvent (z. B. Sitzung vom 15. Februar 1910, S. 1286), um einen Schwerinstag anzuordnen. Der Mittwoch ist es schon längst nicht mehr de jure. Dazu kommt noch folgendes, was die Bedeutung selbst angesetzter Schwerinstage, als Schutz der Minorität zu dienen, erheblich abschwächt: Zunächst der eingerissene Brauch, „durch einfachen Mehrheitsbeschluß des Reichstags jeden aus dem Hause gestellten Antrag auf die Tagesordnung der nächsten Sitzung zu bringen. Zustimmung derjenigen Antragsteller, deren durch § 35 Abs. 3 der GO. festgesetzte Priorität dadurch verletzt werde, ist nicht erforderlich, da § 35 Abs. 3 GO., letzter Satz, sich nur auf die Schwerinstage — § 35 Abs. 2 — beziehe" (D. RT., Nr. 1425 ex 1907 bis 1909, S. 8694). Dadurch unterscheiden sich Schwerinstage überhaupt nicht mehr von Nichtschwerinstagen, in welchen Initiativanträge aus dem Hause überhaupt verhandelt werden. Zwar hat die verstärkte Geschäftsordnungskommission im Jahre 1909 (D. RT., Nr. 1425 ex 1907 bis 1909, S. 8704) die authentische Interpretation des § 35 GO. dahin vorgeschlagen, daß die im Abs. 3 dieses § angegebene Reihenfolge nicht bloß für die Initiativanträge der Schwerinstage, sondern für alle Initiativanträge aus dem Hause

getreten und haben die Beobachtung des Schwerinstages beinahe überflüssig gemacht.

IV. Von dem konstitutionellem Vorurteil, daß nur die Abteilungen als Vertreter des Hauses in der Lage seien, die Wahlprüfungen vorzunehmen, machte man sich auch im Laufe der Jahre frei, nachdem Robert von Mohl (schon vorher der Abg. Braun auf das Vorbild Englands verweisend [1868] in einem Aufsatze Haym's Jahrbücher: Bd. II, S. 676ff.) die Einrichtung einer Wahlprüfungskommission nach englischem Vorbilde befürwortet hatte (Mohl, Kritische Bemerkungen über die Wahlen im deutschen Reichstag, S. 110ff.). Allerdings so weit wagte man sich nicht vor, die Abteilungen ganz von der Wahlprüfung fernzuhalten. Das alte Vorurteil der konstitutionellen Doktrin (siehe noch ausführlich weiter unten § 43) war noch zu mächtig. Aber es wurde doch eine Wahlprüfungskommission eingerichtet, wenngleich mit beschränkter Kompetenz, wie wir gleich sehen werden. Schon in der Session 1874/75 brachte der Abg. v. Bernuth und Genossen den Antrag auf Änderung der Geschäftsordnung und Einsetzung einer Wahlprüfungskommission ein (Drucksache 1874/75, S. 250). Doch blieb dieser Antrag unerledigt. In der folgenden Session 1875/76 wurde er wiederholt, und die darüber eingesetzte Kommission ließ durch den Berichterstatter Abg. Freiherr von Ow (siehe Sitzung vom 26. Januar 1876, S. 921) ausführen: daß es der Wunsch des Reichstags sei, ein Mittel zu finden, ob nicht die Wahlprüfung „mit mehr Beschleunigung und mit mehr Sicherheit vorgenommen werden könnte". Die Abteilungen seien vermöge ihrer Bildung durch das Los und vermöge der Geschäftsordnungsvorschrift, daß sie

---

gelten sollte (s. auch Graf Westarp in der Sitzung vom 4. Februar 1910, S. 1046 D), aber dies ist bis heute nicht erfolgt.

Die andere Abschwächung der Bedeutung der Schwerinstage liegt darin, daß gelegentlich durch Beschluß des Seniorenkonvents festgelegt wurde (s. Sitzung vom 4. Februar 1910, S. 1050, der Abg. Gröber), die Vorschrift über die Einbringung von Initiativanträgen in den ersten zehn Tagen der Session zwar zu beobachten, es aber jeder Fraktion freizustellen, daß später, wenn sie an die Reihe kommt (d. h. ein Initiativantrag eines ihrer Mitglieder nach der Ordnung der Schwerinstage), ein anderer Antrag derselben Fraktion, der sich gar nicht auf dieselbe Materie zu beziehen braucht, in Vorschlag gebracht und beraten wird an derselben Stelle, an welcher der ursprüngliche Initiativantrag der Fraktion in der Beratungsfolge steht. Dieses „Eintauschrecht", das der Fraktion zusteht, macht aus dem Schutz der Minorität, als welcher der Schwerinstag gedacht war, einen Schutz der Fraktion, was deshalb ganz verfehlt ist, weil die Besetzung der Positionen, die den Initiativanträgen durch den Schwerinstag angewiesen sind, von der Stärke der Fraktion abhängt. Ist sie groß, dann kann sie sich zunächst durch möglichst viele Initiativanträge in den ersten zehn Tagen der Session ihre Beratungspositionen sichern und durch ihr „Eintauschrecht" die wirkliche Minorität von der Verhandlung über ihre Minoritätsanträge im Plenum abhalten. Man nennt dies in England „blocking" (s. mein englisches StR., I, S. 403 A) und hält dies dort für einen Übelstand.

beschlußfähig seien ohne Rücksicht auf die Zahl der anwesenden Mitglieder, schließlich, vermöge des dadurch herbeigeführten Wechsels in der Anzahl der Abstimmenden, nicht in der Lage, schleunigst zu verfahren und sichere Entscheidungen vorzuschlagen. Daher solle eine Wahlprüfungskommission eingesetzt werden. Dieser Antrag der Kommission wurde auch zum Beschluß des Reichstags erhoben (26. Januar 1876; siehe über die weitere Geschichte der Wahlprüfungskommission weiter unten in dem Abschnitt über Wahlprüfung).

Mitbestimmend war bei der Einrichtung der Wahlprüfungskommission auch der Gedanke, dadurch eine Einheitlichkeit der Rechtsprechung herbeizuführen, die durch die Rechtsprechung der Abteilungen nicht zu erzielen gewesen war (siehe Kommissionsbericht 1875/76, Nr. 84, S. 329 der Drucksachen und schon früher 1874/75, Nr. 215).

V. Noch nach einer anderen Richtung hin galt es von dem Vorbild der französisch-belgischen Doktrin loszukommen. Es ist die Frage des für das Parlament so wichtigen Interpellationsrechts. Die konstitutionelle Doktrin schied, wenigstens in Deutschland, nicht scharf genug Petitionen von Interpellationen. Das führte, namentlich zu der Zeit der Frankfurter und Berliner Nationalversammlung, zu einer Überschwemmung des Parlaments mit Petitionen und brachte das Institut der Interpellationen, eben wegen der Vermengung mit dem Petitionsrecht bald in Mißkredit (siehe meine Schrift: Das Interpellationsrecht im Rahmen der modernen Ministerverantwortlichkeit 1909, S. 105 f.). Noch die preußische Verfassung von 1850 erwähnt im Art. 81, Absatz 3 nicht ausdrücklich das Interpellationsrecht, sondern mengt dies mit dem Petitionsrecht in bezug auf die Behandlungsform im Hause durcheinander. Es lautet nämlich Art. 81, Abs. 3: „Jede Kammer kann die an sie gerichtete Schriften an die Minister überweisen und von denselben Auskunft über eingehende Beschwerden verlangen.“ Das Interpellationsrecht als solches losgelöst von einer zugrunde liegenden Petition oder Beschwerde, ist nicht ausdrücklich anerkannt. Diese Scheidung zwischen Interpellationen, Anträgen und Petitionen war aber durchaus nötig, und in Preußen vollzog allmählich die Geschäftsordnung diese Scheidung (siehe meine Schrift über das Interpellationsrecht a. a. O., S. 104 ff., wo diese konstitutionelle Entwicklung in Preußen näher dargelegt ist). Die Geschäftsordnung des deutschen Reichstags nahm nun in den §§ 32 und 33 ganz die Regeln über Interpellationen an, die sich in der preußischen Geschäftsordnung seit der Forckenbeckschen Reform von 1862 vorfanden: so zunächst die aus Vorurteilen der konstitutionellen Doktrin erwachsene Beschränkung, daß ein Antrag im Anschluß an die Interpellation nicht stattfinden dürfe, und zweitens die Vorsichtsmaßregel, daß für eine Besprechung im Anschluß an die Interpellation die Unterstützung des Antrags auf Besprechung durch 50 Mitglieder verlangt wurde. Dieser ganze Apparat machte

Interpellationen in den ersten Jahren der Geschäftsordnungspraxis des Reichstags natürlich schwerfällig. So sagte der Abg. Lasker in der Sitzung vom 26. März 1873, (S. 88): ‚Mit den Interpellationen haben wir sehr schlimme Erfahrungen gemacht. Wenn einmal eine Frage förmlich gestellt werden muß nach Vorschrift der Verfassung, so pflegt die Verhandlung der Interpellationen mehr Zeit wegzunehmen, als wenn gelegentlich Fragen gestellt werden, wie sie heute beispielsweise der Abgeordnete Wiggers[1]) gestellt hat." Aber nicht bloß schwerfällig war der ganze Apparat der Interpellationsbehandlung, die Sache selbst lief, weil eben kein Antrag im Anschlusse an die Interpellation gestellt werden konnte, wie der Abg. Braun witzig bemerkte (Sitzung vom 11. Juni 1872, S. 133), auf ein „Hornberger Schießen" hinaus, dazu endlose Debatten! (Abg. Braun, a. a. O.) Da kam man im Jahre 1872 auf Antrag des Abg. Ackermann dazu, die Regierung zu ersuchen, dem Reichstage die von dem Bundesrat gefaßten Entschließungen auf die von dem Reichstage beschlossenen Gesetzentwürfe und Anträge, spätestens bei Beginn der nächsten Session in schriftlicher Form mitzuteilen (Sitzung vom 12. Juni 1872, S. 934). Man bezweckte damit insbesondere ein bequemeres und einfacheres Verfahren, statt des komplizierten Interpellationsapparates zu setzen. Nur für den Fall, daß die Mitteilungen des Bundesrats als unzulänglich angesehen wurden, sollte das schwere Geschütz der Interpellation anfahren. (Abg. Braun in der Sitzung vom 26. März 1873, S. 87: „Ich glaube, es ist sehr zu empfehlen, wenn die Reichsregierung und der Bundesrat jedesmal Entscheidungsgründe geben, namentlich für ein negatives Votum. Gibt man aber solche nicht, so muß man die Folgen davon tragen, und dies wird sein, daß die Regierung mit Interpellationen bombardiert wird.") Die Regierung gab dem Wunsche des Reichstags gleich in der nächsten Session 1873[2]) statt, eine Übersicht

[1]) Dieser hatte in derselben Sitzung eine Frage an die Reichsregierung im Anschlusse an „Entschließungen des Bundesrats" (§ 34 GO.) gestellt.

[2]) Trotzdem, wie der Abg. Frhr. v. Loe in der Sitzung vom 12. Juni 1872 (S. 932), als der Antrag Ackermann gestellt wurde, zutreffend hervorhob, darin eine materielle Verfassungsänderung lag. Die Reichsverfassung „enthält nämlich gar keine Bestimmung, wonach der Reichskanzler resp. der Bundesrat verpflichtet sein soll, eine Antwort zu erteilen". Offenbar schwebte als Gegensatz hierzu dem Frhr. v. Loe die preußische Verfassung, Art. 81 Abs. 3, vor, wonach jede Kammer des Landtags die Befugnis hat, von den Ministern „Auskunft über eingehende Beschwerden zu verlangen".

Daß Bismarck, dem sonst gewiß fern lag, die Kompetenz des Reichstags über die Verfassung hinaus zu erweitern, sogleich darin willigte, erklärt sich vielleicht dadurch, daß er auf die Weise hoffte, dem im Reichstage rege gewordenen Wunsch nach Verbesserung des Interpellationsrechts durch die Mitteilungen der Entschließungen des Bundesrats auf Beschlüsse des Reichstags gewissermaßen den Wind aus den Segeln zu heben. Und daß er dies gerade beabsichtigte, hing vielleicht mit seiner Abneigung gegen „Reichsminister" (siehe Bezold, Materialien der D. RV. III, 1167) und seiner Auffassung, solche durch Bundesratsausschüsse zu ersetzen, zusammen.

der verlangten Art wurde vorgelegt (Reichstagsdrucksachen 1873, Nr. 14). Der Beratung im Plenum über die gegebene Übersicht stellte sich nun die irrtümliche Auffassung des Hauses in den Weg, als ob nun zu sämtlichen Hunderten von Punkten, welche in der Übersicht aufgeführt waren, gleich eine Diskussion herbeigeführt werden könnte. Daraus ergab sich die Notwendigkeit, dieses Bedürfnis nach Diskussion einzuschränken, wenn man den Zweck der neuen Einrichtung richtig ins Auge faßte. Die mit der Angelegenheit betraute Geschäftsordnungskommission (Sitzung vom 26. März 1873, S. 91) erstattete ihren Bericht (Drucksachen Nr. 139, ex. 1873). Da aber inzwischen der Schluß der Legislaturperiode eingetreten war, wurde die Sache später nochmals in der Geschäftskommission durchberaten (auf Grund des Beschlusses vom 23. Februar 1874, S. 164), der von der Kommission erstattete Bericht (Drucksachen 1874, Nr. 66) blieb aber ebenfalls unerledigt. Endlich wurden in der Session 1874/75 auf Antrag des Abg. Klotz die Vorschläge der Geschäftskommission des Jahres 1874 im großen und ganzen, bis auf eine weiter unten zu erwähnende Ausnahme, angenommen (sten. Ber. des Reichstags, Sitzung vom 11. November 1874, S. 95 ff., und Sitzung vom 14. November 1874, S. 447). Nach der ursprünglichen Absicht der Kommission sollten die Besprechungen im Anschlusse an die vom Bundesrat vorgelegte Übersicht nicht im Rahmen von Interpellationen gehalten werden, sondern Vorstadien von Interpellationen sein, und deshalb wurde die Beschränkung gemacht, daß die Bemerkungen schriftlich einzureichen seien und daß bei Besprechungen der Bemerkungen im Hause nur die Antragsteller, d. h. die Verfasser der Bemerkungen zum Worte zu kommen hätten.

Sehr bestärkt wird man in diesen Vermutungen durch die gleichzeitig am Tage der Beratung des Antrags Ackermann vom Bundesratbevollmächtigten v. Mittnacht im Reichstage abgegebene Erklärung, daß man im Bundesrat die Veröffentlichung der Bundesratsverhandlungen und -beratungen in Erwägung gezogen habe, offenbar um den Verkehr zwischen Bundesrat und Reichstag intimer zu gestalten.

v. Mittnacht sagte im Reichstage (a. a. O., S. 934): „Die Frage, ob den Verhandlungen und Beratungen des Bundesrats im Interesse der Wahrung seiner eigenen Bedeutung ,im Gegensatze zu dem jetzigen unleidlichen Zustande einer unverbürgten Zeitungsöffentlichkeit, eine gewisse offizielle Öffentlichkeit verschafft werden soll, ist allerdings in neuester Zeit im Schoße des Bundesrats angeregt worden und in Behandlung. Es ist, so wie die Dinge liegen, zu hoffen, daß von seiten der verbündeten Regierungen dem Gedanken der Veröffentlichung der Bundesratsverhandlungen ein prinzipieller Widerstand nicht entgegengesetzt werden wird, es handelt sich aber darum, die nicht so leicht zu ermittelnde angemessenste Form der Veröffentlichung ausfindig zu machen. Die Erörterungen hierüber sind im Gange, und bei diesem Anlaß wird auch der vorliegende Antrag, der, wie ich anerkenne, einem entschiedenen Bedürfnis Ausdruck gibt, seine Beachtung und Erledigung finden, wie ich hoffe, eine solche, die dem Bedürfnis und den Intentionen des Hohen Hauses gerecht werden wird.“

Bei der Annahme der von der Kommission gemachten Vorschläge ließ das Plenum diese ganz vernünftige Beschränkung weg, so daß der Unterschied zu Interpellationen nach der Richtung hin nicht mehr so, wie er von der Geschäftskommission gewünscht war, vorlag. Auch bei der Beratung über die Bemerkungen der hier in Frage kommenden Art wurde eine Generaldiskussion zugelassen wie über Interpellationen. Wie bei Interpellationen, war ferner auch eine Antragstellung bei der Verhandlung über die Bemerkungen im Plenum unzulässig, sie ist es heute noch (§ 34 der Geschäftsordnung, Schlußsatz). Dadurch war eine Angleichung an die Interpellationen herbeigeführt, die ursprünglich gar nicht in der Absicht des Hauses gelegen war. Darüber kann auch die Tatsache nicht hinwegtäuschen, daß sich die Bemerkungen zu beschränken haben „auf den Mangel der Erledigung bestimmt anzuführender Punkte" und „auf die Unvollständigkeit der vom Bundesrat gegebenen Auskunft", oder wenn bestimmt ist, daß Bemerkungen gemacht werden dürften zu Beschlüssen des Bundesrats, „welche in einer Zustimmung oder Ablehnung der vom Reichstag gefaßten Beschlüsse ihre Erledigung gefunden haben" (§ 34 GO.). Diese Angleichung der Bemerkungen zur Übersicht des Bundesrats an Interpellationen hat der Bedeutung der ersteren wesentlich geschadet, insbesondere war nicht erreicht, daß die Besprechung solcher Bemerkungen, als Vorstadium einer Interpellation, solche Interpellationen überhaupt überflüssig machte. Es erhielten sich Interpellationen nach wie vor in Geltung, und die den Bundesratsübersichten zugedachte Bedeutung wurde ihnen auch nicht zuteil, weil insbesondere der Bundesrat sich nicht immer daran kehrte, innerhalb einer bestimmten Zeit seine Entschließungen in Form der Übersicht mitzuteilen, trotz mannigfacher Mahnungen des Reichstags. Die Erfassung des Zwecks der Interpellationen im Rahmen der Ministerverantwortlichkeit zu wirken, und die Notwendigkeit, ein Vorstadium für diese Interpellationen in kurzen Anfragen zu stellen, ein Vorstadium, das schon der Abg. Lasker, a. a. O. (Sitzung vom 23. März 1873, S. 88) als notwendig empfunden hatte, kam gar nicht auf. Erst als die Frage der Ministerverantwortlichkeit im Jahre 1909 den Reichstag lebhafter beschäftigte und im Anschluß an die daselbst geführten Debatten über das Prinzip der Ministerverantwortlichkeit, wurde schließlich der Gedanke rege, das Interpellationsrecht des Reichstags durch ein Antragsrecht zu ergänzen, das am Schlusse einer Besprechung der Interpellation in Gestalt eines billigenden oder mißbilligenden Votums über das Verhalten der Regierung zum Ausdruck kommen könnte[1]). Sodann war auch der Wunsch allgemein, das Vorstadium von Interpellationen in Gestalt von kleinen Anfragen zur Kontrolle

[1]) Vgl. dazu insbes. den Bericht der verstärkten Geschäftsordnungskommission von 1909, D. RT. Nr. 1425/ex 1907 bis 1909 und die Debatten im Reichstage, insbes. Reichstagsverhandlungen Bd. 259, S. 1038 ff. u. Bd. 285, S. 1653 ff.

der Verwaltung nach englischem Vorbilde einzuführen. Diesen Wünschen ist dann die Geschäftsordnungsreform von 1912 durch die Beschlüsse des Reichstags vom 8. Mai 1912 (sten. Ber., S. 1747 ff.) nachgekommen, als deren Resultat die heutigen §§ 31 a bis b und §§ 32 ff. (insbesondere die neuen §§ 33 a und 33 b) anzusehen sind. Bemerkenswert ist, daß man das heutige System der schriftlichen Anfragen (§ 31 c GO.) im Jahre 1874 anläßlich der Beratung über die Art der Behandlung der Übersicht im Bundesrat ablehnte, weil es „gleich belästigend für uns und die Reichsregierung sein muß".

§ 10. Die Methode des Parlamentsrechts.

Wir haben im vorigen dargelegt, daß der Gegenstand des Parlamentsrechts die Darstellung des Parlamentsbrauchs ist. Der Parlamentsbrauch ist in seinem Wesen Konventionalregel, ein Teil derselben geht in formelles Recht über, der andere und größere Teil bleibt Konventionalregel. Es entsteht nun die Frage: welche juristische Methode ist die angemessenste, um einmal den Übergang der Konventionalregel in die Rechtsregel im Einzelfalle nachzuweisen und sodann den Komplex der übrigen der Parlamentsbrauch bildender Konventionalregeln in systematischer Form darzustellen?

Alle Konventionalregeln, welche die Grundlage einer Parlamentspraxis bilden, muß man, wenn man sie zu dem zweifellos geltenden Recht in Beziehung setzen will, daraufhin prüfen, ob sie nicht andere Rechtssätze, die zweifellos gelten, stützen und tragen, ja erst praktisch möglich machen.

Dies trifft beispielsweise für die Praxis des Reichstags zu, bei der Wahlprüfung unbedingte Vollführung der Beweisaufnahme in der Form, wie sie der Reichstag beschlossen, von den Gerichten zu fordern (siehe weiter unten. Diese Praxis ist eine notwendige Stütze des Art. 27 RV. Ohne sie bleibt der Rechtssatz, daß der Reichstag die Legitimation seiner Abgeordneten selbständig zu prüfen hat, unausführbar (siehe darüber weiter unten). Daher ist diese Praxis des Reichstags bereits zum Rechtssatz erwachsen.

Nicht immer hält sich die Reichstagspraxis an die Verfassung. Dann muß untersucht werden, ob trotz der formellen Abweichung von einem Rechtssatze nicht eine Reihe anderer Rechtssätze gerade durch diese Praxis gestützt und getragen werde, ja erst realisierbar werden. Ein Beispiel hierfür ist die Frage nach der Zulässigkeit von geheimen Sitzungen des Reichstags. Wir werden noch ausführlich auf diese Frage im weiteren Verlaufe der Darstellung zurückkommen. Hier sei sie nur zur Erläuterung der Methode des Parlamentsrechts besprochen. Art. 22 der Reichsverfassung schreibt vor, daß die Verhandlungen des Reichstags öffentlich sind. Trotzdem hat der Reichstag bei den Verhandlungen über die

„Lex Heinze" in der Sitzung vom 7. März 1900 ohne weitere Erörterung der rechtlichen Zulässigkeit, die Öffentlichkeit ausgeschlossen. Es entsteht nun die Frage, ob der einzelne Präzedenzfall die Verfassung abändern könnte, ob es, mit anderen Worten, auch geheime Sitzungen des Reichstags gäbe. Die Antwort auf diese Frage kann nur aus der historischen Entwicklung der Bedeutung der Verfassungsvorschrift und aus der Rechtsvergleichung gegeben werden. Sie zeigt nämlich, wie weiter unten noch klargelegt werden soll, daß die Öffentlichkeit der Verhandlungen beinahe in allen parlamentarischen Körperschaften durch Willensschluß des Hauses aufgehoben werden darf, sie zeigt, daß wichtige Sätze der Verfassung ohne die Zulassung von geheimen Sitzungen nicht aufrechterhalten werden können, so z. B. die vollständige Prüfung der Militärvorlagen usw. Unter solchen Umständen wird man sich überlegen müssen, ob man dieses Prüfungsrecht des Reichstags zugunsten der Öffentlichkeit der Sitzungen aufopfern darf, zumal, wenn historisch und rechtsvergleichend nachgewiesen werden kann, daß die Öffentlichkeit der Verhandlungen nur als Privileg, als Begünstigung des Parlaments, sich entwickelt hat, nicht als ihm aufoktroyierte Last. Eine solche Verfassungsüberschreitung ist gerade so notwendig wie die Einrichtung eines Reichsgerichts, die Einrichtung einer Reichsbank notwendig war gegen den Wortlaut der Reichsverfassung (siehe darüber Seydel, Kommentar zur deutschen Reichsverfassung, S. 85; Hänel, Deutsches Staatsrecht, I, S. 683 ff. u. a. m.).

Alle diese Beispiele zeigen, daß Konventionalregeln Rechtsregeln werden, wenn sie zur Stütze anderer anerkannter Rechtsnormen dienen. Man hat dies auch schon in der Literatur erkannt und als Verfahren der Konsequenz bezeichnet, „mit deren Hilfe ungesetzte Rechtssätze als Folgerungen ausdrücklich gesetzter Rechtssätze dargetan werden"[1]). Was von uns hier gefordert wird, ist die Verallgemeinerung, d. h. die Aufstellung prinzipieller Funktionszusammenhänge zwischen Normen, welche nur durch Vergleichung mit dem ausländischen Recht erfolgen kann. Diese Vergleichung schafft uns Funktionstypen, d. h. Typen, welche das Zusammengehörige von Normen dartun, und an diesen Funktionstypen muß der einzelne Präzedenzfall und die aus ihm resultierende Konventionalregel gemessen werden. Nur die Rechtsvergleichung deckt jene Zusammenhänge auf, welche mit Nachdruck die Notwendigkeit dartun, daß gewisse Normen zueinander gehören, so daß der eine ohne den anderen nicht gedacht und ausgeführt werden kann.

Wir sehen demnach: die Wertmaßstäbe des Parlamentsrechts, seine Begriffe, sind durch Rechtsvergleichung gewonnene Funktionstypen,

[1]) Triepel in der Festgabe für Laband 1907, II, 257 ff.

d. h. Typen, welche Funktionszusammenhänge zwischen den Rechtssätzen aufdecken[1]).

Sie verdanken der Rechtsvergleichung und der rechtsvergleichenden Analogie, nicht der Konstruktion, ihr Dasein.

Sie sind nicht Gattungsbegriffe, unter welche sich der Einzelfall bringen läßt, sondern Paradigmen, nach welchen die Funktionszusammenhänge der Sätze des positiven Rechts aufgedeckt werden. Analogie, nicht Subsumtion ist der hierbei verwertete logische Schluß. Und noch eins: während die konstruktiven Gattungsbegriffe immer nach höheren abstrakteren Begriffen, unter welche sie gebracht werden können, streben, haben die Funktionstypen des vergleichenden Parlamentsrechts die Tendenz, durch Klassifikation in immer mehr ins Detail gehende Unterarten gespalten zu werden. Rechtsvergleichung ermöglicht allein diese Klassifikation, die absolut notwendig ist, wenn der Typus dem Einzelfall immer näher gebracht werden soll, um die beste — weil nächste — analoge Beziehung zwischen beiden zu ermöglichen.

Selbstverständlich ist diese Begriffsbildung, d. i. die Messung des Einzelfalles, an dem durch das allgemeine Parlamentsrecht gegebenen Paradigma selbst Aufgabe des positiven Parlamentsrechts[2]). Denn ich möchte auch diejenigen beruhigen, die hinter unseren Funktionstypen etwa ein normatives Naturrecht vermuten.

Unsere Typen sollen keine Rechtslücken ausfüllen, sie sollen überhaupt nicht positives Recht schaffen, sie sollen nur eine in der Analogiebildung mitunter etwas leichtherzige Praxis gängeln, sie wollen nur „negative Instanzen" gegen vorschnelle Analogiebildung sein. Aus dem positiven Recht allein, und nur aus diesem, muß die Antwort gegeben werden, ob dem Funktionstypus im einzelnen Falle entsprochen ist. Wenn nicht, dann wird zwar die Entscheidung doch von der Praxis gefällt, aber diese von ihr hierbei befolgte Norm ist eben, wenn sie bestehen bleibt, nur Konventional- nicht Rechtsregel. So allein wird die Rechtswissenschaft ihrem Berufe gerecht. Sie läßt sich weder von der „Staatspraxis" der Regierung, noch von der Parlamentspraxis überraschen, sie wird nicht deren Dienerin, sondern ihre kritische Prüferin. Die Konventionalregel, die von unserer Wissenschaft als zu „leicht" befunden ist, bleibt eben das, was sie ist, Konventionalregel, d. i. eine

[1]) Über Beispiele aus dem Staatsrecht und die analoge Bedeutung des allgemeinen Staatsrechts siehe meine Ausführungen im Jahrbuch d. öff. R. III, S. 62 ff.

[2]) Vgl. auch was Gerber (Deutsches Privatrecht § 6 und insbes. § 7) über den Nutzen eines „gemeinen" deutschen Privatrechts sagt und über die analoge Frage, inwiefern Rechtssätze, die in dem Gebiete eines deutschen Partikularrechts gelten, für das Gebiet eines anderen analog heranzuziehen sind.

dem Rechte gegenüber unterwertige Norm. Denn „Recht muß Recht bleiben".

Bleibt sonach ein Teil des Parlamentsbrauchs nur Konventionalregel, nicht Rechtsnorm, so ist dennoch auch seine Erkenntnis systematischer Bearbeitung fähig. Auch er bedarf zu dem Zwecke, namentlich zur Aufdeckung der funktionellen Zusammenhänge der Parlamentsinstitutionen und -normen der rechtsvergleichenden Methode. Denn vor allem ist festzuhalten, daß, wenngleich wir es hier bloß mit Konventionalregeln zu tun haben, sie dennoch jedenfalls eine Ordnung, eine inwärts gerichtete Ordnung (siehe oben S. 57) sind, an welche man sich gewöhnlich hält und von der man ohne Not nicht abgeht. Freilich darf man, da die Geschäftsordnung des Parlaments nur einen kleinen Ausschnitt des jeweiligen Parlamentsbrauchs darstellt, sie nicht einfach nach Art eines Gesetzes interpretieren, aus ihrem Wortlaute oder „Geiste" irgend etwas herauslesen wollen, denn, wie wir oben dargetan haben, ist die Geschäftsordnung nur ein Niederschlag, der äußere Niederschlag des Parlamentsbrauchs, und empfängt von ihm Dasein und Leben. Es wäre deshalb eine unzureichende Arbeit, wenn man sich einfach an den Wortlaut der Geschäftsordnung halten wollte, um sie „systematisch" zu bearbeiten. Denn der wichtigste Teil der Ordnung des Parlamentsverfahrens liegt im Parlamentsbrauch, in dem, was durch so viele Präzedenzfälle sich wirklich ereignet hat und praktisch geübt worden ist. Deshalb kann die Systematik der Geschäftsordnung keineswegs irgendwelchen Anhaltspunkt oder höchstens nur einen recht dürftigen Anhaltspunkt über den Zusammenhang der Institutionen des Parlamentsbrauchs geben. Wir haben ja oben gesehen, in welcher Weise die Systematik mitunter gar nicht vom Reichstag selber festgelegt wird (siehe oben S. 46). Wie könnte man z. B. bloß aus dem Wortlaute der Geschäftsordnung und aus ihrer Systematik heraus erkennen wollen, ob dem Hause oder dem Präsidenten die endgültige Befugnis, seine Geschäftsordnung zu interpretieren, zusteht? Wir haben das Problem oben in der Weise einer Lösung zuzuführen versucht, daß wir geschichtlich und rechtsvergleichend den Funktionszusammenhang zwischen der Interpretationsbefugnis und der Befugnis der Abgeordneten aufdeckten, in Konkurrenz mit dem Präsidenten über die Handhabung der Geschäftsordnung zu wachen. Wie sollte man hier aus dem Wortlaute und der systematischen Stellung der Norm, die der deutsche Reichstag für sog. Etatresolutionen aufgestellt hat, irgendwie auf ihren Sinn und Zweck kommen, wenn man nicht in der Lage ist, den Funktionszusammenhang zwischen ihnen und den Initiativanträgen aufzudecken, was nur durch rechtshistorisch-vergleichende Betrachtung des Obstruktionsproblems und des Schutzes der Parlamentsminorität möglich wird? Ebensowenig wie die formal-juristische Geschäftsordnungsinterpretation, ist die bloße Sammlung der Präzedenzfälle im Anschluß an die Geschäftsordnung genügend, eine geeignete Methode des Parlamentsrechts darzustellen. Deshalb haben auch in richtiger Erkenntnis der Sachlage die Ausländer schon längst die Rechtsvergleichung bei Bearbeitung ihres Parlamentsrechts herangezogen, so vor allem der Franzose Pierre in seinem oft zitierten Traité de droit politique et électorale, ferner der Schwede Rydin in seinem Buche „Svenska Riksdagen", der Norweger Ashehoug in seinem 1. und 2. Band des Großen Norwegischen Staatsrechts, der Grieche *Ζεγγελης* in seinem zweibändigen Buche *Κοινοβουλευτικον Δικαιον*. Freilich auch die Heranziehung des ausländischen Rechts hat ihre Schranken. Man darf nicht Unvergleichbares vergleichen, man darf auch nicht einfach die ausländischen Rechtsbestimmungen nebeneinanderstellen, sondern muß ihren Zusammenhang mit der Staatsform und mit anderen wichtigen Rechtssätzen ihres Heimatrechts aufdecken. Die Aufzeigung der gemeinsamen historischen Wurzel, die konstitutionelle Doktrin, wie sie von England und Frankreich ausgeht, verhindert u. a., daß statt wirklicher Rechtsvergleichung Rechtsstatistik geboten wird. Daß die vorliegende Arbeit schon alle diese Voraussetzungen und Anforderungen erfüllt, wagt Verfasser nicht zu behaupten.

I. Teil.

Die Organe der Volksvertretung.

II. Abschnitt.

Die Organisation der modernen Volksvertretung[1]).

§ 11. Die konstitutionelle Doktrin.

Die äußeren Schicksale aller parlamentarischen Geschäftsordnungen hängen im Wesen von dem ab, was man konstitutionelle Doktrin nennt. Es ist dies eine Mischung von Rezeptionen englischen und französischen Rechts, die sich bei allen Kulturvölkern auf diesem Gebiet der Geschäftsordnung vorfindet. Die Zeit, um welche diese allgemeine Vorherrschaft der konstitutionellen Doktrin bestand, ist die Zeit der Frankfurter Nationalversammlung. Das englische Recht war damals aus dem Buche Benthams „Über die Taktik parlamentarischer Versammlungen" zu entnehmen. Dies Buch ist die Rationalisierung englischer Geschäftsordnungsbräuche. Das französische Recht spiegelte sich damals einerseits in den Geschäftsordnungen der süddeutschen Staaten, andererseits in

---

[1]) Literaturverzeichnis: Quellensammlung. Moreau et Delpech: Les règlements des Assemblées législatives, 2 Bde., Paris 1906. — England. Porritt: The unreformed House of Commons I (1903). May: Parliamentary Practice. eleventh edition, London 1906 (im folg. nach der 10. Ausgabe zitiert). C. Ilbert: Supplementary Chapter in Redlich: The procedure of the house of commons, London 1908, III, p. 202 ff. Derselbe: in Contemporary review, November 1906, p. 639 ff. Hatschek: Englisches Staatsrecht, Bd. I, 1905. — Frankreich. H. Ripert: La Présidence des assemblées politiques, Paris 1908. Pierre: Traité de droit politique etc. 3. Ausgabe. Paris 1908. Séverin de la Chapelle: Esquise d'un Cadre de rénovation parlementaire française, Paris 1902. Derselbe: De la réforme parlementaire en France, Paris 1897. Paul Deschanel: Quatre ans de présidence, Paris 1902. — Griechenland: *Ζεγγελης, Κοινοβουλευτικον Δικαιον, Αθῆναι* 1906 (2 Bde.). *Βοχοτόπουλος, Περὶ τροποποιήσεως τοῦ κανονισμοῦ τῆς ἑλλ. Βουλῆς* 1903. — Italien. Mancini e Galeotti: Norme ed usi del Parlamento italiano. Roma 1887. Galeotti: Regolamento della camera dei deputati. Roma 1902. — Spanien: A. Pons y Umbert: Organisacion y functionamento de las Cortes, Madrid. Gumersindo de Azcàrate: El Régimen parlamentario en la práctica, Madrid 1885. — Belgien. Beltjens: Constitution Belge, Liège 1894. — Ungarn; Apponiy in Annuaire du Parlement, Paris 1902 und Ferdinandy in der Bibliothek des öff. R., 16. Bd. — Holland. S. Lohman: Onze constitutie 1907. Buijs: De Grondwet, I, 1883. Heemskerk: De Praktijk onzer grondwet, 1881. J. A. van Hamel: Königreich der

der Geschäftsordnung der belgischen Kammern wider und läuft im Wesen auf jene Anschauungen hinaus, welche die französische Constituante von 1789 und die gesetzgebenden Körperschaften der Restaurationszeit seit 1814 darstellen. Wir werden im folgenden demnach darzulegen haben:

1. Was war die Anschauung Benthams über die äußere Organisation der Parlamente?
2. Was die Anschauung der französischen Constituante von 1789?
3. Welche Resultate zog aus beiden Quellen die konstitutionelle Doktrin namentlich in Deutschland?

I. Bentham. Der Präsident muß einheitlich, also nicht vielköpfig, und unparteiisch sein. Nach Benthams Auffassung hat der Präsident eine doppelte Rolle zu erfüllen, er ist „juge" und „agent" der parlamentarischen Körperschaft. Juge, d. i. also Richter, wenn er innerhalb einer Versammlung eine Streitfrage der Geschäftsordnung zu entscheiden hat: Agent, d. h. vollstreckendes Organ der parlamentarischen Körperschaft in allen übrigen Fragen. Als Beispiele führt Bentham an: Stellung der zum Beschluß zu erhebenden Frage, Erteilung von Anweisungen an die ihm untergeordneten Beamten, Aussprechung von Dank oder Tadel usw. In beiden Fällen aber, ob nun der Präsident als juge oder als agent handelt, muß er sich ganz dem Willen der parlamentarischen Körperschaft subordinieren. Er darf nur den allgemeinen Willen der Versammlung wiedergeben: „die Entscheidung des Präsidenten, wenn sie das ist, was sie sein soll, ist nichts mehr als eine Entscheidung, die für die Versammlung gegeben ist, und zwar in kürzerer Zeit, als sie sie selbst geben könnte". Nach Bentham kann also die Versammlung jeden Augenblick ihren Willen an Stelle des Willens des Präsidenten setzen. Der Präsident soll nach Bentham über den Parteien stehen; deshalb soll

Niederlande in Bibliothek des öffentlichen Rechts. Bd. 18. — Norwegen. T. H. Aschehoug: Norges nuvärende Staatsforfatning, Bd. II, 2. Ausgabe 1891/93. Bredo Morgenstierne: Das Staatsrecht des Königreichs Norwegen. 1911. Bd. XIII des Ö. R.G. T. H. Aschehoug: in Nordisk Retsencyclopaedi 1890, Bd. I, den nordiske Staatsret, Kopenhagen 1885. Schließlich die wichtigen Verhandlungen der Geschäftsordnungsreform von 1908 im Storting: Stortingstidende indeholdende syv og femtiende ordentlige Stortings forhandlinger 1908. Forhandlinger i Stortinget A. Christiania. 1908. p. 9—141. — Dänemark. Außer der oben angeführten Schrift von Aschehoug in der nordischen Rechtsencyklopädie noch Matzen, Den danske Staatsforfatningsret, 2. Teil 1908. Kopenhagen. — Schweden. H. L. Rydin: Svenska Riksdagen, Stockholm 1873 ff. Hagman: Sveriges Grundlagar, Stockholm 1902. — Österreich. Neisser: Die Geschäftsordnung für das Abgeordnetenhaus des Reichsrates. 3 Bde., Wien 1909. — Preußen. Plate: Die Geschäftsordnung des preußischen Abgeordnetenhauses, Berlin 1904. Vergleiche im übrigen noch: Gröbers Bericht der Geschäftsordnungskommission in Beilagen der Verhandlungen der Württembergischen zweiten Kammer 1909, Nr. 372 und außerdem die im folgenden angeführten Parlamentsverhandlungen von Spanien, Holland, Österreich, Belgien und Dänemark.

er kein Recht besitzen, Anträge zu stellen, sich an den Beratungen zu beteiligen oder gar mitzustimmen. Dadurch werde namentlich gewährleistet, daß der Präsident während der Debatte sein Augenmerk bloß auf die Formen der Ordnung richten könnte. Wie der Botaniker beim Anblick eines Feldes ganz abweichende Betrachtungen anstelle gegenüber dem Eigentümer des Grund und Bodens, wie der Richter sein Augenmerk bloß auf das Gesetz richte, während eine ganze Familie, deren Schicksal vom Prozeß abhängt, zitternd auf das Urteil warte, so sei auch die Rolle des Präsidenten unabhängig von dem Parteihader. Aus der unparteiischen Stellung des Präsidenten folgt ferner, daß er sich namentlich nicht an den Abstimmungen beteiligen dürfe; selbst im Fall der Stimmengleichheit habe der Antrag eher zu fallen, als daß der Präsident durch seine Abstimmung ihm zum Siege verhelfe. Der Präsident muß entsprechend der Wichtigkeit seines Amtes mit absoluter Stimmenmehrheit der Versammlung gewählt werden, und zwar durch Stimmzettel. Er darf nur durch die Versammlung selbst abgesetzt werden. Die absolute Majorität namentlich wird deshalb verlangt, weil nur ein so Gewählter das volle Vertrauen einer Versammlung genießen kann. Ein so gewählter Präsident muß sich aber das Vertrauen auch erhalten, denn sonst verliert das Amt seinen Nutzen; ohne die Möglichkeit, ihn absetzen zu können, würde die Macht, ihn zu wählen, unnütz sein. Also steht der Versammlung jederzeit ein Absetzungsrecht zu. Natürlich verlangt Bentham für alle Wahlen, die das Parlament vorzunehmen hätte, also auch für die Präsi dentenwahl, die geheime Abstimmung.

Zur Förderung des parlamentarischen Geschäfts empfiehlt Bentham Komitees nach englischem Muster, vor allem ein Generalkomitee des ganzen Hauses, welches namentlich dazu dient, um die in der gewöhnlichen Plenarversammlung übliche Formalität zu durchbrechen und jedem die Möglichkeit zu geben, zum Worte zu kommen, wenn er es für gut findet. Ständige Komitees sollen nur für bestimmte Angelegenheiten, Finanzen, Handel und Volkswirtschaft eingerichtet werden. Die Regel sollen nur gelegentliche Komitees sein, die den Vorteil haben, für jede besondere Frage besonders eingerichtet zu werden; da sie nur „mit einer einzigen Arbeit betraut sind, werden sie sehr fleißig und eifrig sein, um das Vertrauen der Versammlung zu rechtfertigen“. Schwierig sei ja allerdings die Art ihrer Bestellung. Die beste Art sei, das empfiehlt Bentham, die, wonach jedes Mitglied nach seinem Belieben irgendein anderes Mitglied als Kandidaten für die Wahl empfehlen könne. Die so Empfohlenen seien in eine Liste einzutragen, und nach dieser Liste solle dann die Versammlung mit relativer Stimmenmehrheit entscheiden. Wie auch immer diese Komitees eingerichtet werden, niemals sollten sie dazu dienen, die Notwendigkeit dreier Lesungen zu beseitigen. Hier zielt Bentham auf einen Punkt, der namentlich von der französischen Doktrin seit den Tagen der

Constituante eifrig verfochten und in die Praxis umgesetzt wurde: nämlich den Ersatz wenigstens der 1. Lesung durch Beratung in den Abteilungen.

II. Die französische Theorie der Constituante. Um in den Geist derselben einzudringen, müssen wir uns vergegenwärtigen, daß Frankreich damals eine sogenannte Monarchie républicaine schaffen wollte, also eine Republik mit einem Monarchen als Präsidenten. Oberster Grundsatz war der der Volkssouveränität. Daraus ergaben sich für die Teilnehmer der Constituante folgende Grundsätze, die aus den Debatten der damaligen Zeit hervorgehen[1]) und gerade für die Frage der äußeren Organisation des Parlaments von Bedeutung sind:

1. Da die Versammlung den allgemeinen Volkswillen darzustellen hat (die Rousseausche Volonté générale), kann sie nur dann als verhandlungsfähig angesehen werden, wenn wenigstens die Majorität ihrer Mitglieder ihr Wahlmandat zur Zufriedenheit aller hat verifizieren lassen. Als am 17. Juni 1789 der dritte Stand sich als assemblée nationale konstituierte und damit zum endgültigen Ausdruck brachte, daß er nicht länger gewillt sei, eine getrennte Beratung der drei Stände zu dulden, sagte er ausdrücklich in der betreffenden Erklärung vom 17. Juni 1789: nur den verifizierten Repräsentanten steht es zu, den nationalen Willen zu bilden (il n'appartient qu'aux représentants vérifiés de concourir à former le vœu national). Den markantesten Ausdruck aber hat dies in der Verfassung vom 3. September 1791 gefunden (Sektion 5, Art. 3). Danach sollte die gesetzgebende Körperschaft erst als konstituiert betrachtet werden, wenn die Majorität der Mandate verifiziert worden sei.

2. Aus dem eben angeführten Grundsatz, wonach die Konstituierung der Versammlung erst in dem genannten Zeitpunkt beginnt, folgert die französische Doktrin weiter, daß ein definitives Präsidium nicht eher eingesetzt werden könnte, als bis die Majorität der Mandate verifiziert worden sei. Dies bestimmt der vorhin genannte Artikel 3 Sektion 5 der Verfassung vom 3. September 1791[2]). Aus diesem Gesichtskreise heraus ist die Doppelteilung des Präsidiums in ein provisorisches und ein definitives in dieser Zeit entstanden und seit dieser Zeit in Frankreich und anderwärts festgehalten worden.

3. Da die gesetzgebende Körperschaft sich als Vertreterin des Volkswillens fühlt und allein berufen ist, wie die Erklärung vom 17. Juni 1789 sagt: „d'interpréter et de représenter la volonté générale de la nation",

[1]) Angedeutet sind sie schon in einer Schrift von Siéyès, Vues sur les Moyens d'exécution dont les Représentants de la France pourront disposer en 1789, 2 ed. 1789, p. 79 ff.

[2]) Dès qu'ils seront au nombre de trois cent soixante treize membres vérifiés, ils se constitueront sous le nom d'Assemblée nationale legislative: elle nommera un président un vice-président et des secrétaires et commencera l'exercice de ses fonctions.

ist sie von einem gewissen Mißtrauen erfüllt, namentlich gegenüber dem von ihr gewählten Präsidenten, sodann aber jenen engeren Gruppen, die sie als Ausschüsse (Comité) zur Erleichterung der Geschäftsführung schaffen muß. Dies Mißtrauen dokumentiert sich infolgedessen dem Präsidenten gegenüber darin, daß selbst der definitive Präsident wechseln muß, und zwar, wie die Geschäftsordnung der Nationalversammlung vom 29. Juli 1789 vorschreibt:

§ 2. Der Präsident kann nur auf 15 Tage gewählt werden. Er kann nicht im Amt weiter erhalten werden, kann aber von neuem gewählt werden in einer anderen Gruppe von 15 Tagen.

Auch dieser wechselnde definitive Präsident hat sich dann in Frankreich unter verschiedenen Verfassungsentwicklungen wiederholt, ist aber, wie wir noch sehen werden, gegenwärtig aufgegeben; auch anderwärts hat er Nachahmung gefunden, wie wir noch sehen werden.

4. Um einer Komiteeherrschaft zu begegnen, wird das System der Abteilungen aus dem „ancien régime" herüber genommen, aber modernisiert. Im ancien régime hatten die Abteilungen, nach Provinzen geschichtet[1]), Verifikationsbefugnisse[2]). Die Modernisierung, welche diesem System die Constituante gab, bestand darin, daß das mechanische Los- und Ziffernsystem an Stelle der lokalen Trennung eingeführt wurde[3]).

Die ganze Versammlung teilt sich nach der Geschäftsordnung der Nationalversammlung vom 29. Juli 1789 in Abteilungen von je 30 Mitgliedern, die nach dem Alphabet der Namen gebildet werden. Später ist diese Bildung der Abteilungen (bureaux) dem Los überlassen worden. Diese Abteilungen hatten nach der Geschäftsordnung vom 29. Juli 1789 zunächst den Zweck, die Verifikationen der Wahlen vorzunehmen, bei der Präsidentenwahl und der Wahl der sechs Sekretäre mitzuhelfen und die Kommissionen, Ausschüsse, Komitees zu wählen. Die Wahlen sollten sich nach der Geschäftsordnung der Constituante so vollziehen, daß jedes Bureau durch Listenwahl die Namen der Komiteemitglieder festlegte, und als gewählt diejenigen erschienen, welche die meisten Stimmen bei

---

[1]) Siehe Picot, Historie des États Généraux II, p. 308, Note.

[2]) Das System der Abteilungen zur Erledigung von vorbereitenden Geschäften und zur Wahl eines Verifikationsausschusses ist schon dem Kirchenrecht bekannt; auf den Konzilien, z. B. in Basel, wurden die Mitglieder in vier Deputationen eingeteilt; in dem Verifikationsausschuß, das waren die sog. domini de duodecim, wählte jede Deputation drei Mitglieder (s. Hinschius, Kirchenrecht III, S. 390 ff. und Anm. 7 auf S. 391).

[3]) Archives parlamentaires, I. Ser. Bd. VIII, S. 78. Un membre. Je crois que pour détruire tout esprit particulier de province, et pour confondre tous les intérêts, il est essentiel de ne pas placer dans le même bureau plusieurs députés de la même province. Je propose en conséquence de composer le premier bureau du premier député inscrit sur la liste, du 21., du 41., ainsi de suite jusqu'a ce qu'il y en ait trente, que le 31. député de la liste soit le premier du second bureau, et ainsi de suite.

L'Assemblée adopte la proposition et le mode d'éxécution.

Zusammenzählung der Stimmzettel aller Bureaus erhalten hatten. Dieses französische System der Komiteebildung mit Hilfe der Abteilungen ist ein bleibendes Inventarstück aller folgenden französischen Geschäftsordnungen und, wie wir noch sehen werden, auch anderswo geworden. Hingegen hat man die Beteiligung der Bureaus an der Präsidentenwahl und der Wahl der Schriftführer aufgegeben. Das Mißtrauen gegen die Bureaus ging so weit, daß sie auch monatlich neugebildet werden mußten, derart, daß dieselben Deputierten sich nicht in einem Bureau wiederfinden durften. Zu diesem Zweck war dann auf der alphabetischen Liste der an erster Stelle Genannte nicht, wie früher, im vorhergehenden Monat mit dem 31., sondern mit dem 32. usw. auf der Liste Genannten zusammengestellt. Auch dieser monatliche Wechsel der Bureaus tritt da und dort während der französischen Verfassungsentwicklung uns entgegen und hat sich auch anderswo bis heute erhalten.

Aus der Mischung dieser beiden mitunter gegensätzlich einander gegenüberstehenden englischen und französischen Rechtsanschauungen ist die deutsche konstitutionelle Doktrin entstanden. Ihr Hauptvertreter ist Robert v. Mohl, dessen Anschauungen zum größten Teile in der Geschäftsordnung der Frankfurter Nationalversammlung Anklang gefunden haben.

Wenige Tage vor dem Zusammentritt dieser Versammlung veröffentlichte Mohl seine „Vorschläge zu einer Geschäftsordnung des verfassunggebenden Reichstags, Heidelberg 1848“. Ein vorsitzender Präsident sollte für die Dauer von vier Wochen gewählt werden. Das nahm die Nationalversammlung auch an, fügte aber hinzu, daß diese Wahl des definitiven Präsidiums erst nach erfolgter Konstituierung vorgenommen werden dürfte (§ 10 in Verbindung mit § 4 der Geschäftsordnung)[1]), d. i. also, sobald die Zahl der anerkannten Mitglieder 350 erreichte. Mohl begründet seinen Vorschlag des wechselnden definitiven Präsidiums damit, daß er sagt: „Einmal ist unter fast lauter neuen und sich gegenseitig unbekannten Männern ein Irrtum über die geistige, sittliche oder körperliche Befähigung zu dem ebenso hochwichtigen als schwierigen Amte gar zu leicht möglich; die Folgen eines solchen Irrtums aber würden verderbenbringend für ganz Deutschland sein. Zweitens könnte ein bleibender Vorsitzender eine persönliche Stellung erhalten, welche bei einstiger Besetzung der großen Reichsämter nachteilig fühlbar wäre. Drittens scheint es billig, mehr als einem hervorragenden Mann, mehr als einer deutschen Landschaft die Ehre des Vorsitzes möglich zu machen, auch vielleicht klug dem Ehrgeize Aussicht zu lassen. So haben denn auch die französische konstituierende Versammlung und der Konvent

---

1) Abgedruckt in den Verhandlungen der Deutschen Nationalversammlung, herausgegeben von Wigard, Bd. I, S. 163 ff.

wechselnde Vorsteher gehabt, ohne daß die Geschichte von einem fühlbaren hieraus rührenden Nachteile Meldung täte" (l. c.. S. 11). Diesem wechselnden definitiven Präsidium, wie es Mohl und die Frankfurter Nationalversammlung festgelegt hatten, danken wir zunächst in Preußen die Einrichtung von Probepräsidien, die bis zum Jahre 1851 in der Zahl von zwei zu Beginn der Legislaturperiode (nach je vier Wochen) bestanden, später auf ein Probepräsidium beschränkt worden sind. Dieses Probepräsidium haben wir dann auch in der geltenden Geschäftsordnung des deutschen Reichstags wiederzufinden. Der Präsident wird nach Mohl mit relativer Stimmenmehrheit, nach den Verhandlungen der Frankfurter Geschäftsordnung mit absoluter Stimmenmehrheit gewählt. Die Vizepräsidenten, zwei an Zahl, werden nach der Frankfurter Geschäftsordnung mit absoluter Majorität gewählt (§ 11). Mohl hatte für sie eine Listenwahl in einheitlichem Wahlgang vorgeschlagen und zum ersten Stellvertreter den ernannt wissen wollen, welcher die größere Zahl der Stimmen erhalten hatte. Für die Schriftführer, acht an der Zahl, hat die Frankfurter Geschäftsordnung die relative Stimmenmehrheit ihrer Wahl angenommen (§ 12). Auch wurde der Vorschlag Mohls akzeptiert, wonach die Schriftführer für die ganze Dauer der Versammlung zu wählen seien, jedoch das Recht erhielten, sich nach einer gewissen Zeit von ihrer Amtsführung dispensieren zu lassen (§ 12). Die Schriftführer werden nicht in besonderen Wahlhandlungen, sondern in e i n e r Wahlhandlung gewählt. Quästoren kennt die Frankfurter Geschäftsordnung nicht, auch Mohls Vorschlag nicht, hingegen aber einen Gesamtvorstand, bestehend aus dem Vorsitzenden, Vizepräsidenten und Schriftführern. Dieser Gesamtvorstand entspricht dem Vorstand Mohls; er heißt auch bei ihm das Bureau. Ihm liegt namentlich die Ernennung und Belohnung der Beamten des Hauses ob. „Dieses scheint nötig, weil einerseits dem Vorsitzenden allein die Sache doch nicht ohne Gefahr vor Mißbrauch oder Mißgriffen überlassen werden kann; andererseits aber die große Versammlung nicht mit solchen Kleinigkeiten behelligt werden darf, sie überdies weder das Bedürfnis, noch die Mittel zu seiner Befriedigung immer verstehen möchte" (l. c. S. 13). Dieser Gesamtvorstand ist dann in die provisorische Geschäftsordnung Preußens vom 28. Februar 1849 übernommen worden, hat aber in der endgültigen Geschäftsordnung keinen Platz. Hingegen hat er durch den Brauch des Deutschen Reichstags sich auch noch heute erhalten. Hier ist er allerdings um gewisse andere Funktionen vermehrt.

Zeigt demnach diese Organisation des Bureaus den Einschlag französischer Rechtsanschauungen, so ist auch der Geist Benthams dabei nicht zu kurz gekommen, insofern im § 14 der Frankfurter Geschäftsordnung bestimmt wird, daß der Präsident der Nationalversammlung das „Organ" der Nationalversammlung in ihren äußeren Beziehungen ist. Damit wird wohl der Ausdruck „agent" bei Bentham wiedergegeben.

Auch betreffs der Organisation der Ausschüsse zeigt sich eine Mischung Bentham-englischer und französischer Rechtsanschauungen bei Mohl, während in der Frankfurter Geschäftsordnung nur die französischen Rechtsanschauungen überwiegen. Mohl hatte neun stehende Ausschüsse einführen wollen[1]): für die Geschäftsordnung, zur Begutachtung der Reichsverfassung, für die auswärtigen Angelegenheiten, für Heerwesen und Flotte, ein Finanzausschuß, ein Ausschuß für volkswirtschaftliche usw. Angelegenheiten, ein Legitimationsausschuß, ein Ausschuß für bürgerliche Strafgesetzgebung, ein Ausschuß für Petitionen. Als alte Bekannte aus Benthams Taktik erkennen wir da den Finanzausschuß und den Ausschuß für volkswirtschaftliche Angelegenheiten wieder. Solche stehenden Ausschüsse finden wir aber nicht in der Frankfurter Geschäftsordnung, sondern bloß Ausschüsse, welche von den 15 Abteilungen gebildet werden. Diese 15 Abteilungen sollen alle vier Wochen neu ausgelost werden. Alle Gegenstände, für welche die Versammlung eine Vorbereitung beschließt, werden an die Abteilungen verwiesen (§ 19). Jeder Antrag wird von dem Vorsitzenden in der Sitzung des folgenden Tages verkündet, entweder einem bestehenden, also durch Abteilungen gebildeten Ausschuß zugewiesen, oder, wenn für den Antrag ein Ausschuß nicht schon vorhanden ist, an die Abteilungen verwiesen (§ 29). Jede Abteilung wählt dann nach Beratung des Gegenstandes eines ihrer Mitglieder mit absoluter Stimmenmehrheit in den zu bildenden Ausschuß. Nur in einem Punkte setzte Mohl offenbar Benthams englische Rechtsanschauung durch: Der Ausschuß, der von den Abteilungen gebildet wurde, sollte an seine Aufgabe (Instruktion), wie dies in England der Fall ist, gebunden sein (§ 24). Mohl verkennt ebensowenig wie seine Zeit den Mißstand der Bildung von Komitees oder Ausschüssen durch Abteilungen. Am liebsten wäre ihm die englische Bildung gewesen: „Niedersetzung eines Ausschusses, zu dem der Antragende selbst die Mitglieder vorschlägt." „Allein zu diesem Verfahren möchte wenigstens für die bevorstehende verfassunggebende Versammlung nicht geraten werden können. Die Bedingung einer Zufriedenheit mit einem solchen Vorschlage und der schleunigen Erledigung der Sache ist eine große Unparteilichkeit in der Auswahl der Beamten und namentlich eine Vertretung auch in entgegenstehender Ansicht. Diese Bedingung wird in England erfüllt, weil langjährige Gewohnheit es gar nicht anders erlaubt; ferner weil die Parteien hier bestimmt geschieden und organisiert sind, somit eine Beurteilung der getroffenen Auswahl augenblicklich möglich ist. Eine solche Haltung

---

[1]) Vielleicht schwebte ihm das in der damaligen französischen Nationalversammlung bloß für kurze Zeit gegebene Vorbild der permanenten Comités (s. über diese: A. de la Berge, Grands comités parlementaires Revue des Deux-Mondes, 1. Dez. 1889, p. 617 bis 648) vor Augen. Er sagt zwar (a. a. O. 37): „Auch in England, Frankreich, Belgien usw. sind stehende Ausschüsse". Zutreffend war dies damals nur für Frankreich.

ist nun aber von einer ganz neuen Versammlung, welche keine Geschichte noch Erfahrung hat, nicht zu erwarten; auch würde längere Zeit hingehen, ehe die politische Meinung und das Verhalten des einzelnen zum fraglichen Gegenstande irgend bekannt wäre. Die bei manchen der bevorstehenden Fragen mit Sicherheit zu erwartende Höhe der Leidenschaften in und außer der Versammlung ist auch zu bedenken. Somit würde diese englische Wahlart voraussichtlich teils bloße Parteizusammensetzungen geben, teils heftige Stürme in der Versammlung hervorrufen, deren geringster Nachteil eine nutzlose Zeitverschwendung wäre" (l. c. S. 34). Also greift er zu dem französischen Bildungsmodus durch die Abteilungen. Er will sie aber nicht, wie es in Frankreich und später auch in Belgien üblich war, auch zur Vorbereitung von Gesetzentwürfen und Anträgen verwenden, sondern bloß zu Wahlen. „Die Spaltung gesetzgebender Versammlungen in Abteilungen, wie sie in einzelnen konstitutionellen Staaten stattfindet, hat viel gegen sich, wenn diese Abteilungen selbst unter sich die Anträge vorzubereiten bestimmt sind. Es ist hierzu großer Zeitaufwand nötig, und die Vorbereitung kürzt die allgemeine Beratung doch kaum ab, teils weil auch dem in der Abteilung Geschlagenen immer noch die Hoffnung bleibt, daß dieselben Gründe in der vollen Versammlung mehr Anklang finden werden, teils weil mancher seine besten Gründe nicht in der Abteilung zum voraus sagen und sie damit voreilig mitteilen will. Aber etwas anderes sind Wahlen in Abteilungen, weil hierdurch große Zeit gewonnen wird. Anstatt, daß bei einer in der vollen Versammlung vorgenommenen Wahl etwa 10 000 Namen verzeichnet werden müssen, sind bei einer gleichzeitig in 15 Abteilungen vorgehenden Wahl je nur etwa 600 zu berechnen. Nun liegt freilich die Einwendung nahe, daß bei einer durch Los getroffenen Einteilung solcher Sektionen der Zufall die Minderheit begünstigen und ihnen dadurch Stimmen geben könne, die sie, eben als Minderheit, sonst nicht bekommen hätten. Gerade hierin aber ist ein Vorteil zu finden. Es ist weder billig und gerecht, noch auch nur klug, die Minderheit von der Vorberatung in den Ausschüssen ganz auszuschließen, weil dies nur eine Erbitterung und eine Verlängerung der Verhandlungen zur Folge haben kann, außerdem, wenigstens oft, der Bericht in der Tat durch Einseitigkeit materiell schlechter wird. Bei der vorgeschlagenen monatlichen neuen Verlosung in die Abteilungen wird ja überdies eine gar zu unbillige Begünstigung des Zufalls bald wieder aufgehoben" (l. c. S. 35). Die Frankfurter Nationalversammlung setzte sich aber über diese Beschränkung, welche Mohl den Abteilungen zugedacht hatte, hinweg und führte sie in dem französischen Sinne durch, d. h. sie verwendete sie nicht bloß zu Wahlzwecken, sondern auch zur Vorbereitung von Anträgen und Gesetzentwürfen. Wie sehr sie aber auch sonst ganz unter dem Einfluß französischer Rechtsanschauungen stand, ergibt die Auffassung, wonach, ehe die Konstituierung der Versammlung nicht erfolgt war, ein definitiver Präsident nicht gewählt werden durfte, sondern nur ein provisorischer. Gleich zu Beginn der Tagung ergaben sich folgende Schwierigkeiten: § 2 der zunächst angenommenen Geschäftsordnung[1]) hatte vorgesehen: Sobald 350 gewählte Abgeordnete ihre Zeugnisse abgegeben haben, lädt der Fünfziger-Ausschuß zu einer vorberatenden Versammlung ein, in welcher unter dem Vorsitz des Präsidenten der Fünfziger ein vorläufiger Vorsitzender des Reichstags gewählt werden soll. Nun hatte man aber bei der Eröffnungssitzung statt sich an die Geschäftsordnung zu halten, gleich einen Alterspräsidenten genommen, und hätte dann zur Wahl eines vorläufigen Vorsitzenden schreiten sollen. Die Schwierigkeit lag nun in der Frage, ob man entgegen der angenommenen Geschäftsordnung unter dem Alterspräsidenten die vorläufige Präsidentenwahl vornehmen solle, oder unter dem Vorsitz des Präsidenten der Fünfziger, wie das die Geschäftsordnung vorschrieb. Man kam zum Resultat, unter dem Alterspräsidium die vorläufige Präsidentenwahl vorzunehmen und dann nach vollständiger Prüfung der Legitimationen den definitiven Präsidenten zu wählen. Die Rechtsanschauung gibt der Abgeordnete Grumbrecht wieder: „Meine Herren! Ich glaube wir müssen die Frage feststellen, über die wir uns streiten. Es kommt einmal darauf an, wohin wir gelangt sind, nachdem wir die vorläufige Geschäftsordnung angenommen Gaben, nach der Konstituierung der Versammlung; denn über diesen Zeitpunkt sind wir hinaus, und es kann also streng genommen von einem Vorsitz des Präsidenten des Fünfzigerausschusses nicht mehr die Rede sein. Dagegen scheint mir zweckmäßig, unter Vorsitz des Alterspräsidenten einen vorläufigen Präsidenten zu wählen, um dann nach vollständiger Prüfung der Legitimationen den definitiven zu wählen; denn es scheint mir durchaus unmöglich, daß wir vor Beschaffung der Legitimation irgend etwas Definitives vornehmen können" (Verhandlungen S. 10). So wurde auch vorgegangen, und diesem dreifachen Überbau: Alterspräsidium, vorläufiges Präsidium, definitives Präsidium, dankt die vorläufige Geschäftsordnung von 1849 in Preußen ebenso wie anderswo ihre merkwürdige Trichotomie des Präsidiums. (§ 1: Nach der Eröffnung der Kammern — Artikel 76 der Verfassungsurkunde — tritt die Kammer unter dem Vorsitz ihres ältesten Mitgliedes zusammen. Die vier jüngsten Mitglieder übernehmen die Schriftführung. Vorsitz und Schriftführung können jedoch von den dazu Berufenen unter Zustimmung der Kammer auf die im Lebensalter ihnen am nächsten Stehenden übertragen werden. Ist die Kammer in dieser Weise zusammengetreten, so kann sie zur Wahl eines provisorischen Präsidiums schreiten, dessen Amtsführung bis zur vollendeten Vorprüfung

[1]) Siehe zum Folgenden: Verhandlungen, a. a. O., S. 10.

der Wahl dauert.) In Preußen ist diese Trichotomie schon in der definitiven Geschäftsordnung von 1849 beseitigt worden, anderswo, wie z. B. in Dänemark, hat sie sich seit 1849 bis auf den heutigen Tag erhalten.

§ 12. Die Organisation des englischen Unterhauses.

I. Die wichtigsten Organe sind der Sprecher (speaker), sein Stellvertreter (Deputy-speaker), der Schriftführer des Hauses (Clerk of the house) mit seinen beiden Assistenten und der Sergeant at arms.

1. Der Sprecher, gewissermaßen der Präsident des Unterhauses, hat vor allem die Sitzungspolizei und die Leitung der Verhandlungen im Unterhaus. Er ist der „Mund" des Hauses, da er dieses nach außen vollkommen vertritt und deshalb auch den bezeichnenden lateinischen Namen Prolocutor domus führt. Er wird vom Hause gewählt bei Eröffnung jedes neuen Parlaments, nicht etwa bei Eröffnung jeder neuen Session. Die Wahl des Sprechers erfolgt gleich beim ersten Zusammentritte der Commons. Gewöhnlich vollzieht sie sich ohne Debatte, da die Sprecher immer Männer sind, die gewissermaßen als über den Parteien stehend betrachtet werden. Sie wechseln infolgedessen nicht mit der jeweiligen Parteimajorität im Unterhause, und daher ergibt sich eine Funktionsdauer, die über viele Legislaturperioden hinausreicht. Dieser Gedanke des „Non-partisan Speaker", d. h. des unparteilichen Sprechers begann sich erst seit dem Sprecher Onslow, der in seiner Funktion von 1727—1761 wirkte, zu zeigen. Voll durchgeführt ist er aber erst unter dem Sprecher Shaw Lefevre, seit 1839 (Porritt I, p. 480). Die Folgen dieses Gedankens, daß der Sprecher keiner der beiden Parteien angehören darf, hat im übrigen noch die Wirkung, daß er, wenn er bei Neuwahlen als Kandidat in einem Wahlbezirke auftritt, niemals Opposition und auch keinen Gegenkandidaten zu befürchten hat. Dies ist Konventionalregel und ein Bestandteil der parlamentarischen Etikette. Ein solcher Wahlbezirk des Sprechers sieht seinen Abgeordneten niemals, die politische Organisation, Wahlkomitee und Caucus sind in seinem Wahlbezirk nicht vorhanden. Alle Zeitungen im Wahlbezirk müssen sich der Kritik des Sprecher-Abgeordneten enthalten. Und, wie Porritt (I. 481) treffend sagt: „Der Wahlbezirk des Sprechers ist eigentlich, politisch genommen, unvertreten, insbesondere weil der Sprecher sich in den meisten Fällen der Abstimmung enthält, ausgenommen der Stimmengleichheit im Unterhause. Doch ist der Wahlbezirk geehrt durch die Ehre, die seinem Abgeordneten als Sprecher zuteil wird."

Der Sprecher darf sich auch als Folge seiner Unparteilichkeit nicht an Komiteesitzungen beteiligen und auch in diesen weder stimmen noch sitzen.

Der Wahlmodus für das Amt des Sprechers ist folgender: Ein Abgeordneter nominiert mit Unterstützung eines anderen den Kandidaten. Wird kein Gegenkandidat aufgestellt, so erscheint der einmal nominierte auch als vom Hause gewählt. Wird ein Gegenkandidat aufgestellt, so leitet der Schriftführer des Hauses (Clerk of the house) die Abstimmung. Der Gewählte wird dann von seinen beiden Nominatoren zum Sprecherstuhl geleitet und als Zeichen seiner Würde vor ihm auf den Tisch des Hauses der Stab (mace) gelegt (siehe über die Prozedur bei der Sprecherwahl, 4. Dezember 1900, Comm. Journ. 405). Der so Gewählte muß sich der Krone zur Bestätigung präsentieren, die heute nicht mehr versagt wird. Bei dieser Gelegenheit erbittet der Sprecher von der Krone auch die üblichen Privilegien des Unterhauses.

Die Funktionen des Sprechers sind teils solche, welche ihm nach Common law gebühren, teils solche, welche ihm durch Gesetz zugewiesen sind.

Die Funktionen nach Common law sind teils solche, welche sich auf die Vertretung des Hauses nach außen beziehen, teils solche, welche die Sitzung und Leitung der Verhandlungen betreffen. Insbesondere liegt dem Sprecher der Vorsitz im Hause, die Worterteilung, die Aufrechterhaltung der Ordnung in der Debatte, die Fragestellung, die Unterzeichnung der Verhandlungsprotokolle ob. Wenn er zu reden beginnt, muß jeder schweigen und der Redende seine Rede unterbrechen. Er vernimmt die vorgeladenen Zeugen, ordnet ihre zwangsweise Vorführung an, überhaupt alle zwangsweisen Verhaftungen durch den Sergeant at arms, wenn solche notwendig werden. Wichtige Funktionen hat er bei der Finanzgesetzgebung und gewöhnlichen Gesetzgebung[1]. Ihm liegt die Überreichung der Appropriationsbill an den Monarchen ob. Er überreicht im Namen des Hauses eine an den Monarchen gerichtete Adresse. Wird eine gemeinsame Adresse beider Häuser präsentiert, so treten Lordkanzler und Sprecher nebeneinander vor den Thron. Deshalb wird der Sprecher mit Recht schon seit dem 17. Jahrhundert der „Mund" des Hauses genannt; so heißt es in den Commons Journals 18. März 1606: „Those presented as a bare representation of the whole, thought, that they might give leave, but could not pronounce it for want of their mouth."

Nach dem Statute law hat der Sprecher vornehmlich folgende Funktionen:

1. Neue Wahlschreiben, die während der Legislaturperiode durch Vakanz eines Wahlsitzes nötig geworden sind, zu veranlassen. Gewöhnlich läßt er dann die neue Wahl, gestützt auf eine Ermächtigung des Hauses, ausschreiben (May S. 53), für den Fall aber, daß das Haus nicht tagt, ist er durch Gesetz ermächtigt, selbst neue Wahlen ausschreiben zu lassen, wenn er nur durch zwei Abgeordnete von der Notwendigkeit solcher verständigt und der Grund der Vakanz gehörig in der London Gazette veröffentlicht worden ist (24. Geo. III. sess. 2. c. 26, amendiert durch 26 Vict. c. 20).

[1] Siehe mein StR. von Großbritannien u. Irland im ÖRG. XXV, 70, 75.

2. Der Sprecher erläßt auch aus eigener Machtvollkommenheit selbst während der Parlamentstagung Wahlausschreibungen, nämlich da, wo ein Abgeordneter ein neues Amt von der Krone in Empfang genommen hat, für den so erledigten Wahlsitz (21. and 22. Vict. c. 110).
3. Desgleichen nach der Bankruptcy Act 1883 s. 33 für den Fall, daß ein Abgeordneter bankrott wird.
4. Desgleichen nach der Lunacy (vacating of theats) Act von 1888 für den Fall der Geisteskrankheit eines Abgeordneten.

Die Gewalt des Sprechers ist verhältnismäßig sehr groß im Vergleich zu der des kontinentalen parlamentarischen Präsidenten. Vor allem steht ihm zum Unterschiede von dem kontinentalen Präsidenten eine weniger beschränkte Interpretationsgewalt der Geschäftsordnung zu. Das sogenannte ruling of the chair, d. i. jene Entscheidung, welche der Sprecher in Ausübung seiner Interpretationsgewalt trifft, gibt eine wichtige Ergänzung der Gesetze oder Regeln und des parlamentarischen Gewohnheitsrechts. Jede Kritik, die an dem Sprecher und an dem ruling of the chair ausgeübt wird, ob innerhalb oder außerhalb des Hauses, wird eventuell mit Ausschluß des betreffenden Abgeordneten aus den Sitzungen des Parlaments geahndet (May S. 193). Dem Sprecher allein steht es zu, jene Aktenstücke, die er für gut findet, dem Hause mitzuteilen. Der Sprecher ist insbesondere Hüter der Parlamentsprivilegien. Er entscheidet, ob der Fall eines Privilegienbruchs vorliegt, und hat damit die wichtige Funktion, die Vorrechte des Parlaments im entscheidenden Augenblick zur Geltung zu bringen.

Das Amt des Sprechers ist kein Ehrenamt, sondern gut besoldet; gemäß der Act von 1832 (2 and 3 Will. IV. c. 105 Form in Verbindung mit 4 und 5 Will. IV. c. 70) bezieht er ein Gehalt von 5000 Pfd. Sterl., welche auf den Consolidate fund angewiesen sind. Gerade dieser letztere Umstand hat bewirkt, daß der Sprecher seine Unparteilichkeit auch der Krone gegenüber betätigen kann (siehe Porritt I, S. 471). Der Sprecher bezieht auch eine Naturalwohnung im Unterhause, die nicht fern von seinem Sprechersitz gelegen ist. Es heißt deshalb dieser Tract des Westminstergebäudes Speakers court. Außerdem stehen ihm gewisse Ehrenrechte zu. Bei allen feierlichen Staatsaktionen tritt er mit einem Guardsman als Begleiter auf, hat seinen bevorrechtigten Platz bei jedem königlichen levé in St. James Palace u. a. m. Offenbar ein Überbleibsel der Zeit der Naturalwirtschaft, wo der Sprecher sein Gehalt aus den für den königlichen Haushalt bestimmten Naturalleistungen bezog, ist sein Anspruch auf einen Rehbock aus den königlichen Forsten, den er zweimal des Jahres erheben darf.

2. Der Stellvertreter des Sprechers (Deputy-

Speaker) ist zugleich Vorsitzender des Geldbewilligungskomitees und heißt deshalb Chairman of Ways and Means. Derselbe hat vor allem immer den Vorsitz in jedem Komitee des ganzen Hauses (Committee of the whole house). Er ist es auch, der den Sprecher im Falle des letzteren Verhinderung zu vertreten hat (Report, a. a. O., S. 5 bis 60). Dies ist durch 18 and 19 Vict. c. 84 festgesetzt worden. Sein Stellvertreter ist der Deputy-Chairman, der, wenn Sprecher und Chairman fehlen, auch als Deputy-Speaker, als Stellvertreter des Sprechers fungieren kann (Standing Order 81). Chairman und Deputy-Chairman werden gleich bei der Parlamentseröffnung, ersterer im Committee of supply, letzterer im Hause gewählt. Den Antrag auf Wahl des ersteren stellt gewöhnlich ein Mitglied der Regierung. Der Deputy-Chairman braucht auch nicht gleich zu Anfang der Legislaturperiode bestellt zu werden; es kann dies auch von Fall zu Fall geschehen, nämlich dann, wenn das Haus vom Schriftführer (clerk of the house) von der unvermeidlichen Abwesenheit des Chairman verständigt wird. Er hat dann die gleichen Befugnisse wie der Chairman. Diesem letzteren steht aber alles dasjenige zu, was dem Sprecher zusteht, solange er den Sprecher vertritt, also auch die Durchführung der Cloture. Die Stellvertretung des Sprechers dauert so lange wie dessen Verhinderung, und bis das Haus eine andere Anordnung vornimmt. Nur wenn das Haus sich für mehr als 24 Stunden vertagt, dauert die Gewalt des stellvertretenden Sprechers nur über die nächsten folgenden 24 Stunden (Standing Order 81).

Auch auf Aufforderung des Sprechers kann der Stellvertreter desselben den Vorsitz einnehmen, ohne daß das Haus erst darüber befragt wird (Standing Order 1). Akte, welche der stellvertretende Sprecher vorgenommen hat, sind ebenso rechtsverbindlich, wie wenn sie der Sprecher selbst vorgenommen hätte, doch darf der Stellvertreter keine Amtsanstellung für eine längere Zeit vornehmen, als seine Stellvertretung dauert (18 and 19 Vict. c. 84). Der Chairman bezieht ein Gehalt.

3. The Clerk of the house of Commons, der Schriftführer, ist gewissermaßen der Leiter des Verwaltungsbureaus und arbeitet mit Unterstützung von zwei Clerks assistant. Der Clerk of the house wird von der Krone auf Lebenszeit mittels Patent angestellt (52 Geo. 3 c. 11); er ist der erste Beamte des Hauses und verpflichtet, an jenen Sitzungen des Unterhauses als Schriftführer teilzunehmen, in denen der Sprecher den Vorsitz führt. Seine laufenden Beschäftigungen hierbei sind: Die Verlesung der Tagesordnung u. a. m. Alle Befehle (Orders), alle Adressen und Dankvotierungen des Hauses sind von ihm zu unterzeichnen. Er ist es auch, der die Bills, welche vom Unterhause angenommen sind, auf der Rückseite mit der Formel versieht: „Soit baille au seigneurs“ und an das Oberhaus sendet. Alle Unterhausarchive und Akten sind in seiner Obhut, er ist der ständige Beirat des Sprechers

und der Abgeordneten in Fragen der Geschäftsordnung, er ist der Vorstand eines großen Verwaltungsbureaus, das in vier Abteilungen zerfällt:

1. Das Public bills office. Dieses Bureau hat alle Gesetzanträge, insofern sie von Private members eingebracht sind, sorgfältig durchzugehen und in übersichtlicher Form zu gestalten. Sodann werden für die Verhandlungstage auch andere Bills mit den zugehörigen Amendments, wie sie in den vergangenen Sitzungen zu den betreffenden Bills gemacht worden waren, in übersichtlicher Form gruppiert. Zu dem Zwecke steht dieses Departement im ständigen Kontakte mit dem King's printer, dem königlichen Drucker, der die Kopien der Bills in amendierter Form im Laufe der Verhandlungen zu liefern hat, damit diese Kopien unter die Abgeordneten richtig verteilt werden. Schließlich empfängt es die schriftlichen Antworten der Minister auf Interpellationen (s. noch unten) und läßt sie drucken.

2. Das Journal office. Diesem liegt es ob, die offiziellen Verhandlungsprotokolle des Unterhauses nach den täglichen Berichten über die Verhandlungen, „Votes and procedings", wie sie von den Clerks an der Tafel des Hauses abgefaßt und gedruckt unter die Abgeordneten verteilt werden, definitiv zu redigieren. Diese definitiv redigierte Feststellung, wie sie im Journal office vor sich geht, erscheint dann als „The Journal of the house of commons".

3. Das Private-Bills office, das alle Geschäfte, die sich auf Private-Bills beziehen, zu besorgen hat.

4. Das Committee office, das alle laufenden Geschäfte, die sich auf das Arrangement und die Tätigkeit der Komitees beziehen, zu besorgen hat, insbesondere werden auch aus dem Committee office die Schriftführer für die einzelnen Komiteesitzungen in Gestalt der Clerks dieses office herangezogen.

Neben diesen vier Verwaltungsdepartements des Unterhauses, die alle unter der Kontrolle und Leitung des Clerk of the house of commons stehen, gibt es noch das sogenannte Vote office, welches Blaubücher und andere Parlamentspapiere unter die Unterhausmitglieder zu verteilen hat, d. h. jedes Unterhausmitglied ist berechtigt, sich in dem Vote office jene Drucksachen zu holen. Alle in den genannten Offices fungierenden Clerks werden vom Clerk of the house angestellt. Sie müssen sich jedoch zuvor gemäß der jetzt herrschenden Praxis der Staatsprüfung vor den Civil Service Commissioners unterziehen, wie die übrigen Staatsbeamten.

Schließlich wäre noch die Tätigkeit des Schriftführers, Clerk of the house, in Verbindung mit der Sprecherwahl zu erwähnen, wie wir sie oben dargestellt haben.

Das Gehalt des Schriftführers ebenso, wie das des weiter unten zu erwähnenden Sergeant at arms ist gegenwärtig durch die oben erwähnte Akte von 1812 (52 Geo. 3 c. 11) geregelt. Darnach beziehen diese Beamten nicht mehr wie früher als Surrogat ihres Gehaltes Sporteln (fees), sondern ein fixes Gehalt, welches von der Staatskasse getragen wird und von einem Komitee, bestehend aus Sprecher, den Staatssekretären, dem Master of the rolls, dem Attorney general und dem Sollicitor general, sofern diese Mitglieder des Unterhauses sind (3 von ihnen genügen als quorum), festgesetzt wird. Als besonderes Privileg steht dem Schriftführer des Hauses zu, die Befreiung vom Jurydienst in Gemäßheit von 33/34 Vict. c. 97 s. 9 (schedule).

Dem Schriftführer des Hauses stehen, wie gesagt zwei Assistenten zur Seite, welche von der Krone unter Warrant mit königlichem Handzeichen auf Anempfehlung des Sprechers bestellt werden. Sie sind nicht wie der Schriftführer des Hauses auf Lebenszeit angestellt, sondern können auf Verlangen des Unterhauses, das durch Adresse an die Krone bekannt gegeben wird, jederzeit abgesetzt werden (house of commons offices-act 1856, 19/20 Vict. c. 1). Die Zweizahl der Assistenten datiert seit der Union mit Irland, zuvor gab es nur einen Assistenten.

Die Aufgabe der Clerks-Assistant besteht darin, daß sie zur linken Hand des Schriftführers an der Tafel des Hauses zu sitzen haben, wenn der Sprecher den Vorsitz führt. Sie leisten hierbei dem Schriftführer Assistenz. Sie sind es, die wirklich die Verhandlungsprotokolle resp. die Vorentwürfe derselben, „Votes and proceedings“, an der Tafel des Unterhauses verfertigen. Sie nehmen während der Verhandlungen alle Anmeldungen von Interpellationen, Amendements und anderen Anträgen, welche auf das sogenannte Notice-paper kommen, an und bereiten dieses, das ist die Tagesordnung, in Gemäßheit von Instruktionen und im Vereine mit dem Parlamentssekretär des Schatzamts vor. Wenn das Haus in ein Komitee des ganzen Hauses sich verwandelt hat, so führt nicht etwa der Schriftführer des Hauses die Verhandlungsprotokolle, sondern der ältere seiner Assistenten (May 195).

4. Der Sergeant at arms. Er ist der Exekutivbeamte des Hauses; er wird bestellt von der Krone unter vorläufigem Warrant des Lord Chamberlain (Obersthofmeister) und endgültig unter königlichem Patent mit großem Siegel. Dieses legt ihm als Pflicht auf, „der Person des Königs zu folgen, wenn kein Parlament tagt; und dann in der Zeit solcher Tagung dem Sprecher des Unterhauses“. Doch ist die Gefolgschaft, die er dem Könige zu leisten hat, nur nominell. Nach seiner Ernennung ist er nämlich nur Beamter des Hauses und kann wegen übler Amtsführung entlassen werden.

Er hat dem Sprecher immer Gefolgschaft zu leisten, ihm mit dem Stabe (mace) aufzuwarten, sobald er das Haus betritt oder verläßt, sich in das Haus der Lords oder zum Könige begibt. Er ist gewissermaßen der Büttel des Hauses und überwacht die Hausordnung. Die Türsteher des Hauses stehen unter seiner Oberleitung. Vom Hause verfügte Verhaftung wird durch ihn vorgenommen. Die Gefängnisse des Unterhauses befinden sich deshalb gleich anstoßend an seine Wohnung, die er ebenfalls, wie der Schriftführer, im Unterhause hat (Speaker's court). Lords und Peers, wenn sie im Unterhaus erscheinen, sowie die Sheriffs von London, letztere, wenn sie Petitionen des Hauses an der Barre des Hauses überreichen, werden von ihm dahin geleitet. Desgleichen alle vom Unterhause geladenen Zeugen. Wenn das Haus die üblichen Morgengebete verrichtet, teilt er dies allen Komitees mit, daß sie die Sitzung unterbrechen. Er ist zugleich Hausbesorger des Unterhauses in Gemäßheit von S. 5 der Act 1812 52 Geo. 3 c. 11 (May 199).

II. Die Ausschüsse (Committees) des englischen Unterhauses.

Man unterscheidet heute in beiden Häusern folgende Art von Komitees:

1. Komitees des ganzen Hauses;
2. Standing Committees für Gesetzgebungszwecke;
3. Select Committees einschließlich der Joint Committees, welch letztere sich aus Mitgliedern beider Häuser zusammensetzen;
4. Sessional Committees.

1. Die Komitees des ganzen Hauses. Dieselben sind in Wirklichkeit nichts anderes als das Haus selbst, nur daß in ihnen freiere Beratung möglich ist. Denn alle Mitglieder des Hauses, sofern sie anwesend sind, nehmen an den Beratungen und Beschlüssen des Komitees teil.

Solche Komitees sind im Unterhaus in der Regel, wie wir noch später sehen sollen, bei jeder Public Bill nach der zweiten Lesung in Übung. Sodann treten Komitees des ganzen Hauses für das Finanzgeschäft des laufenden Jahres als „Committee of ways and means“ und „Committee of supply“ immer zu Beginn der Session zusammen. Andere bedeutsame Komitees des ganzen Hauses sind noch die Finanzkomitees: vor allem das einmal im Jahr zusammentretende über Prüfung der Finanzrechnungen von Indien („on East India Revenue accounts“ in Gemäßheit der S. 23 der India Act von 1858 21/22 Vict. c. 106). Sodann alle jene Komitees, die eingesetzt werden müssen, um über Geldausgaben, die das Haus auf Initiative der Krone machen soll, zu beraten, ehe die Sache vor das Plenum gebracht wird. Diese Komitees, ebenfalls solche des ganzen Hauses, sind wohl zu unterscheiden von dem „Committee of ways and means“ und „of supply“.

Dem Oberhaus, das sich mit Finanzangelegenheiten beinahe gar nicht zu beschäftigen hat, sind natürlich solche Finanzkomitees, als Komitees des ganzen Hauses, fremd, doch kennt es dieselben zu Gesetzgebungszwecken.

Wenn ein Hauskomitee zusammentreten soll, dann wird eine Resolution gefaßt, daß das Haus an dem und dem Tage sich in ein Komitee des ganzen Hauses verwandle. Im Oberhaus lautet der Antrag „that the House be put into a committee", worauf eine Vertagung stattfindet, wenn der Antrag angenommen ist (May 360).

Im Unterhaus lautet der Antrag „that the house resolve itself into a committee of the whole house".

Ist zuvor die Ankündigung des Antrags gegeben worden, was nicht absolut notwendig ist, dann erscheint der Beschluß, sich in ein Hauskomitee umzuwandeln, als Punkt der Tagesordnung auf dem Notice Paper.

Wird dieser Punkt verlesen, so verläßt der Sprecher ohne weitere Fragestellung den Stuhl, ausgenommen, wenn es sich um ein Committee of supply, East India Revenue accounts oder ein solches handelt, welches eine königliche Botschaft in Beratung ziehen soll. In diesen letzteren Fällen wird nochmals die Frage gestellt, ob sich dies Haus in ein Komitee verwandeln soll. Desgleichen dann, wenn nach vorhergegangener Ankündigung eine Instruktion dem Hauskomitee mit auf den Weg gegeben werden soll (St. O. 51 des Unterhauses). Die Ursache, warum ungern solche Fragestellungen zugelassen werden, ist die, daß man mißbräuchliche Debatten, die sich früher daran zu knüpfen pflegten, vermeiden will.

Sobald sich das Haus in ein Komitee verwandelt, nimmt im Unterhause der Chairman of ways and means, im Oberhause der Chairman of Committees, der hier für gewöhnlich Vorsitzender aller Komitees ist, wenn nichts anderes bestimmt wurde, und namentlich die Geschäfte des Private-Bill-Verfahrens überwacht, den Vorsitz ein, in deren Abwesenheit im Unterhause der Deputy Chairman, im Oberhaus ein ad hoc gewählter Stellvertreter (May 261). Außerdem wird im Unterhause der Stab des Sprechers unter den Tisch gelegt und der Clerk des Hauses von einem seiner Assistenten abgelöst. Der Vorsitzende des Hauskomitees nimmt niemals den Sprecherstuhl, sondern nur den Platz des Clerk of the house unterhalb des Sprecherstuhls ein.

Bezüglich des Verfahrens im Hauskomitee gelten die gewöhnlichen Regeln der Beratungen im Hause mit folgenden Abweichungen:

1. Ein Antrag braucht hier nicht unterstützt zu werden.
2. Die Vorfrage, previous question, kann hier nicht gestellt werden.
3. Jedes Mitglied kann hier mehr als einmal in der Debatte das Wort ergreifen.

Sind die Beratungen nicht beendigt oder ist die übliche Zeit für die Unterbrechung der Verhandlungen gekommen, dann verläßt der Vorsitzende seinen Platz und reportiert „progress“, d. h. er vermeldet dem Sprecher resp. dem Hause den Fortgang der Verhandlungen, damit das Komitee an einem anderen Tage wieder tagen dürfe. Anderenfalls müßte nämlich das Komitee als erloschen betrachtet werden. Sind die Verhandlungen beendet und die zugehörigen Resolutionen gefaßt, dann fragt der Vorsitzende das Hauskomitee, ob er den Bericht, Report, über die Verhandlungen dem Hause erstatten solle, und tut dies auch im Bejahungsfalle.

Die Erwägung des Report im Hause vollzieht sich in drei Stadien. Das erste ist die Bestimmung eines Tages für die „Erwägung“ des Report. An dem festgesetzten Tage, wenn man zu dem Punkte der Erwägung gekommen ist, gelten die Resolutionen des Hauskomitees als zum ersten Male gelesen. Sodann stellt der Sprecher die Frage, „daß diese Resolutionen das zweite Mal nunmehr gelesen werden“. Wird diese Frage bejaht, dann verliest der Clerk des Hauses die Resolutionen an der Tafel des Hauses, und nun können Amendments zu den Resolutionen vorgebracht werden. Schließlich wird die letzte Frage vom Sprecher gestellt, „daß das Haus mit dem Komitee in betreff der Resolutionen resp. der amendierten Resolutionen übereinstimme“, worauf Amendments nicht mehr zulässig sind. Bemerkt sei noch, daß es möglich ist und auch zulässig, den Report, sofern er nicht Lasten dem Volke auferlegt, sofort in Erwägung zu ziehen (May 370 f).

2. Die Standing Committees. Seit der Standing Order 46 von 1906/07 bestehen im Unterhause vier Standing Committees, denen jede Bill zugewiesen ist, welche das Haus nicht dem Committee of the whole House ausdrücklich zuweist. Also jede Bill kommt im Prinzip nach der zweiten Lesung gleich an eins dieser Standing Committees. Ausgenommen sind nach der Standing Order 46 hauptsächlich Finanz-Bills, Steuergesetze und das Budgetgesetz. Die Beratung in den Standing Committees gilt im Unterhause der Beratung eines Hauskomitees gleich und setzt wie diese nach der zweiten Lesung ein (StO. 50). Im Oberhause sind ebenfalls seit dem Ausgange der achtziger Jahre solche Komitees eingeführt (May 376). Hier muß der Beratung im Hauskomitee immer der Überweisung an ein Standing Committee vorgehen. Jedes dieses Komitees hat eine Mitgliederzahl von mindestens 60 und höchstens 90 im Unterhause. Das quorum beträgt 20 (StO.47), im Oberhause 7. Die Bestellung und Zusammensetzung erfolgt durch das Committee of Selection, von dem noch weiter unten die Rede sein wird. Dabei soll die Klasse, zu der die Bills gehören, das Parteiwesen im Unterhause und die Sachkunde der einzelnen Mitglieder berücksichtigt werden. Dem Committee

of Selection steht auch jede weitere Veränderung in der Zusammensetzung zu, in Sonderheit, wenn nötig, die Hinzufügung von weiteren 15 Mitgliedern (StO. 48). Der Vorsitzende des Standing Committee wird im Ober- und Unterhause unter den Mitgliedern des sogenannten Chairman's panel, d. i. einer Liste von Komiteevorsitzenden, aus ihrer Mitte herausgewählt. Diese Liste selbst wird aber von dem Committee of Selection bestellt und beträgt im Unterhause mindestens 4 und höchstens 8 Mitglieder, im Oberhause 8 bis 12 (May 372 und 377).

Die Überweisung einer Bill an ein Standing Committee erfolgt seit 1906/07 ohne Beschluß des Hauses. Für die Standing Committees des Unterhauses gilt auch kraft StO. 47 die Regel, daß sie nicht nach $^1/_4$3 Uhr p. m. sitzen dürfen, d. h. also nicht während der gewöhnlichen Sitzungszeit des Hauses. Sie beginnen daher ihre Tätigkeit schon um $^1/_2$ 12 Uhr vormittags. Die Prozedur in den Standing Committees ist dieselbe, wie wir sie gleich bei den Select Committees näher kennen lernen sollen. Der frühere Hauptunterschied des Verfahrens gegenüber dem des Hauskomitees, wonach die Cloture im Standing Committee unzulässig war, besteht jetzt nicht mehr. Der Vorsitzende hat hier in der Zurückweisung von Obstruktionszwecken dienenden Amendements ähnliche Befugnisse wie der Sprecher im Hause selbst. Wir werden aber im folgenden sehen, daß die beabsichtigte Entlastung des Committee of the whole House durch die Reform von 1906/07 nicht erreicht worden ist; das Standing Committee ist nach wie vor eine unpraktische Institution. Ferner ist hervorzuheben, daß, verschieden von dem im Hauskomitee üblichen Verfahren, die ziffernmäßige Abstimmung durch den Clerk des Komitees in der Weise erfolgt, daß er die Namen der einzelnen anwesenden Mitglieder aufruft und bei jedem die Art seiner Abstimmung vermerkt. Die Türen des Komiteeraums sind hierbei geschlossen. Fremde haben zu den Standing Committees Zutritt, müssen sich aber zurückziehen, wenn das Komitee es verlangt.

3. Die Select Committees. Dieselben werden für einen vorübergehenden Zweck vom Hause bestellt, meist um einen bestimmten Gegenstand, der gerade das Haus interessiert, in Beratung zu ziehen und zu untersuchen. Auch zur Beratung von Public Bills können Select Committees eingesetzt werden, doch sind sie in diesem Falle anders, als die Standing Committees, nicht geeignet, das Stadium dse Hauskomitees zu ersetzen, sondern die Bill muß nach ihrer Beratung im Select Committee noch im Hauskomitee beraten werden, ehe sie das Stadium der dritten Lesung erreicht. Ein Hauptanwendungsgebiet finden die Select Committees beim Private-Billverfahren. Hier sei hervorgehoben, daß die für Private-Bills bestimmten Select Committees in ihrer Zusammensetzung und Prozedur abweichenden Regeln unterliegen, wie wir gleich hören werden.

Die Mitgliederzahl eines Select Committee beträgt 15. Das Quorum wird in der Regel bei Bestellung des Komitees festgesetzt. Ist es nicht festgestellt, dann müssen zur Beschlußfähigkeit des Komitees alle Mitglieder erschienen sein (May 383).

Die Bestellung des Komitees erfolgt durch das Haus auf Antrag eines Mitglieds. Bei der Bestellung des Select Committees ist das die Bestellung beantragende Mitglied verpflichtet, sich der Zustimmung der zu Komiteemitgliedern zu Bestellenden zu versichern. Auch muß der betreffende Antrag tags vorher auf dem Notice Paper ersichtlich sein. (Standing Order 56 und 57 des Unterhauses.) Mitunter ist die Zusammensetzung dem Committee of Selection überlassen (May 381 und 443). Geht der Antrag auf Zusammensetzung von einem Mitglied aus, so wird derselbe „zu Beginn des Public Business", und zwar an Dienstagen und Mittwochtagen, wenn ein Private Member den Antrag stellt, an Montagen und Donnerstagen, wenn der Antrag von der Regierung ausgeht, gestellt. Bei dieser Antragstellung wird nur dem Antragsteller eine kurze Begründung und seinem Opponenten eine kurze Erwiderung gestattet und hierauf gleich die Frage gestellt (StO. 11 des Unterhauses).

Das Ziel der Beratung des Select Committee wird bei seiner Bestellung durch das Haus immer fixiert. Dazu kommen noch besondere Instruktionen, die dem Komitee gestatten, auch noch andere Fragen in Erwägung zu ziehen (sog. permissive instructions), oder es kann dazu direkt der Auftrag ergehen, daß sich das Komitee mit bestimmten Fragen befassen müsse (sog. mandatory instructions).

Neuerdings ist dem Select Committee im Unterhause auch gestattet worden, über das ihm gesetzte Ziel hinauszugehen, wenn dasselbe es für zweckdienlich hält. Dies seit 1875 (May 394).

Das Select Committee tagt im Gegensatz zum Standing Commitee nur während der Beratungszeit des Hauses. Ausnahme von dieser Regel ist nur soweit gegeben, als ein Select Committee nicht während der Gebete des Hauses tagen darf und immer auch dann tagen kann, wenn das Haus sich in einer bestimmten Sitzung vertagt (StO. 54 in Verbindung mit 64, des Unterhauses, May 390).

Die Vertagung eines Select Committee findet auch ohne Erlaubnis des Hauses statt; soll aber der Ort der Tagung gewechselt werden, dann muß die Erlaubnis des Hauses eingeholt werden (May 389). Doch gilt diese letztere Regel nicht für Select Committees über Private Bills.

Der Vorsitzende eines Select Committee wird von diesem selbst gewählt (May 388). Er hat nur bei Stimmengleichheit ein Votum. Anders jedoch in Select Committees über Private Bills. Hier stimmt er immer mit.

Nur bei besonderer Ermächtigung des Hauses hat das Select Committee das Recht, Zeugen und Urkunden vorzufordern. Im Oberhause konnte auch bis 1858 kein Eid von dem Komitee abgenommen werden, sondern immer nur an der Barre des Hauses selbst. Seit dieser Zeit ist durch Gesetz 21 Vict. c. 78 auch den Select Committees dieses Hauses die Ermächtigung zur Eidesabnahme übertragen worden. Ein falscher Eid wird hier nicht bloß als Meineid, sondern auch als „contempt of court" des Hauses bestraft (May 405). Seit 1871 (34 and 35 Vict. c. 83) steht dasselbe Recht auch den Commons resp. durch deren Ermächtigung auch deren Select Committees zu (May 406). Doch kommt dies seltener vor (siehe z. B. 142 C. J. 97).

Fremde werden im Select Committee des Unterhauses nur von den Beratungen ausgeschlossen, während sie sonst, so bei Zeugeneinvernehmungen (evidence), geduldet werden. Im Oberhause können sie überhaupt ausgeschlossen werden (StO. 56). Mitglieder jedes der beiden Häuser können bei den Beratungen zugegen sein, ziehen sich aber gewöhnlich aus Parteietikette bei diesem Anlaß zurück. Im Oberhaus wird diese Vorschrift der Parteisitte nicht beobachtet, und jeder Lord ist nach StO. berechtigt, an den Beratungen ohne Stimmrecht teilzunehmen. Bei sog. Secret Committees, d. h. Geheimkomitees, dürfen in keinem der beiden Häuser andere als die Komiteemitglieder an den Beratungen teilnehmen.

Die Vorbereitung des Report ist das wichtigste. Der Vorsitzende des Komitees unterbreitet einen solchen dem Komitee mit der Frage, ob dieser Entwurf in Beratung gezogen werden solle. Dazu kann natürlich jedes Mitglied das Amendement stellen, daß nicht dieser Entwurf, sondern der eines anderen Komiteemitgliedes in Beratung gezogen werde. Sodann werden Amendements zu dem einen oder anderen Entwurf in der uns bekannten Form, Wort für Wort, Linie für Linie, Satz für Satz gestellt, wenn sie etwa nötig werden. Mitunter wird dem Unterhaus ein Entwurf der Minorität mit dem wirklich von der Komiteemajorität angenommenen Report unterbreitet. Es ist nicht üblich, die Evidence eines Report, d. h. die Aussagen der vernommenen Zeugen vor dem Beschluß der ganzen Untersuchung zu unterbreiten. Doch können Ausnahmen mit Genehmigung des Hauses vorkommen (May 395). Kommt ein Schluß der Session dazwischen, ehe die Untersuchungen des Komitees beendigt sind, so ist es üblich, bei Beginn der nächsten Session dasselbe Komitee, bestehend aus denselben Mitgliedern, zu bestellen (May, a. a. O.). Dadurch geht das bisher an Arbeit Geleistete nicht verloren. Die Evidence wie die Zeugenaussagen werden in das neue Komitee herübergenommen.

Der Report des Komitees wird nach Schluß der Komiteeberatungen dem Hause vorgelegt, und es ergeht ohne weitere Fragestellung die Order („of course", d. h. selbstverständlich), daß der Report auf den Tisch des Hauses gelegt werde. Wird er sodann in Erwägung gezogen, dann nimmt das Haus die Resolutionen an oder weicht in diesem oder jenem Punkte in seiner Resolution ab. Mitunter kann sogar die nochmalige Verweisung an das Komitee (sog. recommittal) über diesen oder jenen Punkt erfolgen (May 397).

Als besondere Art der Select Committees verdienen die Joint Committees Erwähnung. Dieselben pflegen über Bills jeder Art mitunter eingesetzt zu werden, und zwar durch Zusammenwirken beider Häuser. Jedes Haus entsendet eine bestimmte Mitgliederzahl. Eine Beratung im Joint Committee ersetzt aber nicht die im Hauskomitee jedes Hauses. Vielmehr muß im Anschluß an jene diese noch erfolgen (May 398). Wenn ein solches Joint Committee vom Unterhause gewünscht wird, dann erlassen die Commons eine dies zum Gegenstande nehmende Resolution und verständigen die Lords mittels Botschaft hiervon. Stimmen die letzteren zu, dann werden die Unterhausmitglieder, die sich an dem Joint Committee beteiligen sollen, vom Unterhause so nominiert wie ein Select Committee. Desgleichen im Oberhause. Zugleich werden in beiden Häusern das Quorum und die nötigen Gewalten des Komitees fixiert.

Wenngleich nun nicht mehr wie in früheren Zeiten das Unterhaus dem Oberhause gegenüber dieselbe Unterwürfigkeit an den Tag legt, wie sie bei solchen Anlässen üblich war, so sind dem Oberhause doch noch einige Vorrechte hierbei belassen. Vor allem wird Ort und Zeit der gemeinsamen Tagung vom Oberhause fixiert, sodann ist die Prozedur in einem solchen Komitee dieselbe, die das Oberhaus in seinen Select Committees zu beobachten pflegt. Daher stimmt hier der Vorsitzende immer mit, und bei Stimmengleichheit gilt der Antrag immer als durchgefallen (May 399).

4. Die Sessional Committees. Dieselben werden am Anfang der Session regelmäßig bestellt und sind in bezug auf ihr Verfahren vollkommen als Select Committees zu betrachten. Die im Unterhause bestehenden sind folgende:

a) Das Committee of Public Accounts, welches insbesondere den Zweck der parlamentarischen Rechnungskontrolle besitzt. Es besteht aus 11 Mitgliedern. Sein quorum sind 5 (StO. 75). Den Vorsitz führt gewöhnlich ein Mitglied der Oppositionspartei (Hansard, Debates 171, Ser. 4, S. 199).

b) Das Committee on standing orders. Es besteht aus 11 Mitgliedern, sein quorum beträgt 5. Der Vorstand, gewöhnlich ein Mitglied der Regierungspartei, wird aus der Mitte des Komitees gewählt. Die Hauptfunktion des Komitees beruht darin, daß es die vom Parlament in Form des Gesetzes ergehenden Verwaltungsakte (Private Acts) auf ihre Übereinstimmung mit den Standing Orders prüft.

c) Das Committee of selection. Dieses ist zuerst für die sog. Private Bill-Gesetzgebung im Unterhaus seit 1855 eingerichtet. Vorher waren die für die Beratung der Private Bills eingerichteten Komitees vielköpfig und parteiisch zusammengesetzt. Diesem Mangel half nun die Einrichtung des Committee of selection ab. Es ist gegenwärtig aus allen Parteischattierungen des Hauses zusammengesetzt, eine Art von englischem Seniorenkonvent, und hat hauptsächlich den Zweck:
1. die Sonderausschüsse (Select Committees) im Einzelfall zu bestellen;
2. den sog. Chairman's panel für die Standing Committees festzusetzen;
3. den Arbeits- und Stundenplan für die Select Committees auszuarbeiten und ihre Arbeitsfähigkeit zu überwachen, insbesondere im Falle des Ausscheidens eines Komiteemitgliedes Ersatz zu schaffen.

d) Das General Committee on railway and canal bills. Dies spielt eine Rolle im Private Bill-Verfahren. Es besteht aus 8 Mitgliedern, die vom Committee of selection bestellt werden. Sein Quorum ist 3 (May 765).

e) Die Petitionskommission. Sie besteht aus 14 Mitgliedern für gewöhnlich.

f) Das Police and Sanitary Committee. Dasselbe ist im Jahre 1903 zu neuem Leben wiedererweckt und wird durch das Committee of selection gebildet. Es hat insbesondere jene Ausschüsse zu bilden, welche in Aktion treten, wenn eine kommunale Körperschaft auf dem Gebiet der inneren Verwaltung erweiterte Befugnis durch Parlamentsgesetz anstrebt.

g) Das formell bestellte, aber in seinem Mitgliederbestand seit 1847 nicht mehr nominierte Committee of privileges. Es sollte früher, da es noch nominiert wurde, aus „knights of shires, gentlemen of the long robe (Richtern) and merchants" zusammengesetzt sein; und wer von Unterhausmitgliedern dahin kam, sollte stimmen dürfen (May 86 und 372).

III. Kritische Würdigung. Was an der englischen Organisation auffällt, ist zunächst die Unparteilichkeit des Sprechers. Freilich haben wir diese uns nicht so zu denken, als ob die parlamentarische Regierung gar keinen Einfluß auf die Sprecherwahl ausübt. Ab und zu kommt es doch noch vor, daß, wie z. B. 1895 die herrschende Partei ihren Kandidaten durchdrückt, sogar mit einer geringen Stimmenmehrheit[1]). Aber daran ist festzuhalten:

[1]) Commons journals, 150. Bd., S. 149, Sitzung vom 10. April 1895.

Ist einmal der Sprecher eingesetzt, so wird er, selbst wenn die Gegenpartei ans Ruder kommt, nicht abgesetzt, sondern im Amt erhalten. Von dem unparteiischen Sprecher erwartet man namentlich, daß er nach außen sich nicht parteipolitisch betätigt, nach innen keinen Anteil an Debatten und Abstimmungen nimmt. Dies wird jetzt in der Praxis dauernd befolgt; nicht einmal im Komitee des ganzen Hauses, wo der Sprecher, wie wir wissen, nicht den Vorsitz führt, ergreift er das Wort. Wenn er als Vorsitzender genötigt ist, bei Stimmengleichheit sein „casting vote" abzugeben, d. h. die Entscheidung zu fällen, so tut er es immer derart, daß er eine Begründung für sein Votum gibt. Am liebsten aber sucht er im Falle der Stimmengleichheit die Entscheidung, wenn möglich, zu verschieben, um das Odium der Entscheidung nicht auf sich zu laden.

Wer aber glaubt, daß die Unparteilichkeit des Sprechers das Parteiverfahren, den Lauf der Verhandlungen und der Geschäftsführung unparteiisch gestaltet, irrt sich bedeutend. Mag auch der Sprecher unparteiisch sein, der Vizepräsident wird gewöhnlich durch die Majoritätspartei bestimmt, ebenso der Vorsitzende des Standing Orders-Komitees und des wichtigen Committee of selection. Hauptsächlich ist aber festzuhalten, daß die ganze Art der Geschäftsführung von der Mehrheitspartei, also von der Regierung abhängt. Diese Mehrheitspartei füllt mit ihren Vorlagen die größte Zeit der Unterhausdebatten. Die Mehrheitspartei peitscht ihre Vorlagen mit Hilfe der Cloture und Guillotine, d. h. die Begrenzung der Reden auf Zeit durch das Unterhaus hindurch. Die Minorität wird in keiner Weise geschont und jede Obstruktion nieder gehalten. Kurz, der Sprecher ist unparteiisch, aber die Geschäftsführung im Unterhaus ist höchst parteiisch und muß es sein, wenn die parlamentarische Regierung im Gang gehalten werden soll. Kontinentale Betrachter englischer Verhältnisse können nicht genug Bewunderung für die unparteiische Gestaltung der englischen Komitees aussprechen, vergessen aber meistens, daß die Hauptsache der englischen Gesetzgebung sich nicht in Select Commitees abspielt, sondern im Committee of the whole house, welches der Parteidisziplinierung der Regierung unterliegt. Und nun kommen wir zu dem wunden Punkt englischer Parlamentsordnung.

Was nämlich die Ausschußbildung anbelangt, so kann das englische Verfahren heute nicht mehr als vorbildlich betrachtet werden. Englands Parlament, namentlich das Unterhaus, leidet, wie die Engländer sagen, an Kongestionen, d. h. an der Überfülle der Geschäfte, die alle im Plenum des Hauses erledigt werden; das Committee of the whole house ist ja auch nichts anderes als das Plenum, nur in freierer Geschäftsform. Um dieses Committee of the whole house zu entlasten, wird sogar das kontinentale Muster der Ausschußbildung (Kommissionen) angepriesen, siehe die

Rede von Campbell Bannermann als Premier 1907 (Hansard, Debates 171, S. 889 f.). Die Select Committees können nicht als Ersatz der kontinentalen Kommissionen (Ausschüsse) betrachtet werden. Sie haben nicht die Aktionsfreiheit derselben, insbesondere sind sie an strenge Instruktionen gebunden. Man hat deshalb schon seit den achtziger Jahren die Standing Committees eingerichtet, zunächst 2, dann 4. Aber die Sache will nicht besser gehen. Der „Blutandrang nach dem Kopf" (Plenum), unter dem das Unterhaus leidet, besteht nach wie vor, denn die Parlamentsregierung kann und will nicht den Einfluß auf das Schicksal einer wichtigen Bill aufgeben, und dies müßte sie, sobald sie die Bill „up-stairs", d. h. in das Standing Committee sendet. Denn diese Standing Committees sind nicht nach „party lines" gebildet, d. h. nach Parteigröße mit Überwiegen der Majorität, sondern das Committee of selection, das sie zusammensetzt, sieht darauf, daß Sachverständige aus beiden Parteien in den Standing Committees vertreten sind. Mit einem Worte, das Kommissionswerk der englischen Ausschüsse außerhalb des Komitees des ganzen Hauses ist recht minimal und dient nur für unbedeutende Gesetze, denn es gilt für die Auffassung des Engländers das, was Chamberlain in der Sitzung vom 21. März 1907 sagte (Hansard, Debates vol. 171, S. 902 f.): There is a concentration of the attention of the country on the proceedings of the Whole House which you can never have on proceedings before commitees.

Interessant ist, daß man auch in England das Bedürfnis nach einer Art Arbeitsausschuß fühlt, nach einem sog. Committee of Business, welches an Stelle der bisher ausschließlich dazu berechtigten Regierungspartei den Geschäftsplan des Hauses ordnen soll. Freilich ist dies bisher bloß ein frommer Wunsch[1]) geblieben und harrt noch der Erfüllung.

§ 13. Die Organisation der französischen Deputiertenkammer.

I. Geschichtlicher Überblick. Daß die äußere Organisation der französischen gesetzgebenden Körperschaften auf zwei Grundpfeilern ruht, dem von der Versammlung sorgsam kontrollierten Vorsitzenden und dem Abteilungssystem (Bureaux), haben wir schon oben — § 11 — gesehen. Die Stellung des Präsidenten hat sich im Laufe der Zeit allerdings zu größerer Machtvollkommenheit erhoben. In den revolutionären Versammlungen der ersten Zeit war er nur ein hilfloses Rohr im Spiele der parlamentarischen Strömungen. Durch das Regle-

[1]) Hansard Debates, Vol. 171, p. 899 (Chamberlain): Ein Mitglied der Opposition soll den Vorsitz dieses Komitees führen, ähnlich wie im Committee of public accounts. Dadurch soll auch der Minorität zu ihrem Rechte verholfen werden, damit die Geschäftsführung im Hause durch das Zusammenwirken beider Parteien gesichert sei.

ment der Nationalversammlung war ihm sogar der Ordnungsruf insofern beschränkt, als neben ihm, nach Art. 5 der Geschäftsordnung vom 29. Juli 1789, jedes Mitglied den Ordnungsruf erteilen konnte, wenn es der Präsident versäumte. In den folgenden Versammlungen, namentlich in der Zeit der Legislative, wurde dieses Recht so weit mißbraucht, daß man es für angemessen hielt, auch dem Präsidenten von seiten der Versammlung einen Ordnungsruf zu erteilen (siehe Ripert, La Présidence des Assemblées politiques, S. 353). Freilich steigerten sich das Ansehen und die Macht unter dem 1. und 2. Kaisertum, da hier die Präsidenten vom Monarchen ernannt wurden. Auch in der Zeit des Juli-Königtums, also der ausgesprochenen parlamentarischen Regierung, war der Präsident ein kraftvoller Mann, so z. B. Dupin, Präsident der Deputiertenkammer von 1832 bis 1839. Der Präsident war damals der einzige Mittler zwischen einer kraftvollen Parlamentspartei und dem Könige, der auch den Monarchen nicht selten über die Wahl seiner Minister beriet, eine Funktion übrigens, welche die Präsidenten beider Häuser auch noch heute gegenüber dem Präsidenten der Republik zu erfüllen haben. Aber im großen ganzen muß man sagen, daß es der französischen Entwicklung nicht gelungen ist, den Präsidenten auf ein hohes Maß kraftvoller Befugnisse zu bringen. Hauptpunkt ist, daß der Präsident auch heute, wie wir noch sehen werden, in erster Linie Parteimann und nichts anderes als Parteimann ist, selbst nachdem er auf den Präsidentenstuhl gehoben worden.

II. Die Befugnisse des Präsidenten. Der Präsident der Deputiertenkammer hat keine so große Machtvollkommenheit wie der Sprecher in den Vereinigten Staaten; er ist nicht so angesehen wie der Sprecher in England, aber er hat weitergehende Befugnisse, namentlich in bezug auf die Leitung der Verhandlung, das Arrangement der Tagesordnung usw. Er bezieht ein Jahresgehalt von 75 000 Franken nebst freier Staatswohnung im Palais Bourbon. Er wird zu Beginn jeder Session neugewählt, besonders bemerkenswert ist die Wahl zu Beginn der neuen Legislaturperiode. Da in Frankreich der Grundsatz gilt, daß zur Wahl des definitiven Bureaus nicht eher geschritten werden kann, als bis die Majorität der Abgeordnetenmandate verifiziert worden ist, so ergibt sich die Notwendigkeit eines provisorischen Präsidenten. Gleich nach der Eröffnungssitzung, welche verfassungsmäßig auf den zweiten Dienstag des Monats Januar fällt, übernimmt der Alterspräsident den Vorsitz, ernennt die sechs jüngsten Abgeordneten zu Schriftführern und hat sofort die Wahl des provisorischen Bureaus zu leiten. Dies provisorische Bureau besteht aus einem Präsidenten und zwei Vizepräsidenten sowie den eben erwähnten sechs jüngsten Abgeordneten als Schriftführern, und dauert solange, bis die Majorität der Abgeordnetenmandate verifiziert worden ist. Während der Alterspräsident die einzige Funktion hat, die Wahl des provisorischen Bureaus zu veranlassen, hat der provisorische Präsident schon eine größere Machtvollkommenheit, indem er alle Funktionen des definitiven Präsidenten besitzt, ausgenommen die Verwaltungsbefugnisse, welche bis zur definitiven Besetzung des Bureaus der Präsident der vergangenen Legislaturperiode ausübt. Die Wahl vollzieht sich auf Grund geheimer Abstimmung mittels Wahlzettel nach dem Prinzip der absoluten Majorität, und zwar gilt diese absolute Majorität für die Wahl des gesamten Bureaus. Der Präsident wird besonders gewählt; die Vizepräsidenten, die Sekretäre und die Quästoren in besonderen Wahlakten, und zwar die Vizepräsidenten, Sekretäre und Quästoren in je einem Wahlakt für sich. Ergeben zwei Wahlgänge nicht die gewünschte Majorität, so entscheidet das Los. Erhalten in den verschiedenen Wahlgängen die Funktionäre zwar die absolute Majorität, herrscht aber trotzdem Stimmengleichheit in bezug auf die gewählten Kandidaten, so entscheidet das höhere Alter, so ist z. B. am 4. April 1888 Méline und mit gleicher Stimmenanzahl Clémenceau gewählt. Méline war aber der ältere und wurde deshalb gewählt. Bei der Wahl bleiben die weißen[1]) Stimmzettel für die Majoritätsbildung außer Betracht (siehe über die Schwierigkeiten, die sich hierbei in Frankreich ergeben können, Pierre, a. a. O., S. 463 ff.). Der Präsident hat die landläufigen Befugnisse seines Amtes. Sein Disziplinarrecht ist nicht gar zu umfassend, ihm steht bloß der Ordnungsruf zu. Sollen die anderen Disziplinarmittel, Verhängen einer Geldstrafe, Ausschluß von den Sitzungen, verfügt werden, so muß der Präsident die Zustimmung der Kammer erhalten. An den Debatten beteiligt er sich, entsprechend der in der Praxis üblichen Etikette, nicht, seit der Zeit, als Gambetta seine Präsidentschaft in dieser Art ausgeübt hatte. Hingegen hat er aber den wichtigen Einfluß auf die Gestaltung des Geschäftsganges. In dieser Hinsicht wird er, anders als in England und anderen Staaten, von der Regierung wenig inkommodiert. Eine Festlegung der Tagesordnung für eine längere Zeit, wie sie in England üblich ist, scheint dem Franzosen, der ungleich individualistischer und demokratischer gesinnt ist, eine unleidliche Fessel. Aber bei Feststellung der Tagesordnung für den nächsten Tag verständigt sich der Präsident vorher mit den Präsidenten der Kommissionen, und namentlich in der letzten Zeit, wo Koalitionsparteien am Ruder sind, mit den Führern der Gruppen[2]). Einen Einfluß auf die Kommissionsbildung und auf die Kommissionsarbeit hat er gar nicht; nur die Kammer besitzt, wie wir noch sehen werden, dieses Recht. Um feindliche Angriffe gegen die Kammer abwehren zu können, hat er das Recht der Requisition von Truppen. Eine eigenartige Hauswache steht auch zur Verfügung des Präsidenten, der er Aufträge durch Vermittlung der

[1]) d. h. ohne Namen abgegebenen.

[2]) Pierre, S. 962.

Quästur erteilt. Die acht Sekretäre der Kammer und die vier Vizepräsidenten haben ähnliche Befugnisse wie in anderen Parlamenten. Außerdem zählt das Bureau drei Quästoren, in deren Händen die gesamte innere Verwaltung ist, welche bei uns der Kanzleidirektor leitet. Die Quästoren schließen Lieferungsverträge für das Haus ab und sind die Vertreter des Hauses vor Gericht. Wie die Präsidentschaft, so hat auch die Quästur ein besonderes Bureau. Das Bureau der Präsidentschaft beschäftigt sich insbesondere mit der Beratung des Präsidenten in Geschäftsordnungsfragen. Das Bureau der Quästur hat die innere Administration des Hauses. Der Gesamtvorstand, bestehend aus Präsidenten, Vizepräsidenten, Sekretären und Quästoren hat auch Kollektivfunktionen, insbesondere die Anstellung und Entlassung der Beamten des Hauses. Er dient als Verschönerungskommission der inneren Räume. Gesuche um Strafverfolgung von Abgeordneten werden immer zunächst bei diesem Gesamtvorstand angebracht, der die Sache an das Haus weitergibt. Verkehr des Hauses mit auswärtigen Mächten vollzieht sich durch Vermittlung des Gesamtvorstandes und durch das Ministerium des Äußeren. So sehr ist die Kollektivfunktion des Bureaus anerkannt, daß selbst das Bureau als Ganzes interpelliert werden kann und daß man dem Bureau gegenüber ein Mißtrauens- oder Vertrauensvotum gerade so wie der Regierung gegenüber durch motivierte Tagesordnung aussprechen darf.

III. Die Abteilungen. Im Gegensatz zu allen anderen Staaten, welche das Arbeitssystem der Abteilungen akzeptiert haben, hat Frankreich allein die Lebensfähigkeit derselben bis auf den heutigen Tag erhalten. Man kann füglich sagen, daß diese Abteilungen neben dem Präsidenten die wichtigsten Hebel des parlamentarischen Geschäftsganges in Frankreich sind. Die Arbeit, die in anderen parlamentarischen Staaten durch die Regierungspartei im Hause entwickelt wird, fällt hier auf die Schultern des Präsidenten und der Abteilungen. Sie haben nicht bloß die Verifikation der Abgeordnetenmandate, sondern auch die Wahl der Kommissionen zu besorgen; dies ist hier nicht bloß Formalität wie anderswo, sondern beinahe tägliches Werk. Jeder Vorschlag, jeder Antrag, jeder Gesetzentwurf wird, wenn er nicht in den Bereich der ständigen Kommissionen gehört, zunächst an die Abteilungen verwiesen, welche nach der Beratung des Vorschlags einen oder mehrere Vertreter in ein zu bildendes und über den Antrag beratendes Spezialkomitee entsenden. Die Abteilungen werden nach dem System Tamisier seit 1877 gewählt. Ein Brett ist durch Scheiben in so viel Teile geteilt, als Abteilungen sind (seit 1876 elf Bureaus mit durchschnittlich 53 bis 54 Mitgliedern). Auf dieses Brett werden nun die Kugeln mit den Namen der Abgeordneten ausgeschüttet und gleichmäßig in die einzelnen Segmente verteilt, so daß in jedes Segment etwa 53 bis 54 Kugeln kommen. Auf diese Weise wird die Verlosung der Abteilungen rasch vorgenommen. Die Zeitersparnis ist deshalb so notwendig, weil diese Abteilungen monatlich erneuert werden. Die Abteilungen treten zur Zeit der Erfüllung ihrer Aufgaben, insbesondere der Beratung von Gesetzentwürfen und der Wahl von Kommissionsmitgliedern wöchentlich dreimal um 2 Uhr nachmittags zusammen. Man sieht schon aus dieser Tatsache, wie sehr sie der Lebensnerv des parlamentarischen Geschäftsganges in Frankreich sind.

IV. Die Kommissionen. Man unterscheidet gegenwärtig, abgesehen von Untersuchungskommissionen, welche auch das Recht von eidlicher Zeugeneinvernahme haben:

1. Die großen Kommissionen, bestehend aus 33 Mitgliedern, seit 1902 kreiert. Sie werden in öffentlicher Sitzung gewählt, und zwar für die Dauer der gesamten Legislaturperiode.
2. Die Budgetkommission, ebenfalls aus 33 Mitgliedern bestehend, welche jedoch von den Abteilungen gewählt wird. Sie funktioniert bloß eine Session hindurch. Sie ist wohl die wichtigste unter allen Kommissionen.
3. Die monatlichen Kommissionen (Commissions mensuelles), welche von den Abteilungen monatlich gewählt werden, sind vier an der Zahl. Zunächst eine Kommission zur Überprüfung der eingebrachten Gesetzvorschläge und Anträge. Es wird nämlich sehr viel in Frankreich beantragt. Die Auslese unter den Anträgen nimmt, ähnlich wie in Amerika das Committee of rules, hier diese Commission de l'initiative parlementaire vor. Sie unterbreitet sie mit ihrem Vorschlage der Kammer, welche dann die definitive Zulassung des Antrags und seiner Einbringung im Hause erteilt. Eine besondere Monatskommission ist zur Prüfung der Gesetzentwürfe, welche sich auf kommunale und departementale Interessen beziehen, eingesetzt; eine dritte zur Prüfung der Petitionen, eine vierte für die Urlaubserteilung.

Alle diese Kommissionen haben ihre eigene Organisation (Präsidenten, Sekretäre, Berichterstatter), und unterstehen nicht etwa dem Präsidenten des Hauses, sondern bloß dem Hause selbst. Im allgemeinen gelten folgende Regeln für Kommissionen: Jede von ihnen ist selbständiges Organ der Kammer und kann als solches auch unabhängig von der vorzuberatenden Vorlage eine selbständige ausarbeiten (Pierre, a. a. O., Nr. 757). Sie kann in minderwichtigen Angelegenheiten direkt mit dem Ministerium verkehren, in wichtigen aber muß sie die Vermittlung des Präsidenten in Anspruch nehmen. Die Minister warten die Einladung zur Teilnahme ab, können dann aber den für das Staatsinteresse günstigsten Augenblick abwarten (Pierre, a. a. O., Nr. 748). Die Öffentlichkeit der Kommissionsverhandlungen gilt nur in beschränktem Sinne für jene Mitglieder des Hauses, die Antragsteller sind, und deren Anträge sich auf einen in Kommissionsberatung stehenden Gegenstand beziehen (Pierre, a. a. O., Nr. 750). Die Kammer kann einer Kommission nur in den seltensten Fällen besondere Aufträge erteilen (Pierre, a. a. O., Nr. 762). Das Quorum ist die größere Hälfte der Kommissionsmitglieder. Der Vorsitzende der Kommission stimmt immer mit. Bei Stimmengleichheit wird kein Bericht erstattet (Pierre, a. a. O., Nr. 763). Bleibt eine Kommission mit ihrem Bericht im Rückstand, so wird bei Gelegenheit der Festsetzung der Tagesordnung darauf gedrungen, daß sie ihren Bericht alsbald feststellt. Eine Desaisierung, d. h. die Abnahme ihrer Arbeit und die Übergabe an eine andere Kommission, erfolgt nur in seltenen Ausnahmefällen[1]).

V. Kritische Würdigung. Der Präsident der Deputiertenkammer ist Parteimann und bleibt es auch während seines Amtes, trotzdem er sich an den Debatten nicht mehr beteiligt. Wie sehr er Parteimann ist, geht am besten daraus hervor, daß die meisten Präsidenten entweder zu Ministerpräsidenten avancierten oder Präsidenten der Republik wurden. Von den Präsidenten der Republik waren Grévy, Casimir-Périer Präsidenten der Kammer, Loubet, Fallières Präsidenten des Senats. Gambetta, Brisson u. a. sind Ministerpräsidenten geworden. Kurz, die Präsidentschaft der Kammer ist ein Sprungbrett für die politische Karriere in Frankreich. Der Präsident wechselt gewöhnlich mit der Parlamentsmajorität, und mitunter ist seine Wahl gewissermaßen der Sturmvogel, der den Umschwung der parlamentarischen Regierung im Kabinett im voraus anzeigt. So verkündigte z. B. 1905 der Fall Brissons die kommende Niederlage des Kabinetts Combes.

Neben dem Präsidenten sind die Abteilungen von großer Bedeutung für den Geschäftsgang, wie wir gehört haben. Sie sind nach der Auffassung der Franzosen das Mittel, wodurch die Kammer stets Herrin der parlamentarischen Geschäftsführung bleibt. Sie verhindern die Omnipotenz einer Regierungspartei, da sie ja durch das Los gebildet, und zwar monatlich neugebildet werden. Die Regierungskoterie kann demnach nicht die Geschäfte der französischen Deputiertenkammer beherrschen. Diese überwiegende Stellung der Abteilungen erklärt sich aus dem Mißtrauen, das man seit der revolutionären Bewegung vor den Kommissionen hat. Die Comités de Salut public schweben noch immer als schlimmes Vorbild vor aller Augen, und man erblickt in Kommissionen die Möglichkeit, die Tätigkeit der Vollversammlungen ganz in den Hintergrund zu drängen. Zwar hatte schon in der Zeit des Juli-Königtums der Präsident Dupin die bekannten Nachteile der Bildung von Ausschüssen auf dem Wege der Abteilungen gekennzeichnet[2]). Aber im großen

[1]) Pierre, a. a. O., Nr. 765.

[2]) Dans l'état actuel, les bureaux sont formés au hasard, par la voie du sort. A peine si l'on a le temps de s'y reconnaitre et de s'y compter. On s'y rend assez peu exactement,

ganzen blieb das Abteilungssystem unangefochten und hat seine klassische Rechtfertigung in dem Bericht erhalten, auf Grund dessen durch die Legislatur von 1849 die permanenten Kommissionen der zweiten Constituante von 1848 beseitigt wurden. Es heißt darin: „Die der Legislatur anvertrauten Gewalten vertragen sich schlecht mit der Existenz permanenter Komitees, die im Hinblick auf die große Schwierigkeit unserer Verwaltungsordnung eingerichtet sind und notwendig berufen sind, in einer beträchtlichen Art auf die Tätigkeit der exekutiven Gewalt zu drücken. Die Erfahrung hat gelehrt, daß im Hinblick auf eine gute Vorbereitung der Gesetze, Spezialkommissionen, die von Bureaus gewählt werden, die bleibendste Garantie bilden. Ständige Komitees sind das Wesen konstituierender Versammlungen, welche eine Fülle aller Machtvollkommenheiten (pouvoirs) in ihrer Hand besitzen und die, um die Volkssouveränität auszuüben, nicht bloß Gesetze machen, sondern auch Verwaltungsakte setzen. Permanente Ausschüsse einer bloß auf die Gesetzgebung beschränkten Gewalt würden unaufhörlichen Anlaß zu Übergriffen und Konflikten geben.“

Freilich sind gegenüber dieser atomistischen Art die Ausschüsse, welche von den Abteilungen gebildet werden, meist durch Zufall zusammengewürfelt. In der einen Abteilung sitzen alle Sachverständigen, in den übrigen durch Zufall keiner. Dementsprechend sieht auch die Kommission aus. Der Zufall spielt hierbei oft eine böse Rolle, so daß die Minorität in der Kommission wenig vertreten ist. Unter dem Drange

---

excepté dans quelques circonstances où l'insouciance est stimulée par la politique. On y discute rarement; on s'y observe plutôt qu'on ne s'y abandonne; il semble qu'on craigne de se trop laisser pénétrer, et de se dépouiller prématurément de ses bonnes pensées; on se réserve pour la tribune.

Dans la choix des commissaires, on se montre en general, préoccupé de la couleur politique de leurs opinions, bien plus que de leur aptitude au sujet qu'il s'agit de traiter. Souvent même on abandonne le candidat qui conviendrait le mieux et qu'on désire le plus, pour éviter celui qu'on redoute, et pour assurer la nomination de celui qui a le plus de chances de passer.

En résultat, il est souvent douteux qu'un commissaire soit l'expression exacte de l'opinion de la majorité de son bureau, et ce commissaire est peu certain, luimème, de connaitre parfaitement le vœu de ce bureau sur les diverses parties de la loi en discussion.

Ajoutez à cela que, même dans les cas où les influences politiques exercent moins leur empire, un bureau, par le seul effet du hasard, peut se trouver très riche en hommes spéciaux, pourvus du genre précis de capacité qu'exige la loi proposée; tandis qu'un autre bureau sera moins heureusement partagé sous ce rapport. Or, les échanges ne sont pas permis entre le membres des divers bureaux, et chacun est obligé de circonscrire ses choix dans son sein.

Enfin, vous le savez, il arrive quelquefois que le député qu'il conviendrait surtout de nommer commissaire pour une loi à l'examen de laquelle on le suppose éminemment propre, se trouve déjà engagé dans deux autres commissions, insignifiantes peut-être, et qui suffisent cependent pour qu'il se trouve frappé d'inéligibilité, par la prohibition un peu jalouse de l'article 73. (Arch. parlementaires, 2. Ser. t. 101, p. 280. Dupin ainé.)

dieser Erkenntnis und namentlich unter dem Einfluß der Sozialisten, wie z. B. „l'Aurore“[1]) vom 5. Juli 1905, sind die großen Kommissionen eingesetzt worden. Aber die Spezialkommissionen, welche von den Abteilungen gewählt werden, haben keineswegs an Bedeutung verloren, sondern funktionieren nach wie vor. Wie sehr die Franzosen an der atomistischen, durch Zufall allein bestimmten Zusammensetzung ihrer Kommissionen festhalten, zeigt am besten die Tatsache, daß 1884 vergebens der Vorschlag gemacht wurde, die Budgetkommission im Hause, nicht durch die Abteilungen zu wählen. Man wies darauf hin, daß bei der Abteilungswahl dem Zufall eine große Rolle zugewiesen ist, Sachverständige in der Budgetkommission nicht sitzen und die Oppositionspartei keine genügende Vertretung habe. Trotzdem wurde der Antrag zurückgewiesen. Im Jahre 1894 wurde nun die Verbesserung hinzugefügt, daß die Abteilungswahl für die Zwecke der Bildung der Budgetkommission stattfinden müßte auf Grund einer neuen Verlosung der Abteilung, und zwar frühestens zwei Stunden vor Zusammentritt der Budgetkommission. Dadurch soll erreicht werden, daß Koterie- und Cliquenbildung durch lange Gespräche und Verabredungen vorher innerhalb der Abteilungen verhindert wird. Alles wird auf den Zufall abgestellt, denn der Verlaß auf den Zufall ist das sicherste Mittel, um unter den französischen Parteien Koterie zu verhindern und die individuelle Freiheit zu garantieren. Die Bureaus werden so als Hüter der individuellen Freiheit jedes Abgeordneten aufgefaßt. Nunmehr ist seit dem Beschluß der Deputiertenkammer vom 3. November 1913 wenigstens die Aufteilung der Mandate der Budgetkommission nach der Stärke der Parteien festgestellt.

§ 14. Die Organisation des spanischen Deputiertenkongresses.

I. Gemäß dem französischen Vorbild hat der spanische Deputiertenkongreß eine dreifache Art von Präsidium: ein Alterspräsidium (Art. 4 der Geschäftsordnung), das mit Zuhilfenahme der vier jüngsten Sekretäre die Wahl eines provisorischen Präsidiums zu veranlassen hat, sodann ein provisorisches Bureau, bestehend aus einem Präsidenten, vier Vizepräsidenten und vier Sekretären, welches solange dauert, als bis der Kongreß sich definitiv konstituiert hat (Art. 4). Die definitive Konstituierung findet gegenwärtig statt, wenn die Verifikation der Abgeordneten-

---

[1]) Le groupe socialiste s'est réuni hier sous la présidence du citoyen Labussière. Il a entendu un exposé très intéressant fait par le citoyen de Pressensé sur les règlements des divers parlements européens dans lesquels les commissions sont nommées par les Chambres et non par les bureaux.

Ces commissions admettent toujours la représentation des minorités.

Le citoyen de Pressensé a été chargé d'élaborer un projet de modification du règlement de la Chambre, qui sera présenté au groupe dès la rentrée.

mandate vollzogen, bzw. wenn mehr als die Hälfte der Abgeordnetenmandate verifiziert worden ist (Art. 37). Erst dann kann die Wahl des definitiven Bureaus erfolgen. Die Wahl des letzteren vollzieht sich in folgender Weise (Art. 38): Zuerst wird der Präsident in geheimer Abstimmung mittels Stimmzettel mit absoluter Majorität gewählt; ergibt die erste Wahl kein endgültiges Resultat, so werden diejenigen drei Namen, welche die größte Stimmenzahl erhalten haben, zur Wahl gestellt. Ist auch dann keine absolute Majorität erzielt worden, so werden bloß die beiden Namen, welche die größte Stimmenzahl erhalten haben, zur Wahl gestellt. Bei Stimmengleichheit entscheidet zunächst unter den Kandidaten die Tatsache, daß man früher Präsident oderVizepräsident gewesen, zum zweiten die längere Funktionsdauer als Abgeordneter, in letzter Linie erst das Los (Art. 38 in Verbindung mit Art. 10). Die Wahl der vier Vizepräsidenten erfolgt in einem Wahlgang mit absoluter Stimmenmehrheit und durch Stimmzettel (Artikel 38 in Verbindung mit Art. 11). Im übrigen trifft für ihre Wahl dasselbe zu, was für den Präsidenten gesagt worden ist. Die Mitglieder des provisorischen Bureaus können als Bestandteile des definitiven Bureaus wiedergewählt werden. Zu bemerken ist, daß bei den Wahlen weiße, d. h. unbeschriebene Stimmzettel als ungültig betrachtet werden, aber bei Berechnung der Stimmresultate mitgezählt werden, was insbesondere für die Beschlußfähigkeit wichtig ist. Es ist dies eine Abweichung von der französischen Rechtsordnung, wie wir oben gesehen haben. Der Präsident hat weit geringere Befugnisse als sein französisches Vorbild. Insbesondere hat die spanische Geschäftsordnung nicht die Steigerung der Disziplinargewalt, welche seit 1878 in Frankreich erfolgt ist, mitgemacht. Andererseits hat er auch ein Plus insofern, als er die Tagesordnung festzustellen hat (Art. 45). Der Präsident führt den Titel Exzellenz. Die Sekretäre haben die in den Parlamenten üblichen Funktionen; auch sie führen den T tel Exzellenz. Eine Quästur existiert in Spanien nicht. Die Polizei im Innern steht dem Präsidenten zu; er hat auch, ähnlich wie in Frankreich, eine Wache zum Schutze des Kongresses und erteilt seine Weisungen dem Chef derselben direkt (Art. 218). Eine besondere Kommission für die innere Hausverwaltung (Comisión de Gobierno interior) hat das Recht der Anstellung der Kongreßbeamten und erteilt auch zeitweisen Urlaub. Eine Beförderung kann sie jedoch nicht vornehmen und auch keine Entlassung ohne Zustimmung des Kongresses. Sie ordnet die Dienstordnung der Angestellten (Art. 220 f.). Wir sehen, daß also diese Kommission gewissermaßen die Rolle der Quästuren in anderen Staaten versieht. Dieselbe Kommission hat das Hausbudget festzustellen und die Kassenanweisungen vorzunehmen. In der Zwischenzeit von einer Session zur anderen Session versieht der Präsident in Verbindung mit zwei Mitgliedern dieser Kommission die Funktionen derselben.

II. Die Abteilungen (Secciones) sind in der Zahl von sieben vorhanden und werden monatlich neu durch das Los festgestellt (Art. 60 ff.). In diese 7 Sektionen werden die 432 Mitglieder des Deputiertenkongresses eingereiht. Sie haben nicht bloß die Verifikation der Wahlen vorzunehmen[1]) (Art. 1), sondern auch die Beratungen aller Angelegenheiten und Gesetzentwürfe, welche ihnen zugewiesen werden. Ebenso wie in Frankreich wird sofort nach der Beratung ein Abteilungsmitglied in eine Kommission gewählt, welche den Vorschlag in eigentliche Beratung zieht und den nötigen Ausschußbericht an die Kammer erstattet. Bemerkenswert ist, daß die Abteilungen gewissermaßen die Rolle der französischen Comission de l'initiative parlementaire besitzen, indem jede einzelne von ihnen ermächtigt ist, die Autorisation zur Einbringung des betreffenden Antrags und Gesetzentwurfs im Hause zu geben (Art. 94).

III. Die Kommissionen (Comisiónes). Es gibt Spezialkommissionen für einen bestimmten Beratungsgegenstand und ständige Kommissionen. Ständige Kommissionen sind (Art. 71) die Legitimationsprüfungskommission (Comisión de incompatibilidades é incapacidades), die Budgetkommission (Comisión de Presupuestos), die Rechnungskommission (Comisión de Examen de Cuentas), die Kommission für Gewährung von Gnadenunterstützungen und Pensionen, die Petitionskommission, die oben erwähnte Kommission für die innere Hausverwaltung usw. Eine besondere Kommission ist 1904 geschaffen für die Aufhebung der Immunität von Abgeordneten, wenn diese strafgerichtlich verfolgt werden sollen. Alle diese Kommissionen, bis auf die Petitionskommission, werden für die Dauer einer Session gewählt; die Petitionskommission wird jeden Monat gleichzeitig mit den Abteilungen erneuert. Doch bleibt jede so gewählte so lange in Existenz, als bis ihre Beratungsgegenstände vom Plenum erledigt sind (Art. 74). Alle die genannten Kommissionen, bis auf die Legitimationsprüfungskommission und die Immunitätskommission, werden von den Abteilungen gewählt; die Legitimationsprüfungskommission und die Immunitätskommission werden vom Hause gewählt[2]). Die Wahlprüfungskommission umfaßt 15 Mitglieder, die Immunitätskommission 9 einschließlich des Präsidenten des Kongresses, der ebenfalls Mitglied dieser Kommission ist, die Budgetkommission 35, die Rechnungskommission 7 oder eine entsprechende Doppelanzahl von 7 Mitgliedern, ähnlich die anderen. Jede Kommission, ob Spezial- oder Permanenzkommission, kann sich nicht auflösen, ehe sie nicht ihr definitives Votum über die ihr anvertraute Materie ab-

---

[1]) Die angefochtenen Wahlen werden einer besonderen Wahlprüfungskommission zugewiesen.

[2]) Es herrscht für sie das sog. limitierte Votum, offenbar, um der Minderheit zum Recht zu verhelfen; jeder Abgeordnete kann nur vier Mitglieder wählen. Siehe über die Legitimationsprüfungskommission weiter unten S. 474.

gegeben (Art. 82). Die Minister haben kein Stimmrecht in den Kommissionen. Sie können natürlich an ihnen teilnehmen (Art. 80). Das Quorum jeder Kommission beträgt 5 Mitglieder. Ersatz für fehlende Kommissionsmitglieder nimmt die entsprechende Abteilung vor, welche den Vormann entsendet hat. Haben sich die Abteilungen inzwischen verändert, so steht die Wahl der Ersatzmitgliedes der Kommission derjenigen Abteilung zu, welche die gleiche Zahl (von 1 bis 7) führt wie die betreffende Abteilung, die den betreffenden Vormann ernannt hat (Art. 81)[1]).

IV. Kritische Würdigung. Die heutige Geschäftsordnung des Deputiertenkongresses ist in ihren Grundzügen dieselbe geblieben, welche die Kammer sich im Jahre 1847 gegeben hat, und diese geht wieder auf die Geschäftsordnung von 1838 zurück, die erste, welche unter einem dauernden konstitutionellen Regime stattfand[2]). Diese letztere führt auf französisches Vorbild zurück. Insbesondere ist erst seit dieser Zeit das Abteilungssystem eingeführt. Der provisorische Präsident, dessen Notwendigkeit im Jahre 1847 angezweifelt wurde, geht auf die französische konstitutionelle Auffassung zurück, wonach ein definitives Präsidium nicht eher konstituiert werden kann, als bis die Majorität der Abgeordnetenmandate verifiziert worden ist[3]).

[1]) Diese Bestimmung ist dem französischen Vorbild entnommen worden. In Frankreich hat wieder seit 1840 (s. Pierre S. 868) die Änderung stattgefunden, daß die Ersatzwahl dem Bureau verbleibt, welches den Vormann gewählt, nicht dem numero des Bureaus. Es hängt dies mit dem Individualismus der französischen Auffassung zusammen, wonach die Abteilungen gewissermaßen die Versammlung vertreten. Wollte man die Wahl des Ersatzmitglieds dem numero und nicht dem früheren Bureau zuteilen, so hieße das „einen Teil der Kammer seines Rechts der Kommissionsbildung berauben". Nach spanischer Auffassung und früherer französischer Auffassung sind die Abteilungen selbständige Organe, nach neuerer französischer Auffassung (seit 1840) sind sie bloß in ihrer Summe die Kammer. Es ist dies der konsequentere Standpunkt. Kommissionen, welche mit großen gesetzgeberischen Arbeiten beschäftigt sind, können unter Zustimmung des Kongresses und der Regierung auch nach Schluß der Session ihre Arbeiten fortsetzen (Artikel 83).

[2]) Diese beginnt dauernd zu herrschen mit der Verfassung von 1837 (siehe A Pons y Umbert, Organisación y Funcionamiento de las Cortes segun las Constituciónes Españolas y Reglamatación de Dicho Cuerpo Colegislador p. XVI).

[3]) Das Raisonnement ist eben, die Abteilungen brauchen viel Zeit, die Verifikation zu Ende zu bringen, das Alterspräsidium besitzt nicht die genügende Energie, um die provisorische Leitung durchzuführen bis zum Schlusse der Verifikation, also ist ein provisorisches Präsidium nötig. (Sesiones del Congreso Legislatura 2, 1846—1847, S. 1484: Las discusiones de actas es de todo punto imposible que en ciertas ocasionés momentos sean tan de corto tiempo como su señoría cree, pues ofrecen muchas dificultades y se ejecutan con gran calor. Y hemos de entregar estas discusiones á la Mesa por edad. Esto que muchas veces es de lo más delicado que se ofrece en el Congreso, lo hemos de fijar, á la inexperiencia de los Secretarios y á la dehibilidad y falte de energía del President por edad? Fijemos la atencion sobre lo que está sucediendo aquí por mucho tiempo. Todos sabemos que por tácito convenio una persona que no es la mayor en edad hace

Auf das französische Vorbild ist auch, wie wir noch bei anderer Gelegenheit (im IV. Teile) darlegen wollen, die Ersetzung der dritten Lesung eines Gesetzes durch vorhergehende Kommissionsberatung (nach dem Abteilungssystem) mit General- und Spezialdebatte zurückzuführen[1]). Eine Anlehnung an das französische Vorbild haben wir bereits unter III konstatiert. Wenn wir nun eine kritische Würdigung geben sollen, so erledigt sich dies mit der Tatsache, daß seit 1838 die spanische Geschäftsordnung keinen wesentlich neuen Gedanken dem französischen System hinzuzufügen gewußt hat. Es hat sich die spanische Geschäftsordnung, sowohl in bezug auf Organisation des Präsidiums als auch in bezug auf Abteilungs- und Kommissionssystem nicht wesentlich über das alte französische Ideal erhoben. Nur an zwei Punkten können wir einen Fortschritt konstatieren. Die Wahlprüfungskommission ist schon seit 1838 von dem Abteilungssystem losgekommen. Maßgebend hierfür war namentlich die Erwägung, daß so feine juristische Fragen nur gewiegten Kommissionsmitgliedern übertragen werden können, nicht aber durch solchen Zufall zusammengewürfelten Kommissionen, wie dies ja die notwendige Folge jener Abteilungsbildung sei[2]). Dieser Standpunkt ist auch bis heute geltendes Recht geblieben. Auch noch in einem anderen Punkte ist seit 1896 das französische Vorbild verlassen worden, indem in der Sitzung vom 27. Juli d. J. die Budgetkommission das Recht hat, alle Aufklärungen, welche die Vermehrung der Ausgaben begründen, vom Unterrichtsministerium direkt zu verlangen, also ohne Vermittlung der Kammer. Die Reformen, die die französische Deputiertenkammer seit den siebziger Jahren an sich vorgenommen hat, sind in Spanien nicht nachgemacht worden.

§ 15. Die Organisation der italienischen Deputiertenkammer.

I. Jede neue Legislatur wird in Italien in der Deputiertenkammer durch ein provisorisches Präsidium eingeleitet, welches seit 1866 nicht mehr ein Alterspräsidium ist. Es besteht vielmehr der Grundsatz, daß

---

una porcion de años que está dirigiendo las discusiones, y los que están aquí hace tiempo saben si lo haria con tanto acierto otro, aun cuando tuviese mayor edad, y que tal vez no tuviese las cualidades necesarias para dirigir las discusiones en ciertos momentos.)

[1]) Solches bestand schon seit 1830 in Frankreich, siehe Arch. parlementaires, II. Serie, Bd. 63, S. 152 ff.

[2]) In den Verhandlungen, die der Geschäftsordnung von 1847 zugrunde liegen, wird die Begründung des Systems, welche im Jahre 1838 gegeben worden war, wiederholt. Es heißt da: Señores, la comisión de actas es una de las más importantes del Congreso; es la depositaria, digámoslo así, de sus resoluciones; es la que ha de fallar cuestiones delicadísimas, y por lo mismo es una de las que requieren cualidades más especiales en los indivíduos que las compongan, y no es cosa de dejar su eleccion á la suerte. (Sesiones, a. a. O., S. 1486.)

einer der Vizepräsidenten der letzten Session der vergangenen Legislaturperiode das provisorische Präsidium übernimmt und, wenn diese fehlen, dann die Vizepräsidenten der früheren Session herankommen. Erst in Ermangelung solcher kommt ein Alterspräsident in Betracht (Art. 2 der GO.). In ähnlicher Weise werden die provisorischen Schriftführer bestellt (Art. 3 der GO.). Das provisorische Präsidium leitet sofort die Wahl des definitiven Bureaus ein. Seit 1868 ist man nämlich von dem französischen Grundsatz abgekommen, wonach das definitive Präsidium nicht eher gewählt werden könnte, als bis die Majorität der Mandate verifiziert worden ist. Heute erhalten die Gewählten „durch die bloße Tatsache ihrer Wahl" („Pel solo fatto dell'elezione") alle zugehörigen Wahlrechte innerhalb der Kammer (Art. 1 der GO.).

Das definitive Bureau besteht aus einem Präsidenten, vier Vizepräsidenten, acht Sekretären und zwei Quästoren (Art. 4 d. GO.). Der Präsident wird nicht mit absoluter, sondern mit relativer Stimmenmehrheit gewählt, was deshalb ein Übelstand ist, weil die nur auf eine geringe Zahl von Majoritätsstimmen sich stützenden Funktionäre gewöhnlich ihr Amt niederlegen müssen[1]). Die Wahl der übrigen Funktionäre vollzieht sich nach dem Prinzip des limitierten Votums, um der Minderheit in der Kammer einen entsprechenden Anteil an der Besetzung des definitiven Bureaus zu lassen. Es müssen nämlich die Wahlen für die übrigen Funktionäre derart erfolgen, daß auf den Stimmzetteln für die Wahl der vier Vizepräsidenten immer nur zwei Namen, für die Wahl der acht Sekretäre nur vier Namen, für die Wahl der zwei Quästoren nur ein Name geschrieben werden darf (Art. 5 d. GO.).

Unbeschriebene Stimmzettel, die abgegeben werden, pflegen in die zur Wahl erforderliche Majoritätsziffer wie beschrieben eingerechnet zu werden (Galeotti a. a. O. S. 26). Die Funktionäre des definitiven Bureaus haben für die Dauer der Session ungefähr dieselben Befugnisse wie anderswo, nur ist zu bemerken, daß der Präsident eine gewisse Steigerung seiner Befugnisse geschäftsordnungsmäßig erhalten hat. Seit 1900 besitzt er insofern eine gesteigerte Disziplinargewalt, als er den Ausschluß für den Rest der Sitzung (esclusione) oder für mehrere Sitzungen (censura) der Kammer in Vorschlag bringen darf, wenn der Abgeordnete zweimal vergebens zur Ordnung gerufen worden ist. (Art. 41 d. GO.).

Der Präsident hat ferner das Recht, zwei Kommissionen, welche die ganze Session tagen, zu bestellen und einer derselben vorzusitzen. Die eine Kommission ist die Geschäftsordnungskommission und besteht aus

[1]) S. Galeotti, Il Regolamento della Camera dei Deputati, p. 20: „Se, per tal modo, si rè resa più spedita la costituzione des seggio, siè per altro esposta la Camera al pericolo di nuove votazioni richieste dalla dimissione die alcuni che riescano eletti con si scarso numero di voti ... da sentirsi mancare l'autorità necessaria all' alto e delicato ufficio."

zehn Deputierten unter dem Vorsitz des Präsidenten („Giunta permanente del Regolamento interno").

Die Interpretation der Geschäftsordnung steht ihm allein zu; doch kann er in zweifelhaften Fragen die Kammer um ihre Meinung befragen[1]).

Die andere ist die Wahlprüfungskommission, die Giunta delle Elezioni, welche aus 30 Mitgliedern besteht und deren Besetzung von allen den genannten seit 1868 dem Präsidenten anvertraut ist (Art. 13 d. GO.). Der Präsident ist ferner Vorsitzender der wichtigen Adreßkommission zur Beantwortung der Königlichen Thronrede. Mitunter wird ihm von der Kammer sowohl die Einsetzung von Spezialausschüssen nach der ersten Lesung als auch ihre Komplettierung für den Fall eingetretener Vakanzen überlassen (Galeotti, a. a. O., S. 194 und 220). Dem Präsidenten steht die Ernennung der Beamten der Kammer der Deputierten zu, insbesondere der der Kanzlei (impiegati presso gli uffizi di Segretaria Art. 53 d. GO.). Ähnlich wie in Frankreich besteht hier neben dem Bureau des Präsidenten, der Segretaria, noch ein Bureau, die Quæstura. Die Kammer selbst schreibt aber die Dienstordnung vor. Außerhalb der Geschäftsordnung, nur durch Gewohnheitsrecht, hat sich auch eine Art Gesamtvorstand, bestehend aus dem definitiven Bureau, herausgebildet, es ist die sogenannte Presidenza. Sie hat z. B. darüber zu entscheiden, ob in einer Angelegenheit der einfachen Tagesordnung vor der motivierten Tagesordnung der Vorzug zu geben ist oder der geheimen Abstimmung vor der öffentlichen, oder welche Maßnahmen in bezug auf eine in der Kammer vorgefallene Sachlage zu treffen sind usw.[2]). Sie fungiert also als eine Art Arbeitsausschuß, was sie um so eher kann, als ja beide Parteien in ihr vertreten sind. Der Präsident und natürlich auch die übrigen Mitglieder des definitiven Bureaus erhalten keine Besoldung. Der Präsident hat bloß Wohnungsräume innerhalb des Parlaments; aus dem Gesichtspunkt der Volkssouveränität ist im sardinischen Parlament die Bewilligung eines Repräsentationsgeldes abgelehnt worden[3]).

II. Abteilungen (uffizi) und Ausschüsse (commissioni). Die italienische Geschäftsordnung verwendet Abteilungen, neun an Zahl, die alle zwei Monate erneuert werden (Art. 10 d. GO.), insbesondere zur Vorbereitung der Gesetzgebungsgeschäfte ganz nach französischem Vorbild. Daneben kommen für die Vorbereitung von Gesetzgebungsgeschäften Spezialausschüsse vor, wenn das sogenannte System der drei Lesungen beliebt wird, schließlich permanente Fachausschüsse. Wird das Vorbereitungs-

---

[1]) Galeotti, a. a. O., S. 53.

[2]) S. Mancini e Galeotti, Norme ed usi del Parlamente Italiano, Roma 1887, S. 93.

[3]) Mancini e Galeotti, a. a. O., S. 95: „Il cittadino cui ne sarà commesso il singolare onore, non ha bisogno di uscire dalla sfera della sua vita privata: anzi quanto sarà questa più semplice tanto maggiormente si accosterà alla sorgente da cui quella deriva."

verfahren mit Hilfe der Abteilungen beliebt (Art. 66 ff. d. GO.), so erfolgt die Beratung in den Abteilungen, es wird dann eine Berichterstattungskommission aus den Abteilungen gewählt, welche dem Plenum ihren Bericht (Relazione) erstattet. Darauf hebt eine Generaldebatte an, und eine Spezialdebatte über die einzelnen Artikel beschließt die gesetzgeberische Arbeit der Kammer. Wird das System der drei Lesungen beliebt, so erfolgt nach der ersten Lesung die Verweisung an eine Kommission, welche entweder mit Hilfe der Abteilungen gebildet oder von der Kammer oder vom Präsidenten bestellt wird (Art. 56 ff. d. GO.).

Das übrige Verfahren, das sich daran schließt, gleicht dem im Deutschen Reich und anderswo üblichen der drei Lesungen.

Drei ständige Fachausschüsse sind (Art. 13 d. GO.) vorhanden, nämlich die Budgetkommission, bestehend aus 36 Mitgliedern, die Petitionskommission, bestehend aus 18, und die Rechnungskommission, bestehend aus 9 Mitgliedern. Diese drei Fachausschüsse werden für die Dauer jeder Session von der Kammer nach dem System des limitierten Votums gewählt, um der oppositionellen Minorität in der Kammer einen entsprechenden Anteil an den Fachausschüssen zu gewähren. Zu diesen ständigen Fachausschüssen (Commissioni permanenti) kommen noch die schon genannte Wahlprüfungskommission und Geschäftsordnungskommission (s. oben), die, wie wir wissen, vom Präsidenten bestellt werden. Die Kommissionen treten, wenn zwei Drittel der Abteilungen ihre Delegierten in die Kommission gewählt haben, auf Veranlassung des Präsidenten der Kammer zusammen (Art. 70 GO.). Früher bis 1900 lag es ausschließlich beim guten Willen der Abteilungen, wann sie die Kommission bilden wollten. Zur ständigen Organisation einer Kommission gehört außer dem Vorsitzenden und Sekretär auch ein Berichterstatter vor dem Beginn der Beratung (Art. 72). Ohne diese Wahl wird kein Aktenstück seitens der Regierung vorgelegt. Die Vorlage solcher vollzieht sich durch Vermittelung des Präsidenten der Kammer (Galeotti, Nr. 225). Die Minister werden zu Kommissionssitzungen eingeladen und warten solche Einladung ab (Galeotti, Nr. 226). Eine Öffentlichkeit[1]) der Kommission existiert nicht. Doch kann der einer Kommission nicht angehörige Abgeordnete, sofern er Antrag- oder Amendementsteller ist, an ihren Sitzungen ohne Stimmrecht teilnehmen (Art. 71 d. GO.).

Die Kommission kann an Stelle des Beratungsgegenstandes einen neuen Entwurf ausarbeiten (Mancini und Galeotti, S. 232 f.). Sie ist also ein selbständiges Organ der Kammer, nicht ihr Mandatar. Sie besitzt aber nicht das Recht, ohne Vermittelung der Kammer und der Regierung sich direkt mit dem Publikum in Verbindung zu setzen (Art. 59 d. Verf.).

---

[1]) Bei Mitteilungen an die Presse sind Namen und persönliche Bemerkungen nicht anzuführen (Mancini e Galeotti, S. 228 f.).

Trotzdem richtet sich die Praxis nicht nach diesem Grundsatz (Galeotti, a. a. O., S. 25). Den Spezialausschüssen oder den durch die Abteilung gebildeten kann von der Kammer für ihre Berichterstattung ein Termin gesetzt werden. Wird dieser Bericht nicht zeitgerecht erstattet, so wird ohne Berücksichtigung der Kommission in der Kammerberatung fortgeschritten (Art 61 und 67 d. GO.).

III. Kritische Würdigung. Der Präsident der Deputiertenkammer ist in erster Linie Parteimann. Er ist dies so sehr, daß, wenn der Regierungskandidat bei der Präsidentenwahl durchfällt, das Ministerkabinett darin Anlaß findet, seine Demission zu geben, so z. B. 1902[1]). Umgekehrt kann die Position des Ministeriums dadurch eine Stärke bekommen, daß der Regierungskandidat als Kammerpäsident durchdringt, wie z. B. im Jahre 1907 die Stellung des Kabinetts Giolitti dadurch eine Stärkung erfuhr, daß die Kammer den Regierungskandidaten Marcora zum Präsidenten wählte, doch scheint es nicht mehr Brauch zu sein, daß ein Präsident deshab auf seine Stellung resigniert, weil die Regierungspartei bei den allgemeinen Wahlen unterlegen ist[2]). Trotzdem das Präsidium derart Parteipräsidium im strengsten Sinne des Wortes ist, enthält sich der Präsident jeder Beteiligung an der Debatte und jeder Abstimmung. Ersteres ist gewohnheitsrechtlich seit der Präsidentschaft Lanza von 1868, letzteres seit der Präsidentschaft Crispi festgestellt[3]). Die Ausschüsse liegen natürlich auch vollständig in Parteihänden, doch erfährt die Opposition eine gewisse Berücksichtigung, die ja auch geschäftsordnungsmäßig für die Fachausschüsse seit Einführung des limitierten Votums verbürgt ist. Wie in Frankreich blüht auch in Italien das Abteilungswesen. Es dient auch hier zum Schutze der Individualität des Abgeordneten gegen Parteiclique, sowie als Blitzableiter für den Redeschwall der Abgeordneten, der sich notwendig sonst in der Kammer äußern würde[4]). Wie festgewurzelt das Abteilungswerk in Italien ist, geht am besten aus seiner Geschichte hervor. Im Jahre 1848 wurde es im sardinischen Parlament nach französischem Vorbilde eingeführt und erhielt sich daselbst bis zum Jahre 1868. Dann wurde es durch das System der drei Lesungen und der von der Kammer gewählten Spezialausschüsse ersetzt, um 1873 unter Aufgabe des Systems der drei Lesungen wieder

[1]) S. Ripert, a. a. O., S. 485.

[2]) Manzini e Galeotti, a. a. O., S. 92.

[3]) Manzini e Galeotti, a. a. O., S. 95 f.

[4]) Abg. Corbetta zitiert bei Galeotti, a. a. O., S. 192: „In ogni modo convien persuadersi che se foghi di lûnghi ragionari possono avvenire anche negli uffici, questi sono tanto di risparmiato nella discussione alla Camera: mentre poi l'oratore che ha delle buone ragioni le accenna nell'ufficio, ma ne tiene in serbo lo sviluppo per la seduta pubblica; e l'oratore cattivo dalla accoglienza fredda e svogliata che vi fa l'ufficio, non attinge lena a ripetere la prova, ma bensì un savio avvertimento per non rinnovarla."

eingeführt zu werden. Seit dem Jahre 1888 fungieren beide Systeme, wie wir sahen, nebeneinander.

Das Abteilungswerk hat sich auch für die Beratung von Gesetzentwürfen sogar in Widerspruch mit der Verfassung erhalten. Art. 55 des italienischen Verfassungsgesetzes schreibt vor, daß jeder Gesetzentwurf zuerst von einer durch die Kammer gewählten Giunta vorberaten werde. Weil die Abteilungen nicht als Kammer angesehen werden können und demnach die von ihnen gewählten Kommissionen nicht als Kommissionen der Kammer, so ist eigentlich die gesetzgeberische Vorberatungsarbeit der Abteilungen verfassungswidrig[1]). Trotzdem hat sie sich bis auf den heutigen Tag erhalten, und niemand denkt daran, sie zu beseitigen.

§ 16. Die Organisation der griechischen Wuli.

(*βουλή*)

I. Griechenland hat eine äußerst demokratische Verfassung. Dementsprechend ist auch die Geschäftsordnung der älteren französischen Form nachgebildet. Die Legislaturperiode wird vom Könige oder in seiner Vertretung durch den Ministerpräsidenten eröffnet. Für die Eröffnungssitzung ist keine Beschlußfähigkeit vorgeschrieben, jedoch kann, wenn die Parlamentsgeschäfte drängen, auch unmittelbar an die Eröffnungssitzung nach Feststellung der Beschlußfähigkeit zur wirklichen Verhandlung übergegangen werden. Wie in allen demokratischen Versammlungen ist auch in Griechenland eine Vorbedingung jeder parlamentarischen Tätigkeit die Verifikation der Mandate. Vor dem Wahlgesetz von 1877 hatte es die Verwaltung in ihrer Hand, die Stimmresultate festzustellen und die formelle Legitimation dem Gewählten auszuhändigen. Seit 1877 wird die Feststellung der Wahlresultate nach den aus den einzelnen Stimmbezirken einlaufenden Abstimmungsresultaten durch das Landgericht des Wahlkreises (Protodikaion) festgestellt. Die früher diesem Landgerichte zugestandene Prüfung der formellen Legitimation ist aber gegenwärtig durch Artikel 65 des genannten Gesetzes vom Jahre 1877 ihm wieder genommen worden. Sie steht jetzt einzig und allein, keineswegs aber die Wahlprüfung, der *βουλή* zu. Die Ausstellung der Wahllegitimation aber bewirkt das Landgericht und händigt eine solche demjenigen, der die meisten Stimmen erhalten hat aus und sendet eine Kopie an das Bureau der *βουλή*. Auf Grund dieser Kopien, welche gewissermaßen die Form der Anmeldung der Neugewählten im Bureau ersetzen wird dann der Katalog der Abgeordneten angefertigt. Er bildet einen wichtigen Bestandteil der griechischen Geschäftsordnung, weil er die Grundlage für die Feststellung der Beschlußfähigkeit abgibt (Artikel 18

[1]) Galeotti, a. a. O., S. 214.

der griechischen Geschäftsordnung). Vor jeder Sitzung liest einer der Sekretäre mit lauter Stimme diesen Katalog vor und notiert die Abwesenden.

Wenn die Mandate von mehr als der Hälfte der Abgeordneten geprüft worden sind, schreitet man zur Wahl des definitiven Bureaus. Bis zu diesem Zeitpunkt aber hat die provisorische Leitung der Älteste der Versammlung, der zu Sekretären die vier jüngsten Mitglieder beruft. Es ist also diese Bestimmung genau dem französischen Vorbilde nachgeahmt. Ebenso ist dem französischen Vorbilde nachgeahmt die Verifikation der Mandate durch Abteilungen. Die *βουλή* teilt sich zu diesem Zwecke in acht Abteilungen (Artikel 2). Das Los bestimmt die Abteilungen, ebenso werden die Wahlakte durch Verlosung den einzelnen Abteilungen zugeteilt.

II. Das definitive Bureau, welches gewählt wird, besteht aus einem Präsidenten, den drei Vizepräsidenten, einem Quästor und vier Sekretären (Artikel 8). Sie werden mit absoluter Stimmenmehrheit zu Beginn jeder Session, also auch zu Beginn einer Legislaturperiode gewählt. Jedes Bureau bleibt so lange in Funktion, als bis sein Ersatz gewählt ist. Auch für eine außerordentliche Session wird natürlich ein neues Bureau gewählt (Artikel 11). Die Vizepräsidenten vertreten den Präsidenten in der Reihenfolge ihrer bei der Wahl erhaltenen Stimmziffern; sind auch sie verhindert, so tritt als Stellvertreter der älteste Abgeordnete ein. Sind die Sekretäre verhindert, so ernennt der Präsident einen der jüngsten Abgeordneten zum Stellvertreter. Der Präsident wird, trotzdem in der Theorie die gegenteilige Maxime vertreten wird, immer nach politischen Gesichtspunkten von der herrschenden Regierungspartei gewählt (Sengelis, *Κοινβουλευτικο Δικαιον* I, S. 227). Sie dient als erste Kraftprobe der Partei, an welcher die R e g i e r u n g einen wichtigen Anteil nimmt[1]). Der Präsident besitzt keine größeren Befugnisse, als in den meisten demokratischen gesetzgebenden Körperschaften. Hervorzuheben wäre nur, daß er (Artikel 55, Satz 3) berechtigt ist, fehlende Mitglieder der Budgetkommission aus der Finanzkommission zu ersetzen.

Der Quästor hat, entsprechend dem französischen Vorbild, insbesondere die Hausordnung zu überwachen (Artikel 14). Das Bureau als solches hat die Ernennung der Beamten der Kammer (Artikel 75 und 77). Die Absetzung steht teils dem Bureau, teils dem Präsidenten zu. Wie sehr die ganze Geschäftsordnung auf dem parlamentarischen Regierungssystem aufgebaut ist, zeigt z. B. die Bestimmung des Artikel 19, Satz 4, wonach der Präsident auch dem Führer der Opposition (Antipoliteusis) die Befugnisse zugestehen kann, höchstens vier Personen, die er zu seiner

[1]) So sagte nach Sengelis, a. a. O., der Minister des Äußeren, Drosos, in der Wuli: *„Συμφωνῶ ὅτι ἡ ἐκλογὴ τοῦ προέδρου δὲν εἶνε ὑπουργικόν, εἶνε ὅμως πρᾶξις σημαντικὴ εἰς τὴν ὁποίαν καὶ ἡ Κυβένησις ἔχει ἀνάγκην νὰ λάβῃ μέρος."*

Unterstützung braucht und die nicht Mitglieder der Kammer sind, in das Innere des Hauses einzuführen. Einen gleichen Anspruch haben die Minister ohne Beschränkung der Zahl, doch muß die Erlaubnis in jedem einzelnen Falle besonders erteilt werden.

Wie in allen demokratischen Parlamenten, so ist auch in Griechenland der Vorsitzende gegenüber dem Willen der Versammlung ein ohnmächtiges Werkzeug ihres Willens. Ein interessanter Beleg dafür ist die Bestimmung des Artikel 13, welche dem Vorsitzenden scheinbar ein großes Recht einräumt, nämlich immer dann das Wort zu ergreifen, wenn Fragen der Geschäftsordnung angeschnitten werden. Man sollte meinen, daß infolgedessen dem Vorsitzenden ein unbeschränktes Interpretationsrecht der Geschäftsordnung zustände. Aber nichts von alledem. Nicht einmal ein Interpretationsrecht mit Appell an die Kammer ist ihm gegeben worden, wie in anderen Geschäftsordnungen, sondern in der Praxis vollzieht sich dies, wie Sengelis es beschreibt[1]), folgendermaßen: Der Vorsitzende sucht die ausgesprochene Auslegung eines Abgeordneten zu widerlegen. Dann erfolgt eine Erwiderung des Abgeordneten, wenn die *βουλή* es gestattet, wie es immer geschieht („*ὡς πάντοτε συμβαίνει*" sagt Sengelis).

Entsprechend der Abhängigkeit des Präsidenten als Parteimann von der Regierung, entsprechend dem parlamentarischen Regime, wie es in Griechenland herrscht, wird der ganze Geschäftsgang durch ein Zusammenarbeiten von Regierung und Präsident herbeigeführt, ähnlich wie in England, namentlich wenn es sich um Gesetzgebungsprojekte handelt. Der Premierminister als Leiter der Majoritätspartei verfügt ganz über die Tätigkeit der *βουλή* und so wird die Tagesordnung (*Ἡμερησία Διάταξις*) von dem Premier im Einverständnis mit dem Vorsitzenden der Versammlung festgestellt. Zuweilen wird über die Reihenfolge der Tagesordnungsgegenstände die Meinung des Führers der Opposition erkundet, damit das Werk der Versammlung anstandslos vollzogen werde[2]).

III. Die griechische Geschäftsordnung hat das französische Vorbild jedoch an einem wichtigen Punkte verlassen, ohne eine wesentliche Verbesserung erzielt zu haben. Die Bildung der Komitees (*Ἀπιτροπεῖαι*) vollzieht sich nämlich in Griechenland nicht auf dem Wege der Abteilungen. In Griechenland hat man, wie auch in anderen Staaten des parlamentarischen Regimes, alsbald die Notwendigkeit gefühlt, nicht dem blinden Zufall die Zusammensetzung des Komitees zu überlassen, sondern auch

[1]) Sengelis I, S. 318.

[2]) Sengelis, a. a. O., I, S. 364:

„*Εἰς τὰ κοινοβουλευτικὰ Κράτη, ἔνθα τὰς ἐργασίας τῆς Βουλῆς διευθύνει ὁ Πρωθυπουργὸς ὡς ἡγούμενος τῆς πλειονοψηφίας, ἡ σύνταξις τῆς Ἡμερησίας Διατάξεος ἐκ συνεννοήσεως τούτου μετὰ τοῦ Προέδρου . . . . ξητεῖται ἡ γνώμη καὶ τοῦ Ἀρχηγοῦ τῆς ἀντιπολιτεύσεως, καὶ τοῦτο ἵνα κοινῇ συμπράξει τῶν ἰθυνόντων τὰ τῆς Βουλῆς ὁμαλῶς χωρήσῃ τὸ ἔργον αὐτῆς.*"

der Minorität gesicherten Anspruch auf die Kommissionsbildung zu gewähren. Zu diesem Zwecke ist durch Artikel 51 der Geschäftsordnung festgelegt, daß die Kommissionen in geheimer Wahl mit relativer Stimmenmehrheit und nach dem Prinzip des limitierten Votums gewählt werden, d. h. jeder Abgeordnete wählt für die Kommission auf Grund der Listenwahl in einem Wahlgang nur $^2/_3$ der zu wählenden Kommissionsmitglieder. Dadurch wird erreicht, daß auch die Minorität in den Kommissionen vertreten ist (s. Sengelis a. a. O. I, 241 ff.). Die Kommissionen werden nach der Wahl des definitiven Präsidiums zu Beginn jeder Session gewählt und sind gegenwärtig in der Zahl von 12. Die Budgetkommission hat 21 Mitglieder, die übrigen je 9. Die Budgetkommission hat auch die Staatsrechnungen zu prüfen. Jede Kommission wählt ihren Vorstand und ihren Berichterstatter. Der Berichterstatter hat die Majoritäts- und Minoritätsansicht mitzuteilen. Kein Deputierter (Artikel 54) darf gleichzeitig Mitglied von drei Kommissionen sein. Der Geschäftsgang innerhalb der Kommission richtet sich ganz nach dem im Plenum, was als Übelstand empfunden wird[1]).

IV. Kritische Würdigung. Das französische Vorbild erweist sich in Griechenland als drückende Fessel. Zunächst wird es (s. Sengelis) übel empfunden, daß der Altersvorsitzende existiert. Bei der Schwierigkeit der Feststellung des Personenstandes in Griechenland bietet diese Bestimmung viele Angriffspunkte. Zudem ziehen sich die Verifikationen in die Länge, und der Altersvorsitzende hat, wie jeder Präsident, Einfluß auf die Bestellung der Beamten der *βουλή*[2]). Man schlägt demnach vor, den provisorischen Vorsitzenden aus Wahlen hervorgehen zu lassen, oder gar den Erfahrensten, d. i. denjenigen, der die längste Zeit Abgeordneter gewesen ist, zum Vorsitzenden zu machen.

Auch die geheime Wahl des Präsidenten will nicht recht gefallen. Die Demokratie braucht nicht mehr die geheime Wahl. Sie verlangt ähnlich, wie es in Amerika und Frankreich geschieht, zur Kontrolle der eigenen Parteimitglieder die offene Wahl[3]). Am übelsten steht es mit der Ausschußbildung. Es wird allseitig anerkannt, daß, ausgenommen die Budgetkommission, kein einziger Ausschuß etwas tauge, trotzdem der Kammer eine wichtige Kontrolle in bezug auf die Ausschüsse und ihre Arbeit gegeben ist, indem dem Ausschuß eine bestimmte Frist auferlegt werden kann, innerhalb welcher er seinen Bericht abzuliefern hat[4]). Das Übel besteht darin, daß die Ausschußberichte hurtig angefertigt werden, einfach bloß Formsache sind und nur dazu dienen, um von irgend einem Parteiführer innerhalb des Hauses verwendet zu werden, die Partei-

[1]) Sengelis, a. a. O., I, S. 244.
[2]) Sengelis, a. a. O., I, S. 159.
[3]) Sengelis, a. a. O., II, S. 238.
[4]) Sengelis, a. a. O., I, S. 243.

anhänger zwecks Beschlußfähigkeit herbeizuziehen. Es werden mannigfaltige Mittel zur Abhilfe dieser Übel vorgeschlagen, darunter, die Zahl zur Beschlußfähigkeit einer Kommissionssitzung auf drei Mitglieder herabzusetzen (für die Budgetkommission auf 12). Es wird ferner vorgeschlagen, jedes Mitglied, das dreimal ausbleibt, sofort durch die Versammlung zu ersetzen. Es wird vorgeschlagen, Verhandlungsprotokolle in den Kommissionen zu führen, überhaupt die Geschäftsordnung der Kommissionen ebenfalls durch die allgemeine Geschäftsordnung zu regeln. Bemerkenswert ist, daß man auch den Minoritätsbericht, der mitunter nur dazu dient, um das Kommissionswerk zu verschleppen, abzuschaffen sucht; es könnte jeder der Minderheit Angehörige seine Meinung von der Rednertribüne zum Ausdruck bringen[1]).

§ 17. Die Organisation der niederländischen zweiten Kammer.

I. Der Präsident (Voorzitter) wird vom König aus einer Dreierliste, welche die Kammer ihm vorschlägt, für die Dauer einer Session gewählt (Art. 88 der Verfassung), doch hält sich der Monarch hierbei immer an den von der Kammer zuerst Genannten, so daß faktisch ein Wahlrecht der Kammer besteht[2]). Die an zweiter und dritter Stelle Vorgeschlagenen werden dann Vizepräsidenten der Kammer (Art. 10 GO.). Der Präsident hat, da die holländische Geschäftsordnung dem französischen Vorbild folgt, die üblichen beschränkten Befugnisse. Die innere Hausverwaltung leitet der sogenannte Greffier, dieser muß (Art. 99 der Verfassung) keineswegs Mitglied der Kammer sein, er ist gewöhnlich besoldeter Beamter. Trotzdem die Theorie[3]) von der Ansicht ausgeht, daß es nicht wünschenswert sei, daß ein Staatsbeamter in täglichem Verkehre mit den Abgeordneten stehe, so hält man sich in der Praxis doch an den besoldeten Beamten, weil man nicht immer einen hierfür geeigneten Parlamentarier finden kann. Der Präsident und zwei jährlich von der Kammer gewählte Abgeordnete überwachen die Verwaltung des Sekretärs (Art. 12 der Geschäftsordnung). Die Aufstellung des Hausetats erfolgt alljährlich durch eine Commissie voor de huishoudelijke aangelegenheden (Art. 13 der Geschäftsordnung).

II. Entsprechend dem französischen Vorbild ist hier ein Abteilungssystem und die Bildung der Kommissionen durch die Abteilung in voller Wirksamkeit. Außerdem hat jede Kammer (oder wenn nötig beide zu-

---

[1]) S. Sengelis, I, S. 247, der die Ansicht des Politikers Wokotopulos wiedergibt, welche dieser in seiner Schrift: „Περὶ τροποποιήσεως τῆς ἑλλ. Βουλῆς, 1903", äußert.

[2]) Savornin Lohman, Onze Constitutie, 2. Ausgabe, 1907, S. 403: De benoeming evenwel van den voorzitter der Tweede Kammer geschiedt feitelijk door dit lichaam zelf, daar de koning uit eene opgave moet kiezen, en hij zich steeds houdt aan den eerst voorgedragene.

[3]) Lohman, a. a. O., S. 403.

sammen) das Recht zur Einsetzung von Untersuchungskommissionen (Art. 95 der Verfassung), welche das Recht der Vernehmung von Zeugen unter Eid und von Sachverständigen besitzen (Gesetz vom 5. August 1850). Die Abteilungen haben die Verifikation der Abgeordnetenmandate, ferner die Beratung von gesetzgeberischen Arbeiten und Anträgen, sowie die Bildung von Kommissionen. Bei der Idiosynkrasie der Kammer gegen feste Kommissionen gibt es solche hier nicht. Selbst die Budgetkommission kann man wegen ihrer Zusammenarbeit mit den Abteilungen nicht als solche feste Kommission bezeichnen. Um die Abteilungsarbeit zu unterstützen, gibt es insbesondere zwei Arten von Kommissionen, die von Fall zu Fall in Verbindung mit den Abteilungen Gesetzentwürfe vorberaten, ehe sie dann vom Hause in erster resp. zweiter Lesung angenommen oder verworfen werden. Die eine Form der Kommissionsberatung ist die sogenannte Berichterstattungskommission (commissie van rapporteurs) (Art. 25 bis 35 der Geschäftsordnung). Diese wird eingesetzt, nachdem der von der Regierung eingebrachte Gesetzentwurf in jeder der fünf Abteilungen (bestehend aus 20 Mitgliedern) durchberaten worden ist. Das erste Werk dieser Berichterstattungskommission ist, daß sie die von den Abteilungen geäußerte Meinung objektiv zusammenfaßt und an den Minister sendet. Dies geschieht in einem vorläufigen Berichte (Voorlopig Verslag). Die Berichterstattungskommission, die sich also aus fünf von den Abteilungen gewählten Mitgliedern zusammensetzt, erhält ein Antwortschreiben der Regierung (Memorie van andwoord), welches von der Berichterstattungskommission an die Abteilungen zur Beratschlagung gesendet wird. Das Ergebnis dieser Beratungen wird von der Berichterstattungskommission zu einem Endbericht zusammengefaßt (eindverslag).

Einen selbständigen Bericht, d. h. selbständige Meinungsäußerung, hat die Kommission nicht zu erstatten. Erst dann kommt der Entwurf in die Plenarversammlung. Dieses umständliche Verfahren ist seit der Geschäftsordnungsänderung von 1888 durch ein anderes ergänzt, welches namentlich bei wichtigen Gesetzen verwendet wird. Es ist das Verfahren mittels der sogenannten commissie van voorbereiding, Vorbereitungskommission (Art. 36 ff. der Geschäftsordnung). Es unterscheidet sich dieses Verfahren von dem vorher angeführten, daß die fünf Kommissionsmitglieder unabhängig von den Abteilungen durch den Präsidenten resp. die Kammer gewählt werden. Sodann daß hier das memorie van andwoord und drittens der eindverslag wegfallen. Die Kommission hat das Recht, einen selbständigen Bericht abzufassen, den sie allerdings nach vorhergehender Beratung mit den Abteilungen abfaßt. In dieser Form werden auch die Budgetgesetze durchberaten. Durch eine Geschäftsordnungsänderung vom 17. Mai 1908 ist auch die vorläufige Beratung des Vorschlags der Vorbereitungskommission in den Abteilungen dadurch überflüssig geworden, daß der Vorbereitungskommission das Recht der Kommission zuerkannt wurde, ihre Vorschläge sofort ohne Abteilungsvorberatung in erster Lesung zum Vortrag zu bringen.

Als eine Art Arbeitsausschuß fungiert die sogenannte Centrale Afdeeling, bestehend aus dem Präsidenten und den Vorsitzenden der Abteilungen. Sie stellt den Arbeitsplan jeder Sitzung fest. Doch kann jedes Mitglied im Plenum die Abänderung verlangen. (Art. 19 und 22 der Geschäftsordnung.)

III. Kritische Würdigung. Daß die Ernennung des Präsidenten von dem König erfolgt, schreibt sich noch aus der Vorliebe Hogedorps, des geistigen Urhebers der Verfassung von 1814, für ständische Formen her. Er dachte hierbei an das Haupt der einkammerigen Generalstaaten, einen Raadpensionaris, der von dem König aus einem Dreiervorschlag für 5 Jahre gewählt wird. Ihm schwebte als Schreckbild die Wahlart der französischen Nationalversammlung vor, in welcher sich der Präsident als Vermittler zwischen König und Nation eingeschoben hatte. Nach Hogedorp soll aber der Sprecher der Versammlung nicht das Haupt der Nation sein, wie in der französischen Nationalversammlung, sondern der König soll es sein[1]).

Auch im Jahre 1848 erhitzte man sich nicht über diese Form der Bestellung des Vorsitzenden der zweiten Kammer, man vertraute doch darauf, daß sie im Effekt auf eine Wahl der Kammer hinauslaufen werde, und man täuschte sich darin nicht. Das Verlangen, das die Regierung hätte stellen können, wonach die Vorgeschlagenen in alphabetischer Reihenfolge auf der Liste von der Kammer zu nennen wären, was der Regierung vollständigste Freiheit gewährt hätte, hat sie niemals gestellt. Es ist auch in der Verfassungsgeschichte der Niederlande nur ein einziges Mal, nämlich in der absoluten Zeit noch vor 1848, von dem Grafen Schimmelpenninck ein Antrag auf freie Vorsitzendenwahl gestellt worden, aber heute hat die Sache keine praktische Bedeutung mehr.

Was das Loskommen von dem alten französischen Vorbild des Abteilungssystems anlangt, so können wir dies etappenmäßig verfolgen. Ursprünglich war durch die Verfassung von 1848 (Art. 6) und schon früher vorgeschrieben, daß jeder Antrag in den Abteilungen, die durch das Los gewählt wurden, vorberaten werden sollte. Aber schon seit 1849 entbrannte der Kampf um die selbständigen Rapporteurs[2]), d. h. um die Berichterstattung als selbständige Meinungsäußerung der Berichterstattungskommission. Nach mancherlei Kompromissen, durch welche allmählich das Abteilungsberatungswerk in den Hintergrund gedrängt

---

[1]) S. darüber J. T. Buijs, De Grondwet, 1883, I, S. 460 ff.

[2]) S. darüber und zur Geschichte des Abteilungswerks in den Niederlanden bis 1874: J. H. Heemskeerk, De Praktijk on der Grondwet, Utrecht 1881, I, p. 170 ff.

und das Werk der Berichterstattungskommission in den Vordergrund gestellt, wurde durch die Reform der Geschäftsordnung von 1888 eine doppelte Form des Kommissionswerks gewählt, nämlich entweder die der Berichterstattungskommission oder die der Vorbereitungskommission. Dadurch kam bei wichtigen Angelegenheiten die Abteilungswahl in Wegfall und die Selbständigkeit des Kommissionsberichtes wurde hierbei für die Vorbereitungskommission vollständig zur Geltung gebracht. Der oben genannte Beschluß vom 17. Mai 1908 bedeutet ebenfalls eine Zurückdrängung des Abteilungswerkes[1]).

Geklagt wird aber auch über die jetzigen Verhältnisse. Erstens über die allzu große Selbständigkeit der Vorbereitungskommission, welche einfach die Kammer vor die Alternative stellt, ihren Bericht und Entwurf glatt zu akzeptieren oder das Gesetzgebungswerk zu Falle zu bringen, um damit eine Art von Penelopearbeit zu verrichten[2]). Sodann besteht, wie schon vorhin gesagt, eine gewisse Idiosynkrasie gegen feste Fachausschüsse. Man fürchtet, daß dadurch ähnlich wie schon bei der Vorbereitungskommission die ganze Macht der Gesetzgebung in die ständigen Kommissionen verlegt würde und daß eine Art von Hierarchie innerhalb der Kammer entstände: auf der einen Seite die mächtigen Kommissionsmitglieder, auf der anderen Seite die zum Annehmen des Berichts verpflichteten übrigen Kammermitglieder[3]).

---

[1]) Zur Kritik dieses Abteilungswerks vgl. das memorie Savornin Lohmans in Bijlagen tweede kamer 1908/09, Nr. 2463, p. 3.

[2]) S. Lohman in seinem vorhin zitierten memorie: Maar daar stond teger over dat, na samenwerking van Commissie en Regeering, vaak een van het oorspronkelijke geheel afwijkend nieuw ontwerp te voorschijn kwam, buiten medewerking en medeweten van de meeste leden tot stand gebracht. De Kamer komt op die wijze te staan voor een fait accompli 't geen te kinderlijker is, wanneer niet gezorgd is of gezorgd kan worden, dat alle richtingen zich bij dat onder zoek hebben kunnen doen gelden, althans hooren. Men neemt dan ten slotte het ontwerp aan om al den daaraan besteden arbeid niet teloor te doen gaan, maar het drukt het gevoelen der vertegenwoordiging toch niet uit.

[3]) Kommissionsbericht in Bijlagen, Tweede Kamer, 1908/09, Nr. 2464, p. 8: Het voornamste bezwaar, dat tegen de voorstellen van den heer Lohman werd ingebracht, betrof de positie, welke hij aan vaste commissies en aan commissies vaan voorbereiding wenscht toe to kennen. Vele leden vreesden, dat de macht en invloed, welke thans aan alle leden toekomt, zonden overbracht worden bij het beperkt aantal leden, dat deel zou uitmaken van die commissies en dat dientengevolge, door aanneming van de desbetreffende wijzigingen, de belang stelling der leden in het werk der Kamer zou verminderen, en de vrije uiting van de individualiteit der leden zou worden belemmerd. De bedoeling van den heer Lohman is toch, dat een grooter deel van den wetgevenden arbeid in commissie, een kleiner deel bij de openbare beraadslaging zal worden verricht. Het gevolg hiervan zou echter zijn, dat het voor de leden, die buiten de commissies staan, zeer moeilijk zal wezen bij de openbare beraadslaging gehoor te krijgen voor meeningen, welke van die der commissie afwijken. De groote invloed der commissie zal teweegbrengen, dat pogingen om wijziging van eent ontwerp te verkrijgen in den regel zullen mislukken, zoodat de Kamer gesteldt zaworden voor het dilemma om het

Feste Kommissionen ziemten sich nur für technische Fragen, politische und soziale Fragen könnten aber nur mit Hilfe des Abteilungswerks vor sich gehen, denn die großen Gruppen verlangten unbedingt Vertretung in den Kommissionen[1]). Würde man aber diese Fachkommissionen nach Sachkunde einrichten, so würde das den großen politischen Gruppen nicht passen.

§ 18. Die Organisation der belgischen Deputiertenkammer.

I. Entsprechend dem französischen Vorbild — die Geschäftsordnung der belgischen Deputiertenkammer ist der der französischen von 1830 nachgebildet — wird zu Beginn der Session einer neuen Legislaturperiode, sowie zu Beginn jeder neuen Session die Sitzung durch einen Altersvorsitzenden eröffnet. Ein provisorisches Präsidium kennt die Deputiertenkammer nicht, weil es auch dem französischen Vorbild von 1830 unbekannt war. Nach der Verifikation der Abgeordnetenmandate erfolgt die Wahl des definitiven Präsidiums, welches aus einem Präsidenten, zwei Vizepräsidenten und vier Sekretären besteht. Die Wahlen erfolgen für den Präsidenten und jeden Vizepräsidenten besonders, auf Grund der geheimen Abstimmung und unter Beobachtung des Prinzips der absoluten Majorität. Die Wahl der vier Sekretäre erfolgt durch Listenwahl. Beim dritten Wahlgang genügt für die Sekretärwahl relative Majorität (Art. 6 der Geschäftsordnung). Die Funktionen des Präsidenten sind die in anderen Parlamenten gebräuchlichen. Erst im Jahre 1897 ist eine inten-

ontwerp ongewijzigd aan te nemen of te verwerpen, gelijk het door de Commissie in overleg met de Rgeering is omgewerkt. Zulk eene beperking van de mondelinge beraadslagingen kan zeer schadelijke gevolgen hebben, omdat somtijds eerst bij het openbaar debat blijkt, op welke wijze overeenstemming tusschen de Regering en de Kamer is te verkrijgen. Als een voorbeeld uit den jongsten tijd wees men op het door de Kamer aangeneommen amendement van den heer van Wijnbergen betreffende het wetsontwerp tot subsidieering van scholen voor middelbaar onderwijs, dat mag geacht worden zeer veel bijgedragen te hebben om dat ontwerp voor de Kamer aannemelijk te maken, eene regeling, welke de Kamer verdeelt in twee groepen, waarvan de eene, bestaande uit eenige leidende persoonlijkheden, die in de commissies benoemde zouden worden, een overweegenden invloed op den gang van zaken zou oefnen, terwijl de andere groepe zoo goed als niets zou hebben in te brengen, mocht gepasst zijn, waar het er op aankomt eene militaire hierarchie te vestigen, voor het burgerlijk leven werd zij misplaatst geacht. De leden, die buiten de commissies blijven, souden als het ware op nonactiviteit gesteldt worden, enook buiten de Kamer als eene tweede, ondergeschikte categorie worden beschouwd. Het sprekt vanzelf, dat de belangstelling van de leden die niet in de commissies worden benoemd, bij zulk eene regeling zal dalen. Reeds nu leert de ervarig, dat de benoeming eener commissie van voorbereiding dit gevolg heeft.

[1]) Kommissionsbericht in Bijlagen Tweede Kamer, 1908/09, Nr. 2464, p. 8: De voorgestelde regeling is in zeker opzicht voordeeling voor kleine politieke groepen, omdat zij gelegenheid verkrijgen zich in alle de hier betoel de commissies te doen vertegenwoordigen, maar de groote groepen zouden in die commissies niet den invloed kunnen oefenen, waarop zij op grond van het aantal harer leden aanspraak mogen maken.

sivere Disziplinargewalt dem Präsidenten zugestanden worden. Wenn der Präsident und die Vizepräsidenten verhindert sind, nimmt ein Altersvorsitzender den Präsidentenstuhl ein (Art. 11 der Geschäftsordnung, eingeführt seit 1875). Die Feststellung der Tagesordnung liegt dem Präsidenten nach Rückfrage bei der Kammer ob. Die Sekretäre haben die wie in anderen Parlamenten üblichen Funktionen. Als Kanzleivorstand fungiert ein Greffier, der von der Kammer ernannt wird (Art. 71 der Geschäftsordnung). Nicht zum Bureau gehören die zwei Quästoren, welche für das Kassen- und Rechnungswesen von der Kammer gewählt werden und Mitglieder der Kammer sind (Art. 81 der Geschäftsordnung), auch kann die Kammer mehr als zwei ernennen. Bis zum Jahre 1899 unterlagen die Quästoren keiner wie immer gearteten Kontrolle. Erst im Jahre 1889 ist ihnen eine Rechnungskommission für die Zwecke der Hausverwaltung (Commission de la comptabilité des fonds de la Chambre) übergeordnet worden. Sie besteht aus sechs Mitgliedern und wird vom Vorsitzenden oder einem Vizepräsidenten geleitet (Art. 85 der Geschäftsordnung). Die Quästoren überwachen auch die innere Hausverwaltung (Art 83 der Geschäftsordnung).

II. Die Abteilungen, sechs an Zahl mit je sieben Mitgliedern, besorgen die Verifikation der Abgeordnetenmandate (Art. 2 der Geschäftsordnung). Jede einzelne wählt einen Berichterstatter, welcher im Namen der Abteilung (für diese Wahlprüfungszwecke Kommission genannt) einen Bericht erstattet. Die Abteilungen, welche über Gesetzentwürfe und Anträge beraten, werden in der Zahl von sechs ebenfalls durch das Los bestellt (Art. 52 der Geschäftsordnung). Sie werden monatlich wiedergewählt (Art. 53 der Geschäftsordnung). Jede Abteilung (für diese Zwecke Sektion genannt) wählt, wenn die Beratung in ihr vorgenommen worden ist, einen Berichterstatter in die Zentralsektion, die vom Präsidenten geleitet wird (section centrale Art. 55 der Geschäftsordnung). Die Zentralsektion erstattet dann durch einen gewählten Berichterstatter den Bericht an die Plenarversammlung (Art. 56 der GO.). Dieser Bericht enthält die Beratungen in den Sektionen und die Beratungen der Zentralsektion, sowie die motivierten Vorschläge derselben. Auch das Etatgesetz wird in dieser Weise beraten, nur werden an Stelle von einem Rapporteur gleich deren drei in die Zentralsektion entsendet, welche mehrere Mitglieder als Berichterstatter in das Plenum dirigiert. Nachtrags- und Ergänzungsetats werden aber immer direkt in die Zentralsektion gebracht ohne Abteilungsvorberatung (Art. 56 der GO.). Als ständige Kommissionen fungieren eine Rechnungskommission und eine Kommission für Ackerbau, Handel und Gewerbe (Art. 59 der GO.). Beide Kommissionen setzen sich mindestens aus sieben Mitgliedern zusammen und werden nicht durch die Abteilungen, sondern aus dem Plenum des Hauses mit absoluter Stimmenmehrheit und Listenwahl gewählt. Außerdem fungiert eine Petitionskommission, welche monatlich durch die Abteilungen ernannt wird (Art. 63 der GO.). Die Spezialkommissionen sind erst seit dem Jahre 1889 zu wirklichem Leben gekommen. Der Einfluß des Präsidiums auf dieselben und ihre Tätigkeit wird dadurch gewahrt, daß der Präsident, wenn er es für nützlich hält, selbst das Präsidium in ihnen übernimmt oder einen der Vizepräsidenten entsendet (Art. 65 der GO.). Außer den angeführten Kommissionen hat jede Kammer (Art. 40 der Verfassung) das Recht, Zeugen unter Eid und Sachverständige zu vernehmen (Gesetz vom 3. Mai 1880).

III. Kritische Würdigung. Die belgische Geschäftsordnung zegt in bezug auf die äußere Organisation noch wesentlich die Züge des altfranzösischen Vorbilds. Es ist doch bezeichnend, daß man erst im Jahre 1889 dazu kam, den Spezialausschüssen einen größeren Raum in der Beratung der Parlamentsgeschäfte zu gewähren. Aber im allgemeinen hält man das Abteilungswerk hier für äußerst nützlich[1]). Insbesondere dienen sie hier, wie auch in Frankreich dazu die engere Cliquenbildung bei Leitung der parlamentarischen Geschäfte zu brechen und gelten insbesondere als Schutz der Individualität des Abgeordneten gegenüber der Parteityrannei[2]). Auch für die Budgetberatung hält man an dem Abteilungssystem fest, weil man auf die Weise am leichtesten in alle Mißstände der Ausgabenverwaltung eindringen zu können vermeint. Freilich ist solche These nur richtig, wenn es sich um kleine Staaten und kleine Etats handelt.

Allerdings an einem Punkte bricht das Abteilungssystem in sich zusammen, wie die Belgier selbst zugeben, namentlich dann, wenn Reformen des bürgerlichen Rechts, der Justizgesetze usw. in Frage stehen, kurz immer dann, wenn es sich um Gesetze handelt, welche juristische Fachkenntnis erfordern. Dann hat man es, um einen von Savornin Loh-

---

[1]) S. dazu den Bericht des Abg. Pirmez in Documents, chambre de Représentants, 1887/88, Nr. 148, p. 4 ff.

[2]) Pirmez, a. a. O., p. 4: On s'est habitué en Belgique plus que partout ailleurs à concentrer dans un cercle assez restreint l'activité politique du pays. Tout ce qui se rattache à cet ordre d'idées privilegié a acquis une importance démesurée, mais elle ne l'a gagnée qu'aux dépense d'un très grand nombre d'autres questions bien autrement graves et dont l'opinion publique ne s'est, à la suite du Parlement, que trop désintéressée. Mais quoi qu'il en suit, chacun tient, quant à ces projets de loi, qui apparaissent comme des événéments politiques à prendre part aux travaux préparatoires. La discussion en section est du reste utile. Elle montre quels sont les points qui soulèvent le plus d'objection ou d'irritation et quels sont ceux qui pourraient être acceptés le plus facilement. Dans ces dernières années, la discipline des partis a enlevé beaucoup d'intérêt a la computation des sentiments individuels; mais cette situation peut se modifiier soit par la formation de groupes nouveaux, soit simplement par un exercice plus fréquent de l'action individuelle des membres du Parlement. L'examen des projets de loi politique générale par les sections aurait alors des avantages qu'il est impossible de méconnaître.

mann für analoge holländische Verhältnisse geprägten Ausdruck zu verwenden mit einer „Fontaine“ von Amendements zu tun, welche absolut wertlos sind und das Gesetzgebungswerk nicht fördern. Das Mittel, das die Holländer zur Abhilfe ersonnen haben, nämlich die Verbereitungskommission, mit dem Schwerpunkt des Beratungsgeschäfts in einer sachkundigen Kommission, widerspricht der belgischen konstitutionellen Doktrin, nämlich dem Grundsatz der Öffentlichkeit der parlamentarischen Verhandlungen und der Verantwortlichkeit der Abgeordneten, die ihr Tun und Reden gegenüber der öffentlichen Meinung rechtfertigen müssen[1]).

§ 19. Die Organisation des ungarischen Abgeordnetenhauses.

I. Zu Anfang ist festzustellen, daß die ungarische Geschäftsordnung unter belgischem Einflusse steht. Es sind nur in den achtziger und Ende der neunziger Jahre Modifikationen gemacht worden, welche mit den Wahlprüfungsreformen und -gesetzen dieser Epoche in Zusammenhang stehen. Der Alterspräsident eröffnet die erste Sitzung bei Beginn einer Legislaturperiode. Er und die sechs jüngsten Mitglieder als Schriftführer bilden das provisorische Präsidium, unter dessen Leitung die Verifikation der Mandate durch die Sektionen des Hauses vorgenommen werden. Wenn die absolute Majorität der gesamten Abgeordnetenmandate verifiziert ist, erfolgt die Wahl des definitiven Bureaus (Art. 16 der GO. Abs. 4). Das definitive Bureau setzt sich zusammen aus einem Präsidenten, der in geheimer Wahl mit absoluter Majorität für die Dauer des ganzen Reichstags gewählt wird, zwei Vizepräsidenten, acht Schriftführern, von denen jede Kategorie besonders in geheimer Listenwahl, die Vizepräsidenten mit absoluter, die Schriftführer mit relativer Stimmenmehrheit gewählt werden, und einem mit absoluter Majorität in geheimer Wahl bestellten Quästor. Außer den Präsidenten werden die übrigen Mitglieder des definitiven Bureaus bloß für die Session gewählt. Der Präsident, die Schriftführer und der Quästor erhalten außer den gewöhnlichen Diäten des Abgeordneten (Pauschsumme von 4800 Kronen) ein besonderes Quartiergeld und Honorar. Auch die zwei Vizepräsidenten erhalten in neuester Zeit ein solches (von jährlich je 12 000 Kronen). Die Machtvollkommenheit des Präsidenten ist im Sinne des belgischen Vorbilds eine ganz beschränkte. Merkwürdigerweise rühmen das die

---

[1]) Pirmez, a. a. O., p. 10: Mais si les travaux préparatoires sont ainsi appelés à jouer dans l'élaboration des lois un rôle plus grand, n'y aura-t-il pas, par là même, une atteinte portée à une des plus précieuses garanties constitutionelles, à la publicité des travaux parlementaires? Pourrait-il même être mis en question de retrancher de ce qui est publié des débats auxquels l'examen des lois donne lieu, débats qui engagent la responsabilité de ceux qui y prennent part, et éclaircissent la portée des lois?

Ungarn[1]) und bringen es mit ihrer historischen Freiheit in Verbindung, während es in Wirklichkeit nur die Schwäche des belgischen Vorbildes ist. Erst bei einer der letzten Revisionen der Geschäftsordnung ist dem Präsidenten die Möglichkeit des zeitweisen Ausschlusses im Falle wiederholter Verletzungen der Geschäftsordnung gegeben worden. Er schlägt ihn vor und die Kammer hat nach Anhörung einer besonderen Kommission, des Immunitätsausschusses, darüber zu entscheiden. Die übrigen Funktionäre des Bureaus haben ähnliche Funktionen wie in Belgien und anderswo. Eine eigene Hauskommission bereitet das Hausbudget vor und führt das Kassenanweisungsrecht sowie die innere Wirtschaftsverwaltung. Der Präsident ist der Vorsitzende dieser Kommission. Es besteht eine besondere Kassenstelle mit einem Kassierer, welcher von dem Präsidenten und der Hauskommission ernannt wird. Er wird von einer besonderen Rechnungskommission überwacht.

II. Die Sektionen und Ausschüsse sind dem belgischen Vorbild analog eingerichtet, nur hat man sich im Laufe der Zeit einigermaßen davon emanzipiert. Das Abgeordnetenhaus wird nach seiner Konstituierung in neun Abteilungen, worin die 453 Abgeordneten untergebracht werden, durch Los eingeteilt. Eine Verhandlung und Beratung der Vorlage in den Sektionen findet nicht mehr statt, trotzdem Art. 125 der GO. noch davon spricht und auch noch einen Zentralausschuß analog der belgischen Zentralsektion anführt (Art. 131 ff. der GO.). Im wesentlichen beschränken sie sich heute auf die vorläufige Verifikation der Wahlen. In der Hauptsache wird die gesetzgeberische Arbeit von den Ausschüssen verrichtet. Für jede Session werden von der Kammer 14 Ausschüsse gebildet (Art. 126 der GO.), und zwar eine Justiz-, Finanz-, Kommunikations-, Unterrichts-, Petitions-, Wirtschafts-, Diariums-, Wehr-, Bibliotheks-, Immunitäts-, Rechnungs-, Schlußrechnungsprüfungs-, Verwaltungs- und ein volkswirtschaftlicher Ausschuß. Eine besondere Rolle spielt in dem Geschäftsverfahren des ungarischen Abgeordnetenhauses die sog. Inkompatibilität, d. i. die Feststellung der Unvereinbarkeit des Abgeordnetenmandats mit gewissen amtlichen Funktionen und privaten Berufen. Dieselbe wird von einem Inkompatibilitätsausschuß (Art. 144 ff.) festgestellt, der für die Zeit einer Session bestellt wird und aus elf Mitgliedern besteht. Die übrigen Kommissionen schwanken in ihrer Mitgliederzahl zwischen 11 und 25. Der Inkompatibilitätsausschuß wird in seiner Tätigkeit durch eine besondere neben ihm für gewisse Fälle der Inkompatibilität eingesetzte Inkompatibilitätsjury unterstützt. Die Wahlprüfung ist in Ungarn ein besonders wichtiges Geschäft. Ausgeübt wird sie von der Königlichen Kurie (dem obersten Gerichtshof), ferner aus den schon erwähnten Abteilungen für die Zwecke der vor-

[1]) S. Graf Apponyi im französischen Annuaire du parlement 1902, S. 928.

läufigen Verifikation, sodann durch den ständigen Verifikationsausschuß und die sog. neun Gerichtskommissionen des Hauses. Vor diesen Gerichtskommissionen des Hauses können die Abteilungen ebenso wie der ständige Verifikationsausschuß Einwendungen gegen die endgültige Verifikation und gegen die Gültigkeit der Wahl erheben. Ebenso steht jedem Abgeordneten dieses Recht zu. Auch je zehn Wähler können bis zur endgültigen Verifikation eine Klage erheben. Über alles das entscheidet eine der Gerichtskommissionen. Jede besteht aus sieben Mitgliedern (Art. 35 der GO.). Der ständige Verifikationsausschuß wird durch die Abteilungen gebildet. Jede derselben wählt ein ordentliches und ein Ersatzmitglied in diesen Ausschuß (Art. 28 mit Art. 12 der GO.).

III. Kritische Würdigung[1]). Das Bureau setzt sich durchaus aus der herrschenden Majoritätspartei zusammen. Nur zwei bis drei von neun Schriftführerstellen sind der Opposition reserviert.

Die Ausschußbildung, die, wie wir wissen, bis auf den Verifikationsausschuß unabhängig von den Abteilungen erfolgt, wird von der Majoritätspartei zwar nicht monopolisiert, aber es hängt von ihrem guten Willen ab, in welcher Höhe sie die Anteilnahme an der Ausschußbildung zuläßt. Nicht bloß für die ständigen Fachausschüsse, sondern auch für die Spezialausschüsse hängt so die Beteiligung der Minderheit von dem Willen der Mehrheit ab. Das heilsame Gegengewicht, das das Abteilungswerk in einigen Staaten, wie Frankreich, Belgien, Holland gegenüber der Parteimajorisierung leistet, ist hier außer Brauch gekommen.

§ 20. Die Organisation des schwedischen Riksdags.

Wenn auch die ständige Verfassung Schwedens seit 1866 in demokratischem Sinne modernisiert ist, so hat sie doch in ihren Formen, namentlich in der Führung der Parlamentsgeschäfte, den ständischen Charakter äußerlich beibehalten. Dies zeigt sich namentlich in zwei Punkten der Organisation des Riksdags, einmal in der Organisation des Präsidiums, sodann in der Ausschußbildung.

I. Die Präsidenten oder Sprecher (talman) und die stellvertretenden Sprecher beider Kammern werden vom König ernannt (Art. 52 der Verfassung). Diese königliche Ernennung der Vorsitzenden beider Kammern ist in der ständischen Epoche seit dem 17. Jahrhundert entstanden[2]). Von 1719 bis 1778 war allerdings auch das Sprecheramt von den Ständen besetzt, aber als es sich zeigte, daß diese Vertrauensämter von den Parteien heftig umworben waren, schien es notwendig, zu den alten Gebräuchen wieder zurückzukehren. Ohne Einwendung von irgend einer Seite wurden die Sprecher im Jahre 1809, als die gegen-

[1]) S. dazu Apponiy, a. a. O., S. 926 f.

[2]) S. Fahlbeck, Die Regierungsform Schwedens, 1911, S. 154.

wärtige Verfassung Schwedens gegeben wurde, wieder auf königliche Ernennung abgestellt. Nur in Ausnahmefällen werden die Sprecher von beiden Kammern gewählt, so z. B. wenn der König durch mehr als zwölf Monate abwesend oder krank ist, wenn der Throninhaber minderjährig ist, wenn die männliche Linie der Dynastie ausstirbt (Art. 91 bis 95). In diesen Fällen wird der Reichstag von anderen Personen als vom König zusammenberufen und wählt dann seinen Sprecher selbst (Art. 31 der Riksdags Ordningen von 1866). Die Verfassung gibt keinen Anhalt dafür, daß der Sprecher auf sein Amt verzichten kann. Er wird als Beamter betrachtet und kann, wie jeder Staatsbeamte, nach rechtmäßigem Verfahren und Urteil abgesetzt werden[1]). Er genießt keinen besonderen strafrechtlichen Schutz, ausgenommen den, den er als Mitglied der Kammer in Anspruch nehmen darf. Seine Befugnisse erlöschen mit jedem Reichstag. Er führt nicht etwa, wie in anderen parlamentarischen Körperschaften, seine Machtvollkommenheit bis zum Zusammentritt des nächsten Reichstags. Einen Amtseid hat er nicht mehr, wie früher, abzulegen. Dem Talman steht das Recht zu, die Kammer einzuberufen, die Beratung in Gang zu bringen, die zum Ausdruck gebrachten Meinungen zu resumieren und die zu machenden Beschlüsse vorzuschlagen, die Sitzungsordnung aufrechtzuerhalten, alles entsprechend den Vorschriften des Gesetzes (Art. 51). Es darf der Talman niemals an den Beratungen und Abstimmungen teilnehmen und nichts anderes vorschlagen als zur Ausführung der Verfassungsgesetze und Beschlüsse des Reichstags oder der Kammer, der er angehört, nötig ist. Ebenso trifft er die für die Ausführung der Geschäftsordnung nötigen Anordnungen. Ohne Zustimmung der Kammer darf er keine Sitzung aufheben. Eine wichtige Befugnis hat aber der Präsident, d. i. die sog. Propositions-Vägra (Art. 61 der Riksdags Ordningen). Anträgen, welche verfassungswidrig sind, kann er die Abstimmung verweigern. Dabei hat er seine Gründe anzugeben. Verlangt die Kammer nichtsdestoweniger, daß abgestimmt werden soll, so kann der Sprecher die Frage dem Konstitutionsausschuß zur Entscheidung überweisen. Findet dieser, daß die Abstimmung zuzulassen ist, so muß der Sprecher sich danach richten. Das Disziplinarrecht, das dem Talman zur Verfügung steht, beschränkt sich bloß auf Ordnungsruf[2]). Der Kammer allein gebührt es, zu entscheiden, wenn kräftigere Disziplinarmittel in Anwendung gebracht werden sollen[3]). Die Feststellung der Tagesordnung steht weder dem

---

[1]) Hagman, Sveriges Grundlagar, Stockholm, S. 393.

[2]) Hagman, a. a. O., S. 431.

[3]) Hagmann, a. a. O., S. 433: Talmannens befogenhet såsom ordningens upprätthållare inskränker sig sålunda till anmangar. Behöfva andra åtgärder vidtagas, så erfordras kammarens samtycke.

Sprecher noch dem Hause zu. Sie wird für die ganze Session von einer Art Arbeitsausschuß, der sog. Talmanskonferenz, von der noch weiter unten zu handeln ist, vorgenommen. Wiederholt ist der Antrag gestellt worden, den Talman mit einem ausschlaggebenden Stimmrecht auszustatten, so im Jahre 1867 und 1881, aber es ist diesem Wunsch bis jetzt nicht nachgekommen worden, ebensowenig dem anderen, daß der Talman von den Kammern gewählt werden soll, so 1872, 1895 usw. Der Talman darf keinem Ausschuß (Utskott) angehören. Er ist im großen und ganzen das geblieben, was er in der ständischen Zeit war: ein Landmarschall, wie auch ursprünglich der Vorsitzende der höheren Stände hieß (Landtmarskalk)[1]). Zu dem Bureau des Reichstags gehören noch die Sekretäre der ständigen Ausschüsse (Art. 80 der Riksdages Ordningen), welche jedoch Beamte, nicht Mitglieder des Reichstags sind und bezahlt werden. Den Kanzleidienst führt ein besoldeter Kanzleivorstand, welcher von dem Sprecher oder stellvertretenden Sprecher und im Vereine mit einer Kommission von vier Reichstagsmitgliedern (Kanslideputerade) ernannt wird. Den ganzen Kassendienst und die Ausgaben des Reichstags versieht das Reichsschuldenkontor (Riksgjaeldskontoret), welches unabhängig von der Regierung und Kammer ist. Die Kassenanweisung hat der Talman oder der Vorsitzende der ständigen Ausschüsse.

II. Die Ausschüsse des schwedischen Parlaments sind teils ständige und zwar gemeinsame Ausschüsse beider Kammern, teils gelegentliche, welche von jeder Kammer eingesetzt werden (tillfäliga utskotten). Die ständigen Ausschüsse sind: ein Kommissionsausschuß, der sich mit Verfassungsfragen beschäftigt, ein Etatausschuß, ein Ausschuß für die Steuerbewilligung, ein Bankausschuß, ein Ausschuß für die Gesetzgebung und ein Ausschuß für die Landesinteressen (Art. 53 der Verfassung). Auch diese ständigen Ausschüsse sind aus der ständischen Zeit überkommen. Sie arbeiten geheim, die Regierung darf nicht in ihnen vertreten sein. Aufklärungen, die der Ausschuß wünscht, sind von der Regierung schriftlich zu erteilen. Mit gewissen Departements (Staatskontor, Reichsbank, Reichsschuldenkontor) verkehren die Ausschüsse direkt (Art. 46 der Reichstagsordnung). Kein Mitglied darf mehreren festen Ausschüssen angehören, jedes dreimal ohne Entschuldigung ausbleibende Mitglied wird ersetzt (Art. 45 der Reichstagsordnung). Daneben fungieren die für besondere Angelegenheiten eingesetzten Spezial- oder gelegentlichen Ausschüsse, aber ihre Verwendung ist im Verhältnis zu den ständigen Ausschüssen eine wesentlich geringere, das ergibt folgende Statistik[2]):

---

[1]) Hagman, a. a. O., S. 117.

[2]) Hagman, a. a. O., S. 399.

Im Reichstag von 1900 wurden verwendet:

	1. Kammer	2. Kammer	Zus.
Zahl der Mitglieder in den ständigen Ausschüssen	48	48	96
Stellvertreter derselben	39	48	87
Zahl der Mitglieder in den gelegentlichen Ausschüssen	10	36	46
Stellvertreter derselben	6	20	26
Summe:	103	152	255

Außer den genannten Ausschüssen und von ihnen wohl zu scheiden sind drei andere gemeinsame Ausschüsse für besondere Zwecke (sog. Spezial-Deputationer). Zunächst die sog. Hemliga Deputerade (Regierungsform Art. 54 und Reichstagsordnung Art. 50). Es kann der König vom Reichstag besondere Abgeordnete verlangen, um mit diesen über Angelegenheiten zu beraten, die er geheimzuhalten wünscht. Während die übrigen gemeinsamen Ausschüsse beider Kammern das Recht haben, Beschlüsse dem Reichstage vorzuschlagen, hat der letztgenannte Ausschuß, der sog. Geheimausschuß, keine Beschlüsse zu fassen, sondern nur dem König seine Meinung über die Angelegenheiten kundgeben, die ihm mitgeteilt sind[1]). Wenn der König es verlangt, müssen die Ausschußmitglieder den Eid der Verschwiegenheit ablegen (Art. 54). Sodann die vorhin genannte Kanslideputerade. Schließlich die sog. Talmanskonferenzen, von denen wir ebenfalls oben gesprochen haben. Es ist dies ein Arbeitsausschuß, welcher nach dem Reichstagsreglement von 1868 (Art. 3) aus den Sprechern und stellvertretenden Sprechern beider Häuser, sowie aus je drei von jeder Kammer für die Dauer der Session oder für bestimmte Zeit gewählten Mitgliedern besteht und auf Verlangen einer der Sprecher versammelt wird, um über Vorschläge, welche den Kammern vorzulegen sind, zu beraten. Auch sind die Sekretäre der Kammern anwesend. Die Talmanskonferenz stellt den Arbeitsplan für die laufende Session fest, woran sich jede der Kammern zu halten hat. Will eine der Kammern eine Änderung herbeiführen, so kann der Antrag darauf gestellt werden. Er kommt aber erst in der folgenden Sitzung zur Abstimmung. Dadurch sollen die Mitglieder vor Überrumpelung geschützt werden[2]). Die Talmanskonferenz hat auch die Tätigkeit der Ausschüsse zu überwachen sowie die Besoldungsordnung für die Beamten des Reichstags festzustellen.

III. Kritische Würdigung. Diese erledigt sich mit der Tatsache, daß wir es hier mit ständischen Formen zu tun haben, die

[1]) Über die Geschichte und Zweck der Bestimmung s. Fahlbeck, a. a. O., S. 156 ff.

[2]) Aschehoug in Nordisk Retsencylopaedi, 1885, I, S. 166 ff.

kaum nachahmenswert scheinen. Interessant ist nur die eigentümliche Schwierigkeit, in der sich das Ausschußwerk des Riksdags befindet. Die ständigen Ausschüsse überwiegen an Tätigkeit. Man sagte ihnen früher nach, daß sie von den herrschenden Parteien vollständig monopolisiert werden, daß sie der Minderheit also keinen Raum zur Meinungsäußerung darbieten, daß sie schließlich unter der Überfülle des Beratungsstoffes leiden und namentlich die Tätigkeit auf die Schultern besoldeter Sekretäre abwälzen[1]). Dem Übelstand ist durch Einführung des Proporzes für die ständigen Ausschüsse abgeholfen[2]). Nun hatte man auch versucht, die Spezialausschüsse der einzelnen Kammern mehr in den Vordergrund zu rücken. Aber auch deren Tätigkeit wollte nicht gedeihen, da sie die Konkurrenz der gemeinsamen Ausschüsse nicht vertragen konnten. Diese treten mit stärkerem Gewicht auf als anderswo, da die schwedische Staatsverfassung von 1809 auf der Gleichberechtigung beider Kammern untereinander und im Verhältnis zu dem König und der Staatsregierung aufgebaut ist[3]). Ja, es gilt sogar die Auffassung, daß, wenn man einer Angelegenheit ein Leichenbegängnis I. Klasse bereiten will, man sie einem Spezialausschuß der einen oder anderen Kammer zu überweisen hat. Auf diese Weise würde man ihrer am sichersten ledig, weil die endlosen Verhandlungen zwischen den besonderen Ausschüssen beider Kammern schließlich die Angelegenheit zum Scheitern bringen[4]). Wie wenig die Tätigkeit der Spezialausschüsse neben der der gemeinsamen Ausschüsse in Betracht kommt, ergibt die Tatsache, daß, während im Jahre 1890 die Zahl der Ausschußberichte in den gelegentlichen Ausschüssen 57 betrug, sie im Jahre 1899 auf 34 zusammenschrumpfte, während in der gleichen Zeitperiode die Zahl der Berichte des Etatausschusses von 77 auf 114, des Gesetzgebungsausschusses von 55 auf 65 stieg (Hagman 401). Die Tatsache ist deshalb so lehrreich, weil sie zeigt, daß, wo in einer parlamentarischen Geschäftsordnung die ständigen gemeinsamen Ausschüsse vorhanden sind, die gelegentlichen, von jeder Kammer eingesetzten, zu kurz kommen. Ein hübsches Gegenstück hierzu bietet England, wo umgekehrt die gemeinsamen Konferenzen beider Häuser, wie sie im 17. Jahrhundert noch

---

[1]) Rydin Svenska Riksdagen Stockholm, Senare Delen, II, p. 173 ff.

[2]) § 37 Abs. 5 der Reichstagsordnung und kgl. Verordnung (vom Reichstag angenommen) vom 26. Mai 1909, Svensk Förfathningssamling, Nr. 37.

[3]) S. dazu auch noch oben § 4.

[4]) Hagmann, S. 401: „Detta förhandlingssätt genom tryckta utskottsbetänkanden syntes ej lämpa sig för våra förhållanden, därest man ville uppnå ett positivt resultat. Härtill komme, att detta arbetssätt medförde ökade tryckningskostnader utan något egentligt gagn. Hvarje motion, hvarje utskottsbetänkande trycktes om vid samme riksdag flera gånger. Med kännedom om svårigheten att komma till ett positivt resultat, då en fråga hänsköts till tillfälligt utskott, sökte ock motionärer ej sällan undvika att fa sina förslag hänvisade till sådant utskott."

herrschten, in neuerer Zeit nicht gedeihen wollen, trotzdem ihre Wiederbelebung versucht und äußerst gewünscht wird (siehe C. P. Ilbert, Conferences between the two Houses of Parliament, Contemporary Review 1910).

§ 21. Die Organisation des norwegischen Storting.

I. Der Präsident des Storting, die Präsidenten seiner beiden Abteilungen des Odelsting und Lagting sowie die Sekretäre werden definitiv erst gewählt, nachdem die Wahl der Abgeordneten verifiziert worden ist. In der Zwischenzeit fungiert ein provisorischer Präsident (Midlertidig Forrettende Praesident), der vom Storting gewählt wird. Die Wahl des definitiven Bureaus erfolgt gegenwärtig seit der Geschäftsordnungsreform von 1908 (§ 4 der Geschäftsordnung) zu Beginn jeder Session. Doch wechseln die für jedes Ting gewählten Amtsfunktionäre alle vier Wochen ihr Amt untereinander. Auch kann, sofern wenigstens $^1/_5$ des Stortings oder seiner Abteilungen das schriftliche Verlangen wegen einer neuen Wahl stellt, solche Wahl in dem betreffenden Ting vorgenommen werden (§ 6 der Geschäftsordnung von 1908). Das Bureau hat in Norwegen die gleichen Funktionen wie anderswo. Es besteht wie anderswo aus Präsidenten, Vizepräsidenten und Sekretären, und zwar für jedes Ting besonders wird ein Präsident, ein Vizepräsident, ein Sekretär und ein Vizesekretär gewählt. Außerdem besteht für jedes Amt noch ein besonderer Stellvertreter, welcher in Aktion kommt, wenn der bisherige Funktionär unvorhergesehen erkrankt oder abwesend ist. Es ist diejenige Person, welche bei der Wahl zwar unterlegen, aber dennoch nächst dem Gewählten die meisten Stimmen erhalten hat (§ 4 der Geschäftsordnung von 1908). Das Storting ernennt ferner zu Beginn jeder Legislaturperiode auf Antrag des Präsidenten und der Vizepräsidenten jedes Tings einen Bureauvorsteher (Kontorchef), welcher gleichzeitig Archivar ist, daneben einen Agenten des Sekretariats und des Stortings. Dem Sekretariat liegt insbesondere die Bureauarbeit und das Archivwesen ob sowie die Leitung der Bibliothek und anderes. Der Bureauvorstand des Sekretariats hat gleichzeitig die Obsorge für das Stortinggebäude und die innere Ökonomie. Er überwacht auch den Stenographendienst.

II. Das Abteilungssystem wie in anderen Staaten existiert in Norwegen nicht. Die Wahlprüfungen werden durch zwei Kommissionen vorgenommen, welche das Storting wählt. Die eine Kommission (§ 21 der Geschäftsordnung) tagt schon nach Schluß der letzten Legislaturperiode, in welcher die Wahlen für die nächste Legislaturperiode vorgenommen werden. Sie wird von der den Neuwahlen unmittelbar vorangehenden Legislatur knapp vor ihrem Schluß gewählt und besteht aus sechs Mitgliedern. Ihre Hauptaufgabe ist die formelle äußere Prüfung der Legitimation der Neugewählten, und sie kann zu diesem Behufe alle Aufklärungen von der Regierung verlangen. Sie heißt auch das sog. forberedende Fuldmagtskomitee. Die eigentliche Wahlprüfung besorgt ein zu Beginn der neuen Legislaturperiode neugewähltes Vollmachtskomitee, bestehend aus 12 Mitgliedern (§ 1 der Geschäftsordnung von 1908). Diese Teilung war deshalb notwendig geworden, weil das früher allein vorhandene Wahlprüfungskomitee (sog. Vollmachtskomitee) mit den Wahlprüfungen nicht mehr fertig werden konnte und dadurch die Wahl des definitiven Bureaus aufhielt. Seit 1903 besteht nun diese Teilung in die beiden Vollmachtskomitees. Die Hauptarbeit ruht auf den Schultern von richtigen Ausschüssen, welche von dem Storting gewählt werden. Es sind das feste Fachausschüsse, in welche sämtliche Mitglieder der gesetzgebenden Körperschaft verteilt werden, ausgenommen die Präsidenten, welche nicht in die Ausschüsse gewählt werden. Jedes Mitglied darf nur in einem Ausschuß sitzen. Nur in dem seit 1908(§ 11 Ziffer 1) bestehenden Komitee, welches die zu spät eingebrachten Anträge, d. h. diejenigen Anträge, welche nicht bis zu einem bestimmten Termine (d. i. Ende Februar) eingebracht worden sind und daher abgewiesen werden müßten, daraufhin prüft, ob sie nicht doch noch ausnahmsweise zuzulassen wären, sitzen die Präsidenten. Die Fachausschüsse sind gegenwärtig seit 1908 in der Zahl von 14 vorhanden. Die Verteilung der Mitglieder auf die Ausschüsse wird von einem Komitee besorgt, welches dem englischen Committee of selection entspricht, Valgkomitee heißt und aus 29 Mitgliedern besteht (§ 9 der Geschäftsordnung). Dadurch soll erreicht werden, daß die Mitglieder in die Ausschüsse je nach ihrer Sachkunde und ihrer politischen Schattierung verteilt werden. Es hat natürlich bloß die Vorschläge solcher Verteilung zu machen, denn die Wahl wird vom Storting vorgenommen. Ausgenommen von dieser Verteilung durch das Valgkomitee liegt die Wahl dieses Komitees selbst, ferner die Wahl des Fuldmagtkomitees und der Spezialausschüsse, welche für einzelne besondere Angelegenheiten ernannt werden. Man kann ohne weiteres Mitglied eines jener Fachausschüsse und dieser von dem Valgkomitee unabhängigen Ausschüsse sein. Die Berichte der Ausschüsse werden so abgefaßt, daß jede im Ausschuß vertretene Meinung für die Berichterstattung einen eigenen Wortführer wählen kann. Diese Wahl der Wortführer und damit die Möglichkeit einer Vertretung im Storting ist deshalb jetzt von Wichtigkeit, weil seit 1908 nur diese Wortführer von der allgemeinen Regel des § 32 der Geschäftsordnung befreit sind, wonach jeder Abgeordnete nicht mehr als zweimal zum Worte kommen darf in einer General- und Spezialdebatte.

Wollen nicht im betreffenden Ausschuß vertretene Meinungen öfters als zweimal im Plenum zum Worte kommen, so müssen sie sich nach § 32 der neuen Geschäftsordnung zur Wahl eines Wortführers zusammentun, wozu mindestens zehn Mitglieder des Storting berechtigt sind

Den Lauf der Geschäfte und den Arbeitsplan stellt ein Komitee für die Arbeitsordnung fest (komitee for arbeitsordningen) (§ 20 der Geschäftsordnung). Es entspricht den schwedischen Talmanskonferenzen und besteht aus dem Präsidenten des Storting und des Odelsting sowie aus den Vorsitzenden der ständigen Fachausschüsse. Das Storting ist an diesen Arbeitsplan gebunden. Das Arbeitskomitee tritt mindestens einmal im Monat zusammen. In diesen Sitzungen wird darüber berichtet, ob Abweichungen von dem ursprünglichen Arbeitsplan empfehlenswert und zulässig sind. Wird eine Behandlung im Ausschuß nicht zeitgerecht vollzogen, so teilt das Arbeitskomitee dies dem Plenum mit unter Angabe des Grundes. Solange noch kein Arbeitsplan vorliegt, werden vom Storting und dem Odelsting alle Kommissionsberichte der vergangenen Session und Legislaturperiode vorgenommen. Das Prinzip der Diskontinuität ist dem nordischen Recht nicht bekannt. Anträge um Abänderung der Arbeitsordnung können nur durch Vermittlung des Arbeitsausschusses an das Storting gebracht werden. Auch steht es dem Arbeitskomitee zu, vor Ablauf des zweiten Monats der Session seine Meinung über die Länge derselben und ihren voraussichtlichen Schluß abzugeben.

III. K r i t i s c h e W ü r d i g u n g. Wie Schweden, hat auch Norwegen seine Geschäftsordnung unabhängig vom französischen Vorbild entwickelt. Es sind auch zweifellos wesentliche Verbesserungen angebracht worden, welche den Geschäftsordnungen anderer Staaten vorbildlich sein könnten; aber das Parteiwesen hat auch die Stellung des Präsidenten mit Beschlag belegt, ebenso die der Ausschüsse. Der Präsident ist Parteimann. Zwar besetzt die herrschende Partei nicht wie früher alle definitiven Stellen des Bureaus, aber es besteht nunmehr die Parlamentssitte, daß die Präsidentenposten unter den Parteien verteilt werden. Auch die Minderheitspartei bekommt einen Präsidentenposten, denn es gibt, wie wir wissen, in Norwegen für das Storting, das Odelsting und Lagting je einen Präsidenten, die, wie wir ebenfalls wissen, untereinander in der Amtsführung wechseln.

Daß der Präsident Parteimann ist[1]), ergibt sich auch aus der Tatsache, daß er, wie jedes andere Mitglied, an den Debatten teilnimmt und stimmt. Von der Beteiligung am Präsidium ist allerdings die kleine sozialdemokratische Partei ausgeschlossen[2]).

Was die Ausschüsse anlangt, so sind sie gewöhnlich ständig[3]) und

[1]) So heißt es in den Verhandlungen des Storting für 1908, A, S. 25: Abgeordneter Havig, . . . „da forholde var det, at majoritetspartiet i stortinget besatte samtlige praesidentpladse . . . Man er nu blevet enig i forveien; praesidentpladsene fordeles mellem partierne, og praesidenterne vaelges med nogenlunde enstemmighed."

[2]) Die Reden von Eriksen und Havig, a. a. O., S. 26.

[3]) Die Einsetzung von Spezialausschüssen empfindet man als Störung dieser Stortings forhandlinger. 1908, A. Indstillinger til Storginget, Nr. 1, Bilag, p. 63: „at

vollständig in den Händen der Mehrheitspartei. Der beste Kenner des norwegischen Staatsrechts sagt hierüber[1]: „Komitebesaettelsen er saaledes lagt ganske i Flertallets Haender, hvilket ofte giver Anledning til Misnoje.“[2])

§ 22. Die Organisation des dänischen Folketing.

Die dänische Geschäftsordnung steht vorwiegend unter französischem Einfluß. Zunächst findet sich auch hier die Dreiteilung des Präsidiums zu Beginn einer Legislaturperiode (§§ 1 bis 6 der Geschäftsordnung), also ein Alterspräsidium, Probepräsidium und definitives Bureau[3]). Dessen Wahl wird vorgenommen, wenn 25 Mitglieder schriftlich mindestens drei Tage vorher darauf antragen. Die Wahl leitet zu Beginn der Legislaturperiode der provisorische Präsident, sonst der Alterspräsident (§ 2 GO.). Das definitive Bureau setzt sich zusammen aus dem Präsidenten, zwei Vizepräsidenten und vier Schriftführern, welche mindestens für die Dauer der Session gewählt werden[4]). Jedes Mitglied ist verpflichtet, an der Wahl des Bureaus und an den Wahlen der Ausschüsse sich zu beteiligen (§ 2 der Geschäftsordnung). Die Wahl des Präsidenten und der Vizepräsidenten erfolgt mit absoluter Stimmenmehrheit, die Wahl der vier Sekretäre unter Anwendung des Proporzes (darüber weiter unten), bei Stimmengleichheit entscheidet das Alter den Vorzug zum Amt des Präsidenten (§ 3 GO.). Die Abteilungen dienen hier ausschließlich Wahlprüfungszwecken. Sie haben, vier an der Zahl und durch Los zusammengesetzt, nur die vorläufige Wahlverifikation vorzunehmen. Die eigentliche Wahlprüfung liegt einem Ausschuß von sieben Mitgliedern ob, der von der Kammer gewählt wird. Die Ausschüsse

de for Komitearbeit i almindelighed saa forstyrrende specialkomiteer i regelen skulde undgaaes.“ Stortingstitende, a. a. O., Indstilling, Nr. 1, p. 10.

[1]) Aschehoug in Nordisk Retsencylkopaedi, 1885, II, S. 158.

[2]) S. auch Eriksen in den Verhandlungen des Storting, a. a. O., S. 19.

[3]) Daß hierbei die konstitutionelle Doktrin von Einfluß war, zeigt die Bemerkung der Redaktoren der Geschäftsordnung von 1849, wo sich zum ersten Male diese Trichotomie findet: Beretning om Forhandlingerne paa Rigsdagen, Kiobenhavn 1848/49, I, p. 86: „Hvad Valget af Formanden angaaer, har Comiteen ikke tængt sig, at Aldersformanden, som ikke har nogen Function ved Forsamlingen uden ved dens forste Censtituering.“

[4]) Gewöhnlich für eine Legislaturperiode; denn Neuwahl erfolgt zu Beginn der Session nur, wenn 25 Mitglieder darauf antragen (§ 2 GO.). Sonst bleibt der frühere Präsident im Amt. Die ältere Bestimmung, die sich seit 1849 an das französische Vorbild anlehnte, wonach die Wahl alle vier Wochen von neuem vorgenommen werden sollte, wurde im Jahre 1899 aufgegeben, weil die Parlamentsparteien in ihrem Bestande nicht mehr so fluktuierten, wie dies ursprünglich vorausgesetzt wurde (s. Rigsdagstidende 1898/99, Folketinget, Bd. III, Sp. 5277).

sind (insbesondere seit 1874) teils ständige[1]), teils gelegentliche Ausschüsse. Sie konstituieren sich wie jeder mit größter Stimmenzahl gewählte Ausschuß (§ 9 GO). Es kommen auch gemeinsame Ausschüsse beider Kammern ausnahmsweise vor (Verfassung § 53)[2]). Unter Umständen kann sich sogar die Kammer zu einem Komitee des ganzen Hauses zusammenschließen (siehe Matzen, Danske Statsforfatningsret: II, 1908, S. 351). Die Wahl zu den Ausschüssen und die Wahl der Schriftführer wird nach dem Prinzip der Verhältniswahl vorgenommen (§ 39 der Geschäftsordnung). Diese Verhältniswahl war besonders interessant, und sie vollzog sich in folgender Form: Man teilte die Zahl der abgegebenen Stimmen durch die Zahl der zu wählenden Personen, erhielt so den Wahlquotienten. Der Präsident nahm dann aus der Wahlurne die Stimmzettel, las den Namen vor, und zwar den auf der Liste zuerst geschriebenen. Die Sekretäre notierten dies in einer Kontrolliste. Alle Stimmzettel, welche mit demselben Namen beginnen, wurden zusammengezählt, und sobald die Summe dem Wahlquotienten gleichkam, hörte man mit der Verlesung des betreffenden Namens auf den weiteren Stimmzetteln auf; so ging es dann mit den folgenden. Jedesmal, wenn der betreffende Wahlquotient erreicht, war auch der betreffende Kandidat gewählt. Die überschüssigen zu seinen Gunsten abgegebenen Stimmzettel wurden dann dem vom Wähler an zweiter Stelle auf demselben Stimmzettel Genannten zugezählt, bis auch dieser den Wahlquotienten erreicht hatte u. s. f. Auf diese Weise glaubte man in Dänemark sich von der Abteilungswahl zu emanzipieren und den Minoritäten eine gesicherte Repräsentation in den Komitees (Udvalg) zu geben, die sie sonst, wenn der Zufall allein walten wollte, nicht immer finden würden. Dieses Verhältniswahlprinzip ist das von dem Landsmann der Dänen Andrae erfundene Proporzsystem. Es leidet namentlich wie dieses an dem Mangel, daß es dem reinen Zufall anheimgegeben ist, mit welchem Stimmzettel der Präsident den Anfang macht, deshalb ist auch dem Zufall weiter anheimgegeben, welcher von den Kandidaten am ehesten den Wahlquotient erreicht. Andere Kandidaten, welche vielleicht ebensolche

---

[1]) Zu diesen gehört nach § 8 der Geschäftsordnung:

1. Ein Geschäftsordnungsausschuß, bestehend aus den zwei Vizepräsidenten und fünf Abgeordneten.
2. Ein Petitionsausschuß, bestehend aus neun Abgeordneten.
3. Ein Wahlprüfungsausschuß von sieben Mitgliedern.
4. Ein Staatsrechnungsausschuß, bestehend aus fünf Mitgliedern.
5. Ein Gesetzentwurfausschuss zur Verbesserung sprachlicher Unebenheiten im Gesetzentwurfe, bestehend aus drei Mitgliedern. Sie werden alle auf die Dauer einer Session gewählt.

[2]) Um Übereinstimmung zwischen den beiden Kammern herbeizuführen; nur in diesem Falle allein liegt auch eine Pflicht für jede Kammer vor, Mitglieder zu diesem Ausschuß zu wählen.

Ansprüche haben könnten, kommen dabei zu kurz, wenn die auf sie lautenden Stimmzettel eben später erbrochen werden. Der Zufall ist also nicht ausgeschaltet, und in der Praxis bestätigte sich auch die Tatsache, daß bloß die einflußreichsten Männer, die äußerst häufig also auf Stimmzetteln vorkommen, diese genügende Sicherheit hatten, gewählt zu werden[1]). Zunächst versuchte man es, um diesen Übelständen zu begegnen, mit vorhergehenden Verabredungen der Parteien, die ähnlich wie in unserm Seniorenkonvent stattfanden und vom Präsidenten in der Sitzung proklamiert wurden, später (seit 1890) suchte man dies formlose Verfahren rechtlich dadurch auszugestalten, daß man den Proporz zwar beibehielt, aber es als Listenverfahren nach dem System des Belgiers d'Hondt ausgestaltete[2]), d. i. durch Einführung der chiffre repartiteur („Höchstzahl")[3]), wenn 15 Abgeordnete es verlangen. Man wollte dadurch die Parteivereinbarungen in der Regel gelten lassen und nur ausnahmsweise die Verhältniswahl gestatten. Heute ist aber in jedem Falle die Verhältniswahl vorzunehmen. Zu Mitgliedern des Ausschusses kann jeder Abgeordnete gewählt werden, auch ein Minister, sofern er Mitglied der Kammer ist. Neben den genannten Ausschüssen können Untersuchungskommissionen mit dem Rechte der Vernehmung von Zeugen, Sachverständigen eingesetzt werden (§ 40 der Verfassungsurkunde). Ein Recht, Eide abzunehmen, besitzen sie jedoch nicht (Matzen, a. a. O., II, S. 357). Ihre Tätigkeit erstreckt sich über die einzelne Session hinaus. Bemerkt sei noch, daß für den ganzen dänischen Reichstag ein Bureauchef als Kanzleidirektor ernannt wird. Das Landesting hat einen eigenen Sekretär, der vom Landesting ernannt wird. Assistenten des Sekretärs für beide Kammern ernennt der Vorsitzende jeder Kammer, die Dienst- und Besoldungsordnung für das gesamte Kanzleiwesen wird aber von beiden Kammern gemeinsam vorgeschrieben und kann nur unter Zustimmung beider Kammern geändert werden[4]) (Geschäftsordnung des Folketing, S. 45 bis 50, Landesting, S. 47 bis 51). Der Reichstag hat in Dänemark einen eigenen Kassier (Rigsdagens Kasserer), der das Kassenwesen besorgt; das Rechnungswesen hält ein staatlicher Revisor im Gange, der aber vom Vorsitzenden jedes Tings angenommen werden muß [5]).

---

[1]) Aschehoug, a. a. O., II, S. 158: „De indflydelsesrigeste Rigsdagsmaend vaelges gjerne til Medlemmer af mange Welvalg. andre faa ikke Plads i noget saadant." Über die Tatsache, daß der Zufall eine große Rolle hierbei spielte, s. auch Rigsdagstidende: Folketinget 1889/90, II, Sp. 2632: „Det vil med andre Ord sige, at det bliver et rent Lotterispil."

[2]) S. Rigsdagstidende, a. a. O., Sp. 2641 ff. (Rede des Abg. Bajer).

[3]) S. dazu mein allg. Staatsrecht I, S. 85 f.

[4]) Theoretisch wird aber das Recht jeder Kammer auf selbständige Festsetzung der Gehaltsverhältnisse festgehalten (s. Rigsdagstidende, forhandlinger paa Folketinget 1880/81, Sp. 5593). Dies würde auch der Fall sein, wenn die gemeinsame Vereinbarung aufgehoben würde.

[5]) Aschehoug, a. a. O., I, S. 178.

§ 23. Die Organisation des österreichischen Abgeordnetenhauses.

I. Der Präsident des österreichischen Abgeordnetenhauses wird definitiv erst nach Verifikation der Abgeordnetenmandate ebenso wie die sieben Vizepräsidenten und 60 Schriftführer vom Hause gewählt (§ 5 der Geschäftsordnung). Bis zur Wahl des definitiven Präsidiums leitet ein Alterspräsident die Verhandlungen und beruft die acht jüngsten anwesenden Mitglieder zur provisorischen Besorgung der Geschäfte der Schriftführer (§ 1 der GO.). Zu Beginn jeder Legislaturperiode werden Präsident und Vizepräsidenten zunächst auf vier Wochen als Probepräsidium gewählt (§ 5 der GO.). In den späteren Sessionen erfolgt die Bestellung gleich für die ganze Session. Die Reihenfolge, in der die Vizepräsidenten den Präsidenten zu vertreten haben, erfolgt nicht wie im Deutschen Reich nach einer von vornherein durch die Wahl bestimmten Reihenfolge, sondern nach einer besonderen Vereinbarung zwischen Präsidenten und den Vizepräsidenten. Die Schriftführer, welche für die Dauer der Session gewählt werden, können unter Umständen ihr Amt früher niederlegen, wenn sie entweder mindestens zwei Ausschüssen angehören oder bereits sechs Wochen im Amte fungiert haben (§ 8 der GO.). Außer den genannten Funktionären werden noch zwei Ordner für die Dauer der Session vom Hause gewählt, welchen die Handhabung der Hausordnung obliegt (§ 9 der GO.). Sie entsprechen den in anderen Parlamenten vorkommenden Quästoren. Der Präsident und die Schriftführer haben die in anderen Parlamenten üblichen Funktionen. In neuester Zeit spricht sich der Präsident ein ausschließliches Interpretationsrecht der Geschäftsordnung zu. Hingegen steht ihm nicht die Befugnis zu, Anträge als verfassungswidrig oder gegen die Kompetenz des Abgeordnetenhauses abzuweisen. Seit dem Jahre 1910 hat er in gewissem Umfang die Befugnis, Anträge, welche Obstruktionszwecken (Dringlichkeitsanträge) dienen[1]), nach seinem Ermessen an den Schluß der Sitzung zu rücken. Doch ist Berufung an das Haus wegen solcher Entscheidung zulässig[2]). Auch ist ihm vorübergehend im Jahre 1910 die Befugnis erteilt worden (durch Gesetz, dessen Bestimmung aber nicht wieder erneuert wurde), im Falle einer schweren Beleidigung seiner Person oder einer offenen Widersetzlichkeit gegen seine Anordnungen den schuldtragenden Abgeordneten für die Dauer der betreffenden Sitzung eventuell auch für die folgende oder für die zwei nächstfolgenden Sitzungen auszuschließen. In den beiden letztgenannten Fällen steht aber die Berufung an das Haus zu.

II. Die Abteilungen (neun an Zahl) dienen den Zwecken der Verifikation. Sie werden durch Los gebildet (§ 3 der GO.). Die eigentliche Wahlprüfung bei angefochtenen Wahlen vollzieht der sog. Legitimations-

---

[1]) Art. I, Satz 2 des Gesetzes vom 21. Dezember 1910, RGBl., Nr. 232.

[2]) Satz 3 Art. I des zit. Gesetzes.

ausschuß, der vom Hause gewählt wird (§ 3 der GO.). Zwar schreibt die Geschäftsordnung in § 22 vor, daß auch die Kommissionen oder Ausschüsse entweder durch unmittelbare Wahl des Hauses oder durch die Abteilungen oder von Haus und Abteilungen zu wählen seien, doch ist gegenwärtig der Brauch, die Abteilungen überhaupt noch als Zwischenglieder zur Bildung von Ausschüssen zu verwenden, ganz aufgegeben, und seit einigen Jahrzehnten ist die Tätigkeit der Abteilungen vollkommen auf die Prüfung der Wahlakte am Beginn der Legislaturperiode und auf die Wahl des sog. Mißbilligungsausschusses beschränkt — beides Aufgaben, deren Erfüllung den Abteilungen ausdrücklich durch die Geschäftsordnung vorbehalten ist. Im übrigen haben die Abteilungen allen Zweck verloren[1]). Die Haupttätigkeit des Gesetzgebungswerks liegt also in den Ausschüssen, welche vom Hause gebildet werden (§ 19 der GO.). Wie hervorragend die Tätigkeit dieser Ausschüsse gegenwärtig ist, geht am besten daraus hervor, daß sie eine erste Lesung im Plenum vollständig überflüssig macht, und gegenwärtig Praxis ist, daß die Anträge direkt an die Ausschüsse ohne erste Lesung vom Präsidenten verwiesen werden (siehe Neisser, a. a. O., II, S. 10). Mit Recht konnte deshalb der Präsident Pattai im Hause am 30. April 1909 erklären: „Ich glaube, die Herren werden mir zugeben, daß der Nerv der Tätigkeit in den Ausschüssen liegt"[2]).

Die Ausschüsse tagen geheim, eine Öffentlichkeit ihrer Verhandlungen ist nur in beschränktem Sinne vorhanden, insofern diejenigen Abgeordneten, welche nicht Mitglieder des Ausschusses sind, nur in zwei Ausschüssen zugelassen werden können, nämlich in dem Budgetausschuß und dem Rekrutengesetzausschuß (§ 25 der GO.). Eine so weit gehende Öffentlichkeit, wie § 27 letzter Satz der GO. des deutschen Reichstags angibt, existiert also nicht in Österreich, hingegen besitzen hier die Ausschüsse insofern ein weitergehendes Recht als im Deutschen Reich, als sie nach § 6 b der GO. und § 8 des Geschäftsordnungsgesetzes vom Jahre 1873 das Recht haben, durch den Präsidenten die Minister und Chefs der Zentralstellen um die Einleitung von Erhebungen anzugehen und Sachverständige oder Zeugen zur mündlichen Vernehmung oder zur Abgabe eines schriftlichen Gutachtens oder Zeugnisses auffordern zu lassen. Eine Zwangsgewalt zur Durchsetzung dieses Rechts gegenüber den Zeugen und Sachverständigen hat jedoch der Ausschuß nicht (siehe Neisser, a. a. O., II, S. 97).

Einen Einfluß auf die Ausschußtätigkeit hat weder die Kammer noch der Präsident. Dieser darf nur an den Sitzungen jedes Ausschusses

[1]) S. Neisser, Geschäftsordnung, 2. Bd., S. 81. Der Mißbilligungsausschuß ist eine Art Ehrenrat zur Schlichtung persönlicher Beleidigungen von Abgeordneten untereinander, § 58 der GO., Neisser, a. a. O., S. 277 ff.

[2]) Zitiert von Neisser, a. a. O., S. 89.

— ohne Stimmrecht — teilnehmen (§ 25 der GO.). Wenn jedoch ein Ausschußmitglied drei aufeinanderfolgende Sitzungen ohne hinreichende Entschuldigung versäumt, so veranlaßt der davon in Kenntnis gesetzte Präsident eine Ersatzwahl durch das Haus (§ 28 GO.).

Wenn es sich um umfangreichere Gesetzentwürfe handelt, die über den Rahmen einer Session verhandelt werden sollen, so kann nach dem Gesetz vom 30. Juli 1867 (Reichsgesetzblatt Nr. 104) durch übereinstimmenden Beschluß beider Häuser des Reichstags ein solcher Ausschuß von jedem Hause eingesetzt werden, welcher auch in der sessionslosen Zeit seine Beratungen abhält und durch seinen Obmann mit den Ministern und Chefs der Zentralstellen verkehrt.

III. Kritische Würdigung. Die gegenwärtige Geschäftsordnung führt in ihren Hauptzügen auf die sog. oktroyierte Geschäftsordnung vom Jahre 1861 zurück[1]), welche ihrerseits die Geschäftsordnung des Kremsierer Reichstags und diese wieder die Geschäftsordnung des konstituierenden Reichstags von 1848 (mit einigen unbedeutenden Modifikationen)[2]) rezipiert. Die Geschäftsordnung des konstituierenden Reichstags beruht aber nach dem ausdrücklichen Zeugnis ihrer Redaktoren[3]) auf einer besonderen Berücksichtigung der Geschäftsordnungen der Frankfurter und der französischen Nationalversammlung. („Der Ausschuß hat die Geschäftsordnungen der Frankfurter und der französischen Nationalversammlung nebst mehreren anderen berücksichtigt, stets aber unseren ganz eigentümlichen Verhältnissen und dem Umstande Rechnung getragen, daß wir unser parlamentarisches Leben erst beginnen, was auch zur Entschuldigung dienen wolle, wenn der Entwurf der Geschäftsordnung zu umständlich befunden werden sollte, denn wir haben noch kein Gewohnheitsrecht der Kammer, auf welches Bezug genommen werden könnte.") Französisch ist an dieser Geschäftsordnung die Auffassung, daß ein definitives Präsidium erst nach Verifikation der Majorität aller Abgeordnetenmandate gewählt werden könnte[4]). Französisch ist ferner der vierwöchentliche Wechsel von Präsidenten und Schriftführer, französisch die Auffassung, als ob die Gesetzesvorbereitung vorwiegend in den Abteilungen erfolge. Französisch sind ferner die beschränkten Machtbefugnisse des Präsidenten, wobei interessant ist, anzumerken, daß sogar von einer Seite vorgeschlagen wurde, das Recht des Präsidenten, im Fall von Ordnungsstörungen die Sitzungen zu unterbrechen und die Galerien räumen zu lassen, von weiterer Prüfung der Versammlung abhängig zu machen (Verhandlungen, a. a. O., I, S. 146) u. a. mehr.

---

[1]) S. Neisser, a. a. O., I, S. 4 f.

[2]) Verhandlungen des österreichischen Reichstags, Wien 1848/49, Bd. IV, S. 38 ff. und S. 82 ff.

[3]) S. Verhandlungen, a. a. O., Bd. I, S. 82.

[4]) Verhandlungen, a. a. O., Bd. I, S. 9, 58 ff.

Der Frankfurter Geschäftsordnung sind die wichtigsten Bestimmungen, ja selbst die ganze Anlage und Reihenfolge der Paragraphen entlehnt, mitunter kehrt derselbe Wortlaut wieder, z. B. § 15 der Wiener Geschäftsordnung: „Der Präsident ist das Organ des Reichstags nach außen", § 14 der Frankfurter Geschäftsordnung: „Der Präsident ist das Organ der Nationalversammlung in den äußeren Beziehungen". Auf Frankfurter Vorbild ist ferner die Bestimmung der Wiener Geschäftsordnung zurückzuführen (§ 78), wonach bei zweifelhaftem Stimmergebnis die Ansicht der Mehrzahl des Gesamtvorstandes zunächst in Betracht kommt, ehe eine nochmalige Zählung der Stimmen vorgenommen wird[1]).

Die österreichische Geschäftsordnung ist allmählich von dem französischen Vorbild in der Frage der äußeren Organisation losgekommen. Der Präsident wurde von 1861 bis 1868 vom Kaiser ernannt. Seit 1868 hat das österreichische Abgeordnetenhaus die freie Wahl seines Präsidenten und seit der Zeit auch des Alterspräsidenten. Die Bureaubeamten werden seit 1875 nicht mehr vom Präsidenten allein, sondern auf Vorschlag des Präsidenten von der Regierung ernannt. Die Schriftführer führen seit derselben Zeit nicht mehr das Protokoll der Sitzung selbst, sondern prüfen bloß die Protokollführung, die durch besondere Bureaubeamte erfolgt (Protokollführer). Das Abteilungssystem mußte in dem nationalgespalteten Österreich bald außer Brauch kommen. Schon im konstituierenden Reichstag von 1848 versuchte der Abgeordnete Smolka[2]) für die Bildung der Abteilungen, welche nicht Verifikationszwecken, sondern Beratungszwecken zu dienen hatten, das Los auszuschalten und die Wahl einzuführen. Es sollte dadurch namentlich die Möglichkeit geschaffen werden, Mitglieder der verschiedenen Nationalitäten und Gouvernements (entsprechend den späteren Kronländern) unterzubringen. Andere Polen, z. B. der Abgeordnete Dylewski, dachten sich eine Schichtung der Abteilungen nach Kronländern (Verhandlungen, a. a. O., I, S. 192): „Es sollen hier bloß die Listen für die einzelnen Sektionen gouvernementsweise zusammengestellt werden, das übrige entscheidet das Los." Der Antrag Smolka fiel damals. Aber im Kremsierer Reichstag fand eine gewisse beschränkte Neuaufnahme dieses Antrags statt, denn wir finden § 36 der GO.[3]): „Der konstituierende Reichstag schreitet gleichzeitig zur Zusammensetzung eines Ausschusses, welcher den Entwurf der Konstitution zu bearbeiten hat. Dieser Ausschuß wird in der Art gebildet, daß hierzu die Abgeordneten der einzelnen zehn Gouvernements an sich je drei Mitglieder, daher zusammen 30 wählen."

---

1) Verhandlungen, a. a. O., Bd. I, S. 346, vgl. damit § 41 der Frankfurter Geschäftsordnung, sten. Ber. über die Verhandlungen, herausgegeben von Wigard, Bd. I, S. 165.

2) Verhandlungen, a. a. O., I, S. 187 ff.

3) Verhandlungen, a. a. O., Bd. IV, S. 93: „Der konstituierende Reichstag schreitet gleichzeitig zur Zusammensetzung eines Ausschusses."

Vollends zu Ehren gekommen ist er dann durch den Antrag Pražak vom 3. Mai 1861 und findet sich in der ersten autonomen GO. von 1861 als § 14: „Das Haus teilt sich zur leichteren Geschäftsordnung durch das Los in neun Abteilungen. Die Verteilung geschieht auf folgende Art: Die von einem jeden Landtage abgeordneten Mitglieder werden nach Maßgabe der Teilbarkeit ihrer Zahl durch neun mittels des Loses in jede Abteilung eingereiht.

Bei Abgeordneten jener Landtage, welche die Zahl neun nicht erreichen, sind die Namen mit jenen von Abgeordneten aus anderen Ländern zu vereinen, wobei auf die Gemeinsamkeit der früheren Landesgubernien und auf ähnliche durch die geographische Lage bedingte Verhältnisse Rücksicht zu nehmen ist; ebenso ist endlich mit dem noch verbleibenden Überreste vorzugehen." Diese Schichtung der Abteilungen nach Kronländern, wie es der Abgeordnete Brinz nannte, wurde im Jahre 1873 infolge der veränderten Verfassungsverhältnisse fallen gelassen und lebte niemals wieder auf. Damit war das Schicksal der Abteilungen besiegelt, denn nunmehr, da die Abteilungen keine Stätte der Nationalitätengegensätze bilden konnten, verloren sie überhaupt an Interesse. Statt dessen traten nun die meist nationalen Parteiklubs in ihrer Beeinflussung der Ausschußbildung auf, und heute sind sie es, welche die Ausschußzusammensetzung bewirken. Zeugnis hierfür ist die Rede des Präsidenten Pattai im Plenum vom 30. April 1909: „Man weiß, daß, wenn ein Ausschuß konstituiert wird, eine förmliche Lizitation um die einzelnen Mandate stattfindet. Man muß die Ausschüsse öfters größer machen, nur damit allen Aspirationen der einzelnen Parteien genügt werden kann. Dann findet in den einzelnen Parteiklubs eine örmliche Kandidatur um die Ausschußstellen statt . . ." (siehe Neisser, a. a. O. II, S. 89). Ebenso wie die Ausschußbildung in den Händen der Parteien, liegt auch die Bildung des Bureaus in ihren Händen, daher die merkwürdige Erscheinung von sieben Vizepräsidenten und 16 Schriftführern! Offenbar um alle Parteischattierungen im Präsidium vertreten zu machen, denn daß die 16 Schriftführer, wo die Protokollführung doch durch besoldete Protokollführer geleistet wird, keine wesentliche Funktion haben, ist klar. Ihre große Zahl dient demnach bloß Parteizwecken. Auch die Zahl der Ordner soll auf zehn vermehrt werden[1]).

Die Parteien haben sogar ein besonderes außerparlamentarisches und extralegales Organ in Gestalt der sog. Klubobmännerkonferenzen geschaffen (siehe Neisser, II, S. 220 ff.). Sie stellen namentlich den Arbeitsplan für die Session fest, mitunter auch die Tagesordnung für eine einzelne Sitzung, und dann haben sie insbesondere den Zweck, Wünsche, Be-

[1]) Antrag des Abg. Bielohlawek in sten. Protokollen des Abgeordnetenhauses, Sitzung vom 22. Dezember 1909, S. 1299 bis 1300.

schwerden und Forderungen der einzelnen parlamentarischen Parteien rasch und verläßlich zur Kenntnis zu bringen, Austausch von Meinungen unter den einzelnen Parteien zu ermöglichen, Konflikte auszuschalten, Differenzen zu beseitigen. Der Präsident Weiskirchner, der diese Charakteristik der Obmännerkonferenz im Plenum des Hauses Juli 1907 gab, fügte hinzu: „Wenn auch die Obmännerkonferenz keine Beschlüsse mit bindender Kraft fassen kann, so liegt doch ihren informativen Voten schon mit Rücksicht auf ihre Zusammensetzung eine hohe moralische Bedeutung inne. Allerdings — darin gebe ich dem Herrn Abgeordneten Grafen Sternberg recht —, es darf durch die Obmännerkonferenz das Recht der einzelnen Abgeordneten nicht gekränkt werden. Das ist aber auch nicht geschehen und soll auch nicht geschehen." Freilich sind diese letzten Worte nur mit großer Skepsis aufzunehmen, denn die österreichische GO. des Abgeordnetenhauses hat vorläufig nichts dazu getan, um solche möglichen Übergriffe in die individuelle Rechtssphäre des Abgeordneten zu beschränken. Ein starker Präsident mag vielleicht manches zum Schutze der Rechte des einzelnen Abgeordneten tun, aber eine rechtliche Bürgschaft hierfür fehlt hier wie anderswo.

§ 24. Die Organisation des preussischen Abgeordnetenhauses.

I. Die erste Session einer neuen Legislaturperiode wird in Preußen durch einen Alterspräsidenten eingeleitet, welcher sein Amt auf das ihm im Lebensalter am nächsten stehende Mitglied übertragen darf (§ 1 der Geschäftsordnung). Dieser Alterspräsident ernennt bis zur Konstituierung des definitiven Bureaus (in der Geschäftsordnung § 8 Vorstand genannt) vier Mitglieder zu Schriftführern. Der definitive Vorstand wird erst gewählt, wenn die Wahl einer geschäftsfähigen Anzahl von Mitgliedern des Hauses als gültig anerkannt ist (§ 7 der GO.). Das definitive Bureau setzt sich zusammen aus einem Präsidenten, zwei Vizepräsidenten und acht Schriftführern sowie zwei Quästoren. Jeder der Vizepräsidenten wird durch Stimmzettel mit absoluter Stimmenmehrheit wieder in einem besonderen Wahlgang gewählt (§ 7 der GO.). Die Wahl der Schriftführer erfolgt in einem Wahlgang, also mit Hilfe von Listenwahl und relativer Stimmenmehrheit (§ 8 der GO.). Die Quästoren werden vom Präsidenten ernannt. Die Wahl des Präsidenten und der Vizepräsidenten erfolgt zu Anfang einer Legislaturperiode zunächst auf vier Wochen, sog. Probepräsidium, dann aber für die übrige Dauer der Session. In den folgenden Sessionen erfolgt die Wahl sofort für die ganze Dauer der Session (§ 9 Satz 1 der GO.). Die Schriftführer werden jedesmal für eine Session gewählt, jedoch kann jeder von ihnen nach vier Wochen zurücktreten, ohne daß es einer Genehmigung des Hauses dazu bedarf (§ 19 Satz 2 der GO.). Die Quästoren werden für die Dauer der Amtsführung des Präsidenten ernannt (§ 14 der GO.). Während das Amt des Präsidenten, der Vizepräsidenten und Quästoren sich über den Schluß der Session ein und derselben Legislaturperiode hinaus bis zur Wahl der Nachfolger erstrecken muß (§ 1 Satz 2 der GO.), dauert die Berechtigung der Schriftführer nur bis zum Schluß der Session (§ 19 Satz 2 der GO.). Die Funktionen der genannten Amtsträger sind die auch in anderen Parlamenten üblichen. Eine Steigerung der Disziplinargewalt hat bekanntlich 1910 stattgefunden (sog. Hausknechtsparagraph).

II. Die sessionsweise neugebildeten Abteilungen, 7 an Zahl, die so lange fortbestehen, bis das Haus über einen durch 50 Unterschriften unterstützten Antrag ihrer Erneuerung beschließt (§ 2 d. GO.), haben zunächst die Verifikation der Abgeordnetenmandate vorzunehmen, während die eigentliche Wahlprüfung einer besonderen Wahlprüfungskommission in Verbindung mit den Abteilungen zugeweisen ist (§ 3 bis 6 d. GO.). Die Abteilungen haben ferner die Kommissionen des Hauses zu bilden (§ 26 Satz 4 d. GO.). Eine Vorschrift, die aber durch den Bestand eines Seniorenkonvents ebenso unpraktisch ist, wie die im Reichstag.

III. Die Kommissionen sind teils ständige, teils besondere Kommissionen. Die Fachkommissionen sind drei an der Zahl und bestehen in der Regel aus 14 Mitgliedern (§ 26 d. GO.). Besondere Kommissionen werden für einzelne Angelegenheiten, Gesetzentwürfe, Anträge usw. gewählt. Nicht als Organe des Hauses sind die sogenannten freien Kommissionen, d. h. zwangs- und formlose Vereinigungen von Abgeordneten zum Zwecke der Verständigung über Gesetzentwürfe usw. anzusehen. Nach Art. 80 der Verfassung hat jede Kammer das Recht, Untersuchungskommissionen zu ernennen, wovon des öfteren Gebrauch gemacht worden ist. Die Bildung der Kommissionen vollzieht sich nach Vereinbarung des Seniorenkonvents, ebenso die Stellung von Ersatzmännern.

Die Konstituierung von Kommissionen findet in der Regel nach der Wahl statt, der Vorsitzende und dessen Stellvertreter werden nach Vereinbarung des Seniorenkonvents festgestellt. Das Quorum ist die Hälfte der Kommissionsmitglieder. Nach Abschluß der Beratung wird ein Berichterstatter für das Plenum gewählt, welcher daselbst, sofern er als Berichterstatter fungiert, die in der Kommission zur Geltung gebrachten Meinungen, keineswegs aber seine eigene Meinung referieren darf. Will er dies letztere, so muß er sich auf die Rednerliste besonders setzen lassen und darf nicht seine bevorzugte Stellung als Berichterstatter ausnutzen. Vertretung eines Berichterstatters im Plenum ist zulässig, selbst die Berichterstattung für einen Abgeordneten, der nicht mehr Mitglied einer Kommission ist. Die Öffentlichkeit der Kommission für Mitglieder des Hauses ist prinzipiell zulässig, doch kann es das Haus anders beschließen (§ 28 d. GO.). Die Öffentlichkeit erstreckt sich aber nicht auf Nichtmitglieder des Hauses. Regierungsvertreter können den

Kommissionen mit beratender Stimme beiwohnen, auch ist das Staatsministerium von dem Zusammentritt, sowie von dem Gegenstand der Verhandlungen in Kenntnis zu setzen (§ 30 d. GO.). Außer den Untersuchungskommissionen steht den anderen kein Recht des direkten Verkehrs mit dem Publikum zu. Nur durch Vermittlung von Antragstellern, die Mitglieder des Hauses sind, ist es möglich, Wünsche des Publikums in der Kommission zur Geltung zu bringen, da § 28 d. GO. Absatz 4 bestimmt: „Wird einer Kommission die Vorberatung eines von Mitgliedern des Hauses gestellten Antrags überwiesen, so nimmt der Antragsteller und falls der Antrag von mehreren Mitgliedern ausgegangen ist, das zuerst unterzeichnete Mitglied, auch wenn es nicht Mitglied der Kommission ist, an den Beratungen derselben mit beratender Stimme teil.“ Inwiefern die Öffentlichkeit durch die Presse in Anspruch genommen werden kann, sofern es sich um Kommissionsverhandlungen handelt, ist keineswegs durch eine übersichtliche Praxis, geschweige denn durch die Geschäftsordnung geregelt. Nur so viel scheint sicher zu sein, daß in den Kommissionsberichten und bei Mitteilungen über Verhandlungen, die Namen der Kommissionsmitglieder, die das Wort genommen haben, nicht genannt werden sollen.

IV. Der Seniorenkonvent seit der Mitte der sechziger Jahre des 19. Jahrhunderts hat ähnliche Funktionen wie im Reich, siehe Plate GO. des preußischen Abgeordnetenhauses 1904, S. 229 f. Er ist neuestens auseinandergefallen. Ein Gesamtvorstand, wie ihn noch die vorläufige GO. vom Jahre 1849 kannte, bestehend aus dem Präsidenten, den Vizepräsidenten, den Vorsitzenden der Abteilungen und den Schriftführern ist gleich in der definitiven GO. von 1849 weggefallen.

V. Kritische Würdigung. Der Einfluß der konstitutionellen Doktrin auf die preußische Geschäftsordnung des Abgeordnetenhauses ist dadurch gegeben, daß ihr als Vorbild sowohl die GO. der belgischen Deputiertenkammer als auch die der Frankfurter Nationalversammlung gedient hat. An manchen Punkten hat sich im Laufe der Zeit die preußische Geschäftsordnung von dem Doktrinarismus befreit, aber zu einem gewissen Teile steckt sie noch bezüglich der Frage der äußeren Organisation sehr darin. Sie ist seit 1862 losgekommen von dem für jede Session zu bestellenden Alterspräsidenten. Im Jahre 1872 wurden die Jugendschriftführer abgeschafft. Entsprechend dem Frankfurter Vorbild, wonach das definitive Präsidium alle vier Wochen wechseln sollte, finden wir in der GO. von 1849 zwei Probewahlen, jede für vier Wochen. Im Jahre 1851 wurde die zweite Probewahl beseitigt. Wie sehr aber trotzdem noch immer die preußische GO. des Abgeordnetenhauses den veralteten Auffassungen des französisch-belgischen Vorbildes anhängt, geht am besten aus der Tatsache hervor, daß die Wahl des definitiven Präsidiums erst erfolgen kann, wenn mehr als die Hälfte der Abgeordnetenmandate verifiziert worden ist (§ 7 der GO. Satz 1). Die Verwendung der Abteilungen für die Verifikation der Abgeordnetenmandate und für die Kommissionsbildung entstammt natürlich französisch-belgischem Vorbild, aber man hält daran noch fest, trotzdem schon längst der Seniorenkonvent hier eingegriffen hat. Allerdings muß bemerkt werden, daß seit der Simson-Forckenbeckschen GO. von 1862 die früher bestandene Vorberatung von Vorlagen in den Abteilungen abgeschafft worden ist. Neuestens ist der Antrag gestellt worden, den Seniorenkonvent zu einem Rechtsinstitut zu gestalten, und damit den realen Machtfaktoren bei der Kommissionsbildung zu ihrem Rechte zu verhelfen, die Abteilungen hingegen abzuschaffen[1]).

§ 25. Zusammenfassende Betrachtung.

I. Im allgemeinen ist festzustellen, daß die konstitutionelle Doktrin von der folgenden Entwicklung der Praxis weit überholt worden ist und auch in der Tat, trotz des unleugbaren Idealismus, welcher ihren Trägern eignete, noch weit mehr überholt werden muß, wenn die Parlamentsgeschäfte gedeihlich geführt werden sollen. In der Frage der äußeren Organisation der modernen Volksvertretung tritt der Irrtum der konstitutionellen Doktrin an zwei Punkten hervor:

1. übersah sie den Unterschied der Staatsformen und ihre Bedeutung für die Geschäftsordnung und namentlich die äußere Organisation der Parlamente,
2. ignorierte sie die Wirksamkeit der Parteien und ihren Einfluß auf die äußere Organisation der Parlamente.

Wenn wir einen Rückblick auf die vorausgegangene Darstellung der ausländischen Parlamente werfen, so finden wir zunächst den Einfluß der Staatsform auf die äußere Organisation der Volksvertretung deutlich ausgeprägt. Wir kennen nämlich vier Typen der Präsidentschaft. Da ist zunächst derjenige Typus, der aus dem Ständestaat übernommen ist, der sogenannte Landmarschalltypus. Er findet sich in Schweden und in abgeschwächter Form in Holland. Er besteht in der Ernennung des Präsidenten der Volkskammer durch den Monarchen. Für die heutige Zeit muß diesem Typus jede vorbildliche Bedeutung abgesprochen werden.

Sodann kommt der Typus der Präsidenten in den meisten parlamentarischen Staaten. Hier hat die Parteiregierung vollständig die Besetzung der Präsidentschaft monopolisiert, aber nicht nur diese, sondern auch die vollständige Leitung der Parlamentsgeschäfte. Minister und Präsident arbeiten bei Leitung der Parlamentsgeschäfte einander in die Hände, die Minorität des Parlaments hat verhältnismäßig wenig Schutzmittel, eines der wichtigsten ist in den Staaten, welche dem französischen

[1]) Drucksachen des Abgeordnetenhauses, 21. Legislaturperiode, IV. Session. Nr. 357 A.

Vorbilde folgen, das Abteilungssystem, wie wir gesehen haben. Die Minorität hat nur einen Schutz, nämlich die Aussicht, bald Majorität zu werden, wenn sie vergewaltigt wird.

Der dritte Typus ist das Sprecheramt in den Vereinigten Staaten. Wir kommen hier zu einer Staatsform, welche die Minister aus dem Parlament ausschließt. Eine parlamentarische Regierung ist demnach nicht gegeben. Soll der Zusammenhang zwischen Regierung und Parlament erhalten bleiben, so muß ein Bindeglied hergestellt werden, und dieses schafft die Parteiorganisation, die sich auch hier der parlamentarischen Geschäftsleitung bemächtigt. Der Sprecher ist dieses Bindeglied und gleichzeitig eine Art von nicht offiziell anerkanntem Kabinettsminister. Er versieht in der parlamentarischen Geschäftsführung und -versammlung die Funktionen des Premiers und zugleich des ganzen Ministerkabinetts, wie dies in parlamentarischen Staaten vorkommt[1]).

Der vierte Typus ist der in den deutschen Staaten und in Österreich (früher auch in Dänemark) übliche. Der Präsident soll in der Theorie „über den Parteien" stehen, hat aber als Nebenregierer eine Konferenz der Parteiführer einen Seniorenkonvent zur Seite, der vom Rechte nicht anerkannt, dennoch ähnlich wie das englische Ministerkabinett in maßgebender Weise Leitung und Lauf der Parlamentsgeschäfte bestimmt. Dieser Typus hängt mit der konstitutionellen Staatsform zusammen, wie sie in Deutschland und Österreich besteht. Weil die Parteiregierung hier nicht zur parlamentarischen Regierung werden darf, sieht sie sich auf ein kleineres Gebiet, das der parlamentarischen Geschäftsleitung, zurückgedrängt. *Der Seniorenkonvent stellt nämlich ein in der Entwicklung steckengebliebenes Ministerkabinett dar.* Er ist das genaue Gegenstück zur amerikanischen Entwicklung. Hier und dort ist eine parlamentarische Regierung verfassungsmäßig, das heißt nach dem gegenwärtigen Rechtsstand der Verfassung, ausgeschlossen, und doch besteht die Notwendigkeit, die parlamentarischen Geschäfte nach einheitlichem Gesichtspunkt zu leiten. Daher in Amerika der parteiische und absolute Sprecher, bei uns der parteiische Nebenregierer des Präsidenten: der Seniorenkonvent, in Österreich die Konferenz der Klubobmänner. Aber, so könnte man fragen, ist solche Entwicklung nötig? Ich sage ja; denn nun gelangen wir an den zweiten Punkt, an dem die konstitutionelle Doktrin von den Tatsachen überholt worden. Die Parteiregierung, mag sie auch noch so zurückgedrängt werden, macht sich immerhin geltend: expellas furca tamen usque recurret. Da die Parteiregierung für die Geschäftsleitung der Parlamente absolut nötig ist, da sie aber verfassungsmäßig sich nicht zur

[1]) S. darüber Follet, The Speaker of Representatives, Newyork 1904. Seit 1911 ist aber unter der Herrschaft der Demokraten die Sprechergewalt sehr durch den Parteikaukus eingeschränkt; s. North American Review, CXCVI, p. 339 ff.

parlamentarischen Regierung ausgestalten kann, so sieht sie sich in einen Winkel gewiesen und bildet ein Winkelkabinett, den Seniorenkonvent, das Gegenstück des amerikanischen Sprechers[1]).

II. Seniorenkonvent und Präsident. Es bleibt nun die Frage, ist es möglich diese Entwicklung zu ignorieren und sich gegen die Parteiregierung in der parlamentarischen Geschäftsleitung zu stemmen? Ich sage nein! denn diese Entwicklung liegt auf dem Gebiete sozialer Machtfaktoren, welche eines rechtlichen Verbotes spotten, durch konventionale Regeln bestimmt werden und sich auf extralegalem Wege zur Geltung bringen. Die Macht des Seniorenkonvents darf man nicht steigern, wenn man die konstitutionelle Staatsform aufrechterhalten will, aber auch die Anhänger einer parlamentarischen Regierung können in dem gegenwärtigen Zustand nicht das Ideal, das bleiben soll, erblicken. Mit einem Winkelkabinett kann man auf keinen Fall zufrieden sein, es arbeitet im geheimen und kann von einer skrupellosen Regierung leicht für die Zwecke einer Kuhhandelpolitik[2]) ausgebeutet werden. Welche Mittel gibt es also gegen die angeführten Übelstände? Da sich der Seniorenkonvent nicht durch Machtspruch des Rechts beseitigen läßt, da seine Macht auf keinen Fall gesteigert werden darf, so gibt es eben nur ein Mittel: *ihn aus seiner unverantwortlichen Ecke herauszuziehen, ihn zu einem Rechtsinstitut zu machen, wodurch er dem Parlament verantwortlich wird, seine Machtbefugnisse aber durch die Geschäftsordnung genau zu begrenzen.*

Welches Gebiet fällt ihm besonders zu? Beinahe in allen Staaten finden wir unter den Kommissionen des Parlaments immer einen Arbeitsausschuß, der die Reihenfolge der Parlamentsgeschäfte festlegt. Selbst in England taucht jetzt der Wunsch auf, ein Arbeitskomitee einzurichten. Diese Funktionen des Arbeitsausschusses sind das eigentliche Gebiet des zum Rechtsinstitut gewordenen Seniorenkonvents. Auf diesem Boden soll er sich betätigen und seine Beschlüsse mit einfacher Majorität fassen dürfen, derart, daß sie auch das Haus binden, falls dieses nicht durch Majoritätsbeschluß anderer Meinung ist. Das zweite Arbeitsgebiet des

---

[1]) Laband, Arch. f. öff. R. XXX S. 231 wendet dagegen ein: „Der Seniorenkonvent wird übrigens von den Vertretern aller größern Fraktionen gebildet, während eine ‚Parteiregierung' einheitlich sein muß." Dieser Satz trifft nicht einmal für die parlamentarischen Ministerkabinette der Gegenwart immer zu, ist auf jeden Fall für die Entwicklungsgeschichte des Kabinetts (für das Musterland England: meine engl. Verfassungsgeschichte 1913 S. 457 f.) unzutreffend, und gerade auf das Bild der *Entwicklung* kommt es mir oben im Texte an.

[2]) S. z. B. die Verhältnisse in Österreich und den dort stark ausgebildeten Verkehr der Regierung mit dem Klub der Obmänner. Der Verkehr, der zunächst nur die Flottmachung des Parlaments bezweckt, zeitweise auch der Boden der „Verständigungen" über die von der Regierung zu beobachtende Politik ist.

Seniorenkonvents ist die Besetzung der Kommissionen. In manchen Staaten, z. B. in England, begegnet uns ein solches committee of selection. In anderen Staaten, wo parlamentarische Regierung vorherrscht, macht die herrschende Majorität die Auswahl. In Deutschland und Österreich wird ähnliches schon jetzt auf extralegalem Wege durch den Seniorenkonvent vermittelt. Man mache nur diesen extralegalen Modus zu einem legalen! Dadurch würde der Seniorenkonvent gleichzeitig ein committee of selection, wie in England und Norwegen. Auch diese Beschlüsse sollen als Majoritätsbeschlüsse bindende Kraft für das Plenum haben. Man könnte vielleicht auch nach dänischem Muster hier an Einführung der Verhältniswahl im Plenum denken, um die kleinen Parteien, die nicht im Seniorenkonvent vertreten sind, zum Worte kommen zu lassen. Aber man verkenne das eine nicht. Die Einführung der „Höchstzahl" des d' Hondtschen Systems mit ihrer Vernachlässigung der Bruchteile ist nur für kleine Versammlungen und wenige Parteien, wie das dänische Folketing, empfehlenswert. Bei großen Versammlungen und vielen Parteien gibt es so viele zu vernachlässigende Bruchteile (wenn man die Kommissionen nicht riesengroß machen will), daß die kleinen Parteien hierbei nicht weniger zu kurz kommen, als bei den bindenden Vorschlägen des Seniorenkonvents. Welche Zahl soll nun einen Anspruch auf Vertretung im Seniorenkonvent geben? Offenbar jene, die man noch unbedingt berücksichtigen muß, damit sie nicht durch obstruierende Initiativanträge die Abmachungen des Seniorenkonvents im Plenum hinfällig zu machen oder wenigstens deren glatte Abwickelung zu stören versucht. Dies ist jedenfalls die Zahl 15 im deutschen Reichstage, wie dies auch von seinem Seniorenkonvent in der Sitzung vom 3. Juli 1893[1]) festgestellt wurde. Ein Seitenstück hierzu ist die Bestimmung des § 32 der GeschO. des Storting, wonach außer den vom Arbeitsausschuß in jeden Ausschuß gewählten Parteiführern nur diejenigen im Plenum mehr als zweimal sprechen dürfen, die Wortführer von mindestens zehn Mitgliedern (die nicht im Ausschuß vertreten) sind. Hier ist man sogar dazu gelangt, im Plenum den ganz kleinen Parteien die Redefreiheit zu beschränken[2]). Man sprach hierbei auch von Vergewaltigung[3]) der kleinen Parteien, aber man gelangte schließlich doch dazu, um die Parlamentsgeschäfte zu fördern. — Bei unserem Vorschlage handelt es sich aber um gar keine Verkürzung der Rechte der Abgeordneten im Plenum, sondern bloß um die im Seniorenkonvente[4]). Wer das letztere nicht zugeben will, der muß die Möglichkeit von Ausschüssen überhaupt negieren.

[1]) S. Akten des Reichstags. Rep. Abtlg. II, Tit. X, Nr. 6a.

[2]) Stortingstitende. Forhandlinger in Stortinget. A. 1908, Sp. 13.

[3]) Stortingstitende, a. a. O., Sp. 9 ff.

[4]) Vgl. dazu auch Mohl in der „Tübinger Zeitschrift für Staatswissenschaft" Bd. XXXI, S. 59.

Aber soll nicht etwa die Tätigkeit des Seniorenkonvents auch auf die Besetzung der Ämter des Bureaus (Präsidium, Schriftführer, Quästoren) sich erstrecken? Wohl kaum! Wenigstens nicht auf das des Präsidenten und der Vizepräsidenten. Bei den Schriftführern und Quästoren kann man anderer Meinung sein. Aber das Präsidium muß unter allen Umständen, wenigstens in der Theorie, unparteiisch gebildet werden. Auch bezüglich der Schriftführer könnte es sich bloß um Vorschläge handeln, die der Seniorenkonvent dem Plenum macht, keineswegs um Majoritätsbeschlüsse mit bindender Kraft; dem stünde Art. 27 der Reichsverfassung, letzter Satz, entgegen.

Das Präsidium muß unparteiisch gegenüber den parteiischen Nebenregierern gestellt werden. Die Auffassung, die bei den jüngsten Präsidentenwahlen vertreten worden ist, daß die Beute dem Sieger gehöre, ist für das Präsidium vollständig zu verwerfen, und im eigensten Interesse des Reichstags zu verhindern.

III. Die sog. Konstituierung des Hauses. Ein Erbteil der Auffassung der französischen Konstituante ist die Ansicht, jede neugewählte parlamentarische Körperschaft sei ein Verein, der sich erst konstituieren und organisieren müsse, um sich dann ein Statut, eine Geschäftsordnung zu geben und zu seinen eigentlichen Geschäften zu gelangen. Daher die Auffassung, daß die Wahl des Bureaus erst erfolgen könnte, wenn mindestens die Hälfte der Abgeordnetenmandate geprüft sei. Diese Auffassung ist in Preußen erhalten, im Reich aber mit Recht aufgegeben. Aber wir finden noch Überreste derselben, z. B. die Notwendigkeit des Alterspräsidenten u. a. m.[1]). Warum sollte nicht auch der Präsident der vergangenen Legislaturperiode die Geschäfte so lange führen können, bis er einen Nachfolger hat? Aus dem Übelstande des Interregnums folgen vorerst Eingriffe der Reichsverwaltung in die Reichstagsverwaltung (siehe darüber weiter unten § 32 IV). Und noch ein anderer Übelstand: wenn in der sog. konstituierenden Sitzung unter Leitung des Alterspräsidenten keine beschlußfähige Zahl von Abgeordneten zur Stelle ist, darf jener eine andere Sitzung anordnen, und zwar mit Rechtsverbindlichkeit? Darauf ist die Antwort: nein! wenigstens nach geltendem Rechte. Man fülle doch diese Lücke aus, die sich von selbst schließen würde, wenn der Präsident der letzten Legislaturperiode auch bis zur Neuwahl des Präsidiums alle laufenden Geschäfte leiten würde.

IV. Der Gesamtvorstand, der aus der Frankfurter Nationalversammlung übernommen ist und sich, wenn auch nicht in der Geschäftsordnung, so doch in der Praxis des Reichstags vorfindet, ist in der GO. näher auszugestalten. Ob man die Abteilungsvorstände in den Gesamt-

[1]) S. insbesondere den folgenden Abschnitt über die Organisation des Reichstags, § 28 I.

vorstand mit einzubeziehen hätte, hängt von dem Schicksal ab, das man den Abteilungen zudenkt. Werden sie beibehalten, dann sind die Abteilungsvorstände ein nützliches Element in der Zusammensetzung des Vorstandes insofern, als sie den unparteiischen Präsidenten gegen das im übrigen nach Parteigesichtspunkten zusammengesetzte Bureau unterstützen sollen. Dazu sind die Abteilungsvorstände besonders wegen der Bildung der Abteilungen durch das Los geeignet. Dem Gesamtvorstand wäre als Hauptaufgabe zuzuweisen, den Präsidenten in der allgemeinen Verwaltung des Hauses, wozu die Leitung der Parlamentsverhandlungen nicht gehört, zu unterstützen. Solche Aufgabe hat das Bureau in Frankreich, in Italien usw. Die Nachahmung scheint am Platze und sie ist aus zweierlei Gründen nötig. Einmal aus den schon von Mohl (siehe oben S. 94) hervorgehobenen Gründen, zum zweiten, um die nötige Disziplinarinstanz für das Personal des Reichstags darzustellen.

Die Regelung dieser Disziplinarverhältnisse liegt überhaupt sehr im argen[1]). Der Gesamtvorstand wäre auch die geeignete Instanz, um die Autorisierung von Klagen des Reichstags usw. zu veranlassen und umgekehrt über Vergleiche usw., wenn der Reichstag verklagt würde, zu entscheiden. Überhaupt muß namentlich in dem letzteren Fall die Bevormundung, welche der Reichstag durch das Reichsamt des Innern in bezug auf die prozessuale Aktiv- und Passivlegitimation erfährt[2]), nun endlich in Ordnung gebracht werden. Der bisherige Rechtszustand, wonach der Reichstag vor Gericht allein nur durch das Reichsamt des Innern vertreten werden kann, ist eine ähnliche Kuratel, wie sie die preußischen Gemeinden bis in die fünfziger Jahre des 19. Jahrhunderts von seiten der Bezirksregierung zu ertragen hatten, und welche dann, weil in Widerspruch mit der Gemeindeautonomie stehend, abgeschafft wurde. Auch in anderen Parlamenten, z. B. England, Frankreich, Belgien, ist das Parlament in dieser Richtung mündig erklärt.

V. Die Abteilungen scheinen vollständig überflüssig zu sein, sie sind ein Produkt des französischen Konstitutionalismus, haben im Rahmen desselben auch noch heute ihre Bedeutung zum Schutze der Individualität gegen die Übermacht des parlamentarischen Regimes, stehen und fallen also mit diesem. Bei uns sind sie, wie die Erfahrung zeigt, überflüssig, nur könnte man im Zweifel sein, ob ihnen nicht die vorläufige Verifikation der Wahl der Abgeordnetenmandate zu überlassen ist, doch kann die Beantwortung dieser Frage erst in Zusammenhang mit dem ganzen Wahlprüfungsproblem versucht werden (siehe darüber weiter unten §§ 43, 49 und 50 I).

---

[1]) S. darüber weiter unten § 32, II.

[2]) S. darüber weiter unten § 32, IV.

VI. Was die Kommissionen oder Ausschüsse anlangt, so zeigt ein Rückblick auf die Entwicklung in anderen Staaten, daß die ständigen oder Fachausschüsse in denjenigen Verfassungen, welche den ständischen Ursprung in einzelnen Resten aufrechterhalten haben, überwiegen, so z. B. in Schweden, Norwegen, Württemberg. In den Staaten, welche dem französischen System folgen, aber auch in England, wollen sie nicht gedeihen. Einer übermäßigen Entwicklung von Fachausschüssen, das zeigt namentlich die schwedische und norwegische Entwicklung, ist keineswegs das Wort zu reden. Sie schafft übrigens, wie die Holländer schon richtig bemerkt haben (siehe oben) innerhalb der parlamentarischen Körperschaft eine Hierarchie von „wissenden" und „nichtwissenden" Parlamentariern. Man läßt diese Hierarchie als notwendige Begleiterscheinung der Budgetkommission gelten und beschränkt sie im Reichstage auch auf diese und auf die Rechnungskommission sowie die Geschäftsordnungs-, Petitions- und Wahlprüfungskommission. Auch die ausschließliche Geheimhaltung der Kommissionsverhandlungen namentlich in ständischen Staaten, z. B. in Schweden, Norwegen, die sich auch in Württemberg bis in die siebziger Jahre erhielt (siehe Gröber, a. a. O., S. 450 f.), ist wenig angebracht, am allerwenigsten der Regierung gegenüber, da es doch auf ein Zusammenarbeiten mit derselben ankommt. Der direkte Verkehr ohne Vermittlung von Plenum und Präsidenten des Plenums, wie er in einigen Staaten vorkommt, ist sehr zu empfehlen, freilich muß der Kommission das Recht zustehen, vertrauliche Sitzungen unter Ausschluß der Regierungsvertreter abzuhalten, wenn man nicht gleich so weit gehen will wie die französische und italienische Geschäftsordnung, wonach die Regierungsvertreter erst ihre Einladung abzuwarten haben. Ferner ist zu empfehlen, daß die Kommissionen in keine direkte Beziehung zum Publikum treten, denn sonst kommt der Übelstand des „lobbying" zu sehr in Erscheinung. Parlamente wie das französische und italienische, welche auf ihr Ansehen halten, lehnen dies energisch ab. Wozu ist denn die Petitionskommission da?

Bezüglich der Verbindung von Kommissionsberatungen und Presse empfehlen sich die in Württemberg neuerdings bestehenden Rechtsnormen (§ 23, G.O.) die schon im Jahre 1875 in Österreich angeregt wurden (stenographische Protokolle des Hauses der Abgeordneten 8. Session IV 1873 bis 1876, S. 39, 51 ff.). Man halte sich hierbei vor Augen, daß die Mitteilungen an die Presse nur gefördert werden müssen, da sie oft das einzige Mittel sind, um eine Minorität innerhalb der Kommission nicht vergewaltigen zu lassen. Schließlich sei noch auf einen Punkt der GO. aufmerksam gemacht, der durchaus einer Regelung bedarf, nämlich die Erklärung, daß eine Kommission ein selbständiges Organ der Kammer sei und durch Instruktion seitens des Plenums nicht gebunden werden darf. Die englischen select committees sind etwas ganz anderes als unsere

Kommissionen, und in Frankreich, Italien usw. fungieren die Kommissionen vollständig selbständig als Organe der Kammer, nicht als ihre Mandatare. Dieser Punkt hat auch den deutschen Reichstag anläßlich der Finanzreform von 1909 in der Kommission zu großen Schwierigkeiten geführt, die unmöglich gewesen wären, wenn man sich darüber klar geworden wäre, daß Kommissionen nicht bloß Mandatare, sondern selbständige Organe der Kammer sind.

III. Abschnitt.

Die Organisation des deutschen Reichstags.

§ 26. Der Gesamtvorstand.

I. Die Zeit der Alleinherrschaft des Gesamtvorstands.

Schon nach § 13 der Geschäftsordnung der Frankfurter Nationalversammlung bestand ein Gesamtvorstand aus dem Vorsitzenden, seinen Stellvertretern und den Schriftführern, welcher uach kollegialischer Beratung und mit absoluter Stimmenmehrheit aus Nichtmitgliedern das erforderliche Archiv-, Kanzlei- und Dienstpersonal bestellte. Dieser Gesamtvorstand war zweifellos eine Nachahmung des in Frankreich damals und auch heute noch bestehenden sog. „Bureau", welches gewisse Kollektivfunktionen, namentlich in bezug auf die Anstellung des Beamtenpersonals der parlamentarischen Körperschaften besitzt. Nach dem Vorbild Frankreichs und der Frankfurter Nationalversammlung ist offeubar die Bestimmung eines Gesamtvorstandes von der preußischen Geschäftsordnung vom 28. Februar 1849 übernommen worden. Darnach war ein Gesamtvorstand eingerichtet, der aus dem Präsidenten, den Vizepräsidenten, Vorsitzenden der Abteilungen und vier Schriftführern zusammengesetzt sein sollte, welch letztere monatlich in dieser Funktion wechselten. Der Gesamtvorstand hatte nach dieser Bestimmung über die Annahme und Entlassung des für die Kammer erforderlichen Verwaltungs- und Dienstpersonals, sowie über die Ausgaben zur Deckung der Bedürfnisse der Kammer, innerhalb des gesetzlich festgestellten Voranschlages zu beschließen. Ihm lag auch die Vorberatung des Geschäftsplans ob. Bei der Feststellung der definitiven Geschäftsordnung des preußischen Abgeordnetenhauses (Sitzung vom 28. März 1849; sten. Ber., Bd. I, S. 309) wurde der in der vorherigen Geschäftsordnung angeordnete Gesamtvorstand gänzlich beseitigt. Man war nämlich damals der Ansicht, „daß dem Präsidenten auch ohne eine desfallsige Bestimmung überlassen bliebe, sich über die zu nehmenden Maßregeln mit den Vizepräsidenten, Schriftführern, Kommissions- und Abteilungsdirigenten zu beraten, daß aber die wirkliche Entscheidung zu den Prärogativen seines hohen Amts gehören müßte". Trotz der formellen Beseitigung des Gesamtvorstandes wurde wohl in der preußischen Praxis von dem Vorbehalte, daß der Präsident, wenn es ihm gut scheine, die Vizepräsidenten und Schriftführer, sowie die Kommissions- und Abteilungsdirigenten heranzuziehen, offenbar Gebrauch; gemacht denn als die Geschäfte im konstituierenden Reichstage begannen, war auch die Praxis schon üblich, eine Gesamtvorstandssitzung herbeizuführen, wenn es nötig schien[1]). Schon am 4. März 1867 lädt der Präsident die Vizepräsidenten und Schriftführer „zu einer Besprechung über die Verteilung der Geschäfte" ein. An dieser Sitzung nimmt auch der Bureaudirektor teil. In der ersten Zeit ist überhaupt der Gesamtvorstand noch nicht durch die Abteilungsvorsitzenden verstärkt. Im Gesamtvorstand wird zunächst die Verteilung der Geschäfte in der Weise vorgenommen, daß gewöhnlich zwei Mitglieder derselben einen besonderen Verwaltungszweig zugewiesen bekommen, nämlich 1. Beaufsichtigung der sten. Berichte, 2. die Aufsicht über die Zuhörertribüne, 3. die Aufsicht über die Journalistentribüne und 4. die Aufsicht über das Lesezimmer, Anschaffung von Büchern, Zeitungen u.a.m. Eingaben, die diese Verwaltungszweige betreffen, sind den betreffenden Mitgliedern durch den Bureaudirektor zu überweisen (Beschluß vom 4. März 1867).

Am 6. März werden schon zur Sitzung des 7. März die Quästoren eingeladen. Bis 1868 hatte sich also die Praxis ausgebildet, daß ein Gesamtvorstand, bestehend aus Präsidenten, Vizepräsidenten, Schriftführern und Quästoren zur Beratung und Beschlußfassung für Fragen der Reichstagsverwaltung vorhanden war. Dem gab auch die am 12. Juni 1868 beschlossene Geschäftsordnung des Reichstags Ausdruck, indem sie im Gegensatz zu der ihr sonst vorbildlichen preußischen Geschäftsordnung den Ausdruck „Vorstand des Reichstages" als Überschrift für die Geschäftsordnungsbestimmungen über die Wahl des Präsidenten, Schriftführers, Quästoren und ihre Funktionen gebraucht, während in der preußischen Geschäftsordnung der Ausdruck „Vorsteher und Beamte" an der entsprechenden Stelle verwendet wird.

In der Sitzung des Gesamtvorstandes vom 1. Mai 1869 werden auch zum ersten Male die Abteilungsvorsitzenden eingeladen, um ein möglichst einheitliches Einverständnis (es handelt sich um eine bauliche Veränderung im Sitzungssaale) herbeizuführen. Seit der Zeit scheinen im allgemeinen die Abteilungsvorsitzenden zugezogen worden zu sein (siehe z. B. Sitzung vom 24. April 1871, vom 6. Mai 1871). Als Schriftführer fungiert immer der Kanzleidirektor.

In diesen Entwicklungstadien des Gesamtvorstands war die Stellung des Präsidenten innerhalb desselben keineswegs eine andere als wie die eines primus inter pares. — Auch in bezug auf die Interpretation der Geschäftsordnung sollte sich der Präsident in zweifelhaften Fällen mit dem Gesamtvorstande verständigen. (Der Präsident in der Sitzung des Gesamtvorstandes am 20. April 1868: „Er müsse daher wünschen, sich zu vergewissern, daß

[1]) Siehe darüber und zum folgenden Akten des Gesamtvorstandes in Akten des Reichstags, fasc. Reichstagsangelegenheiten Geschäftssachen, Repert. II, Abt. 5, Tit. Nr. 5.

er bei seiner erwähnten Anordnung sich im Einverständnisse mit dem Gesamtvorstande befinde, und daß ferner aus Veranlassung dieses Falles dem Präsidenten des Reichstags eine Vollmacht für ähnliche Fälle erteilt werde oder eine der beregten Bestimmung in der Geschäftsordnung des Herrenhauses ähnlicher Paragraph [wonach der Präsident in bezug auf alle solche Eingänge eine vollkommen diskretionäre Gewalt habe] in die des Reichstags aufgenommen werde.")

In dieser ersten Zeit der Entwicklung des Gesamtvorstandes, die man bis in die Mitte der siebziger Jahre anzusetzen hat, besorgt der Gesamtvorstand wichtige Funktionen. Hier wird zunächst die Geschäftsverteilung unter den Mitgliedern des Gesamtvorstandes, insbesondere unter den Schriftführern und den Quästoren vorgenommen (vgl. Sitzung vom 7. März 1867, 28. März 1868, 10. Februar 1874 u. a. f.). Wenn aber in der Zwischenzeit unvorhergesehene Änderungen der Geschäftsverteilung nötig werden, so übernimmt der Präsident die Neuverteilung der Geschäfte, in der Voraussetzung, daß die betreffenden Herren die Sache auch „freiwillig" annehmen (siehe Verfügung des Präsidenten vom 23. Januar 1874, Akten, a. a. O. a). Auch die Geschäftslage des Hauses, die gegenwärtig Sache der Beratung des Seniorenkonvents, wurde damals im Gesamtvorstande beraten[1]) und beschlossen. So finden wir in der Vorstandssitzung vom 16. Mai 1871: „Gegenstand der Verhandlung bildet die Beschlußfassung über die Frage, ob ev. und wie lange die Verhandlungen des Reichstags des bevorstehenden Pfingstfestes wegen ausgesetzt werden sollen."

Der Beschluß des Gesamtvorstandes über den Geschäftsplan sollte in der darauffolgenden Plenarsitzung des Reichstags am 17. Mai sogleich zur Beschlußfassung mitgeteilt werden.

Verhandlungen über den „Hausetat" finden wir schon seit dem Jahre 1872, so in der Sitzung des Gesamtvorstandes vom 12. Mai 1872; sie mögen wohl auch schon früher stattgefunden haben. Das Verhältnis des Präsidenten zum Gesamtvorstand hierbei ist, daß er den Entwurf des Etats vorschlägt, der Gesamtvorstand denselben annimmt. Wir werden sehen, daß sich diese Rechtslage bald ändert. Doch noch im Jahre 1877 finden wir in der Sitzung des Gesamtvorstandes vom 22. März, daß der vom Präsidenten vorgelegte Etat „nach stattgefundener Erläuterung vom Gesamtvorstand genehmigt wird".

Eine weitere Befugnis des Gesamtvorstandes war die Regelungen der Beamtenverhältnisse im Hause. Die Frage der Remuneration der Beamten findet schon in der Sitzung des Gesamtvorstandes vom 19. März 1869 eine eingehende Beratung (19. März 1869, Akten, a. a. O., S. 8). Die Frage der Vereidigung von Reichstagsbeamten wird von dem Gesamt-

[1]) wie auch nach der vorhin erwähnten Bestimmung der preußischen Geschäftsordnung vom 28. Februar 1849.

vorstande festgelegt (Sitzung vom 25. Mai 1878). In dieser Sitzung wird auch über die Dauer des Offenseins der Bibliothek Beschluß gefaßt sowie über die Art, wie Kassenrevisionen durch die Quästoren vorzunehmen seien. Neben diesen Hauptfunktionen des Gesamtvorstandes übt er noch andere aus, namentlich in wichtigen Fällen ordnet er mit dem Präsidenten die Handhabung des Hausrechts. So beschließt der Gesamtvorstand am 7. Mai 1874, dem Berliner Deutschen Montagsblatt (infolge des Artikels in Nr. 24) den auch in dieser Session gewährten Platz auf der Journalistentribüne zu entziehen sowie auch die Auslegung dieses Montagsblattes im Lesezimmer des deutschen Reichstags zu versagen. Auch wichtige Verwaltungsanordnungen, die der Präsident zu treffen hat, werden im Gesamtvorstand beraten. In der Sitzung vom 4. März 1874 wird ein Schreiben des Reichskanzlers mitgeteilt, das ersucht, „die Reichstagswahlakten dem statistischen Bureau des Reichsamtes demnächst zur Einsichtnahme und Benutzung zuzustellen". „Der Vorstand fand gegen die Gewährung des Ersuchens keine Einwendung." Der Gesamtvorstand genehmigt in der Sitzung vom 2. November 1874 die Verwaltungsverträge mit der Inhaberin der Reichstagsrestauration. Kurz gesagt, in allen wichtigen Verwaltungsangelegenheiten berät der Präsident über wichtige Verwaltungsnahmen mit dem Gesamtvorstand.

Aus dieser Stellung wird aber der Gesamtvorstand im Ausgange der siebziger Jahre gedrängt durch den inzwischen aufgekommenen Seniorenkonvent. Einerseits werden die wichtigen Beratungen über die Geschäftslage des Hauses dem Seniorenkonvent überwiesen, andererseits übernimmt für die Verwaltungsgeschäfte nun der Präsident auf eigene Verantwortung die früher auch dem Gesamtvorstande zugestandenen Funktionen, worauf später noch weiter eingegangen wird. Hier sei nur bemerkt, daß auch in der ersten Zeit der Tätigkeit des Reichstags, also bis zum Ausgange der siebziger Jahre, sich eine gewisse Rücksichtnahme des Gesamtvorstandes auf die Wünsche der „Fraktionen" geltend machte, z. B. Sitzung des Gesamtvorstandes vom 28. März 1868 und Sitzung vom 16. April 1877: „daß der Wunsch des Seniorenkonvents dahin gehe, die Vorstände der Kommissionen seitens des Präsidiums zu ersuchen seien, am Mittwoch nachmittag und abend keine Sitzung der Kommissionen womöglich abzuhalten". Mit dem Auftreten des neuen Herrn, des Seniorenkonvents, ändert sich vollständig die Position des Gesamtvorstandes und des Präsidenten im Rahmen des Gesamtvorstandes.

II. Die Zurückdrängung des Gesamtvorstandes.

Zunächst wird dem Gesamtvorstand die Regelung des Geschäftsplanes des Hauses durch den Seniorenkonvent abgenommen; aber auch die Geschäftsverteilung an die Mitglieder des Gesamtvorstands, insbesondere die Geschäftsverteilung für die Schriftführer wird nunmehr nicht mehr vom Gesamtvorstand beschlossen, sondern vom Präsidenten einseitig festgelegt. Es kommen auch ab und zu Mitteilungen über diese Geschäftsverteilungen im Gesamtvorstande vor, aber der Unterschied zwischen einst und jetzt ist markant. Während noch in den siebziger Jahren es üblich war, daß der Präsident die anwesenden Schriftführer aufforderte, sich über die Verteilung der Geschäfte zu einigen und ihm dann über die getroffenen Arrangements in der folgenden Sitzung des Gesamtvorstandes Mitteilung zu machen, eine Vereinbarung, die sich auf den Wechsel der Schriftführer in bezug auf Protokoll resp. Namensaufruf bezog (Sitzung des Gesamtvorstandes vom 9. Oktober 1871, siehe auch Sitzung vom 1. Februar 1874 u. a. f.), ist nunmehr mit Beginn der achtziger Jahre üblich, daß der Präsident die Geschäftsverteilung unter den ehrenamtlichen Funktionären des Hauses selbst einseitig verfügt und dem Vorstand zur Kenntnis bringt. So heißt es in der Gesamtvorstandssitzung vom 30. November 1886: „Der Präsident ordnet die Geschäftsverteilung unter die Herren Schriftführer nach dem anliegenden Tableau . . ." Ebenso in der Vorstandssitzung vom 27. November 1888: „Der Herr Präsident v. Levetzow regelt die Geschäftsverteilung für die Herren Schriftführer nach der anliegenden Verfügung . . ." (siehe auch Sitzung des Gesamtvorstands vom 30. Januar, Session 1907 bis 1909, Reichstagsakten, a. a. O., Bd. III). Am allerwichtigsten scheint aber die Einschränkung des Gesamtvorstandes in der Feststellung und Beschlußfassung über den Hausetat. In der Sitzung des Gesamtvorstandes vom 28. November 1881 heißt es: „Präsident v. Levetzow eröffnet die Sitzung und legt als Chef der Verwaltung des Reichstags auf Grund der Bestimmung des Gesetzes, betr. die Rechtsverhältnisse der Reichsbeamten vom 31. März 1873 (§ 156) und des § 14 der Geschäftsordnung[1]) den Etat des Reichstags für das Etatjahr 1882/83 zur Erinnerung vor, als Referenten für denselben fungieren die Herren Quästoren." Erinnerungen wurden damals von keiner Seite erhoben, heißt es weiter in dieser Sitzung. Also bloß die Erinnerungen hatte der Gesamtvorstand zu machen, keine Beschlußfassung stand ihm zu. Seit dieser Zeit ist wohl die Praxis als bestehend anzusehen, daß die Aufstellung des Etats vom Präsidenten erfolgt und daß dieser im Gesamtvorstand ähnlich wie die Regierung im Parlament, den Etat vertritt. Hiergegen können wohl die einzelnen Mitglieder des Gesamtvorstandes Erinnerungen machen, aber immer ist es der Präsident, der den Ausschlag gibt. Er braucht sich auch nicht an die Erinnerungen des Gesamtvor-

[1]) Schon diese förmliche Anführung aller Rechtstitel zeigt, daß es sich um ein Novum handelte.

standes zu kehren. So heißt es in der Sitzung des Gesamtvorstandes vom 30. November 1886: „Der Herr Präsident (v. Wedel) als ‚Chef der Reichstagsverwaltung, und ‚Vorgesetzter der Reichstagsbeamten' erklärt, daß er im Prinzip gegen eine Gehaltszulage der Bibliotheksbeamten sich nicht entschließen wolle, sich aber gegen die beantragte Höhe wenden müßte." Wenn Anregungen des Gesamtvorstandes vom Präsidenten akzeptiert werden und Beschluß darüber gefaßt wird, dann ist der Vermerk so wie in der Sitzung des Gesamtvorstandes vom 7. Dezember 1895 (Abt., a. a. O., Bd. II, Fol. 189). „Der Vorstand beschließt auf den Antrag des Herrn Präsidenten, die Tit. 6 und 7 zur Renumeration und zur Unterstützung zu kombinieren und um 3000 Mark zu erhöhen." Im Zusammenhange mit der Tatsache, daß nun der Präsident und nicht der Gesamtvorstand Beschluß über die Feststellung des Etats zu fassen hat, ist auch die veränderte Stellung des Gesamtvorstandes in bezug auf die Regelung der Rechtsverhältnisse der Reichstagsbeamten zu erwähnen. Wichtige Veränderungen in der Regelung der Beamtenverhältnisse werden allerdings zur Kenntnis des Gesamtvorstandes gebracht, ohne aber seiner Beschlußfassung zu unterliegen. So wird z. B. in der Sitzung des Gesamtvorstandes vom 27. November 1888 dem Gesamtvorstand von seiten des Präsidenten anläßlich der Hausetatsberatung mitgeteilt, daß an Stelle des Bureaudirektors zur Hebung der Stelle mit dem bisherigen Gehalt ein Direktor eingesetzt und der Wohnungsgeldzuschuß desselben auf II, 2 des Tarifs erhöht worden sei, weil dem Amte „ein sehr hoher Grad von Selbständigkeit beigelegt sei. Einen finanziellen Effekt habe diese Veränderung nicht, da dem gegenwärtigen Inhaber des Amtes eine Dienstwohnung überwiesen worden sei." Also nur im Zusammenhang mit dem Etat erfolgt diese Mitteilung an den Gesamtvorstand. Sie ist vom Präsidenten vorher schon verfügt worden. Ähnlich wird in der Sitzung des Gesamtvorstandes vom 2. Dezember 1905 anläßlich der Vorlegung des Hausetats dem Gesamtvorstande von seiten des Präsidenten mitgeteilt, daß zur Hebung der Stellung des Oberbibliothekars diesem die Amtsbezeichnung eines Direktors verliehen sei, und daß einer der vier Bibliothekare die Amtsbezeichnung „Oberbibliothekar" in Zukunft zu führen habe.

III. Rechtsstellung des Gesamtvorstandes.

Wenn wir nun zusammenfassend die rechtliche Natur des Gesamtvorstandes überblicken wollen, so werden wir zunächst feststellen, daß er nicht bloß in der Geschäftsordnung die Basis seiner Existenz findet, denn diese spricht nur in einer Randbemerkung zum 2. Abschnitt von dem „Vorstand des Reichstags" und versteht darunter offenbar bloß Präsidenten, Schriftführer und Quästoren. Es kommen aber in Wirklichkeit, wie wir gehört haben, auch noch die Abteilungsvorstände hinzu. Da diese ganze Bildung aber im Gewohnheitsrecht ihren Grund hat — denn schon seit dem 1. Mai 1869 (wie wir oben unter 1. gesehen haben) werden die Abteilungsvorstände zugezogen —, kommt es hierbei auf den Wortlaut der Geschäftsordnung nicht an. Es ist deshalb unrichtig, wenn in der Literatur, z. B. von Laband (Staatsrecht, 5. Aufl., I, S. 349) behauptet wird, daß der Präsident, die Vizepräsidenten und Schriftführer den Vorstand des Reichstags bilden; er hätte zum mindesten, wenn er bloß die Geschäftsordnung im Auge behalten hätte, doch die Quästoren dazurechnen müssen. Aber die Geschäftsordnung darf nicht nach Art eines Gesetzbuches interpretiert werden und die Parlamentspraxis, die zur Bildung des Gewohnheitsrechts geführt hat, darf nicht ignoriert werden. Die Abteilungsvorsitzenden gehören eben durch einen langen, mehr als 40jährigen Brauch, ebenfalls zum Gesamtvorstand. Dieser Gesamtvorstand ist also eine gewohnheitsrechtliche Bildung. Die Befugnisse waren früher vor der Tätigkeit des Seniorenkonvents umfassende: heute sind es bloß minder wichtige Angelegenheiten, Beratungen über abzuschließende Verwaltungsverträge, über Repräsentation des Reichstags usw., die im Gesamtvorstand erledigt werden. Eine scharfe Umschreibung des durch Gewohnheitsrecht entstandenen Organs und seiner Befugnisse namentlich für die Zwecke der Regelung der Disziplinarverhältnisse der Reichstagsbeamten wäre nötig. In der Regel präsidiert der Präsident dem Gesamtvorstand; nur wenn es sich um Ehrungen für den Präsidenten handelt (siehe Sitzung vom 11. Juni 1900, S. 5446) oder wenn der Präsident verhindert ist, präsidiert einer der Vizepräsidenten.

§ 27. Der Seniorenkonvent.

I. Die geschichtliche Entwicklung des Seniorenkonvents.

Für die Entwicklung im deutschen Reichstag waren zweifellos neben verschiedenen anderen Punkten die Einrichtungen im preußischen Abgeordnetenhaus vorbildlich. Dort findet sich der Seniorenkonvent, von dem die Geschäftsordnung mit keiner Silbe Erwähnung tut, schon in der Mitte der sechziger Jahre des 19. Jahrhunderts, namentlich um dem Bedürfnis der Minderheit des Hauses bei der Besetzung der Kommissionen gerecht zu werden. In Preußen ist der Seniorenkonvent die Vereinigung der Parteiführer. Sie beruht auf freiem Willen und wird von einem eigenen Vorsitzenden geleitet, der von den Vertretern der Fraktionen gewählt wird. Der Präsident des Abgeordnetenhauses ist gewöhnlich nicht Vorsitzender, jedenfalls nicht Mitglied des Seniorenkonvents (siehe darüber Plate, a. a. O., S. 229 ff.). Dies war aber auch im Reichstag der Fall bis etwa in die Mitte der neunziger Jahre, wie wir gleich noch näher sehen werden.

Trotzdem die offiziellen Akten des Seniorenkonvents im Reichstag erst seit 1874 geführt werden (siehe Reichstagsakten-Repertorium, Abteilung II, Reichstagsangelegenheiten, Tit. X, Reichstagsmitglieder, Seniorenkonvent, Nr. 6 a), war der Seniorenkonvent schon von allem Anfang an vorhanden. In der Sitzung vom 27. September 1867 (sten. Ber., S. 128) sagt der Abg. Aegidi: „Ich glaube, daß entweder die Erhöhung der Zahl (sc. der Kommissionsmitglieder) auf 28 oder die Herabsetzung auf 14 sich aus dem Grunde empfehlen würde, weil, wie es dem Hause nicht unbekannt ist, über die Art und Weise der Wahlen in die Kommissionen sich eine Praxis zu bilden angefangen hat, die den Übelständen manche benehmen kann, welche sonst mit solchen Wahlen in die Kommissionen verbunden sind, worüber ich natürlich des näheren mich nicht verbreiten will." Wir sehen also, wie auch im Reichstage, ebenso wie in Preußen, der Ausgangspunkt für die Entstehung des Seniorenkonvents, die Vertretung der Minderheit in den Kommissionen war[1]). In der Sitzung des norddeutschen Reichstags vom 12. März 1870 (S. 291) finden wir bereits, daß der Seniorenkonvent in einem gewissen Zeitpunkt handelnd auftritt, nämlich in der Vorberatung des Strafgesetzbuchs für den Norddeutschen Bund. Im Plenum sagte darüber der Abg. v. Bennigsen: „Ich möchte mir den Wunsch auszusprechen erlauben, daß wir die Fortsetzung der Beratung des Strafgesetzbuchs nicht am Montage vornehmen. Es ist in diesen Tagen in den Fraktionen der Gegenstand reiflich in Erwägung gezogen worden, es haben auch Beratungen zwischen den Fraktionen stattgefunden. Ich glaube, daß selbst in dem Fall, daß man den Montag ganz ausfallen ließe, weil der andere Gegenstand vielleicht nicht ausreicht, um uns einen Tag zu beschäftigen, dieser Ausfall von einem Tag für unsere Arbeit nicht verloren wäre. Wenn wir diesen Tag gewinnen für die Vorbereitungen, so werden wir sowohl eine Erleichterung für die Diskussion als wie ein angemessenes Resultat der Abstimmung uns sichern, und ich glaube, das ist so viel wert, daß wir den Versuch machen möchten, die Verhandlungen die zwischen den Fraktionen über dieses Kapitel des Strafgesetzbuchs geführt werden, einen Tag länger fortzusetzen."

Im Jahre 1873 tritt er schon unter dem Namen von Delegiertenversammlungen oder Delegiertenkonferenzen in Erscheinung. So sagt denn in der Sitzung vom 6. Juni 1873, S. (1184) der Abg. Reichenberger: „Diese Delegiertenversammlung hat keineswegs irgendeinen offiziellen Charakter gehabt, sie hat nur die präsumptiven Ansichten des Hauses zu konstatieren gesucht in der Absicht, dieselben demnächst im Hause zur Geltung zu bringen." Dieser Delegiertenkonferenz steht

---

1) Vgl. auch die Ausführungen des Abg. v. Unruh, Sitzung vom 15. Mai 1871, S. 704.

keineswegs irgend eine rechtsbedeutsame Wirkung und Entscheidung zu. So sagt der Abg. v. Hoverbeck in der Sitzung vom 7. Juli 1873 (sten. Ber., S. 1199): „Ich möchte vor allen Dingen bitten, und namentlich diejenigen Mitglieder des Hauses, welche zufällig an den freien Besprechungen teilgenommen haben, die jetzt immer mit dem Titel ‚Delegiertenkonferenz' benannt werden, doch die anderen in dem Hause nicht in Irrtum zu führen, als ob da irgendwelche Beschlüsse gefaßt würden; ich meinesteils berufe mich darauf, daß ich und andere Mitglieder, die daran teilgenommen haben, ausdrücklich erklärt haben, daß wir von seiten unserer Fraktionsmitglieder zu keinen Beschlüssen autorisiert wären, daß wir teilnehmen, um einfach unsere Meinung zu sagen, wenn wir gefragt würden, aber ohne damit unsere Fraktion irgendwie binden zu wollen, und daß wir auch für uns selbst durchaus nicht das Resultat unserer Besprechungen als bindend anerkennen wollen." Man sieht, es ist ein schwaches Gefüge, diese Delegiertenkonferenz. Sie tritt gewöhnlich, unabhängig vom Präsidenten des Reichstags, zu Beginn einer Legislaturperiode unter dem Vorsitz eines Alterspräsidenten zusammen. So heißt es z. B. in den Reichstagsakten (a. a. O.) des Seniorenkonvents vom 7. Mai 1890 (der Reichstag war am 6. Mai nach einer Auflösung zusammengetreten): „Unter dem Vorsitz des Alterspräsidenten des Seniorenkonvents Exz. Windthorst trat der Seniorenkonvent heute zusammen ... Zum Vorsitzenden des Seniorenkonvents wird Graf Ballestrem gewählt, zum Stellvertreter Graf Kleist." Also ganz ähnlich wie im Reichstag bedarf es einer vorläufigen Konstituierung, um dann zur definitiven Konstituierung überzugehen. Auch heißt es, wenn bloß eine S e s s i o n neu beginnt (wie z. B. Sitzung vom 3. November 1874): „Es konstituiert sich der Seniorenkonvent unter dem Vorsitz des Herrn ...." Ein Alterspräsident tritt mitunter ebenfalls in Erscheinung[1]). Jedenfalls war es in den achtziger Jahren der Brauch, die Konstituierung nach Sessionseröffnung auch durch eine Neuwahl des Vorsitzenden des Seniorenkonvents zu vollziehen (so in der Sitzung des Seniorenkonvents vom 28. April 1882, wo für die „gegenwärtige Session" ein neuer Vorsitzender gewählt wird; der Reichstag war nach einer Pause zu neuer Session am 27. April 1882 zusammengetreten).

Bis zum Jahre 1884 steht der Seniorenkonvent in keiner direkten Beziehung zum Präsidium, wenngleich es mitunter vorkommt, daß der Präsident auch die Regierung einlädt, an Verhandlungen der sog. Delegiertenkonferenz und des Seniorenkonvents teilzunehmen (siehe Verhandlungen des Reichstags 1873, S. 1202). Der Seniorenkonvent ist

[1]) Akten, Seniorenkonvent: Sitzung vom 25. November 1887 (die Session hatte am 24. November begonnen) und vom 29. Oktober 1889 (die Session hatte am 22. Oktober begonnen).

eine extralegale Versammlung, die auf freier Vereinbarung der Parteien unter einem eigenen Vorsitzenden beruht. Erst seit dem 23. Nov. 1884 wird zum Vorsitzenden des Seniorenkonvents Frhr. v. Franckenstein, der damalige, schon seit dem Jahre 1881 im Amte befindliche[1]) 1. Vizepräsident des Reichstags gewählt. Seit der Zeit wird die Übung festgehalten, daß der Seniorenkonvent vom 1. Vizepräsidenten des Reichstags, der zugleich Mitglied des Seniorenkonvents ist, geleitet wird. Diese Übung war offenbar bis zum Jahre 1896 derart erstarkt, daß, nachdem am 11. Januar und 1. Mai 1896 der damalige Frhr. v. Buol, Präsident des Reichstags, die Senioren zu einer Sitzung eingeladen hatte, am 5. November 1896 vor Beginn des Zusammentritts des Hauses (nach einem Sessionsschluß) der damalige Vizepräsident, der Abg. Schmidt-Elberfeld, folgenden Brief an den Bureaudirektor absenden konnte: „Ew. Hochwohlgeboren ersuche ich höflichst, nach der Stärke der Fraktionen, wie sie sich beim Zusammentritt des Reichstags gestaltete, eine neue Berechnung, betr. Besetzung der Kommissionen, anfertigen zu lassen. Ich beabsichtige, gleich nach dem Zusammentritt des Reichstags den Seniorenkonvent zu berufen, und bitte, falls solche Berufung von anderer Seite beabsichtigt werden sollte, darauf hinzuweisen, daß nach langjähriger Sitte der 1. Vizepräsident die Berufung zu veranlassen pflegt." In der Tat setzte damals auch der Vizepräsident Schmidt-Elberfeld seine Absicht durch, denn die konstituierende Sitzung des Seniorenkonvents am 14. November 1896 (der Reichstag war am 10. November zusammengetreten) fand unter dem Vorsitz des Vizepräsidenten Schmidt-Elberfeld statt. Aber auf die Dauer scheint sich dieser Zustand nicht erhalten zu haben, denn wir finden am 10. Mai 1899 die Einladung zur Sitzung des Seniorenkonvents vom Präsidenten des Reichstags, Graf Ballestrem, unterzeichnet, und seit der Zeit lädt wohl der Präsident zu den Sitzungen des Seniorenkonvents ein, in seiner Abwesenheit allerdings auch der Vizepräsident. Seit der Zeit ist also auch der Präsident des deutschen Reichstags im Unterschied zum Präsidenten des preußischen Abgeordnetenhauses Vorsitzender, wenngleich nicht (siehe weiter unten) Mitglied des Seniorenkonvents.

II. Die Stellung des Präsidenten zum Seniorenkonvent.

Wenn man die Frage aufwirft, in welcher Weise der Präsident sich durch Beschlüsse des Seniorenkonvents gebunden fühlt, inwiefern er verpflichtet ist, die durch Parlamentsbrauch erwachsene Zuständigkeit des Seniorenkonvents zu achten, so muß man feststellen, daß nach dem formalen Recht zweifellos der Präsident an solche Beschlüsse in keiner Weise gebunden ist. Diesen Standpunkt vertrat zunächst im Jahre 1874

[1]) 4. Session der 4. Legislaturperiode.

anläßlich der damaligen Militärvorlage der Präsident v. Forckenbeck und im Jahre 1900 der Präsident Graf Ballestrem. Im Jahre 1874 in der Sitzung vom 15. April (Reichstagsverhandlungen, sten. Ber., S. 814) machte der Abg. Windthorst dem Präsidenten gewissermaßen den Vorwurf, daß er, „wie in offiziellen und offiziösen Blättern gemeldet wird", an Konferenzen teilgenommen hätte, die sich auf den Militäretat „hier im Hause beziehen", ohne dem Hause davon Kenntnis gemacht zu haben. Offenbar war die Partei des Abg. Windthorst zu diesen Konferenzen, die sich wahrscheinlich auf die Flottmachung der Militärvorlage bezogen haben dürften und unter den Parteien stattgefunden hatten, welche für die Militärvorlage einzutreten beabsichtigten, nicht zugezogen worden. Darauf erwiderte der Präsident (a. a. O., S. 815): „Der Herr Abg. Windthorst hat Konferenzen erwähnt, denen er nicht beigewohnt habe oder nicht beigewohnt haben soll. Ich erwidere dem Herrn Abg. Windthorst darauf, daß ich mir und meinem Nachfolger im Amt des Präsidenten das Recht wahren muß, daß sie nach ihrem eigenem Gewissen und mit ihrer eigenen Verantwortung zu bestimmen haben, welchen Konferenzen sie beiwohnen wollen, wie sie sich darin auslassen wollen und was sie in derselben mitteilen wollen. Ich erkenne in dieser Beziehung keinen Richter über mir an." Auf diesen Ausspruch des Präsidenten v. Forckenbeck bezog sich auch der Präsident Graf v. Ballestrem in der Sitzung des Reichstags vom 12. Mai 1900 (S. 5447) zur Abwehr gegen einen Angriff des Abg. Singer. Dieser hatte dem Präsidenten vorgeworfen, daß „eine Besprechung stattgefunden über die Geschäftslage der nächsten Zeit, bei der die Vertreter der gesamten Linken dieses Hauses nicht zugezogen worden sind" (Sitzung vom 11. Mai 1900, S. 5445). In Wirklichkeit hatte der Präsident mit den Führern der Parteien, ausgenommen die Sozialdemokraten, über die Geschäftslage und die Beratung der schwebenden Gesetzesvorlagen einen Meinungsaustausch vorgenommen, allerdings nicht etwa in Form von Konferenzen, sondern in der Weise, daß eine Anzahl von „Herren" zum Präsidenten gekommen waren, der sie aber nicht zu einer Konferenz eingeladen. Den Seniorenkonvent hatte der Präsident damals absichtlich nicht einberufen, weil die Sozialdemokraten damals — es handelte sich nämlich um die damalige Lex Heinze — im Vereine mit der Partei Eugen Richters Obstruktion getrieben hätten[1]). Dem Präsidenten schien damals die Wirksamkeit des Seniorenkonvents ausgeschlossen, deshalb hatte er wohl mit den übrigen nicht obstruierenden Parteien den Meinungsaustausch vorgenommen. Bei der Gelegenheit äußerte er sich wie folgt: „Der Seniorenkonvent ist k e i n e geschäftsordnungsmäßige Institution des Reichstags, er ist eine durch Gewohnheit herbeigeführte Institution, die aber von den

[1]) S. die Ausführungen des Präsidenten, Sitzung vom 12. Mai 1900, S. 5448.

früheren Präsidenten und auch von mir nie als ein Kollegium anerkannt worden ist. Wenn die Herren, die diesen Versammlungen beigewohnt haben, die Einladungen ansehen, so sind diese immer bloß an den betreffenden Abgeordneten gerichtet zu einer geschäftlichen Besprechung, wie es heißt. Also, einen Seniorenkonvent gibt es nicht." Der Präsident hat in dieser Äußerung zweifellos den formalen Rechtsboden sich gesichert. Aber in der Praxis wird die Unabhängigkeit des Präsidenten gegenüber den Wünschen des Seniorenkonvents tatsächlich nicht groß sein, namentlich wenn nicht ein Präsident an der Spitze des Reichstags steht, der eine starke Partei, wie das Zentrum, hinter sich hat (so Graf v. Ballestrem), sondern eine der weniger starken Parteien. Da faßt sich der Präsident regelmäßig bloß als Geschäftsträger der Wünsche des Seniorenkonvents im Reichstage auf, er beruft sich auf Wünsche und Beschlüsse desselben und behandelt diesen regelmäßig als Organ des Hauses. So sagte z. B. der Präsident von Levetzow in der Sitzung vom 13. Dezember 1894 (S. 99): „Ich habe das, was der Herr Abgeordnete sagte, als Wunsch des Hauses mit Recht bezeichnen können, weil in der Versammlung der Vertrauensmänner aller Parteien dieser Wunsch ausdrücklich ausgesprochen worden ist."

III. Die Bildung und Zusammensetzung des Seniorenkonvents.

Bis zum Beginn der neunziger Jahre des 19. Jahrhunderts setzte sich der Seniorenkonvent keineswegs in größerer Anzahl oder genau nach der Stärke der Parteien zusammen. Er bestand etwa aus fünf bis zehn Mitgliedern, indem jede Partei, die zugelassen war, einen Vertreter entsendete (siehe z. B. Sitzung des Seniorenkonvents vom 12. September 1878, Akten, a. a. O., wo bloß sechs Mitglieder des Seniorenkonvents in den Unterschriften genannt werden, die Sitzung vom 7. März 1887, wo ebenfalls nur sechs Mitglieder genannt werden, die Sitzung vom 9. Mai 1890, wo zehn Mitglieder genannt werden, und ebenso die Sitzung vom 26. November 1892; vgl. auch die Rede des Abg. Gröber, Reichstagsverhandlungen 1912, Sitzung vom 7. Mai, S. 1703). Das hat sich nun wesentlich geändert. Der Seniorenkonvent zählt heute etwa 30 Mitglieder. So werden in den Reichstagsakten für die 2. Session der 12. Legislaturperiode 1909/10 als Senioren angeführt: 2 Mitglieder der deutsch-konservativen Partei, 2 Mitglieder der Reichspartei, 1 Mitglied der Reformpartei, 2 Mitglieder der wirtschaftlichen Vereinigung, 6 Zentrumsmitglieder, 2 Polen, 4 Nationalliberale, 3 von der Freisinnigen Vereinigung, 3 von der deutsch-freisinnigen Volkspartei, 2 von der deutschen Volkspartei, 3 Sozialdemokraten. Während also bis zum Jahre 1893 etwa jede Partei bloß einen Vertreter in den Seniorenkonvent entsendete, kann sie heute, wenn sie eine entsprechende Stärke hat, auch mehrere entsenden. Bedeutung hat dies insofern nicht, als ja keine Majoritätsbeschlüsse in dem Seniorenkonvent zulässig sind, wie wir noch hören werden.

Vertreter zum Seniorenkonvent kann nur eine zugelassene Partei bestellen. „Zugelassen" ist diejenige Partei, welche erstens sich gehörig konstituiert hat und davon dem Präsidenten hat Nachricht zukommen lassen; zweitens seit dem Beschlusse des Reichstags von 1912 (siehe Reichstagsverhandlungen 1912, S. 1750, Drucksache Nr. 341) nur eine solche Partei, welche eine Mitgliedervereinigung von mindestens 15 Mitgliedern (Vollmitgliedern und Hospitanten) zählt.

1. Nur eine gehörig konstituierte Partei gilt seit dem Beschlusse des Seniorenkonvents resp. nach der Verfügung des Präsidenten vom 10. Dezember 1903 als zugelassen. Damals versuchte die Gruppe der wirtschaftlichen Vereinigung, trotzdem sie bloß elf Mitglieder zählte, Zutritt zum Seniorenkonvent. Der Präsident verfügte (Akten, a. a. O.): Die als Gruppe des Seniorenkonvents in der Bildung begriffene wirtschaftliche Vereinigung könnte „nicht als eine politische Partei, und deshalb auch nicht als Fraktion angesehen werden, solange sich dieselbe als solche nicht konstituiert hat". Es hatten nämlich die Herren dieser Gruppe die Anzeige an den Präsidenten über ihre Bildung zum Teil in der Weise gezeichnet, daß ein Teil derselben sich als Wilde, Konservative, christlich-sozial, deutsch-sozial, Bund der Landwirte unterschrieben hatte. In der Verfügung heißt es deshalb, daß sie nicht als konstituiert zu betrachten seien: da „eine wirkliche Parteibildung nicht stattgefunden hatte, daß sie deshalb zu einer politischen Partei gehörig nicht betrachtet werden könnten". Daraufhin erfolgte die Konstituierung dieser Partei, bestehend aus elf Mitgliedern und vier Zugezählten, worauf sie in der Sitzung vom 11. Dezember 1903 als gehörig konstituierte Partei zugelassen wurde.

2. Die Frage, wie stark eine Partei sein müßte, um in den Seniorenkonvent zugelassen zu werden, hat seit einem alten, in der Mitte der achtziger Jahre anerkannten Brauch eine Begrenzung durch die Zahl 15 erfahren. Man ging dabei davon aus, daß 15 Mitglieder eben einen Initiativantrag im Hause einbringen könnten und insofern zu beachten seien. Es schwebte hierbei zweifellos als Motiv die Tatsache vor, daß nur auf solche Parteien im Seniorenkonvent Rücksicht zu nehmen sei, welche die Abmachungen des Seniorenkonvents, ev. wenn sie nicht gefragt würden, stören könnten dadurch, daß sie selbständige Anträge im Gegensatz zu den Abmachungen des Seniorenkonvents einbrächten. So finden wir, daß im Seniorenkonvent vom 7. März 1887 beschlossen wird: „Da die Fraktionen der Polen und Sozialdemokraten nicht mehr in der nach altem Usus zur Vertretung im Hause erforderlichen Stärke von 15 Mitgliedern erschienen sind, so beschließt der Seniorenkonvent, bei der Verteilung der Kommissionsmitglieder auf die einzelnen Fraktionen

nur die folgenden Parteien zu berücksichtigen, und zwar in der vom Bureau des Reichstags weiter unten angegebenen Stärke." Hierbei wurden Polen und Sozialdemokraten nicht berücksichtigt. Desgleichen wurde in der Sitzung des Seniorenkonvents vom 5. Juli 1893 „von einer Seite geltend gemacht, daß nur diejenigen Parteien eine Berücksichtigung erfahren sollten, welche in der Lage seien, aus ihrer Partei heraus selbständig Initiativanträge stellen zu können", und unter den kleinen Parteien nur jene berücksichtigt werden sollten, welche sich mit einer anderen Partei kombinieren. In letzterer Beziehung wurde die Vereinigung der süddeutschen Volkspartei mit der deutsch-freisinnigen Volkspartei anerkannt. Dementsprechend wurde auch beschlossen. Die Reformpartei hatte damals nur zwölf und die freisinnige Vereinigung nur 13 Mitglieder. Sie fielen dann auch in der endgültigen Berechnung weg (siehe Akten des Seniorenkonvents, a. a. O.). Kann man somit die Zahl von 15 als eine alte Praxis des Hauses ansehen, so war der Brauch in bezug auf die Frage, inwiefern durch Zuzählung von Wilden eine Partei unter 15 Mitgliedern auf die notwendige Zahl von 15 gelangen und dadurch den Anspruch erheben dürfte, im Seniorenkonvent zugelassen zu werden, kein gleichmäßiger. Vielmehr haben wir bis zum Jahre 1893 die Auffassung, wie sie aus den Akten des Seniorenkonvents hervorgeht (siehe die Rede des Abg. Gröber, a. a. O., S. 1704), daß eine Zuzählung nur zu einer bereits vorhandenen Seniorenkonventspartei stattfinden dürfte (siehe Sitzung des Seniorenkonvents vom 5. Juli 1893). Im Gegensatz zur vorhergehenden Zeit wurde in den folgenden zwölf Jahren (von 1893 bis 1905) die Zuzählung von Wilden zur Auffüllung einer Partei bis zur Zahl von 15 zugelassen. So wurde z. B. im Jahre 1903 die bloß aus elf Mitgliedern bestehende wirtschaftliche Vereinigung erst mit Zuzählung von vier nicht ihr angehörenden Mitgliedern auf die Höhe von 15 gebracht und in der Sitzung des Seniorenkonvents vom 11. Dezember 1903 zugelassen. In der Zeit der XII. Legislaturperiode von 1907 bis 1911 wurde diese Frage nicht praktisch. Erst in der 1912 beginnenden XIII. Legislaturperiode wurden zum Seniorenkonvent nur die Senioren derjenigen Parteien, die eine Stärke von mindestens 15 Mitgliedern hatten, eingeladen. Die Reichspartei, die nicht 15 Vollmitglieder besaß[1]), machte den Versuch ebenfalls, eingeladen zu werden. Nun erhob sich im Seniorenkonvent die Frage: „Soll eine Fraktion mit weniger als 15 Mitgliedern, bei der sich aber noch einige Wilde hinzurechnen lassen, durch welche die Zahl von 15 erreicht wird, als eine solche behandelt werden, die den Anspruch erheben darf, im Seniorenkonvent vertreten zu werden?" (Abg. Gröber in der Sitzung vom 7. Mai 1912, S. 1704).

[1]) Die Reichspartei bestand damals aus 13 Mitgliedern und hätte durch Zuzählung von Wilden jedenfalls auf die Höhe von 15 kommen können, gerade so wie 1903.

Der Seniorenkonvent verneinte zunächst die Frage, überwies sie aber, als die Reichspartei gegen seine Entscheidung bei ihm Vorstellung erhob, an die verstärkte Geschäftsordnungskommission zur Beratung und Antragstellung im Plenum. Darauf erging der oben angeführte Beschluß vom 8. Mai 1912, wonach als Fraktion für die Zulassung zum Seniorenkonvent nur eine Mitgliedervereinigung von 15 Mitgliedern (Vollmitgliedern und Hospitanten) anzuerkennen ist. Die sog. ‚Zugezählten', d. h. die Wilden, die nicht wenigstens als Hospitanten sich einer Fraktion zuzählen lassen, können einer Fraktion von weniger als 15 Mitgliedern nicht zur Auffüllung ihrer Reihe für die Anteilnahme am Seniorenkonvent nützen. Damit hat die Frage der Zuzählung keineswegs alle Bedeutung verloren. Zugezählt kann nur nicht einer Partei werden, welche weniger als 15 Mitglieder besitzt, aber eine sonst gehörig konstituierte Partei von mehr als 15 Mitgliedern kann die Zuzählung akzeptieren, welche von einem ihr nicht Angehörigen schriftlich beim Präsidenten beantragt wird (Sitzung des Seniorenkonvents vom 4. November 1898). Wenngleich die Zuzählung zur Auffüllung einer Partei auf die Höhe von 15 Mitgliedern und zum Zwecke der Zulassung zum Seniorenkonvent jetzt nicht mehr gestattet ist, so ist sie doch von Bedeutung für die Frage, in welcher Stärke die Partei an Kommissionen usw. beteiligt werden soll. Denn die zugezählten Mitglieder werden zweifellos jedenfalls zu der Stärke dieser Partei beitragen. Zugezählt in diesem Sinne wurden früher auch Mandate, welche durch Doppelwahl erledigt waren. So heißt es in der Sitzung des Seniorenkonvents vom 23. November 1884: „Die Deutsch-Freisinnigen vertreten die Volkspartei und werden ihnen noch drei bei keiner Fraktion befindlichen Mitglieder zugerechnet sowie drei Mandate, in denen Mitglieder ihrer Partei doppelt gewählt waren." Zugerechnet wurden früher auch Mandate, welche in dem Momente, wo diese Zuzählung erfolgen sollte, durch Tod des Inhabers erledigt waren. In diesem Falle wurden sie derjenigen Partei zugerechnet, der der verstorbene Inhaber des Mandats angehörte. So heißt es bei der durch Beschluß festgestellten Berechnung vom 1. Dezember 1893 (Seniorenkonvent, a. a. O.): „Ein erledigtes Zentrumsmandat ist dem Zentrum zugerechnet." Ebenso bei der Berechnung vom November 1896 (Berechnung in den Akten des Seniorenkonvents für die 4. Session der 9. Legislaturperiode 1895/97, Anm.): „Ein erledigtes Zentrumsmandat, ein erledigtes Mandat der Reformpartei sind denselben zugerechnet worden." Dies ist nunmehr nicht der Fall (siehe z. B. die Berechnung vom 6. Dezember 1905, Anm. 6, Akten, a. a. O.). Die keiner Fraktion angehörigen Abgeordneten werden bei der Berechnung der Stärke zum Zwecke der Verteilung der Kommissionsmandate unter die Parteien nicht berücksichtigt. So heißt es immer bei den Berechnungen: „unberücksichtigt bleiben . . . sechs keiner Fraktion angehörigen Mitglieder" (z. B. Berechnung vom Dezember 1905 in den Akten, a. a. O.). Es steht ihnen offen, sich einer Partei zuzählen zu lassen, dasselbe steht auch einer kleinen Partei unter 15 Mitgliedern zu. So wurde die bloß 13 Mitglieder im Jahre 1912 zählende Reichspartei und die Mitglieder der wirtschaftlichen Vereinigung auf ihren Wunsch der konservativen Fraktion zugezählt (Sitzung vom 10. Januar 1912 [Antrag der Reichspartei in den Akten, a. a. O.], Sitzung vom 8. Februar 1912).

Für die obige Berechnung der Stärke bleibt aber auch der Präsident unberücksichtigt, denn er ist keiner Partei zuzuzählen [1]).

Wohl zu unterscheiden von den Zugezählten sind die Hospitanten (siehe Abg. Gröber, a. a. O., S. 1705). Die Zugezählten lassen sich überhaupt nur zuzählen in ihrem eigenen Interesse. Für die Zuzählung ist irgend welche Dauer nicht vorgeschrieben, sie können sich für einzelne Kommissionsbildungen einer Gruppe zuzählen lassen, dann wieder aus der Gruppe ausscheiden; das hängt ganz von ihrem Willen ab. Ein Hospitant darf dies nicht. Er steht in einem viel intimeren Verhältnis zur Partei, der er sich als Hospitant zuzählen läßt. Infolgedessen können Hospitanten zur Auffüllung der Partei auf die Ziffer von 15 wohl nützen.

Schließlich bleibt noch die Frage zu erörtern, inwiefern zwei kleine Parteien, jede unter 15 Mitgliedern, sich zusammenfinden können, um an den Seniorenkonventsberatungen teilzunehmen. Dies wird heute wohl nicht mehr als zulässig bezeichnet werden können, denn sonst würde der Beschluß vom 8. Mai 1912 umgangen werden. Es würden sich dann auch die Wilden zu solchen Parteien, ohne irgendwelche gemeinsame Grundsätze zu haben, zusammentun, nur um einen Zutritt zum Seniorenkonvent zu erlangen. Das erscheint im Geiste der 1912 geführten Verhandlungen unzulässig, abgesehen davon, daß das erste Erfordernis der Zulassung zum Seniorenkonvent nicht erfüllt würde: wir haben ja oben gehört, daß dazu eine gehörige Konstituierung als Partei notwendig ist. Die Kombination von zwei Parteien wäre nur dann mit einem Anspruch auf Zulassung zum Seniorenkonvent zu betrachten, wenn sie eine Fusion bedeutete, aber ohne solche wäre eine Kombination zweier kleiner Parteien, um zusammen die Ziffer von 15, die Zulassung zum Seniorenkonvent zu erwirken, unzulässig. In der Seniorenkonventsitzung vom 5. Juli 1893 wurde zwar der Zusammenschluß der süddeutschen Volks-

---

[1]) S. die Berechnung in den Akten vom 6. Dezember 1905, wo Graf Ballestrem unter den Unberücksichtigten, Berechnung v. 27. Februar 1907, wo Graf Stolberg als Präsident unter den Unberücksichtigten angeführt ist. Siehe auch die Ausführungen des Freiherrn von Gamp, Sitzung vom 7. Mai 1912, betreffend die „Nichtberücksichtigten": „Außerdem sind noch zwei Mitglieder vorhanden . . . das ist ein Däne und der Herr Präsident, der ja einer Fraktion grundsätzlich nicht angehört." Sitzung v. 7. Mai 1912, S. 1707.

partei und der deutsch-freisinnigen Partei, um zu den Beratungen des Seniorenkonvents zugelassen zu werden, anerkannt, aber die deutsch-freisinnige Volkspartei bestand aus 25 Mitgliedern, die süddeutsche Volkspartei aus 12. Es fällt also dieser Präzedenzfall unter die schon oben erwähnte zulässige Zuzählung einer kleinen Partei zu einer größeren, die Zahl 15 übersteigenden Fraktion.

IV. Die Funktionen des Seniorenkonvents.

1. Die wichtigste und am frühesten geübte Funktion des Seniorenkonvents ist die Feststellung des Repartitionsmaßstabes für die Beteiligung der Parteien an den Kommissionsmandaten. Anfangs scheint das Mittel für den Einlaß in den Seniorenkonvent das gewesen zu sein, daß man die Abteilungen, die formell zur Kommissionswahl berechtigt waren, veranlaßte, die geschäftsordnungsmäßige Wahl nach dem Wunsche des Seniorenkonvents vorzunehmen. So wurde z. B. in der Sitzung des Plenums vom 12. April 1878 im Reichstag vorgeschlagen, zur Besichtigung des Kriegshafens in Kiel und der Werft zu Ellerbeck eine Deputation von 14 Mitgliedern zu entsenden. Der Abg. Schröder hatte demgegenüber eine höhere Zahl vorgeschlagen. Der Präsident erwiderte: „Es ist gerade die Zahl 14 gewählt worden, weil diese Zahl den Abteilungen im Reichstag am allerbesten entspricht." Daß aber nicht die Abteilungen, sondern der Seniorenkonvent die eigentliche bestimmende Instanz der Deputation gewesen, besagen die Akten des Gesamtvorstandes, wo es in der Sitzung vom 2. Mai 1878 heißt: „Infolge einer Einladung zu einer Fahrt nach Kiel, beschließt der Gesamtvorstand die Auswahl und Bezeichnung der Mitglieder der Reichstagsdeputation dem Seniorenkonvent zu überlassen." (Für ein anderes Beispiel, das zugleich auch zeigt, daß sich die Abteilungen nicht immer damals an die Wünsche des Seniorenkonvents gehalten, siehe die Rede des Abg. Gröber im Plenum vom 7. Mai 1912, S. 1703.) Doch dieser formale Weg zur Aufrechterhaltung der Geschäftsordnung wurde später verlassen, es wurden nunmehr Berechnungen vom Bureau aufgestellt und vom Seniorenkonvent angenommen, welche nach Art einer Gesellschaftsrechnung Kommissionsmandate auch nach Parteistärke verteilten. Diese Berechnungen finden sich schon seit Beginn der achtziger Jahre (eine der frühesten vom 24. Februar 1881). Im Jahre 1877 (in der Sitzung des Seniorenkonvents vom 1. März) finden wir in den Akten des Seniorenkonvents die ersten Unterscheidungen von Berechnungen, je nachdem es sich um 7er, 14er oder 21er Kommissionen handelt. In diesem Jahre finden wir auch Berücksichtigung von Bruchteilen bei der Austeilung von Kommissionsstellen an die einzelnen Parteien. Die Einfachheit, mit der offenbar in den ersten Jahren die Berechnung der Fraktionsstärke des Seniorenkonvents vor sich ging, da nur die großen Parteien beteiligt erscheinen,

mußte sich natürlich ändern, sobald immermehr kleine Parteien entstanden, die ihre Berücksichtigung verlangten. Darauf entwickelte sich im Laufe der Zeit das Institut des „Alternats" und das des „Ausgleichs des Parteikontos". Auf diesen beiden Instituten ruht heute die Verteilung der Kommissionsstellen an die Partei.

a) Das Institut des Alternats bedeutet, daß, wenn auch bei der Besetzung der ersten Kommission, die als 7er, 14er oder 21er Kommission konstruiert wird, kleine Parteien wegen eines zu geringen Bruchteils bei Feststellung der Gesellschaftsrechnung nicht berücksichtigt werden können, sie dann doch durch Akkumulation von Bruchteilen in der Folge bei Kommissionen der gleichen Art Berücksichtigung verdienen, weil diese Bruchteile dann durch die Akkumulation schließlich zu ganzen Stellen, also zur Erlangung einer Kommissionsstelle berechtigen. Zu diesem Zwecke wird dann eben ein Turnus für jede Form der Kommission bei 7er, 14er oder 21er Kommission eingeführt, derart, daß ein solcher Turnus z. B. von 6 Kommissionen gleicher Gattung maßgebend erscheint. Hat z. B. eine Partei für die erste Kommission der betreffenden Gattung nur einen Bruchteil von 0,34, geht also leer aus, weil der Bruchteil nicht einmal 0,5 oder darüber bedeutet, so wird das schon bei der zweiten Kommission der gleichen Gattung anders. Sie hat dann einen Bruchteil von 0,68 und verdient dann schon Berücksichtigung in Gestalt einer Kommissionsstelle. Erhält sie dann eine solche, so ist ihr Parteikonto allerdings mit der Differenz von 1—0,68 belastet, d. i. 0,32. Das muß ihr von ihrem Bruchteil bei der dritten Kommission der gleichen Gattung wieder in Abzug gebracht werden, so daß sie dann erst wieder Berücksichtigung bei der fünften Kommission der gleichen Gattung finden kann. Diese Methode können wir das „Alternat" nennen. Zu dem Zwecke wird innerhalb der Kommissionen der gleichen Gattung (d. h. aller 7er oder aller 14er, aller 21er oder 28er Kommissionen) ein Turnus von vier oder sechs Kommissionen eingeführt, um dieses Alternat zu ermöglichen.

b) Das zweite Institut ist das des „Ausgleichs des Parteikontos". Ist, um bei dem früheren Beispiel zu bleiben, der Partei mit einem Bruchteil von 0,34, bei der zweiten Kommission eine Kommissionsstelle zugefallen, die ihr Parteikonto demnach mit 0,32 belastet, so daß sie bei der dritten Kommissionsstelle ausscheidet, so wird die Stelle, die ihr bei der zweiten Kommission zugefallen, bei der dritten Kommission der gleichen Gattung jener Partei überwiesen, welcher darauf durch die inzwischen eingetretene Akkumulation ihrer Bruchteile am ehesten dazu berechtigt erscheint. (Siehe dazu in den Akten des Seniorenkonvents befindlichen Grundlagen der Berechnung des Reichstagsbureau vom 1. Dezember 1893, betreffend die Verteilung der Mitglieder auf die Kommissionen unter dreien: „Zur Feststellung der Zahl der einzelnen Parteien bei jeder Kommission genügt nicht allein die einfache Multiplikation, sondern es ist auch die sorgfältige Vergleichung der Parteikonti untereinander, welche allein imstande ist, den Ausgleich auf volle Stellen vorzunehmen, notwendig.")

Für die Berechnung der Kommissionsstellen auf die Parteien ist unter Berücksichtigung der Institute des Alternats und Ausgleichung der Parteikontos in der Sitzung des Seniorenkonvents vom 2. Dezember 1893 folgender Modus auf Rat des Bureaudirektors eingeführt worden:

„Nach Feststellung der Stärke der einzelnen Parteien ist nach der Proportion ‚Summe der Mitgliederzahl aller beteiligten Parteien zur Stärke der Mitgliederzahl der einzelnen Partei, wie Stärke der Kommission zur Stärke der Beteiligung der einzelnen Partei' die in der Anlage zur betreffenden Berechnung ersichtliche Zahl auf zwei Dezimalstellen festgestellt und der weiteren Berechnung zugrunde gelegt worden. Die Stärke der ersten Kommissionen ergibt sich unmittelbar aus dieser Rechnung und ist in der Anlage neben den grundlegenden Verhältniszahlen angegeben.

Bei Berechnung der Verteilung auf die weiteren, gleichstarken Kommissionen sind Dezimalteile, welche die festgestellte volle Zahl der Beteiligung einer Partei an der Kommission überschritten, den Grundzahlen behufs Berechnung der Beteiligung der Partei an der nächsten Kommission zugezählt; an der berechneten vollen Zahl fehlende Dezimalteile sind von den Grundzahlen zu diesem Zwecke in Abzug gebracht. Die so erhaltenen, stets auf zwei Dezimalstellen richtigen Zahlen sind nach arithmetischen Grundsätzen in volle Zahlen verwandelt."

Damals wurde auch für das Alternat ein Turnus von sechs Kommissionen festgesetzt. Heute gilt für 7er Kommissionen ein Turnus von vier, für 14er, 21er und 28er Kommissionen ein Turnus von sechs Kommissionen (siehe die Berechnung, die in der Sitzung vom 22. Dezember 1912 beschlossen worden ist. Reichstagsakten, Seniorenkonvent). Die Berechnung der Verteilung der Parteien auf die einzelnen Kommissionen erfolgt mindestens für die Dauer einer Session. Jede Partei kann von der ihr zufallenden Zahl der Kommissionsstellen die eine oder andere Stelle einer befreundeten Partei oder Wilden, die sich ihr haben zuzählen lassen, überweisen.

Ein verbrieftes Abkommen dieser Art wird in der Sitzung des Seniorenkonvents das Parteiabkommen zwischen Nationalliberalen und den sog. Sezessionisten am 24. Februar 1881 erwähnt. Es wird zwischen ihnen folgende Vereinbarung getroffen und von dem Seniorenkonvent bestätigt: Bei der 7er Kommission behalten Nationalliberale zwei, bei der 14er Kommission wird ein Turnus von fünf Kommissionen angenommen, und es erhalten bei der ersten Kommission die Nationalliberalen vier, die Sezessionisten null, in der zweiten Kommission die Nationalliberalen drei, die Sezessionisten eine Stelle, bei der dritten

Kommission die Nationalliberalen fünf, die Sezessionisten null, bei der vierten Kommission die Nationalliberalen drei, die Sezessionisten eine, bei der fünften Kommission die Nationalliberalen vier, die Sezessionisten null Kommissionsstellen.

Äußerlich betrachtet ist ein solches Abkommen ein reines Internum der Partei. Sie verfügt über die ihr zugefallen Stellen in jeder Art und Weise, wie sie für gut findet.

Auch die Größe der Kommissionen, ob 21er oder 28er Kommission, ob 7er oder 14er Kommission, hängt von der Fraktionsbeteiligung und infolgedessen von dem Willen des Seniorenkonvents ab. Am frühesten finden sich darüber Aufzeichnungen in den Akten des Seniorenkonvents vom 8. Februar 1879. Da heißt es: „Der Seniorenkonvent beschließt ferner den betreffenden Fraktionen zu empfehlen die Budgetkommissionen aus 28 Mitgliedern zusammenzusetzen, da über eine Kommission von 21 Mitgliedern über das Budget eine Einigung nicht erzielt werden konnte." Nicht bloß an Reichstagskommissionen, sondern auch dann, wenn dem Reichstag anheimgegeben ist, sich durch Wahl von Reichstagsmitgliedern an von der Regierung ausgehenden Enqueten zu beteiligen, ist der Seniorenkonvent interessiert, so z. B. als es sich im Jahre 1893 um die Enquete für die Arbeiterstatistik handelte (Nr. 87 der Drucksachen ex 1892). Da bestimmte der Seniorenkonvent, daß von den sechs Reichstagsmitgliedern, die in den Beirat für Arbeiterstatistik zu entsenden waren, zwei Mitglieder vom Zentrum, je ein Mitglied der Konservativen, der Nationalliberalen, des Freisinns und der Sozialdemokratie zu beteiligen seien. Es heißt dann weiter in den Akten: „Der Wunsch der Konservativen auf zwei Mitglieder fand nach genauer arithmetischer Berechnung der Parteienstärke keine Berücksichtigung. Es wurde bei der Gelegenheit auch der Wunsch ausgesprochen, sieben Mitglieder in die Kommission zu senden, wozu so eine Abänderung des Regulativs notwendig war. Der Vorsitzende wurde beauftragt, die entsprechende Einleitung und die erforderlichen Verhandlungen zur Abänderung des Regulativs zu treffen (Reichstagsakten des Seniorenkonvents vom 7. Dezember 1893)[1]).

2. Eine andere wichtige Funktion des Seniorenkonvents ist die Beratung und Beschlußfassung über die Art, wie die Geschäfte im Hause verfolgt werden sollen, also zunächst die Feststellung des Arbeitsplans. Besonders wichtig ist der Arbeitsplan bei der Budgetberatung, wobei unter Zugrundelegung eines dreijährigen Durchschnitts von Tagen des Plenums, die in den vorausgehenden Jahren für die Beratungsdauer maßgebend waren, die jeweilige Beratungsdauer des Etats vom Senioren-

[1]) Vergleiche auch über die Beteiligung der Parteien an der jüngsten Enquête (Rüstungslieferungskommission) von 1913/14 die Verhandlungen in Sitzung D. RT. vom 12. Dez. 1913, S. 6438.

konvent festgelegt wird[1]). In der Zeit nach 1895, da die Schwerinstage galten, hatte der Seniorenkonvent auch über die Reihenfolge der zu Beginn einer Session angebrachten Initiativanträge zu entscheiden (siehe oben S. 74). Mit dem Zurücktreten der Bedeutung der Schwerinstage ist auch diese Funktion in den Hintergrund gerückt.

3. Einfluß des Seniorenkonvents auf die Redeordnung. Auch auf die Form der Reden in der Debatte hat der Seniorenkonvent Einfluß. Im Seniorenkonvent wird nämlich abgemacht, ob die einzelnen Parteien bei gewissen Gegenständen sich besonderer Kürze in ihren Reden be-

---

[1]) Siehe die Festlegung des Arbeitsplans in der Sitzung vom 9. Januar 1913: „In der Zeit vom 13. Januar bis 14. März 1913 einschließlich stehen — nach Abzug der in Aussicht genommenen sitzungsfreien Tage (25. bis 27. Januar, 8. bis 10. und 22. bis 24. Februar) — für Plenarberatungen zur Verfügung 47 Tage. Hiervon sind vorzusehen:

für die zweite Lesung des Etats	39 Tage
für die dritte Lesung des Etats	3 „
für Unvorhergesehenes	5 „
zusammen	47 Tage

Berechnung über die Dauer der zweiten Beratung der einzelnen Etats nach dem Durchschnitt der letzten drei Jahre.

Etats-anlage	Bezeichnung des Etats	Zeitdauer der zweiten Beratung beim Etat für 1910	1911	1912	Dreijähr. Durchschnitt in Tagen	Vorschlag
I.	Reichstag	0,95	0,80	0,27	0,67	½ Tag
II.	Reichskanzler	2,00	2,40	2,01	3,12 (II.–III.)	3 „ (II.–III.)
III.	Auswärtiges Amt	2,11	0,63	0,20		
IV.	Reichsamt des Innern	10,73	14,00	16,47	13,73	10 „
V.	Militär	7,40	11,52	4,30	7,74 (V.–Va.)	7½ „ (V.–Va.)
Va.	Reichs-Militärgericht	—	—	—		
VI.	Marine	3,63	4,68	1,93	3,41	3½ „
VII.	Justizverwaltung	1,00	2,22	2,57	1,93	2 „
VIII.	Reichsschatzamt	0,66	1,1	1,40	1,05	1½ „ (VIII. u. XIII.)
XIII.	Allgem. Pensionsfonds	0,08	0,04	0,57	0,23	
XI.	Reichsschuld	0,05	0,1	0,10	1,10 (XI.–XVII.)	1½ „
XVII.	Zölle usw.	0,21 (zus. mit Allgem. Finanzierung)	2,00 (XVII. u. Allgem. Finanzierung)	0,73		
	Allgem. Finanzierung	0,1				
XII.	Rechnungshof	0,01	—	—	—	— „
IX.	Reichs-Kolonialamt	0,05	1,40	2,40	3,67 (IX. u. Schutzgebiets-Etats)	3½ „
			1,30	2,01		
	Schutzgebiets-Etats	2,60	2 1,07 (Kiautschou)	2 0,17 (Kiautschou)		
X.	Reichs-Eisenbahnamt	0,6	0,73	1,50	0,94	1 „
XVI.	Reichseisenbahnen	1,25	1,68	2,13	1,69	1½ „
XIV.	Post	2,20	3,78	3,73	3,31 (XIV.–XV.)	3½ „ (XIV.–XV.)
XV.	Reichsdruckerei	ohne	ohne	0,23		
		35,63	49,45	42,72	42,59	39 Tage.“

fleißigen sollten[1]). Aus dieser Einflußnahme des Seniorenkonvents ist auch die schon vor 1872 ansetzende Praxis der Rednerliste[2]) im Reichstag zu erklären, wonach die von jeder Partei für die Debatte dem Präsidenten präsentierten Redner und nur sie allein das Wort erhalten, trotzdem die GO. (§ 47) keine Rednerliste kennt und man die Rednerliste bei Beratung der Geschäftsordnung des Reichstags ausdrücklich fallen zu lassen beabsichtigt hatte (siehe Sitzung vom 6. Juni 1868, S. 298; es ist auch einmal im Reichstag [Antrag Windthorst u. Gen., D. RT. Nr. 20/ex 74 und Sitzung vom 12. Februar 1874, S. 40 ff., D. RT. Nr. 97/ex 187, Sitzung vom 9. April 1874, S. 666 ff.] ein allerdings vergeblicher Versuch gemacht worden ist, die alte offizielle des belgisch-französischen Vorbildes statt der unoffiziellen von den Parteien gestellten wieder einzuführen).

Der Seniorenkonvent übt auch eine Kritik an der Art, wie die Kommissionen ihre Geschäfte behandeln.

4. Verwaltungsfragen werden allerdings gewöhnlich nicht im Seniorenkonvent, sondern im Gesamtvorstand abgetan und erledigt. Trotzdem scheinen sie mitunter im Seniorenkonvent vorzukommen. (Z. B. in den Akten des Seniorenkonvents vom 17. März 1909: „Nach längerer Debatte einigten sich die Herren Vertrauensmänner der Fraktionen dahin, es bei dem bisherigen Verfahren zu belassen, d. h. Kommissionsdrucksachen des Reichstags zwar an Abgeordnete, aber nicht an Private abgeben zu lassen.“) Eine hierher gehörige Verwaltungsfrage ist die Verteilung der Tribünenplätze an die einzelnen Fraktionen.

---

[1]) So sagt z. B. der Abg. v. Dirksen in der Sitzung vom 7. Mai 1907 (Reichstagsverhandlungen S. 1473): „Meine Herren, der Herr Abg. Molkenbuhr ist ein durchaus sympathischer Kollege und Gegner, der immer sachlich bleibt. Aber das war nicht hübsch von ihm, daß er die heute getroffene Vereinbarung, daß die Redner der verschiedenen Parteien nur kurze Reden abgeben sollen, in dieser Weise vergessen hat.“ Anträge auf Auszählung sollen nach Abmachungen im SK. vermieden werden. Siehe der Abg. Richter, Sitzung vom 13. Mai 1901, S. 1714. Auch der Platz in der Debatte, wo man eine längere oder kürzere Rede anzubringen hätte, wird vom Seniorenkonvent mitunter festgelegt. So sagt z. B. der Abg. Eickhoff in der Sitzung vom 28. Februar 1903 (Reichstagsverhandl. 1900/03, Bd. 9, S. 8279): „Herr Präsident, ich möchte den Wunsch aussprechen, daß spezielle Fragen, insbesondere die Frage nach der Vermehrung von Assistenten, nicht bei dem Titel ‚Staatssekretär‘, sondern bei den betreffenden Titeln verhandelt werden möchten. Ich glaube mich bei diesem Wunsch in Übereinstimmung mit der Auffassung des Seniorenkonvents zu befinden.“

[2]) So wird im preußischen Abgeordnetenhause in der 60. Sitzung der Session 1871/72, S. 1610 ff., von dem Reichstagsbrauch gesprochen, wonach der Präsident die Rednerliste im Verein mit Vertrauensmännern aller Parteien bilde. Und in der Sitzung des Reichstags vom 12. Februar 1874, S. 91, gibt der Abg. Braun von der „Praxis der geheimen Rednerliste“ im Reichstag folgendes Bild: „Es verständigen sich nämlich die Parteien, wer in ihrem Namen sprechen soll, und sie benachrichtigen davon vorher den Präsidenten, und je nachdem nun Rede und Gegenrede kommt, gibt der Präsident das Wort mit Berücksichtigung der darüber vorher stattgehabten Verständigung, und zwar an die Minorität so gut wie an die Majorität.“

Ein gewisser Teil der Tribünenplätze und zwar ein ziemlich ansehnlicher, ist nämlich den Mitgliedern des Hauses für ihre Bekannten reserviert. Diese Verteilung der Plätze wird nach der Stärke der Parteien im Seniorenkonvent vorgenommen (siehe z. B. die Verteilung vom 23. Februar 1912, 1. Session der 13. Legislaturperiode, Akten a. a. O.).

5. Eine wichtige Funktion des Seniorenkonvents ist die Besetzung der Ehrenämter des Hauses, insbesondere die Schriftführerstellen[1]) und die einflußreichen Stellen der Kommissionsvorsitzenden.

Früher war es auch üblich, die Abteilungsvorsitzenden und ihre Stellvertreter im Seniorenkonvent festzustellen, resp. festzustellen, in welcher Weise die einzelnen Abteilungsvorsitzenden und Stellvertreter auf die Parteien zu verteilen sind (so z. B. in der Sitzung vom 18. Februar 1881, 7. März 1890, 1. September 1895, siehe Akten des Seniorenkonvents, a. a. O.). Bei der Bedeutungslosigkeit der Abteilungen ist heute keine Rede mehr davon, wenigstens finden sich in den Akten keine darauf bezugnehmenden Verteilungen. Wohl aber werden die Stellen der Kommissionsvorsitzenden und ihrer Stellvertreter vom Seniorenkonvent den Parteien zugewiesen. (Siehe z. B. Sitzung des Seniorenkonvents vom 10. Dezember 1903, vom 28. Februar 1907, vom 22. Februar 1912.) Neuestens ist eine Art Optionsrecht der Parteien für die Stelle der Kommissionsvorsitzenden festgestellt. In der Sitzung des Seniorenkonvents vom 22. Februar 1912 einigt man sich dahin, daß die stärkste Partei erklären solle, für welche Kommission sie den Vorsitz in Anspruch nähme, dann die zweitstärkste Partei usw. Auch sollen die stellvertretenden Vorsitzenden dergestalt unter die fünf stärksten Fraktionen verteilt werden, daß, wenn z. B. der Vorsitzende der rechten Seite des Hauses angehört, der Stellvertreter von der linken Seite gestellt werde. Auf diese Weise wurde in der Sitzung vom 22. Februar 1912 festgestellt: Die Geschäftskommission erhält zum Vorsitzenden ein Zentrumsmitglied, als Stellvertreter einen Sozialdemokraten. Die Petitionskommission einen nationalliberalen Vorsitzenden, ein Zentrumsmitglied zum Stellvertreter. Die Wahlprüfungskommission einen Vorsitzenden, der der deutschkonservativen Partei angehört und einen der fortschrittlichen Volkspartei angehörenden Stellvertreter, die Geschäftsordnungskommission einen Sozialdemokraten als Vorsitzenden, einen Deutschkonservativen als Stellvertreter, die Rechnungskommission einem fortschrittlichen Volksparteiler als Vorsitzenden, einen Nationalliberalen als Stellvertreter.

---

[1]) S. z. B. Akten des Seniorenkonvents, Sitzung vom 18. Februar 1881, Sitzungen vom 28. April 1882, 7. März 1890 u. a.; siehe auch Plenarsitzung des RT. vom 7. März 1884 (Abg. Windthorst), S. 8; Sitzung vom 4. März 1887, S. 13 (Abg. Windthorst); s. auch weiter unten § 29.

V. Die rechtliche Bedeutung des Seniorenkonvents.

Der Seniorenkonvent ist kein durch Rechtsnorm geschaffenes Organ des Reichstags, sondern ein Organ, das durch Parteisitte — Konventionalregel! — geschaffen ist. Man war früher im Reichstag bemüht, dieses Organ nicht zum Rechtsorgan werden zu lassen, wenngleich in neuester Zeit gegenteilige Tendenzen bemerkbar sind. So sagte der Abg. Richter in der Sitzung vom 21. April 1883 (S. 2050) mit Bezug auf die Beratungen in Seniorenkonvent: „Die Leitung der Geschäftsordnung liegt hier im Plenum und nicht in irgend einem kleinen Kreise, wo darüber vorher gesprochen worden ist." Als man im Jahre 1895 an die oben (§ 9) angeführte Änderung des Paragraphen ging, welcher die Reihenfolge der Initiativanträge am Schwerinstag bestimmte, war von der Kommission, die darüber beriet, der Vorschlag gemacht worden: „Über die Reihenfolge der Beratung gleichzeitig eingebrachter Anträge entscheidet der Präsident im Einverständnis mit dem Seniorenkonvent" (Drucksachen Nr. 107 der dritten Session der 9. Legislaturperiode). Es wurde aber bei der Beschlußfassung der Kommission die oben angeführte Stelle durch die Worte ersetzt „hat der Präsident sich mit dem Hause zu verständigen" (Drucksachen Nr. 117, 3. Session, 9. Legislaturperiode). Auch im Plenum erklärte der damalige Berichterstatter Abg. Gamp, Sitzung vom 5. Februar 1895, S. 670 ff.: „Die Kommission hatte anfangs in Aussicht genommen, den Seniorenkonvent hier einzuführen, entschloß sich aber diesen Ausdruck zu vermeiden, weil die Kommission dann auch die Verpflichtung hätte, den Seniorenkonvent in der Geschäftsordnung selbst zu definieren und über dessen Wahl nähere Bestimmungen zu erlassen." Aus dieser Äußerung ergibt sich klar[1]), daß man zwar die Tatsächlichkeit, die Faktizität des Seniorenkonvents nicht ignorieren kann und auch damals nicht ignorieren konnte, im Gegenteil dieselbe zu nützen suchte, daß man aber die rechtliche Inferiorität des Seniorenkonvents damit zweifellos zum Ausbruch gebracht hatte, ähnlich wie man in England zwar die praktische Bedeutung des Kabinetts der Minister nicht hoch genug veranlagen kann, seine rechtliche Ausgestaltung aber bewußt vernachlässigt. Das Kabinett ist „dem Recht nicht bekannt"[2]). Auch der Präsident des Reichstags, Graf von Ballestrem, erklärte in der Sitzung vom 12. Mai 1900 (S. 5448): „Also einen Seniorenkonvent gibt es nicht", d. h. es gibt einen solchen nicht rechtlich, aber tatsächlich existiert er wohl.

Dem Seniorenkonvent mangelt die juristische Natur, vor allem ist er keine Kommission im Sinne

[1]) Wie aus solchen Worten Perels a. a. O. S. 32 f. die „rechtliche" Natur des Seniorenkonvents deduzieren will, ist unerfindlich.

[2]) S. mein engl. StR. II. S. 87.

der Geschäftsordnung, auch kein kommissionsähnliches Organ[1]). Daraus folgt:

1. Wenn der Seniorenkonvent offiziell vom Hause mit der Beratung einer Angelegenheit betraut wird, wie dies z. B. am 23. März 1893 in bezug auf die von dem Abg. Ahlwardt vorgelegten Aktenstücke der Fall war, so wird dies in die Form gekleidet, daß die einzelnen Mitglieder des Seniorenkonvents als Kommission bestellt werden. So sagte damals der Präsident in der Sitzung vom 22. März 1893, S. 1802 ff: „Es liegt der Antrag vor, daß die Sitzung ausgesetzt werde, daß eine gewisse Vertrauenskommission im Hause besteht, die unter meinem Vorsitze zusammentrete", und dann weiter: „Ich habe den Antrag, der gestellt ist, in allen seinen Einzelheiten wiederholt und bitte diejenigen, welche die Sitzung auf eine Stunde aussetzen wollen und wünschen, daß die bezeichnete Kommission zu dem angegebenen Geschäfte zusammentrete, sich von ihren Plätzen zu erheben." Der Seniorenkonvent muß demnach die äußere Rechtsform einer Kommission erhalten, um in der Rechtswelt in Erscheinung zu treten, an und für sich hat er keine juristische Existenz.

2. Beschlüsse des Seniorenkonvents erfolgen niemals per majora, sondern immer nur einstimmig. Wäre der Seniorenkonvent eine rechtliche Institution, eine Kommission, so müßten Majoritätsbeschlüsse zulässig sein; daß aber solche unzulässig sind, ergibt sich aus wiederholten Äußerungen im Plenum (siehe z. B. der Abg. Windthorst in der Sitzung vom 21. April 1883, S. 2050; der Abg. Dr. Lieber in der Sitzung vom 20. Februar 1896, S. 115 ff.; der Präsident Graf von Ballestrem in der Sitzung vom 11. Mai 1900, S. 5448; der Abg. Gröber in der Sitzung vom 7. Mai 1912, S. 1706).

3. Da der Seniorenkonvent keine Kommission ist, besteht auch keine Verpflichtung wie für andere Kommissionen (§ 24 der Geschäftsordnung), dem Reichskanzler von seinem Zusammentritt und von dem Gegenstand seiner Verhandlungen Kenntnis zu geben, und infolgedessen auch kein Recht für die Mitglieder des Bundesrats und der Kommissarien, dem Seniorenkonvent, mit beratender Stimme beizuwohnen. Gleichwohl kommt es ab und zu vor, so z. B. 1873 (Sitzung vom 17. Juni, S. 1199, wo der Präsident des Reichskanzleramts, Delbrück, von einer solchen Einladung und Teilnahme an dem Seniorenkonvent spricht).

4. Da der Seniorenkonvent formell keine Beschlüsse faßt, so ist er auch nicht daran gebunden, in derselben Form, wie er die Beschlüsse gefaßt hat, sie aufzuheben. Er kann ohne weiteres von einem einmal gefaßten Beschluß wieder abgehen. So wurden zur Sitzung des Seniorenkonvents vom 10. Januar und 20. Februar 1912 vom Präsidenten, trotz

[1]) Wie Perels a. a. O. behauptet.

des entgegenstehenden Brauches, nur die Senioren derjenigen Parteien, die eine Stärke von mindestens 15 Mitgliedern hatten, eingeladen. Das rügte der Abg. Arendt in der Sitzung des Plenums vom 17. Mai 1912 (S. 1713) mit den Worten: „Deshalb ist es nicht richtig, so zu verfahren, wie jetzt verfahren werden soll, und es war nach dieser Richtung für uns sehr bemerkenswert, daß in der neuen Legislaturperiode nicht dieselben Parteien eingeladen wurden, die in der alten Legislaturperiode den Seniorenkonvent bildeten. Es hätte erst unter Zuziehung aller im Seniorenkonvent Vertretenen beschlossen werden sollen, daß die Ordnung der Dinge eingeführt werden sollte." Dieser Standpunkt ist eine vollkommene Verkennung der juristischen Natur des Seniorenkonvents. Derselbe ist eben keine Kommission und muß die seinen Brauch bestimmenden Konventionalregeln nicht nach Art von Rechtsnormen in bestimmten Formen abändern oder neu einführen. Der Grundsatz, daß ein formaler Beschluß immer nur durch actus contrarius wieder nichtig gemacht werden soll, gilt demnach nicht für den Seniorenkonvent.

5. Da der Seniorenkonvent keine Kommission ist, mangelt ihm auch der Charakter der Vertraulichkeit und der Geheimhaltung, der bei Kommissionen zu finden ist, insbesondere das Verbot, daß Namen der in der Kommission an einer Debatte besonders beteiligten Personen im Plenum nicht genannt werden sollen. Gegenüber einem Vorwurf, den der Abg. Richter in der Sitzung vom 21. April 1883, S. 2015 ff., erhoben: „Ich halte es nicht für richtig, zurückzukommen auf Besprechungen vertraulicher Art, die immer nur einen informatorischen Charakter haben können", erwiderte mit Recht der Abg. Windthorst: „Meine Herren, zunächst habe ich irgendwelches Vertrauen nicht gebrochen. Die Verhandlungen, welche der Präsident mit uns gepflogen hat, waren keine geheimen."

6. Da der Seniorenkonvent keine rechtliche Institution ist, mangelt ihm auch die Möglichkeit, selbst juristisch gebietend aufzutreten. Deshalb ist es unzulässig, wenn der Seniorenkonvent einer Kommission einen Auftrag erteilt (wie z. B. 1901: siehe Sitzung vom 13. Mai 1901, S. 2708). Als man 1901 der Branntweinsteuerkommission, die tagte, die Mitteilung machte, daß der Seniorenkonvent kein neues Gesetz wünsche, sondern bestimmte Gesetze um ein Jahr verlängert wissen wollte, soll sich folgendes ereignet haben: „In der Branntweinsteuerkommission sagte man uns am Freitag morgen, als wir im Vertrauen auf die geschlossenen Vereinbarungen (sc. im Seniorenkonvent) zu den Beratungen kamen: ‚Was geht uns der Seniorenkonvent an?'" Trotzdem läßt sich wegen der faktischen Bedeutung des Seniorenkonvents eine Kommission ab und zu einen solchen Auftrag gefallen. So geschehen, als der Seniorenkonvent die Geschäftsordnungskommission im Jahre 1912 mit der Auf-

gabe betraut hatte, festzustellen, inwiefern einer nicht aus mindestens 15 Mitgliedern bestehenden Fraktion die sog. „Zugezählten" auf die Zahl 15 aufhelfen können, um ihre Zulassung zum Seniorenkonvent zu bewirken. (Abg. Frhr. von Gamp in der Sitzung des Reichstags vom 7. Mai 1912, S. 1709.)

Besitzt der Seniorenkonvent auch keine rechtliche Bedeutung, so hat er doch eine sehr bekannte faktische Bedeutung. Abgesehen von seinen oben angeführten Funktionen ist noch festzustellen, daß Beschlüsse des Seniorenkonvents, namentlich wenn sie in Einstimmigkeit, wie gewöhnlich, gefaßt werden, im Plenum nicht leicht umgeworfen werden.

Doch ist mangelnde Vorbereitung, namentlich Vorberatung der betreffenden Vorlage in der Fraktionssitzung der einzelnen Partei, mitunter ein Grund gewesen, um von Vereinbarungen im Seniorenkonvent, dann doch im Plenum abzufallen (Sitzung vom 9. Dezember 1891, S. 3298f. anläßlich der Handelsverträge dieses Jahres; Sitzung vom 13. Dez. 1894, S. 98 ff. anläßlich der Umsturzvorlage dieses Jahres; vom 20. Febr. 1896, S. 1113 ff. anläßlich der Zuckersteuervorlage; Sitzung vom 5. Mai 1902, S. 5338 f. anläßlich der Branntweinsteuervorlage, und der Abg. Bebel, Sitzung vom 6. Mai 1902, S. 5343; Sitzung vom 4. April 1911, S. 6266, der Abg. Dr. von Savigny; Sitzung vom 7. November 1911, S. 7703, der Abg. Gröber).

§ 28. Der Präsident.

I. Formen der Präsidentschaft.

Der Unterschied zwischen provisorischem und definitivem Präsidenten ist von der konstitutionellen Doktrin, wie wir gehört haben (oben § 11 und § 25) aufgebracht. Ehe zur Wahl eines definitiven Präsidiums geschritten wird, muß zur Vorbereitung dieser Wahl und anderer Geschäfte ein vorläufiger Präsident, der Alterspräsident, gewählt werden. Außer diesen beiden Formen der Präsidentschaft gibt es noch einen Probepräsidenten, der gewöhnlich, wie wir noch sehen werden, zu Beginn einer Legislaturperiode zeitlich beschränkter, definitiver Präsident ist, und schließlich, ohne geschäftsordnungsmäßige Unterlage, einen Aushilfspräsidenten. Von diesen einzelnen Formen soll zunächst gehandelt werden, ehe dann die Feststellung der Funktionen des definitiven Präsidenten behandelt wird.

1. Der Alterspräsident. Ehe das Haus sich konstituiert, d. h. sein pouvoir constituant ausübt, befindet es sich, so will es die konstitutionelle Doktrin, in dem sog. Naturzustand, in welchem der Zufall an Stelle von Rechtsnormen zu entscheiden hat, wer Präsident ist und wer die Schriftführer seien. Infolgedessen muß in diesem Natur-

zustand das Alter für Präsidentschaft und Schriftführer maßgebend sein. Deshalb wird ein Alterspräsident, so will es die konstitutionelle Doktrin, bestellt und Jugendschriftführer, d. h. die jüngsten Mitglieder des Hauses werden mit den notwendigen Schriftführerstellen betraut, während das älteste der Alterspräsident ist. Die Jugendschriftführer sind, wie wir oben gehört haben, in dem deutschen Reichstagsrecht bereits abgeschafft. Der Alterspräsident ist aber eine Institution des deutschen Parlamentsrechts. Er ernennt nach der Geschäftsordnung „provisorisch bis zur Konstituierung des Vorstandes vier Mitglieder zu Schriftführern" (§ 1, Abs. 2 der Geschäftsordnung). Das Alterspräsidium tritt bloß bei Eintritt in eine neue Legislaturperiode in Erscheinung (§ 1, Abs. 1 der Geschäftsordnung). Das älteste Mitglied der Versammlung ist der Alterspräsident, kann aber die damit verbundenen Funktionen auf das im Lebensalter am nächsten stehende Mitglied übertragen (§ 1, Abs. 1 der Geschäftsordnung).

Wie weit reichen nun die Befugnisse des Alterspräsidenten? Zweifellos muß er alle vorbereitenden Handlungen treffen, welche den Zweck haben, seine Funktionen als Alterspräsident zur Erledigung zu bringen. So vor allem muß er den Namensaufruf vornehmen, der die Zahl der beschlußfähigen Mitglieder feststellt, welche Feststellung nach § 9 der Geschäftsordnung die Voraussetzung der Vollziehung der Wahl des definitiven Präsidenten und der definitiven Schriftführer ist. Die provisorischen Schriftführer ernennt er, wie wir gesehen haben. Wie weit aber die Befugnisse des Alterspräsidenten darüber hinausreichen, das ist als streitig anzusehen, im Reichstage ebenso wie im Rechte des preußischen Abgeordnetenhause (siehe dazu Plate, a. a. O., S. 36).

Man wird mit Rücksicht darauf, daß die Vorstellung vom pouvoir constituant in der Geschäftsordnung des deutschen Reichstags, bis auf die Bestellung des Alterspräsidiums beseitigt ist (siehe oben § 25) davon ausgehen müssen, daß der Reichstag auch vor seiner sog. Konstituierung Beschlüsse fassen kann. Im preußischen Abgeordnetenhause besteht noch die alte Forderung des pouvoir constituant (§ 7 der Geschäftsordnung), daß erst, wenn die Wahlen einer beschlußfähigen Anzahl von Mitgliedern des Hauses als gültig anerkannt sind, das Haus den Präsidenten und Vizepräsidenten wählen darf. Trotzdem hat man auch hier dem Alterspräsidenten weitergehende Befugnisse, als bloß für die Neuwahl des definitiven Präsidiums zu sorgen, eingeräumt. Im deutschen Reichstag ist man von der konstitutionellen Doktrin an diesem Punkte abgegangen und hat die Konstitution des Hauses überhaupt an die Feststellung einer beschlußfähigen Anzahl von Mitgliedern geknüpft, gleichviel, ob ihre Mandate für unanfechtbar erklärt oder angefochten worden sind. Um so weniger liegt hier ein Grund vor, dem eben zusammengetretenen neugewählten Reichstag und seinem Alterspräsidenten die Herbeiführung von Beschlüssen abzusprechen. In der Praxis hat der Alterspräsident, wie in Preußen, so auch im Reichstag, den Druck und die Verteilung von Regierungsvorlagen angeordnet. In Preußen hatte er auch in der Session 1863/64 Anträge auf Einstellung eines Strafverfahrens gegen Mitglieder des Hauses vor der Wahl des definitiven Präsidiums der Beschlußfassung zugeführt. Der Alterspräsident hat im deutschen Reichstag die Urlaubsgesuche für die Zeit von weniger als acht Tagen selbst bewilligt und solche, welche die Dauer von acht Tagen überschritten, zur Bewilligung dem Reichstag vorgelegt, welcher sie dann auch, ohne daß ein definitiver Präsident vorhanden war, erledigt hat (siehe z. B. Sitzung vom 23. Febr. 1877 S. 9). Der Alterspräsident muß nach Feststellung der Beschlußfähigkeit durch Namensaufruf die Verteilung der Wahlakten auf die einzelnen Abteilungen durch das Los vornehmen und das Resultat in der Sitzung verkünden lassen (siehe z. B. 7. Februar 1912, Reichstagsverhandlungen, S. 4). Nach Feststellung der Beschlußfähigkeit liegt ihm auch die Einberufung der Abteilungen zur Konstituierung vor (Reichstagsverhandlungen vom 7. Februar 1912, a. a. O., und vom 8. Februar 1912, S. 5). Unter der Leitung und dem Vorsitz des Alterspräsidenten sind auch Geschäftsordnungsfragen angeregt und entschieden worden (siehe z. B. Sitzung vom 2. März 1867, sten. Ber., S. 37, wie bezüglich der Frage der Rekapitulation des Namensaufrufs, um die Beschlußfähigkeit des Hauses festzustellen, vorzugehen sei). Es ist auch unmöglich, einen Grund dagegen aus der Natur der Geschäftsordnungsfragen herzuleiten, denn diese müssen, weil ihrer Natur nach dringend, jederzeit entschieden werden können. Nur die alte Lehre vom pouvoir constituant und von der Machtlosigkeit einer noch nicht konstituierten Körperschaft stünde dem entgegen. Für die heutige Reichstagspraxis hat aber die Lehre gar keine Bedeutung mehr, wie oben § 9 ausgeführt ist.

2. Der Probepräsident. Der erste definitive Präsident der ersten Session der ersten Legislaturperiode ist ein Probepräsident, d. h. er wird gemäß der Geschäftsordnung (§ 11 Satz 1) auf vier Wochen gewählt; also nur zu Beginn einer neuen Legislaturperiode und nur in der ersten Session einer solchen. In den folgenden Sessionen findet die Wahl eines Probepräsidenten und von Probevizepräsidenten nicht statt. Mitunter findet statt der Neuwahl eines Präsidenten an Stelle oder zur Ersetzung eines Probepräsidenten eine Akklamationswahl statt. Im Anfange der Geschäftsordnungspraxis des Reichstags gab es nach dieser Richtung hin Widerstand (Sitzung vom 30. März 1867, S. 465). Sie hat sich später eingebürgert (siehe Sitzung vom 17. Dezember 1881, S. 447, Abg. v. Bennigsen: „Meine Herren! In den ersten Sessionen der früheren[1]) Legislaturperioden hat der Reichstag wiederholt im

[1]) Einer der frühesten Fälle übrigens schon: Sitzung vom 20. April 1871, S. 301.

Interesse der Erleichterung seiner Geschäfte durch Akklamation diejenigen Präsidenten wiedergewählt, welche bei Beginn der Sitzungen aus der politischen Gesamtsituation durch formelle Abstimmung hervorgegangen waren. Ich glaube, daß es sich empfehlen wird, jetzt ebenso zu verfahren . . ."). Erhebt sich Widerspruch gegen die Akklamationswahl auch bloß von seiten eines einzigen Mitglieds, so darf dieselbe natürlich nicht stattfinden, weil sie nicht der Geschäftsordnung entspricht (siehe z. B. Sitzung vom 16. September 1886, sten. Ber., S. 4, wo der Abg. Hasenclever gegen die Wahl des Probepräsidenten Wedel-Piesdorf Einspruch erhob). Ist das aber der Fall, dann darf dieser Widerspruch gegen die Akklamationswahl gemäß dem Brauch des Hauses nicht dazu benutzt werden, um Erklärungen und Begründungen des Widerspruchs und dadurch eine Z e n s u r gegen die Amtsführung des Probepräsidenten herbeizuführen (RTV., a. a. O., vom 6. September 1886, S. 6, der Abgeordnete Richter: „Ich kann mich dem Herrn Vorredner nur anschließen. Meine Herren, seit den 15 Jahren, welche ich die Ehre habe, hier zu sitzen, ist es nicht vorgekommen, daß man bei der Präsidentenwahl die Geschäftsordnungsbemerkung benutzte, um die Personen, die in Frage stehen, oder deren frühere Geschäftsführung hier zum Gegenstand einer Kritik zu machen . . . Nachdem es einmal geschehen ist, nachdem man über den Begriff der Geschäftsordnungsbemerkung in dieser Weise hinausgegangen ist, verwahre ich mich dagegen, daß man in Z u k u n f t auf das heutige Vorkommnis, das ich bedauere, als auf einen Präzedenzfall Bezug nehme"). Der Probepräsident ist eine Art des definitiven Präsidenten, ihm vollständig in Würde und Ansehen gleichgestellt, nur auf vier Wochen in der Wirksamkeit beschränkt. Infolgedessen ist es auch üblich, daß das sog. Probepräsidium von seiner Wahl und der Konstituierung des Hauses dem Kaiser ebenso Kenntnis gibt, wie wir dies noch bei der Erörterung der Rechtsstellung des definitiven Präsidenten sehen werden.

3. Der A u s h i l f s p r ä s i d e n t ist der Stellvertreter des Präsidenten, der auf Grund des R e i c h s t a g s b r a u c h s, nicht durch die Geschäftsordnung eingesetzt wird, und zwar ist die Voraussetzung der Einsetzung eine doppelte: entweder, daß der Präsident des Reichstags dauernd verhindert ist, seine Funktionen auszuüben, oder daß einer von den Vizepräsidenten oder beide in der gleichen Weise verhindert sind, den Präsidenten zu unterstützen. Es gibt vier solche Präzedenzfälle, wo Aushilfspräsidenten eingesetzt wurden. In der Sitzung vom 5. Februar 1876 wurde für den behinderten Präsidenten v. Forckenbeck der Abgeordnete Dr. Simson ersucht, das Präsidium im Reichtag zu übernehmen (Sitzung vom 5. Februar 1876, S. 1203, Drucksachen, Nr. 223). Der zweite Fall ereignete sich in der Sitzung vom 16. März 1895 (Reichstagsverhandlungen, S. 1538), in welcher der Abg. Spahn ermächtigt wurde,

in Behinderung des Präsidenten v. Levetzow das Präsidium im Reichstag zu übernehmen, solange die Vizepräsidenten Frhr. v. Buol-Berenburg und Dr. Bürklin behindert waren. In der Sitzung vom 26. März 1906 (Reichstagsverhandlungen vom 26. März 1906, S. 2290 A und 2323 C) beschloß der Reichstag, den Abg. Büsing zu ermächtigen, in Vertretung des Präsidenten Graf v. Ballestrem das Präsidium im Reichstag zu übernehmen, solange die Vizepräsidenten Dr. Udo Graf zu Stolberg-Wernigerode und Dr. Paasche behindert sind. In der Sitzung vom 19. Februar 1910 (RTV. vom 19. Februar 1910, S. 1440) wurde der Antrag gestellt und angenommen, den Abg. Grafen von Schwerin-Löwitz zu ermächtigen, während des Fernbleibens des (damals schon kranken) Präsidenten Dr. Udo Graf zu Stolberg-Wernigerode von den Sitzungen das Präsidium des Reichstags zu übernehmen, wenn die Vizepräsidenten Dr. Spahn und Erbprinz zu Hohenlohe-Langenburg verhindert waren. Die Anträge, welche bei solchen Anlässen gestellt werden, pflegen als schleunige behandelt zu werden, d. h. es wird von der nach § 22 GO. vorgesehenen Frist von zwei Tagen, die zwischen der Drucklegung und der Abstimmung liegen müssen, abgesehen, der Antrag sofort nach seiner Stellung zur Abstimmung gebracht, was natürlich nur möglich ist, wenn 15 anwesende Mitglieder aus dem Hause und der Antragsteller nicht widersprechen (§ 21, Satz 1, GO.).

Die äußere Form war in den ersten zwei Fällen ungefähr die: „der Reichstag wolle beschließen, den Herrn Abg. . . , ... zu ermächtigen, in Behinderung des Präsidenten . . . . . . (nun folgt Angabe der Zeitdauer) das Präsidium im Reichstage zu übernehmen“, woraus hervorgeht, daß damals der Aushilfspräsident den Präsidenten und nicht die Vizepräsidenten vertreten sollte. In den beiden letzten Fällen war die Tätigkeit des Aushilfspräsidenten und seine Führung des Präsidiums nur bedingungsweise, wenn nämlich auch die Vizepräsidenten behindert wären, gewünscht. Daraus geht hervor, daß der Aushilfspräsident nun nicht mehr den Präsidenten, sondern nur die Vizepräsidenten vertritt, und deshalb diese ihm vorgehen. So hatte auch der Vizepräsident Dr. Spahn die Leitung der Geschäfte seit dem 19. Februar 1910 in erster Linie, trotzdem ein Aushilfspräsident infolge der Behinderung des Präsidenten vorhanden war. Hinzugefügt wird dann noch: „zur Ausführung des Beschlusses an den Herrn Abgeordneten (Namen des künftigen Aushilfspräsidenten) die Bitte um Ausführung dieser Funktion zu richten.“ Daß bei der Wahl eines solchen Aushilfspräsidenten auch Parteiberatungen vorauszugehen pflegen, ist nicht auffallend in Anbetracht der Wichtigkeit dieses Amtes (siehe der Abg. Präsident Graf v. Ballestrem in der Sitzung vom 26. März 1906, S. 2290 A: „Ich möchte daher, wie es in früheren Fällen geschehen ist, an die Herren Kollegen die Bitte richten, während der Sitzung eine Vereinbarung zu treffen und mir vielleicht im Laufe der Sitzung einen Antrag einzureichen, daß wir einen sog. Aushilfspräsidenten ernennen").

Es ist nicht üblich, bei solchen Gelegenheiten einen Aushilfspräsidenten zu wählen, wenn es feststeht, daß der Präsident oder Vizepräsident, in deren Behinderung der Aushilfspräsident eintreten soll, dauernd von dem Amte ferngehalten werden. In solchen Fällen tritt dann sofort eine Neuwahl ein (Sitzung vom 20. Mai 1879, S. 1358, Vizepräsident Dr. Lucius: „Meine Herren! In Gemäßheit des Vorbehalts, welchen wir am Eingang der Sitzung machten und welcher vom Hause gebilligt wurde, am Schlusse der Sitzung auf das Schreiben des Herrn Präsidenten v. Forckenbeck zurückzukommen, liegt es mir zunächst ob, den verschiedenen Anregungen und Anfragen gegenüber, die während der Sitzung eingegangen sind, zu konstatieren, daß jeder Versuch, den Herrn Abgeordneten v. Forckenbeck zur Zurücknahme seiner heutigen Erklärung zu bewegen, fruchtlos sein würde, da die Rücksicht auf seine Gesundheit ihm unbedingt gebietet, bei seiner Erklärung zu beharren. Ich glaube mich nun als stellvertretender Präsident verpflichtet, insbesondere auch in Rücksicht darauf, daß der erste Herr Vizepräsident zurzeit gleichfalls durch Krankheit verhindert ist, seines Amtes zu walten, schon heute den Vorschlag machen zu müssen, die Wahl des ersten Präsidenten auf die morgige Tagesordnung zu setzen . . .").

Der Aushilfspräsident vertritt den Präsidenten und die Vizepräsidenten nur in der Leitung der parlamentarischen Verhandlungen. Das ergibt sich aus der Formel, die den betreffenden Abgeordneten ermächtigt, im Falle des „Fernbleibens" des Präsidenten und der Vizepräsidenten von den Sitzungen „das Präsidium im RT. zu übernehmen" (siehe Sitzung vom 19. Febr. 1910 S. 1440). Die Vizepräsidenten sind Generalstellvertreter des Präsidenten für den Gesamtumfang der Präsidialbefugnisse, der Aushilfspräsident nur Spezialstellvertreter in oben bezeichnetem Sinne[1]).

Niemals darf der Präsident sich aus eigener Machtvollkommenheit einen Stellvertreter bestellen, da dies die durch die GO. anerkannte Organstellung der Vizepräsidenten beeinträchtigen würde. Wo dies aber nicht der Fall ist, darf er dies zweifellos. So hat sich durch Parlamentsbrauch eine solche partielle Übertragung der Befugnisse des Reichstagspräsidenten herausgebildet. Es ist nämlich üblich, daß der Präsident vor Schluß einer Legislaturperiode bis zum nächsten Zusammentritt des Reichstags den Teil seiner Befugnisse, welche man als Verwaltungsbefugnisse nach außen bezeichnet, an den Direktor beim Reichstag überträgt. Die betreffende Verfügung des Reichstagspräsidenten lautet: „Dem Direktor beim Reichstag . . . . . . (Name desselben) wird bis zur Neu-

[1]) So zutreffend Sprenger, Die rechtliche Stellung des Reichstagspräsidenten, 1912, S. 16.

wahl des Präsidenten die Verwaltung übertragen. In der Korrespondenz mit dem Reichskanzler und in den Verwaltungsgeschäften, die sonst dem Präsidenten zustehen, darf sich derselbe nicht vertreten lassen." Dieser eigentümliche Brauch hängt mit der Tatsache zusammen, daß noch immer ein Alterspräsident zu Beginn jeder Legislaturperiode gewählt werden muß. Wäre dies nicht der Fall, so würde ebenso, wie es zwischen zwei Sessionen der Fall ist, der Präsident der vergangenen Legislaturperiode auch solange die Verwaltungsgeschäfte im Reichstage führen, bis eine Neuwahl stattgefunden hat.

4. Der definitive Präsident. Der Präsident und die zwei Vizepräsidenten, welche unter der Leitung des Alterspräsidenten nach Feststellung der Beschlußfähigkeit des Hauses, zu Beginn jeder Session (abgesehen von der ersten Session der Legislaturperiode[1])) gewählt werden, sind definitive Präsidenten. Alle drei Präsidenten zusammengenommen bilden aber durchaus kein Organ des Reichstags. Ein Präsidium gibt es nicht, da es keine Funktionen als Kollektivorgan besitzt. Mit Recht führte daher der Präsident am 12. Mai 1900 (Sitzung des Reichstags, S. 5447) aus: „Der Abg. Singer hat . . . gesagt, er hätte keinen Zweifel, daß bei der Wichtigkeit der Angelegenheit das Präsidium in allen seinen Mitgliedern von diesen Dingen unterrichtet sein müsse. Meine Herren, hier ist schon ein Irrtum dem Herrn Abgeordneten Singer unterlaufen. Im Reichstag gibt es nur einen Präsidenten, der die Geschäfte leitet, ein Präsidium gibt es nicht. Ist der Präsident verhindert, so treten die Vizepräsidenten nach der Reihe ihrer Ernennung für denselben ein, sind dann mit denselben Rechten begabt wie der Präsident. Ein Kollegium, was das Präsidium heißt, gibt es nicht, sondern die Geschäfte leitet der Präsident." Mit Unrecht hat deshalb der Reichskanzler (siehe Reichsanzeiger vom 19. Februar 1912) einmal das Gegenteil angenommen und dem Kaiser den Rat erteilt, den ersten und dritten Präsidenten nicht in der nach der Konstituierung üblichen Audienz zu empfangen, weil der zweite Präsident, damals Sozialdemokrat, den Weg nach Hofe nicht machen wollte und die Audienz nur dem Präsidium als solchem gewährt zu werden pflege. Es erging nämlich damals eine Antwort auf das Gesuch (am 15. Februar 1912) des Präsidenten um Audienz, als der Bescheid vom Oberhofmarschallamt S. M. (siehe Akten, a. a. O., III, vom 16. Februar 1912), daß S. M. verhindert sei, die Herren zu empfangen, wozu der Reichsanzeiger die Begründung gab: „Diese Antwort wurde auf den Vorschlag des Reichskanzlers gegeben, der S. M. dem Kaiser nicht empfehlen konnte, der Abweichung von der gewohnten Regel zu folgen und sie damit gutzuheißen." Diese Regel war nach der Ansicht des Reichsanzeigers (vom

[1]) Der Fall, in welchem das Probepräsidium eintritt (s. oben).

19. Februar 1912), offenbar auch nach der des Reichskanzlers: „Bisher pflegt das ganze Präsidium des Reichstags nach dessen Konstituierung schriftlich durch den Präsidenten S. M. dem Kaiser gemeldet zu werden." Diese Audienz soll nach der Auffassung des Reichsanzeigers dem „Präsidium in seiner Gesamtheit" gelten, nicht der einzelnen Person, während das Parlamentsrecht des Deutschen Reichs ein Präsidium in seiner Gesamtheit nicht kennt.

II. Der Erwerb des Amtes.

1. Präsidentenwahl und Parteien. Präsident und Vizepräsident gehen aus Wahlen des Hauses hervor, welche nach vorheriger Verständigung der Parteien stattzufinden pflegen. Dieser Brauch, der den Parteien eine solche Vorbesprechung einräumt, fand schon in der Sitzung vom 28. Februar 1867 Anerkennung. Da sagt der Alterspräsident v. Frankenberg-Ludwigsdorf: „Ich schlage Ihnen vor, morgen punkt 10 Uhr fortzuschreiten mit den Wahlprüfungen . . . und die Präsidentenwahl bis auf übermorgen auszusetzen, damit die Herren sich zuvor besprechen können" (Zustimmung). In der Sitzung vom 27. März 1895 (RTV., S. 1726) wird von dem Abg. Graf v. Hompesch dieser Brauch als ein althergebrachter bezeichnet mit den Worten: „Meine Herren! Nach den eben vollzogenen Wahlen möchte ich eines konstatieren. Nachdem diejenigen Parteien des Hauses, welche nach altem langjährigen parlamentarischen Brauch bei der Besetzung der Stellen des ersten und zweiten Vizepräsidenten zu berücksichtigen gewesen, auf Anfrage erklärten, daß sie eine Stelle im neuen Präsidium nicht beanspruchen, sind wir veranlaßt worden, von dem bisherigen parlamentarischen Brauch in diesem Falle abzusehen." Dies erfolgte zu Beginn der dritten Session der IX. Legislaturperiode. Darauf wurde an Stelle des bisherigen Präsidiums: v. Levetzow, v. Buol-Berenberg, Bürklin (also eines Konservativen, eines Zentrummannes und eines Nationalliberalen), ein neues Präsidium, bestehend aus dem Frhr. v. Buol-Berenberg (Zentrum), Schmidt-Elberfeld (Freisinn) und Spahn (Zentrum) gewählt. Bemerkenswert ist, daß dies eine der frühsten Kundgebungen von Parteien war, die durch ihre geschlossene Nichtbeteiligung am Präsidium ihre Opposition gegenüber den Majoritätsparteien zum Ausdruck brachten, ein Vorbild, auf das man, vielleicht unbewußt, im Jahre 1909, wie wir gleich sehen werden, zurückgekommen ist. In diesem Jahre wurde nämlich nach Annahme der Finanzreform am 1. Dezember 1909 eine neue Session eröffnet. Damals erklärte der Abg. Dr. Paasche namens seiner politischen Freunde, daß er die in der vorhergehenden Session von ihm bekleidete Stelle eines zweiten Vizepräsidenten nicht annehmen wolle, um so nach außen zu dokumentieren, daß das Blockeinverständnis, das zur Vorwahl des Jahres 1907 geführt hatte, zwischen den ehemaligen Majoritäts-

parteien nicht mehr vorherrsche (siehe Sitzung vom 1. Dezember 1909, S. 9).

Die Präsidentenwahl des Jahres 1907, die des Jahres 1909 und die von 1912 standen jedenfalls im Zeichen der vorhergehenden Parteienvereinbarung mit den sog. Majoritätsparteien (siehe namentlich darüber der Abg. Gröber in der Sitzung vom 17. Februar 1912, S. 107). Solche Parteivereinbarungen für die Besetzung der Stellen des Präsidiums unterscheiden sich von den Parteienvereinbarungen im Seniorenkonvent dadurch, daß im Seniorenkonvent alle Parteien vertreten sind, während die Präsidentenwahlen vorwiegend von den Majoritätsparteien, d. h. denjenigen Parteien, die sich ausdrücklich oder stillschweigend zu gemeinsamer Flottmachung der Parlamentsgeschäfte zusammentun, vorher abgemacht werden. Zuweilen wird auch die Forderung aufgestellt, daß die stärkste Fraktion den Präsidenten stelle. Diese Forderung ist durch keinen Brauch des Reichstags sanktioniert.

2. Die Form der Wahl. Nach § 9 der Geschäftsordnung soll sofort, nachdem die Anwesenheit der beschlußfähigen Anzahl von Mitgliedern des Reichstags festgestellt ist, der Reichstag die Wahl der Vizepräsidenten und Schriftsführer vollziehen. Diese Vorschrift der Geschäftsordnung ist auf Grund des Beschlusses vom 22. Mai 1872 an Stelle der früheren Worte: „beschließt der Reichstag, an welchen folgendem Tage die Wahl des Präsidenten folgen soll" getreten. Der Grund dieser Änderung war eben der, daß nicht einzusehen war, „weshalb erst die Beschlußfähigkeit konstatiert und dann auf die folgende Sitzung die Präsidentenwahl verschoben werden sollte, warum man nicht sofort nach der Beschlußfähigkeit, d. h. die Anwesenheit von der Hälfte der Mitglieder konstatiert ist, mit der Präsidentenwahl vorgeht" (der Abg. v. Hoverbeck in der Sitzung vom 8. Mai 1872, S. 280). Man hoffte auf diese Weise eine Beschleunigung der Präsidentenwahl herbeizuführen. Trotz dieses Beschlusses blieb es nach wie vor bei dem alten Brauche, als ob der Beschluß vom 8. Mai 1872 nicht gefaßt worden. Immer wieder wird die Beschlußfähigkeit durch Namensaufruf festgestellt und dann erklärt, an welchem folgenden Tage die Präsidentenwahl stattzufinden hätte (z. B. aus neuester Zeit Sitzung vom 7. Februar 1912, S. 4). Nur ausnahmsweise ist anders vorgegangen worden und der Namensaufruf zur Feststellung der Beschlußfähigkeit in einer Handlung verbunden worden mit dem Namensaufruf zum Zweck der Abgabe der Stimmzettel für die Wahl des Präsidenten (siehe z. B. Sitzung vom 23. Oktober 1889, S. 5). Offenbar wird der alte Brauch von 1872 — trotz der entgegenstehenden Geschäftsordnungsbestimmung — noch beibehalten, um auf diese Weise die Vorbesprechung der Parteien für den Zweck der Wahl zu ermöglichen. Die Wahl erfolgt (§ 9, Absatz 2 und 3, GO.) geheim (durch Stimmzettel) und nur auf Grund absoluter Stimmenmehrheit. Ergibt sich beim ersten

Wahlgang keine absolute Majorität, so müssen diejenigen fünf Kandidaten, die die meisten Stimmen erhalten haben, auf eine engere Wahl gesetzt werden. Ergibt auch der zweite Wahlgang keine absolute Mehrheit, so sind die beiden Kandidaten, die in der engeren Wahl die meisten Stimmen erhalten haben, auf eine zweite engere Wahl zu bringen. Ergibt auch dieser dritte Wahlgang kein Resultat, indem Stimmengleichheit eintritt, so entscheidet das Los zwischen den beiden Kandidaten. Das Los ist auch maßgebend, um diejenigen beiden Kandidaten in den dritten Wahlgang zu bringen, welche im zweiten Wahlgang etwa an erster und zweiter Stelle gleichviel Stimmen erhalten haben. Das Los wird durch die Hand des Alterspräsidenten, wenn es sich um die Wahl des definitiven Präsidenten der ersten Session der Legislaturperiode handelt, sonst durch die Hand des Präsidenten der vergangenen Session gezogen.

Als ungültig gelten bei der Wahl jene Stimmzettel, welche mehr Namen enthalten als Stellen zu besetzen sind, also wenn mehr als ein Name auf einem Stimmzettel für die Wahl des Präsidenten oder der Vizepräsidenten steht (Sitzung vom 29. Oktober 1875, S. 11, wo ein Stimmzettel für ungültig erklärt wurde, weil acht Namen auf einem Stimmzettel geschrieben waren; siehe auch Sitzung vom 4. Dez. 1903, S. 10). Auch unbeschrieben abgegebene Stimmzettel werden nach konstanter Reichstagspraxis als ungültig[1]) aufgefaßt, was für die Berechnung der notwendigen Majoritätsziffer wichtig ist (siehe z. B. Sitzung vom 1. September 1909, der Ministerpräsident Dr. Paasche: „Meine Herren, das Ergebnis der Abstimmung ist folgendes: Es sind Stimmzettel abgegeben 354, davon weiße Zettel 96, ungültig, bleiben also übrig 258, absolute Mehrheit wäre 130"). Es werden nämlich auf diese Weise die weißen Zettel in die Majoritätsziffer zur Wahl des Präsidenten nicht mit eingerechnet. Dies ist ein Übelstand, denn es genügen alsdann schon ganz kleine Majoritätsziffern, um die Präsidentenwürde zu verschaffen. Auf der anderen Seite wäre es aber ein weit größeres Übel, wenn die sog. „enthaltsamen" in die absolute Majorität, die zur Wahl des Präsidenten nötig ist, mit eingerechnet würden. Denn dann wäre es, namentlich bei weitgehender Parteizersplitterung, sehr leicht möglich, daß überhaupt keine absolute Majorität herbeigeführt werden könnte, weil keine Partei diese höhere Majoritätsziffer aufzubringen vermochte. (Siehe über die ähnlichen Verhältnisse im preußischen Abgeordnetenhause, Plate, a. a. O., S. 168.) Wenngleich nun die unbeschriebenen Stimmzettel nicht eingerechnet werden, um die W a h l m a j o r i t ä t s z i f f e r zu

---

[1]) In der älteren Praxis des Reichstags (s. z. B. Sitzungen vom 2. November 1876, S. 9, und vom 23. Februar 1877, S. 10), wurden auch solche Stimmzettel als ungültig aufgefaßt, welche den Namen der zu Wählenden ohne weiteren Zusatz, z. B. „Reichensperger", „Stauffenberg", enthielten.

bilden, so werden sie zweifellos dazugerechnet, um die Beschlußfähigkeitsziffer zu erhalten, denn, wie wir noch gleich sehen werden, ist die Beschlußfähigkeit des Hauses für jede Wahl nötig. — Daß die Wahl erst vorgenommen wird, wenn alle gewählten Abgeordneten die Möglichkeit haben, im Hause zu erscheinen, scheint durchaus notwendig zu sein. Bei der Präsidentenwahl der ersten Session der zweiten Legislaturperiode des Reichstags am 5. Februar 1874 ergab sich die Tatsache, daß die Abgeordneten aus Elsaß-Lothringen noch nicht anwesend sein konnten, weil die offizielle Ermittelung der Wahlresultate dort erst an dem Tage des Zusammentritts des Reichstags erfolgte. Der Abg. Windthorst stellte damals den Antrag, die Präsidentenwahl auf fünf Tage zu verschieben. Dies wurde nicht abgelehnt, der Antrag Windthorst angenommen.

Betreffend die Beschlußfähigkeit, so verlangt die konstante Reichstagspraxis dieselbe für jede Wahl (siehe § 9 GO.: Sobald die Anwesenheit einer beschlußfähigen Anzahl von Mitgliedern ...). In der Theorie wurde die Streitfrage aufgeworfen, ob diese Praxis und Norm der Geschäftsordnung ein Ausfluß der Verpflichtung, wie sie Art. 28 der Reichsverfassung vorschreibt, ist. Mit Rücksicht darauf, daß die Wahl keine Beschlußfassung sei, behauptet eine Reihe von Schriftstellern (Seydel, Annalen des Deutschen Reichs, 1880, S. 411, Anm. 9; Laband, Deutsches Staatsrecht, Bd. I, S. 148, Anm. 1; ihnen folgend Parels, S. 19, Anm. 93), daß die Geschäftsordnung von der Beschlußfähigkeit des Hauses bei Wahlen absehen könne. Dieser Ansicht kann nicht beigetreten werden. Jene Schriftsteller sagen, eine Wahl sei keine Beschlußfassung. Dabei übersehen sie, daß die Wahl nur von der Plenarversammlung vorgenommen werden kann. Diese kann aber nur einen Willen äußern, wenn sie beschlußfähig ist. Deshalb ist die Beschlußfähigkeit Voraussetzung jeder Wahl, ohne daß eine Wahl auch als Beschlußfassung aufgefaßt zu werden braucht.

Dazu kommt folgende Erwägung. Allerdings ist es richtig, daß die Wahl von der Beschlußfähigkeit zu unterscheiden sei. Aber nur deshalb, weil sie mehr ist als eine bloße Beschlußfassung. Sie ist Willenseinigung, wie die Beschlußfassung, aber auch noch Beurkundung durch den Wahlleiter, daß das Wahlresultat dies und kein anderes sei. Die Wahl ist zum Unterschied von der Beschlußfassung ein „gestrecktes Rechtsgeschäft" (um einen Kohlerschen Ausdruck zu gebrauchen), d. i. ein Rechtsgeschäft, das aus mehreren, zeitlich auseinanderfallenden Bestandteilen besteht, die aber alle zusammen für die Rechtsgültigkeit des Geschäfts essentiell sind. Deshalb schließt jede Wahl zugleich eine Beschlußfassung in sich. Sie ist eine Beschlußfassung, aber eine qualifizierte Form; es muß nämlich noch der Beurkundungsakt des Funktionärs, der die Wahl leitet, hinzukommen. Bei einer Wahl außerhalb des Hauses ist es ein Verwaltungsbeamter, im Hause der Vorsitzende der Versammlung, gewöhnlich der Präsident. Inkludiert demnach jede Wahl zugleich eine Willenseinigung oder Beschlußfassung, so wird man die Forderung der Beschlußfähigkeit des Hauses für jede Wahl aufstellen müssen.

Wenn Laband (a. a. O.) als Argument für seine Ansicht die Tatsache anführt, daß ja die Schriftführerwahl nach relativer Stimmenmehrheit erfolgen könne, so verwechselt er eben die Majoritätsziffer, die zur Wahl nötig ist, mit der Beschlußfähigkeitsziffer, die für die Tagung des Hauses notwendig ist, eine Verwechslung, vor der sich die Praxis des deutschen Reichstags bisher in jeder Weise bewahrt hat. Es hat demnach nicht die Theorie recht, sondern die Praxis, die stets darauf Gewicht gelegt hat, daß, wenn der deutsche Reichstag Wahlen vornimmt, er auch beschlußfähig sein muß, und zwar beschlußfähig im Sinne der Reichsverfassung (Art. 28).

Auf die Wahl des Präsidenten oder der Vizepräsidenten muß unmittelbar die Erklärung erfolgen, ob die Gewählten die Wahl annehmen. In der Praxis ist aber auch die Möglichkeit einer telegraphischen Annahme der Wahl gegeben. So ist die telegraphische Annahme des Amtes eines Vizepräsidenten am 10. April 1872 und dann wieder 1888 erfolgt (siehe Akten, betreffend Konstituierung der Reichstagsangelegenheiten, Repertorium I, Abteilung 7, Nr. 2, Aktenart. Nr. 1; Bennigsen-Telegramm vom 10. April 1872 und dann die Annahme der Vizepräsidentschaft v. Buol, Akten, a. a. O., II, S. 119). Die Wahl kann auch abgelehnt werden, und zwar ohne Angabe der Gründe (siehe z. B. Sitzung vom 1. September 1909, Reichstagsverhandlungen, S. 9, Ablehnung der Wahl zum Vizepräsidenten seitens des Abg. Dr. Paasche). Auch eine einmal angenommene Wahl kann dann ohne Angaben von Gründen wieder rückgängig gemacht werden, das Amt kann niedergelegt werden (siehe Reichstagsverhandlung vom 13. Februar 1912, Brief des Präsidenten Dr. Spahn, S. 11).

Eine Frage, die in der Praxis oft zur Beantwortung stand, ist, ob die Wahl aller Präsidenten und der Schriftführer in continuo stattfinden müsse. Mitunter kommt es nämlich vor, daß die Wahl des Präsidiums und des übrigen Bureaus unterbrochen werden muß, weil entweder der zum Präsidenten oder Vizepräsidenten Gewählte entweder abwesend ist oder die Wahl nicht annimmt und infolge dieses unvorhergesehenen Vorfalls eine neuerliche Verständigung der Parteien vorausgehen muß. Es erhebt sich die Frage, soll dann ruhig mit den folgenden Wahlen vorgegangen werden oder soll auch die Besetzung der nachfolgenden Stellen (der übrigen Vizepräsidenten-, Schriftführer- und der Quästorenstellen) verschoben werden. Die Frage ist dreimal vom Reichstag in dem Sinne bejaht worden, daß man ruhig in der Wahl und Bestellung der folgenden Stellen vorgehen dürfe (so in der Sitzung vom 8. Febr. 1879,

S. 16; so in der Sitzung vom 18. Februar 1880, S. 13; so in der Sitzung vom 16. Februar 1881, S. 8). Einmal (in der Sitzung vom 1. Dezember 1909, S. 9 ff.) wurde die Fortsetzung der Bestellung für die übrigen Stellen des Bureaus verneint. Einmal, wo eine ähnliche Frage aufkam wurde dieselbe nicht zur Entscheidung gebracht, aber man neigte zweifellos der verneinenden Ansicht zu (Sitzung vom 27. März 1895, S. 1726). Es handelte sich damals um die Frage, ob für den Fall, daß der erste bisherige Vizepräsident des Reichstags zum Präsidenten des Reichstags gewählt worden sei und auf der Tagesordnung nur noch die Wahl des zweiten Vizepräsidenten stünde, man auch berechtigt sei, die Wahl des ersten Vizepräsidenten, dessen Stelle durch die Beförderung zum Präsidenten vakant geworden, vorzunehmen, ohne daß sie eigentlich auf der Tagesordnung stand. Damals sagte der Abg. Richter: „da der bisherige Erste Vizepräsident zum Präsidenten gewählt worden ist, so muß auch eine Neuwahl des Ersten Vizepräsidenten stattfinden. Dieselbe steht heute nicht auf der Tagesordnung und kann deshalb heute nicht stattfinden. Mit Rücksicht darauf beantrage ich, von der heutigen Tagesordnung auch die Wahl des Zweiten Vizepräsidenten abzusetzen . . ." Der Präsident neigte auch dieser Ansicht zu und forderte das Haus auf, darüber zu entscheiden, ev. zu widersprechen, da offenbar durch solchen Widerspruch die Vornahme der Wahl des zweiten Vizepräsidenten hätte verschoben werden müssen. Das Haus widersprach nicht.

Zur Entscheidung dieser Streitfrage muß man sich vor Augen halten, daß in der Reichstagspraxis, wie schon oben nachgewiesen (§ 9), nicht mehr die Lehre vom pouvoir constituant und ihre Folgewirkung anerkannt wird, die dahin ging, daß ehe eine vollständige Organisation und Besetzung des Präsidiums und der Schriftführerstellen erfolgt sei, man nicht in die sachlichen Verhandlungen eintreten dürfte. Wir haben gesehen, daß diese Auffassung in der Reichstagspraxis nicht mehr aufrechterhalten wird, trotzdem die konstitutionelle Doktrin in den frühesten Jahren der Reichstagspraxis auch in dieser Frage maßgebend war. Wir sind übrigens auch oben bei der Frage, ob dem Alterspräsidenten bei noch nicht konstituiertem Hause die Inangriffnahme von Reichstagsgeschäften außer der Wahl des Bureaus zustünde, derselben Schwierigkeit begegnet. Wir verneinten die Bedenken gegen die Zulässigkeit solcher Inangriffnahme, und wir müssen auch hier die Frage aus dem gleichen Grunde verneinen. Nur wenn man vom pouvoir constituant in der oben gezeichneten Folgewirkung ausgeht, wird man zur Ansicht gelangen, daß die Wahlhandlungen für die Besetzung des definitiven Bureaus in continuo und in der Reihenfolge der zu besetzenden Stellen erfolgen müßten. Wenn aber die Reichstagspraxis sich in analogen Fragen von dieser Zwangsvorstellung des pouvoir constituant befreit hat, so muß sie auch in unserer Frage diese Befreiung vornehmen und sich auf den richtigen

Standpunkt stellen; eine solche Kontinuität der Wahlhandlung und die Beobachtung einer Reihenfolge der zu besetzenden Stellen des Bureaus ist nicht notwendig.

Nach der GO. § 12 muß die Konstituierung des Reichstags und das Ergebnis der Wahl durch den Präsidenten dem Kaiser angezeigt werden. In der Praxis pflegt dies schon seit den frühesten Zeiten, schon seit 1867, zugleich mit einem Gesuch um Audienz für das Präsidium verbunden zu werden. In den ersten Zeiten der Reichstagspraxis wurde dieses Gesuch durch Vermittlung des Reichskanzlers an den Kaiser gebracht, und dies ist auch der richtige Weg, weil, wie wir oben festgestellt haben, der Reichskanzler (siehe oben S. 201 die angeführte Mitteilung im Reichsanzeiger vom 19. Februar 1912) dem Kaiser den Rat erteilt, das Präsidium zu empfangen und damit die verfassungsmäßige Verantwortlichkeit übernimmt (Art. 17 RV.).

Diese richtige Praxis wurde aber ohne Schuld des Reichstags noch unter Bismarck verlassen. Am 19. November 1881 ergeht das Ansuchen an den Reichskanzler, in der üblichen Weise die Audienz beim Kaiser zu vermitteln (Akten betr. die Konstituierung des Reichstags, a. a. O. II, S. 3). Es ergeht zunächst ein ablehnender Bescheid vom Oberhofmarschallamt (Akten, a. a. O. II, S. 8), datiert vom 23. November 1881. Danach erfolgt am 2. Dezember 1881 die Einladung zur Audienz, ausgehend vom Oberhofmarschallamt (Akten, a. a. O. II, S. 9). Trotzdem ließ sich der Reichstag in der Folge nicht abhalten, am 29. August 1883 die Bitte an den Reichskanzler um Vermittlung der Audienz zu richten (Akten, a. a. O. II, S. 29). Eine Antwort auf diese Bitte geht aus den Akten des Reichstags nicht hervor. Am 7. März 1884 wird neuerlich an den Reichskanzler die Bitte um Vermittlung einer Audienz gerichtet. Das Konzept dieser Bitte enthält aber die Streichung der Adresse „An den Kanzler des Deutschen Reichs", und es wird darüber geschrieben: „An das Oberhofmarschallamt Sr. Majestät des Kaisers" (Akten, a. a. O. II, S. 36). Darauf erfolgt die Antwort am 8. März 1884 (Akten, a. a. O., II, S. 39). Seit der Zeit blieb es bis auf den heutigen Tag dabei, die Bitte um Audienz beim Kaiser an das Oberhofmarschallamt zu richten.

Während es nun gemäß dem Wortlaut der Geschäftsordnung üblich ist, von jeder Konstituierung des Hauses, also auch der zu Beginn einer Session (nicht bloß der Legislaturperiode!) erfolgten, Anzeige und Bitte um Audienz vorzubringen, soll das Präsidium Ihrer Majestät der Kaiserin nur zu Beginn einer Legislaturperiode sich vorstellen dürfen. (So der Bescheid des Oberhofmarschallamts Ihrer Majestät vom 29. März 1895 [Akten, a. a. O., II, S. 188], Abweichung aber am 28. Dezember 1897, Bescheid in Akten, a. a. O., III, S. 6.) In der frühesten Reichstagspraxis findet sich auch ein Ersuchen um Audienz bei Sr. Kaiserlichen Hoheit dem Kronprinzen zu Beginn einer neuen Legislaturperiode (z. B. Akten, a. a. O., I, S. 8).

III. Der Verlust

des Amts erfolgt durch Tod oder Verzicht oder Beförderung im Reichs- oder Staatsdienst oder durch Neueintritt in ein besoldetes Reichs- oder Staatsamt, sofern eine Neuwahl im Sinne des Art. 21, Absatz 2 RV. notwendig wird. (S. darüber weiter unten § 56.) Die sofortige Anordnung der Präsidentenwahl in solchem Falle erfolgt auch dann, wenn der von dieser temporären Inkompatibilität Getroffene die Notwendigkeit seiner Wiederwahl als Abgeordneter und die Anwendbarkeit des Art. 21, Absatz 2 RV. bezweifelt. So wurde im Jahre 1888 der damalige Präsident von Wedell-Piesdorf zum preußischen Minister des Kgl. Hauses ernannt. Er richtete einen Brief an den Reichstag (4. Juli 1888; siehe Sitzung vom 23. November 1888, S. 7), in dem er darlegte, daß er sein Amt als Reichstagspräsident sofort niederlege, wenngleich er der Ansicht wäre, daß sein Mandat als Reichstagsabgeordneter durch die vorgenommene Ernennung nicht erloschen sei.

Von der Erledigung einer Präsidentenstelle durch Tod oder Verzicht oder Erlöschen des Abgeordnetenmandats wird dem Kaiser keine Anzeige gemacht (siehe Bericht des stellvertretenden Direktors beim Reichstag vom 16. Juni 1910, Akten, a. a. O.).

Bemerkenswert ist auch ferner die Praxis der „Question du fauteuil": wenn der Präsident des Reichstags mit seiner Auffassung bei Interpretation der Geschäftsordnung dem Hause gegenüber unterlag, so zog er die Konsequenz, seine Stellung und sein Amt niederzulegen (so der Reichstagspräsident Dr. Simson, Sitzung vom 9. November 1871, S. 205; Sitzung vom 22. November 1871, S. 445; Sitzung vom 23. November 1871, S. 486. Dann der Präsident Forckenbeck, Sitzung vom 11. August 1874, S. 233). Auch sonst hat es der Präsident, wenn er sich mit der Majorität des Reichstags nicht in Übereinstimmung weiß, vorgezogen, seinen Rücktritt bekanntzugeben. So der Rücktritt Forckenbecks 1879 (Sitzung vom 20. Mai 1879, S. 1337), der Rücktritt des Reichstagspräsidenten Dr. von Levetzow und des Vizepräsidenten Dr. Bürklin anläßlich der Meinungsverschiedenheit mit dem Reichstag über die Beglückwünschung des Fürsten Bismarck zum 80. Geburtstag, (Reichstagssession 1894/95, Sitzung vom 23. März 1895, S. 1676; Sitzung vom 26. März 1895, S. 1693). So der Reichstagspräsident Graf von Ballestrem, anläßlich der Kritisierung des Präsidenten durch das Preßorgan einer großen Partei (Reichstagssession 1900—1903, Sitzung vom 23. Jan. 1903, S. 7499). Daraus folgt, daß der Präsident in der Lage ist, bei Nichtübereinstimmung seiner Ansicht mit der des Reichstags, namentlich in bezug auf Geschäftsordnungsfragen, daraus eine sog. Question du fauteuil zu machen. (Der Ausdruck stammt aus Frankreich, er ist angewendet von Dupin, Mémoires, aus der Mitte der dreißiger Jahre, III. Bd., 207.)

IV. Funktionen des Präsidenten.

Wie schon Bentham (siehe oben § 11) feststellt, vereinigt der Präsident zwei Funktionen in seiner Person: er ist „juge" und „agent" des Hauses. In erster Eigenschaft ordnet und leitet er die Verhandlungen des Hauses, in zweiter Eigenschaft verwaltet er im Namen und Auftrag des Hauses. Hiernach lassen sich die Funktionen des Präsidenten nach drei Richtungen hin gruppieren: a) seine Tätigkeit im Plenum, die in der Ordnungs- und Leitungsgewalt der Verhandlungen besteht; b) seine Verwaltungstätigkeit außerhalb des Plenums, die entweder innere Verwaltung ist, sofern es sich namentlich um die Vorbereitung der Parlamentsgeschäfte handelt und Kontrolle der darauf gerichteten Verwaltungstätigkeit von in seinem Auftrag handelnden Reichstagsbeamten mitumfaßt, oder c) die äußere Verwaltung, d. h. die Vertretung des Hauses, nach außen.

1. Die Ordnungs- und Leitungsgewalt des Präsidenten. Ausführlich wird über dieselbe noch im letzten Buch dieses Werkes zu handeln sein. An dieser Stelle soll es nur eine vorläufige Orientierung sein. Der Präsident eröffnet und schließt die Sitzung (§ 37 GO.). Der Präsident bestimmt die Redeordnung, er erteilt das Wort. Ohne solche Worterteilung darf kein Abgeordneter das Wort ergreifen (§ 42 GO.). Der P. eröffnet und schließt die Diskussion über jeden einzelnen Beratungsgegenstand. Alle Anträge, insbesondere Abänderungsvorschläge (Amendements) müssen beim Präsidenten eingebracht werden (§ 49 GO.). Der Präsident stellt die Fragen, welche zur Abstimmung gebracht werden. Der endgültige Beschluß darüber steht aber dem Hause zu (§ 51 GO.). Der Präsident leitet die Abstimmung solcher Fragen, die vorher verlesen werden müssen (§ 54 Satz 1 GO.). Der Präsident handhabt die Ordnungsgewalt in der Versammlung. Zu diesem Zwecke steht ihm die Disziplinargewalt zu. Kraft derselben kann er die Sitzungen auf eine bestimmte Zeit aussetzen. Er kann die Sitzungen ganz aufheben, er kann die Stizung auf die Dauer einer Stunde unterbrechen, namentlich dann, wenn er sich kein Gehör verschaffen kann (§ 61 GO.). Er darf die einzelnen Abgeordneten zur Sache rufen (§ 46 GO.). Die Entziehung des Wortes kann jedoch nur vom Hause auf Anfrage des Präsidenten ohne Zulassung einer Debatte beschlossen werden, wenn der Redner zweimal ohne Erfolg zur Sache gerufen worden ist und fortfährt, sich vom Gegenstand der Diskussion zu entfernen, trotzdem er zuvor auf die Folgen dieser Handlungsweise vom Präsidenten aufmerksam gemacht worden ist (§ 46 GO.).

Der Präsident hat das Recht, den Ordnungsruf zu erteilen (§ 60 Absatz 2 GO). Nach zweimaligem Ordnungsruf kann die Wortentziehung unter gleichen Verhältnissen wie oben bei der Entfernung vom Gegenstande der Diskussion auf Antrag vom Präsidenten durch das Haus verhängt werden (§ 46 GO.). Endlich kann der Präsident im Falle gröblicher Verletzung der Ordnung die Ausschließung von der Sitzung verhängen (§ 60 Abs. 3 GO.). Der Präsident hat außer der Disziplinargewalt den Abgeordneten gegenüber auch eine Ordnungsgewalt gegenüber den Vertretern der Staatsregierung (siehe darüber weiter unten, im letzten Buch dieses Werkes). Den Nichtmitgliedern des Hauses, insbesondere dem Publikum gegenüber, hat er das Hausrecht des Reichstags zu wahren (§ 62 GO.). Der Präsident kann bei ungebührlichen Äußerungen, die von der Tribüne herkommen, den wirklichen Urheber derselben auf der Stelle entfernen lassen. Entsteht eine störende Uruhe auf der Tribüne, so kann der Präsident aus eigenem Ermessen die Räumung der Galerie verfügen (§ 64 GO.).

Zur Leitung der Verhandlung gehört auch die Verkündung des Schlusses der Sitzung, die Verkündigung des nächsten Sitzungstages (§ 37 GO.) und die Bekanntgabe der Tagesordnung der nächsten Sitzung, die jedoch, wenn sie Widerspruch erhebt, vom Reichstag beschlossen werden muß (§ 35 Abs. 1, GO.).

Der Präsident kann schließlich den Antrag auf Abhaltung einer geheimen Sitzung stellen (§ 36 GO.).

2. Die Funktionen der inneren Verwaltung. Der Präsident sucht im Einverständnis mit dem Seniorenkonvent[1]) die Geschäftslage und die Reihenfolge der Geschäfte, welche noch ausstehen, festzulegen.

Dies gilt in der Praxis für alle Reichstagsgeschäfte, wenngleich die Geschäftsordnung dies ausdrücklich nur für Initiativanträge aus dem Hause bestimmt (§ 35 Abs. 3 GO.).

Der Präsident hat die Pflicht, Interpellationen, die eingebracht werden, auf die Tagesordnung der nächsten Sitzung zu bringen (§ 32 Abs. 2 GO.). Die Aufforderung des Reichskanzlers durch den Präsidenten, eine Erklärung darüber abzugeben, ob und wann er die Interpellation beantworten werde, erfolgt im Plenum (§ 32 Absatz 2 GO.). Zur vorbereitenden Tätigkeit des Präsidenten gehört, daß alle vom Bundesrat gemachten Vorlagen und alle von den Mitgliedern eingebrachten Anträge gedruckt und an die Mitglieder des Reichstags verteilt werden (§ 17 GO.). Der Präsident hat das Recht, an den Sitzungen der Abteilungen und Kommissionen mit beratender Stimme teilzunehmen (§ 13 Abs. 1 GO.). Den Vorsitz in der Kommission führt er gewöhnlich nicht[2]), doch gilt es als Parlamentsbrauch, daß, wenn eine Kommission in Vorberatung über die Erweiterung von Machtbefugnissen des Präsidenten eingesetzt wird, er in solchen Kommissionen den Vorsitz übernimmt (so geschehen in der Sitzung vom 7. März 1879, S. 322 ff., 326 und Sitzung vom 15. Dez. 1894,

[1]) Die namens des SK. mit der Regierung getroffenen Vereinbarungen über die Geschäftslage und den Arbeitsplan sind bindend für das Haus: Sitzung vom 7. Mai 1880, S. 1238.

[2]) Nach der Vorschrift des § 67, Satz 2 GO. hat allerdings in der sog. Adreßkommission der Präsident den Vorsitz zu führen, doch ist die Einsetzung einer solchen Kommission schon längst obsolet.

S. 170). Nach Parlamentsbrauch hat auch der zum Präsidenten gewählte Abgeordnete alle seine bisherigen Kommissionsmandate aufzugeben (Sitzung vom 21. Mai 1879, S. 1383, Präsident v. Seydewitz: „Ich habe dann, meine Herren, Ihnen zur Anzeige zu bringen, daß ich infolge meiner Wahl zu Ihrem Präsidenten sowohl aus der Kommission für die Geschäftsordnung wie auch aus der Tarifkommission auszuscheiden habe, und ich ersuche infolgedessen vor der nächsten Sitzung die geehrte 7. Abteilung, an meiner Stelle ein neues Mitglied für die Geschäftsordnungskommission und die geehrte 5. Abteilung an meiner Stelle in die Tarifkommission ein neues Mitglied zu wählen"). Der Grund hierfür ist in der Tatsache zu suchen, daß der zum Präsidenten gewählte Abgeordnete formell aus seiner Partei ausscheidet (siehe oben S. 184) und von dieser nicht mehr für ein Kommissionsmandat präsentiert werden kann.

Zur inneren Verwaltung des Hauses gehört die Schaffung der Voraussetzungen für die gedeihliche Förderung der parlamentsgeschäftlichen Pläne. Deshalb beschließt der Präsident über die Annahme und Entlassung des für den Reichstag erforderlichen Verwaltungs- und Dienstpersonals (§ 14 GO.). Dem Präsidenten steht das Recht der Titelverleihung zu, sofern sie bloß der Ausdruck zur Bezeichnung eines Amtes ist, das in den Betrieb der Reichstagsverwaltung fällt, so wenn z. B. der Präsident (Akten, Gesamtvorstand, Sitzung des Gesamtvorstandes vom 27. November 1888) mitteilt, daß er „zur Hebung der Stellung des Bureaudirektors" ihm den Titel „Direktor beim Reichstag" verliehen habe, oder wenn er (Sitzung des Gesamtvorstandes vom 2. Dez. 1905) dem Oberbibliothekar des Reichstags, der die Bibliotheksverwaltung leitet, den Titel „Direktor der Bibliothek" verleiht; nicht aber, wenn er ohne Änderung des Amtsorganismus einem Beamten einen Ehrentitel verleiht. Denn dieses Recht ist ein Hoheitsrecht des Monarchen (siehe über ähnliche Fragen des städtischen Kommunalrechts Örtel, Städteordnung, 1905[4], S. 341 und OVG.-Entscheidung, Bd. XII, S. 44). Der P. ist es auch, der in diesem Sinne als „Chef der Reichstagsverwaltung" den Hausetat aufstellen läßt und dem Gesamtvorstand als Chef der Reichstagsverwaltung vorlegt (Sitzung des Gesamtvorstandes vom 30. November 1886, Reichstagsakten und der Gesamtvorstand, II, und § 14, Satz 2, GO.). Dem Präsidenten steht allein das Verfügungsrecht über die inneren Räume des Hauses zu. Er erteilt die Erlaubnis, daß in der sitzungsfreien Zeit Ausstellungen im Hause, Festlichkeiten von Nichtmitgliedern, Konferenzen von Nichtmitgliedern u. a. m. stattfinden. Er wahrt auch in den Räumen des Reichstags außerhalb des Sitzungssaales das Hausrecht des Reichstags, allerdings nach der Praxis im Einverständnis mit dem Gesamtvorstand. (Siehe z. B. Akten des Gesamtvorstandes, a. a. O., vom 9. Oktober 1878. In der Sitzung des Gesamtvorstandes vom 9. Oktober 1878 kam die Frage zur Sprache, wie man gegen einen Journalisten, der sich innerhalb der Räume des Hauses an einem anderen Journalisten tätlich vergangen hatte, verfahren sollte. Es wurde vom Gesamtvorstand beschlossen, dem Delinquenten einen scharfen schriftlichen Verweis durch den Präsidenten im Namen des Gesamtvorstandes zugehen zu lassen. Ein anderes Mal handelte es sich um folgenden Sachverhalt: Der ehemalige Abgeordnete Herr von Diest-Daber erschien im Reichstag, um den Reichstagsabgeordneten Herrn v. Ludwig zu sprechen. Er hatte das Foyer betreten, das nach den Dienstvorschriften des Reichstags nur unter Einführung durch Reichstagsabgeordnete von Fremden betreten werden darf. Er entsandte einen Diener in den Sitzungssaal, um den Abgeordneten v. Ludwig herauszubitten. Als der Abgeordnete v. Ludwig aus dem Sitzungssaal in das Foyer trat und sich dem Herrn von Diest-Daber zuwendete, bemerkte dies der Abgeordnete v. Kardorff und ließ durch einen Diener den beiden genannten Herren bedeuten, daß für Privatunterredungen von Abgeordneten das Sprechzimmer des Hauses zur Verfügung stehe. Dahin begaben sich auch die beiden Herren, der Abgeordnete v. Ludwig beschwerte sich aber beim Gesamtvorstand, und in der Sitzung vom 23. November 1876 wurde festgestellt, daß der Abgeordnete v. Ludwig in seinem Rechte gewesen und zu schützen sei. Es wurde beschlossen, eine anerkennende Erklärung des Abgeordneten v. Kardorff über das Recht des Abgeordneten v. Ludwig abzuwarten. Wenn aber die Sache nicht „à l'amiable" erledigt werden könnte, dann hätte der Präsident auf Grund des § 62 GO. und der bisherigen Praxis allein die Beschwerde des Abgeordneten v. Ludwig zu erledigen und jedem der beteiligten Abgeordneten seine Ansicht über den Rechtspunkt resp. die Handhabung der „Polizei" im Foyer zu eröffnen. Eine Zwangsgewalt im Sinne einer richtigen Polizeigewalt hat der Präsident nicht[1]). Die sog. „Polizei" im Hause, von der § 62 der GO.

[1]) Daran kann auch die schwankende Auffassung der Präsidenten des Reichstags über die ihnen zustehende „Hauspolizei" nichts ändern. Der Präsident v. Levetzow scheint der Auffassung gewesen zu sein, daß er zwar allein zur Handhabung der Polizei berufen sei, dies aber die gewöhnliche Staatspolizei sei, die er gewissermaßen „im staatlichen Auftrage handhabe" (Sitzung des RT. vom 21. März 1884, S. 192 und Sitzung vom 24. März 1884, S. 198). Die Auffassung ist unrichtig, da die Geschäftsordnung (§ 62 GO.) als solche keinen Verwaltungsauftrag seitens der Exekutivgewalt enthält, noch (Art. 27 RV.) enthalten darf. Der Präsident Graf v. Ballestrem nahm für das Haus sogar ein Asylrecht in Anspruch, wie dies zweifellos für das englische Parlament existiert. Gegenüber einer vom Untersuchungsrichter im Reichstagsgebäude vorgenommenen und vom Bureaudirektor abgewiesenen gerichtlichen Durchsuchung der im Reichstage befindlichen Papiere eines Abgeordneten erklärte der Präsident (Sitzung vom 13. Juli 1906, S. 4095 f.): „Eine polizeiliche oder gerichtliche Haussuchung im Reichstag darf ohne die spezielle Erlaubnis des Präsidenten in jedem einzelnen Falle, auf keinen Fall zugegeben werden. Wird die Haussuchung erzwungen, so ist ein Protest zu erheben und nur der materiellen Gewalt zu weichen." Diese Anschauung ist nach doppelter Hinsicht unhaltbar. Zunächst hat der deutsche Reichstag kein dem englischen Parlamentsrecht analoges Privileg; siehe darüber meine

spricht, ist bloß das Hausrecht, das jedem Inhaber von Wohnräumen zusteht.) Denn durch kein Gesetz ist den Präsidenten jemals eine Polizeigewalt übertragen worden, nur in der Geschäftsordnung ist von der „Sitzungspolizei" (§ 62 GO.) die Rede. Daß dieselbe aber keine Polizei ist, wird noch im letzten Teile dieses Werkes ausführlich dargetan werden.

Werden demnach strafbare Delikte im Hause begangen, so trifft den Präsidenten keine umfassendere Anzeigepflicht, als die jeden Privatmann treffende des § 139 StGB.[1]).

Danach wird man auch die Frage zu beurteilen haben, ob der Präsident, wenn, was übrigens auch vorgekommen ist, die Herausforderung zum Zweikampf im Reichstagsfoyer sich ereignen sollte, eine Verpflichtung zur Anzeige gegenüber den Staatsbehörden hat. Man wird diese Frage verneinen müssen, weil der Präsident keine eigentliche Polizeigewalt, sondern bloß das Hausrecht des Reichstags im Reichstagsfoyer zu wahren hat und ihn gemäß § 139 StGB. für das in Frage kommende Delikt keine Anzeigepflicht trifft.

3. Die Funktionen der äußeren Verwaltung. Der Präsident hat die Vertretung des Reichstags nach außen (§ 14 GO.). In dieser Eigenschaft muß er jedesmal Mitglied der Deputation sein, welche im Namen des Reichstags dem Kaiser eine Adresse überreicht, und muß bei dieser Gelegenheit allein das Wort führen (§ 68 GO.). Glückwunsch- und Beileidsbezeugungen an auswärtige Parlamente und die Monarchen der deutschen Einzelstaaten veranlaßt der Präsident und gibt dem Hause davon Kenntnis.

Zur äußeren Verwaltungstätigkeit des Präsidenten gehört aber auch, daß er zum Zwecke der Förderung von Reichstagsgeschäften sich mit der Reichsregierung in Verbindung setze.

So werden denn auch Gesetzesvorlagen nach erfolgter Beschlußnahme durch das Haus dem Reichskanzler vom Reichstagspräsidenten übersandt (§ 69 GO.). Ebenso wird vom Präsidenten dem Reichskanzler davon Anzeige gemacht, daß aus irgend einer Ursache die Stelle eines

---

Abhandlung in Hirths Annalen 1906, S. 801 ff. Übrigens wenn er auch ein solches hätte, könnte der Präsident doch nicht befugt sein, im Einzelfalle davon aus eigener Machtvollkommenheit abzugehen. Siehe darüber noch ausführlich im letzten Teile dieses Werkes, im Abschnitt über die Parlamentsprivilegien. Vorläufig vgl. Seydel u. Hirths Annalen, 1880, S. 411; Hubrich, Die parlamentarische Redefreiheit und Disziplin, 1899, S. 439 ff.; Gröber in seinen Ausschußbericht, a. a. O., S. 433 f.

[1]) Wer von dem Vorhaben eines Hochverrats, Landesverrats, Münzverbrechens, Mordes, Raubes, Menschenraubes oder eines gemeingefährlichen Verbrechens zu einer Zeit, in welcher die Verhütung des Verbrechens möglich ist, glaubhafte Kenntnis erhält und unterläßt, hiervon der Behörde oder der durch das Verbrechen bedrohten Person zur rechten Zeit Anzeige zu machen, ist, wenn das Verbrechen oder ein strafbarer Versuch desselben begangen worden ist, mit Gefängnis zu bestrafen.

Reichstagsmitgliedes erledigt sei, worauf dann die Neuwahl veranlaßt wird (§ 66 GO.). (Über die Schranke, die dabei zu beachten ist, s. Weiteres unter § 51 V.)

Auch sonst tritt der Präsident direkt mit den Reichsverwaltungsbehörden, besonders mit dem Reichsschatzamt, in Verbindung, wenn es sich um die Aufstellung des Hausetats handelt, wovon noch weiter unten zu handeln sein wird.

Auch mit den Gerichtsbehörden tritt der Reichstag, allerdings nur durch Vermittlung des Reichskanzlers, in Fragen der beruflichen Immunität der Abgeordneten und der Wahlprüfung in Verbindung.

Dagegen ist, wie wir noch weiter unten sehen, nach der herrschenden Gerichtspraxis der Reichstagspräsident nicht zur Vertretung des Reichstags vor Gericht berechtigt (siehe darüber weiter unten § 31 V.).

V. Die Rechtsstellung des Präsidenten gegenüber dem Plenum und seine Vorrechte.

Die Rechte des Präsidenten im Verhältnis zum Plenum sind keineswegs seine Rechte deshalb, weil sie ihm und nur sofern sie ihm durch die Geschäftsordnung des Reichstags zugewiesen sind[1]). Man darf sich die Geschäftsordnung überhaupt nicht nach Art eines Staatsgrundgesetzes denken. Sie ist bloß der Niederschlag des Parlamentsbrauchs und gilt, wie wir oben bereits dargetan haben, nur soweit, als der Parlamentsbrauch sie anerkennt. Was nützte es, z. B. in der älteren Praxis, dem Präsidenten, daß ihm nach § 14 GO. das Recht zur Aufstellung des Hausetats zustand: durch Parlamentsbrauch mußte er dieses Recht mit Zustimmung des Gesamtvorstandes ausüben, was allerdings, wie wir ebenfalls festgestellt haben, weggefallen ist. Was nützte es dem Präsidenten in der früheren Zeit, daß ihm nach § 14 der GO. das Recht der Anstellung und Entlassung der Reichstagsbeamten zustand: er mußte doch dieses Recht in der älteren Praxis gemeinsam mit dem Gesamtvorstand ausüben (siehe oben S. 173 f.). Solchen Auffassungen, als ob die Geschäftsordnung eine Art Verfassungsgesetz des Reichstags wäre, begegnet man allerdings in Laienkreisen, sie ist aber nur bei unrichtiger Erfassung des Verhältnisses von Parlamentsbrauch und Geschäftsordnung möglich (siehe darüber oben § 5). Man darf deshalb nicht sagen, daß der Reichstag prinzipiell, soweit die Geschäftsordnung Rechte dem Präsidenten überweist, von der Teilnahme an der Ausübung dieser Rechte ausgeschlossen ist.

Durch Parlamentsbrauch hat sich der Grundsatz entwickelt, daß kein Mitglied des Plenums an der Amtsführung des Präsidenten irgendwelche Kritik auszuüben befugt ist. Diese Immunität gegenüber

[1]) wie dies Sprenger, a. a. O., S. 9 behauptet.

jeder Kritik reicht auch über die jeweilige Dauer des Präsidentenamtes hinaus. Sie gilt also auch zugunsten des früheren Präsidenten (Sitzung vom 4. Dezember 1874, S. 488, der Präsident gegenüber dem Abg. Windthorst). Als Korrelat dieser Immunität muß der Präsident, wenn er an der Debatte selbst teilnehmen will, den Präsidentenstuhl verlassen. Auch ist es üblich, daß der Präsident sich nicht in sog. persönliche Bemerkungen der Abgeordneten mengt[1]) (Sitzung vom 22. März 1905, S. 5509), vorausgesetzt, daß es sich wirklich nur um persönliche Bemerkungen handelt.

Will ein Abgeordneter an der Geschäftsführung des Präsidenten Kritik üben, so kann er den Antrag stellen, daß das Haus einen Tadel gegen den Präsidenten ausspricht. Nur das Haus ist über dem Präsidenten, der einzelne Abgeordnete nicht (so der Präsident in der Sitzung vom 7. Dezember 1904, S. 3430). Daß der Präsident, wenn er bei Geschäftsordnungsfragen von der Majorität des Hauses nicht gedeckt wird, seine Demission nimmt, (sog. question du fauteuil), haben wir oben (unter III) ausgeführt. Aus diesem Grunde darf er auch vor der betreffenden Abstimmung und Entscheidung des Hauses darauf aufmerksam machen, daß er dieselbe für sein Bleiben oder Nichtbleiben im Amte maßgebend erachte (so der Präsident v. Levetzow in der Sitzung vom 6. Februar 1895, S. 940).

Es ist auch nicht Brauch, daß der Präsident in Form einer Resolution einen Auftrag von seiten des Reichstags bekommt. Eine solche Verwahrung wurde notwendig, seitdem sich die Zahl der Etatsresolutionen bedeutend häufte und auch Wünsche des Hauses in Gestalt von Etatsresolutionen an den Präsidenten kamen (Sitzung vom 23. Mai 1906, S. 6464 und Sitzung vom 29. März 1911, S. 5953).

Das einzige materielle Vorrecht des Präsidenten ist die Wohnung in einem besonderen dem Reichstage nahegelegenen Gebäude auf Kosten des Reichs. Der Präsident muß die Wohnung nicht benutzen. Er kann auf die Benutzung der Wohnung verzichten. Bei solcher Gelegenheit kam es auch einmal vor (siehe Sitzung des Gesamtvorstandes vom 15. März 1879), daß die Wohnung dann dem ersten und zweiten Vizepräsidenten der Reihe nach angeboten wurde. Die Wohnung soll nur den Lebensgewohnheiten eines wohlhabenden Mannes angepaßt sein (siehe Sitzung vom 8. März 1897, S. 4996), offenbar damit die Auswahl zur Bekleidung des Präsidentenamts nicht nur auf reiche Personen beschränkt sei. Indirekt wird aber dieser Effekt dadurch herbeigeführt, daß das Amt ein Ehrenamt ist. Jedenfalls wurde vom Reichstag der Gedanke abgelehnt (Sitzung vom 8. März 1897), daß infolge der umfangreichen Haushaltung des Präsidenten ihm besondere Repräsentationsgelder zugestanden werden müßten.

---

[1]) Offenbar weil sich sonst die Immunität des Präsidenten gegenüber der Abgeordnetenkritik nicht aufrechterhalten ließe.

§ 29. Schriftführer und Quästoren.

I. Schriftführer.

1. Das sog. Bureau. Zunächst ist festzustellen, daß ein sog. Bureau, bestehend aus Präsidenten und Schriftführern, kein Organ des Reichstags ist, denn es hat keine besonderen ihm eigenen Funktionen. Überall, wo in der Geschäftsordnung von Bureau die Rede ist, handelt es sich nur um eine Kollektivbezeichnung von Präsidenten und Schriftführern. Aber eine Funktion übt das Bureau nicht aus. An einer Stelle der Geschäftsordnung, § 20, Satz 4, wird bestimmt, daß das Bureau die Beschlüsse der dritten Beratung zusammenzustellen habe. Aber in schon vorhergehendem Paragraphen wird die nähere Erläuterung gegeben, was unter Bureau zu verstehen sei. Es sagt nämlich § 19, Satz 4 in korrespondierender Wendung für die Beschlüsse der zweiten Beratung, daß der Präsident mit Zuziehung der Schriftführer sie zusammenzustellen habe. Daraus geht deutlich hervor, daß es sich hier nicht um eine Kollektivfunktion eines Organs, sondern um die Tätigkeit des Präsidenten handelt, dem die Schriftführer hierbei zur Seite stehen, wie auch in der Praxis in Vertretung des Präsidenten Reichstagsbeamte die Zusammenstellung vornehmen.

In der Geschäftsordnung ist auch davon die Rede (§ 54, Absatz 3), daß falls die Beschlußfähigkeit aus dem Plenum des Hauses von einem Mitglied angezweifelt würde, oder falls ein Mitglied des Hauses den Antrag auf Auszählung stellt, der Präsident Bemerkung und Antrag damit erledigen kann, daß er feststellt: kein Mitglied des Bureaus sei über die Beschlußfähigkeit des Hauses zweifelhaft. Auch hier handelt es sich wieder (die nähere Interpretation gibt der Vergleich des § 54, Absatz 2, GO.) nur um eine Kollektivbezeichnung für Präsidenten und Schriftführer, keineswegs um eine Funktion eines Kollegialorgans.

In den ersten Jahren der Reichstagspraxis war es üblich, die Zusammenstellung des Ergebnisses von Wahlen im Hause durch das Bureau, d. i. Präsidenten und Schriftführer, außerhalb der Plenarsitzung vornehmen zu lassen. Dieser Brauch ist jetzt einem anderen gewichen, indem jetzt für ähnliche Zwecke der Auftrag an „die Schriftführer und das Bureau" erteilt wird. Es ist auf den ersten Blick klar, daß es sich hier bei dem Ausdruck „Bureau" nur um den ersten Beamten der Reichstagsverwaltung oder seinen Stellvertreter handelt, also ebenfalls um kein Organ des Reichstags, sondern um Gehilfen des Präsidenten in der Reichstagsverwaltung. (Siehe z. B. Sitzung vom 9. Februar 1912, S. 8; der Präsident: „Ich schlage Ihnen vor, das Resultat, wie dies üblich ist, durch die provisorischen Schriftführer und das Bureau feststellen zu lassen und das Resultat dann beim Beginn der nächsten Plenarsitzung mitzuteilen.")

Die Verwendung jener eigentümlichen Kollektivbezeichnung in

der Geschäftsordnung für Präsidenten und Schriftführer erklärt sich aus der Tatsache, daß wir es hier mit einer Reminiszenz aus der Frankfurter Nationalversammlung zu tun haben, wo wie wir oben (§ 11 und § 26) gesehen haben, das Bureau in der Tat ein richtiges Kollektivorgan des Hauses war und die Funktionen unseres heutigen Gesamtvorstandes auszuüben hatte. Aber in der heutigen Reichstagspraxis ist ein solches Bureau neben dem Gesamtvorstand des Reichstags durchaus nur eine abgekürzte Bezeichnung für Präsidenten und Schriftführer. Ein Bureau als Organ des Hauses neben dem Gesamtvorstand gibt es nicht[1]).

2. Die Wahl der Schriftführer. Unmittelbar im Anschlusse an die Präsidentenwahl hat sich die Wahl von acht Schriftführern zu vollziehen (§ 10, Absatz 1, GO.). Die Wahl erfolgt für die Dauer einer Session (§ 11, Absatz 2, GO.). Ein Probeschriftführertum als Seitenstück zum Probepräsidium gibt es nicht. Die Schriftführer müssen also nicht nach den ersten vier Wochen der ersten Session einer neuen Legislaturperiode von ihrem Amt zurücktreten und sich einer Neuwahl unterziehen, wohl aber haben sie das Recht, in jeder Session nach Ablauf von vier Wochen von ihrem Amte zurückzutreten (§ 11, Absatz 2, GO.).

Die Wahl erfolgt in einer einzigen Wahlhandlung mittels geheimer und schriftlicher Wahl durch Stimmzettel. Jeder Stimmzettel soll acht Namen enthalten, da die Anzahl der zu wählenden Schriftführer acht beträgt. Doch sind Stimmzettel, die weniger als acht Namen enthalten, deshalb nicht ungültig (Sitzung vom 6. Dezember 1894, S. 9), wohl aber Stimmzettel, welche mehr als acht Stimmen enthalten.

Die Wahl erfolgt mit relativer Stimmenmehrheit. Bei Stimmengleichheit entscheidet unter den Kandidaten das Los, welches durch die Hand des Präsidenten gezogen wird (§ 10, Absatz 2, GO.). Daraus ergibt sich klar, daß die gesamte Wahlhandlung während der Plenarsitzung vorgenommen werden muß. Das Skrutinium der Wahlzettel und die Feststellung der auf jeden Kandidaten entfallenden Stimmenzahl wird zwar in der Praxis außerhalb der Plenarsitzung wie wir gehört haben (siehe oben S. 217) durch die Schriftführer (die provisorischen zu Beginn einer Legislaturperiode oder die definitiven der vergangenen Session für die zweite und folgenden Sessionen einer Legislaturperiode) vorgenommen. Keineswegs darf aber, wie dies gelegentlich von einem Mitglied des Hauses beantragt wurde (siehe Sitzung vom 6. Dezember 1894, S. 10), das Skrutinium und die Feststellung des Wahlresultats in der Plenarsitzung vorgenommen werden, während man mit anderen Parlamentsgeschäften beschäftigt ist. Dies würde den Präsidenten von seiner

[1]) Unrichtig daher Perels, a. a. O., S. 15, der das Bureau für ein Organ des Hauses ansieht.

nach der Geschäftsordnung notwendigen Teilnahme an der Wahl und Feststellung des Wahlresultats vollständig ausschließen. Dies ist auch eine notwendige Folge der Tatsache, daß zu einer richtigen Wahl nicht bloß die Einigung der Willen, sondern auch die Feststellung des Wahlresultats durch den wahlleitenden Funktionär gehört, als welcher der Präsident sich darstellt. Bei der Feststellung des Wahlresultats außerhalb des Plenums handelt es sich keineswegs um die definitive Proklamierung des Kandidaten, sondern nur um die rechnerische Feststellung. Die definitive Proklamierung erfolgt und muß immer erfolgen in der nächsten Plenarsitzung.

Wirkliche Wahlen von Schriftführern kommen in der Praxis nur dann vor, wenn die Parteien nicht vorher im Seniorenkonvent über die zu wählenden Personen einig geworden sind. Meist ist aber solche Einigung der Fall, und die Verteilung der Schriftführerstellen erfolgt nach der Parteienstärke vorher im Seniorenkonvent, so daß die darauffolgende Wahl der Schriftführer im Plenum als Akklamationswahl stattfinden kann. Für jede Schriftführerwahl ist die Beschlußfähigkeit des Hauses nötig (3. Sitzung der Reichstagssession 1874/75, S. 14).

Das Schriftführeramt ist ein Ehrenamt mit Annahmepflicht, was sich daraus ergibt, daß nach der Geschäftsordnung (§ 11, Absatz 2) jeder Schriftführer erst nach vier Wochen von seiner Wahl an gerechnet, vom Amte zurücktreten darf. Das Amt erlischt durch Tod, Verzicht, Verlust des Mandats, wobei anzumerken ist, daß, wenn der Verlust des Abgeordnetenmandats auf Grund des Art. 21, Absatz 2 der RV. eintritt, das Schriftführeramt selbst dann erlischt, wenn auch Zweifel über die Fortdauer des Abgeordnetenmandats bestehen und von der Geschäftsordnung nachgeprüft werden müssen (Sitzung vom 7. Mai 1889, S. 1547 f.; Brief des Schriftführers, Abgeordneten Dr. Meyer-Jena).

Ein besonderer Grund für das Erlöschen des Schriftführeramts ist nach der Geschäftsordnung der Ablauf der Session (§ 11, Absatz 2: „Für die Dauer jeder Session"). In der Praxis aber dauert die Tätigkeit der Schriftführer der vergangenen Session bis zur Neuwahl der neuen Schriftführer, ausgenommen den Fall, daß es sich um die erste Session einer neuen Legislaturperiode handelt. Denn in diesem Falle treten die provisorischen Schriftführer (§ 1, Absatz 3 GO.) in Wirksamkeit.

3. Funktionen der Schriftführer. Dieselben sind (§ 15 der GO.): a) die Protokollführung, b) der Namensaufruf, c) die Überwachung der stenographischen Berichte, d) die Unterstützung des Präsidenten bei Besorgung der äußeren Angelegenheiten des Reichstags.

Von besonderer Bedeutung sind bloß die ersten drei Funktionen, die zum großen Teil während der Plenarsitzungen auszuüben sind[1]).

---

[1]) Will der Schriftführer während der Plenarsitzung für einige Zeit seine Amts-

Bezüglich der beiden ersten Funktionen ist zu bemerken, daß die Verwendung der acht Schriftführer für die genannten Zwecke vom Präsidenten gewöhnlich für eine bestimmte Zeit festgestellt wird. Dabei wird immer unterschieden zwischen den Schriftführern, denen die Führung des Protokolls überwiesen ist und solchen, welche die Unterstützung der Protokollführung vorzunehmen haben, ferner zwischen solchen, welche den Namensaufruf und solchen, welche die Unterstützung des Namensaufrufs vollziehen[1]).

Was die Protokollführung und den Druck der Verhandlungen anlangt, so ist zunächst auf den juristischen Unterschied zwischen den Reichstagsprotokollen und den gedruckten stenographischen Berichten einzugehen. Die Protokolle des Reichstags sind öffentliche Urkunden, denn sie sind „Urkunden, welche von einer mit öffentlichen Glauben versehenen Person innerhalb des ihr zugewiesenen Geschäftskreises in der vorgeschriebenen Form aufgenommen sind" (§ 415 der ZPO.). Die hier in Frage kommenden mit öffentlichen Glauben versehenen Personen sind (§ 41 GO.) der Präsident und zwei Schriftführer, von denen nämlich das Protokoll der Reichstagssitzung unterschrieben werden muß. Als öffentliche Urkunde begründen sie vollen Beweis des beurkundeten Vorgangs (415 ZPO.), insbesondere über den Gang der Verhandlungen. Die Reichstagsprotokolle müssen (§ 39 GO.) enthalten:

1. die gefaßten Beschlüsse in wörtlicher Anführung;
2. die Interpellationen in wörtlicher Fassung, nebst der Bemerkung, ob sie beantwortet sind;
3. die amtlichen Anzeigen des Präsidenten.

Die stenographischen Berichte hingegen genießen durchaus nicht den Charakter öffentlicher Urkunden. Sie sind eine Privatunternehmung des Reichstags, um in ausführlicher Weise über den Gang der Reichstagsverhandlungen das Publikum zu orientieren.

Ein anderer Unterschied zwischen Protokollen und stenographischen Berichten liegt in der Art der Möglichkeit, sie zu berichtigen. Die Berichtigung der Sitzungsprotokolle ist eine Kollektivberichtigung. Sie kann sich nur im Plenum des Reichstags vollziehen und kann hier von jedermann verlangt werden (arg. § 38 GO.). Sie wird, wenn dagegen bis zum Schluß der Sitzung kein Einspruch erhoben ist, als genehmigt er-

---

funktion unterbrechen und im Hause das Wort ergreifen, so bedurfte dies, wenigstens in der älteren Praxis, der „Erlaubnis" des Hauses (s. Sitzung vom 20. März 1879, S. 530).

[1]) Im Jahre 1882 wird in einem Brief des Abg. Hermes, der den Eintragsvermerk vom 2. Mai 1882 trägt, es als Brauch des Hauses angesehen, niemals zwei Herren derselben Fraktion als Schriftführer gleichzeitig zu verwenden, weil sonst die Möglichkeit ausgeschlossen wäre, daß ein Parteigenosse den anderen, der durch Parteigeschäfte ferngehalten würde, in dem Schriftführeramt vertrete (Reichstagsakten des Gesamtvorstandes, a. a. O.).

achtet. Wird gegen die Fassung des Protokolls Einspruch erhoben, welcher sich durch die Erklärung der darüber zu hörenden Schriftführer nicht heben läßt, so befragt der Präsident die Versammlung; wenn der Einspruch für begründet erachtet wird, muß noch während der Sitzung eine neue Fassung der betreffenden Stelle vorgelegt werden (§ 40 GO.).

Die Berichtigung der stenographischen Aufnahmen ist hingegen eine Individualberichtigung, d. h. jeder interessierte Abgeordnete kann an seinem stenographisch aufgenommenen Redewerk die notwendige Berichtigung vornehmen, eventuell kann ein anderer Abgeordneter, wie wir noch sehen werden, der durch die vorgenommene Berichtigung in seinen Interessen verletzt ist, Einspruch dagegen erheben. Die Entscheidung hierüber fällt aber nicht das Plenum des Hauses, sondern, wie wir noch sehen werden, der Präsident.

Was die Dauer der Berichtigungsmöglichkeit anlangt, so ist sie für die Sitzungsprotokolle und für die stenographischen Berichte eine verschiedene. Für die Sitzungsprotokolle dauert die Berichtigungsmöglichkeit derselben bis zum Schlusse der nächsten Sitzung, die auf die durch das Protokoll beurkundete Sitzung folgt (Arg. § 38 GO.).

Bei den stenographischen Berichten ist es, wie wir noch sehen, ganz anders geregelt.

Die Aufsicht über die stenographischen Berichte steht zwar nach der Geschäftsordnung den Schriftführern zu. Aber schon seit alter Praxis des Reichstags (siehe z. B. Sitzung vom 22. Mai 1872, S. 453, der Präsident; Sitzung vom 30. Januar 1875, S. 1439; Sitzung vom 8. Mai 1879, S. 1057, der Präsident) besteht eine besondere Abteilung des Gesamtvorstands, zusammengesetzt aus einem Vizepräsidenten und zwei Schriftführern, welche die stenographischen Berichte zu kontrollieren haben.

Faktisch üben die Kontrolle die Reichstagsbeamten, insbesondere der Vorsteher des stenographischen Bureaus. Die Entscheidung, ob Berichtigungen zuzulassen sind, fällt allein der Präsident[1]).

Die Praxis, wie sie durch Verfügungen des Präsidenten[2]) sich herausgebildet hat, ist folgende: Je zwei Stenographen stenographieren je zehn Minuten, haben dann in einer Zeit von 40 weiteren Minuten ihr Stenogramm einem Maschinenschreiber zu diktieren und sich nach einer weiteren Pause von 10 Minuten wieder zum Stenogramm bereitzustellen.

[1]) Im Jahre 1871 noch das Haus: Sitzung vom 13. November 1871, S. 250.

[2]) Die älteste datiert vom 28. April 1868 und die letzte in den Reichstagsakten: „Reichstagsangelegenheiten, Beamte, sten. Bureau" vorhandene datiert vom 30. Nov. 1881. Eine neueste Verfügung vom 27. März 1911 verfügt nur unbedeutende Ergänzungen, z. B., daß die Stichwörter fettgedruckt werden sollten, daß die gestellten Anträge, ob sie nun verlesen oder nicht verlesen werden, mit abzudrucken seien, daß bei Worterteilung des Präsidenten an Mitglieder des Bundesrats und an Regierungskommissare die Titel fortzulassen wären usw.

Die so unter der Verantwortung der Stenographen in Kurrentschrift übertragenen Reden liegen zum Zwecke der Korrektur durch die Abgeordneten nach jeder Sitzung bis 12 Uhr mittags des nächstfolgenden Tages im stenographischen Bureau aus (die Sitzungsprotokolle hingegen wie wir gehört haben, bis zum Schlusse der auf die beurkundete Sitzung folgenden Sitzung). Soweit irgend möglich, ist jedoch noch während der Sitzung des Reichstags den Abgeordneten das Manuskript vorzulegen. Um 12 Uhr des nächsten Tages wird ohne Zulassung einer Ausnahme die Korrektur abgeschlossen und die sämtlichen Manuskripte werden sofort in die außerhalb des Reichstags liegende Privatdruckerei befördert, in welche sie jedenfalls vor 1 Uhr abgeliefert sein müssen. Der Vorsteher des stenographischen Bureaus darf unkorrigierte Manuskripte nur mit Genehmigung des betreffenden Redners bzw. des Präsidenten, korrigierte Manuskripte hingegen nur mit Erlaubnis des mit der Oberaufsicht über das stenographische Bureau beauftragten Vizepräsidenten und der Schriftführer oder des Redners, aus dem stenographischen Bureau fortgeben, fortsenden oder einer anderen Person zur Einsicht vorlegen. Die Bevollmächtigten zum Bundesrat und die Regierungskommissare, welche im Reichstag das Wort ergriffen, erhalten unmittelbar nach der Sitzung die sie betreffenden Teile der stenographischen Berichte zugesendet. Ist das Manuskript um 11 Uhr vormittags des folgenden Tages noch nicht zurückgeliefert, so wird ein Duplikat angefertigt, welches dann in die Druckerei geht. Gelangt jedoch das korrigierte Manuskript noch vor diesem Zeitpunkt in die Hände der Reichstagsverwaltung, so wird natürlich dieses an Stelle des Duplikats in die Druckerei geschickt.

Was die Berichtigungsmöglichkeit anlangt, so steht sie in dem Ermessen des Abgeordneten, doch hat sie eine wichtige Schranke. Es ist unter allen Umständen unzulässig, die Stelle einer Rede, die in der Folge den Gegenstand einer Debatte gebildet hat, in der Weise im Sinne abzuändern, daß dadurch die nachfolgenden Redner ins Unrecht gesetzt werden (Akten des Reichstags: Reichstagsangelegenheiten, Beamte, stenographisches Bureau I, Folio 178). Verstöße gegen diesen Grundsatz kommen häufig vor. Ein Widerspruchsrecht dagegen hat jeder nachfolgende Redner, der durch eine unzulässige Korrektur seines Vorredners in seinen Rechten verletzt ist, z. B. dadurch, daß seine, des nachfolgenden Redners, Ausführungen unverständlich oder unsinnig werden (siehe z. B. Sitzung vom 30. Januar 1875, S. 1439; Sitzung vom 17. März 1881, S. 387; Sitzung vom 9. Februar 1904, S. 803; Sitzung vom 22. Februar 1909, S. 7146 D). Auch die Bundesratsbevollmächtigten haben ein gleiches Widerspruchsrecht gegen die von ihrem Vorredner vorgenommene Berichtigung (Fall des Reichskanzlers Grafen von Caprivi gegen eine vom Grafen Herbert Bismarck vorgenommene Berichtigung: Sitzung vom 16. März 1894, S. 1919 und Akten des Reichstags, a. a. O., I, Folio 195).

Daß der Präsident, der bei eingetretenem Widerspruch eine Berichtigung der Berichtigung veranlaßt, auch dann solche vornehmen läßt, wenn die Reichsverhandlungen gedruckt zur Verteilung gelangt sind, ist zwar ungewöhnlich, könnte aber vorkommen, wenn es sich um besonders grobe Überschreitungen der Berichtigungsfreiheit und um bewußte Absichtlichkeit, die Rede des nachfolgenden Redners in ihrem Sinn zu entstellen, handelt. Es müßten dann auch die gesamten Aktenstücke und Unterlagen dem Reichstage als Drucksache mitgeteilt werden (Brief des Präsidenten an den Grafen von Caprivi, datiert vom 7. April 1894, Akten, a. a. O.).

Die Rücksicht auf den nachfolgenden Redner bei Feststellung der stenographischen Berichte geht verhältnismäßig sehr weit. So sind Zwischenrufe, abgesehen von den üblichen Rufen: „Bravo!“ „Hört, Hört!“ prinzipiell unzulässig und werden deshalb ins Protokoll nicht aufgenommen.

Geht aber der Redner auf diese Zwischenrufe ein, so werden auch sie im stenographischen Berichte aufgenommen, um den Sinn der Rede nicht zu entstellen, Auch der Name des Zwischenrufers wird, wenn der Redner sich unmittelbar in seiner Rede mit ihm beschäftigt, in solchen Fällen noch angegeben (Akten, a. a. O., II, Nr. 40).

Bemerkenswert ist es, daß beleidigende oder kränkende Äußerungen, welche nicht zum Gegenstande der Debatte durch einen nachfolgenden Redner gemacht werden, vom Urheber der Äußerung ohne weiteres aus den stenographischen Berichten gestrichen werden können (siehe Sitzung vom 16. März 1912, S. 711 C.).

II. Die Quästoren.

1. Bestellung und Dauer des Amts. Zu den ehrenamtlichen Organen des Reichstags gehören auch zwei Quästoren, welche der Präsident für die Dauer[1]) seiner Amtsführung aus den Mitgliedern des Reichstags ernennt (§ 16 GO.). Gewöhnlich erfolgt die Ernennung in der Plenarsitzung, doch ist es mitunter schon vorgekommen, daß die Ernennung im Gesamtvorstande tags vorher stattfand und darauf in der Plenarsitzung publiziert wurde (Akten des Reichstags, Gesamtvorstand III vom 2. Dezember 1904; Ernennung des Abgeordneten Bassermann zum Quästor; die Publikation findet in der Plenarsitzung des 5. Dezember statt). Rechtliche Bedeutung hat natürlich nur die im Plenum vorgenommene Ernennung. Das Amt ist ein Ehrenamt mit Annahmepflicht. In der älteren Zeit der Reichstagspraxis fand allerdings die nicht notwendige Anfrage an den so Ernannten statt, ob er die auf ihn gefallene Wahl annähme (siehe z. B. Sitzung vom 6. Dezember 1894,

[1]) das heißt für die Dauer der Session und darüber hinaus bis zur Ernennung der neuen Quästoren.

S. 10). Juristische Bedeutung hat diese Frage nicht, denn eine Annahmepflicht liegt zweifellos vor. Praktisch wird dadurch nur der Effekt herbeigeführt, daß der Quästor, der einmal ernannt ist, durch die Annahmeerklärung sich zunächst des Rechts begibt, die empfangene Stellung wieder sofort aufzugeben, wozu er jedenfalls im Gegensatz zum Schriftführer berechtigt ist, der Gleiches erst nach Ablauf von vier Wochen nach seiner Wahl tun darf.

Daß die Ernennung der Quästoren unbedingt den Schriftführerwahlen nachzufolgen habe, ist keineswegs gesagt (siehe z. B. Sitzung vom 31. Okt. 1874, S. 11, woselbst die Schriftführerwahlen nach der Quästorenernennung erfolgte).

Die gelegentlich vertretene Ansicht, als ob die Quästoren persönliche Vertrauensmänner des Präsidenten seien[1]), ist unzutreffend, denn sie sind Organe des Reichstags, ebenso wie der Präsident und die Schriftführer.

2. Funktionen. Ihre Hauptfunktionen sind die Vollziehung des Anweisungsrechts für den Reichstag und die administrative Rechnungskontrolle der Reichstagsausgaben. Betreffs des Anweisungsrechts der Quästoren ist in der Sitzung des Gesamtvorstands vom 7. März 1867 beschlossen worden, „daß es bei den Zahlungsanweisungen immer nur der Unterzeichnung eines der beiden Quästoren bedürfen solle. Die betreffenden Herren sollen sich darüber verständigen, in welcher Reihenfolge und in welchem Turnus sie sich diesen Geschäften unterziehen wollen." Betreffs der administrativen Rechnungskontrolle beschloß der Gesamtvorstand vom 25. Mai 1878, daß der Rendant der Reichstagskasse dem in Berlin anwesenden Quästor bei eintretendem Bedarf Vortrag zu halten habe und daß Kassenrevisionen mindestens einmal im Jahre stattfinden sollen (Akten des Reichstags, Gesamtvorstand). Der administrativen Rechnungskontrolle der Quästoren entspricht die parlamentarische Rechnungskontrolle, welche bezüglich der Reichstagsausgaben, wie betreffs der übrigen Reichsausgaben, die Rechnungskommission und der Reichstag ausüben[2]). Eine besondere Rechnungskommission für den

---

[1]) So Seydel, Annalen 1880, a. a. O., S. 411.

[2]) S. z. B. Sitzung vom 19. Januar 1876, S. 775, Berichterstatter der Rechnungskommission Abg. v. Reden: „Es dürften dann noch von den Etatsüberschreitungen bei den fortdauernden Ausgaben, die bei dem Fonds für den Reichstag vorgekommen, zu erwähnen sein, welche in der Übersicht, S. 95 nur in einer Summe von 39 198 Talern aufgeführt sind als Überschreitung des gesamten Ausgabefonds für den Reichstag, abgesehen von der Entschädigung der Privateisenbahnen im Reiche für die freien Fahrten. Der Kommission ist aber von seiten des Herrn Quästors des Reichstags diejenige Nachweisung zugegangen, welche sie in der Drucksache Nr. 90 auf S. 5 und 6 mitgeteilt finden, und sind darin die Überschreitungen der einzelnen Ausgabezettel und Positionen aufgeführt, die Überschreitungen, welche als Etatsüberschreitungen zu genehmigen sein werden nach Ansicht der Kommission. Es sind diese einzelnen Summen dann auch in dem vor-

Hausetat des Reichstags, wie sie z. B. in Frankreich als „Commission chargée de la comptabilité des dépenses allouées par les dépenses de l'assemblée" (siehe Pierre, a. a. O., Nr. 1177) besteht, gibt es im Reichstag nicht. Um so sorgfältiger wird deshalb hier die Trennung des Präsidentenwillens von dem Träger der administrativen Kontrolle, dem Quästor verlangt werden müssen, denn sonst wäre die administrative Rechnungskontrolle illusorisch. Theoretisch wird man daher verlangen müssen, daß die Quästoren nicht als „persönliche Vertrauensmänner" des Reichstagspräsidenten allein anzusehen seien. Aber in der Praxis wird es sich wohl kaum ereignen, was theoretisch zulässig wäre, daß der Quästor gegenüber einem Auftrag des Reichstagspräsidenten das Anweisungsrecht nicht vollzöge. Zu fordern ist dies immerhin, wenn die vom Präsidenten beabsichtigten Ausgaben ihre Unterlage nicht in dem Hausetat, wie er vom Parlament beschlossen und durch Gesetz festgestellt ist, finden. Aber auch noch einen anderen Mangel weist die Regelung im Deutschen Reich auf. Während es Grundsatz der Rechnungskontrolle ist, daß der Anweiser der zu machenden Ausgabe von dem Kontrolleur der gemachten Ausgabe verschieden sei, ist dies durch die Vereinigung beider Funktionen im Amte des Quästors nicht realisiert.

Mit der Aufstellung des Hausetats haben die Quästoren nichts zu tun. Dies war früher Sache des Gesamtvorstands (siehe oben S. 173). Gegenwärtig wird er vom Präsidenten allein aufgestellt, aber im Gesamtvorstand durchberaten (siehe z. B. Sitzung vom 14. April 1877, S. 480, Abgeordneter v. Vahl). Einer der Quästoren gibt die nötige Erläuterung im Gesamtvorstand (siehe z. B. Sitzung vom 9. Februar 1912, Akten des Gesamtvorstands, a. a. O.) und dann wenn nötig im Reichstag bei Beratung des Hausetats (siehe z. B. Sitzung vom 4. Februar 1910, S. 1038).

§ 30. Abteilungen und Kommissionen.

I. Die Abteilungen.

Gemäß der Geschäftsordnung (§ 2) wird der Reichstag durch das Los in sieben Abteilungen von möglichst gleicher Mitgliederzahl gleich zu Beginn jeder neuen Legislaturperiode und zu Beginn einer Session[1]) eingeteilt. Das Mittel zur Durchführung dieser Teilung ist das Los. Da die Zahl der Reichstagsabgeordneten, nämlich 397, durch 7 nicht

liegenden Antrage der Kommission aufgeführt, und ergibt sich daraus im Vergleich mit der Anlage II der Übersicht eine um etwa 3000 Taler höhere Summe der Etatsüberschreitungen."

[1]) S. z. B. aus neuester Zeit Sitzung vom 30. November 1909, S. 5. Die Geschäftsordnung sagt allerdings nicht ausdrücklich, daß auch zum Beginn einer neuen Session eine Neubildung der Abteilung zu erfolgen habe. Allein es ergibt sich dies aus dem Prinzip der Diskontinuität, welches mit dem Sessionsschluß zusammenhängt.

restlos teilbar ist, so ergibt sich, daß zwei Abteilungen von den 2 nur 56 Mitglieder, die übrigen 5 Abteilungen 57 Mitglieder zählen[1]).

Daß die Verlosung der Abteilungen sofort nach Zusammentritt des Reichstags, gleichviel, ob derselbe beschlußfähig sei oder nicht, zu erfolgen habe, wurde vom Präsidenten gelegentlich (Sitzung vom 29. Oktober 1874, S. 6) behauptet, und wird in der Praxis auch befolgt. Hingegen kann die Berufung der Abteilungen zum Zwecke der Konstituierung erst dann erfolgen, wenn die Beschlußfähigkeit des Hauses feststeht (siehe Sitzung vom 29. Oktober 1874, S. 6; vgl. auch Sitzung vom 4. November 1900, S. 4).

Bei der Verlosung der Abteilung wird nicht das Muster Frankreichs befolgt, wonach die Abteilungen gleichzeitig gebildet werden. Dieses Verfahren ist im deutschen Reichstag nur ein einziges Mal in der Sitzung vom 25. Februar 1867 befolgt worden (der Präsident in der Sitzung vom 26. Februar 1867 S. 11).

Es schwebte offenbar dem Reichstage damals das dem französischen Verfahren ähnliche des preußischen Herrenhauses[2]) vor.

Es wurde damals die Übung des preußischen Abgeordnetenhauses für künftige Zeiten als vorbildlich hingestellt, „nämlich die einzelnen Mitglieder in der Reihenfolge wie ihre Namen aus der Urne gezogen werden, den einzelnen verschiedenen Abteilungen (d. i. 1 bis 7) zuzuweisen, nicht aber jede Abteilung für sich besonders (sc. als Ganzes) auszulosen". Diese Übung wird auch heute noch befolgt.

Die Verlosung findet, wie wir bereits wissen, gewöhnlich nicht im Plenum, sondern außerhalb des Plenums durch Reichstagsbeamte im Beisein der Schriftführer statt. Die Verlosung wird nur einmal zu Beginn der Session vorgenommen. Treten neue Mitglieder während der Session in den Reichstag ein, so werden sie den vorhandenen Abteilungen in der Reihenfolge ihrer Anmeldung beim Reichstag zugelost. Theoretisch (§ 2, Absatz 3 GO.) steht auch dem Reichstag das Recht zu, eine Erneuerung der Abteilung durch Neuverlosung vorzunehmen, wenn ein von 50 Unterschriften getragener Antrag dies vorschlägt. In der Praxis ist niemals eine solche Neuverlosung vorgekommen, eben wegen der Bedeutungslosigkeit der Abteilungen.

Da die beiden Funktionen der Abteilungen, nämlich die Bildung der Kommissionen (§ 26 GO.), und die Beteiligung an der eigentlichen[3]) Wahlprüfung (§ 5 u. 6 GO.), wie wir noch weiter unten sehen werden,

---

[1]) Die Geschäftsordnung schreibt auch nur vor, daß eine „möglichst gleiche" Zahl in den Abteilungen erreicht werde.

[2]) S. der Abg. v. Vincke in der Sitzung vom 26. Februar 1867, S. 11.

[3]) Die formelle Prüfung der äußeren Gültigkeit der Wahlvollmachten (§ 3 und § 7 der GO.) durch die Abteilungen besteht noch, wie wir weiter unten sehen werden.

ganz obsolet sind, so hat es keinen Zweck, der theoretischen Betrachtung der Abteilungen einen allzu breiten Raum zu gewähren.

Hier sei nur kurz das Verhältnis der Abteilungen zum Plenum und zum Präsidenten charakterisiert. Die Abteilungen sind wie die Kommissionen berechtigt, sich zu konstituieren[1]). Zu diesem Zwecke hat jede Abteilung (§ 2, Absatz 2, GO.) das Recht, mit absoluter Stimmenmehrheit einen Vorsitzenden, einen Schriftführer sowie Stellvertreter für beide zu wählen. In der älteren Praxis wurden auch die Abteilungsvorsteher (siehe oben S. 191) durch den Seniorenkonvent designiert. Die Gewählten (Abteilungsvorsteher, Schriftführer) werden dem Hause bekanntgegeben (siehe z. B. Sitzung vom 9. November 1900, S. 9). Wie die Kommissionen, so tagen auch die Abteilungen in nicht öffentlicher Sitzung (siehe Seydel, a. a. O., 417). Wie die Kommissionen sind auch die Abteilungen selbständige Organe des Reichstags. Es wäre daher unzulässig, wenn der Reichstag seinen Willen an Stelle der Beschlußfassung der Abteilung, z. B. bei Fragen der Prüfung der äußeren Giltigkeit von Wahlvollmachten, setzen wollte (siehe Sitzung des Reichstags vom 22. Januar 1904, S. 443 ff.).

Dem Präsidenten gegenüber sind die Abteilungen nicht so unabhängig gestellt wie die Kommissionen. Er hat nach der Geschäftsordnung (§ 30) das Recht, die Sitzungen der Abteilungen anzuberaumen, was er den Kommissionen gegenüber nicht hat. Daraus ergibt sich ein auch in der Praxis betätigtes Recht, die Abteilungen zur schleunigen Beendigung ihrer Tätigkeit zu mahnen (siehe z. B. Sitzung vom 2. November 1874, S. 20; Sitzung vom 21. November 1874, S. 239; Sitzung vom 9. April 1874, S. 688 u. a. m.). Aus dem gleichen Gesichtspunkt hat der Präsident gelegentlich auch ohne Ermächtigung durch die Geschäftsordnung sich für befugt erachtet, bereits angeordnete Sitzungen der Abteilungen wieder aufzuheben (siehe Sitzung vom 27. Februar 1877, S. 16). Den Kommissionen gegenüber ist der Wille des Präsidenten nach dieser Richtung hin vollständig ohne Einfluß. Auf die Form wie (ob mündlich oder schriftlich) die Abteilungen an das Haus berichten, hat der Präsident hingegen ebensowenig Einfluß, wie auf die Form von Kommissionsberichten (siehe Sitzung vom 10. Juni 1871, S. 1133).

II. Die Kommissionen.

Sie sind teils Fachkommissionen, die ständig sind (nämlich für die Dauer einer Session), teils Sonderkommissionen, die nur vorübergehenden Beratungszwecken dienen und entweder nach der ersten Beratung eines Gesetzentwurfs oder in einem späteren Stadium des Wegs der

---

[1]) jedenfalls ihre Tagesordnung (§ 30 GO.) und wohl auch ihre GO. festzustellen, doch ist wegen ihrer Beschlußfähigkeit in der GO. des Hauses die Bestimmung aufgenommen, daß ein Quorum nicht nötig sei (§ 2 letzter Satz GO.).

Gesetzgebung vom Hause eingesetzt werden. Außerdem gibt es kommissionsähnliche Organe, für welche aber prinzipiell nicht die Regeln über Kommissionen gelten. Eine Sonderstellung nehmen ferner parlamentarischen Untersuchungskommissionen (sog. parlamentarische Enqueten) deshalb ein, weil sie in ihrem Wesen nur der Geltendmachung der parlamentarischen Ministerverantwortlichkeit dienen. Von ihnen wird daher an einem anderen Ort (weiter unten im letzten Teil dieses Werkes) bei Gelegenheit der parlamentarischen Ministerverantwortlichkeit neben dem Interpellationsrecht zu handeln sein. Die folgende Untersuchung wird sich bloß auf die Darstellung des Rechts der Fach-, der Sonderkommissionen und der kommissionsähnlichen Organe zu beschränken haben.

Nach der GO. (§ 5 und § 26) gibt es folgende Fachkommissionen:

a) die Wahlprüfungskommission,
b) die Geschäftsordnungskommission,
c) die Petitionskommission,
d) die Budgetkommission.

Die in der Geschäftsordnung noch weiter genannten Fachkommissionen für Handel und Gewerbe, für Finanzen und Zölle, für das Justizwesen werden in der heutigen Praxis nicht mehr als Fachkommissionen bestellt. Hingegen hat die Praxis noch eine andere Kommission aufgebracht, nämlich die Rechnungskommission, so daß insgesamt fünf Fachkommissionen für die Dauer einer Session bestellt werden. Die Reihenfolge der Fachkommissionen ist durch wiederholte Beschlüsse des Seniorenkonvents die folgende:

1. Budgetkommission,
2. Petitionskommission,
3. Wahlprüfungskommission,
4. Geschäftsordnungskommission,
5. Rechnungskommission.

Diese Reihenfolge ist deshalb von maßgebender Bedeutung, weil die Parteien in der oben angeführten Reihenfolge der Kommissionen nach ihrer Parteienstärke für die Stelle des Vorsitzenden präsentieren (Beschluß des Seniorenkonvents vom 22. Febr. 1912, Akten des Seniorenkonvents) und weil, wie wir schon oben gesehen haben, die Beteiligung der Parteien nach ihrer Stärke, sofern Bruchteile derselben in Frage kommen, in der oben angeführten Reihenfolge Berücksichtigung erfahren.

Die Sonderkommissionen sind teils Vorberatungskmmissionen, welche (§ 18 Abs. 3 GO.) am Schlusse der ersten Beratung mit der Vorberatung eines Gesetzentwurfs betraut werden können, teils Verweisungskommissionen, da der Reichstag (§ 21, Abs. 2, GO.) ebenso wie am Schlusse der ersten, so in jedem Stadium einer folgenden Beratung bis zum Beginn der Fragestellung den Gesetzentwurf oder einen Teil desselben zur Berichterstattung an eine Kommission verweisen kann, welche sich nur mit dem ihr überwiesenen Gegenstande zu beschäftigen hat.

Eine Gesamtdarstellung der Kommissionen kann im Rahmen des Parlamentsrechts unter zwei Gesichtspunkten vorgenommen werden. Entweder kann man die organisatorische Bedeutung der Kommissionen darstellen oder ihre Bedeutung im Rahmen und im Zusammenhange mit dem Parlamentsverfahren. Hier wird zunächst die erstere Bedeutung zu erörtern sein, während die Art, wie sich die Kommissionen in den Rahmen des Parlamentsverfahrens einfügen, weiter unten (im letzten Teile dieses Werkes) dargestellt werden soll.

Für die organisatorische Bedeutung der Kommissionen ist von folgenden maßgebenden Prinzipien auszugehen[1]):

1. Das Prinzip der Minoritätenvertretung,
2. das Prinzip der Vertraulichkeit der Geschäftsführung,
3. das Prinzip des Meinungsaustausches mit der Regierung,
4. das Prinzip der Organstellung, d. h. das Prinzip der Unabhängigkeit der Kommissionen gegenüber dem Hause, die allerdings, wie wir noch sehen werden, ihre Schranken hat.

Inwieweit erfüllt nun die Organisation der Kommissionen des deutschen Reichstags diese vier Forderungen oder Prinzipien?

1. Das Prinzip der Minoritätenvertretung. Im deutschen Reichstag wird bei Bildung der Kommissionen der Schutz der Minderheit in der Weise beobachtet, daß die Präsentation der Kommissionsmitglieder, wie wir oben (S. 185 f.) gesehen haben, von den Abteilungen weg in die Fraktionen, d. i. die Parteien durch die Praxis des Reichstags verlegt worden ist. Dieses Präsentationsrecht der Parteien wird heute in der Art unverblümt auch im Plenum zum Ausdruck gebracht, daß es jetzt nur immer heißt (siehe z. B. Sitzung vom 11. Dezember 1909, S. 229): „Zur ersten Kommission zur Vorberatung des Reichshaushaltsetats sind berufen:

von der Fraktion der deutsch-konservativen Partei (folgt der Name der Präsentierten)

von der Reichspartei

von der wirtschaftlichen Vereinigung usw.“, während es noch früher nach außen und im Plenum noch immer die Abteilungen waren, welche gemäß der Geschäftsordnung (§ 26 Abs. 3) die Wahlen vollzogen, wenngleich auch im Auftrage des Seniorenkonvents und der Parteien (so noch in der Sitzung vom 25. Januar 1905, S. 4058). Die neue Form der unverblümten Bestellung der Kommissionen durch die Fraktionen an Stelle der Abteilungen hat auch ihren Grund

[1]) Vgl. dazu Neumann-Hofer in der Zeitschrift für Politik, IV, S. 51 ff. und Gröber in seinem Ausschußbericht für die württembergische zweite Kammer, Beilage 372 ex 1909, S. 444 ff.

in einem Beschluß des Seniorenkonvents (5. März 1909), in welcher Sitzung man sich dahin einigte: „Der Mitgliederwechsel in den Kommissionen ist dem Bureau (lies Bureaudirektor) durch bestimmte Mitglieder der Fraktionen (lies Senioren der Parteien) bis zum Schlusse der letzten Plenarsitzung vor der Kommissionssitzung mitzuteilen, der Herr Präsident verfügt die Umschreibung und macht in der nächsten Plenarsitzung davon Mitteilung."

Die durch Beschlüsse des Seniorenkonvents so gewährleistete Minoritätenvertretung in den Kommissionen hat allerdings eine wichtige Schranke, insofern seit dem Beschlusse des Reichstags vom 8. Mai 1912 nur eine Vereinigung von 15 Mitgliedern als Fraktion für die Einberufung zum Seniorenkonvent in Betracht kommt. Nun wurde freilich in der Sitzung des Reichstags, in welcher jener Reichstagsbeschluß zustande kam, hervorgehoben, daß jene Voraussetzung, nämlich die Notwendigkeit von 15 Mitgliedern nur für die Anteilnahme am Seniorenkonvent, nicht aber für die Anteilnahme an der Kommissionsbildung maßgebend sei. Da aber die Kommissionsbildung im Seniorenkonvent vereinbart wird, so ergibt sich, daß Mitgliedervereinigungen von weniger als 15 Mitgliedern gewissermaßen nur durch die Gnade des Seniorenkonvents an der Kommissionsbildung beteiligt werden, nicht kraft eines Vereinbarungsanspruches.

Nach der Praxis des Reichstags haben an der Kommissionsbildung nur Parteien Anteil und einen darauf gerichteten Anspruch. Dieser ist nach dem Beschluß vom 8. Mai 1912 nur dann gegeben, wenn 15 Mitglieder (Vollmitglieder und Hospitanten) die Partei bilden.

Außer der eben angeführten Kommissionsbildungsform liegt der Schutz der Minoritäten bei der Kommissionsbildung noch in der Tatsache, daß nach der Praxis des Reichstags kein mit einem Kommissionsmandat betrauter Abgeordneter aus der Kommission ohne Genehmigung des Reichstags ausscheiden darf. Dieser Grundsatz ist im Jahre 1874 aufgestellt worden, als am 4. Dezember dieses Jahres vier Abgeordnete aus Elsaß-Lothringen erklärten, daß in Anbetracht der in ihrem Lande geschaffenen Lage sie sich an den Arbeiten der Kommission für Elsaß-Lothringen nicht beteiligen wollten.

Der Geschäftsordnungskommission wurde die Frage überwiesen, ob solche Niederlegung von Kommissionsmandaten ohne Genehmigung des Reichstags zulässig sei. Von einer Pflicht zur Beteiligung an den Kommissionen spricht die Geschäftsordnung nur an einer Stelle, und zwar nur für die Petitionskommission (§ 28 Abs. 2 GO.). Der damals im Plenum gestellte Antrag: „Einem Abgeordneten, welcher vom Mitglied einer Kommission des Reichstags gewählt wurde, ist es nicht gestattet, diese Wahl abzulehnen oder der durch dieselbe begründeten Pflicht zur Mitwirkung an der Tätigkeit der Kommission sich zu entziehen, es sei denn, daß triftige Hinderungsgründe von dem betreffenden gewählten Abgeordneten angeführt und von dem Reichstag anerkannt werden", wurde von der Geschäftsordnungskommission nicht angenommen. Sie schlug vielmehr dem Reichstag vor, Ersatzmitglieder für diejenigen Abgeordneten, welche ihrem Kommissionsmandat niedergelegt hatten, zu wählen (D. RT., Nr. 135 ex 1874/75). Die Praxis des Reichstags steht aber seit jener Zeit immer auf dem Standpunkt, daß die Niederlegung von Kommissionsmandaten ohne Genehmigung des Reichstags unzulässig sei, wie auch die Geschäftsordnungskommission diesen Grundsatz im Prinzipe damals (1874/75) anerkannte. Der Hinweis auf die Analogie mit den Schriftführerwahlen, der in der Geschäftsordnungskommission von 1874/75 von einer Minderheit geltend gemacht wurde, ist nicht stichhaltig, sondern der einzig durchschlagende Grund ist der, daß, wollte man gestatten, ein einmal angenommenes Kommissionsmandat niederzulegen, eine Majorität in der Kommission jedes weitere Prozedieren der Minderheit dadurch unmöglich machen könnte, daß eben die Majorität kollektiv ihre Kommissionsmandate niederlegte, denn die Minderheit dürfte dann nicht weiter in der Sache Beschluß fassen, weil die Geschäftsordnung (§ 27 Abs. 1) zur Beschlußfähigkeit mindestens die Hälfte der anwesenden Mitglieder verlangt. Aber auch der Reichstag könnte sich der Sache nicht annehmen, weil ja formell die Kommission, die einmal bestellt worden ist, nicht gut ihres Mandates entkleidet werden darf (sog. Dessaisissement). Auf die Weise könnte jede Majorität das Interesse der Minderheit an dem Fortschreiten der Kommissionsarbeit lahmlegen, wie dies auch in Frankreich in großem Maße praktiziert wird (siehe de Ferron, les commissions parlementaires et le travail législatif des chambres Paris 1900, S. 109 ff.). Bei uns wird solche Praxis durch den oben angeführten Grundsatz der Praxis (Notwendigkeit der Genehmigung des Reichstags) ausgeschlossen. Durch jenen Grundsatz ist es aber nicht verwehrt, ein noch nicht angetretenes Kommissionsmandat auszuschlagen, denn solches kann keine Minderheit schädigen. Für die Zulässigkeit spricht auch die Notwendigkeit, den Abgeordneten vor einer Überlastung von Kommissionsmandaten zu bewahren. In diesem Sinne hat sich auch die Geschäftsordnungskommission von 1874/75 ausgesprochen (D. RT., Nr. 135, S. 985): „Durch die Wahl in eine Kommission würde dem gewählten Mitgliede seitens des Reichstags ein Mandat übertragen, über dessen Annahme oder Nichtannahme ihm die freie Entscheidung zustehe. Erst nach erfolgter Annahme sei das Mitglied zur Beteiligung an den Kommissionsarbeiten verpflichtet und dürfe das Mandat ohne Genehmigung des Reichstags vor Beendigung der Kommissionsarbeiten nicht niederlegen."

Gerade an diesem Punkte können wir den Unterschied zwischen den Kommissionsmandaten und den Schriftführermandaten klar sehen.

Die Schriftführermandate müssen angenommen werden, die Kommissionsmandate nicht, deshalb ist die oben erwähnte Analogie, die von der Minderheit in der Geschäftsordnungskommission von 1874/75 zur Begründung ihrer Ansicht angeführt wurde[1]), unhaltbar.

Nach einer anderen Richtung aber läßt der Schutz der Minoritäten bei der Kommissionsbildung des Reichstags manches zu wünschen übrig. Es ist die Frage der Berichterstattung. Es ist nämlich nach deutschem Reichstagsrecht unzulässig, daß die Minorität einer Kommission einen eigenen Berichterstatter wählt. Auch nicht ein selbständiger schriftlicher Bericht der Minorität, wie in anderen Parlamenten, ist zulässig. Die Verbesserung dieses Zustandes ist um so notwendiger, als zwar nicht nach dem formellen Recht, aber nach parlamentarischer Etikette[2]) es als ungehörig angesehen wird, wenn ein Mitglied der Kommission den formell gestellten Kommissionsantrag bekämpft. (So gelegentlich z. B. der Abgeordnete v. Heremann in der Sitzung vom 19. Mai 1879, S. 1308; so der Abg. Gröber in der Sitzung vom 9. Febr. 1891, S. 1396: „Es ist aber zulässig, als Mitglied einer Kommission den Kommissionsantrag zu bekämpfen, wenn man sich an der Kommissionssitzung wegen Krankheit nicht beteiligen konnte." Ferner der Abg. Spahn in der Sitzung vom 24. April 1896, S. 1927: „Ich hatte nicht die Absicht, in die Debatte einzugreifen; da ich aber durch den Herrn Vorredner persönlich provoziert worden bin, so bin ich genötigt, mich über diese Wahl auszusprechen ... obgleich der Bericht meine Unterschrift trägt, habe ich an dieser Verhandlung nicht teilgenommen. Ich kenne nur die Wahlakten. Ich bin infolgedessen in meinem Urteil durch Rücksichten auf die Kommission nicht gebunden." Schließlich Sitzung vom 29. April 1901, S. 2397, als der Abgeordnete Richter es ungehörig fand, daß der Berichterstatter einer Kommission einen Antrag zur Abänderung der Kommissionsbeschlüsse an erster Stelle mitunterzeichnet hatte, wurde ihm [Abg. Zehnter, a. a. O., S. 2400] mit Recht entgegengehalten, daß man diese Auffassung der Ungehörigkeit auch auf alle anderen Mitglieder der Kommission ausdehnen müßte.)

Obgleich in neuerer Praxis jene oben beschriebene Etikette bezüglich der einzelnen Kommissionsmitglieder nicht strenge gehandhabt wird,

[1]) und die sich auch Perels mit dem Worte: „übereinstimmend" zu eigen macht (Das autonome Reichstagsrecht, S. 20).

[2]) So der Abg. Windthorst in der Sitzung vom 9. Mai 1879, S. 1310: „Was zunächst die Erwägungen betrifft, ob ein Mitglied der Wahlprüfungskommission wohltut, hier gegen die Anschauungen der Wahlprüfungskommission anzugehen, so will ich darüber nicht streiten, das ist eine Geschmacksache, das Recht dazu hat jedenfalls jedes Mitglied."

so forderte es dennoch der Parlamentsbrauch stets, daß wenigstens der Berichterstatter der Kommission nicht ohne Ermächtigung derselben mittels eines Sonderantrags den Kommissionsantrag bekämpfe (siehe Abg. Bamberger in der Sitzung vom 25. Januar 1875, S. 1268, als Berichterstatter; siehe ferner der Abg. Richter in der Sitzung vom 29. April 1901, S. 2397). Aber auch vom Vorsitzenden der Kommission wird das gleiche erwartet (der Abg. Zehnter in der Sitzung vom 29. April 1901, S. 2400: „Jetzt schon wird es als zur Etikette gehörig angesehen, daß der Vorsitzende der Kommission, der die ganzen Verhandlungen dort geleitet hat, keine Anträge stellt. Dafür kann man noch einen gewissen Grund anführen: man kann geltend machen, der Vorsitzende soll sich in der Kommission möglichst reserviert halten; und stellt er dort keine Anträge, dann soll er das auch im Hause nicht tun").

Gegenüber dieser Etikette ist es um so bedauerlicher, daß der Minorität einer Kommission weder ein eigener Berichterstatter noch ein eigener Bericht für die Praxis des Reichstags zugestanden wird, denn nichts wäre leichter, als einen widerspenstigen Opponenten der Minorität dadurch mundtot zu machen, daß man ihm die Würde eines Kommissionspräsidenten oder Berichterstatters der Kommission (also einen Maulkorb im Plenum, der verhindert, für die Minorität zu sprechen) aufhängt.

2. Das Prinzip der Vertraulichkeit der Kommissionsberatungen. Jede größere Versammlung, die unter dem Banne bestimmter Formen des Verfahrens steht, hat das Bedürfnis, auch außerhalb dieses Bannes unter Umständen die Meinungen ihrer Mitglieder austauschen zu lassen. Namentlich gilt dies für parlamentarische Versammlungen. Aus diesem Bedürfnis heraus ist in England das sog. Komitee des ganzen Hauses (Committee of the whole house) entstanden (siehe mein engl. Staatsrecht, I, S. 409). Aus dem gleichen Bedürfnis ist in den modernen Parlamenten die Kommissionsbildung herausgewachsen. Zu der Freiheit der Formen kommt dann das Bedürfnis nach besonderer Freiheit der Meinungsäußerung. Man will ja bloß zum Wohle des Ganzen vorberaten, möchte sich nicht auf eine bestimmte Meinung festlegen und wünscht daher, daß was von dem einzelnen geäußert wird, möglichst unverbindlich und daher möglichst vertraulich aufgefaßt werde. Auch im Verhältnis zu den Regierungskommissaren will man so aufgefaßt werden und konzediert deshalb auch ihnen für ihre Äußerungen die gleiche Behandlung. Dieses Prinzip der Vertraulichkeit ist im deutschen Reichstag schon seit den frühesten Zeiten anerkannt.

So heißt es in dem Kommissionsbericht von 1867 über die Verbesserungsanträge zur Geschäftsordnung, welche von den Abg. Lasker, Twesten und Genossen eingebracht wurden (D. RT., Nr. 136 ex 1867, S. 212): „Bei der Kommissionsberatung und dem mehr vertraulichen

Charakter spreche auch mancher, der im Plenum zu sprechen sich scheue, wie endlich auch ein Einvernehmen mit den Regierungskommissaren hier in leichteren Formen und in einer die Erledigung der Einzelfragen mehr fördernden Weise sich erzielen lasse."

Aus dem Prinzip der Vertraulichkeit der Kommissionsberatung folgt die grundsätzliche Notwendigkeit, daß die Kommissionen möglichst von allen Fesseln der Geschäftsordnung, wie sie für die Plenarberatungen gegeben sind, befreit werden. Dieses erkennt auch die Praxis des Reichstags an. Nur in einem Punkte besteht für die Kommissionsberatung eine Fessel, gegeben durch die Geschäftsordnungsbestimmung (§ 27 Abs. 1), welche zur Beschlußfähigkeit der Kommission die Anwesenheit von mindestens der Hälfte der Kommissionsmitglieder fordert. Auch ist für jede Kommission die Notwendigkeit der Wahl eines Vorsitzenden und eines Schriftführers vorgeschrieben (§ 27, Abs. 1 der GO.) sowie die Wahl eines Berichterstatters (§ 27, Abs. 2, GO.).

Im übrigen muß aber die Kommission bezüglich der Geschäftsordnung freie Hand haben. Dieser Grundsatz ist allerdings in der älteren Praxis nicht immer beobachtet worden. Es machte sich anfangs eine strengere Auffassung geltend, die der Abgeordnete Duncker (in der Sitzung vom 27. Mai 1872, S. 554) zum Ausdruck brachte: „Eine Kommission zur Vorprüfung eines Gesetzentwurfs oder eines Antrags regelt ihren ganzen Geschäftsgang streng nach denselben Regeln, welchen auch das Haus unterworfen ist." Diese strenge Auffassung war zu einer Zeit möglich, wo für die vertrauliche Beratung in der Reichstagspraxis eine eigene Institution bestand: die freie Kommission. Sie hatte sich im Reichstag namentlich im Anschluß an die Geschäftsordnung des preußischen Abgeordnetenhauses (§ 26, Abs. 5) entwickelt, nach welcher der Präsident mit Genehmigung des Hauses Kommissarien ernennen darf, die beauftragt werden, über einzelne Abschnitte des Staatshaushaltsetats Informationen einzuziehen und zu diesem Zwecke nötigenfalls mit Vertretern der Staatsregierung zu verhandeln und dem Hause Bericht zu erstatten. Auch in der Reichstagspraxis wurden sie zunächst für die Zwecke der Vorberatung des Etats verwendet, und es wurden als freie Kommissionen solche Etatgruppen von Kommissiarien die der Präsident ernannte, gebildet (siehe Sitzung vom 27. Mai 1872, S. 554). Der Unterschied der preußischen Praxis und der Reichstagspraxis war nur der, daß, während in Preußen die Geschäftsordnung zu ihrer Einsetzung ermächtigte, im Reich hierzu die Ermächtigung fehlte. Infolgedessen wurden die freien Kommissionen in der Reichstagspraxis, weil sie gewissermaßen extralegal waren, auch nicht für befugt angesehen, Anträge zu stellen[1]), während sie nach preußischer Praxis an das

[1]) Der Abgeordnete Duncker in der Sitzung vom 27. Mai 1872, S. 554: „Ganz anders, glaube ich, liegt das Verhältnis bei den Kommissarien, welche sowohl bisher im preußischen

Haus Bericht zu erstatten haben. Mit der Zeit wurden auch die freien Kommissionen zu anderen Zwecken in der Reichstagspraxis benutzt. So einmal zur Beratung einer Novelle zum Unfallversicherungsgesetz (siehe Sitzung vom 21. März 1892, S. 4103), ferner zum Zwecke der Information über auswärtige Angelegenheiten (wie z. B. Sitzung vom 26. Januar 1892, Staatssekretär Frhr. v. Marschall, S. 3883 D u. a. mehr).

Als jedoch die freien Kommissionen in der Reichstagspraxis außer Brauch kamen — man warf ihnen vor, daß sie, weil ihre Bildung dem Zufall überlassen sei, leicht geneigt seien, das Übergewicht einer Beratung zugunsten einer Partei geltend zu machen (siehe Sitzung vom 4. Nov. 1874, S. 36) —, da stellte sich schon bald wieder die Notwendigkeit heraus, ein Organ zu besitzen, das, wie die freie Kommission, vertraulichere Beratungen gestattete, denn daß dies der Hauptzweck der freien Kommission gewesen war, wurde stets vom Reichstag anerkannt (siehe z. B. der Abg. Oppenheim in der Sitzung vom 4. November 1874, S. 36).

Als Ersatz für die freien Kommissionen mußte an der bisherigen Form der strengen Kommissionsberatung eine Erleichterung von den Geschäftsordnungsfesseln eintreten. Nach einigem Schwanken (vgl. dazu die Geschäftsberatungen anläßlich der Beratung des BGB. in der Sitzung vom 5. Februar 1896, S. 759 der Abg. v. Stumm-Hallberg für die strengere Auffassung und Sitzung vom 6. Februar 1896, S. 775 der Abg. Enneccerus für die Freiheit der Kommission bei Aufstellung ihrer Geschäftsordnung [bemerkenswert ist, daß die strengere Auffassung sich für das Wiederaufleben der freien Kommissionen aussprach]) entschied sich die Praxis doch für die freiere Auffassung und für den Grundsatz, daß wegen des Prinzips der Vertraulichkeit der Kommissionsberatung die Kommission bei Feststellung ihrer Geschäftsordnung und der Form ihrer Beratung von den Formen des Plenums soweit frei sein muß, als sie es für gut hält (Sitzung vom 19. Juni 1909, S. 8703, der Abg. Spahn: „Die Geschäftsordnung gilt zwar auch für die Kommission, aber doch nur, *soweit sie anwendbar ist*"; siehe auch Neumann-Hofer, a. a. O., S. 80 ff.).

Abgeordnetenhause wie hier im Reichstage zur Vorbereitung des Etats berufen worden sind. Dieselben nehmen eine bei weitem freiere Stellung ein; sie sind nur da, um die eigene Information zu erzielen und die Information des Hauses vorzubereiten. Sie werden auch nicht so berufen, wie die Mitglieder der Kommission hervorgehen aus einem Kompromiß oder aus einer ausdrücklichen Wahl des ganzen Hauses, sondern auf den Vorschlag der beteiligten Kreise nimmt der Herr Präsident in der Regel fast sämtliche Mitglieder, die Sachkenntnis oder Lust zu dem bezeichneten Gegenstande haben. Die Zusammensetzung einer solchen Etatsgruppe von Kommissarien ist daher auch mehr oder minder immer eine zufällige, in welcher sich nicht die ganze Zusammensetzung des Hauses widerspiegelt. Ich glaube daher, daß die bisherige Praxis die allein richtige war, daß die Etatsgruppe *als solche* keine Anträge zu stellen habe, daß überhaupt in den Etatsgruppen als solchen nicht abgestimmt wird . . ."

Dementsprechend kann eine Kommission bei Beratung eines Gesetzentwurfs unabhängig von den Geschäftsordnungsnormen des Plenums die Zahl der Lesungen beliebig bestimmen (siehe Sitzung vom 6. Febr. 1896, S. 777, der Abg. Enneccerus). Die für die Plenarversammlung vorgeschriebene Ziffer zur Unterstützung gewisser Anträge kommt für Kommissionsberatungen nicht in Frage. Jedes Mitglied kann in der Kommission so oft zu Worte kommen, als es will. Die für die Plenarverhandlungen vorgeschriebenen Intervalle, welche zwischen Beratung und Abstimmung liegen müssen, gelten für Kommissionsberatungen nicht u. a. mehr. Der Referent der Kommission hat im Gegensatz zu seiner Stellung im Plenum in der Kommission keine Vorzugstellung gegenüber den anderen Rednern. Ebensowenig der Antragsteller in einer Kommission. Folgende zwei Annäherungen der Geschäftsformen, wie sie in der Kommission üblich sind, an die Geschäftsformen des Plenums, haben sich in der Praxis des Reichstags durchgesetzt: einmal der Satz, daß der Kommissionsvorsitzende ebensowenig wie der Reichstagspräsident im Plenum Anträge in der Kommission stellt (der Abg. Zehnter, Sitzung vom 29. April 1901, S. 2401)[1]).

Ein anderer Punkt der Anlehnung an die Geschäftsformen des Plenums ist, daß Anträge, die in der Kommission gestellt, und nur Stimmengleichheit herbeigeführt haben, als von der Kommission nicht genehmigt betrachtet werden (siehe Sitzung vom 16. Februar 1895, S. 831 ff., der Abg. Traeger).

Der Zweck der Vertraulichkeit der Kommissionsberatung schließt auch die Unverantwortlichkeit des einzelnen Abgeordneten für seine Äußerungen in der Kommission in sich.

Diese Vertraulichkeit muß auch gegenüber der eigenen Partei[2]) und der öffentlichen Meinung erhalten werden. Zu diesem Zwecke gilt es als Grundsatz der Reichstagspraxis, „daß man nicht von Mitgliedern Äußerungen in der Kommission mit der Nennung des Namens im Plenum anführen könne" (so der Präsident in der Sitzung vom 15. November 1906, S. 3688 C).

Also Äußerungen sollen somit geschützt werden, nicht aber die

---

[1]) Früher scheint es anders gewesen zu sein, da stellte der Vorsitzende auch in der Kommission Anträge. Siehe z. B. Sitzung vom 16. Februar 1895, S. 940. Der Präsident von Levetzow.

[2]) Siehe Sitzung des Reichstags vom 28. März 1898, S. 1836, worin freilich eine Lockerung der Stellung zur Partei liegen kann. Denn „damit werden die Kommissionsmitglieder ihren eigenen Fraktionen gegenüber jede Verantwortlichkeit los und ledig" (s. den Abg. Bebel). Das mag vom parteipolitischen Standpunkte richtig sein, vom rechtlichen Standpunkte aber gewiß nicht, da die Kommissionsmitglieder als Mandatare des Reichstags und als Volksvertreter in den Kommissionen sitzen, nicht als Vertreter ihrer Parteiinteressen. Daß die Parteien an der Bildung der Kommission beteiligt sind, darf doch ihre sonstige Stellung als Volksvertreter nicht verdunkeln.

Feststellung, daß ein Kommissionsmitglied mehrmals in den Kommissionssitzungen gefehlt habe (so der Präsident in der Sitzung am oben angeführten Orte). Eine viel wichtigere Ausnahme von dem Verbot der Namensnennung im Plenum ist durch den Grundsatz gegeben, daß man solche Namensnennung trotz des obigen Verbots zum Zwecke der Ehrennotwehr vornehmen dürfe, und sodann, wenn man sich zur Abwehr von Angriffen die Ermächtigung zur Namensnennung seitens jener Kommissionsmitglieder, die als Zeugen im Plenum angeführt werden sollen, zuvor geben läßt (siehe Sitzung vom 15. Oktorber 1902, S. 5677, der Streit Bachem-Stadthagen).

Vertraulichkeit der Sitzungen bedeutet nicht Heimlichkeit der Kommissionsberatung. Im Prinzipe sind sie einer beschränkten Öffentlichkeit, d. h. einer Öffentlichkeit nur für Reichstagsmitglieder unterworfen, denn eine Ausschließung der Öffentlichkeit über Kommissionsverhandlungen für die Nichtmitglieder muß ausdrücklich der Reichstag beschließen (§ 27, Abs. 5, GO.). Sonst versteht sich dies nicht von selbst.

Nur das Publikum und die Presse sind nach der Geschäftsordnung von den Kommissionsberatungen ausgeschlossen. Diese beschränkte Öffentlichkeit, wie sie für Kommissionsberatungen gilt, ist aber immerhin Öffentlichkeit der Verhandlungen. Die Folge davon ist, daß wahrheitsgetreue Berichte über Kommissionsverhandlungen dieselbe Immunität genießen (§ 12 StGB. und Art. 22 der RV.) wie Berichte über Plenarverhandlungen. Auch müssen sie, da die Kommission Organ des Reichstags ist, in den Verhandlungen ebenso behandelt werden wie die Verhandlungen des Reichstags selbst, genießt doch auch der Reichstagsabgeordnete, der in der Kommission das Wort ergreift, für seine Rede in der Kommission dieselbe berufliche Immunität wie der Abgeordnete, der im Reichstag das Wort ergreift (§ 11, StGB, Art. 30 RV. und Olshausen Kommentar zum StGB. zu § 11 Anm. 3 a, I , S. 78).

Was nun die Zulässigkeit der Erstattung von Berichten seitens der Kommissionsmitglieder an die Presse anlangt, so herrscht hier ein weites Maß der Öffentlichkeit in der deutschen Reichstagspraxis, doch muß sich diese Berichterstattung zweier Schranken bewußt bleiben. Zunächst darf sie sich nicht das erlauben, was im Plenum des Hauses unbedingt verboten ist. Nämlich die Namensnennung bei Berichterstattung an die Presse. Die Nennung von Parteien hingegen ist, trotzdem sie gelegentlich im Plenum mit Bezug auf die Stellungnahme der Parteien in den Kommissionen vom Präsidenten (Sitzung vom 4. April 1908, S. 4671A) inhibiert wurde[1]), zweifellos zulässig, und geschieht auch in der Praxis.

[1]) M. E. nach in unzulässiger Weise, da der Grundsatz der Vertraulichkeit und Unverantwortlichkeit nur zugunsten des einzelnen Abgeordneten zutrifft, nicht zugunsten der Partei, deren Stellungnahme zu Gesetzentwürfen ja von selbst aus den Plenarberatungen Parteiprogrammen, Parteikundgebungen in Zeitungen sich ergibt.

Eine andere Schranke für jene Zeitungsberichte besteht aber darin, daß, wenn der Vorsitzende einer Kommission gewisse Mitteilungen der Regierung oder gewisse Teile der Kommissionsverhandlung als vertraulich bezeichnet, ihre Mitteilung an die Presse unzulässig erscheint (siehe der Abg. Richter in der Sitzung vom 4. Dezember 1886, S. 115: „Ich meine, daß .... in bezug auf Kommissionsverhandlungen als Maß der Öffentlichkeit derselben dasjenige gilt, was bisher gegolten hat, und daß eine Ausnahme nur in bezug auf einzelne Teile einer solchen Verhandlung eintritt, wenn die Ausnahme ausdrücklich durch den Vorsitzenden bzw. durch die Kommission selbst erklärt worden ist").

Zum Schutze der Vertraulichkeit ist auch die Mitteilung von Material, das der Kommission für ihre Beratungen zur Verfügung steht, an Private (d. h. Nichtmitglieder des Reichstags) durch Beschluß des Gesamtvorstandes des Reichstags vom 7. März 1909 verboten (siehe aber über die Umgehung dieses Verbots Sitzung vom 29. März 1911, S. 5950). Bei alledem muß man sich vor Augen halten, daß man in der Möglichkeit solcher Zeitungsberichte über Kommissionsverhandlungen auch einen wesentlichen Schutz der Kommissionsminderheit gegen ev. Vergewaltigung durch eine Kommissionsmajorität zu betrachten hat, weshalb dies auch in einigen Geschäftsordnungen anderer Parlamente (siehe oben S. 167) eine nähere Regelung erfahren hat.

3. Das Prinzip der Teilnahme von Regierungsvertretern an Kommissionssitzungen. Die ältere konstitutionelle Doktrin faßte den Grundsatz der Vertraulichkeit der Kommissionsberatungen so auf, als ob er die Notwendigkeit der Fernhaltung von den Regierungsvertretern in sich schlösse (siehe z. B. für Württemberg den Gröberschen Ausschußbericht, a. a. O., S. 451). Der Reichstag legte vom Beginn seiner Praxis an besonderes Gewicht darauf, daß die Regierungsvertreter an den Kommissionsverhandlungen teilnahmen. Dieser Auffassung trägt auch die Geschäftsordnung des Reichstags (§ 29 Satz 2) Rechnung, indem sie vorschreibt, daß von dem Zusammentritt der Kommissionen wie von dem Gegenstande der Verhandlungen dem Reichskanzler Kenntnis gegeben werden muß, und daß (§ 29, Satz 1, GO.) die Mitglieder des Bundesrats und die Kommissarien desselben den Abteilungen und Kommissionen des Reichstags mit beratender Stimme beiwohnen können. Nun ist vor allem festzuhalten, daß eine Pflicht zum Erscheinen für die Vertreter der Regierung nicht besteht (Art. 9 der RV.). Bismarck legte allerdings kein großes Gewicht darauf, in den Kommissionssitzungen selbst zu erscheinen oder die Regierung vertreten zu lassen. Am prägnantesten drückte er seine Ansicht in der Sitzung am 11. Januar 1887, S. 354) aus: „In der Kommission, wo sich ein bündiges Abkommen in keiner Weise erreichen läßt, erscheine ich nicht, ich bin zu alt und zu matt, um meine Kräfte dort

nutzlos zu vergeuden.“ Dieser Standpunkt Bismarcks erklärt sich aus dem von ihm und den Regierungsvertretern seinerzeit eingenommenen Standpunkt, daß in den Kommissionen die Regierungsvertreter niemals bindende Erklärungen abzugeben befugt seien (so Bismarck in der Sitzung vom 9. Januar 1885, S. 507: „Ich würde mich ja dadurch sehr in Nachteil setzen, wenn ich meine Überzeugung — was der Kommissar in meinem Namen amtlich erklärt, das bindet mich — festlegen wollte, ehe im Plenum überhaupt noch verhandelt ist, und ehe ich weiß, ob sie eine Billigung von den verbündeten Regierungen, von denen ich ja nur einen Teil darstelle, hinter sich hat. Die Kommissarien in den Kommissionen sind meines Erachtens dazu da, Erläuterungen und Aufklärungen über solche Punkte zu geben, welche die Vorlage dunkel läßt, unter Umständen, wenn sie sie nicht selbst in prompto haben, diese durch Rückfrage bei der Regierung zu beschaffen. Aber bindende Erklärungen für die verbündeten Regierungen abzugeben, dazu ist nicht einmal ein Kommissar der einheitlichen preußischen Regierung in den preußischen Landtagskommissionen berechtigt; er würde sich einer disziplinarischen Ahndung aussetzen, wenn er dies täte. Am allerwenigsten aber existiert eine solche Berechtigung hier, wo der Vollmachtgeber ein beschließender, gesetzgebender Körper ist, dessen Vollmacht nicht von jedem Kommissar über jede in der Kommission zutage kommende Frage vorweg genommen werden kann“). Diese Auffassung Bismarcks hängt mit den für ihn feststehenden Kardinalsatz offenbar zusammen, daß wegen der juristischen Natur des Reichs Reichsminister, die in den Kommissionen erscheinen und hier bindende Erklärungen abgeben, unvereinbar wären. Gegenwärtig erscheint nun jene Ansicht von Bismarck zu der Praxis vollständig aufgegeben zu sein. Vertreter der Reichsregierung erscheinen in den Kommissionen und geben hier bindende Erklärungen ab, was mitunter um so notwendiger erscheint, als nicht selten die Form des Fortganges einer Beratung und eine Gesetzformulierung im Zuge der Beratung gerade von einer solchen bindenden Erklärung des Regierungsvertreters abhängig sein kann (siehe auch der Abg. Rickert in der Sitzung vom 9. Januar 1885, S. 514)[1]). Wenn die Regierungskommissare auf Einladung oder ohne solche in den Kommissionen erscheinen, so existiert für sie keine Reaktionspflicht, d. h. sie sind in keiner Weise verpflichtet, auf die an sie gestellten Fragen zu antworten. Auch nimmt die Regierung für sich die Befugnis in Anspruch, allein zu beurteilen, ob die Beantwortung einer an sie in der Kommission gestellten Frage für den Fortgang der Beratung von genügender Wichtigkeit sei (so der Regierungskommissar Weymann in der Sitzung vom 23. Januar 1885, S. 823). Da aber die Regierung an den meisten Vorlagen des Reichstags ein ebenso großes

---

[1]) Sie stellen aber niemals Anträge zu Gesetzentwürfen, selbst wenn sie gerade deren Formulierung wünschen: Dr. RT. Nr. 1032 ex 1909—11 S. 5321.

Interesse hat wie der Reichstag selbst, so tut sie gewöhnlich alles, was zur Förderung der Beratungsgeschäfte dienlich erscheint, und sucht nach Möglichkeit die Fragen, die an sie gestellt werden, zu beantworten.

Wichtig ist ferner der Grundsatz, der auch in der Reichstagspraxis wiederholt anerkannt wurde, ohne allerdings streng beobachtet zu werden, daß die Einholung der Auskunft von Reichsbehörden immer nur durch Vermittlung des Reichskanzlers erfolgen darf, daß insbesondere ein direkter Verkehr zwischen Kommissionen und untergeordneten Reichsverwaltungsbehörden unzulässig ist. Ausnahmsweise wird der Beschleunigung des Verfahrens wegen in der Praxis eine direkte Verbindung zwischen der Rechnungskommission und den rechnungslegenden Behörden geduldet, und zwar ohne Vermittlung des Reichskanzlers (Sitzung vom 28. April 1903, S. 9058, der Abg. Schwarze-Lippstadt). Doch kommen auch sonst in der Praxis Fälle vor, wo amtliche Mitteilungen in Form von Drucksachen den Kommissionen seitens der Reichsregierung als Material direkt und ohne Vermittlung des Reichskanzlers übergeben werden (Sitzung vom 29. März 1911, S. 5950) und die Regierung durch den Vorsitzenden einer Kommission zum Erscheinen ersucht wird (so z. B. Sitzung vom 15. Mai 1885, S. 2836 u. a. mehr). Erscheinen die Regierungsvertreter nun in den Kommissionen, so werden sie durch ihre Äußerungen auch von dem Schutz der Vertraulichkeit, der alle Kommissionsmitglieder umgibt, erfaßt. Sie haben also das Privilegium der Nichtnamensnennung wie die Kommissionsmitglieder (siehe Sitzung vom 23. Jan. 1885, S. 822; siehe auch der Staatssekretär von Marschall in der Sitzung vom 26. Januar 1892, S. 3883).

4. Das Prinzip der Selbständigkeit der Kommission gegenüber dem Plenum oder das Prinzip der Organstellung der Kommission. Im Gegensatz zum Ständestaat, wo der Ausschuß der Stände nur Mandatar des ständischen Kollegs war, sind die Kommissionen Organe des Reichstags, d. h. prinzipiell in ihrer Willensäußerung an Mandate und Instruktionen desselben nicht gebunden.

Ebensowenig wie der Abgeordnete des Reichstags von seiner Wählerschaft durch Instruktionen gebunden werden darf, ebensowenig darf es prinzipiell die Kommission des Reichstags.

Zur klaren Erkenntnis dieser Unzulässigkeit von Instruktionen an eine Kommission gelangte der deutsche Reichstag schon frühzeitig, als in der Sitzung des 16. November 1874 der Abg. Lasker den Antrag einbrachte:

„Der Reichstag wolle beschließen: In Erwägung:

daß es zur gesetzlichen Regelung des Bankwesens notwendig erscheint, die Bestimmungen des vorliegenden Gesetzentwurfs durch Bestimmungen über die gleichzeitige Einrichtung einer Zentralbank für das Reich zu ergänzen, und

daß diese Aufgabe am besten durch Vorberatung in einer Kommission sich erreichen läßt,
überweist der Reichstag den Gesetzentwurf zur Vorberatung an eine Kommission."

Dieser Antrag wurde als unzulässige Instruktionserteilung an eine Kommission abgelehnt (siehe Sitzung vom 18. November 1874, 224 ff.) und deren Verbot ist seither als geltende Praxis[1]) anzusehen (siehe z. B. Graf Ballestrem in der Sitzung vom 28. April 1883, S. 2203).

Aus dem Grundsatz der Selbständigkeit gegenüber dem Plenum ergibt sich auch, daß, wenn nach Anhörung des Kommissionsberichts die Angelegenheit zur erneuten Prüfung an die Kommission zurückverwiesen wird, diese sich auf den früheren Standpunkt in ihrem neuen Bericht stellen kann und an die Rechtsanschauung des Plenums bei der erneuten Beratung nicht gebunden ist (Sitzung vom 26. April 1910, S. 2698). Will das Plenum aber doch den Gang der Beratungen in der Kommission einer schärferen Kontrolle unterziehen und im einzelnen leiten, so bleibt ihm nur der Weg, einzelne Teile des zu beratenden Gegenstandes, insbesondere des Gesetzentwurfs zur Beratung zu überweisen, indem er die nach der Geschäftsordnung (§ 21 Abs. 2) zustehende quantitative Teilung der Gesetzesvorlage vornimmt, nur den betreffenden Teil an die Kommission verweist und mit der weiteren Beratung des Gegenstandes im Plenum solange wartet, bis der Kommissionsbericht über den überwiesenen Teil einläuft. Solches ist z. B. bei der Beratung des StGB. der Fall gewesen (Sitzung vom 22. Februar 1870, S. 49)[2]).

---

[1]) Diese Praxis steht auch nicht im Widerspruch mit § 21 Abs. 2, GO., wonach der Reichstag wie am Abschluß der ersten, so in jedem Stadium einer folgenden Beratung bis zum Beginn der Fragestellung den Gesetzentwurf oder einen Teil desselben zur Berichterstattung an eine Kommission verweisen darf, welche sich nur mit dem ihr überwiesenen Gegenstand zu beschäftigen hat. Denn, wie der Abgeordnete Beseler in der Sitzung vom 18. November 1874, S. 225 nachwies, soll dies nur die Möglichkeit einer quantitativen Teilung des Gesetzentwurfs ermöglichen. Beseler sagte damals a. a. O.: „Das verstehe ich so: wenn das Haus einen Teil des Gesetzentwurfs an eine Kommission verweist, so hat diese sich nur mit diesem Teile zu beschäftigen. Mit anderen Worten: eine geteilte Überweisung ist zulässig. Aber nicht die Aussonderung eines Prinzips oder einzelner Bestimmungen aus der Gesetzesvorlage. Jenes ist nur eine quantitative Teilung, wie sie täglich vorkommt, wie wir auch neulich das Budget geteilt haben, aber von einer anderen Teilung des Gegenstandes spricht nach meiner Meinung der § 19 (jetzt 21) nicht."

Auch die Entstehungsgeschichte des § 21 Abs. 2 zeigt, daß die Zulässigkeit von Instruktionen bei Formulierung des § 21 gar nicht vorausgesetzt wurde (siehe DrRT. Nr. 55 ex 1868, S. 181). In der Kommission, welche über diesen Paragraphen beriet, wurde die Frage aufgeworfen: was damit gemeint sei, daß die Kommission sich nur mit dem ihr überwiesenen Gegenstande zu beschäftigen habe.

Es wurde bemerkt, damit solle gesagt sein, daß, wenn einer Kommission nur ein Teil überwiesen sei, sich ihr Bericht nur über diesen Teil, nicht über die ganze Vorlage zu erstrecken habe.

[2]) Der Abg. Braun sagte damals: „Ich gebe Ihnen aber auf der anderen Seite auf das

Ein anderer Satz, der aus dem Prinzip der Unabhängigkeit der Kommission als Organ folgt, ist, daß sie niemals bloß an den jeweils ihr überwiesenen Gegenstand gebunden ist, sondern auf alle Gegenstände mit in die Beratung einbeziehen darf, welche in einem innerlichen Zusammenhang mit dem Beratungsgegenstande stehen.

Hingegen ist es unzulässig, Materien, die mit dem Gegenstande nicht in unmittelbarer Beziehung stehen, in den Gesetzentwurf des Hauptgegenstandes „hineinzuarbeiten". Solche Gegenstände müssen vielmehr in Form besonderer Gesetzentwürfe an das Plenum gelangen (siehe Sitzung vom 19. Juni 1909, S. 8702, der Abg. Frhr. v. Gamp)[1]). Der Grund für diese Schranke ist offenbar der, daß die Kommission durch ihren Vorgang nicht den nach der Geschäftsordnung vorgeschriebenen Weg der Gesetzgebung in Form der drei Lesungen beliebig verkürzen darf, was sicherlich der Fall wäre, wenn heterogene Gegenstände mit in die Kommissionsberatung einbezogen würden.

Freilich setzt sich der Reichstag, gerade nach dieser Richtung hin, über den obigen Grundsatz hinweg, namentlich bei Wehr-, Flotten- und Steuervorlagen (siehe darüber insbesondere Sitzung vom 19. Juni 1909, S. 8692, die Ausführungen des Abg. Bassermann und die von ihm angeführten Präzedenzfälle).

Sind aber infolge Mandatsüberschreitung dennoch heterogene Gegenstände mit in die Vorlage des Hauptgegenstandes hineingearbeitet, so läßt sich dieser Übelstand nur in der Weise sanieren, daß die betreffende Gesetzbestimmung, die den heterogenen Gegenstand betrifft, geschäftsordnungsmäßig in erste Lesung gesetzt wird, trotzdem der Hauptgegenstand bereits dieses Stadium infolge der Kommissionsberatungen längst überschritten hat (so richtig der Abg. Bassermann in der Sitzung vom 19. Juni 1909 a. a. O. und der Präsident in der Sitzung vom 29. April 1908, S. 4910 B, wo ein Gesetzentwurf über den Vogelschutz anläßlich der Beratung einer Novelle zur Gewerbeordnung von der Kommission vorgeschlagen wurde).

Freilich wird auch davon in der Praxis abgegangen (Zusammenstellung der Präzedenzfälle geben die Ausführungen des Abg. Erzberger in der Sitzung vom 19. Juni 1909, S. 8407 f.). Das Haus ist eben „Herr seiner Geschäftsordnung".

---

bereitwilligste zu, daß es wünschenswert und bei einzelnen Dingen notwendig sein kann, eine besondere technische Arbeit der Kommission zu überweisen, und deswegen, meine Herren, haben wir nicht beantragt: keine Kommission, sondern wir haben beantragt: eine Kommission, die stets unter dem Griff des Plenums des Hauses steht und die einen limitierten Auftrag erhält. Daß das ein gutes Expediens ist, haben Sie bei anderen Gelegenheiten schon beobachten können".

[1]) Siehe auch z. B. die Ausführungen des Abg. Wölfel in der Sitzung vom 18. Januar 1883, S. 895.

Dem Präsidenten gegenüber ist die Kommission noch weit unabhängiger. Er darf ihr natürlich keine Aufträge erteilen. Er darf ihre Sitzungen nicht anberaumen. Er hat überhaupt gar keinen Einfluß auf den Gang ihrer Beratungen. Als im Jahre 1906 (siehe die Ausführungen des Abg. v. Richthofen-Damsdorf in der Sitzung vom 19. Juni 1909, S. 8698) geschäftsordnungsmäßige Schwierigkeiten in der Zolltarifkommission entstanden, begab sich der damalige Vorsitzende derselben, der Abg. Rettich, im Auftrage der Kommission zu dem langjährigen Reichstagspräsidenten, Grafen v. Ballestrem, um ihn um Rat zu fragen. Graf v. Ballestrem lehnte dies mit der Begründung ab, daß über ihre Geschäftsordnung die Kommission allein zu befinden habe. Also nicht einmal Ratschläge stehen dem Präsidenten zu!

Nur muß der Präsident von der Sitzung einer Kommission verständigt werden, damit er sein geschäftsordnungsmäßiges Recht, den Sitzungen der Abteilungen und Kommissionen mit beratender Stimme beizuwohnen, ausüben kann (§ 13, Abs. 1, GO.).

Trotz aller Unabhängigkeit der Kommission gegenüber dem Plenum, hat jene doch gewisse Schranken.

Vor allem hat die Kommission die Pflicht, sich mit dem ihr überwiesenen Gegenstand auch wirklich zu beschäftigen. Sie muß beraten und darf sich dieser Beratungspflicht nicht entziehen (so der Abg. Windthorst in der Sitzung vom 15. Juni 1882, S. 465)[1]). Sie hat diese Beratungspflicht selbst dann, und zwar für jeden einzelnen Paragraphen, wenn auch schon vorher das grundlegende Prinzip des Gesetzentwurfs, wie es in einem vorhergehenden Paragraphen ausgesprochen war, von ihr oder vom Plenum abgelehnt worden ist (so der Abg. Windthorst, a. a. O. in der Sitzung vom 15. Juni 1882): „Denn das Votum des Reichstags über § 1 bedeutet etwas anderes als das Votum der Kommission. Eine Kommission hat gar nicht im voraus die Sicherheit, wie das Plenum beschließen wird, und muß auch für den Fall die ihr überwiesene Vorlage präparieren, wenn etwa das Prinzip abweichend von den Anschauungen der Kommission vom Plenum beantwortet wird. Das ist der wesentliche Unterschied in Beziehung auf das Votum einer Kommission und das Votum des Plenums."

Aus der Beratungspflicht der Kommission folgt dann der weitere Satz, daß dieses Organ des Reichstags nicht berechtigt ist, die Beratungen einzustellen, um der Regierung irgend ein Zugeständnis abzutrotzen. Einmal ist einer Kommission solches geglückt, und zwar anläßlich der Beratungen des Bankgesetzes im Jahre 1874 (siehe darüber Helfferich, Geschichte der deutschen Geldreform I (1898) S. 298)[2]). Ein anderes Mal

[1]) Siehe auch im folgenden § 51, I betreffs der Beratungspflicht der Wahlprüfungskommission.

[2]) Vergl. auch Dr. Nr. 195 ex 1874-5, S. 1147.

ist ihr aber solches nicht gelungen, und dies mit vollem Recht (siehe die Ausführungen des Abg. v. Tiedemann in der Sitzung vom 2. Mai 1902, S. 5231 f.).

Eine andere Schranke der Unabhängigkeit von Kommissionen ist, daß sie ihre Organqualität nicht auf Subkommissionen übertragen können. Sie dürfen also nicht Subkommissionen in der Weise einrichten, daß den letzteren freie Disposition über den Gesetzentwurf oder Teile desselben zustünde. Subkommissionen müssen Instruktionen erhalten, und erhalten sie (siehe z. B. Sitzung vom 6. Dezember 1910, S. 3462). Aus dem gleichen Prinzip erklärt sich die strenge Gebundenheit des Berichterstatters an die Kommissionsbeschlüsse. Er ist nicht Organ der Kommission, sondern Mandatar. Deshalb darf der Berichterstatter auch nicht sein Mandat weiterdelegieren, ohne von der Kommission hierzu die Ermächtigung erhalten zu haben. Ist er durch Krankheit oder sonst verhindert, oder stirbt er in der Zwischenzeit, so muß die Kommission über seinen Ersatz zuvor sich schlüssig werden (z. B. D. RT., Nr. 166 ex 1879, S. 1349). In der Praxis wird allerdings ein summarisches Verfahren hierbei beobachtet, indem schon die Zustimmung des Kommissionsvorsitzenden und des Reichstagspräsidenten zur Herbeiführung der Vertretung in der Berichterstattung für genügend erachtet wird (siehe z. B. Sitzung vom 15. Januar 1892, S. 3667 B, der Abg. Singer: „Der Herr Referent der Budgetkommission, Abg. Graf Behr, ist wegen eines Trauerfalles in seiner Familie verhindert, zu referieren und hat mich, der ich als Konreferent in der Budgetkommission fungiert habe, ersucht, an seine Stelle zu treten. Der Vorsitzende der Budgetkommission sowohl wie der Herr Präsident des Hauses sind mit diesem Arrangement einverstanden").

Eine Frage, die mit der unabhängigen Stellung der Kommissionen gegenüber dem Reichstag in engem Zusammenhange steht, ist die, ob der Reichstag, ähnlich wie dies z. B. in Frankreich der Fall ist (siehe Pierre, a. a. O., Nr. 765 und de Ferron, a. a. O.), eine unfleißige oder untätige Kommission von ihrem Mandat „dessaisieren kann", d. h. einer solchen Kommission das Mandat entziehen darf. Man wird diese Frage für das Recht des Reichstags wohl verneinen müssen, denn die Geschäftsordnung gibt dem Plenum nur das Recht, eine Kommission ins Leben zu rufen, nicht aber, sie abzusetzen. Der Sessionsschluß und das mit ihm zusammenhängende Prinzip der Diskontinuität der Reichstagsverhandlung gibt allein die Möglichkeit, sich eine solche Kommission vom Halse zu schaffen. Auch der Parlamentsbrauch nimmt Anstand, ein solches Dessaisissement einer Kommission eintreten zu lassen. In der Sitzung des 1. Mai 1883 brachten die Abgeordneten Rickert, Richter u. a. mit Rücksicht auf die Tatsache, daß eine im vorhergehenden Jahr eingesetzte Kommission zur Beratung der Krankenkassen- und Unfallversicherungsgesetzentwürfe vollständig untätig war, den Antrag ein (D. RT., Nr. 261 ex 1882/83): „Der Reichstag wolle beschließen, die Kommission, welcher der Krankenkassen- und Unfallversicherungsgesetzentwurf zur Vorberatung überwiesen ist, zu ersuchen, dem Plenum über die grundlegenden §§ 1 bis 14 des Unfallversicherungsgesetzentwurfs baldigst und vor der Durchberatung der übrigen Paragraphen Bericht zu erstatten."

Der Antrag wurde zwar in einer durch den Antrag Buhl (Nr. 288 ex 1882/83) modifizierten Form im wesentlichen vom Plenum angenommen (Sitzung vom 1. Mai 1883, S. 2272), der Abg. Windthorst bezeichnete aber, trotzdem kein Dessaisissement im eigentlichen Sinne, sondern bloß eine Beschränkung und teilweise Zurückziehung des früher erteilten Kommissionsmandats vorlag, auch schon dies Verfahren für ungewöhnlich (Sitzung am 1. Mai 1883, S. 2264): „Wir befinden uns hier einem Antrag gegenüber, der sehr ungewöhnlich ist in den parlamentarischen Verhandlungen. Er hat die Absicht, einer von uns niedergesetzten Kommission, von deren Unfleiße wir uns bisher nicht überzeugt haben, der soeben von einem Mitgliede das glänzendste Zeugnis erteilt ist, Instruktionen zu erteilen, ihr gewissermaßen das Pensum teilweise zurückzuziehen und hier im Plenum die Entscheidung zu treffen. Das ist etwas Ungewöhnliches, und ich bin bei meiner schlichten Natur immer ängstlich."

Wenn diese Beschränkung des ursprünglichen Kommissionsmandats schon als ungewöhnlich bezeichnet wird, um wievielmehr ein vollständiges Dessaisissement. Der Reichstag hat ein besseres Mittel, um auf untätige Kommissionen einzuwirken, nämlich die Einflußnahme des Seniorenkonvents, wie wir dies oben (S. 194) gesehen haben. Die Häupter der Fraktionen können gemäß Abmachung des Seniorenkonvents schon ganz energisch auf die Tätigkeit ihrer Kommissionsgenossen in den Kommissionen einwirken und machen das drastische Mittel des Mandatsentzugs durch das Plenum überflüssig. Daß in Frankreich das drastische Mittel gewählt wird, erklärt sich daraus, daß Frankreich einen Seniorenkonvent nicht besitzt und die Abteilungen hier bei Bildung der Kommissionen voll wirksam sind.

Zwei fernere Schranken der Unabhängigkeit der Kommissionen sind die in der Praxis des Reichstags und in der Geschäftsordnung (§ 27 Abs. 3) gewährte Möglichkeit, daß der Reichstag, wenn ihm von der Kommission nur ein mündlicher Bericht erstattet wird, die Sache an die Kommission zur schriftlichen Berichterstattung zurückverweisen kann, sodann der Grundsatz, daß Kommissionen und Plenum nicht gleichzeitig tagen sollen und daß bei Konkurrenz die Kommissionen dem Plenum weichen müssen (so wie der Vizepräsident Dr. Paasche in der Sitzung vom 28. März 1908, S. 4416 D). Auch soll im Prinzip eine Kommission ihre Beratungen fortführen, solange der Reichstag als Körperschaft nach außen tagt. Also muß eine Kommission ihre Beratungen nicht bloß bei Sessionsschluß, sondern auch bei Vertagung des Hauses, namentlich wenn sie durch den Kaiser erfolgt, unterbrechen.

Auch die Rücksicht auf die bloße Selbstvertagung des Hauses vor den großen Ferien (Weihnachten, Ostern) bringt mitunter eine Unterbrechung der Kommissionssitzung. Insbesondere findet dies deshalb statt, weil sich allmählich der Brauch entwickelt hat, den Fortgang von Kommissionsberatungen, namentlich bei wichtigeren Gesetzen, durch vorhergehende Fraktionsberatungen der Reichstagsparteien zu kontrollieren. Kommissionsberatungen sind nicht gut möglich, wenn infolge einer Selbstvertagung die Mitglieder der Fraktionen schon in die Heimat gereist sind (siehe Sitzung vom 18. Dezember 1886, S. 237 f.). Doch ist auch schon das Gegenteil vorgekommen, allerdings nur durch Beschluß und Ermächtigung des Reichstags. Es kam sogar vor, daß während einer vom Kaiser vorgenommenen Vertagung eine Kommission zu tagen begann, ehe der Reichstag zusammentrat. In solchen Fällen war natürlich auch die Einholung des Einverständnisses der Regierung nötig (siehe z. B. Sitzung vom 28. Juli 1890, S. 654 ff. und Sitzung vom 3. Dezember 1908 S. 5975). Soll eine Kommission aber über den Sessionsschluß hinaus als sog. Zwischenkommission tagen, so ist besondere gesetzliche Ermächtigung nötig, wie dies auch wiederholt vorgekommen ist (z. B. das Gesetz vom 23. Dezember 1874, RGBl., 1894/95; das Gesetz vom 1. Februar 1876, S. 15 f., Kommissionsberatung der Justizgesetze u. a. mehr [siehe darüber im letzten Teil dieses Werkes]).

III. Kommissionsähnliche Organe.

Zu diesen darf man keinesfalls die früheren sog. freien Kommissionen rechnen, da diese überhaupt nur eine extralegale Existenz hatten und keine bindenden Schlüsse fassen und dem Plenum unterbreiten durften (siehe oben S. 234 f.).

Kommissionsähnliche Organe sind im eigentlichen Sinne keine Reichstagskommissionen, denn während die Beschlüsse der letzteren *ein notwendiges Glied in der Kette von vornherein beabsichtigter* Reichstagsberatungen bilden, sind Beratungen und Beschlußfassungen der kommissionsähnlichen Organe durchaus keine notwendige Vorbedingung für weitere Verhandlungen im Plenum. Die kommissionsähnlichen Organe werden teils ausschließlich aus Reichstagsmitgliedern gebildet, zum Teil aber auch in der Weise, daß der Reichstag eine bestimmte Anzahl von Mitgliedern in eine gemischte Kommission entsendet, an der sich auch Delegierte des Bundesrats beteiligen. Die Funktionen der kommissionsähnlichen Organe dienen entweder der Reichsverwaltung oder der Reichstagsverwaltung. Zu den kommissionsähnlichen Organen für die Reichstagsverwaltung gehört

z. B. die sog. Bibliothekskommission des Reichstags, wie sie seit der Präsidialverfügung vom 23. April 1873 eingerichtet ist. Sie wird vom Präsidenten ernannt und hilft zur Unterstützung desselben bei der Leitung der Bibliotheksverwaltung. Die Ernennung erfolgt wie die der Quästoren, gewöhnlich im Plenum (siehe z. B. Sitzung vom 25. April 1902, S. 5055, Ersatz für Dr. Lieber). Andere kommissionsähnliche Organe schafft nicht der Reichstag, sondern dient nur mit, sie zu bilden, so z. B. die Reichsschuldenkommission, für welche der Reichstag sechs Mitglieder entsendet. Die dreijährige Dauer des Kommissionsmandats wird immer durch den Schluß der Legislaturperiode unterbrochen. Anders im preußischen Abgeordnetenhaus, wo ohne Rücksicht auf die Legislaturperiode das dreijährige Mandat für jeden einzelnen Delegierten fortdauert (siehe Plate, a. a. O., S. 91, Anm. 8).

Auch die Kommission (oder Beirat) für Arbeiterstatistik wurde in ähnlicher Weise beschickt, ferner die im Jahre 1871 beschickte gemischte Kommission zur Feststellung eines geeigneten Bauplatzes für das Reichstagsgebäude (siehe Sitzung vom 15. Mai 1871, S. 703 ff. und Sitzung vom 17. Mai 1871, S. 759). Sie wurde dann in dem Jahre 1872 (Sitzung vom 12. Juni 1872, S. 927 ff.) neu beschickt und dauerte in ihrer Funktion bis 1874 inkl. (siehe Sitzung vom 16. März 1877, S. 361, Mitteilung des Reichskanzlers). In der Session 1875/76 wurde eine Kommission zur weiteren Ermittlung eines geeigneten Bauplatzes vom Reichstag eingesetzt (Verhandlungen des Reichstags, 1875/76, S. 1216 ff., 1244 ff, und 1301), welche ihren Bericht dem Reichstag unterbreitete (D. RT., Nr. 128, ex 1876). Als dann der Bau des Reichstags in Angriff genommen wurde, wurde eine Reichstagskommission als gemischte Kommission beschickt (siehe Sitzung vom 16. Dezember 1881, S. 445) und in darauffolgenden Jahren gewöhnlich bei Beginn einer neuen Legislaturperiode erneuert (siehe z. B. D. RT., Nr. 178 ex 1890-92, S. 1357). Sie dauerte bis zum Jahre 1898, da sie dann durch eine sog. auch noch heute bestehende Ausschmückungskommission[1]), die ebenfalls als gemischte Kommission beschickt wurde, abgelöst erschien (siehe Sitzung vom 30. März 1898, der Staatssekretär Graf v. Posadowsky, S. 1908, und Sitzung vom 31. März 1898, S. 1935).

All die genannten kommissionsähnlichen Organe unterstehen nicht den allgemeinen Regeln der Parlamentspraxis und der Geschäftsordnung, die wir oben für Kommissionen angeführt haben. Am allerwenigsten kann man dies von den kommissionsähnlichen Organen, die gemischter Natur sind, behaupten, da der Reichstag nur über seine Mitglieder,

---

[1]) Sie ist eine gemischte Kommission, die aus Bundesratsvertretern und 7 Reichstagsabgeordneten außer dem Reichstagspräsidenten besteht und unter dessen Vorsitz tagt. Zu dieser Kommission präsentieren Zentrum und Sozialdemokratie je 2, Konservative, Nationalliberale und Fortschrittliche Volkspartei je 1 Vertreter.

nicht auch über Mitglieder verfügen darf, die in die Kommission von anderen Organen, z. B. Staatsbehörden, entsendet werden.

Hier hat der Reichstag kein Verfügungsrecht wie über Kommissionen im gewöhnlichen Sinne[1]).

Nur in einem Punkte nähern sich die kommissionsähnlichen Organe den Reichstagskommissionen. Soweit nämlich die Besetzung der Kommissionsmandate dem Reichstag zugestanden wird oder zusteht, erfolgt die Wahl der Mitglieder formell im Plenum als Akklamationswahl oder durch die Abteilungen materiell, aber hinter den Kulissen durch Abmachung im Seniorenkonvent (auch wenn sie der RT.-Präsident formell bestellt, wie z. B. die Bibliothekskommission). Die Besetzung der Kommissionsmandate für die Reichsschuldenkommission erfolgt nach feststehender Praxis durch Akklamationswahl, was wie wir wissen, Parteivereinbarung voraussetzt. Der Beirat für die Arbeiterstatistik, sofern in ihm Reichstagsmitglieder zu entsenden waren, wurde nach Parteivereinbarungen beschickt (Sitzung des Seniorenkonvents vom 7. Dezember 1893, daher Akklamationswahl z. B. Sitzung vom 7. Juni 1902, S. 5476 C). Ebenso die Reichstagsbaukommission vom 16. Dezember 1881, S. 445 (Präsident und Abgeordneter von Bennigsen) die Ausschmückungskommission, ferner die Kolonialuntersuchungskommission von 1905 und die sog. Rüstungskommission von 1913 (siehe Sitzung vom 12. Dezember 1913, S. 6438 ff.)[2])[3]).

§ 31. Die Reichstagsverwaltung und ihr Verhältnis zu Gerichten und Reichsverwaltungsbehörden.

I. Die rechtliche Natur der Reichstagsverwaltung.

Zum Geschäftsgang des Reichstags, der nach Art. 27 RV. durch das sogenannte Prinzip der parlamentarischen Autonomie gedeckt wird, d. h. der ausschließlichen Regelung durch den Reichstag vorbehalten wird, gehört auch die vorbereitende Tätigkeit für die Reichstagsverhandlungen und -beratungen, welche der Präsident und die ihm untergeordneten Reichstagsbeamten zu besorgen haben.

Diese Tätigkeit der Reichstagsbeamten unter ihrem Chef, dem Reichstagspräsidenten, ist die sogenannte Reichstagsverwaltung im eigentlichen

[1]) Siehe Laband, in der DJZ. 1913, S. 605.

[2]) Die Behauptung von Perels, a. a. O., S. 29, daß der Unterschied zwischen Reichstagskommissionen und kommissionsähnlichen Organen gerade in der Form der Bestellung zu suchen sei, ist daher ganz unbegründet.

[3]) So sehr ist diese Bestellungsart in der Praxis des RT. eingewurzelt, daß, als bei der Beratung des Gesetzentwurfs über die Leuchtölvertriebsgesellschaft der Antrag gestellt wurde, in den Beirat oder Aufsichtsrat Mitglieder des RT. zu delegieren, aus der Mitte der Kommission bemerkt wurde (D. RT. Nr. 1058 cr. 1912—13 S. 1894): „Wenn der RT. fünf Mitglieder in den Beirat bezw. Aufsichtsrat wähle, so werde dies wohl im Allg. so aufgefaßt, daß die 5 großen Fraktionen des RT. je einen Vertreter bekommen."

Sinne. Welches ist nun die juristische Natur derselben? Vor allem ist festzuhalten, daß die Reichstagsverwaltung nicht ein Teil ist der allgemeinen Reichsverwaltung. Dieser Unterschied ist schon durch die Tatsache bedingt, daß prinzipiell die Tätigkeit des Reichstags Kontrolle der Reichsverwaltung bedeutet und daher notwendig auch begrifflich von ihr geschieden sein soll. Es muß daher auch die die reichstagstätigkeit vorbereitende Tätigkeit, d. i. die Reichstagsverwaltung, von der Reichsverwaltung prinzipiell unterschieden werden.

Die Reichstagsverwaltung ist aber auch aus dem Grunde nicht Reichsverwaltung, weil sie eine ganz andere Struktur hat wie diese. Jeder Verwaltungszweig der allgemeinen Reichsverwaltung muß eine oberste Spitze haben, eine Zentralstelle, welche dann für ihre Tätigkeit sowohl dem Kaiser als auch dem Parlament verantwortlich ist. Die Reichstagsverwaltung entbehrt einer solchen Spitze, denn weder ist der Reichstag eine Behörde noch der Präsident des Reichstags[1]). Überdies, wenn man auch den Präsidenten als Behörde auffassen wollte, ist derselbe jedenfalls für seine Amtsführung nicht dem Kaiser verantwortlich, deshalb kann man auch die Reichstagsverwaltung nicht als allgemeine Reichsverwaltung bezeichnen.

Die Reichstagsverwaltung ist aber auch nicht Selbstverwaltung. Denn der Reichstag ist keine Korporation, er ist vielmehr ein unmittelbares Staatsorgan, das aus der Reichsverfassung direkt seine Stellung ableitet, also auch nicht einer Aufsicht unterworfen, welche die Reichs- resp. Staatsverwaltung über einen Selbstverwaltungskörper ausübt. Trotz alledem ist die Reichstagsverwaltung, wenn auch nicht Reichsverwaltung, so doch öffentliche Verwaltung. Einmal dient sie dem öffentlichen Interesse und sodann ist ihre Betätigung gegenüber jeder privaten Verwaltung, z. B. eines Etablissements, einer Privatkörperschaft usw., durch folgende drei reichsrechtliche Privilegien ausgezeichnet:

1. durch das Prinzip des Art. 27, die sog. Autonomie, wonach der Geschäftsgang des Reichstags keiner wie immer gearteten Kontrolle einer anderen Behörde unterliegen darf;
2. durch den Rechtssatz, daß die Reichstagsbeamten (§ 156 RBG. lex Forckenbeck[2])) die Rechte und Pflichten der Reichsbeamten haben und daß ihre vorgesetzte Behörde allein der Reichstagspräsident ist;

[1]) Dies ist auch von der Reichsregierung anerkannt in DrRT. 1869, S. 425 (es handelt sich um die Portofreiheit): „Eine hierauf bezügliche besondere Bestimmung war erforderlich, weil der Reichstag zwar eine legislative Körperschaft, aber keine Behörde ist, mithin die im § 2 erwähnte Portofreiheit nicht ohne weiteres auf die Sendungen des Reichstags Anwendung gefunden haben."

[2]) So genannt nach ihrem Urheber; siehe die Ausführungen des Abg. Richter in der Sitzung vom 31. Januar 1898, S. 749.

3. durch die Vorschrift (§ 4 des Portofreiheitsgesetzes vom 5. Juni 1869, RGBl., S. 141 ff.), daß Sendungen, welche von dem Reichstage ausgehen oder an den Reichstag gerichtet sind, den Sendungen von und an Reichsbehörden gleichgestellt, also portofrei sind.

Aus dem allen ergibt sich, daß die Reichstagsverwaltung nur so weit, als sie durch ausdrückliche Gesetzesbestimmungen der Reichsverwaltung angeglichen ist, den für diese maßgebenden Normen unterworfen erscheint. Wo dies nicht der Fall ist, da kann sie auch nicht als Reichsverwaltung behandelt werden, wenngleich sie öffentliche Verwaltung ist.

Eine praktische Anwendung dieses Grundsatzes ist z. B. die Frage, inwiefern das Reich für kulposes oder doloses Handeln der Reichstagsbeamten verantwortlich und schadensersatzpflichtig wird. Für die Reichsbeamten regelt die Frage jetzt das Reichsgesetz vom 22. Mai 1910 (RGBl. S. 798, § 1 leg. cit.). Das Reich haftet nur unter gewissen Umständen, wenn ein „Reichsbeamter" (§ 1 des Reichsbeamtengesetzes) seine Amtspflicht in Ausübung der ihm anvertrauten öffentlichen Gewalt verletzt. Von Reichstagsbeamten ist nicht die Rede[1]), vielmehr ist die Haftung des Reichs für das Verschulden der Reichstagsbeamten nach § 31 in Verb. mit § 89 BGB. zu beurteilen. Andere Anwendungen und Folgerungen aus dem Satz, daß die Reichstagsverwaltung nicht Reichsverwaltung ist, werden gleich weiter unten anzugeben sein.

II. Die rechtliche Stellung der Reichstagsbeamten.

Die Reichstagsbeamten zerfallen in drei Gruppen:

a) die etatmäßigen Reichstagsbeamten;
b) die nichtetatmäßig angestellten Reichstagsbeamten;
c) die vom Präsidenten zeitweilig mittels privatrechtlichen Vertrags angeworbenen und vorübergehend beschäftigten Hilfskräfte der Reichstagsverwaltung.

Während die Rechtsverhältnisse der letzteren Gruppe durch die Vorschriften des bürgerlichen Rechts bestimmt werden, unterliegen die beiden erstgenannten Gruppen sowohl den Normen des Reichsbeamtengesetzes vom Jahre 1873 in der Fassung vom 17. Mai 1907 (Reichsgesetzblatt S. 245) als auch dem Besoldungsgesetz vom 15. Juli 1909 (RGBl. S. 573) und der dem Besoldungsgesetz beigefügten Besoldungsordnung. Darnach ist folgendes rechtens:

1. Die Anstellung der Reichstagsbeamten. Infolge der sogenannten lex Forckenbeck (§ 156, Satz 2, RBG.) werden die Reichstagsbeamten durch den Reichstagspräsidenten angestellt. Bei der Be-

[1]) Man kann auch nicht § 156 des Reichsbeamtengesetzes, der davon redet, daß die Reichstagsbeamten die Rechten und Pflichten der Reichsbeamten haben, heranziehen, um die Haftung der Reichstagsbeamten zu begründen, denn der Eintritt der Haftung des Reichs für den Reichsbeamten ist weder ein Recht noch eine Pflicht des letzteren.

ratung des Reichsbeamtengesetzes wollte die Regierung keineswegs die rechtliche Stellung der Reichstagsbeamten in das Reichsbeamtengesetz aufnehmen, mit der Begründung, daß auf sie der § 1 des RBG., wonach der Reichsbeamte entweder vom Kaiser angestellt sei oder den Anordnungen des Kaisers Folge zu leisten verpflichtet wäre, nicht passe. (Siehe Sitzung vom 4. Juni 1872, S. 721, der Unterstaatssekretär Dr. Achenbach: „Bei den früheren Verhandlungen im Plenum ist bereits die Frage an die Reichsregierung gestellt worden, warum die Reichstagsbeamten nicht in dieses Gesetz aufgenommen worden seien. Es ist damals geantwortet worden, daß nach der Begriffsbestimmung, welche dies Gesetz rücksichtlich der Reichsbeamten enthalte und nach dem ganzen Inhalt der Vorschriften, welche auf die eigentlichen Reichsbeamten berechnet sind, es nicht tunlich erschienen sei, die Reichstagsbeamten, welche auf die eigentlichen Reichsbeamten berechnet sind, es tunlich erschienen sei, die Reichstagsbeamten, welche nicht unter jene Kategorie fallen, ebenfalls in dieses Gesetz mit aufnehmen. Auf diese Bemerkungen und Erklärungen muß ich mich bei dieser Gelegenheit wieder beziehen. Es erscheint wünschenswert, daß der § 156, welchen die Kommission aufgenommen hat, gestrichen werde ...") Trotzdem wurde die lex Forckenbeck angenommen, um eine größere Sicherstellung der Reichstagsbeamten herbeizuführen. Man hatte da namentlich die preußischen Erfahrungen im Auge. (Siehe die Ausführungen des Abg. Richter in der Sitzung vom 31. Januar 1898, S. 749.) Man wollte die dort bestehenden Zustände vermeiden und den Beamten „in bezug auf ihre Gerechtsame eine Sicherheit gewähren, um sie nicht ferner in der Luft schweben zu lassen". (Der Abgeordnete Kannegießer in der Sitzung vom 4. Juni 1872, S. 721.) Und in der Tat begreift man die Wichtigkeit der lex Forckenbeck, wenn man sie mit den parallelen Verhältnissen in Preußen vergleicht. Hier beruht das Anstellungsrecht der Beamten des Abgeordnetenhauses einfach auf Grund eines Etatvermerks, welcher, ob mit Recht ist sehr fraglich, als Delegation des Kgl. Ernennungsrechts an den Präsidenten angesehen wird (D. Nr. 1486 ex 1912/13, Preuß. Abgeordnetenhaus S. 5). In anderen deutschen Staaten ist die Anstellungsfrage teilweise verschieden geregelt[1]).

In Bayern werden die etatmäßigen Beamten des Landtags vom König, der Sekretär des stenographischen Instituts vom Minister des Innern auf Vorschlag der Direktorien (beide Präsidenten und die beiden Sekretäre) einer oder beider Kammern ernannt. Das Kanzlei- oder sonstige Dienstpersonal wird von einem der Direktorien oder von beiden gemeinsam angestellt (Art. 12 GO.).

In Sachsen stellen die Stände den Bureaudirektor an, der der

---

[1]) Siehe darüber und zum ff. Dr. des preuß. Abgeordnetenhauses Nr. 1486 ex 1912/13, S. 21.

Regierung angezeigt wird. Das übrige Kanzlei- und Dienstpersonal des Landtags wird von dem Präsidenten einer oder den Präsidenten beider Kammern angestellt.

In Baden werden die auf Dauer Angestellten wichtigeren Beamten von den Kammern gewählt und von der Regierung bestätigt. Das Kanzleipersonal wird von den Präsidenten und den (für jede Kammer vorhandenen vier) Sekretären für die Dauer der Versammlung angestellt.

In Württemberg wird der Archivar von den vereinigten Kammern gewählt, im übrigen die auf Lebenszeit angestellten Beamten von jeder Kammer gewählt. Die Wahlen werden dem Könige zur Bestätigung angezeigt. Die untergeordneten Kanzlisten werden dem Könige nur angezeigt. Die übrigen Beamten jeder Kammer werden von den Präsidenten derselben angestellt.

In Hessen werden die ständigen Parlamentsbeamten, denen der Staatsbeamtencharakter zukommt, nach Anhörung des Vorstandes der betreffenden Kammer vom Großherzog ernannt. Das übrige Kanzlei- und Dienstpersonal wird von dem Präsidenten jeder Kammer angestellt.

In Braunschweig wird der Landsyndikus und sein Stellvertreter, der für die Dauer der Versammlung bestellt wird, von den Ständen gewählt und der Regierung nur angezeigt. Alle übrigen ständischen Beamten werden in Braunschweig von dem ständischen Ausschuß in Pflicht genommen.

2. Die Rechte und Pflichten der Reichstagsbeamten. Da die Reichstagsverwaltung nicht Reichsverwaltung ist, sind auch die Reichstagsbeamten nicht Reichsbeamte. Sie haben nur gemäß der lex Forckenbeck (§ 156 Abs. 1 des RBG.) die Rechte und Pflichten der Reichsbeamten.

Zu den Rechten gehört [1]):

a) Der Anspruch auf Ersatz von Auslagen und Verwendungen, die die Beamten in Ausübung ihres Amts getan haben (Pauschsummen, Repräsentationsgelder, Umzugskosten usw.).

b) Der Anspruch auf Lebensunterhalt, insbesondere auf Besoldung [2]), Wohnungsgeldzuschuß, Pension, Witwen- und Waisenpension, Wartegeld, Gnadenquartal. Auf die Dienstalterszulagen haben die Reichstagsbeamten ebensowenig wie die nichtrichterlichen Reichsbeamten einen Rechtsanspruch (§ 11 des Besoldungsgesetzes).

c) Gewisse persönliche Ehrenrechte, inbesondere das Recht auf Führung der ihnen beigelegten Titel. Alle Reichstagsbeamten haben,

---

[1]) Siehe über die Rechte und Pflichten der Reichsbeamten: Laband, Deutsches Staatsrecht I^5, S. 456 ff.

[2]) Die Besoldung der etatmäßigen Reichstagsbeamten ist durch die Besoldungsordnung von 1909 geregelt. Für die nichtetatmäßigen Reichstagsbeamten bestimmt sie der Reichskanzler (§ 13 des Besoldungsgesetzes vom 15. Juli 1909).

wenn ihnen ein Titel beigelegt ist, ebenso wie die unmittelbaren Reichsbeamten den Anspruch auf die Bezeichnung als „Kaiserliche" (Erlaß vom 3. August 1871, Nr. 1 RGBl., S. 318).

Zu diesen im Reichsbeamtengesetz und im Besoldungsgesetz aufgezählten Rechten kommen auch noch jene Rechte, welche die Generalklausel des § 19 RBG. gibt und die eine Gleichstellung der Reichstagsbeamten mit den preußischen Beamten bedeuten, sofern diese gegenüber dem Reichsrecht ein Mehr besitzen. Insbesondere kommen hier zwei Gruppen von Rechten in Betracht[1]:

1. Die Steuerprivilegien. Da nach preußischem Recht die Staatsbeamten gegenwärtig keine Privilegien in der staatlichen Besteuerung besitzen, so kommen nur die Kommunalsteuerprivilegien der Beamten in Betracht. Nach dem preuß. Gesetz vom 11. Juli 1822 (GS. 184) ist folgendes Rechtens:

Alle aus Reichsfonds an Reichstagsbeamte gezahlten Pensionen bei Verabschiedeten und die Wartegelder der auf solche gesetzten Beamten sind, sofern diese Bezüge 750 Mark nicht erreichen, absolut steuerfrei.

---

[1]) Daß aus § 19 RBG. auch ein Plus von Pflichten, wenn es in Preußen oder in einem anderen Einzelstaat angeordnet ist, den Reichsbeamten auferlegt sei, behauptet zu Unrecht Perels-Spilling, Das Reichsbeamtengesetz, Berlin 1906, S. 65. Danach würden auch z. B. den Reichstagsbeamten, sofern sie bei einer „Bedienung" eine nicht taugliche Person verwenden, der Schaden wegen culpa in elegendo zufallen (§ 75 II, Tit. 10 des ALR.). Es würde ferner den Vorgesetzten, welcher durch vorschriftsmäßige Aufmerksamkeit die Amtsvergehungen seiner Untergebenen hätte verhindern können, die Verantwortung jedes aus solcher Vernachlässigung entstandenen Schadens treffen (§ 90 II 10 des ALR.). Aber gerade das ist ausdrücklich bei der Beratung des Reichsbeamtengesetzes abgelehnt worden. (Siehe die Einzelheiten aus der Entstehungsgeschichte in der Entscheidung des preuß. OVG. vom 24. Januar 1885, 11. Bd., S. 403 ff.) Auch ist im allgemeinen aus derselben Entstehungsgeschichte zu entnehmen, daß man durch § 19 (siehe sten. Ber. von 1873, Bd. I, S. 56 ff.) bloß eine Erweiterung von Rechten, nicht eine Erweiterung des Pflichtenkreises schaffen wollte. „Die Berufstätigkeit der Reichsbeamten ist Aufgaben gewidmet, welche allen Bundesstaaten gemeinsam sind; was sie für das Reich leisten, dient gleichmäßig dem Interesse jedes einzelnen Bundesstaates; es erscheint daher nur eine notwendige Konsequenz des durch den Art. 3 der Reichsverfassung begründeten gemeinsamen Indigenats, daß, sowie überhaupt jeder Angehörige eines Bundesstaats in jedem anderen Bundesstaat als Inländer zu behandeln ist, so auch jeder Reichsbeamte in jedem Bundesstaate den eigenen Beamten desselben gleichzustellen ist. Wird dieser Grundsatz nicht festgehalten, werden die Reichsbeamten den Landesbeamten gegenüber wie Ausländer in eine gleichsam exterritoriale Stellung versetzt, so entsteht auf einem der wichtigsten Gebiete des öffentlichen Lebens eine Scheidung zwischen Reich und Staat, welche an sich und in ihren Eindrücken auf das Volksbewußtsein die gemeinsamen Interessen und die Anforderungen der nationalen Gesamtentwicklung nur schädigen kann. Diese Erwägungen sind für alle diejenigen Verhältnisse der Reichsbeamten maßgebend, für welche der Gesetzentwurf in seiner gegenwärtigen Fassung nicht ausdrückliche Bestimmungen getroffen hat. Sie erstrecken sich deshalb keinesfalls nur auf die Frage der Steuerprivilegien, sondern beispielsweise auch auf das gegenseitige Rangverhältnis der Reichs- und der Landesbeamten und anderes mehr."

Absolut steuerfrei sind auch die den Witwen und Waisen der Reichstagsbeamten gezahlten Pensionen und laufenden Unterstützungen. Desgleichen das Sterbegeld. Alle Dienstbezüge, die nur als Ersatz barer Auslagen zu betrachten sind, sind steuerfrei (§ 1 leg. cit.). Das Diensteinkommen der Reichstagsbeamten genießt folgende Privilegierung:

Es darf nur halb so hoch wie anderes gleichhohes Einkommen veranlagt werden (§ 4 leg. cit.). Es dürfen an kommunalen Auflagen allerart nie mehr als 1 Prozent vom Diensteinkommen von weniger als 750 Mark, $1^1/_2$ Prozent von solchen von 750 bis 1500 Mark ausschließlich und 2 Prozent von höherem Diensteinkommen gefordert werden (§ 5). Die seit 1. April 1909 Angestellten dürfen mit ihrem vollen Diensteinkommen veranlagt, aber nur mit höchstens 125% Zuschlägen zur Staatseinkommensteuer belastet werden (§ 1 u. 2 des preuß. Ges. vom 16. Juni 1909, GS. S. 489).

2. Was die Rangverhältnisse der Reichstagsbeamten anlangt, so gelten auch für sie die preußischen Vorschriften infolge der clausula generalis des § 19 RBG. Zunächst gilt da der Grundsatz des preußischen Hofrangreglements vom 19. Januar 1878, daß die Beamten des Reichs, also auch die Reichstagsbeamten, mit den preußischen Beamten gleicher Rangkategorie nach dem Datum der Ernennung rangieren.

Auch gelten, da eine besondere Rangordnung für das Reich nicht ergangen ist, die Rangstufen, die für die preußischen Beamten maßgebend sind, auch für die analogen Funktionäre des Reichstags. So z. B. rangiert der Bureaudirektor des Abgeordnetenhauses in der 4. Rangklasse, also auch der Bureaudirektor beim Reichstag[1]).

Mit dem Bureaudirektor rangieren aus dem gleichen Grunde in einer Rangklasse, nämlich der vierten, der Bibliotheksdirektor und der Oberbibliothekar der Reichstagsbibliothek, da auch der Abteilungsdirektor der Kgl. Bibliothek und der Oberbibliothekar der Kgl. Universitätsbibliothek in der vierten Rangklasse rangiert[2]), die Bibliothekare des Reichstags hingegen in der fünften Rangklasse, ebenso wie die Bibliothekare bei der Kgl. Bibliothek und der Universitätsbibliothek[3]) u. a. m.

Aus der Generalklausel des § 19 RBG. folgt aber keineswegs, daß weil zum Schutze der preußischen Beamten die Möglichkeit der Konfliktserhebung seitens der vorgesetzten Behörde gegeben ist, Gleiches auch zur Deckung der Reichsbeamten oder Reichstagsbeamten angängig wäre. Eine Konfliktserhebung existiert also zum Schutze der Reichstagsbeamten nicht; denn wie das preuß. Oberverwaltungsgericht in einer auf Postbeamte bezüglichen Entscheidung ausführt, ist die Erhebung des Konflikts nach preußischem Recht kein subjektives Recht des Beamten, sondern der

[1]) Siehe darüber und zum folgenden Petersilie, im Verwaltungskalender für den preußischen Staat von 1906, S. 9.

[2]) Siehe Petersilie, a. a. O.

[3]) Petersilie, a. a. O., S. 12.

Aufsichtsbehörde bezw. des Staats (Entscheidung des Oberverwaltungsgerichts XI, S. 403 ff.). Bei der Beratung des Reichsbeamtengesetzes ist deshalb auch eine darauf gerichtete Bestimmung, wie sie von der Reichsregierung vorgeschlagen war, in der Folge fallen gelassen worden. (Siehe zur Entstehungsgeschichte das oben angeführte Urteil des Oberverwaltungsgerichts.)

Zu den Pflichten der Reichstagsbeamten wie der Reichsbeamten gehört:

a) Die Pflicht zu gewissenhaftester Amtsführung (§ 10 RBG.).

Betreffs der Urlaubserteilung, der Dauer des Urlaubs usw. gilt aber nicht die für die Reichsbeamten maßgebende Verordnung vom 2. November 1874 (RGBl. S. 129), es wäre denn, daß der Reichstag sie selbst annimmt. Denn der Geschäftsgang des Reichstags, der nach Art. 27 RV. der autonomen Regelung des Reichstags unterliegt, kann nicht durch eine Verordnung der Regierung irgendwie alteriert werden. Es wäre dies ein unzulässiger Eingriff in die nach der Reichsverfassung dem Reichstag gewährleistete Autonomie.

b) Die Pflicht zur Treue und zum Gehorsam einschließlich der Verschwiegenheitspflicht (§ 11 RBG.).

Diese Pflicht ist aber nur dem Reichstag und dem Präsidenten gegenüber rechtlich begründet, nicht aber dem Kaiser, da die Reichstagsbeamten nicht Reichsbeamten sind, was auch bei der Beratung des Reichsbeamtengesetzes von der Reichsregierung anerkannt wurde (siehe oben S. 251).

Trotzdem schwören die Reichstagsbeamten (entsprechend § 3 RBG.) den für die Reichsbeamten vorgeschriebenen Diensteid vor dem Dienstantritt, in der Form der Verordnung vom 29. Juni 1871 (RGBl. S. 303) einschließlich der Klausel: „Sr. Majestät dem Deutschen Kaiser treu und gehorsam zu sein". Doch beruht diese Formel auf einer Anordnung des Präsidenten, und da der Eid nur den Zweck der Bekräftigung gesetzlich übertragener Pflichten hat, so kann er auch Pflichten nicht erst schaffen, wozu übrigens auch eine Verfügung des Präsidenten ungeeignet wäre. Auch die Praxis des Reichstags steht in dieser Frage auf dem oben angeführten Standpunkt insofern, als z. B. Stenographen des Reichstags, welche von der Reichsregierung zur Aushilfe in ihren Ämtern gewünscht werden, für diese ihre Verwendung die Genehmigung des Präsidenten brauchen. (Siehe den Bericht des Abgeordneten Engelen, Reichstagsakten Gesamtvorstand III vom 17. August 1912.) Müßten die Reichstagsbeamten den Anordnungen des Kaisers Folge leisten, so wäre die Genehmigung des Reichstagspräsidenten unverständlich.

c) Die Pflicht zu einem achtungswürdigen Verhalten (§ 10 RBG.).

3. Die Disziplin und Entlassung der Reichstagsbeamten. Bezüglich der Disziplin der Reichstagsbeamten und

der zu ihrer Handhabung berufenen Behörden besteht Streit. Es sind drei Meinungen im Hinblick auf die Tatsache, daß die Regelung durch das Reichsbeamtengesetz Lücken aufweist, ausgesprochen worden. Anerkannt wird von allen drei Meinungen, was im Hinblick auf § 156, Abs. 2, RBG. nicht gut anders möglich wäre, daß der Präsident die vorgesetzte Behörde der Reichstagsbeamten ist. Aber damit ist noch nicht gesagt, wer die Beschwerdeinstanz und wer das Disziplinargericht in Disziplinarfällen darstellt.

Die eine Meinung (Kannegießer, Komm. zum RBG. Bem. 3 zu § 156) geht dahin, daß der Reichstag sich selber oder einem aus sich gewählten Ausschuß die Entscheidung vorbehalten habe. Diese Ansicht entspricht insofern nicht ganz der rechtlichen Sachlage, als der § 14 GO. des Reichstags die Entlassung der Reichstagsbeamten dem Präsidenten überweist, ohne einen Unterschied zwischen der Entlassung als Disziplinarstrafe, Zwangspensionierung oder einer anderen Entlassung zu machen.

Recht hat aber Kannegießer insofern, als er, da das Reichsbeamtengesetz in dieser Richtung hin schweigt, die rechtliche Regelung der Frage der Autonomie des Reichstags (Art. 27 RV.) zuweist, denn zweifellos kann der Geschäftsgang des Reichstags wesentlich durch das pflichtwidrige und disziplinarwidrige Benehmen der Reichstagsbeamten gehindert werden. Und wie solches zu verhüten sei, steht zweifellos dem Reichstag zu. Aus diesem Grunde sind die beiden anderen Meinungen, die geäußert worden sind, zu verwerfen. Zunächst die von Perels-Spilling geäußerte (Kommentar zum RBG., S. 280), die zwar dem Reichstagspräsidenten alle nach dem Reichsbeamtengesetz der vorgesetzten und obersten Reichsbehörde zugewiesenen Befugnisse zuteil werden läßt, insbesondere sowohl die Versetzung in den Ruhestand, als auch die Zwangspensionierung, hingegen aber den Präsidenten als Disziplinargericht nicht fungieren lassen will, weil sonst die Beamten, wenn sie unkündbar angestellt sind, nicht das R e c h t hätten, von den ordentlichen Disziplinargerichten abgeurteilt zu werden.

Zunächst ist dies Argument, selbst wenn es zuträfe, nur für die etatmäßigen Beamten begründet, aber auch für diese ist es an und für sich nicht zutreffend. Diese Auffassung übersieht nämlich, daß das, was den Reichstagsbeamten im Abs. 1 des § 156 eingeräumt ist, nämlich „Rechte und Pflichten" nur die U n k ü n d b a r k e i t , keineswegs aber einen Anspruch auf ein bestimmtes D i s z i p l i n a r v e r f a h r e n umfaßt. Warum sollte übrigens auch die Unkündbarkeit der Reichstagsbeamten in den Händen des Reichstags oder seiner Organe schlechter aufgehoben sein als in den Händen eines Disziplinargerichts. Vollends verfehlt ist aber die dritte der Meinungen (siehe v. Rheinbaben in Fleischmanns Wörterbuch des Staats- und Verwaltungsrechts I, S. 582), die die im Reichsbeamtengesetze zweifellos gegebene Rechtslücke in bezug auf die Frage, wer gegenüber den Reichstagsbeamten leitende Disziplinarbehörde wäre, einfach mit der Bemerkung schon auszufüllen glaubt, daß sie die Funktion der leitenden Disziplinarbehörde dem Staatssekretär des Reichsamts des Innern als oberster Reichsbehörde überweist[1]). Unzutreffend ist diese Meinung, weil selbst die Reichsregierung im Jahre 1872 bei Beratung des Reichsbeamtengesetzes ausdrücklich die Lücke, die v. Rheinbaben jetzt nun so auszufüllen glaubt, jedenfalls selbst nach Regelung des § 156 für noch offen erklärte (siehe Sitzung vom 4. Juni 1872, S. 71). Der Regierungsvertreter Dr. Achenbach sagte damals: „Es erscheint wünschenswert, daß der § 156, welchen die Kommission aufgenommen hat, gestrichen werde, und zwar um so mehr, als durch diese Bestimmung eine ausreichende Regelung der Verhältnisse des Reichstagsbeamten durchaus nicht eingetreten ist. Wenn es z. B. heißt, daß der Reichstagspräsident die vorgesetzte Behörde der Reichstagsbeamten sei, so fehlt, da doch im übrigen die Bestimmungen des Gesetzes auf die Reichstagsbeamten für anwendbar erklärt sind, jede Antwort auf die Frage, wie es denn nun mit der Stellung des Reichstagspräsidenten als entscheidender Disziplinarbehörde gegen andere, möglicherweise auch in dieser Sache kompetenten Behörden sich verhalte. Diese Fragen sind nicht gelöst und lassen sich naturgemäß auch nicht in so einfacher Weise nebenher in diesem Gesetz regeln. Es würde daher höchst zweckmäßig sein, diese Materie, die eine besondere Regierungsregelung erheischt, aus dem Gesetz zu verweisen und sie als eine besondere Aufgabe der Gesetzgebung zu betrachten." Die demnach im Gesetze bewußt offen gelassene und von der Reichsregierung zugestandene Lücke ist bis zu einer anderweitigen gesetzlichen Regelung vorläufig durch die Geschäftsordnung des Reichstags (§ 14) ausgefüllt[2]).

Der § 14 der GO. unterscheidet nicht zwischen disziplinarer Entlassung, Zwangspensionierung und einfacher Entlassung. Daß diese letztere nicht dem Reichstagspräsidenten gegenüber Reichstagsbeamten schlechthin, d. h. ohne Beobachtung des Disziplinarver-

---

[1]) Selbstverständlich erscheint dieser Meinung auch, daß die für die Reichsbeamten gegebenen Disziplinargerichte (Disziplinarkammern und Disziplinarhof) auch für Reichstagsbeamte zuständig seien, wenngleich sie die Frage überhaupt einer näheren Untersuchung nicht unterzieht.

[2]) In diesem Sinne auch der Abgeordnete Hölder in Sitzung des Reichstags vom 4. Juni 1872 a. a. O. „Meine Herren: Ich halte es denn doch für geboten, daß wir den eigenen Beamten des Reichstags bei dieser Gelegenheit ebenfalls ihre gesicherte Stellung anweisen. Wenn sich Lücken zeigen sollten, die einer Ergänzung durch die Gesetzgebung bedürfen, so ist es ja nachher immer noch Zeit, nachzuhelfen. Übrigens mache ich darauf aufmerksam, daß bei der Anwendung eines jeden Gesetzes sich Lücken finden werden, und daß in der Praxis dann auch die Entscheidung zu der Ausfüllung dieser Lücken herbeigeführt werden kann. So denke ich, wenn hier der eine oder der andere Anstand sich erhebt, so werden auch diejenigen Organe da sein, welche diesen Anstand erledigen werden, bis eine künftige Gesetzgebung die Lücken ausfüllt."

fahrens, zusteht, folgt aus dem Grundsatz, daß die Reichstagsbeamten die Rechte der Reichsbeamten haben.

Danach können (§ 32 RBG.) nur die auf Probe, auf Kündigung oder sonst auf Widerruf angestellten Reichstagsbeamten durch den Reichstagspräsidenten ohne weiteres entlassen werden. Bezüglich der Entlassung zur Strafe stehen dem Reichstagspräsidenten alle Befugnisse zu, die die vorgesetzte Dienstbehörde, die leitende Disziplinarbehörde (oberste Reichsbehörde) und das Disziplinargericht gegenüber Reichsbeamten haben. In diesem Punkte wie in anderen Fragen von Disziplinarstrafen liegt auf Grund der Geschäftsordnung die gesamte Disziplinarstrafgewalt in den Händen des Präsidenten. Auch bei der Zwangspensionierung oder zwangsweisen Versetzung in den Ruhestand (§ 60a ff.) stehen dem Reichstagspräsidenten sowohl die rechtlichen Befugnisse der vorgesetzten Dienstbehörde (§ 53 u. 62 RBG.) als auch die der obersten Reichsbehörde (§ 54 und 64 RBG.) zu.

Das den Reichsbeamten (nach § 66, Abs. 2, RBG.) zustehende Rekursrecht an den Bundesrat gegen die Versetzung in den Ruhestand ist bei Reichstagsbeamten nicht gegeben, da der Bundesrat nach Art. 27 RV. nicht in den Geschäftsgang des Reichstags eingreifen darf.

In den deutschen Einzelstaaten ist allerdings das Recht der Staatsregierung in Fragen des Disziplinarstaatsrechts der Landtagsbeamten in umfassender Weise gegeben[1]).

In Preußen, wo eine Kautel, wie sie das Reichsrecht in der Lex Forckenbeck gibt, nicht besteht, sind die Landtagsbeamten unmittelbare Staatsbeamte mit allen daraus folgenden Konsequenzen.

Die Staatsregierung hatte in der Budgetkommission des preußischen Abgeordnetenhauses vom 6. Mai 1910 es als unzweifelhaften Grundsatz betrachtet, daß dem Präsidenten des Abgeordnetenhauses zustehe das Recht

1. zur Anstellung der Beamten;
2. zur Gehaltsfestsetzung, Pensionierung, Regulierung der Witwen- und Waisenbezüge und Entlassung bezüglich der auf Kündigung angestellten Beamten;
3. zur Beurlaubung;
4. zur Erhöhung der Gehälter.

Der Präsident habe als Dienstvorgesetzter das Recht zu Warnungen und Verweisen, nicht aber auch zu Geldstrafen und zur Suspendierung und Dienstentlassung wider Willen der Beamten.

Die Frage der Disziplin werde durch das allgemeine Disziplinargesetz geregelt.

In Bayern sind die allgemeinen Bestimmungen auch für die Landtagsbeamten, namentlich für die etatmäßigen, die, wie wir wissen, vom

[1]) Siehe darüber Dr. des preußischen Abgeordnetenhauses Nr. 1486, S. 20 ff., und v. Rheinbaben in Fleischmanns Wörterbuch des Staats- und Verwaltungsrechts I, S. 582.

Könige resp. vom Minister des Innern ernannt werden, maßgebend (Beamtengesetz vom 16. August 1908, § 185, Abs. 4). Jedoch ist während der Versammlung des Landtags den Direktorien der beiden Kammern ein Mitwirkungsrecht bei dem Antrag auf Einleitung des Disziplinarverfahrens eingeräumt.

In Württemberg[1]) herrschen ungefähr ähnliche Verhältnisse wie in der Reichstagspraxis. Die für die Staatsbeamten dem vorgesetzten Ministerium zustehenden Befugnisse der Einleitung des Disziplinarverfahrens stehen den einzelnen vereinigten Kammern, wenn der Landtag nicht versammelt ist, dem ständigen Ausschuß zu, die Entlassung hingegen, also auch die Funktion eines Disziplinargerichts, dem Präsidenten. Ebenso die Verhängung von Ordnungsstrafen, insbesondere Verweis- und Geldstrafe.

In Baden stehen die Landtagsbeamten den Staatsbeamten gleich. Der Präsident hat das Ordnungsstrafrecht in bestimmtem Umfang. Die Einleitung des Disziplinarverfahrens u. a. m. erfolgt, solange der Landtag versammelt ist, durch das zustehende Ministerium, mit Zustimmung des Präsidenten der betreffenden Kammer (§ 116 des BG. vom 24. Juli 1888, abgeändert durch Gesetz vom 12. August 1908). Die allgemeinen Disziplinargerichte sind auch für Landtagsbeamte zuständig.

In Hessen steht die Disziplinargewalt über Landtagsbeamte ganz dem Staatsministerium zu.

4. Der Rechtsschutz der vermögensrechtlichen aus dem Dienstverhältnis fließenden Ansprüche der Reichstagsbeamten. Da der Klageanspruch ein anerkanntes subjektives öffentliches Recht auf Rechtsschutz ist, da ferner nach der lex Forckenbeck (§ 156 Abs. 1 RBG.) die Reichstagsbeamten, die „Rechte und Pflichten der Reichsbeamten" haben, die Reichsbeamten aber (gemäß § 149 ff.) den Klaganspruch über vermögensrechtliche Ansprüche aus ihrem Dienstverhältnisse besitzen, so haben auch die Reichstagsbeamten dasselbe Recht. Danach ist folgendes Rechtens:

Über die genannten vermögensrechtlichen Ansprüche der Reichstagsbeamten, sowie über die ihren Hinterbliebenen gesetzlich gewährten Rechtsansprüche findet der Rechtsweg vor den ordentlichen Gerichten statt. Während aber bei den Reichsbeamten der Klage die Entscheidung der obersten Reichsbehörde vorhergehen muß (§ 150, Abs. 1 des RBG.), tritt für Reichstagsbeamte die Entscheidung des Präsidenten an Stelle der Entscheidung der obersten Reichsbehörde, und zwar aus den oben (unter 3) gegebenen Gründen. Die Klage muß sodann innerhalb von 6 Monaten, nachdem den Beteiligten die Entscheidung des Präsidenten

[1]) Siehe Gröbers Ausschußbericht Nr. 372 ex 1909, erstattet für die württembergische zweite Kammer.

bekannt gegeben worden ist, angebracht worden, sonst geht der Beteiligte seines Klagerechts verlustig. Die Klage ist gegen den Reichsfiskus zu richten, der infolge eines noch weiter unten (sub. IV) zu erörternden Gerichtsgebrauchs durch das Reichsamt des Innern vertreten wird.

Die Entscheidungen des Reichstagspräsidenten darüber, ob und von welchem Zeitpunkt ab ein Reichstagsbeamter aus seinem Amte zu entfernen, einstweilig oder definitiv in den Ruhestand zu versetzen oder vorläufig seines Dienstes zu entheben sei, und über die Verhängung von Ordungsstrafen, sind für die Beurteilung der von dem Gerichte geltend gemachten vermögensrechtlichen Ansprüche maßgebend (§ 155 RBG.).

Damit will gesagt sein, daß der Richter, der über die vermögensrechtlichen Absprüche der Ansprüche die Entscheidung zu fällen hat, die Vorfrage, ob der Reichstagsbeamte mit Recht oder zu Unrecht entlassen, in Ruhestand versetzt, mit Ordnungsstrafen belegt sei usw., nicht nachzuprüfen hat, sondern sich auf die Entscheidung des Präsidenten in dieser Hinsicht verlassen muß.

Von diesen vorgetragenen Rechtsgrundsätzen gibt es nur eine einzige, durch Reichsgesetz festgelegte Ausnahme, es betrifft die Dienstalterszulage, welche den etatmäßigen Reichstagsbeamten gewährt wird, auf die aber dieselben keinen Rechtsanspruch haben. Danach kann eine Dienstalterszulage versagt werden, wenn gegen das dienstliche oder außerdienstliche Verhalten des Beamten eine erhebliche Ausstellung vorliegt.

Vor der Verfügung ist dem Beamten Gelegenheit zu geben, sich über die Gründe der beabsichtigten Maßregeln zu äußern. Wird die Versagung verfügt, so sind dem Beamten die Gründe hierfür zu eröffnen.

Gegen die Verfügung steht dem Beamten, sofern sie nicht von der obersten Reichsbehörde erlassen ist, die Beschwerde an diese zu.

Nach Behebung der Anstände ist die vorläufig versagte Zulage zu gewähren, und zwar, wenn die Bewilligungsverfügung an dem ersten Tage eines Kalendervierteljahres ergeht, von diesem Tage, andernfalls von dem ersten Tage des folgenden Kalendervierteljahres ab. Nur aus besonderen aktenkundig zu machenden Gründen ist die Gewährung von einem früheren Zeitpunkt ab zulässig. Eine Nachgewährung für rückliegende Rechnungsjahre bedarf der Genehmigung der obersten Reichsbehörde (§ 12 des Besoldungsgesetzes vom 15. Juli 1909, RGBl. S. 573).

Da dem Reichsbesoldungsgesetz die Besoldungsordnung, in die auch die Reichstagsbeamten aufgenommen sind, als Beilage angeschlossen ist, und die vorhin genannte Bestimmung des Reichsbesoldungsgesetzes (§ 12) keinen Unterschied zwischen Reichsbeamten und Reichstagsbeamten macht, so folgt daraus, daß hier ausnahmsweise die oberste Reichsbehörde über die Versagung der Dienstalterszulage endgültig zu entscheiden hat. Der Reichstag konnte diese Konzession an die Reichsregierung um so eher machen, als die Dienstalterszulage nicht einen Rechtsanspruch des Reichstagsbeamten darstellt, die lex Forckenbeck bloß dem Reichstagsbeamten in seinen Rechten Sicherheit gewähren wollte.

III. Die Funktionen der Reichstagsbeamten.

1. Der Direktor beim Reichstag. Er leitet die gesamte Reichstagsverwaltung unter Oberaufsicht des Präsidenten und trägt für ihre ordnungsmäßige Führung die Verantwortung. Die für den Präsidenten, für den Reichstag und seine Kommissionen vorzunehmenden Arbeiten läßt er unter seiner Aufsicht durch das Bureau des Reichstags ausführen. Die zur Unterstützung der Tätigkeit des Präsidenten in den Plenarsitzungen notwendigen Vorarbeiten werden ebenfalls durch einen Beamten des Bureaus unter ganz besonderer Kontrolle des Direktors vorgenommen. Hierbei kommt es wesentlich darauf an, dem Präsidenten die zur Beratung stehenden Gegenstände leicht und übersichtlich zusammenzustellen. Besondere Pflichten während der Plenarsitzung hat der Direktor beim Reichstag nicht, denn hierfür haben die Schriftführer des Reichstags die nötigen Funktionen zu verrichten. Der Bureaudirektor steht aber jederzeit zur Verfügung des Präsidenten und hält sich deshalb, wenn notwendig, in der Nähe des Präsidenten auf.

2. Das Bureau des Reichstags erledigt unter der unmittelbaren Aufsicht des Direktors beim Reichstag alle Arbeiten für den Reichstag und seine Verwaltung. Ein besonderes Bureau des Präsidenten besteht nicht. Die einzelnen Abteilungen des Bureaus sind:

a) Die Registratur (Archiv). Hier werden die Akten des Reichstags gesammelt und fortlaufend erhalten. Es sind dies alle Akten, welche für den Reichstag als gesetzgebende Körperschaft und für die Verwaltung des Reichstags maßgebend sind. Die Anlage der Akten geschieht in der Weise, daß für jede Materie ein besonderer Band bzw. eine besondere Reihe von Bänden gebildet wird.

b) Die Kalkulatur. Sie hat das gesamte Rechnungswesen zu erledigen und die durch die Etatberatung und die Tätigkeit der Rechnungskommission des Reichstags hervorgerufenen Rechnungsarbeiten zu leisten (über die administrative Rechnungskontrolle des Hausetats siehe oben S. 225).

c) Die Kasse des Reichstags leistet alle für die Reichstagsverwaltung zu machenden Zahlungen und nimmt die Geldsummen in Empfang, die von der Reichsverwaltung gemäß dem Reichsetat auf den Reichstagsfonds gewiesen sind (siehe über die Kassenkontrolle oben S. 224 f.).

d) Die Kanzlei. Hier wird das Schreibwerk hauptsächlich durch Schreibmaschine hergestellt. Die in der Kanzlei verwendeten

Personen und Hilfsbeamten müssen imstande sein, Diktate stenographisch aufzunehmen.

e) Die Botenmeisterei. Sie hat sämtliche vom Hause vorgenommenen Versendungen, namentlich durch die Post, zu besorgen, und stellt die Diener für die Plenarsitzungen des Reichstags und für seine Kommissionen.

In dienstlicher Unterordnung unter dem Bureaudirektor steht eine Hausdruckerei, in welcher schleunige kleinere Drucksachen für den Reichstag und seine Kommissionen (Tagesordnungen, schleunige Anträge zum Etat) hergestellt werden. Ferner eine Anzahl von Beamten, die mit besonderen Angelegenheiten befaßt werden, z. B. Bearbeitung von Petitionen usw. Schließlich das stenographische Bureau, welches unter Leitung eines besonderen Vorstehers die Plenarverhandlungen des Reichstags aufnimmt und das Manuskript der stenographischen Berichte für den Druck fertigstellt[1]).

3. Die Bibliothek des Reichstags steht direkt und unmittelbar unter dem Reichstagspräsidenten, der hierbei von der oben (S. 247) erwähnten Bibliothekskommission unterstützt wird.

Ihre Aufgabe ist die Beschaffung der für den Reichstag notwendigen Bücher und Zeitschriften. Die Tageszeitungen hingegen werden nicht von der Bibliothek, sondern vom Bureau des Reichstags beschafft und im Zeitungslesesaal ausgelegt.

An der Spitze der Bibliothek steht ein Bibliotheksdirektor, welchem ein Oberbibliothekar und eine Reihe von Bibliothekaren untergeordnet sind. Sie sollen außer der selbstverständlichen höheren akademischen Bildung die für die analogen Amtsfunktionäre in Preußen vorgeschriebene bibliothekarische Vorbildung besitzen.

IV. Die Stellung der Reichstagsverwaltung zu Gerichten und Reichsverwaltungsbehörden.

Prinzipiell soll infolge der dem Reichstag nach Art. 27 RV. gewährten Unabhängigkeit in bezug auf die Regelung seines Geschäftsganges auch die Stellung der Reichstagsverwaltung gegenüber Gerichten und Reichsverwaltung unabhängig sein. In der Praxis erhebt allerdings die Reichsverwaltung Ansprüche auf eine Kontrolle der Reichstagsverwaltung, die vom Reichstag zum Teil mit Erfolg, abgewehrt worden ist.

1. Zunächst kommt hier die Frage der prozessualen Vertretung des Reichstags vor den Gerichten.

In Anlehnung an die preußische Praxis hat sich auch im Reich eine Art von Kuratel des Reichstags eingeschoben, die die Reichs-

[1]) Dem Bureaudirektor ist auch das Personal des Maschinenbetriebs für die Zwecke der Lüftung, Heizung, Beleuchtung untergeordnet.

regierung gegenüber der Reichstagsverwaltung geltend macht, und die von der Spruchpraxis der Gerichte anerkannt wird.

Danach gehen die Gerichte von der Anschauung aus, daß zur prozessualen Vertretung des Reichstags in Prozessen nicht der Reichstagspräsident, der doch den Reichstag nach außen vertritt (§ 13 GO.), auch nicht der mit seiner Vollmacht ausgerüstete Bureaudirektor legitimiert sei, sondern einzig und allein der Reichskanzler und in seiner Vertretung das Reichsamt des Innern.

Die Frage kam im Jahre 1907 vor dem preußischen Oberverwaltungsgericht zur Sprache in der Verwaltungsstreitsache des Magistrats zu Berlin als Beklagten und Revisionsklägers gegen den Direktor beim Reichstag als Kläger und Revisionsbeklagten.

In der Entscheidung vom 6. Dezember 1907[1]) wurde nicht bloß dem Bureaudirektor, sondern auch dem Reichstagspräsidenten die notwendige Prozeßlegitimation vom Oberverwaltungsgericht mit folgender Begründung abgesprochen: „Aber auch der Präsident des Reichstags würde, wenn er namens des Reichsfiskus Klage erhoben hätte, dazu nicht legitimiert gewesen sein. Die Vertretung im Prozesse ist ein Bestandteil der allgemeinen Vertretungsbefugnis Dritten gegenüber, und letztere, soweit sie nicht vom Kaiser persönlich ausgeübt wird, steht den mit der Verwaltung der Reichsangelegenheiten betrauten obersten Reichsbehörden zu (vgl. Entscheidung des Reichsgerichts in Zivilsachen, Bd. 11, S. 93). Aus dem ursprünglichen Reichskanzleramte sind im Laufe der Zeit verschiedene Verwaltungszweige ausgeschieden und besonderen Reichsämtern übertragen worden. Demnächst ist ihm durch Erlaß vom 24. Dezember 1879 (Reichsgesetzblatt 1879, S. 321) die Bezeichnung ‚Reichsamt des Innern' beigelegt worden. Dieses Reichsamt hat also alle Amtsverrichtungen des früheren Reichskanzleramts wahrzunehmen, welche nicht ausdrücklich anderen Reichsämtern übertragen worden sind. Die Angelegenheiten des Reichstags sind aber keinem anderen Reichsamte übertragen worden, und deshalb würde das Reichsamt des Innern zur Vertretung des Reichsfiskus in Fällen der vorliegenden Art berufen sein, es müßte denn die Vertretung in rechtsgültiger Form einer anderen Behörde übertragen sein. Ob zur Rechtsgültigkeit einer solchen Übertragung eine ausdrückliche gesetzliche Anordnung erforderlich ist oder ob eine reichsrechtliche Norm (Entscheidungen des Reichsgerichts in Zivilsachen, Bd. 8, S. 3) oder eine besondere Anordnung der Zentralbehörde (Gruchot, Beiträge Bd. 31, S. 1139) genügt, kann dahingestellt bleiben, da die Angelegenheiten des Reichstags weder durch Gesetz noch irgend einen anderen Akt einer unteren Behörde übertragen worden sind."

---

[1]) Entscheidungen des OVG., Bd. 41, S. 125. ff.

Der Irrtum des Oberverwaltungsgerichts liegt darin, daß es die Reichstagsverwaltung mit der Verwaltung der Reichsangelegenheiten identifiziert, welche von den Reichsbehörden ausgeübt wird. Wie wir oben dargelegt haben (siehe unter I), ist die Reichsverwaltung zwar öffentliche Verwaltung, aber nicht Reichsverwaltung.

2. Sodann bestreitet die Reichsregierung dem Reichstage bzw. dem Reichstagspräsidenten das Recht zum Abschluß von Verwaltungsverträgen, trotzdem dies in der Praxis sehr häufig geübt wird (siehe z. B. die von dem Abg. Richter in der Sitzung vom 31. Januar 1898, S. 749 angeführten Präzedenzfälle gegenüber den Äußerungen des Staatssekretärs Graf v. Posadowsky, a. a. O., S. 747).

Als Hauptargument wird von der Reichsregierung geltend gemacht, daß zwischen zwei Legislaturperioden ein Interregnum eintrete und gewissermaßen den Abschluß und vor allem die Erfüllung von Verträgen, die für die Reichstagsverwaltung abgeschlossen werden, rechtlich behindere. Diesem Einwand kann ruhig durch die Abschaffung des sog. Alterspräsidenten, der, wie wir wissen (siehe oben S. 165) einem konstitutionellen Vorurteil sein Dasein dankt, abgeholfen werden, und durch die Geschäftsordnung angeordnet werden, daß der Präsident der vergangenen Legislaturperiode die Geschäfte bis zur Neuwahl des Präsidiums der neuen Legislaturperiode fortzuführen habe. Aber auch schon durch die gegenwärtige Praxis, wonach während des Interregnums auf Grund einer Vollmacht des abtretenden Reichstagspräsidenten der Direktor beim Reichstag in langjähriger und von der Reichsregierung unbeanstandeter Weise die Geschäfte der Reichstagsverwaltung führt, ist dem oben angeführten Übelstand, allerdings notdürftig, abgeholfen.

Keineswegs läßt sich aus der Tatsache, daß der Reichstag nicht juristische Person und deshalb kein eigenes Vermögen besitze, irgend ein Argument gegen den Abschluß von Verwaltungsverträgen durch den Präsidenten erheben, denn auch die zahlreichen Reichsverwaltungsbehörden, welche Verträge für die laufende Verwaltung abschließen, sind als Behörden keine juristischen Personen.

Da der Reichstagsverwaltung und ihrem Chef, dem Präsidenten, zweifellos das Recht zusteht, Verträge für die Reichstagsverwaltung abzuschließen und dieses Recht in der Praxis unausgesetzt betätigt wird, so ist der Reichstagspräsident auch allein in der Lage, die privatrechtlichen Verträge mit dem vorübergehend angestellten Hilfspersonal des Reichstags abzuschließen und die rechtlichen Bedingungen ihrer Aufnahme sowie ihre Entlohnungsverhältnisse allein zu regulieren.

Er ist in dieser Hinsicht in keiner Weise von dem Reichsschatzamt im Auftrage des Reichskanzlers zu beaufsichtigen. Wenn auch § 13 des Reichsbesoldungsgesetzes vom 15. Juli 1909 die Feststellung der Bezüge der nichtetatmäßigen Beamten dem Reichskanzler überweist, so meint diese Anordnung nur jene Beamten, deren Rechtsverhältnisse nach öffentlichem Recht, insbesondere nach dem Reichsbeamtengesetz zu beurteilen sind, nicht aber jenes Hilfspersonal, das mittels Privatrechtsvertrag vom Reichstagspräsidenten angeworben wird (siehe auch Akten des Reichstags, Reichstagsangelegenheit, Akten 1, Beamte, Bd. II, S. 181 ff.).

3. Ein alter Streitpunkt zwischen Reichstagsverwaltung und Reichsregierung ist die Frage, unter welchem Etattitel die Gelder vom Reichstage für die Zwecke von Bauten, Reparaturen, Ausschmückungen des Reichstagsgebäudes zu bewilligen seien: Ob unter dem Etattitel des Reichstagsfonds oder unter den Etattiteln der Fonds für das Reichsamt des Innern. Die praktische Bedeutung der Streitfrage liegt darin, daß der Hausetat vom Reichstagspräsidenten unter Anhörung des Gesamtvorstandes aufgestellt wird, während dem Reichstag in bezug auf die Aufstellung des Etats für das Reichsamt des Innern kein Einfluß zusteht. Nun ist festzustellen, daß die Reichsregierung keine wie immer geartete Ingerenz auf die Aufstellung des Hausetats durch das Reichsschatzamt, wie Reichsbehörden gegenüber, ausüben läßt. Dieses Zugeständnis machte insbesondere der Staatssekretär des Innern, Dr. v. Bötticher [in der Sitzung vom 11. Februar 1895, S. 792], er meinte nur, daß Bauten, die für die Reichstagszwecke nötig wären, deshalb aus dem Etat des Innern genommen werden müßten, weil diesem Reichsamt allein die nötigen Bausachverständigen zu Gebote stünden. Außerdem bestände der Wunsch, bei solchen Ausgaben vor Aufstellung in den Etat das Reichsschatzamt und den Bundesrat zu hören, was ebenfalls die Notwendigkeit ergäbe, solche Summen in den Etat des Reichsamts des Innern einzustellen.

Das erste Argument ist an und für sich unzutreffend, da selbst das Reichsamt des Innern keine eigene Bauverwaltung besitzt, sondern auf der preußischen Verwaltung entnommene Sachverständige angewiesen ist (der Staatssekretär des Innern, Grafen Posadowsky, in der Sitzung vom 6. Februar 1902, S. 3968 D.).

Aber auch das andere Argument kann nicht von Bedeutung sein, da der Bundesrat an und für sich es in der Hand hat, Geldsummen, die vom Reichstag eingesetzt sind, bei der Etatbewilligung abzulehnen; im Reichsrecht existiert doch nicht wie im preußischen Staatsrecht die Notwendigkeit der en Bloc-Annahme eines vom Reichstag angenommenen Etats. Die ganze Frage spitzt sich nur dahin zu, ob den Reichsbehörden das Recht zustehen soll, die Frage der Zweckmäßigkeit von Ausgaben für den Reichstag im Wege der a d m i n i s t r a t i v e n Kontrolle (die parlamentarische Kontrolle des Bundesrats bleibt ja nach dem Obigen unversehrt bestehen) zu prüfen, und dieses Recht der administrativen Kontrolle wird man unbedingt ablehnen müssen, weil dies ein Eingriff in die Rechtsstellung des Reichstags, die nach Art. 27 der RV. gewährleistet ist, bedeuten würde. Der Reichstag hat den Standpunkt der Reichsregierung wiederholt abgelehnt. (Siehe z. B.: Sitzung vom 31. Januar, 1896. S. 681, S. 750.) Jedenfalls ist auch schon jetzt festzuhalten, daß die Reichsregierung, wie gesagt,sonst auf die Aufstellung des Hausetats keinen Einfluß nimmt und deshalb auch nicht die Zweckmäßigkeit von Ausgaben, die der Reichstag für die Zwecke der Reichstagsverwaltung machen will, in administrativem Wege nachprüfen kann. Der Bundesrat kann natürlich im Anschlusse an die Feststellung des Reichshaushalts nein sagen.

II. Teil.

Die Zusammensetzung des Reichstags.

IV. Abschnitt:

Wahlrecht und Wahlverfahren.

§ 32. Die geschichtlichen Grundlagen des Reichstagswahlrechts.

Daß nach Art. 20 RV. der Reichstag aus allgemeinen und direkten Wahlen mit geheimer Abstimmung hervorgeht, ist das kostbare Vermächtnis der Frankfurter Nationalversammlung[1]).

Zwar hatte schon vorher der vereinigte Landtag in Preußen für die zur Vereinbarung einer Verfassung einzuberufende preußische Nationalversammlung ein Wahlgesetz (vom 8. April 1848) genehmigt, wonach alle Preußen, die sechs Monate in einer Gemeinde wohnhaft waren und das 24. Lebensjahr vollendet hatten, sich im Vollbesitz der bürgerlichen Rechte befanden, für wahlberechtigt erklärt wurden und nur Personen der dienenden Klasse (Dienstboten, Handwerksgesellen, welche bei ihrem Meister Wohnung und Kost hatten) ausgeschlossen waren. Aber zwischen diesem, vom vereinigten Landtag genehmigten Wahlgesetz, das die geheime, aber indirekte Wahl einführte, und dem heutigen Reichstagswahlrecht besteht kein historischer Zusammenhang, wenngleich einzelne seiner Bestimmungen, wie die ähnlichen anderer deutscher Einzelstaaten in den Jahren 1848 und 1849[2]), wohl das von der Frankfurter Nationalversammlung beschlossene Reichswahlgesetz vom 12. April 1849 beeinflußt haben dürften.

Schon das Frankfurter Vorparlament, welches in der Zeit vom 31. März bis zum 4. April 1848 tagte, forderte das allgemeine Wahlrecht. Jeder volljährige, selbständige Staatsangehörige sollte wahlberechtigt und

---

[1]) Siehe darüber insbesondere F. Frensdorff, Die Aufnahme des allgemeinen Wahlrechts und das öffentliche Recht Deutschlands, Festgabe der Gött. Juristenfakultät für Ihering, 1892, S. 135 ff. und Georg Meyer, Das Parlamentarische Wahlrecht 1901, S. 174 ff. u. 235 ff. Vergleiche auch meinen Kommentar zum Reichswahlgesetze, Berlin-Leipzig 1915, wo die Entstehungsgeschichte ausführlich für jede Wahlrechtsnorm angegeben ist.

[2]) Über diese G. Meyer, a. a. O., S. 188 ff.

wählbar sein (siehe die offizielle Ausgabe der Verhandlungen des Vorparlaments von Jucho, Bd. I, S. 172). Der Bundestag erhob durch Beschluß vom 7. April diese Forderung des Vorparlaments zum Rechtssatz. Wenngleich nun ein Teil der Einzelstaaten infolge der Dehnbarkeit des Begriffes „Selbständigkeit" hie und da Einschränkungen an dem Grundprinzip des allgemeinen und gleichen Wahlrechts vornahm, so stand doch der größere Teil der Staaten treu zu jenem Grundprinzip. Die direkte Wahl fand nur in wenigen Staaten statt, im großen ganzen hielten die Staaten an dem indirekten Wahlverfahren fest. Zwar hatte das Vorparlament den Einzelstaaten die direkte Wahl empfohlen, der Bundesbeschluß vom 7. April aber diese Empfehlung weggelassen.

In der Frankfurter Nationalversammlung wurde in der Sitzung vom 15. Februar 1849 vom Verfassungsausschuß der Entwurf eines Wahlgesetzes vorgelegt. Berichterstatter war der Abg. Waitz, der im Namen des Ausschusses das direkte Wahlrecht verlangte, weil nur dieses die Idee der Repräsentation annähernd verwirkliche und das Interesse und Teilnahme der Wähler an der Wahl sichere. Jedoch verlangte der Berichterstatter im Namen des Verfassungsausschusses insofern eine Beschränkung des allgemeinen Wahlrechts, als der Begriff der Selbständigkeit eine Voraussetzung desselben bilden sollte. Nur müßte man ihn mehr präzisieren, da die bisherige Erfahrung gezeigt hätte, daß die Auslegung des Wortes bisher eine verschiedene gewesen sei. Als unselbständig sollten nämlich ausgeschlossen werden:

1. Personen, welche unter Vormundschaft oder Kuratel stehen oder über deren Vermögen Konkurs- oder Fallitzustand gerichtlich eröffnet worden ist, und zwar letztere während der Dauer dieses Konkurs- oder Fallitverfahrens,
2. Personen, welche Armenunterstützung aus öffentlichen Mitteln beziehen oder im letzten der Wahl vorhergegangenen Jahre bezogen haben,
3. Dienstboten,
4. Handwerksgehilfen und Fabrikarbeiter,
5. Tagelöhner (§ 2 des Entwurfs).

Danach wäre die große Masse der arbeitenden Bevölkerung von dem Wahlrecht ausgeschlossen worden (Abg. Löwe-Kalbe: „Sie machen die Arbeit zur Schande" [sten. Ber., herausgegeben von F. Wigard, VII, S. 5244]). Einer solchen gehässig scheinenden Maßregel widerstrebte die Majorität der Nationalversammlung, wobei vielleicht hinzukam, daß auch einzelstaatliche Gesetze der Jahre 1848/49, wie z. B. das oben genannte preußische Gesetz des vereinigten Landtags, sowie die preußische oktroyierte Verfassung vom 5. Dezember 1848 die Einführung eines jeden Zensus verworfen hatten. Der Antrag, in den Satz: „Wähler ist jeder unbescholtene Deutsche, welcher das 25. Lebensjahr zurückgelegt hat", das Wort „selbständig" aufzunehmen, wurde mit 422 gegen 21 Stimmen verworfen (sten. Ber., a. a. O., S. 5342). Ähnlich erging es ähnlichen, auf Beschränkung des allgemeinen Wahlrechts gerichteten Anträgen (sten. Ber., a. a. O., S. 5346 ff.). Das direkte Wahlrecht wurde mit 267 gegen 202 Stimmen zum Rechtssatz erhoben (sten. Ber., a. a. O., S. 5537).

Der Verfassungsausschuß der Nationalversammlung hatte sich für das öffentliche Wahlrecht, d. i. die Stimmgebung zu Protokoll, ausgesprochen (§ 13 des Entwurfs: „Die Stimme [muß] mündlich zu Protokoll abgegeben werden"). Dagegen war ein Minoritätsgutachten aus dem Schoße des Verfassungsausschusses, unterzeichnet von Ahrens, H. Simon, Wigard, Mittermaier u. a., erstattet, wonach das Wahlrecht durch Stimmzettel ohne Unterschrift ausgeübt werden sollte. Waitz sprach sein Verdammungsurteil des geheimen Wahlrechts mit den Worten aus: „Wir wollen aber nicht, daß sich jemand in den Mantel der Selbständigkeit hülle, dem sie vollständig abgeht, wir wollen nicht, daß jemand unter dem Schutz des Geheimnisses als selbständig auftrete, der nicht wagt, öffentlich seine Selbständigkeit an den Tag zu legen" (sten. Ber., a. a. O., S. 5491 f.).

In dieser Frage entschied das Plenum der Nationalversammlung gegen die Majorität des Verfassungsausschusses zugunsten des geheimen Wahlrechts mit 249 gegen 218 Stimmen (sten. Ber., a. a. O., S. 5534). Auch das direkte Wahlrecht wurde vom Plenum der Nationalversammlung mit 267 gegen 202 Stimmen (sten. Ber., a. a. O., VII, S. 5537) entsprechend dem Antrage des Verfassungsausschusses (sten. Ber., a. a. O., S. 5219 und S. 5221 f.) angenommen, trotzdem mehrere Anträge eingebracht waren, welche die indirekte Wahl mit der Unfähigkeit des Volkes in seiner großen Masse, geeignete Vertreter zu wählen, begründeten.

Gegenüber diesen Errungenschaften bedeutet das der Erfurter Unionsverfassung beigefügte Wahlgesetz (siehe Weil, Quellen und Aktenstücke der deutschen Verfassungsgeschichte, 1850, S. 204 ff.) einen Rückschritt, indem es sich für ein Dreiklassenwahlrecht, ein indirektes Wahlverfahren und die öffentliche Stimmabgabe zu Protokoll entschied (Wahlgesetz §§ 11, 15 f. u. 20). Nicht an dieses, sondern an das Reichswahlgesetz vom 12. April 1849 knüpfte Bismarck an, als er 1866 die Einigung des nördlichen Deutschlands unter preußischer Führung vornahm. Gegenüber den von Österreich und den deutschen Mittelstaaten geplanten Reformen, die u. a. auf Einrichtung einer aus Delegierten der einzelstaatlichen Vertretungskörper gebildeten Abgeordnetenversammlung abzielten, suchte die damalige Politik Preußens eine Volksvertretung zu schaffen, welche aus direkten Wahlen auf der Grundlage des allgemeinen Stimmrechts hervorging. Dies sollte den preußischen Absichten die Popularität verschaffen, welche das Frankfurter Werk im Volke bereits besaß. Die preußischen Grundzüge vom 10. Juni 1866 verlangten, daß die künftige gesetzgebende Körperschaft nach den Bestimmungen des Reichswahlgesetzes vom 12. April 1849 zusammengesetzt sein sollte (Art. IV: „Die Nationalversammlung geht aus direkten Wahlen hervor, welche nach den Bestimmungen des Reichswahlgesetzes vom 12. April 1849 vorzunehmen sind"). Die Augustbündnisse des Jahres 1866 verpflichteten die sich verbündenden Regierungen, Wahlen zu einem Parlament anzuordnen, welches in Verbindung mit den von den Regierungen nach Berlin zu entsendenden Bevollmächtigten eine Bundesverfassung nach Maßgabe der Grundzüge vom 10. Juni 1866 feststellen sollte. Dieses Parlament sollte aus Wahlen hervorgehen, deren Grundlage einzelstaatliche Gesetze sein sollten, die sich an das Reichswahlgesetz vom 12. April 1849 als Vorbild zu halten hätten (Art. V des Bündnisvertrags zwischen Preußen und den in den Norddeutschen Bund eintretenden Staaten [Glasers Archiv des Norddeutschen Bundes, Bd. I, S. 78 ff.]).

Bei der Beratung der Verfassung des Norddeutschen Bundes stand man demnach vor gegebenen Verhältnissen, die man nicht rückwärts revidieren konnte. Bei der Beratung des Art. 20 dieser Verfassung, welche im wesentlichen dem heutigen Art. 20 der Reichsverfassung entspricht, führte diesen Gesichtspunkt der Abg. Meyer-Thorn mit den Worten aus (sten. Ber. des Norddeutschen Bundes, Sitzung vom 28. März 1867, S. 431): „Es liegt ja nicht die Frage vor, ob wir das allgemeine direkte Wahlrecht einführen wollen, sondern die Frage liegt so, ob wir es abschaffen wollen und, meine Herren, es abschaffen, das glaube ich, können wir in diesem Augenblick nicht." Stand demnach der verfassungsgebende Reichstag des Norddeutschen Bundes gewissermaßen vor einer g e g e b e n e n Tatsache, so bedeuten die von den Abgeordneten damals für das allgemeine direkte Wahlrecht ausgesprochenen Meinungen gewissermaßen nur die Umrahmung eines in der Hauptsache schon feststehenden Bildes. Nur vereinzelt finden sich gegnerische Meinungen, so z. B. die des Abg. v. Below, der durch das allgemeine und direkte Wahlrecht die ganze Bundesverfassung gefährdet glaubte, und des Abgeordneten v. Sybel, der empfahl, an die Stelle des allgemeinen und direkten Wahlrechts ein Wahlrecht nach dem Muster des preußischen Dreiklassensystems zu setzen (siehe sten. Ber., a. a. O., S. 422 ff. und S. 426 ff.). Durchschlagend für die Beibehaltung des allgemeinen und direkten Wahlrechts war aber die Argumentation Bismarcks, der ausführte (sten. Ber., a. a. O., S. 429): „Das allgemeine Wahlrecht ist uns gewissermaßen als ein Erbteil der Entwicklung der deutschen Einheitsbestrebungen überkommen; wir haben es in der Reichsverfassung gehabt, wie sie in Frankfurt entworfen wurde; wir haben es im Jahre 1863 den damaligen Bestrebungen Österreichs in Frankfurt entgegengesetzt, und ich kann nur sagen: ich kenne wenigstens kein b e s s e r e s Wahlgesetz. Es hat ja gewiß eine große Anzahl von Mängeln, die machen, daß auch dieses Wahlgesetz die wirklich besonnene und berechtigte Meinung eines Volkes nicht vollständig photographiert und en miniature wiedergibt, und die verbündeten Regierungen hangen an diesem Wahlgesetz nicht in dem Maße, daß sie nicht jedes andere akzeptieren sollten, dessen Vorzüge vor diesem ihnen nachgewiesen werden."

Gegenüber dem lautgewordenen Wunsch, das preußische Dreiklassenwahlrecht als das „bessere" anzusehen, sprach damals Bismarck die denkwürdigen Worte aus: „Etwa das preußische Dreiklassensystem? Ja, meine Herren, wer dessen Wirkung und die Konstellationen, die es im Lande schafft, etwas in der Nähe beobachtet hat, muß sagen, ein widersinnigeres, elenderes Wahlgesetz ist nicht in irgendeinem Staate ausgedacht worden . . ."

Eine Rückwärtsrevision des bisherigen Wahlrechts sei schon aus dem Grunde unzulässig, weil in jedem Zensus eine Härte liege, „die am fühlbarsten wird, wo dieser Zensus abreißt, wo die Ausschließung anfängt". Diese Unmöglichkeit, die Zensusgrenze an einem Punkte zu fixieren, wenn man bereits den Genuß des allgemeinen Wahlrechts empfunden hat, ist die ewige Wahrheit politischen Raisonnements, die Bismarck hier hervorhebt, und die jeden Gedanken einer Beschränkung des allgemeinen und direkten Wahlrechts für alle Zukunft verhindern sollte.

Für die Einführung des geheimen Wahlrechts sprach sich Bismarck nicht aus. Wir wissen aus seinen Gedanken und Erinnerungen (Bd. II, S. 59[1])), daß er kein Freund desselben war. Der Art. XXI des Entwurfs entsprechend dem Art. 20 der Verfassung des Norddeutschen Bundes sprach auch nur vom allgemeinen und direkten Wahlrecht, nicht vom geheimen. Dieses kam erst durch ein Amendement Fries in die Verfassung des Norddeutschen Bundes und lautete: es möge hinter die Worte direkte Wahl eingeschaltet werden „mit geheimer Abstimmung" (sten. Ber., a. a. O., S. 414). Dieses Amendement wurde auch angenommen, trotzdem das alte Argument, das wir in der Frankfurter Nationalversammlung aus dem Munde des Abg. Waitz gehört hatten, nun wiederkehrte. Durchschlagend aber war das, was der Abg. Fries zur Widerlegung der Theorie vom „moralischen Mut" ausführte: „Wohl weiß ich, meine Herren, daß man vielfach entgegengehalten hat, es solle derjenige, der politisch tätig ist, auch wirklich den Mut haben, seine politische Überzeugung offen kundzugeben, und deshalb solle insbesondere auch die Wahl eine öffentliche sein. Ja, meine Herren, wenn wir es damit zu tun hätten, ein Gesetz zu geben für eine ideal gedachte Bevölkerung unter ideal gedachten Lebensverhältnissen, dann, meine Herren, wollte ich diesem Einwurf seine volle Berechtigung zugestehen. Aber, meine

[1]) S. auch: H. Hoffmann, Fürst Bismarck 1890—98, Stuttgart, Berlin, Leipzig 1913, II. S. 269.

Herren, so steht die Frage für uns nicht; wir haben das Wahlgesetz zu geben für die Bevölkerung des Norddeutschen Bundes, für eine Bevölkerung mit ihren bestimmten vorhandenen Vorzügen und Gebrechen. Wir haben es zu vollziehen unter den bestimmten gegebenen sozialen, politischen und nationalen Verhältnissen, in welchen die Personen leben, für welche wir das Gesetz zu erlassen haben. Und, meine Herren, unter diesen tatsächlich gegebenen Verhältnissen kommen wir doch mit dem gedachten Einwurf nicht aus, es müsse jeder mutig seine Meinung bekennen."

Das indirekte Wahlrecht fand auch im konstituierenden Reichstag Verteidiger. Insbesondere war es der Abg. v. Sybel, welcher das alte, aus der Frankfurter Nationalversammlung bekannte Argument von der Unfähigkeit des Volks, geeignete Vertreter auf direktem Wege zu bestellen, wieder vorbrachte (Sitzung vom 28. März 1867, S. 428). Bismarck wies demgegenüber auf die Tatsache hin, daß indirekte Wahlen dazu führen könnten, ein falsches Bild von der jeweils im Volke herrschenden Wahlstimmung zu liefern, sodann aber kam der großartige Optimismus zum Durchbruch, der diesen Staatsmann stets beherrschte, wenn er von der deutschen Nation als Einheit sprach (Sitzung vom 28. März 1867, S. 429): „Dann habe ich stets in dem Gesamtgefühl des Volkes noch mehr Intelligenz als in dem Nachdenken des Wahlmannes bei dem Aussuchen des zu Erwählenden gefunden ... ich habe den Eindruck, daß wir bei dem direkten Wahlrecht bedeutendere Kapazitäten in das Haus bringen, als bei dem indirekten. Um gewählt zu werden bei dem direkten Wahlrechte, muß man in weiteren Kreisen ein bedeutenderes Ansehen haben, weil das Gewicht der lokalen Gevatterschaft bei den Wählern nicht so zur Hebung kommt wie in den ausgedehnteren Kreisen, auf die es bei direkter Wahl ankommt."

So ist das allgemeine, direkte und geheime Wahlrecht des Reichstags entstanden. Die Verfassung des Norddeutschen Bundes enthielt im Art. 20 nur die eben genannten drei Fundamentalprinzipien und überließ ihre Regelung einem besonderen Wahlgesetz. Dieses erging auch am 31. Mai 1869 (Bundesgesetzblatt, S. 145) und ist noch heute in Kraft. Es schließt sich im wesentlichen den Bestimmungen des Reichswahlgesetzes vom 12. April 1849 an. In den Verträgen mit den süddeutschen Staaten von 1870[1]) wurde seine Geltung auch auf diese ausgedehnt. Das Reichsgesetz vom 25. Juni 1873 (RGbl. S. 161, § 6) verfügte seine Geltung für Elsaß-Lothringen, und ein Reichsgesetz vom 15. Dezember 1890 (RGBl. S. 207 § 4) ordnete seine Geltung für Helgoland an. Außer dem Wahlge-

[1]) Vertrag vom 15. Nov. 1870 zwischen dem Nordd. Bund einer-, Baden und Hessen (für die südlich des Mains gelegenen Gebietsteile) andererseits: Art. 80 der Vertragsbeilage; Vertrag vom 25. November 1870 mit Württemberg, worin der vorhin genannte Art. 80 aufgenommen wird; Vertrag vom 23. Nov. 1870 (II, § 10) mit Bayern.

setz bildet das zur Ausführung desselben erlassene Wahlreglement die wichtigste Rechtsquelle unseres heutigen Reichswahlrechts. Das Wahlreglement, das noch heute gilt, ist am 28. Mai 1870 ergangen (Bundesgesetzblatt, S. 275). Es hat einige Modifikationen erfahren, die sich teils auf Abgrenzung der Wahlkreise[1]), teils auf die Einführung der Isolierzelle und Stimmkuverts[2]) und auf die Einführung der Form und Maßverhältnisse der Wahlurne[3]) beziehen. Dieses Wahlreglement stellt sich formaljuristisch als eine Ausführungsverordnung zum Wahlgesetz dar. Aber sie hat das Eigentümliche, daß sie ohne Zustimmung des Reichstags nicht abgeändert werden kann (§ 15 des Reichswahlgesetzes). Dadurch wird der politische Effekt erzielt, daß jedes Wahlreglement eigentlich, politisch genommen, ein Gesetz ist, dessen Initiative aber der Machtvollkommenheit des Reichstags entrückt erscheint. Die Entstehungsgeschichte dieses § 15 bestätigt die vorgetragene Auffassung. Ein § 13 der Regierungsvorlage bestimmte, daß der Bundesrat das Wahlverfahren ordne, soweit dasselbe nicht durch das vorliegende Gesetz festgestellt werde, und zwar durch ein einheitliches, für das ganze Bundesgebiet gültiges Wahlreglement. Ein solches Wahlreglement zur ergänzenden Ausführung eines Wahlgesetzes entsprach preußischem Muster, nur daß in Preußen das Staatsministerium zum Erlasse des Wahlreglements ermächtigt ist (§ 32 der Verordnung vom 30. Mai 1849, GS. 205). Zu diesem § 13 brachten die Abgeordneten Lasker und v. Hoverbeck das Amendement ein, daß das vom Bundesrat erlassene Wahlreglement nur durch ein Bundesgesetz abgeändert werden sollte (Dr. d. Reichstags 1869, Nr. 56, S. 177). Der Regierungsvertreter wendete dagegen (siehe Sitzung vom 2. März 1869, S. 197) ein, daß es sich bei den Veränderungen des Wahlreglements mitunter um ganz minutiöse und unwichtige Dinge handelte, für welche der Apparat der Bundesgesetzgebung zu schwerfällig sei. Man sollte doch dem Bundesrat Vertrauen schenken, daß er diejenigen Bestimmungen, welche sich in der Praxis als nicht zweckmäßig erwiesen, ebensogut wieder beseitigen würde, wie er sie vorher aufgestellt hätte. Demgegenüber führte einer der Antragsteller, Freiherr von Hoverbeck, aus, daß jede Versammlung die Art ihrer Zusammensetzung kontrollieren müsse, demnach auch alle Veränderungen, welche in dem Wahlverfahren eintreten könnten. Er schränkte aber schon damals den Sinn des Antrags in der Weise ein, daß er nur forderte, die Abänderungen des Wahlreglements sollten „nur mit unserer Genehmigung" vorgenommen werden können. Und der

[1]) Hierher gehören RGbl. 1870, S. 488; Bek. vom 18. Febr. 1871, RGbl., S. 35; Bek. vom 1. Dez. 1873, RGbl., S. 373; Bekanntmachung vom 16. Mai 1891, RGbl., S. 111. Über die Abänderung einzelner Wahlkreise s. weiter unten § 36 II.

[2]) Bek. vom 28. April 1903 (RGbl. S. 202).

[3]) Bek. vom 4. Juni 1913 (RGbl. S. 314).

Abg. Lasker bestätigte dies mit den Worten (a. a. O., S. 197): „In Wahrheit ist also die Forderung eines Gesetzes nichts weiter als der Vorbehalt, daß nötig erscheinende Abänderungen unserer Zustimmung unterworfen werden." Wenngleich trotzdem der Antrag Lasker und Genossen bei dieser zweiten Beratung des Wahlgesetzes fiel, so wurde er dennoch von den Antragstellern in einer ihrer eigentlichen Absicht näherstehenden Weise wieder aufgenommen, bei der dritten Beratung (Sitzung vom 13. Mai 1869, S. 979). Jetzt lautete er: „Dasselbe (nämlich Wahlreglement) kann nur unter Zustimmung des Reichstags abgeändert werden." Nun erfolgte die Annahme des Amendements Lasker mit „erheblicher Majorität". Daraus folgt, daß die Initiative zu Abänderungen des Wahlreglements von der Regierung auszugehen hat. Hat sie aber solche einmal ergriffen, so liegt darin zugleich die Ermächtigung an den Reichstag, zu den von der Regierung vorgeschlagenen auch seinerseits Abänderungen in Vorschlag zu bringen. Das Monopol der Gesetzinitiative schließt nicht das Amendementmonopol ein[1]).

§ 33. Voraussetzungen des aktiven Wahlrechts.

Das Wahlgesetz schreibt eine Reihe von Voraussetzungen vor, welche in der Person des Wählers erfüllt sein müssen, damit derselbe sein Wahlrecht ausübe. In der Literatur wird der größte Teil derselben, ausgenommen die Wohnsitzvoraussetzung, zuweilen als Wahlfähigkeit bezeichnet (so z. B. Seydel in Hirths Annalen 1880, S. 359 ff.). Diese Voraussetzungen des Wahlrechts begründen es an und für sich noch nicht. Hinzukommen muß noch die Eintragung in die Wählerliste. Jene sind gewissermaßen nur der titulus, während die Eintragung in die Wahlliste den modus aquirendi darstellt. Als solche Voraussetzungen des aktiven Wahlrechts nennt das Gesetz (§ 1 WG. = Wahlgesetz) die Reichsangehörigkeit, männliches Geschlecht, eine am Wahltage[2]) erreichte Vollendung des 25. Lebensjahrs. Dazu kommt noch (§ 7 WG.) der Wohnsitz im Wahlbezirke zur Zeit der Wahl oder, falls eine Gemeinde in mehrere Wahlbezirke geteilt ist, der Wohnsitz in einem derselben zur Zeit der Wahl.

---

[1]) So richtig der Abg. Gröber in der Sitzung vom 21. April 1903, S. 8923 f. gegen die Ausführungen des Staatssekretärs Graf v. Posadowsky-Wehner, a. a. O., S. 8915. Die Berufung des Staatssekretärs auf Laband, Staatsrecht I[5], S. 302 f. geht fehl, da Laband wohl von den Verordnungen, die der nachträglichen Genehmigung des Reichstages unterliegen, sagt, sie müßten pure, d. h. ohne Abänderungen angenommen oder verworfen werden, nicht aber von den Verordnungen, die der vorgängigen Genehmigung bedürfen, wie die Abänderungen des Wahlreglements. Daß diese nur pure angenommen oder verworfen werden müßten, sagt Laband mit keiner Silbe.

[2]) Siehe: Reger, Entsch. VIII, S. 181; XII, 198, Verh. d. RT. vom 14. Mai 1879, S. 1188. (Wahl Mosle: Berichterstatter Fr. v. Fürth.); Erklärung des Regierungsvertreters D. RT., Nr. 723 ca. 1895—97, S. 3839. Aus neuester Zeit D. RT., Nr. 1278 ex 1912/14. S. 7. (Wahl v. Liebert).

In der Praxis des Reichstags hat unter den genannten Voraussetzungen bloß die zuletzt genannte des Wohnsitzes Anlaß zu Kontroversen und Schwierigkeiten gegeben und bedarf hiernach ausführlicher Erörterung.

Zunächst ist festzustellen, daß für die hier in Frage kommenden öffentlichen Verhältnisse nicht der Wohnsitzbegriff des BGB. in Betracht kommen kann. Nach der von der Kommission in dem Plenum des Reichstags bisher geübten Praxis ist Wohnsitz im Sinne des Wahlgesetzes auch dann anzunehmen, wenn die Voraussetzungen des Wohnsitzes nach bürgerlichem Recht nicht vorliegen (Dr. Reichstags Nr. 142 ex 1898/1900, S. 1143). Zur Bestimmung des öffentlichen Wohnsitzes, der hier in Frage kommt, kann nur vorbildlich sein eine Wohnsitzdefinition, welche bei anderen öffentlich-rechtlichen Verhältnissen in Betracht kommt, und dazu empfiehlt sich insbesondere die Bestimmung der Zivilprozeßordnung (§ 20):

„Wenn Personen an einem Orte unter Verhältnissen, welche ihrer Natur nach auf einen Aufenthalt von längerer Dauer hinweisen, insbesondere als Dienstboten, Hand- und Fabrikarbeiter, Gewerbegehilfen, Studierende, Schüler oder Lehrlinge sich aufhalten, so ist das Gericht des Aufenthaltsortes für alle Klagen zuständig, welche gegen die Personen wegen vermögensrechtlicher Ansprüche erhoben werden."

Auf diesen Standpunkt stellt sich auch die Praxis des Reichstags (Dr. RT., Nr. 166 ex 1879, S. 1347). Darnach genügt schon der längere Aufenthalt an einem Orte und unterscheidet sich dadurch vom Wohnsitz im Sinne des bürgerlichen Rechts, daß er nicht wie dieser letztere den Vereinigungspunkt des häuslichen Lebens und der gesamten bürgerlichen Beziehungen einer Person zu bilden braucht[1]). Deshalb genügt auch zur Begründung des Wahlrechtswohnsitzes der Besitz einer Schlafstelle, wenngleich der bürgerliche Wohnsitz an einem anderen Orte gegeben ist (Dr. RT. 122 ex 1896). Diese erleichternde Begriffsbestimmung des Wahlrechtswohnsitzes gegenüber dem bürgerlichen Wohnsitz kommt auch jenen Personen zugute, welche man als sogenannte Saisonarbeiter (Landarbeiter, Kellner u. a. m.) zusammenfaßt. Das sind Personen, welche an einem Orte nicht bleibenden Wohnsitz nehmen wollen, da derselbe bloß der Ort ihres Arbeitsverdienstes ist und sie infolgedessen sich an diesem mitunter längere Zeit, z. B. fünf bis sechs von sieben Tagen der Woche aufhalten müssen, während sie für ihren eigentlichen bürgerlichen Wohnsitz nur eine viel geringere Zeit zur Verfügung haben. Der Reichstag hat nun in der Praxis diesen Saisonarbeitern das Wahlrecht an ihrem Beschäftigungsort eingeräumt (Dr. RT. 214 u. 542 ex 1898/1900, Dr. 273 u. 591 ex 1898 1900, Dr. 142 ex 1898/1900, Dr. 627 ex 1898/1900).

[1]) Siehe die Definition des bürgerlichen Wohnsitzes bei Endemann, Lehrbuch des bürgerlichen Rechts I[9], S. 158.

Daraus ergibt sich natürlich die Möglichkeit mehrfacher Wahlrechtswohnsitze, nämlich desjenigen am Beschäftigungsort und desjenigen am bürgerlichen Wohnsitz. Gegenüber dem Einwand, daß auf diese Weise leicht ein Wahlmißbrauch durch Ausübung mehrfachen Stimmrechts stattfinden könne, muß auf die Bestimmung des § 7 WG., wonach jeder nur an einem Orte wählen darf, wenngleich er auch in die Wählerlisten verschiedener Orte eingetragen ist, und die entsprechende strafgesetzliche Sanktion, welche die Ausübung mehrfachen Stimmrechts für ein und dieselbe Wahl verhindert, hingewiesen werden (Dr. RT., Nr. 627 ex 1898/1900, S. 3774).

Die Praxis des Reichstags geht ferner dahin, für den Fall des doppelten Wahlwohnsitzes und der Eintragung in die Wählerliste verschiedener Wahlbezirke die Ausübung des Wahlrechts bei der Hauptwahl an dem einen und die bei der Stichwahl an dem anderen Wahlwohnsitze für zulässig zu erachten (Dr. RT., Nr. 718 ex 1912-14, S. 928 sub 39).

Immerhin muß es sich um einen Aufenthalt von längerer Dauer handeln. Ein zufälliger Aufenthalt oder ein vorübergehender Aufenthalt, wo die Verhältnisse, unter denen er genommen ist, ihrer Natur nach nicht auf längere Dauer hinweisen, z. B. Geschäftsreisende, Passanten, die zum Vergnügen reisen u. a. m., werden wohl einen Wahlrechtswohnsitz im angeführten Sinne nicht begründen können.

Das Gesetz (WG. § 7) schreibt ausdrücklich vor, daß eine notwendige Voraussetzung des Wahlrechts und seiner Ausübung der Wohnsitz im Wahlbezirk zur Zeit der Wahl sei. Trotz dieser deutlichen gesetzlichen Bestimmung hält sich die Praxis des Reichstags in zwei Fällen nicht daran: der eine Fall läßt sich rechtfertigen, der andere nicht. Der eine Fall ist der, wo die Wähler, die zur Zeit der Hauptwahl ihren Wohnsitz im Wahlbezirk hatten, aus demselben verziehen. Sie werden in der Stichwahl, wenn solche eventuell notwendig wird, zur Wahl am Orte ihres früheren Wohnsitzes zugelassen (siehe Dr. RT., Nr. 470 ex 1890/92, S. 2755; ferner Dr. RT. Nr. 286 ex 1897/98). Dies läßt sich allerdings aus dem Grunde rechtfertigen, weil Hauptwahl und Stichwahl ein Ganzes darstellt und der Wortlaut des Gesetzes „zur Zeit der Wahl“ eben Haupt- und Stichwahl umfaßt.

Weniger unbedenklich ist aber die neuestens von der Wahlprüfungskommission gefällte (siehe Dr. RT., Nr. 1166 ex 1912/13) und vom Plenum angenommene (Sitzung vom 10. Dezember 1913, S. 6308) Entscheidung, daß die in die Wählerliste eingetragenen Wähler bei einer Nachwahl (nicht Stichwahl!) zur Ausübung des Wahlrechts an ihrem früheren Wohnsitz berechtigt sind, trotzdem sie denselben inzwischen anderswohin verlegt haben, wenn nur die Voraussetzungen des § 8 Abs. 3 zutreffen, d. i. wenn es sich um einzelne Neuwahlen innerhalb eines Jahres nach der letzten allgemeinen Wahl handelt, bei denen es einer neuen Aufstellung und Auslegung der Wahlliste nicht bedarf. Die frühere Praxis des Reichstags und seiner Wahlprüfungskommission war schwankend. Eine Entscheidung der Wahlprüfungskommission des Jahres 1885 (Dr. Nr. 72 in Verbindung mit Dr. RT. 1881/82, Nr. 106) sprach sich für die Zuerkennung des Wahlrechts an die in Frage kommenden Personen aus, während im Jahre 1889 sowohl die Wahlprüfungskommission, als auch das Plenum des Reichstags (siehe Dr. 142 ex 1888/89 und Reichstagsverhandlungen 1889, S. 1438) sich auf den entgegengesetzten Standpunkt stellte. Als die Frage anläßlich eines bestimmten Falls (Wahl des Abgeordneten Zimmermann) von der Wahlprüfungskommission gleichfalls in ablehnendem Sinne entschieden wurde, stellt im Plenum (Sitzung vom 28. März 1906), wo die Sache nochmals erörtert wurde, der Abgeordnete Gröber den Antrag, den Streitpunkt der Wahlprüfungskommission zur schleunigen Prüfung zu überweisen, wobei verlangt wurde, daß diese Kommission jene Frage generell erledige. Der Antrag fand nahezu einstimmige Annahme, gelangte aber infolge Schlusses der Session nicht einmal zur Beratung innerhalb der Wahlprüfungskommission. Letztere trat aber aus eigener Initiative 1913 in die Erörterung der Frage und entschied unter Zuziehung eines Regierungsvertreters, der sich übrigens gegen die Auffassung der Wahlprüfungskommission aussprach, in dem oben angeführten Sinne. Die Entscheidung der Wahlprüfungskommission und des Plenums, wie sie jetzt vorliegt, wäre nur dann zu rechtfertigen, wenn man den Begriff „zur Zeit der Wahl" so weit dehnt, daß man auch die Vorbereitungshandlungen dieser Wahl, nämlich die Anlegung der Wählerliste als Bestandteile der Wahlhandlung auffaßt, wie dies auch die Wahlprüfungskommission (a. a. O., S. 6) tat. Daß die Vorbereitungshandlungen von der Wahlhandlung im technischen Sinne zu scheiden sind, wird weiter unten noch dargelegt werden. Schon aus diesem Grunde ist die Entscheidung der Wahlprüfungskommission anfechtbar. Dazu kommt aber noch folgende Erwägung. Wollte man den hier in Frage kommenden Personen das Wahlrecht trotz ihres Wegziehens an ihrem früheren Wohnsitz zuerkennen, so würde dies die Tatsache mit einschließen, daß die Eintragung in die Wählerliste die juristische Natur eines Formalakts erlangt, der so lange gilt, bis eine neue Wählerliste angelegt ist. Eine solche Natur hat aber, wie wir noch weiter unten sehen werden (siehe §37III Wählerliste), die Eintragung in die Wählerliste nur in jenen Ländern, wo diese letztere selbst als permanente eingeführt ist. Solche permanente Wählerliste war auch im Entwurf unseres gegenwärtigen Wahlgesetzes geplant (siehe § 9 des Entwurfs, Dr. Nr. 17 ex 1869). Damals wurde auch für den Fall der Einführung von permanenten Listen die nötige Konsequenz für unsere Frage vom Abg. Friedenthal (Reichstagsverhandlungen vom 20. März 1869, S. 189) gezogen: „Wir wollen die permanente Wählerliste, weil wir darin einen Vorteil sehen . . . Wir können aber nicht diese permanente Liste möglicherweise viele Monate nachher unrektifiziert zur Grundlage der einzelnen Wahl machen, weil wir dadurch denjenigen Wahlberechtigten, welcher innerhalb dieser Monate in dem Wahlorte zuziehen, das Wahlrecht nehmen." Im Plenum bei Beratung des Entwurfs wurde Widerspruch gegen die permanente Liste erhoben und an Stelle derselben auf Grund eines Antrags von Lasker mit Zusatzanträgen von Dr. Baehr und Evelt, die jetzt in Geltung stehende, nicht permanente in § 8 WG. zum Rechtsinstitut erhoben. Daraus folgt — und die Praxis des Reichstags ist auch, wie wir noch sehen werden, stets auf dem Standpunkt geblieben — daß die Eintragung in die Wählerliste ohne Vorhandensein der notwendigen Voraussetzungen keinen Rechtstitel zur Ausübung des Wahlrechts schaffen könnte[1]), die Eintragung in die Wählerliste also kein Formalakt sei. Warum sollte nun dies im allgemeinen festgehaltene Prinzip für die oben erörterte Frage, also für einen Einzelfall, durchbrochen werden? Nur politische Gründe oder Zweckmäßigkeitserwägungen könnten dafür sprechen, und in der Tat beruft sich die Wahlprüfungskommission auf solche. (Dr. RT. 1166 ex 1912/13, S. 4: „Eine nachträgliche Aufnahme solcher Wahlfähiger, die neu zugezogen sind, ist zweifellos unzulässig; würde man nun auch Wahlfähige, die inzwischen ihren Wohnsitz verlegt haben, des Wahlrechts für die Nachwahlen berauben, so würde unter Umständen in Wahlkreisen, in denen zeitweise große Abwanderungen stattfinden, die Zahl der Wahlberechtigten dezimiert werden.") Solche politische Erwägungen können aber nicht geltendes Recht schaffen, um so mehr als, wie noch weiter unten[2]) zu zeigen sein wird, eine Neuauslegung inzwischen inkorrekt gewordener Listen auf alle Fälle vorgenommen werden darf.

Beim Wahlwohnsitze, wie bei der Begründung des bürgerlichen Wohnsitzes, muß der sog. Animus domiciliandi hinzukommen. Der Wähler muß bei Begründung des Wahlwohnsitzes die freie Selbstbestimmung haben. Durch Aufenthalt im Gefängnis oder durch Erfüllung der militärischen Dienstpflicht wird kein Wahlwohnsitz begründet. Anders liegt die Sache, wenn nicht ein juristischer, sondern bloß ein wirtschaftlicher Zwang die freie Selbstbestimmung ausschließt. Dann kann ein Wahlwohnsitz begründet werden. Daran hat auch der Reichstag in der Praxis festgehalten (Dr. RT., Nr. 122 ex 1890/91, S. 707), daß Personen, welche infolge ihrer Tätigkeit oder elementarer Zufälle auf den Wechsel des Wohnsitzes angewiesen sind, ihr Wahlrecht am Ort ihres tatsächlichen Aufenthalts ausüben dürfen. So sind z. B. Weichselschiffer, welche infolge elementarer Zufälle an einem anderen Orte als an ihrem bürgerlichen Wohnorte mit ihren Kähnen

[1]) Siehe z. B. aus neuester Zeit Bd. 246, D. RT., S. 4476, 4499, 4504; Bd. 252, S. 7187.
[2]) Siehe § 42 Stichwahl und partielle Neuwahl.

überwintern müssen, an diesem tatsächlichen Aufenthaltsort für wahlberechtigt erklärt worden (Dr. RT., a. a. O.). Aus demselben Grunde muß die Frage, ob Patienten einer Heilstätte, die in einem Genesungsheim von seiten der Organe der Arbeiterversicherung untergebracht sind, am Orte der Heilstätte wählen dürfen, bejaht werden und ist vom Reichstag wiederholt bejaht worden (siehe Dr. RT. 770 ex 1905/06, S. 4455 Dr. RT. 1807 ex 1912/13 und Reichstagsverhandlungen dazu vom 3. April 1913, S. 4464 ff.).

§ 34. Das Ruhen des Wahlrechts.

Mit diesem wenig glücklichen Ausdruck bezeichnet das Wahlgesetz (§ 2) die Wahlrechtsverhältnisse der Personen des Soldatenstandes, des Heeres und der Marine, und unterscheidet dieses Ruhen von dem Ausschluß der Wahlfähigkeit, von dem es im § 3 handelt.

Ein juristisch bedeutsamer Unterschied zwischen beiden kann nicht anerkannt werden[1]). Der Hauptgrund des Ausschlusses der Personen des Soldatenstandes, solange sie sich bei der Fahne befinden, liegt, wie dies aus den Reichstagsverhandlungen (Sitzung vom 19. März 1869, S. 158 ff.) hervorgeht, in der Tatsache, daß man den Soldaten von der politischen Agitation fernhalten wollte. Es sollten Zustände, wie sie in anderen Ländern vorgekommen sind, vermieden werden, „wo die Armee nicht die Schutzwehr gegen die Revolution ist, sondern nur diese aus der Armee hervorgeht“ (Moltke, Sitzung a. a. O., S. 161). Das Reichswahlgesetz vom 12. April 1849 (Art. IV) und das preußische Recht der Verordnung vom 30. Mai 1849 (§ 9) erkannten das Wahlrecht der Militär-

---

[1]) a. A. Laband, D. St. I, S. 311, der den Unterschied in die Formel quoad exercitium und quoad jus verlegt. Bei dem Ruhen des Wahlrechts sei die Berechtigung zum Wählen quoad jus vorhanden, sie fehle quoad exercitium, während bei den von der Wahlfähigkeit Ausgeschlossenen die Berechtigung sowohl quoad exercitium als auch quoad jus fehle. Eine praktische Bedeutung hat dieser Unterschied im großen und ganzen nur in Ländern, wo eine permanente Wählerliste eingeführt ist (z. B. Frankreich, Italien). Da bedeutet das „Ruhen“ des Wahlrechts, daß auch die aktiven Soldaten in die Wählerliste ihres bürgerlichen Wohnsitzes eingetragen werden und dann sofort nach Entlassung von der Fahne wählen dürfen. Die Terminologie unseres Wahlgesetzes im § 2 rührt daher, daß die Regierung ursprünglich die permanente Wählerliste vorschlug, das Plenum sie verwarf (s. oben S. 274 f). Bei der Redaktion des Gesetzes im Plenum vergaß man den § 2 im Sinne der nicht permanenten Wählerliste anders zu fassen. Dies ist also der Grund, weshalb der Ausdruck „ruhen“ verwendet wurde, nicht der von Seydel Hirths Annalen 1880, S. 359[5] f weithergeholte Umstand, „daß man den Soldaten nicht mit den Personen des § 3 auf eine Bank setzen wollte.“ Es blieb der Ausdruck „ruhen“. Eine einzig praktische Konsequenz jenes Ausdrucks zieht § 1, Abs. 3 WR. Personen des Beurlaubtenstandes werden in die Wählerliste eingetragen, selbst wenn sie in dem Augenblick der Anlegung der Wählerlisten bei den Fahnen sind: fällt der Hemmungsgrund für die Ausübung ihres Wahlrechts weg, d. h. werden sie von den Fahnen wieder entlassen, so können sie gegebenenfalls sofort mitwählen.

personen schlechthin an. In vielen Ländern ist es aber gegenwärtig ausgeschlossen. So in Frankreich, in Ungarn, in einem Teil der Vereinigten Staaten mit gewissen Einschränkungen, in Österreich wie in Italien und andererorts.

Wenden wir uns der näheren Betrachtung der Bestimmungen des geltenden Reichsrechts zu, so sind (§ 49 des Reichsmilitärgesetzes) „die zum aktiven Heer gehörigen Militärpersonen mit Ausnahme der Militärbeamten" nicht wahlberechtigt. Militärbeamte[1]) haben demnach das Recht, zu wählen[2]). Hingegen sind vom Wahlrecht ausgeschlossen diejenigen Personen, welche zum aktiven Heer gehören, nämlich (§ 38 des Reichsmilitärgesetzes):

1. Die Offiziere, Ärzte vom Tage ihrer Anstellung bis zum Zeitpunkt ihrer Entlassung aus dem Dienste.

2. Die Kapitulanten vom Beginn bis zum Ablauf oder bis zur Aufhebung der abgeschlossenen Kapitulation.

3. Die Freiwilligen und die ausgehobenen Rekruten von dem Tage, mit welchem ihre Verpflegung durch die Militärverwaltung beginnt, Einjährig-Freiwillige von dem Zeitpunkt ihrer definitiven Einstellung in ihren Truppenteil an, sämtlich bis zum Ablauf des Tages ihrer Entlassung aus dem aktiven Dienst.

4. Die aus dem Beurlaubtenstande[3]) freiwillig eingetretenen Offiziere, Ärzte und Mannschaften, welche zu keiner der vorgenannten Kategorien gehören, von dem Tage, zu welchem sie einberufen sind bzw. vom Zeitpunkt des freiwilligen Eintritts an bis zum Ablauf des Tages der Entlassung.

Betreffs der Personen des Beurlaubtenstands war man bei der Beratung des WG. von 1869 im Reichstag schwankender Meinung. Gewichtige Stimmen wurden laut, diesen Personen, selbst wenn sie unter der Fahne sind, das Wahlrecht nicht zu entziehen. Es wurde ihnen vorwiegend mit Rücksicht auf die Undurchführbarkeit der Ausübung ihres Wahlrechts, solange sie bei der Fahne sind, nicht zugestanden. Man wies

---

[1]) Welche Beamten Militärbeamten sind, gibt die kaiserliche Verordnung vom 1. August 1908, RGbl. S. 483 an. Zahlmeister sind nach dieser Verordnung Militärbeamte, Zahlmeisteraspiranten jedoch Personen des Soldatenstandes, daher nicht wahlberechtigt (Drucks. RT. Nr. 286 ex 1897/98).

[2]) Nicht aber das Recht der Teilnahme an Wahlvereinen oder Wahlversammlungen (Ausg. § 49 Reichsmilitärgesetz); siehe auch D. RT. Nr. 1555 ex 1912—14.

[3]) Zum Beurlaubtenstande gehören 1. die Offiziere, Ärzte, Beamte und Mannschaften der Reserve, Landwehr und Seewehr; 2. die vorläufigen in die Heimat beurlaubten Rekruten und Freiwilligen vor Antritt ihres Dienstes (RMilG. § 34); 3. die bis zur Entscheidung über ihr ferneres Militärverhältnis zur Disposition der Ersatzbehörden entlassenen Mannschaften (§ 54 a. a. O.); 4. die vor erfüllter aktiver Dienstpflicht zur Disposition der Truppenteile beurlaubten Mannschaften; 5. die Mannschaften der Ersatzreserve und Ersatzmarinereserve (RMilG. § 56; G. vom 11. Februar 1888 — RGbl. 11 — Art. II, §§ 11, 20).

auf die Erfahrungen hin, die man in Preußen nach dem Wahlreglement für das preußische Abgeordnetenhaus mit dem Wahlrecht der Militärpersonen gemacht hatte (siehe die Ausführung des Regierungskommissars von Puttkamer, RTV. a. a. O., S. 162). Damals wurden in Preußen für den Fall, daß die zum Dienste einberufenen Mannschaften des Beurlaubtenstandes von ihrer Heimat entfernt waren, zu Wahlzwecken Extrakte aus den Urwählerlisten an den betreffenden Truppenteil geschickt, bei dem sie sich befanden. Da die Wahl zum Abgeordnetenhaus öffentlich ist, so füllte der eingezogene Mann die Wahlliste, die den Namen desjenigen Mannes, dem er seine Stimme geben wollte, aus, und dann wurde die Liste auf dem Postwege an die Heimatsbehörde zurückgeschickt. Schon dieses Verfahren zeigte insofern Unzuträglichkeiten, als es mitunter unausführbar war, und zwar deshalb, weil es bei dem der Zivilbehörde unbekannten Bewegungen der mobilen Truppen unmöglich war, irgendwelche Verantwortung dafür zu übernehmen, daß die Wahllisten rechtzeitig vor der Feststellung des Skrutiniums an den Wahlort zurückkehrten. Hätten sich schon diese Unzuträglichkeiten, so führte der Regierungskommissar aus, bei den öffentlichen Wahlen Preußens ergeben, so wäre bei Beibehaltung dieses Verfahrens der Stimmberechtigung von Personen des Beurlaubtenstands mit der Wahrung der geheimen Wahl geradezu unausführbar. „Sie können, so führte der Regierungskommissar aus, doch unmöglich für einen kleinen Bruchteil eines mobilen Truppenkörpers den ganzen Apparat der geheimen Wahl — einschließlich der Wahlurne, des Vorstehers und der Beisitzer — in Bewegung setzen, der nötig ist, um die geheime Wahl zu einer wirklichen geheimen zu machen, und selbst, wenn es ausführbar wäre, ein solches Wahlkollegium für den Truppenteil zusammenzustellen — was schon in disziplinarischer Beziehung sehr große Bedenken haben würde —, so müßten doch die abgegebenen Wahlzettel auf irgendeine Weise wieder auf geheimen Wege an den Ort der Heimat zurückkommen, also sie müßten verpackt werden, es müßte der Postlauf eintreten und sie müßten erst am Heimatsorte geöffnet werden. Ich glaube, daß dies Schwierigkeiten sind, die zwar die Möglichkeit der geheimen Wahl nicht absolut ausschließen, aber gewiß im eminentesten Grade zur Wahrscheinlichkeit machen, daß eine geheime Wahl in einem solchen Fall überhaupt nicht stattfinden kann." Personen des Beurlaubtenstandes wählen also nicht (§ 2 WG., § 49 in Verbindung mit § 38, Reichsmilitärgesetz). Sie werden aber jedenfalls in die Wählerliste an ihrem Wohnsitze eingetragen (§ 1, Abs. 3, WR.), um sofort nach ihrer Entlassung von der Fahne wählen zu können.

Auch soll die Militärbehörde das ihr zustehende Recht der jederzeitigen Einberufung von Personen des Beurlaubtenstands zur Fahne nur aus militärischen Rücksichten ausüben, keineswegs aber dazu mißbrauchen, um diese Personen ihres Wahlrechts verlustig gehen zu lassen. Diese Möglichkeit, die freilich in der Praxis mitunter gegeben scheint[1]), hielt Moltke bei der Beratung des Reichswahlgesetzes für so undenkbar, daß er sich auf eine Erörterung derselben gar nicht einlassen wollte (Sitzung vom 19. März 1869, S. 161). „Ich glaube kaum, den Einwand noch berühren zu sollen, daß die Regierung möglicherweise die Reserve einberufen würde, um einen Einfluß auf die Wahlen zu erzielen, um gewisse Stimmen ihnen zu entziehen."

Zu den Personen des Beurlaubtenstandes gehören auch (§ 56, Ziff. 4 des RMG.) die Personen, die vor erfüllter aktiver Dienstpflicht zur Disposition der Truppenteile beurlaubt sind. Auch sie besitzen das Wahlrecht, sofern sie nicht zur Fahne eingezogen sind. Zur Zeit der Entstehung des Wahlgesetzes waren diese damals sog. Königsurlauber nicht wahlberechtigt. „Sie befinden sich im aktiven Dienst, da ihre Verpflichtung ad nutum sich zu stellen, meistens sogar für eine ganz bestimmte Zeit ausgesprochen ist, und sie dürfen natürlich, auch wenn sie zu Hause sind, nicht wählen" (Regierungskommissar v. Puttkamer, a. a. O., RV., S. 161).

Die à la suite gestellten Offiziere und Ärzte sind, sofern sie nicht zum deutschen Heere bzw. zur kaiserlichen Marine gehören, nicht Militärpersonen im Sinne der Reichsgesetzgebung, also wahlberechtigt und wählbar. Doch sind sie dies jedenfalls nicht, wenn sie aus einer etatsmäßigen Friedensstelle Gehalt beziehen oder unter Stellung à la suite auf bestimmte Zeit — mit oder ohne Gehalt — beurlaubt sind. (Siehe Entschließung des Kgl. bayer. Staatsministeriums vom 27. Januar 1883, abgedruckt bei Fischer, Kommentar zum Wahlgesetz, S. 7, deren zutreffende juristische Grundlage auch außerhalb Bayerns Beachtung verdient.)

Die Landgendarmen wurden in der Praxis des Reichstags anfangs nicht für wahlfähig angesehen, wenn sie nach ihrer partikularrechtlichen Organisation zu den Personen des Soldatenstands gerechnet wurden. (Siehe Drucksachen RT. 180 ex 1880, S. 926 ff.; siehe auch die Erklärung des Reichskommissars v. Möller in Drucksachen Nr. 103 ex 1881, S. 601.)

---

[1]) Der Reichstag hält solche Fälle für unerhebliche Wahlprotestgründe (D. RT. Nr. 214 ex 1899, S. 1616 f.). Jedenfalls darf die Person des Beurlaubtenstandes am Tage der Kontrollversammlung nicht wählen, da sie nach der Rechtsprechung des Reichsmilitärgerichts (siehe Hamm, D. J. Z. 1913, S. 1358, Höpfner, D. Strafrechtszeitung 1914, S. 115) zum aktiven Heere gehört. Wenngleich diese Praxis des RMG. (früher auch des Reichsgerichts) von den angeführten Schriftstellern als im Gesetze nicht begründet angefochten wird, schließt doch die Reichstagspraxis jene Personen vom Wahlrecht aus (D. RT. Nr. 1638, S. 3), wenngleich sie es für unzulässig erklärt, daß die Militärbehörden für den Wahltag Kontrollversammlungen ansetzen. In Spanien wird solches Vorgehen als Wahldelikt an den betreffenden Behörden, die solche Einziehung zur Fahne vornehmen, mit Geldstrafe von 125 bis 2500 Peseten gebüßt (Gesetz vom 8. August 1907, Art. 70).

Aus diesem Grunde wurden die preußischen Landgendarmen als nicht wahlberechtigt erklärt, weil sie nach preußischem Recht (Verordnung vom 30. Dezember 1820 über die Organisation der Gendarmerie; für die neu erworbenen Landesteile Verordnung vom 29. Mai 1867) als Personen des Soldatenstandes den Gerichtsstand des stehenden Heeres hatten. Von dieser Praxis ist aber der Reichstag alsbald, und zwar im Jahre 1891, abgekommen, und hat sich für die Zulassung der Gendarmen ausgesprochen mit der Begründung, daß § 49 des Reichsmilitärgesetzes die Ausnahme von der Wahlberechtigung auf die zum aktiven Heere gehörigen Militärpersonen beschränke, welche Personen aber zum aktiven Heere gehörten, allein das Reichsrecht, nicht aber eine landesrechtliche Verordnung, oder wie man ergänzen muß, ein landesrechtliches Gesetz aussprechen dürfe (D. RT., Nr. 346 ex 1890/92, S. 2210).

Kann die oberste Militärinstanz den Kreis der Personen des Soldatenstands im Gegensatz zu den Militärbeamten in der Weise verändern, daß eine Verordnung eine Gruppe von Militärbeamten unter die Personen des Soldatenstands versetzt, und so des Wahlrechts verlustig macht? Die Frage ist zu verneinen. Welche Militärpersonen zu der einen oder anderen Kategorie gehören, bestimmt die Anlage zum Reichsmilitärstrafgesetzbuch, ist also Bestandteil eines Gesetzes. Dieses kann nur durch Gesetz abgeändert werden. So sind denn auch neuestens durch Gesetz (vom 6. Februar 1911 RGBl. S. 31) die Militärpersonen des Veterinärkorps unter die Personen des Soldatenstands aus der Gruppe der Militärbeamten versetzt worden.

Der Vollständigkeit halber sei noch erwähnt, daß Zivilbeamte der Militärverwaltung selbstverständlich wahlberechtigt sind, da sie ja nicht Militärbeamte, noch weniger Personen des Soldatenstandes, sondern Zivilbeamte sind.

§ 35. Der Verlust der Wahlfähigkeit. (§ 3 WG.)

Von der Fähigkeit, in die Wählerliste eingetragen zu werden und daher zu wählen, sind ausgeschlossen:

I. Personen, welche unter Vormundschaft oder Kuratel stehen. Der Ausdruck „Kuratel" entspricht den früheren Partikularrechten, welche damit auch die Bevormundung der gerichtlich erklärten Verschwender und Geisteskranken bezeichneten. Unter den Begriff Kuratel fällt jedenfalls nicht die Pflegschaft des BGB. § 1910 für Personen, welche wegen geistiger Gebrechlichkeit (Geistesschwäche) einen Pfleger erhalten. Diese sind nach § 3 des Wahlgesetzes von der Wahlfähigkeit nicht ausgeschlossen (D. RT., Nr. 604 ex 1905, S. 3609). Da das BGB. den Begriff der Kuratel im älteren Sinne nicht kennt, kommt demnach nur die Vormundschaft, soweit sie für die wegen Geisteskrankheit, Geistesschwäche, Verschwendung oder Trunksucht Entmündigten (§ 1896 in Verbindung mit § 6 BGB.) eingesetzt ist, in Betracht. Auch die vorläufige Vormundschaft nach § 1906 BGB. fällt hierher: auch sie hebt das Wahlrecht, solange sie dauert, auf.

II. Ausgeschlossen sind von der Wahlfähigkeit ferner Personen, „über deren Vermögen Konkurs oder Fallitzustand gerichtlich eröffnet worden ist, und zwar während der Dauer dieses Konkurs- oder Fallitverfahrens"[1] (§ 3, Ziffer 2, WG.). Demnach erlangt die in Konkurs geratene Person in dem Augenblick die Wahlfähigkeit, sobald das Konkursverfahren aufgehoben oder eingestellt ist. Beendigt wird das Konkursverfahren nach Schlußverteilung und Abhaltung des Schlußtermins (§ 163 KO.), sowie nach rechtskräftiger Bestätigung des Zwangsvergleichs (§ 190 KO.)[2]. Eingestellt wird das Konkursverfahren (§ 202 ff. KO.), wenn der Gemeinschuldner, der darauf anträgt, nach dem Ablauf der Anmeldefrist die Zustimmung aller Konkursgläubiger, welche Forderungen angemeldet haben, beibringt, sowie nach freiem Ermessen des Gerichts, wenn sich ergibt, daß eine den Kosten des Verfahrens entsprechende Konkursmasse nicht vorhanden ist. Wird der Gemeinschuldner wegen Bankerotts verurteilt, so schadet das seiner Wahlfähigkeit nach Aufhebung oder Einstellung des Konkursverfahrens nur dann, wenn er unter die gleich weiter unten (sub IV) zu erwähnende Kategorie fällt, d. h. wenn ihm gleichzeitig die bürgerlichen Ehrenrechte durch richterliches Urteil abgesprochen worden sind (z. B. § 239 f. KO.).

III. Ausgeschlossen von der Wahlfähigkeit sind Personen, welche eine Armenunterstützung aus öffentlichen oder Gemeindemitteln beziehen oder im letzten der Wahl vorhergegangenen Jahre[3] bezogen haben (§ 3, Ziffer 3, WG.)[4]. Es muß demnach zunächst eine Armen-

[1] Vor der Reichskonkursordnung unterschied man in den Partikularrechten zwischen dem Konkurszustande, der über das Vermögen eines Nichtkaufmanns verhängt wurde, von dem Fallitzustande, der nur Kaufleute betraf. Insbesondere wurde das Falliment des Kaufmanns durch die Zahlungseinstellung begründet, während für die Eröffnung des Konkurses eines Nichtkaufmanns der Nachweis der materiellen Insuffizienz nötig war. Daher die Terminologie des Wahlgesetzes. Heute gibt es die genannten Unterschiede nicht mehr.

[2] D. RT. Nr. 1278 ex 1912/14, S. 7. (Wahl v. Liebert).

[3] Ist damit der Wahltag oder die Anlegung der Wählerliste gemeint? Da nach der Praxis des Reichstags Berichtigungen der Wählerliste von Amts wegen, wie wir noch weiter unten (§ 37 III) sehen werden, nach der Auslegungsfrist nicht zulässig sind, so wird man den Abschluß der Auslegungsfrist als den terminus ad quem für die einjährige Frist, und nicht den Wahltag anzusehen haben.

[4] Das will sagen, daß die Armenunterstützung nur dann die Wahlfähigkeit ausschließt, wenn sie 12 Monate von der Wahl zurückgerechnet, bezogen worden ist, nicht aber wenn sie in dem dem Wahljahre vorhergehenden Kalenderjahre überhaupt bezogen worden ist. Wenn also z. B. die Wahl am 15. Juni 1893 stattfand, die letzte Armenunterstützung am 16. März 1892 bezogen wurde, so ist der Bezugnehmer vom Wahlrecht nicht ausgeschlossen (D. RT. Nr. 315 ex 1894/95, S. 1314).

unterstützung sein. Was ist aber eine solche? Einen reichsgesetzlichen Begriff der Armenunterstützung gibt es nicht. Nach § 8 des Reichsunterstützungswohnsitzgesetzes ist die Art und das Maß der Armenunterstützung der Gesetzgebung jedes Einzelstaates übertragen. Nun entsteht die Frage: soll sich die Praxis des Reichstags bei Beurteilung des Begriffs „Armenunterstützung" an diese partikularrechtliche Verschiedenheit halten oder ihren eigenen parlamentsrechtlichen Begriff entwickeln? Die Reichsregierung vertritt den Standpunkt, daß der landesgesetzliche Begriff der Armenunterstützung auch für den Reichstag bei Beurteilung von Wahlberechtigungen maßgebend sei (siehe Dr. RT. Nr. 1002 ex 1908-09, S. 5689). Der Reichstag hat in seiner Praxis einmal sich auf diesen Standpunkt gestellt (Dr. RT., Nr. 275 ex 1884/85, S. 1187), sonst aber prinzipiell einen eigenen Begriff der Armenunterstützung im Anschlusse an den landläufigen Sprachgebrauch ausgebildet, und dies mit Recht, weil sonst die Landesgesetzgebung in der Lage wäre, durch Ausdehnung des Begriffs der Armenunterstützung das Reichstagswahlrecht zu schmälern, dadurch also einen verfassungsrechtlichen, unzulässigen Einfluß auf die Begrenzung des Reichstagswahlrechts ausüben könnte. Der von Seydel[1]) aufgestellte landläufige Begriff der Armenunterstützung sagt: Armenunterstützung ist eine Beihilfe, welche jemand für sich oder seine Familie zur Erhaltung von Leben oder Gesundheit gegeben wird. Diese Definition ist im Hinblick auf die Rechtsprechung des Bundesamts für Heimatwesen in einzelnen Punkten als veraltet anzusehen. Man wird sie vielmehr gegenwärtig folgendermaßen fassen müssen: Armenunterstützung ist die Beihilfe, welche jemand für sich oder seinen, denselben Unterstützungswohnsitz teilenden Familienangehörigen zur künftigen Erhaltung von Leben oder Gesundheit kraft einer gesetzlich angeordneten Fürsorgepflicht von den Organen der Armenpflege gewährt wird.

Dadurch kommen Merkmale in die Begriffsbestimmung, die nach der Rechtsprechung des Bundesamts für Heimatwesen wesentlich sind während sie bei Seydel vollkommen ausfallen.

1. Die Armenunterstützung wirkt als Grund der Ausschließung vom Wahlrecht auch dann, wenn sie der Person, welche hierdurch vom Wahlrecht ausgeschlossen wird, nicht direkt, gegeben wird, sondern seinen denselben Unterstützungswohnsitz teilenden Familienmitgliedern auch ohne seinen Willen zukommt. Die hier in Betracht kommenden Familienmitglieder sind: die Ehefrau, die ehelichen Kinder, welche das 16. Lebensjahr noch nicht zurückgelegt haben (§ 15 u. 18 UWG.). Den ehelichen Kindern stehen diejenigen aus Putativehen gleich (§ 1699 BGB.) die Kinder, welche per subsequens matrimonium legitimiert sind (§ 1719ff. des BGB.), schließlich die durch Verfügung der Staatsgewalt für ehelich

[1]) a. a. O., S. 361.

erklärten (§ 1723 ff. BGB.) und die an Kindes Statt angenommenen Kinder. Gilt die Ehefrau aber im Sinne des Reichsunterstützungswohnsitzgesetzes als selbständig, so bewirkt ihre Unterstützung keine Wahlrechtsausschließung für den Ehemann. Als selbständig gilt die Ehefrau (§ 17 UWG.) auch während der Dauer der Ehe, wenn und solange der Ehemann sie böslich verlassen hat, ferner wenn und solange sie während der Dauer der Haft des Ehemannes oder infolge ausdrücklicher Einwilligung desselben oder kraft der ihr nach dem BGB. (§ 1353 Abs. 2) zustehenden Befugnis vom Ehemann getrennt lebt und ohne dessen Beihilfe ihre Ernährung findet. Daraus ergibt sich die eigentümliche Folge, daß nach deutschem Reichsrecht zwar der in Armut geratene Ehemann, der in der Not auch bei seiner Familie aushält, vom Wahlrecht ausgeschlossen ist, der Ehemann aber, der seine Ehefrau böslich verläßt und notleiden läßt, wahlberechtigt bleibt. Armenunterstützung, welche den Kindern zuteil wird, die im Falle der armenrechtlichen Selbständigkeit der Mutter dieser nach der Trennung vom Hausstande des Vaters gefolgt sind (§ 19 UWG.), bewirkt keinen Ausschließungsgrund in der Person des Vaters.

2. Als Wahlrechtsausschließung wirkt auch die Armenunterstützung, wenn sie Personen gewährt wird, welche mit dem sonst Wahlberechtigten nicht verwandt sind, für welche dieser nach bürgerlichem Rechte keine Alimentationspflicht trägt, nämlich dann, wenn er mit jenen unterstützten Personen eine sog. armenrechtliche Familiengemeinschaft bildet.

Die Praxis des Bundesamtes für das Heimatwesen hat den Begriff der armenrechtlichen Familiengemeinschaft geschaffen. Danach ist das Familienhaupt, wenngleich es zum Unterhalt der vor- und erstehelichen Kinder der Ehefrau zivilrechtlich nicht verpflichtet ist, dennoch als armenunterstützt zu betrachten, wenn die Armenpflege den vor- oder erstehelichen Kindern seiner Ehefrau, die nicht zugleich seine Kinder sind, Armenunterstützung zuteil werden läßt. Denn sie gehören armenrechtlich zu seiner Familie (§§ 15, 19 u. 21 UWG. [Entscheidung des Bundesamtes XXIV, S. 34]). So ist z. B. das uneheliche Kind einer Frau nach deren Verheiratung im armenrechtlichen Sinne als Familienangehöriger des Stiefvaters zu betrachten (E. d. B. XXIV, S. 39). Es erhebt sich nun die Frage, ob in solchem Falle das als armenunterstützt geltende Familienhaupt vom Wahlrecht ausgeschlossen ist. Die Praxis der die Wählerliste anlegenden Behörden steht auf diesem Standpunkt (siehe Schriften des Deutschen Vereins für Armenpflege, Heft 26, S. 34, S. 40 f. und S. 63).

3. Nur Armenpflege kraft gesetzlicher Fürsorgepflicht, nicht kraft Liberalität, ist für das Wahlrecht ein Ausschließungsgrund.

Die Rechtsprechung des Bundesamtes für Heimatwesen geht in ständiger Praxis dahin, die Armenunterstützung infolge gesetzlicher Fürsorgepflicht von Akten der Liberalität zu sondern. Solche Liberalität liegt z. B. vor, wenn das Pflegegeld in Krankenhäusern auf Grund reglementarischer Vorschrift oder sonst im konkreten Fall ermäßigt wird (siehe z. B. Entscheidungen des Bundesamtes für Heimatwesen XXII. S. 22 und XXXVII, S. 8).

Auf dem gleichen Standpunkt steht die Reichstagspraxis: sie findet z. B. eine das Wahlrecht ausschließende Armenunterstützung nicht darin, daß einem sonst Wahlberechtigten eine zur Hälfte ermäßigte Miete für eine Wohnung im Dorfarmenhause zugestanden wird (Dr. RT., Nr. 643 ex 1907/09, S. 4324). Auch Verpachtung von sog. Armenland seitens der Gemeinde bewirkt keinen Ausschluß von der Wahlberechtigung (Sitzung vom 8. Mai 1880, S. 1248).

Nach der Praxis des Bundesamts liegt bloße Liberalität und nicht Armenunterstützung vor, wenn mit demjenigen, dem die Beihilfe gewährt wird, ein Vertrag behufs späterer Rückzahlung des Gewährten abgeschlossen wird (so z. B. E. d. B. XXVI, S. 71). Ebenso hat der Reichstag „Vorschüsse der Beerdigungskosten", „da sie nicht als definitive Unterstützung betrachtet werden können", nicht als Grund für die Ausschließung vom Wahlrecht angesehen (Dr. RT., Nr. 213 ex 1898/1900, S. 1600). Tritt aber der Vertrag auf Rückzahlung erst nach erfolgter Armenunterstützung ein, so ändert er an dem Charakter derselben als Ausschließungsgrund nichts (Dr. RT., Nr. 597 ex 1905/06, S. 5683), d. h. die Armenunterstützung muß für die Zukunft wirken. Nachträgliche Zahlungen für die Vergangenheit sind kein Akt der Armenunterstützung (E. d. B. XXI, S. 25; XXIV, S. 32; XXXVIII, S. 50). Auch nach der Praxis des Reichstags bewirkt die Übernahme von Steuerrückständen durch die Armenkasse keinen Ausschließungsgrund (Dr. RT., Nr. 154 ex 1882/83, S. 52 ff.), ebensowenig wie die Erlassung der Miete an Zahlungsunfähige, die für Wohnungen im Gemeindehause die Miete schuldig geblieben sind (Dr. RT., Nr. 102 ex 1892/93, S. 626).

4. Die Beihilfe muß von Organen der Armenpflege gewährt werden. Deshalb bewirkt die Gewährung von Armenrecht (Dr. RT., Nr. 135 ex 1884/85, S. 510; Nr. 275 ex 1884/85, S. 1184) keine Ausschließung vom Wahlrecht, ebensowenig die den ehemaligen Kriegsteilnehmern gewährte Unterstützung (Dr. RT., Nr. 753 ex 1911/13, S. 999), ebensowenig die den bedürftigen Familien der infolge von Mobilmachung oder sonst zum Dienst einberufenen Mannschaft (nach dem Reichsgesetze vom 28. Februar 1888 und vom 10. Mai 1892) gewährte Unterstützung. Aus demselben Grunde sind alle Leistungen, die nach der Reichsversicherungsordnung oder den sie ergänzenden Landesgesetzen gewährt werden,

keine öffentliche Armenunterstützung im Sinne des Wahlgesetzes (§ 118 der Reichsversicherungsordnung).

Für den Begriff der Armenunterstützung als Ausschließungsgrund ist gleichgültig, ob die Armut verschuldet oder unverschuldet eingetreten ist (siehe Dr. RT., Nr. 82 ex 1905/06, S. 3049). Der Ausschließungsgrund tritt ipso jure mit dem Bezug der Armenunterstützung durch die Person des bisher Wahlfähigen oder eines seiner unselbständigen Familienmitglieder, zu deren Unterhaltung er verpflichtet ist, ein. Eine behördliche Erklärung, daß die betreffende Person landarm oder ortsarm ist, ist nicht notwendig und hat höchstens deklarative, niemals konstitutive Bedeutung für den Ausschluß der Wahlfähigkeit (Dr. RT., Nr. 1882 ex 1905-06, S. 3049).

Die Beihilfe muß ferner direkt aus öffentlichen, d. h. Staatsmitteln (siehe Lasker bei Beratung des Reichswahlgesetzes, Sitzung vom 19. März 1869, S. 170) oder Gemeindemitteln gegeben worden sein. Was die Gemeinden bloß als Mittelsperson im Auftrage von privaten Personen oder kraft besonderen Stiftungswillens aus privaten oder öffentlichen Stiftungen hingeben, ist nicht Beihilfe, die hier für die Wahlfähigkeit in Frage kommen kann[1]). Als eine Beihilfe, die den Ausschluß der Wahlfähigkeit bewirkt, ist ferner nicht anzusehen, wenn die Beihilfe nicht direkt dem Unterstützten gegeben wird, sondern ein Wohltätigkeitsinstitut aus öffentlichen Staats- oder Gemeindemitteln subventioniert wird, vorausgesetzt, daß es nur selbst privater Initiative seinen Ursprung dankt. Mit Recht hat demnach die Wahlprüfungskommission es abgelehnt, die Aufnahme in eine als Privatunternehmen entstandene Arbeiterkolonie als Armenunterstützung im Sinne des Gesetzes anzusehen, wenngleich diese Arbeiterkolonie aus öffentlichen Mitteln laufende Beiträge erhielt (Dr. RT., Nr. 548 ex 1891).

Im Laufe der Zeit, seit Erlaß des Wahlgesetzes, bedurfte der Begriff der Armenunterstützung, die als Ausschließungsgrund wirken soll, deshalb einer Einengung, weil der Staat seit dem Wahlgesetz von 1869 infolge der sozialpolitischen Gesetzgebung sich selbst oder den Gemeinden eine Reihe von Aufgaben aufgeladen hat, die im Jahre 1869 wohl noch als Armenunterstützung gelten konnten, heutzutage aber als solche nicht angesehen werden können. Schon im Jahre 1874 wurde vom Reichstag (siehe Drucksachen Nr. 170 ex 1874 und Reichstagsverhandlungen S. 266 sowie 1162) die geringfügige Gewährung von Lehrmitteln an Schulkinder, deren Eltern die Beschaffung dieser Lehrmittel durch ihre Vermögensverhältnisse erschwert ist, nicht als eine die Ausschließung der Wahlfähigkeit

[1]) Über die Ausnahmsverhältnisse in Elsaß-Lothringen, wo wegen des französischen Verwaltungsrechts der besondere Stiftungsbegriff fehlt, siehe Sitzung des Reichstags vom 14. Januar 1909, S. 6259, Abg. Böhle. Für die oben im Texte ausgesprochene Ansicht Dr. 182 ex 1905/06, S. 3049.

des Vaters wirkende Armenunterstützung angesehen. Zwar wurde von der Wahlprüfungskommission des Reichstags im Jahre 1878 (D. RT., Nr. 243, S. 1548) festgestellt, „daß als eine Armenunterstützung im Sinne des Gesetzes die Aufnahme und Verpflegung in Krankenhäusern und Armenanstalten sowie die Gewährung unentgeltlicher ärztlicher Behandlung aufzufassen sei, und daß es gleichbedeutend sei, ob derartige Unterstützungen aus einer öffentlichen oder Gemeindekasse dem Wähler selbst oder seinen Familienangehörigen gewährt seien, für deren Unterhalt und Pflege er gesetzlich zu sorgen habe". Aber schon zwei Jahre später wurden im Plenum des Reichstags Bedenken gegen diese Auffassung laut (siehe Sitzung vom 8. Mai 1880, S. 1243), und der Bericht der Wahlprüfungskommission des Jahres 1898 konnte bereits feststellen (Dr. RT., Nr. 286 ex 1897/98), daß in den Wahlprüfungen der neunten Legislaturperiode von der Wahlprüfungskommission als Armenunterstützung nicht aufgefaßt wurde: „die Gewährung des Armenrechts zur Führung eines Prozesses, die Aufnahme der Kinder in eine Freischule, die unentgeltliche Verabfolgung von Schulbüchern und Weihnachtsgeschenken an die Kinder".

Durch den Einfluß der Bestrebungen des Deutschen Vereins für Armenpflege (siehe Schriften dieses Vereins, Heft 26, S. 27 ff., Heft 27, S. 120 ff.) wurde die öffentliche Meinung auch darauf hingelenkt, den Begriff der ausschlußwirkenden Armenunterstützung noch mehr einzuengen, bis dann in der Sitzung des Reichstags (Reichstagsverhandlungen von 1907, S. 1265 ff.) die Härten des bestehenden Rechtszustandes geltend gemacht und eine Resolution Ablaß und Genossen (Nr. 274 ex 1907) angenommen wurde, die eine Änderung des Rechts in dem Sinne verlangte, daß für den Verlust des Wahlrechts zum Reichstag und anderer öffentlichen Rechte weder diejenigen Unterstützungen in Frage kommen dürften, welche in Form freier Lehr- und Lernmittel, freier ärztlicher Behandlung, freier Verabreichung von Arzneien und anderer Heilmittel oder der Aufnahme in eine Krankenanstalt gewährt werden, noch solche Unterstützungen[1]), die vor Ausübung des betreffenden Rechtes zurückerstattet worden sind (sten. Ber., S. 1295).

Nachdem in der Reichstagssitzung vom 4. und 6. März 1908 die Frage nochmals erörtert worden war (Reichstagsverhandlungen, S. 3595 und S. 3671), brachte die Reichsregierung den Entwurf eines Gesetzes, betreffend die Einwirkung von Armenunterstützung auf öffentliche Rechte, ein, welcher schließlich auch Gesetz wurde (Reichsgesetz vom

[1]) Ein Antrag Kayser hatte schon anläßlich der Wahl des Abgeordneten Klotz im Jahre 1880 den Antrag eingebracht, daß ein Vorschuß aus Gemeindemitteln mit Rückzahlungsverpflichtung als eine im Sinne des Wahlgesetzes nicht ausschlußwirkende Armenunterstützung anzusehen sei (D. RT. Nr. 167 ex 1879/80, S. 888).

15. März 1909 [RGBl., S. 39[1])]). Danach gilt außer den bereits oben erwähnten Fällen nicht als Armenunterstützung:

1. die Krankenunterstützung,
2. die einem Angehörigen wegen körperlicher oder geistiger Gebrechen gewährte Anstaltspflege,
3. Unterstützungen zum Zwecke der Erziehung oder der Ausbildung für einen Beruf,
4. sonstige Unterstützungen, wenn sie nur in der Form vereinzelter Leistungen zur Hebung einer augenblicklichen Notlage gewährt sind,
5. Unterstützungen, die erstattet sind.

Trotzdem nach der Absicht des Gesetzes nur der „dauernd" Unterstützte vom Wahlrecht ausgeschlossen bleiben sollte (Dr. RT., Nr. 1002 ex 1907/09, S. 5691), hat das Gesetz absichtlich nicht die „vorübergehende" Unterstützung (siehe Sitzung vom 17. Februar 1909, S. 7039) als Tatsache der Aufrechterhaltung des Wahlrechts anerkannt, und zwar wegen des schwankenden Begriffes „vorübergehend". Es hat aber auch nicht den Ausdruck „einmalig" gewählt. Infolgedessen ergibt sich als Rechtszustand, daß mehrere Leistungen, welche zur Hebung einer augenblicklichen Notlage gewährt worden sind, den Ausschluß von der Wahlfähigkeit nicht bewirken, wohl aber eine Unterstützung von längerer, wenn auch nur vorübergehender Dauer. Die Unterstützungen, die zur Milderung des Übels der Arbeitslosigkeit gewährt werden, bewirken daher nicht die Ausschließung vom Wahlrecht.

IV. Ausgeschlossen von der Wahlfähigkeit sind schließlich Personen, denen infolge rechtskräftigen Erkenntnisses der Vollgenuß der staatsbürgerlichen Rechte entzogen ist, für die Zeit der Entziehung, sofern sie nicht in diese Rechte wieder eingesetzt sind (§ 3, Ziffer 4, WG.). Nach § 32 StGB. kann, abgesehen von der Todesstrafe, die hier in bezug auf das Wahlrecht nicht weiter in Betracht kommt, neben der Zuchthausstrafe auch auf Verlust der bürgerlichen Ehrenrechte erkannt werden, muß aber nicht. Neben der Gefängnisstrafe kann nach § 32 StGB. die Aberkennung der bürgerlichen Ehrenrechte nur beim Vorliegen folgender Voraussetzung erkannt werden:

a) wenn die Dauer der erkannten Strafe drei Monate erreicht, und
b) wenn das Gesetz den Verlust der bürgerlichen Ehrenrechte neben der Gefängnisstrafe ausdrücklich zuläßt, oder die Gefängnisstrafe wegen Annahme mildernder Umstände im konkreten Fall an Stelle von Zuchthausstrafe ausgesprochen worden ist.

Die Aberkennung der bürgerlichen Ehrenrechte erfolgt nur durch

---

[1]) Siehe dazu meinen Kommentar zum Wahlgesetz zu § 3. Die gute Darstellung von Rosenmeyer im Arch. f. öff. Recht, Bd. XXIV, S. 163, stammt aus der Zeit vor Erlaß des Gesetzes von 1909.

richterlichen Ausspruch, meist nach freiem richterlichen Ermessen, ausnahmsweise ist sie ipso jure durch das Gesetz an die Verurteilung wegen bestimmter Delikte geknüpft[1]).

Die infolge dieser Aberkennung der bürgerlichen Ehrenrechte herbeigeführte Wahlunfähigkeit (§ 34, Ziffer 4, StGB.) kann aber nur eine zeitige sein, denn die bei lebenslänglicher Zuchthausstrafe zulässige lebenslängliche Aberkennung kommt hier natürlich nicht weiter in Frage. Die Dauer dieses Verlustes der Wahlunfähigkeit beträgt — je nachdem der Richter dies ausspricht (§ 34 StGB.) — während der im Urteil bestimmten Zeit mindestens zwei und höchstens zehn Jahre bei zeitiger Zuchthausstrafe, jedoch bei Gefängnisstrafe mindestens ein Jahr und höchstens fünf Jahre (§ 32, Satz 2, StGB.). Nach dem Wahlgesetz (l. c.) soll die Wahlunfähigkeit nur so lange dauern, als die Entziehung der bürgerlichen Ehrenrechte dauert. In Wirklichkeit aber dauert sie länger. Denn nach § 36 StGB. tritt die Wirkung der Aberkennung der Ehrenrechte mit der Rechtskraft des Urteils ein, wobei die im Urteil verhängte Zeitdauer der Entziehung erst von dem Tage berechnet wird, an dem die Freiheitsstrafe, neben welcher solche Aberkennung ausgesprochen wurde, verbüßt, verjährt oder erlassen ist.

Die Dauer der Wahlunfähigkeit kann aber auch durch die sog. Rehabilitation abgekürzt werden (§ 3, Ziffer 4, WG.). Die letztere ist partikularrechtlich verschieden geregelt[2]).

Da der Ausspruch der Aberkennung im Strafurteil mit diesem zusammen ein Tatbestandsmoment des für die Anlegung der Wählerliste maßgebenden Verwaltungsrechts bildet[3]), so dürfen sich die öffentlichen Behörden, welche die Wählerliste anfertigen, nicht in eine Prüfung der Frage einlassen, ob die Aberkennung der bürgerlichen Ehrenrechte gesetzlich und rechtlich zulässig sei, sondern sie müssen die Streichung aus den Wählerlisten vornehmen. Auch der Reichstag darf nicht bei der Wahlprüfung das richterliche Urteil auf seine Korrektheit nachprüfen. Er hat bei der Wahlprüfung eben nur die Frage des korrekten Vorgehens der Verwaltungsbehörden, welche die Wählerliste anfertigen, zu kontrollieren, und da diese gesetzlich an den Ausspruch der Aberkennung gebunden sind, so ist auch der Reichstag an den Ausspruch des Gerichtes gebunden, sofern es sich um die Wahlfähigkeit handelt.

---

[1]) Hierher gehören: die Verurteilung wegen vollendeten, nicht gemilderten Meineids, wegen schwerer Kuppelei (§§ 161 u. 181 StGB.), wegen Mädchenhandels (Auswanderungsgesetz vom 9. Juni 1897, § 48) und wegen gewerbs- oder gewohnheitsmäßigen Wuchers (§ 302 d, e, StGB.).

[2]) Siehe darüber Delaquis, Die Rehabilitation im Strafrecht 1907 und meinen Kommentar zum Wahlgesetz zu § 3, Ziff. 4.

[3]) Siehe Stein, Grenzen und Beziehungen zwischen Justiz und Verwaltung 1912, S. 96.

Anders liegt die Sache, wie wir noch sehen werden (siehe § 50 I), für den Reichstag bezüglich der Frage der Wählbarkeit. Da ihm nämlich allein nach Art. 27 RV. die Prüfung der Legitimation seiner Mitglieder und die Entscheidung darüber zusteht und er hierin in keinerlei Weise durch den Ausspruch einer anderen Behörde oder eines Gerichts gebunden sein darf, so ist er durchaus in der Lage, eine Person, welcher durch rechtskräftige Erkenntnis die Ehrenrechte abgesprochen worden sind, seinerseits dennoch als gewählten Abgeordneten anzuerkennen.

Da es nach dem zur Zeit der Erlassung des Reichswahlgesetzes geltenden Partikularstrafrechte einen Verlust der staatsbürgerlichen Rechte ex lege und nicht bloß durch richterliches Urteil gab, und manches Landesstrafrecht diesen Verlust der staatsbürgerlichen Rechte auch bei rein politischen Delikten eintreten ließ, so ist die Bestimmung des geltenden Reichswahlgesetzes erklärlich: „Ist der Vollgenuß der staatsbürgerlichen Rechte wegen politischer Vergehen oder Verbrechen entzogen, so tritt die Berechtigung zum Wählen wieder ein, sobald die außerdem erkannte Strafe vollstreckt oder durch Begnadigung erlassen worden ist." Damit war bezweckt, Personen, welche nicht aus ehrloser Gesinnung, sondern aus politischen Motiven Delikte verübt hatten, gleich nach Verbüßung der Strafe oder nach Begnadigung wahlfähig zu machen. Da nun einerseits nach dem heute geltenden Strafrecht ein Verlust der staatsbürgerlichen Rechte wie überhaupt der bürgerlichen Ehrenrechte meist nur durch Urteil, selten[1]) auch infolge eines Strafurteils eintreten kann, da ferner nach § 20 StGB. in allen Fällen, wo das Gesetz die Wahl zwischen Zuchthausstrafe oder Festungshaft gestattet, nur auf erstere erkannt werden darf, wenn festgestellt wird, daß die strafbare Handlung aus einer ehrlosen Gesinnung entsprungen ist, so wird dadurch im Effekt bewirkt, daß der Richter bei politischen Verbrechen überhaupt nicht den Verlust der bürgerlichen Ehrenrechte aussprechen wird. Sollte dies trotzdem mitunter vorkommen, so wird wegen der oben erwähnten Bindung der Verwaltungsbehörde an den richterlichen Ausspruch der Reichstag nicht in der Lage sein, eine Remedur eintreten zu lassen, sofern es sich um ausgeschlossene Wähler handelt. Anders wird aber die Tatsache liegen, wenn jemand durch Aberkennung der bürgerlichen Ehrenrechte bei rein politischen Delikten die Wählbarkeit durch richterlichen Ausspruch verloren hat. Hier tritt dann die vollständige Freiheit der Legitimationsprüfung des Reichstags gegenüber dem richterlichen Ausspruch in ihre Rechte[2]).

---

[1]) Die Ausnahmsfälle oben S. 287[1].

[2]) Siehe Laband, a. a. O., S. 314. Siehe weiter unten § 50 I, S. 495 f.

§ 36. Wahlkreise und Wahl- (richtiger Stimm-) bezirke.

I. Die konstitutionelle Doktrin.

Sie weist bezüglich der Wahlkreise drei Entwicklungsstadien auf.

1. Das erste Stadium reicht bis 1848/49 und findet seinen Ausdruck auch in den Verhandlungen der Frankfurter Nationalversammlung. In Anlehnung an die Doktrin der französischen Constituante von 1789[1]) bewegt sich dieses Entwicklungsstadium hauptsächlich um die Frage, ob die Wahlkreise entsprechend den historisch gewordenen Grundlagen durch die dem Staate eingegliederten Korporationen (Stände, Städte, Landgemeinden), die bis zum Ausgang des 18. Jahrhunderts ein Recht auf Vertretung besessen hatten, oder auf rein numerischer Grundlage, insbesondere nach der Bevölkerungsziffer ohne Rücksicht auf die in Frage kommenden Organismen gebildet werden sollten.

Auch in der Frankfurter Nationalversammlung kam diese Frage zur Erörterung, als man darüber entscheiden mußte, ob den kleinen Einzelstaaten Deutschlands besondere Volksvertreter zugebilligt werden sollten. Das Frankfurter Vorparlament stand zwar (siehe die Ausführungen des Abg. Würth-Sigmaringen in Verhandlungen der deutschen Nationalversammlung, herausgegeben von Wigard, VII, S. 5413) auf dem Standpunkte, daß auch dem kleinsten Staat rücksichtlich seiner Bevölkerung gestattet sein sollte, wenigstens einen Abgeordneten in das Parlament zu schicken. In der Frankfurter Nationalversammlung waren es aber nicht nur vereinzelte Stimmen, welche die kleinen Staaten zu großen Wahlkreisen zusammenschlagen wollten, wobei ein fester Maßstab von 100 000 Seelen für die Bildung der Wahlkreise maßgebend sein sollte. Der Verfassungsausschuß und die Nationalversammlungen wählten jedoch einen Mittelweg, indem sie vorschrieben, daß in jedem Einzelstaate zwar Wahlkreise von je 100 000 Seelen der nach der letzten Volkszählung vorhandenen Bevölkerung gebildet werden sollten, daß kleinere Staaten aber von einer Bevölkerung von wenigstens 50 000 Seelen ebenfalls einen Wahlkreis darzustellen hätten. Nur diejenigen kleinen Staaten, welche keine Bevölkerung von 50 000 Seelen erreichten, sollten mit anderen Staaten nach einer Reichswahlmatrikel zusammengelegt werden. So z. B. Lichtenstein mit Österreich, Schaumburg-Lippe mit Hessen-Kassel, Pyrmont mit Preußen, Reuß j. L. mit Reuß ä. L. u. a. m. (Art. III, §§ 7 und 9, sowie die als Anlage festgestellte Reichswahlmatrikel des Reichswahlgesetzes vom 12. April 1849). Nur die Stadt Lübeck sollte den kleineren Staaten mit einer Bevölkerung von wenigstens 50 000 Seelen gleichgestellt werden, also einen selbständigen Wahlkreis bilden (Art. III, § 9 l. c.).

---

[1]) Siehe dazu insbesondere Aulneau, La Circonscription Électorale, Paris 1902, p. 265 ff.

Die spätere Sorge der konstitutionellen Doktrin, ob die Wahlkreise durch Gesetz oder durch Verordnung gebildet werden sollten, blieb noch bis nach 1849 unerörtert. Auch in der Frankfurter Nationalversammlung ist sie nicht erörtert worden. Der Grund hierfür ist darin zu finden, daß die Praktiken Napoleons III. in Frankreich hier erst mit Beginn der fünfziger Jahre einsetzten[1]), also damals noch nicht bekannt sein konnten. Die Kämpfe um diese Frage begannen — und damit treten wir in das zweite Stadium der konstitutionellen Doktrin in Deutschland ein —, als man in Preußen in der Periode der Reaktion sich jene Napoleonischen Praktiken zum Muster nahm. Der Schauplatz der Kämpfe war nunmehr das preußische Abgeordnetenhaus, und die Entscheidungen, die hier fielen, sind dann auch für die Entwicklung des Reichstagswahlrechts maßgebend geworden.

2. In Preußen hatte das Wahlgesetz vom 8. April 1848 sowie die darauffolgende oktroyierte Wahlverordnung vom 30. Mai 1849 bestimmt, daß die Zahl der Abgeordneten sich nach der Bevölkerungsziffer richten sollte, und es war besonders die eben genannte Wahlverordnung, welche in § 3 die Bildung der Wahlbezirke nach Maßgabe der durch die letzten allgemeinen Zählungen ermittelten Bevölkerung den „Regierungen" überließ. Auch die oktroyierte Verfassung vom 5. Dezember 1848 sagte in Art. 66 ganz lakonisch: „Die Wahlbezirke werden nach Maßgabe der Bevölkerungsziffer festgestellt." Erst die Kommission des Abgeordnetenhauses, welche über die Revision der Verfassung Bericht erstattete, brachte die Frage mit den Worten in Fluß (Sitzung vom 22. Oktober 1849 [sten. Ber., 2. Kammer, II. Bd., S. 797]): „daß es nicht angemessen sei, die Organisation der Wahlbezirke dem einseitigen Ermessen der Regierung zu überlassen, da diese es dann in der Hand habe, vor jeder Wahl eine neue Zusammenlegung der Kreise anzuordnen, wodurch nicht nur eine wesentliche Einwirkung auf das Ergebnis der Wahl, sondern auch der Nachteil herbeigeführt werde, daß die zu einer so wichtigen Handlung zusammentretenden Staatsbürger mehr oder weniger einander fremd seien". Auf Antrag der Kommission wurde infolgedessen an dem damaligen Art. 66 (jetzt Art. 69 der Verfassung vom 31. Januar 1850) die Verbesserung vorgenommen: „Die Wahlbezirke werden durch das Gesetz festgestellt." Dieses Versprechen der Verfassung blieb zehn Jahre unerfüllt, weil man sich (infolge einer irrtümlichen[2]) Anschauung über die Bedeutung des Art. 115 der Verfassung) nicht dazu entschließen wollte, ein besonderes, von dem eigentlichen Wahlgesetz getrenntes, Wahlkreisgesetz zu erlassen.

Zu dem Erlasse eines allgemeinen Wahlgesetzes fehlte der Reaktions

[1]) Siehe dazu Lefèvre-Pontalis, Les lois et les mœurs électorales en France et en Angleterre; zitiert bei Aulneau, a. a. O., p. 327 ff.

[2]) Siehe darüber Rönne-Zorn, Preußisches Staatsrecht I, 297, Anmerkung.

periode jede Lust und jeder Antrieb. In dieser Zeit konnte demnach die Regierung durch den § 3 der oktroyierten Verordnung von 1849, welche nach Art. 115 der preußischen Verfassung bis zum Erlasse eines Wahlgesetzes aufrechterhalten und unter den Schutz der Verfassung gestellt worden war, eine recht weitgehende Machtvollkommenheit bei Bildung der Wahlbezirke betätigen. Nach dem genannten Paragraphen war die Regierung nur durch den Satz beschränkt, „daß von jedem Wahlkörper mindestens zwei Abgeordnete zu wählen sind". Zwar war derselbe infolge des neunten Abänderungsantrags der Regierung zu den Revisionsbeschlüssen von den Revisionskammern weggelassen worden und fehlt demnach in dem heutigen Art. 69 der Verfassung. Da aber diese bis zum Erlasse des Wahlgesetzes nicht maßgebend war, sondern die oktroyierte Wahlverordnung von 1849, so galt dieser Satz bis zum Jahre 1860, und er war die einzige Schranke des administrativen Ermessens der Regierung insofern, als er die Bildung zu kleiner Wahlbezirken verhinderte[1]).

Wie willkürlich aber innerhalb dieser Schranke die Regierung vorgehen konnte, um durch Wahlkreisgeometrie die oppositionelle Wählerschaft mundtot zu machen, ergeben die Verhandlungen des Abgeordnetenhauses vom 7. Februar 1856 über den Antrag des Abg. Grafen von Schwerin und Genossen (sten. Ber., 2. Kammer, S. 320 ff.), worin die Erwartung ausgesprochen wurde, daß das Staatsministerium eine Untersuchung bezüglich der Wahl von 1855 darüber eintreten lassen würde, inwieweit die Organe der Regierungsgewalt eine die Freiheit der letzten Abgeordnetenwahl beeinträchtigende Einwirkung geübt hätten, und von dem Resultate dieser Untersuchung dem Hause der Abgeordneten Mitteilung machen würde. Es stellte sich nämlich hierbei heraus (siehe die Ausführungen des Abg. v. Bardeleben, a. a. O., S. 329 ff.), daß von den Wahlbezirken für die Wahl von 1855 76 umgestaltet worden waren. Von diesen 76 waren 61 oppositionell. Die Wirksamkeit dieses Verfahrens der Umgestaltung im Sinne der Regierung ergab die Tatsache, daß in den 79 unveränderten Wahlbezirken die Regierung 18 Stimmen gewonnen, d. h. 18 regierungstreue Abgeordnete mehr gewählt worden waren, während ihr 7 Wahlbezirke verloren gegangen waren. In den veränderten 76 Wahlbezirken hatte die Regierung 42 loyale Abgeordnete gewonnen und bloß 3 Wahlbezirke an die Opposition verloren, so daß in den veränderten Wahlbezirken sie einen Zugang von 39, in den unveränderten bloß einen Zugang von 11 regierungstreuen Abgeordneten zu verzeichnen hatte.

Zu dieser Willkür bei Bildung der Wahlbezirke kam noch die Willkür

---

[1]) Siehe über den Sinn dieses Satzes: Sitzung der zweiten Kammer vom 26. Januar 1850, S. 2118, Abg. Simson.

der Feststellung der Wahlorte, welche dazu benutzt wurde, um den oppositionell Gesinnten die Reise nach den entfernten Wahlorten, soweit es nur anging, zu verleiden. Man tat dies, indem man z. B. die Wahlmänner aus einer ansehnlichen Gemeinde in ein entlegenes Nest als Wahlort delegierte oder den Wahlort so verlegte, daß die Wahlmänner, weil der Wahlort in den entlegensten Teil des Wahlbezirks verlegt worden war, nur nach langer Reise dahin gelangen konnten. Die Regierung stand gegenüber den wiederholt lautgewordenen Beschwerden[1]) auf dem Standpunkte, daß es ihr gutes Recht sei, Wahlbezirke, „wo oppositionelle Parteien auf eine entschiedene Weise der Regierung bisher bei den früheren Wahlen entgegengetreten waren . . ., so zusammenzulegen, daß auch die andere, die wahrhaft nationale Ansicht, zur Geltung kommen könne" (Sitzung vom 8. Februar 1856, S. 354, der Minister v. Westphalen). Auch das Abgeordnetenhaus stand bis zum Jahre 1860 in seiner Majorität auf diesem Standpunkte. Erst mit der neuen Aera wurde durch das Gesetz vom 27. Juni 1860 den liberalen Forderungen nach gesetzlicher Festlegung der Wahlkreise und Wahlorte entsprochen. Die Regierung selbst erkannte (Motive zum Gesetz von 1860, Drucksachen Nr. 66, S. 458) die Notwendigkeit „stabiler Wahlkreise" mit den Worten an: „Die Institution des Abgeordnetenhauses bedarf dauernder, gegen öftere mehr oder minder willkürliche Veränderungen gesicherter Grundlagen, wenn sie in sich festen Bestand gewinnen und zugleich mit den übrigen Organismen des Staats diejenige engere und bleibende Verbindung eingehen soll, ohne welche eine wohlgeordnete und starke Gliederung der gesamten Verfassungsverhältnisse des Landes unerreichbar ist."

Die Vorliebe der Liberalen im preußischen Abgeordnetenhause für die festen Wahlbezirke steigerte sich in der Kommissionsberatung (siehe Dr. AH., Nr. 67, S. 464) zu der Anschauung, daß man den früheren „mathematischen" Gesichtspunkt des § 3 der Verordnung vom 30. Mai 1849, der bloß der Willkür und dem Ablolutismus zur Handhabe gedient hätte, aufgeben müsse, um die Zerteilung der Kreise nicht mehr wie bisher nach „einseitig arithmetischen Verhältnissen der Bevölkerung" zu bewirken, sondern die gesetzliche Festlegung der Wahlkreise derart einzurichten hätte, daß die historisch gewordenen Organismen zu ihrem Rechte gelangten. Wenn man nach diesem „mathematischen Gesichtspunkt des § 3" forscht, so wird man ihn nur in den Worten finden können, daß die Bildung der Wahlbezirke „nach Maßgabe der durch die letzten allgemeinen Zählungen ermittelten Bevölkerung" gelegen sein soll. Unter dem Deckmantel der Notwendigkeit solcher Veränderung der Wahlbezirke konnte natürlich die Regierung ihre oben gezeichneten

[1]) Siehe dazu insbes. die in den Jahren 1854 ff. vom Abgeordneten v. Bardeleben wiederholt eingebrachten Verbesserungsanträge, zit. bei Rönne-Zorn, a. a. O., S. 296 ff.

Bestrebungen der Willkür und des Absolutismus durchsetzen, ähnlich wie es ja auch Napoleon III. in dem zeitgenössischen Frankreich, mit den gleichen Machtvollkommenheiten ausgerüstet, getan hatte[1]). So steigerte sich die Furcht vor administrativer Willkür zur Furcht vor periodisch vorgenommener Wahlkreisabgrenzung, und man schüttete so das Kind mit dem Bade aus, weil mit der Verurteilung der Anschauung, daß zum Zwecke periodischer Neuabgrenzung der Wahlkreise die Regierung nach administrativem Ermessen vorzugehen habe, noch keineswegs das Urteil über eine periodische Wahlkreisabgrenzung durch die Legislatur gesprochen ist. Freilich blieb, wie wir noch sehen werden, diese Anschauung der liberalen Doktrin für die nachfolgende Zeit maßgebend und verhängnisvoll.

3. Was zunächst die Frage der Abgrenzung der Wahlkreise (ob durch Gesetz oder durch Verordnung) anging, so hatte sich der Regierungsentwurf, der dem norddeutschen Reichstag 1869 vorgelegt wurde, auf den Standpunkt der letzteren Alternative gestellt. Von der gesetzlichen Festlegung der Wahlkreise ist in dem Entwurf (siehe Dr. RT., Nr. 17 ex 1869) keine Rede. Der § 6 des Entwurfs sagt hierüber, daß in jedem Bundesstaat auf durchschnittlich 100 000 Seelen der nach der letzten Volkszählung vorhandenen Bevölkerung e i n Abgeordneter gewählt würde, und aus den Ausführungen des damaligen Präsidenten des Bundeskanzleramts Delbrück ist ersichtlich (siehe Reichstagsverhandlungen vom 13. März 1869, S. 41), daß man damals im Bundesrat geneigt war, die Abgrenzung der Wahlkreise dem administrativen Ermessen der Einzelstaaten zu überlassen. Die Bundesregierung konnte sich dem Reichstag gegenüber darauf berufen, daß die einzelstaatlichen Wahlgesetze, insbesondere das in Preußen erlassene, welche die Grundlage der Zusammensetzung des konstituierenden Reichstags des Norddeutschen Bundes gewesen, ebenfalls von einer gesetzlichen Festlegung der Wahlkreise Abstand genommen hätten. Sie konnte ferner darauf hinweisen, daß Art. 20 der Verfassung des Norddeutschen Bundes ausdrücklich bestimmt hatte, daß bis zum Erlasse eines Reichswahlgesetzes der Reichstag des Norddeutschen Bundes „nach Maßgabe des Gesetzes . . ., auf Grund dessen der erste Reichstag gewählt worden ist", gebildet werden müßte. Gerade aber dieses letztere Gesetz (gemeint ist das Reichswahlgesetz der Frankfurter Nationalversammlung) hatte das administrative Ermessen bei Festlegung der Wahlkreise den einzelstaatlichen Regierungen zuerkannt. Man sei zur Aufrechterhaltung desselben den anderen Staaten, nicht bloß dem Norddeutschen Bunde (gemeint ist wohl Art. V des Bündnisvertrages zwischen Preußen und den norddeutschen Staaten vom 18. August 1866), sondern auch den süddeutschen Staaten gegen-

---

[1]) Siehe Aulneau, a. a. O., p. 328.

über (gemeint ist der Zollvereinsvertrag von 1867, Art. 9, § 1) gebunden. Das Reichswahlgesetz von 1849 schreibe die Bildung von Wahlkreisen nach Maßgabe der letzten Volkszählung vor. Bei Abschluß der oben genannten Verträge wäre aber eine Volkszählung alle drei Jahre vorausgesetzt, folglich müßten „verfassungsmäßig" die Wahlkreise alle drei Jahre neu gebildet werden, und diese Bildung könnte immer nur auf administrativem Wege erfolgen, weil es nicht angängig sei, den schwerbeweglichen Apparat der Volksvertretung hierfür in Aktion zu bringen. Gegenüber diesen Anschauungen der Bundesregierung vertraten die aus den preußischen Verfassungskämpfen bekannten Liberalen, insbesondere Twesten, Lasker u. a. den Standpunkt, daß man vor allem Stabilität der Einrichtungen und Stabilität der Wahlkreise wünschte[1]). Dies sei nur auf gesetzlichem Wege zu erreichen, d. h. durch gesetzliche Festlegung der Wahlkreise. Man habe den einzelstaatlichen Regierungen für das eine Mal, d. i. für die Bildung des konstituierenden Reichstags, zwar die bekannten Ermächtigungen gegeben, aber auf die Dauer wollte man dies keineswegs tun. Die Vertreter der liberalen Anschauungen wollten sogar (siehe hierüber den Abg. Lesse u. a., Reichstagsverhandlungen, Sitzung vom 19. März 1869, S. 174) eine gesetzliche Bindung der Regierung bei Bildung der Stimmbezirke, im Entwurf Wahlbezirke genannt, selbst unter Vernachlässigung der in Preußen bereits erfolgten gesetzlichen Festlegung des Wahlortes. Demgegenüber konnte der Vertreter der Bundesregierung, v. Puttkamer, mit Recht sagen (Sitzung vom 19. März 1869, S. 175): „Nun frage ich Sie, meine Herren, glauben Sie denn, daß die Wahl des Wahlortes gar keinen Einfluß auf das Resultat der Wahl hat? Ich glaube, nach meiner Erfahrung, den allererheblichsten. Ich kann mir sehr wohl den Fall denken, daß ein mit der Leitung, ich meine mit der politischen Leitung, der Wahl beauftragter Administrativbeamter auf die Idee kommen könnte, die Wahlbezirke so zu bilden, daß in jedem Wahlbezirk der Wahlort faktisch in den Händen von Leuten ist, die der Partei dieses Beamten angehören. Allerdings wird ein wesentlicher Teil der hieraus entstehenden Bedenken bei der geheimen Wahl gemindert, das gebe ich von vornherein zu; sie finden in voller Kraft Anwendung auf die öffentlichen Wahlen. Aber wer die Verhältnisse auf dem Lande kennt, wird doch auch zugestehen, daß manches hinter den Türen passieren kann, was sich nachher in den Wahlurnen reflektiert."

Die Schilderung dieser Wahlpraktiken in dem Munde eines gewiß einwandsfreien Zeugen sind sicherlich aus den Erfahrungen der Reaktionszeit in Preußen geschöpft und sind deshalb hier wörtlich wiedergegeben, weil, wie wir noch sehen werden, die Reichstagspraxis der Gegenwart

[1]) Vergleiche dazu oben S. 296: die Motive der preußischen Gesetzesvorlage von 1860.

sich mit ihnen zu beschäftigen hat, allerdings in weniger erheblichem Maße als früher. Aus dem Für und Wider der Meinungen ergab sich schließlich folgendes Kompromiß zwischen Regierung und Reichstag:

1. Die administrative Festlegung der Wahlkreise sollte in dem „künftigen Wahlgesetz" wegfallen, ein Gesetz sollte die Wahlkreise regeln (§ 6, Absatz 4 des Reichswahlgesetzes von 1869).

2. Die administrative Vermehrung der Wahlkreise auf Grund der jeweiligen letzten Volkszählung sollte wegfallen. Die Vermehrung der Zahl der Abgeordneten infolge der steigenden Bevölkerung wird durch das Gesetz bestimmt (§ 5, letzter Absatz, WG.). Gegenüber diesem Zugeständnisse, das die Regierung machte, gab der damalige Reichstag

3. die Notwendigkeit der Periodizität der Wahlkreisabgrenzung preis. Hatte § 6 des Entwurfs die Vermehrung der Wahlkreise entsprechend der jeweiligen, nach der letzten Volkszählung vorhandenen Bevölkerung verheißen, so wurde nun infolge eines Amendements Laskers nicht die jeweilige letzte Bevölkerungsziffer, sondern diejenige Bevölkerungszahl, „welche[1]) den Wahlen zum verfassungsgebenden Reichstag zugrunde gelegen hat", als Grundlage stabiliert und nur im allgemeinen eine Vermehrung der Zahl der Abgeordneten „infolge der steigenden Bevölkerung" durch das Gesetz (§ 5) in Aussicht gestellt.

4. Bis zu diesem künftigen Reichswahlgesetz sollte alles beim alten bleiben, d. h. die Wahlkreise sollten so erhalten bleiben, wie sie im Jahre 1869 gemäß den von den Einzelstaaten zur Bildung des konstituierenden Reichstags des Norddeutschen Bundes erlassenen Wahlgesetzen abgegrenzt waren. Ausnahmen sollten nur dort eintreten, wo die Wahlkreise, wie in Mecklenburg, nicht örtlich abgegrenzt und räumlich abgerundet waren. Sie sollten bis zu den nächsten allgemeinen Wahlen schon von diesen Mängeln befreit werden, was dann auch das Wahlreglement von 1870 in der die Wahlkreiseinteilung der Vergangenheit sonst rezipierenden Anlage C tat.

5. Die Wahlbezirke sollten überhaupt nicht gesetzlich in ihrem Umfang begrenzt werden. Durch ein Amendement Friedenthal-Lasker wurde die gegenwärtige Fassung des Gesetzes (§ 6, Absatz 2) herbeigeführt, nach welcher eine Kautel gegen administrative Willkür bei Einteilung des Wahlkreises in Stimmbezirke darin gefunden wurde, daß die letzteren möglichst mit den Ortsgemeinden zusammenfallen[2]) und daß sie (§ 6,

---

[1]) d. i. die von 1864 (siehe die Ausführungen des Regierungskommissar von Puttkamer, Sitzung vom 19. März 1869, S. 173). Als Elsaß-Lothringen unter die Herrschaft des Reichswahlgesetzes gestellt wurde, nahm man die Volkszählung von 1871 zur Grundlage für die Bestimmung der auf Elsaß-Lothringen entfallenden Abgeordnetenzahl (Dr. RT., Nr. 177 ex 1873, S. 912).

[2]) Der Abg. Friedenthal, Sitzung vom 19. März 1869, S. 178: „Mein Amendement

Satz 3, WG.) ebenso wie die Wahlkreise räumlich abgegrenzt und tunlichst abgerundet sein müßten, ohne für sie eine „arithmetische Gleichmäßigkeit" herbeiführen zu wollen.

Dieses dritte Stadium der Entwicklung der konstitutionellen Doktrin, wie es durch die Verhandlungen des Reichswahlgesetzes von 1869 vor Augen geführt wird, charakterisiert sich eben durch folgendes:

Gerade so wie dieser Doktrin bis 1849 das Problem der Festlegung der Wahlkreise (Gesetz oder Verordnung) deshalb verborgen blieb, weil sie sich gewissermaßen mit aller Kraft, nur auf die Frage: „Organische oder numerische Wahlkreise?" geworfen hatte, so blieb der konstitutionellen Doktrin des dritten Stadiums die wichtige Frage periodischer Wahlkreisabgrenzung vollständig gleichgültig, weil sie nur der Regierung, allerdings mit Recht, die administrative Festlegung der Wahlkreise abnehmen wollte. Erst im Laufe der Reichstagspraxis kam die Erkenntnis der Wichtigkeit dieses Problems periodischer Wahlkreisabgrenzung. Unter den zahlreichen Anträgen und Debatten, die im Laufe der folgenden vierzig Jahre vorkamen, sind besonders zu nennen die vom 11. Januar 1882 über den Antrag Rittinghaus und Genossen (Reichstagsverhandlungen 1881/82, S. 526 ff.), ferner die über den Antrag Ancker und Genossen vom 5. Februar 1895 (Reichstagsverhandlungen 1894/95, S. 671 ff. [abgelehnt S. 867]), ferner die Debatten vom 3. bis 6. Februar 1903 über den Antrag Barth und Genossen (Reichstagsverhandlungen, S. 7641 ff., 7656 ff., 7688 ff., 7732 ff.), sodann die Debatte vom 8. März 1905 über die Anträge Ablaß und Genossen und v. Chrzanowski und Genossen vom 8. März 1905 (Reichstagsverhandlungen, S. 5063 ff.), der vom Reichstage angenommene Beschluß, den Herrn Reichskanzler zu ersuchen, „in Erwägung darüber anzusetzen, wie eine der Bevölkerungszunahme entsprechende Neueinteilung der Reichstagswahlkreise erfolgen kann" (Sitzung vom 3. Mai 1911, S. 6309), und die Erörterungen über die Wahlkreisab-

---

stellt in derselben Konsequenz die Anlehnung der Unterbezirke, der Stimmabgebungsbezirke, an die Ortsgemeinden in den Vordergrund. Gerade darin liegt für mich ein wesentliches Prinzip, das ich sehr viel höher stelle als die mathematische oder richtiger arithmetische Gleichmäßigkeit." Diese „arithmetische Gleichmäßigkeit" hatten nämlich die Abg. Lasker und Genossen (D. RT., Nr. 56, 4 ex 1869) beantragt: „Jeder Wahlkreis wird zum Zwecke des Stimmabgebens in kleinere Bezirke geteilt. Mit Ausnahme der hierfür zu kleinen Exklaven und Inseln soll jeder Wahlbezirk mindestens 500 Seelen umfassen, und ist der Wahlort tunlichst in die Mitte zu legen." In der 2. Lesung fiel der Antrag Lasker, und der Antrag Friedenthal wurde angenommen (Sitzung vom 19. März 1869, S. 179). Der Antrag Friedenthal hatte aber außerdem noch die Bildung der Wahlkreise in Anlehnung „an die politische Einteilung in Kreise bzw. analoge Kommunalbezirke" gewollt. Dies fand nicht den Beifall des Plenums in 3. Lesung. Vielmehr nahm der Abg. Lasker unter Weglassung dieser Anlehnung die Friedenthalsche Formulierung betreffend die Wahlbezirke in seinen Antrag auf, und so wurde dieser Gesetzbestandteil (Sitzung vom 13. Mai 1869, S. 976).

grenzung in den Sitzungen vom 16. und 17. Februar 1912 (v. Payer, S. 59, und Gröber, S. 105 f.).

II. Wahlkreise.

Wie in anderen Staaten, so stellen auch heute die Wahlkreise des deutschen Reichstags keine Körperschaften dar, keine juristischen Personen, wie früher die Wahlkreise des Ständestaats, sondern sind die territorial gegliederte Wählerschaft, also Territorialbezirke. Daran ändert auch die Tatsache nichts, daß nach § 5 des Wahlgesetzes der Einzelstaat, dessen Bevölkerung 100 000 Seelen nicht erreicht, einen Wahlkreis bildet. Ein Recht auf einen Abgeordneten hat der Einzelstaat eben deshalb nicht, weil ein Wahlkreis keine juristische Person ist. Dieser Rückfall in die ständische Zeit ist heute ausgeschlossen. Übrigens kommen dazu noch andere, weiter unten anzuführende Gründe. Das Wahlgesetz von 1869 stellt an die Form des Wahlkreises folgende Anforderungen:

1. Der Wahlkreis ist auf dem Grundsatz der Einzelwahl, nicht der Listenwahl, aufgebaut. Schon das Reichswahlgesetz der Frankfurter Nationalversammlung setzte die Einzelwahl voraus, wenngleich sie sie auch nicht ausdrücklich vorschrieb (siehe Georg Meyer, a. a. O., S. 577). Dem folgt das heute geltende Reichswahlgesetz von 1869, schreibt aber das System der Einzelwahl ausdrücklich vor (§ 6, WG.): „Jeder Abgeordnete wird in einem besonderen Wahlkreise gewählt."

2. Jeder Wahlkreis ist so einzurichten (§ 5, WG.), daß auf je 100 000 Seelen derjenigen Bevölkerungszahl, welche den Wahlen zum verfassungsgebenden Reichstag zugrunde gelegen hat, ein Abgeordneter gewählt wird. Ein Überschuß von mindestens 50 000 Seelen der Gesamtbevölkerung eines Einzelstaates wird vollen 100 000 Seelen gleichgerechnet. Die gesetzlich festgesetzte Proportion 100 000 : 1 entspricht infolge des Bevölkerungszuwachses und der Menschenanhäufung in großen Industriezentren sowie in Handelsplätzen schon lange nicht mehr den heutigen Verhältnissen. Existieren doch heute Wahlkreise mit 12 000 Wahlberechtigten und Wahlkreise mit über 2 100 000 Wahlberechtigten[1]). Es trifft also nicht mehr die Proportion 100 000 : 1, sondern in Wirklichkeit 160 000 : 1 zu, ein Übelstand, den das Deutsche Reich mit anderen kontinentalen[2]) Gesetzgebungen (ausgenommen der schwedischen, wo die administrative Neuabgrenzung gesetzlich angeordnet ist [§ 13 ff. der Reichstagsordnung in der Fassung von 1909]), teilt.

3. Die Wahlkreise sind so einzurichten, daß prinzipiell die Grenzen eines und desselben Wahlkreises sich nicht über zwei Einzelstaaten

---

[1]) Über diese Bevölkerungsverschiebungen die Daten in meinem Kommentar zum Wahlgesetz zu § 5.

[2]) selbst mit der englischen: siehe mein englisches StR. I, S. 296 f.

erstrecken sollen (arg. §5: [„in jedem Bundesstaat wird.... gewählt"]). Deshalb soll auch in einem Bundesstaat, dessen Bevölkerung 100 000 Seelen nicht erreicht wird, dennoch ein Abgeordneter gewählt werden. Das Reichswahlgesetz der Frankfurter Nationalversammlung ging in bezug auf die Berücksichtigung der Rechte der kleinen Einzelstaaten nicht so weit, wie wir gesehen haben.

4. Jeder Wahlkreis soll räumlich abgegrenzt und tunlichst abgerundet sein. Die Forderung des räumlichen Abgegrenztseins war namentlich deswegen besonders gesetzlich festgelegt, weil Mecklenburg bei den Wahlen zum verfassungsgebenden Reichstag die Wahlkreise nach ständischer Gliederung: Domanium, Rittergüter und Städte zu bilden versucht hatte, wobei es natürlich vorkommen mußte, daß, wo nur Städte mit Städten zusammengelegt wurden, der Wahlkreis auch gar nicht abgerundet war.

Eine Trennung der Wahlkreise in rein städtische und rein ländliche wäre demnach nach heutigem Rechte unzulässig. Denn die aus der preußischen Vergangenheit bekannte Forderung dieser Trennung sollte, wie sich dies aus den Reichstagsverhandlungen ergibt, jedenfalls vermieden werden (Abg. Graf Schwerin-Putzar in der Sitzung vom 13. Mai 1869, S. 975): „Es wird damit eine Frage entschieden, welche wir sehr lebhaft in dem preußischen Abgeordnetenhause ventiliert haben, die Frage der Trennung von Stadt und Land bei der Feststellung der Wahlbezirke, ebenso wie die Frage, ob es zweckmäßig ist, für jeden Verwaltungskreis einen Abgeordneten zu wählen oder für die Wahl mehrerer Abgeordneten einen Gesamtwahlkreis zu machen. Diese Frage möchte ich nicht im gegenwärtigen Augenblick entscheiden, ich möchte dadurch nicht der Regierung ein Mittel in die Hand geben . . ."

Deshalb wurde der Antrag des Dr. Friedenthal, der dahin ging, daß die Wahlkreise innerhalb jedes Staates sich möglichst an die politische Einteilung in Kreise beziehentlich analoge Kommunalbezirke anschließen sollten, auf Antrag des Abg. Lasker in der endgültigen Fassung des § 6 weggelassen.

Eine Ausnahme von der Forderung, daß der Wahlkreis tunlichst abgerundet sei, ist im Gesetz (§ 6, Satz 3, WG.) nur zugunsten der staatsrechtlichen Enklaven zugelassen.

5. Schließlich stellt das Gesetz die Forderung auf, daß die Wahlkreise nur auf dem Wege des Gesetzes in Zukunft abgegrenzt werden sollen, womit aber gleichzeitig ausgesprochen wurde, daß bis dahin, d. h. bis zum Erlaß des Reichsgesetzes, die Wahlkreise, wie sie von den Einzelstaaten für die Bildung des RT. des Norddeutschen Bundes abgegrenzt waren, weiter zu Recht bestehen sollten.

Dadurch wurde ein Interimszustand geschaffen, der bis zum Erlaß eines Bundesgesetzes die erstmalige Abgrenzung der Wahlkreise unter

Aufrechterhaltung des status quo, soweit es anging[1]), der Ausführungsverordnung des Bundesrats, als der obersten Exekutivbehörde des Bundes überließ. Durch das Wahlreglement, die Verordnung des Bundesrats vom 28. Mai 1870 (BGBl. 275, Anlage C) ist dies geschehen. Galt dieser Interimszustand zunächst nur für die Staaten des Norddeutschen Bundes, so wurde er durch die Verträge mit den süddeutschen Staaten auch auf diese ausgedehnt, doch mit der Modifikation für Bayern (Abschnitt III, § 2 des Bündnisvertrages vom 23. November 1870), daß bis zur bundesgesetzlichen Feststellung nicht der Bundesrat, sondern die bayerische Regierung die Abgrenzung vorzunehmen hätte. Die Bekanntmachung des Bundesratsbeschlusses durch den Bundeskanzler vom 27. Febr. 1871 (Bundesgesetzblatt, S. 35) brachte die Wahlkreisabgrenzung für die süddeutschen Staaten dann zum äußeren Ausdruck. Sie ist die erste Novelle zum Wahlreglement. Nach der Vereinigung von Elsaß-Lothringen mit dem Reich durch die Einführung der Reichsverfassung daselbst wurde der Interimszustand des Wahlgesetzes von 1869, also die Möglichkeit administrativer Abgrenzung der Reichstagswahlkreise in Elsaß-Lothringen durch das Reichsgesetz vom 25. Juni 1873 (RGBl., S. 164 [§ 6, Abs. 2]) eingeführt, und die Bekanntmachung des Reichskanzlers vom 18. Dez. 1873 gab der ersten vom Bundesrat beschlossenen Wahlkreisabgrenzung für Elsaß-Lothringen formalrechtlichen Ausdruck.

Die Bedeutung des Interimszustandes ist durch die genannten Bundesratsbeschlüsse und Anordnungen der bayerischen Regierung erschöpft. Neuabgrenzungen von einzelnen Wahlkreisen müssen jetzt eben wie eine allgemeine Wahlkreisabgrenzung durch Gesetz erfolgen. Dies ergibt sich, abgesehen von der allgemeinen Fassung des § 6, Satz 4: „Ein Bundesgesetz wird die Abgrenzung der Wahlkreise bestimmen" noch aus der Tatsache, daß die Anlage C zum Wahlreglement ein Bestandteil des letzteren ist (Arg. § 23, Wahlreglement) und wie dieses nur auf dem in § 15, Satz 2 des Reichswahlgesetzes angegebenen Wege, d. h. „nur unter Zustimmung des Reichstags abgeändert werden" kann. Auf alle Fälle ist die Zustimmung des Reichstags zur Abänderung einzelner bestehender Wahlkreise nötig.

Daraus folgt:

a) Ein Landgesetz kann dies nie durchführen. Ergibt sich einem Staate die Notwendigkeit, die Verwaltungsbezirke und Verwaltungseinheiten, welche im Wahlreglement des Reiches als Bestandteil eines Reichswahlkreises aufgeführt sind, zu ändern, so ist das zu diesem Zwecke erlassene Landesgesetz nicht befähigt, ipso jure auch die Änderung

---

[1]) d. h. soweit solche Wahlkreise örtlich abgegrenzt und abgerundet waren (§ 6, Satz 4, WG.). Daß diese Schranke nicht immer beobachtet wurde, siehe die Ausführungen des Abg. Krüger-Hadersleben, StB. RT. 1873, S. 1104 ff., 1133 ff.

der Reichswahlkreisgrenzen vorzunehmen[1]). Als im Jahre 1873 ein preußisches Gesetz (Gesetz vom 27. März 1873, GS., S. 193) den landrätlichen Kreis Beuthen des Regierungsbezirks Oppeln, welcher zum Zwecke der Reichstagswahl in zwei Wahlkreise, Beuthen und Kattowitz, zerlegt war, in die vier landrätlichen Kreise Beuthen, Tarnowitz, Kattowitz und Zabrze geteilt hatte, (wobei die Grenzen der neuen landrätlichen Kreise mit den Grenzen der beiden Wahlkreise insofern nicht zusammenfielen, als die Ortschaften von dreien der ersteren, teils dem Wahlkreise Beuthen, teils dem Wahlkreise Kattowitz angehörten), mußte die Reichsregierung, einen Gesetzentwurf (Dr. RT., Nr. 173 ex 1873, S. 908) dem Reichstag unterbreiten, der dementsprechend eine Neuabgrenzung der Wahlkreise Beuthen und Kattowitz bewirkte (Reichsgesetz vom 20. Juni 1873, RGBl., S. 144).

b) Auch ein Inkommunalisierungsgesetz, wodurch Teile eines ländlichen Wahlkreises durch Landesgesetz der Stadt überwiesen werden, bewirkt nicht ipso iure eine Änderung der Reichswahlkreisgrenzen. Wahlen, welche auf Grund solch irrtümlicher Vorstellungen vor sich gehen, derart, daß die bisherigen Wähler des Landwahlkreises im Stadtwahlkreise wählen, können aus diesem Grunde kassiert werden, wenn es gerade auf die Stimmenzahl der ländlichen Wähler bei der Resultatfeststellung ankam. (Siehe RV. vom 11. April 1894, S. 2056, Wahl Hasse; Dr. RT., Nr. 203 ex 1893/94; Sitzung vom 8. Februar 1895, S. 751 ff.; Dr. RT., Nr. 103 ex 1894/95, Wahl Meist; Sitzung vom 8. Februar 1895, S. 754 ff. u. Dr. RT., Nr. 110 ex 1894/95, Wahl Greiß.) Kann demnach nicht einmal ein Landesgesetz die ipso jure wirkende Änderung der Reichswahlkreisgrenzen herbeiführen, so kann es natürlich noch weniger ein einzelstaatlicher Verwaltungsakt[2]). (Sitzung vom 8. März 1906, S. 5072, 5084, 5086.)

c) Aber auch ein Staatsvertrag, der Staatsgebiet zwischen zwei Einzelstaaten des Deutschen Reichs austauscht, bewirkt nicht ipso jure eine Änderung der Reichswahlkreisgrenzen, sondern auch dazu ist ein

---

[1]) Auch die preußische Kreisordnung von 1872 hatte infolgedessen keinen Einfluß auf die ursprüngliche Festlegung der Reichswahlkreise (Dr. RT., Nr. 286 ex 1897/98, S. 4).

[2]) Dies ist ausdrücklich anerkannt im bayer. Ministerialerlaß vom 12. September 1881 (MBl., S. 307). In Bayern hatten zwei allerhöchste Verordnungen vom 2. April und 19. Juni 1879 in dem Bestande der Verwaltungsbezirke, welche gleichzeitig Bestandteile der Reichstagswahlkreise bildeten, Veränderungen eintreten lassen. Jener Ministerialbeschluß charakterisiert zutreffend die Rechtslage mit den Worten: „Es ist nämlich grundsätzlich daran festzuhalten, daß die eingetretenen Änderungen in der Formation der Verwaltungsbezirke keinerlei Einfluß auf den Bestand der Reichstagswahlkreise geübt haben. Demzufolge ist jede Gemeinde bei demjenigen Wahlkreise, welchem sie bisher nach Anlage C des Wahlreglements zugeteilt war, auch dann verblieben, wenn sie nachträglich durch landesherrliche Verordnung einem Verwaltungsbezirke zugeteilt worden ist, welcher einem anderen Wahlkreise angehört."

Reichsgesetz nötig, welches entsprechend dem von den Einzelstaaten bewirkten Gebietsaustausch die Reichswahlkreisgrenzen ändert. (Siehe Verhandlungen des Reichstags, Sitzung vom 12. Dezember 1876, S. 731 ff.; vom 13. Dezember 1876, S. 795, vom 15. Dezember 1876, S. 803 ff. und vom 16. Dezember 1876, S. 835; dazu RG. vom 25. Dezember 1876; RGBl. 1876, S. 275 ff.; siehe ferner RG. vom 18. Februar 1906, RGBl., S. 370 und Motive dazu Dr. RT., Nr. 6 ex 1906, schließlich RTV. vom 17. Januar 1913, S. 3046 der Regierungskommissar Dr. Lewald: „Die Regierungen des Großherzogtums Sachsen und des Herzogtums Sachsen-Meiningen haben durch Schreiben vom 28. November bzw. 2. Dezember 1912 an den Reichskanzler eine dem vorgenommenen Gebietsaustausch Rechnung tragende Änderung der Reichstagswahlkreise in Anregung gebracht. Wie in früheren Fällen gleicher Art, wird eine entsprechende Vorlage vorbereitet." [Siehe Reichsgesetz vom 22. Juni 1913, RGBl., S. 597.].) Wie wenn nun ein Reichsgesetz nicht zustande kommt? Was namentlich möglich ist, wenn die Staatsregierungen auf eigene Faust Reichstagswahlkreisgeometrie treiben wollten? Dann käme eben keine Änderung der Wahlkreisgrenzen zustande. Es würden die Staatsangehörigen des einen Staats in den anderen Staat, zu dem sie als Reichswahlkreis gehören, hinüberwählen, trotz der Bestimmung des § 5, daß die Wahlkreisgrenzen im Prinzipe sich innerhalb der Grenzen des Einzelstaats halten müßten.

Ist demnach heute zu jeder Wahlkreisabgrenzung ein Reichsgesetz nötig, so ist ein solches ebenso nötig zur Vermehrung der Zahl der Wahlkreise (§ 5 Schlußsatz des Reichswahlgesetzes) wie zur Verminderung.

III. Wahl- (Stimm-) bezirke.

Die Wahlbezirke sind Stimmbezirke, d. h. Unterabteilungen des Wahlkreises „zum Zwecke der Stimmabgabe" (§ 6, Abs. 3, WG.). Die Forderungen, die an sie gestellt werden, sind:

1. daß sie wie die Wahlkreise räumlich abgegrenzt und tunlichst abgerundet sein müssen. Es ist demnach unzulässig, besondere Wahlbezirke für die Militärbeamten zu bilden, unzulässig, die Wahlbezirke derart abzugrenzen, daß sie nicht räumlich abgegrenzt, sondern nach den Buchstaben der Wählernamen angeordnet sind (RTV. vom 26. Januar 1882, S. 965 ff. und vom 7. Juni 1882, S. 298 ff., Wahl R i e k e r t; siehe auch Dr. RT., Nr. 908 ex 1907/08, S. 5394, Wahl H e n n i n g). Aus der Notwendigkeit, daß die Wahlbezirke abgerundet seien, ergibt sich die Unzulässigkeit, Wahlbezirke derart einzurichten, daß den Wählern zugemutet wird, durch einen anderen Wahlbezirk wandern zu müssen, ehe sie an den Wahlort kommen. Die Feststellung des Wahlorts ist Sache administrativen Ermessens, und da kann es auch vorkommen, was der Regierungskommissar von Puttkamer im Jahre 1869 als möglich hin-

gestellt hat (Sitzung vom 19. März 1869, S. 175), daß große Ortschaften mit einem kleinen Nest zusammengelegt werden und in dieses das Wahllokal verlegt wird, so daß die Wähler der größeren Ortschaften meilenweit laufen müssen, um an den Wahlort zu kommen, wenn es der Verwaltungsbehörde beliebt (siehe Sitzung vom 15. Dezember 1881, S. 401, Abg. Westphal). Allerdings sind diese Praktiken heute seltener geworden, Eine wichtige Garantie des Schutzes dagegen ist

2. die Norm, daß die Wahlbezirke gewöhnlich mit den Ortsgemeindegrenzen zusammenfallen sollen (§ 6, Satz 2 und § 7, Absatz 1 des Wahlreglement).

Ausnahmen von dieser Regel sind:

a) Volkreiche Ortsgemeinden können in Unterabteilungen zum Zwecke der Stimmabgabe zerlegt werden (§ 6, WG.).

b) Einzelne bewohnte Besitzungen können[1]) mit benachbarten Ortschaften zu Wahlbezirken zusammengelegt werden (siehe § 7, Satz 2, Wahlreglement).

c) Ortschaften, in welchen die zur Bildung des Wahlvorstands geeigneten Personen in genügender Anzahl nicht vorhanden sind, können mit anderen benachbarten zusammengelegt werden (§ 7, Satz 2, WR.).

d) Überhaupt können kleinere Ortschaften zu größeren Stimmbezirken zusammengelegt werden, wenn es die Regierung für notwendig hält. Die einzige Schranke der Regierung ist in diesem Falle wie in den anderen Fällen der Zusammenlegung nur die Vorschrift des Wahlreglements, wonach kein Wahlbezirk mehr als 3500 Seelen nach der letzten allgemeinen Zählung enthalten darf. Zwei Fragen treten bei der Gelegenheit auf:

Ist die Regierung an die Ziffer von 3500 unbedingt als an eine zwingende Rechtsvorschrift gebunden?

Kann sie außer den oben angeführten Ausnahmen von dem Satze, daß die Wahlbezirke prinzipiell mit den Ortsgemeinden zusammenfallen müßten, noch andere Ausnahmen statuieren?

Diese beiden Fragen führen auf eine Vorfrage zurück:

Sind die oben angeführten Vorschriften des Wahlreglements Rechtssätze?

Denn nur darauf kann es ankommen, nicht aber auf jenen Punkt, den der Reichstag wiederholt (RV. v. 18. April 1871, S. 257 ff. und Dr. RT.) Nr. 121 ex 1890, Wahl Pickenbach, S. 702) berücksichtigt hat, nämlich

[1]) müssen aber nicht. Daher wiederholte Klagen, daß die Einrichtung der Gutsbezirke und Dominien als Stimmbezirke das Wahlgeheimnis gefährde S. z. B Sitzung vom 26. Januar 1896, S. 609. der Abg. Bindewald und die in Sitzung vom 15. März 1911, S. 5494 vom Reichstag angenommene Resolution des Abg. Ablaß und Genossen (Dr RT. Nr. 876), daß die Zusammenlegung der Gutsbezirke mit benachbarten Gutsbezirken zu größeren Stimmbezirken stattfinden solle.

ob die betreffende Vorschrift auch im Wahlgesetz oder nur im Wahlreglement enthalten sei. Dies würde die Vorschriften des Wahlreglements überhaupt bloß auf die Stufe einer Verwaltungsverordnung herabdrücken, was durchaus unzulässig ist, da das Wahlreglement zweifellos auch Rechtsvorschriften zur Ausführung des Wahlgesetzes enthält. Fragt man nun darnach, ob die in Frage kommenden Vorschriften über die Abgrenzung der Wahlbezirke Rechtssätze sind, so wird man sich daran erinnern müssen, daß gerade die ziffernmäßige Limitierung der Machtvollkommenheit der Regierung bei Zusammenlegung und Einrichtung der Wahlbezirke, wie wir oben (unter I) gehört haben, im Reichstag abgelehnt wurde. Hingegen ist der Satz, daß die Grenzen des Wahlbezirks prinzipiell mit den Grenzen der Ortsgemeinde zusammenfallen müßten, als zwingende Rechtsvorschrift gewollt. Von diesem Satze kann es nur Ausnahmen geben, welche ebenfalls als zwingende Rechtsvorschriften gemeint sind, wenngleich die Feststellung dieser Ausnahmen der Ausführungsordnung überlassen ist.

Man kommt demnach zu dem Resultate: für die Regierung besteht zwar kein Recht aus anderen als den angeführten Gründen Ortschaften zu Wahlbezirken zusammenzulegen, z. B. aus dem Grunde, weil die Möglichkeit einer Verkehrsstörung durch Hochwasser in Betracht zu ziehen wäre (so richtig der Abgeordnete v. Mallinckrodt in der Sitzung des Reichstags vom 18. April 1871, S. 258, anders aber die Majorität des Reichstags, insbesondere der Abgeordnete Miquel, a. a. O., S. 259).

Hingegen verletzt die Regierung keineswegs zwingende Rechtsvorschriften, wenn sie sich weder durch die Ziffer von 3500 nach oben, noch überhaupt nach unten bei Bildung zu kleiner Wahlkreise, gebunden erachtet. Hier waltet freies Ermessen der Verwaltungsbehörde vor. Der Reichstag hat es allerdings in der Hand, bei einer Wahlprüfung diese Frage nachzuprüfen, insbesondere zu entscheiden, ob nicht durch die Bildung zu kleiner Wahlbezirke das Wahlgeheimnis verletzt wird (siehe z. B. Sitzung des Reichstags vom 24. März 1871, S. 13 ff. bezüglich der Bildung zu kleiner Wahlbezirke in den Großherzogtümern Mecklenburg-Schwerin und Mecklenburg-Strelitz; ähnlich Dr. RT., Nr. 1061 ex 1912/13, S. 1982) oder ob nicht durch Bildung zu großer Wahlbezirke eine Erschwerung der Wahlbeteiligung stattgefunden hat. Wenn diese beiden Fälle nach dem Ermessen des Reichstags wirklich eingetreten sind, dann kann der letztere die administrative Willkür unter Umständen mit Kassation des gesamten Wahlakts, jedenfalls aber mit Kassation des Wahlakts in dem betreffenden Wahlbezirk beantworten. Wir hätten hier ein Beispiel des Zusammenstoßes von Parlamentsrecht und Verwaltungsrecht, wie oben (§ 1) geschildert worden. Ebensowenig wie die Verwaltungsbehörde in bezug auf das „klein“ oder „groß“ der Wahlbezirke zwingenden Rechtsvorschriften unterliegt, ebensowenig bedeutet für sie die Verpflichtung der Zusammenlegung von „benachbarten" Ortschaften eine zwingende Rechtsvorschrift (so richtig die Wahlprüfungskommission, Nr. 86 ex 1876); nur darf hierbei von der Regierung nicht die zwingende Rechtsvorschrift verletzt werden, daß der Wahlbezirk abgerundet sein muß.

IV. Wahlkreis und Reichsverfassung.

Im Gegensatz zur preußischen Verfassung, welche im Art. 69 die Zahl der Wahlkreise festlegt, enthält die Reichsverfassung, indem sie die Gesamtzahl der Abgeordneten auf „382" feststellt, nur eine rechnerische Kalkulation (Arg. „und beträgt demnach die Gesamtzahl der Abgeordneten 382"). Dementsprechend hat man es auch nicht der Mühe wert gefunden, diese Gesamtziffer in die heutige richtige Ziffer von 397 zu verbessern, nachdem durch die Einführung der Verfassung in Elsaß-Lothringen (Gesetz vom 25. Juli 1873, RGBl. 171, § 3) noch 15 Abgeordnete für Elsaß-Lothringen hinzugekommen waren. Aus dieser Feststellung ergibt sich die Tatsache, daß es zur Vermehrung der Wahlkreise infolge der Neuabgrenzung zwar eines Gesetzes (§ 5, letzter Satz, Wahlgesetz), aber nicht eines verfassungsändernden Gesetzes bedarf.

Demgegenüber könnte aber die Frage aufgeworfen werden, ob nicht zur Verminderung der Wahlkreise ein verfassungsänderndes Gesetz nötig wäre. Man muß unterscheiden, ob es sich um eine allgemeine Verminderung der Wahlkreise handelt oder um die Verminderung der Wahlkreise in einem deutschen Einzelstaat, welche Hand in Hand mit einer allgemeinen Vermehrung der Wahlkreise im Reich gehen könnte, z. B. wenn man daran dächte, den Kleinstaaten ihre besondere Vertretung im Reichstage, die sie ohne Rücksicht auf ihre Bevölkerungsziffer nach § 5 WG. besitzen, zu nehmen. Die erste Frage, übrigens eine Doktorfrage[1]), ist natürlich in dem Sinne zu beantworten, daß ebensowenig wie zur Vermehrung der Wahlkreise, zur allgemeinen Verminderung ein verfassungsänderndes Reichsgesetz nötig ist. Anders steht es aber mit der praktisch wichtigeren zweiten Frage. Hier müßte man ein verfassungsänderndes Gesetz (Art. 78, Absatz 1, RV.) verlangen, wenn man mit Laband der Ansicht wäre (Staatsrecht I^5, S. 115), daß die jedem Staate zugebilligte Abgeordnetenziffer sein Mitgliedschaftsrecht — also als ein subjektives Recht — sei. Dieser Ansicht kann aber nicht beigetreten werden, denn die Einzelstaaten haben weder ein subjektives Recht auf die ihnen in § 6, WG. und die in Art. 20, Satz 2 der Verfassung zugeteilten Wahlkreisziffern, noch ein

[1]) Als solche faßte sie schon der Reichstag von 1869 auf. Ein Antrag des Abg. v. Lück (Dr. RT., Nr. 58, Z. 1 ex 1869): „Eine Vermehrung oder Verminderung der Zahl der Abgeordneten infolge der steigenden oder fallenden Bevölkerung wird durch das Gesetz bestimmt", wurde im Plenum ohne Diskussion abgelehnt (Sitzung vom 19. März 1869, S. 174). Offenbar hielt der Reichstag eine solche Bestimmung für überflüssig und erklärte auf die Weise indirekt die Möglichkeit einer Verminderung der Abgeordnetenzahl als undiskutierbar.

subjektives Recht auf Einhaltung der Proportion 100000 : 1. Daß sie kein Recht auf ihre Abgeordnetenziffer besitzen, ergibt sowohl der Wortlaut des § 5, Absatz 2, WG., als auch der Wortlaut des Art. 20, Satz 2, RV. Es heißt dort: „und kommen auf Preußen 235 ..." oder „werden in Bayern 48 ... gewählt", es heißt aber nicht „Preußen erhält" oder „Bayern erhält". Gerade diese Wortinterpretation, bei welcher zu beachten ist, daß die Staaten nicht als Satzsubjekte genannt sind, sondern als Satzobjekte, zeigt, daß man nicht den Staaten als Rechtssubjekten Abgeordnetenziffern zubilligen wollte. Man vergleiche damit nur Art. 6 RV wo die Bundesratsstimme den Einzelstaaten als Rechtssubjekten zugeschrieben sind. Da ist auch im Wortlaut des Satzes „Preußen führt 17 Stimmen usw." durch die Stellung des Staats als Satzsubjekt angedeutet, daß Preußen, Bayern usw. einen Rechtsanspruch, ein subjektives Recht auf ihre Stimmen im Bundesrat besitzen. Laband[1]) legt auch nicht darauf, sondern auf einen anderen Punkt Gewicht, der mit seiner Auffassung von den Mitgliedschaftsrechten im Reiche zusammenhängt. Es soll das Prinzip der Gleichberechtigung aller Mitglieder des Reichs sein, welches verbietet, „einem oder einigen Staaten ohne ihre Zustimmung diejenige Anzahl von Abgeordneten" zu nehmen, die ihnen durch Gesetz zugebilligt ist. Dieses Prinzip der Gleichberechtigung existiert aber gerade für das Wahlrecht zum Reichstage nicht, denn § 5 WG. gibt einem Staat von 153 000 Seelen, ebenso einen Wahlkreis wie einem Staat mit 47 000 Einwohnern (vgl. z. B. Reuß j. L. und Fürstentum Schaumburg-Lippe nach der Volkszählung von 1910). Diese Ungleichheit, die noch im Laufe der Jahre infolge des Wandels der Bevölkerungsziffer seit 1864 sich gesteigert hat, schließt doch jedes „Prinzip der Gleichberechtigung aus". Aber auch auf die Einhaltung der Proportion von 100 000 : 1 haben die Staaten kein subjektives Recht.

Bismarck dachte sich die Sache allerdings so (siehe Sitzung des Reichstags vom 13. März 1869, S. 46): „Sehr wohl aber kann die Frage auftreten, ob nicht ein einzelner Bundesstaat nach dem, wie unsere Gesetzgebung und Verfassung bisher liegt, ein v e r f a s s u n g s - m ä ß i g e s R e c h t hat, wenn seine Einwohnerzahl gestiegen ist, wenn sie beispielsweise 150 000 überschreitet, während sie bisher 150 000 nicht erreichte, statt e i n e s Abgeordneten nunmehr z w e i zu wählen. Ob dieses Recht noch durch das Sieb der Gesetzgebung passieren muß, ob es ihm abgesprochen werden kann, oder ob er verfassungsmäßig berechtigt ist, vor den Reichstag zu treten, seinen Nachweis zu liefern und zu sagen: ich habe nunmehr das verfassungsmäßige Recht — das ist eine Frage, der ich hier bei der ersten Diskussion ohne Vorberatung im Bundesrat nicht präjudizieren möchte."

[1]) a. a. O., I⁵, S. 317.

Diese Auffassung von Bismarck hatte aber den Regierungsentwurf nur Voraussetzung, wonach die Exekutive des Bundes alle drei Jahre nach der letzten Volkszählung eine Neuverteilung der Wahlkreise auf die Einzelstaaten vorzunehmen gehabt hätte. Im Reichstag aber kam diese Bestimmung des Entwurfs zu Fall, das administrative Ermessen und die damit zusammenhängende Neuverteilung der Wahlkreise wurde verworfen, als Grundlage der Berechnung aber statt der Bevölkerungsziffer nach der jeweiligen letzten Volkszählung die Bevölkerungsziffer von 1864 (Antrag Lasker) eingesetzt. Diese Erwägung führt demnach dazu, ein Recht der Einzelstaaten auf Aufrechterhaltung der Proportion 100 000 : 1 ebenso zu verneinen, wie ein verfassungsmäßiges Recht des Einzelstaats, auch wenn er noch so klein ist, auf Zubilligung eines Wahlkreises.

§ 37. Die amtliche Wahlvorbereitung, insbesondere die Wählerliste.

I. Im allgemeinen.

Das ganze Wahlgeschäft zerfällt in drei Bestandteile:

1. Die amtliche Wahlvorbereitung. Dazu gehört die Anordnung der Wahlen und des Wahltags, die Anlegung und die Auslegung und die Berichtigung der Wählerliste auf Einspruch der Interessenten, schließlich die Bestellung des Wahlkommissars, des Wahlvorstands und des Wahllokals, sowie die damit zusammenhängenden Publikationen. Neben der amtlichen Wahlvorbereitung geht parallel die Wahlvorbereitung durch Privatpersonen und Parteien, welche hier nur insofern in Betracht kommt, als sie zur Zeit der Wahl in bezug auf Preß-, gewerbe-, Vereins- und Versammlungsfreiheit privilegiert ist. Von dieser privilegierten privaten Wahlvorbereitung wird noch in einem besonderen Paragraphen die Rede sein.

Die amtliche Wahlvorbereitung ist ebenso wie die übrige das Wahlgeschäft begleitende staatliche Verwaltungstätigkeit, Sache der Einzelstaaten, nicht Reichssache. Das Reich hat aber die Behördenordnung, die bei dem Wahlgeschäft in Betracht kommt, gesetzlich (im Wahlreglement, Anlage D) festgelegt. Die Einzelstaaten besitzen demnach nicht das Recht, diese reichsgesetzlich festgestellte Behördenordnung einseitig abzuändern. Auch ist es unzulässig, wenn die für das Wahlgeschäft reichsgesetzlich angeordnete Behörde ihre Kompetenz verändern oder einen Teil derselben an Behörden weiter delegieren wollte, die sie nach Landesrecht für landesrechtliche Verwaltungsobliegenheiten zweifellos dazu benutzen könnte (unrichtig Dr. RT., Nr. 96 ex 89, S. 383; richtig Dr. RT., Nr. 293 ex 1882/83, S. 1083 f.).

Die dem Reichsgesetz vorbehaltene Ordnung ist aber nur die Regelung der behördlichen Zuständigkeit nach Geschäften, nicht aber die Regelung ihrer örtlichen Zuständigkeit[1]). Wenn deshalb in einem deutschen Einzelstaate eine Reorganisation der Verwaltungsbezirke stattfindet, mit der ohne Reichsgesetz eine Veränderung der Reichstagswahlkreise nicht verbunden ist, so verschiebt sich trotzdem die örtliche Zuständigkeit der die Wahlen leitenden und die Anlegung von Wählerlisten beaufsichtigenden Behörden (siehe den bayerischen Ministerialerlaß vom September 1881, MBl. S. 307, Nr. 13 018, anläßlich der Reichstagswahlen von 1881).

2. Die Wahlhandlung. Sie ist die Kollektivtätigkeit der geheimen Stimmabgabe, welche die Wähler vornehmen. Diese Kollektivtätigkeit unterscheidet die Wahlhandlung dann von dem was hier vorausgeht, d. i. von der amtlichen Wahlvorbereitung, wie von dem, was ihr nachfolgt, d. i. der amtlichen Ermittelung des Stimmergebnisses.

3. Die amtliche Ermittlung des Wahlergebnisses, welche das Gesetz zum Überfluß noch ausdrücklich (§ 9, WG.) von der Wahlhandlung unterscheidet, ist nach deutschem Reichswahlrecht eine doppelte (§ 9, Satz 2, WG. in Verbindung mit § 13, Satz 1 des WG.):

a) die Ermittlung des Wahlergebnisses durch den Wahlvorstand im Wahlbezirke;

b) die Ermittlung des Wahlergebnisses im Wahlkreise durch den Wahlkommissar und die sog. Zählkommission.

Das gesamte Wahlgeschäft bildet eine Einheit, ist ein publizistisches Rechtsgeschäft, und zwar ein sog. gestrecktes Rechtsgeschäft[2]).

Die Einheit des Wahlgeschäfts ergibt sich erstens aus der Tatsache, daß, wenn die Wahl wegen der Nichtigkeit eines der Bestandteile des Wahlgeschäfts kassiert werden muß, das ganze Wahlgeschäft von Anfang an wiederholt werden muß (von der Ausnahme des § 34 des Wahlreglement in bezug auf die Anlegung der Wählerliste wird noch unten zu handeln sein; siehe § 42 II).

Zweitens ergibt sie sich daraus, daß, wenn eine Wahl wegen Vitiosität des Wahlgeschäfts in einem fortgeschrittenen Stadium, z. B. wegen Vitiosität der Stichwahl oder wegen vitiöser Ermittlung des Wahlergebnisses hinfällig wird, das Wahlgeschäft nicht von dem Punkt erneuert wird, von welchem an es vitiös war, sondern von allem Anfang an[3]). Daher muß eine durch falsche Proklamierung des Nichtgewählten beendete Wahl von Grund aus kassiert werden, trotzdem nur die Proklamation des Kandidaten durch den Wahlkommissar vitiös war (Dr. RT.,

---

[1]) Über den Unterschied zwischen Zuständigkeit nach Geschäften und örtlicher Zuständigkeit, siehe Wach, Handbuch des Zivilprozeßrechts I, 347 f. u. 392 f.; Gaupp-Stein, Kommentar zur ZPO. I, 8. u. 9. Auflage, S. 18.

[2]) Ausdruck von Kohler für Geschäfte, die aus mehreren zeitlich auseinanderfallenden Tatbestandsstücken bestehen.

[3]) Diese Tatsachen werden von Seydel, a. a. O., S. 370, nicht berücksichtigt, wenn

Nr. 111 ex 1874, S. 388; Sitzung vom 10. April 1874, S. 699 ff.; Dr. RT., Nr. 176 ex 1875 und Sitzung vom 21. Januar 1875, S. 1153 ff.; Dr. RT., Nr. 63 ex 1882/83 und Sitzung vom 16. Juni 1882, S. 527 ff.).

II. Die Anordnung der Wahl und die Feststellung des Wahltermins.

Man muß unterscheiden:

1. Allgemeine Wahlen (§ 14, WG.), welche im ganzen Bundesgebiet in allen Wahlkreisen vorgenommen werden.

2. Stichwahlen (§ 12, Satz 2, WG.), welche eintreten, wenn bei der Hauptwahl, also im erstem Wahlgang, eine absolute Stimmenmehrheit sich nicht herausstellt und nur „dann unter den zwei Kandidaten zu wählen ist, welche die meisten Stimmen erhalten haben".

3. Partielle Wahlen oder Ersatzwahlen, d. i. Wahlen in einzelnen Wahlkreisen, die notwendig werden, wenn der Gewählte ablehnt (sog. Nachwahl), wenn der Reichstag die Wahl für ungültig erklärt oder wenn ein Abgeordneter im Laufe der Legislaturperiode durch Tod oder Verzicht aus dem Reichstage ausscheidet (Ersatzwahl im engeren Sinne).

Die allgemeinen Wahlen werden vom Kaiser angeordnet und sind an einem und demselben Tage im ganzen Bundesgebiet zu vollziehen (§ 14, WG.). Hingegen sind sowohl die Stichwahl- wie die Ersatzwahltermine von den Landesstaatsbehörden anzuordnen (siehe darüber weiter unten § 42, I).

III. Die Wählerliste.

Während Frankreich, England, Italien, Griechenland, Spanien, Dänemark, Holland[1]) u. a. m. die permanente Wählerliste eingeführt haben, ist im Deutschen Reich für die Wahlen zum Reichstag die nichtständige Wählerliste maßgebend.

Wir haben oben (S. 277 f.) gehört, daß jene auch von der Reichsregierung bei Einbringung des Wahlgesetzentwurfs geplant war, vom Reichstag aber abgelehnt wurde. Im Jahre 1876 brachte der Abgeordnete Völk den Antrag ein, den Reichskanzler zu ersuchen, daß bei der Reichsregierung veranlaßt würde, noch im Laufe der gegenwärtigen Legislaturperiode einen Gesetzentwurf zur Abänderung des Wahlreglements vom 28. Mai 1870 einzubringen, „und zwar in der Richtung, daß die Anfertigung ständiger Wählerlisten angeordnet, eine richtige Beurkundung der Stimmabgabe mehr gesichert und für die Möglichkeit der Geheimhaltung der Wahlstimmen besser gesorgt werde" (Dr. RT., Nr. 52 ex 1876 und Sitzung vom 26. Januar 1876, S. 922 ff.). Der Antrag wurde abgelehnt. Auch sonst

---

er das Wahlgeschäft nur in zwei Hauptabschnitte, die Wahlvorbereitung und die Wahlhandlung zerfallen läßt. Die Ermittlung des Stimmergebnisses ist ebenfalls, wie aus der Darstellung oben folgt, ein Bestandteil des Wahlgeschäfts.

[1]) Siehe darüber meinen Kommentar zum WG. zu § 8.

sind gelegentlich im Reichstage Wünsche auf Einrichtung der permanenten Wählerliste laut geworden (z. B. aus neuester Zeit der Abgeordnete Dr. Arendt, Sitzung vom 15. März 1910, S. 2128 B).

Wo permanente Wählerlisten bestehen, hat die Eintragung in die Wählerliste die rechtliche Natur eines Formalakts, d. h. wer einmal in die Wählerliste eingetragen ist, hat prinzipiell einen Anspruch darauf, zu wählen, gleichviel ob er die Voraussetzungen der Wahlfähigkeit besitzt oder nicht (für Frankreich siehe Pierre, a. a. O., p. 257 f.; für England mein englisches Staatsrecht I, S. 277 f; für Italien: Montalcini, La lege elettorale politica, 1904, p. 68; für Dänemark: Goos-Hansen im Oe. R. d. G., XX, S. 68).

Da für die Wahlen zum deutschen Reichstag die permanente Wählerliste nicht gilt, so hat die Eintragung in die Wählerliste nur die Bedeutung, daß der wirklich Wahlfähige die Wahlberechtigung, nicht auch umgekehrt, daß der nicht Wahlfähige durch die Eintragung ein Wahlrecht erhält (siehe die Ausführungen des Abgeordneten Wellstein in der Sitzung vom 28. März 1906, S. 2365: „Die Eintragung in die Wählerliste ist notwendig, damit man das Wahlrecht ausüben kann; die Eintragung ist aber nicht für sich allein ausschlaggebend für die Berechtigung[1])"). Wenngleich aber die Eintragung in die Wählerliste nicht den Charakter eines Formalakts in dem Sinne hat, daß sie dem Wahlunfähigen eine Wahlberechtigung gibt, so ist sie doch, selbst wenn sie einem Wahlunfähigen zuteil wird, keineswegs rechtlich belanglos. Denn zunächst ist die Ausübung des Wahlrechts durch einen zwar an sich nicht Wahlberechtigten, doch in den Listen eingetragenen Deutschen keine Fälschung im Sinne des § 108, Abs. 2, StGB. (Siehe ERG. vom 6. April 1891 bei Reger, Bd. XI, S. 327. Anders E. vom 11. Juli 1904 E. i. Str. XXXVII., S. 233, siehe aber dazu die berechtigte Kritik in Archiv f. öff. R. XX S. 285 ff.) Sodann ist die Eintragung eines Wahlunfähigen in die Wählerliste für den Wahlvorsteher unbedingt maßgebend, und er muß den Eingetragenen zur Wahl zulassen, denn eine Prüfung, ob Personen zu Unrecht in die Wählerliste aufgenommen, und demzufolge zur Wahl zuzulassen seien, steht nach § 13, WG. nicht dem Wahlvorstande, sondern lediglich dem Reichstage zu (Wahlprüfungskommissionsbericht, Dr. Nr. 243 ex 1878, S. 1547 f.; siehe ferner D. RT., Nr. 249 ex 1905/06, S. 3222).

1. Die Anlegung der Wählerliste erfolgt in jedem Wahlbezirk (§ 8, Absatz 1, WG.). Da gewöhnlich ein Wahlbezirk mit einer Gemeinde zusammenfällt, soll für jede Gemeinde von dem Gemeindevorstand eine Wählerliste doppelt aufgestellt werden (§ 1, WR.). Die

---

[1]) Vor Einbringung des Wahlgesetzes im Jahr 1867 hatte allerdings eine Abteilung des Reichstags (Wahlkreis Potsdam, Osthavelland) den Standpunkt des Formalakts vertreten. Sitzung vom 13. September 1867, S. 20.

Notwendigkeit der doppelten Anlegung betrachtet jedoch die Praxis des Reichstags nicht als eine zwingende Vorschrift und sieht die Anlegung bloß eines Exemplars als genügende gesetzliche Grundlage an, wenn nur die demnächst angefertigte und bei dem Wahlakte benutzte zweite Liste im Endresultat genau mit der ursprünglichen Liste übereinstimmt (Reichstagssitzung vom 8. Mai 1880, S. 1251)[1]).

Von den so angelegten beiden Wählerlisten, von denen das eine Exemplar bei der anlegenden Behörde (Gemeindevorstand) verbleibt, das andere dem Wahlvorsteher zuzustellen ist (§ 5, WR., Absatz 1), ist das erstere das Hauptexemplar, und es kommt vorwiegend auf die Eintragung in diesem Hauptexemplar an, daß der Wahlfähige sein Wahlrecht ausüben dürfe. Wenn also ein Wähler, dem der Magistrat mitteilt, daß er eingetragen sei, am Tage der Wahl bei der Stimmabgabe seinen Namen in der dabei verwendeten Wählerliste nicht findet, so wird er dennoch zur Wahl zugelassen, da hier die Vermutung dafür spricht, daß die Nachtragung in der Hauptliste in zulässiger Weise erfolgt ist, die Übertragung in die Nebenliste aber vergessen worden ist (siehe Dr. RT., Nr. 58 ex 1890/91, S. 547 und Sitzung vom 21. Mai 1912, S. 2208).

Zerfällt eine bevölkerungsreiche Gemeinde infolge Teilung in mehrere Wahlbezirke, so erfolgt die Aufstellung der Wählerlisten nach den einzelnen Wahlbezirken (§ 1, Satz 2, WR.). Umgekehrt, sind mehrere Ortschaften zu einem Wahlbezirk vereinigt, so wird zwar für jede Ortschaft eine doppelte Wählerliste angefertigt und das Hauptexemplar von dem Gemeindevorstand jeder Ortschaft aufbewahrt, das zweite Exemplar aber von dem Wahlvorsteher mit dem zweiten Exemplar der anderen Ortschaften zu einem Ganzen zusammengeheftet (§ 5, Absatz 2 des Wahlreglements). Jede Wählerliste ist so anzulegen, daß daraus die Wahlberechtigten nach Zu- und Vornamen, Alter, Gewerbe und Wohnort eingetragen werden. In der Wählerliste muß außerdem Raum bei jedem Namen freigelassen werden, damit jedenfalls die erfolgte Stimmenabgabe vermerkt und Bemerkungen vorgenommen werden können. Nachtragungen zwischen den Zeilen der Wählerliste sind ungewöhnlich, da nach der Vorschrift des Wahlreglements die Wahlberechtigten in alphabetischer Ordnung gewöhnlich zu verzeichnen sind. Nur für städtische Wählerlisten ist es ausdrücklich gestattet, daß die Straßen nach der alphabetischen Reihenfolge ihrer Namen, innerhalb derselben die Häuser nach ihrer Nummer und innerhalb des Hauses

[1]) Anders Sitzung vom 19. April 1877, S. 598: ad § 5, Absatz 1, WR. Geht das dem Vorstand zugestellte Exemplar der Wählerliste verloren oder ist es sonst nicht aufzufinden, so kann keineswegs noch schnell eine Aushilfsliste angefertigt werden, die man der Wahl zugrunde legt. Die Anfertigung einer solchen „Aushilfsliste“ ist ein wesentlicher Mangel des Verfahrens und macht den Wahlakt im Wahlbezirk ungültig, wo auf Grund dieser Aushilfsliste gewählt wurde.

die Wähler alphabetisch geordnet werden (§ 1, Satz 3, WR.). Diese alphabetische Ordnung inkludiert eine Numerierung der Namen, weshalb Nachtragungen mit a), b), c) zwischen den Zeilen der einmal angelegten Liste ungewöhnlich sind, wenngleich nicht unzulässig, sofern bei diesen wie bei den sonstigen Nachtragungen und Berichtigungen die Gründe, aus welchen, und das Datum, wann sie erfolgt sind, angegeben werden (siehe Dr. RT., Nr. 379 ex 1898, S. 1969). Die Anlegung der Wählerliste ist nicht etwa ein Formalakt, der nicht wiederholt werden darf, sofern diese Wiederholung die im folgenden noch zu erwähnende Frist der Auslegung und des Abschlusses der Wählerliste nicht berührt, d. h., kürzer gesagt, sofern die Nähe des Wahltermins solche Neuanlegung nicht verhindert (siehe Dr. RT., Nr. 126 ex 1871, betreffs des Wahlrechts von 800 Bayern, welche in Frankfurt a. M. am 31. Januar 1871 wahlberechtigt wurden, während die Aufstellung der Wahllisten in Frankfurt a. M. schon vorher stattgefunden und die Auslegung der Listen in der Zeit vom 19. bis 26. Januar 1871 schon beendigt war, als die Bayern durch Publikation des Bündnisvertrages am 31. Januar wahlberechtigt wurden).

2. Die Auslegung der Wählerliste. Da das Wahlvorbereitungsverfahren ebenso wie die übrigen Teile des Wahlgeschäfts nicht Reichssache, sondern Sache der Einzelstaaten sind, so wird auch der Tag, an welchem die Auslegung der Wählerlisten beginnt, von den Behörden des Einzelstaats festgelegt (§ 2, Abs. 2, WR.). Es sind dies immer Zentralstellen des Einzelstaats, gewöhnlich das Ministerium des Innern (so namentlich in Preußen, Bayern, Sachsen, Württemberg, Baden). In den anderen Staaten sind dies die dem Ministerium des Innern entsprechenden Zentralstellen (Anlage D des Wahlreglements). Der Gemeindevorstand hat dann noch vor dem Beginn der Auslegung Tag und Ort der Auslegung unter Hinweis auf die Befugnis, Reklamationen zu erheben, in ortsüblicher Weise zu publizieren[1]).

Die Auslegung der Wählerlisten hat den Zweck, ein Berichtigungsverfahren, von dem noch weiter unten die Rede sein wird, zu ermöglichen. Ihre Einhaltung ist deshalb von besonderer Wichtigkeit. Trotzdem steht die heutige Praxis des Reichstags nicht mehr auf dem strengen Standpunkt der älteren Praxis[2]), Protestgründe, die sich auf die Verkürzung der Auslegungsfrist beziehen, an sich für erheblich zu halten, sondern verlangt noch weiter den Nachweis, daß durch die Verkürzung der Frist eine Reihe von Wahlberechtigten die Aufnahme in die Wähler-

---

[1]) Unterlassung dieser Publikation sah die Reichstagspraxis gelegentlich als Grund der Kassation des Wahlaktes im Wahlbezirke an (D. RT., Nr. 95 ex 1890/92, S. 639).

[2]) Siehe den sog. „kleinen Köller“, ein von dem Abg. v. Köller verfaßtes, übrigens jetzt ganz antiquiertes Büchlein: „Bemerkungen zu dem Reichstagswahlgesetz usw. herausgeg. von dem Wahlverein der Deutschen Konservativen“ S. 13.

liste nicht erlangen konnten (siehe Dr. RT., Nr. 590 ex 1900, S. 3689 und Nr. 563 ex 1900, S. 3482 und Nr. 1190 ex 1909, S. 7405). Jedenfalls kassiert die heutige Praxis nicht mehr den Wahlakt im Wahlbezirke, sondern rechnet bloß die Wähler, die nicht gewählt haben, dem Wahlkandidaten mit der nach dem Gewählten nächst hohen Stimmziffer zu (Dr. RT., Nr. 310 ex 1907/09, S. 1820)[1]).

Wenn sich herausstellt, daß die Zahl aller Wahlberechtigten gewählt hat, so ist die Verkürzung dieser Frist unerheblich (Dr. RT., Nr. 605 ex 1903/05, S. 3610). Richtiger wäre der Standpunkt, wenn man nicht die Zahl der Wahlberechtigten, sondern die der Wahlfähigen zum Ausgangspunkte der Berechnung nehmen wollte.

Die Auslegungsfrist beträgt mindestens 8 Tage. Wie lange während des Tages, sagt das Gesetz nicht. Man wird wohl davon ausgehen, daß wenigstens die gewöhnlichen Bureaustunden eingehalten werden müssen (Dr. RT., Nr. 175 ex 1898/1900, S. 1278 und Nr. 143 ex 1898/1900, S. 1145). Wenn in die achttägige Frist ein Sonn- oder Festtag fällt, so braucht das Auslegungslokal um der Auslegung willen nicht besonders geöffnet zu sein (siehe Sitzung des Reichstags vom 25. April 1871, S. 382; Dr. RT., Nr. 143 ex 1898/1900, S. 1145 und Dr. RT., Nr. 275 ex 1904, S. 1733). Selbst wenn zwei Feiertage in die Frist fallen, wird diese nicht verlängert (Dr. RT., Nr. 367 ex 1907, S. 2192 f.). Nur wenn der letzte Tag dieser Frist ein Sonn- oder Feiertag ist (Dr. RT., Nr. 375 ex 1904, S. 1733), fällt dieser Tag außer Berechnung, und die Frist endet erst am nächsten Tage. In diesem letzteren Punkte wie in allen übrigen Punkten kommen für die Berechnung der Fristen, da es sich bei der Auslegungsfrist um die Grundlage eines späteren Verwaltungsstreitverfahrens handelt, die Vorschriften des Prozeßrechtes (Arg. z. B. § 52 des preußischen Landesverwaltungsgesetzes) zur Anwendung. Das wäre also § 222, ZPO., welche Vorschrift jedoch auf die Vorschriften des BGB. verweist. Danach ist folgendes rechtens. Da es sich hier nicht um eine Frist handelt, für deren Anfang ein Ereignis oder ein in den Lauf eines Tages fallender Zeitpunkt maßgebend ist, sondern die Frist mit dem Beginn eines Tages zu laufen beginnt, so wird der erste Tag der Auslegung auch der erste der Frist sein, mag auch die wirkliche Auslegung erst spät am Tage einsetzen (Dr. RT., Nr. 310 ex 1907/09, S. 1819). Der terminus a quo wird also in die Frist eingerechnet (§ 187, BGB.). Da die Frist eine nach Tagen berechnete ist, so endigt sie gemäß § 188, BGB. mit dem Ablauf

---

[1]) Gelegentlich wurden früher die Stimmen der Wähler, die nicht gewählt hatten, dem Sieger abgezogen (D. RT., Nr. 202 ex 1890/92, S. 1633), was vollständig sinnlos war. Offenbar war man sich damals darüber klar, daß es sich hier nur um einen Formverstoß, nicht um ein parlam. Wahldelikt handelt. (Über den Unterschied siehe weiter unten z. § 53, I u. III.)

des letzten Tages der Frist, der achte Auslegungstag muß also immer voll eingehalten sein (Dr. RT., Nr. 685 ex 1907/09, S. 4441).

Daß das Auslegungslokal nicht in einem anderen Wahlkreise gelegen sein darf, ist vom Reichstag mit Recht geboten worden (siehe Sitzung vom 8. April 1894, S. 227 ff. und Dr. RT., Nr. 204 ex 1894, S. 1067), denn § 8, WG. sagt: in jedem Bezirke sind zum Zwecke der Wahl Listen anzulegen, und § 7 des WR. stellt die Regel auf, daß jede Ortschaft für gewöhnlich einen Wahlbezirk für sich bildet. Wo die Listen anzulegen sind, sind sie auch auszulegen, denn nur wenn die Wählerlisten im Wahlbezirke, d. i. gewöhnlich in der Ortsgemeinde, ausliegen, kann der Gemeindevorstand die nötige Bescheinigung nach § 2, Absatz 3, WR. abgeben. Nur nachdem er sich, was ja vom Gesetzgeber vorausgesetzt wird, wirklich überzeugt hat, wo die Listen ausgelegt worden sind, kann er auch bezeugen, daß sie ausgelegen haben.

Auch § 3, WR. setzt voraus, daß, wo die Auslegung stattgefunden hat, auch die Erinnerung oder Einsprache im Berichtigungsverfahren stattfindet. Da die Anfechtung in der Regel beim Gemeindevorstand die Wahlbezirks stattzufinden hat, so muß ihre notwendige Voraussetzung, des Auslegung, im Wahlbezirke erfolgen. Deshalb ist nicht bloß notwendig, daß die Auslegung in demselben Wahlkreis erfolgt (der Abg. Spahn, Sitzung vom 18. April 1894, S. 2228), sondern auch in dem Wahlbezirk, für den sie ausgelegt ist (Dr. RT., Nr. 286 ex 1897/98, S. 2). Nur bei großen Gemeinden, welche in mehrere Wahlbezirke zerfallen, scheint der Reichstag ebenso wie bei kleinen Gemeinden, welche mit mehreren anderen in Wahlbezirken zusammengefaßt werden, von der Notwendigkeit der Auslegung im Wahlbezirk resp. in der Gemeinde dann abzusehen, wenn im konkreten Fall das Wahlergebnis dadurch nicht erheblich berührt wird (Dr. RT., Nr. 273 ex 1898/1900, S. 1971 [Wahl Hasse] und Sitzung des Reichstags vom 20. Februar 1899, S. 987 [Wahl Fitz]).

Die Wählerliste ist zu jedermanns Einsicht auszulegen (§ 2, Satz 1 des Wahlreglements). Jeder kann für sich und für andere die Einsicht verlangen (siehe Dr. RT., Nr. 770 ex 1905, S. 445). Die Verweigerung der Einsicht kann aber im Wahlprotest nur dann geltend gemacht werden, wenn gegen diese Verweigerung der Einsichtnahme bei der maßgebenden Behörde, welche die Aufsicht über die Anlegung von Wählerlisten führt, Beschwerde darüber erhoben worden ist (Dr. RT., Nr. 771 ex 1905, S. 4475 [Wahl Schlüter]). Die maßgebende Behörde ist diejenige, welche nach § 3, Absatz 2, WR. die endgültige Entscheidung im Berichtigungsverfahren erläßt (siehe darüber noch weiter unten). Jedenfalls läßt sich aus der Verweigerung der Einsichtnahme keine Unrichtigkeit gegen die Wählerliste herleiten (Dr. RT., Nr. 770 ex 1905, S. 4455).

Die Einsichtnahme ist nicht bloß auf die Vornahme des Augenscheines zu beschränken, sondern jede Partei oder jeder einzelne Wähler kann Abschriften der Wählerlisten vornehmen, und die Behörden müssen dies gestatten (Dr. RT., Nr. 794 ex 1898/1900; Dr. RT., Nr. 293 ex 1891, S. 2063), doch darf zwischen den konkurrierenden Parteien kein Unterschied gemacht werden und der einen Partei die Abschrift gewährt, der anderen die Abschrift versagt werden (Dr. RT., Nr. 95 ex 1892/93, S. 585 und D. RT., Nr. 193 ex 1898 1900, S. 1340)[1]).

Auf die achttägige Auslegungsfrist der Wählerlisten muß nach dem Wahlgesetz (§ 8, Satz 2) eine 14 tägige Frist folgen zur Erledigung der im Berichtigungsverfahren eingebrachten Reklamationen (siehe darüber unter 3. weiter unten). Diese Gesetzesbestimmung wird dann im Wahlreglement (§ 4, Absatz 2) dahin interpretiert, daß beide gleichmäßig berichtigten Exemplare der Wählerliste am 22. Tage nach dem Beginn der Auslegung unter Beifügung der Unterschrift des Gemeindevorstandes abzuschließen sind[2]). Das zweite Exemplar, nämlich das bei der Wahl benutzte und dem Wahlvorsteher überhändigte soll noch außerdem die Bescheinigung (§ 4, Abs. 2, WR.) enthalten, daß es mit dem

[1]) Nach Abschluß der Wählerlisten ist es aber unzulässig, Abschriften von einer Partei nehmen zu lassen, weil dies als eine unzulässige Wahlbeeinflussung erscheinen könnte. Nur wenn allen Parteien solche Abschriften nicht verweigert werden, sieht der Reichstag davon ab, solche Gewährung von Abschriften nach Abschluß der Wählerliste zu beanstanden (Sitzung vom 17. Februar 1903, S. 7962, Wahl Wehl).

[2]) Diese Vorschrift ergibt sich als Konsequenz des Abs. 3 des § 3 WR., der sagt, daß die Entscheidung über die Reklamation innerhalb drei Wochen von Beginn der Auslegung zu erfolgen habe. Laband sagt, daß die Vorschrift des § 3, Abs. 3 des Wahlreglement „eine autentische Interpretation der Vorschrift in § 8 des Wahlgesetzes" sei (Staatsrecht, a. a. O., I[5], S. 324, Anm. 1). Er übersieht, daß sie eine unzulässige Abänderung des Wahlgesetzes ist. Dies wurde auch in der Wahlprüfungskommission (Dr. RT., Nr. 250 ex 1894/95, S. 1066 f.) erkannt. „„Nach § 8, Abs. 2 des Wahlgesetzes sind Eintragungen in die Listen nicht mehr zulässig, wenn dieselben abgeschlossen sind; die Abschließung selbst aber hat zu erfolgen innerhalb der nächsten 14 Tage nach den dem Beginne der Auslegung folgenden 8 Tagen. Wörtlich genommen würde dies 22 Tage sein. Nach § 3 des mit dem Wahlgesetz eingeführten Wahlreglement hat aber die Abschließung der Wählerlisten längstens innerhalb drei Wochen — das sind 21 Tage — vom Beginn der Auslegung der Wählerliste an gerechnet — also unter Einrechnung des Auslegungstages — zu erfolgen. Die 8 Tage im Wahlgesetz sind mithin als eine Woche zu verstehen . . .

Die von der Mehrheit der Kommission vertretene Auffassung wegen der in § 3 des Wahlreglements gewählten Wortfassung: „Die Entscheidung (über Einsprachen) muß längstens innerhalb drei Wochen vom Beginn der der Auslegung der Wählerliste an gerechnet, erfolgt sein", seien unter Einrechnung des Auslegungstages nur 21 Tage und der 7. Juni als der letzte Tag dieser Frist zu rechnen, sei juristisch unhaltbar. Es würde dies eine Abänderung des, wie die Mehrheit selber zugebe, wörtlichen Inhalts des Wahlgesetzes bedeuten, und dazu hätte das Wahlreglement als bloße Verordnung des Bundesrates gegenüber dem Inhalt des von allen Gesetzgebungsfaktoren erlassenen Wahlgesetzes keine Kraft. Auch der Umstand, daß nach § 15 des Wahlgesetzes, das Wahlreglement nur unter Zustimmung des Reichstages abgeändert werden könne, gebe ihm nicht die Kraft eines Gesetzes und somit der authentischen Interpretationen. Diese Bestimmung wolle

Hauptexemplar der Wählerliste, welches, wie wir wissen, in den Händen des Gemeindevorstandes bleibt, völlig übereinstimme. Beide Exemplare sollen auch mit der Bescheinigung darüber versehen werden, daß und wie lange die Auslegungsfrist eingehalten worden ist (§ 2, Abs. 3, WR.). Diese Bescheinigung darf nicht auf mechanische Weise, durch „zinkographische" Unterschriften, vollzogen werden (Sitzung vom 18. April 1877, S. 592), da sie ein Beurkundungsakt ist.

Übrigens legt der Reichstag schon seit früher Zeit kein großes Gewicht auf das Vorhandensein der oben genannten Bescheinigungen (Sitzung vom 18. April 1877, S. 579; Dr. RT., Nr. 286 ex 1897/98). Auch auf den formell korrekten Abschluß der Wählerliste legt die Praxis des Reichstags kein erhebliches Gewicht (z. B. Dr. RT., Nr. 264 ex 1899, S. 676 [Wahl Henning]), trotzdem das Wahlreglement diesen letzteren Zeitpunkt für besonders wichtig erachtet, indem es in § 4, Absatz 3 ausdrücklich verbietet, nach Abschluß der Wählerliste Wähler in dieselbe aufzunehmen. Der Grund dieses Auseinanderfallens von Reichstagspraxis und Wahlreglement ist darin zu suchen, daß der Reichstag, wie wir noch sehen werden (siehe unter 3.), die Unzulässigkeit von amtlichen Nachtragungen und Berichtigungen schon in ein früheres Stadium verlegt.

3. Berichtigungsverfahren und Abschluß der Wählerliste. In Ländern, in welchen die permanente Wählerliste vorherrscht (Frankreich, Italien, England, Griechenland u. a.), ist das Berichtigungsverfahren ein kontradiktorisches Streitverfahren.

Das Wahlverfahren unseres Reichsrechts, das übrigens sich an das französische Recht von 1852 sonst anschließt (Vorbild: Organisches Dekret vom 2./21. Februar 1852)[1]), schreibt ein kontradiktorisches Verfahren zwar nicht vor, dazu hat es um so weniger Anlaß, als die permanente Wählerliste nicht eingeführt wurde. Es schließt aber jenes nicht aus (siehe Laband, D. StR., I^5, S. 223). Jedenfalls müssen wir es als ein Verwaltungsstreitverfahren bezeichnen, da sein Endeffekt eine Entscheidung ist, die res judicata schafft. Die Endgültigkeit der

nur besagen, daß zu einer das Reglement abändernden neuen Verordnung des Bundesrats die Zustimmung des Reichstages erforderlich sei, welche nicht in der Form eines Gesetzes gegeben zu werden brauche.

Außerdem beschränke das Wahlgesetz vom 31. Mai 1869 in seinem § 15 die Befugnis des Bundesrates, das Wahlverfahren durch die Klausel „soweit das Wahlverfahren nicht durch das gegenwärtige Gesetz festgestellt worden ist", was im vorliegenden Fall geschehen sei.""

Damals, d. i. im Jahre 1894/95, entschied sich die Wahlprüfungskommission in der Majorität für die Zulässigkeit der authentischen Interpretation, wonach Nachtragungen am 22. Tag unzulässig wären. Heute hält sie den Ablauf der vollen 22 Tage für den Abschluß erforderlich (Dr. RT., Nr. 530 ex 1912/13, S. 667).

[1]) Vgl. dazu meinen Kommentar zum WG. zur Präambel.

Entscheidung ergibt sich daraus, daß im § 3, Absatz 3, WR. vorgeschrieben ist, innerhalb welcher Frist sie spätestens erfolgen muß, woraus zweifellos sich ergibt, daß sie endgültig Recht schafft und durch ein anderes Rechtsmittel nicht mehr angefochten werden kann. Denn sonst könnte ja die oben angeführte Frist nicht eingehalten werden[1]). Die Mitwirkung der Parteien, die zum Begriff des Verwaltungsstreitverfahrens nötig ist[2]), ergibt sich aus der Schaffung eines Einspruchsrechts mit nachfolgender ev. Klage, und zwar für jedermann, der die Liste für unrichtig oder unvollständig hält innerhalb von acht Tagen nach Beginn der Auslegung (§ 3, Absatz 1, WR.). Das Einspruchsrecht kann entweder durch schriftliche Anzeige oder durch Erklärung zu Protokoll bei dem Gemeindevorstande oder dem von ihm Delegierten (Kommissar oder Kommission) ausgeübt werden. Zur Erhebung des Einspruchs, im Wahlreglement (§ 3) „Erinnerung", im Wahlgesetze (§ 8) „Einsprache" genannt, ist die Beibringung von Beweismitteln notwendig, sofern die Behauptungen des Rechtsschutzmittels nicht „auf Notorität" beruhen (§ 3, Absatz 1, WR.). In der Praxis des Reichstags wird unter Erinnerung die Reklamation eines Wahlberechtigten zwecks Nachtragung in die Wählerliste, unter Einsprache die Reklamation zwecks Streichung eines Nichtwahlberechtigten unterschieden. In dem praktischen Effekt kommen aber, wie wir noch sehen werden, Erinnerung und Einsprache auf dasselbe hinaus. Der Einspruch ist die zum Rechtschutzmittel erhobene Gegenvorstellung, zu der sonst jeder befugt ist, der durch ein behördliches Verhalten in seinen Rechten oder Interessen verletzt zu sein glaubt[3]). Während aber die Gegenvorstellung an sich eine formlose Beschwerde ist, indem sie auch ohne gesetzliche Zuerkennung angebracht werden kann („sie anbringen heißt nur, etwas tun, was nicht verboten ist" [Schoen, a. a. O.]), ist der Einspruch eine formelle Beschwerde, die nur in gesetzlich bestimmten Fällen gegeben ist und unter allen Umständen eine Überprüfung des bekämpften behördlichen Handelns nach sich zieht. Er ist bei der Behörde anzubringen, gegen deren Handeln er gerichtet ist, also in unserem Falle bei dem Gemeindevorstand (oder seinem Delegierten), und zieht für den Fall, daß er abschlägig beschieden wird, die Verwaltungsklage vor der im Reglement bezeichneten „zuständigen" Behörde nach sich. Legitimiert zur Erhebung des Einspruchs und der Verwaltungsklage ist quivis ex populo, doch wird man nicht so weit gehen können wie Laband, der (a. a. O., I[5], S. 323) sogar Kinder zur Erhebung der Einsprache für berechtigt erklärt, denn die Forderung von Beweismitteln im Wahlreglement setzt das Beweisanerbieten als publizistisches Rechtsgeschäft

[1]) Vgl. auch Fischer, Kommentar zum Wahlgesetz, S. 26.

[2]) Vgl. O. Meyer, D. Verwaltungsrecht, I, S. 177.

[3]) Siehe darüber Schoen, Verwaltungsrecht 1914, S. 289 u. 291 (in Kohlers Enzyklopädie der Rechtswissenschaft IV).

voraus, was wohl nur eine geschäftsfähige Person vornehmen kann. Jedenfalls braucht der den Einspruch resp. die Klage Erhebende nicht wahlberechtigt zu sein. Gegenpartei oder der Beklagte ist der Staat, vertreten durch die Behörde, welche die Einsprache entgegennimmt, resp. entscheidet, keineswegs der von der Entscheidung ev. Betroffene, wenngleich ihm (§ 3, Absatz 3, WR.) die endgültige Entscheidung durch Vermittlung des Gemeindevorstandes bekannt gemacht werden muß.

Aus dem Mangel des kontradiktorischen Verfahrens ergeben sich mannigfache Übelstände, so z. B. kann es vorkommen, daß ein Wähler, der ordnungsmäßig innerhalb der acht Tage der Auslegungsfrist sich von der Tatsache seiner Eintragung überzeugt hat, dann später, nachdem eine Beschwerde gar nicht mehr möglich ist, erfährt, daß er auf Einsprache des „quivis ex populo" aus der Wählerliste gestrichen worden ist. Remedur dagegen kann nur der Reichstag schaffen, indem er trotzdem, daß die Stimme nicht abgegeben werden konnte, diese bei Feststellung des Wahlergebnisses mit in Betracht zieht (siehe Dr. RT., Nr. 450 ex 1912/13, S. 413 [Wahl Kaempf]). Alle diese Übelstände werden erst verschwinden, wenn ein richtiges kontradiktorisches Verfahren eingeführt ist. Freilich setzt dies einen erheblich längeren Zeitraum für seine Erledigung voraus, der auch nur bei Einführung der permanenten Liste gegeben sein wird.

Der Einspruch (Einsprache oder Erinnerung) ist keine formlose, sondern eine formelle Beschwerde[1]), die den Charakter eines selbständigen Rechtsschutzmittels hat, das an ein vorgeschriebenes Verfahren gebunden ist. Deshalb hält auch die Reichstagspraxis mit Recht eine Überspringung des Instanzenzuges in der Weise, daß der Reklamant sich direkt über den Kopf des Gemeindevorstandes hinweg an die demselben für das Berichtigungsverfahren vorgesetzte Instanz wendet, für unzulässig (siehe Dr. RT., Nr. 394 ex 1903/04, S. 2196).

Wenn sich der Reklamant bei der Vorbescheidung des Gemeindevorstandes nicht beruhigt, so kann er die „Entscheidung" (§ 3, Abs. 2, WR.) der zuständigen Behörde herbeiführen, welche innerhalb von drei Wochen vom Beginne der Auslegung der Wählerliste gerechnet erfolgen muß (§ 3, Abs. 3, WR.). Diese ist nach Anlage D zum Wahlreglement für die ländlichen Wahlbezirke gewöhnlich die Kreisbehörde[2]) (also in Preußen der Landrat, in Hohenzollern der Oberamtmann, in Bayern das Bezirksamt, in Baden der Bezirksrat, in Hessen der Kreisausschuß, in Elsaß-Lothringen der Kreisdirektor usw.). In den städtischen Wahlbezirken kommt als zuständige Behörde meist der Magistrat, resp.

[1]) Deshalb geht es nicht an, mit Laband (a. a. O., I[5], S. 323[3]) die Namensunterschrift unter der Reklamation als nicht notwendig zu betrachten.

[2]) Doch nicht immer; so z. B. in Sachsen die Gemeindeobrigkeit, in Württemberg der Gemeinderat.

wo, wie in der Rheinprovinz Preußens, keine Magistratsverfassung besteht, der Bürgermeister in Betracht. In den elsaß-lothringischen Stadtkreisen ist es der Bezirkspräsident.

Das Berichtigungsverfahren ist ein offiziöses Verfahren insofern, als die Gemeindevorstände bei Anlegung der Wählerlisten eine ihnen obliegende Pflicht erfüllen. Unzutreffend ist es deshalb, wenn angenommen wird, daß die Aufnahme jedes Wählers in die Wählerliste davon abhängig ist, daß er seine Wählbarkeit nachweist. Vielmehr ist „die Grundlage der Wählerliste die Offizialtätigkeit der Gemeindebehörden" (siehe Sitzung des Reichstags vom 3. April 1913, S. 4474 und namentlich Laband, a. a. O., I⁵, S. 323). Daraus würde prinzipiell folgen, daß der Reichstag Wahlproteste wegen Nichtaufnahme in die Wählerliste selbst dann berücksichtigen müßte, wenn der Wahlfähige sich überhaupt nicht gerührt hätte, um seine Eintragung zu verlangen. Die Reichstagspraxis nimmt aber mit Recht den entgegengesetzten Standpunkt ein (Sitzung vom 11. März 1874, S. 275; Reichstagsverhandlungen am 17. März 1885, S. 895; Dr. RT., Nr. 370 ex 1904, S. 2046; Dr. RT., Nr. 694 ex 1905, S. 3957; Dr. RT., Nr. 907 ex 1907/09, S. 5390; Dr. RT., Nr. 114 ex 1907/09, S. 7186 f.). Wer demnach als Wahlfähiger es versäumt, auf dem Wege des Einspruchs bei dem Gemeindevorstand um Eintragung in die Wählerliste, sofern er nicht schon ex officio auf diese gesetzt worden ist, anzusuchen, kann sich vor dem Reichstag wegen Verkürzung seines Wahlrechts nicht beschweren[1]). Für diese Auffassung des Reichstags spricht zunächst ein praktischer Grund. Indem das Wahlgesetz das Verfahren vorschreibt, durch welches die Mängel der Wählerlisten berichtigt werden sollen, will es nach dem Prinzip der Ökonomie des Verfahrens vermeiden, daß noch in einem anderen Verfahren über dieselbe Rechtsfrage weitläufig verhandelt werde (siehe Reichstagsverhandlungen, Sitzung vom 11. März 1874, S. 275).

Dazu kommt aber auch ein theoretischer Grund. Der Wahlprotest kann, wie wir noch weiter unten (siehe § 50, IV) sehen werden, zweierlei umfassen, einmal eine Feststellungsklage, daß man widerrechtlich in seinem subjektiven Wahlrecht verkürzt worden sei, sodann eine Gestaltungsklage auf Vernichtung des vorliegenden Wahlaktes. Das Feststellungsinteresse muß nach der herrschenden Prozeßtheorie[2]) bis zum Schlusse der mündlichen Verhandlung, nach der Auffassung des Reichsgerichts[3]) sogar bei der Klageerhebung begründet sein. Jedenfalls ist es

[1]) Ebensowenig berücksichtigt der Reichstag Protestpunkte, die sich gegen die unrichtige Aufnahme von Nichtwahlfähigen in die Wahlliste richten, wenn nicht zuvor der Weg des Berichtigungsverfahrens von den mit der Anlegung der Wählerliste betrauten Behörden beschritten worden ist.

[2]) Siehe Langheineken, Der Urteilsanspruch, Leipzig 1899, S. 135.

[3]) Langheineken, a. a. O., S. 134 f.

aber noch gar nicht begründet, wenn der Wahlprotestbewerber sich im Berichtigungsverfahren nicht gerührt hat, da auch der Versuch zur Aufnahme in die Wählerliste, welche allein zur Ausübung des Wahlrechts berechtigt, fehlt. Wenn demnach die im Wahlprotest verlangte Feststellung der Verkürzung des subjektiven Wahlrechts keinen erheblichen Einfluß auf die Gültigkeit des Wahlaktes haben kann, also nicht gleichzeitig Gestaltungsklage auf Vernichtung des Wahlaktes ist, so weist der Reichstag den Protest mit Recht als „unsubstantiiert" zurück. Anders liegt aber die Sache, wenn die Feststellungsklage zugleich die Grundlage der Gestaltungsklage auf Vernichtung des Wahlaktes bildet, z. B. wenn die kompetente Behörde in erheblichem Maße und in tendenziöser Weise durch mangelhafte Aufstellung der Wählerlisten das subjektive Wahlrecht von Wahlfähigen verkürzt. Dann wird für die Berücksichtigung solchen Protestes nicht das Inbewegungsetzen des Berichtigungsverfahrens von der Reichstagspraxis verlangt, sondern auch ohne dieses die mangelhafte Aufstellung bei der Wahlprüfung berücksichtigt (Dr. RT., Nr. 232 ex 1879, S. 1525 und Dr. RT., Nr. 1114 ex 1909, S. 7186). Jedenfalls muß dann im Protest eine Reihe von Tatsachen „dafür angeführt werden, daß absichtlich die Wählerlisten mangelhaft aufgestellt worden sind"[1]).

Eine wichtige Frage ist die, bis zu welchem Zeitpunkte Berichtigungen und Nachtragungen in die Wählerliste zulässig sind. Die Theorie (Laband, a. a. O., I, S. 324; Fischer, a. a. O., S. 47 ff.)[2]) hält sich an den strikten Wortlaut des § 4, Absatz 3, WR., wonach erst nach Abschluß der Wählerliste jede spätere Aufnahme von Wählern verboten ist. Deshalb — so argumentieren die Genannten — sei eine Berücksichtigung von Reklamationen nach der Auslegungsfrist sowie die nachträgliche Ergänzung der Wählerliste von Amts wegen bis zum 22. Tage nach Beginn der Aufhebung jedenfalls zulässig. Selbst Berichtigungen der Liste und Streichungen sogar nach Abschluß der Wählerliste seien zulässig. Laband hält allerdings solche Berichtigungen nach Abschluß für „höchst bedenklich", da sonst der Zweck der Auslegung der Listen völlig vereitelt werden könnte. Aber gerade dieser letztere Gesichtspunkt muß dazu führen, die Unzulässigkeit amtswegiger Berichtigungen und Nachträge schon viel früher anzusetzen, insbesondere schon gleich in den Zeitpunkt zu verlegen, da die Auslegungsfrist abgelaufen ist. Deshalb konnte der Abg. Reichensperger in der Sitzung vom 19. Mai 1871, S. 791 von der Auslegungsfrist mit Recht sagen: „Es handelt sich hier, wie ich schon die Ehre hatte, zu bemerken, um eine Kontrolle durch jedermann. Wäre

[1]) Vgl. auch Laband I[5], S. 325, Anm. 1.

[2]) Früher auch die Verwaltungspraxis.

nun die betreffende Wahlbehörde, wie ich sie einfach nennen will, ihrerseits befugt, auf eigene Hand noch andere ihrer Ansicht nach Wahlberechtigte einzutragen, welche vorher nicht in der Liste gestanden hatten, so wäre damit die bezweckte Kontrolle des Publikums unmöglich gemacht; die Wahllisten würden nicht mehr ausgelegt. ‚Jedermann' könnte sie nicht mehr einsehen, die Kritik durch jedermann wäre also nicht mehr möglich."

Man wird demnach

1. alle amtswegigen Nachtragungen von Wählern,
2. alle Nachtragungen von Wählern auf Grund von Reklamationen,
3. alle amtswegigen Streichungen von Wählern

nach Ablauf der Auslegungsfrist für unzulässig erachten müssen, weil sonst die vom Gesetzgeber vorgesehene Kontrolle von „jedermann" vernichtet würde[1]).

Zweifelhaft könnte man nur bezüglich der Anträge auf Berichtigungen durch Streichung sein, die von Privaten im Wege der Einsprache nach Ablauf der Auslegungsfrist verlangt werden, denn diese hat der Gesetzgeber zweifellos nicht unter die Kontrolle von „jedermann" gestellt, was sich deutlich daraus ergibt, daß „jedermann" knapp vor Schluß der Auslegungsfrist seine Einsprache erheben kann, die erst in den nächsten 14 Tagen erledigt werden muß. Aber trotzdem wird man auch solche Anträge Privater auf Streichungen für unzulässig erklären, wenn man sich daran erinnert, daß das Berichtigungsverfahren ein Verwaltungsstreitverfahren ist, in welchem die Rechtsmittelfristen als Notfristen, präklusivisch sind wie in jedem Verwaltungsstreitverfahren[2]). Daraus ergibt sich, daß die im Berichtigungsverfahren zur Entscheidung berufenen Behörden nicht berechtigt sind, die Präklusivfrist des § 8, Absatz 2, WG. dadurch zu verlängern, daß sie auch nach Ablauf der achttägigen Auslegungsfrist Einsprachen berücksichtigen. Wir kommen demnach zu dem auch von der Praxis des deutschen Reichstags beobachteten Ergebnis, daß „bis zum Abschluß der Auslegungsfrist Nachtragungen, Streichungen und sonstige Änderungen der Wählerlisten nicht nur auf Antrag, sondern auch von Amts wegen vorgenommen werden können. Nach Beendigung der achttägigen Auslegungsfrist darf dagegen von Amts wegen keine Änderung mehr vorgenommen werden, sondern in den folgenden 14 Tagen dürfen Änderungen nur in Erledigung von rechtzeitig gestellten Anträgen erfolgen. Nach dem am 22. Tage nach Beginn der Auslegung der Listen zu tätigenden Abschluß derselben darf an den Listen keinerlei Änderung mehr vorgenommen werden" (siehe Dr. RT., Nr. 478 ex 1912/13, S. 507 [Wahl Pauli]; Dr. RT., Nr. 530

[1]) Die Belege aus der Reichstagspraxis siehe unten S. 325.

[2]) Siehe Kunze, Das Verwaltungsstreitverfahren, Berlin 1908, S. 37.

ex 1912/13, S. 667 [Wahl Kopsch]; Dr. RT., Nr. 1159 ex 1912/13, S. 2272 und S. 2288 [Wahl Laser]; aus früheren Jahren Sitzung des Reichstags vom 14. Mai 1879, S. 1188 f. [Wahl Mosle, Berichterstatter Freiherr von Fürth]; Sitzung vom 7. Oktober 1878, S. 101 [Wahl Wiggers]; Dr. RT., Nr. 896 ex 1907/09 [Wahl Boltz]). Auch die Verwaltungspraxis hält sich heute an diese Auffassung des Reichstags (Dr. RT., Nr. 249 ex 1905/06, S. 3222).

IV. Wahlvorstand und Wahllokal.

Unter die Vorbereitungshandlungen fällt auch die Bestellung des Wahlvorstandes und die Bestimmung des Wahllokals für jeden Wahlbezirk.

1. Die Bildung des Wahlvorstandes. Zur Ernennung des Wahlvorstehers und seines Stellvertreters sowie zur Bestimmung des Wahllokals sind nach Anlage D des WR. in Preußen, Bayern, Sachsen, Baden, Elsaß-Lothringen die oben bezeichneten im Berichtigungsverfahren für die endgültige Entscheidung zuständigen Behörden kompetent. In Württemberg kommt dagegen der Oberamtmann, für Stuttgart der Stadtdirektor, in Hessen das Kreisamt in Betracht.

Der Wahlvorsteher ist keine Behörde, denn zwischen ihm und seinen Vorgängern und Nachfolgern besteht keine für den Behördenbegriff[1]) notwendige Kontinuität. Zwar stand der Reichstag früher auf dem Standpunkt, einem Wahlvorsteher nach Abschluß der Wahl durch Vermittlung des Reichskanzlers noch eine Rüge erteilen zu lassen (siehe z. B. Sitzung vom 19. April 1877, S. 605 f. [Wahl Allnoch], hat aber jetzt den richtigen Standpunkt eingenommen[2]) (siehe Sitzung vom 27. April 1904, S. 2450 C, der Abgeordnete Wellstein: „Ein Wahlvorsteher ist aber keine dauernde Institution, er ist keine Persönlichkeit, welche dieses Amt des Wahlvorstehers dauernd innehat, und es ist deshalb sehr häufig von der Wahlprüfungskommission und auch jetzt wieder zur Praxis gemacht worden, die Wahlvorsteher als solche nicht mehr auf das Unzulässige ihrer Handlungsweise aufmerksam machen zu lassen, weil es gar keinen Zweck hat, weil der Wahlvorsteher bei der nächsten Wahl kaum noch fungieren wird"). Ist er demnach zweifellos keine Landesbehörde, so ist er noch weniger eine Reichsbehörde, denn, wie wir oben gehört haben, ist die amtliche Wahlvorbereitung, die Leitung der Wahl und die Ermittlung des Wahlergebnisses im Wahlgesetz der Frankfurter Nationalversammlung und in-

---

[1]) Siehe über diese Voraussetzung des Behördenbegriffs, Friedrichs im Preuß. Verwaltungsbl. Bd. 28, S. 59 f.

[2]) Auf keinem abweichenden Standpunkt steht die Praxis des Reichsgerichts; der Wahlvorsteher bei Reichstagswahlen ist Beamter im Sinne des § 113, StGB. (Goltd. 53. Bd., S. 79), denn der Begriff der Beamten und der Behörden ist rechtlich verschieden. Siehe Laband, a. a. O., I^5, S. 367.

folgedessen auch nach dem jetzt geltenden Wahlgesetz Sache des Einzelstaats. Deshalb kommt auch dem Wahlvorsteher nicht das Privileg des § 2 des Gesetzes vom 5. Juni 1869 (BGBl., S. 141) über die Portofreiheiten zu, wonach Postsendungen, die in reinen Bundesdienstangelegenheiten von einer Bundesbehörde abgeschickt oder an eine Bundesbehörde gerichtet sind, Portofreiheit genießen. Um solchen Postsendungen Gebührenfreiheit einzuräumen, bedürfte es eines Reichsgesetzes[1]). Anders steht es um die Telegraphengebühren, wo auch auf dem Wege der Reichsverordnung (Art. 50, RV.) Portofreiheit eingeführt werden kann und tatsächlich zugunsten der Wahlvorsteher eingeführt worden ist.

Spätestens zwei Tage vor dem Wahltermin hat der Wahlvorsteher aus der Zahl der Wähler, d. i. der gültig in die Wählerliste Eingetragenen (nicht bloß der Wahlfähigen! Siehe Dr. RT., Nr. 89, 1890/91 [Wahl Hacke])[2]) einen Protokollführer und drei bis sechs Beisitzer zu ernennen und sie einzuladen, beim Beginn der Wahlhandlung im Wahllokal zu erscheinen. Der Wahlvorsteher oder sein Stellvertreter und die eben Genannten bilden den Wahlvorstand, dem, wie wir noch sehen werden, die Leitung der Wahlhandlungen obliegt. Der Wahlvorsteher oder sein Stellvertreter übt allein die sog. „Sitzungspolizei", die eigentlich nur Betätigung des Hausrechts ist, während der Wahlhandlung aus (Sitzung vom 19. April 1877, S. 605 [Wahl Allnoch]). Kein Mitglied des Wahlvorstandes darf ein unmittelbares Staatsamt bekleiden oder für seine Tätigkeit ein Entgelt beanspruchen, denn jedes Mitglied des Wahlvorstandes versieht ein unentgeltliches Ehrenamt (§ 9, Absatz 2, WG.). Der Regierungsentwurf des Wahlgesetzes kannte diese Beschränkungen in der Auswahl der Mitglieder des Wahlvorstandes nicht. Sie sind erst auf die Initiative des Reichstags eingefügt worden, weil man die Tätigkeit der Staatsbeamten als Mitglieder des Wahlvorstandes in Preußen zur Zeit der Reaktion von der wenig befriedigenden Seite kennen gelernt hatte[3]) und weil man[4]), wie der Abgeordnete Lasker (Sitzung vom 20. März 1869, S. 198) ausführte, von dem Gedanken ausging, daß „das Wählen eine Angelegenheit der Gemeinde ist und keine Angelegenheit des Staatsamts; deswegen verlangen wir, daß diejenigen, welche bei der Wahl beteiligt sind, Gemeindemitglieder und nicht Organe der Staatsverwaltung sein sollen. Die Wahl hat eben den Zweck, die öffentliche

---

[1]) Übereinstimmend Weiß im preuß. VBl., XXVIII, S. 935, allerdings mit anderer Begründung.

[2]) Wird gegen diese Vorschrift eine ungeeignete Person zum Protokollführer bestellt, so ist das Protokoll und der Wahlakt im Stimmbezirke nichtig (Dr. RT., Nr. 89, a. a. O., S. 633; anders Dr. RT., Nr. 75 ex 1874/75, S. 815).

[3]) Siehe die Ausführungen des Grafen Schwerin: Sitzung vom 20. März 1869, S. 200.

[4]) Offenbar im Anschlusse an die Frankfurter Nationalversammlung; siehe meinen Kommentar zum Reichswahlgesetz zu § 9, WG.

Meinung ganz unabhängig zu ermitteln, wie sie zum Vorschein kommt durch die Selbständigkeit der Wahlen, und dies ist der Grund, weshalb schon die Regierung auf die Zuziehung einzelner Gemeindemitglieder in dem bisherigen Gesetz eingegangen ist".

Zweifellos sind von der Anteilnahme an der Bildung des Wahlvorstandes alle Reichsbeamten ausgeschlossen, nicht aber diejenigen Personen, welche den Reichsbeamten bloß in bezug auf Rechte und Pflichten gleichgestellt sind, wie z. B. die Reichstagsbeamten, die Reichsbankbeamten usw. Auch Personen, die bloß im Nebenamte ein Reichs- oder Staatsamt ausüben, z. B. Pastoren oder Pfarrer, die Lokalschulinspektoren sind, sind von der Mitgliedschaft im Wahlvorstand ausgeschlossen (Dr. RT., Nr. 1435 ex 1912/14). Desgleichen Personen, die ein Amt innehaben, das auch nicht ihre ganze Persönlichkeit in Anspruch nimmt und in den Dienst des Staates stellt, z. B. Postagenten (anders die Wahlprüfungskommission, Dr. RT., Nr. 258 ex 1890/91; Sitzung vom 17. Juni 1896, S. 2686, der Abg. Bassermann und Entscheidung des RG. in St., Bd. 21, Nr. 109; vgl. auch Dr. RT. Nr. 642 ex 1912/13, S. 2. Regierungsdenkschrift).

Schwieriger ist die Frage, ob bei der Verschiedenheit des partikulären Staatsdienstrechts in den Einzelstaaten dieses dem Reichstag bei Wahlprüfungen zur Grundlage zu dienen hat oder etwa ein allgemeiner Durchschnittsbegriff des Staatsbeamten, etwa nach Art wie der Reichstag (siehe oben § 35 III) bei Bestimmung des Begriffs der Armenunterstützung vorgeht. Man wird sich für den ersten Teil der Alternative zu entscheiden haben; die im partikulären Recht festgelegten Begriffe und Kategorien der Staatsbeamten sind auch für den Reichstag bei Beurteilung der hier angeregten Frage maßgebend. Denn die Wahlvorbereitungsverfahren einschließlich die Ernennung des Wahlvorstehers und die Bildung des Wahlvorstandes ist Sache des Einzelstaats, nicht Sache des Reichs. Freilich hat sich der Reichstag auch einmal über diesen richtigen Standpunkt hinweggesetzt. Trotzdem ein Partikulargesetz ausdrücklich die Volksschullehrer in Sachsen-Weimar für Staatsdiener erklärt hatte, ließ der Reichstag dies unbeachtet und folgerte aus allgemeinen Voraussetzungen (Frage „von wem angestellt", Frage „von wem salariert") die gegenteilige Ansicht. Richtig verfuhr er hingegen, als er für die Frage, ob ein Notar an der Bildung des Wahlvorstandes teilnehmen könnte, die verschiedene rechtliche Stellung der Notare in den einzelnen deutschen Rechtsgebieten für maßgebend erklärte und von der näheren Untersuchung, ob ein Notar in Schwarzburg-Sonderhausen ein unmittelbares Staatsamt versähe, mit der Begründung Abstand nahm, daß es „dem fürstlichen Landrat in Arnstadt nicht unbekannt und bei Prüfung der Frage, ob der Ernennung zum Wahlvorsteher die Bekleidung eines unmittelbaren Staatsamtes entgegenstehe, nicht unbeachtet geblieben sein konnte" (Dr. RT., Nr. 319 ex 1890/91, S. 2123; siehe auch Dr. RT., Nr. 960 ex 1912/13, S. 1404). Ähnlich verließ sich der Reichstag auf die einzelstaatliche Bestimmung betreffs der Frage, ob ein Bahnmeister der preußischen Eisenbahn als solcher unmittelbarer Staatsbeamter sei (siehe Sitzung des Reichstags vom 20. Februar 1899 [Wahl Sachse], S. 996 C und Dr. RT., Nr. 114, Ber. 1898/1900).

Wo also im partikulären Recht die Bezeichnung eines Beamten als unmittelbaren Staatsbeamten ausdrücklich gegeben ist, muß der Reichstag sich daran halten. Wo dies aber nicht der Fall ist, wie z. B. bei Volksschullehrern, Amtsvorstehern in Preußen und anderen Beamten, wird der Reichstag sein Urteil auf Grund des partikulären Rechts unter Heranziehung jener Voraussetzungen, welche von der Theorie bisher für den unmittelbaren Staatsdienstbegriff gegeben sind, zu bilden haben. Nach den bisher aufgestellten Lehrmeinungen ist für die Entscheidung der Frage, welchem Gemeinwesen ein Beamter angehört, maßgebend:

1. die Kasse, aus der er besoldet wird (Löning, Verwaltungsrecht, S. 117, Nr. 2), oder
2. das Oberhaupt oder sonstige Organ, das ihn anstellt (Laband, D. Str., I[5], S. 443 ff.; Meyer-Anschütz, D. St., S. 502 und Preusische Verfassungsurkunde, I, S. 426 ff.), oder
3. das Gemeinwesen, dessen Amtsverrichtungen er besorgt (Giese, Der Beamtencharakter der Direktoren usw. in Preußen, 2. Aufl., 1911, S. 103)[1]).

Keines dieser Kriterien kann für sich allein ausschlaggebend sein derart, daß von seinem Sein oder Nichtsein die juristische Qualifizierung des Beamten abhängt. Man wird vielmehr alle diese drei Kriterien bei Beurteilung der Frage heranziehen müssen, wobei natürlich ein billiges Abwägen der genannten Kriterien gegeneinander stattfinden muß, wenn bloß zwei derselben zutreffen. Der Reichstag steht auch auf diesem Standpunkte, z. B. in betreff der Volksschullehrer, bei denen zweifellos wenigstens in Preußen das Kriterium unter 1. und 3. zutreffen.

Er sieht sie als Gemeindebeamte an. Die Praxis des Reichstags steht von allem Anfang an auf dem Standpunkte, Volksschullehrer im Deutschen Reich nicht als unmittelbare Staatsbeamte anzusehen, trotzdem in der Theorie für einzelne Staaten (z. B. für Preußen[2]), Bayern[3]), Baden[4]) die gegenteilige Ansicht vertreten wird. Die Reichstagspraxis mag vielleicht durch die Tatsache beeinflußt worden sein, daß in Preußen zur Zeit, als das Reichswahlgesetz erlassen wurde (aber auch früher und

[1]) Das Kriterium von H. Preuß, Städtisches Amtsrecht, S. 208 ff., 257, „in dessen Kompetenz seine Amtsfunktionen wurzeln" ist ein Bild, kein juristisches Kriterium.

[2]) Anschütz, Kommentar, a. a. O., I, S. 428.

[3]) Piloty, Arch. f. öff. R., XXIII, S. 479 ff.

[4]) Walz, im Jahrbuch des öff. Rechts, V, S. 539 ff.

später)[1], die Volksschullehrer als besondere Kategorie der „mittelbaren Staatsbeamten" aufgefaßt wurden.

Auch die Amtsvorsteher in Preußen betrachtet der Reichstag als nicht unmittelbare Staatsbeamte und läßt sie daher zur Bildung des Wahlvorstandes zu[2]).

Anders ging der Reichstag bei Beurteilung der Frage vor, ob Standesbeamte, die nicht als Gemeindebeamte verpflichtet sind, das Standesamt zu übernehmen, sondern von der Staatsbehörde (Oberpräsident) dazu bestellt sind, von der Teilnahme am Wahlvorstand ausgeschlossen sind. Die Frage wurde bejaht, da sie unmittelbare Staatsbeamten seien, denn es wird „niemand zweifelhaft darüber sein, daß ein solcher Privatmann, wenn er staatliche Amtsfunktionen durch staatliche Ernennung mit staatlichem Gehalt bekommt, ohne daß er durch irgendein Kommunalamt verpflichtet ist, diese Funktion als Nebenteil eines Kommunalamtes zu übernehmen, Staatsbeamter ist und sein muß" (Sitzung vom 30. April 1885, S. 2447).

Gleichgültig für den hier besprochenen Ausschluß der unmittelbaren Staatsbeamten von der Bildung des Wahlvorstandes ist es, ob die betreffende Person ein Imperium ausübt oder nicht, wenngleich es bei Beurteilung des Einflusses der Tatsache, daß ein Staatsbeamter doch im Wahlvorstand sich befunden habe, für die Wahl von Belang sein kann (Dr. RT., Nr. 232 ex 1879 und Nr. 17 ex 1879, S. 1526). Ungültig wird nach konstanter Praxis[3]) des RT. der Wahlakt erst dann, „wenn zu irgendeiner Stunde des Wahltags nur drei Mitglieder des Wahlvorstandes anwesend waren und einer derselben ein Staatsbeamter gewesen ist" (Dr. RT., Nr. 1325 ex 1907/09, S. 8182 f.).

Es kommt auf das Innehaben eines Amtes an. Personen, die sich im Vorbereitungsdienst befinden, z. B. Referendare[4]), Supernumerare,

---

[1]) Anschütz, a. a. O., S. 420 ff.

[2]) Dr. RT. Nr. 135 ex 1890/91, S. 803: „Die Kommission hat sich zunächst mit der Einwendung des Protestes betreffend die Eigenschaft der Amtsvorsteher als unmittelbare Staatsbeamte beschäftigt und war einig darüber, daß die Auffassung der Protesterheber eine irrige sei. Der Amtsvorsteher sei kein unmittelbarer, sondern ein mittelbarer Staatsbeamter, er dürfe das Prädikat ‚Königlich' nicht führen; aus den Bestimmungen der Kreisordnung ergebe sich überall, daß er als Beamter dem Kreisausschuß, also den kommunalen Selbstverwaltungskörpern unterstellt sei (§§ 66, 67), daß auch bei Dienstvergehen desselben zunächst der Kreisausschuß kompetent sei (§ 68). Das Gesetz über Tagegelder und Reisekosten der Staatsbeamten finde auf Amtsvorsteher keine Anwendung. Seine polizeilichen Befugnisse (§ 59) erstreckten sich nur auf die örtliche Polizei, die landespolizeilichen Befugnisse würden dadurch nicht berührt" (ähnlich schon Dr. RT. Nr. 57 ex 1882, S. 170, Wahl Clauswitz).

[3]) So schon Dr. RT., Nr. 76 ex 1882/83, S. 336 (Wahl Lenzmann), „entsprechend früheren Entscheidungen".

[4]) Die Frage unentschieden gelassen vom Reichstag (Dr. RT., Nr. 491 ex 1902, S. 3290, Wahl Gothein).

Lehrlinge des Forst- und Jagdwesens, bei denen wohl eine öffentlich rechtliche Dienstpflicht vorliegt, die Übertragung eines Amtes aber fehlt, sind nicht Staatsbeamte (siehe Otto Mayer, Deutsches Verwaltungsrecht, II, S. 232 f.) und daher von der Bildung des Wahlvorstandes nicht ausgeschlossen.

2. Die Bestimmung des Wahllokals. Sie ist Sache der oben unter 1. angeführten Behörden. Da diese durch den Reichsgesetzgeber festgestellt und für Wahlzwecke nur soweit in ein Unterordnungsverhältnis zu anderen Landesbehörden gebracht sind, als es der Reichsgesetzgeber im Wahlreglement ausgesprochen hat, so ist es unzulässig, dort, wo keine Unterordnung im Reglement angegeben ist, die landesgesetzlich geregelte Subordination (z. B. Kommunalaufsicht) für Reichswahlzwecke heranzuziehen. Unzulässig ist es daher, wenn das Wahlreglement die Bestellung der Wahllokale in den Städten den Magistraten zuweist und der Regierungspräsident in Preußen sein Kommunalaufsichtsrecht etwa dazu verwenden will, um „die endgültige Bestimmung der Lokale, welche für politische Wahlen in Benutzung genommen werden dürfen," sich vorzubehalten (Dr. RT., Nr. 293 ex 883, S. 1082).

Das Wahllokal muß ebenso wie die Abgrenzung der Wahlbezirke, der Name des Wahlvorstehers und Stellvertreters, die Verfügung, daß die Wahlhandlung um 10 Uhr vormittags beginnt und um 7 Uhr nachmittags geschlossen wird, mindestens 8 Tage vor dem Wahltermin durch die amtlichen Publikationen dienenden Blätter veröffentlicht und von den Gemeindevorständen in ortsüblicher Weise bekanntgemacht werden (§ 8, Absatz 2 WR.). Diese reglementarische Vorschrift, daß eine Publikation des Wahllokals und des Wahltags stattzufinden hat, sieht der Reichstag als eine wesentliche an. „Jeder Wähler muß Wissenschaft darüber haben, in welchem Lokale er seine Stimme abzugeben hat, und dies ist auch der Grund der bezüglichen reglementarischen Bestimmung" (Sitzung vom 31. März 1871, S. 78 f., Dr. RT., Nr. 167 ex 1894/95, S. 812 f., und Sitzung vom 26. Februar 1895, S. 1128). Deshalb ist eine Verlegung des Wahllokals aus dem amtlich publizierten in ein anderes unzulässig (siehe aus älterer Zeit Sitzung vom 10. April 1877, S. 360, Wahl Schlomka; Sitzung vom 18. April 1877, S. 592, Wahl Hasenclever; Sitzung vom 17. Januar 1882, S. 681 f., Wahl Dohrn aus neuester Zeit: Dr. RT., Nr. 228 ex 1903/4, S. 982; Dr. RT., Nr. 490 ex 1912/13 u. a.). Die Verlegung des Wahllokals wegen „unvorhergesehener Umstände" (Dr. RT., Nr. 44 ex 1881/82, S. 118) oder wegen vis major (Sitzung vom 9. Dezember 1874, S. 574) ist zulässig. Auch ist es nicht notwendig, daß das Wahllokal im Stimmbezirk gelegen sei (Dr. RT., Nr. 479 ex 1912/13, S. 522, und Sitzung vom 21. Mai 1912, S. 2217, Wahl Kuckhoff). Die Praxis des Reichstags unterwirft die Erfüllung der übrigen im § 8, Absatz 2, WR.

angeführten Publikationen einer besonderen fallweisen Würdigung, je nachdem sie auf das Wahlresultat von Einfluß waren oder nicht. Dahin gehört z. B. die vorgeschriebene Angabe der Wahlzeit (Sitzung vom 27. April 1904, S. 2447), die Vorschrift, daß mindestens 8 Tage vor dem Wahltag die Publikation erfolge (siehe Sitzung vom 6. April 1880, S. 524, Wahl Lucius [1]). Die Notwendigkeit der Publikation in den sonst „zur amtlichen Publikation dienenden Blättern" ist auch keine zwingende reglementarische Vorschrift (siehe Sitzung vom 25. Januar 1882, S. 955, Wahl Kochhann). Die ortsübliche Bekanntmachung muß neben der Publikation durch die Zeitungen erfolgen (Dr. RT., Nr. 384 ex 1898/1900, S. 2410, Wahl v. Kardorff). Unter ortsüblicher Weise, die für die Bekanntmachung des Ortsvorstandes vorgeschrieben ist, ist die für alle anderen nicht Wahlzwecken dienenden Bekanntmachungen übliche verstanden, wenn also z. B. in einer Stadt längere Zeit der Brauch vorgeherrscht hat, durch besondere Zettel zum Wahltermine zu laden, so ist die Vorschrift des § 8, Absatz 2 nicht verletzt, wenn davon im Einzelfall gelegentlich einer Wahl Abstand genommen wird, vorausgesetzt, daß die sonst für Bekanntmachungen allerart übliche Weise beobachtet wurde (siehe Sitzung vom 15. März 1867, S. 195).

Auch die in § 2, Abs. 3, WR. vorgeschriebene Bescheinigung, daß den Anforderungen der oben genannten Publikationsvorschriften genügt worden ist, ist keine zwingende Vorschrift. Nur „wenn sich der Protest auf diesen Mangel stützt, oder wenn aus der Wählerliste hervorgeht, daß ein kleinerer Teil der Wähler gewählt habe, aus welchem Umstande anzunehmen ist, daß die Wahl nicht in der im Gesetze vorgeschriebenen Weise bekannt gemacht worden sei", wird der Fehler der Bescheinigung als erheblich angesehen [2]) (Dr. RT., Nr. 327 ex 1907/9, S. 1872).

§ 38. Die private Wahlvorbereitung.

Zu jeder Wahl gehört auch eine entsprechende Wahlagitation, wofern sie sich in den normalen gesetzlichen Schranken hält. Diese Wahlagitation hat den Zweck, allen Parteien die für die Wahl nötige Anhängerschaft, welche demnächst in der Ausübung des Wahlrechts sich betätigen soll, zu verschaffen. Dieser Erkenntnis hat sich auch der Gesetz-

[1]) Und schon früher in der Sitzung vom 18. September 1867, S. 49, der Abg. Gumbrecht als Berichterstatter: „Es scheint nämlich darauf anzukommen, ob die Nichtbeobachtung der in Frage kommenden Vorschriften allen Umständen nach auf das Wahlergebnis Einfluß haben könne."

[2]) Fehlt die Bescheinigung, so wird zunächst der Versuch gemacht, sie nachzufordern, eventl. wird der Gemeindevorsteher über die zu bescheinigenden Tatsachen vernommen (Dr. RT., Nr. 403 ex 1903/03, S. 230 und Dr. RT., Nr. 852 ex 1907/09, S. 5228).

geber nicht verschlossen, und der legalen Wahlagitation durch zwei Mittel Raum verschafft. Einmal durch eine gesteigerte Vereins- und Versammlungsfreiheit, zweitens durch eine gesteigerte Freiheit des Preßgewerbes zum Unterschied von der Preßfreiheit, die auch während der Wahl dem jus commune unterstellt bleibt. Ergänzend tritt dazu die Reichstagspraxis, welche durch Aufstellung gewisser Wahldeliktstatbestände, insbesondere des Delikts der amtlichen Wahlbeeinflussung (siehe darüber noch unter § 53 II) zu verhindern sucht, daß die gleichmäßige Konkurrenz der Parteien im Wahlkampfe durch amtliche Einflußnahme gestört werde.

I. Die gesteigerte Vereins- und Versammlungsfreiheit während der Wahlzeit.

1. Geschichtlicher Überblick. Schon seit dem Jahre 1850 finden wir in den beiden größten Staaten des Deutschen Reichs, nämlich in Preußen und in Bayern, eine besondere Berücksichtigung der Wahlvereine, und in Bayern insbesondere eine Bevorzugung der Wählerversammlungen während der Wahlzeit vor anderen Versammlungen.

Für Preußen schrieb das Vereinsgesetz vom 11. März 1850 (GS. S. 277) im § 21, Absatz 2 vor, daß Wahlvereine nicht den Beschränkungen unterlägen, welche für die politischen Vereine im allgemeinen galten. Die Vereine zur Wahlzeit durften sowohl als Mitglieder Frauenspersonen, Schüler, Lehrlinge aufnehmen, als auch mit anderen Vereinen gleicher Art zu gemeinsamen Zwecken in Verbindung treten. Im übrigen galt auch für die Wahlvereine das jus commune, insbesondere bedurften sie zu ihrer Bildung wie andere politische Vereine der Anzeige und Mitteilung ihrer Statuten, des Mitgliederverzeichnisses und jeder Änderung der Statuten oder der Vereinsmitglieder binnen drei Tagen nach ihrer Gründung an die Ortsbehörde. Auch mußten sie sich wie andere der vorgschriebenen polizeilichen Überwachung ihrer Versammlungen, sofern in diesen öffentliche Angelegenheiten verhandelt oder beraten werden sollten, unterwerfen. Ihre Versammlungen waren aber allerdings insofern dem jus commune gegenüber bevorzugt, als Frauenspersonen, Schüler und Lehrlinge an denselben teilnehmen durften. Im übrigen aber waren ihre Versammlungen, wenn sie, wie natürlich, öffentliche Angelegenheiten zum Gegenstande hatten, der durch das jus commune vorgeschriebenen Anzeige bei der Ortspolizeibehörde unterworfen.

Für Bayern galt nach Art. 26 des Vereinsgesetzes vom 26. Februar 1850 eine ähnliche Steigerung der Wahlvereins- und Wahlversammlungsfreiheit, nur in etwas weiterem Ausmaße als in Preußen. Nach bayerischem Recht waren nach erlassenem Wahlausschreiben die Wählerversammlungen und Wahlvereine von Anzeigepflicht oder Überwachung befreit (siehe Seydel, Bayer. StR. III², S. 54).

Bei Gründung des Norddeutschen Bundes und während der Beschickung des norddeutschen Reichstages stand die Praxis der meisten übrigen deutschen Staaten ungefähr auf dem Standpunkt des preußisch-bayerischen Rechts. Selbst in den Großherzogtümern Mecklenburg, (Schwerin und -Strelitz) schrieben die betreffenden Verordnungen zur Ausführung der Wahl von Abgeordneten zu dem Reichstag des Norddeutschen Bundes von 1867 (§ 29 resp. § 28, abgedruckt in Glasers Arch. d. Nordd. Bundes, Heft 2, S. 37 und 45) eine gewisse Steigerung der Vereins- und Versammlungsfreiheit gegenüber dem jus commune vor. Da dieses aber im allgemeinen die Vereins- und Versammlungsfreiheit nicht wesentlich begünstigte, so bestand die Ausnahme nur darin, daß Wählerversammlungen nicht wie die übrigen politischen Vereinigungen zu ihrer Tagung der Genehmigung des Ministers des Innern bedurften, sondern daß hierzu die Genehmigung der Ortsobrigkeiten genügen sollte. Diese Begünstigung galt aber nur für diejenigen Versammlungen, die „eine Verständigung über die vorzunehmenden Wahlen" den Wahlberechtigten erleichtern wollten. Wahlvereine aber waren nach wie vor gleich den politischen Vereinen von der Genehmigung des Ministeriums des Innern abhängig.

Diese Zustände in Mecklenburg gaben dem Abgeordneten Wiggers, einem Mecklenburger, bei der Beratung es Wahlgesetzes den Anlass, über das rechtliche Niveau seines Heimatsstaates hinaus den preußisch-bayerischen Durchschnitt zur bundesgesetzlichen Norm erhoben zu wünschen. Er brachte demnach trotz des Widerspruchs der Bundesregierung einen Antrag in der zweiten Beratung des Wahlgesetzes von 1869 ein, der den ersten Satz des § 17 (RWG.) bildet: „Die Wahlberechtigten haben das Recht, zum Betrieb der den Reichstag betreffenden Wahlangelegenheiten Vereine zu bilden und in geschlossenen Räumen unbewaffnet öffentliche Versammlungen zu veranstalten." (Siehe Verhandlungen Sitzung vom 20. März 1869, S. 202 ff.)

Da die Absicht des Abg. Wiggers und der Majorität des Reichstags nur dahin ging, das bisherige Durchschnittsrecht in den Einzelstaaten, insbesondere das Recht in Preußen und Bayern zur Rechtsnorm des Bundes zu erheben, keineswegs aber, das in Preußen, Bayern und anderen Staaten bestehende Recht wesentlich zu verändern [1]), so gab der Abg.

---

[1]) Sitzung vom 20. März 1869, S. 203: „Es steht vielleicht auch noch das Bedenken entgegen, daß man nicht für einen Einzelstaat oder für ein einzelnes Land hier Gesetze machen kann. Dieser Einwand wird aber schon durch das beseitigt, was ich vorhin gesagt habe. Ich erinnere Sie noch daran, daß der Gesetzentwurf wegen der Redefreiheit mit besonderer Rücksicht auf Preußen beschlossen worden ist; mit Bezug auf mein spezielles Vaterland war er eigentlich gar nicht notwendig. Insofern also als wir — ich meine diejenigen, die aus den kleineren Ländern sind, denen aus den großen Ländern geholfen haben, bitte ich, daß die Großen auch einmal den Kleinen helfen" (Wiggers).

Friedenthal bei der dritten Lesung diesem Wunsche in einem besonderen Amendement Ausdruck, das bloß den Zweck hatte, „den bei der zweiten Lesung gefaßten Beschluß innerhalb seines wesentlichen Inhalts dahin zu interpretieren, daß das Recht behufs Wahlbesprechungen Vereine und Versammlungen zu bilden, in allen Bundesstaaten gewährleistet, aber dadurch nicht den landesgesetzlichen Garantien, wo überhaupt ein solches Recht garantiert ist, entzogen werden soll". (Sitzung vom 13. Mai 1869, S. 979.) Dieses Amendement wurde § 17, Absatz 2, WG. „Die Bestimmungen der Landesgesetze über die Anzeige der Versammlungen und Vereine, sowie über die Überwachung derselben, bleiben unberührt." (Sitzung vom 13. Mai 1869, S. 979 f.) Aus dieser Entstehungsgeschichte geht zweifellos hervor, daß die Zulässigkeit landesrechtlicher Beschränkungen der Wahlvereins- und Wahlversammlungsfreiheit durch jene Bestimmung jedenfalls nicht bloß auf Anzeige und Überwachung beschränkt werden sollte. Der Wortlaut des Artikels sagte aber das Gegenteil, und daraus ergab sich für die folgenden Jahre eine zwiespältige Auslegung durch den Reichstag und die einzelstaatlichen Regierungen. Letztere beanspruchten auch Wahlvereinen und Wahlversammlungen gegenüber die allgemein für andere Vereine und Versammlungen bestehenden polizeilichen Befugnisse. Sie wollten insbesondere Wahlversammlungen wegen „Rinderpest" (Wahl Beseler, Dr. RT., Nr. 71 ex 1878, S. 485 ff.) und wegen der „äußeren Heilighaltung der Sonn- und Festtage" (Wahl Clauswitz, Dr. RT., Nr. 57 ex 1881/82, Sitzung vom 17. Januar 1882, S. 693 ff. und Dr. RT., Nr. 160 ex 1882/83, Sitzung vom 13. Februar 1883, S. 1466 ff.; siehe ferner Dr. RT., Nr. 177 und 195 ex 1890/92, Sitzung vom 17. Januar 1891, S. 1024 ff. und Dr. RT., Nr. 596 ex 1890/92) verbieten.

Die „Rinderpest" ließ sich der Reichstag als Verbotsgrund noch gefallen, bei dem anderen Verbotsgrund aber machte er Front gegen die Regierung, und erklärte die betreffende Wahl für ungültig. Man war im Reichstag damals zum großen Teil der Auffassung, daß für Wahlversammlungen nur vier Beschränkungen gegeben seien (geschlossene Räume, Unbewaffnetsein, Anzeige und Überwachung), und man zitierte Laband's gewichtige Autorität für diese Ansicht. Der Streitpunkt zwischen Reichstag und Regierungen fand erst seine endgültige Erledigung im Sinne der Reichstagsforderungen durch das Reichsvereinsgesetz vom 19. April 1908 (RGBl. 151 ff.), welches die Vorschriften über Wahlvereine und Wählerversammlungen auf eine einheitliche reichsgesetzliche Grundlage stellte, und namentlich den viel umstrittenen § 17, Absatz 2, WG. beseitigte.

2. Geltendes Recht. a) Die Wahlvereine. Wahlvereine sind „Personenmehrheiten, die vorübergehend zusammentreten, um im Auftrage von Wahlberechtigten Vorbereitungen für bestimmte Wahlen zu den auf Gesetz oder Anordnung von Behörden beruhenden öffent-

lichen Körperschaft zu treffen" (§ 4 Reichsvereinsgesetz Legaldefinition). Sie sind an und für sich politische Vereine, da sie ‚eine Einwirkung auf politische Angelegenheiten bezwecken'. Trotzdem erfreuen sie sich während der Wahlzeit einer Privilegierung: sie gelten nämlich „vom Tage der amtlichen Bekanntmachung des Wahltages bis zur Beendigung der Wahlhandlung nicht als politische Vereine".

Die Wirkung dieser Privilegierung ist, daß sie nicht, wie die übrigen politischen Vereine, einen Vorstand haben müssen, daß sie keine Satzung aufzuweisen brauchen und kein Vorstandsmitgliederverzeichnis der Polizeibehörde einzureichen brauchen. Auch sind sie frei von dem Verbote des § 17 RVG., wonach Personen, die das 18. Lebensjahr noch nicht vollendet haben, nicht Mitglieder von politischen Vereinen sein, und daher auch an ihren Vereinsversammlungen nicht teilnehmen dürfen. Frauen sind ebenfalls als Mitglieder von Wahlvereinen zuzulassen, da sie auch nicht von der Teilnahme an politischen Vereinen ausgeschlossen sind.

Diese Privilegierung haben nur Vereine, welche „vorübergehend" zum Zwecke der Wahlvorbereitungen zusammentreten. Nur dann ist ein Wahlverein vorhanden, wenn er lediglich in Beziehung auf konkrete bevorstehende Wahlen eine Wirksamkeit entfaltet (Goltdammers Arch. Bd. 17, S. 286). Der Wahlverein muß sich auf die Wahlvorbereitung beschränken. Sobald er die kontinuierliche Bearbeitung der Vereinsmitglieder im Sinne eines bestimmten Programms für künftige noch unbestimmte Wahlen vornimmt, hört er auf, Wahlverein zu sein (Oppenhoff, Rechtspr. O. Tr. XVI, S. 800).

Die Privilegierung dauert nur für die im Gesetze angeführte Zeit, also vom Beginn der Wahlvorbereitung bis zur „Beendigung der Wahlhandlung". Die Kommentatoren zum Reichsvereinsgesetz (Stier-Somlo, Delius u. a.) halten sich an den Wortlaut des Gesetzes und identifizieren Beendigung der Wahlhandlung mit Schluß der Stimmabgabe. Dabei wird übersehen, daß nach der ständigen Reichstagspraxis[1]), der auch die Reichsregierung zustimmt (siehe Dr. RT., Nr. 1166 ex 1912/13, S. 5), Haupt- und Stichwahl als eine Wahl aufgefaßt werden, und daß die Wahlhandlung eigentlich erst durch die Stimmabgabe in der Stichwahl erledigt ist. Der Reichstag hat auch mit derselben Begründung die gesteigerte Vereinsfreiheit in der Zeit zwischen Haupt- und Stichwahl angenommen, nicht bloß, wie die Kommentatoren, erst von der amtlichen Bekanntmachung des Stichwahltermins (siehe Dr. RT., Nr. 277 ex 1893/94, S. 1341). Eine partielle Neuwahl (Nachwahl oder Ersatzwahl) ist aber eine selbständige Wahl. Hier wird natürlich die Privilegierung erst mit der Ansetzung des Neuwahltermins wieder beginnen.

---

[1]) und Reichsgerichtspraxis, Entscheidung in St., Bd. 37, S. 380.

b) Wählerversammlungen sind Versammlungen der Wahlfähigen[1]) zum Betriebe der Wahl für die parlamentarischen Körperschaften. Sie haben zwei besondere Privilegien während der oben (unter a) näher bezeichneten Wahlzeit.

Das eine ist, daß nunmehr Wählerversammlungen, auch wenn sie nicht von Wahlvereinen ausgehen, jederzeit, ohne vorhergehende Anzeige bei der Polizei, zusammentreten können (§ 6, Abs. 2 RVG.). Das zweite Privileg ist, daß solche Wählerversammlungen ihre Beratungen nicht in der deutschen Sprache führen müssen (§ 12, Abs. 2, RVG.). Damit sind wohl die früher nicht seltenen Klagen der Polen und anderer fremdsprachiger Reichsbürger (siehe Dr. RT., Nr. 719 ex 1897; Sitzung RT. vom 29./30. März 1897, S. 53, 59 ff.; Dr. RT., Nr. 366 ex 1904; Dr. RT., Nr. 482 ex 1906) erledigt. Doch sind Wählerversammlungen der polizeilichen Überwachung (§ 13 RVG.) unterworfen.

Wie bei allen Versammlungen, kommen auch bei den Wählerversammlungen nur jene polizeilichen Beschränkungen des Landesrechts in Betracht, welche § 1, Abs. 2 des RVG. zuläßt, nämlich nur diejenigen, welche zur „Verhütung unmittelbarer Gefahr für Leben und Gesundheit der Versammlungsteilnehmer" dienen. Unzulässig sind demnach die aus früherer Zeit bekannten Beschränkungen der Wählerversammlungen aus Gründen der Sonntagsheiligung oder wegen Gefahr der Rinderpest.

Unzulässig erscheint meines Erachtens die Beschränkung einer Wählerversammlung der Polizeistunde wegen, da diese zwar sicherheitspolizeilicher Natur ist, aber nicht zur Abwendung „unmittelbarer Gefahr" (d. h. imminenter Gefahr) dient (a. M. Stier-Somlo, Kommentar zum RVG., S. 103). Unzulässig ist aus demselben Grunde, nämlich wegen Mangels unmittelbarer Gefahr, ein polizeiliches Verbot der Wählerversammlung, weil nach Kenntnis der Polizeibehörde in dem betreffenden Ort „kein Lokal vorhanden, das sich dazu eignet". „Demgegenüber wurde ausgeführt, daß, wenn auch ein übermäßiger Andrang von Menschen an eine bestimmte Stelle die Sicherheit gefährden könne, dies sich doch nur in jedem gegebenen Falle in der Gegenwart beurteilen lasse. Alsdann sei unzweifelhaft der Moment gekommen, um entweder die Ansammlung zu beschränken, oder, wenn das untunlich sei, selbst eine Versammlung polizeilich zu verhindern oder zu verbieten. Eine so allgemein gehaltene Ankündigung, wie die hier vorliegende, eine Versammlung überhaupt

---

[1]) Würde man nämlich erst die Eintragung in die Wählerliste zur Voraussetzung der Teilnahme an Wählerversammlungen machen, so ginge, da die Wählerlisten erst 4 Wochen vor dem zur Wahl bestimmten Tage ausgelegt werden müssen (§ 8, WG.), ein großer Teil der Zeit für die private Wahlvorbereitung verloren. Das Gesetz (§ 4, RVG.) spricht deshalb auch nur von „Personenmehrheiten, die . . . zusammentreten, um im Auftrage von Wahlberechtigten Vorbereitungen . . . . zu treffen . . . .".

nicht zu gestatten, ohne zu wissen, wo speziell dieselbe abgehalten werden soll, oder ohne zuvor zu sehen, wie frequent dieselbe sein werde, sei ganz unzulässig" (Dr. RT., Nr. 380 ex 1890/92, S. 2314). Unzulässig ist ferner ebendeshalb ein Versammlungsverbot wegen der Größe oder des geringen Umfangs des Versammlungslokales, denn es gehört „gerade zu dem polizeilichen Überwachungsrecht, der Überfüllung vorzubeugen und nicht mehr Zuhörer in dem betreffenden Saal zuzulassen, als mit der Sicherheit und Ordnung verträglich ist" (Dr. RT., Nr. 264 ex 1898/1900, S. 1677; Dr. RT., Nr. 407 ex 1909/11, S. 2180 und die dort zitierte Entscheidung des preuß. OVG.).

Wegen Mangels unmittelbarer Gefahr für die Teilnehmer ist ein Versammlungsverbot unzulässig, das deshalb erfolgt, weil die Versammlung an einem Orte stattfindet, der wegen seiner weiten Entfernung von der Stadt die polizeiliche Beaufsichtigung erschwert (Dr. RT., Nr. 264 ex 1898/1900, S. 1677).

Unzulässig ist die Beschränkung einer Wählerversammlung auf bestimmte Zeit, z. B. 8 bis 10 Uhr abends (Dr. RT., Nr. 458 ex 1890/92, S. 2663).

Auf jeden Fall unzulässig ist das Verbot der Wählerversammlung aus nichtpolizeilichen, sondern rein privatrechtlichen Motiven (siehe Beispiel in der Sitzung vom 16. März 1904, S. 1869).

Bezüglich der Abhaltung von Wählerversammlungen unter freiem Himmel gilt das jus commune (§ 7, Abs. 1 und 2 RVG.). Auch Wählerversammlungen bedürfen der Genehmigung der Polizeibehörde und müssen mindestens 24 Stunden vor dem Beginn in der Versammlung nachgesucht werden. Die Genehmigung muß schriftlich erteilt werden und darf nur versagt werden, wenn aus der Abhaltung der Versammlung Gefahr für die öffentliche Sicherheit zu befürchten ist (Dr. RT., Nr. 618 ex 1905/06, S. 5861 und 5871). Eine Versagung der Wählerversammlung ohne Angabe von Gründen ist unzulässig (siehe Dr. RT., Nr. 264 ex 1898/1900, S. 678).

Im Falle der Verweigerung hat der Veranstalter sofort einen kostenfreien Bescheid bei der Behörde mit Angabe der Gründe zu verlangen und er muß ihm sofort erteilt werden (§ 7, Abs. 2). Dies ist besonders wichtig, weil der Reichstag bei Wahlprotesten auf Versammlungsverbote nur dann Rücksicht nimmt, wenn sie zuvor im Beschwerdewege erfolglos angefochten worden sind (siehe z. B. Dr. RT., Nr. 335 ex 1895, S. 1371; siehe auch schon Sitzung vom 18. Juni 1887, S. 1161, Wahl v. Gagern).

Als Wahlversammlung in einem geschlossenen Raume ist jedenfalls noch anzusehen eine Versammlung, die aus einem geschlossenen Saal in einen mit dem Versammlungsraum zusammenhängenden umfriedeten Hof oder Garten verlegt wird (§ 8 RVG. und schon früher nach der Reichstagspraxis Dr. RT., Nr. 203 ex 1894/95, S. 935 und Dr. RT., Nr. 335 ex 1894/95, S. 1371). Jedenfalls wird der Charakter der Versammlung im geschlossenen Raume noch dann gewahrt, wenn die Versammlung in der Hauptsache im geschlossenen Raume, aber bei offenen Türen tagt, so daß auch außerhalb des Versammlungsraumes befindliche Personen an der Erörterung teilnehmen können (§ 8 RVG.).

Wie jede geschlossene Wählerversammlung, so unterliegt auch jede Wahlversammlung unter freiem Himmel dem polizeilichen Überwachungsrecht (§ 13 RVG.). Eine Wählerversammlung kann, wie jede andere öffentliche Versammlung, von der Polizei, die sie überwacht, aufgelöst werden, aber nur aus dem im Gesetz aufgezählten Gründen, nämlich, wenn es sich um eine Versammlung unter freiem Himmel handelt und die Versammlung ohne Genehmigung tagen will. Sodann, wenn dem Beauftragten der Polizeibehörde die Zulassung zwecks Überwachung verweigert wird, wenn Bewaffnete unbefugt in einer geschlossenen Wahlversammlung oder in einer Wahlversammlung unter freiem Himmel anwesend sind und nicht entfernt werden. Schließlich, wenn in der Wahlversammlung Anträge oder Vorschläge erörtert werden, die eine Aufforderung oder Anreizung zu Verbrechen oder nicht nur auf Antrag zu verfolgenden Vergehen enthalten (§ 14, Ziffer 2 bis 5, RVG.).

Wird eine Versammlung für aufgelöst erklärt, so hat die Polizeibehörde dem Leiter der Versammlung die mit Tatsachen zu belegenden Gründe der Auflösung schriftlich mitzuteilen, falls er dies binnen drei Tagen beantragt (§ 14, letzter Abs., RVG.). Dies kann abgesehen von dem Verwaltungsrechtsweg für den einzureichenden Wahlprotest wichtig werden, namentlich um denselben vor dem Reichstag zu „substantiieren“.

Daß an Wahlvereinen Personen, die das 18. Lebensjahr noch nicht vollendet haben, und Frauen als Mitglieder teilnehmen können, haben wir oben (unter a) festgestellt. Es ergibt sich die Frage, ob dies auch für Wählerversammlungen gilt, da § 6, Abs. 2, RVG. nur den „Wahlberechtigten“ die Privilegierung der Versammlungsfreiheit zugesteht. Eine in der Mehrzahl ihrer Teilnehmer nur aus Frauen oder Minderjährigen zusammengesetzte Wählerversammlung ist keine privilegierte Wählerversammlung im Sinne des RVG. (§ 6), weil sie nicht aus Wahlberechtigten besteht. Sie unterliegt dann der Beurteilung nach jus commune. Nach diesem können zweifellos Frauen als Mitglieder von öffentlichen politischen Versammlungen teilnehmen, sofern sie das 18. Lebensjahr überschritten haben (arg. § 17, RVG). Anträge in der Kommission, welche das RVG. vorberiet, auf Ausschluß der Frauen als nicht wahlberechtigte Personen von der Teilnahme an Versammlungen zur Vorbereitung parlamentarischer Wahlen wurden auch ausdrücklich abgelehnt (Kommissionsbericht Dr. RT., Nr. 819 ex 1907/08, S. 28 ff.). Nicht so günstig gestellt sind Minderjährige, denn da das Verbot des jus commune § 17 RVG. für sie zutrifft, ist eine Wählerversammlung, die in der Majorität aus Minderjährigen besteht, unzulässig. Sie kann aber nicht aufgelöst werden, weil das bestehende Recht (§ 14, RVG.) diesen Auflösungsgrund nicht kennt; die M. können nur ausgewiesen werden. Dies gilt sowohl in dem Fall, wo sie in den Wählerversammlungen die Majorität als auch dort, wo sie in Wählerversammlungen die Minorität bilden.

Da aber nur die Anwesenheit der Minderjährigen verboten ist, so steht gesetzlich nichts im Wege, daß entsprechend dem jus commune (siehe Stier-Somlo, Kommentar zum RVG., S. 203) jugendliche Personen unter 18 Jahren Wählerversammlungen einberufen.

Wählerversammlungen verlieren dadurch ihren privilegierten Charakter keineswegs, daß zu dem (nach § 10 RVG.) notwendigen Leiter der Versammlung der Repräsentant der Ortspolizeibehörde gewählt wird, und so in seiner Person die Funktionen des Leiters wie die des Überwachers der Versammlung vereinigt (Dr. RT., Nr. 375 ex 1890/91, Wahl Pickenbach). In diesem Falle ist ihm allerdings die Möglichkeit der Auflösung der Versammlung in seiner Eigenschaft als Leiter (§ 10, RVG.) auch über den Rahmen der im Gesetze aufgestellten Auflösungsgründe gegeben, ohne daß der Reichstag weiter nach dem Grunde der Auflösung forscht (Dr. RT., Nr. 375 ex 1890/91, Wahl Pickenbach).

Eine Wählerversammlung verliert aber jedenfalls ihren Charakter als private Wahlvorbereitung, wenn sie in eine offizielle Gemeindeversammlung verlegt wird und mit dieser zusammenfällt. Der Reichstag sieht solches Vorgehen immer als eine unzulässige Wahlbeeinflussung an (Dr. RT., Nr. 121 ex 1878, S. 958, Wahl Eisenlohr).

Außer den oben angeführten gesetzlichen Privilegien von Wählerversammlungen hat die Reichstagspraxis eine solche aus eigener Machtvollkommenheit geschaffen: das Verbot der „Saalabtreibung", sofern sie durch Amtspersonen erfolgt. Danach ist es unzulässig, Besitzer von etwa in Frage kommenden Wahllokalen amtlich durch Pressionsmittel (wie Drohung der Konzessionsentziehung, Drohung, daß man die Polizeistunde schärfer beobachten würde u. a. m.) davon abzuhalten, daß sie das betreffende Lokal für die Tagung der Wählerversammlung einer Partei hergeben. Es muß also behauptet werden, daß eine bestimmte Partei auf diese Weise keine Wählerversammlung abhalten konnte. Geht das Verbot im allgemeinen auf diesem indirekten Wege vor sich, ohne gegen eine bestimmte Partei gerichtet zu sein, so läßt der Reichstag dies unberücksichtigt (siehe Dr. RT., Nr. 444 ex 1890/92, S. 2647 f.).

Ist aber eine „Saalabtreibung" zuungunsten einer bestimmten Partei erfolgt, so wird dies vom Reichstag immer als unzulässige Wahlbeeinflussung aufgefaßt (Dr. RT., Nr. 79 ex 1887 und Sitzung vom 13. Mai 1887, S. 591, Wahl Fehling; Dr. RT., Nr. 292 ex 1890/92, S. 2050, Wahl Möller; Dr. RT., Nr. 243 ex 1896, S. 1438, Wahl Rimpau, ferner Dr. RT., Nr. 127 ex 1898/1900, S. 1028, Wahl Zeidler; Dr. RT., Nr. 705 ex 1903/05, S. 4067, Wahl Itschert; Dr. RT., Nr. 1122 ex 1907/09, S. 7234, S. 7236, Wahl Streu). Anders liegt natürlich die Sache, wenn die Behörde z. B. die Stadt bei dieser Lokalbeschränkung ihr freies Eigentumsrecht oder Verfügungsrecht über ein amtliches oder städtisches Lokal ausübt (Dr. RT., Nr. 335 ex 1890/92, S. 2181).

Der Reichstag schützt sonach die Versammlungsfreiheit zum Zwecke privater Wahlagitation aber nur gegen behördliche Einschränkungen (Dr. RT., Nr. 935 ex 1909/11, S. 5194), keineswegs gegenüber dem Terrorismus anderer Parteien, der sich im Stören oder Sprengen von Wählerversammlungen äußert (siehe Dr. RT., Nr. 403 ex 1903/05, S. 2302, Wahl Korfanty). Der Reichstag hat gelegentlich einen darauf gerichteten Antrag des Abg. Liebermann von Sonnenberg (Dr. RT., Nr. 118 ex 1905/07: „der Reichstag wolle beschließen: die verbündeten Regierungen zu ersuchen, durch Vermittlung des Reichsamts des Inneren Maßnahmen der Bundesregierungen herbeizuführen, wodurch die allen Reichsangehörigen durch Landesgesetze und den § 17 des Reichswahlgesetzes gewährleistete Versammlungsfreiheit wirksam vor gewaltsamen Störungen geschützt ist“) abgelehnt, weil sonst die Polizei zu Hilfe angerufen werden müßte, deren Ingerenz auf Wählerversammlungen von seiten des Reichstags ungern gesehen wird (siehe RTV. vom 21. März 1906, S. 2185 ff.).

c) Wahlproteste, welche sich auf die Verletzung der Wahlversammlungsfreiheit stützen, werden vom Reichstag nur dann als erheblich angesehen, wenn der Beschwerdeweg gegen ein unzulässiges Versammlungsverbot vorher schon vergebens bei den zuständigen Behörden beschritten worden ist (siehe Dr. RT., Nr. 335 ex 1894/95, S. 1371, ferner Sitzung vom 18. Juni 1887, S. 1162, Wahl v. Gagern; Dr. RT., Nr. 127 ex 1898/9100, S. 1029).

Auch hält die konstante Reichstagspraxis amtliche Verletzungen der Wahlversammlungsfreiheit für unerheblich, wenn sie vor der Hauptwahl stattgefunden haben und der Wahlkandidat, gegen den sie gerichtet waren, dennoch in die Stichwahl gelangt ist (Dr. RT., Nr. 543 ex 1890/92, S. 1884). Erheblich wird aber ein solcher Protest dann, wenn zwar der Beschwerdeweg von Erfolg begleitet war, der Schaden aber, den das ergangene Verbot der Wahlagitation angerichtet hatte, nicht wieder gutgemacht werden kann, z. B. wegen der unmittelbaren Nähe des Wahltermins (siehe Dr. RT., Nr. 223 ex 1893/94, S. 1156, Wahl v. Gerlach, wo sogar aus dem letzteren Grunde der Wahlprotest für begründet erklärt wurde, trotzdem die Protesterheber eine zwölftägige Frist zur Einlegung der Beschwerde hatten, von ihr aber keinen Gebrauch machten).

II. Die gesteigerte Preßgewerbefreiheit.

Während die Preßfreiheit zur Wahlzeit keine Steigerung erfährt, steht es nach geltendem Rechte anders um das Preßgewerbe, sofern es sich um die Verbreitung von Stimmzetteln und Wahlflugblättern handelt. Außer diesen Mitteln der Wahlagitation kommen noch für dieselbe Plakate in Betracht, für welche das Landesrecht Bevorzugungen — allerdings nicht erhebliche — da und dort zugelassen hat.

1. Stimmzettel. Sie genießen nach geltendem Recht die erheblichste Bevorzugung. Zunächst waren sie (§ 6, Abs. 2 des Reichspreßgesetzes vom 7. Mai 1874, RGBl., Nr. 16) schon bis zum Jahre 1884 von der für andere Druckschriften vorgeschriebenen Angabe von Namen und Wohnort des Verlegers und Name und Wohnort des Druckers befreit, sofern sie nichts weiter als Zweck, Zeit und Ort der Wahl und die Bezeichnung der zu wählenden Personen enthielten. Im Jahre 1884 ergab sich aber die Notwendigkeit, sie überhaupt von dem Charakter einer Druckschrift zu befreien. Anlaß hierzu bot die preußische Praxis, die damals bestand (siehe die Verhandlungen über die Wahl Hänel, Dr. RT., Nr. 73 ex 1882, S. 539 und 540; Kommissionsbericht 279 ex 1883, S. 2447 bis 2453: Die Wahl ist für ungültig erklärt), wonach Stimmzettel als Druckschriften (namentlich als sozialistische Druckschriften, wenn sie auf sozialistische Kandidaten lauteten) aufgefaßt wurden. Als Druckschrift unterlagen sie dann

a) den Bestimmungen des durch § 30, Abs. 2, RPG., aufrechterhaltenen § 10 des preußischen Preßgesetzes vom 12. Mai 1851, wonach niemand sie auf öffentlichen Wegen, Straßen, Plätzen ohne ortspolizeiliche Erlaubnis verteilen darf bei Strafe bis zu 50 Talern oder 6 Wochen Gefängnis.

b) Ferner unterlagen sie den Bestimmungen des § 5 des Reichspreßgesetzes, wonach die nichtgewerbsmäßige öffentliche Verbreitung von Druckschriften durch die Ortspolizei Personen verboten werden kann, denen der Wandergewerbeschein nach § 57 der Gewerbeordnung versagt werden darf.

Dadurch hatte es die Polizei in ihren Händen, Stimmzettelverteiler jeden Augenblick zu verhaften oder, wenn sie sich als Stimmzettelverteiler oppositioneller Parteien entpuppten, die Stimmzettelverteilung zu verbieten. Solche Vorkommnisse wurden mit Recht vom Reichstag als unberechtigte amtliche Wahlbeeinflussung angesehen, da das Wählerpublikum Stimmzettel, die von verhafteten Stimmzettelverteilern herrührten, selbst als eine gefährliche Sache ansah (siehe die Ausführungen des damaligen Vorsitzenden der Wahlprüfungskommission, Freiherrn von Heereman, in der Sitzung vom 9. Mai 1883, S. 2452 und zuvor schon der Abg. Traeger in der Sitzung vom 12. April 1883, S. 1884).

Gegen diese Verwaltungspraxis nahm der Reichstag entscheidende Stellung, als auch das Reichsgericht sich durch eine Entscheidung seines dritten Senats vom 15. März 1882 auf die Seite der preußischen Verwaltungspraxis stellte. Im Reichstag ging als Antwort hierauf die lex Wölfel durch (Dr. RT., Nr. 66 ex 1882/83, Sitzung vom 18. Januar 1883, S. 895 ff. und vom 31. Januar 1883, S. 1189). Sie wurde dann auch Reichsgesetz (Gesetz vom 12. März 1884, RGBl. 1884, S. 17). Danach haben Stimmzettel für öffentliche Wahlen, welche im Wege der Vervielfältigung hergestellt sind und nur die Bezeichnung der zu wählenden Person enthalten, niemals den Charakter von Druckschriften im Sinne der Reichs- oder Landesgesetze. Daraus folgt, daß sie

a) nicht unter die Bestimmung des § 43, Abs. 1, GO. fallen; es ist also zulässig, sie gewerbsmäßig auf öffentlichen Wegen, Straßen, Plätzen oder anderen öffentlichen Orten auszurufen, zu verkaufen, zu verteilen, anzuheften oder anzuschlagen, ohne hierzu der sonst notwendigen ortspolizeilichen Erlaubnis zu bedürfen.

b) Aber auch dieselbe Tätigkeit, wenn sie nicht gewerbsmäßig betrieben wird, und nach dem bis zum Jahre 1884 geltenden Recht (§ 10 des preußischen Preßgesetzes vom Jahre 1851) den oben angeführten Beschränkungen unterlag, ist nunmehr von diesen durchweg frei. Diese Exemtion der Stimmzettel gilt nicht nur während der Wahlzeit (d. i. von der Bekanntgabe des Wahltermins bis zur Beendigung der Wahlhandlung), sondern zu jeder Zeit[1]). Praktisch wichtig kann dies namentlich dann werden, wenn es sich um Neuwahlen, namentlich infolge der Ablehnung der Wahl durch den Gewählten handelt und der Wahltermin noch nicht bekanntgegeben ist.

2. Wahlflugblätter. Ging die Verwaltungspraxis bis zum Jahre 1883/84 schon den Stimmzetteln scharf an den Leib, so boten die oben unter 1. angeführten Bestimmungen des Reichs- und des Landesrechts genügend Handhabe, um die Wahlflugblätter oppositioneller Parteien ganz zu beseitigen (siehe die Ausführungen des Abg. Traeger über die damalige Verwaltungspraxis, Sitzung des RT. vom 12. April 1883, S. 1880 ff.). Um dieses Hindernis einer absolut notwendigen Wahlagitation (Abg. Traeger a. a. O., S. 1879: „Es handelt sich um den Schutz der Wahlfreiheit und der damit notwendig und untrennbar zusammenhängenden Freiheit der Wahlvorbereitung oder, wenn Sie dieses Wort

---

[1]) Siehe Landmann, Kommentar zur GO., 5. Aufl., I, S. 411 und Sitzung des RT. vom 18. April 1894, S. 2240, Berichterstatter Abg. Auer: „Nun halten Sie weiter fest, daß Stimmzettel überhaupt gar nicht Druckschriften sind im Sinne des Gesetzes, daß sie also gar nicht unter das Verbot fallen konnten, gleichgültig, wie sonst die gesetzliche Lage war."

nicht scheuen, der Wahlagitation. Die Notwendigkeit dieser Freiheit ist auch von den überwiegenden Mehrheiten dieses Hauses stets anerkannt worden") zu beseitigen, ging im Reichstag im Zusammenhang mit einer Novelle zur Gewerbeordnung die lex Traeger durch (§ 43, Abs. 3 und 4 GwO.), deren wesentlichster uns hier interessierender Inhalt dahin geht, daß zur Verteilung von Druckschriften[1]) zu Wahlzwecken bei der Wahl zu gesetzgebenden Körperschaften eine polizeiliche Erlaubnis in der Zeit von der amtlichen Bekanntmachung des Wahltags bis zur Beendigung des Wahlakts nicht erforderlich ist.

Es muß sich danach, wenn die Privilegierung wirksam werden soll, um Drucksachen zu Wahlzwecken (Wahlflugblätter) handeln. Unter solchen (siehe die Ausführungen von Traeger a. a. O., S. 1881) versteht man ebensowohl Flugblätter, welche die Empfehlung von Kandidaten als auch Flugblätter, welche die Warnung der Wählerschaft vor Wahlkandidaten zum Inhalte haben. Denn im Gesetze heißt es nicht „Druckschriften behufs Empfehlung von Wahlkandidaten", sondern schlechtweg „Druckschriften zu Wahlzwecken". Nicht bloß diese persönlichen Wahlflugblätter, d. h. Wahlflugblätter, welche sich auf die Personenfrage der Kandidatur beziehen, sondern auch die unpersönlichen Wahlflugblätter, welche das Programm der Partei, der der Wahlkandidat angehört, zum Gegenstand haben, sind privilegiert.

Auch Zeitungen, sofern sie in dem angeführten Sinne zu dem angeführten Zwecke verteilt werden, fallen unter die Privilegierung (a. A. Landmann, a. a. O., Kommentar zur GwO., I[5], S. 415 mit unzureichenden Gründen).

Die Privilegierung besteht in doppelter Art:

a) für die Verteilung der Wahlflugblätter ist keine polizeiliche Erlaubnis nötig, wie für andere Druckschriften;

b) auch kann die Verteilung der Wahlflugblätter niemals nach Beginn sistiert werden, während bei anderen Druckschriften die Erlaubnis

---

[1]) In § 43, Abs. 3 ist auch von Stimmzetteln die Rede, daraus ergibt sich eine scheinbare Inkongruenz zwischen dem, was das Gesetz hier sagt, und dem, was oben für Stimmzettel angeführt ist. Nach der Bestimmung des § 43, Abs. 3 soll bloß die Verteilung von Stimmzetteln und nur während der Wahlzeit eximiert sein, während wir oben gemäß der Lex Wölfel es so dargestellt haben, als ob auch das Ausrufen, Verkaufen, Anheften oder Anschlagen ohne polizeiliche Erlaubnis, und zwar zu jeder Zeit zulässig wäre. Diese Inkongruenz zwischen § 43, Abs. 3 der GO. und der Lex Wölfel wird schon durch die Erwägung beseitigt, daß die Lex Wölfel vom 12. März 1884 dafür gegenüber der den § 43, Abs. 3 und 4 einfügenden Gewerbenovelle vom 1. Juli 1883 die lex posterior darstellt. Die Taktik des Reichstag war damals die, gegenüber den ungewissen Schicksalen der Lex Wölfel im Bundesrat das sichere Minus des § 43, Abs. 3 und 4 der GO. durch Anhängung an die von der Regierung durchaus gewünschte Gewerbenovelle jedenfalls durchzusetzen (s. insbes. die Ausführungen des Abg. Richter [Hagen] a. a. O. in der Sitzung vom 12. April 1883, S. 1875).

zur nichtgewerbsmäßigen [1]) Verteilung aus den in §§ 57, Nr. 1, 2, 4; 57a, 57b, Nr. 1 und 2 (Versagung des Wandergewerbescheins) angeführten Gründen entzogen werden darf.

Nur die Verteilung ist privilegiert, nicht auch das Ausrufen, Verkaufen, Anheften und Anschlagen (siehe Urteil des Kammergerichts vom 18. Februar 1904, Gewerbearchiv III, 449). Gleichgültig ist es, ob die Verteilung gewerbsmäßig erfolgt oder nicht [2]).

Die angeführte Privilegierung schafft aber keine Exemtion von den Vorschriften des allgemeinen Strafrechts und des Preßrechts [3]). Sind jene Druckschriften strafbaren Inhalts, und als solche kondemniert, oder ist die Beschlagnahme von der zuständigen Behörde wegen des strafbaren Inhalts angeordnet, um sie demnächst zur gerichtlichen Aburteilung zu bringen, so kommt die Berufung auf die Privilegierung auch für den Reichstag nicht weiter in Betracht (siehe z. B. Sitzung vom 5. Mai 1887, S. 442, Abg. Marquardsen). Nur muß man den Unterschied machen, ob die beschlagnehmende Behörde ein gerichtliches Urteil für sich hat oder nicht. Im ersteren Falle läßt sich der Reichstag auf eine weitere Untersuchung, ob das Urteil zutreffend war oder nicht, nicht ein (siehe z.B. Dr. RT., Nr. 400 ex 1878, S. 2020, Wahl Beseler; siehe auch Dr. RT., Nr. 121 ex 1898/1900, S. 1016). Hingegen hat der Reichstag wiederholt, im Falle der präventiven Beschlagnahme, namentlich, wenn im Protest die Beschlagnahme als eine ungerechtfertigte bezeichnet war, den Fall genauer daraufhin geprüft, ob die Beschlagnahme von der zuständigen Behörde d. i. der Staatsanwaltschaft und ihren Hilfsorganen (siehe Sitzung des RT. vom 3. März 1885, S. 1520, Wahl Ackermann; Dr. RT., Nr. 151 ex 1894/95, Wahl Graf v. Carmer, S. 744) ausgegangen und sonst nach Lage der Umstände nicht vollständig unbegründet war [4]). Jedenfalls ist die Praxis des Reichstags geneigt, Wahlproteste, welche bloß die Anführung der Konfiskation ohne nähere Substantiierung der Ungerechtfertigkeit ent-

---

[1]) Bei anderen Druckschriften, die nicht Wahlflugblätter sind, ist die Zurücknahme der Erlaubnis zur gewerbsmäßigen Verteilung nach Landmann a. a. O., I^5, S. 414 unzulässig.

[2]) Dieser Unterschied ist nur bedeutsam für die hier nicht weiter in Frage kommenden Wahlen zu anderen als gesetzgebenden Körperschaften (§ 43, Abs. 4 der GO.).

[3]) § 6, RPrG., Angabe von Wohnort und Name des Druckers, Name und Wohnort des Verlegers (s. Dr. RT., Nr. 95 ex 1890/02, S. 638; Dr. RT., Nr. 729 ex 90/92, S. 3943; Dr. RT., Nr. 98 ex 1900/03, S. 431 ff.).

[4]) Siehe z. B. Sitzung vom 27. Januar 1885, S. 920, Wahl Lerche. Insbesondere kontrolliert der Reichstag im Fall der administrativen Beschlagnahme, ob die Vorschrift des § 24 Reichspreßgesetz beobachtet worden ist, ob die Staatsanwaltschaft von der Beschlagnahme innerhalb 12 Stunden verständigt worden ist, da eine Beschlagnahme, die von der Staatsanwaltschaft abgelehnt wird, von der Polizeibehörde nach erlangter Kenntnis der Ablehnung nicht aufrechterhalten werden darf (Dr. RT., Nr. 2 729 ex 90/92, S. 2943).

halten, als unerheblich anzusehen (siehe z. B. Dr. RT., Nr. 61 ex 1887 und Sitzung vom 27. April 1887, S. 404 f., Wahl Delius, ferner Dr. RT., Nr. 206 ex 1884/85, S. 799 und Dr. RT., Nr. 127 ex 1898/1900, S. 1027).

Unterliegt demnach eine Druckschrift, selbst wenn sie ein Flugblatt ist, den allgemeinen Vorschriften des RPG. und StGB., so unterliegt natürlich der Verteiler der Druckschriften ebenfalls dem strafrechtlichen jus commune, er ist nicht etwa mit einer Immunität ausgestattet, namentlich steht die Praxis der Gerichte auf dem Standpunkt, auch den Strafgesetzparagraphen vom groben Unfug auf Druckschriftenverbreitung anzuwenden. Daraus ergibt sich bei der Dehnbarkeit des Begriffes grober Unfug, daß mitunter Druckschriftenverbreiter deswegen bestraft worden sind, weil sie Wahlflugblätter öffentlich zur Schau getragen hätten, sodann, weil sie Wahlflugblätter unterschiedslos ohne ein Verlangen abzuwarten in jedes Haus getragen hätten, das ihnen am Weg lag, weil sie die Flugblätter an dem Sonntagmorgen oder während des Gottesdienstes ausgetragen hatten u. a. m. (siehe die Beschwerden in der Sitzung vom 15. März 1894, S. 872 ff. und vom 28. März 1895, S. 1769). Der Reichstag hat (siehe Sitzung vom 15. März 1894, S. 1872 ff.) in seiner Majorität diese zum Teil übertriebene Auslegung des Begriffs grober Unfug gemißbilligt, aber einen Antrag des Abg. Auer, der sich namentlich gegen eine ähnliche Praxis der sächsischen Gerichte wendete und dahin ging, den Reichskanzler zu ersuchen, bei den verbündeten Regierungen auf Abstellung dieser Gerichtspraxis hinzuwirken, abgelehnt, da dies eine unzulässige Beeinflussung der Gerichte durch Gesetzgebung und Verwaltung bedeuten würde[1]).

Die Privilegierung der Wahlflugblätter geht keinesfalls so weit, sie und ihre Verbreiter von den vorhandenen Polizeivorschriften (über Straßenpolizei, Sonntagsheiligung) zu befreien (siehe die Gerichtspraxis bei Landmann, a. a. O., I^5, S. 450[2]). Hierher gehört auch die polizeiliche Vorschrift über Pflichtexemplare, sofern solche nach Landesgesetzen

---

[1]) Deshalb wird auch der Reichstag niemals gegen die Sistierung eines Flugblätterverteilers Stellung nehmen dürfen, sofern solche zum Strafvollzug auf Grund eines gerichtlichen Urteils vorgenommen wurde, wohl aber dann in die Sache zur näheren Würdigung einzutreten haben, wenn die Sistierung auf Grund einer Strafe erfolgte, die im Wege des Verwaltungsstrafverfahrens durch die Polizei- oder Verwaltungsbehörde auferlegt wurde (s. Dr. RT., Nr. 120 ex 94/95, S. 65 ff., vgl. auch Dr. RT., Nr. 40 ex 1890/92, S. 2756).

[2]) Anders aber die Reichstagspraxis, Dr. RT., Nr. 738 ex 1907/09, S. 4638, Wahl Wilde.

Doch ließ der Reichstag gelegentlich die von der Verwaltungsbehörde ergangene Verfügung, welche in der Wahlzeit die Sonntagsheiligung auch für die Verteiler von Flugblättern einschärfte, gelten, wenn diese Verfügung zu einer Zeit geschah, wo noch kein Wahlkandidat aufgestellt war (Dr. RT., Nr. 340 ex 1905/06, S. 3691, Wahl v. Brockhausen).

besteht (siehe Drucksachen RT., Nr. 143 ex 1898, S. 1485, Wahl März).

Die Privilegierung dauert nur während der Wahlzeit in dem oben (unter II, 1a) angeführten Sinn, wobei Stichwahl und Hauptwahl ein Ganzes bilden und die Beendigung der Wahlhandlung, wenn eine Stichwahl nötig war, erst mit der Beendigung der Stimmabgabe in der Stichwahl eintritt (siehe Dr. RT., Nr. 277 ex 1894, S. 1341, Wahl Pohlenz).

Selbst wenn die Konfiskation von Wahlzetteln zu Unrecht erfolgt ist, so berücksichtigt dies der Reichstag nur dann, wenn der zulässige Beschwerdeweg erfolglos beschritten (siehe Dr. RT., Nr. 163 ex 1899, S. 1227, Ziffer 11) worden ist und der der Wahlagitation zugefügte Schaden irreparabel gewesen (siehe Dr. RT., Nr. 123 ex 1894/95, S. 661 und Nr. 127 ex 1898, S. 1027; siehe auch Sitzung vom 27. April 1887, S. 404 f., Wahl Delius; Dr. RT., Nr. 61 ex 1887 u. a. m.).

Deshalb ist eine ungesetzliche Beschlagnahme, welche vor der Hauptwahl erfolgte, unberechtigt, wenn der Wahlkandidat, gegen den sie sich richtete, dennoch in die Stichwahl kam (Dr. RT., Nr. 95 ex 1890/92, S. 638).

3. Wahlaufrufe, Wahlplakate. Darunter versteht man Druckschriften, die unabhängig von äußeren Umständen dem Publikum verständliche Mitteilungen enthalten, wobei der Wortlaut und Inhalt der Schrift an sich schon ohne das Hinzukommen besonderer Umstände verständlich sein muß (Entscheidung des KG., Jahrbuch XIX, S. 305 f.). Deshalb sind Tafeln mit der Aufschrift „Zentrumspartei" vor dem Eingang des Wahllokals und ihre Aufstellung ohne polizeiliche Erlaubnis zulässig, da sie erst dadurch einen Sinn erhalten, daß am Wahltag Personen, welche die Wahltafeln tragen, vor dem Wahllokal Posten fassen und Wahlzettel austeilen (EKG., a. a. O.).

Da § 30, Abs. 2 des Reichspreßgesetzes den Vorbehalt zugunsten der Landesgesetzgebung eingeführt hat, Vorschriften über das öffentliche Anschlagen, Anheften, Ausstellen, sowie die öffentliche, unentgeltliche Verteilung von Bekanntmachungen, Plakaten und Aufrufen zu erlassen, so hängt es vom Landesgesetzgeber ab, inwiefern er Plakate für Wahlzwecke privilegieren will.

Wenn wir die größeren Staaten Deutschlands ins Auge fassen, so gibt es solche, welche gar keine Privilegierung eintreten lassen, und solche, welche eine beschränkte oder umfassende Privilegierung den Wahlplakaten zuteil werden lassen. Zu den Staaten, welche Wahlplakaten keine Privilegierung gewähren, gehören insbesondere Preußen und Bayern.

a) In Preußen bestehen noch §§ 9 und 10 des preußischen Preßgesetzes vom 12. Mai 1851 zu Recht. Diese enthalten Beschränkungen des

Plakatwesens, die sich teils auf den Inhalt des Schriftstückes, teils auf den Ort seiner Publikation beschränken. In bezug auf den Inhalt der zulässigen Plakate bestimmt § 9, daß Anschlagszettel über gesetzlich nicht verbotene Versammlungen zulässig sind. Damit ist aber freilich noch keineswegs gesagt, daß solche Plakate für Wahlzwecke unbedingt freigelassen sind. Hier greift nämlich auch die örtliche Beschränkung des § 10 ein, wonach Anschläge von Druckschriften, also auch von Wahlplakaten, auf öffentlichen Wegen, Straßen, Plätzen oder anderen Orten nur mit Erlaubnis der Ortspolizeibehörde erfolgen. Nach preußischem Recht kann aber die Erlaubnis jederzeit zurückgenommen werden. Auch kann ihre Zulässigkeit im Interesse der Ordnung, Sicherheit und Leichtigkeit des Verkehrs beschränkt werden (Entscheidung des Oberverwaltungsgerichts, Bd. 39, S. 410). Sie können deshalb in gewissen Teilen von geschlossenen Ortschaften ausgeschlossen werden oder auf bestimmte polizeilich zugelassene Anschlagsäulen beschränkt werden. Endlich unterliegen sie der Beschränkung des Gesetzes vom 2. Juni 1902 (GS. 159), wonach die Landespolizeibehörde befugt ist, solche Plakate, welche das Landschaftsbild verunzieren, außerhalb der geschlossenen Ortschaften durch Polizeiverordnung, und zwar auch für einzelne Kreise oder Teile derselben, zu verbieten. Plakate in geschlossenen Räumen bedürfen danach keiner polizeilichen Genehmigung, doch kann sich die Regelung durch Polizeiverordnung (einschließlich der Vorschrift polizeilicher Genehmigung) auch auf Plakate erstrecken, die zwar nicht an der öffentlichen Straße, dem öffentlichen Wege oder öffentlichen Platze angebracht sind, aber von dort aus sichtbar sind (Entscheidung des Kammergerichts vom 29. Dezember 1902, Jahrbuch XXV, C, 65)[1]).

In Bayern müssen (Art. 39 des Preßgesetzes vom 17. März 1850) Plakate den Namen des Verfassers, sowie Name und Wohnort des Verlegers (Reger, Entscheidungen X, 472) angeben, außerdem bedürfen sie, wenn sie auf Straßen oder öffentlichen Plätzen angeschlagen werden, der polizeilichen Erlaubnis, deren Erteilung im freien Belieben der Behörden steht (Art. 12 des bayr. Ausführungsgesetzes zur Strafprozeßordnung vom 18. August 1879; siehe auch Seydel, bayr. Staatsrecht, III², S. 64).

b) Eine beschränkte Privilegierung für Wahlaufrufe und dergleichen besteht in Sachsen. Hier können (Art. 15 des sächsischen Preßgesetzes vom 24. März 1870) Wahlbekanntmachungen, welche nichts weiter als Zweck, Zeit und Ort der Wahl und den Namen des oder der zu wählenden Kandidaten enthalten, auch ohne ortspolizeiliche Genehmigung angeschlagen werden. Sonst (d. h. wenn sie mehr als den angeführten

---

[1]) Analoge Vorschriften wie Preußen hat Anhalt (s. Sanftenberg und Knorr in Bibl. d. ö. R., III, S. 234) und Schwarzburg-Sondershausen (s. Langbein in Bibl. d. ö. R., X, S. 76).

Inhalt haben) bedürfen sie dieser Genehmigung. In jedem Fall können sie nur an den im voraus bestimmten Orten öffentlich angeheftet oder angeschlagen werden.

Im Großherzogtum Hessen bedürfen zwar alle Plakate an öffentlichen Orten der ortspolizeilichen Genehmigung. Die Erlaubnis ist jedenfalls dann zu verweigern, wenn die Anschlagszettel einen anderen Inhalt haben als Ankündigungen über gesetzlich nicht verbotene Versammlungen über öffentliche Vergnügungen, über verlorene oder gefundene Sachen, über Sehenswürdigkeiten, über Verkäufe oder andere Nachrichten über den gewerblichen Verkehr (Art.48 des hessischen Preßgesetzes vom 9. August 1862, Regierungsblatt Nr. 124, aufrechterhalten durch die Verordnung vom 28. September 1900, Regierungsblatt, S. 845, § 63 f.). Diese Norm läßt auch die Deutung zu, daß die Erlaubnis dann nicht zu verweigern sei, wenn die Plakate bloß Ankündigungen über gesetzlich nicht verbotene Versammlungen enthalten. Dann käme dies auf die beschränkte Plakatfreiheit, wie wir sie für Sachsen kennen gelernt haben, hinaus. Hält sich die Praxis aber genau an den Wortlaut, dann steht Hessen auf dem Standpunkt des preußisch-bayerischen Rechts, was, wie es scheint, auch der Fall ist (siehe v. Calker, Hess. Staatsrecht in OeRG., XIX, S. 223).

c) Eine umfassende Plakatfreiheit ist in Württemberg und Baden gewährt (Württembergisches Ausführungsgesetz zum Reichspreßgesetz vom 27. Juni 1874, Regierungsblatt, Nr. 17, Art. 1 und badisches Einführungsgesetz zum Reichspreßgesetz vom 20. Juni 1874, Gesetz- und Verordnungsblatt, Nr. XXIII, S. 279, Art. 3). Hier bedarf es für Plakate und Aufrufe allerart, welche an öffentlichen Orten angeschlagen werden, keiner polizeilichen Erlaubnis, sondern bloß der Ablieferung eines Pflichtexemplars an die Ortspolizeibehörde gegen eine zu erteilende Bescheinigung. Aufrufe und Ankündigungen über gesetzlich nicht verbotene Versammlungen haben auch nicht die Pflicht zur Ablieferung eines Pflichtexemplars. Auch in Oldenburg herrscht Plakatfreiheit, da hier die Landesgesetzgebung von dem Vorbehalt des § 30, Abs. 2 des Reichpreßgesetzes keinen Gebrauch gemacht hat (siehe Schücking, Oldenburg. Staatsrecht im OeRG., XIV, S. 314).

Wenn in einem Landesrecht die Plakatierung von der Erlaubnis der Ortsbehörde abhängt, so wird der Reichstag im Falle der Versagung keine weitere Nachprüfung anstellen können, ob die Versagung begründet war. Dazu fehlt jede gesetzliche Unterlage. Wenn aber im Proteste behauptet wird, daß eine parteiische Bevorzugung seitens der Ortspolizeibehörde zwischen den im Wahlkampf konkurrierenden Parteien vorgenommen worden sei, wird sich der Reichstag der weiteren Nachforschung nicht entziehen können (Dr. RT., Nr. 246 ex 1890/91, S. 1871 und Nr. 574 ex 1890/92, S. 3429 f.).

§ 39. Wahlhandlung.

I. Die juristische Natur der Wahlhandlung.

Die Wahlhandlung ist ein Kollektivakt der Wähler, betätigt durch Ausübung ihres subjektiven Wahlrechts unter staatlicher Kontrolle und Leitung. Die Wahlhandlung, der Kollektivakt, ist scharf zu scheiden von der individuellen Stimmabgabe. Diesen Unterschied zeigt auch das geltende Recht. Die Wahlhandlung, der Kollektivakt, ist öffentlich und muß es sein (§ 9, Abs. 1, WG.). Die individuelle Stimmabgabe ist geheim (Art. 20 RV.; § 10, Abs. 1, WG.), denn sie wird durch verdeckte, in eine Wahlurne niederzulegende Stimmzettel betätigt. Durch die Eigenschaft der Wahlhandlung als Kollektivakt der Wähler unterscheidet sie sich scharf von allem, was ihr vorausgeht und was auf sie, als Teil des Wahlgeschäfts, folgt, also einerseits von der Wahlvorbereitung, andererseits von der Ermittlung des Stimmergebnisses.

Betreffs des subjektiven Wahlrechts weist die Theorie drei Lehrmeinungen auf.

Die eine von Laband (DStR., I[5], S. 331) vorgetragene Meinung erkennt das Wahlrecht überhaupt nicht als ein subjektives, „in individuellem Interesse begründetes Recht“ an, sondern lediglich als Reflex des objektiven Rechts, nämlich des Verfassungsrechts.

So wie das „Recht“, einer Schwurgerichtsverhandlung als Zuhörer beizuwohnen, kein subjektives individuell ausgeprägtes Recht sei, sondern nur der Reflex des Grundsatzes, daß die Gerichtsverhandlungen öffentlich sein müßten, so wenig sei das Wahlrecht ein subjektives „Recht, zu wählen“, sondern nur der Reflex jener Verfassungsnormen, welche das Verfahren behufs Bildung des Reichstags oder des Landtags vorschreiben. Diese Ansicht dehnt die bei jeder Wahlhandlung notwendige staatliche Verwaltungstätigkeit als mitwirkenden Bestandteil der Wahlhandlung zu weit aus und hat denselben Wert wie eine Theorie, die bei Abschluß des Ehevertrages die Erklärung des Standesbeamten als die Hauptsache der Eheschließung, die Einwilligung der Ehegatten, aber für etwas Nebensächliches, etwa als „Reflex der Formvorschriften für das Zustandekommen der Ehe“ erklären wollte.

Die zweite Lehrmeinung ist die von Jellinek (System der subj. öff. Rechte, 1905[2], S. 137 ff. und S. 160, und Allgemeine Staatslehre, 2. Aufl., S. 408 ff.). Das Recht, zu wählen, sei ein subjektives Recht des Staates, das Individualrecht des Wählers bestehe aber in einem Recht auf Anerkennung als Wähler. Wenn mit diesem letzteren Ausdruck ein Plus gegenüber der bloßen Stimmabgabe angedeutet werden soll, wie Jellinek wirklich will, so läßt sich dagegen kaum etwas einwenden, denn zweifellos besteht das subjektive Wahlrecht des Individuum nicht bloß (wie Laband meint) in dem „Mitabstimmendürfen“

Aber das subjektive Recht, das der Staat als Träger des Wahlrechts haben soll, ist unhaltbar. Nicht der Staat wählt, sondern der einzelne. Der Staat wirkt nur bei der Wahlhandlung mit, er wählt aber nicht.

Die dritte Lehrmeinung gibt Otto Mayer (DVR., I, S. 114, Note 21 und Sächsisches Staatsrecht im OeRG., IX, S. 131). Danach ist das Wahlrecht ein echtes, subjektives öffentliches Recht, nämlich die Macht, durch Stimmabgabe mitzuwirken an der Bestellung von Trägern der öffentlichen Gewalt. Dieser Ansicht ist entschieden beizupflichten (siehe auch Eugen Richter in der Sitzung vom 8. Mai 1880, S. 1245: „Das Wahlrecht ist ja nichts anderes als eine Teilnahme an dem Mitbestimmungsrecht über andere"). Nur muß dieser Definition noch hinzugefügt werden, daß sich dies Mitbestimmungsrecht oder Mitwirkungsrecht unter Leitung und in den von den Verwaltungsbehörden genau zu beobachtenden Formen vollziehen muß[1]).

Das Wahlrecht ist ein subjektives Recht, die Wahl, eine Kollektivausübung dieses Wahlrechts unter staatlicher Mitwirkung. Der Mitwirkungsakt der staatlichen Behörde ist absolut wesentlich. Ohne ihn ist die Kollektivhandlung der Wählerschaft null und nichtig. So wesentlich gehört die staatliche Mitwirkung zum subjektiven Wahlrecht, daß mitunter in den Verhandlungen des deutschen Reichstags auch die Ansicht vertreten wurde: „Die Wahl ist ein Verwaltungsakt und wird in der Regel durch Verwaltungsbeamte geleitet" (Abg. Landrat v. Hagke, Sitzung vom 13. September 1876, S. 11). Das geht natürlich zu weit. Vom Standpunkt des Verwaltungsbeamten ist die Wahl vielleicht bloß ein Verwaltungsakt, vom Standpunkte des Staatsbürgers und des Parlaments zweifellos und in erster Linie die Kollektivhandlung der Ausübung des Mitbestimmungsrechts über andere.

Die Wahl ist zunächst eine Kollektivhandlung. Daraus folgt erstens, daß sie kontinuierlich sein muß und nicht unterbrochen werden darf, ohne den Wahlakt vitiös zu machen (siehe Dr. RT., Nr. 189 ex 1890/92, S. 1421 und Sitzung vom 9. Februar 1891, S. 1394; Sitzung vom 5. Februar 1886, S. 902; siehe auch Dr. RT., Nr. 71 ex 1880, Wahl

[1]) Dadurch, daß Otto Mayer in seine Definition den staatlichen Mitwirkungsakt nicht aufnimmt, setzt er sich dem berechtigten Einwand von Jellinek aus, daß er, Otto Mayer, nur den individual-rechtlichen Charakter des Wahlrechts berücksichtige, hingegen die staatliche Funktion des Wählers unberücksichtigt lasse (System a. a. O., 160, Note 1). Dieser Einwand wird aber durch die oben im Texte erweiterte Definition beseitigt, da die Ausübung eines subjektiven öffentlichen Rechts in genau vorgeschriebenen Formen, deren Beobachtung von einer mitwirkenden staatlichen Behörde kontrolliert wird, selbst die Ausübung dieses Individualrechts in organschaftliches Handeln umwandelt (s. Otto Gierke, Die Genossenschaftstheorie, S. 706: „Regelmäßig aber hängt von der Anwendung der festgesetzten Form in der Tat die Zurechenbarkeit zu den Lebensvorgängen der juristischen Person ab").

v. Arnswaldt und Sitzung vom 7. April 1880). Eine notwendige Konsequenz dieses Satzes ist die später noch ausführlich zu erwähnende, vom Reichstag auch immer streng gehandhabte Vorschrift des § 12, Abs. 2, WR., wonach zu keiner Zeit der Wahlhandlung weniger als drei Mitglieder des Wahlvorstandes gegenwärtig sein dürfen. Aus der Wahl als Kollektivhandlung folgt zweitens, daß die Wahl gleichzeitig in allen Wahlbezirken, an einem bestimmten Tage zu einer bestimmten Zeit stattfinden muß. Wenn daher z. B. infolge von vis major (eines Elementarereignisses) der größte Teil der Wähler eines Wahlbezirkes von der Ausübung des Wahlrechts ausgeschlossen ist, so muß dennoch die Wahl in jedem Wahlbezirk stattfinden, wenngleich es dem Reichstag unbenommen bleibt, die Erheblichkeit dieser Tatsache auf die Wahl bei Beurteilung eventuell die Nichtigkeit der Wahl auszusprechen[1]).

Die Kollektivhandlung ist eine Kollektivtätigkeit der Wählerschaft eines Wahlkreises, nicht eine Kollektivtätigkeit der Reichswählerschaft als Ganzes. Jeder Abgeordnete wird in einem besonderen Wahlkreise gewählt (§ 8, Abs. 1, WG.). Daraus ergibt sich, daß selbst, wenn die Wahl in einem Wahlkreis des Deutschen Reichs durch Naturereignisse, feindliche Okkupation oder sonst wegen eines unabwendbaren Ereignisses unmöglich sein sollte, die Wahlhandlung in den übrigen Wahlkreisen natürlich unangefochten bleibt und dadurch nicht berührt werden kann[2]). Der strengeren Auffassung,

[1]) Sitzung vom 28. März 1871, S. 27 ff., Wahl Maranski und Sitzung vom 25. April 1871, S. 389, Wahl Petersen, Dr. RT., Nr. 53 ex 1871, S. 139 ff. Schließlich Dr. RT., Nr. 75, 1874/75, S. 870 und Sitzung vom 9. Dezember 1874, S. 564 ff., Wahl Graf Moltke. Vgl. auch Mohl kritische Bemerkungen über die Wahlen zum deutschen Reichstag 1875, S. 42 ff. Laband, a. a. O., I^5, 321 und Anm. 3. Anderer Ansicht Seydel, a. a. O., S. 374 f., der diese Befugnis dem Reichstage abspricht. Vgl. auch meinen Kommentar zum Wahlgesetze zu § 14.

[2]) Das von Laband, a. a. O., I^5, S. 370 f., angeführte Beispiel der Wahlen von 1874 in Elsaß-Lothringen, die hier am 1. Februar stattfanden, während sie im übrigen Reichsgebiete am 10. Januar vorgenommen wurden, kann nicht als „Präzedenzfall" dienen, wie Laband meint. Es handelte sich hierbei nicht um ein unabwendbares Ereignis, sondern um schlechte Gesetzgebungstechnik. Gerade bei der Beratung des Gesetzes vom 25. Juni 1873 war im Reichstag vom Abg. v. Bernuth (Sitzung vom 17. Juni 1873, S. 1190 f.) schon die Eventualität vorausgesetzt, die dann später eintraf. Er sagte: „In dem ersten Absatz des § 6 ist bestimmt, daß das Wahlgesetz für den Reichstag mit dem 1. Januar 1874 in Elsaß-Lothringen in Kraft treten solle . . . aber es ist wenigstens doch möglich, daß die Reichsregierung den Wunsch hegen könnte, diesen gegenwärtigen Reichstag noch innerhalb der bis 1. März 1874 gehenden Wahlperiode noch einmal am Sitze der Reichsregierung zu versammeln . . . Wenn Sie das Wahlgesetz sich vergegenwärtigen, so wissen Sie, daß unter anderem die Wahllisten mindestens 4 Wochen vor dem Wahltermin ausliegen müssen . . . Sie können Brief und Siegel darauf nehmen, daß bis in den Februar 1874 hinein die Wahlen nicht denjenigen Abschluß gefunden haben würden, um die Elsaß-Lothringer noch in jedem Fall hier mitversammeln zu können . . . Streichen Sie die Worte ‚am 1. Januar 1874' und ziehen Sie dann die einfache Konsequenz, daß das Gesetz in

den Wahlakt überhaupt in solchen Fällen zu kassieren, neigt der Reichstag nur dann zu, wenn feststeht, daß infolge der vis major (des Naturereignisses) ein Wahlvorstand sich überhaupt nicht konstituieren konnte (Sitzung vom 1. Mai 1871, S. 509 und Sitzung vom 10. Juni 1871, S. 1133, Wahl v. Brauchitsch; Sitzung vom 9. Dezember 1874, S. 574, Wahl Graf Moltke).

Die Kollektivhandlung besteht in einem Mitbestimmungsrecht der Wähler durch Stimmabgabe. Daraus ergibt sich, daß, wenn irgendwo in einem Wahlbezirk jemand oder eine bestimmte Zahl von Personen in ihrem Wahlrecht unzulässigerweise behindert worden sind, die Wahl deshalb noch keineswegs zu kassieren ist, denn sonst würde das Mitbestimmungsrecht der überwiegend größeren Zahl von Wählern verletzt[1]). Aus dieser Tatsache ergibt sich, wie noch weiter unten (Abschnitt über die Wahlprüfung) darzutun sein wird, das häufige Auftauchen von sogenannten Ermessensfragen, welche dem Reichstag oft den Tadel willkürlicher Entscheidung zugezogen haben.

Das Wahlrecht besteht ferner in einem Mitbestimmungsrecht über andere. Dies hat die bisherige Theorie[2]) übersehen, während es dem parlamentarischen Praktiker (siehe die oben angeführte Äußerung von Eugen Richter) längst geläufig war. Dieses Mitbestimmungsrecht über andere betätigt sich

a) an den eigenen Parteigenossen. Indem man sie durch seine Stimme unterstützt, bringt man ihre Sache, die auch zugleich die eigene ist, zum Sieg oder, um es juristisch auszudrücken, durch Ausübung des eigenen Stimmrechts bewirkt man unter Umständen, daß das Stimmrecht der Parteigenossen die Majorität für den Kandidaten herbeiführt.

Kraft tritt, wie überhaupt die Gesetze im Deutschen Reich, so fällt jede Schwierigkeit hinweg . . ." Trotzdem der Vertreter der Reichsregierung von seiten der verbündeten Regierungen für den Antrag v. Bernuth auf Streichung der Worte „am 1. Januar 1874" eintrat, lehnte der Reichstag ihn ab und billigte auf diese Weise den Standpunkt des Abg. v. Hoverbeck (Sitzung, a. a. O., S. 1191): „Daß . . . ich meinerseits mich gar nicht verpflichtet glaube, negotiorum gestor für die Regierungen zu sein, das mögen sie dann besorgen." Diese Ansicht scheint dem Kaiser freiestes Ermessen, ob und wann er vom Grundsatz des § 14 WG., Abs. 1 abgehen will, zu überlassen. Das geht zu weit. Nur bei unabwendbaren Ereignissen — wie im Texte angeführt — wird solches zulässig sein.

[1]) Sehr richtig hat diesen Gedanken der Abg. Kulemann in der Sitzung vom 14. Januar 1890 zum Ausdruck gebracht: „Nun, meine Herren, wenn auf der einen Seite das Interesse der Gesamtheit dahin geht, eine Wahl nur dann für gültig zu erklären, wenn sie nach allen Regeln stattgefunden hat, so steht dem doch anderseits das gleichberechtigte Interesse der Wähler gegenüber, die sich der Mühe und Aufregung einer Wahl unterzogen haben, und verlangt von uns, daß wir uns nicht durch eine bloße Gemütsstimmung, durch den noch so berechtigten Unwillen über stattgefundene Unregelmäßigkeiten bestimmen lassen, eine Wahl aufzuheben, die trotz alledem dem Willen der Wähler in ihrer Majorität entspricht" (S. 1005).

[2]) Ausgenommen O. Mayer, insbesondere Sächs. Staatsrecht in ORG., IX, S. 131.

Das Mitbestimmungsrecht über die eigenen Parteigenossen kann sich auch umgekehrt in der Weise äußern, daß man durch inkorrekte und illegale Ausübung des Stimmrechts oder Verhaltens bei der Wahl seine Partei um die eigene oder um andere Stimmen von Parteigenossen bringt, die man absichtlich oder unabsichtlich zu illegalem Verhalten gebraucht hat. Aber noch mehr, unter Umständen wird die illegal abgegebene Stimme nicht bloß von den Stimmen der eigenen Parteigenossen bei der Prüfung des Wahlresultats abgezogen, sondern dem Gegenkandidaten zugezählt. Das führt uns auf den anderen Hauptzweig der Ausübung des Wahlrechts als Mitbestimmungsrecht über andere, nämlich

b) wenn diese anderen nicht die eigenen Parteigenossen, sondern mitunter sogar die Parteigegner sind. Man kann also die Parteigegner, allerdings ungewollt, durch sein Stimmrecht unterstützen. Aber noch mehr, man kann Mitwähler zwingen, d. i. bestimmen, daß sie, obwohl sie es vielleicht zunächst gar nicht beabsichtigen, dem Parteigenossen einer anderen Partei als Kandidaten ihre Stimme zuwenden nur deshalb, weil er in den Augen der so bestimmten Wähler das kleinere Übel ist im Vergleich zu jenem Parteikandidaten einer dritten Partei, für den sie unter allen Umständen nicht stimmen wollen.

Am klarsten wird dieser Fall des Mitbestimmungsrechts über andere, wenn man sich dies an folgenden nicht selten vorkommenden Fällen veranschaulicht. In einer Hauptwahl werden Stimmen für A, B und C abgegeben. Nach der Ermittlung des Wahlergebnisses kommen A und B in die Stichwahl. Im Wahlprotest behaupten nun die Wähler der Partei des C, daß B durch unrechte Machinationen seiner Parteigänger die zweitgrößte Majoritätsziffer erhalten habe, und die Wahlprüfungskommission stellt wirklich fest, daß nicht B, sondern C in die Stichwahl hätte kommen müssen. Die Wahl wird kassiert und dies mit Recht; denn die Möglichkeit ist nicht ausgeschlossen, daß ein Teil der Wähler, die wirklich für A gestimmt hatten, lieber für C gestimmt hätten, wenn dieser und nicht B in die Stichwahl gekommen wäre. Ebenso ist möglich, daß ein Teil der Wählerschaft von B dem C zugefallen wäre, nämlich der, der unbedingt nicht für A, sondern für jeden anderen Kandidaten, also auch für C gestimmt hätte. Hier äußert sich das Mitbestimmungsrecht über die fremden Parteigenossen darin, daß man zweifellos einen Anspruch darauf hat, auch sie, obwohl sie nicht Parteigenossen sind, vor die für die eigene Partei günstigste Alternative bei der Wahl gestellt zu sehen.

Das Wahlrecht als Mitbestimmungsrecht über andere ist ein höchst persönliches Recht. Es kann nicht durch Stellvertreter ausgeübt werden (§ 10, Absatz 1, WG.), und es kann nicht Gegenstand eines Rechtsgeschäfts mit einer anderen Person werden. Insbesondere ist es strafrechtlich verboten, eine Stimme zu kaufen oder zu verkaufen (§ 109 StGB.). Das Wahlrecht kann nicht für ein und dieselbe Wahl mehrfach ausgeübt werden (§ 7, Absatz 2, WG.). Wer in böser Absicht gegen diese Vorschrift handelt, macht sich der strafbaren Handlung nach § 108, Satz 2, StGB. schuldig, da er „ein unrichtiges Ergebnis der Wahlhandlung vorsätzlich herbeiführt“ (Reger, Entscheidungen, Bd. XI, S. 327).

Die Ausübung des Wahlrechts ist aber auch als Kollektivhandlung keineswegs allein schon die Wahl, denn zur Kollektivhandlung muß noch eine staatliche Verwaltungstätigkeit hinzukommen, welche nach deutschem Reichsrecht, außer in der Ermittlung des Wahlergebnisses für den Wahlkreis und der Proklamation des Gewählten durch den Wahlkommissar, auch in den Wahlbezirken von dem Wahlvorstand durch Einsammeln und Prüfung der Stimmzettel auf ihre Gültigkeit sowie der Wähler auf ihre Wahlberechtigung betätigt wird. Diese Tätigkeit der staatlichen Verwaltung sogar im Wahlbezirk ist für jede Wahl essentiell. Jede Nichtigkeit dieses Verwaltungsakts vernichtet auch den ganzen Wahlakt des Wahlbezirks. Dabei kann es auch vorkommen, daß durch die Vernichtung des Wahlakts im Wahlbezirk die Stellung eines gewählten Kandidaten, gegen den zeitgerecht Protest erhoben wurde, eher gehoben als verschlechtert wird, nämlich dann, wenn gerade in dem Wahlbezirk, dessen Wahlakt vernichtet wurde, mehr Stimmen für den Gegenkandidaten als für den gewählten abgegeben worden sind (siehe Wahl Becker, Dr. RT., Nr. 754 ex 1913 und Sitzung d. RT. vom 25. Februar 1913, S. 4007 ff.; vgl. auch Dr. RT., Nr. 193 ex 1895/97, S. 1125, Wahl Krupp)[1]).

II. Eröffnung der Wahlhandlung und Konstituierung des Wahlvorstandes.

Die Wahlhandlung beginnt um 10 Uhr vormittags (§ 9, Absatz 2, WR.). Daraus folgt, daß die Wähler keinen Anspruch darauf haben, vor 10 Uhr in das Wahllokal gelassen zu werden (Dr. RT., Nr. 366 ex 1898/1900, S. 2377). Zu früher Beginn der Wahlhandlung (Dr.RT., Nr. 295 ex 1905/06, S. 4321) ist ebenso wie zu früher Schluß unzulässig und unter Umständen bei der Wahlprüfung erheblich. Ebenso zu später Beginn

[1]) Die neueste Reichstagspraxis neigt dazu, in solchen Fällen bloß den Stimmenvorsprung des Gewählten gegenüber dem Gegenkandidaten mit der nächst großen Stimmenziffer zu kassieren, um dem Übelstand zu steuern, daß die Fehlerhaftigkeit des Wahlakts in einem Wahlbezirke und der darauf gestützte Protest zur Verstärkung der Position des Siegers, statt zu ihrer Schwächung, führen, was namentlich dann vorkommen kann, wenn die im Wahlbezirke für den Sieger abgegebenen Stimmen an Zahl geringer sind, gegenüber den für den Gegenkandidaten abgegebenen (s. z. B. Dr. RT., Nr. 1435 ex 1912/14, Wahl v. Winterfeldt-Menkin; siehe dagegen aber den oben angeführten Fall der Wahl Becker und Dr. RT., Nr. 1433 ex 1912/14, Ziffer 11, Wahl Martin, wo der ganze Wahlakt kassiert wurde).

der Wahlhandlung (Sitzung vom 23. April 1896, S. 1891 ff. und Dr. RT., Nr. 123 ex 1895/96). Zu früher Beginn führt unter Umständen zur Kassation (Dr.RT., Nr. 270 ex 1894/95, S. 1251 und Dr.RT., Nr. 270 ex 1903/03 S. 1657), jedenfalls zum Abzug der Stimmen, welche für den Gewählten zu früh abgegeben wurden (Dr.RT. Nr. 1061 ex 1912/13 S. 1964). Zu später Beginn hat zur Folge, daß die Zahl der Nichtstimmenden dem unterlegenen Kandidaten zugerechnet werden (Dr.RT., Nr. 46 ex 1890/92, S. 242 und Dr.RT., Nr. 619 ex 1905/06, S. 5873).

Zur Eröffnung der Wahlhandlung ist die Anwesenheit des Wahlvorstehers oder seines Stellvertreters unbedingt erforderlich (Dr. RT., Nr. 113 ex 1900/03, S. 713).

Die Eröffnung der Wahlhandlung besteht darin, daß der Wahlvorsteher oder sein Stellvertreter den Protokollführer und die Beisitzer mittels Eidesstatt verpflichtet (§ 12, Absatz 1, WR.). Das ist die Konstituierung des Wahlvorstandes. Die Unterlassung der eidesstattlichen Verpflichtung des Wahlvorstandes ist ein wesentlicher Mangel des Verfahrens und führt zur Ungültigkeit des Wahlakts im Wahlbezirk (Sitzung vom 19. April 1877, S. 599). Sie wird auch nicht dadurch saniert, daß sie *nach* der Wahlhandlung erfolgt (Sitzung vom 9. April 1877, S. 599), doch sah es mitunter der Reichstag als zulässig an, wenn der Wahlvorstand erst verpflichtet worden, nachdem die Wahlhandlung schon begonnen (siehe Sitzung vom 10. Februar 1888, S. 824). Es scheint auch nach der Praxis des Reichstages nicht notwendig, daß alle Mitglieder des Wahlvorstandes, die bestellt worden sind, schon bei der Eröffnung anwesend sind. Sie können dann im Laufe der Wahlhandlung noch hinzukommen (Sitzung vom 5. Februar 1889, S. 785) und erst später verpflichtet werden. Ein später verpflichtetes Mitglied zählt aber für die (nach § 12, Abs. 2, WR.) erforderliche Dreizahl nicht mit (Dr. RT., Nr. 839 ex 1907/09, S. 5073). *Es müssen nämlich zu jeder Zeit der Wahlhandlung drei Mitglieder des Wahlvorstandes gegenwärtig sein* (§ 12, Abs. 2, WR.). Diese Vorschrift betrachtet die konstante Reichstagspraxis als eine unbedingt zwingende, so daß ihre Außerachtlassung die Nichtigkeit des Wahlaktes im Wahlbezirke zur Folge hat (siehe Dr. RT., Nr. 286 ex 1897/98, S. 5). Um diese Vorschrift auch wirklich zu realisieren, ist es prinzipiell notwendig, daß mehr als zwei Beisitzer, außer dem Protokollführer vorher schon vom Wahlvorsteher ernannt werden, da sonst nicht gut angenommen werden kann, daß drei Personen kontinuierlich von 10—7 Uhr an der Wahlurne sitzen (so schon Sitzung vom 31. März 1871, S. 79). Die Vorschrift des § 10, Absatz 1, WR., wonach der Wahlvorsteher 3 bis 6 Beisitzer, außer dem Protokollführer zu ernennen hat, wurde daher in der älteren Zeit der Reichstagspraxis nicht als wesentliche Vorschrift aufgefaßt, vorausgesetzt, daß nur jederzeit drei Mitglieder des Wahlvorstandes anwesend waren (siehe Sitzung vom 31. März 1871, Sitzung vom 10. April 1877, S. 365; Sitzung vom 28. April 1879, S. 856 f., Wahl Graf v. Kwilecki; Sitzung vom 1. Juni 1890, Dr. RT., Nr. 121 ex 1890/92, S. 702, Wahl Pickenbach; Dr. RT., Nr. 195 ex 1895/97, S. 1252, Wahl Holtz). Man begnügte sich damals auch mit der Bestellung von zwei Beisitzern und halste der Protestpartei den Nachweis auf, daß während der Wahlhandlung zu einer Zeit weniger als drei Mitglieder des Wahlvorstandes anwesend gewesen wären.

Die neueste Praxis des Reichstages hält sich aber an den Wortlaut des § 10 und verlangt mindestens die Bestellung von drei Beisitzern außer dem Protokollführer, da nach § 18, WR. mindestens fünf Personen des Wahlvorstandes zu gleicher Zeit tätig sein müßten (Dr. RT., Nr. 478 ex 1912/13, S. 506).

Wahlvorsteher und Protokollführer dürfen sich während der Wahlhandlung nicht gleichzeitig entfernen [1]) (§ 12, Abs. 2, WR.). Verläßt einer von ihnen vorübergehend das Wahllokal, so ist mit seiner zeitweiligen Vertretung ein anderes Mitglied des Wahlvorstandes zu beauftragen (§ 12, Absatz 2, WR.). Auch diese Vorschrift ist eine zwingende, und ihre Außerachtlassung bewirkt die Nichtigkeit des Wahlakts (Dr. RT., Nr. 286 ex 1897/98, S. 2370) [2]). Der Wahlvorsteher braucht nicht unbedingt sich durch den offiziellen, nach § 8, Abs. 1, WR., ernannten Stellvertreter vertreten zu lassen; jedes andere Mitglied, ausgenommen der Protokollführer, ist hierzu geeignet (siehe Dr. RT., Nr. 57 ex 1887, S. 299, Wahl Haarmann).

Bei Eröffnung der Wahlhandlung wird auch die Wahlurne neben dem Tisch, an welchem der Wahlvorstand Platz nimmt, aufgestellt. Dieser Tisch ist von allen Seiten zugänglich zu machen (§ 11, Satz 1, WR.). Es gehört zur Eröffnung der Wahlhandlung auch die Untersuchung der Wahlurne, ob sie leer sei (§ 11, Absatz 2, WR., und Dr. RT., Nr. 113 ex 1900/03, S. 713) [3]). Jedoch hat kein Wähler das Recht, zu

[1]) Verstoß gegen diese Vorschrift führt zur Ungültigkeit des Wahlakts im Wahlbezirke. Denn die Vorschrift soll „die fortdauernde Kontrolle und dadurch die Gesetz- und Ordnungsmäßigkeit des Wahlvorganges sichern" (Dr. RT., Nr. 231 ex 1903/04, S. 1027 und Dr. RT., Nr. 605 ex 1903/05, S. 3611).

[2]) Doch hielt die Wahlprüfungskommission auch gelegentlich eine vorübergehende Vereinigung von Wahlvorsteheramt und Protokollführeramt für unerheblich (Dr. RT., Nr. 297 ex 1905/06, Wahl Eickhoff).

[3]) Zu wünschen wäre auch eine ausdrückliche Vorschrift, daß die Kuverts in der Urne vor ihrer Entnahme zum Zwecke der Ermittlung des Wahlergebnisses durcheinander gemengt werden. Sonst ist eine Kontrolle der Abstimmung nicht unmöglich, wie das Beispiel: Dr. RT., Nr. 258 ex 1903/05, S. 1644 lehrt. Jedenfalls gehen die Regierungsmotive, welche die rechtliche Einführung der Wahlurne begleiten (Dr. RT., Nr. 878 ex 1912/13), von der Voraussetzung aus, daß solche Durcheinandermischung automatisch stattfindet, und gerade das war ein Grund, den Typus einer Wahlurne in seinen Dimen-

fragen, ob das Gefäß leer sei, und der Wahlvorsteher auch keine Antwortpflicht. Denn die Verpflichtung, sich von dem Leersein der Wahlurne zu überzeugen, ist eine der Amtspflichten des Wahlvorstehers gegenüber dem Staat, nicht gegenüber dem Wähler (Dr. RT., Nr. 266 ex 1898/1900, S. 2377).

Die Wahlurne, die zur Aufnahme der Wahlzettel dient, ist seit neuester Zeit in ihrer äußeren Form und Beschaffenheit durch eine Novelle zum Wahlreglement vom 4. Juni 1913, RGBl. 314, festgestellt (§ 11, Absatz 2, WR.). Sie muß viereckig sein. Im Inneren gemessen muß ihre Höhe mindestens 90 cm und der Abstand jeder Wand von der gegenüberliegenden Wand mindestens 35 cm betragen. Im Deckel soll die Wahlurne einen Spalt haben, der nicht breiter als 2 cm sein darf und durch den die Umschläge mit den Stimmzetteln hineingesteckt werden müssen.

Durch diese Vorschrift sind nunmehr die Klagen beseitigt, daß Zigarrenkisten, Suppenterrinen, Hutschachteln, Biergläser und andere ungeeignete Wahlgefäße verwendet werden. Das Wahlgeheimnis ist auf diese Weise viel mehr gesichert als früher; denn bei den eben angeführten ungeeigneten Wahlgefäßen, die ein Aufeinanderschichten der Stimmzettelumschläge zuließen, wurde durch Herausnahme der Umschläge in der umgekehrten Reihenfolge, wie sie hineingelegt waren, eine Kontrolle der Abstimmung ermöglicht.

Demselben Zweck der Sicherung des Wahlgeheimnisses dient dann auch die Vorschrift, daß von dem Augenblick, da der Wahlvorstand sich überzeugt, daß die Wahlurne leer ist, bis zur Herausnahme der Umschläge mit den Stimmzetteln nach Schluß der Abstimmung die Wahlurne nicht wieder geöffnet werden darf (letzter Satz des § 11, Absatz 2, WR. in seiner neuesten Fassung), sowie die Feststellung und Bescheinigung im Wahlprotokoll (Abs. 4 der Anlage B zum Wahlreglement), daß und welche Größendimensionen der Wahlurne beobachtet worden seien.

III. Funktionen des Wahlvorstandes und Öffentlichkeit der Wahlhandlung.

Der Wahlvorstand hat eine dreifache Art von Befugnissen:

1. Eine von dem Wahlvorsteher auszuübende beschränkte Ordnungsgewalt, wie wir noch gleich sehen werden, wozu auch insbesondere die Beobachtung der im Gesetze aufgeführten Ordnungsvor-

---

sionen so festzustellen, wie ihn nunmehr § 11, Abs. 2, WR. vorschreibt. Durch die Vorschrift der Mindesthöhe von 90 cm hofft man (s. Motive zum Abänderungsvorschlag der Regierung Dr. RT., Nr. 878 ex 1912/13) ein regelmäßiges Schichten der Umschläge wirksam zu verhindern. „Bei der Höhe des Gefäßes zerstreuen sich die Umschläge auf dem Boden und können nicht mit der Hand einzeln herausgenommen werden; vielmehr kann die Entleerung der Urne nur durch Umkippen bewirkt werden.“ Bei einer Höhe von 33 cm ist jedenfalls die Schichtung unvermeidlich (s. Siegfried in Hirths Annalen, 1906, S. 738).

schriften gehören, so z. B. daß ein Abdruck des Wahlgesetzes und des Wahlreglements im Wahllokal auszulegen ist (§ 11 in fine, WR.), daß während der Wahlhandlung im Wahllokale Beratungen, Ansprachen und Beschlüsse, die nicht durch die Leitung des Wahlgeschäfts bedingt sind, ausgeschlossen sind, daß ferner Stimmzettel im Wahllokale nicht aufgelegt oder verteilt werden dürfen (§ 13, WR.), daß schließlich die Wähler in der Isolierzelle nur so lang verweilen, als unbedingt erforderlich ist, um den Stimmzettel in den Umschlag zu stecken (§ 15, Abs. 4, WR.). Während die Ordnungsgewalt vom Wahlvorsteher oder seinem Stellvertreter allein ausgeübt wird, werden die beiden anderen weiter unten unter 2 und 3 zu nennenden Funktionen kollegialisch vom Wahlvorstand betätigt (arg. § 13, Abs. 2, WR., und § 20, Abs. 1, WR.)

2. Die eigentliche Wahlleitung, wozu insbesondere die Zulassung der Wähler zur Stimmabgabe, das Einsammeln der kuvertierten Stimmzettel, das Hineinlegen derselben in die Wahlurne u. a. m. gehört, worüber noch im folgenden (siehe weiter unten unter IV) zu behandeln sein wird.

Als Wahlleitung ist auch anzusehen[1]), daß der Wahlvorstand Personen, welche in die Wählerliste nicht aufgenommen sind, von der Stimmabgabe ausschließen kann (§ 14, Absatz 1, WR.) und Stimmzettel, welche die Wähler nicht in dem abgestempelten Umschlag oder welche sie in einem mit einem Kennzeichen versehenen Umschlag abgeben wollen oder Stimmzettel solcher Wähler, welche sich in die Isolierzelle nicht begeben haben, zurückweisen muß (§ 15, Absatz 3, WR.).

3. Die Urteilstätigkeit ergibt sich bei der Ermittlung des Stimmergebnisses „der Prüfung der Umschläge und Stimmzettel" (§ 18, WR., und § 13, WG., Satz 1), wovon noch unten (§ 41) zu handeln sein wird.

Hier bedarf nur zunächst die Ordnungsgewalt des Wahlvorstehers näherer Erörterung, da sie in der Theorie eine etwas stiefmütterliche Behandlung gefunden hat. Zunächst erhebt sich die Frage, was ist diese Ordnungsgewalt, und sodann, welche Zwangsbefugnisse gegen ordnungswidrig Handelnde stehen dem Wahlvorsteher zu Gebote?

Der Wahlvorsteher hat keine Sitzungspolizei [2]), d. i. die allgemeine Ordnungsgewalt zur Aufrechterhaltung der Ordnung. Kein Gesetz räumt sie ihm ein, wie sie z. B. § 177 GVG. dem Vorsitzenden eines Gerichts überträgt.

Die ältere Praxis des Reichstags stand allerdings auf dem Standpunkt, eine solche Sicherheitspolizei dem Wahlvorsteher einzuräumen. Es hing

[1]) Siehe Dr. RT., Nr. 176 ex 1874/75, S. 1116 f.

[2]) Andere Auffassung hat die ältere Praxis des Reichstags (Sitzung vom 19. April 1877, Wahl Allnoch; Dr. RT., Nr. 130 ex 1877, S. 557; schwankend Dr. RT., Nr. 106, 1892/93, S. 640).

dies mit der damaligen irrtümlichen Auffassung zusammen, daß der Wahlvorsteher eine Behörde sei. Diese ist, wie wir wissen (siehe oben S. 325), gegenwärtig aufgegeben, also entfällt auch die unzutreffende Ansicht von der Sitzungspolizei des Wahlvorstehers. Er hat nur ein Hausrecht[1]), indem er Personen, die sich unangemessen betragen, hinausweisen kann. Das gleiche Recht steht ihm zu gegenüber allen Personen, sofern die Räumlichkeit des Wahllokals bzw. ihre Beschränktheit es fordert. Wer die Aufforderung des Wahlvorstehers zum Verlassen des Wahllokals unberücksichtigt läßt, wird wegen Hausfriedensbruchs bestraft (§ 123, Absatz 1, StGB.). Dagegen schafft auch die Vorschrift des § 123 StGB. keine Ausnahme zugunsten desjenigen, der mit „Befugnis" in den betreffenden zum öffentlichen Dienst bestimmten Räumen verweilt, d. i. des Wahlberechtigten. Denn die Befugnis zur Stimmabgabe schließt nicht die Befugnis zum Verweilen im Wahllokale in sich, und auf die Einhaltung des Prinzips der Öffentlichkeit der Wahlhandlung hat der einzelne, wie wir noch sehen werden, kein subjektives Recht. Die Öffentlichkeit ist nämlich ein objektives Prinzip der Rechtsordnung, das nur dem einzelnen Wähler zugute kommt, worauf er aber kein subjektives Recht hat, ebenso wie der Gemeingebrauch an öffentlichen Wegen nur Reflexwirkung objektiven Rechts ist, kein subjektives Recht schafft.

Diese eben angeführte Ordnungsgewalt des Wahlvorstehers hat aber ihre wichtigste Schranke an dem Grundsatz des § 9, Absatz 1 des WG., wonach die Wahlhandlung ebenso wie die Ermittlung des Stimmergebnisses öffentlich sind. Zunächst unterliegt es keinem Zweifel, daß eine allgemeine Räumung des Wahllokals, wenn bloß Tumult befürchtet wird, nicht zulässig ist (siehe Dr. RT., Nr. 106 ex 1892/93, S. 640). Sie ist aber auch dann nicht gegeben, wenn der Tumult eintritt und dies sonst zur Aufrechterhaltung der Ordnung notwendig wäre. Denn zunächst hat der Wahlvorsteher keine Sitzungspolizei, in welcher für gewöhnlich die Räumnisbefugnis eingeschlossen ist (Entsch. RG. in ZS. XXXII, 390). Sodann ist die Öffentlichkeit der Wahlhandlung prinzipiell durch § 9, Absatz 1, Wahlgesetz, gewährleistet, ohne daß, wie im Gerichtsverfassungsgesetz (§ 173 ff.) der Ausschluß der Öffentlichkeit ausdrücklich zugelassen würde. Schließlich muß die Wahlhandlung, wie wir unter I. gesehen haben, kontinuierlich sein, und diese Kontinuität wäre durch eine allgemeine Räumung des Wahllokals unterbrochen. Die älteste Praxis des Reichstags stand allerdings auf dem Standpunkt, daß solche Räumungsbefugnis dem Wahlvorsteher zustünde (D. RT., 130 ex 1877, S. 557). Aber dies erklärt sich aus der irrtümlichen Annahme einer

---

[1]) So richtig Entscheidung des Kammergerichts vom 8. November 1890, Reger, Bd. XI, S. 82.

Sitzungspolizei des Wahlvorstehers und seiner unrichtigen Behandlung als Behörde.

Die Öffentlichkeit der Wahlhandlung ist eine unbedingt notwendige Voraussetzung der Gültigkeit des Wahlakts. Sie ist die Bürgschaft dafür, daß der Wille der Wähler korrekt zum Ausdruck kommt. Dabei ist festzuhalten, daß zur Herbeiführung der Öffentlichkeit seit Beginn der neunziger Jahre des vorigen Jahrhunderts die Reichstagspraxis und auch die Gerichtspraxis (Dr. RT., Nr. 169 ex 1890/92, Wahl v. Weihrauch, Nr. 184 ex 1890/92, Wahl Hänel; Nr. 707 ex 1890/92, Wahl Hermes; Nr. 217 ex 1894, S. 1147, Wahl Lüttich; siehe auch Sitzung vom 1. Mai 1900, S. 5174; siehe ferner Urteil des Kammergerichts vom 3. November 1890, Reger. XI, S. 82, und die Anweisung des preußischen Ministeriums des Innern vom 18. Juli 1892, Reger. XIII, S. 104, offenbar veranlaßt durch Beschluß des Reichstags vom 18. März 1892, S. 00, und Nr. 86 Dr. RT., ex 1890/92) dahin geht, nicht bloß wahlbezirks- oder wahlkreisberechtigte Wähler zuzulassen, sondern überhaupt jeden wahlberechtigten Deutschen [1]). Die vorhergehende Praxis war hierin entgegengesetzter Ansicht, trotzdem schon bei Beratung des Reichswahlgesetzes in der Sitzung vom 13. Mai 1869, (S. 978), der Regierungskommissar die Anschauung vertreten hatte: „Ich glaube es als ganz selbstverständlich betrachten zu dürfen, daß alle Wahlberechtigten bei dem Wahlakte gegenwärtig sein dürfen, und daß keine Beschränkung stattzufinden hat auf diejenigen Wähler, welche innerhalb des betreffenden Wahlbezirks wohnen."

Aber die Praxis des Reichstags hat noch weitere Fortschritte gemacht. Schon in der Sitzung vom 13. Juni 1890 (S. 319, Wahl Panse), hatte der Abg. Heine die Frage angeregt, ob nicht auch Nichtwahlberechtigte zur Wahrung der Öffentlichkeit des Wahlakts Zutritt zum Wahllokal erhalten sollten. Nach einigem Schwanken [2]) wurde auch dieses von der Reichstagspraxis anerkannt (Dr. RT., Nr. 286 ex 1897/98, S. 2, und

---

[1]) Besonders scharf formuliert dies die Wahlprüfungskommission (Dr. RT., Nr. 253 ex 1907/09, S. 1267): „Daß jeder wahlberechtigte Deutsche das Recht hat, überall dem Wahlakt und der Ermittlung des Wahlergebnisses beizuwohnen."

[2]) Die Wandlung datiert von dem Beschluß einer Kommission her, welche über den ersten Antrag Rickert auf Abänderung des Wahlgesetzes vom 31. Mai 1892 eingesetzt worden war, und die sich (Dr. RT., Nr. 716 ex 1890/92, S. 3905) dahin aussprach: „die Öffentlichkeit der Wahlhandlung müsse grundsätzlich nicht eingeschränkt, sondern möglichst ausgedehnt werden . . . verfehlt sei die Hinweisung auf die Handhabung der Öffentlichkeit bei den Verhandlungen des RT. und der Gerichte, denn die Gewährung der Zutrittskarte werde dort nicht auf Reichsangehörige und hier nicht auf Gerichtsangesessene beschränkt . . . die Bestimmung in § 26, Abs. 3 der WR. unterscheide nicht zwischen Wählern des Wahlkreises und anderen Wählern, und gegen die Ausdehnung dieser Bestimmung auf die Wahlhandlung spreche der Umstand, daß das WR. bei der Wahlhandlung eine entsprechende Vorschrift nicht enthält."

Dr. RT., Nr. 214 ex 1898/1900, S. 1605 ff., Dr. RT., Nr. 213 ex 1907/9, S. 1266.). Ausgeschlossen von der Anwesenheit im Wahllokal sind Frauen und Minderjährige (Dr. RT., Nr. 716 ex 1890/92, S. 3905) [1]).

Bei der Frage der Zulassung zum Wahllokal hat nicht die den Eintritt begehrende Person nachzuweisen, daß sie zur Zulassung qualifiziert ist, sondern entsprechend der analogen Reichsgerichtspraxis (siehe Bd. 30 E. i. StS., S. 245) hat auch die Reichstagspraxis sich auf den Standpunkt gestellt, daß der Wahlvorsteher seinerseits nachzuweisen hat, daß die Voraussetzung der Zulassung zur öffentlichen Wahlhandlung in der Person des die Zulassung Begehrenden nicht vorliegen (Sitzung vom 1. Mai 1900, S. 5177 f., Dr. RT., Nr. 667 ex 1898/1900, S. 4015, Wahl Zwick; der Referent Abg. Spahn). Der Wahlvorsteher hat deshalb nicht die Befugnis, die Legitimation der Person als Wahlberechtigten oder Deutschen zu verlangen (siehe auch Dr. RT., Nr. 286 ex 1897/98, S. 2).

Auch eine als Wahllokal verwendete Privatwohnung wird von dem Grundsatz der Öffentlichkeit erfaßt [2]). Geradeso wie die Öffentlichkeit der Gerichtsverhandlung nicht etwa deshalb eine Einschränkung erfährt, weil das Gericht in einem von einem Privatmann gemieteten Lokal tagt.

Eine Verletzung des Grundsatzes der Öffentlichkeit der Wahlhandlung führt prinzipiell zur Kassation des Wahlakts. Wann ist aber die Öffentlichkeit der Wahlhandlung wirklich derart ausgeschlossen? Das ist stets als quaestio facti in der Reichstagspraxis behandelt worden (siehe Dr. RT., Nr. 286 ex 1897/98, S. 2). Keine Ausschließung der Öffentlichkeit liegt jedenfalls vor, wenn bloß einzelne Personen aus dem Wahllokal zu Unrecht ausgewiesen werden (siehe z. B. Sitzung vom 12. März 1878, S. 485 ff.; Dr. RT., 1880, Nr. 37, S. 311 u. a. m.), oder wenn einzelnen Wählern nach erfolgter Stimmabgabe nicht gestattet wird, im Wahllokal

---

[1]) Als in der Sitzung vom 20. März 1869 bei Beratung des Reichswahlgesetzes der Abg. Lasker sein Amendement zum § 10 des Regierungsentwurfs (jetzt § 9, Abs. 1, WG.) einbrachte, wonach nicht bloß, wie im Regierungsentwurf vorgeschlagen war, die Wahlhandlung, sondern auch die Ermittlung des Wahlergebnisses öffentlich sein sollte, sagte der Regierungskommissär, daß dem keine Bedenken entgegenstünden, fügte aber hinzu, a. a. O., S. 193: „Ich erlaube mir nur dabei die eine Einwendung zu machen, daß ich voraussetze, die Öffentlichkeit ist hier in bezug auf die Wahlberechtigten gemeint und nicht als Öffentlichkeit im gewöhnlichen Sinne, so daß etwa auch Frauen und Kinder zugelassen werden dürften." Damit erklärte sich der Abg. Lasker einverstanden.

[2]) Zurechtweisung von Wählern durch einen Privatbediensteten in einem solchen als Wahllokal benutzten Schlosse werden wie amtliche Wahlbeeinflussung oder als Beeinträchtigung der Wahlfreiheit angesehen (Dr. RT., Nr. 113 ex 1890/92, S. 687). Auch darf der Eigentümer nicht sein „Hausrecht" zur Beschränkung der Öffentlichkeit im Wahllokal oder in den Vorräumen gegen ihm unliebsame Personen z. B. Zettelverteiler der Gegenpartei u. a. geltend machen (Dr. RT. Nr. 1432 ex 1912/14, Ziffer 6; Dr. RT., Nr. 1433 ex 1912/14, Ziffer 7).

zu verbleiben (Dr. RT., Nr. 366 ex 1898/1900, S. 2377, und Sitzung vom 20. Februar 1899. Strenger aber Dr. RT., Nr. 377 ex 1912/13). Dies wird von der Reichstagspraxis zwar als unzulässig betrachtet, aber auf die Gültigkeit des Wahlakts im Wahlbezirk hat dies keinen Einfluß. Streitig war früher nur die Frage, inwiefern die Ausweisung von Vertrauensmännern der im Wahlkampf konkurrierenden Parteien aus dem Wahllokal zulässig wäre. Seit den neunziger Jahren wurde im allgemeinen die Praxis befolgt (z. B. Dr. RT., Nr. 236 ex 1896, S. 1423), „daß die Ausweisung der Vertrauensmänner der verschiedenen Parteien, solange diese nicht durch Platzmangel oder ungebührliches Betragen der Betroffenen geboten erscheint, nicht zulässig ist, wenn auch aus der Ausweisung eines einzelnen noch kein Ausschluß der Öffentlichkeit der Wahlhandlung hergeleitet werden kann". Von Bedeutung konnten diese Ausweisungen nur werden, wenn sie planmäßig und in größerem Umfange und nur gegen die Vertrauensmänner einer bestimmten Partei zur Anwendung gebracht wurden. Natürlich war dies auch wieder quaestio facti, wann Ausweisungen planmäßig und in größerem Umfang stattgefunden hätten. So war z. B. nach der Auffassung des Reichstags eine generelle Verfügung des Landrats auf Ausschluß von Vertrauensmännern einer bestimmten Partei eine planmäßige Verhinderung der Öffentlichkeit (vgl. statt aller Dr. RT., Nr. 242 ex 1894/95, Wahl Meyer-Halle; Dr. RT., Nr. 191 ex 1896, S. 1195, Wahl Hüpeden; Verhandlungen RT., Sitzung vom 1. Mai 1900, S. 5170 ff., Wahl v. Loebell). Die heutige Praxis geht nun dahin, jede Ausweisung von Vertrauensmännern der Parteien von der Wahlhandlung als unzulässige Beschränkung der Öffentlichkeit des Wahlakts aufzufassen (Dr. RT., Nr. 718 ex 1912/13, S. 966; Dr. RT., Nr. 892 ex 1912/13, S. 1264 f.; Dr. RT., Nr. 1061 ex 1912/13, S. 1977; Dr. RT., Nr. 1159 ex 1912/13, S. 2282; Dr. RT., Nr. 1434 ex 1912/14, S. 21; Dr. RT., Nr. 1433 ex 1912/14, S. 11). So ist durch die Reichstagspraxis aus eigener Kraft eine rechtliche Anordnung getroffen, die in den neuesten modernen Wahlgesetzen zum Rechtssatze gemacht worden ist (siehe über das ausländische Recht § 44 ff. und namentlich § 49).

§ 40. Stimmabgabe und Wahlgeheimnis.

I. Die Hauptphasen der Entwicklung des Wahlgeheimnisses im deutschen Reichstagswahlrecht.

Das Reichswahlgesetz von 1869 hatte zwar entsprechend den verfassungsrechtlichen Vorschriften das geheime Wahlrecht aufgenommen, der Schutz des Wahlgeheimnisses war jedoch bloß durch die Bestimmung des Wahlgesetzes (§ 10) gesichert, daß verdeckte Stimmzettel ohne Unterschrift von weißem Papier und ohne äußere Kennzeichen gebraucht werden müßten. Zwar hatte schon bei den Beratungen des Reichswahlgesetzes im Jahre 1869 der Abg. Sombart (Sitzung vom 20. März 1869, S. 194) auf den unvollkommenen, durch den Gesetzentwurf beabsichtigten Schutz des Wahlgeheimnisses hingewiesen. Zum bessern Schutz des Wahlgeheimnisses brachte er damals den Vorschlag ein, man solle Kuverts einführen, in welche die Stimmzettel zu stecken seien, und nur kuvertierte Stimmzettel sollten in die Urne gelegt werden dürfen [1]). Von seiten der Regierung wurde dagegen der Kostenpunkt ins Treffen geführt, von anderer Seite „unnötige Weitläufigkeit". Selbst der Abg. v. Hoverbeck hielt den Antrag Sombart nicht für ausreichend, es müßte außer der Verkaufsstelle der Kuverts im Wahllokal — v. Hoverbeck glaubte, dem Regierungseinwurf der Kostspieligkeit dadurch zu begegnen, daß er es dem Wähler überlassen wollte, das Kuvert zu kaufen — auch in jedem Wahlbezirk eine öffentliche Verkaufsstelle solcher Kuverts etabliert werden, „damit es den Parteien möglich wird, sich rechtzeitig die Kuverts zu verschaffen, um diejenigen Operationen, welche im Wahllokal zu umständlich und zu unbequem sein würden, schon vorher zu machen". Daraus ergibt sich, wie aus dem Antrag Sombart, daß man damals das Unpraktische der bloßen Einführung von Stimmkuverts ohne Isolierzelle gar nicht erkannte. Der Antrag Sombart wurde abgelehnt (Sitzung a. a. O., S. 196).

Schon in den ersten Jahren der Reichstagspraxis fühlte man die Mangelhaftigkeit der Vorschrift, welche das Wahlgeheimnis schützen sollte.

Im Jahre 1875 äußerte gelegentlich einer Wahlprüfung der Abg. Gneist: „Wollen wir das Geheimnis der Wahl ernstlich handhaben, so gibt es kein anderes Mittel als das Wählen durch Kuverts. Es wird uns über diese kläglichen Streitigkeiten (z. B. über Farbe, Größe, Faltung usw.) nur das Kuvert hinweghelfen" (Sitzung vom 21. Januar 1875, S. 1173).

Noch im selben Jahre (Dr. RT., Nr. 52 ex 1875/76) brachte der Abg. Völk einen auch von anderen Mitgliedern der nationalliberalen Partei unterstützten Antrag ein, an den Reichskanzler das Ersuchen zu stellen, „daß für die Möglichkeit der Geheimhaltung der Wahlstimme besser gesorgt werde". Doch hatten Völk und Genossen bloß die Gefährdung des Wahlgeheimnisses durch allzu kleine Wahlbezirke im Auge. Der Antrag wurde abgelehnt (Sitzung vom 26. Januar 1876, S. 927). Darauf kamen die sozialdemokratischen Anträge auf Einführung von Stimmzettelkuverts in den Jahren 1877 (Dr. RT., Nr. 119 ex 1877) und 1878 (Dr. RT., ex

---

[1]) Der Antrag lautete: „Den Wählern werden innerhalb drei Tagen vor der Wahl mit Stempel versehene, undurchsichtige Kuverts verabfolgt, auch im Wahllokal bereitgehalten. Jeder Wähler muß seinen Stimmzettel in ein solches Kuvert einschließen und so verdeckt in die Urne legen." (Dr. RT., Nr. 56 sub. XI ex 1869.)

1878, Nr. 66, und Sitzung des RT. vom 10. April 1878, S. 869f.; siehe auch Dr. RT., Nr. 165 ex 1878). Beide Anträge blieben unerledigt. Im Jahre 1881 wurde gelegentlich eines Antrags des Abg. Hänel und Genossen den Mißständen der Wahltechnik bei den Reichstagswahlen der damaligen Legislaturperiode nachzugehen, vom Vorsitzenden der Wahlprüfungskommission (Sitzung vom 15. Dezember 1881, S. 364) aus seiner eigenen Erfahrung zugegeben, daß der Schutz des Wahlgeheimnisses sehr mangelhaft sei, weil, „wie sich praktisch herausgestellt hat, die Geheimhaltung der Wahl im großen ganzen eine theoretische Idee ist, aber in der Praxis nicht durchzuführen". Bei „den Wahlvorständen oder den Herren, die bei der Wahl zusehen", ließe sich unmöglich das Wahlgeheimnis wahren, weil ein Zettel gelblich, ein anderer mehr grau-weiß usw. wäre. Auch in der Form treten Verschiedenheiten der Zettel hervor. Kuverts für die Zettel einzuführen, wäre unpraktisch, weil dieselben Schwierigkeiten bei diesen zutage treten würden. Was ihm praktisch schien, war nur „vielleicht eine gewisse Sorte Papier vorzuschreiben, von der die Wahlzettel gemacht und gefertigt sein müssen". Also auch jetzt noch immer keine Erkenntnis der Notwendigkeit der Isolierzelle als Ergänzung des Stimmkuverts zur Sicherung des Wahlgeheimnisses. Selbst ein übrigens gar nicht in Beratung gezogener Antrag von Auer und Genossen, der u. a. Stimmzettelkuverts, Feststellung des Formats der Stimmzettel und ihre amtliche Lieferung zum Gegenstand hatte (siehe Dr. RT., Nr. 152 ex 1885/86), wußte noch nichts von der Notwendigkeit der Isolierzelle.

Die Erkenntnis der Zusammengehörigkeit von Stimmkuvert und Isolierzelle kam dem Reichstag erst bei der Beratung des ersten Antrags Barth-Rickert auf Abänderung des Wahlgesetzes von 1869 (Dr. RT., Nr. 26 ex 1890/92 und Sitzung vom 15. Januar 1890, S. 1011 ff.). Danach wurde auf frühere Vorschriften Württembergs, welche bloß das Wahlzettelkuvert, aber keine Isolierzelle enthalten hatten, hingewiesen, ferner auf Verhandlungen in der württembergischen zweiten Kammer, welche gerade die Notwendigkeit der Einführung beider Maßnahmen („Die Kuverts allein helfen nichts; es muß ein Mittel geschaffen werden, um dem Wähler die Möglichkeit zu geben, ein paar Augenblicke allein zu sein — unbeobachtet, damit er in das Kuvert denjenigen Stimmzettel hineinsteckt, den er nach seiner gewissenhaften Überzeugung abgeben will") betont hatten. Nun brachten die Abg. Barth und Rickert einen Gesetzentwurf ein, der u. a. das Stimmzettelkuvert und die Isolierzelle forderte, ein (siehe Dr. RT., Nr. 26 ex 1889/90, Sitzung vom 15. Januar 1890, S. 1011 ff.). Dieser erste Gesetzentwurf blieb unerledigt, er wurde nicht einmal einer Kommission zur Beratung überwiesen. In der folgenden Legislaturperiode (Dr. RT., Nr. 139 ex 1890/92, Sitzung vom 9. Dezember 1891, S. 3297; Sitzung vom 20. Januar 1892, S. 3748 f., und Dr. RT., Nr. 760 ex 1890/92) passierte er glücklich das Kommissionsstadium; die Kommission, deren Berichterstatter der Abg. Gröber war, nahm im wesentlichen die Barth-Rickertschen Vorschläge an, nur wurde der Isolierraum, der nach den Vorschlägen Barth-Rickerts in einem selbständigen Lokal zu bestehen gehabt hätte, in das Wahllokal verlegt. Auch wurde namentlich ein von dem Abg. Gröber seit damals stets vertretener Gedanke von der Kommission angenommen, daß dem Wähler gestattet sein sollte, den kuvertierten Stimmzettel selbst in die Wahlurne zu legen, um zu verhindern, daß der Wahlvorsteher unter Umständen durch Kniffe und Griffe auch das Stimmzettelkuvert kenntlich machte. Der Kommissionsvorschlag blieb aber ebenfalls infolge des Sessionsschlusses unerledigt. In der folgenden Session (1892/93) wurden sowohl von der freisinnigen Partei als auch von der Zentrumspartei gleichlautende Gesetzentwürfe, welche den Inhalt des unerledigten Kommissionsberichts der vergangenen Session aufnahmen, eingebracht. Sie gelangten nach verbundener Beratung auch diesmal nicht zur Annahme im Plenum, weil der Reichstag kurz nach der ersten Beratung dieser Anträge aufgelöst wurde (Dr. RT., Nr. 30 und 35 ex 1892/93 und Sitzung vom 26. April 1893, S. 2020 f.). In der neuen Legislaturperiode wurde gleich in der ersten Session vom Abg. Gröber und Genossen der alte Antrag eingebracht. Er kam nicht einmal zur Beratung (Dr. RT., Nr. 26 ex 1893). Diese Session war allerdings sehr kurz und dauerte nur 11 Tage. In der nächsten Session, 1893/94, traten wieder die Dioskurenanträge der Zentrumspartei und der Freisinnigen in ihren bekannten Fassungen auf, und wurden endlich auch nach drei Beratungen in der Sitzung vom 17. April 1894 von seiten des Reichstages angenommen (siehe Dr. RT., Nr. 20 und 21 ex 1893/94, Sitzung vom 7. Februar 1894, S. 1053 f; Sitzung vom 7. Februar 1894, S. 1079, und Sitzung vom 14. Februar 1894, S. 1217 f., schließlich Sitzung vom 17. April 1894, S. 2201 f.).

Der Bundesrat nahm weder zu diesem Gesetzentwurf noch zu den in den folgenden Legislaturperioden von den alten Antragstellern eingebrachten irgendwelche positive Stellung. (Siehe Dr. RT., Nr. 25 ex 1895/96 und Sitzung des RT. vom 15. Mai 1894/95, und Sitzung vom 15. Mai 1895, S. 2285 ff. [nach der zweiten Beratung unerledigt geblieben]; ferner Dr. RT., Nr. 15 ex 1895 97 [in dritter Beratung vom Reichstag angenommen], Sitzung vom 8. Februar 1896, S. 824 A; Dr. RT., Nr. 22 ex 1898/1900 [in dritter Beratung vom Reichstag angenommen], Sitzung vom 13. März 1899; Dr. RT., Nr. 22 und 33 ex 1900/03 [angenommen in dritter Beratung], Sitzung vom 1. Mai 1902, S. 5203.) Erst im Jahre 1903, nachdem zuvor in der Sitzung vom 1. Mai 1902 ein Gesetzentwurf des alten Inhalts vom Reichstag angenommen worden war, legte die Regierung in der Sitzung vom 21. April 1903 eine Abänderung des Wahlreglements vor, welche im wesentlichen auf den ersten Gesetzentwurf Barth-Rickert und den Kommissionsbericht von 1892 zurückgriff (Dr. RT., Nr. 925 ex 1900/03, und Sitzung vom 21. April 1903, S. 8908 f.). So erhielt das deutsche Reichstagswahlrecht — post tot discrimina rerum! — Stimmzettelkuverts und Isolierzelle zum Schutze des Wahlgeheimnisses. Einen weiteren Schritt in dieser Richtung bedeutet die oben (S. 354) angeführte Vorschrift über die Wahlurne vom 14. Juni 1913, RGBl. S. 314 (Motive: Dr. RT., Nr. 878 ex 1911/13), welcher der Reichstag in der Sitzung vom 25. April 1912 (S. 5147) seine Zustimmung gab. Sie war eine notwendige Konsequenz der Einführung von Wahlkuverts, da namentlich schon in der Sitzung des 21. April 1903 genau vorhergesagt worden war, daß ohne Einführung einer gesetzlichen Form der Wahlurne die Wahlkuverts nur ungenügend das Wahlgeheimnis sichern könnten. Insbesondere würde eine Schichtung der Wahlkuverts nicht bloß nicht ausgeschlossen, sondern geradezu gefördert werden, was bei gleichzeitiger Führung einer Gegenliste der zur Abstimmung Zugelassenen das Wahlgeheimnis aufhöbe. Diese Prophezeiung namentlich (ausgesprochen vom Abg. Pachnike) veranlaßte den Abg. Freiherrn von Hodenberg, eine Resolution zu beantragen, der der Reichstag zustimmte.

Die Resolution lautete (Sitzung vom 21. April 1903, S. 8920 D ff.), den Reichskanzler zu ersuchen, bei Ausführung der Abänderung des Wahlreglements, die eben beschlossen war (Einführung der Wahlkuverts und Isolierzelle), „Anordnungen zu treffen, wonach die Wahlgefäße so herzustellen sind, daß die Umschläge durch eine Öffnung (Spalt) im Deckel des Wahlgefäßes zu stecken sind, der Deckel selbst jedoch bis zum Schluß der Wahlhandlung geschlossen gehalten wird".

Die folgende Reichswahlpraxis bestätigte die oben angeführten Befürchtungen (siehe Siegfried in Hirths Annalen 1906, S. 735, und die dort angeführte Tagesliteratur. Außerdem der Abg. von Gerlach in der Sitzung vom 15. April 1904, S. 2114 f. und vom 23. Mai 1906, S. 3467). Der Reichstag hat dann wiederholt den Wunsch ausgesprochen, daß durch Vorschriften über die Beschaffenheit der Wahlurnen das Wahlgeheimnis besser gesichert würde. Insbesondere zielten darauf die Resolutionen des Reichstags: vom 26. März 1908 (Sten. Ber., S. 4309 D), 2. März 1910, S. 1612 B, und 15. März 1911 (S. 5494 A), vom 21. Mai 1912 (S. 2206 B). Ihnen wurde erst — wie oben erwähnt — 1913 entsprochen.

II. Das geltende Recht.

Als Stimmabgabe gilt die persönliche[1]) Abgabe (§ 14, Abs. 2, WR.) von kuvertierten Stimmzetteln seitens der Wähler, an den Wahl-

[1]) Kuv. Stimmzettel, die für einen andern abgegeben werden, sind ungültig (Dr. RT., Nr. 736 ex 1907/9, S. 4627).

Wenn zwei Personen infolge einer und derselben Eintragung irrtümlich zur Wahl zugelassen werden, und nicht festgestellt werden kann, ob der Berechtigte oder der Unvorsteher oder dessen Stellvertreter, der sie sofort uneröffnet in die Wahlurne zu legen hat (§ 15, Absatz 1, WR.).

Die Stimmzettel müssen von weißem Papier und dürfen mit keinem Kennzeichen versehen sein (§ 10, Abs. 2 des Gesetzes). Sie sollen 9 zu 12 cm groß und von mittelstarkem Schreibpapier sein und von dem Wähler in einem mit amtlichem Stempel versehenen Umschlage, der sonst kein Kennzeichen haben darf, abgegeben werden. Die Umschläge sollen 12 zu 15 cm groß und aus undurchsichtigem Papier hergestellt sein. Sie sind in der erforderlichen Zahl bereitzuhalten (§ 11, Absatz 3, WR.; über die Rechtsprechung der Wahlprüfungskommission betreffs der Form von Stimmzetteln siehe weiter unten im folgenden Paragraphen). Der Wähler, welcher seine Stimme abgeben will, nimmt von einer durch den Wahlvorstand in der Nähe des Zuganges zu dem Nebenraume oder Nebentische aufzustellenden Person einen abgestempelten Umschlag an sich. Der Kuvertverteiler darf aber nicht selbst den Stimmzettel in das Kuvert stecken und dieses dann dem Wähler aushändigen (Dr. RT., Nr. 643 ex 1907 09, S. 4326, Dr. RT., Nr. 736 ex 1907/09, S. 4137). Auch dürfen die Wahlkuverts von keiner anderen als von der durch den Wahlvorstand aufzustellenden Person im Wahllokal zur Verteilung gelangen. Unzulässig ist es daher, wenn schon am Tage vor der Hauptwahl mit amtlich gestempelten Kuverts, welche einen Stimmzettel enthalten, agitiert wird (Dr. RT., Nr. 685 ex 1907/08, Wahl Eickhoff; vgl. auch Dr. RT., Nr. 619 ex 1905/06, S. 5872 bis 5874).

Der Wähler muß sich sodann in die Isolierzelle[1]) begeben, wo er seinen Stimmzettel unbeobachtet in den Umschlag steckt. Was die Beschaffenheit der Isolierzelle anlangt, so ist durch die Praxis des Reichstags festgestellt, daß ein Wahlakt ungültig erscheint, wenn die Isolierzelle fehlt oder wenn eine solche in unvollkommener Weise, z. B. dadurch hergestellt wird, daß eine Holzwand vor den Tisch des Wahlvorstandes derart gezogen wird, daß sie zwar dem Vorstand den Blick verwehrt, sonst aber niemand im Wahllokal (Dr. RT., Nr. 604 ex 1903/05, S. 3607, Bd. 242 Dr. RT., Nr. 369, S. 2208 f.; Dr. RT., Nr. 385 ex 1909/11, S. 2047 ff.; Bd. 246 Dr. RT., Nr. 736, S. 4623; Bd. 253 Dr. RT., Nr. 1150, S. 7288 und Dr. RT., Nr. 367 ex 1909/11, S. 1918). Überhaupt ist eine Isolierzelle ungenügend, wenn der von ihr umschlossene Raum

---

berechtigte früher gewählt hat, so werden im Skrutinium der Wahlprüfungskommission zwei Stimmen dem Gewählten abgezogen (Dr. RT., Nr. 839 ex 1907/9, S. 5070). Wenn aber zuerst der Unberechtigte gewählt hat und der Berechtigte dann wegen des schon vorhandenen Abstimmungsvermerks zur Stimmabgabe nicht zugelassen wird, so wird bloß eine Stimme dem Gewählten abgezogen (Dr. RT., Nr. 659 ex 1903/5, S. 3853).

[1]) Die Isolierzelle gilt in der Reichstagspraxis immer als ein Teil des Wahllokals, selbst wenn sie ein Nebenraum desselben ist (Dr. RT., 175 ex 1903/4, S. 1733). Wichtig wegen des Verbots in § 13, Absatz 1, WR. (Aufliegen von Stimmzetteln).

nicht allseitig der Beobachtung durch die Personen im Wahllokal entzogen ist (Dr. RT., Nr. 1428 ex 1907/09, S. 8742; Dr. RT., Nr. 706 ex 1907/09, S. 4501; Sitzung vom 26. März 1908, S. 4291). Auch den mitwählenden Personen gegenüber muß die wechselseitige Beobachtung unmöglich gemacht sein. Unzulässig ist daher die gleichzeitige Benützung einer Isolierzelle durch mehrere Wähler (Dr. RT., Nr. 733 ex 1905/07), ferner die Aufstellung von zwei Isolierzellen in einem Wahllokale derart, daß der Benützer der einen Zelle den der anderen beobachten könnte (Dr. RT., Nr. 297 ex 1905/07, S. 3437).

Jedenfalls soll die Wahlhandlung des Wählers so verdeckt sein, daß nicht aus einzelnen Manipulationen auf seine Stimmabgabe geschlossen werden kann (Dr. RT., Nr. 297 ex 1905/07, S. 3435). Eine noch weitergehende Reichstagspraxis verlangt sogar, daß die ganze Person des Wählers den Blicken von außen entzogen sein müßte, und beanstandete sogar eine Wahl deshalb, weil die unteren Extremitäten sichtbar waren (siehe Sitzung auch vom 11. Juni 1904, S. 3095). Ungenügende Beschaffenheit der Isolierzelle allein genügt nicht, um den Wahlakt nichtig zu machen. Es muß noch der Beweis hinzukommen, daß durch die ungenügende Beschaffenheit der Isolierzelle das Wahlgeheimnis gefährdet worden ist (Dr. RT., Nr. 738 ex 1907/09, S. 4638, Wahl Wilde).

Niemals darf die Isolierzelle auf anderem Wege betreten werden können, als durch Passierung des Wahllokals (Dr. RT., Nr. 625 ex 1907/08, S. 4235; Dr. RT., Nr. 702 ex 1907/08, S. 4474 f.; Dr. RT., Nr. 736 ex 1907/08, S. 4624; Dr. RT., Nr. 209 ex 1905/06, S. 3116).

Der Wähler hat nur so lange im Isolierraum zu verweilen, als unbedingt erforderlich ist, um den Stimmzettel in den Umschlag zu stecken (§ 15, Absatz 4, WR.). Er tritt sodann an den Vorstandstisch, nennt seinen Namen, sowie auf Aufforderung seine Wohnung[1]) und übergibt, sobald der Protokollführer den Namen in der Wählerliste aufgefunden hat, den Umschlag mit dem Stimmzettel dem Wahlvorsteher oder dessen Stellvertreter, der ihn in die Wahlurne sofort zu legen hat (§ 15, Abs. 1, WR.).

Wähler, welche durch körperliche Gebrechen behindert sind, ihren Stimmzettel eigenhändig in den Umschlag zu legen und diesen dem Wahl-

---

[1]) Wenn die Lokalbehörde die Wähler auffordert, bei der Abgabe ihrer Stimmzettel gleichzeitig ihren Namen und Wohnung anzugeben, um das Wahlgeschäft zu beschleunigen, und die Wähler das so irrig auffassen, daß sie ihren Namen oder die Wohnung oder doch eine Nummer, z. B. die Nummer, unter welcher sie in die Wählerliste eingetragen sind, auf dem Wahlzettel erkenntlich machen, so ist dies eine wesentliche Unregelmäßigkeit, die zur Ungültigkeit des Wahlakts im Wahlbezirk führt. (Drucksachen des Reichstags 1871, Nr. 30, Bericht der 5. Abteilung über die im 8. sächsischen Wahlkreis stattgehabte Wahl, S. 87 f., unter Billigung des Reichstags, 15. Sitzung vom 14. April 1871, S. 225.)

vorsteher zu übergeben, dürfen sich der Beihilfe einer Vertrauensperson bedienen (§ 15, Absatz 2, WR.). Diese muß vom Wähler selbst gewählt sein, nicht vom Wahlvorsteher aufgenötigt werden, darf aber auch nicht ein Beisitzer des Wahlvorstandes sein (Dr. RT., Nr. 840 ex 1912/13, S. 1138).

Stimmzettel ohne abgestempelten Umschlag, oder Stimmzettel in einem mit einem Kennzeichen versehenen Umschlag müssen vom Wahlvorsteher zurückgewiesen werden (§ 15, Absatz 3, WR.). Die Stimmabgabe wird vom Protokollführer neben dem Namen des Wählers durch ein Merkzeichen festgestellt (§ 16, WR.). Wird das Merkzeichen neben den Namen der Wähler, die ihre Stimmen abgegeben haben, nicht gemacht, so hat die Wahlprüfungskommission unter Billigung des Reichstags zuweilen angenommen, daß der Wahlakt im betreffenden Wahlbezirke, „da durch diesen Mangel überhaupt die Prüfung der legalen Vornahme des ganzen Wahlakts unmöglich gemacht und der ganze Vorgang in Zweifel gestellt werde", für ungültig zu betrachten sei (Sitzung vom 18. April 1877, S. 579, Sp.; siehe auch Sitzung vom 7. Juni 1882, S. 282, Wahl Papellier; aus neuester Zeit: Dr. RT., Nr. 702 ex 1907/09, S. 4467 und Dr. RT., Nr. 704 ex 1907/09, S. 4485).

Kein Ersatz für den unterlassenen Vermerk der Abstimmung bei jedem einzelnen Wähler in der Wählerliste ist die summarische Angabe im Wahlprotokoll, wieviel Stimmen für den einen oder anderen Kandidaten abgegeben worden sind (so schon Sitzung vom 11. März 1874, Berichterstatter der Abteilung Dr. Schwartz, S. 277).

Außer Isolierzelle und Stimmzettelkuvert hat die Reichstagspraxis, da das Strafgesetzbuch das Wahlgeheimnis als solches überhaupt nicht unter seinen Schutz gestellt hat[1]), eine Reihe von parlamentarischen Wahldelikten festgestellt, deren Tatbestände die Verletzung des Wahlgeheimnisses bilden. Die Strafsanktion ist gewöhnlich Kassation des Wahlakts in dem betreffenden Wahlbezirk. Die hier in Frage kommenden Delikte können entweder vom Wahlvorsteher oder Mitgliedern des Wahlvorstands oder von anderen Personen begangen werden.

a) Verletzung des Wahlgeheimnisses seitens der Mitglieder des Wahlvorstands. Sie ist gegeben, wenn diese im Wahllokal[2]) Stimmzettel verteilen, bevor ihre Tätigkeit im Wahlvorstand beendigt ist (Dr. RT., Nr. 286 ex 1897/98, S. 3). Eine Verletzung des Wahlgeheimnisses, begangen durch den Wahlvorstand, ist es ferner, wenn auf dem Tische desselben oder in der Isolierzelle[3]) die Stimmzettel einer Partei

---

[1]) Siehe die Ausführungen des Abg. Wellstein, Sitzung vom 26. März 1908, S. 4292.

[2]) Nicht, wenn unter dem „Patronat" des Wahlvorstandes, aber außerhalb des Wahllokals Stimmzettel verteilt werden (Dr. RT., Nr. 1428 ex 1907/9, S. 8742).

[3]) Aufliegen der Stimmzettel in der Isolierzelle (Dr. RT., Nr. 275 ex 1903/5, S. 1733, Dr. RT., Nr. 369 ex 1907/9, S. 2207).

ausgelegt werden, daß die Mitglieder des Wahlvorstandes die Stimmabgabe kontrollieren können (aus älterer Zeit: Dr. RT., Nr. 213 ex 1890/92, S. 1773; Dr. RT., Nr. 258 ex 1890/92, S. 1914; aus neuester Zeit: Dr. RT., Nr. 251 ex 1907/09, S. 1254; Dr. RT., Nr. 298 ex 1909/11, S. 1630 u. a. m.), oder zwar die Stimmzettel mehrerer Parteien, aber in der Weise ausgelegt sind[1]), daß die Mitglieder des Wahlvorstandes die Stimmabgabe kontrollieren können (Dr. RT., Nr. 336 ex 1894/95, S. 1373; Dr. RT., Nr. 243 ex 1894/95, S. 1013; Dr. RT., Nr. 286 ex 1897/98; Dr. RT., Nr. 667 ex 1898/1900, S. 4019)[2]).

Als Verletzung des Wahlgeheimnisses seitens der Mitglieder des Wahlvorstands gilt es ferner, wenn „der Tisch mit Wahlzetteln vor der Eingangstür in das Wahllokal so aufgestellt ist, daß der Wahlvorsteher (oder ein anderes Mitglied des Wahlvorstands) vom Wahltische aus die Entnahme der Wahlzettel von diesem Tische kontrollieren konnte und kontrolliert hat" (Dr. RT., Nr. 286 ex 1897/98; Dr. RT., Nr. 590 ex 1898/1900, S. 3691).

Unzulässig ist es ferner, wenn der Wahlvorsteher das ihm mit den Stimmzetteln übergebene Stimmkuvert mit der Bleifeder oder sonst[3]) kenntlich macht.

Als eine Verletzung des Wahlgeheimnisses wurde auch angesehen, wenn der Wahlvorsteher, gleichzeitig Glasfabrikant, seinen Arbeitern zuvor Stimmzettel einhändigen ließ, die er selbst geschrieben hatte (siehe Dr. RT., 1896 ex 1907/09, S. 5351).

b) Wahldelikte, welche durch andere Personen begangen werden können. Als Verletzung des Wahlgeheimnisses gilt, wenn den Wahl-

---

[1]) Die ältere Praxis verlangte noch außerdem eine positive Wahlagitation von seiten des Wahlvorstandes (Dr. RT., 113 ex 1890/92, S. 1676; Dr. RT., Nr. 358 ex 1890/92, S. 1914), zum mindesten eine stillschweigende Gutheißung des Aufliegens. Die neueste Praxis hält dieses letztere Erfordernis nur beim Aufliegen von Stimmzetteln in der Isolierzelle für erforderlich (Dr. RT., Nr. 530 ex 1912/13, S. 672).

[2]) Was die Wirkungen des Verstoßes gegen die Vorschrift des § 13, Abs. 1, WR. anlangt, so war die ältere Praxis meist der Ansicht, daß es sich nur um einen Formfehler handelte. Infolgedessen ließ sie die „Kompensation" zu, insofern als sie den Formverstoß für unerheblich ansah, wenn die Stimmzettel aller im Wahlkampf konkurrierenden Parteien auflagen (Dr. RT., Nr. 223 ex 1890/92, S. 1773; Dr. RT., Nr. 257 ex 1890/92, S. 1905 u. a. m.). Auf diesem Standpunkt steht auch die heutige Praxis. Nur bei parteiischer Beobachtung der Formvorschrift schwankt die Praxis. Bis in die neueste Zeit war Nichtigkeit des Wahlaktes im Wahlbezirk die Folge der Verletzung des § 13, Abs. 1, WR. (z. B. Dr. RT., Nr. 251 ex 1907/9, S. 1254; Dr. RT., Nr. 702 ex 1907/9, S. 4473; Dr. RT., Nr. 298 ex 1909/11, S. 1630). Nunmehr neigt die Praxis dazu, feststellen zu lassen, wieviel Wähler ungefähr bis zur Wegnahme der ausgelegten Stimmzettel durch die Wahlleitung gewährhatten, um diese Stimmenzahl eventuell dem Gewählten, wenn die ausgelegten Stimmzettel auf ihn lauteten, abzuziehen (Dr. RT., Nr. 412 ex 1912/13, S. 365). Dadurch würde aus dem bloßen Formfehler ein Wahldelikt werden. (Siehe darüber zu § 53, I u. IV.)

[3]) z. B. durch Durchlöcherung (Dr. RT., Nr. 325 ex 1905/6, S. 3539).

berechtigten vermögensrechtliche Nachteile wegen der Abstimmung für eine Partei, vor der Stimmabgabe in Aussicht gestellt werden und damit gleichzeitig bei der Stimmabgabe eine solche Kontrolle stattfindet, daß sie annehmen müssen, es würde erkannt, wen sie wählen (Dr. RT., Nr. 286 ex 1897/98, S. 3; siehe auch Dr. RT., Nr. 857 ex 1900/03, S. 5771; Dr. RT., Nr. 857 ex 1900/03, S. 5771; Dr. RT., Bd. 246, S. 4472; Bd. 252, S. 7185; Bd. 253, S. 7392 bis 7424).

Als Verletzung des Wahlgeheimnisses wird es angesehen, wenn Arbeitgeber ihre Arbeiter kolonnenweise zur Wahlurne antreten lassen und sie auf dem Wege bis zur Isolierzelle und auch dort durch Aufpasser beobachten lassen, namentlich dann, wenn jede Möglichkeit eines Vertauschens der eingehändigten Stimmzettel mit anderen ausgeschlossen ist (siehe Sitzung vom 13. Februar 1886, S. 1061; Sitzung vom 21. März 1892, S. 3797; Dr. RT., Nr. 390 ex 1891, S. 2041; Nr. 269 ex 1895, S. 1154; Dr. RT., Nr. 1105 ex 1907/09, S. 7421).

Das Wahlgeheimnis ist ein Prinzip des objektiven Rechts und gibt keinem Wähler ein subjektives Recht, so daß er über die Aufrechterhaltung des Wahlgeheimnisses nach freiem Willen verfügen könnte. Ein schwer betrunkener Wähler, der unter Verletzung des Wahlgeheimnisses abstimmt, gibt eben keine gültige Stimme ab (Dr. RT., Nr. 231 ex 1903/04, S. 1029). Daher ist auch ausdrücklich im Wahlreglement vorgeschrieben, daß jeder Wähler, der seinen kuvertierten Stimmzettel abgeben will, zuvor die Isolierzelle betreten muß (§ 15, Absatz 3, WR. Siehe auch Dr. RT., Nr. 659 ex 1903/05, S. 3853 und Sitzung vom 4. April 1905, S. 5848 A, Wahl Merten; Dr. RT., Nr. 377 ex 1912, Wahl Belzer; Dr. RT., Nr. 209 ex 1905/06, S. 3118 f., Wahl v. Hodenberg). Ausschließlich Sache des Wählers ist es aber, ob er vor[1]) oder nach der Stimmabgabe das Wahlgeheimnis lüften will.

Der Reichstag stand früher auf dem Standpunkt, Zeugen, die für Wahlprüfungen notwendig werden, niemals zur Lüftung des Wahlgeheimnisses zu nötigen, wenn sie sich nicht selbst dazu anbieten (siehe jetzt aber weiter unten § 52, II.). Hingegen macht die Praxis der Strafgerichte nicht vor dem Wahlgeheimnis halt[2]): es kann demnach vor dem Strafrichter ein Wähler gezwungen werden, als Zeuge das Wahlgeheimnis zu lüften, da das Reichsgericht (siehe Reger, Bd. V, S. 246 f.) stets von der Ansicht ausgeht, daß in der Strafprozeßordnung die Zeugnisverweigerung aus dem Grunde des Wahl-

[1]) Trotzdem hat die WPK. die Ungültigkeit als gegeben erachtet, wenn in einem Wahlbezirk, wo die Zahl der Wähler bloß 9 betrug, vor der Wahl schon im Wirtshause beim Bier die Stimmabgabe eines bestimmten Kandidaten verabredet wurde (Dr. RT., Nr. 852 ex 1907/9, S. 5230).

[2]) Siehe auch die Ausführungen des Abg. Müller-Meiningen in der Sitzung vom 14. Januar 1910, S. 536 B.

geheimnisses nicht aufgeführt ist. Würde das Wahlgeheimnis anerkannt, so müßte auch das Briefgeheimnis unter den gleichen Schutz gestellt werden, was unhaltbar erscheine. So lang die Prozeßordnungen nicht ebenso ausdrücklich das Wahlgeheimnis schützen, wie das Beichtgeheimnis u. a., kann man von einer gesetzlichen Pflicht der Gerichte zur Wahrung des Wahlgeheimnisses nicht sprechen. Insbesondere darf man sich auf Art. 20, RV. und § 10, WG. nicht berufen, um eine gesetzliche Pflicht der Gerichte, wenn sie wie gewöhnlich zu Justizzwecken tätig werden (anders wenn sie im Requisitionswege für den Reichstag tätig werden[1]), festzustellen. Der Art. 20 ist bloß eine Verfassungsvorschrift, die der Ausführung durch Gesetz bedarf, und § 10, WG. — die Ausführung jener Bestimmung — legt bloß den Wahlbehörden und Wählern die Pflicht auf, auf das Wahlgeheimnis zu achten, hat aber keineswegs die Absicht, eine Ergänzung der Prozeßordnungen im angeführten Sinne zu bewirken.

§ 41. Die Ermittlung des Stimmergebnisses.

Sie erfolgt in zwei getrennten Verwaltungsakten: Einmal durch den Wahlvorstand unmittelbar im Anschluß an die Stimmabgabe für jeden Wahlbezirk, sodann für den ganzen Wahlkreis durch den Wahlkommissar und die sog. Zählkommission.

I. Die Ermittlung des Wahlergebnisses durch den Wahlvorstand.

Sie ist nach § 9, Absatz 1, WG. öffentlich, und zwar in demselben Umfang wie die Stimmabgabe, die ihr vorausgeht. Wird die Vorschrift verletzt, so tritt hier wie dort Kassation des Wahlakts im Wahlbezirk ein (Sitzung vom 25. April 1871, S. 381 ff., Wahl v. Kommerstädt; Sitzung vom 24. Mai 1871, S. 914, Wahl Schmidt; Sitzung vom 24. November 1875, S. 295 f.; Sitzung vom 2. März 1877, S. 24, Wahl Kraaz; Sitzung vom 10. April 1877, S. 363 f., Wahl Dr. Thilenius; Sitzung vom 12. März 1878, S. 483, Wahl Berger; Sitzung vom 2. April 1878, S. 676 f., Wahl Dr. Julius Pfeiffer; Sitzung vom 1. Juli 1890, S. 731, Wahl Rarkowski; Sitzung vom 27. März 1895, S. 1738, Wahl Hüpeden; Sitzung vom 20. Februar 1899, S. 995 D, Wahl Lenzmann; Sitzung vom 20. Februar 1899, S. 985 f., Wahl Abg. Beck [Aichach]; Sitzung vom 28. März 1905, S. 5686 B, Wahl Abg. v. Janta-Polczynski). Sie darf nicht zu früh beginnen, denn das Wahlreglement (§ 17, WR.) schreibt vor, daß sie unmittelbar an die Abstimmung sich anschließen muß, welche um 7 Uhr nachmittags für geschlossen erklärt wird. Zu früher Schluß der Abstim-

[1]) Siehe darüber noch weiter unten § 52, II.

mung und daher zu früher Beginn der Ermittlung des Wahlergebnisses machte den Wahlakt im Wahlbezirke nach der früheren Praxis nichtig (vgl. zur übrigens schwankenden Reichstagspraxis Sitzung vom 11. März 1874, S. 283 ff., Wahl Könneritz; Sitzung vom 24. Mai 1895, S. 2450, Wahl v. Salisch; Dr. RT., ex 1898/99 Nr. 570, Wahl Abg. Stoecker; Dr. RT., Nr. 705 ex 1903/05, S. 4067; Sitzung vom 11. April 1899, S. 1691 D, Wahl Bassermann; Dr. RT., Nr. 372 ex 1890/91, S. 2291). Gegenwärtige Praxis ist, die Zahl der Wähler, die nicht gestimmt haben, dem Gegenkandidaten zuzuzählen (Dr. RT., Nr. 892 ex 1912/13, S. 1242 f.).

Zu früher Schluß ist auch dann unzulässig, wenn z. B. schon alle in der Wählerliste verzeichneten Wähler ihre Stimmen abgegeben haben (siehe Dr. RT., Nr. 478 ex 1912/13, S. 507 und 511 ff., Wahl Pauli[1]), denn sonst würde die Kontinuität von Wahlhandlung als Stimmabgabe und Ermittlung des Stimmergebnisses, die das Wahlreglement (§ 17) vorschreibt, unterbrochen. Auch eine Ausdehnung der Stimmabgabe über 7 Uhr und daher ein verspäteter Beginn der Stimmermittlung ist unzulässig (§ 17, Satz 1, WR. und Dr. RT., Nr. 336 ex 1894/95, S. 1372, Wahl v. Salisch[2])). Die Ermittlung des Wahlergebnisses durch den Wahlvorstand umfaßt zwei juristisch scharf zu sondernde Akte. Der eine von ihnen ist ein Beurkundungsakt, nämlich die protokollmäßige Zählung der Stimmen. Der zweite, die Prüfung der abgegebenen Stimmzettel und Umschläge auf ihre Gültigkeit, ist ein richterlicher Akt (siehe Dr. RT., Nr. 121 ex 1890/92, S. 702). Da die Zulassung zur Stimmabgabe durch den Wahlvorstand nur als Akt der Leitungsgewalt[3]), also ein Verwaltungsakt ist, präjudiziert sie in keiner Weise dem richterlichen Urteil des Wahlvorstands, ob ein Stimmzettel gültig oder ungültig ist[4]).

1. Die protokollmäßige Zählung der Stimmen. Zunächst werden die Umschläge aus der Wahlurne genommen und uneröffnet gezählt[5]). Zugleich wird die Zahl der Abstimmungsvermerke in der Wählerliste festgestellt. Ergibt sich dabei auch nach wiederholter Zählung eine Verschiedenheit, so ist dies nebst dem etwa zur Aufklärung Dienlichen im Wahlprotokoll anzugeben (§ 17, Absatz 2, WR.). Unzulässig ist es, wenn der Wahlvorstand aus eigener Machtvollkommen-

[1]) Die Stimmen, die gegen die Vorschrift des § 9 WR. und § 17 WR. nach 7 Uhr nachmittags für den Gewählten abgegeben worden sind, werden von der Wahlprüfungskommission ihm abgezogen (Dr. RT., Nr. 251 ex 1907/9, S. 1253).

[2]) Anders die frühere Praxis (z. B. nach Dr. RT., Nr. 232 ex 1905/6, S. 3197, Wahl Lucas), welche in solchen Fällen den zu frühen Schluß für unerheblich ansah.

[3]) Siehe oben S. 358.

[4]) Dr. RT., Nr. 159 ex 1874, S. 1106, Wahl Prinz Hohenlohe-Ingelfingen.

[5]) Unterlassung dieser Zählung ist ein erheblicher Verstoß (Dr. RT., Nr. 427 ex 1907/9, S. 2340, und Dr. RT., Nr. 368 ex 1907/9, S. 2197).

heit die überschießende[1]) Zahl der Kuverte demjenigen Kandidaten, welcher in dem betreffenden Wahlbezirke die meisten Stimmen hat, abziehen wollte (wie dies z. B. vom Reichstag noch 1871, Sitzung vom 19. April, S. 225, betreffs der überschießenden Stimmzettel gegen den richtigen Widerspruch des Abg. Hölder gebilligt wurde; siehe aber die richtige Praxis Dr. RT., Nr. 166 ex 1894/95, S. 797 und Dr. RT., Nr. 286 ex 1897/98, S. 5). Denn bei der hierbei entfalteten Tätigkeit hat der Wahlvorstand nicht zu urteilen, sondern bloß zu beurkunden. Er hat also auch im Protokoll die Zahl der überschießenden Kuverts oder Stimmzettel anzugeben (§ 17 i. f., WR., Anlage B des WR.).

Das Urteil betreffs der überschüssigen Kuverts oder Stimmzettel steht allein dem Reichstag zu, der nach der konstanten Praxis (siehe aus älterer Zeit: Dr. RT., Nr. 336 ex 1890/92, S. 2183; Dr. RT., Nr. 458 ex 1890/92, S. 7662; aus neuerer Zeit: Dr. RT., Nr. 182 ex 1900/01, S. 1120; Dr. RT., Nr. 617 ex 1903/05, S. 3631; Dr. RT., Nr. 892 ex 1912/13, S. 1229; Dr. RT., Nr. 1435 ex 1912/13, S. 3) sie dem Gewählten abzieht[2]).

Hierauf erfolgt die Eröffnung der Umschläge, die ein Beisitzer vornimmt. Er nimmt den Stimmzettel heraus und übergibt diesen dem Wahlvorsteher, der ihn laut vorliest und nebst dem Umschlag einem anderen Beisitzer zur Aufbewahrung bis zum Ende der Wahlhandlung weiterreicht. Der Protokollführer nimmt den Namen jedes Kandidaten in das Protokoll auf, vermerkt dabei jede dem Kandidaten zugefallene Stimme und zählt die Stimmen laut. In gleicher Weise führt einer der Beisitzer eine Gegenliste, welche ebenso wie die Wählerliste beim Schlusse der Wahlhandlung von dem Wahlvorstande zu unterschreiben und dem Protokolle beizufügen ist (§ 18, Absatz 1 und 2, WR.). Im Protokoll und in der Gegenliste ist nicht allein die Gesamtzahl der für einen Kandidaten abgegebenen Stimmen, sondern jede demselben zugefallene Stimme in der Nummernfolge aufzuführen. Also z. B.:

„Gutsbesitzer Karl Weiß in Helldorf — 1. 2. 3. 4. 5. 6. 7. 8. 9. 10. 11. 12. 13. 14. 15. 16. 17. 18. 19. 20. 21. 22. 23. 24. 25. 26. 27. 28. 29. 30. 31. — zusammen 31 Stimmen."

---

[1]) gegenüber der Zahl der Abstimmungsvermerke.

[2]) Ist die Zahl der Kuverts oder Stimmzettel geringer, als der Abstimmungsvermerk angibt, so wird die Differenz dem unterlegenen Kandidaten und der Gesamtzahl zugezählt (Dr. RT., Nr. 960 ex 1912/13, S. 1404; Dr. RT., Nr. 1061 ex 1912/13, S. 1959; Dr. RT., Nr. 1159 ex 1912/13, S. 2287).

Der Abstimmungsvermerk ist also der Kardinalpunkt, um den sich alles dreht. Bei Widerspruch zwischen der im Wahlprotokoll angegebenen Stimmenzahl und den Abstimmungsvermerken in der Wählerliste ist, wenn dieser Widerspruch nicht im Wahlprotokoll selbst seine Aufklärung findet, die Zahl der Abstimmungsvermerke allein entscheidend (Dr. RT., Nr. 617 ex 1903/5, S. 3631; Dr. RT., Nr. 412 ex 1912/13, S. 353; Dr. RT., Nr. 478 ex 1912/13, S. 505 f.; Dr. RT., Nr. 737 ex 1907/9, S. 4633).

Dieser schon seit den frühesten Zeiten der Reichstagspraxis aufgestellte (siehe Sitzung vom 8. März 1867, S. 97. Siehe ferner Sitzung, vom 19. Februar 1870, S. 23 f.; Sitzung vom 2. April 1870, S. 609 f.; Dr. RT., Nr. 286 ex 1897/98; Dr. RT., Nr. 350 ex 1912/13, S. 296), aber nicht immer festgehaltene Satz findet seine Begründung darin, daß die Vorschrift des § 18, Abs. 2 für den das Wahlverfahren nachprüfenden Wahlkommissar und Reichstag die einzige Möglichkeit ist, überhaupt zu konstatieren, daß eine regelrechte Wahl stattgefunden hat (siehe Sitzung vom 19. Februar 1870, S. 23).

Auf die Führung des Protokolls wie der Gegenliste, sowie auf ihre vorschriftsmäßige Führung und Vollziehung durch Unterschrift des Wahlvorstands hat der Reichstag stets großes Gewicht gelegt, ohne aber stets die Ungültigkeit des Wahlakts im Wahlbezirk zu erklären, wenn Wahlprotokoll oder Wählerliste gefehlt haben oder ungehörig geführt oder vom Wahlvorstand nicht unterschrieben waren (Dr. RT., Nr. 737 ex 1907/09, S. 4633; Dr. RT., Nr. 491 ex 1912/13, S. 542)[1]. Eine Kontrolle der Führung des Wahlprotokolls steht den dem Zählgeschäft beiwohnenden Wählern ebensowenig zu wie eine Kontrolle des Zählgeschäfts durch Mitkontrolle der Stimmzettel (Dr. RT., Nr. 638 ex 1907/09, S. 4360) zu. Sie haben also kein Einspruchsrecht gegen die Fassung des Wahlprotokolls. Ihr Rechtsmittel gegen dieselbe ist der Wahlprotest. Es ist nämlich das Wahlprotokoll eine öffentliche Urkunde. Infolgedessen genießt es solange Glaubwürdigkeit, als sein Inhalt durch keinen Wahlprotest angefochten ist. Ergibt sich bei der amtswegigen Prüfung (Wahlkommissar, Reichstag), daß das Wahlprotokoll unklar protokolliert ist, oder daß der Protokollierung zufolge ein Formverstoß gegen die Vorschriften des Wahlreglements nicht ausgeschlossen ist, so forscht der Reichstag trotzdem nicht weiter nach („Legalia praesumuntur": Dr. RT., Nr. 412 ex 1912/13, S. 353)[2]. Anders liegt die Sache, wenn ein Wahlprotest das Wahlprotokoll oder einzelne seiner Feststellungen anficht. Dann pflegt der Reichstag die Sache weiterzuverfolgen und einen Gegenbeweis gegen die Feststellungen des Protokolls zuzulassen (so z. B. wenn gegen die Feststellung im Protokolle, daß die Wahlhandlung vorschriftsmäßig eröffnet worden sei, der Wahlprotest das Gegenteil behauptet: Dr. RT., Nr. 667 ex 1898/1900, S. 4017 f.).

Obwohl eine Verkündigung des Stimmergebnisses im Wahlbezirk

---

[1] Nachträgliche Einholung der Unterschriften oder des Protokolls oder der Gegen, liste erfolgt in solchen Fällen auf Veranlassung der Wahlprüfungskommission (Dr. RT.-N. 739 ex 1907/9, S. 4633).

[2] Deshalb sind auch Mängel in der Verwendung des Vordrucks der Protokollformulare unerheblich, wenn sonst das Wahlresultat zweifellos hervorgeht (Dr. RT., Nr, 382 ex 1912/13, S. 326).

gesetzlich nicht vorgeschrieben ist, so wird sie dennoch vorgenommen, aber juristische Bedeutung hat sie nicht. Maßgebend allein ist nur die protokollmäßige Zählung (siehe Dr. RT., Nr. 218 ex 1890/92, S. 1759; Dr. RT., Nr. 231 ex 1903/05, S. 3190, Wahl Hagemann).

2. Gleichzeitig und pari passu mit der protokollmäßigen Zählung geht die Prüfung der Umschläge und Stimmzettel vor sich (§ 18 ff., WR.). Diese Prüfung ist ein richterlicher Akt, denn er entscheidet über die Gültigkeit der Stimmzettel. Zunächst unterliegen auch die Umschläge einer Prüfung, denn ungültig sind Stimmzettel, welche nicht in einem amtlich abgestempelten oder welche in einem mit einem Kennzeichen versehenen Umschlag sich befinden (§ 19, Abs. 1, WR.). Daraus, daß ein Umschlag nicht schon während der Wahlhandlung als ungestempelt oder mit äußeren Kennzeichen versehen vom Wahlvorsteher zurückgewiesen worden ist (§ 15, Absatz 3, WR.), folgt keineswegs, daß er von der Prüfung bei Ermittlung des Stimmergebnisses im Wahlbezirk verschont bliebe. Denn die Annahme oder Zurückweisung eines kuvertierten Stimmzettels während der Wahlhandlung ist nur ein Bestandteil der Wahlleitung, nicht aber richterliche Prüfung (siehe schon Dr. RT., Nr. 176 ex 1874/75, S. 1126, wo dies mit Rücksicht auf die damals üblichen unkuvertierten Stimmzettel ausgesprochen wurde). Mit Rücksicht auf die Tatsache, daß nicht, wie der Abg. Gröber wollte, die kuvertierten Stimmzettel vom Wähler selbst in die Urne gelegt werden, sondern vom Wahlvorsteher, der sie bei der Übernahme durch einen Kniff mit dem Nagel kenntlich machen kann, ist die Vorschrift des § 19, Abs. 1, WR., wonach Umschläge mit äußerem Kennzeichen die Ungültigkeit des darin befindlichen Stimmzettels herbeiführen, eine absolute Notwendigkeit.

Die Prüfung der Umschläge nimmt ebenso wie die Prüfung der Stimmzettel der Wahlvorstand (§ 13, Absatz 1, WG.) durch mit Stimmenmehrheit seiner Mitglieder zu fassenden Beschlüsse vor.

Für die Bildung der Stimmenmehrheit kommen nur die anwesenden Mitglieder in Betracht. Zwar ist der betreffende Satz des Kommissionsvorschlags über den ersten Barth-Rickertschen Gesetzentwurf (Dr. RT. Nr. 716 ex 1890/92, S. 3917, § 11 g), welcher dies besonders hervorheben wollte, in die Novelle des Wahlreglements von 1903 nicht aufgenommen worden. Aber er ergibt sich schon aus logischen Gründen:

Wenn der Wahlvorstand z. B. aus fünf Mitgliedern besteht, von denen am Skrutinium zwei sich nicht beteiligen[1]), so ist die erforderliche Majorität 2 : 1, sonst könnten Urteile auf Ungültigkeit des be-

[1]) Dies ist ein Fall, der nach der Reichstagspraxis nicht ausgeschlossen ist (siehe z. B. Sitzung vom 11. März 1874, S. 289, Wahl v. Arnim-Heinrichsdorf).

treffenden Stimmzettels nur bei Stimmeneinhelligkeit der drei Anwesenden vorgenommen werden, was jede Prüfung lahmlegen würde.

Bei Stimmengleichheit im Wahlvorstand wird wohl, obgleich das Gesetz nichts darüber sagt, der Antrag auf Ungültigerklärung der Stimmzettel als abgelehnt zu betrachten sein, denn sonst müßte angenommen werden, daß der Wahlvorsteher ein votum decisivum habe, was im Gesetze hätte ausdrücklich gesagt werden müssen.

Für ungültig müssen mit Mängeln behaftete Stimmzettel erklärt werden, nämlich (§ 19, WR.):

I). Stimmzettel, welche nicht von weißem Papier sind, und solche, welche mit einem Kennzeichen versehen sind. Hier entsteht nun die Frage, inwieweit kleinere oder größere Abweichungen von der weißen Farbe, kleinere oder größere Abweichungen von der vorgeschriebenen Größe des Stimmzettels, Stimmzettel von größerem oder kleinerem Gewicht, Stimmzettel in auffälliger Faltung als gültig anzusehen sind. Soll die ganze mitunter an das Komische streifende ältere Praxis des Reichstags bis zum Jahre 1903 nun noch als maßgebend gelten mit ihren feinen Unterscheidungen von gelblich, grünlich, rötlich-weiß und so fort? Oder ist durch die neuen Vorschriften des Wahlreglements von 1903 mit der älteren Praxis tabula rasa gemacht? Allzu großer Formalismus kann hier ebenso schaden wie allzu große Laxheit. Bei Beantwortung dieser Frage wird man zunächst auf den Zweck des Wahlgeheimnisses zurückgehen müssen. In dem Gebot des Wahlgeheimnisses steckt ein Doppeltes:

1. Das Verbot eines ungewollten Erkennungszeichens, d. h. das Verbot eines Erkennungszeichens, das der Wähler nicht beabsichtigt hat, das aber Mitgliedern des Wahlvorstands und anderen dem Wahlakt Zusehenden ermöglicht, den Inhalt der Stimmabgabe zu kontrollieren.
2. Außerdem steckt aber in dem Gebot des Wahlgeheimnisses das Verbot der gewollten Erkennungszeichen, d. h. derjenigen äußeren Kennzeichen, welche zwischen Wähler und Mitgliedern des Wahlvorstands verabredet sind, um die Gefügigkeit des Wählers im Sinne einer ausgiebigen Wahlkontrolle festzustellen.

Mit der Möglichkeit der ungewollten oder nicht verabredeten Erkennungszeichen hat die Einführung von Wahlzettelkuvert und Isolierzelle zum größten Teil aufgeräumt. Nur dort, wo sie noch bestehen kann, ist sie verboten. Und sie kann noch bestehen, wenn z. B. die Größe des Stimmzettels oder das Gewicht desselben oder die Faltung desselben bei der Stimmabgabe und der Übergabe des kuvertierten Stimmzettels durch den Umschlag hindurch vom Wahlvorsteher gefühlt werden kann (siehe Abg. Spahn, Sitzung vom 3. Februar 1903, S. 7638 B: „aus diesem Gesichtspunkte möchte ich den Herrn Reichskanzler bitten, sein Augenmerk darauf zu richten, daß Vorschriften über Gewicht und Größe des Papiers getroffen werden, damit der Verdacht nicht mehr aufkommen kann, daß der Wahlvorsteher, wenn er das Wahlkuvert empfängt, aus dem Gewicht desselben ermitteln kann, welcher Partei der Zettel angehört"; siehe auch Dr. RT., Nr. 689 ex 1905, S. 3951). Daraus ergibt sich, daß Stimmzettel, welche durch ihr Gewicht (z. B. dicke Pappendeckel, Karton [Dr. RT., Nr. 1435 ex 1912/14, Ziffer 11] u. a. m.) sich besonders anfühlen, Stimmzettel von auffallender Größe oder Faltung[1]) unter denselben Verhältnissen, welche also die Möglichkeit nicht ausschließen, ein nicht verabredetes Erkennungszeichen bei der Stimmabgabe darzustellen, zweifellos ungültig sind. Mit Recht hat demnach der Reichstag (Dr. RT., Nr. 1122 ex 1909, S. 9237) entschieden, daß Stimmzettel, die wohl kleiner sind als vorgeschrieben, aber nicht so klein, daß ihre von den anderen Zetteln abweichende Größe als besonderes Kennzeichen angesehen werden könnte, gültig seien, denn in den „verwendeten beinah undurchsichtigen Wahlumschlägen sind sie von den anderen Stimmzetteln nicht zu unterscheiden"[2]). Auch ist ein geknitterter oder lädierter oder eingerissener Stimmzettel jedenfalls gültig (Dr. RT., Nr. 106 ex 1903/05, S. 4069; Dr. RT., Nr. 798 ex 1912/13, S. 2; Dr. RT., Nr. 706 ex 1903/05, S. 4068). Als ungültig wurden aber mit Faden umwickelte Stimmzettel angesehen, weil der Faden sich durch das Kuvert hindurchfühlen lasse (Dr. RT., Nr. 233 ex 1903/05, S. 1037).

Was die Farbe anlangt, so wird zweifellos dieselbe als ungewolltes Erkennungszeichen in dem oben angeführten Sinne nicht gut mehr in Frage kommen können. Wegen der ausdrücklichen Gesetzesvorschrift aber wird jeder andere Stimmzettel, der die Hauptfarben des Spektrums trägt, also jeder gelbe, blaue usw. Stimmzettel als ungültig zu betrachten sein. Hingegen wird man es kaum als zulässig anerkennen, „gelblich" schimmernde Stimmzettel, oder Stimmzettel auf Konzeptpapier, oder

[1]) So z. B. wurde (Dr. RT., Nr. 350 ex 1912/14, Wahl Becker, S. 4) ein Stimmzettel von der WPK. für ungültig erklärt, „der achteckig zusammengelegt war und auf welchem der Wähler ausdrücklich unter Bezugnahme auf eine vorangegangene Auseinandersetzung hin aufgeschrieben hat, daß er den Zettel achteckig zusammenfalte, um zu beweisen, daß er nach wie vor ein treuer Zentrumsmann sei".

[2]) Eine Größe von 6 : 10 cm (an Stelle der vorgeschriebenen 9 : 12 cm: §11, Abs. 3, WR.) wurde als ungenügend angesehen, die Stimmzettel dieser Größe für ungültig erklärt (Dr. RT., Nr. 343 ex 1905/06, S. 3702). Der Standpunkt, der ein absolutes Größenverhältnis für notwendig und maßgebend erklärt, ist zu formalistisch. Relativität, d. h. das Verhältnis zu anderen Stimmzetteln, ist entscheidend (wie oben im Text ausgeführt). Umgekehrt wurde eine Größe der Stimmzettel, welche das für das Wahlkuvert gegebene Größenverhältnis (12 : 15 cm) überstieg, mit Recht als unzulässig angesehen (Dr. RT., Nr. 208 ex 1903/04, S. 952). Denn zweifellos kann durch Knitterung oder Faltung des Stimmzettels leicht ein nicht verabredetes Erkennungszeichen in dem oben angegebenen Sinne herbeigeführt werden.

Stimmzettel auf liniiertem Papier deshalb als ungültig zu erklären, weil sie nicht „weiß" sind. Selbstverständlich fallen auch die in der älteren Praxis wichtigen Unterscheidungen von Fettdruck und „durchsichtigen Stimmzetteln" als ungewolltes Erkennungszeichen in dem oben angeführten Sinne weg.

Anders steht es mit der Beantwortung der Frage, was als gewolltes, d. h. ein vom Wähler gewolltes [1]) und mit den Mitgliedern des Wahlvorstandes verabredetes Erkennungszeichen in Betracht kommt. Ein vereinzelter Tintenklecks [2]), ein vereinzelter Bleistiftstrich [3]), Knittelvers [4]) oder vereinzelte Tintenkleckse, vereinzelte Knittelverse, versiegelte, durchlochte Wahlzettel werden (übrigens in Übereinstimmung mit der älteren Praxis des Reichstags) nicht als gewollte Erkennungszeichen in Frage kommen können, denn, selbst wenn sie da und dort vorkommen, was übrigens verwerflich ist, so kann, weil eben der Beweis der Verabredung schwer zu erbringen ist, der Reichstag bei der Wahlprüfung davon keine Notiz nehmen. Anders steht es aber, wenn die gewollten Erkennungszeichen einen derartigen Umfang annehmen, daß die Vermutung für eine solche verwerfliche Verwendung eines gewollten Erkennungszeichens spricht [5]). Dann können natürlich auffallend große (Dr. RT., Nr. 208 ex 1903, 4, S. 952), auffallend farbige, wenn auch bloß grünlich-weiße, bläulich-weiße usw. farbige Stimmzettel, mit demselben Knittelvers, aber in großer Zahl auftretende Stimmzettel für ungültig erklärt werden. Es kommt alles hierbei auf den großen Umfang der Verbreitung an (siehe Dr. RT., Nr. 690 ex 1905, S. 3952; Sitzung vom 5. April 1905, S. 58/59).

Unter dem gleichen Gesichtswinkel wird man Verabredungen der Parteien, die im Wahlkampf konkurrieren, bezüglich der Größe

[1]) Ein von Wählern nicht gewolltes Erkennungszeichen macht den Wahlzettel überhaupt nicht ungültig, so z. B., wenn erwiesen ist, daß derselbe in nicht durchlochtem Kuvert abgegeben wurde, und der Verdacht nahe liegt, „daß der Wahlvorsteher die Durchlochung dadurch bewirkte, daß er das Kuvert mit dem Zettel an seinen Körper (bzw. Rock) drückte" (was beobachtet wurde [Dr. RT., Nr. 325 ex 1905/06, S. 3539]).

[2]) Dr. RT., Nr. 705 ex 1903/05, S. 4066.

[3]) Wenn aber derselbe zunächst als gerader Strich geführt und dann noch mit einer darüber laufenden Verschnörkelung versehen ist, spricht die Wahrscheinlichkeit für die Absicht eines Erkennungszeichens (Dr. RT., Nr. 250 ex 1912, S. 3, Wahl Becker).

[4]) Dr. RT., Nr. 225 ex 1898/1900, S. 1167; Dr. RT., Nr. 273 ex 1898/1900, S. 1969; Dr. RT., Nr. 300 ex 1903/04, S. 1801; Dr. RT., Nr. 708 ex 1913/12, S. 922.

[5]) Ein hierher gehöriger Fall Dr. RT., Nr. 83 ex 1892/93, S. 545: „Es fanden sich 24 offenbar von derselben Hand geschriebene auf Rittergutsbesitzer von Reden lautende Stimmzettel, auf denen unter einem einzelnen Buchstaben ein kleiner Strich sich befand, und zwar in der Weise, daß auf jeden einzelnen Zettel ein verschiedener Buchstabe unterstrichen war. Die Kommission war einstimmig der Meinung, daß . . . eine Kontrolle über die Abstimmung der Arbeiter . . . beabsichtigt war und dadurch die Arbeiter in der Freiheit der Abstimmung beeinträchtigt worden sind."

des Stimmzettels zu beurteilen haben (siehe über diese wichtige Frage Dr. RT., Nr. 689 ex 1903/5 und Sitzung vom 4. April 1905, S. 5848). Zweifellos können sie die Vorschriften des WR. nicht abändern, denn jus publicum pactis privatorum mutari nequit. Eine andere Frage ist allerdings, ob sie für die Wahlprüfung erheblich sind. Und da wird man wohl sagen müssen, daß dies zweifellos der Fall ist, wenn nur eine Partei der im Wahlkampf konkurrierenden sich genau an die Vorschriften des Wahlreglements hält. Denn sie ist im Recht, und die anderen im Wahlkampf Beteiligten haben durch ihre Verabredung zweifellos ein weit verbreitetes gewolltes äußeres Erkennungszeichen geschaffen, das die Kontrolle durch den Wahlvorstand ermöglicht. Anders liegt aber die Sache, wenn alle Parteien, die im Wahlkampfe konkurrieren, das gleiche Format, die gleiche Abweichung von der weißen Farbe, also das gleiche Papier verwenden. Denn dann ist zweifellos ein weit verbreitetes, gewolltes Merkmal herbeigeführt, aber kein Erkennungszeichen gegeben. Solche Verabredungen sind natürlich rechtlich unzulässig, aber sie haben für die Wahlprüfung keine erhebliche Bedeutung. Durch diese Auffassung bringt die Reichstagspraxis auch nicht (siehe dazu Sitzung vom 4. April 1905, S. 5850) die streng genommen „rechtlichen" Wähler, d. h. diejenigen, welche sich an die Vorschriften des WR. halten, zu Schaden. Denn bei einer allgemeinen Verabredung aller Parteien werden diese „rechtlichen" Wähler doch sehr vereinzelt auftreten, und die von ihnen abgegebenen Stimmzettel werden sich zweifellos von den allgemein verabredeten unterscheiden, aber darum doch nicht für ungültig erklärt werden, da sie eben vereinzelt und nicht in allgemeiner Verbreitung auftreten.

Auf keinem Fall darf man aber, wie dies auch gelegentlich von einer Wahlprüfungskommission des Reichstags versucht wurde (Dr. RT., Nr. 208 ex 1903, 4, S. 952), den Unterschied der Behandlung der äußeren Kennzeichen auf den Unterschied zwischen Muß- und Sollvorschriften abstellen, indem § 11, Absatz 3 von den Stimmzetteln sagt, sie müssen von weißem Papier und sie sollen 9 : 12 cm groß sein. Diese zweifellos vom Gesetzgeber hier nicht gewollte Unterscheidung wird ad absurdum geführt, wenn man die Konsequenz zieht, daß leicht gelblich schimmernde oder leicht rötlich schimmernde Stimmzettel ungültig, Stimmzettel aber aus starkem Karton gültig seien; denn durch die ersteren werde eine „Mußvorschrift" verletzt, durch die letzteren nur eine „Sollvorschrift".

Aus der ratio der hier in Frage kommenden Norm (§ 19, Ziffer 3, WR.), namentlich aus dem Schutze des Wahlgeheimnisses und der Verhütung der Wahlkontrolle, folgt auch, daß das äußere Kennzeichen nicht bloß auf dem Stimmzettel selbst angebracht sein muß, um dessen Ungültigkeit herbeizuführen, sondern daß auch eine im Wahlkuvert befindliche Beilage dies bewirken kann, wenn aus derselben deutlich hervorgeht, wer der Wähler ist (so z. B., wenn einem Stimmzettel eine an den Wähler adressierte Parteiaufforderung beigefügt ist: Dr. RT., Nr. 295 ex 1907/9, S. 3422).

II). Ungültig sind ferner Stimmzettel, welche keinen oder keinen lesbaren Namen enthalten. Wenn daher der Stimmzettel einen durchstrichenen Namen enthält, ohne daß ein anderer Name darüber oder darunter vermerkt ist, so ist der Stimmzettel ungültig (Dr. RT., Nr. 323 ex 1879; Dr. RT., Nr. 257 ex 1892/93, S. 1905; Dr. RT., Nr. 250 ex 1912, S. 4, Wahl Beck). Gültig ist aber ein Stimmzettel, in dem ein Name deutlich gestrichen und ein anderer mit Tinte oder Bleifeder oder Stampiglie darüber oder darunter gesetzt ist (siehe z. B. Dr. RT., Nr. 794 ex 1898/1900; Dr. RT., Nr. 154 ex 1900/01; Dr. RT., Nr. 286 ex 1897/98; Dr. RT., Nr. 491 ex 1902, S. 3291) [1]. Das ist die „Durchstreichungsfreiheit", auf die der Reichstag ebenso wie auf die Vertauschungsfreiheit (siehe darüber oben § 40, II, 3) seit jeher großes Gewicht legt (siehe Sitzung vom 10. Februar 1888, S. 830 f., Wahl v. Funcke, und namentlich die ausführlichen Verhandlungen in der Sitzung vom 13. Mai 1887, S. 591ff., Wahl Meyer, Halle).

Stimmzettel, welche den Namen des Kandidaten mit polnischer Artikulierung und Flexion wiedergeben, werden vom Reichstag nicht als ungültig angesehen (Sitzung vom 18. April 1877, S. 579; Sitzung vom 28. April 1879, S. 856; Sitzung vom 7. Oktober 1878, S. 99 ff.; Sitzung vom 11. März 1874, S. 290; Sitzung vom 14. Mai 1907, S. 1684 C; Wahl v. Czarlinski; Sitzung vom 14. Mai 1907, S. 1687 B, Wahl Fürst Radziwill; Dr. RT., Nr. 402 ex 1912, Wahl v. Trampczynski).

III). Ungültig sind Stimmzettel, aus welchen die Person des Gewählten nicht unzweifelhaft zu erkennen ist. Bloße Angabe des Namens ohne Wohnort schadet aber ebensowenig wie Weglassung der Standesbezeichnung oder falsche Schreibung des Namens. Für die engere Wahl ist zweifellos nach der Praxis des Reichstags (siehe Dr. RT., Nr. 302 ex 1894/95, S. 1257) schon die einfache Namenangabe ausreichend [2]. Sie ist aber auch dann für ausreichend erklärt worden, wenn der betreffende Kandidat als Abgeordneter desselben Wahlkreises im preußischen Abgeordnetenhause (Sitzung v. 5. April 1871, S. 191 f., Wahl v. Gerlach) oder mehrere Jahre zuvor im Reichstage (Dr. RT., Nr. 295 ex 1905/6, S. 3422) gesessen hatte.

---

[1] Auch die handschriftliche Abänderung durch direktes Überschreiben über den schon vorhandenen gedruckten Namen ist zulässig (Dr. RT., Nr. 412 ex 1912/13, S. 356).

[2] Sie ist auch für ausreichend angesehen worden, wenn zwar mehrere gleichnamige Personen in einer großen Stadt (z. B. Hamburg) vorhanden, der betreffende Kandidat aber durch viele Versammlungen und Flugblätter als offizieller Kandidat einer großen Partei bekannt gemacht worden war (Dr. RT., Nr. 851 ex 1907/09, S. 5223).

Verwaltungsakte, welche für das übrige bürgerliche Leben eine bestimmte Schreibung der Namen wollen und eine andere Schreibung für ungültig erklären, sind für den Reichstag nicht maßgebend (siehe Dr. RT., Nr. 134 ex 1893/94, S. 799, Wahl Wamhoff). Der Reichstag hat sich auch in seiner Entscheidung bei Feststellung der Identität des Gewählten selbst dann nicht beirren lassen, wenn die Stimmzettel auf einen Herrn „von" Winckelman lauteten, während das Heroldsamt auf Anfrage des Wahlkommissars dem Herrn den Adel nicht zuerkannt hatte (siehe Sitzung vom 2. März 1886, S. 1516 ff.).

IV). Ungültig sind Stimmzettel, welche auf eine nicht wählbare Person lauten (siehe über die Wählbarkeit weiter unten, § 55 I).

V). Ebenso ungültig sind Stimmzettel, welche eine Verwahrung oder einen Protest oder einen Vorbehalt gegenüber dem Gewählten enthalten [1]).

VI). Ungültig sind Stimmzettel, welche nicht in einem amtlich abgestempelten Umschlag, oder welche in einem mit einem Kennzeichen versehenen Umschlag abgegeben worden sind (§ 19, Ziffer 1, WR.). Numerierung der Kuverts vor oder nach der Stimmabgabe ist unstatthaft (Dr. RT., Nr. 733 ex 1903/5, S. 4126). Der amtliche Stempel muß von der kompetenten Behörde aufgedrückt worden sein, sonst ist der im Wahlkuvert enthaltene Stimmzettel ungültig (Dr. RT., Nr. 491 ex 1912/13, S. 545). Befindet sich der Ortsstempel neben dem Amtsstempel auf allen Wahlkuverts, so bildet er kein Kennzeichen (Dr. RT., Nr. 252 ex 1907/9, S. 1258).

Ungültig sind Stimmzettel (§ 19, i f, WR.), welche, von einem Wahlkuvert umschlossen, auf verschiedene Personen lauten, denn der Wählerwille ist nicht klar zu erkennen (Seydel, Hirths Annalen, a. a. O., S. 379). Dies ist auch dann der Fall, wenn nachgewiesen werden kann, daß der eine Stimmzettel durch Versehen ins Kuvert geraten ist oder darin schon vor der Stimmabgabe und vor dem Hineinstecken des wirklich gewollten Stimmzettels sich befunden habe (Dr. RT., Nr. 1435 ex 1912/14). Lauten aber die Stimmzettel in demselben Kuvert auf dieselbe Person, so gelten sie als eine gültige Stimme (§ 19, i f, WR.). Dasselbe gilt auch, wenn der eine Stimmzettel den Kandidatennamen gedruckt, der andere denselben geschrieben enthält (Dr. RT., Nr. 467 ex 1912/13).

---

[1]) Als solcher Vorbehalt wird z. B. angesehen, wenn der Wähler unter den Namen des von ihm Gewählten schreibt: „ist auch nicht der richtige Mann für mich" (Dr. RT., Nr. 1278 ex 1912/14, S. 8, Wahl v. Liebert). Ebenso wenn unter dem Namen des Kandidaten auf dem Stimmzettel ein Vers mit einer den Kandidaten verhöhnenden Bedeutung steht (siehe Dr. RT., Nr. 350 ex 1912, S. 4, Wahl Becker). Als Verwahrung gilt überhaupt jede Art des mißbilligenden oder verächtlichen Ausdrucks neben dem Kandidatennamen, z. B. die Aufzeichnung eines Totenkopfes mit der Überschrift „Gift" oder die Bezeichnung „Gaunerbande" (Dr. RT., Nr. 297 ex 1905/06, S. 3436).

3. Die Stimmzettel, über deren Gültigkeit oder Ungültigkeit es einer Prüfung und Beschlußfassung des Wahlvorstandes bedurft hat, sind mit fortlaufenden Nummern zu versehen und dem Protokolle beizufügen; in diesem sind die Gründe kurz angegeben, aus denen die Stimmzettel für gültig oder ungültig erklärt worden sind. Soweit die Ungültigkeitserklärung des Stimmzettels aus der Beschaffenheit des Umschlages abgeleitet wurde, ist auch der Umschlag anzuschließen (§ 20, Absatz 1 und 2, WR.).

Die Ungültigkeitserklärung der Stimmzettel hat die Wirkung, daß letztere dem Wahlergebnis im Wahlbezirk abgerechnet (§ 20, Absatz 3, WR.), andererseits und durch Beifügung an das Wahlprotokoll der definitiven Beurteilung des Reichstags vorbehalten werden. Die gültig befundenen Stimmzettel und Umschläge werden zwar dem Protokoll nicht beigefügt, und bleiben unter Siegel in Verwahrung des Wahlvorstandes so lange, bis der Reichstag die Wahl definitiv für gültig erklärt hat (§ 21, WR.). Doch kann auch der Wahlkommissar die Vorlage dieser in Verwahrung des Wahlvorstandes befindlichen Zettel einfordern, wenn er dies bei Ermittlung des Wahlergebnisses für den Wahlkreis nötig erachtet (§ 27, Absatz 4, WR.).

Das Wahlprotokoll mit sämtlichen zugehörigen Schriftstücken ist von dem Wahlvorsteher u n g e s ä u m t, jedenfalls aber so zeitig dem Wahlkommissar einzureichen, daß sie spätestens im Laufe des dritten Tages nach dem Wahltermine in dessen Hände gelangen (§ 25, Absatz 1, WR.). Zwar ist der Wahlvorsteher nach dem Gesetz für die pünktliche Ausführung dieser Vorschrift verantwortlich (§ 25, Absatz 2, WR.). Da aber gegenwärtig der Reichstag auf dem Standpunkte steht, den Wahlvorsteher, weil er keine Behörde ist, nicht mehr amtlich rügen zu lassen (siehe oben § 37, IV), so ist die Vorschrift eine lex inanis.

II. Die Ermittlung des Wahlergebnisses durch die Wahlkommission.

1. Die Ermittlung des Wahlergebnisses im Wahlkreise wird von der sogenannten Wahlkommission (in der Praxis auch Zähl- oder Proklamationskommission genannt) vorgenommen, welche aus dem bestellten Wahlkommissar und 6 bis 12 von dem Wahlkommissar ernannten Beisitzern besteht. Die Ernennung des Wahlkommissars steht der einzelstaatlichen Regierung zu, und wird in Preußen vom Regierungspräsidenten (Berlin: vom Oberpräsidenten), in Bayern von den Kreisregierungen, in Sachsen, Württemberg und Baden, sowie in Mecklenburg-Schwerin vom Ministerium des Innern, in Hessen vom Staatsministerium, in Sachsen-Weimar und Oldenburg vom Staatsministerium, Departement des Innern, in Mecklenburg-Strelitz von der Landesregierung zu Neustrelitz vorgenommen [1]). Daß

[1]) Für die übrigen Staaten: Anlage D zum Wahlreglement.

der WK. notwendig ein Staatsamt bekleidet, ist vom Gesetz nicht erfordert (§ 24, WR. in Verbingung mit § 9, Absatz 2, WG.), doch wird er wohl in der Praxis gewöhnlich auch Staatsbeamter sein. Auch ist es nicht notwendig, daß er Wähler im Wahlkreise sei. Die 6 bis 12 Beisitzer sind aus dem Kreise der Wähler des Wahlkreises zu ernennen und dürfen ein unmittelbares Staatsamt nicht bekleiden (§ 26, Absatz 1, WR. und § 9, Absatz 2, WG.). Das Gesetz bestimmt lediglich die Berufung von mindestens 6 und höchstens 12 Wählern, bestimmt indessen nicht, daß mindestens 6 zugegen sein müssen. Wenn also trotz der Berufung nur drei davon erscheinen, so erblickt die Praxis des Reichstags darin keinen wesentlichen Verstoß gegen das Wahlreglement (siehe Dr. RT., Nr. 366 ex 1907/9, S. 2189)[1].

Das Gesetz bestimmt nur, daß unmittelbare Staatsbeamte sich unter diesen Wählern nicht befinden dürfen. „Wenn auch Billigkeitsgründe dafür sprechen dürften, daß Vertreter aller beteiligten Parteien berufen werden; eine Vorschrift, welche dazu verpflichtet, existiert nicht" (Dr. RT., Nr. 121 ex 1898/1900, S. 1016).

Zu der in der Praxis sogenannten „Wahleröffnung" sind die Beisitzer auf den vierten Tag nach dem Wahltermine in ein vom Wahlkommissar zu bestimmendes Lokal zu laden (§ 26, Absatz 1, WR.). Außerdem ist ein Protokollführer, welcher ebenfalls Wähler sein muß, aber unmittelbarer Staatsbeamter sein darf, zuzuziehen (§ 26, Absatz 2, WR.). Gleich bei Beginn der Tagung sind Beisitzer und Protokollführer mittelst Handschlages an Eides Statt zu verpflichten (§ 26, Absatz 1 und 2, WR.). Die nun vorgenommene Ermittlung des Wahlergebnisses, deren Grundlage die Wahlprotokolle und Schriftstücke sind, welche von den Wahlvorstehern dem Wahlkommissar eingereicht worden, unterscheidet sich von der Ermittlung des Wahlergebnisses durch den Wahlvorstand in doppelter Weise:

a) Es besteht für sie nur eine beschränkte Öffentlichkeit, da der Zutritt zum Lokale, in dem sie stattfindet, nur jedem Wähler (§ 26, Absatz 3, WR.), nicht jedermann zusteht [2].

b) Sie hat nur kalkulatorischen, nicht aber wie die Ermittlung im Wahlbezirk richterlichen Charakter (siehe darüber gleich weiter unten).

Die Ermittlung des Ergebnisses im Wahlkreise ist ein Formalakt, der nicht wiederholt werden darf (Dr. RT., Nr. 86 ex 1875/76, S. 751, und Sitzung

---

[1]) Die ältere Praxis stand allerdings auf dem Standpunkt, daß der Wahlkommissar sich vorher „versichern mußte, daß die Beisitzer, die er auffordert, wirklich funktionieren wollen" (s. Sitzung vom 16. Dezember 1876, S. 846).

[2]) Wie dies für die Wahlhandlung und Ermittlung des Wahlgeheimnisses im Wahlbezirke der Fall ist. Im Wahlgesetz § 9 und in der Entstehungsgeschichte desselben (s. dazu meinen Kommentar zum Wahlgesetz zu § 9) ist dieser Unterschied zwischen der Ermittlung des Wahlergebnisses im Wahlbezirke und Wahlkreise nicht begründet.

vom 11. März 1874, S. 285). Sie darf, wenn sie einmal angeordnet ist, nicht deswegen unterbleiben, weil die Wahlakten aus den Wahlbezirken zum Teil noch nicht vorhanden sind. Der einmal abgeschlossene Ermittlungsakt im Wahlkreise darf auch die später einlaufenden Wahlakten nicht nachträglich noch berücksichtigen (Dr. RT., Nr. 86 ex 1876, S. 751). Wohl aber kann der Reichstag in solchem Falle diese bei der Wahlprüfung berücksichtigen (Dr. RT., Nr. 69 ex 1871, II. Session, S. 162; Dr. RT., Nr. 75 ex 1874/75, S. 814), und wenn hierdurch die tatsächliche Stimmenmehrheit eine andere wird, als die formell von der Wahlkommission festgestellte, unter Umständen den Wahlakt kassieren. Die Ermittlung des Wahlergebnisses soll zwar am vierten Tag nach dem Wahltermine stattfinden. Wenn aber alle Wahlakten aus den Wahlbezirken eingelaufen sind, so kann die Wahleröffnung schon an einem früheren Tage stattfinden, insbesondere dann, wenn die nachfolgenden Tage Feiertage sind (Dr. RT., Nr. 174 ex 1890/92, S. 1343).

2. Die Funktionen der Wahlkommission charakterisiert die Praxis des Reichstags (Dr. RT., Nr. 176 ex 1874/75, S. 1122) zutreffend mit folgenden Worten: „Es ist eine Funktion des Wahlkommissarius, bzw. der ihm beigegebenen Versammlung, welcher schlechterdings keine kritische Befugnis eingeräumt ist." Diese Funktionen übt die Wahlkommission notwendig in Kollegialform aus. Es erscheint daher unzulässig, wenn ein Wahlkommissar sich durch die zur Ermittlung des Wahlergebnisses berufene Versammlung ermächtigen läßt, das Ergebnis der Wahlprotokolle aus den Wahlbezirken allein festzustellen (Sitzung vom 24. Mai 1871, S. 911).

a) Die kalkulatorische Tätigkeit der Wahlkommission ist die Zusammenstellung der Resultate der Wahl auf Grundlage der Wahlprotokolle der Wahlbezirke (§ 27, Satz 1, WR.). Unzulässig ist es und macht den Wahlakt nichtig, wenn die Wahlkommission die in den einzelnen Wahlbezirken getroffene Entscheidung über die Gültigkeit oder Ungültigkeit von Stimmzetteln abändert oder über die Gültigkeit des Wahlakts in den Wahlbezirken sich eine Entscheidung anmaßt, oder an den im Wahlprotokoll des Wahlbezirks festgestellten Resultaten eine Änderung vornimmt (Seydel, a. a. O., S. 382 f.). (Sitzung vom 12. April 1869, S. 312 ff.; Sitzung vom 27. April 1871, S. 426 ff.; Sitzung vom 10. April 1874, S. 699 ff.; Sitzung vom 21. Januar 1875, S. 1153 ff.; Sitzung vom 7. Oktober 1878, S. 100; Dr. RT., Nr. 63 ex 1882, und Sitzung vom 16. Juni 1882, S. 527 ff. Siehe auch Reskr. des preuß. Ministeriums vom 31. Oktober 1878, M.-Bl. 238.) Auf diesem Standpunkt stand die Reichstagspraxis seit ihrem Beginn (siehe Sitzung vom 16. September 1867, S. 27). Auch bei der Beratung des Reichstagswahlgesetzes von 1869 wurde der bloß kalkulatorische

Charakter der Tätigkeit des Wahlkommissars und der Wahlkommission betont [1]).

Die Wahlkommission hat zwar das Recht, die Wahlprotokolle auf ihre Ordnungsmäßigkeit, insbesondere daraufhin zu prüfen, ob sie auch gehörig „fundiert sind", d. h. in Übereinstimmung mit den Anstreichungen in der Wählerliste und in Korrespondenz mit der Gegenliste stehen (siehe Sitzung vom 19. April 1877). Aber sie darf, wenn die Ordnungsmäßigkeit nicht vorliegt, keinen Wahlakt kassieren (siehe Sitzung vom 21. Januar 1875, S. 1154 f.). Sie darf nur — und darin besteht ihre zweite Funktion,

b) die sogenannte präparatorische Funktion (§ 27, Absatz 1 und 3, WR.) — ihre Bedenken nach Durchsicht der Protokolle dem Reichstag vorlegen. Das ist nicht bloß ihr Recht, sondern auch ihre Pflicht (Dr. RT., Nr. 163 ex 1898/1900, S. 1225 f.; Dr. RT., Nr. 1453 ex 1912/14). Um diese präparatorische Tätigkeit zu vollziehen, kann sie, trotzdem weder der Wahlkommissar [2]) noch die Wahlkommission eine dem Wahlvorsteher übergeordnete Behörde sind (siehe Dr. RT., Nr. 716 ex 1890/92, S. 3911 f.; Dr. RT., Nr. 249 ex 1905/6, S. 3222) dennoch zur Beseitigung ihrer Bedenken durch den Wahlkommissar die von den Wahlvorstehern aufbewahrten Stimmzettel einfordern und einsehen (§ 27, Absatz 4, WR.).

c) Schließlich kommt der Wahlkommission die proklamatorische Funktion zu. Wenn sich nämlich auf einen Kandidaten die absolute Mehrheit der in dem Wahlkreise abgegebenen gültigen Stimmen vereinigt, so wird der Kandidat als gewählt proklamiert.

---

[1]) „Wenn Sie also diese beiden Operationen voneinander trennen, d. h. die eigentliche Wahlhandlung von der Ermittlung des Wahlergebnisses, welche später am Kreisort oder irgendeinem anderen Orte des Kreises stattfindet, wenn Sie also bestimmen, daß bei der eigentlichen Wahlhandlung in dem Wahlbezirke, der Gemeinde oder wie Sie es nennen wollen, die Funktionen der Vorsteher der Beisitzer und Protokollführer, also des gesamten Wahlvorstandes, nur in den Händen und von solchen Personen sein sollen, welche ein unmittelbares Staatsamt nicht bekleiden, so glaube ich, ist damit der Intention des Amendements, welches die Herren Lasker, von Hoverbeck, Dr. Prosch gestellt haben, vollständig genügt. Was dagegen den zweiten Akt der Wahlhandlung betrifft, die Ermittlung des Wahlergebnisses, also das Zusammentragen der Ergebnisse aller der verschiedenen kleineren Wahlhandlungen, so ist dies meiner Ansicht nach rein formelles Geschäft; es hat das mit der Wahl selbst, d. h. mit dem eigentlichen Wahlakt, gar nichts zu tun, sondern ist nur die Konstatierung der Wahl, und meiner Ansicht nach ist es dazu besser, wenn man das Amt des Vorstehers und des Protokollführers in die Hand von Personen legt, die einigermaßen Geschäftskenntnis haben" (s. Sitzung vom 20. März 1869, S. 200).

[2]) Die ältere Reichstag- und Verwaltungspraxis glaubte allerdings, daß der Wahlkommissar eine Beschwerdeinstanz namentlich bei Verletzung des Prinzips der Öffentlichkeit durch den Wahlvorsteher im Wahlbezirk, sei; z. B. Sitzung vom 21. Januar 1892, S. 3795 f., Wahl Fürst v. Bismarck und Dr. RT., Nr. 196, S. 1271 ff.

Auf alle Fälle muß aber das Ergebnis der Zusammenstellung des in den Wahlbezirken erhaltenen Stimmergebnisses auch dann verkündet und demnächst durch die zu amtlichen Funktionen dienenden Blätter bekanntgemacht werden, wenn die Hauptwahl nicht genügt und es zur Stichwahl kommt (§ 27, Absatz 2, WR., in Verbindung mit § 28 WR.).

Nach der Proklamation ist es (§ 33, Abs. 1, WR.) notwendig, daß der Gewählte ein Polizeiattest [1]) über seine Wählbarkeit (§ 33, Absatz 1, WR.) sich verschafft, doch darf der Wahlkommissar hierbei keine amtliche Erhebung über die politische Parteistellung des gewählten Kandidaten anstellen (Sitzung vom 22. Februar 1896, S. 1149).

Der Gewählte ist von der auf ihn gefallenen Wahl durch den Wahlkommissar in Kenntnis zu setzen und zur Erklärung der Annahme [2]) aufzufordern. Annahme unter Protest oder Vorbehalt sowie das Ausbleiben der Erklärung binnen acht Tagen von der Zustellung der Benachrichtigung gilt als Ablehnung (§ 33, Absatz 1 und 2, WR.).

Dies ist auch dann der Fall, wenn die Post in bezug auf die Zustellung ein größeres oder kleineres Verschulden trifft, z. B. weil sie den Adressaten wegen unsicherer Adresse nicht hat auffinden können (Sitzung vom 17. Januar 1889, S. 464).

3. Die Einreichung der Wahlakten. Nach der Proklamation des Kandidaten und seiner Annahmeerklärung, also nach Abschluß der Wahlhandlung, sind von der Wahlkommission die Wahlakten (darunter insbesondere das Protokoll und die Ermittlung des Wahlergebnisses im Wahlkreis mit der Zusammenstellung der Wahlresultate in den Stimmbezirken und die Annahmeerklärung) unverzüglich (§ 35, WR.) der „zuständigen" Behörde einzureichen, die (nach Anlage D des WR.) in Kleinstaaten das Staatsministerium, in Lübeck und Hamburg der Senat, in den Mittelstaaten das Ministerium des Innern, und in Preußen der Regierungspräsident, in Bayern die Kreisregierung (Kammer des Innern), in Elsaß-Lothringen der Bezirkspräsident, in Bremen die Deputation zur Leitung der Vertreterwahlen ist. Von dieser „zuständigen" Behörde werden die Akten dann, im Falle sie selbst das Ministerium ist, direkt, in den Staaten (nebst Preußen und Bayern), wo sie nicht zugleich die Zentralstelle ist, den Ministerien des Innern „zur weiteren Mitteilung" an den Reichstag vorgelegt (§ 35 WR.). Die hier genannten Behörden haben nur „Botenrolle". Sie sind insbesondere nicht befugt, die Akten den nachgeordneten Behörden zur „Vervollständigung" wieder zurückzugeben. Sie haben sie nur weiterzugeben, bis sie an den Reichstag gelangen (Sitzung vom

---

[1]) Vgl. dazu noch weiter unten zu § 55, I.

[2]) Vgl. dazu noch weiter unten zu § 55, I.

30. März 1868, S. 36, insbesondere der Abg. v. Hennig und der Abg. Lasker).

III. Die Wahlkosten.

Für die Aufteilung der Wahlkosten, die (§ 16, WG.) von Einzelstaat und Gemeinde zu tragen sind, ist der Begriff der Ermittlung des Wahlergebnisses in dem Wahlkreise maßgebend, denn nach der ausdrücklichen Gesetzesvorschrift (§ 16) sind die Kosten der Druckformulare zu den Wahlprotokollen und der Ermittlung des Wahlergebnisses in den Wahlkreisen vom Einzelstaat, alle übrigen Kosten, darunter die sehr erheblichen für die amtliche Wahlvorbereitung (einschließlich der nach § 8, 26, 30, 31, WR. notwendigen Publikationen) von der Gemeinde zu tragen. Auch die Kosten für das Wahllokal, die Stimmkuverts und Wahlurnen fallen zu Lasten der Gemeinde. Nur die Ermittlung des Wahlergebnisses in den Kreisen, nicht die in den Wahlbezirken, fällt zu Lasten des Einzelstaats. Infolgedessen werden die Briefportoauslagen für die Mitteilungen und Sendungen des Wahlvorstehers an den Wahlkommissar, die, wie wir oben festgestellt haben (§ 37, IV), nicht gebührenfrei sind, von den Gemeinden zu tragen sein. Dagegen werden die Kosten für das Lokal, in dem die Ermittlung des Wahlergebnisses in den Wahlkreisen stattfindet, sowie die Reisekosten und Tagegelder für Wahlkommissar und Protokollführer der Wahlkommission dem Einzelstaate zur Last fallen. Desgleichen die Kosten der amtlichen Publikation des Wahlergebnisses im Wahlkreis (§ 27, Absatz 2, WR.).

§ 42. Stichwahl und partielle Neuwahl.

Die Stichwahl unterscheidet sich von der Ersatzwahl dadurch, daß die erstere ein Teil der Wahl ist und mit der Hauptwahl eine Einheit bildet. Die Ersatzwahl (auch partielle Neuwahl genannt) hingegen ist eine neue selbständige Wahl, die nur in einigen Punkten des Verfahrens der Stichwahl durch den Gesetzgeber angenähert ist.

Die Stichwahl tritt ein, wenn ein Kandidat die absolute Mehrheit der im Wahlkreise abgegebenen gültigen Stimmen auf sich nicht vereinigt hat (Wahlreglement § 28, Abs. 2 in Verbindung mit Wahlgesetz § 12).

Sie findet nur zwischen den beiden Kandidaten statt, welche bei der ersten Wahl die meisten Stimmen erhalten haben (§ 30, Absatz 1, WR.). Wenn bei der Hauptwahl auf einen Kandidaten mit den meisten Stimmen mehrere mit gleicher Stimmenzahl folgen, oder wenn bei der Hauptwahl auf mehrere Kandidaten gleichviel Stimmen gefallen sind, so entscheidet das durch die Hand des Wahlkommissar gezogene Los darüber, welcher zweite Kandidat respektiv welche zwei Kandidaten in die Stichwahl gelangen (§ 30, Absatz 1, WR. und Seydel, a. a. O., S. 383).

Tritt bei der engeren Wahl Stimmengleichheit ein, so entscheidet das Los, welches der Wahlkommissar zieht, über die Tatsache, welcher von beiden Kandidaten als gewählt erscheint (§ 32, WR.).

Die partielle Neuwahl oder Ersatzwahl tritt ein, wenn der Gewählte abgelehnt hat (in diesem Falle auch Nachwahl genannt), wenn der Reichstag die Wahl für ungültig erklärt, wenn ein Abgeordneter während des Laufes der Legislaturperiode durch Tod oder Verzicht aus dem Reichstag ausscheidet.

Diese beiden Formen der Wahl: Stichwahl und Ersatzwahl, unterliegen prinzipiell den in dem vorhergehenden festgestellten Normen des Wahlverfahrens bis auf einige Abweichungen, die im folgenden zusammengefaßt werden sollen. Diese Abweichungen beziehen sich auf die Ansetzung des Wahltermins, auf die Verwendung der Wählerlisten, auf die übrige amtliche Wahlvorbereitung und die damit verknüpften Publikationen.

I. Die Ansetzung des Wahltermins.

Bei der Stichwahl hat der Wahlkommissar den Termin festzusetzen, darf ihn aber nicht länger hinausschieben als höchstens 14 Tage nach der Ermittlung des Ergebnisses der ersten Wahl[1]). Durch diesen freien Spielraum, den der Wahlkommissar erlangt, ergibt sich als ungewollte Konsequenz die Möglichkeit, daß bei allgemeinen Neuwahlen die Stichwahltermine in den verschiedenen Wahlkreisen verschieden angesetzt werden, wodurch den politischen Parteien die Möglichkeit zu Wahlkompromissen, aber auch zu unwürdigem „Kuhhandel" geboten wird, worüber man im Reichstag Beschwerde geführt hat (Stzg. v. 17. Februar 1912, der Abgeordnete G r ö b e r, S. 104, und zuvor schon in der Sitzung vom 15. Februar 1912, S. 48, der Abgeordnete J u n c k; siehe auch Dr. RT., Nr. 94 sub. a. ex 1912, Antrag Bassermann und Gen.). Anders liegt die Sache bei der Ersatzwahl, welche, wie wir wissen, deshalb nötig wird, weil der Gewählte die auf ihn gefallene Wahl ablehnt, weil der Reichstag die Wahl für ungültig erklärt, oder weil das Mandat durch Tod oder Verzicht erlischt. In diesen Fällen hat die nach Beilage D zum Wahlreglement zuständige Landesbehörde (in Preußen der Regierungspräsident, für Berlin der Oberpräsident, in Bayern die Kreisregierung, in Sachsen, Württemberg, Mecklenburg-Schwerin und Baden das Ministerium des Innern, in Sachsen-Weimar und Oldenburg

[1]) Diese sind nicht notwendig 18 Tage nach dem ersten Wahltermin, da die Ermittlung des Wahlergebnisses der Hauptwahl nicht am 4. Tage nach der Wahl zum Abschluß kommen muß. Siehe Seydel und Hirths Annalen 1880, S. 383.

das Staatsministerium, Departement des Innern, in Hessen das Staatsministerium, in Mecklenburg-Strelitz die Landesregierung zu Neustrelitz usw.) den Wahltermin anzusetzen, und zwar sofort. Über den Begriff dieses Wortes „sofort" gab es in früherer Zeit mannigfache Auseinandersetzungen zwischen Reichstag und Reichsregierung deswegen, weil die einzelstaatlichen Landesbehörden die Anforderung des Gesetzes nicht genau nahmen und den Wahltermin mitunter sogar auf nahezu sieben Monate hinausschoben, wobei verschiedene mehr oder weniger triftige Gründe vorgeschützt wurden (siehe Stzg. vom 29. März 1878, S. 597, Stzg. vom 3. April 1883, S. 1602 und vom 13. April 1883, S. 895 ff., Stzg. vom 31. August 1883, S. 40 ff.). Im Jahre 1910 nahm endlich der Reichstag eine Resolution Albrecht und Genossen (s. Stzg. vom 15. März 1910, S. 2124 ff.) des Inhalts ant „Die verbündeten Regierungen zu ersuchen, noch in dieser Session einen Gesetzentwurf dem Reichstag zugehen zu lassen, wonach der § 8 des Wahlgesetzes vom 31. Mai 1869 (Bundesgesetzblatt, S. 145) dahin ergänzt wird, daß die einzelnen Neuwahlen, die während einer Legislaturperiode notwendig werden, innerhalb eines Zeitraums von 60 Tagen nach Erledigung des Mandats vorgenommen werden müssen (Drucksachen 300 ex 1909—11)."

Ein Gesetzentwurf ist zwar bisher nicht eingebracht worden, aber die preußische Regierung hat dem Wunsche des Reichstags durch eine Anordnung des preußischen Ministeriums des Innern vom Juli 1910 (zit. von Laband, a. a. O., I [5], S. 321 [2]) in der Weise entsprochen, daß die Neuwahlen in Preußen wenigstens innerhalb eines Zeitraumes von 70 Tagen nach Erledigung des Mandats vorgenommen werden sollen. Auf alle Fälle ist daran festzuhalten, daß bei inkorrekter Handhabung der reichsgesetzlichen Vorschrift des „sofort"[1]) die Reichsregierung kraft der ihr zustehenden Reichsaufsicht (da es sich hier um Ausführung von Reichsgesetzen handelt) die nötigen Ausstellungen machen kann.

Sie darf aber keineswegs den Wahltermin selbst anordnen, denn dies wäre nicht mehr Reichsaufsicht, sondern Verwaltungstätigkeit (über den Unterschied Hänel, Deutsches Staatsrecht I, S. 316).

Darf die einzelstaatliche Regierung den einmal angeordneten Wahltermin wieder aufheben oder verschieben?

---

[1]) Trotz des „sofort" hat sich unter stillschweigender Billigung des Reichstags die Praxis entwickelt, Ersatzwahlen, die knapp vor Schluß der Legislaturperiode nötig werden nicht vorzunehmen (z. B.: wurde nicht mehr angeordnet: Ersatzwahl für den Frhr. v. Tettau [† 26. April 1893], Specht-Schwabe, Die Reichstagswahl, Berlin 1904, S. 4; Ersatzwahl für Rose [† 15. November 1886], Specht-Schwabe, a. a. O., S. 6; ebendort: Ersatzwahl Borowski [† 24. Januar 1890] u. a. m.).

Diese Frage wurde im Reichstag in der Sitzung vom 31. August 1883, (S. 40 ff.) anläßlich der Reichstagswahl im ersten Merseburger Wahlkreise diskutiert. Und die Regierung gestand selbst zu, daß sie nur bei außergewöhnlichen Ereignissen solches Vorgehen für zulässig halte. Es sagte damals der Vertreter der preußischen Regierung, Minister von Puttkamer (a. a. O., S. 47):

„In der Sache selbst wird das zuzugeben sein, daß ein einmal angesetzter Wahltermin nur aus ganz außergewöhnlichen Gründen, entweder zwingender oder — um mit dem gewöhnlichen Sprachgebrauch zu reden — dringlicher Art aufgehoben werden darf. Die zu stellende Frage ist demnach die: Lag die Sache so, daß derartige triftige Gründe, also solche, welche vor der bona fides und dem öffentlichen Recht bestehen können, vorhanden waren, um den bereits anberaumten Wahltermin einstweilen wieder aufzuheben? Der Herr Staatssekretär hat bereits mit vollem Rechte darauf hingewiesen, daß die Bestimmung des Wahlreglements, nach welcher im Falle einer Ungültigkeitserklärung die Neuwahl sofort veranlaßt werden muß, keinesfalls dahin ausgelegt werden kann, daß unter keinen Umständen ein auf Grund dieser Bestimmung angesetzter Wahltermin wieder aufgehoben werden darf. Epidemien, elementare Ereignisse irgendwelcher Art können — eine Ansicht, die ich auch durch die Äußerungen der Herren von der Linken bestätigt zu finden glaube — allerdings eine derartige Verlegung eines Wahltermins begründen."

II. Bei der Aufstellung der Wählerlisten für die Stichwahlen sind selbstverständlich die Wählerlisten der Hauptwahl maßgebend, da Stichwahl und Hauptwahl eine Einheit darstellen (§ 31, Absatz 5, WR.). Eine wiederholte Auslegung und Berichtigung derselben findet nicht statt. Eine Stichwahl als Resultat einer Stichwahl gibt es nicht; wenn bei der engeren Wahl Stimmengleichheit eintritt, so entscheidet das Los, welches durch die Hand des Wahlkommissars gezogen wird[1]) (§ 32, WR.).

Bei den Ersatzwahlen, gleichviel aus welchem Grunde[2]), muß man unterscheiden, ob die Ersatzwahl später als ein Jahr nach den allgemeinen Wahlen respektiv nach der letzten Wahl stattfindet oder nicht (§ 34, WR.). Im ersteren Fall müssen die gesamten Wahlvorbereitungen mit Einschluß

[1]) Dies kommt allerdings selten vor: so z. B. Wahl Bürklin im 5. badischen Wahlkreis im Jahre 1877 (siehe Specht-Schwabe, Reichstagswahlen, Berlin, 1904 S. 252).

[2]) Historisches Interesse hat die alte Auslegung des § 34, die jetzt durch die bestimmte Fassung infolge der Novelle zum Wahlreglement von 1903 ein für allemal erledigt ist (s. über diese frühere Streitfrage Leser, Untersuchungen über das Wahlprüfungsrecht des deutschen Reichstags 1908, S. 26, Anm., und die dort angeführten Materialien aus den Reichstagsverhandlungen und Drucksachen, sowie meinen Kommentar zum Wahlgesetz zu § 34, WR.).

der Aufstellung und Auslegung der Wählerlisten erneuert werden (§ 34, Abs. 3, WR.). Im letzteren Fall ist dies nicht notwendig, aber nichts hindert die in Betracht kommenden zuständigen Behörden, dies dennoch zu tun, „denn § 34 verbietet nicht die Berichtigung der Wählerlisten innerhalb der Jahresfrist, sondern sagt nur, daß es der erneuten Aufstellung und Auslegung nicht bedarf" (Laband, a. a. O., I⁵, S. 325)[1]. Es wird sich dies namentlich dann empfehlen, wenn in der Zwischenzeit durch starken Zuzug von deutschen Staatsangehörigen am Wahlort Berichtigungen der Wählerliste nötig erscheinen, weil sonst die Neuanziehenden um ihr Wahlrecht verkürzt werden könnten (siehe oben § 33). Allerdings wird diese Berichtigung die Behörde nicht einseitig vornehmen dürfen, sondern sie wird wohl eine Neuaufstellung und Neuauslegung der Wählerlisten anzuordnen haben (siehe Laband a. a. O.). Trotzdem steht die Verwaltungspraxis (Dr. RT., Nr. 1116 ex 1912/13) und die Reichstagspraxis (Dr. RT., Nr. 249 ex 1905/06, S. 3220) auf den Standpunkt der absoluten Unzulässigkeit der Neuaufstellung von Listen innerhalb desselben Jahres. Daß, wie die Wahlprüfungskommission (Dr. RT., Nr. 249 ex 1905/06, S. 3220) behauptet, in solcher Neuaufstellung der Wählerlisten ein Verstoß gegen „das Wahlgesetz" gelegen sei, ist unrichtig (§ 8, Abs. 3, WG.: „bedarf es nicht"). Höchstens läge ein Verstoß gegen das Wahlreglement (§ 34, Abs. 1, der auf § 31, WR. verweist; der Abs. 5 dieses § 31, WR. sagt allerdings apodiktisch: „Bei der Wahl sind dieselben Wählerlisten anzuwenden"). Bei solchem Widerstreit zwischen Wahlgesetz und Wahlreglement muß aber das Gesetz der Verordnung vorgehen (vgl. auch die zweckmäßige Regulierung dieser Frage in § 32, Abs. 2 des hessischen Wahlgesetzes von 1911).

Interessant ist die Frage, ob alte oder neue Listen zur Verwendung kommen sollen, wenn bei der Ersatzwahl eine Stichwahl nötig wird und die Ersatzhauptwahl noch innerhalb der oben bezeichneten Jahresfrist, die Ersatzstichwahl außerhalb dieser Zeitgrenze fällt. Da Hauptwahl und Stichwahl aber, wie wir oben festgestellt haben, ein einheitliches Ganze darstellen und namentlich in der Stichwahl keine anderen Wählerlisten verwendet werden dürfen, als in der Hauptwahl (§ 31, Absatz 5, WR.), so werden die alten Listen auch für die Stichwahl be-

---

[1]) Die Frist wird vom Datum der letzten Wahl bis zum Datum der Ersatzwahl gerechnet. Der Tag, an welchem das die Ersatzwahl verursachende Ereignis eingetreten, ist für die hier in Frage kommende Fristberechnung irrelevant (Seydel in Hirths Annalen, a. a. O., S. 385). Da es sich um eine nach „Jahren" bestimmte Frist handelt, so endet sie (§ 188², BGB.) mit dem Ablaufe des Tages, der dieselbe Zahl trägt, wie der Tag, auf den das Anfangsereignis (Datum der letzten Wahl) fällt: übereinstimmend Dr. RT., Nr. 73 ex 1879/80, S. 487. Fehlt der entsprechende Tag am Ende eines Monates, so endet die Frist am letzten Tage des Monats (§ 188³, BGB.).

nutzt werden müssen (siehe auch Dr. RT., Nr. 130 ex 1888/89, S. 770). Wenn sich die Landesbehörden an die Vorschrift des § 34 nicht halten, so steht es der Reichsregierung kraft ihrer Reichsaufsicht zweifellos zu, die notwendige Einwirkung eventl. auch unter Veranlassung der Veränderung des Wahltermins von seiten der Staatsregierung vorzunehmen (Sitzung vom 25. Februar 1895, S. 1081). Eine selbständige Anordnung des Wahltermins durch die Reichsregierung wäre unzulässig, da dies die Grenzen der Reichsaufsicht überschreiten würde. Denn „niemals kann die Beaufsichtigung die objektivrechtliche Begründung der zu erfüllenden Verpflichtung selbst bewirken, wenn nicht die volle Auflösung des Begriffs (sc. der Beaufsichtigung) und die Beseitigung jeder erkennbaren Abgrenzung desselben vor der Gesetzgebung wie von dem gesetzvertretenden Verordnungsrecht herbeigeführt werden soll" (Hänel, Deutsches Staatsrecht I, S. 316).

III. Betreffs der amtlichen Wahlvorbereitung,

abgesehen von der (oben besprochenen) Anlegung der Wählerlisten, ist folgendes festzuhalten: Bei der Stichwahl bleiben Wahlbezirke, Wahllokale und Wahlvorsteher unverändert, wenn nicht die zuständigen Behörden etwas anderes anordnen und öffentlich bekanntmachen (§ 31, Abs. 2, WR.). Das gleiche ist bei jeder Ersatzwahl der Fall, wenn sie innerhalb eines Jahres nach den allgemeinen Wahlen stattfindet, sonst gilt das für allgemein übliche Verfahren auch für die Ersatzwahlen (§ 34, Abs. 3, WR.). Was die Bekanntmachungen anlangt, die wie wir oben gesehen, bei jedem Wahlverfahren zu beobachten sind, so gelten folgende Unterschiede zwischen Stich- und Ersatzwahl einerseits und Hauptwahl anderseits.

Bei der Stichwahl sind, wie bei der Hauptwahl, der Name des Wahlvorstehers, seines Stellvertreters, sowie das Wahllokal, dann die Abgrenzung der Wahlbezirke, sowie Tag und Stunde der Stichwahl durch die zu amtlichen Publikationen dienenden Blätter zu veröffentlichen und von den Gemeindevorständen in ortsüblicher Weise bekanntzumachen.

Dadurch unterscheidet sich aber die Bekanntmachung, die hier nötig ist, von der Bekanntmachung bei der Hauptwahl, daß sie

a) nicht mindestens 8 Tage vor dem Wahltermin vorgenommen werden muß (§ 31, Absatz 3, WR.);

b) daß in der Bekanntmachung auch die Namen der beiden Kandidaten, zwischen denen die Stichwahl vorzunehmen ist, zu nennen sind mit dem Hinweis, daß alle auf andere Kandidaten fallenden Stimmen ungültig seien; schließlich dadurch,

c) daß die Bescheinigung über die in ortsüblicher Weise gemachte Bekanntmachung nicht auf der Wählerliste erteilt wird, sondern von den Gemeindevorständen den Wahlvorstehern noch vor dem Wahltermine besonders einzureichen ist (§ 31, Absatz 4, WR.).

Die Ersatzwahl hat mit der Hauptwahl im Gegensatz zur Stichwahl für unsere Frage das gemein, daß bei ihr, wenn sie nicht auch in eine Stichwahl ausläuft, natürlich nicht die Nennung von zwei Kandidaten in der Bekanntmachung nötig erscheint. Dagegen muß auch bei der Ersatzwahl die 8 tägige Frist wie bei der Hauptwahl eingehalten werden. Mit der Stichwahl hat die Ersatzwahl gemein, daß die Bescheinigung über die erfolgte Publikation in ortsüblicher Weise nicht auf der Wählerliste zu erteilen, sondern von den Gemeindevorständen und Wahlvorstehern noch vor dem Wahltermin besonders einzureichen ist, allerdings nur dann, wenn die Ersatzwahl innerhalb eines Jahres nach den allgemeinen Wahlen stattfindet. Sonst muß, wie wir wissen die gesamte amtliche Wahlvorbereitung auch erneuert werden, also auch die Bescheinigung wie bei der Hauptwahl erfolgen (§ 34 in Verbindung mit § 31, Absatz 4, WR.).

V. Abschnitt.

Die Wahlprüfung der modernen Volksvertretung.

§ 43. Die konstitutionelle Doktrin in Deutschland und die Wahlprüfung des französischen Rechts.

I. Im alten deutschen Reich.

Im alten deutschen Reich erfolgte „die Legitimation des Reichstagspersonals" in folgender Weise[1]: Der Kaiserliche Prinzipalkommissarius, welcher dem Fürstenstand angehören mußte, und den Kaiser im Reichstag vertrat, legitimierte sich durch ein Kreditiv und eine offene Vollmacht, welche an das Reichsdirektorium gesendet wurde. Dieses Reichsdirektorium hatte der Erzkanzler. Das Kreditiv wurde durch die Diktatur[2]) dem Reichstage zur Kenntnis gebracht, die offene Vollmacht hingegen von dem Reichsdirektorium geprüft und, wenn für genügend befunden, den Direktoren der besonderen Reichskollegien eröffnet. Jedes derselben hatte nämlich[3]) sein eigenes Direktorium. Im Kurfürstenkollegium führte das Kollegium Kurmainz, im Reichsfürstenrat abwechselnd Salzburg und Österreich, im Städtekollegium die Stadt, in welcher der Reichstag abgehalten wurde.

Die Prüfung der Vollmacht des Reichsdirektorialgesandten nahm der kaiserliche Prinzipalkommissarius vor und machte von der geschehenen Prüfung den Reichsständen durch ein nachher zur Diktatur gelangendes Kaiserliches Kommissionsdekret Mitteilung. In ähnlicher Weise prüfte das Reichsdirektorium die Vollmachten der reichsständischen Gesandten und gab von dem Erfolg dieser Prüfung den Direktorien der beiden anderen[4]) Reichskollegien Nachricht, worauf in allen drei Kollegien

---

[1]) Siehe Gönner, Teutsches Staatsrecht, § 173.

[2]) Die Diktatur war eine Form der Mitteilung auf dem Wege des Diktats, welches der Kur-Mainzische Sekretär vor den versammelten Legationskanzlisten der Reichsstände vornahm. Gönner, a. a. O., § 178.

[3]) Gönner, a. a. O., § 174.

[4]) Die Verständigung des Direktoriums des Kurfürstenkollegs war überflüssig, weil das Reichsdirektorium mit diesem identisch war.

die vollzogenen Legitimationen in den Protokollen als geschehen angeführt wurden.

In den deutschen Territorien war folgendes üblich (siehe Johann Jacob Moser, Von der teutschen Reichsstände Landen, 1769, S. 1503):

„Mit Anmeldung derer Erscheinenden wird es verschidentlich gehalten: In einigen Orten müssen sie alle bey Hof oder in der Canzlei ihre Ankunft eben so wohl melden, als bey der Landschaft; anderwärtig hingegen geschieht nur das letztere, und wann der bestimmte Termin verstrichen ist, wird von der Landschaft der Herrschafft bekannt gemacht, wer zugegen seye.

Die Vollmachten derer Deputierten werden dahin abgegeben, wo es jedem Orts üblich ist, und allda geprüffet: Alsdann aber, nachdem es die Land-Tags-Verfassung mit sich bringt, entweder blos zu denen Landschafft-Akten genommen oder auch der Herrschafft oder deren Commissarien zur Mit-Einsicht überschickt und sodann zurück erhalten."

Es erfolgte mithin die Prüfung der ständischen Vollmachten entweder durch den Landesherrn resp. seine Kanzlei oder durch die Stände selbst oder durch den permanenten ständischen Ausschuß, wo ein solcher bestand.

Diese Prüfung war demnach sowohl im Reich wie in den Territorien ein reiner Beurkundungsakt und hatte keineswegs die juristische Natur einer Rechtsprechung.

Auch nach Einführung des deutschen Frühkonstitutionalismus in Süd- und Mitteldeutschland (Periode bis 1848) blieb es sowohl bei der Tatsache, daß die Wahllegitimation entweder von einer landesherrlichen Kommission oder von den Ständen geprüft wurde, als auch bei dem ausschließlichen Beurkundungscharakter, den diese Wahllegitimation an sich trug. Insbesondere sind es sog. Einweisungskommissionen, welche die Wahllegitimation vornehmen. In Bayern erfolgt die Legitimierung der Abgeordneten bei einer besonderen Einweisungskommission, welche für den ersten Fall der Zusammenberufung einer neugewählten Kammer aus einer eigenst ernannten Königlichen Kommission, außer diesem Fall aber aus dem Präsidenten und Sekretäre der letzten Versammlung sich zusammensetzte. Die vom Könige eingesetzte Einweisungskommission wurde in dem Einweisungsdekret bekanntgemacht[1]).

In Württemberg erfolgt die Legitimationsprüfung schon vor dem Zusammentreten des Landtags durch den ständischen Ausschuß. Daneben entwickelte sich auf Grund des § 160 Abs. 4 der VU. ein Entscheidungs-

[1]) Siehe Moy, Das Staatsrecht des Königreichs Bayern, II. Teil (1841), S. 170 ff.

recht der 2. Kammer bei Wahlanfechtungen insbesondere seit dem Beginn der dreißiger Jahre des 19. Jahrhunderts[1]).

Im Großherzogtum Hessen bestand für die Legitimationsprüfung ebenso wie in Bayern eine landesherrlich gestellte Einweisungskommission[2]). Sobald 27 Mitglieder erschienen waren, deren Zulassung keinem Zweifel unterworfen werden konnte, war die zweite Kammer für vorläufig konstituiert erachtet.

Um diese 27 Mitglieder so festzustellen, begann die Kommission an dem im voraus bestimmten Tage eine vorläufige Prüfung der Beglaubigung und der vorgeschriebenen Eigenschaften der erschienenen Abgeordneten und versammelte hierauf diejenigen Abgeordneten, deren Zulassung ihr keinem Zweifel zu unterliegen schienen, worauf durch das Los es Mitglieder bestimmt wurden, welche mit der Einweisungskommission gemeinschaftlich die Prüfung der Legitimation wiederholten. Bei dieser Wiederholung entschied Stimmenmehrheit, und bei Stimmengleichheit gab die Ansicht der Kommission den Ausschlag, die definitive Entscheidung blieb aber der Kammer nach ihrer Eröffnung vorbehalten. Erschienen nach der wiederholten Prüfung noch keine 27 Personen als legitimiert, so mußte die vorläufige Konstituierung der Kammer noch aufgeschoben werden, bis die erforderliche Anzahl vorhanden war. Erst wenn solche 27 Mitglieder vorhanden waren, wurde die zweite Kammer von der Einweisungskommission vorläufig konstituiert.

Im Kurfürstentum Hessen waren ähnliche Verhältnisse wie in Württemberg. Nach der landständischen Geschäftsordnung[3]) wurde die Legitimationsprüfung von dem permanenten Ausschuß des Landtags vor Eröffnung des Landtags vorläufig vorgenommen, um späterhin noch von der Ständeversammlung, nachdem sich diese konstituiert hatte, einer nochmaligen Prüfung unterzogen zu werden. Da konnte es wohl vorkommen, daß vom Ausschuß vorläufig zugelassene Abgeordnete später von der Ständeversammlung zurückgewiesen wurden.

Über ein besonderes auffallendes Beispiel dieser Art, daß sich bei Eröffnung des Landtags von 1831/32 zutrug, berichtet Murhard (a. a. O., S. 255). „Der Oberappellationsgerichtsrat Pfeiffer war vom permanenten Ausschuß als gehörig legitimiert anerkannt worden, den vorbereitenden Sitzungen beizuwohnen, und er war zum Präsidenten für die bevorstehende Ständeversammlung vorgeschlagen und ernannt worden. Nachmals aber ergab sich seine Wahl zum Abgeordneten bei näherer Prüfung des Legitimationsausschusses wegen einiger dabei stattgehabter Irregulair-

---

[1]) Siehe darüber weiter unten III. dieses Paragraphen.

[2]) Siehe Karl Eduard Weiß, System des öffentlichen Rechts des Großherzogtums Hessen, 1834, S. 475.

[3]) Siehe Murhard, Die kurhessische Verfassungsurkunde, Cassel 1835, II, S. 254 f.

täten als ungültig, und Pfeiffer konnte nicht nur nicht den ihm zugedachten Präsidentenstuhl einnehmen, sondern mußte sogar so lange von den Sitzungen der Kammer überhaupt entfernt bleiben, bis er erst bei der angeordneten neuen Wahl in dem betreffenden Wahldistrikte mit Vermeidung der Irregularitäten, welche seine frühere Wahl ungültig gemacht hatten, abermals erwählt wurde. Inzwischen aber hatte eine neue Präsidentenwahl stattgefunden, bei welcher Pfeiffer nicht unter die Kandidaten aufgenommen werden konnte, weil er sich zu der Zeit nicht mehr in der Ständeversammlung befand, sondern erst später, nachdem die Wahl von neuem auf ihn gefallen war, in dieselbe eintreten konnte." Bemerkt sei noch, daß nach kurhessischem Rechte die Staatsregierung durch das Organ des Landtagskommissars Einreden gegen die Wahl einzelner Abgeordneten bei dem Legitimationsausschuß der konstituierten Ständeversammlung geltend machen konnte, ähnlich wie auch heute in Bayern (Art. 15 des bayerischen Geschäftsganggesetzes vom 19. Januar 1872).

Im Königreich Sachsen bestand ähnlich wie in Bayern und Hessen eine Einweisungskommission[1]), welche in der Regel aus dem Direktorium jeder Kammer, so wie es am letzten Landtag fungiert hatte, bestand. Dieses Direktorium jeder Kammer war: der Präsident, dessen Stellvertreter und zwei Sekretäre. Nur ausnahmsweise, wenn nämlich Präsident und Stellvertreter zugleich oder beide Sekretäre vom letzten Landtage ausgeschieden oder behindert waren, bestimmte der König, welche Mitglieder der Kammer deren Stelle einnehmen sollten. Diese bildeten dann zusammen das Direktorium und demnach die Einweisungskommission. War die zweite Kammer vom Könige aufgelöst, so wurde von ihm bei Zusammenberufung der neugewählten Kammer eine besondere Königliche Einweisungskommission bestellt. Die neue Einweisungskommission prüfte sofort die formelle Richtigkeit der Legitimation; fand sie hierbei einen Anstand, mußte der Eintritt des sich Meldenden in die Kammer bis zur Entscheidung der letzteren vertagt werden. Jedes Mitglied der Kammer hatte das Recht, die Legitimation der Kammermitglieder einzusehen und seine Zweifel der Kammer anzuzeigen. Die Einweisungskommission fungierte nur als solche beim ersten Zusammentritt eines neugewählten Landtages. Trat während eines schon tagenden Landtags ein Neueintritt von Abgeordneten ein, so erfolgte die kollegiale Prüfung der verfassungsmäßigen Befähigung durch das amtierende Direktorium.

Ergeben sonach die Verfassungen der angeführten Staaten durchaus nur eine Fortführung der schon im alten deutschen Reich vorhandenen

[1]) Siehe Milhauser, Das Staatsrecht des Königreichs Sachsen, 1839, I, S. 173 f. und S. 177.

Legitimationsprüfung, so weist Baden, das zunächst eine vom Großherzog ernannte Einweisungskommission für den ersten Zusammentritt der Stände des Jahres 1819 hatte[1]), allerdings schon bald eine neue Form auf, indem daselbst nach der Geschäftsordnung die aus Frankreich übernommene Vorprüfung der Wahl in Abteilungen der Kammer, die durch das Los bestimmt wurden, vollzogen wurde, während die definitive Entscheidung der Kammer selbst zustand[2]).

Hier tritt schon klar die rechtsprechende, nicht bloß beurkundende Funktion des Wahlprüfungsgeschäfts hervor, doch konnte noch 1825 (Wahl des Abg. Rotteck) eine Wahlprüfungskommission der badischen zweiten Kammer die Ansicht vertreten:

„Die Wirksamkeit der Kammer beschränke sich auf die Prüfung der vorgelegten Wahlprotokolle, d. h. einzig und allein auf die Frage, ob jede bei dem Wahlakt vorgeschriebene Förmlichkeit beobachtet, und ob die persönliche Qualifikation der erwählten Deputierten nachgewiesen sei" und wollte die *Prüfung* der Wahlmännerwahlen nur der Staatsregierung überweisen.

Die zweite Kammer wehrte sich dagegen mit Erfolg. Der Grundsatz der Kommission zerstöre das Selbstprüfungsrecht der badischen Kammer (Duttlinger in Verhandlungen der Ständeversammlung Badens II. Kammer, Heft 1 bis 3, 1825, S. 532).

Der neue Rechtsgedanke, der nun die Prüfung der Wahllegitimation aus einem bloß beurkundenden Akt zu einem Rechtsprechungsakt werden ließ, kam von Frankreich nach Deutschland.

II. Die Bedeutung der Wahlprüfung im französischen Recht, insbesondere ihre Geschichte.

1. Gleich beim Zusammentritt der 1789 einberufenen États généraux entbrannte der berühmte Kampf zwischen den Ständen wegen der sog. „vérification des pouvoirs". Schon von seiner ersten Sitzung an (6. Mai) verweigerte der dritte Stand die vérification *besonders* vorzunehmen und verlangte eine Legitimationsprüfung durch alle Stände gemeinsam (en commun). Auf den Rat von Mirabeau beschloß der dritte Stand,

[1]) Sie hieß „landesherrliche Zentralkommission". Siehe Wahlordnung vom 23. Dezember 1818, § 84, bei Duttlinger, Quellen des badischen Staatsrechts, 1822, S. 217.

[2]) Siehe „Verhandlungen der zweiten Kammer der badischen Stände", 1819, Beilage Nr. 30, zu Protokoll v. 3. Mai 1819, §§ 2—8. Unterschieden wird hier ausschließlich zwischen der „beanständigten Wahl" und der „beigebrachten Vollmachten, die als regelmäßig und vollständig befunden", sowie der Vollmacht von Abgeordneten, deren gesetzliche Eigenschaft nicht in Zweifel gezogen wurden. Die „beanständigte Wahl" solle nach allen anderen Vollmachten zur Abstimmung im Hause gelangen. — Siehe auch Walz über die Prüfung der parlamentarischen Wahl zunächst nach badischem Recht, 1902, S. 10.

so lange in Untätigkeit zu b'eiben, bis seine Ansicht zur Geltung käme. Er vertrat den Standpunkt, daß die Vertreter der beiden anderen Stände, des Adels und der Geistlichkeit, sich dem anschließen müßten. In der Zwischenzeit unterhandelte man mit den beiden anderen Ständen, um sie zur Nachgiebigkeit zu veranlassen[1]). Der Adel antwortete, daß die drei Stände seit jeher besondere Versammlungen gebildet hätten und nicht in Gemeinschaft beraten könnten. Der Adel schritt deshlab sofort zur Verifikation seiner Vollmachten und erklärte sich für konstituiert. Der Klerus nahm keine so schroffe Haltung ein, sondern versuchte zwischen den Ständen zu vermitteln, indem er die Prüfung der Vollmachten verschob und den übrigen Ständen vorschlug, zum Zwecke von Konferenzen Kommissäre zu entsenden, ein Vorschlag, der von den übrigen Ständen angenommen wurde. Die Konferenzen, die nun folgten, verliefen ergebnislos, nachdem auf beiden Seiten, vom dritten Stande und vom Adel die Gründe für und wider eine gemeinsame Verifikation der Vollmachten erörtert worden waren. Auch der hierbei vom Klerus gemachte Vorschlag, die Verifikation zunächst innerhalb jedes Standes vornehmen zu lassen, dann von den beiden anderen Ständen bestätigen zu lassen, und wenn Schwierigkeiten entstehen sollten, den Versuch einer endgültigen Entscheidung durch Kommissäre vorzunehmen, welche von jedem Stand nach seiner numerischen Stärke bestellt würden; schließlich, wenn auch der Versuch der Kommissäre ergebnislos sein sollte, die endgültige Entscheidung selbst durch die drei Stände in vereinigter Sitzung vorzunehmen, erfuhr namentlich beim dritten Stand eine Ablehnung[2]).

Nun versuchte der König eine Vermittlung, indem er die Konferenzen durch Kommissäre der drei Stände vor Vertretern des Königs, insbesondere vor dem Garde de sceaux, wieder aufnehmen ließ. Necker schlug bei diesen Konferenzen vor, die endgültige Entscheidung für den Fall der Meinungsverschiedenheit zwischen den drei Ständen beim Geschäft der Legtimationsprüfung dem Könige zu überweisen (Archives parl., a. a. O., p. 67: „C'est donc au Roi que semble appartenir, en raison et en équité le jugement sur toutes les contestations relatives aux élections"). Dieser Vorschlag findet natürlich beim dritten Stand noch weniger Anklang (siehe die Ausführungen von Mirabeau in der Sitzung vom 5. Juli 1789). Der Hinweis auf die Präzedenzfälle, den die Königlichen Kommissäre zur Begründung des Rechts des Königs versuchen, erfährt von Mirabeau die ironische Abfertigung, daß man die Nationalversammlung von 1789 keineswegs mit den alten États généraux vergleichen dürfe, welche ja bloß Beschwerden vorzubringen gehabt

[1]) Siehe darüber insbesondere E. Pierre, Histoire des Assemblées Politiques en France I, 1877, p. 19 ff.

[2]) Siehe Archives parl., 1. Serie VIII, p. 49 ff.

hätten. Zu deren Zeit habe es weder Wahlen noch Wahlvollmachten gegeben. Deshalb könnte von einer „Vérification des pouvoirs" damals nicht die Rede gewesen sein. In der Folge gab auch der dritte Stand seine bisher abwartende Haltung auf, um seine Popularität nicht zu verlieren. Man verlangte von den Vertretern des Volkes Taten. Mirabeau fühlte die Notwendigkeit, zu handeln. Auf seine Initiative führte Siéyès in der Versammlung des dritten Standes die Gründe aus, weshalb es notwendig sei, die privilegierten beiden anderen Stände mit dem Angebot der gemeinsamen Beratung in Verzug zu setzen und sie vor die Alternative zu stellen, entweder die Verifikation der Vollmachten gemeinsam vorzunehmen oder auf ihr Mandat zu verzichten (siehe Archives parl., Série I, VIII, p. 85 f.; Sitzung vom 10. Juni 1789). Es erfolgt eine formelle Einladung, gerichtet an die beiden anderen Stände, zur gemeinsamen Sitzung zu erscheinen. Da nach Ablauf von zwei Tagen dies nicht geschieht, beginnt der dritte Stand den Namensaufruf zum Zwecke der Verifikation und beschränkt ihn nicht bloß auf die Vertreter seines Standes, sondern erstreckt ihn auch auf die Vertreter der beiden anderen Stände.

Als sich bei dem Namensaufruf für diese niemand meldete, wurde darüber in dem Protokoll mit dem Bemerken hinweggegangen: „Nul ne s'est présenté" (Archives parl., a. a. O., p. 89 ff.). Der Namensaufruf begann am 12. Juni und dauerte bis zum 13. Juni fort. In der Sitzung vom 15. Juni erklärte Siéyès, daß, nachdem die Verifikation des größten Teils der Abgeordnetenmandate (96 Hundertstel) in den vorhergehenden Sitzungen vorgenommen worden wäre (es hatten sich übrigens einige Vertreter des Klerus dem dritten Stande zugesellt), man nunmehr zur Konstituierung der Versammlung schreiten könnte, um dadurch zum Ausdruck zu bringen, daß nur der so konstituierten Kammer und keiner anderen zustünde, den Willen der Nation „zu interpretieren" und „darzustellen". Darüber waren alle einig. Nur deswegen kam es zwischen Siéyès, Mirabeau und Mounier zur Auseinandersetzung, ob man der so konstituierten Versammlung den Namen „Assemblée des représentants connus et vérifiés de la nation française" geben sollte, wie Siéyès wollte, oder den Titel „Représentants du peuple français", wie Mirabeau vorschlug, oder den Namen „Assemblée légitime des représentants de la majeure partie de la nation, agissant en l'absence da la mineure partie", wie Mounier beantragte (siehe Archives parl., Sitzung vom 15./16. Juni 1789, a. a. O., p. 109 bis 126). Schließlich entschloß sich Siéyès zur Konzession an Mirabeau und beantragte als Titel die Bezeichnung der Versammlung als „Assemblée nationale" (Sitzung vom 16. Juni 1789, Archives parl., a. a. O., p. 126).

Der Antrag wurde angenommen.

Diese neue Versammlung wußte es, den Anschlägen, die gegen sie gerichtet waren, in der bekannten Weise Widerstand zu leisten, namentlich durch den Schwur im Saale Jeu-de-Paume sich solange nicht zu trennen, bis die Verfassung beschlossen worden sei (20. Juni 1789, Archives parl., a. a. O., p. 138). In der Sitzung vom 23. Juni 1789 (Archives parl., a. a. O., p. 143) versuchte der König noch einmal das altständische Prinzip im Sinne der privilegierten Stände zu sichern und gebot in seiner Erklärung (Art. 10), daß die Legitimationsprüfung von jedem Stande besonders, nicht von allen Ständen gemeinsam vorgenommen werden sollte. Wenn aber zwei Drittel der Stimmen in einem der drei Stände gegen einen solchen Beschluß Stellung nähmen, sollte die Angelegenheit dem Könige zur definitiven Entscheidung vorgelegt werden (Art. 10).

Daran kehrte sich die Nationalversammlung nicht, und der König gab sich schließlich damit zufrieden.

In diesem Kampfe um die gemeinsame Verifikation, dessen historische Einzeltatsachen eben angeführt worden sind, wurden Theorien über die rechtliche Natur der Wahlprüfung aufgestellt, die von bleibender Bedeutung nicht bloß für Frankreich, sondern auch für die konstitutionelle Doktrin anderer Länder, insbesondere Deutschlands geworden sind.

2. Über die Theorien, die bei dem Verifikationsstreit der konstituierenden Versammlung zutage traten, geben die Verhandlungen folgendes Bild. Schon vor der Konstituierung bei den ersten Konferenzen mit den privilegierten Ständen zeigte sich, daß man über die juristische Natur der Verifikation auf allen Seiten einig war. Man erkannte sowohl von seiten des dritten Standes wie von seiten des Adels an, daß es sich hierbei um R e c h t s p r e c h u n g handelte (siehe die Ausführungen von Target in der Konferenz vom 23. Mai 1789, Archives parl., a. a. O., p. 46).

Ganz besonders scharf formuliert dies Mirabeau in der Sitzung des dritten Standes am 27. Mai 1789, als er zu dem oben erwähnten Vermittlungsvorschlag Stellung nimmt. Er sagt (Archives parl., a. a. O. p. 51): „Mais outre qu'en reconnaissant qu'il y a dans la vérification des pouvoirs, procès et nécessité à un jugement, elle nous renvoie à la sévérité du principe sur le choix des juges ...." Und als der dritte Stand seine Forderung der gemeinsamen Verifikation durchsetzt und einen Ausschuß für die Prüfung der Wahlvollmachten einsetzt, erhält dieser den bezeichnenden Namen „comité des vérifications et du contentieux" (siehe Archives parl., a. a. O., p. 135 f.)[1]).

---

[1]) Daß dem Könige keineswegs das endgültige Endurteil in Wahlsachen zuzugestehen sei, darüber herrschte unter den Ständen keineswegs Uneinigkeit. In der Konferenz vom 23. Mai 1789, Archives parl., a. a. O., p. 46, sprechen die Vertreter des dritten Standes aus: „Ohne Zweifel ist es doch, daß es keineswegs die Absicht der Herren Vertreter des Adels sein kann, die Entscheidung über Wahlstreitigkeiten vor den Rat des Königs zu bringen (wie dies 1614 der Fall gewesen)", worauf die Herren vom Adel ohne Schwierigkeit dies

Aber die juristische Qualifikation des Wahlprüfungsgeschäfts durch die erste konstituierende Versammlung Frankreichs bleibt hierbei nicht stehen. Im Laufe des Verifikationsstreites entsteht bei den streitenden Teilen, insbesondere auf Seiten des dritten Standes, die Auffassung, daß die Verifikation der Wahlvollmachten (pouvoirs) ein Teil des pouvoir constituant sei, mit welchem die Versammlung durch die Wählerschaft ausgerüstet worden wäre.

Nur aus diesem Gedankengange erwächst dem dritten Stand die Kraft, die gemeinsame Verifikation in einer gemeinsamen Versammlung aller Stände zu fordern[1]).

Man kann das Wachsen dieses Gedankens in den Konferenzen und Verhandlungen, die damals geführt wurden, deutlich beobachten. Noch Target gibt in der Konferenz vom 23. Mai 1789 (Archives parl., a. a. O.,

zugestehen. Sie erkennen an, „daß die Stände von 1614 in dieser Hinsicht in Irrtum gefallen seien". Auch Necker verteidigt als Regierungskommissar die Königliche Prätention, letzte Instanz in Wahlprüfungsstreitigkeiten zu sein, nur mit Zweckmäßigkeitserwägungen (Archives parl. vom 4. Juni 1789, a. a. O., p. 67: „Le pouvoir de juger en dernier ressort de la régularité des élections ne pouvait dont être attribué avec équité, ni aux trois ordres réunis, ni à chacun d'eux en particulier. Ce pouvoir ne doit pas appartenir à chaque ordre en particulier, parce qu'ils ont tous intérêt à ce qu'un seul n'abuse pas de son influence, il ne peut pas appartenir non plus au trois ordres réunis, puisque ce serait l'attribuer essentiellement aux représentants du tiers-état vu la supériorité de leurs suffrages pour en augmenter la puissance en obtenant une influence prépondérante sur la formation même de l'Assemblée").

[1]) Dies ist den bisherigen Darstellern der in Frage kommenden Theorie vollständig entgangen. So vor allem Georg Jellinek, der in seinem Gutachten für den 9. deutschen Juristentag. Er sagt a. a. O., S. 129: „Die Nationalversammlung nun faßt das aus den Zeit des ständischen Vorspieles überkommene Recht der Wahlprüfung ohne nähere Untersuchung der Sache als einen Bestandteil des pouvoirs législatif auf . . ." Freilich sagt er bald darauf ganz richtig: „Noch tiefer als die Montesquieusche Lehre von der Gewaltenteilung war die Idee der Volkssouveränetät in das Bewußtsein der neuen Machthaber eingedrungen. Die der Substanz nach noch bei der Gesamtheit des französischen Volkes ruhende, durch den corps législatif vertretene volonté générale ist es, welcher die dem Staate essentielle plenitudo potestatis zukommt. Diese volonté générale enthält daher alle Gewalten in sich. Allein sie übt nicht alle aus. Sie delegiert die vollziehende und richterliche Gewalt an andere Organe und behält sich nur die Ausübung der Gesetzgebung vor. Damit wird aber die Gesetzgebung quoad ius und quoad exercitium zur höchsten Gewalt, der die beiden anderen subordiniert, von der sie in ihrer Organisation abhängig sind." Das aber, was Jellinek mit diesen Worten schildert, ist eben das pouvoir constituant, nicht aber das pouvoir législatif.

Verkannt ist die Sachlage auch in der gründlichen Darstellung der Lehre vom pouvoir constituant von Egon Zweig, Tübingen 1909, S. 229 ff., der den Verifikationsstreit als Frage ansieht, die überhaupt nicht aktuell geworden oder wenigstens nicht „über den Rang einer reinen Geschäftsordnungsfrage (?!) hinausgelangt wäre, wenn die Regierung von vornherein in autoritativer Weise Organisations- und Beratungsmodus vorgezeichnet hätte". Die Wahlprüfungsfrage hätte nicht für die Verfassung präjudiziellen Charakter erlangt, wenn die Krone nicht „grundsätzlich" das Recht für sich in Anspruch genommen

p. 46) zur Begründung der Notwendigkeit die Wahlvollmachten in gemeinsamer Sitzung zu verifizieren, an: „Weil die Wahlvollmachten der Deputierten aller Stände zum Zwecke haben, die Einrichtung und Verteidigung der Rechte und der Interessen der Nation, so ist es evident, daß diese Vollmachten geprüft, anerkannt und beurteilt werden müssen durch die Repräsentanten der ganzen Nation". Aber schon in der Sitzung des dritten Standes vom 27. Mai 1789 sagt Mirabeau, indem er das Vorgehen des Adels, welcher seine Vollmachten bereits verifiziert und sich konstituiert hatte, einer näheren Beleuchtung unterzieht (Archives parl., a. a. O., p. 51): „Der eine (von den privilegierten Ständen) hat erklärt, gesetzmäßig konstituiert zu sein, er hat sich selbst mit allen Gewalten bekleidet, welche er für zweckmäßig gefunden hat, er hat Akte wirklicher Souveränität gesetzt." Besonders klar formuliert ist aber der Zusammenhang zwischen Verifikation und pouvoir constituant in der Sitzung von Vertretern der Stände vom 6. Juni 1789. Da sagt einer der Vertreter des dritten Standes (Archives parl., a. a. O., p. 77 f.): „Es ist unmöglich, zu behaupten, daß die Vollmachten der Deputierten zu den Generalständen andere natürliche Richter haben könnten als die gesamte Körperschaft der Vertreter der Nation. Welches wäre denn die Autorität einer Beratung, die von Menschen vorgenommen würde, welche nicht das Recht zu beraten hätten? Die Zusammenkunft von Menschen, die dieses Rechtes bar wären, für die Zwecke eines so wichtigen Aktes, wäre Usurpation der unveräußerlichsten Autorität. Jede Wählerversammlung eines Wahlbezirks (bailliage) gibt den Deputierten der drei Stände, welche sie in die États généraux entsendet, ein Mandat, welches, sei es ausdrücklich oder stillschweigend, nicht minder speziell ist, nämlich zu prüfen (vérifier), unter welchem Titel die Repräsentanten der drei Stände

---

hätte, über zweifelhafte Wahlen in letzter Instanz zu entscheiden. Diese irrige Auffassung von Zweig, als ob sich der Verifikationsstreit im wesentlichen gegen die Krone und nicht gegen die privilegierten Stände gerichtet hätte, ist ihm allerdings durch die Darstellung bei Jellinek, a. a. O., S. 128 ff., vermittelt worden. Sie hat aber in den historischen Tatsachen keine Begründung. Nicht um den König von dem Wahlprüfungsgeschäft auszuschließen, war der Verifikationsstreit ausgebrochen, sondern, um die privilegierten Stände zur Verifikation en commun zu zwingen. Daß die Krone für sich die endgültige Entscheidung durch ihre Erklärung vom 10. Juni in Anspruch nahm, erfolgte längst, nachdem die wichtigsten Theorien über die parlamentarische Verifikation in den Konferenzen der Stände erörtert worden waren. Daß die Krone nicht „grundsätzlich", sondern nur notgedrungen und um den Streit zwischen den Ständen zu schlichten, die Stellung als endgültige richterliche Instanz in Anspruch genommen hat, ergibt die oben zitierte Äußerung Neckers. Zweckmäßigkeitserwägung war dabei maßgebend. Aus den Verhandlungen geht übrigens deutlich hervor (siehe oben vorhergehende Anmerkung), daß die Ansicht der Regierung von keinem der Stände ernst genommen wurde und daß sich alle in der Ablehnung der Königlichen Prätention zusammenfanden. Dem Könige ein endgültiges Entscheidungsrecht einzuräumen, hatten doch selbst die Vertreter des Adels als überwundenen „Irrtum" angesehen.

in den anderen Wahlbezirken (bailliages) zusammenkämen, um mit ihnen die nötigen Vorkehrungen für das Gemeinwohl zu treffen. All diese sind unter diesem Gesichtspunkt Depositare des Rechts, welche die Nation besitzt, um Leute, welche nicht das Vertrauen der Nation haben, davon abzuhalten, daß sie sich einen Einfluß anmaßen, welchen die Nation sicherstellen muß. Jedes Recht, das durch einen anderen anvertraut wird, noch mehr aber jenes Recht, welches durch ein Volk als Ganzes anvertraut wird, legte eine strenge Pflicht auf, für die man denjenigen verantwortlich ist, die man repräsentiert. Diese Pflicht lastet gemeinsam auf allen Mitgliedern der Nationalversammlung (gemeint ist die Verifikationspflicht) und sie kann nicht anders, als in Gemeinschaft durch die Assemblée générale und durch alle Deputierten, die darin versammelt sind, erfüllt werden. Keine besondere Kammer könnte mit diesem Rechte gegenüber den Mitgliedern, welche sie umschließt, ausschließlich betraut werden, denn keine solche Kammer kann über die Autorität der Nation verfügen. Entgegenstehende Tatsachen sind ohne Bedeutung in Anbetracht dieser einfachen und vernünftigen Prinzipien. Die Rechte der Nation können nicht veräußert werden deshalb, weil diese etwa es versäumt hätte, von ihnen Gebrauch zu machen."

Am schärfsten aber spricht der geistige Vater der Theorie vom pouvoir constituant, Siéyès, den Zusammenhang zwischen vérification und pouvoir constituant aus (Sitzung vom 10. Juni 1789, Archives parl., p. 84): „Ist es nicht offenkundig, daß es unmöglich ist, sich als aktive Versammlung zu formieren, ohne vorher diejenigen anzuerkennen, welche diese Versammlung billigen sollen?" Und in der Sitzung vom 5. Juni 1789 zieht er auch sofort die Konsequenz (Archives parl., a. a. O., p. 109): „Noch mehr, da es nur den verifizierten Abgeordneten zusteht, zusammenzutreten, um den Willen der Nation zu bilden, und da alle verifizierten Abgeordneten in dieser Versammlung sind, so muß man folgern, daß es dieser Versammlung und keiner anderen zukommt, zu interpretieren und darzustellen die volonté générale der Nation."

Auch Mirabeau bewegt sich in diesen Gedankengängen, wenn er eine Vorstellung an den König vorschlägt, in deren zweiten Punkt es heißt (Archives parl., a. a. O., p. 112): „Résolu que la vérification fait le 13 et 14 juin, des pouvoirs des députés, après due convocation des députés, des classes privilégiées à l'effet qu'ils puissent y concourrir pour ce qui les concerne, est suffisante pour autoriser les susdits députés à se former et à se constituer . . ."

Ein anderer Abgeordneter, Camus, hält den Zusammenhang zwischen Verifikation und pouvoir constituant für so wesentlich, daß er die Konstituierung bzw. die Erklärung, daß man sich konstituiere, für eine notwendige Konsequenz und natürliche Umschreibung der vorgenommenen Verifikation ansieht (Archives parl., a. a. O., p. 121): „La vérification en commun est un principe dont vous ne vous êtes jamais départis; cette vérification a été faite entre les membres des communes et une partie de ceux du clergé; et qu'allez vous donc publier maintenant par votre arrêté, ou plutôt par le titre de votre constitution? U n s i m p l e f a i t, u n e v é r i t é a u t h e n t i q u e."

So war die Lehre erwachsen, daß die Verifikation der pouvoirs, die Prüfung der Wahlvollmachten, nicht bloß ein Rechtsprechungsakt, sondern ein Bestandteil des pouvoir constituant sei. Aus dieser letzteren Natur wurden auch zwei für die spätere konstitutionelle Doktrin bedeutsame Folgerungen gezogen.

1. Das vom Volke im pouvoir constituant der Volksvertretung übertragene Mandat zur Verifikation der Wahlvollmachten ist der Volksvertretung unveräußerlich und als undelegierbare Befugnis übertragen. Die Volksvertretung kann diese Befugnis nicht an ein anderes Organ, insbesondere nicht an eine Kommission übertragen. Nur die Volksvertretung selbst kann diese Befugnis ausüben. Am schärfsten hat dies Mirabeau formuliert (Sitzung vom 27. Mai 1789, S. 50 f.): „La vérification par commissaires excède des pouvoirs. Investis de la puissance nationale, autant du moins qu'une espèce de législature provisoire peut l'être, nous ne le sommes pas du droit de la déléguer. Nous ne pouvons pas subroger des juges à notre place; la conséquence du principe contraire serait que nous pourrions limiter les Etats généraux, les circonscrîre, les dénaturer, les réduire, enfin, nommer des dictateurs. Une telle prétention serait criminelle autant qu'absurde. Ce serait une usurpation de la souveraineté qui ferait sortir de cette Assemblée une véritable tyrannie et qui frappereit de la plus détestable, si ce n'était en même temps de la plus pitoyable nullité, toutes nos operations . . ."

Aus diesem Grunde hat die französische Legislatur seit jeher, insbesondere seit dem Gesetz vom 13. Juni (17. Juni) 1791, Art. 31 an der Wahlprüfung durch Abteilungen und an der definitiven Entscheidung über Wahlen durch das Haus festgehalten. Eine Wahlprüfungskommission ist dem französischen Recht fremd. Allerdings hat heute das Parlament in Frankreich ein weitgehendes Enquêterecht, auch in bezug auf Wahlen (siehe Pierre, Traités de droit politique 1908, Nr. 404 ff.), um Tatsachen, welche für die Wahlprüfung entscheidend sind, festzustellen. Aber auch hier kann die Kommission bloß die Feststellung von Tatsachen vornehmen; die Entscheidung über die Gültigkeit der Wahl hängt von der legislativen Körperschaft selbst ab.

2. Eine andere Folgerung aus der Tatsache, daß die Verifikation der Wahlvollmacht ein Bestand des pouvoir constituant sei, ist der Rechtssatz, daß die legislative Körperschaft in Frankreich nicht eher die definitive Konstituierung des Hauses nach Neuwahlen vornehmen kann, ehe nicht die Majorität der Abgeordnetenmandate verifiziert ist. Wenn aber die Majorität der Mandate geprüft ist, dann hat das Haus die Befugnis, sich zu konstituieren. Diese Folgerung hat schon Siéyès in der Sitzung des dritten Standes vom 15. Juni 1789 (Archives parl., a. a. O., p. 109) gezogen: „La vérification des pouvoirs étant faite, il est indispensable, de s'occuper, sans delai de la constitution de l'Assemblée. Il est constant par le résultat de la vérification des pouvoirs, que cette Assemblée est déjà composée des répresentants envoyés directement par les quatre-vingt-seize centièmes au moins de la nation. Une telle masse de députation ne saurait être inactive par l'absence des députés de quelques bailliages ou de quelques classes de citoyens; car les absents qui ont été appellés ne peuvent point empêcher les présents d'exercer la plénitude de leurs droits, surtout lorsque l'exercise de ces droits est un devoir impérieux et pressant." An diesem Grundsatz hat die französische Gesetzgebung seit dem Jahre 1791 (zuerst ausgesprochen im Gesetz vom 13./17. Juni 1791, Art. 24 ff.) bis auf die Gegenwart (siehe Art. 7 der gegenwärtigen Geschäftsordnung der Deputiertenkammer) festgehalten.

War deshalb nach der Auffassung der ersten verfassunggebenden Versammlung Frankreichs die Verifikation der Wahlvollmachten ein Bestandteil des pouvoir constituant, so war der alte, von den französischen Ständen bis dahin vorgenommene, als Beurkundung zu qualifizierende Vorgang der Wahllegitimation unfehlbar verworfen. Klar ist dies von Malouet in der Sitzung des dritten Standes vom 8. Juni 1789 (Archives parl., a. a. O., p. 80) erkannt. Er sagte damals: „Ich unterscheide zwischen der Vorweisung unserer Deputationsschriftstücke und der wirklichen Verifikation der nationalen Abstimmungen über alle Punkte der Verfassung, so wie sie in den „Cahiers" zum Ausdruck gebracht sind. Diese letztere Tätigkeit könnte selbst dann mit der größten Authentizität vorgenommen werden, wenn die Bevollmächtigten Widerspruch dagegen erheben wollten; der Wille der Wählerschaft, rechtmäßig zum Ausdruck gebracht, ist die einzige Quelle der Machtvollkommenheit ihrer Repräsentanten." („La volonté des constituants, légalement annoncée, étant la véritable et l'unique puissance de leurs répresentants.")

Die Auffassung der Verifikation als reine Beurkundungstätigkeit steht nämlich im diametralen Gegensatz hierzu. Hier leitet der Abgeordnete seine Rechtstellung nicht direkt aus dem Willen der Wählerschaft her, sondern es schiebt sich dazwischen die Beurkundung, daß man der legitimiert gewählte Abgeordnete sei, und diese Beurkundung geht entweder vom Landesherrn oder von den Ständen aus. Die Beurkundung ist aber zur Perfektion des Rechtstitels, als Abgeordneter zu fungieren, unbedingt nötig. Gerade das aber ward in der französischen Nationalversammlung in dem Augenblick negiert, wo man die Verifikation der „Wahlvollmachten" als Bestandteil des pouvoir constituant auffaßte.

Wurden nun diese Anschauungen ganz oder zum Teil in Deutschland rezipiert, so mußte, da bis zum Eindringen französischer Anschauungen nur das Beurkundungsprinzip in unserer Frage vorherrschte, dieses mit der Auffassung, als sei die Wahllegitimation ein Bestandteil der „konstituierenden Gewalt des Volks" in Konflikt kommen oder es mußten beide einander gegenüberstehende Auffassungen zum Ausgleich gebracht werden.

III. Die konstitutionelle Doktrin in Deutschland.

Die Schrift Robert von Mohls „Vorschläge zu einer Geschäftsordnung des verfassungsgebenden Reichstags", die knapp vor Zusammentritt der Frankfurter Nationalversammlung verfaßt, den Geschäftsordnungsberatungen derselben zugrunde gelegt wurde, spiegelt die konstitutionelle Doktrin in unserer Frage deutlich wieder.

Auf der einen Seite mußte ihm die damals in Süddeutschland, namentlich aber in seiner württembergischen Heimat geläufige Prüfung der Wahllegitimation als Beurkundung ebenfalls nahestehen. Auf der anderen Seite konnte er sich natürlich der Anschauung nicht verschließen, daß die von ihm als Vorbild wiederholt hingestellten Rechtsanschauungen in Frankreich und England die Wahlprüfung als etwas anderes ansahen: nämlich als Rechtsprechung. So kam er denn zu folgendem Vorschlag, wie die Nationalversammlung den „Berechtigungsausweis" ihrer Mitglieder zu fordern hätte. (Siehe die Schrift, a. a. O., S. 16 bis 30.)

Der Gesamtvorstand des Reichstags (Vorsitzende, Stellvertreter und die Schriftführer) sollten in den ersten Tagen nach ihrer Bestellung einen Wahlausschuß von 15 Mitgliedern bestellen, welcher in der darauffolgenden Sitzung vom Plenum bestätigt werden muß. Er soll alle vier Wochen erneuert werden, doch dürfen die bisherigen Mitglieder wieder gewählt werden.

Der Wahlausschuß soll die Wahllegitimation der Abgeordneten in noch weiter unten zu erörternder Weise gewöhnlich definitiv vornehmen. Die vorläufige Zulassung soll aber schon vorher von dem Fünfzigerausschuß stattfinden dürfen, dem Fünfzigerausschuß, welcher vom Vorparlament eingesetzt war, mit dem Auftrage, den Bundestag bei der Wahrung der Interessen der Nation und bei Verwaltung der Bundesangelegenheiten bis zum nahen Zusammentritt der konstituierenden Versammlung selbständig zu beraten und die für notwendig zu erachtenden Anträge an ihn zu bringen. Den vorläufigen Ausweis bei den Fünfzigern dachte sich Mohl nur als Notbehelf zur Beseitigung offenbar Unberechtigter und zur Ermöglichung der Bildung einer wenigstens „leidlich gesetzlichen" Versammlung.

Die definitive Zulassung sollte nach Mohl an sich hauptsächlich durch den Wahlausschuß, in zwei Ausnahmefällen jedoch durch das Plenum der Nationalversammlung stattfinden. Dem Wahlausschuß war nur eine beurkundende Tätigkeit zugedacht, wenn keine Wahlanfechtungen durch Nichtmitglieder vorlagen. Er sollte, wie Mohl (a. a. O., S. 16) ausspricht, „die ä u ß e r e Gültigkeit der Wahlen prüfen, wie solche aus den übergebenen Urkunden erhellt". Namentlich sollte er hierbei untersuchen:

a) die anscheinende Echtheit der Wahlurkunde,

b) die Übereinstimmung des betreffenden Landeswahlgesetzes mit den Bestimmungen des Bundesbeschlusses vom April 1848,

c) die Übereinstimmung der ausstellenden Behörde der angegebenen Wahlkörperschaft, sowie der auf den Vorweisenden gefallenen Stimmenzahl mit dem betreffenden Landesgesetze,

d) die Einhaltung der Gesamtzahl der von einem jeden der deutschen Lande vorschriftsmäßig zu stellenden Mitglieder, zu welchem letzteren Ende der Ausschuß die Wahlen sämtlicher demselben deutschen Lande angehörigen Mitglieder zusammen prüft.

Nur in den Fällen b und d soll der Wahlausschuß nicht endgültig entscheiden, sondern Bericht und Antrag an die volle Versammlung stellen, da es sich in solchen Fällen darum handle, „nicht bloß über die Gesetzmäßigkeit untergeordneter Behörden oder über eine Privathandlung, sondern über die Handlung der Landesregierung" zu beschließen, hierzu aber ein Beschluß des Reichstags selbst notwendig sei. Weil Mohl die ganze Tätigkeit in den Fällen a bis d als eine B e u r k u n d u n g s - t ä t i g k e i t auffaßt, so muß er dieselbe auf „die äußere Gültigkeit" der Wahl beschränken, insbesondere läßt er nicht zu, daß die Prüfungsbehörde „die materielle Wahrheit der amtlich bezeugten Tatsachen" untersuche.

Der Beurkundungscharakter dieser ganzen Prüfung der Wahllegitimation geht ferner daraus hervor, daß nach Mohl jede vom Wahlausschuß für gültig erklärte Wahl dem Reichstag verkündet und im Protokoll bemerkt wird. Außerdem soll noch eine Bekanntmachung der definitiven Zulassung des Abgeordneten in den öffentlichen Blättern stattfinden. Diese öffentliche Bekanntmachung der Zugelassenen sei deshalb nötig, „damit solche Nichtmitglieder, welche gegen die Beibehaltung des Sitzes Anstand erheben wollen, benachrichtigt werden und die Fristen nicht aus bloßer Unwissenheit hinsichtlich der Tatsachen versäumen".

Erst durch die Wahlanfechtung von Nichtmitgliedern wird die Prüfung der Wahlvollmachten nach Mohl eine eigentliche Rechtsprechung. Hier muß die Prüfungsbehörde der materiellen Wahrheit nachgehen. Hier ist sie nicht bloß auf die Prüfung „äußerer Gültigkeit" der Wahlen beschränkt. Diese eigentliche Wahlprüfung als rechtsprechende Tätigkeit soll nach Mohl dem Wahlausschuß überwiesen werden, der hierüber endgültig zu entscheiden hat. Der Wahlausschuß soll „in öffentlichen Sitzungen und mit mündlichen Verfahren die vorgebrachten Beanstandungen und Verteidigungsmittel" prüfen. Es ist auf den ersten Blick klar, daß Mohl hier englisches Vorbild im Auge hat, und in der Tat verweist er auch bei der näheren Ausgestaltung des hier in Betracht kommenden Wahlprüfungsverfahrens wiederholt auf englisches Vorbild, namentlich in folgenden Punkten:

Englischem Vorbild entnimmt er die Festsetzung einer Anfechtungsfrist.

Während aber im damaligen englischen Recht diese Anfechtungsfrist auf 14 Tage, von dem Augenblicke des Eintritts in das Unterhaus gerechnet, beschränkt war, erweitert er sie mit Rücksicht auf die „größere Ausdehnung von Deutschland" auf 4 Wochen vom Tage der Übergabe der Wahlurkunden an den Reichstag.

Englischem Vorbild entlehnt Mohl den Satz, daß gleich bei Einbringung der Wahlanfechtung alle Beweise anzugeben seien, mittels deren die Wahl angefochten werden soll, bei sonstiger Präklusion. Das ist die Einführung der damals im Prozesse auch noch herrschenden Eventualmaxime, die, wie wir dann noch weiter unten sehen werden, bis auf den heutigen Tag in der Wahlprüfungspraxis des deutschen Reichstags vorherrscht.

Englischem Vorbild ist ferner der Satz entnommen, daß nur Wähler und der bei der Wahl unterlegene Wahlkandidat eine Wahlanfechtung einbringen können. Englischem Vorbild ist schließlich von Mohl die Forderung der Prozeßkaution, die den die Wahl Anfechtenden auferlegt wird, nachgebildet.

Sie wird aber bezüglich ihrer Höhe deutschen Verhältnissen angepaßt und auf 1000 Gulden beschränkt.

Als Wahlanfechtungsgründe führt Mohl an nicht bloß Formfehler, sondern auch mangelnde gesetzliche Eigenschaften des Gewählten, sowie strafbare Einwirkungen auf die Wahl „namentlich wegen Bedrohung oder Bestechung von Wahlberechtigten".

Englischem Vorbild wird schließlich das Rekusationsrecht der einzelnen Mitglieder des Wahlausschusses entlehnt. Jede der beiden Parteien kann nämlich nach Mohls Vorschlag sechs Mitglieder des Ausschusses verwerfen. Die ausfallenden werden durch das Los aus der vollen Versammlung für den konkreten Fall ersetzt. Der Ausschuß aber, der eine Wahluntersuchung einmal begonnen, soll sie auch zum Ende führen und demnach der Notwendigkeit monatlicher Änderung, die für den Wahlausschuß besteht, sofern er bloß „die äußere Gültigkeit" der Wahlen prüft, überhoben werden.

Englischem Vorbild entlehnt und auch in Übereinstimmung mit dem damals eben in Frankreich neueingeführten Verfahren (Mohl sagt „neuerdings!") ist der Vorschlag, dem Wahlausschuß das Recht zu geben, die Verhörung von Zeugen oder die Richtigstellung von Tatsachen am Orte der vorgenommenen Wahl vorzunehmen, sowie Kommissäre zu entsenden oder an Ort und Stelle zu ernennen.

Beratung und Abstimmung im Wahlausschuß soll in geheimer Sitzung stattfinden.

Wir sehen also: was Mohl bei Einbringung seiner Vorschläge vor Augen schwebte, war englisches Vorbild. Dieses kannte nicht die Lehre, daß die Wahlprüfung Bestandteil des pouvoir constituant, d. i. der konstituierenden Gewalt des Volkes sei. Das englische Recht kannte damals und kennt heute die Wahlprüfung nur im nüchternen Licht eines Rechtspruchs, der ergänzend zu dem Beurkundungsakt hinzutritt, welcher von den Staatsbehörden in Gestalt einer Abgeordnetenliste dem Clerk des Unterhauses abgeliefert wird. (Siehe darüber weiter unten, § 44.)

Die Frankfurter Nationalversammlung faßte sich aber als „konstituierende Versammlung" auf. In der Eröffnungsansprache ihres ersten provisorischen Präsidenten Heinrich v. Gagern heißt es (sten. Ber. über die Verhandlungen der deutschen konstituierenden Nationalversammlung, herausgegeben von Wigard, I, S. 17): „Wir haben die größte Aufgabe zu erfüllen. Wir sollen schaffen eine Verfassung für Deutschland, für das gesamte Reich. Der Beruf und die Vollmacht zu dieser Schaffung, sie liegen in der S o u v e r ä n i t ä t d e r N a t i o n (stürmischer Beifall). Den Beruf und die Vollmacht, dieses Verfassungswerk zu schaffen, hat die Schwierigkeit in unsere Hände gelegt, um nicht zu sagen, die Unmöglichkeit, daß es auf anderem Wege zustande kommen könnte. Die Schwierigkeit, eine Verständigung unter den Regierungen zustande zu bringen, hat das Vorparlament richtig vorgefühlt, und uns den Charakter einer k o n s t i t u i e r e n d e n V e r s a m m l u n g vindiziert. Deutschland will eins sein, ein Reich, regiert vom Willen des Volkes, unter der Mitwirkung aller seiner Gliederungen; diese Mitwirkung auch den Staaten-Regierungen zu erwirken, liegt mit in dem Beruf dieser Versammlung." Unter diesen Verhältnissen hätte die Nationalversammlung geglaubt, ihrem Beruf als konstituierende Versammlung untreu zu werden, wenn sie das von Mohl in unserer Frage befürwortete englische Vorbild angenommen und das verlockende französische, das ihren Gedankengängen näher stand, fallen gelassen hätte. Nach Frankreich wendete sie demnach ihre Blicke, als sie die Regelung der Wahlprüfung vornahm. Sie benutzte trotzdem hierbei als Ausgangspunkt ihrer Beratungen die Mohlschen Vorschläge. Während aber die Lehre vom pouvoir constituant bei Mohl gar keine Rolle spielt und auch die Wahlprüfung von Mohl in keiner Weise als Bestandteil des pouvoir constituant aufgefaßt wird, hält die Frankfurter Nationalversammlung an der französischen Lehre fest. Schon gleich in der ersten vorberatenden Sitzung am 18. Mai 1848 erklärt Robert Blum anläßlich der Frage, was früher vorzunehmen sei, die Prüfung der Legitimation der Mitglieder oder die Feststellung der Geschäftsordnung, daß man so schnell als möglich eine provisorische Geschäftsordnung, wie sie damals bereits von den Abgeordneten Schwarzenberg, Mohl und Murschel vorläufig entworfen und den Mitgliedern der Versammlung zugänglich gemacht worden war, annehmen solle, „damit wir zum Geschäfte übergehen können, die gegenseitigen Legitimationen zu prüfen, denn ohne diese Prüfung sind wir eigentlich noch keine Versammlung" (sten. Ber., a. a. O., I, S. 8).

Ganz so hat, wie wir wissen, Siéyès die Notwendigkeit der Verifikation der pouvoirs in der ersten Verfassung gebenden Versammlung Frankreichs befürwortet. Ebenso sagt der Abgeordnete Pfeiffer in der Sitzung des nächsten Tages: „Es ist notwendig, uns über eine (sc. provisorische) Geschäftsordnung zu einigen, damit noch heute ein Anfang gemacht werden könne mit der Prüfung der Legitimationen und damit am Montag darüber Bericht erstattet werde; denn eher sind wir keine konstituierende Versammlung, als bis die Legitimationen geprüft sind" (sten. Ber., a. a. O., I, S. 25).

Ganz besonders deutlich zeigt sich der Einfluß französischer Ideen bei der Frage, wem die Wahlprüfung zu überweisen sei. Die provisorische angenommene Geschäftsordnung von Mohl und Genossen hatte gemäß den uns bekannten Vorschlägen von Mohl in § 8 dem Zentralausschuß, d. i. einem aus den Vorständen der Abteilungen gebildeten Ausschuß, die endgültige Legitimation überwiesen (§ 6 siehe sten. Ber., a. a. O., I, S. 90). Dagegen erhob sich Widerspruch, und zwar bereits in der Sitzung vom 19. Mai 1848. Damals (sten. Ber., a. a. O., I, S. 24 ff.) stellte der Abgeordnete Hollandt von Braunschweig den Antrag, die bereits ausgelosten 15 Abteilungen, durch deren Vermittlung die Ausschüsse in der Nationalversammlung gebildet wurden, auch mit der Prüfung der Legitimation zu beauftragen. Demgegenüber wendete der Abgeordnete Beseler ein, daß bei der Prüfung der Legitimation sich sehr wichtige Prinzipienfragen herausstellen könnten, weshalb es bedenklich sei, in allen Fällen den einzelnen Abteilungen die Prüfung der Legitimation und die Entscheidung darüber zu überlassen. Es gab sogar Vertreter der Auffassung, daß bei angefochtenen Legitimationen immer die ganze Versammlung gehört werden müßte. Schließlich wurden drei verschiedene Anträge zur Abstimmung gebracht. Zunächst der Antrag, den 15 Abteilungen die Prüfung der Legitimationen zu übertragen. Er wurde angenommen. Sodann kam ein Antrag Bresgen zur Abstimmung, daß angefochtene Legitimationen endgültig von der Nationalversammlung entschieden werden sollten. Der Antrag wurde abgelehnt. Dann kam der Antrag des Abgeordneten Venedey zur Abstimmung. Er unterschied sich von dem Antrag des Abgeordneten Bresgen dadurch, daß, während dieser alle angefochtenen Legitimationen zur endgültigen Entscheidung vor das Plenum gebracht wissen, der Antrag Venedey nur jene angefochtenen Legitimationen zur Entscheidung in der Versammlung selbst ziehen wollte, die von den Abteilungen, als wichtig wegen einer prinzipiellen Streitfrage, dahin verwiesen würden. Auch dieser Antrag wurde abgelehnt, und es wurde schließlich der dritte noch übrigbleibende Antrag Bassermann angenommen, wonach über angefochtene Legitimationen endgültig von der Nationalversammlung nur dann entschieden wurde, wenn durch den Antrag des Legitimationsausschusses ein Mitglied ausgeschlossen werden sollte (siehe sten. Ber., a. a. O., I, S. 27). Dabei blieb es auch, als die definitive Geschäftsordnung in der Sitzung vom 29. Mai angenommen wurde (sten. Ber., a. a. O., I, S. 163). Es waren im wesentlichen die Mohlschen Vorschläge, aber mit jener durch das französische Vorbild gegebenen Modifikation, daß der Sitz für die Prüfung angefochtener Wahlen immer die Vollversammlung bleiben müsse. Es war dies, wie wir bereits oben (II) festgestellt haben, eine Folge der Auffassung, daß die Prüfung der Wahlvollmachten ein Bestandteil des pouvoir constituant bleiben müsse und infolgedessen die letzte Entscheidung in Wahlprüfungssachen nur der Vollversammlung zustände. Die Form, welche die Wahlprüfung in der Frankfurter Nationalversammlung annahm, ergeben die Paragraphen 1 bis 8 der Geschäftsordnung, danach galt:

> § 1. Zur Prüfung der Legitimationen wird die ganze Versammlung von dem Vorstande in 15 möglichst gleiche Abteilungen durch das Los geteilt. Diese Verlosung wird je nach vier Wochen neu vorgenommen, wenn nicht die Versammlung einen anderen Zweck beschlossen.
>
> § 2. Die Abteilungen wählen alsbald mit absoluter Stimmenmehrheit ihre Vorstände, an welche der Vorsitzende der Nationalversammlung die Wahlurkunden übergibt, und zwar in der Art, daß die erste Abteilung die Wahlen der Mitglieder der fünfzehnten Abteilung, die zweite die Wahlen der ersten prüft usw. Nach der un

gesäumt zu bewerkstelligenden Prüfung in den Abteilungen sind von sämtlichen Vorständen derselben die Zeugnisse der als gültig gewählt Anerkannten dem Vorsitzenden wieder einzuhändigen.

§ 3. Als gültig gewählt ist jeder zu betrachten und zu den Geschäften und Sitzungen zuzulassen, dessen Wahlergebnis die Kenntnis äußerer Echtheit an sich trägt und mit dem Wahlgesetz des betreffenden Landes nicht notorisch im Widerspruch steht.

§ 4. Sobald die Zahl der anerkannten Mitglieder 350 erreicht, hat der Vorsitzende die Nationalversammlung zu einer Sitzung einzuladen, in welcher von ihm die Namen der Anerkannten verkündigt werden und sodann zur Wahl des Vorstandes der Nationalversammlung geschritten wird.

§ 5. Angefochtene Legitimationen werden an einen Zentralausschuß verwiesen[1]), welcher aus den Vorständen sämtlicher Abteilungen gebildet wird. Dieser hat jedoch die Fälle, in welchen er auf Ausschluß anträgt, der Nationalversammlung zur Entscheidung vorzulegen.

§ 6. Wahlanfechtungen, welche das Wahlverfahren und die Eigenschaften der Wähler betreffen, sind nur dann zulässig, wenn solche gleichzeitig genügend bescheinigt, innerhalb 14 Tagen nach der durch die Wahl des Vorsitzenden vollzogenen Konstituierung der Nationalversammlung oder ebenso lange nach der später erfolgten Übergabe der Wahlurkunde, eingegeben sind. Auch solche aber dürfen nur dann berücksichtigt werden, wenn die Mängel möglicherweise auf das Ergebnis der Wahl von Einfluß waren. Anfechtungen, welche einen Mangel der gesetzlichen Eigenschaften des Gewählten betreffen, sind auch später noch zulässig, wenn sie gleichzeitig genügend bescheinigt sind.

§ 7. Bis zur definitiven Entscheidung über die Gültigkeit einer Wahl ist der Angefochtene berechtigt, an den Verhandlungen der Nationalversammlung teilzunehmen.

§ 8. Nach erfolgter Ungültigkeitserklärung einer Wahl ist die schleunige Ersetzung des Ausscheidenden durch den Vorsitzenden der Nationalversammlung zu veranlassen.

So war Mohls Vorschlag, daß der vom Parlament bestellte Wahlausschuß die endgültige Entscheidung in Wahlprüfungssachen bei Wahlanfechtungen habe, dem französischen Vorbild zuliebe fallen gelassen.

Auch der andere Grundsatz der französischen Konstituante, wonach die definitive Konstituierung der Versammlung erst dann vorgenommen

---

[1]) Noch heute in Baden geltendes Recht, s. Walz, a. a. O., S. 67.

werden kann, wenn mehr als die Hälfte der Abgeordnetenmandate verifiziert worden sind, kam ebenfalls in der Frankfurter Nationalversammlung zur Anerkennung (sten. Ber., a. a. O., I, S. 85). Wie wir wissen, war auch dieser Satz eine Folgerung der Auffassung, daß die Verifikation ein Bestandteil des pouvoir constituant sei.

Nur in einem Punkte konnte die alte Entwicklung in Deutschland durch die neue Lehre, die aus Frankreich herübergeholt worden war, nicht zurückgedrängt werden. Daß die Prüfung der Wahlvollmachten keine Beurkundung sei, auch wenn die Wahl nicht angefochten worden wäre, daß der Abgeordnete die Quelle seiner Machtvollkommenheit direkt aus dem Willen der Wählerschaft und nicht aus einer von königlichen oder ständischen Behörden ausgehenden Wahlvollmacht herleite[1], war die Folgerung, die die französische Nationalversammlung aus ihrer Lehre der Verifikation der pouvoirs gezogen hatte (siehe oben II). Das war aber nicht der Standpunkt der Frankfurter Nationalversammlung. Zunächst galt für sie das, was sie aus ihrer unmittelbaren Vergangenheit herübergenommen hatte, nämlich die Ausstellung vorläufiger Legitimationsbescheinigungen. Vor Eröffnung des Reichstags bestand eine Kommission, welche sich mit der vorläufigen Prüfung der Legitimationen beschäftigte. Später übernahm der Vorsteher des Legitimationsausschusses (Herr von Lindenau) die Ausstellung dieser vorläufigen Legitimationsatteste, welche den Zweck hatten, den neueintretenden Abgeordneten auf Grund der von denselben überreichten Wahlurkunden eine Bescheinigung zum Zwecke des vorläufigen Eintritts in die Nationalversammlung zu erteilen. In der Sitzung vom 17. Oktober 1848 (sten. Ber., a. a. O., IV, S. 2675) stellte bei Gelegenheit der Frage, ob dieses vorläufige Zulassungsverfahren durch den Vorstand des Legitimationsausschusses weiter beizubehalten sei, der Abgeordnete Simon von Trier den Antrag: die Zulassung nicht bloß auf Grund der von den Abgeordneten vorzulegenden Wahlurkunden, sondern auch schon auf Grund jegliches Nachweises ihrer Wahl vorzunehmen. Wäre dieser Antrag durchgedrungen, dann hätte entschieden auch hier der französische Standpunkt, daß der Abgeordnete aus dem Willen der Wählerschaft allein seine Rechtstellung herleite, über die Notwendigkeit der Beurkundung seiner Abgeordnetenqualität den Sieg davongetragen. Man lehnte dies aber ab (sten. Ber., a. a. O.).

Daß der Beurkundungsstandpunkt für nichtangefochtene Wahllegitimationen, wie er in den deutschen Staaten vor 1848 üblich war, nicht aufgegeben wurde, ergeben auch die oben zitierten §§ 2 und 3 der GO., wonach den Abteilungen das Amt übertragen wurde, die „äußere Gültig-

[1] Am schärfsten ist dies in dem französischen Gesetz vom 22. Dezember 1789 ausgedrückt (Section I. Art. 34): „L'acte d'élection sera le seul titre des fonctions des représentants de la nation . . .".

keit" des Wahlzeugnisses zu prüfen. Nur angefochtene Wahlen sollten durch Vermittlung des Zentralausschusses an das Plenum zur Entscheidung gelangen, wenn der Zentralausschuß auf Ausschluß des Abgeordneten, also auf Ungültigkiet der Wahl antrug. Aber auch die Tätigkeit des Zentralausschusses bei dieser Gelegenheit wurde von ihm nicht etwa als Akt der Rechtsprechung, sondern als bloße Beurkundungstätigkeit aufgefaßt, während die eigentliche Rechtsprechungstätigkeit der Plenarversammlung vorbehalten war. Als nämlich bei einer Gelegenheit (Wahl Brandt, Stellvertreter Loew) innerhalb des Zentralausschusses der Antrag gestellt wurde, den einen der Präsidenten für ein Posener Abgeordnetenmandat (Loew) mit seinen etwaigen Einwendungen vor dem Ausschuß zu verhören, erklärte der Ausschuß, dies ablehnen zu müssen, da er „nicht als prozeßführender Richter dastehe und also die Form eines kontradiktorischen Verfahrens einzuschlagen habe, sondern nur mit der Prüfung der Urkunden, die ihm von den Abteilungen oder dem Präsidium oder sonst woher zugewiesen" werden (sten. Ber., a. a. O., VI, S. 4024 f.), zu tun habe.

Als Ergebnis der vorhergehenden Betrachtung stellt sich also die Tatsache dar, daß die Frankfurter Nationalversammlung und mit ihr die konstitutionelle Doktrin seit der Zeit die Wahlprüfung als ein doppeltes Geschäft angesehen hat:

1. als Beurkundungstätigkeit, sofern es sich um nichtangefochtene Wahlen handelte (Legitimationsprüfung im weiteren Sinne); sie stand ausschließlich den Abteilungen zu;
2. als Prüfung der angefochtenen Wahlen (Wahlprüfung im eigentlichen Sinne). Sie war ein Akt der Rechtsprechung und als solcher auch in der Zukunft aufgefaßt. Sie sollte ausschließlich dem Plenum des Hauses zustehen, wobei einem Wahlprüfungsausschuß eine gewisse vorbereitende Tätigkeit eingeräumt wurde.
3. Auf die Mitwirkung der Staatsbehörden bei Aufstellung der Wahlvollmacht sollte nicht verzichtet werden, denn diese von den Staatsbehörden ausgestellte Wahlvollmacht machte erst den Rechtstitel des Abgeordneten perfekt.

Auf diese Weise hat die konstitutionelle Doktrin Deutschlands französisches Vorbild mit den deutschen Grundlagen zu einer Einheit verschmolzen und diese konstitutionelle Doktrin wurde auch für das heutige Reichstagsrecht bestimmend, denn auch noch heute haben die Abteilungen im Reichstag das formelle Beurkundungsgeschäft der Legitimationsprüfung im weiteren Sinne, das Plenum aber unter Mitwirkung der Wahlprüfungskommission die Rechtsprechungstätigkeit in Gestalt der Wahlprüfung im engeren Sinne bei angefochtenen Wahlen durchzuführen. Nur besteht scheinbar ein Unterschied zur Vergangenheit insofern, als eine von den Staatsbehörden, welche bei der Wahl mitwirken, auszustellende Legitimation nicht mehr verlangt wird, um den Rechtstitel des Abgeordneten zu vollenden. Aber dies ist nur Schein. Freilich die Aufstellung eines Wahlzertifikats als Legitimationsnachweis für den Abgeordneten, wie er in deutschen Einzelstaaten vor 1848 und mitunter bis auf den heutigen Tag ausgestellt zu werden pflegt, auch von der Frankfurter Nationalversammlung verlangt wurde, ist für den deutschen Reichstag niemals nötig gewesen. Aber in der Proklamation des Abgeordneten durch die Zählkommission ist ein Ersatz für die ältere Form des Wahlzertifikats getreten. Die protokollarische Feststellung der Proklamation und die Übersendung dieses Protokolls mit den Wahlakten an den Reichstag bietet den Ersatz für das alte Wahlzertifikat.

Wäre der Wille der Wählerschaft und nicht der proklamierende Akt der Wahlkommission die Grundlage für den Eintritt des Abgeordneten in den Reichstag, dann müßte — eine Konsequenz, die auch einmal in der Praxis des Reichstags allerdings ohne Erfolg gezogen wurde (siehe Dr. RT., Nr. 176 ex 74/75, S. 1123) — der Reichstag in der Lage sein, einen zu Unrecht nichtproklamierten Wahlkandidaten an Stelle des unberechtigten, aber proklamierten Abgeordneten ohne weiteres einzuberufen. Dies ist aber von der Praxis des Reichstags bis auf einen Fall (Wahl Hirsch) niemals geschehen. Auch heute muß deshalb die Proklamation des Kandidaten seitens der Staatsbehörden ebenso beurkundet werden, wie die Tatsache, daß der Abgeordnete die notwendige Stimmenzahl erlangt hat und demnach als gewählt zu betrachten ist (vgl. § 27, Satz 2 und 3, WR.). Dieser Beurkundungsakt ersetzt die ältere Form des namentlich vor 1848 üblichen Wahlzertifikats, welches dem Abgeordneten von der Staatsbehörde zugestellt wurde, und ist so eine „provisorische Legitimation“ des Abgeordneten, als welchen ihn auch die Reichstagspraxis ansieht (siehe Dr. RT., Nr. 176 ex 74 75, S. 1123).

Ihre gesetzliche Grundlage findet diese provisorische Legitimation des Gewählten durch die Staatsbehörde in § 33, WR., wonach der Gewählte „zum Nachweise, daß er nach § 4, WG., wählbar ist“, vom Wahlkommissar aufgefordert werden muß. Das ist das in der Reichstagspraxis bekannte, dem Wahlkommissar vorliegende „Polizeiattest“ über die Wählbarkeit. Interessant ist die Entwicklung der Wahlprüfung in Württemberg, weil sie in hübscher Weise die Notwendigkeit juristischer Trennung des Begriffs der Legitimationsprüfung und Wahlprüfung erweist[1]).

---

[1]) Siehe darüber insbesondere den Bericht der Geschäftsordnungskommission über die Geschäftsordnung der II. Kammer des württembergischen Landtags, verfaßt vom Abgeordneten Gröber, Beilage 372 ex 1907/09, S. 52 ff.

Auch in Württemberg war ursprünglich namentlich in der ersten Hälfte des 19. Jahrhunderts unter Wahllegitimation bloß die formelle Beurkundung der äußeren Gültigkeit der Wahl durch den ständischen Ausschuß vorgesehen. Schon in dem Generalreskript vom 29. Januar 1815, betreffend die Wahlen der Repräsentanten der Ständeversammlung, findet sich die Bestimmung, daß zur Legitimation des Repräsentanten bei der Ständeversammlung demselben von dem Oberamtmann und den übrigen Personen, welche der Wahl beigewohnt haben, ein „Zeugnis" über die erfolgte Wahl ausgestellt werden soll. Die Notwendigkeit dieses Zeugnisses, der Legitimationsurkunde, war so wichtig, daß in beinahe ständiger Praxis ein Abgeordneter, dem aus irgendwelchem Grunde diese Legitimationsurkunde von der Staatsbehörde vorenthalten ward, vom ständischen Ausschuß der Eintritt in die Kammer versagt werden mußte. Bei ungerechtfertigter Vorenthaltung blieb nichts anderes übrig, als die Staatsregierung zu ersuchen, die Ausstellung der Urkunde sofort zu veranlassen. Dies ist auch noch heutige Praxis.

In Württemberg gab es eine Zeit, bis etwa um das Jahr 1840, wo der ständische Ausschuß und mit ihm die Staatsregierung der Ansicht war, daß diese Legitimationsprüfung sich bloß auf das Vorhandensein einer „unmangelhaften Wahlurkunde" zu beschränken habe[1]), und daß durch die Vorlegung solcher Wahlurkunde die verfassungsmäßige Legitimationsbedingung erfüllt sei. Wahlanfechtungen im eigentlichen Sinne waren natürlich von allem Anfang an möglich, da die Verfassungsurkunde im § 160, Abs. 4 bestimmte, daß „die Erledigung der noch übrigen Legitimationsanstände bei der betreffenden Kammer geschieht." „Aber, weil man die ganze Wahllegitimationsprüfung als Beurkundung auffaßte, verlangte man, daß gegenüber einer „unmangelhaften Wahlurkunde" in der Wahlanfechtung nur solche Tatsachen mit Anspruch auf Berücksichtigung durch die Kammer angeführt werden könnten, wenn sie „tatsächlich begründet und glaubwürdig bescheinigt" waren.

Bei dieser Sachlage, bei dem Überwiegen der Beurkundungsfunktion im Wahlprüfungsgeschäft, kann es auch nicht wundernehmen, daß der ständische Ausschuß bis in die dreißiger Jahre es auch auf sich nahm, über Wahlanfechtungen zu entscheiden, trotzdem dies nicht in seine, sondern in die Kompetenz der Kammer fiel.

Erst allmählich, seit Beginn der dreißiger Jahre, beschränkt sich der ständische Ausschuß auf die Prüfung der „äußeren Gültigkeit" der Wahlurkunde, während die Rechtsprechung über Wahlanfechtungen der

---

[1]) Siehe über die zeitgenössische Auffassung in der 2. Kammer Badens von 1825 oben unter I.

Kammer vorbehalten bleibt. Aber erst in dem Wahlgesetz von 1868 (Art. 22, Abs. 2) wird die Streitigkeit über die Legitimation von der Streitigkeit über die Gültigkeit einer Wahl gesetzlich unterschieden und auch die letztere gesetzlich anerkannt, wenngleich sie in der Praxis schon früher bestanden hatte. Erst von da ab wird es klar, daß die Legitimationsprüfung von der Wahlprüfung im engeren Sinne unterschieden werden müsse (siehe Gröber, a. a. O., S. 55).

Auch diese Entwicklung in Württemberg bestätigt den in der Frankfurter Entwicklung gefundenen Satz, daß das alte deutsche Beurkundungsprinzip mit den französischen Ideen über die Verifikation des pouvoir einen zweckmäßigen Ausgleich gefunden hat. Nur ist in Württemberg es viel leichter, Wahlprüfung und Legitimationsprüfung zu unterscheiden, weil sie beinahe von allem Anfang an an verschiedene Organe gewiesen waren: Erstere (durch § 160, Abs. 4 der Verfassungsurkunde) an das Plenum der Kammer, letztere (durch § 159 der Verfassungsurkunde) an den ständischen Ausschuß. Im deutschen Reichstagsrecht ist, und zwar als Erbteil der Frankfurter Nationalversammlung, insofern die Unterscheidung etwas verdunkelt worden, als die Abteilungen nicht bloß die Legitimationsprüfung vorzunehmen haben, sondern eine gewisse Anregung zur Wahlprüfung durch das Haus geben. Trotzdem muß diese juristisch und historisch geforderte Scheidung, wie sie von der Staatsrechtswissenschaft übersehen wird, mit Nachdruck betont werden.

Nicht bloß Deutschland, sondern beinahe der größte Teil der Staaten Europas ist durch das französische Vorbild der Verifikation beeinflußt worden.

Ein Teil dieser Staaten hat es, getreu dem französischen Vorbild, nicht einmal zur Einrichtung von Wahlprüfungskommissionen gebracht. Ein anderer Teil, insbesondere außer dem Deutschen Reich noch Österreich, Italien (früher auch Spanien) u. a. haben Wahlprüfungskommissionen eingesetzt, um der Praxis der Wahlprüfung eine gewisse Stütze und Konstanz zu sichern. Uns interessieren, weil allein belehrend, jene Staaten besonders, welche sich von dem Vorbild Frankreichs abgekehrt und dem Vorbild Englands zugewendet haben, nämlich zur Einrichtung von selbständigen, vom Parlamente unabhängigen Wahlprüfungsgerichtshöfen vorgedrungen sind. Diesen Staaten wollen wir uns nächst dem englischen Vorbilde im folgenden zuwenden. Es sind dies außer England insbesondere Ungarn, Spanien, Griechenland und Schweden. Auch Bulgarien und Japan haben Wahlprüfungsgerichtshöfe, doch werden die Rechtsverhältnisse dieser Staaten im folgenden nicht geschildert, weil sie wegen ihres fremdartigen Charakters keine Deutschland interessierende Belehrung ergeben könnten.

§ 44. Die Wahlprüfung in England.

I. Die geschichtliche Entwicklung.

Auch in England ist wie in den Staaten des Kontinents die Wahlprüfung im engeren Sinne aus der Legitimationsprüfung hervorgegangen. Auch in England sind die drei Stadien der Entwicklung wahrzunehmen. Zunächst die Prüfung der Wahllegitimationen durch den König und seinen Rat, sodann der Kampf des Unterhauses gegen dieses Prüfungsrecht mit dem Erfolge, daß das Unterhaus die Prüfung der Wahllegitimationen gewissermaßen in seine Hand bekommt, und schließlich die Entwicklung des Wahlprüfungsrechts im engeren Sinne, d. h. des Rechts der Prüfung angefochtener Wahlen, welches dann jedenfalls vollständig vom Unterhause monopolisiert wird. Die erste Entwicklungsstufe reicht bis zur Zeit der Königin Elisabeth, die zweite bis zum Beginn des 18. Jahrhunderts und die dritte vom 18. Jahrhundert bis zur Gegenwart.

1. Die Prüfung der Wahllegitimation in der Hand des Königs und seines Rates. Während des ganzen Mittelalters besaß in England der König und sein Rat, zu dem bis in die Zeit der zweiten Hälfte des 14. Jahrhunderts auch das Oberhaus gerechnet wurde, das Recht, die Wahlurkunden, wie sie vom wahlleitenden Beamten ausgestellt waren, einer Prüfung zu unterziehen. Diese Prüfung war deshalb notwendig, weil eine regelrecht ausgestellte Wahlurkunde nicht bloß die Voraussetzung zum Eintritt in das Unterhaus bildete, sondern auch die Grundlage abgab für die Zahlung von Taggeldern an die Unterhausmitglieder. Diese Zahlung erfolgte durch die vertretenen Wahlkörper, indem namentlich die königliche Kanzlei (Chancery) schon seit der Regierungszeit des Königs Eduard I. ein Breve de Expensis levandis aufstellte, gerichtet an den Sheriff der Grafschaft. Diese Diätenzertifikate, in denen genau die Summe angegeben war, welche dem Abgeordneten ausgezahlt werden mußte, erfolgte am Schlusse jedes Parlaments und am Schlusse jeder Session. Das Schreiben war an den Sheriff jener Grafschaft gerichtet, welcher eine Einschätzung der Grafschaftsbewohner zum Zwecke der Erhebung der Diätensummen vorzunehmen hatte. Der Sheriff war sodann verpflichtet, eine Bescheinigung („indenture") über die Vornahme der Einschätzung und die wirkliche Auszahlung der erhobenen Diätensummen an die Chancery bzw. den Kanzler einzusenden.

Aus diesem praktischen Zweck war offenbar schon früh die Chancery der Ort, an welchem die Wahlakten gesammelt wurden, und der Zusammenhang des Beamten dieser Chancery, der den Namen Clerk of the Crown Office führt, mit der Wahllegitimation im heutigen Recht (siehe darüber weiter unten) erklärt sich aus diesem alten Zusammenhange zwischen Wahllegitimationen und Chancery.

Wenn der König in seinem Rat im Parlament der Ansicht war, daß eine Person nicht die geeignete Qualifikation zum Unterhausabgeordneten besaß, so wies er den Sheriff durch eigenes Schreiben, das in der Chancery abgefaßt wurde, an, einen besser geeigneten an Stelle des ersteren wählen zu lassen[1]).

In gleicher Weise ordnet der König eine Neuwahl an, wenn ein und dieselbe Person für zwei Wahlkreise gewählt war (siehe Prynne, a. a. O., S. 119). Eine Wahlprüfung im engeren Sinne als Folge von Wahlanfechtungen der Privatpersonen (Wähler oder unterlegener Wahlkandidat) war damals nicht gegeben und nicht praktisch, weil das ganze Mittelalter hindurch bis in die Neuzeit das Erscheinen als Abgeordneter im Unterhaus nicht als ein Recht, sondern als eine schwere Last sowohl für den Gewählten als auch für seine mit Diäten beschwerte Wählerschaft angesehen wurde. Nur insofern kamen Beanstandungen von Wahlen auch schon damals vor, als mitunter der Wahlkreis die Diätenzahlung verweigerte, weil nicht X, sondern Y der Richtiggewählte gewesen. Der König erließ darauf ein Schreiben an den Sheriff, um im Grafschaftsgericht feststellen zu lassen, wer eigentlich der Richtiggewählte sei und schob das Breve de Expensis levandis wegen der Diätenzahlung solange hinaus, bis er über die Gültigkeit der Wahl auf Grund der zu bewirkenden Informationen Beschluß gefaßt hatte[2]).

So übte der König in seinem Rat die Prüfung der Wahllegitimationen, aber wie wir gesehen haben, mit Unterstützung der Chancery. Als diese seit der Regierungszeit Heinrichs VI.[3]) den Staatsrat in der Gunst der Stände überflügelte, kam das ganze Geschäft der Prüfung der Wahl-

[1]) Siehe z. B. ein Breve aus der Zeit Richard II., abgedruckt bei Prynne „Brief Register and Survey of ..... Parliamentary Writs", II, p. 117 f.

[2]) Siehe Prynne, a. a. O., IV, p. 259 ff.:

„Rex Vicecomiti Lancastrensi salutem quia super electione facta de Militibus pro Communitate Com. praedicti pro ultimo Parliamento nostra in Com. praedicto venientibus maxima altercatio facta exusit. Nos ea de causa volentes super electione praedicta plenius certiorari, tibi praecipimus, quod habita in pleno Com. tuo super eletione praedicta cum Militibus et aliis probis hominibus de Communitate dicti Com. deliberatione et informatione diligentibus utrum viz. Edrus Laurence et Mattheus de Risbeton, qui in Brevi nostro de Parliamento praedicto tibi directo retornati fuerunt, pro Militibus dicti Com. electi fuerunt an alii et si per deliberationem et informationem hujus modi inveneris ipsos de communi assensu totius Com. praed. pro Milit. dicti Com. electos fuisse tunc hab. fac. eisdem Edro et Mattheo decem et octo lib. et sedecim solidos pro Expensis suis veniendo ad Parliamentum praedictum ibidem morando, et exinde ad propria redeundo, videlicet pro quadraginta et septem diebus. Utroque praedictorum Edri et Laurentii capiente per diem quatuor solidos; et si alii pro Militibus ejusdem Com. electi fuerint tunc Nos de nominibus illorum sub sigillo tuo in Cancellaria nostra reddas certiores hoc breve nobis remittens. Teste Rege apud Westm. 17. Nov."

[3]) Siehe meine englische Verfassungsgeschichte, S. 246 und 286.

legitimation in die Hände des Kanzlers, der im Auftrage des Königs handelte.

Neben dem König und seinem Rat resp. Kanzler, kamen die reisenden Assisenrichter seit dem 15. Jahrhundert, seitdem nämlich in England richtige Ordnungen des Wahlverfahrens gesetzlich erlassen werden (so insbesondere das Gesetz 7 Henr. IV, c. 15 1405/07 und 23 Henr. VI, c. XIV 1444/45), dazu, sich mit Wahlen zu beschäftigen. Insbesondere konnten vor den Assisenrichtern Klagen wegen Beeinträchtigung der Wahlfreiheit durch den wahlleitenden Beamten erhoben werden. Der Sheriff resp. der wahlleitende Beamte, der sich einer Verletzung der Wahlvorschriften zur Beeinträchtigung der Wahlfreiheit schuldig machte, wurde mit einer Strafe von 100 Pfd. St. belegt (siehe die Gesetze 7, 11 Henr. IV, c. 1 7, Henr. IV, c. 15 und 23, Henr. VI. c. 14). So sehr war schon damals die Wahlfreiheit eingeschärft und für wichtig gehalten, daß ihre Aufrechterhaltung unter allen Umständen, selbst einem Königlichen Gebot gegenüber die Wahlfreiheit zu beeinträchtigen, unter Strafe vorgeschrieben war (7 Henr. IV, c. 15 1405/06: „et adonques an plein counte aillent all elleccion liberalement et endifferentment non obstaunt prièr ou commandement au contrarie").

2. In der Neuzeit finden wir seit Beginn der Regierung der katholischen Marie, daß die Gemeinen für sich das Recht in Anspruch nehmen, die Prüfung der Wahllegitimation vorzunehmen[1]). Zum Zusammenstoß mit der Krone in diesem Punkt kommt es aber erst unter Jakob I.[2]).

In der Proklamation des Königs, wodurch er sein erstes Parlament einberief, war den wahlleitenden Beamten, insbesondere den Sheriffs der Grafschaften anbefohlen, darauf zu sehen, daß keine Personen zu Abgeordneten gewählt würden, welche nicht dem wahren Glauben anhingen oder „turbulenter" Natur wären oder Bankerotteure oder mit bürgerlichem Tod bestrafte (Outlaws). Alle Wahlakten sollten in der Königlichen Kanzlei (Chancery) geprüft, und wenn die gewählten Personen für ungeeignet befunden waren, verworfen werden. Auch sollte derjenige, der zu Unrecht, weil rechtlich disqualifiziert, gewählt worden war, mit Geld und Freiheitsstrafe belegt werden (Parl. Hist. I, p. 967).

Das betrachteten bereits die Gemeinen als Eingriff in ihre Privilegien, denn sie hatten schon seit der Zeit der Königin Elisabeth die Prüfung der Wahllegitimation als ihr Privilegium aufzufassen begonnen[3]).

---

[1]) Siehe Parl. Hist. I, p. 1001 ff. und Hallam, Const. Hist., 2. Ausgabe von 1839, I, p. 373 ff.

[2]) Siehe darüber Hallam, a. a. O., I, p. 408 ff. und Parl. Hist., a. a. O., p. 989 ff.

[3]) Es bestand ein Comittee of Priviledges, das im Jahre 1592/93 mit dem Komitee über bestrittene Wahlen vereinigt wurde. Siehe meine englische Verfassungsgeschichte, S. 397 ff.

Als nun im Jahre 1604 gleich im Anschluß an die oben erwähnte königliche Proklamation für die Grafschaft Buckinghamshire zunächst ein Sir Francis Goodwin gegen einen Sir John Fortescue ordnungsmäßig gewählt war und die Wahlakten in die Chancery kamen, verwarf der Clerk des Crown office der Chancery diese Wahl Goodwins „quia utlagatus", d. h. weil er von den Gerichten für bürgerlich tot erklärt war. Die Chancery erließ ein neues Wahlschreiben und bei der zweiten Wahl wurde Sir John Fortescue gewählt. Nun trat Goodwin vor und verlangte Zulassung ins Unterhaus. Das Haus berücksichtigte Goodwins Wunsch, prüfte, ob wirklich Goodwin mit Recht als bürgerlich tot anzusehen gewesen war, und entschied sich zugunsten von Goodwin gegen Fortescues Wahl.

Die Lords im Oberhause betrachteten aber das Vorgehen der Gemeinen als Eingriff in ihre Rechte, da die Gemeinen, ohne die Lords zu fragen, in der Sache entschieden hätten. Offenbar versuchten hier die Lords, an die frühmittelalterliche Entwicklung anzuknüpfen, wo der König in Verbindung mit Rat und Lords die Prüfung der Wahllegitimation vorgenommen hatte. Nach der Zulassung Goodwins durch das Unterhaus verlangen die Lords eine Konferenz zwischen den Vertretern beider Häuser, um über die Gründe der Zulassung Goodwins informiert zu sein. Die Gemeinen lehnen jede Konferenz mit den Lords ab, da sie ihnen nicht Rechenschaft zu geben hätten.

Nun bringen die Lords die Angelegenheit vor den König, und er befiehlt die Konferenz zwischen den Vertretern beider Häuser. Statt diesem Befehle nachzukommen, entwerfen die Gemeinen eine Adresse an den König und unterbreiten sie durch den Sprecher dem König. Dieser verweist das Unterhaus darauf, daß es sich nicht in die Prüfung der Wahllegitimation zu mengen habe, denn das sei Sache des Königlichen Kanzlergerichtshofs. Und da alle Privilegien des Unterhauses vom König gewährt seien, so erwarte er vom Unterhaus, daß es die Privilegienausübung nicht zur Schmälerung seiner Königlichen Rechte gebrauchen würde.

Er befiehlt deshalb, durch den Sprecher des Unterhauses mit den Reichsrichtern eine Konferenz abzuhalten. Dieser Befehl des Königs muß befolgt werden, aber die Gründe für den Vorgang des Unterhauses und die Entscheidung in Sachen Goodwin werden dem König in einem Memorandum auseinandergesetzt. Die Verhandlungen, welche der Abfassung des Memorandums vorhergehen, werden mit großer Wärme geführt. Einer der Mitglieder des Unterhauses sagt: „Laßt uns deshalb mit mutigem Verständnis und mit Sicherheit unser Privilegium aufrechterhalten (nämlich die eigene Prüfung der Wahllegitimation)", denn anders würde „die freie Wahl in diesem Lande genommen werden und niemand könnte gewählt werden, es sei denn, daß er dem König und seinem Rat gefiele". Und in ähnlicher Weise treten die Gemeinen in dem Memorandum, das dem Könige unterbreitet wird, für ihre Privilegien ein, denn „die Inkonvenienz kann groß werden, wenn die Chancery auf Anträge oder die Berichte der Sheriffs hin neue Wahlausschreiben aussenden könnte, welche nicht der Prüfung im Parlament unterliegen. Denn dann könnte, wenn geeignete Männer in den Grafschaften und Städten gewählt würden, der Kanzler oder die Sheriffs jeden beliebigen Abgeordneten seiner Funktion entsetzen und neue Wahlschreiben erlassen, wenn nicht solche Personen gewählt werden, die ihnen passen. Ein gefahrvoll Ding unter den Präzedenzfällen für die Zukunft ...."

Der Kampf zwischen dem König und den Gemeinen schließt mit einem Kompromiß: weder Goodwin noch Fortescue sollen ins Unterhaus zugelassen werden. Der König übernimmt aber die Verpflichtung, in Hinkunft das Unterhaus als Gerichtshof und Richter zur Prüfung von Wahllegitimationen auch anzusehen, ohne freilich dem Unterhaus das ausschließliche Recht zuzugestehen, denn die Chancery sollte daneben noch die Prüfung von Wahllegitimationen vornehmen dürfen.

Im Laufe des 17. Jahrhunderts bekam aber das Unterhaus diese Prüfung mehr und mehr in die Hand. Daß das Oberhaus auch seinen Teil daran beansprucht hatte, scheint ganz in Vergessenheit zu geraten. Nur als es im Jahre 1648/49, während der Republik, abgeschafft werden soll, tritt Prynne in einer Schrift „Plea for the Lords" (1648) dagegen auf und verweist unter Heranziehung dieser Argumente auch darauf, daß seit jeher, namentlich im Mittelalter, der König mit seinem Rat einschließlich der Lords die Prüfung der Wahllegitimation vorgenommen habe (a. a. O., S. 371 bis 420). Die Prüfung der Wahllegitimationen durch das Unterhaus sei eine erst kürzlich eingeführte gefährliche Anmaßung (a late dangerous usurpation — siehe auch Prynne, Brief Register, II, p. 119).

Die Stimme von Prynne verhallt fruchtlos. Das Oberhaus wird abgeschafft und auch nach seiner Retablierung in der Restaurationszeit behalten die Gemeinen die Prüfung der Wahllegitimationen. Ja, jetzt wird sogar ihr ausschließliches Recht zur Prüfung anerkannt. So in dem Rechtsfall Barnardiston versus Soame durch den Gerichtshof der Exchequer Chamber im Jahre 1674, dann durch das Oberhaus selbst im im Jahre 1789, ferner durch die Reichsgerichte in den Rechtsfällen Onslow 1780 und Prideaux versus Morris 1702 (siehe May, Parl. Practice, 11. Edition, 1906, p. 52). Schließlich ist es auch ein Gesetz, welches dieses ausschließliche Recht des Unterhauses auf Prüfung der Wahllegitimation anerkennt (7 Will. 3 c. 7/8). Nach diesem Gesetz soll bei Fragen, wer in einer Stadt wahlberechtigt sei, die „letzte Entscheidung" des Unterhauses bei Prüfung der Wahllegitimation für die Stadt maßgebend sein. Das war das sog. Gesetz der last determination.

Nun ist aber das Sitzen und Stimmen im Unterhaus ein vielbegehrtes Recht geworden. Ein eigenes Komitee über Wahlen und Privilegien im Unterhause entscheidet bereits nicht bloß über Wahllegitimationen, sondern auch über Wahlanfechtungen von Privaten. Ja, das Unterhaus nimmt sogar das Recht für sich in Anspruch, die Gültigkeit einer Wahl von der Vorfrage abhängig zu machen, ob die Wähler, die mitgewirkt haben, wahlberechtigt sind. Kurz, das Unterhaus will nun jetzt das Recht der Wahlprüfung im engeren Sinne ausschließlich besitzen. Darüber kommt es gleichfalls zum Konflikt, und zwar diesmal mit dem Oberhause.

3. Der Kampf um die Wahlprüfung im engeren Sinne und der Ausbau des Wahlprüfungsverfahrens. Im Jahre 1704 brachte Ashby, ein Bürger der Stadt Aylesbury, eine Klage gegen den wahlleitenden Beamten und seine Gehilfen ein, weil sie ihn nicht zur Teilnahme an einer Parlamentswahl in dieser Stadt zugelassen hatten. Der Gerichtshof der Queen's Bench wies die Klage ab, aber das Oberhaus hob dieses Urteil als unbegründet auf. Die Commons waren darüber sehr ungehalten; denn sie erklärten: „Die Entscheidung über das Recht der Wahlen von Mitgliedern des Unterhauses ist das ureigenste Geschäft des Hauses der Gemeinen. Sie könnten keine Wahlprüfung vornehmen, ohne vorher das Recht der Wähler zu prüfen, und, wenn die Wähler die Freiheit hätten, Klagen, betreffend ihr Stimmrecht, in anderen Gerichten anzubringen, dann möchte wohl eine Verschiedenheit von Gerichtsentscheidungen vorliegen, welche eine Konfusion herbeiführen würde und dem Unterhaus zur Unehre gereichen könnte. Daher sei jene Klage (nämlich die des Ashby) ein Bruch ihrer Privilegien." Demgegenüber stellte ein Komitee des Oberhauses am 27. März 1704 fest, daß es doch ein großer Unterschied wäre zwischen dem Recht der Wähler und dem Recht des Gewählten. Das eine sei ein vorübergehendes Recht, seinen Platz im Parlament einzunehmen, das andere ein „Freehold", auf welches jedermann ein Recht nach Common Law habe. Ermuntert durch die Entscheidung des Oberhauses im Falle Ashby, erhoben gleich darauf fünf andere Bürger von Aylesbury Klagen gegen die Konstabler der Stadt, aus ähnlichem Grunde wie Ashby. Jetzt erhob das Unterhaus seinen strafenden Arm und sperrte sie in Newgate ein wegen „Verachtung ihrer, der Gemeinen, Gerichtsbarkeit". Nun wäre es wieder zum Konflikt mit dem Oberhause gekommen, wenn nicht der Schluß der Session dem vorgebeugt hätte. Die „Aylesburymen" setzten nun ungehindert die Strafverfolgung fort und erlangten ein Urteil gegen die wahlleitenden Beamten. In späteren Fällen (siehe May, a. a. O., S. 54) erachtete das Unterhaus es nicht als Privilegienbruch,

wenn ähnliche Klagen bei den Gerichten eingebracht wurden. Aber immer hielten sie es für ihr ausschließliches Privilegium, nicht bloß über die Wahlprüfung, also das Recht des Gewählten, sondern auch über die Vorfrage, nämlich über das Recht der Wähler, Entscheidung zu treffen.

Seit Beginn des 18. Jahrhunderts besaß demnach das Unterhaus das vollständige und uneingeschränkte Recht der Wahlprüfung im engeren Sinne. Aber es übte dieses Recht nicht unparteiisch aus[1]). In besonderen Wahlprüfungskomitees (Committees of Privileges and Elections) wurden die Wahlprüfungen untersucht, mitunter aber auch im Plenum des Hauses. Dabei war es namentlich im letzteren Fall üblich, Rechtsbeistände und Zeugen vor der Barre des Hauses zuzulassen und zu verhören. Die Parteilichkeit, mit der aber das Haus Wahlprüfungen entschied, veranlaßten George Grenville, trotz der Opposition des Königs, einen Gesetzentwurf einzubringen, welcher die endgültige Entscheidung über Wahlprüfungen im engeren Sinne einem besonderen Unterhauskomitee übertrug. Diese Form der Wahlprüfung wurde 1774 zu einer dauernden gemacht. So wichtig schien diese Reform der damaligen Zeit, daß der damalige Clerk des Unterhauses, Hatsell, in seinen berühmten „Precedents" (3. Edition, II, p. 20, Anm.) diese Akte als das vornehmste Werk für die Ehre des Unterhauses und die Sicherheit der Verfassung bezeichnete, indem er gleichzeitig bemerkte, daß die frühere Art der Entscheidung von Wahlprüfungssachen derart gewesen sei, „daß sie jenes Prinzip der Ehrenhaftigkeit und Gerechtigkeit notorisch und offenkundig prostituiert hätte". Das Verfahren nach der Grenville Act (10 Geo., III, c. 16) war folgendermaßen geordnet. An dem für die Prüfung des Wahlprotestes festgestellten Tage sorgte der Hausbeamte des Hauses (Sergeant-at-Arms) für die Anwesenheit von mindestens 100 Mitgliedern. Wenn das der Fall war, ließ er die Rechtsbeistände der Parteien vor die Barre des Hauses treten. Die Türen wurden dann geschlossen und die Namen aller Mitglieder des Unterhauses auf Papierzetteln niedergeschrieben. Diese Namen wurden in gleicher Zahl auf sechs Urnen verteilt, aus welchen dann der Clerk des Unterhauses 49 Mitglieder ausloste. Mitglieder, welche über 60 Jahre alt waren, waren von der Pflicht, der Auslosung Folge zu leisten, frei. Ebenso Mitglieder des Hauses, welche bereits in anderen Komitees beschäftigt waren oder bereits in den vergangenen Sessionen in einem Grenville-Committee beschäftigt gewesen waren. Auch war ein Mitglied des Unterhauses, das bei der im Streit verfangenen Wahl mitgewählt hatte, von der Teilnahme an dem betreffenden Greville-Committee ausgeschlossen. Den 49 gelosten Mitgliedern konnten sowohl

[1]) Siehe darüber und zum folgenden: Porritt, „The unreformed House of Commons I', 1909, p. 58 ff.

der Rechtsbeistand für den Protesterheber wie der Rechtsbeistand des Gewählten je ein Mitglied aus den anwesenden Unterhausmitgliedern, die nicht ausgelost waren, hinzufügen. Während dieser Verlosungszeit blieben die Türen des Hauses verschlossen. Nach der Verlosung wurden sie wieder geöffnet.

Von den 49 Ausgelosten durfte jede der beiden Parteien abwechselnd so lange je ein ausgelostes Unterhausmitglied ablehnen, bis die Zahl der noch übrigbleibenden Ausgelosten 13 betrug. Zu diesen 13 kamen noch die vorhin erwähnten von den beiden Parteien selbst gewählten zwei Unterhausmitglieder hinzu. Diese 15 wurden nun an der Tafel des Hauses vereidigt, nach bestem Wissen und Gewissen zu entscheiden, und bildeten das Grenville-Committee. Die erste Sitzung desselben mußte innerhalb 24 Stunden nach seiner Auslosung stattfinden. Das Komitee saß dann jeden Tag, gewöhnlich von 10 Uhr morgens bis 3 Uhr nachmittags, bis es die Wahlprüfung erledigt hatte. Es konnte sich nicht für länger als 24 Stunden vertagen, ohne hierfür die Erlaubnis des Plenums erlangt zu haben. Auch durfte sich kein Mitglied des Komitees ohne Erlaubnis des Hauses von einer Sitzung des Komitees absentieren. Auch war es dem Obmann des Komitees zur Pflicht gemacht, jede unerlaubte Abwesenheit dem Plenum zu berichten.

Wenngleich auch die Parteilichkeit auch aus dem Grenville-Committee nicht verbannt war, so war doch das jetzige Wahlprüfungsverfahren gegenüber der Vergangenheit ein großer Fortschritt und wurde als solcher bewertet. Nur zwei Schwierigkeiten ergaben sich aus der Praxis. Einmal waren nur schwer 100 Mitglieder des Unterhauses zusammenzubringen, um die Verlosung vorzunehmen; sodann war es nicht leicht, die strikte Einhaltung der dauernden Anwesenheit im Komitee zu bewirken. Infolgedessen war das Verfahren der Wahlprüfung noch immer sehr langwierig, und es kam nicht selten vor, daß Mitglieder, deren Wahl angefochten war, drei Jahre lang im Hause, ohne daß eine Entscheidung ergangen wäre, saßen und stimmten (Parl. Hist. XXX, p. 468 ff.).

Mit der großen Parlamentswahlreform von 1832 stellte sich alsbald die Notwendigkeit heraus, eine reinere Luft in die Wahlatmosphäre zu bringen.

Eine parlamentarische Enquete von 1835 deckte die korrupte Art, mit der Wahlen in England damals betrieben wurden, genügend auf. Nicht sogleich war das Haus dabei, Hand an die Übelstände zu legen, aber in der Folge geschah es doch insbesondere durch zwei Mittel:

a) einmal durch den Ausbau des materiellen Wahlprüfungsrechts durch Aufstellung einer ganzen Reihe von spezifischen Wahldelikten,

b) sodann durch die Vervollkommnung des Wahlprüfungsverfahrens.

Was zunächst den Ausbau des materiellen Wahlprüfungsrechts anlangt, so wurde im Jahre 1841 auf Antrag von John Russel, dem Vater der Parlamentswahlreform von 1832, ein Gesetz erlassen (4 und 5 Vict. c. 57), welches hauptsächlich den Zweck hatte, den Beweis von Wahlumtrieben (Corrupt Practices) zu erleichtern. Nach einigen Modifikationen durch Gesetze von 1842 (5 und 6 Vict. c. 102) und 1852 (15 und 16 Vict. c. 57) wurde das materielle Wahlprüfungsrecht in umfassender Weise durch ein Gesetz von 1854 (17 und 18 Vict. c. 102) kodifiziert. Namentlich wurde in diesem Gesetze bestimmt, daß jeder Kandidat, der entweder selbst oder durch seinen Wahlagenten sich der Wahlkorruption schuldig gemacht hätte, seiner Wahlfähigkeit während der ganzen Legislaturperiode verlustig wäre. Außerdem wurde gerade, um diese Verantwortlichkeit des Wahlkandidaten und seines Agenten zur Realität zu machen, die gesamte Wahlvorbereitung in den Händen des Kandidaten und seines Wahlagenten zur gesetzlichen Pflicht gemacht, und zwar in der Weise, daß kein Kandidat in Hinkunft eine Geldsumme für die Wahlvorbereitung (Beschaffung des Wahllokals usw.) selbst ausgeben dürfte, bei Strafe des doppelten Betrags an die Staatskasse, vermehrt um 10 Pfd. St. bei persönlichen Zahlungen. Jede Zahlung, und zwar jede gesetzlich erlaubte Zahlung von Summen für die Zwecke der Wahlvorbereitung mußte durch die Hand des pflichtmäßig zu bestellenden Wahlagenten geleistet werden, dessen Rechnungen von einem besonderen Beamten, dem Election Auditor, zu prüfen waren, welcher vom Sheriff der Grafschaft für diesen Zweck ernannt war. Dem Übel der Korruption war nur teilweise gesteuert, wie dies späteren Unterhausenqueten um 1860 und 1878 ergaben. Eine dauernde Verbesserung der Zustände war erst durch die den heutigen Rechtszustand schaffende Act von 1883 (46 und 47 Vict. c. 51) herbeigeführt, welche ein Maximum für die Ausgaben zu Wahlvorbereitungszwecken nach einem Tarif aufstellte, und zwei Kategorien von Wahlumtrieben durch genaue Spezialisierung der Tatbestände aufstellte, nämlich die Corrupt Practices und die Illegal Practices.

Die Act von 1883 wurde dann 1895 durch eine Novelle ergänzt (58, 59 Vict. c. 40).

Der Ausbau des formellen Wahlprüfungsrechts, das ist des Wahlprüfungsverfahrens, ging seit 1832 in folgender Weise vor sich. Im Jahre 1839 brachte der damals die Opposition führende Robert Peel einen Gesetzentwurf ein, welcher die erste bessernde Hand an die Grenville-Committees legte, indem er die Zahl der Mitglieder des Wahlprüfungsausschusses von 15 auf 6 herabsetzte und deren Auswahl einem Generalausschusse überwies. Die Unparteilichkeit war damit nicht verbürgt, wohl aber die Schwierigkeit, ein Grenville-Committee immer zusammenzubringen, erheblich verringert. Dies wurde zwar Gesetz (2 und 3 Vict. c. 38), aber schon zwei Jahre darauf wieder aufgehoben. Im Jahre 1843 wurde durch ein anderes Gesetz (11 und 12 Vict. c. 98) das Verfahren mit Hilfe der Grenville-Committees, das, wie wir sahen, wegen der Schwierigkeit, Mitglieder des Komitees zusammenzubringen, ein langwieriges und kostspieliges geworden war, in der Weise modifiziert, daß ein ständiger Wahlausschuß (Committee of Elections) vom Sprecher kurz nach dem Anfang jeder Sitzungsperiode ernannt wurde, der aus sechs Unterhausmitgliedern bestand. Die Ernennung durch den Sprecher, welche mittels seines Warrant erfolgte, bedurfte der Genehmigung des Plenums.

Dieser allgemeine Ausschuß wählte für jede Wahlprüfung, die zu erledigen war, Sonderausschüsse aus dem Plenum des Hauses in der Zahl von je vier Mitgliedern und gab jedem von ihnen einen Vorsitzenden, der einer besonderen Vorsitzendenliste (Chairmen's Panel) entnommen war. Die Mitglieder dieser Sonderausschüsse, die also die eigentliche Wahlprüfung im einzelnen vornahmen, wurden im Plenum des Hauses vereidigt. Die Entscheidung jenes Sonderausschusses, der das Recht hatte, Zeugen unter Eid zu vernehmen und den Kläger des Wahlprotestes sowie den Beklagten zu vernehmen, war endgültig. Dies war die Form des Wahlprüfungsverfahrens bis zum Jahre 1867. Im Zusammenhange mit der zweiten Parlamentsreform von 1867 brachte die konservative Regierung des Kabinetts Disraeli einen Gesetzentwurf ein, welcher bezweckte, das ganze Geschäft der Wahlprüfung im engeren Sinne dem Unterhause abzunehmen und einem Gerichtshof zu überweisen, der für jeden einzelnen Fall der Wahlprüfung vom Sprecher aus der Zahl der obersten Reichsrichter zusammengesetzt werden sollte. Das Haus nahm den Grundgedanken günstig auf, aber die Zusammensetzung und Bildung des Gerichtshofs war eine große Schwierigkeit. Das Unterhauskomitee, das über diesen Gesetzentwurf verhandelte, schlug dem Hause vor, die Wahlprüfung dem Gerichtshof der Queen's Bench zu übertragen.

Der Schluß der Session bewirkte, daß der Plan des Unterhauskomitees nicht zur weiteren Debatte kam. Aber in der folgenden Session von 1868 wollte die konservative Regierung ganz dem Wunsche des Unterhauses entsprechen und eine darauf gerichtete Bill einbringen. Die über die Zweckmäßigkeit des neuen Gerichtshofs befragten Richter, allen voran der Lord Chief Justice Cockburn nahmen aber entschieden in einem an den Lordkanzler gerichteten Brief Stellung gegen die Zumutung, mit Wahlprüfungsangelegenheiten befaßt zu werden. In diesem Brief, der vom 6. Februar 1868 datiert ist, und in den Parlamentspapieren vom 15. Februar 1868 zur Verteilung an die Unterhausmitglieder kam, heißt es: „Wir sind einstimmig der Ansicht, daß eine unausbleibliche Folge der Übertragung der Wahlprüfungssachen an die Richter das richterliche Amt erniedrigen und degradieren wird, und daß es vernichten oder zum mindesten materiell schädigen wird das Vertrauen des Publikums in die absolute Unparteilichkeit und unbeugsame Integrität der Richter, wenn sie im Laufe ihrer gewöhnlichen Amtspflichten politische Sachen zu entscheiden hätten. Dies Vertrauen, welches so wesentlich dazu beiträgt, den Respekt für die Rechtspflege und den heilsamen Einfluß ihrer Vertreter aufrechtzuerhalten, hat allein in großem Maße nur dadurch bewirkt werden können, daß die Richter in keiner Weise mit politischen Angelegenheiten in Verbindung gebracht werden, ausgenommen, wenn . . solche Angelegenheiten unabwendbar in den Streitigkeiten vor den ordentlichen Gerichten mit zur Erledigung kommen. Dies Vertrauen wird schnell vernichtet, wenn nach der Hitze und Aufregung einer angefochtenen Wahl ein Richter an den Ort des eben stattgehabten Kampfes reisen soll, während die menschlichen Leidenschaften noch heftig wogen, und mitten unter heftigen und brutalen Parteimännern in alle Details der Wahlpaktiken eintreten und gar über Fragen von allgemeiner und individueller Korruption entscheiden soll, welche nicht selten, bloß gestützt oder bezweifelt werden durch einen Beweis von sehr zweifelhaftem Charakter. Eine Entscheidung des Richters unter solchen Verhältnissen abgegeben, wird nur zu oft verfehlen, den Respekt zu sichern, welcher richterlichen Entscheidungen bei anderen Gelegenheiten eignete. Heftige und aufgeregte Parteimänner werden sehr wahrscheinlich auch die Motive in Frage stellen, welche zu der Entscheidung geführt haben, und diese Sentiments werden ihren Widerhall in der Presse finden." Unter diesen Umständen fand es die Regierung bei der neueren Vorlage des Gesetzentwurfs im Jahre 1878 für angezeigt, einen Ersatz für den vom Unterhauskomitee vorgeschlagenen Gerichtshof der Queen's Bench zu schaffen.

Er bestand in einem neu zu errichtenden Wahlprüfungsgerichtshof, zusammengesetzt aus drei Mitgliedern, welche jährlich 200 Pfd. St. erhalten sollten, und denen auch die oberste Entscheidung betreffs der Anlegung von Wählerlisten zustehen sollte. Dieser Ersatz wurde vom Unterhaus nicht genehmigt, sondern beschlossen, wie auch später in dem betreffenden Gesetz zum Ausdruck gekommen ist, daß das Wahlprüfungsgeschäft einem Richter des Common-Pleas-Gerichtshofes übertragen werden sollte, der auf eine zuvor für diese Zwecke der Wahlprüfung aufgestellte Liste (rota) gesetzt worden war (§ 11 des Gesetzes von 1868, 31 und 32 Vict. c. 125). Die dieses Gesetz abändernde Akte von 1879 (Parliamentary Election and Corrupt Practice Act: 42 und 43 Vict. c. 75) bestimmte, daß die gerichtliche Wahlprüfung vor zwei Richtern (s. 2), die auf eine besondere Liste (die rota) gesetzt werden, stattfinden solle. Die Judicature Acts von 1881 (44 und 45 Vict. c. 68) fügte dann noch (s. 13) hinzu, daß die auf die rota gesetzten Richter der Queen's Bench Division des High Court of Justice entnommen werden müßten.

Aus den Verhandlungen im Unterhause von 1868 ergibt sich mit Deutlichkeit, daß es nicht das Mißtrauen gegen die Unparteilichkeit der parlamentarischen Wahlausschüsse war, welcher die Übertragung der Wahlprüfungsgerichtsbarkeit an die Richter veranlaßte. Vielmehr stellte der das Gesetz einbringende Minister den Wahlprüfungsausschüssen des Unterhauses das denkbar beste Zeugnis aus mit den Worten[1]: „Ich denke, meine verehrten Herren, Sie stimmen in dem Punkt mit mir überein, daß, wenn wir nicht von dem Fundamentalprinzip unserer gegenwärtigen Jurisdiktion und Verfahrungsart in bezug auf Wahlanfechtungen abgehen würden, es ganz unmöglich sein würde, einen Gerichtshof zu bilden, der mit größerer Wahrscheinlichkeit sich als zufriedenstellend bewähren könnte oder der mehr geeignet sein könnte, zu einem wahren Verdikt über die Tatsachen, die vorliegen, zu gelangen."[2])

Nur das waren die damals angeführten Beweggründe zur Übertragung des Verfahrens in Wahlprüfungssachen an die Richter: die schon seit 1860[3]) bekannte Kostspieligkeit und Langwierigkeit des Wahlprüfungsverfahrens vor den Wahlprüfungsausschüssen des Unterhauses. (Siehe Hansard Debates, a. a. O., p. 695.) Auch hoffte man durch die Übertragung des Wahlprüfungsgeschäfts an die Richter der Korruption bei Wahlen (nicht der Parteilichkeit bei der Wahlprüfung) zu begegnen. (Siehe Hansard Debates Vol. 192, p. 687.)

So war die Wahlprüfung im engeren Sinne in England dem Unterhause abgenommen worden. Es bleibt nun übrig, das geltende Recht darzustellen. Gemäß der historischen Entwicklung wird man auch in England die Prüfung der Wahllegitimation, die dem Hause noch immer zusteht, von der Wahlprüfung im engeren Sinne, wie sie infolge von Wahlprotesten vor Richtern erfolgt, die vom Hause unabhängig sind, unterscheiden müssen. Ehe aber diese beiden Funktionen nach geltendem englischen Recht erörtert werden, empfiehlt es sich, das für das Wahlverfahren und für die Wahldelikte maßgebende Recht in England zur Darstellung zu bringen, da nur dann die Bedeutung der Rechtsnormen für Legitimations- und Wahlprüfung ins richtige Licht gerückt erscheinen.

II. Amtliche Wahlvorbereitung und Wahlverfahren.

1. Zum Unterschied vom deutschen Recht werden die Wählerlisten nicht für jede Wahl ad hoc angelegt, sondern ihre Anlegung erfolgt während des ganzen Jahres hindurch, ohne Rücksicht darauf, ob eine Wahl in Sicht

---

[1]) Siehe Hansard, Debates Vol. 190, p. 695.

[2]) Jellineks, a. a. O., S. 125, ausgesprochene Zweifel an der Unparteilichkeit der parlamentarischen Wahlprüfungsausschüsse, Zweifel, die sich auf das Buch von Cox stützen, sind demnach nicht begründet.

[3]) Siehe Blaubuch, Parl. Papers, 1860, Bd. X, p. 1014 ff. und 3490 ff., sowie Appendix, p. 278 bis 280.

ist oder nicht. Diese ständigen Wählerlisten wurden in England zuerst durch die Reformakte 1832 nach französischem Muster eingeführt.

Außerdem unterscheidet sich die englische Anlegung der Wählerlisten von der deutschen dadurch, daß zu ihrem Schutze, wie wir gleich hören werden, ein kontradiktorisches Verfahren vor einem Richter (Revising Barrister) erfolgt, während dies in dem größten Teile Deutschlands fehlt.

Die bis zum Ende des Monats August jeden Jahres von den Ortsbehörden (Armenaufsehern) vorgelegten Listen werden von einem Richter, dem Revising Barrister, im Monat September jeden Jahres nachgeprüft. Er darf nicht Mitglied des Parlaments, nicht Staatsbeamter (ausgenommen Stadtrichter) sein. Auch ist er nicht fähig, ins Unterhaus für den Wahlbezirk, wo er Revising Barrister gewesen ist, gewählt zu werden. Sein Amtsauftrag dauert nur ein Jahr. Der Revising Barrister entscheidet über die Wahlberechtigungen und die gemachten Einwendungen. Von seiner Entscheidung läuft der Appell (mittels stating of special case) an die King's Bench Division des High Court of Justice, die auch sonst der oberste englische Verwaltungsgerichtshof ist. — Nach deren Entscheidung werden endgültig die Wählerlisten festgelegt als sogenannte Registers. In Rechtskraft erwächst aber dieses Register erst mit dem 1. Januar des auf die Entscheidung des Revising Barrister folgenden Jahres.

Die Bedeutung der Eintragung in die Wählerlisten liegt darin,

1. daß nur derjenige wählen kann, der auf der Wählerliste steht, und
2. daß derjenige, der auf der Wählerliste steht, ohne Rücksicht, ob er die positiven Wahlerfordernisse („franchises") auch hat, wahlberechtigt ist.

Es ist gleichsam durch die Entscheidung des Revising Barrister res judicata geschaffen. Die s. 7 der Ballot Act von 1872, welche dies sagt, macht nur die Ausnahme, daß „nothing in this section shall entitle any person to vote who is prohibited from voting by any Statute or by the common law of Parliament". Diese Ausnahme legt die Praxis einschränkend aus. Nur das Fehlen der negativen Wahlerfordernisse, z. B. Mündigkeit, männliches Geschlecht[1]) usw. soll eine Eintragung in die Wählerlisten hinfällig machen, nicht aber das Fehlen der positiven Wahlerfordernisse (der franchise); wenn also z. B. jemand auf Grund von 10 Pfund Sterling „Occupation" als Wähler in die Wählerliste eingetragen ist, ohne wirklich auch diese Qualifikation zu besitzen, so ist er dennoch wahlberechtigt.

Durch die res judicata schaffende Entscheidung des Revising Barrister ist jede Berichtigung von Amts wegen ausgeschlossen. Wo ein Staats-

[1]) Aber auch bezüglich der negativen Wahlerfordernisse werden Ausnahmen gemacht. So macht die Armenunterstützung (also das negative Erfordernis wirtschaftlicher Unabhängigkeit) den Eintrag nicht kraftlos.

beamtenapparat bei Anlegung der Wählerlisten nicht mitwirkt, schieben sich alsogleich die Parteien ein und bemächtigen sich der Anlegung der Wählerlisten. In jedem Wahlbezirk herrscht der „Caucus", die politische Organisation, die in Form von Klubs und politischen Vereinen das Terrain beherrscht. Sie beherrscht auch die Anlegung der Wählerlisten. Sie tritt, d. h. ihre Agenten, insbesondere die Sekretäre der politischen Vereine und Klubs treten vor den Revising Barrister und verteidigen das Wahlrecht derjenigen, von denen sie genau wissen, daß sie Parteigenossen sind oder sein werden[1]).

2. Das eigentliche Wahlverfahren wird immer mit der Zustellung des Wahlschreibens (writ of summons) an den sog. Returning officer, den wahlleitenden Beamten, eingeleitet. Derselbe ist für die Grafschaft der Sheriff, oder wo die Grafschaft in Wahlbezirke zerfällt, ein vom Sheriff zur Wahlleitung ausersehener Stellvertreter. In Städten, die mit Charter beliehene, juristische Personen sind, ist der Mayor der wahlleitende Beamte. In anderen Städten wird ein wahlleitender Beamter vom Sheriff bestellt. Das Wahlschreiben, das mittels Post den wahlleitenden Beamten zugestellt, ist ein königliches Writ, unter dem großen Siegel. Es gibt den Anfangstag der Tagung des Parlaments an und befiehlt, die Wahlen vorzunehmen.

Bei Wahlen, die während einer Legislaturperiode sich ereignen, erfolgt aber der unmittelbare Auftrag an den Clerk des Crown office, nicht von der Krone, sondern mittels warrant vom Sprecher des Unterhauses, was deshalb sehr wichtig ist, weil auf diesem Wege mitunter einem Wahlbezirk zur Strafe die Entsendung eines Abgeordneten entzogen werden kann, indem kein Auftrag für ein Wahlschreiben ergeht. Tagt das Parlament nicht und ergibt sich dennoch die Notwendigkeit, noch während der alten Legislaturperiode wegen eingetretener Vakanz eines Mandats ein Wahlschreiben zu erlassen, dann ist durch eine Reihe von Gesetzen vorgesehen, daß der Sprecher auf Grund eines Zertifikats über den Vakanzfall, ausgestellt von zwei Mitgliedern des Unterhauses, diesen Vorfall sofort in der „London Gazette" publiziert und fünf Tage hierauf seinen Auftrag zur Ausfertigung (mittels warrant) an den Clerk of the Crown office (Crown Clerk genannt) ergehen läßt.

Nach Empfang des Wahlschreibens (writ of summons) hat der wahlleitende Beamte (Returning officer) innerhalb von zwei Tagen in Grafschaften, längstens am nächsten Tag in Städten, Ort und Zeit der Wahl öffentlich bekanntzugeben. Der Zeitpunkt der Wahl ist hierbei so zu bestimmen, daß zwischen dem Empfange des Wahlschreibens und diesem Zeitpunkt in Städten nicht mehr als vier Tage, in Grafschaften nicht mehr als neun Tage verstreichen. Bei Bestimmung dieser Frist ist der

[1]) Über die Unsitten, die dabei vorherrschen, siehe mein engl. St.-R. I, S. 2 ff., 86.

Sonntag nicht in Anrechnung zu bringen, wie es übrigens in England ganz eigentümlich ist, am Sonntag, der anderswo, um der arbeitenden Bevölkerung das Wählen zu ermöglichen, ein beliebter Wahltag ist, Wahlen nicht vorzunehmen.

Die Wahlhandlung zerfällt in die Nomination der Kandidaten, die endgültig gewählt erscheinen, wenn nicht mehr Kandidaten nominiert sind, als gewählt werden sollen, und in den Poll, die ziffernmäßige Abstimmung, wenn mehr Kandidaten nominiert werden, als Wahlsitze zu vergeben sind.

Relative Majorität genügt, um einen Kandidaten als gewählt zu proklamieren, bei Stimmengleichheit gibt der Wahlkommissar durch seine Stimme den Ausschlag (Ballot Act 1872 s. 31). Sonst darf er nicht mitstimmen (leg. cit. s. 2). Die Stimmbezirke des Wahlkreises werden durch die Kommunalbehörden festgestellt und für jeden Stimmbezirk (polling district) wird ein Wahlvorsteher (Presiding officer), der nicht wie bei uns durch einen Wahlvorstand kontrolliert wird, ernannt. Die Ernennung der Wahlvorsteher erfolgt durch den Returning officer (Wahlkommissar d. i. Sheriff oder Mayor der Stadt), die Kontrolle des Wahlvorstehers bei der Wahlhandlung erfolgt durch die Wahlkandidaten und ihre offiziellen Vertreter: die Wahlagenten, deren Bestellung zeitgerecht zu erfolgen hat.

Die Wahlagenten genießen hier eine Art offizieller Stellung, desgleichen die sogenannten counting agents, welche sowohl bei der Stimmabgabe (voting), als auch bei dem Auszählen der Stimmen durch den Wahlvorsteher (the counting of votes) zugezogen werden. Sie müssen ebenso, wie der wahlleitende Beamte, zu Beginn der Wahlhandlung die förmliche Verpflichtung zur Verschwiegenheit abgeben (35 and 36 Vict. c. 33 s. 54).

Das Institut der Wahlagenten, das uns befremdlich erscheint, aber schon seit dem 17. Jahrhundert in England bestanden hat, ist nun durch die neueste Gesetzgebung zu einem offiziellen, staatlich konzessionierten geworden, um die Handlungen der Wahlkandidaten, insbesondere die Zahlung der Wahlkosten, die in England der Wahlkandidat tragen muß[1]), zu kontrollieren. Der Wahlagent ist gewissermaßen die rechte Hand des Kandidaten. Nur durch ihn vollzieht er alle mit der Wahl zusammenhängenden Handlungen und ist auch für alles Tun des Agenten verantwortlich. Es spricht auch die Präsumtion dafür, selbst wenn der Kandidat behauptet, daß der Agent gegen seinen Auftrag gehandelt. Jeder Kandidat muß am Tage der Nomination oder tags vorher seinen Agenten dem wahl-

[1]) Auch die Auslagen des Wahlkommissars für die Miete des Wahllokals, für Wahlurnen und Wahldrucksachen werden vom Kandidaten getragen und bilden Bestandteile der von diesem zu legenden Ausgabenrechnung (Corrupt und Illegal Practices Prevention Act von 1883, s. 33 [1]).

leitenden Beamten bekanntgeben (electioneering agent 46 und 47 Vict. c. 51 s. 24). Gewöhnlich wird für den ganzen Wahlbezirk von dem Kandidaten ein Wahlagent (electioneering agent) und für jeden Stimmdistrikt (polling district) ein Unteragent (polling agent) bestellt.

Ebensowenig wie es in England einen kollegialen Wahlvorstand gibt, gibt es eine Zählkommission im Sinne des deutschen Reichsrechts. Der Returning officer (Wahlkommissar) am Sitze des Wahlkreises zieht zum Skrutinium auf Grund der Wahlprotokolle der Wahlbezirke nur die Kandidaten und immer ihre Wahlagenten hinzu.

III. Die Wahldelikte.

Wie wir im vorhergehenden Abschnitt gesehen, ist das gesamte Wahlvorbereitungsverfahren und zum Teil das Wahlverfahren in die Hände der Parteien gelegt. Nur zu einem kleinen Teil ist die Mitwirkung des Staates hierbei in Anspruch genommen. Am meisten drückt sich das in der Tatsache aus, daß jeder Wahlkandidat seinen Agenten bestellen muß, durch dessen Hand alle für die Wahlvorbereitung notwendigen Ausgaben allein gemacht werden dürfen. Die Art der offiziellen Stellung des Agenten bei der Stimmabgabe haben wir ebenfalls oben kennen gelernt. Kurz gesagt: ruht das Wahlvorbereitungs- und Wahlverfahren auf dem Kontinent auf dem Prinzip des Offizialbetriebs, so ruht dasselbe in England auf dem Prinzip des Parteibetriebs.

Diese Konzentration des Wahlvorbereitungsverfahrens und des Wahlverfahrens in den Händen Privater, welches scheinbar jeder Stütze und einer fürsorgenden Staatstätigkeit entraten zu können glaubt, muß natürlich den Charakter der individuellen Verantwortlichkeit namentlich durch Ausbau von Wahldelikten zu stärken suchen. Der kontinentale Staat mag sich auf die Mitwirkung seiner Staatsbehörden bei Wahlen im Sinne einer fürsorgenden Tätigkeit, daß die Wahl ordnungsgemäß vor sich geht, verlassen können, und deshalb die Strafdrohungen gegen Beeinträchtigung der Wahlfreiheit und des Wahlgeheimnisses auf ein Minimum von Straftaten reduzieren, eben weil er jene fürsorgende Tätigkeit der Staatsbeamten als passende Ergänzung zur Fernhaltung solcher Delikte gegeben wähnt. (Wie weit er sich in diesem Glauben irren mag, wird noch im Schlußparagraphen dieser Abhandlung zu erörtern sein.) Der englische Staat, der aber alles auf den Parteibetrieb abstellt und hierbei nicht auf mitwirkende Verwaltungstätigkeit der Staatsbehörden rechnen kann, muß durch gesetzliche Strafdrohungen die Verantwortlichkeit von Wählern, Wahlkandidaten und Agenten schärfen und durch Spezialisierung von Straftatbeständen zu verwirklichen suchen. So hat denn auch das englische Recht in umfassender Weise zwischen parlamentarischen Strafdelikten einen Unterschied gemacht. Die eine Gruppe derselben, die sogenannten Corrupt Practices, entsprechen ungefähr den im deutschen StGB. angeführten Tatbeständen von Delikten zum Schutze des politischen Wahlrechts.

Die andere Gruppe der sogenannten Illegal Practices hat im deutschen Reichsstrafgesetz kein Analogon. Wenn man im deutschen Reichsrecht nach einem solchen suchen wollte, so könnte man ihn nur in jenen Wahldelikten finden, welche ich als parlamentarische Wahldelikte bezeichnen möchte und welche durch die Praxis des Reichstags ausgebildet sind. Daneben gibt es noch sogenannte Wahlverstöße, Verletzungen der Form des Wahlverfahrens ohne deliktischen Charakter. Wir wollen im einzelnen diese drei Kategorien näher ins Auge fassen, zunächst aber den Unterschied zwischen Corrupt und Illegal Practices betrachten, ehe wir die einzelnen Tatbestände dieser Deliktsgruppen angeben.

Corrupt Practices sind jene Wahlumtriebe, welche an sich auch den Tatbestand eines strafbaren Delikts bilden. Hierher gehört: 1. das Treating, die Gratifikation der Wähler durch Gegenstände der Konsumtion, wie z. B. Gewährung von Trinkgelegenheiten, Zweckessen usw.; 2. Undue influence, Wahlbeeinflussung durch Überredung, Zwang, Drohung usw.; 3. Bribery, Bestechung oder das, was dem gleichkommt, z. B. Zahlung von Steuern für den Wählenden; 4. Personation, betrügerische Wahlsubstitution, d. h. Betrug durch das Vorgeben, man sei eine wahlberechtigte Person.

Die Illegal Practices sind jene mit der Wahl zusammenhängende Handlungen des Wahlkandidaten oder seines Agenten, die an sich zwar keine strafbaren Delikte bilden, die aber gegen die gesetzlichen Wahlvorschriften verstoßen, insbesondere gegen diejenigen, welche die Höhe der Wahlauslagen und die Art ihrer Leistung vorsehen.

Die Delikte, welche den Gegenstand der Illegal Practices bilden, sind in der Hauptsache Polizeiunrecht, welche nicht sowohl die Verletzung des Rechtsguts der Wahlfreiheit und Wahllauterkeit zum Gegenstand haben, als vielmehr die Verhütung der Gefährdung jener Rechtgüter. Sie werden deshalb auch meistens in summarischer Weise von den Polizeigerichten des Landes abgeurteilt. Außer den hier in Betracht kommenden strafrechtlichen Folgen haben Corrupt und Illegal Practices betreffs ihrer Wirkung auf die Wahl folgende gemeinsame Eigentümlichkeit: Nur wenn sie vom Wahlkandidaten oder seinem Agenten begangen worden sind, machen sie die Wahl ungültig. Wenn sie hingegen von anderen Personen, namentlich Wählern begangen worden, haben sie prinzipiell keine Wirkung auf die Wahl, es werden nur bei der Wahlprüfung die einzelnen korrumpierten oder illegal beeinflußten Stimmen dem gewählten Kandidaten abgestrichen, wodurch allerdings möglicherweise seine Wahl erschüttert werden kann. Aber prinzipiell berühren sie die Wahl nicht; es wäre denn, daß solche korrupte Wahlpraktiken in großem Umfange vorgekommen sind, was nach Common Law die Wahl auch dann ungültig machen kann, wenn der Wahlkandidat oder sein Wahlagent an ihrer Betätigung unschuldig ist.

1. Corrupt Practices. Schon nach Common Law ist allgemeine Verbreitung von korrupten Wahlpraktiken ein Wahldelikt, welches Strafbarkeit für den Täter und Nullität der Wahl für den Wahlkandidaten herbeiführt, wenn er oder sein Agent mit Schuld daran haben. Insbesondere ist schon nach Common Law die „allgemeine Einschüchterung" Gegenstand einer korrupten Wahlpraktik. Die Akte von 1883 hat aber noch einen besonderen Katalog von fünf Tatbeständen mit dem Stigma der Corrupt Practice belegt.

a) Bestechung, bribery. Diese umfaßt den Stimmenkauf und -verkauf durch Geld und andere Vorteile; durch Versprechen des Verschaffens von Ämtern; die Aussetzung von Summen mit der Bestimmung, daß sie von anderen Personen für solche Bestechungszwecke verwendet werden sollen; die Verwendung von Geld und Geldeswert zum Zwecke der Herbeiführung einer Wahlfälschung; die nachträglich, d. h. nach der Wahl stattfindende Auszahlung von Geld oder Geldeswert an Personen, mit Rücksicht auf die Art, wie sie ihre Stimme abgegeben haben; schließlich die Zahlung von Steuern für den Steuerträger, um ihm zur Erlangung der Wählerqualität zu verhelfen.

b) Das sogenannte treating, d. i. das Traktieren der Wähler durch Gegenstände der Konsumtion, durch Verabreichung von Lebens- und Genußmitteln, um sie zur Stimmabgabe zu veranlassen. Der Tatbestand kann auch nach der Wahl gesetzt sein. Er muß nur absichtlich zur Herbeiführung der Wahlbeeinflussung stattgefunden haben, d. h. das Traktieren muß „corrupt" sein, und es muß diese böswillige Absicht erwiesen werden. An und für sich (prima facie) wird es für harmlos gehalten. Die Schwierigkeit ist nur, die Unschuld von der Schuld abzugrenzen. Die Praxis führt eine ganze Reihe von Indizien für Schuld oder Unschuld auf (z. B. Herkömmlichkeit oder Zeit u. a.).

c) „Unzulässige Beeinflussung" (undue influence). Strafbar ist jede Person, welche einen Wähler durch Zwang, Drohung usw., oder aber auch durch Drohung eines Schadens in seinem Votum zu beeinflussen sucht. Desgleichen wenn ein Wähler durch Entführung, Einsperrung oder auf ähnliche Weise von der Ausübung seines Wahlrechts zurückgehalten werden soll. Unter die Kategorie der undue influence fällt auch die Wahlbeeinflussung durch Geistliche. Insbesondere dann, wenn ein Geistlicher es als Sünde erklärt, für einen bestimmten Kandidaten seine Stimme abzugeben oder den Wähler für eine bestimmte Form der Stimmabgabe mit der Verweigerung der Sakramente bedroht (Meath southern division case 1892 und Meath northern division case 1892, zit. in Halsbury „Laws of England XII", p. 292, Anm.). Hingegen ist das Einsammeln von Wahlstimmen durch den Klerus noch kein Wahldelikt in diesem Sinne.

d) Die sogenannte personation (der Wahlbetrug). Sie besteht darin, daß entweder eine Person im Namen einer anderen lebenden, toten oder fingierten Person, die auf der Wählerliste steht, einen Stimmzettel verlangt und stimmt. Ferner darin, daß eine Person, die einmal ihre Stimme abgegeben, sich durch einen anderen Stimmzettel nochmals an derselben Wahl beteiligt. Auch die Beihilfe an diesem Delikt wird ebenfalls als Corrupt Practice angesehen. Doch muß natürlich in diesem letzteren Falle, wie die englischen Juristen sagen, mens rea (böse Absicht) hinzukommen.

Auch die Stimmabgabe für einen anderen ist nur bei mens rea eine Corrupt Practice.

e) Schließlich sieht das Gesetz als Corrupt Practice an, wenn der Wahlkandidat oder sein Agent falsche Angaben in bezug auf die ihnen pflichtmäßig auferlegten Mitteilungen über die Wahlausgaben machen.

2. Illegal Practices. Die Illegal Practices umfassen folgende Tatbestände:

Alle Zahlungen oder daraufgehende Kontrakte, welche den Zweck haben, Fuhrwerke und andere Beförderungsmittel für die Zwecke der Herbeischaffung von Wählern zur Urne zu mieten. Wo es sich um schwierige Verkehrsverbindungen handelt und in Ausnahmefällen, welche die Gnade der richterlichen Billigung finden, wird von dem Tatbestand des Deliktes abgesehen.

Als Illegal Practice wird betrachtet, wenn Zahlungen an Wähler gemacht werden, welche Lokalitäten für Wahlversammlungen stellen sollen. Es wäre denn, daß diese die Zahl der Lokalitäten, die so gemietet werden, die vom Gesetze fixierte zulässige Zahl nicht überschreiten.

Diese gesetzlich angeordnete Zahl ist z. B. in der Stadt je ein Lokal auf 500 eingetragene Wähler.

Als Illegal Practice gilt ferner Zahlung an Wähler, welche dafür gestatten sollen, daß an den Mauern ihrer Häuser oder auf ihrem Grund und Boden überhaupt Anschläge und Plakate angebracht werden. Es wäre denn, daß es der ordentliche Beruf des Wählers ist, sich mit solcher Plakatierung zu beschäftigen.

Die Illegal Practices sind ferner die Überschreitungen des Ausgabenmaximums, welche das Gesetz für die Zwecke der Wahlvorbereitung zuläßt. Dieser Tarif für zulässige Wahlausgaben ist folgendermaßen geregelt:

In Städten, in denen die Zahl der registrierten Wähler 2000 nicht übersteigt, beträgt das Ausgabenmaximum 350 Pfd. St.

In Städten mit mehr als 2000 ist der zulässige Höchstbetrag 380 Pfd.St. und für je 1000 Wähler 30 Pfd. St. mehr.

In Grafschaften beträgt das Ausgabenmaximum, wenn die Zahl der eingetragenen Wähler 2000 nicht überschreitet, 650 Pfd. St. sonst 710 Pfd. Sterling und je 60 Pfd. St. mehr für je 1000 Wähler.

Als Illegal Practice gilt es, wenn jemand eine andere Person dahin beeinflußt, eine Stimme abzugeben, trotzdem jene anstiftende Person wußte, daß die letztere gar nicht wahlberechtigt ist. Ebenso wird als illegale Praxis angesehen, wenn von dem Gegenkandidaten falsche Nachrichten über die Person des Wahlkandidaten verbreitet werden, z. B. daß dieser von der Wahl zurückgetreten sei, oder sonstige Wahlmanöver, welche üble Gerüchte über den persönlichen Charakter der Wahlkandidaten verbreiten.

Illegale Praxis ist es, wenn der Wahlkandidat oder sein Wahlagent Plakate ohne Namen und Wohnort des Druckers und Verlegers anschlagen läßt.

Illegale Praxis ist es, wenn jemand anders als der Wahlagent Ausgaben für die Zwecke der Wahlvorbereitung leistet.

Illegale Praxis ist es, wenn diese Ausgaben von dem Wahlagenten, aber nicht in der vorgeschriebenen Zeit geleistet werden. Vorgeschriebene Zeit im Sinne des Gesetzes sind 14 bis 28 Tage nach der Annahme der Wahl durch den Gewählten.

Illegale Praxis ist es, wenn der Kandidat oder sein Agent die gesetzlich vorgeschriebenen Auskünfte und eidesstattlichen Erklärungen, daß die Wahl ordnungsgemäß vor sich gegangen, ohne Grund nicht abgibt.

Macht er wissentlich falsche Angaben, so ist dies korrupte Praxis.

Schließlich ist jede Störung einer Wählerversammlung während der Wahlzeit, also von der Zeit der Ausschreibung der Wahl bis zur Beendigung der Wahlhandlung, eine Illegal Practice.

Außerdem schreibt das Gesetz noch in detaillierter Form vor, was jedenfalls als illegale Zahlung, illegale Dienstbeschäftigung und illegale Miete anzusehen ist. Dies ist notwendig, um Verschleierungen von Wahlbestechungen, die auf diesem Wege möglich wären, zu verhüten.

3. Den Wahlverstößen, d. h. Formfehlern im Wahlverfahren, wie es durch die Ballot Act von 1872 und durch die sie ergänzenden Verordnungen vorgeschrieben ist, legt man in England keine Bedeutung bei, wenn sie ohne Korrumpierungsabsicht begangen sind, und wenn feststeht, daß sie auf das Wahlresultat gar keinen Einfluß haben konnten (siehe Halsbury, a. a. O., p. 322).

4. Eine besondere Verantwortlichkeit haben die wahlleitenden Beamten zu tragen. Diese Verantwortlichkeit besteht teils in strafrechtlicher Verantwortlichkeit, teils in zivilrechtlicher und teils in einer durch

Privatstrafen (und Geldbußen) zur Geltung gebrachten Verantwortlichkeit. Was zunächst die strafrechtliche Verantwortlichkeit anlangt, so gilt für die wahlleitenden Beamten zunächst das gemeine, auch für die Staatsbürger bestehende Strafrecht. Dazu kommt:

a) Wahlfälschung, begangen durch den Wahlkommissar oder den Wahlvorsteher, wird mit Freiheitsstrafe bis zu zwei Jahren mit oder ohne Strafschärfung (schwere Arbeit) bestraft, während sie an jeder anderen Person nur mit Freiheitsstrafe bis zu sechs Monaten mit oder ohne Strafschärfung bestraft wird.

b) Jede Verletzung des Wahlgeheinnisses durch den Wahlkommissar, den Wahlvorsteher und andere Amtspersonen wird mit Freiheitsstrafe bis zu sechs Monaten mit oder ohne schwere Arbeit bestraft (Ballot Act von 1872, s. 4). Die zivilrechtliche Verantwortlichkeit trifft jeden Wahlvorsteher, der mit Unrecht einen gehörig qualifizierten Wähler von der Wahlurne zurückweist. Diese Verantwortlichkeit trifft den Beamten, auch wenn keine böse Absicht unterläuft, jeder so vom Wahlrecht ausgeschlossenen Person gegenüber, sofern der Wahlkommissar hierbei nicht in richterlicher Qualität, sondern bloß als Ausführer des Gesetzes fungiert. In richterlicher Qualität fungiert er, wenn er Wahlzettel beim Skrutinium als ungültig erklärt. Handelt er in dieser Eigenschaft, dann wird er nur bei böser Absicht verantwortlich, und zwar für jeden Schaden, den der Wähler geltend macht. In gleicher Weise besteht die Verantwortlichkeit gegenüber dem Wahlkandidaten, der unterlegen ist.

Eine durch Privatstrafen und Geldstrafen geltend zu machende Verantwortlichkeit trifft:

a) Alle Behörden, welche mit der Anlegung der Wählerlisten betraut sind, sofern ihnen absichtliche Verletzung oder Vernachlässigung ihrer Amtspflichten nachgewiesen werden. Sie sind dem verletzten Wähler gegenüber zu Privatstrafen bis zu 100 Pfd. St. verantwortlich (Parl. Votes Registr. Act 1843, s. 97 und Corrupt Practices 1883, s. 81, 2). Die Zivilklage, nämlich die Action of Debt, ist das hierhergehörige Rechtsmittel.

b) In gleicher Weise verantwortlich, und zwar gegenüber der sich beschwert fühlenden Partei, wird jeder Wahlkommissar, der die Vornahme der Wahl absichtlich verzögert (Act for further Regulating Elections von 1895, s. 5.)

c) In gleicher Weise mit einer Privatstrafe bis zu 100 Pfd. St. gegenüber der sich beschwert fühlenden Partei werden Wahlkommissare und Wahlvorsteher belegt, welche ihre Amtspflichten bei der Durchführung der Stimmabgabe vernachlässigen oder verletzen (Ballot Act 1872, s. 11).

d) In gleicher Weise werden Wahlkommissare mit einer Schadensersatzklage belangt, welche entgegen den gesetzlichen Vorschriften den nichtgewählten Kandidaten proklamieren oder mehr Personen für gewählt proklamieren, als überhaupt zu wählen sind (Act to prevent false and double Returns 1695, s. 2/3).

Der Charakter der Privatstrafe besteht eben darin, daß das Doppelte des Schadens gefordert werden kann.

Zum Schlusse sei noch erwähnt, daß die auf dem Kontinente bekannte „amtliche Wahlbeeinflussung" wegen des Zurücktretens des bureaukratischen Elements in der Verwaltung keine erhebliche Rolle spielt. Durch königliche Verordnung vom 28. November 1884 ist allen Staatsbeamten, welche den permanenten Staatsdienst (Civil Service) angehören. verboten, als Wahlkandidaten aufzutreten.

5. Das Grundübel des englischen Wahlverfahrens liegt in der Unzulänglichkeit mittels des geltenden Katalogs der Wahldelikte den Wahlumtrieben zu steuern[1]). Denn diese haben in erschreckender Weise zugenommen, und gegenüber dem 18. Jahrhundert hat sich wenig geändert, höchstens daß die Form der Wahlbestechung nicht gleich sichtbar ist und die Preise niedriger geworden sind. Was nützt es, einen Wahlagenten aufzustellen, um den Kandidaten während der Wahlperiode zu kontrollieren; was nützt es, ihm sogar das Maß seiner Hotelrechnungen vorzuschreiben, wenn die wirkliche Bestechung für Wahlzwecke mit Hilfe des Caucus und der politischen Parteiagenten eines Wahlbezirks vonstatten geht? Und dieser Caucus ist vielarmig und vielköpfig, er kann, wie die Hydra, nicht gefaßt werden, weil er sich überall zeigt, ohne sich direkt äußerlich zu konpromittieren. Fühler streckt er überall aus und hat seine Agenten (secret agency), die neben den offiziellen Wahlagenten handeln und bestechen.

Je feiner die Maschen des Netzes der aufgestellten Straftatbestände sind, desto leichter werden sie zerrissen. Der Nachweis der sogenannten secret agency ist schwer und die Richter enthalten sich mit begreiflichem Takte, erwiesene Wahlumtriebe durch den Caucus dem Wahlkandidaten zur Last zu legen, wenn der Zusammenhang mit ihm wie gewöhnlich nicht nachweisbar ist. Dann bleibt die Wahl gültig, und nur „die kleinen Diebe werden gehängt".

IV. Die Wahlprüfung im engeren Sinne.

Nach heute geltendem Recht wird sie durch zwei Instanzen geübt: 1. durch einen vom Unterhaus unabhängigen Wahlgerichtshof, 2. durch Königliche Kommissionen, die für einzelne Fälle auf Antrag des Unterhauses eingesetzt werden, sog. Election Commissions.

---

[1]) Siehe darüber Ostrogorski, Democracy and the Organization of Political Parties (1906), I, p. 468 ff.

1. Der vom Unterhaus unabhängige Wahlgerichtshof. Derselbe wird durch zwei Richter (Election judges) gebildet, die der Liste, der sog. rota, der Wahlrichter entnommen sind. Die rota wird in der Weise gebildet, daß vor und am 4. November jeden Jahres drei Richter der King's Bench Division (des High Court of Justice) von sämtlichen Richtern dieser Gerichtshofabteilung für das folgende Jahr als Election judges gewählt werden. Bei Stimmengleichheit gibt der Lord-Oberrichter und in seiner Abwesenheit der rangälteste Richter den Ausschlag. Die Richter, die auf die rota gesetzt sind, erhalten die Wahlproteste der Reihe nach ihrem Dienstalter zugewiesen. Es wäre denn, daß sie durch andere Abmachung ihre Zuständigkeit feststellen (Parl. El. Act 1868, s. 11 [6]).

Wird die betreffende Wahlprüfungsstreitsache nicht innerhalb eines Jahres (des Kompetenzjahres) beendigt, dann wird sie trotzdem nicht durch die neuen Richter, sondern durch diejenigen zu Ende geführt, welche sich ursprünglich mit ihr beschäftigt haben (Judicature Act 1881, s. 13 und Corrupt and Illegal Practices Act 1883, s. 42). Das Verfahren wird mittels Petition eingeleitet.

Jeder, der eine Wahl anfechten will, muß innerhalb 21 Tagen, nachdem die Wahlakten dem Clerk der Krone (Clerk of the Crown office) zugekommen sind, seine Wahlanfechtung anbringen. An die Petition knüpft sich ev. auch die Klage wegen strafbarer Umtriebe (Corrupt Practices), deshalb ist für diesen letzten Fall die Einreichungsfrist auf 28 Tage verlängert[1]) (s. 6 der Akte von 1868).

Zur Petition, die in England bei der King's Bench Division für englische und schottische, bei der King's Division des High Court für Irland für irische Wahlanfechtungen, einzureichen ist, ist berechtigt:

a) jeder Wähler, der sich in seinem freien Wahlrecht verletzt fühlt,
b) jeder von den bei der Wahl unterlegenen Kandidaten, der behauptet, daß er der rechtmäßig Gewählte sei,
c) jeder Wahlkandidat überhaupt (Akte von 1868, s. 6).

Hierauf wird die Petition mit ihren Klaggründen im strittigen Wahlbezirk publiziert (Akte von 1868, s. 7). Dies hat insbesondere den Zweck, anderen zur Petition ebenfalls Legitimierten das Eintrittsrecht für den Fall zu ermöglichen, wenn der ursprüngliche Petitionskläger von dem Protest zurücktritt. Er darf dies nur dann tun, wenn er dem Gerichtshof (durch sog. „affidavit") wahrscheinlich macht, daß er aus gerechtfertigten Gründen (nicht etwa, weil er bestochen worden ist) zurücktritt (Corrupt and Illegal Practice Act von 1883, s. 41, 1). Hat

[1]) Bei der Geltendmachung von Illegal Practices ist die Einreichung der Wahlprotesterhebungen 14 Tage nach Einreichung der Ausgabenrechnung des Wahlkandidaten zulässig (Corrupt and Illegal Practices Act. 1883, s. 40, 1a.)

der Gerichtshof die Meinung, daß unerlaubte Motive den Rücktritt vom Protest veranlaßt haben, so kann er verfügen, daß die ursprünglich gestellte Prozeßkaution als für den Nachfolger gestellt gelte. Sonst muß aber der neue Petitionskläger eine solche Kaution für sich erlegen. Stirbt der Petitionskläger vor Beendigung des Streites, so wird ähnlich wie bei seinem Rücktritt vorgegangen (Akte von 1868, s. 37).

Aber auch der Petitionsgegner wird durch die Öffentlichkeit kontrolliert. Wenn er z. B. während des Prozesses stirbt oder Peer wird und daher seinen Wahlsitz im Unterhaus aufgeben muß, oder wenn das Unterhaus den Wahlsitz trotz der Wahl für erledigt erklärt hat oder schließlich, wenn der Petitionsgegner ausdrücklich erklärt, er wolle die Petition nicht bekämpfen, dann kann der Petitionskläger dennoch die Entscheidung des Richters herbeiführen (Report on Election Petitions 1893, p. 3 f.).

Eine Klageänderung ist nach Einreichung des Protestes ausgeschlossen (Halsbury, Laws of England, XII, p. 413). Dagegen braucht der Wahlprotest nicht in der Weise substantiiert zu sein, daß alle Beweismittel schon vorgebracht werden, welche etwa im Laufe des Prozesses nötig werden könnten (Election Petitions Rules R. 6)[1]).

Der Wahlprotest kann auf ein doppeltes gerichtet werden. Entweder auf Ungültigkeitserklärung der Wahl oder auf richterliche Feststellung, daß nicht der betreffende X, dessen Wahl angefochten wurde, sondern ein anderer Y eigentlich die Majorität der gültig abgegebenen Stimmen erlangt habe.

Im letzteren Fall ist ein dreifaches möglich:

a) Das sog. Skrutinium (Scrutiny). Dasselbe ist eine nochmalige genaue Überprüfung der abgegebenen Wahlzettel durch den Gerichtshof. Zu diesem Zwecke hat der Petitionskläger und der Petitionsgegner eine Liste aller angezweifelten Stimmen samt den Anzweiflungsgründen (objections) vorzulegen. Die vom Petitionsgegner angezweifelten Stimmen werden zuerst geprüft, dann die vom Petitionsgegner beanstandeten. Was der einen Partei an Stimmen abgestrichen, wird der Gegenpartei (wenn sie insbesondere ebenfalls Wahlkandidat war), zugerechnet. Da kann es sich oft ereignen, daß die Petition einen noch viel ungünstigeren Erfolg für den Kläger hat als das ursprüngliche Wahlergebnis. Ergibt das Skrutinium Stimmengleichheit auf beiden Seiten, dann ist die Wahl nichtig, und jede Partei muß zur Hälfte die Prozeßkosten zahlen.

b) Eine andere Eventualität, die während des Streitverfahrens auftauchen kann, ist die sog. „Recriminatory Charge".

---

[1]) Das Verfahren vor dem Wahlgerichtshof wird im einzelnen nämlich durch die Anordnungen des sogenannten Rule Committee der Richter, d. i. derjenigen Richtervereinigung, welche auch sonst das Prozeßverfahren regelt, festgestellt.

Es kann gegen den Petitionskläger behauptet werden, daß, selbst wenn er erfolgreicher Wahlkandidat gewesen wäre, er nur eine Wahl erzielt hätte, die ebenfalls der Anfechtung unterläge. Damit wird die sog. Recriminatory Charge oder Widerklage erhoben, und das Verfahren ist dann dasselbe wie bei der gewöhnlichen Petition (Akte von 1868, s. 53).

c) Der sog. Recount, wenn eine neue Zählung der Wahlzettel verlangt ist, die in einem vorbereitenden Verfahren (at chambers) gewährt wird. Davon wird namentlich dann gern Gebrauch gemacht, wenn die Wahlmajorität des Kandidaten nur eine geringfügige Ziffer ist. Es kommt nämlich dann selten vor, daß eine solche Wiederzählung, die vor einem vom Gerichtshof bestellten Beamten stattfindet (jetzt vor dem Election Petition officer) nicht zur Aufhebung der Wahl führt.

Ist der Wahlprotest auf Ungültigkeitserklärung der Wahl gerichtet, so kommt es nur darauf an, festzustellen, ob Corrupt oder Illegal Practices Einfluß auf die Abstimmung geübt haben. Dann werden diejenigen Stimmen, welche in dieser Weise beeinflußt waren, einfach vom Stimmresultat abgestrichen und je nach dieser Abstreichung festgestellt, ob noch immer der Kandidat die nötige Majorität der Stimmen erhalten.

Außer den Prozeßparteien, den nötigen Zeugen und Sachverständigen wird noch der öffentliche Ankläger gehört zur Wahrung des öffentlichen Interesses an der Wahl und ihrer Prüfung. Er ist es auch, der sich einer vom Petitionskläger beabsichtigten Zurückziehung der Klage im öffentlichen Interesse widersetzen kann.

Auch kann der Gerichtshof, der über den Wahlprotest zu entscheiden hat, diejenigen Personen (also auch Wähler), deren Schuld, sich an Corrupt und Illegal Practices beteiligt zu haben, offenkundig liegt, verurteilen[1]), doch tut er dies gewöhnlich nicht[2]), sondern weist die Sache an die ordentlichen Strafgerichte.

Jedenfalls verkündet aber der Gerichtshof am Schlusse der Streitverhandlung die Gültigkeit oder Ungültigkeit der Wahl. Bei Stimmengleichheit der zwei den Gerichtshof bildenden Richter, nämlich wenn der eine sich für die Gültigkeit, der andere für die Ungültigkeit entscheidet, wird die Wahl für gültig erklärt.

Das Urteil des Wahlprüfungsgerichtshofs ist endgültig, doch kann bei schwierigen Rechtsfragen die Entscheidung derselben dem Gerichtshof der King's Bench reserviert werden (Akte von 1868, s. 12). Der Antrag hierzu kann auch während der Streitverhandlungen von einer der Parteien gestellt werden.

Die Kosten des Verfahrens trägt die unterliegende Partei. Haben in einem Wahlkreise Wahlumtriebe in größerem Maße stattgefunden, so

---

[1]) Corrupt and Illegal Practices prevention Act 1883, s. 43.

[2]) Siehe Halsbury, a. a. O., p. 535.

kann der Gerichtshof entscheiden, daß der Wahlkreis die Kosten des Prozesses zu tragen habe (Akte von 1883, sect. 44 [1]). Von dem Urteil des Wahlgerichtshofs wird der Sprecher des Unterhauses mittels sog. certificate verständigt. Dieses hat folgende Wirkung:

a) Ist die Gültigkeit der Wahl ausgesprochen, so gibt der Sprecher die Weisung für die Bestätigung derselben, welche auch im Return-Book des Clerk of the crown office eingetragen wird.

b) Lautet das Urteil auf Kassation der Wahl, so gibt der Sprecher den Auftrag zur Ausschreibung einer Neuwahl.

c) Geht das Urteil des Wahlgerichtshofs dahin, daß nicht X, sondern Y der eigentlich gewählte Kandidat sei, dann wird das Return-Book in den Händen des Clerk of the crown office dahin abgeändert und Y ins Unterhaus zugelassen (Akte von 1868, s. 13).

Das Unterhaus wird auch vom Gerichtshof benachrichtigt, wenn der Beklagte auf seinen Sitz verzichtet und das Verfahren deswegen eingestellt werden muß.

Ein besonderer Bericht wird dem Sprecher dann noch vom Gerichtshof überhändigt [s. 11 (14) der Akte von 1868 und s. 11 der Akte von 1883], wenn während des Verfahrens Wahlumtriebe in ausgedehntem Maße stattgefunden haben; ferner wenn der Kandidat oder sein Wahlagent sich ungesetzlicher und korrupter Wahlpraktiken schuldig gemacht und schließlich, wenn bestimmte Personen sich dieselben Delikte haben zuschulden kommen lassen. Denn diese Delikte bewirken eine Wahlunfähigkeit und Verlust der Wählbarkeit dieser Personen, was natürlich zur Kenntnis des Hauses kommen muß, weil das Haus die Prüfung der Wahllegitimation in seinen Händen beibehalten hat.

2. Eine zweite Instanz zur Entscheidung der Wahlanfechtung ist eine königliche Kommission (Election Commission), welche dann eingesetztwird, wenn das Unterhaus darauf anträgt. Das letztere kann in zwei Fällen erfolgen:

a) wenn ein Bericht (Report) des unter 1 genannten Gerichtshofes mitteilt, daß Wahlkorruption in ausgedehntem Maße in einem Wahlbezirke stattgefunden habe;

b) wenn 14 Tage nach Parlamentseröffnung 20 oder mehr Wähler eine Petition im Unterhause einbringen, daß Wahlkorruptionen bei der Wahl stattgefunden.

In diesen beiden Fällen wird eine königliche Kommission in Gemäßheit des Gesetzes 15 und 16 Vict. c. 57 eingesetzt. Sie besteht gewöhnlich aus drei Mitgliedern, die auf Antrag des Unterhauses (in Form der Adresse an die Krone) aus der Zahl derjenigen Barrister, welche eine siebenjährige Praxis haben, gewählt werden. Die Kommission hat das Recht der eidlichen Einvernahme der Zeugen und kann auch dabei ganz inquisitorisch vorgehen, während der unter 1 genannte Gerichtshof doch mehr oder weniger nach dem Prinzip des freien Beweisvorbringens seitens der Parteien handelt. Das Ergebnis einer solchen Kommission kann entweder die Individuen treffen, die sich der Wahlumtriebe schuldig gemacht, oder ganze Wahlbezirke, in denen die Wahlumtriebe vorgefallen. In letzterem Fall sind auch die betreffenden Wahlbezirke durch Entziehung des Wahlmandats auf Zeit oder Dauer zu strafen. Dies letztere erfolgt de jure nur durch Gesetz. So sind besonders 1881 eine Reihe korrupter Wahlbezirke bestraft worden, mitunter namentlich auf die Dauer der Session einfach dadurch, daß der Sprecher kein neues Wahlschreiben ergehen ließ.

Ein gewählter Abgeordneter, dessen Wahl vom Wahlprüfungsgerichtshof für gültig erklärt worden ist, kann selbst dann, wenn ihm ungünstige Tatsachen durch den Bericht der Wahlprüfungskommission nachgewiesen sind, nicht seines Mandats für verlustig erklärt werden (Halsbury, a. a. O., S. 971). Sonst kann natürlich vom Unterhause die Ungültigkeit der Wahl ausgesprochen werden, sei es deshalb, weil der Gewählte erwiesener Wahlpraktiken sich schuldig gemacht und daher die Wählbarkeit verloren hat, sei es deshalb, weil Wahlpraktiken im großen Maßstabe betrieben worden sind.

3. Wenn man die Erwartungen, die im Jahre 1868 an die Übertragung der Wahlprüfungen vom Unterhause an die Richter geknüpft wurden, vergleicht mit den Erfolgen, wie sie vorliegen, so wird man nicht umhin können, festzustellen, daß die ehemaligen Erwartungen getäuscht sind. Zwar die Langwierigkeit des Wahlprüfungsverfahrens hat aufgehört, aber die anderen Übel sind geblieben. Vor allem ist es dem Wahlgerichtshof nicht gelungen, dem Übel der Wahlkorruption schärfer an den Leib zu gehen. Wir haben darüber schon (unter III, 6) das Nähere ausgeführt. Hier sei noch hinzugefügt, daß der Wahlprüfungsgerichtshof auch nicht das alte Übel des „Manufacturing a case" beseitigt hat. Dieses ist das Schachern mit einen Streitfall, und besteht darin, daß der Protesterheber mit sich handeln und feilschen läßt, um von der Petition abzustehen. Dabei kommen frivole Petitionen vor, um solchen Handel herbeizuführen, und „der Beklagte wird wohl alles aufwenden, um Ruhe zu haben".

Damit hängt die Wurzel der Übelstände bei dem gegenwärtigen Wahlprüfungsverfahren zusammen.

Ein Mitglied des Unterhauskomitees (Report on Parliamentary Election Petitions 1897, Nr. 347) stellte an einen hervorragenden Richter bei der parlamentarischen Enquete die Frage: „Anstatt die Wahlprüfung bloß als eine private Streitfrage aufzufassen zwischen Jones und Brown, möchte ich sagen, daß das Publikum die wirklich interessierte Hauptperson ist, die ehrliche Wahl eines ehrlichen Mannes zu erhalten." Darauf antwortet der Richter lakonisch und skeptisch: „Allerdings, aber ich glaube nicht, daß es leicht sei, ein entsprechendes Gesetz durch das Parlament zu bringen usw.".

Das eben ist das Grundübel, daß das öffentliche Interesse im Wahlprüfungsverfahren, wie es jetzt besteht, nicht genügend gesichert sei. (Siehe Report, a. a. O., 1897, Ev. 168.) Dazu kommt noch die große Kostspieligkeit des Wahlverfahrens in England. Die zu erlegende Prozeßkaution beträgt 1000 Pfd. St., und die Kosten des ganzen Wahlprüfungsprozesses kommen nicht selten auf 5000 Pfd. St. (Report on Election Petitions 1898, p. 12 und 80).

Also auch in der Hinsicht ist die Erwartung, welche die Gesetzgeber von 1868 an die Übertragung des Wahlprüfungsgeschäfts von den Unterhauskomitees an die Richter geknüpft haben, nicht erfüllt worden.

V. Die Legitimationsprüfung durch das Unterhaus.

Dieselbe ist trotz der Übertragung der Wahlprüfung im engeren Sinne an Richter, dem Unterhause vollständig verblieben.

Die Grundlage der Legitimationsprüfung bildet das Duplikat des sog. Return-Book. Dieses ist seit 1695 eingeführt (Act to prevent false and double returns, s. 5) und wird vom Clerk of the crown office geführt. An diesen werden nämlich — er ist, wie wir wissen, ein Beamter der königlichen Kanzlei (der Chancery) — die Wahlakten vom Wahlkommissar sofort nach der Proklamation des Kandidaten gesendet. In das Return-Book trägt auf Grund der Wahlakten der Clerk of the crown office den Inhalt der Proklamierung, d. i. den Namen des Gewählten und die für ihn abgegebene Stimmenzahl ein. Die Eintragung muß innerhalb von sechs Tagen nach Einlangen der Wahlakten erfolgen. Eine Änderung der Eintragung im Return-Book kann nur auf Weisung des Unterhauses erfolgen, was namentlich dann praktisch wird, wenn auf Grundlage des Urteils eines Wahlprüfungsgerichtshofs der Sprecher des Unterhauses den Gegenkandidaten des Gewählten einberuft (siehe oben unter IV).

Das Return-Book bleibt im crown office, ebenso die Wahlakten. Eine Kopie des Return-Book wird aber dem Clerk des Unterhauses übergeben. Und erst nach Einlangung dieser Kopie im Unterhaus dürfen die Mitglieder desselben ihren Unterhaussitz entnehmen. (Siehe Rechtsfall Hurdle versus Waring, Law Reports 1874, 9 C. B. 935 ff.)

Daß es aber nicht der Formaleintrag im Return-Book ist, welcher den Rechtstitel des Abgeordneten zum Sitzen im Unterhaus bildet, geht, abgesehen von der oben angeführten Tatsache, daß das Unterhaus allein zu Änderungen im Return-Book Veranlassung gibt, noch aus folgenden zwei Umständen hervor:

1. Für den Fall, als ein Gewählter noch für ein oder mehrere andere Abgeordnetensitze gewählt erscheint, muß er sich nicht etwa wie bei uns

innerhalb acht Tagen vor dem Wahlkommissar entscheiden, welchen Abgeordnetensitz er anstrebt, sondern diese Entscheidung findet erst im Unterhause statt, nachdem die für Wahlanfechtungen zugelassene Frist ohne Wahlprotest verstrichen ist (siehe May, S. 652). Ist auch nur einer von den Wahlsitzen, unter denen der Gewählte die Auswahl hat, durch Wahlproteste bestritten, so darf die Entscheidung des Abgeordneten für den einen oder anderen Wahlsitz erst dann erfolgen, wenn der Wahlprotest durch gerichtliche Entscheidung erledigt ist. Der Gewählte darf nicht etwa auf den angefochtenen Wahlsitz verzichten und sich für den nicht angefochtenen entscheiden, ehe der Wahlprotest erledigt ist (May, a. a. O., S. 652).

2. Dem Hause steht die Legitimationsprüfung auch dann zu, wenn der Wahlsitz mittels Wahlanfechtung bestritten war und das Urteil des Wahlprüfungsgerichtshofs den Wahlprotest für ungerechtfertigt, die Wahl also für gültig befunden hat. Denn dem Hause steht noch immer das Recht zu, über seine gehörige Konstituierung zu wachen (s. 38 der Akte von 1868). Stellt sich nämlich nach dem Urteil des Wahlprüfungsgerichtshofs ein Disqualifikationsgrund für den Gewählten heraus, d. h. ergibt sich die Tatsache, daß der Gewählte überhaupt nicht wählbar war, so kann, wie das Unterhaus wiederholt in seiner Praxis festgestellt hat (siehe May, a. a. O., S. 656 ff.), das Haus dennoch die Ungültigkeit der Wahl aussprechen, trotzdem der Wahlprüfungsgerichtshof auf Grund des Wahlprotestes die Gültigkeit der Wahl festgestellt hat.

§ 45. Die Wahlprüfung in Ungarn.

I. Geschichtlicher Überblick.

Das ungarische Recht stand seit Beginn der modernen Verfassung auf dem Boden des Prinzips, die Prüfung der Wahlen zum Abgeordnetenhause, ebenso wie ihre Legitimation dem Hause selbst zu übertragen. Gesetzartikel V des Jahres 1848 übertrug dieses Prüfungsrecht dem Abgeordnetenhause, welches durch seine Gerichtskommissionen über angefochtene Wahlen zu entscheiden hatte. § 47 des genannten Gesetzartikels sprach dies auch in der Form aus, daß die Ausübung des Wahlprüfungsrechts Aufgabe des Abgeordnetenhauses sei [1]). Die großen Wahlstreitigkeiten seit Beginn der siebziger Jahre veranlaßten den Gesetzgeber im Jahre 1874 diese Befugnis des Parlaments erheblich einzuschränken, indem der Gesetzartikel XXXIII von 1874 in § 99 bestimmte: „Über die mit Petition angegriffenen Wahlen hat die Königliche Kurie zu urteilen". Die nähere Regelung dieses Wahlprüfungsverfahrens in formeller

---

[1]) Siehe darüber Csekey, „a Választasi Biráskodás Szervézsehéz", Budapest 1911, S. 13 ff.

und materieller Hinsicht wurde einem späteren Gesetze vorbehalten. Erst nach 25 Jahren entschloß sich der ungarische Gesetzgeber dieses Gesetz zu schaffen. Es ist dies der XV. Gesetzartikel des Jahres 1899. Die Übertragung der Wahlprüfung an die Königliche Kurie, d. i. die oberste Gerichtsbehörde des Reichs, erfolgte im Jahre 1899 nur für die Dauer von 8 Jahren. Durch Gesetzartikel XXXVII des Jahres 1908 wurde die Wahlprüfungsgerichtsbarkeit der Kurie für weitere 12 Jahre übertragen, also bis zum 10. September 1920. Inzwischen hat sich diese Gerichtsbarkeit nach dem übereinstimmenden Urteil der Juristen des Landes [1]) keineswegs bewährt. Zunächst ist die sogenannte „Bifurkation", die an dem bisherigen Rechtszustand getadelt wird. Es sind nämlich keineswegs alle Wahlprüfungen dem Abgeordnetenhause entzogen, sondern ein guter Teil ihm verblieben. Nur wenn es sich um Wahlprüfungen handelt, welche aus den im § 3 des Gesetzartikels XV angeführten Gründen veranlaßt werden, hat die Königliche Kurie zu entscheiden. Für andere Anfechtungsgründe kommt allein die Wahlprüfung durch das Abgeordnetenhaus nach wie vor in Betracht. (§ 10 des Gesetzartikels XV: „Mit Ausnahme der im § 3 dieses Gesetzes zur Kurie gewiesenen Fälle bleibt das dem Abgeordnetenhause auf Grund des § 47 des Gesetzartikels V gebührende Jurisdiktionsrecht unberührt . . . Das Abgeordnetenhaus übt sein Jurisdiktionsrecht nach dem in seiner Hausordnung festgestellten Vorschriften aus.") Der wichtigste Übelstand aber, der der Wahlprüfung durch die Königliche Kurie vorgeworfen wird, ist ihre Unfähigkeit, der Wahlkorruption durch ihre Rechtsprechung in irgendwelcher erheblichen Weise zu begegnen. Sie erwies sich während ihrer mehr als zehnjährigen Praxis bei Wahlprüfungen, wie ein ungarischer Staatsrechtslehrer (Csekey a. a. O.) sagt, als „so linkisch", daß eine Änderung dringend geboten erscheint. Auch die Verhandlungen im ungarischen Juristentag werfen der Kurie ein zu buchstäbliche, formal-juristische Gesetzesanwendung vor. Weil sie sich nicht in das politische Getriebe mengen will und eine unparteiische Entscheidung zu geben sich doch für verpflichtet fühlt, bemüht sie sich, den hier in Betracht kommenden Wahldelikten mit „skrupulösem Formalismus" entgegenzutreten, was natürlich vollständig ein non liquet bei Beurteilung der hier in Frage kommenden Tatbestände zur Folge haben muß. Ein Zustand, den wir ja übrigens auch bei den englischen Gerichten festgestellt haben.

Jm Jahre 1907 brachte die Regierung einen Gesetzentwurf ein, welcher in der Hauptsache die Wahlprüfung der Königlichen Kurie abnehmen und einem besonderen Gerichtshof, der aus Mitgliedern des Verwaltungsgerichtshofs und der Königlichen Kurie zusammengesetzt

---

[1]) „Schriften des ungarischen Juristentags vom Jahre 1911", Budapest, Bd. II, 1912, S. 273 ff. — Siehe auch Csekey, a. a. O.

sein sollte, überweisen wollte. Er sollte in zwei Senaten von je fünf Mitgliedern Recht sprechen. Der Präsident des einen Senats sollte einen durch die Königliche Kurie, der Präsident des zweiten Senats einen durch den Verwaltungsgerichtshof gewählten Senatspräsidenten erhalten. Die Angelegenheiten sollten unter den einzelnen Senaten in der Reihenfolge ihrer Anbringung verteilt, die Referenten durch Verlosung bestimmt werden. Streitige prinzipielle Fragen sollten in gemeinschaftlichen Sitzungen der Senate erledigt werden, wobei für die Beschlußfähigkeit zwei Drittel des gesamten Gerichtshofes verlangt wurde (§§ 11 ff. des Gesetzentwurfs von 1907).

Auch sollte nach diesem Gesetzentwurf die Kontrolle der Anlegung von Wählerlisten, welche, soweit sie richterlicher Natur, in letzter Instanz der Königlichen Kurie übertragen war, dem Verwaltungsgerichtshof überwiesen werden. Der Gesetzentwurf von 1907 wurde nicht Gesetz, aber im Jahre 1913 wurde durch den Gesetzartikel XIV (§ 36 und § 65) die richterliche Kontrolle über die Anlegung der Wählerlisten dem Verwaltungsgerichtshof wirklich übertragen. Und gegenwärtig ist man daran, die gesamte Wahlprüfungsgerichtsbarkeit eben demselben Gericht zu überweisen.

II. Das geltende Recht.

1. Amtliche Wahlvorbereitung und Wahlverfahren. Beide regelt jetzt in der Hauptsache, auf älteren Grundlagen fußend, der XIV. Gesetzartikel des Jahres 1913.

Die Grundzüge desselben sind folgende: In jedem Munizipium (Komitat)[1] und in jeder Stadt, die einen besonderen Wahlkreis bildet, wird ein Zentralausschuß derart gebildet, daß der Präsident desselben der Stellvertreter des mächtigsten Beamten der ungarischen Selbstverwaltung (Obergespan), der Vizegespan resp. der Bürgermeister der Stadt oder dessen Stellvertreter ist (§ 25 ff.). Die übrigen Mitglieder werden von der Generalversammlung des Munizipium oder der Stadt mittels Stimmzettel mit relativer Majorität für die Dauer von drei Kalenderjahren gewählt (§ 29 leg. cit.). Der Zentralausschuß muß mindestens aus 12 und darf höchstens aus 24 Mitgliedern bestehen, wenn das Munizipium nicht mehr als drei Wahlkreise umfaßt. Wenn das Komitat aber mehr als drei Wahlkreise enthält, so kommen für jeden weiteren Wahlkreis noch je zwei Mitglieder hinzu (§ 26 leg. cit.). Die Sitzungen des Zentralausschusses sind öffentlich (§ 34 leg. cit.). Zur Beschlußfähigkeit genügen vier Mitglieder (§ 34 leg. cit.). Der Zentralausschuß steht unter

[1]) Jedes Komitat ist ein Munizipium, aber außerdem noch die mit Munizipalrechten ausgestatteten Städte, die eine Art Komitatsverfassung zu eigenem Rechte haben, und außerdem die Städte Budapest und Fiume.

dem Minister des Innern, verkehrt aber mit den übrigen Verwaltungs- und Gerichtsbehörden sowie den Privaten unmittelbar (§ 35 leg. cit.). Die Hauptfunktion des Zentralausschusses ist die Entscheidung von Reklamationen und Einwendungen gegen die Anlegung der Wählerliste (§ 60 ff. leg. cit.). Gegen die Entscheidung des Zentralausschusses über die Wahlberechtigung ist das Rechtsmittel der Verwaltungsklage an den Verwaltungsgerichtshof gegeben (§ 36 leg. cit.).

Die Anlegung der Wählerliste selbst erfolgt nicht für eine bestimmte Wahl, sondern Ungarn hat das Rechtsinstitut der ständigen Wählerliste. Zum Zwecke der Anlegung derselben wählt der Zentralausschuß des Munizipiums für jeden Wahlkreis eine aus drei Mitgliedern und einem ordentlichem Mitgliede bestehende Konskriptionskommission (§ 40 leg. cit.).

Dieselbe reist in die einzelnen Gemeinden des Wahlkreises und läßt durch die Lokalbehörden die Aufforderung ergehen (mittels Plakat oder Trommelschlag), daß die Interessenten behufs Nachweises ihres Wahlrechts unter Vorlage der Legitimationsurkunden vor der Konskriptionskommission erscheinen (§ 43 leg. cit.). Nun wird die sogenannte Konskription, d. i. die Anlegung der vorläufigen Namensliste der Wähler, vorgenommen (§ 44 ff. leg. cit.). Die Konskriptionskommission muß mit ihren Arbeiten, d. i. mit der provisorischen Namensliste bis zum 15. April jedes Jahres fertig werden (§ 57 leg. cit.) [1]). In der Zeit vom 16. Mai bis zum 14. Juni werden diese provisorischen Namenslisten öffentlich [2]) am Sitze des Zentralausschusses ausgelegt, und Reklamationen dagegen vom 16. bis zum 30. Mai vom Zentralausschuß entgegengenommen (§ 59 leg. cit.).

Wir sehen, das gesamte Wahlvorbereitungsverfahren ist in den Händen der sogenannten ungarischen Selbstverwaltung, die man als Allmächtigkeit des „Gespans" mit allen ihren Licht- und Schattenseiten füglich als bekannt voraussetzen darf [3]).

Die Wahl erfolgt nach der Wahlausschreibung durch den Minister des Innern in jedem Munizipium an jenem Tage, den der Zentralausschuß bestimmt (§ 82 leg. cit.). Der Zentralausschuß wählt für jeden Wahlkreis eine Wahlkommission, welche die Wahl im ganzen Wahlkreis zu leiten hat. Ihre Funktion entspricht ungefähr der Tätigkeit unseres deutschen Wahlkommissars oder des englischen Returning officer (§ 79

[1]) Sie muß die Tätigkeit spätestens am 1. März beginnen (§ 43 leg. cit.).

[2]) Am Hauptsitze des Wahlkreises (§ 58).

[3]) Siehe darüber noch insbesondere E. de Vinczhidy, „Autonomie des Comitats Hongrois in Bibl. des Congrès internationaux des Sciences administratives", Brüssel 1910, II. Sekt., Abt. 4, Nr. 2, und meinen Artikel „Selbstverwaltung" in Fleischmanns Wörterbuch des Staats- und Verwaltungsrechts, Bd. III.

leg. cit.). Darüber hinaus leitet sie aber auch noch die Abstimmung am Hauptort des Wahlkreises. In den übrigen Abstimmungsbezirken des Wahlkreises wird für jeden einzelnen vom Zentralausschuß eine Skrutiniumkommission bestellt (§ 79 leg. cit.), entsprechend unserm deutschen Wahlvorstand.

Die Feststellung der Stimmbezirke ist Sache des Zentralausschusses (§ 82 leg. cit.). Die ganze Wahlkreisgeometrie liegt also in seinen Händen.

Wie das englische Wahlverfahren, so zerfällt auch das ungarische in zwei Teile: die Empfehlung des Abgeordnetenkandidaten (entsprechend der englischen Nomination) und in die eigentliche Stimmabgabe (entsprechend dem englischen Poll). Mindestens 50 in die Wählerliste aufgenommene Wähler dürfen einen Kandidaten empfehlen, wenn es sich um eine schriftliche Empfehlung handelt. Handelt es sich um eine mündliche Empfehlung durch persönlich erscheinende Wähler, so genügen zwei bis zehn (§ 85 leg. cit.). Die Stimmabgabe erfolgt in Anwesenheit der Skrutiniumskommission und der Vertrauensmänner der Partei, eines bis zwei für jede Kandidatur (§ 92 leg. cit.). Die Abstimmung erfolgt außerdem auch in Gegenwart von zwei Mitgliedern der Gemeindebehörde und einem sogenannten Identitätszeugen, welche von den Vertrauensmännern der Partei bezeichnet werden (§ 102 leg. cit.).

Dies dient zur Kontrolle der Identität der Abstimmenden. Die Feststellung des gesamten Wahlresultats für den Wahlkreis wird von dem Vorsteher der Wahlkommission des Wahlkreises, dem sogenannten Wahlpräsidenten, in Gegenwart der Vertrauensmänner der Parteien und der erschienenen Mitglieder der Skrutiniumskommission an dem Hauptsitze des Wahlkreises vorgenommen (§ 133 ff. leg. cit.).

Bemerkt sei noch, daß in Ungarn die Wahl durch öffentliche und mündliche Stimmabgabe erfolgt. Nur in den Wahlkreisen von Budapest und Fiume, sowie in den übrigen mit Munizipalrecht ausgestatteten Städten, ungefähr 27 an der Zahl, ist die Stimmabgabe geheim und erfolgt durch Stimmzettel. (§ 112 leg. cit.)

2. Die parlamentarischen Wahldelikte. Im Zusammenhange mit der Übertragung der Wahlprüfung an einen Gerichtshof hat das ungarische Recht in umfassender Weise einen Katalog von Wahldelikten aufgestellt, der an Reichhaltigkeit den uns aus dem englischen Recht bekannten weit übertrifft. Außer den allgemein strafrechtlich zu qualifizierenden Delikten der Wahlfälschung, des Stimmenkaufs und des Wahlbetrugs, die sich im ungarischen Recht wie in anderen Rechtsgebieten finden, führt als Wahldelikte, welche zur Annullierung der Wahl führen können, das ungarische Recht noch folgende auf (§ 3 des XV. Ges.-Art. von 1899): amtliche Wahlbeeinflussung (§ 3, Ziffer 5 und Ziffer 11, leg. cit.), geistliche Wahlbeeinflussung (§ 3 Ziffer 9, in ziemlich detaillierter

Darstellung), das aus dem englischen Recht uns bekannte „Traktieren von Wählern" (§ 3 Ziffer 6), Verhinderung von Wählern an der Teilnahme der Wahl und an der Stimmabgabe für den Gegenkandidaten, ohne daß das Delikt der Wahlfälschung oder Wahlverhinderung im strafrechtlichen Sinne gegeben sein braucht, vorausgesetzt, daß nur nachgewiesen wird, daß die Zahl dieser verhinderten Wähler die Wahl zu einem anderen Resultat gebracht hätte (§ 3 Ziffer 12, leg. cit.); ebenso, wenn die Verhinderung der Wähler durch Verfügung des Wahlleiters oder durch Zurückweisung ihrer Stimmabgabe herbeigeführt wurde (§ 3, Ziffer 13, leg. cit.). Ist in den beiden letztgenannten Fällen nicht bewiesen, daß die verhinderten Wähler für den Gegenkandidaten gestimmt hätten, jedoch bewiesen, daß bei Einrechnung dieser Wähler der Abgeordnete die absolute Mehrheit der Stimmen nicht erlangt oder auch nicht in die Stichwahl gekommen wäre, so wird die Wahl ebenfalls kassiert (§ 3 Ziffer 14, leg. cit.).

Ein Wahldelikt, welches zur Annullierung der Wahl führt, ist auch die Nichtverwendung der definitiven Wählerliste[1]) bei der Wahl (§ 3, Ziffer 12, leg. cit.). Desgleichen die Nichteröffnung des Wahlverfahrens zur anberaumten Zeit (§ 3, Ziffer 17, leg. cit.), die Nichtannahme einer gesetzlich vorgenommenen Empfehlung (Nomination) des Wahlkandidaten (§ 3, Ziffer 18, leg. cit.), die Nichtzulassung von Vertrauensmännern der Partei resp. des Kandidaten (§ 3, Ziffer 19, leg. cit.), die gesetzwidrige Beendigung oder Verlängerung der Wahl (§ 3, Ziffer 20 und 26, leg. cit.), die nichtgehörige Aufrufung der Gemeinden in der festgestellten Reihenfolge durch den Präsidenten der Skrutiniumskommission (§ 3, Ziffer 21, leg. cit.), wenn nachgewiesen ist, daß dadurch das Wahlresultat wesentlich beeinflußt ist.

Ebenso führt zur Annullierung der Wahl die Verletzung des Prinzips der öffentlichen und mündlichen Stimmabgabe (§ 3, Ziffer 22, leg. cit.). Ferner die Unterbrechung der Wahlhandlung für mehr als zwei Stunden, wenn dies auf das Wahlresultat einen erheblichen Einfluß hat (§ 3, Ziffer 23, leg. cit.), falsche Nachrichten über den Rücktritt eines Kandidaten, wenn sie von dem Wahlpräsidenten ausgehen (§ 3, Ziffer 24, leg. cit.). Auch wird eine Wahl kassiert, wo eine Stichwahl zu Unrecht angeordnet ist (§ 3, Ziffer 25, leg. cit.).

Daß das ungarische Wahlverfahren bei diesem umfangreichen Katalog von Wahldelikten sich durch besondere Reinheit und Freiheit von Korruption auszeichnen würde, ist, wie die Ereignisse der letzten Jahre lehren, nicht anzunehmen.

---

[1]) Das ist die vom Zentralausschuß resp. Verwaltungsgerichtshof approbierte Wählerliste.

3. Die Wahlprüfung vor der Königlichen Kurie.

Die eben angeführten Wahldelikte sind die ausschließliche Grundlage der Tätigkeit der Königlichen Kurie bei Wahlanfechtungen (§ 10, leg. cit.). Die Kurie urteilt über solche Wahlanfechtungen in zwei fünfgliedrigen Senaten [1]), welche von ihr in geheimer Abstimmung gewählt werden. Der Wahlprotest, die sogenannte Petition, muß binnen 30 Tagen nach der Wahl unmittelbar bei der Kurie eingereicht werden (§ 20, leg. cit.). Nur wenn der Wahlprotest von zehn Wählern, welche bei der Wahl mitgewirkt haben, ausgeht, wird er berücksichtigt (§ 31 ff., leg. cit.).

Wer bei der Wahl amtlich oder als Vertrauensmann usw. mitgewirkt hat, ist von der Einbringung des Wahlprotestes ausgeschlossen (§ 22, leg. cit.). Die Wahlanfechtung ist gegen jenen Abgeordneten zu richten, dessen Wahl ungültig erklärt werden soll, sowie gegen diejenigen Personen, welche sich in amtlicher Eigenschaft eines der vorstehend unter 2. aufgezählten Wahldelikte schuldig gemacht haben.

Der Wahlprotest kann auf zweierlei gerichtet sein (§ 23, leg. cit.): Entweder auf Annullierung der Wahl, oder aber auf Feststellung eines anderen Wahlresultats, durch welches nicht der Abgeordnete, sondern ein anderer Kandidat die absolute Majorität der Stimmen erhält. In der Praxis kommt aber dieses letztere gar nicht vor. (Siehe Csekey, a. a. O., S. 15, und Verhandlungen des ungarischen Juristentages, a. a. O., Ref. Szivak.) Der Erheber des Wahlprotestes muß eine Prozeßkaution von 3000 Kronen hinterlegen (§ 27 leg. cit.).

Das Verfahren der Kurie ist, sofern das Gesetz nicht anders verfügt, der gewöhnliche Strafprozeß (§ 45, leg. cit.). Eine Zurückziehung des Protestes bringt das Verfahren zum Stillstand (§ 54 lit. f.). Im übrigen gelten als Gründe der Einstellung des Verfahrens:

a) Tod des Abgeordneten oder Verlust der Wählbarkeit. Diese aber dann nicht, wenn der Antrag der Petition auf Feststellung eines anderen Wahlresultats gerichtet ist;
b) Auflösung des Reichstags;
c) wenn gegen eine und dieselbe Wahl mehrere Petitionen eingebracht werden, und die Kurie auf Grund einer dieser Petitionen die Wahl als ungültig erklärt hat;
d) wenn zur ersten oder zur fortsetzungsweisen Verhandlung keine der Parteien erschienen ist.

Wir sehen, das Verfahren vor dem Wahlgerichtshof läßt das öffentliche Interesse nicht einmal so gut vertreten sein, wie im englischen Recht, und daß dieses auch nicht das Idealbild darstellt, haben wir vorher gesehen (siehe § 2). Um uns ein Urteil über die praktische Wirksamkeit der Wahlprüfung durch die Königliche Kurie bilden zu können, wird

[1]) Über das gesamte Verfahren der Kurie, § 41 ff. leg. cit.

es zweckmäßig sein, anzuführen, was einer der Teilnehmer des ungarischen Juristentages im Jahre 1911 ausführte: „Die seit 1899 entwickelte Praxis zeigt mit Sicherheit, daß die Belassung der Wahlgerichtsbarkeit bei der Kurie, so wie sie ist, entweder zur Vernachlässigung der eigenen ordentlichen Gerichtsbarkeit oder zur Entwertung der Wahlprüfungsgerichtsbarkeit führen muß. Heute befaßt sich die Kurie, nicht mit Unrecht, nur mit Widerwillen mit diesen Angelegenheiten, welche ihre ganze Struktur durchbrechen und ihren normalen Geschäftsgang und ihre gewöhnliche Judikatur untergraben. Anstatt einer prinzipiellen Richtung kam oft eine skrupulöse, buchstäbliche, formalistische Anwendung des Gesetzes zur Geltung. Zwischen den Standpunkten der verschiedenen Senate kamen prinzipielle Unterschiede zum Vorschein, es entwickelte sich keine prinzipielle Spruchpraxis. Das ganze Resultat war, daß ein geringer Prozentsatz der Wahlen annulliert wurde."

Also auch hier ähnliche Erfahrungen, wie man sie in England mit der Wahlprüfung durch Gerichte gemacht hat.

4. Die Wahlprüfung im engeren Sinne durch das Abgeordnetenhaus. Dieselbe ist durch die Geschäftsordnung des Hauses (Art. 28 bis 124) vorgeschrieben. Zunächst ist festzustellen, daß neben der Königlichen Kurie auch das Abgeordnetenhaus Wahlproteste, die aus Gründen geltend gemacht werden, welche nicht in § 5 des GA. XV aufgeführt sind, zu entscheiden hat.

Die Organe des Hauses für diese Zwecke sind die sogenannten Gerichtskommissionen des Hauses (Art. 35, G.-O.). Es sind neun solcher Gerichtskommissionen eingerichtet, bestehend aus je sieben Mitgliedern. Der Präsident der Kammer verteilt mittels Los die Wahlprüfungsstreitsachen an die neun Kommissionen (Art. 39 G.-O.).

Wahlproteste müssen, sofern es sich um allgemeine Wahlen handelt, noch vor der Konstituierung des Hauses, sofern es sich um Partialwahlen handelt, innerhalb von 30 Tagen nach der Wahl eingebracht werden (Art. 51 G.-O.). Auch solche Wahlen, welche ungünstig für den Protesterheber entschieden sind, können noch innerhalb von 16 Tagen nach Fällung des Urteils vor dem Abgeordnetenhause nochmals angefochten werden, sofern als Anfechtungsgrund entweder die Tatsache angeführt wird, daß der gewählte Abgeordnete zur Zeit der Wahl nicht wählbar war, oder weil sonst ein Anfechtungsgrund vorliegt, der nicht zur Kognition der Königlichen Kurie gehört (§ 135 des XV. Ges.-Art. von 1899). Nicht bloß der private Protesterheber, sondern auch andere Organe des Hauses können Einwendungen gegen die Gültigkeit der Wahl erheben und die Tätigkeit der Gerichtskommission herbeiführen, nämlich die Abteilungen des Hauses, neun an Zahl (Art. 5 G.-O.). Außerdem besteht der ständige Verifikationsausschuß, welcher aus Mitgliedern besteht, die von den einzelnen Abteilungen gewählt werden (Art. 12 und Art. 28 ff. G.-O.).

Die Hauptfunktion desselben besteht darin, über die Ablehnungsgründe zu entscheiden, die gegen ein Mitglied der neun Gerichtskommissionen von den Parteien eine Wahlprüfungsstreitsache erhoben werden dürfen (Art. 30 ff. G.-O.). Die Einrichtung des Verifikationsausschusses neben den Gerichtskommissionen, wobei dem ersten die Aufgabe zugewiesen ist, über die Unparteilichkeit bei der Zusammensetzung der letzten zu wachen, geht offenbar auf englisches Vorbild zurück, da auch in England diese doppelte Art von Ausschüssen in der Zeit von 1848 bis 1868 üblich war (siehe oben § 44, I). Schließlich kann auch jeder Abgeordnete die Wahl eines anderen anfechten, weil der Betreffende nicht wählbar ist (Art. 15 G.-O.).

Geht der Wahlprotest von Privaten aus, so müssen 10 Wähler des betreffenden Wahlkreises die Petition unterschrieben haben (Art. 53, Ziffer 3 GO. in Verbindung mit Art. 52.). Die Gerichtskommissionen entscheiden in kontradiktorischer Verhandlung in Anwesenheit der Parteien (Art. 41 f. GO.).

Das Urteil der Gerichtskommissionen ist endgültig und wird von der Kammer nur registriert; eventuell Neuwahl ausgeschrieben, wenn nämlich die Ungültigkeit der Wahl von einer Gerichtskommission festgestellt ist (Art. 78 GO.). Das Urteil der Gerichtskommission geht nur auf Annullierung der Wahl. Bei dieser Entscheidung ist die Gerichtskommission keineswegs an die Entscheidung der Königlichen Kurie gebunden. Hat sich diese für die Gültigkeit der Wahl ausgesprochen, indem sie einen ihrer Kognition überwiesenen Protestgrund (§ 3 der XV. Ges.-Art. von 1899) nicht als begründet ansieht, so kann die Gerichtskommission noch immer die Wahl aus einem anderen Anfechtungsgrund annullieren. Umgekehrt aber, wenn die Königliche Kurie die Ungültigkeit der Wahl oder die Notwendigkeit der Einsetzung eines anderen als des gewählten oder proklamierten Abgeordneten ausgesprochen hat, sind das Plenum und seine Abteilungen bei der Verifikation der Wahl an diese Entscheidung gebunden (§ 134, Satz 1 und 3 der XV. Ges.-Art. von 1899).

Außerdem kann das Haus, wenn es durch Urteil der Königlichen Kurie oder durch einen Bericht einer Kommission des Hauses davon Kenntnis erlangt hat, daß Wahlbestechungen oder Eß- und Trinkgelage in großem Umfange in einem Wahlkreise stattgefunden haben, eine parlamentarische Enquete anordnen (§ 137 ff., Ges.-Art. XV von 1899; siehe auch Art. 32 ff., GO.). Vor dieser Untersuchungskommission des Abgeordnetenhauses muß jedermann erscheinen, um die an ihn gerichteten Fragen zu beantworten (§ 138 leg. cit.).

Für diese Untersuchung hat die Kommission alle Requisitionsbefugnisse eines Gerichtshofs (§ 138, Satz 2 leg. cit.). Vernehmung von Zeugen steht der Untersuchungskommission zu. Von der Zeugnispflicht enthebt auch nicht der Umstand, daß der Zeuge durch seine Aussage sich oder seinen Angehörigen gewisse strafgerichtliche Verfolgungen zuziehen könnte. Dafür wird aber der Zeuge wegen der eingestandenen Handlungen, d. i. der vor der Untersuchungskommission eingestandenen Handlungen, strafrechtlich nicht weiter verfolgt (§ 139 leg. cit.). Wer aber falsches Zeugnis vor der Untersuchungskommission ablegt, macht sich des gemeinen Strafrechtsdelikts schuldig (§ 139, Satz 3 leg. cit.). Das Ergebnis der Untersuchungskommission wird einer der neun Gerichtskommissionen unterbreitet, welche dann einen gutachtlichen Bericht über die vorgenommenen Erhebungen dem Hause erstattet und den Antrag stellen kann, daß das Haus dem betreffenden Wahlkreis, in dem sich so weitgehende Wahlumtriebe geltend gemacht haben, für die Dauer der laufenden Legislaturperiode die Vertretung zum Abgeordnetenhause entziehe. Über den Antrag der Gerichtskommission entscheidet das Abgeordnetenhaus nach Anhörung des Referenten und des von der Minorität eventuell aufgestellten Berichterstatters ohne weitere Debatte. Zur Beschlußfassung des Hauses ist die Anwesenheit der absoluten Majorität jener Mitglieder des Hauses, deren Wahl bereits verifiziert ist, notwendig (§ 140 leg. cit.).

5. Die Wahllegitimationsprüfung. Sie wird, wie auch in anderen Staaten, vom Hause durch die Abteilungen vorgenommen (Art. 12 ff., GO.). Die Abteilungen prüfen die ihnen zugewiesenen Wahlakten nach rein formalen Gesichtspunkten, indem sie die ihnen überwiesenen Wahlmandate in vier Gruppen einteilen: a) erstens in die formell einwandfreien, weder durch Klage noch durch Petition angefochtenen, b) in die einem Einwande unterliegenden, c) in die einwandfreien, jedoch durch Klage oder Petition angefochtenen, d) in die einem Einwande unterliegenden und angefochtenen Mandate. Die Berichte der Abteilungen läßt der Alterspräsident verlesen (Art. 13, GO.), denn das definitive Präsidium kann erst gewählt werden, nachdem die Majorität der Abgeordnetenmandate verifiziert worden ist. Sobald die Frist zur Einreichung von Wahlprotesten und Wahlanfechtungen abgelaufen ist, werden dann diejenigen Abgeordneten, deren Wahl von den Abteilungen als einwandfrei anerkannt und gegen deren Wahl kein Protest erhoben worden ist, vom Plenum verifiziert. Die Verifikation von Wahlen, gegen welche Wahlanfechtungen eingegangen sind, können nur auf Grund der Urteile der königlichen Kurie oder der Gerichtskommissionen für verifiziert erklärt werden, nämlich wenn sich diese Urteile für die Gültigkeit der Wahl aussprechen (Art. 16, GO.). Damit ist das Wahllegitimationsgeschäft zu Ende.

Abgeordnete, deren Wahl angefochten ist, können, wenn die Wahlanfechtung durch Petition bei der königlichen Kurie angängig ist, ihre Rechte als Abgeordnete nicht geltend machen, insbesondere Sitz- und Stimmrecht nicht ausüben (Art. 16, GO.).

§ 46. Die Wahlprüfung in Griechenland.

I. Geschichtlicher Überblick.

Seit dem Bestehen der neuen griechischen Verfassung von 1911 besitzt auch Griechenland einen Wahlprüfungsgerichtshof. Bis dahin herrschte das französische System der Wahlprüfung durch das Plenum der Kammer und der Wahlvorprüfung durch die Abteilungen. Nur eine kurze Periode in der griechischen Rechtsentwicklung, nämlich vom 30. April 1868 bis zum 10. Juli 1869, war an Stelle der Wahlprüfung durch die Abteilungen dieselbe einer Wahlprüfungskommission übertragen[1]). Für die Wahlproteste war nach dem früheren Rechtszustand keine Frist gesetzt. Die Parteien erschienen vor den acht Abteilungen, denen die betreffenden Wahlakten zugelost waren. Die endgültige Entscheidung sprach das Plenum der Kammer selbst (Art. 2—7 der GO., Art. 73 der griechischen Verfassung). Der Präsident proklamierte als gewählt die Abgeordneten, deren Wahl von der Kammer als gültig befunden wurde (Art. 5, Satz 3, GO.). Bis zur Annullierung ihrer Wahl konnten die gewählten Abgeordneten alle Rechte des Amts ausüben, nur durften sie sich nicht an der Abstimmung über ihre eigene Wahl beteiligen (Art. 7, Satz 2, GO.). Insbesondere hatte der Abgeordnete bis zur Annullierung der Wahl die aus der parlamentarischen Mitgliedschaft fließenden Vorrechte (Art. 62 und 63 der griechischen Verfassung): Redefreiheit und Immunität.

Daß die Rechtsprechung der Kammer so gut wie alles zu wünschen übrig ließ, wurde von Kennern des griechischen Rechts unzweideutig anerkannt. Insbesondere wurde namentlich seit der 10. Legislaturperiode (1885—87) immer mehr die große Parteilichkeit offenbar, mit welcher die Majorität der Kammer Wahlprüfungen entschied[2]). Zugehörigkeit zur Gegenpartei war allein schon Grund, um die Wahl zu kassieren. Aus der Wahlprüfung wurde eine politische Ächtung (*προγραφή*)[3]).

Es darf demnach nicht wundernehmen, wenn anläßlich der Neugestaltung der Verfassung im Jahre 1911 das damalige Kabinett Dragoumis den Vorschlag machte, die Wahlprüfungen ganz dem obersten Reichsgericht, dem Areopag, oder dem Staatsrat oder einem gemischten Gerichtshof zu übertragen. Die Kammer entschloß sich zunächst nicht dazu, denn unter den von ihr am 18. Februar 1910 festgestellten, der Revision bedürftigen Bestimmungen der Verfassung fand sich nicht der Art. 73 der Verfassung, welcher von der Wahlprüfung handelte.

---

[1]) *Ζεγγελης, Κοινοβουλευτικὸν Δίκαιον*, 1907, I, 317.

[2]) Siehe *Ζεγγελης*, a. a. O., p. 216, p. 219, p. 221, p. 222 und 223.

[3]) *Ζεγγελης* a. a. O.

Die aus sechs Abgeordneten und Ministern zusammengesetzte Verfassungskommission[1]) schlug vor, einen besonderen Gerichtshof, bestehend aus Mitgliedern, welche aus den Mitgliedern des Areopag, des Appellgerichtshofs von Athen und den ständigen Mitgliedern des Rechnungshofs durch Los gewählt werden sollten, einzurichten.

Zur Begründung dieses Vorschlags wurde darauf hingewiesen, daß die Kammer ihr Wahlprüfungsgeschäft bisher ungenügend versehen und daß man den Richtern des Landes durch „neueste" Gesetze die nötige Unabhängigkeit gegenüber der exekutiven Gewalt zugesichert hätte. Die mit der definitiven Verfassungsrevision betraute Kommission gestand beinahe mit Stimmeneinhelligkeit die Notwendigkeit zu, die Wahlprüfungsfunktion der Legislatur abzunehmen und sie einem Zentralgerichtshof zu übertragen, der in derselben Weise zusammengesetzt sein sollte wie der nach Art. 80 der Verfassung eingerichtete Staatsgerichtshof über Ministeranklagen.

Bei der Debatte im Plenum über die Revision des Art. 73 der Verfassung brachte zu den angeführten Argumenten der Ministerpräsident Venizelos in der Sitzung des 19. April 1911 auch noch dies vor, daß die bisherige Verfassungsbestimmung des Art. 73, der die Wahlprüfung der Legislatur überlasse, in „offenbarem Widerspruch mit dem grundlegenden Prinzip der Trennung der Staatsgewalten stehe", insofern nämlich ein Akt der Rechtsprechung niemals durch die Legislatur vorgenommen werden dürfte.

Auch müsse die Vergangenheit — gemeint ist wohl die bisherige Rechtsprechung des Hauses in Wahlprüfungssachen — ein guter Wegweiser für die Notwendigkeit der Verfassungsänderung sein. Dementsprechend beschloß die Kammer in der Sitzung vom 20. April, den jetzt in Kraft stehenden Art. 73 der Verfassung: „Die Prüfung der Wahlanfechtungen infolge von bei der Wahl begangenen Unregelmäßigkeiten oder wegen des Mangels der gesetzlich vorgeschriebenen Qualitäten der Kandidaten wird einem Gerichtshof anvertraut, dessen Mitglieder durch Los bestellt werden aus der Zahl der Mitglieder des Areopags und der Appellationsgerichtshöfe des Königreichs. Die Vornahme der Verlosung erfolgt durch den Areopag in öffentlicher Sitzung. Der Vorsitz im Wahlprüfungsgerichtshof kommt dem an Dienstalter oder an Dienstrang Höchststehenden zu. Die näheren Bestimmungen betreffend die Funktionen des Gerichtshofs und sein Verfahren werden durch Gesetz geregelt." Dieses Gesetz ist dann auch am 12. Dezember 1911 (alten Stils) ergangen. Seinen Inhalt werden wir weiter unten (unter IV) näher kennen lernen.

---

[1]) Siehe darüber und zum folgenden *Σαριπολος, Σύστεμα Συνταγματικοῦ Δικαίου* III, p. 299 ff.

II. Die amtliche Wahlvorbereitung und das Wahlverfahren.

1. Die amtliche Wahlvorbereitung. Sie und das noch weiter unten zu erwähnende Wahlverfahren vollziehen sich, wie wir gleich sehen werden[1]), nicht unter Mitwirkung von Verwaltungsbehörden, sondern, um die Lauterkeit der Wahl zu sichern, unter Mitwirkung der Gerichte, und zwar in folgender Weise.

Zunächst ist die Wählerliste auch in Griechenland eine permanente, d. h. nicht für eine besondere Wahl angelegte, sondern ständig vorhandene. Sie wird provisorisch vom Bürgermeister berichtigt (Art. 7 ff. des Wahlgesetzes von 1877) und wird erst dann definitiv, wenn das Landgericht des Wahlkreises (*πρωτοδίκαιον*) die gegen die Wählerliste erhobenen Einwendungen entschieden hat. Berichtigungen der Wählerliste können nämlich von Amts wegen oder auf Antrag, welcher vor dem Friedensrichter zunächst eingebracht und von diesem an das Landgericht weitergegeben wird, vorgenommen werden (Art. 17 ff. leg. cit.).

Das Recht zu Einwendungen steht, sofern es sich um die Streichung einer Person von der Wählerliste handelt, jedem Staatsbürger, sofern es sich um die Neueintragung eines übersehenen Wählers handelt, nur diesem oder in seiner Abwesenheit seinem Vater, Bruder oder gesetzmäßig Bevollmächtigten zu (Art. 16 leg. cit.).

Das Landgericht nimmt die Revision in dieser Weise alljährlich im Monat Januar vor. Die Entscheidung des Landgerichts ist endgültig.

Jeder Wahlkreis zerfällt in Wahlbezirke, d. h. in Abstimmungsbezirke, wobei prinzipiell ein solcher Stimmbezirk mit den Gemeindegrenzen zusammenfallen soll. Für jeden Stimmbezirk wird ein Wahlvorstand, bestehend aus fünf Mitgliedern und fünf Stellvertretern, bestellt. Die Bestellung des Wahlvorstandes (*ἐφορευτικὴ ἐπιτροπή*) erfolgt in der Weise (Art. 38 ff. leg. cit., Art. 18 und 19 des Gesetzes vom 19. Juni 1907), daß der Präsident des Landgerichts in öffentlicher Sitzung die Mitglieder des Wahlvorstandes aus einer Liste von Staatsbürgern auslost. Ausgeschlossen sind von der Mitgliedschaft des Wahlvorstandes Staats- und Kommunalbeamte.

2. Wie die Wahlvorbereitung, so vollzieht sich auch das Wahlverfahren unter Mitwirkung der Gerichtsbehörden. Das Wahlrecht zur griechischen Volksvertretung beruht auf dem direkten allgemeinen und geheimen Wahlrecht (Art. 66, Satz 1 der Verfassung).

Die Stimmabgabe erfolgt durch Kugelung[2]). Die Leitung der Wahl-

---

[1]) Siehe darüber insbesondere *Ζεγγέλης* a. a. O., I, p. 121 ff. und Saripolos im öffentlichen Recht der Gegenwart, Bd. VIII, S. 54 u. 56.

[2]) Die nähere Art, in welcher diese Kugelung durchgeführt wird, siehe bei Saripolos, im Oe. R. d. G., S. 55 f.

handlung hat der Wahlvorstand. Ihm zur Seite steht aber auch ein gerichtlicher Vertreter. (*Δικαστικὸς Ἀντιπρόσωπος*: Art. 32 ff., 42, 50, 52, 57 ff. des Gesetzes von 1877.) Schon vor dem Jahre 1877 war bei verschiedenen Wahlen der Untersuchungsrichter zugezogen worden, um die Feststellung der Verletzung des Wahlgesetzes an Ort und Stelle vorzunehmen. Diese Praxis ist seit 1877 in folgender Weise legalisiert:

Der Areopag bestellt (Art. 34 leg. cit.) in jedem Stimmbezirk einen Vertreter der Gerichtsbehörde aus der Zahl der Richter und Advokaten.

Gleichzeitig werden in jedem Wahlkreise ein oder mehrere Räte des Appellgerichtshofs, in dessen Sprengel der Wahlkreis gelegen ist, zu Ephoren bestellt, welche die Aufsicht über die in den Stimmbezirken bestellten Vertreter der Gerichtsbehörde, die *Δικαστικοὶ Ἀντιπρόσωποι*, führen. Die letzteren haben die Stimmabgabe an Ort und Stelle vor jeder Verletzung der Wahlfreiheit zu schützen. Sie unterstützen auch die Wahlvorstände und beaufsichtigen dieselben. Insbesondere haben sie für die Zwecke der Untersuchung und Feststellung aller strafbaren Handlungen, sowie aller Verletzungen des Wahlgesetzes die Rechte und Pflichten eines Untersuchungsrichters gemäß der Strafprozeßordnung (Art. 32 § 1 und 2 leg. cit.).

Auch die Vertreter der Wahlkandidaten haben wie in England offizielle Funktionen, insbesondere werden ihnen die Kugeln ausgehändigt und zwar so viel, als Wähler zur Abstimmung zugelassen sind.

Sie übergeben dann eine Kugel dem Wähler, der an die Urne[1]) herantritt, um seine Stimme abzugeben (Art. 1 des Gesetzes vom 28. März 1887). Die offizielle Mitwirkung der Parteien an der Wahlhandlung ergibt sich aber auch aus folgendem:

Wie in England und Ungarn zerfällt auch in Griechenland die Wahl in zwei Teile, in die Wahlempfehlung und in die Wahlhandlung, mit der Wirkung, daß nur die Wahl zwischen den zeitgerecht (24 Tage vor der Stimmabgabe) und legal empfohlenen Kandidaten in der später angeordneten Stimmabgabe vorgenommen werden darf. Die Wahlempfehlung muß schriftlich von mindestens 12 Wählern des Wahlkreises unterzeichnet sein und beim Landgericht des Wahlkreises angebracht werden. (Art. 26 und 27 des Wahlgesetzes von 1877.)

Das Resultat der Stimmabgabe in jedem Stimmbezirk wird nach Schluß der Stimmabgabe vom Wahlvorstand festgestellt, die Wahlprotokolle aber von den gerichtlichen Vertretern an den Präsidenten des Landgerichts gesendet, welches für den Wahlkreis zuständig ist. Das Landgericht hat nun in Griechenland dieselben Funktionen wie

---

[1]) Jeder Kandidat hat seine Wahlurne mit zwei Fächern für die Ja- und Nein-Abstimmenden. Gestimmt muß an allen Wahlurnen werden. Die Aufsicht über die Urnen führen ebenfalls die Vertrauensleute der Kandidaten.

bei uns die Zählkommission. Es ist also auch wie diese auf die Zusammenrechnung der in den einzelnen Stimmbezirken abgegebenen Stimmen beschränkt. Das Landgericht stellt auch durch Proklamation des Kandidaten den gewählten Abgeordneten fest, und diese Feststellung dient als Legitimation zum Eintritt in die Kammer (Art. 15 des Gesetzes vom 12. Dezember 1911).

III. Die Wahldelikte.

Außer den kriminell zu ahndenden Wahldelikten, nämlich der Wahlbestechung (*Δωροδοκία*: Art. 89 leg. cit. in Verbindung mit § 119 des Strafgesetzbuchs), der Wahlfälschung und des Wahlbetrugs, welch letzterer insbesondere seit dem Gesetz vom 25. Mai 1907 eine besonders scharfe Strafsanktion erhalten hat, hat auch Griechenland entsprechend dem englischen Vorbilde seine Strafdrohungen gegen „illegale Wahlpraktiken" (*ἐκλογικὰ ἀδικήματα*), welche an und für sich schon strafbar sind, weil sie eine Verletzung von Vorschriften des Wahlverfahrens bedeuten. Diese *ἐ. ἀ.* bilden einen ganz umfassenden Katalog, und ihre Tatbestände sind in nicht weniger als in 25 Artikeln des Wahlgesetzes festgelegt[1]). Die Strafandrohungen richten sich sowohl gegen die die Wahl vorbereitenden und wahlleitenden Beamten wie gegen jeden Staatsbürger. Jeder der genannten Staatsbeamten, der sich absichtlich und ohne Grund der ihm zufallenden Amtspflichten bei der Wahl entschlägt oder sie verletzt, wird mit einer Gefängnisstrafe bis zu 3 Monaten oder mit einer Geldstrafe bis zu 200 Drachmen bestraft. Ganz besonders aber werden die Mitglieder des Wahlvorstandes bestraft, wenn sie die durch das Wahlgesetz vorgeschriebenen Pflichten verletzen, nämlich mit Gefängnis bis zu sechs Monaten und dreijähriger Unfähigkeit, die politischen Rechte auszuüben. Zu den unter Strafsanktion gestellten Tatbeständen gehören insbesondere die Entgegennahme einer Stimmabgabe, wenn der Wähler gar nicht berechtigt war, in dem Stimmbezirke sein Wahlrecht auszuüben, ferner unberechtigter Ausschluß von der Stimmabgabe, ungerechtfertigte Beschränkung oder Unterbrechung der Dauer der Wahlhandlung, rechtswidrige Veränderung des Stimmbezirks oder des Wahllokals, ungerechtfertigter Ausschluß des Wahlkandidaten oder seines Vertrauensmannes von der Wahlhandlung, Nichtausübung der dem Wahlvorstande zustehenden Sitzungspolizei. Auf alle diese Delikte steht insbesondere eine Strafdrohung von höchstens sechs Monaten Gefängnis und dreijähriger Verlust der politischen Rechte.

Unter den parlamentarischen Wahldelikten, deren sich der Wähler am häufigsten schuldig zu machen pflegt, steht obenan die Versicherung von Lügen, um für den Sohn, für den Bruder oder den gesetzlichen Auf-

[1]) Siehe darüber und zum folgenden *Ζεγγελης* a. a. O., I, p. 149 ff.

traggeber Aufnahme in die Wählerliste zu bewirken (Art. 78 leg. cit.); die Ausübung des Wahlrechts durch einen in die Wählerliste aufgenommenen Wähler, wenn er nicht auch wirklich das Wahlrecht besitzt (Art. 83 leg. cit.), denn nach griechischem Recht bildet die Eintragung in die Wählerliste jedenfalls einen formalen Rechtstitel zur Ausübung des Wahlrechts, und jeder so Eingetragene muß zur Ausübung des Wahlrechts zugelassen werden, auch wenn die Eintragung gesetzwidrig erfolgt. Deshalb trifft nachträglich den unberechtigt Wählenden die Strafe, aber ein Wahlbetrug braucht hierbei nicht notwendig zu unterlaufen. Die hier gemeinte Strafe ist auch hier nicht die kriminelle Strafe wegen Wahlbetrugs. Den Tatbestand illegaler Wahlpraktiken bildet ferner die Plünderung oder Ausforschung der Wahlurne, die Störung der Wahlhandlung oder der Stimmabgabe und der Versuch des Wahlbetrugs, wenn der Wähler mehr als eine Kugel in die Wahlurne zu werfen sucht. Alle diese Wahldelikte werden ohne Rücksicht, ob sie von dem durch sie geschädigten Wahlkandidaten geltend gemacht werden, von Amts wegen bestraft. Auch ist nach Artikel 84 des Wahlgesetzes von 1877 die Bestrafung des Schuldigen unabhängig von der Gültigkeitserklärung oder Kassation der Wahl.

Wahldelikte, welche von einem Mitgliede der bewaffneten Macht begangen werden, kommen nicht vor die Militärgerichte zur Aburteilung (Art. 93 leg. cit.).

Außer jenem Katalog von parlamentarischen Wahldelikten verfügt das Gesetz noch über eine Reihe von Disziplinarstrafen, deren sich die wahlvorbereitenden und wahlleitenden Beamten bei bloßer Pflichtvernachlässigung schuldig machen (sog. *Πειθαρχικαὶ Ποιναί*). Sie bestehen in Geldstrafen von 50—200[1]) Drachmen.

Schließlich besteht noch zum Überfluß eine Klage auf Geldbuße (*ἔκτισις χρηματικοῦ τιμήματος*), welche gegen jeden Staatsbürger und Staatsbeamten wegen Verletzung seiner Amtspflichten erhoben werden kann. Sie hat nicht den Charakter einer Schadensersatzklage, auch nicht den Charakter einer strafgerichtlichen Verfolgung, da sie unabhängig von diesen Rechtsmitteln jedenfalls besteht.

Auch sie soll der Lauterkeit der Wahlen dienen und die Beamten zum Pflichteifer anspornen. Um sie nicht zu einem Mittel der Ausbeutung werden zu lassen[2]), besteht die Rechtsvorschrift (Art. 79 leg. cit.), daß sie nur im Höchstbetrage von 50 Drachmen in einer Einzelklage beansprucht werden kann, aber sie kann auch zwischen denselben Personen wegen verschiedener Pflichtverletzungen nur fünfmal geltend gemacht

---

[1]) *Ζεγγέλης*, a. a. O., I, p. 148.

[2]) Siehe *Ζεγγέλης*, a. a. O., I, p. 155 f.

werden und dieselbe Pflichtverletzung nur von fünf verschiedenen Personen zur Ahndung mittels Geldbuße gezogen werden.

Man sollte nun meinen, daß in Griechenland infolge dieser rechtlichen Regelung der Wahldelikte eine besonders hohe Lauterkeit der Wahl bestände, und daß die Wahlbestechung aus dem Lande vollständig vertrieben sei. Nichts von alledem ist der Fall. Wohl ist es der Gesetzgebung gelungen, die offenkundigen Fälle von Wahlbestechung zu beseitigen, aber um so lebhafter blieb die geheime Wahlkorruption in einem Lande, das einerseits sehr arm und anderseits mit den Segnungen des allgemeinen Wahlrechts ausgerüstet ist, die es in unrichtiger Weise versteht und mißbraucht[1]).

IV. Die Wahlprüfung im engeren Sinne.

Sie wird, wie wir gehört haben, seit 1911 durch einen in Gemäßheit des Gesetzes vom 1. Dezember 1911 organisierten Gerichtshof vorgenommen. Dieser Gerichtshof besteht aus 11 Mitgliedern. Außer den 11 ordentlichen gibt es sechs Vertreter, die im Verhinderungsfalle der ordentlichen Mitglieder einzutreten haben. Den Vorsitz führt immer der rang- bzw. der dienstälteste Richter, das Schriftführeramt der Schriftführer des Areopags bzw. sein Stellvertreter. Die Wahlprüfungen kommen vor den Gerichtshof in der alphabetischen Reihenfolge der Wahlkreise. Die Verhandlung erfolgt öffentlich in Athen in dem vom König bezeichneten Lokal. Das Verfahren ist das des ordentlichen Strafprozesses (Art. 9 leg. cit.). Der Wahlprotest wird bei dem Gerichtshof, in dessen Sprengel der Wahlkreis liegt, innerhalb von zehn Tagen nach der Proklamierung des Gewählten eingebracht. Protestgründe sind entweder:

a) daß der Gewählte nicht die Wählbarkeit besitzt, die im Gesetz gefordert wird, oder
b) daß die Wahl durch Verletzung der gesetzlichen Wahlvorschriften bzw. durch Wahldelikte herbeigeführt worden ist.

Formfehler und Wahldelikte begründen aber nur dann einen Anfechtungsgrund, wenn sie auf das Resultat von Einfluß waren. Das Gericht kann nicht bloß die Kassation der Wahl, sondern die Einberufung des zu Unrecht nicht proklamierten Kandidaten herbeiführen (vgl. zum Vorhergehenden Art. 11, 12 und 15 des Gesetzes von 1911).

Die Entscheidung hat innerhalb von acht Tagen nach Beginn der ersten Verhandlung zur Sache zu ergehen. Nur ausnahmsweise, insbesondere zum Zwecke der Vervollständigung der Beweise, kann dieser Zeitraum auf 25 Tage erstreckt werden (Art. 6 leg. cit.). Der Gerichtshof gibt sein Urteil in öffentlicher Sitzung bekannt. Seine Entscheidung ist endgültig (Art. 12 leg. cit.). Die Entscheidung wird dem Minister

[1]) Ζεγγέλης, a. a. O., I, 153.

des Innern und der Legislatur zur Kenntnisnahme übersendet (Art. 13 leg. cit.). Bis zur Ungültigkeitserklärung aber haben die Abgeordneten alle ihnen sonst zukommenden Rechte (Art. 15 leg. cit.). Erweist sich ein Wahlprotest als unbegründet und wird dem Protesterheber böse Absicht oder culpa lata bei Erhebung des Protestes nachgewiesen, so wird er in die Kosten des Verfahrens, die mindestens auf 50 Drachmen, aber auch bis zu 300 Drachmen vom Gerichtshofe bemessen werden können, verurteilt (Art. 11, leg. cit.).

V. Die Prüfung der Legitimation

(Art. 15, leg. cit.), welche das Landgericht dem Gewählten ausstellt, wird nach wie vor von dem Plenum der Volksvertretung vorgenommen. Auch hier ist, wie in anderen Staaten (England, Ungarn, Schweden), die Volksvertretung bei dieser Nachprüfung an die Entscheidung des Gerichts insofern gebunden, als eine vom Gerichtshof ausgesprochene Kassation der Wahl nicht etwa vom Hause durch Gültigkeitserklärung zunichte gemacht werden kann. Umgekehrt, wenn auch das Haus die Gültigkeit der Wahl ausgesprochen, kann der Gerichtshof die Ungültigkeit der Wahl verfügen[1]).

§ 47. Die Wahlprüfung in Spanien.

I. Geschichtlicher Überblick.

Schon seit dem Jahre 1838 prüfte der spanische Deputiertenkongreß nicht durch Abteilungen, sondern durch eine Wahlprüfungskommission die Wahlen seiner Mitglieder. Die Änderung, die an dem System der Abteilungsvorprüfung im Jahre 1838 vorgenommen wurde, ward damit begründet, daß so feine juristische Fragen, wie sie bei Wahlprüfungen vorkämen, nur erfahrenen Kommissionsmitgliedern übertragen werden dürften, nicht aber den durch Zufall gebildeten Abteilungen[2]). Auch in der zum größten Teile noch heute geltenden Geschäftsordnung von 1847 soll die Wahlprüfung einer Wahlprüfungskommission (commision des actas) übertragen, die d e f i n i t i v e Entscheidung aber dem Plenum des Hauses. Seit dem Jahre 1907 ist durch das neue spanische Wahlgesetz vom 8. August 1907 für die Wahlvorprüfung das oberste Gerichtstribunal des Reichs bestellt (in einer Weise, die noch weiter unten unter IV näher darzulegen sein wird). Veranlassung hierzu bot die in Spanien seit jeher vorherrschende Wahlkorruption, deren Eckpfeiler einerseits die ministerielle Übergewalt über das Parlament und über die gesamte Verwaltungsmaschine (einschließlich der Kommunalbehörden) bildet und deren andere der berüchtigte Caciquismo ist.

---

1) Σαριπολος, Συστεμα a. a. O.

2) Sessiones del Congreso, Legislatura 2, 1846/47, p. 1488.

Was den ersten Übelstand anlangt, so schildert ihn ein spanischer Staatsrechtslehrer (Posada, „Jahrbuch des öffentlichen Rechts", 1908, Bd. II, S. 463) mit folgenden Worten: „Der Mechanismus war und ist noch recht einfach. Eine willkürliche schroffe Zentralisation legt alle entscheidenden Kräfte des Lokallebens in die Hände des Ministeriums. Das Ministerium wiederum wirkt unter dem Drucke einer gewissen Partei, so daß das ganze Lokalleben, nur um der herrschenden Partei die Gemeinde- und Provinzialverwaltung zu sichern, erdrückt wird. Eine beispiellose Tyrannei und ein unmoralisches Vergewaltigen des Willens der Wähler ist die notwendige Folge."

Von dem Günstlingswesen (Caciquismo) gibt derselbe Schriftsteller Posada in seinem Buche „Estudios sobre el regimen parlamentario en España", Madrid 1891 (p. 39) ungefähr folgendes Bild: „In Spanien gibt es Caciquen der mannigfachsten Kategorie, und sie bilden für die Zwecke ihres „Dienstes" ein vollkommen geordnetes System, welches seine Stütze in den Gemeinden besitzt, das gesamte Lokalleben der Gemeindeversammlungen in Beschlag legt, die Hauptstadt erobert, sich auf die Provinzialausschüsse der Selbstverwaltung und den Gouverneur stützt und endlich sein dynamisches Zentrum in Madrid . . . oder, um es noch besser zu sagen, im Ministerium findet. Für den Caciquen gibt es keine Gesetze. Seine Argumente sind immer ausgezeichnet, nichts darf ihm abgeschlagen werden. Die öffentlichen Verwaltungsbehörden mit ihrem Chaos einander widersprechender Entscheidungen werden ihm immer Recht geben, ebenso die Instanzen der Rechtspflege." Kurz gesagt, der Caciquismo ist nach Posada, aber auch nach dem übereinstimmenden Urteile anderer Staatsrechtslehrer und Politiker[1]) das Günstlingswesen der Bureaukratie, welche durch den Caciquen die Wahl in Spanien macht, und der Cacique findet, eben weil er Günstling der Regierung ist, nicht bloß bei den Regierungsbehörden, sondern auch bei den Lokalbehörden großen Anklang, wie die Lokalbehörden selbst auch die „festesten Stützen des Günstlingswesens (Caciquismo)" sind (Posada, Jahrbuch, a. a. O., S. 463).

So ist es denn auch ein geflügeltes Wort geworden: „In Spanien glaubt man wohl an Wunder, an Erscheinungen der Heiligen und Apostel, aber niemand glaubt an die Reinheit der Wahlen" (Figueroa y Torres, El régimen parlamentario, Madrid 1866, p. 44). Die Wahlreform, die zur Beseitigung dieser Übelstände das Ministerium Maura einleitete und durchführte, bestand hauptsächlich in zwei Punkten: erstens in der Losankerung der amtlichen Wahlvorbereitung und des Wahlverfahrens von den Lokal- und Kommunalbehörden, zweitens in der Verschärfung der Strafen, die auf Wahldelikte gesetzt waren, in der Vervollständigung

[1]) Siehe darüber J. Piernas y Hurtad, „La vida politica en España, La Administracion", 1895 und Costa, „Oligarquia y Casiquismo", 1903.

des bisherigen Katalogs der parlamentarischen Wahldelikte sowie in der schon oben erwähnten Einführung der Vorprüfung der Wahlen durch das oberste Reichstribunal, wobei noch immer die endgültige Entscheidung beim Deputiertenkongreß selbst liegt. Die Wahlprüfungskommission ist aber durch Änderung der Geschäftsordnung vom 30. April 1909 abgeschafft.

II. Die amtliche Wahlvorbereitung und das Wahlverfahren.

1. Die amtliche Wahlvorbereitung. Spanien besitzt das allgemeine, direkte und geheime Wahlrecht, wobei die Ausübung desselben nunmehr zur Pflicht gemacht ist (Art. 2 des Gesetzes vom 8. August 1907).

Die Anlegung der ständig geführten Wählerliste, deren Berichtigung alljährlich erfolgt und die alle 10 Jahre ganz erneuert werden muß, wird von einer Hierarchie von Ausschüssen versehen, welche bis zum Jahre 1907 in der Hauptsache die Kommunal- und Provinzialbehörden der Selbstverwaltung waren, seit der neuen Reform aber von diesen Behörden abgetrennt wurden. An der Spitze dieser die Wahlvorbereitung besonders leitenden Ausschußhierarchie steht die sogenannte Zentraljunta (Art. 10 leg. cit.). Sie hat ihren Sitz in Madrid. Den Vorsitz führt der Präsident des obersten Gerichtshofs. Mitglieder der Zentraljunta sind, 1. der Präsident der Königlichen Akademie für politische Wissenschaften, 2. der Präsident des Instituts für Sozialreform, 3. der Rektor der Zentraluniversität, 4. der Dekan der Anwaltskammer in Madrid, 5. der Präsident der Königlichen Akademie für Gesetzgebung und Jurisprudenz, 6. der Direktor des Statistischen Amts.

Unter der Zentraljunta fungieren die Provinzialjunten, die in den Provinzhauptstädten ihren Sitz haben. Ihr Präsident ist der Präsident des Landgerichts, wenn ein solches am Sitze der Provinzialhauptstadt ist, sonst der Präsident des Oberlandesgerichts. Sie setzen sich aus dem Rektor der Universität, dem Dekan der Anwaltskammer, zwei durch Los gewählten höchstbesteuerten Grundbesitzern, den Vorständen zweier industrieller Verbände der einzelnen Gemeinden zusammen. Auf ähnlichem Prinzip der Interessenvertretung sind die in den Gemeinden lokalisierten Munizipaljunten organisiert, denen niemals ein lokaler Bürgermeister oder Pfarrer vorstehen darf, sondern immer nur entweder ein Mitglied des lokalen Ausschusses für Sozialreform oder, wo ein solcher Ausschuß nicht besteht, der Gemeinderichter bzw. der Gemeindeälteste.

Die Hauptfunktion dieser Ausschußhierarchie ist die Führung und Berichtigung der Wählerliste (Art. 15 f. leg. cit.). Insbesondere ist dem Zentralausschuß unter anderem die Entscheidung aller Klagen, die auf keinem anderen gesetzlichen Wege zu erledigen sind und sich auf Fragen der Bildung, Ergänzung, Aufbewahrung und Abschrift der Wählerliste beziehen, sowie eine Disziplinargerichtsbarkeit über alle Personen, welche mit der Bildung, Ergänzung usw. der Wählerliste offiziell beauftragt sind (Recht der Straffestsetzung bis zu 1000 Peseten), zugewiesen. Ähnliche Befugnisse wie die Zentraljunta haben provinziale und munizipale Junten innerhalb ihres territorialen Verwaltungsbezirks.

Der Wahlvorstand (sogenannte Mesa) in jedem Stimmbezirk ist ebenfalls von den Lokalbehörden unabhängig gestellt; eben zur Vermeidung der Mißbräuche des Caciquismo. Der Wahlvorstand besteht aus einem Vorsitzenden, zwei Beisitzern und zwei Vertretern jedes Wahlkandidaten (Art. 32 leg. cit.). Die Wahl des Vorsitzenden erfolgt in komplizierter Weise namentlich deshalb, weil es auf seine Entscheidung in den meisten Fällen ankommt. Zum Zwecke der Bestellung des Vorsitzenden (Art. 33 ff. leg. cit.) werden in jedem Stimmbezirk (Seccion) drei Gruppen von Wählern gebildet: Gewerbetreibende, Meistbesteuerte und Wenigerbesteuerte. Aus diesen drei Listen werden von der Munizipaljunta noch vor dem 29. Dezember jedes dritten Jahres neun Wähler, also je drei aus diesen Listen, genommen, welche dem Alphabet nach voranstehen, und der Älteste dieser neun wird dann zum Vorsitzenden des Wahlvorstandes proklamiert. Er gilt als solcher für alle Wahlen, welche im Laufe der nächsten zwei Jahre stattfinden. Ähnlich werden auch die Stellvertreter des Wahlvorstehers bestellt, nur daß statt der drei Ersten die drei Letzten der drei Listen genommen werden. Nach Ablauf der zwei Jahre wird der Vorsitzende in gleicher Weise gewählt, nur daß jene drei Gruppenlisten vom Buchstaben M bis Z für den Vorsitzenden und vom Buchstaben L bis A für die Bestimmung der oben angeführten neun Wähler dienen. Kommen Wahlen im Laufe der zwei Jahre vor, so wird für die gleichen Zwecke immer die umgekehrte Reihenfolge des Alphabets im Vergleiche zur vorhergehenden Wahlperiode verwendet, also abwechselnd kommen dann die Buchstaben A bis L oder M bis Z in Betracht. Die anderen Mitglieder des Wahlvorstandes, welche nicht von dem Stimmbezirk gestellt werden, werden ebenfalls von der Munizipaljunta bestellt. Das Verfahren ist ähnlich wie das der Ernennung des Wahlvorstehers, nur daß die Gruppenliste von Wählern, in welcher der Name des Wahlvorstehers eingetragen ist, nicht in Betracht gezogen werden darf.

2. Das Wahlverfahren. Dieses zerfällt ähnlich wie in England, Ungarn und Griechenland in zwei Teile: in die Wahlempfehlung des Kandidaten (Art. 24 ff. leg. cit.) und in die eigentliche Wahlhandlung, die Stimmabgabe. Wahlkandidaten, welche noch nicht vorher Mitglieder des Deputiertenkongresses gewesen, müssen entweder durch zwei Senatoren oder Ex-Senatoren oder durch zwei Abgeordnete oder Ex-Abgeordnete derselben Provinz oder durch drei Provinzialräte oder Ex-

Provinzialräte desselben Distrikts oder durch ein Minimum von einem Zwanzigstel sämtlicher Wähler des Stimmbezirks empfohlen werden. Die Empfehlung erfolgt vor der Provinzialjunta, und zwar in mündlicher Form

Die Wahlempfehlung, die legal vorgenommen ist, hat die rechtliche Wirkung, daß der Empfohlene allein als Wahlkandidat in Betracht kommt und eventuell (Art. 29 leg. cit.) als wirklich gewählt erscheint, wenn ihm kein Gegenkandidat gegenübergestellt worden ist. Außerdem gibt sie ihm (Art. 28 leg. cit.) das Recht, die Wahlen zu kontrollieren, zwei Mitglieder und zwei Stellvertreter bei jedem Wahlkreis und jedem Wahlbureau zu ernennen (sogenannte Interventores) und Bevollmächtigte in allen Sachen der Wahl zu ernennen. Diese würden ungefähr den englischen Wahlagenten mit ihrer offiziellen Stellung entsprechen.

Die Stimmabgabe erfolgt in Gegenwart des Wahlvorstandes durch gefaltete Stimmzettel, die von dem Wahlvorsteher in eine Wahlurne aus Kristall oder durchsichtigem Glas gelegt werden. Wahlberechtigt ist nur der in die Wählerliste Eingetragene. Nach der Stimmabgabe, welche von 8 Uhr morgens bis 4 Uhr nachmittags dauert (Art. 40 und 43 leg. cit.), wird die Eröffnung der Wahlzettel und die Zählung der Stimmzettel durch den Wahlvorstand vorgenommen, sowie das Wahlprotokoll von dem Wahlvorstand unterzeichnet.

Alle diese Wahlakten gehen nun an den Sitz der Provinzialjunta, woselbst in Gegenwart der Vertreter der Wahlkandidaten die Gesamtzählung der Stimmen im Wahlkreis und die Proklamation des Kandidaten vorgenommen wird (Art. 50 f. leg. cit.). Über den gesamten Akt wird ein Protokoll aufgesetzt, und zwar in zwei Exemplaren. Das eine bleibt im Archiv der Provinzialjunta, das andere geht an die Zentraljunta.

Finden sich in den Wahlakten Wahlproteste oder Beschwerden, oder ergibt sich aus den Wahlakten, daß die Zahl der abgegebenen Stimmen mit dem Wahlprotokoll nicht übereinstimmt, oder daß die Zahl der abgegebenen Stimmen größer ist als der eingetragenen Wähler, dann sendet die Zentraljunta innerhalb von 24 Stunden die Wahlakten dem obersten Rechtstribunal zur Begutachtung, welches, wie wir noch weiter sehen werden, die Wahlakten mit seinem Gutachten an den Deputiertenkongreß weitergibt (Art. 53 leg. cit.).

III. Wahldelikte.

Das neue Wahlgesetz von 1907 läßt zunächst in bezug auf die gemeinen, das Wahlrecht betreffenden Strafrechtsdelikte (nämlich Bestechung, Wahlfälschung, Wahlbetrug und Bedrohung des Wählers) außer den im Strafgesetzbuch angedrohten Strafen noch eine Strafschärfung durch zusatzweise hinzugefügte Geldstrafen eintreten, die zwischen 125 bis 2500 Peseten betragen (Art. 67, 69 und 73 leg. cit.). Dazu kommt ein ins Minuziöse gehender Katalog von rein parlamentarischen Wahldelikten. Dazu gehört (Art. 62 ff. leg. cit.) z. B. das Nichterscheinen des Vorsitzenden und Beisitzers bei der Bildung der Wahlbureaus, die Fälschungen in Wahlsachen, Nachlässigkeit seitens der öffentlichen Beamten, welche dadurch diesen Mißbräuchen Vorschub leisten, die störende Einmischung von Privatleuten in Wahlhandlungen, die Nötigung der Wähler seitens der öffentlichen Beamten oder von Privatleuten usw.

Interessant ist insbesondere an diesem Katalog von Wahldelikten, daß unter Strafe gestellt ist, die von seiten der Zivil-, Militär- und geistlichen Behörden ausgehende Wahlempfehlung, ohne daß die Absicht der Wahlbeeinflussung nachgewiesen zu sein braucht (Art. 68). Ebenso wird als Wahldelikt unter Strafe gestellt die von den Behörden insbesondere den Ministern zur Wahlzeit vorgenommene Versetzung, Amtsentlassung usw. von Beamten, gleichviel, ob die Absicht der Wahlbeeinflussung nachgewiesen ist oder nicht (Art. 68, Ziffer 3, leg. cit.). Unter gleiche Strafdrohung fällt die von den Behörden zur Wahlzeit vorgenommene Einberufung der Wähler für einen öffentlichen Dienst (Militärpflichterfüllung!) (Art. 70 leg. cit.). Die Strafen, die auf Wahldelikte gesetzt sind, bestehen in Geldstrafen und in Verlust des Wahlrechts. Dieser Verlust kann entweder temporär oder dauernd, absolut, d. h. für das ganze Reich oder relativ für den betreffenden Wahlkreis verhängt werden (Art. 74 leg. cit.).

Reine Formfehler, d. h. Verletzungen der Wahlvorschriften, werden an den betreffenden Funktionären durch Geldstrafen von 25 bis 1000 Peseten geahndet, die von den Junten, denen der betreffende Funktionär angehört oder untersteht, verhängt werden (Art. 75 leg. cit.). Außerdem werden wegen solcher Formverletzungen mit Strafen von 50 bis 200 Peseten belegt: Personen, welche die Ordnung im Wahllokal stören; Personen, welche mit Waffen, Stöcken, Regenschirmen usw. in das Wahllokal ohne zwingende Not eintreten; Notare, welche Tatsachen feststellen wollen und beim Beschwerdeanbringen den Kandidaten, wie wir noch sehen werden, behilflich sind, ohne dem Wahlvorsteher über ihre Absicht Kenntnis zu geben; Beamte und Privatpersonen, welche die ihnen aufgetragenen Mitteilungen und übergebenen Akten nicht weiterbefördern; Personen, welche auf Aufforderung des Wahlvorstehers das Wahllokal nicht verlassen wollen und das Recht zum Eintritt nicht besitzen (Art. 76 leg. cit.).

Der größte Teil des oben angeführten Katalogs von Wahldelikten war bereits in dem Gesetze vom 26. Juni 1890, das bis zum Jahre 1907 das parlamentarische Wahlrecht in Spanien regelte, aufgeführt. Trotzdem waren, wie Posada [1]) nachweist, die Zahl der Verurteilungen wegen der Wahldelikte eine äußerst geringe. Ist es da zu erwarten, daß durch die neuen Vorschriften die Sachlage wesentlich verbessert wird?

IV. Die Wahlprüfung im engeren Sinn.

Die Prüfung von angefochtenen Wahlen wird heute (seit 1907) in Spanien durch zwei Instanzen wahrgenommen. Die Wahl vorprüfung liegt nicht mehr in den Händen einer Wahlprüfungskommission, sondern beim obersten Tribunal des Reichs, welches aber, wie wir noch gleich sehen werden, einen besonderen Senat für diese Zwecke bildet. Die eigentliche Entscheidung ist dem Plenum des Deputiertenkongresses nach wie vor geblieben.

1. Die Wahlvorprüfung. Nach Art. 53 des W.-G. von 1907 werden, wie wir wissen, die Wahlakten nach abgeschlossener Feststellung des Wahlresultats, sofern sich in ihnen Wahlbeschwerden (reclamaciones) oder Wahlproteste (protestas) irgendwelcher Art vorfinden, dem obersten Tribunal des Reiches (tribunal supremo) zugestellt.

Für die Prüfung dieser Wahlakten besteht ein besonderer Senat am obersten Tribunal, der sich zusammensetzt aus den sechs ältesten Richtern des Tribunals und dem Präsidenten (Art. 53 leg. cit.). Die Mitglieder des Tribunals dürfen nicht Mitglieder des Deputiertenkongresses, auch nicht gewählte Senatoren, noch Wahlkandidaten für den Deputiertenkongreß oder Senat, noch innerhalb der letzten vier Jahre gewählt worden sein. Auch kann ihnen gegenüber jedes nach der Zivilprozeßordnung zulässige Ablehnungsrecht geltend gemacht werden; außerdem tritt dieses auch dann ein, wenn einer der Richter mit einem der Kandidaten der in derselben Provinz liegenden Wahlkreise bis zum vierten Grad verwandt ist.

Das Gesetz unterscheidet Wahl beschwerden und Wahlproteste, welche die Tätigkeit des Gerichtshofs in Bewegung setzen können.

Zunächst dürfen Wahlbeschwerden schon während der Eröffnung der Stimmzettel und ihrer Zählung im Stimmbezirk in Gegenwart des Wahlvorstandes geltend gemacht werden. Insbesondere kann jeder Wähler, ein öffentlicher Notar, der proklamierte Wahlkandidat oder sein Bevollmächtigter Reklamation dagegen erheben, daß ein Stimmzettel in der einen oder anderen Weise gezählt oder für gültig erklärt werde.

Wahlproteste im eigentlichen Sinne können sodann vor der Provinzialjunta, welche bloß mit der Stimmzählung aller im Wahlkreis abgegebenen Stimmen beschäftigt ist, eingebracht werden. Sie richten sich gegen

[1]) Estudios, a. a. O., p. 34.

einzelne Akte der Wahlhandlung in den Stimmbezirken oder gegen die Wählbarkeit eines Kandidaten (Art. 51 leg. eit.).

Das sind die in den Wahlakten zu findenden Reklamationen und Wahlbeschwerden. Müssen diese also schon während und im Zuge der Wahlhandlung einschließlich der Stimmzählung vorgebracht worden sein, so genießt der unterlegene Wahlkandidat und der Vertreter der Staatsanwaltschaft das Recht, Wahlbeschwerden und -proteste anzubringen, nachdem das Wahlresultat festgestellt ist. Diese Wahlbeschwerden und -proteste müssen aber spätestens innerhalb acht Tagen nach der Proklamation des Gewählten beim obersten Tribunal eingereicht werden (Art. 53 leg. cit.). In einer weiteren Frist von acht Tagen hat dann der Beschwerdeführer oder Protesterheber bzw. sein Stellvertreter alle Beweismittel anzugeben, welche zur Substantiierung seiner Beschwerde oder seines Wahlprotestes dienlich sind.

Der erkennende Senat kann die Rechtshilfe aller Gerichts- und Verwaltungsbehörden des Reichs für die Zwecke der Entscheidung in Anspruch nehmen, insbesondere Beweisaufnahmen durch andere Gerichtsbehörden verfügen. Wenn eine der an der Entscheidung des Gerichtshofes interessierten Parteien gehört zu werden wünscht, wird ein Tag zur Verhandlung, zu der auch die Wahlkandidaten geladen werden, vom Gerichtshof bestimmt. Alle Beweisaufnahmen müssen innerhalb eines Monats, vom Tage der Stimmzählung ab, geschlossen sein. Die Tätigkeit des Tribunals erstreckt sich auf die Verfolgung zweier Zwecke, auf die Wahlvorprüfung (Examen del las actas protestadas) und auf die „Reinigung" der Wahlakten („depuración"). Die Wahlvorprüfung führt dann zur Entscheidung des Tribunals, die auf vierfache Antragstellung gerichtet sein kann:

a) Antragstellung auf Gültigkeitserklärung der Wahl und auf Erklärung, daß der proklamierte Kandidat die Wählbarkeit besitzt, sowie, daß er kein mit der Deputierteneigenschaft unverträgliches Staatsamt innehat;
b) Antrag auf Kassierung der Wahl;
c) Antrag auf Kassierung der Proklamierung und Einberufung des zu Unrecht nicht proklamierten Kandidaten;
d) Kassierung der Wahl und zeitweise Suspension des Wahlrechts innerhalb des Wahlkreises, dessen Wahlakten Bestechungen in großem Umfange oder in grober Form erweislich enthalten.

Über diese Anträge hat allein der Deputiertenkongreß zu entscheiden, und zwar souverän und endgültig. (Art. 53 leg. cit. . . . „al Congreso para que éste, en su soberanía resuelva en definitiva . . .")

Innerhalb von drei Tagen nach dieser gutachtlichen Entscheidung müssen die so vorgeprüften Wahlakten dem Deputiertenkongreß mitsamt dem Antrag zugesendet werden.

Die „Reinigung" der Wahlakten erfolgt dadurch, daß die richterliche Gewalt von den vorgefallenen Wahldelikten und die Zentraljunta verständigt wird, welcher nach der über die Wahlbeschwerden ergangenen Entscheidung die Wählerliste berichtigen muß.

2. Die endgültige Entscheidung des Deputiertenkongresses erfolgt ohne Mitwirkung einer Wahlprüfungskommission. Die Wahlakten werden (gemäß Art. 21 G.-O. in der Fassung von 1909) zunächst in dem Bureau (mesa) des Deputiertenkongresses geprüft. Dieses Bureau besteht aus dem Präsidenten, den vier Vizepräsidenten und vier Schriftführern. Bei der Beratung darf nur einmal pro und contra, d. h. für oder gegen die Annahme des Antrags, den das oberste Tribunal gestellt hat, gesprochen werden. Der Gewählte, dessen Wahl angefochten ist, kann sich an der Beratung aber nur zum Zwecke der Aufklärung beteiligen, an der Abstimmung darf er nicht teilnehmen. Der Kongreß kann außerdem auf Antrag des Präsidenten beschließen, daß der unterlegene Kandidat gehört werde. Zu dem Bericht und Antrag des obersten Tribunals dürfen keine Verbesserungs- oder Zusatzanträge gestellt werden; auch darf nicht der Antrag gestellt werden, den Antrag des obersten Tribunals dem letzteren zum Zwecke neuer Beweisaufnahmen oder aus anderem Grunde wieder zu überweisen.

Soll auf Antrag des Bureaus nun der Kongreß den Antrag des obersten Tribunals, wie er in einer der vier Formen gestellt ist, zurückweisen, so erfolgt dies in namentlicher Abstimmung, welche der Präsident, ohne Debatte zuzulassen, vornehmen läßt. In diesem Falle werden die Fragen, die dem Kongresse unterbreitet werden, in folgender Reihenfolge gestellt:

a) Soll die Wahl gültig erklärt werden?
b) Soll die Proklamation für ungültig erklärt und der unterlegene Wahlkandidat einberufen werden?
c) Soll die Wahl kassiert und dem Wahlkreis das Wahlrecht entzogen werden?

Wenn keine dieser Fragen bejaht wird, dann wird der Antrag als angenommen betrachtet, daß die Wahl als annulliert zu betrachten sei (Art. 22 G.-O. in der Fassung von 1909).

Entscheidet sich der Kongreß gegen den Antrag des obersten Tribunals für die Kassation der Proklamation und die Einberufung eines zu Unrecht nicht proklamierten Kandidaten, dann muß das Bureau des Kongresses den weiteren Antrag stellen, welcher Kandidat einzuberufen sei (Art. 23, Satz 1, G.-O. in der Fassung von 1909).

Ist aus den Akten zu entnehmen, daß zwei Kandidaten Stimmengleichheit erhalten haben, so darf nicht etwa die Provinzialjunta als Zählkommission irgendwie, z. B. durch Los, die Entscheidung geben (Art. 52, Satz 2, leg. cit.), sondern dies ist dem Deputiertenkongreß vorbehalten. In solchem Falle entscheidet der Kongreß (Art. 28, G.-O. in der Fassung von 1909), daß der Kandidat, der bei einer früheren Wahl die Majorität erlangt hatte, als gewählt zu betrachten sei. Stehen sich die Kandidaten aber auch in dieser Hinsicht gleich, so wird der ältere der Kandidaten bevorzugt, und nur bei gleichem Alter der Kandidaten entscheidet das Los.

Die endgültige Entscheidung des Hauses in Wahlprüfungssachen muß spätestens innerhalb von 30 Tagen nach der definitiven Konstituierung des Deputiertenkongresses (Art. 29, G.-O. in der Fassung von 1909) erfolgen. Zur definitiven Konstituierung schreitet aber das Haus erst, wenn mindestens 200 Abgeordnete als sitz- und stimmberechtigt nach Prüfung ihrer Wahllegitimationen proklamiert sind (Art. 32, G.-O. in der Fassung von 1909).

V. Die Prüfung der Wahllegitimationen.

Die äußere Prüfung der Wahlvollmachten steht ausschließlich dem Deputiertenkongreß zu (Art. 17 ff., G.-O. in der Fassung von 1909).

Gleich nach dem ersten Zusammentritt einer neugewählten Legislatur und nach Ernennung des provisorischen Bureaus (Präsident, vier Vizepräsidenten und vier Sekretäre) bestellt der Kongreß durch Wahl eine besondere Kommission aus neun Mitgliedern. Sie führt den Namen „la Comisión des incompatibilidades é incapacidades". An der Kommission dürfen keine Staatsbeamten, selbst wenn sie auch das passive Wahlrecht haben, beteiligt sein. Jeder Abgeordnete stimmt durch einen Stimmzettel, auf dem er drei Namen eintragen kann. Gewählt erscheinen diejenigen neun, welche die meisten Stimmen erhalten haben.

Diese Kommission konstituiert sich sofort durch Ernennung eines Präsidenten, Vizepräsidenten und Sekretärs. Sie hat spätestens innerhalb von zehn Tagen über zweifelhafte Fälle der Wahllegitimation ihren Bericht dem Hause zu unterbreiten [1]).

Zum Zwecke der Prüfung der Wahllegitimation erhält sie vom Sekretariat des Deputiertenkongresses eine Liste, in welcher die gewählten Abgeordneten mit Ausnahme derjenigen, deren Wahl durch Wahlprotest angefochten ist, angeführt sind; denn Wahlanfechtungen hat die Kommission niemals vorzuprüfen, das ist dem obersten Reichsgericht vorbehalten. Das Sekretariat fertigt diese Liste auf Grund der Wahlzertifikate (credenciales), die von der Provinzialjunta ausgefertigt werden, an. In einer der folgenden Sitzungen werden nun die Berichte vor das Haus

[1]) Es handelt sich bei dieser Prüfung der Wahlvollmachten entweder um die Frage, ob der Angeordnete die positiven Voraussetzungen der Wählbarkeit (Art. 6 des WG. v. 1907, z. B. 25. Lebensjahr, bürgerliche Ehrenrechte usw., besitzt, oder darum, ob der Wählbarkeit nicht die zahlreichen Gründe der Unvereinbarkeit des Abgeordnetenmandats mit gewissen Staatsämtern (incompatibilidád) entgegenstehen (Art. 7 leg. cit., insbesondere die Gesetze vom 7. März 1880 und Novelle vom 7. Juli 1895).

gebracht. Die unzweifelhaften Fälle werden sofort an das Haus berichtet. Dieses nimmt dann die endgültige Entscheidung über die Wahllegitimation in der Weise vor, daß es gleich in derselben Sitzung, in welcher die Inkomptabilitätskommission gewählt worden ist, durch den Mund des Präsidenten veranlaßt, daß die oben angeführte Liste der Deputierten zum ersten Male im Hause verlesen wird. In der nächsten Sitzung erfolgt die zweite Lesung der Liste, und nun genehmigt das Haus die unbeanstandet gebliebenen Wahlvollmachten oder die etwa durch Bericht der obengenannten Kommission beanstandeten (Art. 9, G.-O. in der Fassung von 1909).

Mit der Genehmigung der Wahlvollmachten oder der Berichte der Imkomptabilitätskommission ist die Frage der Legitimation noch nicht erledigt, denn für jeden einzelnen Deputierten muß dem Kongreß die Frage unterbreitet werden, ob jener zuzulassen sei. Die Bejahung dieser Frage ist gleichzeitig Veranlassung für den Präsidenten, die Proklamation des Gewählten zu verkünden. Der Antrag auf Zulassung kann von seiten eines Abgeordneten bekämpft werden. Doch kommt eine Debatte hierbei nicht vor, sondern bloß ein Redner pro und ein Redner contra zum Wort (Art. 30, G.-O. in der Fassung von 1909).

Kann oder will ein Abgeordneter nicht innerhalb von 30 Tagen nach Eröffnung der Legislaturperiode sein Wahlzertifikat vorweisen, so erklärt der Kongreß den Wahlsitz für erledigt (Art 31, G.-O. in der Fassung von 1909).

§ 48. Die Wahlprüfung in Schweden.

I. Geschichtlicher Überblick.

Auch in Schweden ruhte ursprünglich wie in den anderen Staaten die Prüfung der Wahlvollmachten in den Händen der Staatsregierung. Nur der Adel verstand es verhältnismäßig früh, die Prüfung seiner Repräsentanten in eigene Hand zu bekommen. Daneben aber war die Staatsregierung allein befugt, die Vollmachten der übrigen ständischen Deputierten zu prüfen [1]).

Noch im Jahre 1598 ermahnte Herzog Karl die Stände bei ihrer ersten Versammlung, ihre Vollmachten am folgenden Tag von einigen vom Fürsten bestellten Männern auf dem Rathaus prüfen zu lassen. Da die Reichstagsvertretung ursprünglich als eine Ratsversammlung des Fürsten angesehen, wurde ähnlich wie in England die Prüfung der Wahlvollmachten in der Königlichen Kanzlei vorgenommen. Erst in der Reichstagsverordnung des Jahres 1723 bestimmte der § 19, daß die Deputierten jedes Standes die Vollmachten ihrer Mitglieder zu prüfen

---

1) Siehe Rydin, „Svenska Riksdagen", I, 238, Anm. 2.

hatten, worauf die geprüften Vollmachten dem Kanzleikollegium zu übermitteln waren. Während dieser Verfassungsperiode (sogenannten Freiheitszeit) bewirkte das im Lande herrschende Parteiwesen jedoch, daß die rechtlichen Vorschriften, welche die Freiheit der Wahl sicherten, häufig übertreten wurden. „Beeinflussung bei der Wahl war ein sowohl bei „Hüten" [1]) (Adelspartei) als bei „Mützen" (Bürgerpartei) gern angewandtes Kampfmittel, welches dann auf dem Reichstage der unterliegenden Partei Rügen von dem Sieger einbrachte."

Von beiden Parteien wurden die Staatsbehörden zur Beeinflussung verwendet, bei der Wahlprüfung aber war die Majoritätspartei immer darauf bedacht, der unterliegenden Partei solche Beeinflussungen strenge aufs Kerbholz zu setzen. Aus diesem Grunde wurde dann bei der Verfassungsreform des Jahres 1809 einerseits in die Verfassung der noch heute geltende Grundsatz aufgenommen (§ 112 der Regierungsform): „Kein Beamter oder Angestellter darf seine Amtsstellung dazu mißbrauchen, um einen unerlaubten Einfluß auf die Wahl der Reichstagsabgeordneten auszuüben. Tut jemand dies, soll er seines Amtes verlustig gehen."

Andererseits wurde, um dem Parteiwesen bei Wahlprüfungen zu entgehen, in der Reichstagsordnung des Jahres 1810 sowie in der gegenwärtigen von 1866 das Wahlprüfungsgeschäft im engeren Sinne, d. h. die Entscheidung über Wahlanfechtungen in erster Instanz dem Landshöfding (Statthalter einer Provinz) und in letzter Instanz dem obersten Reichsgericht des Landes (Högsta Domstol) übertragen.

Die Prüfung der Wahllegitimation hingegen zerfällt nach diesen beiden Reichstagsordnungen in zwei Teile, in die provisorische Vollmachtprüfung durch einen besonderen Legitimationsausschuß, der sich aus dem Justizminister und sechs vom Reichstag gewählten Personen (drei Bankbevollmächtigten des Reichstags und drei Bevollmächtigten des Reichsschuldenkontors) zusammensetzt. Der Zweck dieser Untersuchung ist, zu bestimmen, ob die Wahlvollmachten in der vorgeschriebenen Form ausgestellt sind. Diese Prüfung der Wahllegitimation ist jedoch nur eine vorläufige, die definitive wird von der Kammer selbst vorgenommen (§ 32 der Reichstagsordnung von 1866). Das Zutrauen, das die schwedische Verfassung und Reichstagsordnung in bezug auf das Wahlprüfungsgeschäft der Regierung entgegenbringt, erklärt sich aus der Tatsache, daß man bei Schaffung der neuen Verfassungsverhältnisse im Jahre 1809 gar nicht die Möglichkeit einer Parteiregierung im Sinne des englischen Parlamentarismus für möglich hielt. Auch spielen die Wahlfragen im schwedischen Reichstag eine untergeordnete Rolle.

[1]) Siehe Fahlbeck, „Die Regierungsform Schwedens", 1911, S. 300.

Eine Einflußnahme der Regierung auf die Wahl ist in der Praxis nicht bekannt[1]).

Infolgedessen ist auch bei der neuesten Verfassungsrevision von 1909, welche das allgemeine gleiche und direkte Wahlrecht auf der Grundlage des Proporzes für die Wahlen der zweiten Kammer des Reichstags einführte, gar keine prinzipielle Veränderung in der Regelung des Wahlprüfungsgeschäfts und der Legitimationsprüfung vorgenommen.

Nach wie vor besteht das Vertrauen zu den von der Regierung bestellten Gerichten. Nur ist dem Landshöfding die Prüfung von Wahlanfechtungen erster Instanz abgenommen worden. Das gesamte Wahlprüfungsgeschäft im engeren Sinne ist jedoch an Stelle des obersten Reichsgerichts, dem obersten Verwaltungsgerichtshof (Regeringsraett) übertragen (§ 22 in Verbindung mit § 11 der Reichstagsordnung). Die Prüfung der Wahllegitimationen ist nach wie vor dem Legitimationsausschuß und der zweiten Kammer erhalten geblieben.

II. Die amtliche Wahlvorbereitung und das Wahlverfahren

ist gegenwärtig durch das Gesetz vom 26. Mai 1909 (19 ff.) geregelt Prinzipiell soll jeder Wahlkreis in Wahldistrikte zerfallen, welche für die Stimmabgabe gebildet sind, und jeder Wahldistrikt soll mit einer Gemeinde räumlich sich decken.

In jedem Wahldistrikt besteht ein Wahlvorstand (Valmänd) von fünf Mitgliedern. Der Vorsitzende (Ordförande) und sein Stellvertreter werden jährlich vor Schluß des Monats Februar vom Landshöfding (Statthalter der Provinz) ernannt. Die vier anderen Mitglieder und zwei Ersatzmänner werden alljährlich von den Gemeindeversammlungen bestellt. Die fünf Mitglieder des Wahlvorstandes müssen in dem Wahlbezirk wohnen. Zur Beschlußfähigkeit ist die Anwesenheit von drei Mitgliedern desselben erforderlich.

Die Aufgabe des Wahlvorstands ist nicht nur die Leitung der Wahl, sondern auch insofern die amtliche Wahlvorbereitung, als Einwendungen gegen die Wählerliste, welche in Schweden eine ständige ist, alljährlich vom 25. Juli ab von dem Wahlvorstand geprüft werden. Gegen den Beschluß des Wahlvorstands kann man Klage beim Statthalter der Provinz innerhalb der nächsten zehn Tage erheben, dessen Entscheidung endgültig ist.

Jede einmal so rechtskräftig festgestellte Wählerliste bleibt bis zur Berichtigung im nächsten Jahre. Ist aber die unrichtig angelegte Wählerliste Anlaß zur Aufhebung des ganzen Wahlaktes geworden, so erfolgt eine Neuwahl auf der Grundlage der infolge des Urteils berich-

[1]) Siehe Fahlbeck, a. a. O., S. 301.

tigten Wählerliste. Die Berichtigung ist aber auch notwendig, wenn anläßlich des gerichtlichen Verfahrens ihre Fehlerhaftigkeit festgestellt wird, ohne daß die Wahl aufgehoben wird (§ 14 leg. cit.).

Das Wahlverfahren findet unter Leitung des Wahlvorstandes statt, wobei die Wahlhandlung öffentlich und die Stimmabgabe geheim (Wahlkuvert, Isolierzelle) ist.

Über die Wahlhandlung ist ein Wahlprotokoll zu führen, das nach Abschluß der Wahl mitsamt den Wahlkuverts und der Wählerliste an den Statthalter der Provinz zu übersenden ist (§ 55 leg. cit.).

Die Zusammenrechnung der Stimmzettel, die Beurteilung, ob ein Stimmzettel gültig oder ungültig ist, steht allein dem Provinzialstatthalter zu, in dessen Provinz der Wahlkreis gelegen ist (§ 56 ff. leg. cit.).

Demselben Beamten liegt die Aufstellung der Wahlvollmacht (fullmakt för vald) ob[1]) (§ 66 leg. cit.).

III. Wahldelikte.

Von allem Anfang an, seit Bestehen der gegenwärtigen Verfassung, war in Schweden die Zahl der eigentlichen Wahldelikte sehr beschränkt. Noch die Reichstagsordnung von 1810 verordnete, daß kein Unbefugter an der Wahlhandlung teilnehmen dürfte. Die gegenwärtige Reichstagsordnung hat diese Bestimmung als überflüssig nicht aufgenommen. Auch sonst finden sich in ihr keine Strafbestimmungen gegen die Störung der Wahlfreiheit. Nur ist im § 25 angeordnet, daß jeder, der mit Geld oder Gaben die Stimmabgabe anderer zu beeinflussen sucht oder gegen einen Vermögensvorteil sein Stimmrecht abgibt, oder durch Gewalt oder Drohung die Wahlfreiheit stört und dessen gerichtlich überführt worden ist, unfähig sein soll, das Abgeordnetenmandat auszuüben. Als Wahldelikte kennt das schwedische Strafgesetzbuch den Stimmenkauf oder -verkauf (Strafgesetzbuch 10. Kapitel, § 15), die Anwendung von Gewalt als Verletzung der Wahlfreiheit (Strafgesetzbuch 11. Kapitel, §§ 9/10) und die Drohung zu dem gleichen Zweck (Strafgesetzbuch 10. Kapitel, § 15). Außerdem wird, wie schon oben angeführt, nach § 112 der Verfassung jeder Beamte oder Angestellte des Staats, der sein Amt dazu mißbraucht, um einen unerlaubten Einfluß auf die Wahl der Reichstagsabgeordneten auszuüben, mit Verlust des Amts bestraft. Ein Staat, in welchem das Parteiwesen mit allen seinen Schattenseiten seit jeher keine große Rolle gespielt hat, und neuestens durch Einführung des Proportionalwahlrechts in ein ruhiges

[1]) Sie hat folgende Form: „Vid riksdagsmannaval, som dem . . . . (Tag, Monat" Jahr) . . . . hallits i . . . . (Name des Wahlkreises) har" N. N. „blivit utsedd till ledamot af Riksdagens andra kammare for en tid af tre ar, raknade fran och med den 1 januari näst kommande ar" (bei Nachwahlen: „for tiden till den 1 januari ar . . . ."); „hvarom dette länder till bevis och fullmakt."

Bett abgeleitet worden ist, kann füglich mit einem so kleinen Katalog von Wahldelikten auskommen.

IV. Die Wahlprüfung im engeren Sinne.

Sie wird heute von dem obersten Verwaltungsgerichtshof des Landes vorgenommen. Dieser ist seit 1909 an die Stelle der bisherigen Abteilung des Königlichen Staatsrats, welcher sich mit administrativen Entscheidungen zu beschäftigen hatte, getreten.

Nach der Verfassung ist nämlich nach § 17 dieser Verwaltungsgerichtshof aus mindestens sieben vom König ernannten Männern zusammengesetzt, die ein ziviles Amt verwaltet haben, und Beweise ihrer Einsicht, Erfahrung und Rechtschaffenheit in der Ausübung dieser Funktion gegeben haben. Sie führen den Titel Regierungsräte. Zwei Drittel der Regierungsräte müssen die Befähigung zum Richteramte haben.

Zur Einbringung des Wahlprotestes ist jeder Wähler im Wahlkreise befugt, auch der in die Wählerliste nicht eingetragene[1]). Er hat die Wahlbeschwerde oder den Protest beim Provinzial s t a t t h a l t e r innerhalb von zehn Tagen nach Abschluß der Wahl anzubringen. Der letztere muß dann eine gewisse kurze Frist ansetzen, um Gegenproteste herbeizuführen. Die Ansetzung dieser kurzen Frist muß allgemein durch die Zeitungen kundgemacht werden. Nach Ablauf dieser Frist werden die Akten an den Verwaltungsgerichtshof abgesendet, welcher schleunig (skyndsamt) über den Wahlprotest zu entscheiden hat (§ 22 in Verbindung mit § 11 der Reichstagsordnung in der Fassung von 1909).

Der Wahlprotest kann zum Gegenstande haben:

a) die Beschwerde darüber, daß man in seinem Wahlrecht oder in der Ausübung desselben verkürzt ist;

b) daß im Wahlkreis eine größere Anzahl von Abgeordneten gewählt wurde, als dem Wahlkreise zukommt;

c) daß Verletzungen von Vorschriften des Wahlverfahrens bei der Wahl vorgekommen sind;

d) daß Störungen der Wahlfreiheit oder Wahlbeeinflussung geübt worden sind.

Die unter a), c) und d) angeführten Protestgründe führen nur dann zur Aufhebung der Wahl, wenn sie einen entscheidenden Einfluß auf das Wahlresultat ausgeübt haben[2]).

Der Protest kann darauf gerichtet sein, daß das Wahlgeschäft für ungültig erklärt und eine Neuwahl veranlaßt werden soll oder daß eine andere Person, als die mit der Wahlvollmacht ausgerüstete, als gewählt zu betrachten ist oder daß eine Verkürzung des subjektiven Wahlrechts

---

[1]) Siehe Hagman, „Sveriges Grundlagar", 1902, S. 371.

[2]) Siehe Rydin, a. a. O., I, S. 219 bis 223.

stattgefunden hat[1]). Dementsprechend ergeht auch das Urteil des Verwaltungsgerichtshofs.

V. Die Prüfung der Wahlvollmachten.

Die provisorische Wahllegitimation, d. i. die Prüfung der Wahlvollmachten, wird zunächst von dem oben angeführten Legitimationsausschuß vorgenommen, dem der Justizminister präsidiert und der gleich beim Zusammentritt jedes neugewählten Reichstags bestellt wird.

Die Prüfung nimmt eigentlich der Justizminister vor — die andern Mitglieder leisten nur Assistenz. Sie beschränkt sich auf die formale Nachprüfung, ob richtige Wahlvollmachten, die, wie wir wissen, der Landshöfding ausstellt, vorliegen. Ist der Legitimationsausschuß zufriedengestellt, so hat es dabei sein Bewenden (§ 32, Satz 1, Reichstagsordnung). Die definitive Legitimation der Wahlvollmachten findet im Plenum der zweiten Kammer statt (§ 32, Satz 2, Reichstagsordnung) und erstreckt sich

a) auf die Nachprüfung jener Vollmachten, welche den Legitimationsausschuß nicht zufriedengestellt haben;

b) auf die Nachprüfung jener Vollmachten, welche zwar vom Legitimationsausschuß nicht beanstandet, gegen welche aber beim Reichstag aus den in der Verfassung aufgeführten Gründen Einwendungen wegen Nichtbesitz der Wählbarkeit erhoben wurden.

Diese nach der Verfassung aufgeführten Gründe sind nach § 26 der Reichstagsordnung:

a) Nichtbesitz der schwedischen Staatsbürgerschaft;

b) Stehen unter Vormundschaft bzw. Strafhaft oder Armenpflege;

c) Konkurs;

d) Nichtbesitz der bürgerlichen Ehrenrechte oder urteilsmäßiger Ausspruch, der aber nicht Rechtskraft zu besitzen braucht, daß die betreffende Person das Vertrauen der Mitbürger verloren hat bzw. Anklage wegen eines solchen Verbrechens, welches den Verlust des Vertrauens der Mitbürger zur Folge hat;

e) Unwürdigkeit zur Führung der Anwaltschaft oder zur Bekleidung des Staatsdienstes;

f) gerichtliche Überführung wegen der oben (unter III) angeführten Wahldelikte.

Die Entscheidung über solche Einwendungen wird vom Plenum der Kammer gefällt. Daraus ergibt sich, daß zwar die zweite Kammer bei ihrer Legitimationsprüfung an die Entscheidung des obersten Verwaltungsgerichtshofs nur insofern gebunden ist, als dieser die Ungültigkeit der Wahl oder die Notwendigkeit der Einberufung einer anderen

[1]) Siehe Rydin, a. a. O., I, S. 227 ff.

Person als des mit Vollmacht Ausgestatteten ausgesprochen hat. Keineswegs ist aber nach der herrschenden Theorie[1]) und Praxis die zweite Kammer an die Entscheidung des Gerichtshofs gebunden, wenn diese auf Gültigkeit der Wahl geht und das Plenum der zweiten Kammer die Ungültigkeit aus den angeführten Gründen, d. i. wegen Fehlens der Wählbarkeit, aussprechen will. Auch ist das Haus, wenn es sich für die Ungültigkeit der Wahl entscheiden will, nicht verpflichtet, die noch schwebende Entscheidung des Verwaltungsgerichtshofs abzuwarten. In der Hinsicht liegen also die Verhältnisse ähnlich, wie wir sie oben bei Darstellung des englischen (siehe oben § 44, V 2) und des ungarischen Rechts (§ 45, II 4) kennen gelernt haben.

§ 49. Die Wahlprüfung nach den Grundsätzen des allgemeinen Staatsrechts und die gesetzgebungspolitischen Resultate für die Wahlprüfung des deutschen Reichstags.

I. Nach den Ausführungen in den vorausgehenden Paragraphen, insbesondere nach der Darlegung im § 43 dieser Untersuchung, ist es zunächst klar, daß die Wahlprüfung im engeren Sinne, d. i. die Wahlprüfung angefochtener Wahlen, scharf zu scheiden ist von der Prüfung der Wahlvollmachten. Die Wahlprüfung im engeren Sinne ist ein Akt der Rechtsprechung und endet mit einem Urteil. Die Prüfung der Wahlvollmachten hingegen ist bloß ein Beurkundungsakt, der in der ältesten Zeit der Entwicklung ausschließlich von den Staatsbehörden, in späterer Zeit in Konkurrenz mit den Ständen, und in der konstitutionellen Zeit vorwiegend vom Parlament betätigt wird. Die Wahlprüfung im engeren Sinne vollzieht sich unter Mitwirkung von Parteien, die Prüfung der Wahlvollmachten ohne diese. Gerade diese Mitwirkung der Parteien verleiht aber der Wahlprüfung die Natur der Rechtsprechung[1]). Der praktisch wichtige Unterschied zwischen Wahlprüfung im engeren Sinne und Prüfung der Wahlvollmachten liegt darin, daß die erstere mit einem Urteil endet und res judicata schafft. Mag die Unrichtigkeit der Entscheidung noch so offenbar sein, sie schafft inter partes Recht. Die Prüfung der Wahlvollmachten endet aber nur mit einer Beurkundung. Die Beurkundung an sich ist aber nicht fähig, Recht inter partes zu schaffen. Sie erzeugt nur ein B e w e i s m i t t e l, gegen welches der Gegenbeweis geführt werden kann[2]). Infolgedessen kann die Prüfung der Wahlvollmachten niemals res judicata schaffen. Kommen Tatsachen vor, welche die in der beurkundeten Vollmacht festgestellten

[1]) Siehe Rydin I, a. a. O., S. 239 ff. und Aschehoug, Handbuch des öffentlichen Rechtes, IV, 2. Halbband, 2. Abteilung, 1886, S. 53.

[2]) Über die Notwendigkeit der Parteienmitwirkung als Merkmal der Verwaltungsrechtsprechung, O. Mayer, Deutsches Verwaltungsrecht, I², S. 140.

Tatsachen erschüttern, z. B. verliert der Gewählte die Wählbarkeit, nachdem vorher seine formelle Wahlvollmacht als äußerlich gültig anerkannt worden ist, so muß auch der Abgeordnete sein Sitz- und Stimmrecht im Parlament verlieren.

Man könnte etwa einwenden, daß auch die äußere Prüfung der Wahlvollmachten ein Akt der Rechtsprechung sei, da auch sie eine Prüfung wenigstens von Urkunden voraussetze. Aber eine Prüfung von Urkunden, ohne daß die Parteien irgendwelchen Einfluß auf das Verfahren haben, ist eben nicht Rechtsprechung, sondern Beurkundung. Auch die Eintragung im Grundbuch ist eine Beurkundung, trotzdem sie ebenfalls Prüfung, nämlich die Prüfung von Urkunden zur Voraussetzung hat. Daß sie kein Akt der Rechtsprechung ist [1], ergibt sich am besten daraus, daß nur gegen Entscheidungen des Grundbuchsamts, nicht gegen die Eintragungen das Rechtsmittel der Beschwerde zulässig ist (§ 71 der Grundbuchordnung vom Jahre 1897).

Die Scheidung zwischen Wahlprüfung im engeren Sinne und Prüfung der Wahlvollmachten ist auch im Parlamentsrecht der meisten Staaten rein äußerlich durchgeführt, insofern beide verschiedenen Organen überwiesen sind. Nur das französische Recht und die ihm folgenden Rechtssysteme, z. B. das belgische, holländische und italienische, unterscheiden zwar juristisch scharf zwischen Wahlprüfung im engeren Sinne und Prüfung der Wahlvollmachten. (Arg. Art. 10 des franz. Verfassungsgesetzes vom 16. Juli 1875: „chacune des Chambres est juge de éligibilité de ses membres et de la régularité de leur élection“ und Art. 34 der belgischen Verfassung: „Chaque chambre vérifie les pouvoirs de ses membres, et juge les contestations qui s'élèvent à ce sujet“.) Aber sie haben diese beiden Formen ihrer Geschäftstätigkeit nicht an verschiedene Organe überwiesen, sowohl die Wahlprüfung im engeren Sinne wie auch die Prüfung der Wahlvollmachten wird in vorbereitender Tätigkeit in Frankreich, Belgien und Holland durch die Abteilungen, in Italien durch eine Wahlprüfungskommission, die zugleich eine Legitimationsprüfungskommission ist (Giunta delle Elezioni), geübt; die endgültige Entscheidung ist aber dem Plenum des Hauses vorbehalten. Als Ursache dieser Erscheinung, nämlich der Unfähigkeit Wahlprüfung im engeren Sinne und Prüfung der Wahlvollmachten verschiedenen Organen zu überweisen, haben wir bereits oben (§ 1) die Lehre vom pouvoir constituant im Zusammenhang mit der Wahlprüfung kennen gelernt. Die überwiegende Anzahl der Rechtssysteme hat aber die inner-

---

[1]) Vgl. dazu auch Predari Kommentar zur G. O. 1907, S. 85, 225. Ferner Kuttner, Urteilswirkungen außerhalb des Zivilprozesses 1914, S. 79ff. Ein Beispiel aus der ZPO. für beurkundende und richterliche Funktion in derselben Sache: Erteilung der Vollstreckungsklausel durch den Gerichtsschreiber (§ 724f. ZPO.) und durch Urteil (§ 727 ZPO.). Siehe dazu Hellwig, Anspruch und Klagrecht 1910², S. 171.

lich begründete Scheidung beider Tätigkeitsformen auch äußerlich zum Ausdruck gebracht. Unter diesen Rechtssystemen gibt es zwei Gruppen. Die eine dieser beiden verlegt die äußere Scheidung zwischen Wahlprüfung und Prüfung der Wahllegitimation in die vorbereitende Tätigkeit, die andere in das Stadium der endgültigen Entscheidung. Zur ersten Gruppe gehört insbesondere das deutsche Parlamentsrecht, wo die vorbereitende Wahlprüfung im engeren Sinne einer Wahlprüfungskommission, die vorbereitende Prüfung der Wahlvollmachten den Abteilungen überwiesen ist. Auf demselben Boden, wie das deutsche Recht, steht auch das österreichische und das dänische Recht (für dieses siehe Matzen „Den danske Staatsforfatningsret" II, 1908, p. 303 ff.).

Zu dieser Gruppe wäre auch noch Spanien zu rechnen, wo die Wahlvorprüfung im engeren Sinne dem obersten Reichsgericht, die vorbereitende Tätigkeit der Prüfung von Wahlvollmachten einer besonderen Kommission des Deputiertenkongresses, wie wir gehört haben, zugewiesen ist. (Siehe vorher § 47.)

Die zweite Gruppe wird von jenen Staaten gebildet, welche auch die definitive Entscheidung über Wahlprüfungen im engeren Sinne und über die äußere Gültigkeit der Wahlvollmachten verschiedenen Organen überwiesen haben. Nämlich die erstere an die Gerichte, die letztere an das Plenum der Volksvertretung. Hierher gehört England, Griechenland und Schweden. In Ungarn ist ein sehr großer Teil der Wahlprüfungsgeschäfte im engeren Sinne an die königliche Kurie gewiesen, daneben aber der Volksvertretung ein Teil der Wahlprüfungen im engeren Sinne belassen worden, welche sie dann neben der Prüfung der Wahlvollmachten zu erledigen hat.

II. Dort, wo die Prüfung der Wahlen einem Gerichtshof überwiesen ist, sind folgende Voraussetzungen für die richterliche Wahlprüfung im objektiven Rechte gegeben.:

Zunächst die Einrichtung einer ständigen Wählerliste, die jahraus jahrein, ohne Rücksicht auf bevorstehende Wahlen, berichtigt und ergänzt wird. Wir finden die ständige Wählerliste in allen den angeführten Staaten, welche eine richterliche Wahlprüfung besitzen. Also in England, Ungarn, Griechenland, Spanien und Schweden.

Die ständige Wählerliste wird in England, Ungarn, Griechenland in bezug auf ihre Führung durch richterliche Behörden kontrolliert.

Durch diese Tatsachen ist ein Doppeltes gewährleistet. Einmal wird dem Wahlprüfungsgerichtshof eine große Arbeit abgenommen, die er, oder in seiner Ermangelung das Parlament, leisten müßte, nämlich die Prüfung der Frage, ob nicht Wählern das Wahlrecht zu Unrecht abgeschnitten, wodurch das Wahlresultat erheblich beeinflußt worden sei.

Zum andern fordert die ständige Wählerliste, wie dies namentlich England zeigt, daß die amtliche Wahlvorbereitung ganz von den Schultern des Staats auf die der großen Parteien des Landes abgewälzt werden kann.

Und nun kommen wir zur zweiten Voraussetzung einer richterlichen Wahlprüfung, nämlich:

III. Die Wahlvorbereitung und die Leitung des Wahlverfahrens wird zum großen Teile durch offizielle Anerkennung und Mitbeteiligung der großen Parteien des Landes vorgenommen. In all den oben betrachteten Staaten, insbesondere in England, Ungarn, Griechenland und Spanien, aber auch in Schweden (hier durch den Proporz!) sind die Parteien des Landes offiziell beim Wahlgeschäft anerkannt und beteiligt:

a) indem das Wahlverfahren in zwei Teile zerfällt, nämlich in die Empfehlung des Wahlkandidaten und in die eigentliche Stimmabgabe; sodann

b) durch offizielle Mitbeteiligung der Parteien oder ihrer Vertrauensmänner an der Bildung des Wahlvorstands, an der Kontrolle der Stimmabgabe und an der Kontrolle der Stimmzählung.

Ein solcher Parteibetrieb der Wahlen setzt allerdings einen Staat mit parlamentarischer Regierung voraus, selbst wenn diese parlamentarische Regierung, wie in Spanien, nur Schein ist. In den Staaten mit konstitutioneller Regierung wird man dieses Überwälzen der Last des amtlichen Wahlbetriebs auf die Schultern der Parteien jedenfalls nicht ohne weiteres nachahmen können, wenn man nicht auch sonst die Voraussetzungen einer parlamentarischen Regierung schafft.

IV. Eine weitere Voraussetzung für die richterliche Wahlprüfung ist die Aufstellung eines ausgedehnten Katalogs von rein parlamentarischen Wahldelikten neben den Wahldelikten des gemeinen Strafrechts. Dadurch übernimmt der Strafrichter eine große Arbeitslast, die sonst dem Wahlgerichtshof und in seiner Ermangelung dem Parlament zufallen muß. Staaten, welche demnach an eine Schaffung der Wahlgerichtsbarkeit durch die Gerichte gehen, müssen als Ergänzung der Vorschriften des allgemeinen Strafrechts noch in minutiöser Weise Tatbestände von Wahldelikten (sowohl gegen Staatsbeamte als auch Private gerichtet) aufstellen, weil sonst die Gefahr besteht, daß bei starkem amtlichen Wahlbetrieb oder bei starkem Wahlbetrieb durch Parteien jede Remedur ausgeschlossen bleibt. Das Parlament hat sie nicht, weil ihm jede Wahlprüfungsgerichtsbarkeit abgenommen ist; der Wahlprüfungsgerichtshof kann sie nicht üben, weil er zu weit vom Schauplatz der verübten Wahlumtriebe seine Tätigkeit entfaltet[1]); also muß sie der ordentliche Strafrichter schaffen. Um ihm die Möglichkeit hierfür zu geben, bedarf man eines großen Katalogs von parlamentarischen Wahldelikten.

V. Alle Staaten, die eine richterliche Wahlprüfung eingeführt, haben der Volksvertretung dennoch das ausschließliche Recht vorbehalten, die Legitimation der Wahlvollmachten nachzuprüfen. Einige Staaten haben aber noch ein Mehreres der Volksvertretung vorbehalten, nämlich England und Ungarn (übrigens auch Frankreich u. a.), das Recht der parlamentarischen Enquête bei Wahlumtrieben mit dem Recht der Zeugenvernehmung. Diese Ergänzung der richterlichen Wahlprüfung kann das Parlament nicht entbehren, wenn Wahlmißbräuche in größerem Umfange vorkommen.

VI. Wenn wir nun zu den gesetzgebungspolitischen Resultaten der vorausgehenden Ausführungen übergehen, so werden wir zunächst feststellen müssen, daß die Wahlprüfung im engeren Sinne keineswegs so fest mit der Volksvertretung verbunden ist, wie das die Lehre vom pouvoir constituant in Frankreich voraussetzte.

In Staaten, welche nicht auf dem Prinzip der Volkssouveränität beruhen, besteht jedenfalls kein juristisches Hindernis, die Wahlprüfung der Volksvertretung abzunehmen und den Gerichten zu überweisen. Es kann sich nur darum handeln, ob die Sache zweckmäßig ist. Der größte Teil der Theoretiker, die zu dieser Frage Stellung genommen haben, unter ihnen auch Führer der Staatsrechtswissenschaft[2]), haben sich für die Einrichtung eines Wahlprüfungsgerichtshofs entschieden.

---

[1]) Selbst in jenen Staaten, wo auch der Wahlgerichtshof die Strafgerichtsbarkeit in bezug auf Wahldelikte hat, wie in England und Ungarn, erweist sie sich als unpraktisch. In England wird sie, wie wir gehört haben, faktisch nicht geübt, und in Ungarn ebenfalls nicht, weil, wie wir gehört haben, der Gerichtshof zu „formal" vorgeht, in Wirklichkeit aber Bedenken trägt, Dinge als erwiesen anzunehmen, die weit davon entfernt sind, erwiesen zu sein.

[2]) Es kommen namentlich in Betracht:

Jellinek, in den „Verhandlungen des 19. Deutschen Juristentages", Bd. I, S. 130 ff., auch abgedruckt in „Ausgewählte Schriften und Reden", 1911, II, S. 398 ff.

Jacques, „Die Wahlprüfung in den modernen Staaten und ein Wahlprüfungsgerichtshof für Österreich", 1885.

Seydel, „Gutachten für den 19. Deutschen Juristentag", Bd. II, S. 121 ff.

Laband, in der „Deutschen Juristenzeitung", 1901, S. 4, und im „Archiv für öffentliches Recht", Bd. 17, S. 600 ff.

Freudenthal, „Die Wahlbestechung", 1896, S. 70 ff.

v. Jagemann, „Die deutsche Reichsverfassung", S. 125.

Walz, „Über die Prüfung der parlamentarischen Wahlen", in der „Zeitschrift für badische Verwaltung und Verwaltungsrechtspflege", 1902.

Stier-Somlo, in „Das Recht", XI, 1907, Spalte 89 ff.

Leser, „Untersuchungen über das Wahlprüfungsrecht des Deutschen Reichstags", Staats- und völkerrechtliche Abhandlungen, VII, Heft 2, Leipzig 1908, insbesondere S. 126 ff.

Sofern sich diese Schriftsteller hierbei auf ausländisches insbesondere englisches Vorbild berufen, kann ihnen der Vorwurf nicht erspart bleiben, daß sie schlankweg nur das Institut der richterlichen Wahlprüfung herausgreifen und zur Nachahmung empfehlen, ohne die mit diesem Institute zusammenhängenden und notwendig verknüpften Voraussetzungen: die ständige Wählerliste, den durch offizielle Parteianerkennung und Mitwirkung der Parteien geförderten Wahlbetrieb, den detailliert ausgebildeten Katalog von Wahldelikten und schließlich das zur Ergänzung der richterlichen Wahlprüfung bestehende parlamentarische Enquêterecht zu berücksichtigen. Die richterliche Wahlprüfung einführen wollen ohne die genannten Voraussetzungen, heißt ein unvollkommenes Stückwerk schaffen.

Sehen wir die Gründe, die, abgesehen von dem ausländischen Vorbild, für die richterliche Wahlprüfung vorgebracht werden, näher an, so kommen in der Hauptsache nur die von Jellinek und Seydel (a. a. O.) vorgebrachten in Betracht, da die übrigen Autoren im großen ganzen nur die Argumente dieser Führer der Staatsrechtswissenschaft wiederholen. Nach Jellinek und Seydel sind vor allem Gründe, die für die Übertragung der Wahlprüfung an die Gerichte sprechen:

1. die Parteilichkeit der Parlamentsmajorität gegenüber den Mitgliedern der unterlegenen Partei;
2. die Tatsache, daß Parlamente ihr Urteil unmotiviert abgeben;
3. der Umstand, daß die moralische Verantwortlichkeit eines Parlamentsmitgliedes viel geringer sei, als die des Richters, da Parlamente bzw. die in ihnen herrschenden politischen Parteien viel zahlreicher wären;
4. das Fehlen einer konstanten Praxis bei der parlamentarischen Wahlprüfung.

Zu diesen Argumenten kommen nach Seydel hinzu:

1. die Formen der parlamentarischen Verhandlung in den Ausschüssen und im Hause seien für ganz andere Zwecke als die der Rechtsprechung, als welche sich doch die Wahlprüfung darstelle, ausgebildet und deshalb für letztere ungenügend;
2. das Parlament könnte seinen Beweisstoff nur durch Vermittlung der Regierung sich verschaffen, woraus sich bloß ein schriftlicher Prozeß entwickele;
3. bei der Hauptverhandlung im Plenum über die Wahlprüfung seien Gerichte und Parteien voneinander nicht geschieden;
4. dem Parlament mangle die juristisch-technische Ausbildung zur Lösung der Rechtsfragen, welche bei der Wahlprüfung auftauchen könnten.

Alle diese von Jellinek und von Seydel vorgebrachten Argumente richten sich nur gegen die Entscheidungen von Wahlprüfungen im Plenum, berühren aber den Kern der Sache insofern nicht, als sie die parlamentarische Wahlprüfung und Entscheidung durch die Wahlprüfungskommissionen nicht treffen können. Mit Recht sagt daher Seydel, a. a. O., S. 147: „All die Übelstände, die im vorstehenden geschildert wurden, können, wie das Beispiel des Regolamento der italienischen Abgeordnetenkammer zeigt, bis zu einem gewissen Grade, wenn auch nicht völlig, geheilt werden, ohne die parlamentarische Legitimationsprüfung preiszugeben. Vollständig wird ein parlamentarischer Ausschuß auch nach der juristisch-technischen Seite hin niemals Ersatz für einen Gerichtshof bieten, vollends so weit nicht, als er nur eine begutachtende Rolle gegenüber dem entscheidenden Hause spielt." Also müßte man glauben, wäre Seydel zu befriedigen, wenn die Wahlprüfungskommission nicht bloß eine begutachtende Rolle, sondern die definitive Entscheidung in Händen hätte. Doch auch dem stimmt Seydel nicht zu; denn die Mitglieder eines solchen Ausschusses „werden im Ausschuß die Haut nicht verlassen können, in welcher sie stecken. Und vor allem wird, da die Losung ausgeschlossen ist, wenn man befähigte Mitglieder haben will, die Gefahr bestehen, daß der Ausschuß, mag er nun vom Präsidenten ernannt oder vom Hause gewählt werden, ein Geschöpf der jeweils herrschenden politischen Partei ist."

Das ist aber vollends eine dem Leben abgewandte Theorie, wenn man die Verhältnisse der Kommissionsbildung im Reichstag kennt, Denn man weiß, daß hier wegen der eigentümlichen Einflußnahme des Seniorenkonvents keine Rede von einer Majoritätspartei oder einer Minoritätspartei sein kann, sondern daß immer die politischen Parteien nach ihrem Stärkeverhältnis, also proportional alle Parteien eine Vertretung finden.

Seydel verkennt die Tatsache, daß solche Majoritäten in der Wahlprüfungskommission des Reichstags sich gar nicht bilden können. Seydel verkennt ferner die Tatsache, daß das Grundübel der Unbeständigkeit in den Entscheidungen niemals der Wahlprüfungskommission, sondern dem Plenum zur Last gelegt werden muß. Die Wahlprüfungskommission ist im großen ganzen einer konstanten Praxis zugeneigt, nur das Plenum setzt sich über diese mitunter hinweg.

Zu den oben angeführten Argumenten gesellen Seydel und Jellinek noch zwei andere hinzu, die allerdings, wenn sie bestünden, bedeutend für die richterliche Wahlprüfung ins Gewicht fallen könnten: Nach Jellinek und nach Seydel soll durch das parlamentarische Wahlprüfungsgeschäft das Ansehen des Parlaments leiden. „Denn", sagt Seydel (a. a. O., S. 151), „sobald der Gang der Verhandlungen nur im mindesten die Bahnen richterlicher Objektivität verläßt — und es gibt kein Mittel, zu verhüten, daß dies eintritt —, ist der öffentlichen Kritik ein weites Feld eröffnet. Die Wahlentscheidungen werden, mögen sie gerecht oder ungerecht sein, beurteilt werden, nicht wie man etwa richterliche Urteile wissenschaftlich kritisiert, sondern mit derjenigen Kritik, die man dem politischen Gegner angedeihen läßt. Wo die Sache nur irgendwie zweifelhaft liegt, wird die Entscheidung nicht als Entscheidung des Hauses geachtet, sondern als Machtspruch der Mehrheitsparteien mit allen Mitteln des politischen Kampfes heruntergesetzt werden."

Aber gerade das ist es, was auch für die mit der Wahlprüfung betrauten Richter zu befürchten ist. Es sei nur auf den oben (S. 30 f.) vom Lord-Oberrichter Cockburn getanen Ausspruch hingewiesen. Es sei ferner hingewiesen auf die Verhandlungen in der belgischen Deputiertenkammer 1892, wo gegenüber dem Vorschlag der Regierung die Wahlprüfung den Gerichten zu übertragen, die Gefahr als unvermeidlich bezeichnet wurde, daß die Richter in den politischen Wahlkampf hineingezogen würden (siehe Orban, Le droit constitutionel de la Belgique, II, 371). Es sei auf die Kritik hingewiesen, die an den Colmarer Richtern im Reichstag wegen der Wahl in Elsaß-Lothringen geübt wurde. Es sei zum Überfluß auf die oben (§ 45) angeführte Furchtsamkeit der ungarischen Richter hingewiesen, Wahlen zu annullieren. Denn das ist zweifellos die notwendige Konsequenz: entweder sind die Gerichte nicht skrupelhaft, dann werden sie von der öffentlichen Meinung heftig angegriffen, oder sie sind skrupelhaft, dann entschwindet ihnen der Wahlprüfungsstoff unter den Händen.

Schließlich führt Seydel (a. a. O., S. 144), und nun kommen wir zu dem wichtigsten Punkt der argumenta pro et contra, gegen die parlamentarische Wahlprüfung ins Treffen: Das Parlament bedürfe zur Aufrechterhaltung seiner staatsrechtlichen Stellung nicht der eigenen Wahlprüfung. Auch Seydel hält dieses Argument für so wichtig, daß er ohne weiteres zugesteht, mit seiner Bejahung oder Verneinung stehe und falle die Notwendigkeit der richterlichen Wahlprüfung. Gerade dieser Punkt bedarf daher näherer Erwägung.

Weshalb braucht das Parlament zur Erhaltung seiner staatsrechtlichen Stellung die eigene Wahlprüfung? Kurz gesagt, weil die in anderen Ländern namentlich in England und Ungarn mit der richterlichen Wahlprüfung gemachten Erfahrungen, zu keinem befriedigenden Resultat geführt haben, und weil der Reichstag bei dem hier in Frage kommenden Geschäft sich am besten nur auf sich selbst verlassen kann, wie die Verhältnisse bei uns einmal liegen.

Zunächst der in den meisten Ländern mit richterlicher Wahlprüfung geschaffene Wahldeliktskatalog hat nicht wesentlich, wie wir gesehen haben, zu einer Erhöhung der Lauterkeit und Reinheit der Wahlen beigetragen. Was hat aber erst der deutsche Reichstag zu erwarten, wenn nicht einmal eine der Vorbedingungen richterlicher Wahlprüfung, nämlich die gesetzliche Kodifikation eines solchen Katalogs parlamentarischer Wahldelikte angestrebt, geschweige denn versucht worden ist. Nun, so könnte man sagen, dann werden eben die Gerichte und ihre Praxis den Tatbestand parlamentarischer Wahldelikte schaffen. Die Schaffung derselben bedeutet aber immer zweierlei. Zunächst hat sie eine dem Staatsbürger zugewendete Seite: sie bestraft die Verletzung oder Gefährdung des kostbaren Rechtsguts der Wahlfreiheit. Das tut sie wenigstens in den Ländern, welche den Katalog besitzen. Wird sich aber bei uns je ein Gericht getrauen, eine poena sine lege auszusprechen? Gewiß nicht, und dies mit vollem Recht.

Die Schaffung von parlamentarischen Wahlrechtsdelikten hat aber auch noch eine dem Parlament zugewendete Seite. Sie sorgt oder soll dafür sorgen, daß in der Legislatur nicht Männer sitzen, denen ihre Kollegen deshalb kein Vertrauen schenken können, weil sie durch Wahlumtriebe zu ihrem Mandat gelangt sind. Soll das Parlament hier wirklich diese Selbstauslese durch Standesgenossen, die es in der eigenen Wahlprüfung und in der Aufstellung von parlamentarischen Wahldelikten übt, der Praxis der Gerichte übertragen?

Was würde man davon halten, wenn man mit dem Vorschlag hervorkäme, das Disziplinarstrafrecht der Staatsbeamten in eine ungezählte Reihe von Tatbeständen aufzulösen und die Aufstellung dieser Tatbestände nicht etwa den Disziplinarhöfen und Disziplinargerichten der Staatsbeamten, sondern den ordentlichen Gerichten zu überweisen?

Das wäre natürlich ein Unding.

Was aber zur Erhaltung der Standesehre der Staatsbeamten gut und billig scheint, sollte dies dem Parlament und seinen Mitgliedern versagt bleiben? Und zum Schlusse. Die richterliche Wahlprüfung hat sich dort, wo sie seit längerer Zeit besteht, in England und in Ungarn, *als zu formalistisch und unfähig, den Wahlpraktiken der Parteien auf den Grund zu kommen, erwiesen.*

In der Tat: bei Wahlprüfungen sind eine Reihe von *Ermessensfragen* zu entscheiden, hervorgerufen durch die Notwendigkeit, daß man bei allen Wahldelikten und Verletzungen der Formvorschriften im Endresultat fragen muß und fragt: *war das betreffende Delikt, war der betreffende Formfehler von Einfluß auf das Wahlresultat?*

In vielen Fällen läßt sich das gar nicht ziffernmäßig feststellen. Eine gewisse Schätzung durch das Augenmaß ist notwendig. Soll diese den Richtern übertragen werden, die, was vielleicht häufig der Fall sein wird, mit dem Parteibetriebe und der Wahlbeeinflussung sowie ihrer Technik 'gar nicht vertraut sind?

Gerade in derselben Weise wie die Verwaltungsbehörden von keiner anderen Behörde oder einem Gericht in ihrem administrativ-technischen Ermessen ersetzt werden können, so wenig kann das Parlament und seine parlamentarische Wahlprüfung in der Beantwortung parteitechnischer Fragen [1]), die bei Wahlprüfungen eine so hervorragende Rolle spielen, zugunsten eines Gerichtshofs ausgeschaltet werden.

---

[1]) Parteitechnik in dem weiteren Sinne, daß sie auch die amtliche Wahlbeeinflussung mit umfaßt, da auch die Bureaukratie, wenn sie in den Wahlkampf eingreift, zur Partei wird.

VI. Abschnitt:

Das Wahlprüfungsrecht des deutschen Reichstags.

---

§ 50. Die juristische Natur der Wahlprüfung.

I. Wahlprüfung im engeren Sinne und Legitimationsprüfung.

Die vorausgehende Darstellung ergibt, daß in den Anfängen der konstitutionellen Doktrin die Prüfung der Legitimation eines Abgeordneten hauptsächlich deshalb als Funktion der parlamentarischen Körperschaft angesehen wurde, weil eben auf diesem Wege allein die Selbstkonstituierung — und auf die kam es, wie wir gesehen haben, seit der französischen Constituante hauptsächlich an — am besten besorgt werden konnte. Die Legitimationsprüfung bedeutet in der älteren Zeit bloß Beurkundung, daß der betreffende Abgeordnete wählbar sei; später kommt dazu noch die Wahlprüfung im engeren Sinne (siehe § 43). Ist sonach die Prüfung der Legitimation eigentlich ein beurkundender Akt der parlamentarischen Körperschaft, den sie mehr oder weniger in Konkurrenz mit den Staatsbehörden vornimmt, so ist die Wahlprüfung im eigentlichen Sinne eine Gerichtsbarkeit, die nur der RT. allein ausüben darf. In der Literatur wird mit wenigen Ausnahmen [1]) Legitimationsprüfung und die Wahlprüfung zusammengeworfen, trotzdem ihre juristische Natur, wie wir oben (§ 49) hörten, vollständig verschieden ist und trotzdem meistens verschiedene Organe jedes dieser Parlamentsgeschäfte auszuführen haben.

Charakteristisch und interessant ist namentlich, wie im Deutschen Reichstagsrecht die Legitimationsprüfung als beurkundender Akt betreffend die Wählbarkeit sehr in den Schatten gestellt worden ist durch das eigentliche Wahlprüfungsgeschäft und durch die Wahlprüfungskommission. Ursprünglich — nach der Geschäftsordnung von 1868 — war allerdings

---

[1]) Jellinek, System der subjektiven öffentlichen Rechte, 2. Aufl., S. 168 ff.; Leser, Untersuchungen über das Wahlprüfungsrecht des deutschen Reichstags, S. 13 f., die aber den Unterschied nicht mit genügender Schärfe fassen.

auch im Deutschen Reichstagsrecht die Legitimationsprüfung von der Wahlprüfung nicht scharf gesondert. Beiderlei Geschäfte wurden von den Abteilungen vorgenommen (§ 2 der Geschäftsordnung). Einerseits hatten die Abteilungen die „Vorprüfung" der Wahl vorzunehmen, andererseits war ihnen auch die Legitimationsprüfung mit den Worten des § 5 (jetzt 7) der Geschäftsordnung überwiesen, wonach Wahlen, bei denen keine Wahlanfechtung oder Einsprache vorliegen, vom Präsidenten nachträglich zur Kenntnis des Reichstags gebracht werden, und wenn bis dahin der zehnte Tag noch nicht verflossen ist, einstweilen als gültig, nach Ablauf der zehntägigen Wahlprotestfrist definitiv als gültig zu betrachten sind. Die in diesen Worten liegende Ermächtigung zur Legitimationsprüfung wurde in der Sitzung vom 24. März 1871 (Stenographische Berichte S. 11) vom Präsidenten mit Zustimmung des Hauses in der Weise interpretiert, daß er sich von nun an der ausdrücklichen Verkündigung der unbeanstandeten Wahl im Plenum enthoben erachtete, und nur durch Druck die Namen jener Abgeordneten, deren Wahl unbeanstandet war, zur Kenntnis des Hauses bringen wollte. Doch hat man dies gleich schon zu Beginn der nächsten Legislaturperiode (Sitzung vom 9. Februar 1874, S. 10) wieder aufgegeben, und ist zur Norm der GO. wieder zurückgekehrt [1]). Wesentlich ist aber die Legitimationsprüfung der Abteilungen dadurch von der Wahlprüfung im engeren Sinne unterschieden worden, daß in der Sitzung vom 26. Januar 1876 die Wahlprüfungskommission eingerichtet wurde. Nun wurde auch den Abteilungen die „Vorprüfung" der Wahl abgenommen, und zwar, wie der Kommissionsbericht, der ja zur Einsetzung der Wahl führt, sagt (Drucksachen Nr. 84 ex 1875/76, S. 330): „„Fortan werden die Abteilungen in den drei Fällen, in welchen die Abgabe der Wahlverhandlungen an die Wahlkommission zu geschehen hat, nicht mehr die V o r - p r ü f u n g für den Reichstag, sondern lediglich eine Prüfung über ihre oder der Kommission Zuständigkeit betätigen. Mit Recht geht daher der Antrag dahin, an Stelle der bisherigen Worte (sc. § 3 der GO.): „Die Vorprüfung der Wahl geschieht in den Abteilungen" zu setzen die Worte: „Behufs Prüfung der Wahl", wogegen der andere Satz der Geschäftsordnung (§ 3): „Daß jeder Abteilung eine möglich gleiche Anzahl der Wahlverhandlungen durch das Los zugeteilt wird" aufrechterhalten bleiben kann, da hierin nichts geändert wird und auch künftig die Abteilungen sämtliche Wahlverhandlungen zum Gegenstand ihrer Beratungen und Beschlüsse machen."" Die spezifische Tätigkeit in den Abteilungen bei

[1]) Siehe auch aus den neuesten Legislaturperioden Sitzung vom 13. Dezember 1898, S. 41 (Beginn der X. Legislaturperiode); Sitzung vom 11. Dezember 1903, S. 71 (Beginn der XI. Legislaturperiode); Sitzung vom 26. Februar 1907, S. 41 (Beginn der XII. Legislaturperiode); Sitzung vom 21. Februar 1912, S. 179 (Beginn der XIII. Legislaturperiode).

dem Geschäft der Legitimationsprüfung (zum Unterschied von der Wahlprüfungskommission) wird im Berichte (a. a. O. S. 329) noch besonders wie folgt hervorgehoben: „Findet die Mehrheit der versammelten Mitglieder einer Abteilung, daß die Gültigkeit einer Wahl vollkommen liquid ist, daß weder erhebliche Ausstellungen zu machen sind, noch daß die Voraussetzungen für den Eintritt der Zuständigkeit der Wahlprüfungskommission vorliegen, dann beschließt die Abteilung, daß die Wahl als gültig anzuerkennen sei, was dem Präsidenten und durch diesen dem Reichstag nachträglich zur Kenntnis gebracht wird." Es ist demnach erwiesen, daß die Legitimationsprüfung als besonderes parlamentarisches Geschäft im Deutschen Reichstagsrecht besteht, und zwar neben der Wahlprüfung. Dementsprechend verfügt auch der Artikel 27 der Verfassung: „Der Reichstag prüft die Legitimation und entscheidet darüber." Es ist also unzulässig, nach dem Vorgange der meisten Schriftsteller [1]) Legitimationsprüfung und Wahlprüfung zu identifizieren. Die Legitimationsprüfung ist ein Beurkundungsakt, durch welchen festgestellt wird, daß derjenige, der sich im Reichstag mit der formellen Bescheinigung richtiger Wahl vorstellt, die Eigenschaften der Wählbarkeit besitzt [2]). Die parlamentarische Legitimationsprüfung ist ein Beurkundungsakt, welcher sich in Gegenüberstellung zu der provisorischen Legitimationsprüfung des Wahlkommissars befindet und diesen letzteren nachkontrolliert. Stellt der Wahlkommissar und die Wahlkommission durch Proklamierung des gewählten Kandidaten nur eine provisorische Legitimation dar (so richtig schon der Abg. von Einsiedel i. Sitzung vom 12. April 1869 S. 316 f., siehe auch Dr. RT., Nr. 176 ex 1874/75, S. 1123), ist ferner diese provisorische Legitimation keine „rechtserzeugende Handlung", sondern nur die Konstatierung einer Tatsache, welche schon urkundlich in den einzelnen Wahlhandlungen feststeht, so ist es auch die Legitimationsprüfung des Reichstags durch die Abteilungen zur Kontrolle dieser provisorischen Legitimation seitens des Wahlkommissars.

Die praktisch wichtigste Konsequenz des Unterschiedes zwischen Legitimationsprüfung und Wahlprüfung liegt darin, daß die erstere eine bloß beurkundende Tätigkeit des Parlaments resp. seiner dafür eingesetzten Organe, der Abteilungen, ist, während die Wahlprüfung ein

---

[1]) Siehe Seydel, a. a. O., S. 386 ff. und Walz, Zeitschrift für badische Verwaltung und Verwaltungsrechtspflege, Bd. 34 (1902), S. 125 ff.

[2]) Unzutreffend daher Leser, der diese primäre Aufgabe der Legitimationsprüfung übersieht, indem er dieselbe als Untersuchung bezeichnet, „ob die Eigenschaften der Wählbarkeit . . . fortdauernd vorhanden sind". Natürlich gehört dies auch zur Legitimationsprüfung, aber die Erwerbung durch Besitz der Eigenschaften ist das Primäre.

richterliches Geschäft des Parlaments darstellt[1]). Daraus ergibt sich weiter als Folge, daß die Legitimationsprüfung niemals res iudicata schaffen kann, wie überhaupt ein beurkundender Akt nur bezeugen kann, daß gewisse vom Rechte verlangte Tatsachen vorliegen, wobei aber immer entweder ein Gegenbeweis zulässig ist oder wenigstens der Beweis der Fälschung der hervorgebrachten oder beurkundeten Tatsachen. Nimmt man das Resultat als gegeben an, so folgt daraus, daß die Legitimationsprüfung niemals ein für allemal dem Abgeordneten auf Grund seiner bei der Wahl vorliegenden Wählbarkeit einen derart unanfechtbaren Titel schaffen kann, daß, wenn er auch nachträglich die Wählbarkeit verliert, er dennoch Abgeordneter verbleibt. Infolgedessen ist nach dem Rechte der meisten Staaten (insbesondere Frankreichs, Österreichs, Belgiens, Italiens)[2]) der Verlust der Wählbarkeit eines Abgeordneten von der Folge begleitet, daß das Parlament dem Abgeordneten sein Mandat absprechen kann.

Bestritten ist die Beantwortung der Frage nach deutschem Reichstagswahlrecht. Die herrschende Lehrmeinung (Seydel, a. a. O., S. 397; Laband, a. a. O., I ^{5}, S. 341) nimmt auch für das deutsche Recht die gleiche Rechtsfolge bei Wegfall der Wählbarkeit an. Die Praxis des Reichstags hat im Jahre 1899 in der Geschäftsordnungskommission die gegenteilige Meinung vertreten (Dr. RT. No. 543 ex. 1898/1900). Da war ein Reichstagsabgeordneter in Konkurs geraten. Ein schleuniger Antrag, darauf hinzielend, das Mandat dieses Mitgliedes für erloschen zu erklären, wurde in der Kommission abgelehnt, indem darauf hingewiesen wurde, daß nur § 33 des RStGB. den Verlust des Mandats ausdrücklich herbeiführe, der hier nicht zutreffe, auch seien viele Konkurse unverschuldet und enthielten für die davon betroffenen Personen nichts Schimpfliches, während sich in manchen anderen Fällen, in denen ein Konkurs nicht eröffnet wurde, z. B. wegen Mangel an Masse, viel eher ergab, daß der Betroffene nicht ehrenhaft gehandelt habe und anderes mehr.

Für uns ergibt sich der prinzipielle Anschluß an die herrschende Lehrmeinung aus der Tatsache, daß die Legitimationsprüfung niemals res iudicata schaffen kann, weil sie bloß Beurkundungsakt ist. Es gilt hier für das heutige deutsche Reichstagsrecht das gleiche wie in anderen Ländern und schon in der Frankfurter Nationalversammlung (siehe oben S. 408 ff.). Danach tritt der Verlust des Mandats nicht bloß ein als Rechtsfolge des § 33 RStGB. (das ist als Folge der Aberkennung der bürgerlichen Ehrenrechte), sondern auch dann, wenn ein Mitglied des

---

[1]) Der Nachweis oben § 43 § 49 I.

[2]) Für England May, a. a. O., S. 657; für Italien Montalcini, La Legge Elettorale Politica, 1904, S. 46.

Reichstags entmündigt wird, wenn über sein Vermögen der Konkurs eröffnet worden, oder wenn er eine Armenunterstützung aus öffentlichen oder Gemeindemitteln bezieht.

Sind aber die Reichstagsorgane und der Reichstag an die von den Gerichten durch Urteil ausgesprochenen Straffolgen des Verlustes des Abgeordnetenmandats („Rechte aus öffentlichen Wahlen" § 33, StGB.) oder der Wählbarkeit (§ 34 Ziffer 4, StGB.) gebunden? In Frankreich wird diese Frage bejaht, wenn wie das sonst immer der Fall ist, die Folge des Verlustes der Wählbarkeit oder des Abgeordnetenmandats eine im Gesetze ausgesprochen ipso-jure-Wirkung darstellt, da sich die Deputiertenkammer über ein Gesetz nicht hinwegsetzen dürfe (siehe Pierre, a. a. O., Nr. 380 f.) [1]).

Wie liegt die Sache nach deutschem Reichsrecht? Zwar schreibt der § 33 und der § 34 Ziffer 4, StGB. vor, daß die Aberkennung der bürgerlichen Ehrenrechte den Verlust des Abgeordnetenmandats und der Wählbarkeit bewirkt, aber die Aberkennung selbst tritt meist[2]) nicht als ipso-jure-Wirkung des Gesetzes ein, sondern nur dann, wenn das Gericht die Aberkennung der bürgerlichen Ehrenrechte ausspricht, und letzereres hängt vom freien Ermessen des Gerichts ab. (Schranke des freien Ermessens siehe § 20, StGB.) Deshalb setzt sich der Reichstag, wenn er den Verlust des Abgeordnetenmandats oder der Wählbarkeit im konkreten Fall trotz des gerichtlichen Ausspruchs nicht anerkennen will, keineswegs über das Gesetz, sondern höchstens über ein richterliches Urteil hinweg, und das ist die Frage, ob er dies darf?

Es ist zweifellos, daß hier, wie in anderen Fällen, der Reichstag nachprüfen kann, ob es sich wirklich um ein politisches Delikt, d. h. ein Delikt aus politischen Motiven, oder um ein gemeines Delikt handelt, und in dieser Hinsicht nicht an die tatsächlichen Feststellungen des Gerichts oder an den Ausspruch des gerichtlichen Urteils bei Gelegenheit der Wahlprüfung oder Legitimationsprüfung gebunden sein darf. Denn sonst würde entgegen dem Art. 27 RV. nicht der Reichstag, sondern das Gericht faktisch die Legitimations- oder Wahlprüfung ausüben [3]).

Der Reichstag hat in seiner Praxis diese Auffassung betätigt. Der

---

[1]) In Italien ist die Sachlage ähnlich wie im deutschen Reichstagrecht, s. Montalcini, a. a. O., S. 309; ebenso in England, s. oben S. 243, (der dort angeführte Fall Goodwin v. Fortescue zu Beginn des 17. Jahrhunderts).

[2]) Ausnahme s. oben S. 291.[1]

[3]) S. auch Laband, Deutsches Staatsrecht, I^5, S. 314.

Nur wenn, was Laband übersieht, nach dem Gesetz der Verlust der bürgerlichen Ehrenrechte vom Richter ausgesprochen werden muß (z. B. bei Verurteilung wegen schwerer Kuppelei § 161 und 181 St.G.B.), ist auch der RT. an die Vorschrift des Gesetzes gebunden.

Fall betraf den Abg. Bebel. Derselbe war am 6. Juli 1872 durch Erkenntnis eines sachsischen Gerichtes wegen Majestätsbeleidigung zu neun Monaten Gefängnis und zum Verluste der aus öffentlichen Wahlen hervorgegangenen Rechte (§ 95 StGB.) verurteilt. Die Reichsregierung erachtete durch diesen Ausspruch das Mandat des Abg. Bebel für erledigt (siehe Sitzung vom 12. März 1873, S. 5), und schrieb eine Neuwahl aus, welche im Januar 1873 stattfand[1]). Trotzdem in dieser Zeit die Strafe des Abgeordneten noch nicht abgebüßt war, wurde derselbe dennoch gewählt. Das Vorhandensein der Wählbarkeit um diese Zeit war also sehr fraglich und wurde auch im Reichstag bezweifelt (siehe Sitzung vom 19. März 1873, S. 42, der Abg. Kannegießer). Nun kommt das Entscheidende — die Abteilung, die über die Gültigkeit der Wahl Bebel vom Januar 1873 ihre Prüfung anzustellen hatte, erklärte am 4. April 1873 die Wahl für gültig, und zwar einstimmig (Sitzung vom 4. April 1873, S. 213), und im Reichstag erhob sich dagegen kein Widerspruch. Der Abg. Bebel blieb auch ruhig bis zum Schluß der Legislaturperiode im Besitze seines Mandats (siehe Specht-Schwabe, a. a. O.). Daraus ergibt sich, daß das Haus nicht bloß die Frage nachprüft, ob ein Delikt, wegen dessen der Verlust der aus öffentlichen Wahlen hervorgehenden Rechte durch richterliches Urteil eingetreten ist, wirklich auf gemeinen oder politischen Motiven ruht, sondern auch ob im einzelnen Fall überhaupt der richterliche Ausspruch des Verlusts gerechtfertigt ist. Denn selbst bei der Annahme eines bloß politischen Delikts, im Falle Bebel wäre doch der Verlust der Wählbarkeit jedenfalls und mindestens bis zum 6. April 1873 vom Reichstag anzuerkennen gewesen. Da aber der Reichstag schon am 4. April 1873 die Wahl für giltig ansah, so folgt daraus, daß der Reichstag sich das Recht vindizierte, trotz des gerichtlichen Urteils den vom Gerichte ausgesprochenen Verlust der aus öffentlichen Wahlen hervorgegangenen Rechte nicht anzuerkennen.

Stimmen in dieser Frage Legitimationsprüfung und Wahlprüfung im engeren Sinne (infolge des auf beide zutreffenden Art. 27, R V.) überein, so zeigen sie nach geltendem Reichstagsrecht in bezug auf die Frage der Aktivlegitimation einen wesentlichen Unterschied. Die Wahlprüfung im engeren Sinne kann der Wähler (siehe darüber weiter unten § 51 1), aber auch jeder Abgeordnete herbeiführen. Der Wahlprotest des Abgeordneten führt nach der Geschäftsordnung (§ 4) den Namen Einsprache. Die Legitimationsprüfung kann niemals ein Wähler in Bewegung setzen, sondern sie erfolgt prinzipiell ex officio (§ 3). Behufs Prüfung der Wahlen wird jeder Abteilung eine möglichst gleiche

[1]) S. Specht-Schwabe, Reichstagswahlen von 1867—1903, Berlin 1904, S. 229.

Zahl der Wahlverhandlungen durch Los zugeteilt. Ergibt die Legitimationsprüfung das von der Abteilung ausgesprochene Urteil: gültig, so kann dagegen sowohl ein Abgeordneter als auch ein Wähler auftreten. Aber nur dann, wenn die zehntägige Frist zur Einbringung der Wahlproteste und Einsprachen (§ 4, GO.) noch nicht verstrichen ist. In diesem Falle verwandelt sich die Legitimationsprüfung in eine Wahlprüfung im engeren Sinne. Sonst aber [1]) ist die Legitimationsprüfung durch die Abteilungen definitiv gültig (§ 7, GO.).

II. Die juristische Natur der Wahlprüfung im engeren Sinne.

Über dieselbe gibt es drei verschiedene Meinungen. Die eine, deren Führer Seydel ist, spricht der Wahlprüfung die Natur eines Streitverfahrens ab, weil dem Abgeordneten, dessen Wahl untersucht werde, keine Partei gegenüberstünde, und auch er selbst nicht die Rolle einer Partei habe. Wahlanfechtungen, welche etwa an den Reichstag gelangten, seien nur Stoff für die Legitimationsprüfung (siehe Seydel, a. a. O., S. 386. und Bayrisches Staatsrecht, III [2], S. 436 f.). Diese Meinung steht noch auf dem Standpunkt der älteren konstitutionellen Doktrin, welche Legitimationsprüfung und Wahlprüfung vollständig verwechselte. Die Unhaltbarkeit dieser Ansicht ist oben dargetan worden. Das von dieser Meinung vorgebrachte Argument, daß bei der Wahlprüfung keine Parteien gegeben seien, ist auch vom Standpunkte des modernen Parteibegriffes unhaltbar (siehe über diesen Fischer in der „Zeitschrift für Zivilprozeß", Bd. X, S. 34; Hellwig, Lehrbuch, I, S. 155; Gaupp-Stein, Kommentar zur Zivilprozeßordnung, 8. und 9. Auflage, S. 139 ff.; für das öffentliche Recht Schulzenstein im Verwaltungsarchiv, Bd. 12, S. 112 ff.). Danach ist die Parteifähigkeit nicht mehr an die Tatsache geknüpft, daß man in dem betreffenden Prozeß sein eigenes Recht verteidigt, sondern es gibt auch Parteien, denen die Parteistellung vom Staat entweder kraft ihres Amtes oder durch Gesetz zugewiesen wird. Man kann Parteirolle haben, auch wenn man nicht derjenige ist, cuius res in iudicium deducitur, sondern wenn man bloß derjenige ist, qui rem in iudicium deducit. Demnach wird auch der einfache Wähler, der eine Wahl aus dem Grunde anficht, weil sie nichtig sei, zweifellos Partei, da er doch den Anstoß zur Wahlprüfung gibt. Diese Parteirolle sichert ihm auch § 5 der GO. des Reichstags. Die Wahlprüfungskommission muß die angefochtene Wahl zur Entscheidung vorbereiten, die Abteilung muß die Wahlanfechtung der Wahlprüfungskommission übermitteln, wenn ein Wähler einen Wahlprotest eingelegt hat. Die Organe des Reichstags sind nicht in der Lage, wie der Staatsanwalt eine Denunziation, so auch den Wahlprotest in

[1]) d. h. wenn 10 Tage nach Eröffnung des Reichstags und bei Nachwahlen während einer Session 10 Tage nach Feststellung des Wahlergebnisses (§ 4, GO.) verflossen sind.

den Papierkorb zu werfen. Die Parteistellung des die Wahl anfechtenden Wählers ist also zweifellos. Deshalb steht auch die Praxis des Reichstags auf dem Standpunkt, anzuerkennen, daß es im Wahlprüfungsverfahren richtige Parteien gebe. Zutreffend führte das der Abg. Gröber in der Sitzung des 28. März 1892 (S. 4835) aus: „In dem einen Falle, wenn es sich um die Verletzung eines Wahlrechts, der individuellen Befugnis eines Wahlberechtigten handelt, ist der Beklagte eine Behörde, gegen welche die Beschwerde gerichtet ist, oder vielleicht auch eine Privatperson, die sich einer strafbaren Handlung schuldig gemacht hat, und die entscheidende Behörde ist alsdann bald ein Verwaltungsgericht oder eine Verwaltungsbehörde, bald, wenn es sich um strafbare Handlungen handelt, die Strafkammer. In dem anderen Falle aber, wenn es sich um Recht und Pflicht des Abgeordneten handelt, ist der Beklagte stets der Abgeordnete und die entscheidende Behörde das betreffende Parlament, hier der Reichstag."

Eine zweite Meinung über die Natur der Wahlprüfung wird neuerdings vom Oberlandesgericht in Colmar, das zur Prüfung elsaß-lothringischer Wahlen eingesetzt ist, vertreten. Danach soll [1]) das Verfahren über Wahleinsprüche, da es sich um nichtstrittige Angelegenheiten des öffentlichen Rechts handelt, nach den Grundsätzen der freiwilligen Gerichtsbarkeit entschieden weden. Maßgebend sei § 13 des elsaß-lothringischen Ausführungsgesetzes zum Reichsgesetz über die Angelegenheiten der freiwilligen Gerichtsbarkeit: „Nach dieser Bestimmung finden, wenn in einer nichtstrittigen Angelegenheit des öffentlichen Rechts die Mitwirkung der Gerichte vorgesehen ist, im allgemeinen die Vorschriften des ersten Abschnittes des Reichsgesetzes über die Angelegenheiten der freiwilligen Gerichtsbarkeit sowie die Vorschriften der §§ 2 bis 12 des Ausführungsgesetzes entsprechende (d. h. im einzelnen der Natur der betreffenden Sache angepaßte) Anwendung. Daß es sich bei Wahleinsprüchen ebenso wie bei der Entscheidung gemäß § 9, Absatz 4 des Verfassungsgesetzes um eine nichtstrittige Angelegenheit des öffentlichen Rechts handelt, kann einem begründeten Zweifel nicht unterliegen."

Die Fiktion, von welcher das Oberlandesgericht bei dieser Ansicht ausgeht, ist, daß es sich bei der Wahlprüfung nicht um eine strittige Angelegenheit des öffentlichen Rechts handelt, „denn die Beteiligten verhandeln hier ..... nicht als gegenüberstehende Parteien kontradiktorisch, sondern ihre Anhörung dient nur zur Aufklärung der Sache durch das Gericht". Auch diese Ansicht des Oberlandesgerichtes operiert sonach mit dem älteren Parteibegriff, zu dessen Widerlegung wir auf das oben Vorgebrachte verweisen. Zudem kommt es aber mit seiner

[1]) S. Entscheidung des Oberlandesgerichtes Colmar über die Einsprüche der Gültigkeit der Wahl zum elsaß-lothringischen Landtag, Straßburg 1912, S. 12 f.

Ansicht dann ins Gedränge, wenn, wie dies auch gelegentlich vorgekommen ist, eine Partei nach einem vorgenommenen Rechtsspruch nun eine Abänderung desselben, gestützt auf § 18, FGG., in Anregung bringt. Im Verfahren über FGG. ist nämlich eine solche Abänderung prinzipiell nicht ausgeschlossen. Das Oberlandesgericht zieht aber nicht diese notwendige Folgerung, denn „nach den gesetzgeberischen Verhandlungen kann ein Zweifel daran nicht bestehen, daß die vom Oberlandesgericht über Wahleinsprüche getroffenen Entscheidungen endgültige und unabänderliche sein sollten (vgl. insbesondere Begründung zu § 9 des Verfassungsgesetzes). Auch die Natur der Sache verlangt dies"[1]). „Die Natur der Sache", zu der das Oberlandesgericht seine Zuflucht nimmt, verlangt aber noch weit mehr, nämlich das Aufgeben des unrichtigen Gedankens, als ob es sich hier um freiwillige Gerichtsbarkeit handeln würde, die nicht die im Wahlprüfungsverfahren zweifellos zur Geltung kommende Rechtskraft der entschiedenen Sache erklären kann.

Die dritte führende Lehrmeinung (Jellinek, a. a. O., S. 168 ff.; Laband, Staatsrecht[5], a. a. O., I., S. 337 ff.) steht daher mit Recht auf dem Standpunkt, daß die Wahlprüfung ein richtiges öffentlich-rechtliches Streitverfahren darstellt. Auf demselben Standpunkt befindet sich auch stets die Reichstagspraxis.

Die Wahlprüfung, die der Reichstag vornimmt, hat für gewöhnlich über folgende Ansprüche zu entscheiden:

1. über die Gültigkeit oder Nichtigkeit des Gesamtwahlaktes, der sich aus den Teilwahlakten in den einzelnen Wahlbezirken zusammensetzt. Insbesondere gilt die durch Wahlprotest erhobene Klage der Vernichtung des Wahlaktes, d. i., wie wir oben (S. 349 ff.) festgestellt haben, einer Kollektivhandlung der Wähler, die unter staatlicher Mitwirkung zustande kommt. Der Wahlprotest ist also eine Klage auf Aufhebung von Wirkungen eines publizistischen Rechtsaktes[2]) und gehört unter das Genus der sogenannten Bewirkungs- oder G e s t a l t u n g s k l a g e n, (siehe darüber Langheinecken, a. a. O., S. 230 ff.). Die Vernichtung des Wahlakts, die Aufhebung eines publizistischen Rechtsaktes, soll durch die Wahlprüfung bewirkt werden.

2. Neben dieser Gestaltungsklage kann auch eine andere Klage herlaufen, nämlich die Feststellung, daß ein oder mehrere Wähler in ihrem Wahlrecht durch die bei der Wahl in Frage kommenden staatlichen Behörden oder durch andere Wähler verkürzt worden sind. Das ist eine Feststellungsklage. Sie muß keineswegs, wie dies von Seydel

---

[1]) S. Entscheidungen, a. a. O., S. 26.

[2]) Über diese im allgemeinen Langheinecken, Der Urteilsanspruch, Leipzig 1899, S. 259 ff.; siehe auch Friedrichs. Kommentar zum Landesverwaltungsgesetz, Berlin 1910, S. 113.

(a. a. O., S. 388) behauptet wird, nur als „Teil der Legitimationsprüfung", richtiger Wahlprüfung, in Frage kommen, sondern sie ist eine selbständige Klage, die auch dann statthat, wenn die Wahl im ganzen gültig ist, ein oder mehrere Wähler aber in ihrem Wahlrecht verkürzt erscheinen. Die selbständige Natur dieser Feststellungsklage ergibt sich aus § 13 des Wahlgesetzes: „Über die Gültigkeit oder Ungültigkeit der Wahlzettel entscheidet mit Vorbehalt der Prüfung des Reichstags allein der Vorstand des Wahlbezirkes nach Stimmenmehrheit seiner Mitglieder."[1]) Die Praxis des Reichstags hat sich aber nicht bloß auf die im Gesetz angeführte Feststellung der Gültigkeit oder Ungültigkeit von Wahlzetteln beschränkt, sondern auch auf alle jene Fälle ausgedehnt, wo die Garantie des subjektiven Wahlrechts, nämlich die Öffentlichkeit der Wahlhandlung, das Wahlgeheimnis und die Wahlfreiheit durch behördliche oder andere Eingriffe verletzt worden sind.

Gegenüber der Forderung, z. B. von Reichstags wegen einzuschreiten, wenn bei einer sonst gültigen Wahl Personen mit Gewalt aus dem Wahllokale entfernt worden waren, ohne daß die Öffentlichkeit der Wahlhandlung verletzt erschien, führt der Abg. Spahn aus (Sitzung vom 17. Januar 1894, S. 689): „So weit, wie der Herr Abg. Rickert das Recht des Reichstags ausgedehnt wissen will, hat der Reichstag bisher nicht in allen Fällen davon Gebrauch gemacht. Was wir bei Verletzung der Rechte einzelner Personen ins Auge zu fassen haben, ist die Frage: Bleibt die Wahl frei, bleibt sie geheim, bleibt sie öffentlich? Sind diese Rücksichten bei der Prüfung von Wahlakten für uns als gewahrt anzusehen, und sind nun trotzdem Gesetzwidrigkeiten gegen einzelne Personen vorgekommen, die keinen Einfluß auf diese drei Richtungen bezüglich der Wahl selbst haben, so glaube ich, daß der Reichstag, wenn er die Sache außerdem noch als unerheblich für das Wahlergebnis ansieht, keine Veranlassung hat, Resolutionen wegen dieser gegen das Wahlrecht selbst nicht gerichteten Verstöße zu fassen. Die Resolutionen, die seitens der Wahlprüfungskommission vorgeschlagen wurden, sind von diesem Gesichtspunkt aus vorgeschlagen worden. Daß man unter Beachtung des auf die Zusammenfassung einzelner Verstöße gefaßten Beschlusses in bezug auf die Einzelfälle, in denen es sich doch immer um Fragen des Ermessens handelt, bei denen man keine ganz feste Richt-

---

[1]) S. auch Dr. RT., Nr. 140 ex 1884/85, S. 515: „Wenn nun auch die ungültige Erklärung der mehrgedachten Stimmzettel einen Einfluß auf die Gültigkeit der Wahl des Kandidaten nicht gehabt hat, da demselben unangesehen die Stimmzettel eine Mehrheit von 1859 gültigen Stimmen in der engeren Wahl zugefallen ist, so ist die Abteilung doch der Ansicht gewesen, daß es geboten erscheine, auch über die Gültigkeit der Wahl der von den Wahlvorständen mit Rücksicht auf die Vorschrift des § 19, Nr. 3 des Wahlreglements für ungültig erklärten Stimmzettel keinen Zweifel zu lassen."

schnur hat, manchmal etwas schärfer, manchmal milder urteilen kann, gebe ich zu; das kann vorkommen. Ich bleibe aber bei der Ansicht stehen, daß der vorliegende Fall nicht dazu angetan ist, eine spezielle Resolution zu fassen und von Reichstagswegen den Herrn Reichskanzler und die verbündeten Regierungen um Erhebungen und Remedur zu ersuchen."

Unter dem Gesichtspunkt, daß neben der Klage auf Vernichtung des Wahlaktes auch die Feststellungsklage im oben angeführten Sinne eingebracht werden kann, ist es auch möglich, Stellung zu nehmen zu der Kontroverse, welche um die Mitte der achtziger Jahre zwischen Reichsregierung und Reichstag sich ergab, als der letztere Erhebungen bei Wahlprüfungsakten auch dann verlangte, wenn über die Legitimation des Abgeordneten, dessen Wahl in Frage stand, bereits endgültig entschieden war[1]). Der Staatssekretär des Innern v. Bötticher äußerte damals, daß, nachdem einmal das Legitimationsprüfungsgeschäft vom Reichstag beendigt sei, man wohl die Frage aufwerfen dürfe, ob der Reichstag berechtigt sei, weiter in die Sache hineinzusteigen und von der Regierung zu verlangen, daß sie Erhebungen veranlasse, die für die Feststellung der Gültigkeit der Wahl überhaupt von keiner Bedeutung mehr seien. Der Reichstag verwendete gegenüber diesem Widerstreben der Regierung damals wiederholt das Mittel, die Gültigkeit der Wahl, trotzdem sie zweifellos feststand, doch aufzuschieben, um nur von der Regierung die dem Reichstag notwendig erschienenen Erhebungen zu erzwingen. In der Folge gab die Regierung nach. Der richtige Standpunkt wird wohl in der Mitte liegen. Gehört trotz der Gültigkeitserklärung die noch weiter vom Reichstag verlangte Erhebung dazu, um festzustellen, ob ein oder mehrere Wähler in ihrem Wahlrecht verkürzt sind, so ist die Reichsregierung zweifellos verpflichtet, die Erhebungen vorzunehmen, gerade so wie bei all denjenigen Erhebungen, die für die Gültigkeitserklärung der Wahl nötig erscheinen. Handelt es sich aber um Erhebungen, die nicht mit dem Wahlprüfungsgeschäft direkt zusammenhängen, z. B. um solche, deren Feststellung erst bei kommenden Wahlen und künftighin von Nutzen sein dürften, dann besteht eine Pflicht zur Vornahme der Erhebungen für die Reichsregierung keinesfalls, da dem Reichstag kein Recht der parlamentarischen Enquete überwiesen ist.

Dieses macht allerdings der Reichstag seit jeher geltend, sofern es sich um Erhebungen handelt, „die für spätere Wahlen von Wert sein können" (siehe die Ausführungen des Abg. v. Marquardsen in der Sitzung vom 3. März 1885, S. 1531). Die Grundlage hierfür bietet der § 6 der

---

[1]) S. sten. Ber. 1884/85, Sitzung vom 5. Februar 1885, S. 1102 ff. und vom 3. März 1885, S. 1523 ff.

Geschäftsordnung: „Findet die Abteilung sonstige erhebliche Ausstellungen, ohne daß die Voraussetzungen für Abgabe an die Wahlprüfungskommission (§ 5) vorliegen, so ist von der Abteilung an den Reichstag Bericht zu erstatten.“ Dieses Enqueterecht, ausgeübt durch die Abteilungen, wurde seit Mitte der neunziger Jahre auch von der Wahlprüfungskommission gehandhabt (siehe z. B. Sitzung vom 17. Januar 1894, S. 684 C., Abg. Spahn). Es handelt sich hierbei nur um eine vom Reichstag geübte, von der Regierung stillschweigend anerkannte Praxis, der die legale Basis fehlt. Immerhin hat auch die Reichsregierung an solchen Erhebungen Interesse, aber das muß zum Unterschiede von denjenigen Erhebungen, die zum Urteil über die Feststellungs- oder Gestaltungsklage des Wahlprotestes dienen, besonders erwähnt werden: Eine Pflicht zur Vornahme solcher Erhebungen besteht für die Reichsregierung nicht, sie tut es aus freien Stücken. Auch betreffs der Frage, inwiefern Beschlüsse des Reichstags auf Erhebung der Strafklage wegen Wahlfälschungen usw. von der Reichsregierung zu vollziehen sind, muß der Standpunkt aufrechterhalten werden. Prinzipiell hat der Reichstag nicht die Funktion, Strafklagen an die Staatsanwaltschaft zu vermitteln (siehe Sitzung vom 28. April 1877, S. 580: „Die Wahlprüfungskommission hält im allgemeinen und also auch hier an der Ansicht fest, daß der Regel nach es den Beteiligten überlassen bleiben muß, wenn sie strafbare Handlungen, Gesetzesübertretungen, Amtsüberschreitungen behaupten, die sie in ihrer Behauptung selbst dadurch zur Geltung bringen, daß sie bei der betreffenden Stelle die Anträge stellen. Die Kommission hält es für wünschenswert, daß die Wähler sich allmählich daran gewöhnen, daß der Reichstag nicht ein Gerichtshof zur Untersuchung und Entscheidung von Rechtsfragen ist, so daß die Wähler unabhängig von Reichstagsbeschlüssen ihr Recht suchen müssen .....“). Deshalb werden Anträge des Reichstags auf strafrechtliche Verfolgung im Zusammenhange mit einer Wahlprüfung nur dann gestellt werden können, wenn offenbar entweder die Gültigkeit der Wahl von solchen Strafuntersuchungen abhängt oder das Wahlgeheimnis, die Öffentlichkeit der Wahlhandlung oder die Wahlfreiheit des Wählers verletzt erscheinen. Jedenfalls muß ein Anhalt für solche strafgerichtliche Untersuchung, die vom Reichstag veranlaßt ist, vorhanden sein, sei es in einem Protest oder auch ohne einen solchen, wenn sich dieser Anhalt aus den Wahlakten ergibt (Drucksachen des Reichstags, Nr. 286 ex 1896/97, S. 6; vgl. auch Sitzung vom 10. April 1877, S. 356, Wahl Blum). Stets muß sich aber der Reichstag hierbei die Worte des Abg. Lasker vor Augen halten (Sitzung vom 27. April 1871, S. 431): „Wenn wir Anlaß dazu hätten in den Wahlakten, daß vielleicht Dinge geschehen sind, die noch nicht aufgeklärt sind, so würde ich gleichfalls für die Beanstandung sein, aber ein inquisitorisches Verfahren einzuleiten, aus welchem sich vielleicht noch andere Dinge ergeben könnten, das scheint mir nicht der Zweck der Beanstandung zu sein."

III. Das freie Ermessen bei der Wahlprüfung.

Im vorhergehenden haben wir festgestellt, daß das Wahlprüfungsverfahren publizistische Rechtssprechung ist. Ihr Wesen gleicht auch mehr dem Verwaltungsstreitverfahren als dem Verfahren der ordentlichen Zivilgerichte, denn es kommt bei ihr nicht so sehr darauf an, jedes Unrecht, das dem einzelnen widerfahren ist, zu sühnen und auszugleichen, sondern die Verletzung des Wahlrechts wird im wesentlichen nach dem Erfolg beurteilt, den sie auf die Rechtsbeständigkeit der Wahl ausgeübt hat. Bei jeder Wahlprüfung stehen sich gewöhnlich zwei Interessentengruppen gegenüber, einmal das Interesse der Gesamtheit an dem ordnungsmäßigen Zustandekommen der Wahl und das Interesse der Wähler des Wahlkreises, das dahin geht, zu verlangen, daß die Wahl, die sie einmal vorgenommen haben, nur kassiert wird, wenn zweifellos der Wille der Wähler nicht zum Ausdruck gelangt ist (so richtig der Abg. Kulemann in der Sitzung vom 14. Januar 1890, S. 1005). Auch die Interessengruppierung innerhalb des Wahlkreises kann sich spalten. Wähler in einem Wahlbezirk können derart in ihrem Wahlrecht beschränkt sein, daß der Wahlakt des Wahlbezirkes zweifellos ungültig ist. Deswegen wird noch lange nicht die gesamte Wahl des Wahlkreises kassiert werden, das Interesse der in den anderen Wahlbezirken zu schützenden Wähler ist in seiner Gesamtheit viel größer und würde durch eine Kassierung des Wahlaktes viel mehr betroffen, als die Verkürzung des Wahlrechtes in dem einen Wahlbezirk zu bedeuten hat. Wie im Polizeirecht das Ermessen der Verwaltung die kleinere Polizeiwidrigkeit ignoriert, um eine größere zu verhindern, so hat bei der Wahlprüfung der Reichstag sein Ermessen zu üben und von zwei Übeln das kleinere zu wählen. Infolgedessen ist ein breiter Spielraum dem Ermessen des Reichstags bei seinem Wahlprüfungsgeschäft gewährt, und daher finden wir, übrigens im Anschluß an französische Terminologie (siehe Pièrre, a. a. O., S. 406: „En matière de vérification des pouvoirs, la chambre est un jury souverain"), wiederholt in den Reichstagsverhandlungen ausgesprochen, daß der Reichstag, wenn er über Wahlprüfungsfragen entscheidet, eine Art Jury sei. So sagt schon in der Sitzung vom 18. September 1867, S. 56, der Abg. Stumm: „Ich glaube, daß wir uns in dieser Hinsicht weniger nach den Grundsätzen etwa eines Obertribunals, als nach dem einer Jury zu richten haben. Und meines Wissens ist sowohl im vorigen als auch jetzigen Reichstag über Formfehler hinweggegangen worden, die nicht als materiell entscheidend auf das Wahlresultat angesehen wurden." (Ähnliche

Äußerungen: die des Abg. Gneist in der Sitzung vom 21. Februar 1875, S. 1179, des Abg. Herz in der Sitzung vom 9. Dezember 1874, S. 564 und andere mehr.) Mit dem Ausdruck Jury wird wohl nur das wiedergegeben, daß jeder im Reichstag sein volles freies Ermessen bei Würdigung der der Wahlprüfung zugrunde liegenden Tatsachen zur Geltung bringen kann. Gewöhnlich handelt es sich dabei um Nachprüfung von Verwaltungsakten, welche entweder, ohne strafrechtlich faßbar zu sein, den wahren Willen der Wählerschaft in der Wahl unterdrückt oder das Recht einzelner Wähler verkürzt haben. Diese Nachprüfung von Verwaltungsakten der einzelnen staatlichen Landesbehörden, die bei den Wahlen mitwirken, würde dem Wahlprüfungsverfahren den Charakter eines Verwaltungsstreitverfahrens verleihen, wenn nicht dieser Auffassung die Tatsache gegenüberstünde, daß es doch der Reichstag, also die Legislatur, ist, die ein solches Verfahren betätigt, während „das Wesen der Verwaltungsgerichtsbarkeit darin besteht, daß die Verwaltungskontrolle von einer richterlichen Instanz geübt wird, die innerhalb der Verwaltung steht und zu ihr gehört“[1]. Demnach ist die vom Reichstag geübte Wahlprüfung gerichtliche Verwaltungskontrolle, ähnlich der, die auch das Reichsgericht in gewissen öffentlich-rechtlichen Streitigkeiten ausgeübt, z. B. in Zoll- und Steuersachen[2]. Diese Erkenntnis leitet zur Tatsache über, daß bei der Ausfüllung von Lücken im Wahlprüfungsverfahren dieses sich an die Grundsätze eher des Verwaltungsstreitverfahrens als des ordentlichen Gerichtsverfahrens anzuschließen hat[3]. An dieser Erkenntnis darf auch die Tatsache nicht hindern, daß das freie Ermessen in der Nachprüfungsinstanz im großen Umfange vorwaltet, denn darüber ist man wohl jetzt ohne Zweifel im klaren, daß Ermessenssachen keine hindernde Schranke für die Betätigung der nachprüfenden Verwaltungsgerichtsbarkeit sein können.

Für die Wahlprüfung bedeutet die Geltendmachung des freien Ermessens den Lebensnerv des gesamten Wahlprüfungsgeschäftes. Es sind nicht bloß Fragen des juristischen Ermessens, die hier in Frage kommen, sondern auch solche des technischen Ermessens, z. B. ob Wahlzettel so dick sind, daß sie durch das Stimmkuvert als solche hindurchgefühlt werden können u. a. m. Eine häufige Frage des freien Ermessens der Wahlprüfungskommission ist, wie wir gesehen haben, ob die verhinderte Verbreitung von Wahlflugblättern die Wahlagitation in einem

---

[1]) S. Friedrich Stein, Grenzen und Beziehungen zwischen Justiz und Verwaltung, 1912, S. 26.

[2]) S. Stein, a. a. O.

[3]) Übereinstimmend, Csekey in Kohlers Zeitschrift für Völker- und Bundesstaatsrecht, Jahrgang 1913, 6. Bd., 5./6. Heft.

Wahlbezirk wesentlich zu Lasten einer Partei erschwert hat, oder ob, wie wir ebenfalls bereits ausgeführt haben, die Bildung der Stimmbezirke so klein gewesen, daß das Wahlgeheimnis unmöglich erhalten bleiben konnte. Dies und andere Fragen bilden den häufigen Gegenstand von Wahlprüfungen des Reichstags.

Durch die Betätigung des freien Ermessens hat der Reichstag auch eine Reihe von Wahldelikten (siehe darüber noch weiter unten, § 53 I u. II) aufgestellt, welche keineswegs mit den vom Strafgesetzbuch festgelegten Wahldelikten zusammenfallen oder konkurrieren, sondern in Ergänzung der Vorschriften des Strafgesetzbuches vom Reichstag durch Kassierung der Wahl geahndet werden. Wenn z. B. die Isolierzelle absichtlich derart eingerichtet wird, daß der Wahlvorstand die Stimmabgabe des Wählers kontrollieren kann, so ist durch diese Kontrolle keineswegs eine Wahlverfälschung im strafrechtlichen Sinne beabsichtigt oder erzielt. Wenn ein Beamter, ein Geistlicher oder ein Arbeitgeber die rechtliche, wirtschaftliche oder seelische Abhängigkeit der Wähler in seinem Sinn ausnutzen will, so läßt sich dem dadurch bewirkten, dem Prinzip der Wahlfreiheit widerstrebenden Tatbestand keineswegs der Charakter eines strafrechtlichen Tatbestandes aufoktroyieren, trotzdem muß der Reichstag, um die Wahlfreiheit zu wahren, solches Vorgehen ahnden und tut dies, indem er die Wahl unter Umständen kassiert. Die unzulässige Lüftung des Wahlgeheimnisses durch den Wahlvorstand braucht zweifellos mit keiner Wahlverfälschung kombiniert zu sein und wird dennoch vom Reichstag durch Kassierung des Wahlaktes in dem betreffenden Wahlbezirk geahndet. Kurz, in keinem Staat, in welchem das Wahlgeschäft in der Hauptsache so wesentlich von der Mitwirkung der Verwaltungsbehörden abhängt wie im Deutschen Reiche, kann eine parlamentarische Körperschaft auf die Statuierung eigener parlamentarischer Wahldelikte verzichten (vgl. auch oben § 49 IV)[1].

Bei der Betätigung des freien Ermessens muß sich das Wahlprüfungsgeschäft des Reichstags zweifellos an die gegebenen Gesetze halten. Ebenso wie das Ermessen der Verwaltung durch das Gesetz gebunden ist, ebenso muß auch das Ermessen der Legislatur, wenn sie ein richterliches Geschäft ausübt, sich intra legem halten. Aber innerhalb der Gesetze ist der Reichstag zu weiterer Betätigung seines Ermessens kraft der sogenannten Autonomie (siehe darüber oben, § 1) befugt. Namentlich zeigt sich dies bei Beantwortung der Frage, inwiefern die Wahlprüfungskommission und der Reichstag an strafrechtliche Ent-

[1]) Dies verkennt die herrschende Lehrmeinung, insbesondere Seydel in Hirths Annalen, a. a. O., S. 389 f. und Laband, a. a. O., I[5], S. 33 f., denen sich Leser, a. a. O., S. 98 ff., anschließt. Richtig aber Rehm, D. J. Z. 1912, S. 64.

scheidungen über denselben Tatbestand gebunden sind. Schon für das Verhältnis zwischen Verwaltung und Justiz gilt, wie nun Friedrich Stein in seinem Buche „Grenzen und Beziehungen zwischen Justiz und Verwaltung" 1912 (S. 90 ff. und S. 120 ff.) nachgewiesen hat, nach deutschem Reichsrecht der Grundsatz der prinzipiellen Nichtbindung, wenn nicht das Gesetz ausdrücklich diese Bindung vorschreibt. Auch eine Bindung der Verwaltung an Strafurteile ist prinzipiell, wenn nicht im Gesetz das Gegenteil angegeben ist, nicht anzunehmen. Insbesondere zeigt sich dies auf dem Gebiet der Disziplinarstrafsachen, wo der Disziplinarrichter nicht einmal an die tatsächlichen Feststellungen des Strafrichters gebunden erscheint (siehe v. Rheinbaben, Fleischmanns Wörterbuch des Verwaltungsrechts, I, S. 575, Sp. r.). Gilt dieser Grundsatz schon im Verhältnis von Justiz und Verwaltung, so muß er zweifellos im Verhältnis von Justiz und Legislatur gelten, denn nach dem Prinzip der Dreiteilung der Staatsgewalt sind Legislatur und richterliche Gewalt einander gleichgeordnet. Wären richterliche Aussprüche in Wahlsachen für die Wahlprüfungskommission und für den Reichstag unbedingt bindend, könnte der Reichstag sein Wahlprüfungsgeschäft nicht anders vornehmen, als indem er die vom Strafrichter bei Gelegenheit einer strafgerichtlichen Untersuchung oder Entscheidung festgestellten Tatsachen als unbedingt gegeben hinnimmt, so wäre dies eine Unterordnung der Legislatur unter die richterliche Gewalt, der sie sich prinzipiell nicht zu unterwerfen hat[1]). Nur dem Gesetz, nicht aber der richterlichen Gewalt ist die Legislatur bei Ausübung ihres Wahlprüfungsgeschäftes untergeordnet. Diese Ansicht hat der Reichstag wiederholt betätigt. An die vom Strafrichter festgestellten[2]) Tatsachen hält sich der Reichs tag keineswegs gebunden (siehe z. B. Verhandlungen des Reichstags vom 11. Februar 1888, S. 833 ff., Wahl Dr. Haarmann; siehe ferner Sitzung vom 8. Februar 1895, S. 757 ff., Wahl Bantleon).

Selbst wo der Reichstag die vom Strafrichter festgestellten Tatsachen als erwiesen hinnimmt, wird er sich in eine selbständige Würdigung ihrer Erheblichkeit für die Wahl einlassen (siehe z. B. Sitzung vom 6. Dezember 1874, S. 575, Wahl Graf Stolberg; Sitzung vom 4. Dezember

[1]) Dazu kommt die Erwägung, daß ein Deliktstatbestand vielleicht erst nachträglich einem Täter strafgerichtlich nachgewiesen werden kann, während die Wirkung des Tatbestandes auf die Wahl auch ohne das klar liegt. Da kann die Wahlprüfungskommission nicht auf das Strafurteil warten und braucht es auch nicht (s. Sitzung vom 22. März 1892, S. 4908, A und B, vrgl. auch D. RT., No. 543 ex 1890/2 S. 2885).

[2]) Noch weniger an bloße Tatsachen, über welche die Angeklagten des Strafverfahrens ein Geständnis abgelegt haben (Sitzung vom 24. Mai 1905, S. 6139, der Abg. Lucas), dessen Richtigkeit vom Strafrichter jedoch nicht festgestellt wurde.

1875, S. 422 f., Wahl Prinz Hohenlohe-Ingelfingen; Sitzung vom 16. Dezember 1876, S. 844 f, Wahl Herzog von Ujest; Sitzung vom 19. April 1877, S. 606, Wahl Mandel; Dr. RT., Nr. 214 ex 1890/92, S. 1754 ff.). Doch können die anläßlich einer Privatklage vor dem Strafrichter erhobenen Beweisaufnahmen die Grundlage einer Kassation des Wahlakts in einem Wahlbezirke bilden, wenn sie z. B. ergeben, daß dort das Wahlgeheimnis tatsächlich verletzt worden ist (siehe Dr. RT., Nr. 770 ex 1905, S. 4471, Wahl v. Oertzen).

Freilich darf diese Betätigung des freien Ermessens gegenüber dem strafgerichtlichen Urteil nicht so weit gehen, daß der Reichstag Verwaltungsbehörden, trotzdem für sie im Gesetz eine Bindung an strafgerichtliche Urteile vorgeschrieben ist, deswegen, weil sie sich an das Gesetz gehalten, rügen läßt oder den betreffenden Wahlakt aus dem Grund kassiert. Würde dies der Reichstag tun, dann würde er nicht mehr sein richterliches Ermessen intra legem halten, sondern contra legem ausüben. Unzulässig wäre es demnach, wenn der Reichstag eine Wahl aus dem Grunde kassieren würde, weil im betreffenden Wahlbezirk Verwaltungsbehörden bei Anlegung der Wählerlisten Personen, die ihre politischen Rechte durch richterliches Urteil verloren hatten, außer Betracht gelassen. Hier besteht eine gesetzlich festgelegte Bindung der Verwaltungsbehörden an die gerichtliche Entscheidung (siehe Stein, Gesetze von Justiz und Verwaltung, S. 96, der diese Tatbestandswirkung nennt; das Strafurteil bildet ein Tatbestandsmoment des Verwaltungsrechts).

IV. Die Wirkung der Legitimationsprüfung und der Wahlprüfung.

Die Wirkung der Legitimationsprüfung kann nur Anerkennung oder Nichtanerkennung des Gewählten als Abgeordneten bedeuten. Daß sie niemals Rechtskraftwirkung hat, weil sie bloß ein Beurkundungsakt ist, ist bereits oben unter I (und § 49, I.) klargelegt worden. Wird die Legitimation durch den Reichstag versagt, so haben wir bereits oben dargelegt (siehe S. 417), daß nicht etwa eine andere Person an Stelle des Nichtlegitimierten einberufen werden kann. Hat also z. B. der Wahlkommissar zu Unrecht eine Person als gewählt proklamiert, so kann nicht etwa der eigentliche Gewählte an Stelle des vom Wahlkommissar oder der Wahlkommission Proklamierten zum Reichstag einberufen werden. Die Begründung dieser Ansicht haben wir bereits oben gegeben (siehe oben S. 417).

Die Wahlprüfung im eigentlichen Sinne aber gibt, weil sie ein gerichtliches Verfahren darstellt, der Entscheidung den Charakter der res iudicata[1]), und zwar im doppelten Sinn, indem die Wahlanfechtung entweder Feststellungs- oder Gestaltungsklage ist.

1. Als Feststellungsklage verlangt der in seinem Wahrecht verkürzte Wähler, daß festgestellt würde, er sei in seinem Wahlrecht verkürzt. Wie jedes Feststellungsurteil[2]), ist auch das von der Wahlprüfungskommission gefällte Urteil bloß die autoritative richterliche Feststellung der Wirklichkeit oder der Nichtwirklichkeit eines konkreten Rechtszustandes oder Rechtsvorganges, es ist rein deklaratorisch. Sein wesentlicher Inhalt besteht in der bloßen Deklaration, daß der Wähler oder die Wähler X durch das Vorgehen der Verwaltungsbehörde Y in ihren subjektiven Wahlrechten verkürzt worden seien. Dieses Urteil liefert lediglich die Befugnis, auf Grund der Feststellung die Tätigkeit der in Frage kommenden Verwaltungsbehörden im Sinne der Feststellung zu beeinflussen[3]), daher haben die Wähler, denen z. B. durch Nichteintragung in die Wählerliste das Wahlrecht zu Unrecht entzogen wurde, den Anspruch, daß der Reichskanzler die Landesverwaltungsbehörden im Sinne der Entscheidung des Reichstags in Bewegung setze und die Eintragung der zu Unrecht ausgeschlossenen Wähler bei künftigen Wahlen veranlasse, keineswegs besitzen sie aber schon in dem Feststellungsurteil des Reichstages den nötigen Rechtstitel, um eine Umgestaltung der Wählerlisten ihres Wahlortes im Sinne der ergangenen Entscheidung zu erzwingen. Das Feststellungsurteil ist eben nur deklaratorisch, nicht konstitutiv.

Der Reichstag läßt sich gewöhnlich an der bloßen Feststellung des begangenen Unrechts nicht Genüge sein, sondern veranlaßt, daß Rügen u. dgl. den in Frage kommenden Behörden zuteil werden.

2. Die Wahlanfechtung ist aber nicht bloß Feststellungsklage, sondern gewöhnlich und in erster Linie negative Gestaltungsklage: sie verlangt die Aufhebung eines publizistischen Rechtsaktes, der Wahl. Diesem Gestaltungsurteil kommt nicht bloß deklaratorische, sondern kassatorische Bedeutung zu. Der Wahlakt wird aufgehoben, der Reichs-

---

[1]) Anerkannt auch in der Wahlprüfungskommission, Dr. RT., Nr. 96 ex 1889, Wahl Poll: „In der Kommission wurde von einer Seite zunächst dem Bedauern Ausdruck gegeben, daß die Gültigkeitserklärung der Wahl des Abg. Poll, von einer früheren Praxis abweichend, von der Kommission beantragt und von der Reichstagsmehrheit ausgesprochen worden sei, ohne vorher das Ergebnis der erforderlich erachteten Beweiserhebungen abzuwarten, anstatt bis nach deren Eingang die Entschließung über die Gültigkeit der Wahl auszusetzen. Durch dieses Verfahren sei dem Reichstag die Möglichkeit abgeschnitten, dem Ergebnis der Erhebungen auf die Gültigkeitserklärung der Wahl selbst Einfluß einzuräumen . . ."

[2]) Siehe Langheinecken, Der Urteilsanspruch, a. a. O., S. 101.

[3]) Siehe Langheinecken, Der Urteilsanspruch, a. a., O., S. 141.

kanzler muß die Staatsregierung zur Ausschreibung einer neuen Wahl veranlassen und diese die Wahl sofort ausschreiben (siehe oben § 42, I). Dieses Gestaltungsurteil schafft res iudicata in dem Sinne, daß festgestellt wird, die Wahl sei nach Lage der Akten ungültig und daher nichtig. Aus der Natur der negativen Bewirkungsklage und dieses Gestaltungsurteils folgt mit zwingender Notwendigkeit, daß nur der Wahlakt, der die Proklamation des gewählten X zur Folge hat, kassiert werden kann, keineswegs aber die Einberufung desjenigen, der dem X ziffernmäßig nachstand und sein Gegenkandidat war, erfolgen darf. Diese Auffassung ist in Frankreich und in Deutschland geltendes Recht. In Italien besteht die Rechtsanschauung (siehe Montalcini, a. a. O., S. 216 ff.), daß im Falle ungültiger Proklamation eines zu Unrecht gewählten Kandidaten, der zu Recht Gewählte einzuberufen sei. Ebenso in England, Spanien, Griechenland, Schweden und Ungarn (siehe oben §§ 44 ff.). Der deutsche Reichstag hat nur ein einziges Mal diesen Gesichtspunkt bei der Wahl Hirsch (siehe stenographische Berichte des Reichstags 1869, I. Band, S. 312 ff.) vertreten, ihn aber seit der Zeit und schon vorher[1]) in standiger Praxis abgelehnt (siehe dazu Leser, a. a. O., S. 22 ff.). Eine andere Frage ist es, ob, wenn der Reichstag die Gültigkeit der Wahl ausgesprochen hat, dieses Urteil ebenfalls in Rechtskraft erwächst oder ob es auch durch neu aufkommende Tatsachen in seiner Gültigkeit wieder erschüttert werden kann. Wenn man daran festhält, daß durch das Urteil, das die Gültigkeit der Wahl ausspricht, festgestellt wird, die Wahl des Abgeordneten X sei bis zum Schluß des Wahltermins rechtsgültig vorgenommen worden, so wird man zweifellos die res iudicata als gegeben erachten[2]) und demnach, ebenso wie in Frankreich (Pierre, a. a. O., Nr. 402), den Abgeordneten, dessen Wahl nach der Wahlprüfung für gültig erklärt worden ist, nicht etwa der Möglichkeit aussetzen (wie dies einmal in Preußen geschehen ist, siehe Leser, a. a. O., S. 47, Fall Grabow, 1863), noch nachträglich um sein Mandat zu kommen, etwa weil strafbare Wahlfälschungen und Wahlbestechungen in solchem Umfange vorgekommen sind, daß dadurch ein entscheidender Einfluß auf den Wahlausfall ausgeübt worden sei. Die res iudicata wird eben durch die Vorschrift der Geschäftsordnung begründet, § 4, wonach Wahlanfechtungen und seitens eines Reichstagsmitgliedes erhobene Wahleinsprüche, welche später als zehn Tage nach Eröffnung des Reichstags und bei Nachwahlen, die während einer Session stattfinden, später als zehn Tage nach Feststellung des Wahlergebnisses erfolgen, unberücksichtigt bleiben. Dadurch ist jede Möglichkeit ausgeschlossen, sowohl für ein Mitglied als auch ein

---

[1]) Sitzung vom 23. Oktober 1867, S. 16, Wahl v. Oertzen.

[2]) Dr. RT., Nr. 96 ex 1898, Wahl Poll.

Nichtmitglied des Reichstags, nachträglich, das ist nach dem Wahlprüfungsurteil im Reichstag, Tatsachen anzuführen, welche die Rechtskraftwirkung des Urteils erschüttern könnten.

§ 51. Der Wahlprotest.

I. Die Aktivlegitimation.

Zur Erhebung von Wahlprotesten sind nach dem Beschluß des Reichstags vom 18. März 1892 (sten. Ber., S. 4841, Dr. RT., Nr. 952 ex 1890/92) nur die jeweils Wahlfähigen berechtigt, außerdem die Abgeordneten des Reichstags, der die Wahlprüfung vorzunehmen hat. Die Position der letzteren ergibt sich aus § 4 der Geschäftsordnung, wo auch den Reichstagsmitgliedern das Recht zugestanden wird, innerhalb einer zehntägigen Frist nach Eröffnung des Reichstags usw. Einsprachen zu erheben. Schließlich ist auch zur Erhebung eines Wahlprotestes der im Wahlkampf Unterlegene, aber nur unter der Voraussetzung, daß er wahlfähig ist, befugt. Das Reichstagsmitglied hingegen, das ist der gewählte Abgeordnete, ist auch, ohne Wahlfähigkeit zu besitzen, zur Erhebung des Protestes berechtigt, denn die Wählbarkeit deckt sich, wie wir wissen, nach deutschem Reichsrecht keineswegs mit der Wahlfähigkeit, können doch auch Personen des Soldatenstandes gewählt werden, welche zweifellos kein aktives Wahlrecht besitzen. In bezug auf die Frage der Aktivlegitimation hat der Reichstag nicht immer eine konstante Praxis befolgt. Als im Jahre 1874 zum erstenmal die Frage der Aktivlegitimation im Reichstage auftauchte, standen sich zwei Meinungen gegenüber (siehe Sitzung vom 11. April 1874, S. 177 ff.). Die eine Meinung, vertreten durch den Abg. Braun, wollte die Aktivlegitimation bloß dem im Wahlkreis Wahlberechtigten (natürlich abgesehen von den Reichstagsmitgliedern) geben. Diese Ansicht hat für sich einerseits die Praxis anderer Länder, insbesondere Italiens, Frankreichs und Englands, sodann die Erwägung, daß der Wahlprotest auch die oben näher bezeichnete Feststellungsklage, d. i. die Klage auf Feststellung, man sei in seinem Wahlrecht verkürzt worden, umfaßt. Solche Verkürzung des Wahlrechts kann natürlich der Wähler nur in seinem Wahlkreis erfahren (siehe auch Dr. RT., Nr. 346 ex 1890/92, S. 2212: „. . . . als klagberechtigt könne nur derjenige betrachtet werden, dessen R e c h t verletzt sei und durch die Klage eine Wiederherstellung erfahren solle; ein solches Recht könne aber nur den bei der Wahl u n m i t t e l b a r Beteiligten zugeschrieben werden, denn diese und nur diese haben die Befugnis, darüber zu verfügen, ob und in welcher Weise sie ihr Wahlrecht ausüben und folgerichtig auch, ob und in welcher Weise sie wegen Beeinträchtigung ihres Wahlrechts Beschwerde erheben wollten; die gegenteilige Auffassung führe dahin, daß einem Wahlkreis, in welchem sämtliche Wähler mit dem Wahlergebnis bzw. mit dem Verzicht auf die Beschwerde gegen das Wahlergebnis einverstanden seien, von irgendeiner auswärtigen Person durch Anfechtung der Wahl unter Umständen die Widerwärtigkeiten und Auslagen eines neuen Wahlkampfes aufgenötigt werden können"). Auf der anderen Seite wurde vom Abg. Windthorst die Ansicht vertreten, daß quilibet ex populo berechtigt sei, die Wahl eines Mitgliedes des Reichstags anzufechten, denn jeder im Volke habe das Recht, zu verlangen, daß im Reichstag nur richtig gewählte Leute stimmen, denn die Abgeordneten seien Vertreter des ganzen Volkes (Art. 29 der Reichsverfassung). Diese Meinung kann sich nicht so sehr auf Art. 29 der Reichsverfassung stützen, als vielmehr auf die Tatsache, daß die Wahlanfechtung auch eine Nichtigkeitsklage oder eine negative Bewirkungsklage darstelle, zu deren Erhebung die Rechtsordnung häufig dem quivis ex populo die Aktivlegitimation gibt, namentlich wenn die Nichtigkeit auf einem impedimentum publicum beruht. Der Reichstag hat durch den Beschluß vom 18. März 1892 sich auf eine mittlere Linie gestellt, freilich eine Linie, die der juristischen Kongruenz entbehrt, denn keiner der oben angeführten Gründe kann für den Beschluß des Reichstags vom Jahre 1892 geltend gemacht werden. Die Majorität, die diesen Beschluß faßte, stellte sich auf den Standpunkt, daß nach Art. 29 der Reichsverfassung die Abgeordneten Vertreter des gesaemtn Volkes seien, aber gerade dieses Argument ist, wie wir gehört haben, vom Abg. Windhorst für den quivis ex populo geltend gemacht worden. Das besagt also nichts für die Aktivlegitimation jedes Wählers bzw. jedes Wahlfähigen. Zudem ist der Beschluß des Reichstages in Widerspruch zur Geschäftsordnung, nach welcher auch jeder gewählte Abgeordnete befähigt ist, im Wege der Einsprache jede Wahl anzufechten. Nun kann es zweifellos Abgeordnete geben, welche nicht die Wahlfähigkeit, sondern bloß die Wählbarkeit besitzen müssen, z. B. Personen des Soldatenstandes, Deutsche im Schutzgebiete, welche, weil sie ihren Wohnsitz nicht in Deutschland besitzen, zwar wählbar, aber nicht wahlfähig sind. Auch dies ist wieder eine Inkongruenz zwischen der Resolution vom 18. März 1892 und der Geschäftsordnung § 4 des Reichstages. Trotz allem müssen wir uns mit der feststehenden Tatsache abfinden, solange eben der Beschluß vom 18. März 1892 vorliegt[1]). Infolge dieses Beschlusses sind von der Erhebung des Protestes ausgeschlossen:

1. Personen, die nach § 34 ,Ziffer 4 des StGB. die bürgerlichen Ehrenrechte durch richterlichen Spruch verloren haben, da sie auch nicht wahlberechtigt sind;

[1]) In der Sitzung, in der er gefaßt wurde, wurde ein Antrag Gröber und Genossen (Dr. RT., Nr. 708 ex 1890/92 „Zur Erhebung einer Wahlanfechtung ist jeder Deutsche berechtigt") abgelehnt.

2. Minderjährige;
3. Frauen (siehe auch Dr. RT., Nr. 445 ex 1907/09, S. 2465, wo eine Frau durch notarielle Vollmacht von ihrem wahlfähigen Mann zur Erhebung des Protestes ermächtigt, als nicht befugt angesehen wurde).

Zweifellos würde auch Geistesgestörten die Aktivlegitimation zur Erhebung des Protestes fehlen. Trotzdem hat der Reichstag bzw. die Wahlprüfungskommission den Protest eines solchen Geistesgestörten einmal der Prüfung unterzogen (siehe Sitzung vom 30. April 1902, S. 5176, Wahl Grünberg).

II. Form und Frist zur Einbringung des Protestes.

1. Die ältere Praxis nahm den Standpunkt ein, daß ein Protest, der nicht direkt beim Reichstag, sondern bei einer Behörde, z. B. dem Reichskanzleramt, eingebracht wurde, nur dann entgegenzunehmen sei, wenn er von der Behörde innerhalb der vorgeschriebenen Frist dem Reichstag zugehe (siehe Sitzung vom 7. Oktober 1878, S. 107). Trotzdem war diese ältere Praxis der Ansicht, daß die betreffende Behörde die Annahme eines solchen Wahlprotestes nicht zu verweigern habe (Sitzung vom 19. April 1877, S. 598). Die neuere Praxis, die seit der Mitte der neunziger Jahre ansetzt, steht gar nicht mehr auf dem strengen Standpunkt. So wurde in der Sitzung vom 27. März 1895 (S. 736 D und Dr. RT., Nr. 181 ex 1895/97) schon die Vermutung zugunsten der Rechtzeitigkeit eines Wahlprotestes angenommen, wenn nur aus dem „praesentatum" des königlichen Landrats sich eine nicht verspätete Einreichung des Wahlprotestes ergab. Neuestens (siehe Dr. RT., Nr. 592 ex 1912/13, Wahl Werr) wurde sogar als rechtzeitig eingebrachter Wahlprotest eine bei den Akten befindliche Eingabe eines Wählers an die Staatsanwaltschaft angesehen, welche von dieser zur weiteren Veranlassung, insbesondere zur Vernehmung gewisser Personen, an das Landratsamt übersendet worden war. Auf dem Umwege über Bürgermeister- und Landratsamt kam diese Eingabe an den Reichstag, und dieser behandelte die Eingabe als Wahlprotest.

Der Protest bedarf nicht der formellen Erklärung, daß man die Wahl anfechte (siehe z. B. Sitzung vom 5. Februar 1889, S. 784, Wahl Dr. Scheffer, anders aber z. B. ältere Praxis, Sitzung vom 17. Januar 1882, S. 681, Wahl v. Maltzahn-Gültz). Doch muß die Absicht der Anfechtung der Wahl aus den Begleitumständen wenigstens zu erkennen sein (Sitzung vom 2. Juni 1883, S. 2786f., Wahl v. Klitzing). Es darf z. B. nicht in der sich als Protest bezeichnenden Beschwerdeschrift heißen: „Wir zweifeln nicht daran, daß die Wahl infolge der großen Mehrheit des Gewählten gleichwohl ihre Gültigkeit behalten wird"

(Sitzung vom 7. Oktober 1878, S. 108). So werden zweifellose Beschwerden über Wahlvorkommnisse, welche Abstellung von Mißbräuchen für die Zukunft verlangen, einfach als Petitionen, nicht als Wahlproteste angesehen (siehe z. B. Dr. RT., Nr. 831 ex 1871, S. 368, und Sitzung vom 14. Mai 1907, S. 1686 C, Wahl Dr. Jäger). Solche Beschwerden können, auch wenn sie verspätet einlangen, berücksichtigt werden (Sitzung vom 8. Februar 1895, S. 750, Wahl Harm).

Wahlproteste zugunsten des Siegers im Wahlkampf werden grundsätzlich nicht beachtet (Sitzung vom 5. Mai 1871, S. 563; Sitzung vom 10. April 1877, S. 367, Wahl v. Beughem; und Dr. RT., Nr. 295 ex 1905/7, Wahl Büsing, S. 3421).

Zulässig ist die Einbringung eines Wahlprotestes durch Telegramme (Sitzung vom 14. Mai 1907, S. 1668 D, Wahl Gans Edler zu Putlitz).

Wahlproteste müssen nicht in deutscher Sprache abgefaßt sein (dagegen Sitzung vom 9. Juni 1879, S. 1556 f., der Abg. Rickert[1])). Aber sie dürfen nicht anonym sein (Dr. RT., Nr. 94 ex 1890, S. 637), wenn sie als eigentliche Wahlproteste betrachtet werden sollen. Sonst kommt ihnen nur „adminikulierende" Bedeutung zu (siehe Sitzung vom 25. April 1871, S. 388). Werden dem Wahlprotest Abschriften von Urteilen, Zeugenprotokollen usw. als Beilagen angeschlossen, so sollen sie in beglaubigter Form eingereicht werden (Dr. RT., Nr. 325 ex 1905/6, S. 3543).

2. Bezüglich der Frist schreibt § 4 der Geschäftsordnung vor, daß Wahlanfechtungen und von seiten eines Reichstagsmitgliedes erhobene Einsprachen, welche später als zehn Tage nach Eröffnung des Reichstages und bei Nachwahlen, die während einer Session stattfinden, später als zehn Tage nach Feststellung des Wahlergebnisses erfolgen, unberücksichtigt bleiben. Die Frist der zehn Tage ist, da hier per analogiam die Vorschriften der Zivilprozeßordnung mit ihrem Hinweis auf die Bestimmungen des BGB. platzgreifen, derart zu berechnen, daß man sie als eine solche ansieht, die von einem Ereignis oder einem in den Lauf eines Tages fallenden Zeitpunkt an läuft. In diesem Falle ist der Anfangstag nicht mitzurechnen (§ 187 BGB. in Verbindung mit § 222 ZPO.). Demnach beginnt die zehntägige Frist für die Proteste zu laufen:

a) bei allgemeinen Wahlen vom Tage nach der Eröffnung des Reichstags;

b) bei partiellen Neuwahlen (Nachwahlen) von dem auf die Feststellung des Wahlergebnisses folgenden Tage.

---

[1]) Siehe aber die Wahlprüfungskommission (Dr. RT., Nr. 153 ex 1887/88, S. 662): Anlagen zu Wahlprotesten, die in polnischer Sprache abgefaßt werden, sind nicht zu berücksichtigen. Siehe auch Dr. RT., Nr. 229 ex 1879, S. 1523.

Da es sich ferner um eine nach Tagen berechnete Frist handelt, so endet dieselbe mit dem Ablauf des letzten Tages der Frist (§ 188, BGB. in Verbindung mit § 222, ZPO.). Die neuere Praxis (siehe Sitzung vom 2. Mai 1884, S. 407 ff., Wahl Cronemeyer) steht auf dem hier vorgetragenen Standpunkte, während die ältere Praxis (siehe z. B. Sitzung vom 12. April 1869, S. 325) den dies a quo in die zehn Tage mit einrechnete (übrigens ebenso unrichtig auch Sitzung vom 30. April 1902, S. 5176, Wahl Grünberg).

Betreffs der Stichwahlen ist eine Lücke in der Geschäftsordnung festzustellen. Bezüglich der Stichwahlen, welche im unmittelbaren Gefolge von Nachwahlen entstehen, gilt natürlich das von den Nachwahlen Gesagte; der dies a quo ist dann ebenso wie bei Nachwahlen der Tag der Feststellung des Wahlergebnisses, denn wie wir wissen, ist Stichwahl und Haupt(Nach-)wahl ein einheitliches Ganzes. Fraglich ist es aber, wenn Stichwahlen im Gefolge von allgemeinen Wahlen nötig sind. Dann sind drei Möglichkeiten gegeben, da die Geschäftsordnung darüber nicht spricht (siehe Sitzung vom 27. April 1871, S. 426). Entweder man läßt die zehn Tage vom Tage der Wahl oder vom Tage der Feststellung des Wahlergebnisses oder vom Tage der Sessionseröffnung laufen. Das Richtigste wird wohl sein, wie ebenfalls der Reichstag bereits entschieden hat (siehe Sitzung vom 25. April 1871, S. 387), die Frist vom Zeitpunkt der Feststellung des Wahlergebnisses laufen zu lassen, da einerseits der Wahltag als dies a quo auch sonst nicht von der Geschäftsordnung (§ 4) berücksichtigt wird, und da ferner die Eröffnung des Reichstags für die hier gemeinten Stichwahlen deshalb nicht in Frage kommen kann, weil, wie wir wissen, die Stichwahlen im Zusammenhang mit allgemeinen Wahlen in verschiedenen Gegenden Deutschlands zu verschiedenen Zeiten anberaumt werden und dadurch eine durch nichts begründete Verschiedenheit in der Behandlung der Wahlproteste eintreten müßte. Trotzdem hat der Reichstag auch einmal in solchem Falle die zehntägige Frist vom Zeitpunkt der Eröffnung des Reichstags laufen lassen (Sitzung vom 9. Dezember 1874, S. 577, Wahl Fenner).

Von dem Protesterheber galt nach der ältern Praxis die Frist von zehn Tagen nur dann eingehalten, wenn der Protest nicht bloß am letzten Tage der zehntägigen Frist der Post übergeben, sondern auch beim Bureau des Reichstages in den üblichen Amtsstunden eingegangen war (siehe Sitzung vom 25. April 1871, S. 388). Jetzt herrscht eine mildere Praxis (S. oben S. 512).

Die hier in Frage kommende Frist ist als Frist eines dem Verwaltungsstreitverfahren verwandten publizistischen Streitverfahrens, wie überhaupt die Fristen im Verwaltungsstreitverfahren, präklusivisch, und zwar eine Notfrist, die von der Wahlprüfungskommission nicht verlängert werden kann. Nur ausnahmsweise nimmt der Reichstag eine restitutio in integrum vor (siehe Dr. RT., Nr. 67 ex 1880, S. 472, und siehe auch Sitzung vom 11. März 1880, S. 348).

III. Die Substantiierung des Wahlprotestes und die Nachschiebung der Nova.

In der modernen Zivilprozeßtheorie besteht bekanntlich die Kontroverse [1]) darüber, was zur Bestimmung eines Klagegrundes gehöre. Die eine, von Wach vertretene und in der Theorie herrschende Ansicht ist die sogenannte Individualisierungstheorie, wonach die bloße Bezeichnung des Rechtsverhältnisses schon genügend sei, um den Klagegrund zu bestimmen. Nach der anderen Theorie, der sogenannten Substantiierungstheorie, welche namentlich von der Praxis in Anlehnung an den gemeinrechtlichen Prozeß vertreten wird, gehört zur Bestimmung des Klagegrundes die Substantiierung desselben durch Angabe einzelner unter Beweis gestellter Tatsachen. Wie Wach nachgewiesen hat, hängt diese Substantiierungstheorie im Wesen mit der durch den jüngsten Reichsabschied vom 1654 aufgestellten Eventualmaxime des gemeinrechtlichen Prozesses zusammen. Diese Eventualmaxime war zweifellos auch in den Prozeßordnungen zur Zeit der Einrichtung der Wahlprüfungskommission maßgebend (siehe Dr. RT., Nr. 276 ex 1879, S. 1633). Infolgedessen ging man seit Einrichtung der Wahlprüfungskommission davon aus, daß der Wahlprotest derart substantiiert sein müsse, daß prinzipiell Nachträge (Nova) nicht vorgebracht werden sollen [2]). Bei der Beratung über die Einrichtung der Wahlprüfungskommission (siehe Kommissionsbericht, Dr. RT., Nr. 84 ex 1875—1876 vom 6. Dezember 1875) hatte der Abg. Klotz den Antrag gestellt: „Eine weitere Begründung des erhobenen Einspruchs und der Wahlanfechtung durch Anführung neuer Tatsachen oder Beweismittel ist bis zur definitiven Entscheidung des Reichstags über die Gültigkeit der Wahl unzulässig". Dieser Antrag wurde mit neun gegen zwei Stimmen abgelehnt, „weil es der sich bildenden Praxis des Reichstags überlassen bleiben könne, ob und welche Rücksichten sie auf Nova nehmen werde und dürfe. Wahlanfechtungen und Wahleinsprachen

---

[1]) S. statt aller Wach, Vorträge, S. 19 ff., und Gruchots Beiträge XXXIII, 1 ff., auf der andern Seite Gaupp-Stein, 8. und 9. Auflage, I, S. 553 f., und die Praxis des Reichsgerichtes.

[2]) Aber dort, wo ein Gerichtshof die neuen Prozeßgesetze per analogiam auf das Wahlprüfungsverfahren anwendet, wie z. B. das OLG. in Colmar für die Elsaß-Lothringischen Landtagswahlen, da ist keine Eventualmaxime vorherrschend, indem der Gerichtshof hier von der Substantiierungstheorie schon absieht und gegen Noven weit nachsichtiger ist. S. Entscheidungen des OLG. Colmar über die Einsprüche gegen die Gültigkeit der Wahlen usw., Straßburg 1912, S. 162.

sollen gleich vom Anfang an in glaubhafter Weise substantiiert sein. Die Wahlprüfungen dürfen nicht in fortgesetzter Schwebe und stets sich erneuernder Beanstandung erhalten werden. Nicht dürfen alle Schleusen der Parteileidenschaft offen gelassen werden." Diese Argumentation zeigt deutlich, daß die Urheber der Wahlprüfungskommission die Eventualmaxime des Prozesses und die Substantiierungstheorie gewollt haben.

Die Praxis des Reichstags stand nicht immer auf dem Standpunkt der Substantiierungstheorie. Die ältere Praxis bis zur Einrichtung der Wahlprüfungskommission (siehe z. B. die Verhandlungen über die Wahl des Abg. Müller-Pleß, Sitzung vom 18. April 1871, S. 252 f., und Sitzung vom 5. April 1871, S. 189 ff., Wahl Frhr. v. Loe) sprach sich für die unbedingte Zulässigkeit von Nova aus (vgl. auch Sitzung vom 25. April 1871, S. 390). Erst nach Einrichtung der Wahlprüfungskommission im Jahre 1879 nahm der Reichstag eine strenge Haltung in unserer Frage ein und verwarf zunächst alle Nova (siehe z. B. Sitzung vom 29. März 1879, S. 733 f.), um dann zu einer mildern Praxis im Sinne der Substantiierungstheorie zu gelangen. Danach gilt wohl der prinzipielle Grundsatz, daß der Wahlprotest auf jeden Fall genügend substantiiert sein müsse, und daß Nachträge zu Protesten sowie Beweisanträgen nach Ablauf der Protestfrist nur zugelassen werden, soweit sie sich auf Behauptungen beziehen, welche bereits im Proteste enthalten sind (Dr. RT., Nr. 286, ex 1897/8, S. 6).

1. Was gehört nun zu einer richtigen Substantiierung des Protestes? Die Tatsachen, welche behauptet werden, müssen von Bedeutung für die Gültigkeit oder Ungültigkeit der Wahl sein, sodann müssen sie unter Beweis gestellt sein (siehe Sitzung vom 5. Februar 1886, S. 903, der Abg. v. Köller als Berichterstatter; vgl. auch die Ausführungen des Abg. Spahn in der Sitzung vom 23. Februar 1894, S. 1395). Als ungenügende Substantiierung eines Wahlprotestes ist deshalb anzusehen, wenn z. B. gesagt wird, Staatsbeamter X habe im höheren Auftrage für eine Partei agitiert; denn es ist nicht zu ersehen, für wen und in wessen Auftrag diese Agitation geschehen sei (Sitzung vom 28. April 1879, S. 857). Als nicht genügende Substantiierung eines Wahlprotestes ist anzusehen, wenn z. B. im Protest angeführt wird: „Im 4. Quartal 1876 hatte der ‚Braunschweiger Volksfreund' dort eine große Zahl Abonnenten, und die Aussichten für die Wahl Brakes waren ausgezeichnet. Da wurde den abhängigen Arbeitern — wer die sind, ist nicht angegeben — erklärt: Wer den ‚Volksfreund' liest oder Brake wählt, wird entlassen — wer das gesagt hat, ist nicht angegeben —. Der ‚Volksfreund' verlor sofort fast alle Abonnenten, und Brake erhielt nur wenige Stimmen"; denn es läßt dieser Protest nicht den notwendigen Kausalnexus zwischen den behaup-

teten Tatsachen und dem Ausgang der Wahl erkennen (Sitzung vom 10. April 1877, S. 358, Sp. 1).

2. Als zulässige Nachschiebungen von Nova sind jedenfalls nur solche Ergänzungen anzusehen, welche entweder bloß eine unter allen Umständen zulässige andere rechtliche Beurteilung der im Protest bereits vorgebrachten Tatsachen bezwecken, oder welche bloß „eine Ausdehnung oder Verallgemeinerung zu einer bestimmten Beweisangabe enthalten" (siehe Dr. RT., Nr. 442 ex 1903/5, S. 2473), oder Neuerungen, „die mit denjenigen Tatsachen, die in dem Proteste erwähnt sind, parallel gehen, genügend substantiiert und hierfür auch Beweismittel vorgebracht werden" (Sitzung vom 29. März 1879, S. 733). Als Novum wird es nicht angesehen, wenn ein mit Vorbehalt von Nachträgen eingegangener Protest sich über ungerechtfertigte Zulassung von Wahlfähigen oder von Ausländern als Wähler beschwert und der Nachtragsprotest noch andere Fälle, wo Nichtwahlfähige zugelassen worden sind, anführt[1]). Hingegen ist es ein unzulässiges Novum, wenn bei der angeführten Sachlage der Nachtragsprotest noch hinzufügt, daß jemand einige Wähler durch Gewalt oder andere Mittel zu bestimmen gesucht habe, anders zu wählen, als sie beabsichtigt hatten, oder daß ein angeblich ungültiger Wahlzettel unbeanstandet gelassen worden sei (siehe Dr. RT., Nr. 315 ex 1894/95, S. 1314). Ein Novum ist es ferner, wenn Beschwerdepunkte, die sich gegen die Hauptwahl oder die Stichwahl oder gegen beide zugleich richten, im Hauptprotest angeführt werden und im Nachtragsprotest Punkte vorgebracht werden, die sich auf die Zeit zwischen Hauptwahl und Stichwahl beziehen (siehe Dr. RT., Nr. 296 ex 1890/92, S. 2075).

3. Bezüglich des Zeitpunktes, bis zu welchem die Nova vorgebracht werden müssen, hat der Reichstag seit Beginn[2]) der neunziger Jahre den Standpunkt festgehalten, daß begründete Nova, d. h. also Nova, die nach dem Vorhergehenden zulässig sind, solange auch über die zehntägige Frist hinaus vorgebracht werden können, bis die Wahlprüfungskommission einen Beschluß über die Gültigkeit oder Ungültigkeit einer Wahl getroffen hat (siehe die Ausführungen des Abg. Gröber in der Sitzung vom 13. Februar 1904, S. 937, und Sitzung vom 27. April 1904, S. 2465)[3]). Aber dem Plenum („dem souveränen Hause", Abg. v. Marquardsen in der Sitzung vom 10. März 1891, S. 1981) steht es auch über diesen Zeitpunkt hinaus

[1]) Desgleichen ist es ein zulässiges Novum, wenn im Hauptprotest als Tatsache Wahlbezirksgeometrie behauptet und im Nachtragsprotest durch weitere Fälle belegt wird. (Dr. RT., Nr. 481 ex 1890/02, S. 2777.)

[2]) Der Abg. v. Marquardsen in der Sitzung vom 10. März 1891, S. 1981.

[3]) Diesen Grundsatz hält die WPK. selbst ihren eigenen Mitgliedern gegenüber fest: Dr. RT., Nr. 695 ex 1903, S. 3962; Dr. RT., Nr. 209 ex 1903/05, S. 955.

zu, Nova entgegenzunehmen, nur müssen sie natürlich sich innerhalb der oben angeführten Schranken halten, woran sich der Reichstag aber in der Praxis nicht kehrt. Das souveräne Plenum ist auch in diesem Punkte souverän (siehe z. B. Sitzung vom 9. Juni 1899, S. 2449, Wahl Graf Dönhoff-Dietrichstein; Sitzung vom 27. Februar 1902, S. 4432, vom 27. April 1904, S. 2463 ff., vom 11. Mai 1905, S. 5952). Namentlich schwierig wird es dem Plenum, den konsequenten Standpunkt gegen Nova einzuhalten, wenn Abgeordnete mit denselben vor das Plenum treten. Prinzipiell sollen, wie der Reichstag wiederholt ausgesprochen hat, auch Abgeordnete in bezug auf die Vorbringung von Neuerungen nicht besser gestellt sein als die gewöhnlichen Protesterheber (siehe statt aller Sitzung vom 11. März 1880, S. 3478 f., Abg. Richter anläßlich der Wahl Becker; siehe ferner Dr. RT., Nr. 695 ex 1903/5, S. 3962). Da sie es aber näher zur entscheidenden Stelle, dem Reichstag, haben, sind wiederholt auch vollständige Nova aus den Händen der Abgeordneten noch in der entscheidenden Sitzung des Plenums entgegengenommen worden (siehe z. B. Sitzung vom 9. Juni 1899, S. 2449; Sitzung vom 11. Mai 1905, S. 5952 f.). Wo die Majoritätsziffer, mit welcher der Abgeordnete auf Grund des in der Wahlprüfungskommission vorgenommenen Skrutiniums gewählt erscheint, eine sehr kleine ist, wird sich dies eher begreifen lassen (Sitzung vom 26. Februar 1895, S. 1126, Wahl Böttcher).

IV. Der Gegenprotest.

Der Gegenprotest hat in der Prozeßordnung des Wahlprüfungsverfahrens nicht die Bedeutung einer Parteischrift, sondern bloß die einer Information. Infolgedessen wird er nachsichtiger behandelt als ein gewöhnlicher Protest. Nachsichtiger insofern, als er, falls seine Behauptungen nur zur Widerlegung des im Proteste Vorgebrachten dienen, nicht an die zehntägige Protestfrist gebunden ist[1]). Neuerungen sollen in Gegenprotesten ebenfalls nur soweit zugelassen werden, als sie sich auf Behauptungen beziehen, welche bereits im Proteste enthalten waren (siehe Dr. RT., Nr. 286 ex 1897/98, S. 6). Freilich hält sich die Praxis des Reichstags nicht daran, es sind Neuerungen auch späterhin in unbeschränkter Weise, ja sogar bis zur entscheidenden Sitzung im Plenum zugelassen worden (siehe Sitzung vom 23. Februar 1894, S. 1389, und Sitzung vom 11. April 1894, S. 2055 f., Wahl Wamhoff, und Sitzung vom 27. April 1904, S. 2448, Wahl v. Brockhausen). Ferner hat sich der Gegenprotest insofern einer Nachsicht noch zu erfreuen, als er unter

[1]) S. z. B. Dr. RT., Nr. 284 ex 1899, S. 1991, Dr. RT., Nr. 179 ex 1880, S. 920 u. a. m.

gleichen Voraussetzungen niemals als verspätet angesehen wird, sofern er eben nicht neue Tatsachen vorbringt. Ist aber ein Gegenprotest innerhalb der zehntägigen Frist eingebracht, so muß er als selbständiger Protest gewertet und vom Bureau des Reichstags zur Kenntnis des Abgeordneten gebracht werden, dessen Wahl angefochten wird (siehe Sitzung vom 24. Mai 1905, S. 6137). Der Gegenprotest soll gewöhnlich nur Widerlegung von Protestbehauptungen, niemals aber Angriffsbehauptungen enthalten (siehe Dr. RT., Nr. 123 ex 1879; Dr. RT., Nr. 80 ex 1882/83, S. 339; Dr. RT., Nr. 695 ex 1903/5, S. 3962, und Dr. RT., Nr. 1024 ex 1912/13, S. 2 f.). Diese letzteren werden in einem Gegenprotest nicht berücksichtigt, da sich der Reichstag nach Art. 27 nur mit der Gültigkeit oder Ungültigkeit seiner Mitglieder, also der als gewählt proklamierten Kandidaten zu beschäftigen hat. Ob dem G. aber, wie dies auch einmal behauptet worden ist, die Fähigkeit abgesprochen werden muß, ähnlich wie dem einfachen Protest, zur Erschütterung der Stellung des Gewählten zu dienen und ausgelegt zu werden (siehe Dr. RT., Nr. 478 ex 1912/13, Wahl Pauli, S. 519 f.), scheint mit Erlaub zweifelhaft, da der Gegenprotest eben nicht Ausfluß selbständiger Parteistellung ist und den Charakter einer Information hat, deren sich der Reichstag nach Belieben bedienen kann, sei es zur Erschütterung, sei es zur Stärkung der Position des Abgeordneten, zu dessen Gunsten der Gegenprotest erhoben wurde.

V. Der Untergang des im Wahlprotest geltend gemachten Klagerechts.

Er tritt ein entweder durch Ereignisse, welche in der Person des Abgeordneten eintreten, oder durch solche, die in der Person des Protesterhebers sich ereignen.

1. Der Untergang des Klagerechts infolge von Ereignissen in der Person des Abgeordneten.

Als Untergangsgründe sind hier Tod oder Mandatsniederlegung oder Eintritt der absoluten (Art. 9, RV.) oder der temporären Inkompatibilität (Art. 21, Absatz 2, RV., siehe weiter unten § 55) des Abgeordneten zu verzeichnen. Da der Protest nicht bloß auf die Ungültigkeitserklärung der Wahl gerichtet zu sein braucht, sondern daneben auch die bekannte Feststellungsklage zugunsten des in seinem Wahlrecht verkürzten Wählers enthalten kann, so wird prinzipiell zuzugeben sein, daß die angeführten Tatsachen (Tod, Mandatsniederlegung usw.) den Protest hinfällig machen, daß aber, wenn wegen der Verkürzung eines subjektiven Wahlrechts geklagt worden ist, die darüber entstehenden Untersuchungen trotzdem ihren Fortgang nehmen, und den Protest deshalb noch nicht zum Erlöschen bringen. Rechte Dritter (auch die des Staats als Inhaber der öffentlichen Strafgewalt) dürfen eben unter keinerlei Umständen durch die Mandatsniederlegung verkürzt werden. (Siehe dazu Sitzung vom 9. Dezember 1874, S. 577, Wahl Graf Cajus Stolberg [Tod]; Sitzung vom 16. Dezember 1876, S. 846, Wahl v. Puttkamer [Niederlegung des Mandats]; Sitzung vom 24. April 1896, S. 1900, Wahl v. Kardorff. Zweifelnd: Sitzung vom 21. Dezember 1876, S. 898f., Wahl des Prinzen Hohenlohe-Ingelfingen: Ausführungen des Grafen Ballestrem; ferner Sitzung vom 24. Mai 1895, S. 2451 ff., Wahl Möller; Sitzung vom 23. April 1896, S. 1884 ff., Wahl Wamhoff. Dagegen Sitzung vom 25. Februar 1893, S. 1276, Wahl Möller.)

Am klarsten hat der Abg. Bachem in der Sitzung vom 24. Mai 1895 (S. 2451) die Frage formuliert:

„Die Frage ist die, ob ein Abgeordneter durch Niederlegung seines Mandats es dem Reichstage aus der Hand nehmen kann, sein Urteil darüber zu sprechen . . .“ Bachem war der Ansicht, daß dies nicht zulässig sei, doch bedarf diese Meinung gewisser Einschränkungen im oben angeführten Sinne, die auch von den Abg. v. Bennigsen und v. Heeremann damals (a. a. O., S. 2452) gemacht worden sind. Dem Reichstag darf sein Urteil nicht „aus der Hand genommen werden“, wenn wegen Verkürzung subjektiver Wahlrechte Rektifikationen von Beamten oder ein Strafverfahren zu veranlassen ist. (So auch in der Folge gehandhabt: Sitzung vom 23. April 1896, S. 1884 ff., Wahl Wamhoff.)

Bei Mandatsverlust infolge des Eintritts absoluter oder temporärer Inkompatibilität (Art. 21, Abs. 2, RV.) müßten dieselben Grundsätze gelten. So hat man denn auch in der Wahlprüfungskommission, als im Jahre 1892 die Wahl des Abgeordneten v. Weyrauch geprüft wurde, der sein Mandat niedergelegt, weil er vom Konsistorialpräsidenten zum Unterstaatssekretär befördert worden war, mit Recht den Standpunkt vertreten (Dr. RT., Nr. 597 ex 1890/92, S. 3592), „daß der Reichstag (trotz der Mandatsniederlegung) ein großes Interesse daran habe, behauptete Verstöße gegen die gesetzlichen Bestimmungen oder Unregelmäßigkeiten bei der Wahl aufzuklären und zur Sühne zu bringen“. Demgegenüber war in der Kommission auch die Ansicht verteidigt: „daß dem Reichstag nach Art. 27 der RV. nur die Prüfung der Legitimation seiner Mitglieder zustehe, so daß mit der Ausscheidung eines Abgeordneten aus dem Reichstage die Wahlprüfungskommission kein Interesse und auch kein Recht habe, sich mit den Vorgängen bei der Wahl zu beschäftigen. Glauben Wähler sich in ihren verfassungsmäßigen und gesetzlichen Rechten durch die im Protest gerügten Vorgänge bei der Wahl beeinträchtigt, so stehe denselben ja das Recht der Petition an den Reichstag offen, so daß von einer Verkümmerung staatsbürgerlicher Rechte keine Rede sein könne.“ Dieser Meinung schloß sich die Wahlprüfungskommission und der Reichstag (Sitzung vom 18. März 1892, S. 1841) an, trotzdem die Minorität in der Wahlprüfungskommission zutreffend ausgeführt hatte (Dr. RT., Nr. 597 ex 1890/92, S. 3592): „Damit, daß der Abgeordnete aus dem Reichstage ausscheidet, sind die bei seiner Wahl passierten Ungesetzlichkeiten oder Vergewaltigungen der Minorität der Wähler noch nicht ungeschehen gemacht, und der Reichstag muß im gegebenen Fall das Recht und die Möglichkeit haben, die Angelegenheit vor sein Forum zu ziehen".

Unzulässig ist es auf alle Fälle, daß der Präsident des Reichstags, ohne einen darauf gerichteten Beschluß des Reichstags abzuwarten, daß die schwebende Wahlprüfung durch Mandatsniederlegung erledigt sei, aus eigener Machtvollkommenheit die Reichsregierung von der Niederlegung des Mandats zur Veranlassung einer Nachwahl verständigt (§ 66, GO.), und ganz besonders dann, wenn er dies während der Vertagung des Reichstags in eigener Angelegenheit tut (wenn es sich um sein eigenes angefochtenes Mandat handelt: RTV., Bd. 286, S. 2298 B und 2299 A).

2. Erlöschungsgründe des Protests, die sich in der Person des Protesterhebers ereignen.

Hierunter fallen: Tod des Protesterhebers oder Zurückziehung des Protests. Da es sich beim Wahlprotest nicht bloß um eine Feststellungsklage in dem oben angeführten Sinne, sondern eventuell um eine negative Bewirkungsklage (Kassation der Wahl) handelt, kann der Tod des Protesterhebers den Fortgang der Untersuchungen der Wahlprüfungskommission nicht hemmen (siehe Sitzung vom 26. Februar 1908, S. 3427 B, Wahl Fervers).

Eine Zurücknahme des Wahlprotestes kann prinzipiell auch nicht einen Erlöschungsgrund für die Protesterhebung bilden, da man nur das zurücknehmen kann, und darauf verzichten kann, was einem gehört. Die dem einzelnen Wähler widerfahrene Verkürzung des subjektiven Wahlrechts kann dieser ignorieren, er kann, nachdem er sie geltend gemacht hat, auf ihre Geltendmachung verzichten, aber auf die die Allgemeinheit berührende Nichtigkeit der Wahl kann er nicht verzichten. Deshalb wurde in früheren Jahren konsequent die Schlußfolgerung gezogen (so in der Sitzung vom 17. Januar 1894, S. 683, Wahl Hilpert): in der Zurücknahme des Protestes liegt die Erklärung, daß der Protesterheber auf ein Eingehen der von ihm vorgebrachten Tatsachen verzichte, daß aber die geschäftsordnungsmäßige Untersuchungspflicht des Reichstags keineswegs selbst bezüglich der von dem Protesterheber vorgebrachten Tatsachen aufhöre. Freilich hat der Reichstag in neuerer Zeit diese Praxis aufgegeben und mit der Zurückziehung des Protestes auch die weitere Untersuchung für erledigt erklärt (siehe Dr. RT., Nr. 232 ex 1903/04, S. 1036; weiter Sitzung vom 28. März 1906, S. 1686 B, Wahl v. Kardorff; Sitzung vom 14. Mai 1907, S. 360 B, Wahl Heckscher, und Sitzung vom 21. Mai 1912, S. 2208 f., Wahl Pauli), sofern nicht aus den Wahlakten, abgesehen vom Protest, ein besonderer Anlaß zur Weiterverfolgung der Sache gegeben erschien.

§ 52. Das Wahlprüfungsverfahren bis zum Urteil.

I. Die vorbereitende Tätigkeit der Abteilungen und der Wahlprüfungskommission.

1. Geschichtlicher Überblick. Auch der deutsche Reichstag hielt in den ersten Jahren seiner Wahlprüfungstätigkeit an dem Glauben der konstitutionellen Doktrin fest, daß nur der Reichstag als solcher, eventuell mit Zuhilfenahme der Abteilungen, die ja auch nichts weiter als Sektionen des Plenums sind und in ihrer Gesamtheit das Plenum darstellen, die Wahlprüfung erledigen dürfe. So stark war dieser Glaube, daß selbst später, als schon längst eine Wahlprüfungskommission eingerichtet war, einer der Veteranen aus der ersten Zeit, der Abg. Liebknecht, dieser einstigen Auffassung des Reichstags mit folgenden Worten markanten Ausdruck verlieh (RTV. vom 10. Dezember 1884, S. 267): „Ein notwendiger, logisch konsequenter Ausfluß des Prinzips der Volkssouveränität ist aber, daß die Volksvertretung wenigstens in ihren eigenen Angelegenheiten die Gerichtsbarkeit ausübt. Und darum glaube ich, daß eine raschere Wahlprüfung nur dann wirksam erreicht werden kann, wenn der Reichstag selbst . . . . ähnlich wie das englische Parlament die oberste Gerichtsbarkeit in allen die Wahlprüfung betreffenden Dingen ausübt . . ." In der Tat ist dieses Prinzip der Selbstkonstituierung eine Folge des von der französischen Nationalversammlung aufgenommenen Prinzips des pouvoir constituant, wie wir (§ 43) gesehen haben. Liebknechts Forderung war nur für diese Zeit (1884!) ein Anachronismus, da bereits schon seit dem Ausgang der sechziger Jahre in vielen Staaten, allen voran England, dieses Selbstkonstituierungsprinzip auf Wahlen angewendet, aufgegeben worden und entweder einem besonderen Gerichtshof oder einer Wahlprüfungskommission übertragen worden war, die in größerer oder geringerer Abhängigkeit vom Plenum Recht sprach.

Schon im Jahre 1868 machte der Abg. Braun (Hayms „Preußische Jahrbücher", II. Bd., S. 676 ff.) auf die Verhältnisse, wie sie bei Wahlprüfungen in England herrschen, aufmerksam. Er empfahl eine Wahlprüfungskommission, um den Unzuträglichkeiten der Wahlprüfung durch die Abteilungen zu entgehen, auch für den Reichstag des Norddeutschen Bundes. Freilich wußte er nicht, daß man in England gerade damals daran war, die Rechtsprechung durch die Wahlprüfungskommission einem Gerichtshof zu überweisen. Der Vorschlag von Braun fand im Reichstag damals keine Berücksichtigung. Erst der schriftstellerischen Tätigkeit Robert v. Mohls, der das englische Vorbild im Auge hatte, gelang es, die Augen des Reichstags auf einen wunden Punkt der bisherigen Form der Wahlprüfungstätigkeit im Deutschen Reich zu lenken[1]). Am 22. Januar 1875 brachten die Abg. Berndt, v. Bernuth, v. Mohl, Oppenheim, Klotz und Zinn einen in Form von Geschäftsordnungsparagraphen formulierten Antrag auf Einsetzung einer Wahlprüfungskommission ein, welche in jeder Session für deren Dauer neu gewählt werden sollte[2]). (Dr. RT., Nr. 215 ex 1874.) Der Antrag blieb infolge des Sessionsschlusses unerledigt. Als er am 11. November 1875 in modifizierter Form neuerdings im Plenum eingebracht wurde, war inzwischen der Mittelpunkt dieser Reformbestrebungen, Robert v. Mohl, gestorben. Im übrigen waren es aber dieselben Antragsteller der vorherigen Session. Über ihren Antrag wurde in der Sitzung vom 24. November 1875 verhandelt (sten. Ber. vom 24. November 1875, S. 301 ff.). Wie bei dem Antrag der vorherigen Session wurde auch bei diesem Antrag als Hauptgrund der Neuerung angeführt, den Entscheidungen in Wahlprüfungssachen eine möglichst objektive Grundlage und eine Übereinstimmung der Prinzipien zu sichern und sie den Einwirkungen der Parteiinteressen nach Möglichkeit zu entziehen. Der bisherigen Wahlprüfungstätigkeit durch Abteilungen wurde vorgeworfen, daß diese nicht ein geeignetes Organ bilden könnten, weil sie durchs Los zusammengesetzt würden, ohne Rücksicht auf die Zahl der Anwesenden beschlußfähig seien, und daher die zu den Beratungen der Abteilungen notwendige Mitgliederzahl fortgesetztem Wechsel unterliege. Der Antrag wurde der Geschäftsordnungskommission überwiesen, welche darüber im Plenum am 26. Januar 1876 (sten. Ber., S. 920 ff. und Dr. RT., Nr. 84 ex 1875) Bericht erstattete. Er fand im Plenum keine ungünstige Aufnahme und wurde auch mit einigen kleinen Modifikationen, welche die Kommission an dem Antrag v. Bernuth und Genossen anzubringen für gut fand[3]), ohne größere Diskussion mit sehr großer Mehrheit angenommen. Freilich, die Voraussetzung, von der damals der Kommissionsbericht und die Reichstagsmajorität ausgegangen, nämlich daß die Wahlprüfungskommission etwa bloß 7 Proz. der Wahlen unter die Lupe der Wahlprüfung zu nehmen hätte, erfüllte sich in der Folgezeit keineswegs. Die Zahl der Wahlproteste wuchs, statt sich auf einem Niveau von 28 angefochtenen Wahlen zu halten, auf eine Höhe

[1]) Namentlich in seiner Abhandlung „Kritische Erörterungen über Ordnung und Gewohnheiten des Deutschen Reiches" in der Zeitschrift für die gesamte Staatswissenschaft, Bd. XXX (1874), S. 620 ff.

[2]) Siehe darüber und zum folgenden insbesondere Leser, a. a. O., S. 48 bis 70.

[3]) Siehe darüber Leser, a. a. O., S. 57 f.

von durchschnittlich 50 in der Folgezeit. Und in der fünften Legislaturperiode gelang es überhaupt nicht, 20 der Wahlproteste zu erledigen (siehe darüber der Abg. Marquardsen in der Sitzung vom 10. September 1884, S. 266). Daher stellte zunächst in der Sitzung vom 26. November 1884 (sten. Ber. 1884/85, I. Bd., S. 45) der Abg. Rickert den Antrag, die Wahlprüfungskommission statt aus 14 Mitgliedern, wie bisher, aus 28 zusammenzusetzen, damit sie in zwei Abteilungen tagen könne. Dieser Antrag, zu Beginn der neuen (sechsten) Legislaturperiode gestellt, wurde schon am nächsten Tage zurückgezogen zugunsten eines Antrages von Bernuth, der dahin ging, die bisherige Zahl von 14 Mitgliedern beizubehalten und es der neuen, zu wählenden Wahlprüfungskommission zu überlassen, Verbesserungsvorschläge, insbesondere solche auf Beschleunigung des Wahlprüfungsverfahrens, dem Reichstag vorzulegen (sten. Ber., a. a. O., S. 74). Das Produkt dieser Beratungen in der Wahlprüfungskommission war ein Antrag derselben, eingebracht von dem damaligen Vorsitzenden der Wahlprüfungskommission v. Heereman (Sitzung vom 4. Dezember 1884, S. 87 ff.), der forderte, daß in Zukunft die Wahlprüfungskommission aus sieben Mitgliedern bestehen und bei einem Quorum von fünf Mitgliedern beschlußfähig sein sollte. Außer den ordentlichen Mitgliedern sollten eine gleiche Anzahl von Stellvertretern gewählt werden. Außerdem sollten die Referenten der Wahlprüfungskommission jedesmal unter möglichster Berücksichtigung der Parteiverhältnisse im Hause vom Vorsitzenden der Wahlprüfungskommission und zwei Mitgliedern des Plenums, die der Kommission nicht angehörten, bestellt werden. Man dachte sich dies so, daß „die bei der Prüfung einer Wahl sich gegenüberstehenden Parteien möglichst zu diesem Geschäfte heranzuziehen seien, damit von beiden Seiten für und gegen die Wahl aus dem eigenen inneren Interesse geurteilt werden könne". Die Referenten sollten für die ihnen zugewiesene Wahlprüfung in der Kommission Sitz und Stimme haben. Man hoffte, wie der Berichterstatter v. Heereman ausführte, auf diese Weise eine schleunigere Erledigung der Wahlprüfungen durch Verteilung der Arbeitslast auf eine größere Zahl von Abgeordneten herbeizuführen. Außerdem glaubte man in den Referenten gewissermaßen unparteiische „Richter" gegenüber den übrigen Mitgliedern der Wahlprüfungskommission zu finden. Zu dem Antrag der Wahlprüfungskommission (Dr. RT., 1884/85, Nr. 35) wurde vom Abg. v. Rheinbaben ein Abänderungsantrag gestellt (Dr. RT., a. a. O., Nr. 38 und Sitzung vom 4. Dezember 1884, S. 188 f.), wonach einerseits die Erhebung von Beweisen bloß durch Vermittlung des Reichstagspräsidiums, ohne das Plenum zu passieren, von der Wahlprüfungskommission veranlaßt werden, andrerseits die Frist zur Einreichung von Gegenprotesten, die nach der bisherigen Praxis nach Ablauf der Protestfrist nur so weit zugelassen werden (siehe oben), als sie sich auf Behauptungen beziehen, welche bereits im Proteste enthalten sind, um 14 Tage verlängert werden sollte. Die Anträge der Wahlprüfungskommission und des Abg. v. Rheinbaben wurden der Geschäftsordnungskommission zur Berichterstattung überwiesen, welche am 10. Dezember 1884 ihren Bericht erstattete (Sitzung vom 10. Dezember 1884, S. 262 ff. und Dr. RT., Nr. 46 ex 1884/85). Danach wurde der Antrag Rheinbaben vollständig abgelehnt, der Antrag der Wahlprüfungskommission hingegen derart verändert, daß das, was nun herauskam, ein wesentlich neuer Vorschlag war, nämlich der, dem § 5 der Geschäftsordnung beizufügen:

„Für die Dauer der ersten Session der gegenwärtigen Legislaturperiode gelten folgende Bestimmungen:

Die Kommission besteht aus 14 Mitgliedern und 7 Ergänzungsmitgliedern und wird für die Dauer der Session erwählt.

Der Vorsitzende der Kommission kann aus der Zahl der Ergänzungsmitglieder Referenten ernennen, welche aber nur bei den von ihnen bearbeiteten Wahlen an der Beratung und Abstimmung teilnehmen.

Anträge der Kommission, welche auf Ungültigkeitserklärung einer Wahl gehen, können nur bei Anwesenheit von wenigstens 11 stimmberechtigten Mitgliedern beschlossen werden."

Dieser Antrag wurde vom Plenum mit einer kleinen Modifikation in sprachlicher Hinsicht, welche der Abg. Freiherr v. Stauffenberg an demselben Schlußsatz anbrachte („Über Anträge, welche auf Ungültigkeitserklärung einer Wahl gehen, kann nur bei Anwesenheit von wenigstens 11 stimmberechtigten Mitgliedern Beschluß gefaßt werden"), angenommen, und zwar für die Dauer bloß einer Session. Es stellte sich allerdings kein erheblicher Fortschritt nach Einführung dieser „Hilfsrichter" ein, und das ganze Institut kam alsbald außer Brauch. Jedenfalls wurde der Antrag auf ihre Einsetzung in der Folgezeit nicht mehr wiederholt (siehe RTV. 1890/91, I, S. 212 und 219).

Der Abg. Rickert kam dann im Jahre 1890 nochmals auf seinen früheren Vorschlag zurück, im Interesse der Beschleunigung der Wahlprüfungen, wenn nötig, mehrere Wahlprüfungskommissionen zu bestellen (Dr. RT., Nr. 16 ex 1890/91). Im Plenum fand er keine günstige Aufnahme (RTV., a. a. O., S. 210 ff.) und die Geschäftsordnungskommission, der er überwiesen war, beantragte seine Ablehnung (Dr. RT., Nr. 93 ex 1890/91). Schließlich zog ihn der Abg. Rickert, als der Kommissionsbericht am 9. Dezember 1891 (RTV., S. 3297) im Plenum beraten wurde, zurück. Die Gegner des Antrags befürchteten, daß durch mehrere Wahlprüfungskommissionen die Einheit und Übereinstimmung in den Entscheidungen verloren gehen würde.

Der Beschleunigung des Wahlprüfungsverfahrens diente dann in der Folgezeit der Antrag der Abg. v. Strombeck und v. Hodenberg (Dr. RT., Nr. 15, Nr. 108, Nr. 109 ex 1895/96), welcher im Anschluß an die oben (siehe § 40, I.) erwähnten Vorschläge von Barth-Rickert zur Sicherung des Wahlgeheimnisses eingebracht wurde:

> „Beweiserhebungen, welche der Reichstag behufs Prüfung der Wahlen beschlossen hat, sind von den zuständigen Behörden als Eilsachen zu erledigen."

Als im Jahre 1903 die Barth—Rickert'schen Anträge durch Abänderung des Wahlreglements (siehe oben § 40, I) zum großen Teil ihre Erledigung fanden, lehnte der Bundesrat den anderen Bestandteil dieser Anträge, nämlich den auf schleunige Beweiserhebung gerichteten mit der Begründung ab (Dr. RT., Nr. 925 ex 1900/03, S. 6118), daß eine solche Vorschrift Sache der Dienstinstruktion sei und nicht in das Wahlreglement gehöre. Dabei blieb es. Dann sind in neuester Zeit wieder Anträge zur Herbeiführung unparteiischer Rechtsprechung in Wahlprüfungssachen gestellt worden, insbesondere der Antrag der Abg. Bassermann und Genossen in der ersten Session der 13. Legislaturperiode (Dr. RT., Nr. 866 ex 1912, S. 1191 und dazu Verhandlungen: Sitzung vom 5. April 1913, S. 4488 ff.), wonach das Wahlprüfungsgeschäft dem Reichstag abgenommen und einer gerichtlichen Behörde überwiesen werden sollten. Offenbar ist hier das Vorbild der Regelung maßgebend, wie sie das Wahlprüfungsgeschäft in der neuen Verfassung für Elsaß-Lothringen gefunden, wo die Wahlprüfungen einem Senat des Oberlandesgerichts in Colmar überwiesen worden sind.

Nach dem geltenden Recht (Art. 27 der Reichsverfassung in Verbindung mit §§ 2 bis 6 der Geschäftsordnung) wird das Vorbereitungsgeschäft für die Wahlprüfungen von zwei verschiedenen Organen mit verschiedenen Funktionen vorbereitet, nämlich von den Abteilungen und von der Wahlprüfungskommission.

2. Die Tätigkeit der Abteilungen. Die Tätigkeit der Abteilungen (über ihre Bildung und Organisation siehe oben § 30, I) ist kein richterliches Geschäft, aber auch nicht eine Vorbereitung richterlicher Tätigkeit wie die Tätigkeit der Wahlprüfungskommission, denn die Abteilungen können niemals den Antrag auf Ungültigkeit einer Wahl stellen. Ihr Recht, die Gültigkeit einer Wahl auszusprechen (§ 7, GO.), ist auch keine vorbereitende Tätigkeit, sondern bei ihnen allein steht es, diesen Ausspruch zu tun; der Versuch, der einmal im Plenum gemacht wurde (Sitzung vom 22. Januar 1904, S. 443 ff.), diesen Willensschluß der Abteilung zu entwinden und an deren Stelle die Gültigkeitserklärung auszusprechen, scheiterte. Und dies mit Recht. Sie übt aber hierbei

Legitimationsprüfung, nicht Wahlprüfung aus, einen Beurkundungsakt, keine richterliche Tätigkeit.

Beim eigentlichen Wahlprüfungsgeschäft hat die Abteilung überhaupt keine richterliche Tätigkeit zu entwickeln. Sie hat hierbei nur eine gewisse Vermittlerrolle. Sie muß die Wahlakten dann der Wahlprüfungskommission zur Prüfung abgeben, wenn folgende drei Fälle eintreten (§ 5 der Geschäftsordnung):

1. wenn rechtzeitig (§ 4) Wahlanfechtungen oder von einem Mitglied des Reichstages erhobene Einsprachen eingelaufen sind;
2. wenn die Gültigkeit der Wahl vcn der Mehrheit der Abteilung bezweifelt wird.

   Selbstverständlich gilt das gleiche, wenn die Mehrheit der Abteilung sofort die Wahl für eine ungültige erkennt.
3. Wenn 10 anwesende Mitglieder einer Abteilung einen aus dem Inhalte der Wahlverhandlung abgeleiteten, speziell zu bezeichnenden Zweifel gegen die Gültigkeit der Wahl erheben.

Namentlich die dritte Möglichkeit ist zu dem Zwecke gegeben, um den Minoritäten in den Abteilungen zu ihrem Rechte zu verhelfen. Nach den Geschäftsordnungsbestimmungen ist die Kompetenzabgrenzung zwischen Abteilungen und Wahlprüfungskommission klipp und klar, aber schon zwei Jahre später wollten die Abteilungen ihr altes Prüfungsrecht zum Teile wieder gewinnen, und es ergaben sich Kompetenzstreitigkeiten. Im Jahre 1877 wurde dann (siehe Sitzung vom 19. April 1877, S. 603, aber schon vorher Sitzung vom 10. April 1877, S. 355) im Plenum die Ansicht vertreten, daß den Abteilungen wenigstens ein Prüfungsrecht in bezug auf die sogenannten Partialproteste, d. h. solche Proteste, welche nicht den Gesamtakt der Wahl, sondern bloß die Wahlhandlung in einem Wahlbezirk betreffen, zustünde. Eine noch weiter gehende Ansicht, den Abteilungen auch die Zurückweisung frivoler Proteste zu übertragen, wurde von der Majorität des Plenums offen gelassen. In der Folgezeit kam aber auch jene beschränkte Restauration des Wahlprüfungsrechts der Abteilungen vollständig ab, indem ihr Eintreten und ihre Vorerörterung nur dann gewünscht wurde, wie sie geschäftsordnungsmäßig zulässig war, insbesondere wurde ihnen auch das Prüfungsrecht in bezug auf Partialproteste abgesprochen.

Nur wo kein Protest vorliegt und auch sonst keine Veranlassung zur Abgabe der Wahlakten an die WPK. gegeben erscheint, dennoch aber erhebliche Ausstellungen zu machen sind, sollen sie (§ 6, GO.) eine Vorerörterung für die schließliche Entscheidung des Reichstags selbst vornehmen, aber auch diese suchen sie, typisch genug, auf die Schultern der Wahlprüfungskommission abzuwälzen. (Vgl. dazu Dr. RT., Nr. 46 ex 1890/91

S. 241; Sitzung vom 20. Februar 1899, S. 9881, Wahl Hoffmann und Sitzung vom 14. Mai 1907, S. 1684A, Wahl Dröscher.)[1])

So sind die Abteilungen bloß auf die von der Geschäftsordnung gewollte Vermittlertätigkeit im Wahlprüfungsgeschäft beschränkt. Sie üben dieselbe in Gestalt der Beanstandung und Überweisung an die Wahlprüfungskommission aus (§ 5, Ziffer 2, GO.). Nicht bloß die Mehrheit beschließt sie, sondern auch schon 10 anwesende Mitglieder können die Überweisung an die Wahlprüfungskommission bewirken (§ 5, Ziffer 3, GO.). Ihre Tätigkeit üben sie für die Dauer der Session, für welche sie durch das Los bestellt sind, aus. Kommen neue Wahlen (Nachwahlen) während der Legislaturperiode vor, so werden die Wahlakten den Abteilungen zugelost und erledigt[2]).

3. Die Tätigkeit der Wahlprüfungskommission. Die Tätigkeit der Wahlprüfungskommission ist ein richterliches Geschäft. Sie bereitet die endgültige Entscheidung im Plenum vor. Die nächste Aufgabe, die an die Wahlprüfungskommission herantritt, ist die Bestellung der Referenten für die betreffende der Prüfung unterworfene Wahl. Diese Verteilung der Referate, wie sie aus dem Referatenverzeichnis zu entnehmen ist (siehe Sitzung vom 10. Dezember 1884, S. 269), erfolgt rein äußerlich nach dem Alphabet (siehe Sitzung vom 17. November 1906, S. 3734, der Abg. Wellstein). Darauf wird abgewartet, bis die Referenten sich mit ihrer fertigen Arbeit melden. Es ist üblich (so schon seit der Mitte der achtziger Jahre, siehe Sitzung vom 4. Dezember 1884, S. 187, der Abg. v. Heereman), Referenten und Korreferenten denjenigen Parteien zu entnehmen, welche im Wahlkampf der betreffenden Wahl konkurrierten.

Die Wahlakten wurden bis Ende 1871 (siehe Abg. Richter in der Sitzung vom 7. Oktober 1871, S. 97 f.) nach Beendigung der Wahlprüfung an die Regierung zurückgesandt, ein Brauch, der im Reichstag des Norddeutschen Bundes aus dem preußischen Abgeordnetenhaus

---

[1]) Diese Kompetenz der Abteilungen wird äußerst selten ausgeübt: zwei bis drei Fälle in einer Legislaturperiode. Siehe z. B. Sitzung vom April 1904, S. 2446 f., Wahl Will, Fehlen der amtlichen Bekanntmachungen der Wahl; Sitzung vom 14. Mai 1907, S. 1686, Wahl des Frhr. v. Steinaecker, Fehlen der Annahmeerklärung.

[2]) Siehe z. B. Sitzung vom 26. November 1901, S. 2758 B.: „Folgende eingegangene Wahlakten werden den Abteilungen überwiesen, und zwar: die Wahl des Abg. Gothein betreffend, der 7. Abteilung; die Wahl des Abg. Prietze betreffend, der 1. Abteilung; die Wahl des Abg. Mattschull betreffend, der 2. Abteilung; die Wahl des Abg. Krupp betreffend, der 3. Abteilung; die Wahl des Abg. Beumer betreffend, der 4. Abteilung" oder Sitzung vom 4. Dezember 1901, S. 2964: „Die zweite und dritte Abteilung werden zu Wahlprüfungen berufen auf morgen eine Viertelstunde vor der Plenarsitzung". Also eine Viertelstunde genügt! Das spricht zur Genüge für die Bedeutungslosigkeit dieser Abteilungstätigkeit.

übernommen worden war. Nachdem sich nun die Praxis in Preußen nach dieser Richtung geändert hatte, wurde auch auf die Initiative des Abg. Richter (Hagen) vom Gesamtvorstande des Reichstags verfügt, daß die Wahlakten auch nach beendigter Wahlprüfung im Haus zu verbleiben hätten. Sie gelten dann gewissermaßen als „Personalakten des Abgeordneten". Benötigt dann die Regierung bzw. die Staatsanwaltschaft zur Strafverfolgung wegen der Vergehen nach §§ 108 ff. und 271, StGB., die Akten, so sucht der Reichskanzler das Präsidium um Aushändigung der in Frage kommenden Wahlakten an (Sitzung vom 10. Dezember 1884, S. 269). Die noch nicht geprüften Wahlakten werden nach Präsidialverfügung vom 14. Dezember 1881 (siehe Sitzung vom 16. Juni 1882, S. 541) nur mit Genehmigung des betreffenden Vorsitzenden der Abteilung bzw. des Vorsitzenden der Wahlprüfungskommission aus diesem Geschäftszimmer entnommen und können aus dem Reichstagsgebäude nur mit Genehmigung des Reichstagspräsidenten und gleichzeitiger Information des Vorsitzenden oder der Referenten der Abteilung, bzw. der Wahlprüfungskommission, weggeführt werden.

Die Beratung und Beschlußfassung in der Wahlprüfungskommission, die aus 14 Mitgliedern besteht und in ihrer Zusammensetzung den allgemeinen Regeln über Kommissionen (siehe oben § 30, II), also auch der Einflußnahme des Seniorenkonvents unterliegt, hat nicht immer eine ständige Basis, sofern die Mitgliederzahl fluktuiert und es nicht selten vorkommt, daß ein in derselben Sache von der Wahlprüfungskommission gefaßter Beschluß bei erneuerter Beratung und Beschlußfassung aufgegeben wird (siehe z. B. Sitzung vom 21. Januar 1892, S. 3785; Sitzung vom 24. Januar 1893, S. 670; Sitzung vom 18. April 1894, S. 2240; Sitzung vom 4. April 1905, S. 5853). Allerdings sollen (siehe Dr. RT., Nr. 307 ex 1907, S. 1812) mitunter Bedenken hervortreten, „ob die Kommission formell berechtigt sei, ihren einmal gefaßten Beschluß zu ändern", mitunter stellt sich die Kommission „in ihrer überwiegenden Mehrheit auf den Standpunkt, daß solche Änderung nur zulässig sei, wenn kein Mitglied der Kommission widerspreche"[1]. Bei fluktuierender Zusammensetzung ist natürlich auch dies keine Schranke.

Was die Beratungsart anlangt, so ist die Praxis die, daß zunächst über die einzelnen Beschwerdepunkte ein nur vorläufiger Beschluß gefaßt wird, der nur die Fragen entscheidet: Ist hier überhaupt etwas Rechtswidriges vorgekommen und handelt es sich um einen erheblichen Beschwerdepunkt? Die Gesamtentscheidung wird gewöhnlich verschoben

[1] Gelegentlich wird sogar eine nochmalige Abstimmung ausgeschlossen, selbst wenn in continenti eines der Mitglieder darauf aufmerksam macht, daß es nur irrtümlicherweise seine Stimme abgegeben und sich eigentlich der Abstimmung habe enthalten wollen (Dr. RT., Nr. 1641 ex 1912/14, Ziffer 8).

bis zum Schluß der Durchberatung aller einzelnen Beschwerdepunkte. Erst am Schluß dieser Durchberatung macht man sich darüber schlüssig, ob man die Wahl für gültig oder für ungültig erklären oder dem Plenum einen Beweisbeschluß vorschlagen wolle. Es kann demnach die Entscheidung über einen einzelnen Beschwerdepunkt, mag er noch so wichtig sein, doch kein Präjudiz für die Schlußentscheidung über den ganzen Protest bilden, und es kommt häufig vor, daß bei einzelnen Punkten eine Entscheidung gegeben wird, die dann schließlich, nachdem alle anderen Punkte auch noch erwogen worden sind, rückgängig gemacht wird (so der Abg. Gröber in der Sitzung vom 18. April 1894, S. 2237). Wie im Plenum, so gilt auch in der Wahlprüfungskommission der Grundsatz, daß ein mit Stimmengleichheit erfolgter Beschluß als abgelehnt gilt (siehe Sitzung vom 1. April 1886, S. 1807, der Berichterstatter Schmieder).

Die Kommission und ihre Ansichten werden im Plenum durch den Berichterstatter vertreten. Wenn Referenten und Korreferenten fehlen und die betreffende Wahl auf der Tagesordnung steht, ist es üblich, dieselbe von der Tagesordnung abzusetzen (Sitzung vom 10. April 1874, S. 698f., Wahl Abeken, und Sitzung vom 3. Mai 1895, S. 2064, Wahl Böttcher). Es kommt aber auch vor, daß in diesem Falle ein Mitglied der Wahlprüfungskommission mit Zustimmung des Hauses die Referate stellvertretenderweise übernimmt (Sitzung vom 5. Februar 1886, S. 903, Wahl Fährmann). Wann schriftlicher Bericht zu erstatten ist, hängt von dem Ermessen der Wahlprüfungskommission ab. Zur Zeit, da die Abteilungen, nicht die Wahlprüfungskommission die Vorprüfung der Wahl vornahmen, war nach einem Beschluß des Reichstages vom 31. März 1871 (siehe Mohl, a. a. O., S. 81 f.) es üblich, wenn verwickelte Zahlenverhältnisse vorkamen, einen schriftlichen Bericht zu erstatten. Von diesem Beschluß ist man in der Praxis so oft abgewichen, daß er heute kaum Anspruch auf Geltung haben kann. Nur so viel steht fest, daß, wenn es sich um verhältnismäßig einfache oder wenige Tatsachen handelt (Sitzung vom 10. Februar 1888, S. 822, der Abg. v. Marquardsen und Sitzung vom 17. Januar 1894, S. 682, der Abg. Spahn), ferner, wenn die Kommission von der Hinfälligkeit und der Frivolität des Protestes überzeugt ist (siehe Sitzung vom 9. April 1886, S. 2207, der Abg. v. Reinbaben), nur mündlicher Bericht üblich ist.

Der Bericht der Wahlprüfungskommission schließt entweder mit dem Antrag auf Gültigkeit oder Ungültigkeit der Wahl oder mit dem Antrage auf Aussetzung der Gültigkeitserklärung, um in der Zwischenzeit Beweiserhebungen vorzunehmen, auf Grund deren dann die weitere Wahlprüfung zu erfolgen hätte. In älterer Zeit, das ist bis Ende 1884, war es üblich, in solchen Fällen von „Beanstandung" zu sprechen, da der § 8 der Geschaftsordnung den Ausdruck „beanstandet" gebraucht.

Seit der Zeit entschloß sich aber die Mehrheit der Wahlprüfungskommission und auch der Reichstag, um jeden Verdacht, als ob sie mit dem Worte „Beanstandung" der ganzen Wahl eine levis macula aufdrücken wollten, den jetzt üblichen Ausdruck „Aussetzung der Gültigkeit" zu verwenden (Sitzung vom 18. Dezember 1884, S. 457 f., Wahl Kropatscheck).

Der Schluß der Session bewirkt auch bei den Arbeiten der Wahlprüfungskommission wie bei anderen Kommissionen eine Diskontinuität der Beratung. Will man derselben vorbeugen, so muß man die Einbringung des Kommissionsberichtes im Plenum beschleunigen (siehe Sitzung vom 18. Juni 1887, S. 1159, der Abg. Marquardsen). Natürlich nehmen dann die einmal vom Plenum beschlossenen Beweiserhebungen trotz des Sessionsschlusses ihren Fortgang.

II. Die Beweiserhebung.

1. Allgemeine Grundsätze. Wie im Verwaltungsstreitverfahren (siehe z. B. preußisches Landesverwaltungsgesetz, § 76) gilt auch im Wahlprüfungsverfahren bezüglich der Beweiserhebungen, sofern das öffentliche Interesse mitberührt ist, die Offizialmaxime neben dem durch Parteivorbringen angebotenen Beweis. Enthält der Protest bloß eine Feststellungsklage wegen Verkürzung des Wahlrechts, so muß der Beweis vom Protesterheber angeboten werden (siehe z. B. Dr. RT., Nr. 218 ex 1890/91, S. 1759). Wohingegen der Wahlprotest bloß die negative Gestaltungsklage gerichtet auf Aufhebung der Wahl bezweckt, ist das öffentliche Interesse zu sehr mitberührt, als daß der Reichstag bei der Wahlprüfung bloß mit den angetretenen Beweisen der Protesterheber sich zufrieden geben könnte. In diesem Falle ist er auch berechtigt, ex officio nach seinem Ermessen Beweiserhebungen vorzuschreiben. (Siehe z. B. Sitzung vom 18. April 1894, S. 2223, der Abg. v. Strombeck: „Die Sache mag liegen wie sie will: Ich werde mir doch erlauben, diese Frage, ob der Reichstag ex officio eine Beweisaufnahme zu ergänzen hat, etwas näher zu erörtern. Der Art. 27 der Reichsverfassung bestimmt, daß der Reichstag die Legitimation seiner Mitglieder zu prüfen und darüber zu entscheiden hat. Es liegt meiner Auffassung nach also eine verfassungsmäßige Pflicht des Reichstags vor, zu prüfen und zu entscheiden, ob eine Wahl gültig ist. Wenn nun, wie hier, ein Tatbestand für erheblich erachtet wird, dann liegt doch meines Erachtens auf der Hand, daß der Reichstag die ihm gegebenen Mittel zur Feststellung, ob die betreffende Behauptung wahr sei oder nicht, benutzen muß." Vgl. auch Sitzung vom 7. Mai 1895, S. 21, der Abg. Spahn.) Daher darf in solchen Fällen der Wahlprotest, der einen Anfechtungsgrund vorbringt, nicht auf die

zu seiner Begründung nötige Beweiserhebung etwa aus dem Grunde verzichten, weil solche Beweiserhebung „dem sozialen Empfinden der Protesterheber widerspreche". Solcher Verzicht wird von der Wahlprüfungskommission ignoriert (siehe Sitzung vom 1. Mai 1900, S. 5193, Wahl Zwick).

Sowohl die Wahlprüfungskommission als auch der Reichstag gehen von dem Grundsatz der freien Beweiswürdigung aus (siehe Sitzung vom 8. Mai 1880, S. 1261, der Abg. v. Heereman: „Ferner ist ein Hauptgrundsatz für die Wahlprüfungskommission gewesen, daß sie in allen Fragen über Beeinflussung einer Wahl, die Gesamtheit der Vorgänge, das Gesamtbild zusammenfaßt, um daraus zu bestimmen, ob und in welcher Weise ein Druck auf die Wahl seitens der Beamten ausgeübt worden, und ob derselbe von solcher Bedeutung sei, daß eben die Gültigkeit dadurch in Frage gestellt werden könnte"). Infolgedessen wird von der Wahlprüfungskommission mitunter der Antrag auf Beweiserhebungen auch über Beschwerdepunkte gestellt, bei denen es von vornherein schon sicher ist, daß sie im Falle ihrer Bewahrheitung an und für sich noch nicht zur Ungültigkeit der Wahl führen könnten, wofern sie nur als Nebenumstände zur Aufhellung anderer Punkte dienen, die eventuell die Gültigkeit der Wahl tangieren. Dann wird der Beweisantrag auch auf jene Nebenumstände ausgedehnt, denn wie der Freiherr v. Heereman bei anderer Gelegenheit (Sitzung vom 13. Februar 1883, S. 1449) zutreffend ausführte, „kommt es auf eine ganze Menge Nebenumstände an, und auf den ganzen Eindruck, den die Wahlprüfungskommission über die gesamten Vorgänge gewinnt. Aus diesem gesamten Ergebnis zieht sie, wie ich glaube — sie bestrebt sich wenigstens redlich dazu —, mit möglichster Objektivität ihre ganz allgemeinen Schlüsse; um diesen erforderlichen Eindruck in zweifelhaften Fällen zu gewinnen, werden die Angaben erörtert, die Wahl wird vorläufig aber noch nicht für gültig erklärt."

Aus dem Grundsatz der freien Beweiswürdigung folgt der Grundsatz der Beweisverbindung, das ist die Ablehnung jedes artikulierten Beweises. Diese Form war dem älteren Prozeß eigentümlich, wonach, wenn das in Artikel gefaßte Beweisthema nachgewiesen wurde, die Urteilsfällung in diesem Sinne unbedingt erfolgen mußte. Für unsere Frage würde diese ältere Auffassung bedeuten, daß, wenn die von der Wahlprüfungskommission beantragten und vom Reichstag beschlossenen Beweiserhebungen sich bewahrheiten, sofort die Nichtigkeit der Wahl vom Reichstag ausgesprochen werden müßte. Diese Form des artikulierten Beweises war zwar in der älteren Reichstagspraxis (siehe z. B. Sitzung vom 22. April 1871, S. 326, der Abg. Lasker) gehandhabt, sie ist aber schon seit dem Ausgang der siebziger Jahre gefallen. Seit der Zeit gilt der Grundsatz, daß das Haus an seine frühere Beanstandung nicht gebunden ist und eine Wahl, trotzdem die Tatsachen, die den Gegenstand der Beanstandung bilden, sich bewahrheiten, dennoch für die Gültigkeitserklärung der Wahl stimmen kann (siehe Sitzung vom 19. April 1877, S. 600, aus neuester Zeit Sitzung vom 25. Februar 1913, S. 4002 ff.). Auch die Wahlprüfungskommission ist in dieser Hinsicht ebensowenig wie das Plenum an einen artikulierten Beweis gebunden, d. h. trotzdem das Plenum das Erhebliche einer Beweiserhebung durch Beschlußfassung derselben anerkannt hat, ist die Wahlprüfung bei der Beurteilung und Vorprüfung der durch Beweis erhobenen Tatsachen keinesfalls an die vorher ausgesprochene Auffassung des Reichstags in derselben Sache gebunden (siehe z. B. Sitzung vom 4. April 1905, S. 5849 ff.)[1]. Anders liegt die Sache natürlich, wenn vom Plenum eine Rückverweisung des Kommissionsberichtes an die Wahlprüfungskommission in bezug auf einen bestimmten Punkt beschlossen worden ist. In solchen Fällen hat die Wahlprüfungskommission den Reichstagsbeschluß zu achten und sich nur mit den zur neuerlichen Beweiswürdigung überwiesenen Tatsachen zu beschäftigen (siehe so schon Sitzung vom 9. Dezember 1874, S. 581, Berichterstatter Frühauf; siehe dann auch Dr. RT., Nr. 154 ex 1895/96, S. 1095).

Trotzdem in jedem auf der Offizialmaxime aufgebauten Streitverfahren die Frage der Beweislast naturgemäß keine erhebliche Rolle spielen kann (siehe Entscheidung des preußischen Oberverwaltungsgerichtes im ‚Preußischen Verwaltungsblatt', Bd. XVIII., S. 213), so gilt dennoch im Wahlprüfungsverfahren wie im Verwaltungsstreitverfahren zunächst der Grundsatz, daß die Beweislast nicht bei dem Erlaß des Beweisbeschlusses, sondern nach der Beweiserhebung zu prüfen ist. Bei Wahlstreitigkeiten hat der Anfechtende zu beweisen, daß eine Unregelmäßigkeit vorgekommen ist. (So OVG. in ‚Preußischen Verwaltungsblatt' 15, 406 l; 20, 289 l; 21, 421 r; 24, 56 r; 25, 848 r; — siehe auch Abg. v. Köller in der Sitzung vom 13. Mai 1884: „Meine Herren, ich denke mir doch die Tätigkeit, die Funktion, sei es der Wahlprüfungskommission, sei es hier des hohen Hauses, ähnlich wie die eines Gerichtshofes, welcher zu erkennen hat. Ich denke mir den Protesterheber gewissermaßen als Ankläger, der erscheint und sagt: den da vorläufig durch die Wahlkommission als gewählten Abgeordneten proklamierten Herrn klage ich an als einen, der nicht rechtmäßig gewählt ist. Das ist doch die Natur der Sache. Aus diesem Gedanken heraus aber sage ich: jemand ist so lange als gewählt zu erachten, als ihm von dem öffentlichen Ankläger — und das ist hier der

---

[1]) Vergl. auch Dr. RT., Nr. 374 ex 1890—1 und Sitzung vom 24. April 1891, S. 2566; Dr. RT., Nr. 481 ex 1890—1 und Sitzung vom 4. Dez. 1891, S. 3248 f., Wahl v. Helldorff; Dr. RT., Nr. 825 ex 1907—9, S. 4928, Wahl Schwabach.

Protesterheber bzw. die Beweiserhebung über die Angaben des Protestes — nicht nachgewiesen wird: ‚Du bist nicht gewählt'. Derjenige, welcher einen Protest anbringt, muß nach altem Usus im Reichstage auch den Beweis für seine Behauptung erbringen, sonst ist solch ein Protest jederzeit kurzerhand zurückgewiesen worden, er muß weiter auch den Beweis führen, welchen er angetreten hat; führt er den Beweis nicht, so ist der Protesterheber beweisfällig, und die Schlußfolgerung daraus — die klare Logik sagt das —: „der Mann ist und bleibt gültig gewählt, weil der Verfasser des Protestes beweisfällig geblieben ist.")

Daraus folgt, daß, wenn z. B. Stimmzettel, die für ungültig erklärt worden sind, nicht mehr in der Wahlprüfungskommission nachgebracht werden können, weil sie vernichtet sind, und aus dem Grunde nicht ermittelt werden kann, für wen diese Stimmzettel abgegeben worden sind, die angefochtene Wahl für gültig erklärt werden muß, trotzdem die Majorität des Gewählten sehr gering ist (siehe Sitzung vom 26. April 1910, S. 2696 f., Wahl Labroise).

Da es eine private Gegenpartei im Wahlprüfungsverfahren nicht gibt, und auch der Erheber des Gegenprotestes keine offizielle Parteistellung in der Praxis des Reichstags besitzt, kommt es auf seine Erklärungen zur Einschränkung des vom Protesterheber formulierten Beweisthemas nicht an. Wird z. B. in der Gegenerklärung behauptet, es sei eine der als Zeugen vom Protesterheber angeführten Personen am Wahltag betrunken gewesen, so braucht sich der Reichstag bei seiner Beweiswürdigung an diese Gegenerklärung nicht zu halten (siehe Sitzung vom 11. April 1891, S. 2239 f., Wahl Möller).

2. Die Beweismittel. Im Wahlprüfungsverfahren gelten wie in anderen Verfahrensarten als zulässige Beweismittel: Der Augenschein (z. B. bei der Frage der Dicke, Größe usw. von Stimmzetteln); der Urkundenbeweis (z. B. bei Erhebung des Beweises, daß Personen unter dem zur Wahlfähigkeit nötigen Alter gewählt haben, Dr. RT., Nr. 411 ex 1903/05, S. 2401); schließlich der Zeugenbeweis.

In der ältesten Praxis nahm der Reichstag den Standpunkt ein, daß der Zeugenbeweis, sofern durch denselben erhoben werden sollte, wie ein Wähler gestimmt habe, grundsätzlich zu verwerfen sei, weil auf diese Weise das Wahlgeheimnis verletzt werden könnte (siehe Sitzung vom 13. September 1867, S. 10; Sitzung vom 5. April 1871, S. 183). In der späteren Zeit, ungefähr seit der Mitte der siebziger Jahre bis zum Beginn der neunziger Jahre, stand der Reichstag in seiner Praxis bei der Ansicht, daß die Lüftung des Wahlgeheimnisses durch Zeugenbeweis, wenn Wahlfälschungen unterlaufen seien, zulässig wäre, keineswegs aber, wenn andere Fakten, die für die Wahlprüfung erheblich wären, dadurch erwiesen werden sollten (siehe Sitzung vom 11. März 1874, S. 287 f., Wahl Graf Stolberg; Sitzung vom 11. April 1874, S. 87 f., Wahl Fürst v. Lichnowsky). Nur wenn ein Anerbieten von Wählern zur Einvernahme als Zeugen vorlag, ging der Reichstag auf solche Beweiserhebungen, die das Wahlgeheimnis lüften konnten, ein (ablehnend Dr. RT., Nr. 222 ex 1890/92, S. 1768, zweifelnd noch Dr. RT., Nr. 95 ex 1890/92, S. 638, ganz klar bejahend aber Sitzung vom 17. Januar 1891, S. 1017, Dr. RT., Nr. 183 ex 1890/92). Seit 1891 aber (siehe die eben angeführte Sitzung, Antrag Träger!) stellt sich der Reichstag auf den Standpunkt, aus eigener Initiative auch ohne das Anerbieten der in Frage kommenden Wähler abzuwarten, Beweiserhebung zum Zwecke der Lüftung des Wahlgeheimnisses vornehmen zu lassen, wobei jedoch die in Frage kommenden Wähler darauf aufmerksam gemacht werden müssen, daß es ihnen frei stehe, die eidliche Aussage zu verweigern (siehe z. B. Dr. RT., Nr. 139 ex 1900/3, S. 866; Dr. RT., Nr. 857 ex 1900/3, S. 577; Dr. RT., Nr. 456 ex 1903/5, S. 4711 u. a. m.)[1]).

Bei Wahldelikten (siehe über diese weiter unten) steht der Reichstag gewöhnlich fest bei der Ansicht, daß Personen, die als Täter des Wahldeliktes in Frage kommen, nicht unter Eid zu vernehmen sind (siehe Sitzung vom 24. April 1896, S. 1928; Sitzung vom 1. Mai 1900, S. 5184; Dr. RT., Nr. 236 ex 1896, S. 1423). Auch hat der Reichstag gelegentlich die Ansicht vertreten, daß Beamte, die sich eventuell disziplinarisch wegen des Wahldeliktes zu verantworten hätten, nicht zeugeneidlich, sondern bloß informatorisch zu vernehmen seien (Sitzung vom 9. April 1889, S. 1434). Steht demnach der Reichstag in dieser Hinsicht in bezug auf Wahldelikte nicht bei den Grundsätzen der Zivilprozeßordnung, sondern bei den der Strafprozeßordnung, so ist eine natürliche Konsequenz, daß auch bei Wahldelikten dem Geständnis des Beschuldigten keine prozeßrechtliche Bedeutung beigelegt wird (Sitzung vom 21. Januar 1902, S. 3547).

Aussagen von Abgeordneten haben im Plenum keine besonders privilegierte Bedeutung. Was der Abgeordnete im Plenum in bezug auf die Wahl aus eigener Wahrnehmung und Erfahrung anführen mag, macht niemals eine von der Wahlprüfungskommission beantragte Beweiserhebung überflüssig (siehe Sitzung vom 28. März 1906, S. 2373, Wahl Scherre) und kann sie auch nicht irgendwie tangieren oder abändern (zutreffend der Abg. Merten: „Ich befürchte, daß dann bei künftigen Verhandlungen in der Kommission wie im Plenum sich ein Abgeordneter finden kann, der als Kronzeuge auftritt und Material beibringt in Form

[1]) Eidliche Vernehmung der Zeugen, daß sie gewählt haben, wird ohne weitere Umstände von RT. verfügt (Dr. RT., Nr. 385 ex, 1909—11, S. 2048; Dr. RT., Nr. 960 ex, 1912—13, S. 1404).

eigener Erlebnisse und Erfahrungen und auf Grund dieses Materials die Gültigkeit der Wahl fordern kann").

3. Das Ersuchen um Beweiserhebung. (Die Requisition.) Die Praxis geht den Weg, daß der Reichskanzler von den Wünschen des Reichstags in bezug auf Beweiserhebungen benachrichtigt wird, seinerseits auf die einzelstaatlichen Regierungen einwirkt, daß die Beweiserhebungen vorgenommen werden, und daß die einzelstaatlichen Regierungen ihrerseits wieder entweder durch ihnen untergeordnete Verwaltungsbehörden die Beweisaufnahmen vollziehen oder, wenn zeugeneidliche oder gerichtliche Vernehmung vom Reichstag gewünscht wird, die Gerichte zur Vollziehung der Beweiserhebung in Anspruch nehmen. Bei dieser Praxis ergeben sich gleich zwei Fragen: Ist dieses Verfahren im Gesetze begründet, und welche Rolle spielen die Verwaltungsbehörden auf der Vermittlungslinie zwischen Reichstag und ordentlichem Gericht, insbesondere sind sie zur Ausführung der Requisition verpflichtet?

Was zunächst die erste Frage anlangt, so hat der Reichstag nach Art. 27 der Reichsverfassung die Kompetenz, die Wahl, auf Grund deren sein Mitgliederbestand sich zusammensetzt, zu prüfen. Diese Kompetenz des Reichstags wäre zweifellos illusorisch, wenn die für die Prüfung notwendigen Beweiserhebungen des Reichstags unmöglich gemacht würden. Aus diesen allgemeinen Grundsätzen würde an und für sich schon die Befugnis des Reichstags folgen, sich direkt mit den in Frage kommenden Verwaltungs- und Gerichtsbehörden in Verbindung zu setzen (siehe Mohl, a. a. O., S. 121, und Delius, im Preußischen Verwaltungsblatt, Bd. XXX, S. 349 f.). Dennoch steht der Reichstag nicht auf diesem Standpunkte, sondern benützt die oben angeführte Vermittlung durch Reichskanzler und einzelstaatliche Regierungen. Kommt einmal in der Reichstagspraxis ein direkter Verkehr in Wahlprüfungssachen zwischen Wahlprüfungskommission und unteren Verwaltungsbehörden des Einzelstaates vor, so wird dies selbst aus der Mitte des Reichstags heraus gerügt (siehe z. B. Sitzung vom 13. Juli 1909, S. 9468 f.). Diese Praxis hängt mit der Auffassung der älteren konstitutionellen Doktrin zusammen, die in Ablehnung französicher Konventspraktiken einen direkten Verkehr zwischen Parlament respektive seinen Organen und Gerichten und Verwaltungsbehörden ängstlich vermieden wissen wollte, eine Auffassung, die in einer der ältesten deutschen Verfassungen, der badischen, einen markanten Ausdruck gefunden hat (§ 75 in der alten Fassung von 1818)[1]).

[1]) Er lautete: Sie [Die Kammern] stehen nur mit dem großh. Staatsministerium in unmittelbarer Geschäftsberührung; sie können keine Verfügungen treffen oder Bekanntmachungen irgend einer Art erlassen. Ähnlich § 133 der sächs. Verfassung u. a. m.

Wir sind dieser konstitutionellen Doktrin auch im anderen Zusammenhang (siehe oben § 31, Stellung der Reichstagsverwaltung gegenüber Gerichten und Verwaltungsbehörden) begegnet. Diese Praxis wäre an und für sich unschädlich, wenn sie nicht gerade bei den Wahlprüfungen des Deutschen Reiches eine erhebliche Verzögerung der Wahlprüfung im Gefolge hätte. Keineswegs aber darf sie etwa zu der Ansicht verleiten, als ob die Tätigkeit der sich zwischen Reichstag und Gerichte einschiebenden Verwaltungsbehörden vom Reichskanzler abwärts eine Verwaltungstätigkeit wäre, welche diesen Verwaltungsbehörden ein freies Ermessen in bezug auf die Wünsche des Reichstags gestatten würde. Die Stellung dieser Verwaltungsbehörden im Requisitionsverfahren ist die bloßer prozessualer Boten, die nicht eigene Willensbildung hierbei zu bewirken haben, sondern die Willensäußerung ihres Vollmachtgebers weiterzugeben haben [1]). Die Pflicht zu diesen Botendiensten erwächst dem Reichskanzler aus der Reichsverfassung, da er für die Ausführung der Reichsverfassung und der Reichsgesetze dem Reichstag gegenüber verantwortlich ist (Art. 17 der RV.), für die einzelstaatlichen Zentralbehörden aus der Reichsaufsicht, die der Reichskanzler im Namen des Reiches über die Ausführung von Reichsgesetzen den Landesbehörden gegenüber hat, für die Stellung der einzelstaatlichen Zentralstellen gegenüber ihrer untergeordneten Verwaltungsbehörden aus der über letztere geführten Dienstaufsicht (siehe Dr. RT., Nr. 925 ex 1903, S. 6118). Das Gericht, insbesondere das Amtsgericht, welches die Vernehmung der Zeugen vorzunehmen hat, leistet nicht etwa auf Grund einzelstaatlicher Gesetzesvorschriften den Verwaltungsbehörden Rechtshilfe, sondern vollzieht die ihm durch jenen Boten übermittelte Beweiserhebung kraft der reichsgesetzlichen Vorschriften, nämlich kraft Art. 27 der Reichsverfassung (siehe auch das Urteil des Oberlandesgerichts in Naumburg, Dr. RT., Nr. 169 ex 1900/01). Der Reichskanzler und die einzelstaatlichen Regierungen haben daher die Pflicht, die vom Reichstag verlangten Erhebungen für die Zwecke der Wahlprüfung an die zuständigen Behörden weiterzugeben (siehe das Zugeständnis des Staatssekretärs v. Böttcher, Sitzung vom 5. Februar 1885, S. 1103: „Nach Art. 27 der Verfassung hat der Reichstag das Recht, die Legitimation seiner Mitglieder zu prüfen und darüber zu entscheiden. Diese Befugnis involviert auch das Recht, den Anspruch zu erheben, daß alle die Tatsachen aufgeklärt werden, die behufs Vorbereitung der Entscheidung über die Legitimation der einzelnen Abgeordneten festgestellt werden müssen, und die Regierung hat in jedem Fall, in welchem aus dem Haus der Antrag an sie gelangt ist,

---

[1]) Siehe über den Unterschied zwischen Boten und Bevollmächtigten im Prozeßrecht Hellwig, Lehrbuch des Zivilprozeßrechtes, II (1907), S. 353 ff.

behufs der Prüfung und endgültigen Entscheidung einer Wahl bestimmte Tatsachen zu eruieren, sich nicht geweigert, diesem Ersuchen stattzugeben"; vgl. auch die Ausführungen des Abg. Müller-Marienwerder in der Sitzung vom 13. Juni 1890, S. 317, Wahl Leemann).

Das Verfahren, welches bei der Vernehmung von Zeugen durch das Amtsgericht maßgebend ist, regelt sich nach den Grundsätzen der Zivilprozeßordnung, da das Wahlprüfungsverfahren ein dem Verwaltungsstreitverfahren nachgebildetes Verfahren ist. Diese Grundsätze muß man deshalb zu Hilfe nehmen, weil keine der anderen Verfahrensarten, weder die Grundsätze des Disziplinarverfahrens noch der Strafprozeßordnung, passen. Um Strafsachen handelt es sich bei Wahlprüfungen ebensowenig wie um Disziplinarsachen [1]). Und wollte man das Verfahren für freiwillige Gerichtsbarkeit nach Art des Oberlandesgerichts in Colmar als dasjenige Verfahren ansehen, welches am ehesten für Wahlprüfungssachen angemessen erscheint, so kämen ebenfalls die Gesetze der Zivilprozeßordnung in Betracht, da das Gesetz über die Angelegenheiten der freiwilligen Gerichtsbarkeit die Vorschriften der Zivilprozeßordnung als ergänzende Vorschriften betrachtet. Nur wo es sich um Wahldelikte handelt, steht der Reichstag, wie wir oben gesehen haben, betreffs der Vernehmung von Zeugen auf dem Standpunkte, die Grundsätze der Strafprozeßordnung per analogiam heranzuziehen, und nach diesen Grundsätzen die eidliche oder nichteidliche Vernehmung von Zeugen durch Gerichte anzuordnen. Aber das ist ein reines internum corporis, eine innere Motivation des Reichstags und kommt bei der Beweiserhebung, wenn sie einmal angeordnet ist, nicht mehr in Frage. Gelten also prinzipiell die Grundsätze der Zivilprozeßordnung für die in Frage kommenden Beweiserhebungen, so hat das Amtsgericht danach keinesfalls die Rolle eines willenlosen Werkzeugs, vor allem hat es entsprechend den Vorschriften des Gerichtsverfassungsgesetzes (§ 159):

a) seine örtliche Zuständigkeit zu prüfen, z. B. die Beweiserhebung abzulehnen, weil der Zeuge sich nicht in dem Bezirke des Amtsgerichts aufhält;

b) zu prüfen, ob die vorzunehmende Handlung nach dem Recht des ersuchten Staates nicht verboten ist, ein Prinzip, das freilich in der Praxis sich kaum ereignen wird.

Der Reichstag hat aber keinesfalls das Recht, die Gerichtshierarchie in einem Staate modifizieren zu wollen, z. B. ein Amtsgericht der örtlichen Zuständigkeit deshalb abzulehnen, weil der Amtsrichter oder die einzelnen Mitglieder des Amtsgerichts parteiisch sein dürften. Das wäre ein unzulässiger Übergriff (siehe so schon Sitzung vom 3. Oktober 1867, S. 219, Berichterstatter v. Seydewitz).

[1]) So auch Delius, a. a. O., S. 350.

Sind die Staatsbürger verpflichtet, der Ladung des Amtsgerichts zum Zwecke der eidlichen oder nichteidlichen Vernehmung als Zeugen Folge zu leisten? Daß die Gerichte verpflichtet sind, die Beweiserhebung vorzunehmen, haben wir oben dargetan. Die Pflicht der Staatsbürger folgt aber auch aus dem Art. 27 der Reichsverfassung. Erscheint deshalb der Zeuge nicht auf die Ladung des Gerichts hin, oder verweigert er die Aussage, resp. die eidliche Aussage, so ist gegen ihn in Gemäßheit der §§ 380 und 390 der Zivilprozeßordnung zu verfahren.

Nach den Grundsätzen des Rechtshilfeverfahrens hat die ersuchende Behörde, hier also der Reichstag, den Umfang und die Art der Beweisaufnahme zu bestimmen. Verstärkt wird dieser schon im allgemeinen Rechtshilfeverfahren liegende Grundsatz noch durch die dem Reichstag nach Art. 27 der Reichvserfassung zustehende sogenannte „Autonomie" (siehe darüber oben, § 2). Das Amtsgericht darf demnach das Beweisthema niemals einschränken oder modifizieren, noch viel weniger steht solches den einzelstaatlichen Regierungen oder dem Reichskanzler zu, da diese gegenüber dem Wunsch des Reichstags nur als Boten auftreten. Verweigert ein geladener Zeuge das Zeugnis aus den im Gesetze angeführten Gründen (§ 383 ff. ZPO.), so ist dies zweifellos zulässig, denn auch das Parlament ist an die Vorschriften des Gesetzes gebunden und darf sich nicht darüber hinwegsetzen. Über die Begründetheit der Weigerung entscheidet aber nicht etwa das die Beweiserhebung vollziehende Amtsgericht, sondern nach § 387 der Zivilprozeßordnung das Prozeßgericht. Nun nimmt aber der Reichstag in dem Wahlprüfungsverfahren, wie dies auch von seiten der Regierung anerkannt worden ist (siehe Sitzung vom 27. April 1896, S. 1937), die Stellung eines Prozeßgerichts ein, also hat der Reichstag über die Begründetheit der Weigerung zu entscheiden. Niemals darf aber das Amtsgericht aus eigenem Ermessen, wenn eidliche Vernehmung des Zeugen angeordnet ist, sich mit einer uneidlichen Vernehmung zufrieden geben. In solchen Fällen pflegt vom Reichstag das Ansuchen wiederholt gestellt zu werden (siehe Sitzung vom 7. Januar 1875, S. 870f.; Wahl v. Seydewitz; Sitzung vom 12. März 1878, S. 482f., Wahl Götting). Unzulässig wäre es aber, wenn der Reichstag den Antrag auf strafgerichtliche Untersuchung stellt, daß das A.-G. sich über die Vorschrift der Strafprozeßordnung, welche eine eidliche Vernehmung von Zeugen im Stadium der Voruntersuchung im allgemeinen verbietet (§ 65) und nur in Ausnahmefällen zuläßt, hinwegsetzen und dennoch auf der eidlichen Vernehmung bestehen sollte (siehe z. B. Dr. RT., Nr. 214 ex 1890/92, S. 1754). Konfrontierung von Zeugen ist nur dann nötig, wenn der RT. sie ausdrücklich fordert (Dr. RT., Nr. 484 ex 1905/6, S. 4745).

Auch die Vorschriften der Landesgesetze, welche die Pflicht der Amtsverschwiegenheit vorschreiben, muß der Reichstag beachten und darf sich nicht darüber hinwegsetzen. Erteilt die betreffende einzelstaatliche Regierung ihren Beamten nicht die Genehmigung, Zeugnis über eine zur Wahlprüfung gehörige Tatsache abzulegen, so muß der Reichstag dies respektieren und darf nicht auf Ablegung des Zeugnisses bestehen (siehe Sitzung vom 12. April 1904, S. 2014), denn das Ersuchen des Reichstags um Beweiserhebung kann nur nach Maßgabe der Gesetze gestellt werden. Unter Gesetzen in diesem Sinne sind sowohl Reichsprozeßgesetze wie Landesgesetze zu verstehen. Natürlich bleibt es dem Reichstag unbenommen, aus einer ungerechtfertigten Weigerung der Genehmigung zur Lüftung des Amtsgeheimnisses die für die Wahlprüfung nötigen Konsequenzen zu ziehen. Und dies wird er namentlich dann tun, wenn die einzelstaatliche Regierung nicht schon im Plenum, wo die Beweiserhebung beschlossen, sondern erst später die Pflicht zur Amtsverschwiegenheit geltend macht (siehe Sitzung vom 12. April 1904, S. 2014, der Abg. Spahn)[1]. Hier liegt wieder einer der Fälle vor, wo dem Verwaltungsermessen das parlamentarische Ermessen befugterweise gegenübergestellt werden darf.

Wo es sich um die Gültigkeit der Wahl handelt, haben die Reichs- und Landesbehörden, ebenso wie der Staatsbürger die Pflicht, dem Ersuchen des Reichstags nachzukommen. Deshalb wird auch falscher Zeugeneid als Meineid zu strafen sein, und falsches Zeugnis bleibt solches, auch wenn es bloß in Wahlprüfungssachen abgelegt wird. Wo dagegen der Reichstag bloß zur Aufhellung von Tatsachen nach Gültigkeitserklärung der Wahl Behörden und Staatsbürger in Bewegung setzt, wie dies in den achtziger Jahren und später üblich war, besteht ebensowenig für Reichskanzler, einzelstaatliche Behörden und Amtsgerichte eine Pflicht, der Requisition Folge zu leisten, wie für den Staatsbürger die Gefahr, der Strafe des Meineids oder falschen Zeugnisses zu verfallen, wenn er unwahr aussagt.

Ebensowenig wie das Amtsgericht eine Veränderung des Beweisthemas vornehmen darf, ebensowenig darf es eine Veränderung der Beweismittel vornehmen und etwa einen durch den Protesterheber oder durch den Protestgegner angebotenen Beweis in Konkurrenz zu dem Beweisbeschluß des Parlaments zulassen. Von der Regierung wurde dies nur einmal (Fall Pöhlmann, siehe Sitzung vom 27. April 1896, S. 1936 ff.) versucht, vom Reichstag aber mit Recht abgelehnt. Nach den Normen der Zivilprozeßordnung (§ 374, siehe auch Gaupp-Stein, 8. und 9. Auflage, Bd. I, S. 860) kann der Antrag auf Vernehmung neuer Zeugen, welche nach Erlaß eines Beweisbeschlusses

[1]) Jedenfalls aber wird der RT. zuvor den Versuch machen müssen, die Genehmigung der einzelstaatlichen kompetenten Behörde zu bewirken. (Dr. RT., Nr. 729 ex 1890—2, S. 2943).

bezüglich der in demselben bezeichneten streitigen Tatsachen bekannt werden, nur in Ausnahmefällen vom Prozeßgericht zugelassen werden, niemals aber von dem ersuchten Richter. Zu dieser prozessualen Erwägung kommt natürlich noch die andere aus dem Prinzip der sogenannten Autonomie des Reichstags folgende, daß sich hier in bezug auf die Prüfung von Wahlen ein dem Reichstagswillen fremder Wille einschieben wollte, was natürlich zurückzuweisen ist. Eine andere Frage ist natürlich, inwiefern die Beteiligten (Protesterheber, Protestgegner, Kommissare des Parlaments) zur Beweiserhebung als Zuhörer zuzulassen sind. Die Praxis scheint (siehe darüber Delius, a. a. O., Lidtke, Juristische Wochenschrift, 1909, S. 42) dies zu gestatten. Beschwerden wegen Nichtzulassung gehören vor das Landgericht (siehe Delius, a. a. O., S. 350 in Gemäßheit des § 568 der ZPO.), hingegen werden Beschwerden wegen einer vom Gericht verweigerten Beistandsleistung vom Oberlandesgericht zu erledigen sein (§ 87, Absatz 2, Preußisches Ausführungsgesetz zum Gerichtsverfassungsgesetz). Die Entscheidung des Oberlandesgerichts ist endgültig.

Wenn in einem schwebenden Wahlprüfungsverfahren gleichzeitig Wahldelikte, die durch den Strafrichter zu ahnden sind, aufkommen, so wird das Wahlprüfungsverfahren nicht etwa stillstehen, wie dies unter gleichen Voraussetzungen beim Disziplinarverfahren zutrifft, sondern ruhig seinen Fortgang nehmen (siehe Sitzung vom 10. März 1891, S. 1984).

Neben der Requisition zum Zwecke der Vernehmung von Zeugen ist auch die Requisition von Gerichts- und Verwaltungsakten für Wahlprüfungszwecke zu erwähnen. Eine solche Pflicht zur Vorlage und Einsichtnahme von Akten, wie sie im Verhältnis zwischen Verwaltungsbehörden und Gerichten besteht, existiert nicht im Verhältnis zum Reichstag. Wird deshalb die Vorlage von Akten z. B. seitens der Staatsanwaltschaft resp. des Justizministers verweigert, so so hat der Reichstag kein anderes Mittel, als das ihm nur lückenweise aus Mitteilungen der Behörden zukommende Aktenmaterial unberücksichtigt zu lassen (siehe Dr. RT., Nr. 121 ex 1895/96, S. 1055)[1]).

III. Die Entscheidung im Plenum.

Die Beweiserhebungen, wie sie außerhalb des Parlaments vorgenommen worden sind, werden vom Reichstagspräsidenten der Wahlprüfungskommission überwiesen und im Bericht derselben verarbeitet.

---

[1]) Umgekehrt läßt auch der Reichstag sich in seinem Wahlprüfungsgeschäft nicht durch Requisition von Akten (z. B. Stimmzetteln) seitens der Staatsanwaltschaft stören. Da heißt's gewöhnlich: Wahlprüfungsgeschäft geht dem Justizinteresse vor. (Siehe z. B. Reichstagsakten Abtlg. II, Absch. V, Geschäftssachen, Nr. 20, Mttl. von Notizen, Bd. VII, Eingangs-Nr. I, 1356.)

Es gilt als guter Brauch im Reichstag, Wahlprüfungen bei Feststellung der Tagesordnung besonders dann zu berücksichtigen, wenn Sessionsschluß oder wichtige Abstimmungen, bei denen die Stimme des Abgeordneten, dessen Wahl angefochten wird, noch einen Ausschlag geben könnte, unmittelbar bevorstehen (siehe Sitzung vom 17. Mai 1879, S. 1302, der Abg. Richter: „Es entspricht einem alten Herkommen des Hauses, daß, wenn man wichtigen Abstimmungen entgegengeht, vorher die Legitimationen derjenigen Mitglieder festgestellt werden, für deren Feststellung bereits alle Vorbereitungen getroffen sind"; siehe auch Sitzung vom 8. April 1889, S. 1392; siehe auch Sitzung vom 3. April 1889, S. 1251 A, der Präsident: „Ja, meine Herren, ich habe selber den Wunsch, die Wahlprüfungen sobald als irgendmöglich auf die Tagesordnung zu bringen. Solange aber nicht mit einiger Sicherheit vorauszusehen ist, daß der Schluß des Reichstags nahe bevorsteht, möchte ich doch die Diskussion in der wir jetzt stehen, nicht durch Verhandlungen über die Wahlen unterbrechen"). Die Rücksichtnahme auf den Sessionsschluß wird durch die Gefahr begründet, daß sonst infolge des Prinzips der Diskontinuität die Arbeiten der Wahlprüfungskommission vernichtet würden und in der neuen Session von neuem begonnen werden müssten.

Liegt ein gedruckter Bericht der Wahlprüfungskommission vor, so ist die Beratung desselben nach den allgemeinen Regeln der Geschäftsordnung frühestens am dritten Tage nach Drucklegung und Verteilung des Berichts zulässig. Nichtsdestoweniger wird gegenüber Wahlprüfungsberichten eine größere Spanne Zeit für angemessen erachtet, denn „es entspricht dem Bedürfnis, Zeit zu haben, um etwaige Beweise herbeizuschaffen" (so der Präsident in der Sitzung vom 4. Mai 1895, S. 2080 C; siehe auch Sitzung vom 13. Mai 1901, S. 2731, der Abg. Bassermann).

Im Reichstag kommt es mitunter vor, Wahlprüfungen, in denen ganz analoge Fragen behandelt werden, in der Weise miteinander zu kummulieren, daß ihre Wertung und Beschlußfassung auf die Sitzung ein und desselben Tages verlegt wird. Sofern damit nicht eine jedenfalls unzulässige Kummulierung im prozessualen Sinne gemeint ist, so daß durch ein und denselben Beschluß über beide Wahlprüfungen abgeurteilt würde, läßt sich rechtlich kaum etwas einwenden. Nur aus Zweckmäßigkeitsgründen werden Bedenken nicht unterdrückt werden können, denn zunächst können auf die Weise schon reife Wahlprüfungen nicht eher zur Verhandlung kommen, als bis andere Wahlprüfungen, in denen zwar analoge Fragen, aber auf Grund umständlicher Beweiserhebungen behandelt werden müssen, zum Abschluß gelangt sind. Ist diese Hinausschiebung von reifen Wahlprüfungen schon an und für sich bedenklich, so ist der im Anschluß daran sich gewohnlich vollziehende Kuhhandel (vgl. z. B. Sitzung vom 8. Februar 1895, S. 751—757, Wahl Meist und Wahl Greiß) jedenfalls zu verwerfen. Dieser Kuhhandel kann nämlich zwischen den bei den verschiedenen Wahlprüfungen interessierten Parteien eintreten. Anerkannte Rechtsgrundsätze der Wahlprüfungskommission und des Plenums können so über den Haufen geworfen werden, namentlich wenn die bei den verschiedenen Wahlprüfungen interessierten Parteien sich darüber einig sind. Insbesondere entbehrt die Tatsache nicht eines gewissen komischen Anstriches, wenn nun darüber im Plenum lange debattiert wird, welche der betreffenden Wahlprüfungen in diesem Falle zuerst an die Reihe kommen soll, denn jede an diesen Wahlprüfungen interessierte Partei hat natürlich ein Interesse daran, den anderen Vertragsteil aus dem Kuhhandelgeschäft bei der Abstimmung zu kontrollieren und möchte natürlich deshalb nicht zuerst ins Treffen kommen.

Bei der Beratung im Plenum enthält sich gewöhnlich die Regierung jeder Teilnahme an der Diskussion (siehe z. B. Sitzung vom 9. Mai 1879, S. 321 u. a. m.). Außer dem Berichterstatter, der den Standpunkt der Kommissionsmajorität vertritt, können auch andere Mitglieder der Kommission zur Wahrung der Rechte der Minorität das Wort ergreifen (siehe Sitzung vom 9. Mai 1879, S. 309). Ja sogar die Absetzung der Wahl von der Tagesordnung kann verlangt werden, wenn die Minorität mit ihrem Gegenvotum und seiner Begründung in einem schwachbesetzten Hause nicht die geeignete Resonanz zu finden hofft (Sitzung vom 11. Juni 1904, S. 3094 A, Wahl v. Dirksen). Die Minorität kann bei der Kritik des Kommissionsberichtes auf alle Details, die bereits im Kommissionsbericht oder in der Kommission Erledigung gefunden haben, eingehen, „gleichsam als wenn eine Rechnungsrevision im Detail noch einmal im Plenum erledigt werden soll" (siehe Sitzung vom 9. Dezember 1874, S. 567). An der Debatte kann sich der Abgeordnete, dessen Wahl angefochten ist, zum Zwecke von Aufklärungen oder Widerlegung des Protestvorbringens beteiligen (siehe z. B. Sitzung vom 20. März 1869, S. 183, der Abg. Buff). Er kann sogar Abänderungsanträge zum Kommissionsbericht unterzeichnen (Sitzung vom 3. Dezember 1890, S. 775), ja selbst an der über seine Wahl stattfindenden namentlichen Abstimmung kann er sich beteiligen, muß aber die Stimmkarte, welche die Aufschrift führt: „Enthält sich der Abstimmung" abgeben. Dies gilt seit der Sitzung vom 17. November 1906 (S. 3698), um dem betreffenden Abgeordneten keinen Abzug von der Pauschaufwandsentschädigung für den Tag zuteil werden zu lassen. Im positiven Sinn darf sich aber der Abgeordnete, dessen Wahl angefochten wird, an der Abstimmung über die Gültigkeit oder Ungültigkeit der Wahl nicht beteiligen (§ 8 der Geschäftsordnung). Ebenso unzulässig wäre es aber, wenn er sich an der Abstimmung über Beweiserhebungen, die für die Wahl erheblich sind, beteiligen wollte.

Wie bereits erwähnt (siehe oben vorigen §), können im Plenum noch Nova vorgebracht werden, und in dem Sinne kann das Beweisthema jedenfalls eine Erweiterung erfahren. Aber auch auf Erweiterung der Beweismittel kann noch im Plenum der Antrag gestellt und ein dementsprechender Beschluß gefaßt werden, so z. B. der Beschluß auf eidliche Vernehmung von Zeugen, wenn bloß ihre uneidliche von der Wahlprüfungskommission verlangt worden ist (siehe z. B. vom 9. Juni 1899, S. 2452 B, Wahl Hilbck), oder wenn überhaupt zu den vom Kommissionsbericht geforderten Zeugen noch neue Zeugen genannt werden (siehe z. B. Sitzung vom 1. Mai 1900, S. 5190 D, Wahl Hänel). Auch wenn die Wahlprüfungskommission einen Antrag auf Beweiserhebung oder -erweiterung abgelehnt hat [1]), ist das Plenum nicht daran gebunden, da die Wahlprüfungskommission nicht res iudicata schaffen kann, und nur mit einer begutachtenden Tätigkeit ausgerüstet ist.

Wird eine Rückverweisung des Kommissionsberichtes zur Erörterung vorgebrachter Nova oder aus anderen Gründen beantragt, so braucht dieser Antrag, da er zu jeder Zeit gemäß der Geschäftsordnung gestellt werden kann, keiner besonderen Unterstützung im Plenum. Hingegen sind Abänderungsanträge zum Kommissionsbericht ebenso zu behandeln, wie Abänderungsvorschläge zu Anträgen, welche keine Gesetzentwürfe enthalten. Diese bedürfen nach § 23 der Geschäftsordnung der Unterstützung von dreißig Mitgliedern. Wird Rückverweisung an die Kommission beschlossen, um Nova noch zu würdigen oder aus anderen Gründen, so ist die Wahlprüfungskommission, wenn ein ausdrücklicher Auftrag des Reichstags nicht entsprechend gegeben ist, keineswegs bloß an die Erörterung der Tatsachen gebunden, wegen deren die Rückverweisung beschlossen worden ist (siehe Dr. RT., Nr. 129 ex 1888/89, S. 764; siehe Sitzung vom 27. April 1904, S. 2463 ff.). Jedenfalls hat sie eine Beratungspflicht, wie alle Kommissionen, wenngleich sie sich trotz der Rückverweisung zu keiner Änderung ihrer prinzipiellen Grundauffassung bequemen mag (siehe Dr. RT., Nr. 129 ex 1888/89, S. 764 f., Wahl Websky).

Nach alter Praxis [2]) des Reichstags (siehe Seydel, a. a. O., S. 396) wird bezüglich der Form der Abstimmung bei Wahlprüfungen der Grundsatz befolgt, daß, wenngleich der Antrag der Wahlprüfungskommission auf Ungültigkeitserklärung gestellt erscheint, im Plenum der Antrag in positiver Form, d. h. auf Gültigkeit der Wahl gerichtet, zur Abstimmung gelangt. Dies hat zur Folge, daß bei Stimmengleichheit (§ 51 der GO.) die Wahl für ungültig erklärt wird. Lautet der Antrag der Wahlprüfungskommission auf Ungültigkeitserklärung, so wird kein Antrag zugelassen, der darauf gerichtet ist, den Antrag der Wahlprüfungskommission abzulehnen; denn das würde noch nicht die Gültigkeit ergeben, das würde nur

[1]) Siehe z. B. Sitzung vom 11. April 1899, S. 1691, Wahl Kraemer.
[2]) Wird aber nicht immer festgehalten: z. B. Sitzung vom 11. Mai 1905, S. 5962.

ergeben, daß in diesem Augenblick der Reichstag die Ungültigkeit abgelehnt hat. Deshalb muß der Antrag immer auf Gültigkeit der Wahl gestellt werden (so der Präsident in der Sitzung vom 1. Mai 1900, S. 5192).

Wie bei anderen Abstimmungen können sich natürlich die Abgeordneten der Stimme enthalten, was freilich die Unzuträglichkeit im Gefolge hat, daß mitunter bei schwachen Majoritätsverhältnissen eine Wahl für gültig erklärt wird, die der Gesinnung der Majorität des Hauses nicht entspricht. Der Antrag auf Aussetzung der Gültigkeitserklärung geht selbstverständlich dem Antrag auf Gültigkeitserklärung vor, desgleichen der Antrag auf Rückverweisung an die Kommission (siehe Sitzung vom 17. November 1906, S. 3730).

Bei der Entscheidung hält sich das Plenum an keine Präzedenzfälle, die in der Wahlprüfungskommission bereits entschieden sind, gebunden, wenn sie nicht zugleich die Billigung des Plenums gefunden haben (siehe Sitzung vom 2. Mai 1877, S. 986; Sitzung vom 13. Mai 1879, S. 1309). Umgekehrt hat vielmehr die Wahlprüfungskommission bei ihren folgenden Entscheidungen die im Plenum maßgebenden Grundsätze zu beobachten.

§ 53. Parlamentarische Wahldelikte und Formfehler im Wahlverfahren.

I. Überblick.

1. Parlamentarische Wahldelikte und Formverstöße im allgemeinen.

Binding sagt an einer bekannten Stelle seiner „Normen" (Bd. I, 2, S. 326): „Die ‚Verletzungsverbote' verbieten die Verursachung des unerwünschten Erfolges als solche; das Verbot bildet die Brustwehr, welche das zu erhaltende Recht oder Gut unmittelbar umgibt. Aber das Gesetz schiebt seine Befestigungswerke noch weiter vor, und je wertvoller die zu erhaltenden Güter sind, um so mehr findet es Veranlassung zu doppelter und dreifacher Umwallung. So schiebt sich vor das Verursachungsverbot als zweiter Gürtel das Verbot der Gefährdung des vor Verletzung, soweit dies überhaupt möglich, schon geschützten Gutes. In beiden Fällen fordert das Recht Gehorsam, weil der Ungehorsam wider das Verbot zugleich Mittel zur Herbeiführung bestimmter, dem Rechtsbestande widerstreitender Zustände sein würde. In viel weiterer Entfernung von dem geschützten Gute sucht endlich die dritte Klasse von Verboten die Tätigkeit der Menschen zu halten: sie verbietet Handlungen ohne jede Rücksichtnahme auf ihre wirklichen Erfolge, lediglich aus Sorge vor ihren unbestimmt vielen und mannigfaltigen möglichen; sie verbietet den Ungehorsam nicht, weil und sofern er Ursache eines dem Rechte widerstreitenden Zustandes sein würde, sondern den Ungehorsam schlechthin." In bezug auf die Wahldelikte bildet nun das ordentliche oder gemeine Strafrecht in den §§ 107 ff. StGB. gewissermaßen die Brustwehr, welche die Rechtsgüter der Wahlfreiheit, Lauterkeit der Wahl und des Wahlgeheimnisses schützt. Die Befestigungswerke aber dieser strafrechtlichen Gebote und Verbote werden durch das Parlamentsrecht in Gestalt der Aufstellung von parlamentarischen Wahldelikten und parlamentarisch zu berücksichtigenden Formverstößen im Wahlverfahren gebildet. Dies ist um so notwendiger, wo das Strafrecht, wie eben im Deutschen Reich, nicht einen minutiösen und detaillierten Katalog von Wahldelikten, wie z. B. in England, Ungarn, Griechenland, Spanien, aufgestellt hat (vgl. oben § 49 IV.). Besonders notwendig aber dann, wenn wie im Deutschen Reich, die kriminellen Vorschriften zum Schutz der Lauterkeit der Wahl und der Wahlfreiheit nach den statistischen Ergebnissen [1]) sich nicht als wirksam erweisen. Überhaupt ist die Aufstellung parlamentarischer Wahldelikte und Formverstöße eine notwendige Ergänzung des kriminellen Strafrechtes in all jenen Ländern, in denen die Mitwirkung der Staatsbehörden bei der Wahl einen großen Umfang einnimmt. Kein Strafgesetzbuch, mag es noch so vollständig sein, vermag den von den Verwaltungsbehörden bei Wahlen möglicherweise geübten Praktiken jederzeit zu folgen. Die Verwaltung und ihre Tätigkeit lassen sich eben in keinen Kodex von Normen einzwängen. Das Parlament kann allein mit einer allerdings Wandlungen unterliegenden Praxis sich der Berücksichtigung solcher Wahlpraktiken anschmiegen und immer neue Tatbestände von parlamentarischen Wahldelikten als Gegenwehr gegen die Wahlpraktiken der Verwaltungsbehörden schaffen. Aber nicht bloß wahlleitende Beamte sind es, die Wahldelikte begehen können, auch Beamte im allgemeinen mit obrigkeitlicher Funktion, Geistliche und Kirchenbeamte, Arbeitgeber, ja selbst Private sind dessen fähig, denn der strafrechtliche Schutz zur Abwehr der Wahldelikte erweist sich eben als nicht genügend. Deshalb hat nun das Parlament und sein Recht die Möglichkeit, Tatbestände zu schaffen, welche im Bindingschen Sinne die Befestigungswerke zur Erhaltung jener Rechtsgüter sind, welche schon das Strafrecht schützen will. In diesem Sinne kann man den parlamentarischen Wahldelikten als Analogon die von der Verwaltungsrechtstheorie (siehe vor allem Otto Mayer, Deutsches Verwaltungsrecht, II, S. 319) aufgebrachte große Familie der Verwaltungsdelikte zur Seite

---

[1]) Siehe namentlich den statistischen Nachweis bei M. E. Mayer, in „Deutsches und ausländisches Strafrecht" (Vorarbeiten zur deutschen Strafrechtsreform), besond. Teil I (1906), S. 289.

stellen. Unter die letztere Kategorie fällt namentlich das Polizeidelikt, das Finanzdelikt usw. Während das eigentliche Strafrecht sich nach dieser Theorie hauptsächlich mit der Güterschädigung oder mit dem Materialvergehen zu beschäftigen hat, ist die Aufgabe des sogenannten Verwaltungsstrafrechts, die Formalvergehen, den reinen Ungehorsam gegen Verwaltungsvorschriften aufzudecken. Auch dieses Verwaltungsdelikt, das Formalvergehen, hat Tatbestände, die allerdings das ordentliche Strafrecht nicht kennt, die aber aufzudecken Sache des Verwaltungsrechts ist. Eine ganz analoge Funktion, allerdings nicht im Verwaltungs-, sondern im Parlamentsinteresse hat das Parlamentsrecht bei Aufdeckung jener Formalvergehen, welche in Verletzung von Wahlvorschriften bestehen, worunter nicht allein Wahlgesetz und Wahlreglement begriffen sind, sondern vor allem die oberste Pflicht jedes Staatsbürgers: handle so bei einer Wahl, daß du die Lauterkeit der Wahl, die Freiheit der Wahl und das Wahlgeheimnis nicht störst. Noch eine andere Analogie ergibt sich zwischen parlamentarischen Wahldelikten und Formverstößen einerseits und den Verwaltungsdelikten, insbesondere dem Polizeidelikt anderseits. Beide können unter Umständen mit Schuld*präsumptionen* arbeiten, was bekanntlich das ordentliche Strafrecht nicht darf. Beim Wahldelikt insbesondere kommt es häufig vor, daß derjenige, der das Wahldelikt setzt, vom Strafrichter oder sonst von einer Instanz (Disziplinarbehörde) gar nicht gefaßt werden kann. Kraft einer weiter unten noch zu erwähnenden *Schuldpräsumption* straft das Parlament nicht den Urheber der Wahldelikte, sondern denjenigen, zu dessen Gunsten das Wahldelikt gesetzt worden ist, — den *Wahlkandidaten*.

Die parlamentarischen Wahldelikte unterscheiden sich von den bloßen Formverstößen bei Wahlen durch zweierlei. Erstens durch das Schuldmoment und zweitens durch die Strafe. Bei den parlamentarischen Wahldelikten ist das Schuldmoment von wesentlicher Bedeutung. Ob der oder jener absichtlich zugunsten eines Kandidaten Wahlbeeinflussung herbeigeführt hat, ist von essentieller Bedeutung, um die Erheblichkeit der Beeinflussung für die Wahl in den Vordergrund zu rücken. Bei den Formverstößen, die zum großen Teile aus Verletzungen der Vorschriften von Wahlgesetz und Wahlreglement bestehen, ist die Frage der bona oder mala fides für die Erheblichkeit des Formfehlers belanglos. Bei dem parlamentarischen Wahldelikten tritt als parlamentarische Reaktion gegen das gesetzte Delikt, abgesehen von dem hier nicht weiter zu erörternden Antrag des Parlaments auf Erteilung von Rügen und Strafen an die das Delikt setzenden Personen, noch die weitere Benachteiligung des Gewählten durch das Parlament ein, daß von den bei der Berechnung demselben zuteil gewordenen Stimmzetteln die durch Wahlbeeinflussung gewonnenen Stimmen jedenfalls abgerechnet, unter Umständen aber auch seinem Gegenkandidaten zugerechnet werden. Diese durch das Parlamentsrecht ausgesprochene Reaktion gegen das parlamentarische Wahldelikt fehlt bei dem bloßen Formfehler[1]). Hier besteht der Zweck der Reaktion nicht in einer absichtlichen Benachteiligung des Gewählten, sondern wie wir noch sehen werden, in einer Beseitigung der Formwidrigkeit, sofern sie überhaupt ziffernmäßig unschädlich gemacht werden kann, eventuell in einer Nichtigkeitserklärung des Wahlaktes im Wahlbezirk, wo solche ziffernmäßige Reparatur des Formfehlers nicht möglich ist. Selbst diese Nichtigkeitserklärung des Wahlaktes im Wahlbezirk ist keine direkte Benachteiligung des Gewählten, sondern, da die Ungültigkeitserklärung auch seinen Gegner trifft, eine Belastung beider, ja mitunter kann die Kassierung des Wahlaktes im Wahlbezirk, wie wir wissen, sogar zum Vorteil des Gewählten ausschlagen, namentlich dann, wenn in dem betreffenden Wahlbezirk die Stimmzahl des Gewählten bedeutend kleiner ist als die seines Gegners[2]). Anstoß an diesem Ergebnis kann nur derjenige nehmen, welcher das Schuldmoment in diese Formfehler hineintragen möchte und dabei übersieht, daß gerade die Würdigung von Formfehlern beim Wahlverfahren auf dem Prinzip der Erfolghaftung, nicht der Schuldhaftung nach ständiger Praxis des Reichstags beruht. Nicht auf Ahndung der Schuld kommt es bei der Berücksichtigung des Formfehlers an, sondern nur auf seine Beseitigung, seine Reparatur auf ziffernmäßig abzuschätzendem Wege. Wo dies eben nicht geht, muß die Nichtigkeit eintreten. Der Reparatur des Formfehlers fehlt jeder Strafcharakter (Dr. RT., Nr. 754 ex 1912/14, S. 1053).

Aus dieser Eigentümlichkeit des Formfehlers und der auf ihn gesetzten parlamentarischen Reaktion (Reparatur der Formwidrigkeit) ergibt

---

[1]) Besonders scharf ausgesprochen ist dieser Unterschied der Reaktion zwischen Wahldelikten und bloßen Formfehlern im Berichte der Wahlprüfungskommission Dr. RT., Nr. 301 ex 1903/5, S. 1810 (Wahl Horn): „Wenn die Behauptungen in den Protesten für begründet erachtet würden, so würden, da es sich darum nicht um Formfehler bei der Wahlhandlung, sondern um Wahlbeeinflussungen gehandelt hätte, die 1595 Stimmen, welche auf Horn gefallen sind, diesem abgezogen und seinem Gegner zugezählt werden müssen."

[2]) Siehe z. B. Wahl Becker, Sitzung vom 25. Februar 1913, S. 4007 ff. Der gegen diese alte Praxis gemachte Einwand (a. a. O., S. 4012 C), daß eine hoffnungslose Minorität durch absichtlich herbeigeführte Formverstöße in einem Wahlbezirke, in dem sie nie durchdringen könnte, die Nichtigkeit des Wahlaktes im Wahlbezirk und damit ev. im Wahlkreise herbeiführt, übersieht, daß zur Zeit der Wahl das Ziffernbild, das sich in der Wahlprüfungskommission ergibt, wonach es gerade auf die Stimmen in dem betreffenden Wahlbezirke ankommt, gar nicht bekannt sein kann. Kommt derselbe Formverstoß aber systematisch in einer großen Anzahl von Wahlbezirken oder bei aufeinander folgenden Wahlen in demselben Wahlbezirke vor und bewirkt er die Niederlage desjenigen, der sonst Sieger gewesen wäre, so ist sicherlich auch das Wahldelikt der amtlichen Wahlbeeinflussung gegeben, denn ein solches „System" ist ohne Konnivenz des Wahlvorstandes nicht möglich.

sich einmal die Eigentümlichkeit, daß mitunter Kompensation von Formfehlern, die sowohl zugunsten des Gewählten wie seines Gegenkandidaten begangen wurden, eintreten kann (siehe z. B. Dr. RT., Nr. 228 ex 1878, S. 480; Sitzung vom 10. April 1878, S. 862 ff., Wahl v. Grävenitz; Sitzung vom 7. Oktober 1878, S. 102 f,, Wahl Pabst). Solche Kompensation von parlamentarischen Wahldelikten ist undenkbar. Eine andere Folge jenes Charakters des Formfehlers ist, daß das Opportunitätsprinzip bei seiner Beseitigung maßgebend ist. Mitunter kann nämlich die Reaktion gegen ihn vollständig entfallen, weil er zu geringfügig ist oder weil er sich so häufig in der Praxis ereignet, daß er gewissermaßen zu den Vorkommnissen jeder Wahl gehört. Wir werden im folgenden noch den ganzen Katalog dieser gewöhnlich nicht berücksichtigten Formfehler kennen lernen. Ein solcher Opportunitätsstandpunkt ist aber gewöhnlich für das parlamentarische Wahldelikt vollständig ausgeschlossen.

2. Zu wessen Gunsten kann ein parlamentarisches Wahldelikt geltend gemacht werden? Die Praxis des deutschen Reichstags gibt darauf die Antwort: Nur zugunsten des in der Wahl unterlegenen, nimeals zugunsten des Siegers in der Wahl. In der Praxis des Reichstags wird dieser Satz meist negativ in folgender Weise gefaßt: Wahldelikte, die zugunsten des Unterlegenen begangen worden sind, werden bei Prüfung der Wahl nicht berücksichtigt (siehe z. B. Sitzung vom 7. Oktober 1878, S. 100, Dr. RT., Nr. 126 ex 1898/1900, S. 1023)[1]).

Wie erklärt sich dieser Satz? Zunächst könnte man daran denken, den Satz als eine weitere Konsequenz des uns bereits aus der Praxis des Reichstags bekannten Grundsatzes anzusehen, daß Protestvorbringen zugunsten und zur Unterstützung der Wahl nicht berücksichtigt wird. Eine solche Auffassung käme aber in Konflikt mit dem anderen uns bereits bekannten Satz, daß Tatsachen, welche das öffentliche Interesse an der Wahl berühren, insbesondere ex officio nachgeforscht werden müssen, kurz, es würde eine solche Auffassung mit dem Offizialprinzip des Wahlprüfungsverfahren in Streit geraten. Ganz ungezwungen erklärt sich aber der Satz — und die Reichsverhandlungen bieten gelegentlich auch Beispiele für diesen Gedankengang (siehe z. B. die Ausführungen des Abg. Auer, Sitzung vom 24. April 1896, S. 1903; siehe auch die Ausführungen des Abg. Becker, Sitzung vom 17. Juni 1899, S. 2615) —, wenn

[1]) Das schließt natürlich nicht aus, daß Ungehörigkeiten der wahlleitenden Behörden u. a. m., wenn sie auch bloß zugunsten des unterlegenen Gegenkandidaten geübt worden sind, dem Reichstage Veranlassung bieten, die notwendigen „Rektifikationen" der betreffenden Behörden zu veranlassen, aber zur Beanstandung der Wahl können sie nie führen. (S. Sitzung vom 10. April 1877, S. 367.)

man von der bei parlamentarischen Wahldelikten üblichen Schuldpräsumption ausgeht. Jedes Wahldelikt, so wird präsumiert, ist, wenn zugunsten des Gewählten begangen, auch im stillschweigenden Einverständnis mit demselben begangen. Deshalb wird er durch eventuellen Abzug der vitiösen Stimmen gestraft. Wie weit zugunsten seines Gegners Wahldelikte gesetzt worden sind, interessiert deshalb die Wahlprüfungskommission keineswegs.

Eine scheinbare Ausnahme von diesem Satz wird in der Praxis des Reichstags nur dann gehandhabt, wenn es sich um Stichwahlen handelt. Da kann nämlich mitunter auch eine Wahlbeeinflussung des Unterlegenen mit Erfolg gegen den Gewählten und seine Wahl geltend gemacht werden, so z. B. dann, wenn der aus der Stichwahl Ausgeschiedene wahrscheinlich machen kann, daß ohne die in Frage kommenden Wahlbeeinflussungen und Wahldelikte nicht X, sondern er, der Ausgeschiedene, mit dem endgültig gewählten Y in die Stichwahl gekommen wäre (siehe als Beispiel dieser Art Sitzung vom 24. April 1896, S. 1900 ff., Wahl Meyer-Halle; siehe Sitzung vom 17. Juni 1899, S. 2614 ff., Wahl Böckl; Sitzung vom 13. Februar 1904, S. 932 ff., insbesondere die Ausführung[1]) des Abg. Gröber [937], Wahl Braun; Sitzung vom 16. März 1904, S. 1871, Wahl Buchwald; Sitzung vom 18. Februar 1913, S. 3869 ff.). Dies ist aber nur eine scheinbare, Ausnahme gegenüber dem an die Spitze gestellten Satz dieser Ausführung, denn faktisch gibt es (siehe Sitzung vom 27. April 1904, S. 2467) bei der Hauptwahl mit Stichwahl zwei Sieger, „und da muß man bei beiden Herren prüfen, ob die Wahl ohne amtliche Beeinflussung zustande gekommen ist". Die zwei Sieger sind eben die beiden Kandidaten, welche in die engere Wahl kommen.

II. Die Tatbestände der parlamentarischen Wahldelikte[2]).

1. Die amtliche Wahlbeeinflussung. Unter den Wahldelikten, die das Parlament durch seine Praxis festgelegt hat, spielt die amtliche Wahlbeeinflussung eine hervorragende Rolle. Freilich war

[1]) Damals sagte der Abg. Gröber, a. a. O., S. 937: „Ich führe das nur an, um zu zeigen, daß unter Umständen durch das Ergebnis der Hauptwahl der sichere Sieg bei der Stichwahl im voraus entschieden wird, und daß deshalb auch die vor der Hauptwahl stattgehabten amtlichen Wahlbeeinflussungen zugunsten des in der Stichwahl unterlegenen Kandidaten, wenn durch dieselbe die Siegeschancen des in der Stichwahl gewählten Kandidaten vermehrt worden sind, für die Kassation der Wahl in Betracht kommen können." Namentlich ist dies der Fall bei der sog. „Abkommandierung", wenn z. B. „eine Partei, um nicht ihren eigenen, in der Stichwahl sicher verlorenen Kandidaten in die Stichwahl kommen zu lassen, es vorzieht, ihre eigenen Stimmen zu spalten, um dadurch einen bestimmten Kandidaten in die Stichwahl kommen zu lassen, durch dessen Stichwahlkandidatur sie dem anderen Gegner eine sichere Niederlage beizubringen wünscht".

[2]) Ausführlicher handelt darüber mein Kommentar zum Wahlgesetz zu § 10.

das nicht immer so. Im Reichstag des Norddeutschen Bundes wurde wiederholt (siehe Sitzung vom 4. März 1867, S. 52; siehe Sitzung vom 25. September 1867, S. 95; Sitzung vom 7. Oktober 1867, S. 269) die Irrelevanz amtlicher Wahlbeeinflussungen aus dem Grunde behauptet, weil bei dem geheimen Wahlmodus nicht anzunehmen sei, daß sich der Wähler durch die amtliche Wahlbeeinflussung auch wirklich habe beeinflussen lassen. Von dieser naiven Auffassung ist man alsbald abgekommen. Als Täter dieses Deliktes kommen zunächst Staatsbeamte mit obrigkeitlicher Gewalt, insbesondere Landräte, Landratsamtverwalter usw., aber auch Regierungspräsidenten, Minister unter Umständen in Betracht. Das zu ahndende unrechtmäßige Vorgehen dieser Beamten liegt in der Beeinflussung von Wählern zugunsten einer bestimmten Partei oder eines bestimmten Kandidaten. Mittel zur Begehung dieses Deliktes sind:

a) Wahlaufrufe zugunsten einer bestimmten Partei oder eines bestimmten Kandidaten. Nicht unzulässig sind daher Wahlaufrufe, in denen bloß im allgemeinen das Volk von seiten der Regierung über die Bedeutung der Neuwahl aufgeklärt wird, selbst wenn darin von gegnerischen Parteien die Rede ist, wenn nur nicht darin eine Empfehlung zugunsten einer Partei oder eines bestimmten Kandidaten zu stimmen, aufgenommen wird (siehe Sitzung vom 23. Mai 1887, S. 708 f., Wahl Brauer und Dr. RT., Nr. 150 ex 1895, S. 743, Wahl v. Gustedt-Lablacken). Daß der betreffende Wahlaufruf aber, um den Tatbestand des Wahldeliktes abzugeben, noch außerdem eine Androhung materieller Nachteile oder ein Versprechen materieller Vorteile enthalten muß, wie dies die ältere Praxis (siehe z. B. Sitzung vom 17. April 1871, S. 243 ff., Wahl Graf Pückler) verlangte, ist heute nicht mehr notwendig.

Der Wahlaufruf muß unter Beifügung des Amtscharakters unterzeichnet sein. In der Unterzeichnung „Ehrenbürger der Stadt" kann, da es sich um einen bloßen Titel handelt, keine Kennzeichnung eines amtlichen Charakters erblickt werden (siehe Dr. RT., Nr. 367 ex 1907, S. 2193). Kennzeichnung durch reine Titel ist überhaupt in solchen Fällen keine Beifügung eines Amtscharakters und dafür für den hier in Frage kommenden Tatbestand irrelevant (siehe Dr. RT., Nr. 539 ex 1898/1900, S. 3336). Der Wahlaufruf muß jedem als ein amtlicher erkennbar gewesen sein, selbst wenn er sich nicht ausdrücklich als amtlicher bezeichnet (siehe Dr. RT., Nr. 361 ex 1879, S. 1926, Wahl v. Simpson). Es genügt deshalb für den Tatbestand der amtlichen Empfehlung, wenn der Wahlaufruf im Amtsblatt oder einem amtlich subventionierten oder amtlich beaufsichtigten Privatblatt (siehe Dr. RT., Nr. 340 ex 1900/03, S. 2230)[1]) erscheint. Die ältere Praxis, wonach ein nicht im amtlichen Teil, sondern bloß im Inseratenteil einer Zeitung vollzogener Wahlaufruf irrelevant sein sollte (siehe Sitzung vom 19. Mai 1879, S. 1306), ist heute jedenfalls als obsolet zu betrachten (siehe Sitzung vom 13. Mai 1884, S. 591 f. Siehe aber Dr. RT., Nr. 800 ex 1907/9, S. 4721). Ähnlich wirken Zirkulare der genannten obrigkeitlichen Personen, um für oder gegen eine Kandidatur Stellung zu nehmen (siehe Dr. RT., Nr. 286 ex 1897/98, S. 3).

b) Ein anderes Mittel der Wahlbeeinflussung ist das Auftreten der genannten Personen in Wählerversammlungen, Kreistags- und Gemeindeversammlungen, in Sitzungen der landwirtschaftlichen Vereine[2]) und ähnlichen Versammlungen, um Stellung zugunsten einer bestimmten Partei oder eines bestimmten Kandidaten zu nehmen und diese Stellungnahme auszusprechen (siehe Dr. RT., Nr. 689, ex 1908, S. 4449 und Dr. RT., Nr. 589 ex 1903/05, S. 3599). Doch muß der amtliche Charakter hierbei zutage treten, die amtlichen Beziehungen und der mit dem Amte verbundene Einfluß für oder gegen die Wahl eines bestimmten Kandidaten geltend gemacht werden (siehe Dr. RT., Nr. 252 ex 1905/07, S. 1257). Ein Auftreten in der Versammlung, bloß um sie zu begrüßen und ohne das politische Gebiet überhaupt zu berühren, ist keine amtliche Beeinflussung (Dr. RT., Nr. 232 ex 1905/07, S. 3195 und 3189).

Der Tatbestand ist aber schon gegeben, wenn die obrigkeitliche Person in einer Versammlung von Untergebenen im Interesse der Wahl eines bestimmten Kandidaten spricht (siehe Dr. RT., Nr. 634 ex 1903/05, S. 3822 und Dr. RT., Nr. 896 ex 1908, S. 5339) oder eine Wahlerversammlung einberuft (siehe Sitzung vom 27. März 1895, S. 1738 ff.).

c) Ein anderes Mittel der amtlichen Wahlbeeinflussung ist der Auftrag zur Verteilung von Stimmzetteln durch untergeordnete Beamte (Gendarmen usw.; siehe z. B. Sitzung vom 30. November 1875, S. 344; Sitzung vom 9. Juni 1899, S. 2451 u. a. m.) und die Versendung von Stimmzetteln oder Flugblättern aus dem Bureau der betreffenden obrigkeitlichen Person, derart, daß die amtliche Herkunft erkannt werden kann (siehe Sitzung vom

[1]) Auch Anbringen des Wahlaufrufs in einem im Wahllokal vorhandenen „Anschlagekasten", der sonst nur „für öffentliche amtliche Bekanntmachungen" bestimmt ist, gehört hierher. (Siehe Sitzung vom 1. April 1886, S. 1821, Wahl Woermann.)

[2]) Dr. RT., Nr. 234 ex 1895/96, S. 1410.

30. März 1868, S. 22 ff.; Sitzung vom 25. Februar 1878, S. 182; Dr. RT., Nr. 31 ex 1882, S. 271 und Sitzung vom 26. Januar 1892, S. 971; Dr. RT., Nr. 720 ex 1890/92, S. 3920; Sitzung vom 15. November 1906, S. 3675; Dr. RT., Nr. 702 ex 1907/9, S. 4771 f.).

d) Unzulässige amtliche Wahlbeeinflussung liegt vor, wenn als Mittel derselben das gesetzwidrige Verbot einer Wählerversammlung oder die vom Gesetz verbotene Konfiskation von Stimmzetteln und Flugblättern zur Wahlzeit verwendet wird, ohne daß den davon betroffenen Parteien die Möglichkeit der Reparatur der so angerichteten Agitationsschädigung gegeben ist (siehe darüber oben § 38 I., Wahlvorbereitung, dort auch über das Wahldelikt der „Saalabtreibung").

e) Ein anderes unzulässiges Mittel ist, selbst wenn ohne Hervorkehrung des Amtscharakters seitens der in Frage kommenden obrigkeitlichen Person Gemeinden oder Kriegervereinen (Dr. RT., Nr. 296 ex 1905/6, S. 3428) oder Privatpersonen für den Fall einer bestimmten Stimmabgabe Vorteile in Aussicht gestellt oder Nachteile angedroht werden (siehe z. B. Sitzung Dr. RT., Nr. 693 ex 1903/05, S. 3955; Dr. RT., Nr. 184 ex 1905/07, S. 3053; Dr. RT., Nr. 296 ex 1903/05, S. 3427; Dr. RT., Nr. 387 ex 1905/07, S. 4118; Dr. RT., Nr. 1061 ex 1912/14, S. 1907; Dr. RT., Nr. 1436 ex 1912/13, Ziffer 2).

Obrigkeitliche Personen in dem angeführten Sinne sind nicht bloß die mit staatlichem Imperium (siehe Sitzung vom 24. Januar 1893, S. 667) ausgestatteten Staatsbeamten, sondern auch Personen, welche den Staat als fiskalischen Arbeitsgeber vertreten (siehe z. B. Förster den Holzhauern gegenüber; Sitzung vom 18. April 1877, S. 582; Sitzung vom 22. Mai 1877, S. 982; Sitzung vom 10. April 1877, S. 362 f., Wahl Hall; Dr. RT., Nr. 300, 359, 270 ex 1903/4).

Nicht aber gehören Postmeister zu den obrigkeitlichen Beamten und fallen nicht, wenn sie die vorhergehenden Mittel anwenden, unter die hier fallende Wahlbeeinflussung (siehe Sitzung vom 13. Juli 1909, S. 2710 f., Wahl Struve). Hingegen ist die Militärbehörde in ihrem Verhältnis zu Reserveoffizieren und Landwehrmännern als obrigkeitliche Behörde anzusehen (siehe Dr. RT., Nr. 123 ex 1879, S. 676 f.), doch wird hierbei von der Praxis des Reichstags die Einziehung zur Fahne als untaugliches Mittel der Wahlbeeinflussung angesehen (siehe Dr. RT., Nr. 214 ex 1899, S. 1616 f.)[1]). Zu den hier in Frage kommenden obrigkeitlichen Personen gehören unter Umständen auch Minister (siehe Sitzung vom 16. März 1904, S. 1871 ff., Fall des altenburgischen Ministers v. Helldorff, der

[1]) Siehe auch oben S. 283[1].

in einer Wahlversammlung sich gegen eine bestimmte Kandidatur aussprach). Doch wird es nicht als amtliche Wahlbeeinflussung seitens der Minister angesehen, wenn dieselben in amtlichen Erlassen den ihnen untergebenen Beamten Vorschriften machen, um zu verhüten, daß dieselben in tendenziöser Weise der Politik der Regierung entgegentreten. Umgekehrt wird aber (siehe den sogenannten Puttkamersche Beamtenerlaß von 1881) es als unzulässig bezeichnet werden müssen, wenn den Beamten eine ministerielle Direktive gegeben wird, nach einer bestimmten Richtung hin ihr Stimmrecht auszuüben (siehe die Ausführungen des Abg. v. Bennigsen in der Sitzung vom 15. Dezember 1881, S. 387). Freilich hat schon Bismarck in der Sitzung vom 16. April 1868 (S. 113) für die Regierungen in Anspruch genommen, das Recht „zu einem freien Glaubensbekenntnis in bezug auf die Wahl und die Person, die sie gewählt zu sehen wünschen". Und aus neuester Zeit liegen die Fälle der Parteinahme des Reichskanzlers Fürsten v. Bülow vor, das eine Mal gegen eine bestimmte Kandidatur (siehe Sitzung vom 7. Mai 1907, S. 1484 ff.), das andere Mal gegen eine bestimmte Partei (siehe Sitzung vom 28. März 1906, S. 2373 ff.; allerdings nicht in einer Parteiversammlung, sondern im preußischen Herrenhaus). Der Reichstag hat diese beiden Fälle für unerheblich behandelt, m. E. zu Unrecht, da dies Eingreifen des Ministers über das oben von Bennigsen gesteckte Ziel hinausrückt [1]).

Auch für nicht obrigkeitliche Beamte gilt zweifellos das Verbot, sich zugunsten einer bestimmten Kandidatur in Schreiben, die nicht zweifellos als private erkenntlich sind, an die ihnen untergebenen Beamten zu wenden, um ihre Tätigkeit zugunsten eines bestimmten Kandidaten zu bestimmen (siehe Sitzung vom 11. Januar 1889, S. 379 ff., Wahl Websky). Ganz besonders müssen sich die Mitglieder des Wahlvorstandes [2]) jeder parteiischer Kundgebung zugunsten eines Kandidaten enthalten. So gilt es als unzulässige Wahlbeeinflussung, wenn Wahlkuverts im Auftrage des Wahlvorstandes ausgetragen werden, um „rückständige Wähler an ihre Wahlverpflichtung zu erinnern" (Dr. RT., Nr. 301 ex 1903/04, S. 1810), desgleichen die Entsendung eines Zirkulars von seiten des Wahlvorstehers zu dem gleichen Zweck (Sitzung vom 17. Januar 1892, S. 693 f. Wahl Stephann). Auch die Gestattung der Einsichtnahme der Wählerliste seitens des Wahlvorstandes an eine Partei zum Zwecke der „Erinnerung" der „Rückständigen" gilt als unzulässige amtliche Wahlbeeinflussung (Bd. 246, Dr. RT., S. 4471; Bd. 253, Dr. RT., S. 7291; Bd. 255, Dr. RT., S. 8742).

---

[1]) Richtig aber die WPK., Dr. RT., Nr. 282 ex 1903/04, S. 1764 und Dr. RT., Nr. 307 ex 1907/09, S. 1812.

[2]) Vgl. dazu auch oben S. 370.

Kommunalbeamte unterliegen prinzipiell nicht den Schranken, denen sich Staatsbeamte bei Ausübung der Wahlagitation unterwerfen müssen. Nichtsdestoweniger machen von diesem Satz Bürgermeister und Schullehrer eine Ausnahme. Bürgermeister, welche mit Polizeigewalt bekleidet sind, d. h. nicht bloß eine polizeiliche Vollzugsgewalt besitzen, sondern auch polizeiliche Ermessensfragen zu lösen haben (Dr. RT., Nr. 184 ex 1905/07, S. 3055), dürfen nicht:

a) einen Kandidaten aufstellen oder einen Wahlaufruf zu seinen Gunsten in ihrer amtlichen Eigenschaft unterzeichnen (Dr. RT., Nr. 303 ex 1907/09, S. 1802);

b) Unterschriften unter einem an den Kandidaten gerichteten Schreiben, worin sie ihn um Annahme der Kandidatur ersuchen, bei anderen sammeln;

c) Wahlzettel verschicken;

d) Stimmzettel oder Flugblätter durch Gemeindediener (in Amtskleidung oder mit amtlichen Abzeichen versehen) verteilen lassen;

e) gegnerische Stimmzettel aus Häusern abfordern oder ihre Verteilung inhibieren (siehe Dr. RT., Nr. 286 ex 1897/98, S. 4);

f) sie dürfen auch nicht Wahlversammlungen von Eingesessenen zusammenrufen und in solchen die Wahl eines Kandidaten unter Anwendung kommunaler Machtmittel empfehlen (siehe Sitzung vom 19. April 1877, S. 595 ff.; Dr. RT., Nr. 252 ex 1907/09, S. 1257).

Schullehrer dürfen nicht Stimmzettel an die Schüler zur Übermittlung an deren Eltern verteilen oder den Eltern drohen, daß ihren Kindern der Schulurlaub verweigert würde, wenn sie einen bestimmten Kandidaten wählen (siehe Dr. RT., Nr. 286 ex 1897/98, S. 4 und Sitzung vom 11. Januar 1889, S. 381; Dr. RT., Nr. 315 ex 1894/95, S. 1315; Dr. RT., Nr. 159 ex 1895/97, S. 1121; Dr. RT., Nr. 211 ex 1899, S. 1588; Dr. RT., Nr. 368 ex 1907/09, S. 2201).

2. Die amtliche Wahlkandidatur. Sie unterscheidet sich von der amtlichen Wahlbeeinflussung im Prinzip nur durch ihren großen Umfang (siehe Dr. RT., Nr. 1336 ex 1905/07, S. 8199). Nach der ständigen Praxis des Reichstags, die schon in den siebziger Jahren ansetzt (Wahl Schön, Sitzung vom 19. Mai 1879, S. 1308 ff.), wird als ein die Wahlfreiheit beeinträchtigendes Wahldelikt angesehen, wenn staatliche und kommunale Beamten zugunsten eines bestimmten Kandidaten in ungewöhnlichem Umfang derart tätig werden, daß daraus zu folgern ist, die Staatsregierung wünsche die Wahl dieses Kandidaten.

Täter dieses Wahldelikts können sowohl staatliche wie kommunale Beamten sein. Dabei ist es gleichgültig, ob der agitierende Beamte polizeiliche Befugnisse hat oder nicht (Dr. RT., Nr. 286 ex 1897/98, S. 3; Dr. RT., Nr. 300 ex 1903/04, S. 1803). Mittel dieser Beeinflussung können sein: Wahlaufrufe (siehe Dr. RT., Nr. 127 ex 1898/99, S. 1025; Sitzung vom 26. April 1900, S. 2699; Dr. RT., Nr. 280 ex 1907/09, S. 1617 f. u. a. m.), die von einer großen Zahl von mehr oder minder einflußreichen Beamten unterschrieben sind, Ersuchschreiben, welche von amtlichen Persönlichkeiten des Wahlkreises (z. B. Bürgermeistern: Wahl Pöhlmann, Dr. RT., Nr. 214 ex 1895/96, S. 289) ausgehen, insbesondere aber die Anweisung des Landrats an die ihm untergeordneten Gemeindevorsteher, für einen bestimmten Kandidaten zu agitieren oder die Anweisung an die Gemeindediener, Stimmzettel für einen bestimmten Kandidaten zu verteilen. Alles dies muß in ungewöhnlichem Umfange angewendet werden, um die amtliche Kandidatur zu begründen. Doch muß sich die amtliche Wahlkandidatur nicht über den ganzen Wahlkreis erstrecken. Um ihre Wirkung für den ganzen Wahlkreis anzunehmen, genügt auch, wenn sie in einem großen oder größeren Teil desselben unternommen worden ist (siehe Dr. RT., Nr. 280 ex 1909/10, S. 1616). Wenn aber z. B. die Zahl der Bürgermeister oder Amtsvorsteher, welche auf einen Wahlruf ihre Unterschrift gesetzt haben, im Verhältnis zur Gesamtzahl der Bürgermeister und Amtsvorsteher des Wahlkreises eine ganz verschwindende ist, so ist von amtlicher Wahlkandidatur natürlich gar keine Rede (Sitzung vom 15. November 1906, S. 3672). Es muß gleichzeitig aus der Tätigkeit, welche die agitierenden Beamten entwickeln, hervorgehen, daß die Staatsregierung die Wahl des betreffenden Kandidaten wünsche. Dieser Wunsch ist auch dann schon gegeben, wenn der Regierung die Kandidatur zwar nicht absolut, aber relativ im Verhältnis zu den übrigen Kandidaturen wohlgefällig ist (siehe Sitzung vom 27. April 1904, S. 2459, Wahl Blumenthal). Keineswegs wird aber die amtliche Wahlkandidatur begründet, wenn der Kandidat selbst in Wählerversammlungen verbreitet, daß er Regierungskandidat sei (Sitzung vom 14. Mai 1907, S. 1684 D., Wahl Hermes). Daß die Beamten mit autoritativer Stellung, d. h. mit Imperium ausgerüstet seien, ist nicht erforderlich. Doch müssen es Beamte sein, nicht Personen, die nur im Behinderungsfalle der Beamten vorübergehend, z. B. kraft Ehrenamts, zur Ausübung amtlicher Gewalt gelangen (Dr. RT., Nr. 705 ex 1907/08, S. 4487). Auch Beamte, welche den Staat als fiskalischen Arbeitgeber repräsentieren, können, wenn von ihnen eine ungewöhnlich große Zahl von Arbeitern abhängig ist, den Tatbestand einer amtlichen Wahlkandidatur schaffen (Dr. RT., Nr. 300 ex 1903/04, S. 1803).

3. Die geistliche Wahlbeeinflussung. In der Zeit des Kulturkampfes war es besonders üblich[1]), und in neuester Zeit kommen Anklänge daran vor, daß man die Geistlichen in bezug auf die Wahltätigkeit den Staatsbeamten gleichstellte und die Grundsätze über die amtliche Wahlbeeinflussung auch auf die Beeinflussung durch Geistliche übertrug. Diese Auffassung ist nicht zu billigen, da Geistliche nicht Staatsbeamte sind. Eine solche Auffassung würde dem Staatskirchentum der älteren Zeit entsprechen, welches durch die neue Verfassungsentwicklung seit 1848 im größten Teile von Deutschland überwunden ist. Man muß vielmehr auf die Funktionen des Geistlichen zurückgehen. Man scheidet nach der katholischen Kirchenrechtstheorie dieselben in drei Gruppen: in die potestas iurisdictionis, d. i. die eigentliche Amtsgewalt, welche richtend und verwaltend nach außen tritt. Ganz besonders entwickelt ist sie beim Bischof der katholischen Kirche. Beim Geistlichen besteht sie nur in einer iurisdictio pro foro interno, nämlich in der Entgegennahme der Beichte und der damit verbundenen Absolution. Sodann kommt die potestas magisterii, die Lehrgewalt, insbesondere die Predigt von der Kanzel und der Katechumenenunterricht in Betracht, schließlich die potestas ordinis, d. i. die Fähigkeit, die Heilsgüter der Kirche zu verwalten und zu spenden und den Gläubigen zu vermitteln. Der Staat kann bei der Wahlbeeinflussung füglich nur die widerrechtliche Ausübung der potestas iurisdictionis und der potestas magisterii beanstanden, hingegen wird er, ohne in die rückständige Auffassung des Staatskirchentums zu verfallen, kaum in der Lage sein, die potestas ordinis, selbst wenn sie für Wahlzwecke ausgeübt wird, zu kontrollieren, denn die potestas ordinis ist ein wesentlicher Bestandteil der inneren Kirchenverwaltung, und diese ist nach verfassungsrechtlicher Auffassung, wie sie im Deutschen Reiche vorherrscht, dem Eindringen der Staatsgewalt verwehrt. Im großen ganzen hält sich die Praxis des Reichstags an diese Grundlinien. Unbedingt ist als unzulässiges Wahldelikt die geistliche Beeinflussung von der Kanzel und im Beichtstuhl betrachtet worden (vgl. hierzu z. B. Sitzung vom 17. April 1871, S. 232: „dagegen ist aber die Mehrheit der Abteilung der Ansicht gewesen, daß die Kanzel und der Altar von jeder Agitation in politischer Beziehung freigehalten

---

[1]) Endgültig gebrochen wurde mit dieser Ansicht wohl augenscheinlich seit Ausgang der achtziger Jahre, siehe z. B. Sitzung vom 18. März 1892, S. 4842, Wahl Porsch, Berichterstatter v. Hellmann: „Ich wollte den Ausführungen des Herrn Abg. Knörcke gegenüber hier nur hervorheben, wie ich es bei der ersten Berichterstattung über die Wahl des Abg. Dr. Porsch getan habe, daß meines Erachtens die Wahlprüfungskommission sich nicht in Widerspruch mit ihren früheren Beschlüssen, wenigstens, soweit sie mir aus der jetzigen Legislaturperiode bekannt sind, gesetzt hat. Es ist dort immer betont worden, daß Geistliche und übrigens auch Schullehrer in bezug auf politische Wahlen nicht als autoritative Personen anzusehen sind."

werden müsse"; Dr. RT., Nr. 299 ex 1883/85, S. 1076; siehe aus neuester Zeit Sitzung vom 16. November 1906, S. 3693 ff., Wahl Wildberger; Sitzung vom 6. Mai 1908, S. 5179 ff,, Wahl Böhle; Sitzung vom 26. Februar 1908, S. 3421 ff., Wahl Becker; Sitzung vom 21. Mai 1912, S. 2217 ff., Wahl Graf v. Oppersdorff).

Was für katholische Geistliche gilt, gilt natürlich auch für protestantische (siehe Fälle der Wahlbeeinflussung durch protestantische Geistliche, Sitzung vom 11. März 1874, S. 283 ff., Wahl v. Könneritz; Sitzung vom 2. April 1878, S. 677 ff., Wahl v. Nathusius; Dr. RT., Nr. 71 ex 1879/80, S. 575, Wahl Baron v. Arnswaldt; Dr. RT., Nr. 113 ex 1892/93, S. 686, Wahl Ahlwardt; vgl. auch Sitzung vom 6. Mai 1908, S. 5190 f. der Abg. Gröber).

Nicht als geistliche Wahlbeeinflussung kann nach der Praxis des Reichstags angesehen werden, wenn Geistliche Stimmzettel verteilen (siehe Dr. RT., Nr. 211 ex 1899, S. 1591) oder Stimmen sammeln, indem sie Wähler durch Unterschrift eines Dokumentes zur Abgabe von Stimmen nach einer bestimmten Richtung hin verpflichten (Sitzung vom 22. April 1871, S. 317 ff.).

Nicht bloß Geistliche, sondern auch Bischöfe können unzulässige geistliche Wahlbeeinflussung üben, wenn sie entweder ihre potestas iurisdictionis oder ihre potestas magisterii dazu verwenden, Wahlen ihrer Diözesanangehörigen in einer bestimmten Richtung anzuleiten, so, wenn sie anläßlich einer kanonischen Visitation die sämtlichen Lehrer bestimmter Teile ihrer Diözesen selbst oder durch bischöfliche Konsistorialräte für eine bestimmte agitatorische Tätigkeit beeinflussen (Sitzung vom 12. April 1872, S. 15), so, wenn sie im gleichen Sinne Hirtenbriefe, die zweifellos bischöfliche Verordnungen sind (Sägmüller, Kath. Kirchenrecht 1909, S. 99) erlassen, nicht aber, wenn sie durch Privatschreiben ohne offiziellen Charakter oder durch bloße Erklärungen (Dr. RT., Nr. 737 ex 1907/09, S. 4635) auf Wahlen einwirken wollen (vgl. Sitzung vom 6. Mai 1908, S. 5189 ff., Wahl Wölzl; Dr. RT., Nr. 253 ex 1907/09, Wahl Manz; siehe auch die Ausführungen des Abg. Müller-Meiningen in der Sitzung vom 6. Mai 1908, S. 5187).

4. Wahlbeeinflussung durch Arbeitgeber. Die Wahlfreiheit schützt der RT. prinzipiell nur gegenüber Beamten und Geistlichen durch Aufstellung des Delikts der amtlichen und geistlichen Wahlbeeinflussung. Privaten gegenüber wird die Wahlfreiheit vom RT. nur indirekt durch den Schutz des Rechtsguts des Wahlgeheimnisses gewährleistet. Wenn jemand zur Wahlurne durch Privatpersonen „geschleppt" wird, liegt kein parlamentarisches

Wahldelikt vor, wenn nicht gleichzeitig eine Verletzung des Wahlgeheimnisses behauptet wird (Dr. RT., Nr. 269 ex 1903/04, S. 1654). Unter denselben Gesichtspunkt fällt auch die Stellungnahme des RT. zur Wahlbeeinflussung durch Arbeitgeber. Arbeitgeber begehen das parlamentarische Wahldelikt der unzulässigen Wahlbeeinflussung, wenn sie den von ihnen abhängigen Arbeitern mit Arbeitsentlassung oder Wohnungskündigung drohen und deren Abstimmung durch andere Personen wirksam kontrollieren lassen. Die einfache Bedrohung mit Arbeitsentlassung, wenn der Arbeiter nicht in einem bestimmten Sinne stimme, ohne gleichzeitige Kontrolle, wie er gestimmt hat, ferner die Verweigerung eines Urlaubs zum Zwecke der Abstimmung (vgl. Dr. RT., Nr. 121 ex 1898/1900, S. 1014 mit Dr. RT., Nr. 366 ex 1889/1900 S. 2398); Dr. RT., Nr. 325 ex 1905/6, S. 3541), bildet noch nicht den Tatbestand des Delikts (vgl. über die ganze Frage folgende Reichstagsverhandlungen: Sitzung vom 25. April 1868, S. 101; Dr. RT., Nr. 386 ex 1879, S. 1993; Dr. RT., Nr. 387 ex 1879, S. 2000; Sitzung vom 13. Januar 1883, S. 891; Sitzung vom 16. Juni 1882, S. 540 f., Wahl Rickert; Sitzung vom 25. Januar 1882, S. 955; Dr. RT., Nr. 165 ex 1884/85; Dr. RT., Nr. 129 ex 188/889, S. 767; Sitzung vom 17. Juni 1891, S. 1021 ff.; Dr. RT., Nr. 201 ex 1890/92, S. 1630 ff.; Sitzung vom 9. Februar 1891, S. 1397 ff.; Sitzung vom 14. Januar 1890, S. 993; Dr. RT., Nr. 224 ex 1893/94, S. 1159; Sitzung vom 18. April 1894, S. 2215 ff.; siehe schließlich Dr. RT., Nr. 286 ex 1897/98, S. 3). In der Sitzung vom 13. Februar 1886 wurde von dem Abg. Rintelen ein Gesetzentwurf eingebracht (Dr. RT., Nr. 26 ex 1885/86), wonach Arbeitgeber, welche in ungebührlicher Weise ihre Arbeiter durch Zufügung von Nachteilen für Wahlen im bestimmten Sinne beeinflussen wollen, mit Strafen des gemeinen Strafrechts belegt werden sollten. Dieser Antrag war auf Grundlage der Vorgänge bei der Haarmannschen Wahl der vorhergehenden Session erwachsen, wo solche mißbräuchliche Wahlbeeinflussungen im großen Maße zutage getreten waren. Der Antrag wurde einer Kommission überwiesen, deren Bericht im Reichstag wegen der vorgerückten Sessionszeit nicht mehr erledigt werden konnte. Aber auch später war das Interesse für eine solche Maßregel im Reichstag nicht zu finden (siehe die Ausführung des Abg. Gröber in der Sitzung vom 9. Februar 1891, S. 1397 C), weil sie infolge der Unmöglichkeit des strafgerichtlichen Nachweises solcher Wahlbeeinflussungen unpraktisch geblieben wäre. Außerdem glaubte man damals den auf die Weise bloß zur „prophylaktischen Bedeutung" herabgedrückten Antrag und der daraus etwa resultierenden Norm gegenüber den auf Einführung von Wahlkuvert und Isolierzelle gerichteten Reformbestrebungen geringer einschätzen zu müssen.

5. Die Wahlbeeinflussung durch Kriegervereine. Die ältere Praxis des Reichstags im Beginn der neunziger Jahre

stellte sich nach einigem Schwanken auf den Standpunkt, die Wahlbeeinflussung von Kriegervereinen für unzulässig zu halten und als Wahldelikt zu stempeln, eben wegen des weitreichenden Einflusses dieser Kriegervereine auf die soziale Organisation des deutschen Volkes (siehe Sitzung vom 20. Mai 1886, S. 2080; siehe Sitzung vom 9. Februar 1891, S. 1418, der Abg. Gröber: „Nicht die Frage nach der Gesinnung, sondern die Frage nach der Erlaubtheit der Wahlagitation der Kriegervereine beschäftigt uns: können wir eine Wahlagitation, welche von den Kriegervereinen als solchen, welche von den Vereinsvorständen und Vorstehern gegen ihre Mitglieder ausgeübt wird, im Reichstag beanstanden? Die Mehrheit der Kommission hat diese Frage bejahen zu müssen geglaubt, aus dem einfachen Grunde, weil die Krieger- und Militärvereine nach ihren Statuten nicht einen politischen Zweck verfolgen und weil sie trotzdem erfahrungsgemäß in einer Reihe von Wahlen seit der 6. und 7. Legislaturperiode doch da und dort zu Wahlzwecken benutzt und mißbraucht worden sind . . . . . Wir wollen, daß die Kriegervereine ihrem ursprünglichen Zweck treu bleiben sollen, daß sie sich nicht in die politischen Agitationen einmischen und daß alle Versuche einer solchen Einmischung, wenn sie sich bestätigen, mit Kassation der betreffenden Wahl zurückgewiesen werden"; ferner Sitzung vom 10. März 1891, S. 1972; Dr. RT., Nr. 258 ex 1890/92, S. 1921; vgl. dagegen Sitzung vom 11. April 1891, S. 2235 ff. und Sitzung vom 3. Dezember 1890, S. 769). In späterer Zeit scheint man diesen Standpunkt wieder verlassen und die Wahlbeeinflussung durch Kriegervereine für unerheblich gehalten zu haben (siehe Dr. RT., Nr. 129 ex 1894, Wahl Göscher und Nr. 274 ex 1894, S. 1331 ff., Wahl Siegle). Versuche, in neuester Zeit wieder zur strengeren Auffassung zurückzukehren, (Dr. RT., Nr. 1179 ex 1907, S. 7390; Dr. RT., Nr. 369 ex 1907, S. 2203 ff.; Dr. RT., Nr. 1114 ex 1907/09, Wahl Öser) sind im RT. (Sitzung vom 26. April 1910, Wahl Boltz; ferner Dr. RT., Nr. 385 ex 1909/11, S. 2045 und Dr. RT., Nr. 897 ex 1909/11, S. 4136) als endgültig gescheitert anzusehen.

Selbst die Wahlbeeinflussung durch öffentliche Korporationen, z. B. Innungen, ist kein Wahldelikt (Dr. RT., Nr. 788 ex 1912/13, S. 2, Wahl Hüttmann).

6. Die Wahlverfälschung und andere vom Strafgesetzbuch in den §§ 107 ff. aufgestellten Delikte zum Schutz der Ausübung des Wahl- oder Stimmrechts müssen natürlich von der Praxis des Reichstags bei Beurteilung von parlamentarischen Wahldelikten beachtet werden. Nach den Normen des Strafgesetzbuches ist strafbar:

a) Die Verhinderung der Ausübung des parlamentarischen Wahl- oder Stimmrechts. Die Strafe für dieses Vergehen ist Gefängnis nicht unter 6 Monaten oder Festungshaft bis zu 5 Jahren (§ 107).

b) Die vorsätzliche Herbeiführung des unrichtigen Ergebnisses einer parlamentarischen Wahlhandlung oder die Fälschung des Ergebnisses derselben. Die Strafe ist entweder Gefängnis von einer Woche bis zu drei Jahren, wenn das Vergehen von einer mit der Sammlung von Wahl- oder Stimmzetteln oder mit der Führung der Beurkundungshandlung beauftragten Person verübt wird oder, wo keine Amtspflicht und kein Vertrauen verletzt wurde, Gefängnis bis zu zwei Jahren. In beiden Fällen kann auf Verlust der bürgerlichen Ehrenrechte erkannt werden (§ 108).

c) Kauf oder Verkauf einer Wahlstimme gegen Geld oder andere Vorteile. Die Strafe ist Gefängnis von einem Monat bis zu zwei Jahren, eventuell auch Verlust der bürgerlichen Ehrenrechte (§ 109).

In der Praxis des Reichstags werden jedoch kleinere Gratifikationen, wie z. B. Freibier und anderes, nicht als Stimmenkauf angesehen, weil man keinem Wähler zumuten darf, daß er eine solche kleine Gratifikation als Entgelt für die Abgabe seiner Stimme in bestimmter Richtung betrachte (vgl. dazu Sitzung vom 11. März 1874, S. 282 f., Wahl Eysold; Dr. RT., Nr. 137 ex 1890/92, S. 807; Dr. RT., Nr. 355 ex 1890/92, S. 2238; Dr. RT., Nr. 379 ex 1890/92, S. 2310; Dr. RT., Nr. 661 ex 1890/92, S. 3771; Dr. RT., Nr. 358 ex 1903/05, S. 2038; Dr. RT., Nr. 491 ex 1900/03, S. 3292; Dr. RT., Nr. 145 ex 1907/09, S. 2481: „Die Frage, ob die Hergabe von Freibier als unzulässige Wahlbeeinflussung anzusehen ist, hat die Kommission mehrfach erörtert und im verneinenden Sinne entschieden"). Findet aber die Verabreichung von Freibier in großem Umfange statt, so ist, wenn auch nicht Stimmenkauf erwiesen, jedenfalls eine unzulässige Wahlbeeinflussung gegeben und macht die so beeinflußten, abgegebenen Stimmen ungültig (Dr. RT., Nr. 825 ex 1907/09, S. 4959, Wahl Schwabach; Dr. RT., Nr. 1061 ex 1912/13, S. 1980, Wahl Reck). Doch nimmt die RT.-Praxis Rücksicht auf das Herkommen, wo Freibier in Wählerversammlungen vor der Wahl üblich ist (Dr. RT., Nr. 825 ex 1907/09, S. 4951).

Wenn nicht einmal das Geben von Freibier, so ist noch weniger das Versprechen, ein solches zu verabreichen, vom Reichstag als unzulässige Wahlbeeinflussung angesehen worden (Dr. RT., Nr. 483 ex 1906, S. 4740).

7. Wahlmanöver. Wahlmanöver, d. i. die Verbreitung falscher Tatsachen, um den Wahlgegner in den Augen seiner Anhänger herabzusetzen oder um sie gegen jenen einzunehmen, sind nach der ständigen Praxis des Reichstags, die schon in die siebziger Jahre zurückreicht, absolut zulässig und bilden nicht den Gegenstand des Tatbestandes eines Wahldelikts (vgl. Sitzung vom 11. März 1874, S. 277 ff., Wahl Erhard;

Sitzung vom 10. April 1877, S. 357 ff., Wahl Bode; Sitzung vom 1. April 1886, S. 1809 ff., Wahl Bürklin; Sitzung vom 9. April 1886, S. 2005, Wahl v. Wurmb; Dr. RT., Nr. 149 ex 1894/95, Wahl Stroh; Sitzung vom 10. Februar 1888, S. 819 ff.; Dr. RT., Nr. 82 cx 1890/92, S. 591; aus neuester Zeit Dr. RT., Nr. 217 ex 1903/05, Wahl Leinenweber; Sitzung vom 14. Mai 1907, S. 1683 A, Wahl Neumann-Hofer; Sitzung vom 13. Juli 1909, S. 9457; Sitzung vom 28. März 1912, S. 1134 ff.).

Auch wenn das Wahlmanöver gerichtlich erwiesen ist, macht der Reichstag für die Zwecke der Wahlprüfung davon keinen Gebrauch (Dr. RT., Nr. 82 ex 1890/92, S. 590 f., Dr. RT., Nr. 355 ex 1894/95, Wahl Hermes). In solchen Wahlmanövern erblickt der Reichstag nämlich kein die Wahlfreiheit beeinträchtigendes Vergehen (Dr. RT., Nr. 403 ex 1912). Dies auch dann, wenn im gegebenen Falle Wähler angeblich bei Ausübung ihres Wahlrechts ihre Entschließungen von der Stellungnahme anderer Wähler im Wahlkampf abhängig machen und dabei ein Opfer der im Wahlkampf vorkommenden Täuschungen und Lügen geworden sind (Dr. RT., Nr. 338 ex 1912/13, S. 2). „Diese Täuschungen und Lügen mögen noch so verwerflich sein, sie sind aber nicht geeignet, die Wahlfreiheit zu beeinträchtigen" (Dr. RT., Nr. 339 ex 1912/13, S. 269). Man kann also mit Variierung der römischen Rechtsparömie, die für Kaufgeschäfte gilt, von der Auffassung des deutschen Reichstags in bezug auf Wahlmanöver sagen: „In electionibus circumvenire licet."

III. Formfehler im Wahlverfahren.

Der Reichstag hat seit seinem Bestehen unter den Formfehlern je nach dem Grade ihrer Wichtigkeit unterschieden. Nicht alle Verletzungen gegen das Wahlreglement führen die Nichtigkeit des Wahlaktes herbei. Seit seinem Bestehen hat der Reichstag auch eine Reihe von Formverstößen für so unwesentlich angesehen, daß er sie bei Prüfung des Wahlergebnisses überhaupt unberücksichtigt zu lassen pflegt. Schwierig ist nur die Frage der Abgrenzung von Formfehlern, welche an sich erheblich genug sind, um die Nichtigkeit des Wahlaktes auf jeden Fall herbeizuführen, gegenüber solchen, welche zwar an sich erheblich, aber dennoch nur unter Umständen die Wahl in ihrem Resultate erschüttern können. Zu Anfang der Reichstagspraxis war vorgeschlagen, aber vom Reichstag nicht akzeptiert, die Nichtigkeitsgründe nach Analogie der prozessualen Vorschriften zu bestimmen (siehe z. B. die Ausführung desen Abg. Dr. Schwarze in der Sitzung vom 17. Mai 1871, S. 781) und überall dort Nichtigkeit anzunehmen, wo gegen ein „Formale" verstoßen wird, „in welchem eine Garantie der Loyalität des Verfahrens liegt". Dagegen setzte sich schon seit den siebziger Jahren (siehe Dr.

RT., Nr. 149 ex 1874, S. 1033 verglichen mit Sitzung vom 25. Februar 1913, S. 4018) der Grundsatz fest, „daß in allen Fällen, wo das Wahlgesetz eine Bestimmung trifft, die ihre Ergänzung im Wahlreglement findet, das Wahlreglement bindend sei und daß in allen diesen Fällen die Nichtigkeit des Wahlaktes auszusprechen sei". Auf Grund dieser Anschauung sind eine Reihe von Formfehlern seit jeher mit der Nichtigkeit des Wahlaktes in dem betreffenden Wahlbezirk behaftet. Diese Auffassung des Verhältnisses zwischen Wahlgesetz und Wahlreglement ist deshalb nicht entscheidend für die Frage der Nichtigkeit, weil dem Gesetzgeber bei Erlassung des Wahlgesetzes zweifellos nicht unterlegt werden kann, er habe dem Wahlgesetz in seinen einzelnen Bestimmungen eine mehr grundlegende Bedeutung geben wollen, als dem Wahlreglement: ging man doch, wie wir wissen, damals von der Absicht aus, selbst die Änderungen des Wahlreglements durch Gesetz erfolgen zu lassen (siehe oben S. 273). Auch ist diese ganze Betrachtungsweise, die sich der Reichstag in bezug auf die Nichtigkeitsgründe angeeignet hat, eine zu formalistische. Viel richtiger und wichtiger ist der bei anderer Gelegenheit (zuletzt Dr. RT., Nr. 908 ex 1907/09, S. 5394) geltend gemachte Gesichtspunkt, daß man prinzipiell jede einzelne Vorschrift des Wahlreglements auf ihre Erheblichkeit für das Wahlresultat prüfen müsse, daß man die durch Formfehler herbeigeführte Schädigung der einen oder der anderen Partei, so gut es geht, durch ziffernmäßige Berechnung auszugleichen hätte, und nur „wenn sich gar kein anderer Anhalt biete, dürfe zur Kassation des ganzen Wahlaktes geschritten werden". Mit anderen Worten, die prinzipielle Reparatur des Formverstoßes ist der ziffernmäßige Ausgleich der Schädigung, welcher der einen oder der anderen Partei zugefügt worden ist. Die Nichtigkeit des Wahlaktes ist eben nur ein Notbehelf, der sich in der Praxis bei den einzelnen typischen Formfehlern allerdings durchgesetzt hat.

Unter diesem Gesichtspunkt muß man unterscheiden:

1. Formfehler, welche eine absolute Nichtigkeit des Wahlaktes herbeiführen. Als solche werden insbesondere angesehen Formverstöße, welche die Öffentlichkeit sowohl der Wahlhandlung als des Skrutiniums durch den Wahlvorstand vereiteln (vgl. z. B. Dr. RT., Nr. 51 ex 1871, S. 137; Dr. RT., Nr. 315 ex 1890/91, S. 2113; Dr. RT., Nr. 101 ex 1900/03, S. 452; Dr. RT., Nr. 360 ex 1903/05, S. 2047), sodann Formfehler, welche das Wahlgeheimnis verletzen, z. B. durch Fehlen einer Isolierzelle u. a. m. (siehe z. B. Dr. RT., Nr. 659 ex 1903/05, S. 3853 u. a. m.; siehe oben S. 368), ferner Formfehler, durch welche das Wahllokal eine Zeitlang geschlossen war oder ohne die gehörige Besetzung (siehe darüber oben S. 355) des Wahlvorstandes zugänglich war. Als Nichtigkeitsgrund wird

ferner von der Wahlprüfungskommission in kontinuierlicher Praxis die gleichzeitige Abwesenheit von Protokollführer und Wahlvorsteher angesehen (vgl. z. B. Dr. RT., Nr. 605 ex 1901, S. 3611 und Sitzung des Reichstags vom 25. Februar 1913, S. 4007 ff.). Desgleichen gilt als Kassationsgrund das Nichtausliegen und die Nichtaufstellung von Wählerlisten in dem betreffenden Wahlbezirk (siehe oben S. 315 ff.). Hingegen sind alle anderen Formfehler, die sich auf Wählerlisten beziehen, ja sogar die Nichtauslegung neuer Wählerlisten, wo sie nach § 34 des Wahlreglements geboten war, keineswegs als Nichtigkeitsgrund angesehen worden (siehe z. B. Sitzung vom 9. April 1889, S. 1429 f.). Offenbar unrichtige Führung des Protokolls ist wohl ein Kassationsgrund (siehe z. B. Dr. RT., Nr. 160 ex 1882/83, S. 541), ebenso auch das Fehlen des Wahlprotokolls überhaupt (Sitzung vom 18. April 1871, S. 251 f., Wahl v. Niegolewski), jedoch ist das Fehlen des Nebenprotokolls oder der Gegenliste keineswegs ein Kassationsgrund. Das Fehlen des Stimmvermerks in den Wählerlisten, wodurch nämlich nachgewiesen wird, daß der Wähler persönlich gestimmt hat, ist wiederholt als Kassationsgrund aufgefaßt worden (vgl. z. B. Sitzung vom 18. April 1877, S. 579; Dr. RT., Nr. 60 ex 1879, S. 569; Dr. RT., Nr. 242 ex 1884/85, S. 1090; Dr. RT., Nr. 211 ex 1884/85, S. 837 u. a. m., vgl. oben S. 369).

2. Formfehler, denen der Reichstag niemals Bedeutung beilegt, sind der nicht vorschriftsmäßige Abschluß der Wählerliste (siehe z. B. Dr. RT., Nr. 87 ex 1890/92, S. 631 f.), das Nichtführen oder das nichtgehörige Führen (Dr. RT., Nr. 152 ex 1880, S. 825) der Gegenliste, die Nichtunterzeichnung der Wählerliste durch den Wahlvorsteher, das Fehlen der Beurkundung der Übereinstimmung von Hauptwählerliste und Duplikat (Dr. RT., Nr. 319 ex 1890/92, S. 2130), das Fehlen der Bescheinigungen, die nach §§ 8 und 31,4 des Wahlreglements vorgeschrieben sind (Dr. RT., Nr. 689 ex 1907/09, S. 4447) u. a. m.

3. Formfehler, die unter Umständen erheblich sind. Insbesondere läßt hier der Reichstag freies Ermessen walten, und die Art, wie er diese Formfehler in ihrer Wirkung durch ziffernmäßigen Ausgleich zu beseitigen sucht, werden wir gleich weiter unten kennen lernen.

IV. Die Reaktion des Reichstags gegen Wahldelikte und erhebliche Formverstöße (das Skrutinium in der Wahlprüfungskommission).

Was bei den kriminellen Delikten die Strafe, bei den Verwaltungsdelikten die Verwaltungsstrafe, das ist bei parlamentarischen Wahldelikten und erheblichen Formverstößen die Reaktion, welche im Skrutinium der Wahlprüfungskommission erfolgt.

1. Für die Berechnung des durch Wahldelikt beeinflußten Stimmergebnisses hat die Reichstagspraxis folgende Grundsätze aufgestellt:

a) Bei amtlichen Wahlbeeinflussungen wird in der Regel zwischen einer milderen und einer strengeren Praxis unterschieden. Die heutige mildere Praxis geht dahin, dem Gewählten, zu dessen Gunsten in einem Wahlbezirk amtliche Wahlbeeinflussung vorgenommen worden ist, die gegen ihn im Wahlbezirk abgegebenen Stimmen sowohl von der Gesamtzahl der abgegebenen Stimmen, als auch von der Gesamtzahl der zu seinen Gunsten abgegebenen Stimmen abzuziehen. Die strengere Praxis, deren Anwendung der Reichstag in besonders eklatanten Fällen sich vorbehält, rechnet nicht bloß dem Gewählten die vitiösen Stimmen ab, sondern seinem Gegenkandidaten zu (siehe über diese beiden Berechnungsarten Sitzung vom 6. April 1878, S. 778, Berichterstatter Eysold; siehe Sitzung vom 13. Mai 1884, S. 583; Sitzung vom 21. Januar 1902, S. 3541). Dasselbe gilt mutatis mutandis bei der amtlichen Kandidatur betreffs der in dem ganzen Kandidaturbezirk für den Gewählten abgegebenen Stimmen (siehe Dr. RT., Nr. 703 ex 1907/09, S. 4483; Sitzung vom 15. November 1906, S. 3673; Dr. RT., Nr. 480 ex 1912, S. 4 f.). Doch ist gelegentlich die Wirkung der amtlichen Wahlkanditatur nur auf den Wirkungskreis der in Frage kommenden Amtspersonen, welche die amtliche Kandidatur ins Leben gerufen, beschränkt worden (z. B. Dr. RT., Nr. 300 ex 1909/11, S. 1616).

b) Kommen Wahlfälschungen bei Wahlen vor, so werden die durch Stimmenkauf oder Wahlfälschung beeinflußten Stimmen dem Gewählten abgezogen, gleichviel ob sie zu seinen Gunsten abgegeben worden sind oder nicht (siehe Dr. RT., Nr. 605 ex 1905, S. 3613 und Sitzung vom 14. Mai 1905, S. 6138; Dr. RT., Nr. 1278 ex 1912/14, S. 8, Wahl v. Liebst). Ist hingegen die Wahlfälschung in einem Wahlbezirk systematisch betrieben worden, so erfolgt Kassation des Wahlaktes (siehe z. B. Dr. RT., Nr. 82 ex 1874/75, S. 837; Sitzung vom 17. Januar 1891, S. 1020; Sitzung vom 6. Mai 1908, S. 5199 ff.).

c) Eine nicht immer gleichmäßige Praxis hat der Reichstag bei Berechnung des Stimmergebnisses gehandhabt, wenn das Stimmergebnis durch unzulässiges Verbot von Versammlungen getrübt war. Das richtige wäre hier, da es sich um das Wahldelikt der amtlichen Wahlbeeinflussung handelt, dem Gewählten von der Gesamtzahl die für ihn abgegebenen Stimmen abzuziehen. Der Reichstag hat hingegen hier eine Reihe von Nebenumständen zur Berechnung der abzuziehenden Stimmen miteingeführt. Insbesondere die Berücksichtigung der Differenz zwischen den im Wahlkreis zugunsten des Gewählten und seines Gegenkandidaten abgegebenen Stimmen. Ist diese so groß, daß das Wahlresultat durch das Verbot der Wählerversammlung zugunsten des Gegenkandidaten nicht erschüttert werden kann, so wird von seiner Berücksichtigung ganz abgesehen[1]). Eine Zeitlang herrschte das Vorurteil, die Ziffer 600 — Wahl Lotze — als äußerste Grenze maßgebend sein zu lassen (siehe Sitzung vom 9. Juni 1899, S. 2457, der Abg. Spahn). In früheren Fällen griff man die Grenze auch niedriger (siehe z. B. Sitzung vom 27. April 1887, S. 405 ff., Wahl Richter). Die neueste Praxis, wie sie gelegentlich am 24. Mai 1905 (S. 6144) von dem Berichterstatter Schwarze (Lippstatt) formuliert wurde, ist folgende: „Es werden die Stimmen der Nicht-gewählt-habenden dem unterlegenen Kandidaten zugezählt und die Anzahl der Stimmen, die der gewählte Kandidat erhalten hat, diesem abgezogen". Ob der Einfluß des Versammlungsverbotes bloß auf den Wahlbezirk, wo das Versammlungsverbot erlassen worden ist, oder in seiner Wirkung auf den gesamten Wahlkreis zu betrachten ist, erscheint gleichfalls bestritten (vgl. Dr. RT., Nr. 124 ex 1884/85, S. 477; Dr. RT., Nr. 121 ex 1890/92, S. 703; Dr. RT., Nr. 720 ex 1890/92, S. 3926; Dr. RT., Nr. 588 ex 1905, S. 3595). Hier greift nur die Anschauung durch, daß die Wirkung des widerrechtlichen Versammlungsverbots nicht auf den Ort zu beschränken wäre, wo die Versammlung abgehalten werden soll, sondern darüber hinaus auf einen Rayon von fünf Kilometern im Umkreis (Dr. RT., Nr. 688 ex 1903/05, S. 3946 und Dr. RT., Nr. 403 ex 1909/11, S. 2164)[2]). Die Verhinderung von Wählerversammlungen dadurch, daß amtliche Pression auf die Inhaber der Lokalitäten geübt, sog. „Saalabtreibung" (siehe oben S. 339) betrieben worden ist, wird vom Reichstag in der Weise bei der Berechnung des Stimmergebnisses berücksichtigt, daß dem Gewählten von der Gesamtzahl der im Wahlbezirk abgegebenen Stimmen, die in dem Wahlbezirk, wo jene amtliche Wahlbeeinflussung stattgefunden hat, für den Gewählten abgegebenen Stimmen abgezogen werden (siehe Sitzung vom 13. Juli 1909, S. 9459, Wahl Euen, dazu Dr. RT., Nr. 1122 ex 1907/09).

2. Die Reaktion der Wahlprüfungskommission des Reichstages gegen Formverstöße ist, wie wir schon oben festgestellt haben, bei einer Reihe derselben: die Nichtigkeit des Wahlaktes, namentlich bei jenen, wo ein Anhalt für eine andere ziffernmäßige Reparatur des Wahlverstoßes nicht gegeben erscheint. Bei anderen wird hingegen ein solche nach freiem Ermessen des Reichstags vorgenommen.

---

[1]) Siehe Dr. RT., Nr. 275 ex 934, S. 1334, Wahl Bayerlein; Sitzung vom 27. April 1904, S. 2453 f., und Dr. RT., Nr. 357 ex 1903/5, Wahl Fürst v. Bismarck.

[2]) Die Verhinderung einer Versammlung, in der polnische Redner auftreten sollen, wird in ihrer Wirkung nur betreffs der polnischen Bevölkerung berücksichtigt (Dr. RT., Nr. 482 ex 1905/06, S. 4729 f.), d. h. nur die Zahl der Polen, die nicht gestimmt haben, wird dem Unterlegenen zugezählt. Daß polnische Stimmen in solchen Fällen für den Gewählten abgegeben worden wären und ihm daher abgezogen werden sollten, ist nicht wahrscheinlich, immerhin aber denkbar.

So wird z. B. gegenwärtig nicht mehr bei Auslegung von Stimmzetteln im Wahllokal zugunsten eines Wahlkandidaten der gesamte Wahlakt kassiert, sondern es werden die vitiösen, d. h. zugunsten des Gewählten abgegebenen Stimmen diesem abgezogen (siehe Sitzung vom 15. November 1906, S. 3665 und 3668). So wird bei einem zu frühen Schluß des Wahlaktes nach ständiger Praxis der Kommission nicht der ganze Wahlakt kassiert, sondern es werden, da der durch Verletzung benachteiligte Personenkreis sich auf die Wähler, die ihr Wahlrecht nicht ausgeübt haben, beschränkt, deren Stimmen dem unterlegenen Kandidaten zugezählt (siehe Dr. RT., Nr. 908 ex 1908/09, S. 5394; vgl. auch Dr. RT., Nr. 368 ex 1907/09, S. 2200). Diskussionen und Agitationen im Wahllokal, die nach dem Wahlreglement verboten sind, werden ebenfalls nicht in der Weise berücksichtigt, daß der ganze Wahlakt kassiert wird, sondern es werden lediglich die Stimmen des begünstigten Kandidaten in dem Wahlbezirk von dessen Gesamtzahl abgezogen (siehe Dr. RT., Nr. 908 ex 1907/09, S. 5394; über die ältere Praxis vgl. Sitzung vom 5. April 1871, S. 186ff.). Auch das Unterlassen der gehörigen Publikation des Wahllokals und des Wahltermins bewirkt keineswegs die Nichtigkeit des Wahlaktes im Wahlbezirk, sondern es werden Personen, welche ihre Stimme nicht abgegeben haben, dem Unterlegenen zugezählt (siehe z. B. Sitzung vom 2. Juni 1883, S. 2786; Dr. RT., Nr. 140 ex 1884/85, S. 514; Dr. RT., Nr. 159 ex 1895/96, S. 1119; Dr. RT., Nr. 491 ex 1912, S. 5, Wahl Graf v. Oppersdorff).

VII. Abschnitt:

Das Abgeordnetenmandat.

§ 54. [Die rechtliche Stellung des Reichstagsabgeordneten.

I. Geschichtliche Entwicklung.

Daß die vom Volke für die Legislatur gewählten und entsendeten Abgeordneten Vertreter des gesamten Volkes und nicht lokaler Sonderinteressen seien, sowie die Auffassung, daß die Majorität der legislativen Körperschaft auch die nicht erschienenen durch ihre Beschlüsse bindet, bildet das Wesen des Repräsentativsystems. Dieser Repräsentationsgedanke ist am frühesten unter den europäischen Staaten in England zur Tatsache geworden, woselbst schon im vierzehnten Jahrhundert die erste Geschäftsordnung des englischen Parlaments der berühmte Modus tenendi parliamentum den Satz ausspricht[1]), „et ideo opportet quod omnia quae affirmari, vel concedi vel negari, vel fieri debent per parliamentum, per communitatem parliamenti concedi debent, quae est ex tribus gradibus sive generibus parliamenti scilicet ex procuratoribus cleri, militibus communitatum, civibus et burgensibus, qui repraesentant totam communitatem Angliae, et non de magnatibus, quia quilibet eorum est pro sua propria persona ad parliamentum et pro nulla alia".

Auch in Schweden ist bereits um 1614 der Repräsentationsgedanke vollinhaltlich vorhanden[2]). Als nämlich in diesem Jahre der Stand der Geistlichen seine Zweifel an der Berechtigung der Stände äußerte, dem vom Könige vorgelegten Vorschlag zu einer neuen Gerichtsordnung beizustimmen, weil die Abwesenden nicht gehört werden könnten, erklärte der König, daß, wenn „die Geistlichkeit" sich nicht für so selbständig hielte, im Namen ihres Standes zu tun, so wisse Se. Königliche Majestät nicht, was ihre Vollmacht zu bedeuten habe.

---

1) Siehe meine englische Verfassungsgeschichte, S. 215.

2) Fahlbeck, Die Regierungsform Schwedens, S. 143 f.

Die kontinentale, insbesondere die deutsche Rechtsentwicklung knüpft aber nicht direkt an das englische oder schwedische Vorbild an, sondern an den Repräsentationsgedanken, wie er in der französischen Constituante von 1789 entwickelt wurde. Vorher waren die ständischen Vertreter in Deutschland wie in Frankreich nur die zur Vertretung der „sonderbaren Rechte und Privilegien", die sie nach ihnen erteilten Instruktionen zu vertreten hatten, angesehen[1]).

Das echte Bild einer Volksvertretung entwickelte aber zuerst Siéyès in seiner berühmten Rede vom 7. September 1789 in der Nationalversammlung[2]). Sie gipfelt in drei Sätzen:

1) Die Wähler jedes Wahlbezirks bestimmen den Repräsentanten im Namen des ganzen Reichs. „Ein Deputierter, der für einen Wahlbezirk gewählt ist, ist im Namen der Gesamtheit der Wahlbezirke gewählt. Er ist der Deputierte der gesamten Nation; alle Staatsbürger sind seine Auftraggeber".

2) Deshalb ist er nicht den Wählern seines Bezirks irgendwie unterworfen, nur der nationale Wille ist für ihn maßgebend. Daher kann es kein imperatives Mandat geben, das dem einzelnen Abgeordneten von seiner Wählerschaft auferlegt würde. Nur der nationale Wille ist für ihn maßgebend.

3) Auf die Beratung in der parlamentarischen Körperschaft allein kommt es an. Eine vorhergehende oder nachfolgende Entscheidung (Décision) in den einzelnen Wahlbezirken, einen Appell an das Volk in bezug auf die in der Legislatur beratenden Fragen darf es nicht geben. Denn „das Volk kann nicht sprechen, kann überhaupt nicht handeln, außer durch seine Repräsentanten".

Die Nationalversammlung nahm diese Grundsätze an (schon im Dekret vom 22. Dezember 1789):

1. „Les représentants nommés à l'assemblée nationale par les départements ne pourront être regardés comme les représentants d'un département particulier, mais comme les représentants de la totalité des départements c'est à dire, de la nation entière." (Art. 8.)

2. „L'acte d'élection sera le seul titre des fonctions des représentants de la nation; la liberté de leurs suffrages ne pouvant être génée par aucun mandat particulier, les assemblées primaires et celles des électeurs adresseront directement au Corps législatif les pétitions et instructions qu'elles voudront lui faire parvenir." (I. Section, Art. 34.)

---

[1]) Siehe Gierke, Das deutsche Genossenschaftsrecht, Bd. I, S. 576 ff.

[2]) Siehe Tecklenburg, Die Entwicklung des Wahlrechts in Frankreich seit 1789, Tübingen 1911, S. 148 f.

3. „Ainsi ...... les représentants à l'Assemblée nationale, ne pourront jamais être révoqués et leur destitution ne pourra être que la suite d'une forfaiture jugée." (Art. 11.)

Diese Grundsätze, welche das Wesen des Repräsentativsystems zum Ausdruck bringen, und die des imperativen Mandats der Wählerschaft, sowie das Abberufungsrecht des Gewählten durch die Wählerschaft verbieten, haben ihren Siegeszug durch ganz Europa angetreten, und auch in der deutschen Reichsverfassung entsprechende[1]) Anerkennung gefunden.

II. Das geltende Reichsrecht.

Art. 29 der Reichsverfassung bestimmt: „Die Mitglieder des Reichstags sind Vertreter des gesamten Volkes und an Aufträge und Instruktionen nicht gebunden."

Dadurch sind die beiden Grundsätze zur Anerkennung gebracht: Erstens das Prinzip der Volksvertretung und damit im Zusammenhang das Recht des Abgeordneten auf Anerkennung als Reichsorgan, zweitens das Verbot jedes imperativen Mandats. Aber auch der nicht direkt in der Reichsverfassung ausgesprochene Grundsatz, den, wie wir sahen, die französische Nationalversammlung ausdrücklich aufgestellt hat, gilt für das Reichsrecht, nämlich das Verbot des Abberufungsrechts von Abgeordneten durch die Wählerschaft. An Mißtrauenskundgebungen braucht der Abgeordnete sich nicht zu kehren. Sie sind für ihn juristisch bedeutungslos, mögen sie auch politisch für ihn maßgebend werden. Versicherungen und Bürgschaften, welche er etwa seinen Wählern für das Eintreten bei bestimmter politischer Sachlage gegeben, sind daher rechtlich unverbindlich. Der Abgeordnete ist Reichsorgan.

Wodurch unterscheidet sich seine Rechtstellung von der eines Beamten, der ebenfalls Reichsorgan ist?

Die Unterschiede sind folgende:

1. Der Reichstagsabgeordnete ist ein unmittelbares Staatsorgan, d. h. er dankt seine Rechtstellung unmittelbar einem Verfassungssatz (Art. 20, Absatz 2 in Verbindung mit § 5 des Wahlgesetzes vom 25. Mai 1869). Der Beamte verdankt immer seine Rechtstellung der Anstellung durch ein höheres unmittelbares Reichsorgan.

2. Der Reichstagsabgeordnete unterliegt nur der Disziplin des Reichstags (Art. 27 der RV.). Der Beamte hingegen den Grundsätzen der Beamtendisziplin.

---

[1]) Den Satz sub 2 oben „l'acte d'élection sera le seul titre des fonctions des représentants de la nation" hat die deutsche Rechtstheorie nie übernommen. Siehe oben § 43.

3. Reichstagsabgeordnete wie Beamte haben einen gesteigerten Strafrechtschutz. Wer insbesondere ein Reichstagsmitglied durch Gewalt oder durch Bedrohung mit einer strafbaren Handlung verhindert, sich an den Ort der Versammlung zu begeben oder zu stimmen, wird mit Zuchthaus bis zu 5 Jahren oder mit Festungshaft von gleicher Dauer bestraft (StGB., § 106, Abs. 1).

Der gleichen Strafe unterliegt ein Beamter, der diese Handlung, wenn auch ohne Anwendung von Gewalt oder Drohung durch Mißbrauch seiner Amtsgewalt oder Androhung eines bestimmten Mißbrauches derselben begangen hat (StGB., § 339, Abs. 3).

Sind mildernde Umstände vorhanden, so tritt Festungshaft bis zu zwei Jahren ein (StGB., § 106, Abs. 2 und § 339, Abs. 3). Auch darf zugunsten eines beleidigten oder an seinem Körper verletzten Abgeordneten der Staatsanwalt „im öffentlichen Interesse" die öffentliche Strafklage erheben (§ 416, StPO. [auch anerkannt vom Staatssekretär des Reichsjustizamts in der Sitzung vom 25. Februar 1900, S. 3382]), die Entschließung hierüber steht aber ausschließlich der Staatsanwaltschaft zu (siehe Löwe-Hellweg, Strafprozeßordnung, 1900, S. 878).

Einen Strafrechtschutz genießt auch der Reichsbeamte, aber die Stellung des Reichstagsabgeordneten ist eine erhöhte durch die sogenannten Parlamentsprivilegien der Redefreiheit (Art. 30, RV.) und der parlamentarischen Immunität (Art. 31, RV.), welche keine subjektiven öffentlichen Rechte des Abgeordneten, sondern eine durch das objektive Recht vorgenommene Privilegierung des Reichstags darstellen und daher, wie es die Praxis des Reichstags auch immer auffaßt, nur zur Beförderung der parlamentarischen Verhandlungen, nicht im Interesse des Abgeordneten betätigt werden dürfen. Von ihnen wird näher in dem Abschnitt für das Parlamentsverfahren (letzter Teil des ganzen Werks) zu handeln sein.

Ähnlich sind die weiteren Privilegierungen des Abgeordneten aufzufassen, insbesondere ihre Befreiung von der Berufung zu Geschworenen- oder Schöffenamt (Gerichtsverfassungsgesetz §§ 35, 85) und die ihnen zukommende Fähigkeit das Amt als Beisitzer des Seeamts ablehnen zu dürfen (Gesetz vom 27. Juli 1879, § 10), schließlich der Grundsatz, daß während der Sitzungsperiode die Vernehmung eines Reichstagsabgeordneten als Zeugen oder Sachverständigen außerhalb Berlins der Genehmigung des Reichstags bedarf (§ 382 und § 402 der ZPO., ferner § 59 und § 72 StPO. und § 207 f. Militärstrafprozeßordnung). Alle diese Privilegierungen sind nicht subjektive Rechte des Abgeordneten, sondern objektive Rechtssätze, welche die Beförderung der parlamentarischen Verhandlungen bezwecken.

4. Reichstagsabgeordnete wie Reichsbeamte beziehen ein Entgelt, haben gewisse Vermögensrechte dem Reich gegenüber. Der Reichs-

beamte hat das Recht auf Gehaltzahlung, der Reichstagsabgeordnete die sogenannte „Aufwandsentschädigung" und das Recht der freien Fahrt auf allen deutschen Eisenbahnen für die Dauer der Sitzungsperiode sowie 8 Tage vor ihrem Beginn und 8 Tage nach ihrem Schluß (Gesetz vom 21. Mai 1906 RGBl., S. 468 und Bekanntmachung betreffend die freie Fahrt der Reichstagsmitglieder auf den deutschen Eisenbahnen vom 27. Juni 1906). Aber zwischen der „Aufwandsentschädigung" des Reichstagsabgeordneten und dem Gehalt des Reichsbeamten besteht der wesentliche Unterschied, daß das letztere dem Beamten als eine Lebensrente gezahlt wird, unabhängig laufend, gleichviel ob der Beamte täglich im Dienst ist, während die Aufwandsentschädigungen des Reichstagsabgeordneten zum Teile an die Bedingung der Anwesenheit in den Plenarsitzungen geknüpft ist, keine Lebensrente, also keine Besoldung darstellt. Deshalb ist auch ausdrücklich in Art. 32 der Reichsverfassung vorgeschrieben, daß die Reichstagsabgeordneten wohl die Aufwandsentschädigung, aber keine Besoldung beziehen dürfen.

§ 55. Erwerb und Verlust des Abgeordnetenmandats.

I. Erwerb des Abgeordnetenmandats.

Der Erwerb des Abgeordnetenmandats ist an die Voraussetzung der Wählbarkeit geknüpft:

Sie ist jene persönliche Beschaffenheit, welche dem Reichsbürger die Fähigkeit gibt, gewählt zu werden. Diese Fähigkeit ist kein subjektives Recht des einzelnen, sondern nur eine rechtliche Möglichkeit. Der Mangel der Wählbarkeit ist entweder die Unfähigkeit, gewählt zu werden (Inelegibilität), oder die Unvereinbarkeit des Amts eines Reichstagsabgeordneten mit einem Staats- oder Reichsamt (Inkompatibilität). In ersterem Fall sind die auf einen Unwählbaren fallende Stimmen ungültig, in letzterem Falle nicht: der Inkompatible kann gewählt werden. Man kann eine absolute und eine partielle Inkompatibilität unterscheiden. Die absolute besteht darin, daß bestimmte Staats- oder Reichsämter unbedingt und absolut mit dem Abgeordnetenmandat unvereinbar sind. Der von der Inkompatibilität betroffene Gewählte muß sich entscheiden, ob er sein Reichs- oder Staatsamt aufgeben oder auf das Abgeordnetenmandat verzichten will. Eine solche absolute Inkompatibilität, wie sie in romanischen Rechtsgebieten in großem Umfange vorherrscht (Frankreich, Italien, Spanien), kennt das deutsche Reichsrecht nur in sehr beschränktem Maße. Daneben besteht eine temporäre Inkompatibilität. Sie kommt darin zum Ausdruck, daß der von ihr Betroffene, aber dennoch Gewählte, sich einer Neuwahl unterziehen muß, um für den Fall der Wiederwahl sein Mandat beizubehalten. Durch die nochmalige Erklärung des Willens der Wählerschaft zu seinen Gunsten erscheint die frühere Inkompatibilität geheilt.

Diese temporäre Inkompatibilität ist im deutschen Reichsrecht (Art. 21, RV.) zum Ausdruck gebracht.

A.

Die Inelegibilität ist nach deutschem Reichsrecht (WG. vom 31. Mai 1869, §§ 3 und 4) an folgende Tatbestände geknüpft:

1. Das Stehen unter Vormundschaft oder unter Kuratel.

2. Der Konkursnexus.

3. Der Bezug einer Armenunterstützung, und zwar aus öffentlichen oder Gemeindemitteln im letzten der Wahl vorhergegangenen Jahre.

Dieser Zeitraum des letzten Jahres wird berechnet vom Tage der Hauptwahl zurück (siehe Dr. RT., Nr. 597 ex 1905/06, S. 5680).

4. Die Entziehung der staatsbürgerlichen Rechte, und zwar für die Dauer dieser Entziehung, sofern man nicht in diese Rechte wieder eingesetzt ist[1]).

5. Mangel der Reichsangehörigkeit und Zugehörigkeit zu einem Einzelstaate durch mindestens ein Jahr vor der Wahl. Da die Schutzgebiete nicht Einzelstaaten des Reichs sind, mußte die Wählbarkeit von Reichsangehörigen, welche in den Schutzgebieten naturalisiert worden sind, noch besonders durch das Schutzgebietsgesetz (vom 25. Juni 1900, § 9, Absatz 2) ausgesprochen werden[2]). Aufenthalt und Wohnsitz im Reichsgebiet ist aber für die Wählbarkeit nicht erforderlich.

---

[1]) Vergl. darüber oben unter § 35.

[2]) Laband, Deutsches Staatsrecht, a. a. O. I, S. 315, gibt dem Zweck dieser Bestimmung des Schutzgebietsgesetzes einen anderen Sinn, wenn er sagt: „Erforderlich ist nur die Reichsangehörigkeit, nicht Aufenthalt oder Wohnsitz im Bundesgebiet. Daher sind auch die in den Schutzgebieten sich aufhaltenden Reichsangehörigen wählbar." Diese Auffassung ist unrichtig, denn das hieße dem Gesetzgeber die Anordnung eines überflüssigen Rechtssatzes zumuten, der sich ja, wie Laband selbst hervorhebt, schon daraus versteht, daß zur Wählbarkeit außer der Reichsangehörigkeit nicht der Aufenthalt oder Wohnsitz im Bundesgebiet vom Reichswahlgesetz verlangt wird. Über die Motive des Gesetzgebers vergl. meinen Kommentar zum Wahlgesetz zu § 4. Eine andere Frage ist, ob auch noch die anderen Fälle der sog. unmittelbaren Reichsangehörigkeit (III. Abschnitt, § 33 f. des R.- u. St.-Ang.-Ges. vom 22. Juli 1913 RGBl., S. 583) schon genügen, die „Zugehörigkeit" zu einem deutschen Einzelstaat im Sinne des § 4, WG. zu ersetzen. Ich möchte dies verneinen, da es für die Kategorie der in den Schutzgebieten Naturalisierten einer besonderen gesetzlichen Vorschrift (§ 9, Abs. 2 des Schutzgebietsgesetzes) bedurfte, was für die beiden andern Kategorien (§ 33, Ziffer 2 und § 34 R.- u. St.-A.-G.) noch nicht geschehen ist (A. A. Paul Lenel in der Zschr. f. bad. Vgw. 1913, Nr. 24/26, S. 3 f., der aber die ausdrückliche Gesetzesvorschrift des § 9, Abs. 2 leg. cit. übersieht).

Die Zugehörigkeit zu einem deutschen Einzelstaat bzw. die Reichszugehörigkeit muß ein Jahr vom Zeitpunkte der Hauptwahl nach rückwärts gerechnet vorliegen. Im Entwurf des Reichswahlgesetzes waren drei Jahre gefordert, eine Bestimmung, die dem preußischen Wahlgesetz von 1866 für den konst. RT. und dem Reichswahlgesetz der Frankfurter Nationalversammlung entnommen war (siehe die Ausführungen des Regierungskommissars v. Puttkamer in der Sitzung des Norddeutschen Reichstags vom 19. März 1868, S. 172). Mit Rücksicht auf das rasche Fluktuieren der Bevölkerung im Bundesgebiet und namentlich mit Rücksicht auf die Unzuträglichkeiten für die dem Norddeutschen Bunde damals noch nicht angeschlossenen Staatsbürger der süddeutschen Staaten für den Fall, daß sich diese im Norddeutschen Bunde naturalisieren lassen wollten, wurde die geplante Anforderung von drei Jahren auf ein Jahr herabgesetzt (sten. Ber., a. a. O., S. 171 ff., Antrag Harnier).

6. Weibliches Geschlecht begründet Ineligibilität, ebenso wie

7. nicht vollendetes 25. Lebensjahr.

Dagegen sind von der Wählbarkeit nicht ausgeschlossen:

a) Personen des Soldatenstandes, des Heeres und der Marine, selbst wenn sie sich bei der Fahne befinden.

Bei den Beratungen des Reichswahlgesetzes von 1869 war die Wählbarkeit den Personen des Soldatenstandes zugestanden mit der Begründung: „Wenn ein Offizier sich entschließt, ein Mandat zum Reichstag anzunehmen, so hat er mit sich selbst darüber zu Rate zu gehen, ob ihm seine ganze Stellung die Annahme und die Beibehaltung des Mandats möglich macht. Das ist aber etwas ganz verschiedenes davon, wenn Sie durch Statuierung des aktiven Wahlrechts der Militärpersonen die Armee in ihrem Gesamtorganismus affizieren. Der einzelne steht für sich, und es ist eine rein persönliche Frage. Dagegen gewissermaßen den Feuerbrand des Wahlkampfes in die Armee hineinzuschleudern, dadurch, daß Sie alle Soldaten, die über 25 Jahre sind, an den Wahlen Teil nehmen lassen wollen, ist etwas, was im allgemeinen Interesse der Nation durchaus zu widerraten ist" (Sitzung vom 19. März 1869, S. 162, Regierungskommissar von Puttkamer).

Danach könnte es den Anschein haben, als ob bloß Offiziere wählbar wären. Gegenüber dem Wortlaut des Gesetzes (§4 im Zusammenhang mit §3 und 2 des WG.) ist diese Ansicht unhaltbar. Alle Personen des Soldatenstandes, also auch die Mannschaft des Heeres, jeder einzelne ist wählbar[1]). Allerdings, ob er auch auf Grund seiner Wahl im Reichstag sitzen und stimmen könnte, ist eine andere Frage. Eine verfassungsmäßige Pflicht, die Mannschaft zum Zwecke der Erfüllung des

[1]) Praktisch werden kann dies in den folgenden Fällen: § 29, Ziffer 4, WO.; § 18, MStG.; § 7, Nr. 3, WO.; § 20, Reichsmilitärgesetz, Ziffer 7, § 21, Abs. 2 leg. cit. u. a. m.

Abgeordnetenmandats zu beurlauben, besteht nicht, da nach Art. 21, Absatz 1 der Verfassung nur Beamte keinen Urlaub zum Eintritt in den Reichstag bedürfen, der der Mannschaft angehörige Soldat aber kein Beamter ist, sondern eine allgemeine staatsbürgerliche Dienstpflicht erfüllt[1]).

b) Nicht ausgeschlossen von der Wählbarkeit, also doch wählbar sind Personen, welche sich in Untersuchung oder in Strafhaft befinden, doch darf in letzterem Fall ihnen nicht außer der Strafe der Verlust der staatsbürgerlichen Rechte auferlegt sein (Dr. RT., Nr. 22 ex 1878, S. 538).

Nicht ausdrücklich im Reichswahlgesetz, wohl aber durch die Reichstagspraxis, ist eine andere als die oben besprochenen Formen der Ineligibilität anerkannt und rechtlich begründet: Sowohl der Kaiser als auch jeder Träger der landesherrlichen Gewalt (einschließlich der Regent) ist zum Abgeordneten des deutschen Reichstags unwählbar[2]). Der Reichstag hat diese Rechtsanschauung in seiner Praxis wiederholt betätigt. Einmal im Jahre 1875 (Sitzung vom 9. Dezember 1874, S. 578 und Dr. RT., Nr. 45 ex 1874/75, S. 747). Das zweite Mal im Jahre 1879 (Dr. RT., Nr. 228 ex 1879, S. 1520). Das dritte Mal im Jahre 1890 (Dr. RT., Nr. 135 ex 1890/92, S. 801), das vierte Mal 1903 (Dr. RT., Nr. 863 ex 1900/03, S. 5818). Für die Praxis des Reichstags und die herrschende Mehrmeinung sprechen zwei Erwägungen. Erstens eine positiv-rechtliche und zweitens eine aus Gründen des allgemeinen Staatsrechts.

§ 4 des WG. sagt: „Wählbar zum Abgeordneten ist im ganzen Bundesgebiet jeder Norddeutsche (lies: deutsche Reichsangehörige), welcher einem zum Bunde gehörigen Staate seit mindestens einem Jahre angehört hat, sofern er nicht durch die Bestimmungen in dem § 3 von der Berechtigung zum Wählen ausgeschlossen ist.“ Es fragt sich, ob die Landesherren und der Kaiser zu den Reichsangehörigen im Sinne dieses § 4 zu zählen sind. Daß sie im allgemeinen Reichsangehörige sind, unterliegt keinem Zweifel. Daß sie im Sinne dieses § 4 Reichsangehörige sind, muß entschieden in Abrede gestellt werden, weil es sich nach diesem § 4 nur um solche Reichsangehörige handeln kann, welche eventuell den Gründen des Ausschlusses von der Wahlfähigkeit, die § 3 des WG. aufzählt, unterliegen können. Und in diesen Gründen ist auch die Entziehung der staatsbürgerlichen Rechte durch strafgerichtliches Urteil aufgeführt. Nun sind die Landesherren und die Regenten nach deutschem Staatsrecht un-

[1]) Siehe Otto Mayer, D. Verwaltungsrecht, II, S. 203 ff.

[2]) Siehe Seydel, Hirths Annalen, S. 358 f.; Laband, a.a. O., S. 315 f.; Meyer-Anschütz, § 129, S. 444; Zorn, Das Staatsrecht des Deutschen Reichs, 2. Aufl., Bd. I, S. 220; Geffcken, Die Verfassung des Deutschen Reichs, S. 67; Leser, a. a. O., S. 78; A. A. nur v. Hoffmann, Archiv f. öffentl. Recht, XVIII, S. 247 ff.

verantwortlich, sie können niemals einer Verurteilung im oben angeführten Sinne ausgesetzt sein, folglich gehören sie nicht zu den Reichsangehörigen, welche § 4 des WG. im Auge hat, also sind sie nicht wählbar. Zu dieser positiven rechtlichen kommt noch eine Erwägung aus denen des allgemeinen Staatsrechts. Wären die Landesherren nicht inelegibel, so müßten sie wenigstens inkompatibel sein, d. h. es müßte nach ihrer Wahl ihnen die Möglichkeit offen stehen, sich für die landesherrliche Würdeo der für das Abgeordnetenmandat zu entscheiden. Nun ist aber die Inkompatibilität, das lehrt ihre geschichtliche Entwicklung namentlich in England und in Frankreich[1]) nur zu dem Zwecke eingeführt worden, um die Staatsbeamten vom Parlament fernzuhalten. Der Monarch ist aber im Gegensatz zum Oberhaupt einer Republik nicht Staatsbeamter. Also kann der Monarch niemals von der für Staatsbeamte geltendem parlamentarischen Inkompatibilität betroffen sein, während der Präsident einer Republik inkompatibel im parlamentarischen Sinne ist (siehe z. B. für Frankreich Pierre, a. a. O., S. 370). Also muß der Monarch inelegibel sein. Ebenso der Regent eines deutschen Staats. Wählbar sind aber zweifellos die Senatoren der freien Städte des Deutschen Reiches. Wählbar sind zweifellos die Mitglieder der landesherrlichen Familien (Wählbarkeit des Kronprinzen von Sachsen: RT.-Sitzung vom 12. April 1869, S. 312).

B.

Die Inkompatibilität.

1. Die absolute Inkompatibilität. Von dieser werden zwei Kategorien von Amtsträgern getroffen:

a) Die Bundesratsbevollmächtigten (auch die stellvertretenden Bundesratsbevollmächtigten)[2]) in Gemäßheit des Art. 9 der RV. Infolgedessen ist es auch üblich, daß Abgeordnete, die die Ernennung zu Staatsministern eines Einzelstaates annehmen, ihr Mandat als Abgeordnete niederlegen (z. B. Graf v. Bassewitz infolge Ernennung zum mecklenburgischen Staatsminister, Sitzung des Reichstags vom 14. Februar 1870, S. 5; v. Könneritz infolge Ernennung zum sächsischen Staatsminister, Sitzung vom 3. November 1876, S. 11; Dr. Miquel infolge Ernennung zum preußischen Staats- und Finanzminister, Sitzung vom 25. Juni 1890, S. 557 u. a. m.). Auch die Ernennung zum Mitglied des Senats einer freien Stadt des Deutschen Reiches hat einem Abgeordneten (Dr. Klügmann) Veranlassung gegeben, sein Abgeordnetenmandat niederzulegen (Sitzung vom 22. April 1880, S. 843).

---

[1]) Siehe darüber Georg Meyer, Wahlrecht, a. a. O., S. 466 ff.

[2]) Siehe K. Perels, Stellvertretende Bevollmächtigte zum Bundesrat, in der Festgabe der Kieler Juristenfakultät zu Hänels 50jährigem Doktorjubiläum, Sonderabdruck S. 18 f.

b) Die Mitglieder der preußischen Oberrechnungskammer, die bekanntlich als Rechnungshof des Deutschen Reichs fungiert. Trotzdem die deutsche Staatsrechtslehre diesen Inkompatibilitätsgrund nicht berücksichtigt, wird man denselben doch gelten lassen müssen. Laband sagt mit Recht in seinem Staatsrecht (a. a. O., I[5], S. 409): „Die staatsrechtliche Stellung des Rechnungshofes im Behördenorganismus des Reiches bestimmt sich demnach nach Analogie der im preußischen Gesetz vom 23. März 1873 enthaltenen Anordnungen." Er zieht infolge dieser Analogie auch die Folgerung für die Stellung des Rechnungshofes gegenüber Reichskanzler und Kaiser aus der analogen Stellung der Oberrechnungskammer zu Ministern und König: nämlich Unabhängigkeit vom Reichskanzler und unmittelbare Untergebenheit unter den Kaiser. Aber die naheliegende Frage des Verhältnisses und der Stellung des Rechnungshofs zum Reichstag versucht er nicht aus der Analogie der Stellung der Oberrechnungskammer zum Landtag zu beantworten, ja er berührt nicht einmal diese Frage, trotzdem die nötige gesetzliche Grundlage im § 2 des Reichsgesetzes vom 21. März 1910, RGBl., S. 521 zu suchen und zu finden ist. Dieser Paragraph lautet:

„An die Stelle der im § 3 des Gesetzes vom 4. Juli 1868 aufgeführten Vorschriften treten die für die Wirksamkeit der Oberrechnungskammer als preußische Rechnungsrevisionsbehörde geltenden Bestimmungen, insbesondere diejenigen des Gesetzes vom 27. März 1872, betreffend die Einrichtung und die Befugnisse der preußischen Oberrechnungskammer, mit den aus den nachstehenden Vorschriften sich ergebenden Maßgaben."

Zur „Wirksamkeit der Oberrechnungskammer als preußische Rechnungsrevisionsbehörde" gehört aber zweifellos ihre Unabhängigkeit dem preußischen Landtage gegenüber, wie sie durch das preußische Gesetz vom Jahre 1872, das der zitierte § 2 anführt, verbürgt ist. Danach können die Mitglieder der Oberrechnungskammer niemals Mitglieder eines der Häuser des Landtags sein (§ 4 des preußischen Gesetzes vom 28. März 1872, GS., S. 278).

Eben diese Vorschrift ist sinngemäß und analog auf das Verhältnis der Mitglieder der Oberrechnungskammer, d. i. des Rechnungshofes des Deutschen Reichs zum deutschen Reichstag anzuwenden. Sie sind demnach im Verhältnis zum deutschen Reichstag ebenfalls von der parlamentarischen Inkompatibilität getroffen.

2. Die temporäre Inkompatibilität. Von dieser wird ausführlich im folgenden Paragraphen zu handeln sein. —

Außer der Wählbarkeit ist eine weitere Voraussetzung für den Erwerb des Abgeordnetenmandats

a) die Annahme der Wahl durch den Gewählten. Sie muß (WR., § 33) für gewöhnlich innerhalb von 8 Tagen nach der Proklamierung durch den Wahlkommissar, und zwar ausdrücklich[1]) ohne Protest oder Vorbehalt erfolgen. Sie kann auch in nichtdeutscher (z. B. französischer Sprache) erfolgen (Dr. RT., Nr. 239 ex 1879, S. 1522).

Doppelmandatare, d. h. Personen, die für zwei oder mehrere Wahlkreise gewählt werden, müssen sich innerhalb dieser Frist für das eine oder andere Mandat entscheiden. In solchen Fällen pflegte früher der Reichstag durch den Reichskanzler davon verständigt zu werden (siehe z. B. Verhandlungen des Reichstages vom 1. Dezember 1881, S. 125, vom 1. Dezember 1884, S. 120; vom 26. November 1884, S. 16 u. a. m.). In mehreren anderen europäischen Staaten, z. B. England[2]), Italien[3]), in Spanien[4]), in Griechenland[5]) ist weder eine Annahme des Mandats vor dem Wahlkommissar noch infolgedessen eine Entscheidung des Doppelmandatars vor dieser Instanz nötig.

Die Norm unseres Rechtes fällt mit der Bedeutung der Mitwirkung des Wahlkommissars bei dem Legitimationsakt zusammen. Wir haben sie oben (S. 417 ff.) als provisorische Legitimationsprüfung kennen gelernt. Durch die Norm, daß der Doppelmandatar sich vor dem Wahlkommissar entscheidet, nicht erst im Reichstag, ist auch die im ausländischen Recht wichtige Frage für das deutsche Reichstagsrecht unpraktisch, ob der Doppelmandatar, wenn eines der Mandate durch Wahlprotest angefochten ist, sich für das nicht angefochtene entscheiden darf, um damit der Wahlprüfung zu entgehen. In England ist z. B. jede Entscheidung des Doppelmandatars für das eine oder andere Mandat so lange ausgeschlossen, als die Wahlprüfungsentscheidung schwebt (May, Parl. Practice, p. 652).

Die Annahmeerklärung kann auch auf telegraphischem Wege erfolgen (siehe Sitzung vom 8. März 1867, S. 81). In der Literatur ist die Frage streitig, welche Bedeutung einer verspäteten Annahmeerklärung beizulegen ist. Seydel (a. a. O., S. 384) ist der Ansicht, daß

---

[1]) Unrichtig ist daher die Behauptung von Savigny's in Fleischmanns Wörterbuch des deutschen Staats- und Verwaltungsrechts I, S. 14, daß die Annahme auch stillschweigend erfolgen könne; denn die stillschweigende Erklärung ist gerade durch die Worte des WR. § 33, Abs. 2 ausgeschlossen: „Ausbleiben der Erklärung binnen acht Tagen gilt als Ablehnung", auch kann der Wahlkommissar, wenn die Annahme nur stillschweigend erfolgt, nicht erkennen, ob sie unter Protest oder Vorbehalt erfolgt.

[2]) Siehe oben § 44.

[3]) Montalcini, a. a. O., S. 448.

[4]) Siehe oben § 47.

[5]) Siehe oben § 46.

eine solche nicht mehr wirksam sei. Laband hingegen meint (a. a. O., I [5], S. 330, Anm. 3): „dem Reichstag bleibt es aber allerdings unbenommen, eine verspätete Annahmeerklärung noch als wirksam anzusehen". Laband verweist zutreffend auf die Möglichkeit von Postverstößen, Krankheit des Gewählten u. a. m., aber trotzdem liegt die Wahrheit wohl in der Mitte zwischen der Seydelschen und Labandschen Ansicht. Ist die Annahmeerklärung gleichviel aus welchen Gründen nicht rechtzeitig beim Wahlkommissar eingelaufen, so ist dieser vollständig befugt, eine Neuwahl auszuschreiben, da ihn das Gesetz § 34, Satz 1 in Verbindung mit § 33, WR., Absatz 2 dazu ermächtigt, und dieses legale Vorgehen darf der Reichstag nicht dadurch etwa beanstanden, daß er die Gültigkeit der ersten Wahl aus dem Grunde der verspäteten Annahmeerklärung ausspricht. Der Reichstag darf sich bei seiner Legitimationsprüfung nicht über bestehende Gesetze hinwegsetzen. Anders ist allerdings die Sachlage, wenn der Wahlkommissar keine Neuwahl ausgeschrieben hat, dann kann der Reichstag ohne Frage auch eine verspätete Annahmeerklärung gelten lassen. Auf dieser mittleren Linie, wie sie eben gezeichnet, bewegt sich auch der Reichstag. In der Sitzung vom 15. Oktober 1867 (sten. Ber. S. 423) kam die Wahl im Wahlkreise des Regierungsbezirks Aachen zur Verhandlung. In erster Wahl hatte der Präsident Dr. Simson die Mehrheit der Stimmen erhalten. Er hatte die Wahl abgelehnt, und in der nächstfolgenden Wahl wurde Dr. Engel mit absoluter Stimmenmehrheit gewählt. Eine Erklärung über die Annahme der Wahl fand sich nicht in den Akten, doch ging aus denselben hervor, daß der Wahlkommissar den Versuch gemacht hatte, dem Gewählten die Wahl anzuzeigen, daß aber dieser Versuch nicht von Erfolg begleitet war. Die Abteilung, welche die Wahlakten prüfte, und das Plenum des Reichstags waren der Ansicht, daß die Wahl für gültig erklärt werden könnte, aber „mit Vorbehalt der Annahmeerklärung des Gewählten und der Prüfung dieser Annahme durch den Reichstag". In dieser ersten Zeit der Reichstagspraxis kam es auch vor, daß eine Wahl für gültig erklärt wurde, ohne daß überhaupt eine Annahmeerklärung abgegeben worden war (siehe Sitzung vom 13. September 1867, S. 8, der Abg. Aßmann).

Aus neuerer Zeit ist ein Fall bemerkenswert, der vom Abg. Singer in der Sitzung vom 17. Januar 1889 (RTV. vom 17. Januar 1889, S. 464 f.) zur Sprache gebracht wurde. Es handelte sich um die Wahl des Abg. Liebknecht, dem der Wahlkommissar die Aufforderung zur Annahmeerklärung,. die gesetzliche Aufforderung, zugehen ließ. Liebknecht befand sich zu jener Zeit auf Reisen, hatte aber vorher schon seiner Frau die schriftliche Annahmeerklärung überhändigt mit dem Bescheide, daß, wenn die Mitteilung des Wahlkommissars komme, sie diese Annahmeerklärung dem Wahlkommissar zustellen möge. Dies tat auch die Frau und adressierte die Annahmeerklärung „an den Wahlkommissar des 6. Berliner Wahlkreises, Berlin", nannte aber den falschen Namen (Bonnel, Stadtrat) des Wahlkommissars (der richtige wäre „Mamroth" gewesen). Der Brief kam später als unbestellbar zurück und es wäre zweifellos, wie Singer richtig hervorhebt, zu einer Neuwahl gekommen, wenn nicht noch am letzten Tag vor dem Ablauf der Erklärungsfrist der Wahlkommissar dem Abgeordneten Liebknecht eine Mitteilung hätte zugehen lassen, daß die Annahmeerklärung bis jetzt noch fehle. Dadurch war der Gattin des Abgeordneten noch die Möglichkeit gegeben, nunmehr telegraphisch bei dem Wahlkommissar die Annahme des Mandats im Namen ihres Mannes zu erklären und den eben als unbestellbar wieder zurückgekehrten, von Liebknecht unterzeichneten Annahmebrief noch gerade vor Ablauf der achttägigen Frist abgehen zu lassen[1]). Außer der Annahmeerklärung ist

b) der Nachweis der Wählbarkeit von dem Gewählten beizubringen (§ 33, Absatz 1, WR.). Die Beibringung geschieht, wenn der Wahlkommissar nicht selbst die zuständige Polizeibehörde ist, durch Vorlage eines Polizeiattestes. Bei der Prüfung der Frage, welche Folgen an die Unterlassung dieses Nachweises zu knüpfen seien, wird man sich vergegenwärtigen müssen, daß der Wahlkommissar nur eine provisorische Legitimationsprüfung vorzunehmen hat, die definitive allein dem Hause vorbehalten ist. Wird also der Nachweis nicht beigebracht, so darf der Wahlkommissar nicht etwa aus eigener Machtvollkommenheit eine Neuwahl anordnen. Dies ergibt sich einmal aus einer positiv-rechtlichen und einer Erwägung des allgemeinen Staatsrechts. Das Gesetz (§ 34, Absatz 1, WR.) zählt erschöpfend die Fälle auf, in welchen der Wahlkommissar berechtigt ist, eine Neuwahl auszuschreiben, nämlich wenn der Gewählte ablehnt oder der Reichstag die Wahl für ungültig erklärt. Nach dem Gesetz kommt dem Falle der Ablehnung gleich nur die Annahme unter Protest oder Vorbehalt und das Ausbleiben der Annahmeerklärung (§ 33, Absatz 2, WR.). An das Ausbleiben des Nachweises der Wählbarkeit knüpft das Gesetz nicht diese Folgen. Dazu kommt noch folgende Erwägung aus dem allgemeinen Staatsrecht. Es gibt noch heute Staaten, wie wir oben (§ 43) festgestellt haben (z. B. Österreich, Württemberg, Schweden u. a. m.), wo der Eintritt in die parlamentarische Körperschaft von der Ausstellung eines Wahlzertifikats abhängig gemacht wird. Aber selbst in diesen Ländern wird, falls das Wahlzertifikat von der Staatsbehörde verweigert wird, dennoch die

---

[1]) Im Fall der Wahl des Frhr. v. Steinaecker, Sitzung vom 14. Mai 1907, S. 1686, fand sich ursprünglich keine Annahmeerklärung bei den Akten, später wurde sie jedoch gefunden, nachdem die Akten an die Wahlprüfungskommission von seiten der Abteilung abgegeben worden waren. Die Wahlprüfungskommission betonte, daß die „Annahmeerklärung rechtzeitig" vor dem Wahlkommissar abgegeben worden sei.

Legitimationsprüfung des Hauses nicht ausgeschlossen[1]). Wenn nicht also einmal in diesen Ländern die Kognition der parlamentarischen Körperschaften durch eventuelle Anordnung einer Neuwahl ausgeschaltet werden darf, um wieviel weniger im deutschen Reichsrecht, wo doch von den Formen eines von der staatlichen Wahlbehörde auszustellenden Wahlzertifikats abgesehen worden ist. Aus den gleichen Gründen darf auch der Wahlkommissar nicht eine Neuwahl ausschreiben, wenn ein sogenannter Inkompatibler, z. B. ein Bundesratsmitglied gewählt wird. Der Wahlkommissar darf auch nicht, wie Seydel unrichtig behauptet (a. a. O., S. 384), die Annahmeerklärung eines zum Reichstagsabgeordneten gewählten Bundesratsmitglieds als unwirksam zurückweisen und eine Neuwahl ausschreiben. Dadurch würde der Wahlkommissar für sich die definitive Entscheidung der Legitimationsfrage und der Frage der Wählbarkeit in Anspruch nehmen, die nicht ihm, sondern dem Reichstag zukommt. In anderen Staaten (z. B. Württemberg, Schweden, Spanien) ist (siehe oben S. § 43, 48, 47) die Prüfung der sogenannten Inkompatibilität einem eigenen Ausschusse der legislativen Körperschaft überwiesen.

II. Verlust des Abgeordnetenmandats.

Verlustgründe sind:

1. Tod;
2. Verzicht;
3. Ablauf der Legislaturperiode;
4. Auflösung des RT.;
5. die durch Strafurteil ausgesprochene Aberkennung der bürgerlichen Ehrenrechte (§ 33 StGB.);
6. der durch strafgerichtliches Urteil im Anschluß an die Verurteilung wegen der Delikte der §§ 81, 83, 87—90 und 95 StGB. ausgesprochene Verlust der aus öffentlichen Wahlen hervorgegangenen Rechte;
7. der Eintritt der temporären Inkompatibilität (siehe darüber im nächsten Paragraphen);
8. der Verlust jener Voraussetzungen, welche die Wählbarkeit begründen (§ 4 WG. in Verbindung mit § 3).

---

[1]) Für Württemberg siehe Gröber in dem oben angeführten Bericht der Geschäftsordnungskommission, Beilage Nr. 173, ex 1909, der württembergischen Zweiten Kammer, S. 421.

Für Österreich siehe Tezner, Die Volksvertretung 1912, S. 700 f.

In bezug auf letzten Punkt steht die Reichstagspraxis im offenkundigen Widerstreit mit der herrschenden Staatsrechtstheorie. Die Reichstagspraxis hat sich in zwei Fällen dafür entschieden, daß der Eintritt der Gründe des Ausschlusses der Wählbarkeit (§ 4 in Verbindung mit § 3 WG.) einen einmal gewählten Abgeordneten nicht um sein Mandat bringen könnte. Der eine Fall ereignete sich im Jahre 1899 (siehe Dr. RT., Nr. 494, und 543 ex 1898/1900), als der Abg. Kopsch und Genossen einen schleunigen Antrag einbrachten, daß die Geschäftsordnungskommission die Frage untersuche, ob das Mandat des Reichstagsabg. Jakobsohn, über dessen Vermögen der Konkurs eröffnet war, erloschen sei. Die Geschäftsordnungskommission des Reichstags glaubte diese Frage verneinen zu müssen. Es wurde damals im Rahmen der Kommission geltend gemacht: „Es sei überhaupt zweifelhaft, ob dem Reichstage in dieser Beziehung eine Jurisdiktion über seine Mitglieder zustehe. Er habe nur zu prüfen, ob bei der Wahl der Mitglieder die gesetzlichen Vorschriften beobachtet seien, nicht aber, ob spätere Voraussetzungen in Wegfall kämen, von denen die Wählbarkeit abhänge. Ergebe sich hiernach, daß die Verfassung eine Lücke habe, so müsse dieselbe durch eine gesetzliche Bestimmung ausgefüllt werden; solange dies aber nicht geschehen sei, könne man nicht davon ausgehen, daß das Mandat infolge der Eröffnung des Konkursverfahrens erloschen sei." Der andere Fall war der des Abg. Agster. Derselbe war bei den Generalwahlen des Jahres 1898 im 9. badischen Wahlkreis zum Reichstagsabgeordneten gewählt, wurde aber während der Tagung des Reichstags gemütskrank und in eine Heilanstalt überführt. Trotzdem nun dieser Abgeordnete von allem Anfang an an den Reichstagsverhandlungen nicht teilnehmen konnte, und von der ersten namentlichen Abstimmung dieses Reichstags an (siehe Sitzung vom 11. Januar 1899, S. 172 A) in den Abstimmungslisten als „krank" bezeichnet wurde, blieb ihm dennoch die nominelle Führung des Abgeordnetenmandats, und der Reichstagswahlkreis, den er vertrat, war mehr als vier Jahre unvertreten, weil eine Ersatzwahl nicht stattfand [1]).

Mit der herrschenden Meinung [2]) halte ich diese Reichstagspraxis für unrichtig. Allerdings sind die Gründe der herrschenden Theorie unzureichend. Unzureichend ist die von Laband angeführte „Natur der Sache", unzureichend die von Dambitsch angerufenen „Gründe der Zweckmäßigkeit, sowie des politischen Gefühls". Unzureichend aber auch

[1]) Siehe Specht-Schwabe, Reichstagswahlen von 1867 bis 1903, S. 255.

[2]) Siehe Laband, a. a. O., I, S. 341; Seydel, a. a. O., S. 397; Sasse in der D. J. Z., 1900, S. 134 f.; Leser, a. a. O., S. 14 ff.; Dambitsch, Kommentar zur Reichsverfassung, 1910, S. 417 f. Dagegen treten für die Reichstagspraxis ein: Bauke in Hirths Annalen, 1901, S. 401 ff.; Guttmann in der D. J. Z., 1900, S. 41.

die Argumentation von Seydel, der sich, abgesehen von römisch-rechtlichen Digestenstellen, die er heranzieht, noch darauf stützt, daß man die ratio legis des § 33 StGB. „verallgemeinern" müsse. Dies ist natürlich verkehrt, denn die ratio legis des StGB. ist die Absicht zu strafen. Wie sollte man aber jemanden, der schuldlos in Konkurs oder in Armut versetzt worden ist, „strafen wollen"?

Der einzig maßgebende juristische Gesichtspunkt kann nur sein, was wir oben bereits angeführt haben (siehe S. 481 f.): Die Prüfung der äußeren Gültigkeit der Wahlvollmacht, Legitimationsprüfung, wie sie im Reichstag durch die Abteilungen unter Aprobation des Plenums stattfindet, ist scharf zu scheiden von der Wahlprüfung im engeren Sinne, die auf Grund von Wahlanfechtungen vorgenommen wird. Erstere ist ein beurkundender Akt, letztere ein Akt der Rechtsprechung. Erstere schafft daher niemals res judicata, und gibt daher niemals dem gehörig legitimierten Abgeordneten einen Rechtstitel, der unter allen Umständen, selbst wenn sich diese Voraussetzungen ändern, erhalten bleiben müßte. Der Reichstagskommission und dem Reichstag dürften niemals Zweifel an der Berechtigung zur neuerlichen Überprüfung der Wahllegitimation kommen, wenn die Voraussetzungen der Wahlvollmacht nicht mehr besteht. (Die „äußeren" Voraussetzungen, wie sie Mohl nennt.) Der Reichstag ist in solchen Fällen nicht nur berechtigt, sondern auch verpflichtet, die Wahllegitimation seiner Mitglieder nachzuprüfen, wenn sich diese äußeren Voraussetzungen, unter denen die Wahl erfolgte, ändern, ebenso wie er verpflichtet ist, nachzuprüfen, ob ein Mitglied durch Ernennung zum Bundesratsbevollmächtigten oder durch Eintritt der sog. temporären Inkompatibilität (Art. 21, Absatz 2, RV.) sein Abgeordnetenmandat verloren hat. Die äußere Prüfung der Gültigkeit der Wahlvollmachten ist ein Akt der Beurkundung. Das Resultat der Beurkundung schafft nur ein Beweismittel (nicht ein Urteil im Sinne der res judicata), daß der Abgeordnete zur Zeit des Eintritts in den Reichstag alle Voraussetzungen erfüllt, die das Gesetz für das Abgeordnetenmandat verlangt. Dieses Beweismittel kann zu jeder Zeit durch Gegenbeweis vernichtet werden. Die juristische Sachlage liegt im Falle der Prüfung der Legitimation durch die Abteilungen und das Haus nicht anders als bei der Eintragung im Grundbuch oder im Vereinsregister. Auch solche Eintragungen werden gelöscht, und verlieren ihre Kraft, wenn ihre Voraussetzungen als hinfällig nachgewiesen werden.

Außer den angeführten Gründen für den Verlust des Abgeordnetenmandats sind keine anderen zu nennen. Insbesondere verliert der Abgeordnete, der infolge von Pflichtvernachlässigung sich von den Sitzungen des Reichstags fernhält, unentschuldigt ausbleibt, nicht sein Mandat. In der Reichstagssession von 1868 wurde bei Gelegenheit der Geschäftsordnungsberatung der Antrag gestellt, als Zusatz zur Geschäftsordnung die Ausschließung eines Abgeordneten aus solchen Gründen zu gestatten. Der Antrag wurde aber abgelehnt (siehe sten. Ber. des RT. vom 15. Juli 1868, S. 455 ff., und Dr. RT., Nr. 106 ex 1868, S. 393, Antrag vom Grafen Münster eingebracht). Er würde auch die Kompetenz des Reichstags zur Regelung seiner GO. überschritten haben, da die Rechtstellung des Abgeordneten durch das Gesetz und die Reichsverfassung bestimmt ist.

§ 56. Die temporäre Inkompatibilität (Art. 21, Absatz 2, RV.).

Die Reichsverfassung bestimmt im Art. 21, Satz 2:

„Wenn ein Mitglied des Reichstags ein besoldetes Reichsamt oder in einem Bundesstaat ein besoldetes Staatsamt annimmt oder im Reichs- oder Staatsdienst in ein Amt eintritt, mit welchem ein höherer Rang oder ein höheres Gehalt verbunden ist, so verliert es Sitz und Stimme in dem Reichstag, und kann seine Stelle in demselben nur durch neue Wahl wieder erlangen."

Durch diesen Rechtssatz hat die Reichsverfassung Stellung zu einer Frage genommen, welche die konstitutionelle Doktrin Deutschlands seit ihrem Bestehen mächtig bewegt hat. Es ist deshalb auf diese selbst einzugehen, ehe auf das geltende Recht näher eingegangen wird.

I. Die konstitutionelle Doktrin[1]).

Der deutsche Frühkonstitutionismus in Süddeutschland knüpft, wie in anderen Punkten, so auch in unserer Frage an die korrespondierenden Rechtsverhältnisse an, wie sie durch die Charte von 1814 geschaffen waren. Hier bestand nur der relative Ausschluß der Staatsbeamten von der Legislatur, d. h. es war den Staatsbeamten nur verboten, sich in ihrem amtlichen Wirkungskreise als Kandidaten aufstellen zu lassen und die Wahl anzunehmen. Im übrigen war den Staatsbeamten der unbeschränkte Eintritt in die Legislatur als Abgeordnete gewährt. Damit war eine Reaktion gegen das durch die französische Constituante geschaffene Ausschlußsystem bewirkt, das wegen der scharfen Sonderung der exekutiven und legislativen Gewalt, wie sie das Montesquieusche Gewaltenschema forderte, den Beamten die Wahl zum Abgeordneten verwehrt hatte. Das System der französischen Restauration bewährte sich im Sinne der Regierung, weniger im Sinne der Wahlfreiheit. Die Regierung brauchte

---

[1]) Vgl. dazu G. Meyer, Das parlamentarische Wahlrecht, 1901, S. 466 ff., und Wilhelm Clauß, Der Staatsbeamte als Abgeordneter, Freiburger Abhandlungen aus dem Gebiete des öffentlichen Rechts, Karlsruhe i. B. 1906, S. 42—166.

in Frankreich willfährige Mannschaft für ihre Pläne in der Legislatur. Das französische Beamtentum zu dieser Zeit entwickelte sich ganz nach Wunsch der Regierung. Anders lagen aber die Verhältnisse in den süddeutschen Staaten, die das französische System der Charte von 1814 nachahmten. Das Beamtentum, in seiner Position durch eine Staatsdienstpragmatik gestarkt, machte der Regierung mitunter recht kräftige Opposition.

Deshalb suchte sie dieser Opposition dadurch Herr zu werden, daß den Beamten, denen solch kräftige Opposition im Landtag zugetraut werden konnte, der Eintritt verwehrt wurde, indem man ihnen den nach der damaligen Rechtslage nötigen Urlaub zum Eintritt in die Legislatur versagte. In Süddeutschland drehte sich nun die Frage der konstitutionellen Weiterentwicklung nur um den Punkt der Urlaubserteilung. Anders dagegen in Frankreich, wo durch das System des relativen Ausschlusses die Freiheit der Legislatur in ihrer Willensbestimmung stark gefährdet erschien.

Schon im Jahre 1817 brachte bei Gelegenheit der Beratung des Wahlgesetzes der Abg. Villèle einen Antrag ein, wonach der Abgeordnete, der ein besoldetes Staatsamt erhielt, oder im Staatsdienst befördert wurde, sich einer Neuwahl unterziehen mußte (Arch. Parl. XVIII, 2. Serie, p. 89 und 92). Der Antrag ging nicht durch, ein gleicher Antrag des Abg. Baron de Jankovitz, der vom Abg. Leclerc de Beaulieu unterstützt, im Juni 1824 gestellt wurde, hatte ein gleiches Schicksal, trotzdem ihn eine Kommission zur Annahme empfohlen hatte (Arch. Parl., 2. Ser. XLI, p. 427, XLII, p. 35 ff., 258). Für die konstitutionelle Theorie auch Deutschlands ist aber die Begründung, die damals der genannte Abgeordnete seinem Antrag gab, von bleibender Bedeutung geworden.

Die Neuwahl sollte nämlich den Zweck haben, der Wählerschaft die Möglichkeit zu gewähren, dem Abgeordneten in seinem staatlichen Gewand als Staatsbeamter das nötige Vertrauen auszusprechen oder zu versagen (Arch. Parl. a. a. O.: „Donner lui [nämlich dem Wähler] la faculté d'exprimer par un nouveau vote si la promotion des son député à un emploi n'a alteré en rien sa confiance"). Der Antrag fiel damals, ebenso ein Antrag, der am 21. März 1827 vom Abg. Boucher eingebracht wurde, und die Regierung zur Vorlage eines entsprechenden Gesetzentwurfs aufforderte (Arch. Parl., 2. Ser. L, p. 468 und Sitzung vom 10. April 1827; LI, p. 154). Erst nach der Julirevolution entsprach die Regierung der Forderung durch einen Gesetzentwurf, der dann auch am 12. September 1830 Gesetz wurde. Nun aber war die parlamentarische Regierung in Frankreich eingeführt, und die ehemalige Forderung des Konstitutionalismus, durch Neuwahl des zum Staatsbeamten beförderten Abgeordneten ein Vertrauensvotum der Wählerschaft herbeizuführen, bekam infolgedessen einen ganz anderen Zweck und Sinn. Der Minister, der die Vorlage einbrachte, Guizot, erachtete die Forderung der Neuwahl ganz nach englischem Muster für ein Mittel, um die parlamentarische Regierung zu befördern [1]). In England hatte allerdings die Forderung der Neuwahl eines zum Staatsbeamten gestellten Abgeordneten unter anderem die Schaffung und Förderung des parlamentarischen Regimes herbeigeführt [2]). Dies versprach sich auch Guizot für Frankreich. Ein Minister, der vom Abgeordneten zum Minister avanciert sei, werde durch die Neuwahl und durch die erneute Kundgebung des Vertrauens der Wählerschaft sein Rückgrat gegenüber dem Monarchen gestärkt fühlen [3]). Dadurch wurde die Forderung der Neuwahl, d. i. der temporären Inkompatibilität zu einem Bestandteil der parlamentarischen Regierungsweise. Diese neu entwickelte politische Theorie und Lehre nahmen sich die mitteldeutschen Staaten, die nach der Julirevolution die Verfassungen gaben, sehr zu Herzen.

Von der französischen Doktrin übernahm man gern die neue Formulierung, daß die Beamten vom Parlament nicht prinzipiell auszuschließen seien. Zunächst konnte man die durch die Beamtenschaft repräsentierte Intelligenz in den deutschen Landtagen gut brauchen. Sodann war es gewissermaßen alte historische Tradition, die sich auch offenbar in Süddeutschland bewährt hatte, den Beamten den Eintritt in die Legislatur als Abgeordnete nicht zu versagen. Dem Bedenken, daß die Regierung auf diese Weise Abgeordnete durch Stellenbeförderung beeinflussen könnte, suchte man in der von der französischen Doktrin geprägten Form zu begegnen, daß den Wählern durch die Forderung der Neuwahl Gelegenheit geboten sei, ihr neuerliches Vertrauen zu bekunden [4]). Aber das parlamentarische Regierungssystem wollte man aus den Landtagen fernhalten, und kam auf diese Weise zu folgendem Resultat. Die temporäre Inkompatibilität, d. i. die Forderung

[1]) In der Darlegung des Sachverhalts bei G. Meyer, a. a. O., wird dies nicht beachtet, sondern der Standpunkt der französischen Regierung und Guizots mit dem bescheideneren Gesichtspunkt, wie ihn die französische Theorie vor 1830 beherrschte, zusammengeworfen. Daß Guizot besonders englisches Vorbild vor Augen hatte: Arch. Parl., LXIII, S. 278.

[2]) Siehe mein engl. Staatsrecht I, S. 549—557.

[3]) Arch. Parl. LXIII (2. Serie), S. 140 f.: „et quand aux ministres, c'est pour eux qu'il faudrait encore réserver la réélection quand même elle ne serait pas la condition de tous. Quel plus grand changement en effet dans la situation de député que le changement qui de conseilleur libre de pouvoir l'en rend le dépositaire. Mais aussi quelle force et quel appui le ministre récemment choisi par le prince doit-il trouver dans les nouveaux suffrages de ses concitoyens."

[4]) Siehe darüber besonders Murhard, Die kurhessische Verfassungsurkunde, 2. Abt. (1835), S. 261 ff.

der Neuwahl eines zum Staatsbeamten beförderten Abgeordneten, nahm man ruhig in das Rechtssystem auf (so in Sachsen, Verf. § 71, so in Kurhessen, Verf. § 70, so in Braunschweig, Neue Landschaftsordnung, § 86). Dagegen schloß man die Möglichkeit eines parlamentarischen Regierungssystems durch das Verbot der Wahl von Ministern aus (Sächsisches WG., § 20 vom 24. September 1831; Braunschweigische Neue Landschaftsordnung, § 72). Das war nun das Material der konstitutionellen Doktrin in Deutschland, wie es sich der Frankfurter Nationalversammlung darbot: Einmal die durch die süddeutschen Verhältnisse gewonnene Erfahrung, daß die Beamten in deutschen Landtagen ein sehr nützliches und brauchbares Element der Volksvertretung seien, sodann die durch die mitteldeutschen Verhältnisse bedingte Erkenntnis, daß in der unbeschränkten Zulassung von Beamten einschließlich der Minister ins Parlament die parlamentarische Regierungsweise gefördert würde, während durch die Zulassung der Beamten zum Abgeordnetenmandat und die Fernhaltung der Minister von der Abgeordnetenqualität das konstitutionelle Regierungssystem gefördert werden könnte. Ein politisch so einsichtsvoller Kopf wie Graevell hat diesen letzten Punkt ganz klar in der Frankfurter Nationalversammlung zum Ausdruck gebracht: (sten. Ber., herausgegeben von Wigard VII, S. 5405.) Graevell wollte wenigstens die Minister vom Abgeordnetenmandat ferngehalten wissen, und er begründet dies mit folgenden Worten: „Es sollte dies keine Zurücksetzung, keine Unfähigkeitserklärung dieser ehrenwerten und hochachtbaren Personen sein, wie sich das wohl von selbst versteht, sondern nur eine Vorsicht, welche das Staatsinteresse erfordert, damit jeder auf seinem Platze für das wirke, wozu er berufen ist. In England hat sich die Verfassung nicht wissenschaftlich ausgebildet, sondern ist nach und nach entstanden; und so ist es auch dort herkömmlich, daß der König keine Initiative hat. Will die Regierung also einen Antrag ins Parlament bringen, so bleibt nichts übrig, als sie muß Parlamentsmitglieder zu ihren Organen wählen. Daher ist es in England herkömmlich, daß die Minister Parlamentsmitglieder sein müssen. Nachdem man aber in anderen Staaten die Erfahrung gemacht hat, daß Englands Verfassung zur Volksfreiheit führe, und andere Völker auch begierig waren, dieses Glück zu erlangen, so ist diese Verfassung auch nachgeahmt worden, und man hat im guten Glauben, ohne weiter zu prüfen, diese Verfassung eingeführt. So ist es gekommen, daß man nicht in Erwägung gezogen hat, ob es zweckmäßig sei, Minister zu Deputierten zu wählen. Da aber wir schon voraus festgestellt haben, daß das Oberhaupt bei uns die Initiative hat, da unseren Ministern nicht bloß der Zutritt frei gegeben ist, sondern sie berechtigt sind, in der Versammlung das Wort zu nehmen, so oft sie es für gut finden, so sehe ich keinen Zweck, warum sie auch noch mit dem Ministeramt die Stelle eines Deputierten vereinbaren sollen, was jedenfalls auch noch den Nachteil hat, daß so viel Deputierte weniger vom Volke gewählt werden, als Minister da sind. Denn wären die Minister nicht zugleich Deputierte, so würden soviel Deputierte mehr gewählt werden müssen und mit abstimmen. Es ist indessen hauptsächlich das Prinzip der Unterscheidung der Gesetzgebung und Verwaltung und die Durchführung desselben, was unter dieser Kumulation leidet. Der wesentlichste Grundsatz, worauf alle Volksfreiheit beruht, ist die Unterscheidung der verschiedenen Gewalten und die Nebeneinanderstellung, so daß nicht eine in die andere übergreift." Aber diese Erkenntnis blieb in der Frankfurter Nationalversammlung aussichtslos, da man ja doch die parlamentarische Regierung wollte. Man gab dieser Tendenz auch in § 123 des Art. 9 der Frankfurter Reichsverfassung vom Jahre 1849 Ausdruck, indem man nur verbot, daß die Reichsminister Mitglieder des Staatenhauses seien, im übrigen aber die Zugehörigkeit der Reichsminister als Reichstagsabgeordnete stillschweigend voraussetzte. Auch die unbeschränkte Wählbarkeit von Staatsbeamten nahm man nach französischem Vorbild der damaligen Zeit, insbesondere nach dem Muster des französischen Gesetzes vom 12. September 1830 auf, führte aber die temporäre Inkompatibilität ebenfalls nach französischem Muster ein, § 124 des 9. Art. RV.: „Wenn ein Mitglied des Volkshauses im Reichsdienst ein Amt oder eine Beförderung annimmt, so muß es sich einer neuen Wahl unterwerfen." Auch insofern wurde das französische Vorbild getreu kopiert, als die Vorschrift des Art. 2 des französischen Gesetzes vom 12. September 1830 in die Frankfurter Reichsverfassung aufgenommen wurde, wonach das Mitglied der parlamentarischen Körperschaft, welches im Staatsdienst ein Amt oder eine Beförderung annimmt, solange seinen Sitz im Hause behält, bis die neue Wahl stattgefunden hat (Arg. § 124, Art. 9 der Frankfurter RV.). In Frankreich wurde diese Bestimmung damit begründet, daß man die durch das Beamtenelement repräsentierte Intelligenz solange für die parlamentarische Körperschaft nützen sollte, als dies nur irgendwie möglich sei. Von der gleichen Voraussetzung scheint auch die Frankfurter Nationalversammlung ausgegangen zu sein.

Für die Bestimmungen der norddeutschen Bundesverfassung würde unter diesen Umständen wohl keine direkte Anknüpfung an das Frankfurter Vorbild versucht worden sein, wenn nicht in Preußen durch die Verfassungsurkunde (Art. 78) die temporäre Inkompatibilität nach dem Vorbild der belgischen Verfassung (Art. 36) eingeführt wäre. Preußens Beispiel zeigte, daß die Einführung der temporären Inkompatibilität wohl mit einem konstitutionellen, nicht bloß mit einem parlamentarischen Regierungssystem verbunden werden könnte.

War dieses konstitutionelle Regierungssystem in der Verfassung des Norddeutschen Bundes durch die Vorschrift gesichert, daß Mitglieder des Bundesrats nicht zugleich Mitglieder des Reichstags sein dürfen, so wäre wohl kein Hindernis gewesen, schon gleich bei Vorlage des Verfassungsentwurfs die temporäre Inkompatibilität zu konzedieren. Gleichwohl hatten die verbündeten Regierungen sich zunächst auf den strengeren Standpunkt des vollständigen Ausschlusses der Beamten vom Reichstage gestellt (Art. 21 des Verfassungsentwurfs enthielt den Satz: „Beamte im Dienste der Bundesstaaten sind nicht wählbar"). An Beamte im Reichsdienst dachte man damals offenbar nicht, weil man sich die ganze Reichsverwaltung als verlängerte preußische Staatsverwaltung dachte. Ein Gegner der prinzipiellen Zulassung der Staatsbeamten zum Sitzen und Stimmen im Reichstag war insbesondere Bismarck [1]). Er begründete diese Abneigung mit den Erfahrungen der Konfliktzeit und mit der Gefahr einer Lockerung der Beamtendisziplin, wenn nämlich Beamte in der Öffentlichkeit ihrem Chef entgegentreten könnten. Der Reichstag war aber in seiner Majorität anderer Ansicht, insbesondere wollte auch er entsprechend der deutschen konstitutionellen Theorie und den bisher gemachten Erfahrungen, die durch das Beamtenelement repräsentierte Intelligenz im Reichstage nicht missen. Auf Antrag des Grafen Henckel von Donnersmarck wurde deshalb die prinzipielle Wählbarkeit des Staatsbeamten unter gleichzeitiger Einführung der temporären Inkompatibilität im zweiten Absatze des Art. 21, Verfassung des Norddeutschen Bundes, anerkannt und ging von da in einen entsprechenden Artikel der RV. über.

Als Resultat dieser geschichtlichen Entwicklung muß man zwei Grundsätze anerkennen, die der Einführung der temporären Inkompatibilität zugrunde liegen und für die Entscheidung von Zweifelsfragen wichtige Richtlinien enthalten. Diese beiden Grundsätze sind:

1. Wo der Wortlaut des Gesetzes es nicht ausschließt, muß prinzipiell bei jeder auf dem Wege der Beförderung erfolgten Besoldungs- und Rangerhöhung die temporäre Inkompatibilität eintreten.

2. Bei Zweifeln in der Auslegung des Art. 21, Absatz 2, spricht die Vermutung immer für jene Auslegung, welche der Erkundung des Volkswillens durch Neuwahl am günstigsten ist.

II. Das geltende Recht.

Die temporäre Inkompatibilität unterscheidet sich von der absoluten Inkompatibilität dadurch, daß die letztere eine dauernde Unvereinbarkeit zwischen dem Abgeordnetenmandat und der Reichs- resp. Staatsbeamtenschaft ist, während die temporäre Inkompatibilität nur zeitweise dauert,

---

[1]) Siehe darüber und zum folgenden sten. Ber. des konstituierenden Reichstags des Nordd. Bundes 1867, S. 414—436.

nämlich so lange, bis der von der temporären Inkompatibilität Betroffene sich einer Neuwahl unterzogen hat und wieder gewählt worden ist. Die vom Reiche oder von dem Einzelstaat in der Person eines Abgeordneten vorgenommene Begünstigung muß, um eine temporäre Inkompatibilität zu bewirken, aus dem freien Willen der betreffenden Reichs- resp. Staatsregierung hervorgegangen sein. Wo diese Begünstigung aber kraft gesetzlicher Anordnung, z. B. infolge von Organisationsänderungen auf dem Gebiete der Justiz (Dr. RT., Nr. 45 ex 1880 und Verhandlungen des deutschen Reichstags vom 16. März 1880, S. 139ff.), oder auf dem Gebiete der Verwaltung (Dr. RT., Nr. 157 ex 1881, und Sitzung vom 24. Mai 1881, S. 1256, Fall v. Knapp) stattgefunden hat, tritt die temporäre Inkompatibilität nicht ein.

Die Wirkung der temporären Inkompatibilität ist der Verlust des Mandats, und zwar ex lege (Arg. Art. 21, Absatz 2, RV. „Wenn . . . annimmt oder . . . . eintritt, so verliert . . ."). Es erhebt sich nun die Frage, von welchem Zeitpunkt an dieser Verlust eintritt. Von vornherein ausgeschlossen ist die Art, wie die Frankfurter Reichsverfassung die Frage regelte, nämlich den Verlust des Abgeordnetenmandats erst mit dem Abschluß der Neuwahl eintreten zu lassen. Eine entsprechende Bestimmung findet sich nicht in unserm geltenden Verfassungsrecht. Dieses erwähnt im Art. 21, Abs. 2 der RV. nur zwei andere Zeitpunkte; die für unsere Frage in Betracht kommen können: Die Annahme des Amts oder den Eintritt in das Amt. Den Verlust des Abgeordnetenmandats erst mit dem Antritt des neuen Amts eintreten zu lassen, verbietet die Erwägung, daß auf diese Weise die Regierung in der Lage wäre, ihr wichtige Willensschlüsse des Parlaments noch mit Hilfe ihr ergebener und durch Beförderung und Begünstigung gefügig gemachter Beamten durchzudrücken, namentlich, wenn der Eintritt in das neue Amt erst von einem viel späteren Zeitpunkt als der der Ernennung stattfinden soll. Dazu kommt noch die Erwägung, daß man den Beamten doch auch für den Fall, als der Eintritt in das Amt sofort mit der Ernennung wirksam werden soll, eine billige Frist lassen muß, um sich eventuell auch für die Ablehnung der zugedachten Amtsübertragung oder Beförderung usw. zu entscheiden. Aus all diesen Gründen wird nur die Annahme der Begünstigung (Beförderung, Amtsübertragung) den Verlust des Mandats bewirken können. Anderer Meinung ist allerdings die Reichstagspraxis (siehe z. B. Dr. RT., Nr. 368 ex 1879 und Dr. RT., Nr. 180 und 259 ad II ex 1879, ebenso Seydel, a. a. O., S. 400). Sie läßt den Mandatsverlust erst mit dem Eintritt in das neue Amt vor sich gehen.

Die von der Reichsverfassung vorgesehene Inkompatibilität umfaßt zwei gesonderte Fälle:

Die temporäre Inkompatibilität, welche der Neueintritt in ein besoldetes Amt des Reichs oder Einzelstaats bewirkt, und die Inkompatibilität kraft Ämterwechsels, mit welchem eine Rang- oder Gehaltserhöhung verbunden ist.

1. Die temporäre Inkompatibilität kraft Neueintritts in ein Amt.

Gemäß der RV. Art. 21, Absatz 2 verliert ein Mitglied des Reichstags sein Mandat, wenn es „ein besoldetes Reichsamt, oder in einem Bundesstaat ein besoldetes Staatsamt annimmt".

Die Annahme einer bloßen Titelverleihung (siehe z. B. Dr. RT., Nr. 237 ex 1882/83, Sitzung vom 11. April 1883, S. 1828 f.; Dr. RT., Nr. 35 ex 1886/87, Sitzung vom 10. Januar 1887, S. 325; Sitzung vom 9. Januar 1895, S. 203; Sitzung vom 8. Januar 1895, S. 183 f.; Sitzung vom 9. Januar 1902, S. 3225 [Verleihung des Titels Justizrat]), die Annahme eines Hofamts (siehe z. B. Dr. RT., Nr. 48 ex 1888/89 und Sitzung vom 10. Januar 1889, S. 347 ff.; Sitzung vom 3. April 1873, S. 210 f.; Dr. RT., Nr. 60 ex 1889/90, und Sitzung vom 18. November 1889, S. 347; Sitzung vom 11. Dezember 1894, S. 20; Dr. RT., Nr. 187 ex 189/394 und Sitzung vom 19. Februar 1894, S. 1323), die Annahme eines Kirchenamts, die Annahme eines Kommunalamts (auch Provinzialamts) in Preußen (Sitzung vom 26. April 1900, S. 5107 c) begründet keine temporäre Inkompatibilität.

Offiziere gelten als Beamte im Sinne der Reichsgesetze (siehe Laband, Staatsrecht des Deutschen Reichs, Bd. IV[4], S. 188, und Zorn, Staatsrecht, Bd. I, S. 232, a. M. Meyer-Anschütz, Deutsches Staatsrecht, S. 445, Anm. 8). Infolgedessen bewirkt die Ernennung zum Offizier zweifellos den Verlust des Abgeordnetenmandats. Bloße Chargenerhöhung, durch welche eine Kommandoführung nicht begründet ist, bewirkt jedoch den Verlust des Abgeordnetenmandats nicht (siehe sten. Ber. des RT., Sitzung vom 27. März 1873, S. 93 f., und Sitzung vom 27. April 1891, S. 2571).

Nur die Übertragung eines besoldeten Staatsamts bewirkt den Verlust des Mandats. Wenn ein Amt ohne Gehalt übertragen ist, z. B. eine außerordentliche Professur oder eine Honorarprofessur an der Universität (Dr. RT., Nr. 231 ex 1874/75, Sitzung vom 30. Januar 1875, S. 1454 ff.; Dr. RT., Nr. 70 ex 1889/90, und Sitzung vom 27. November 1889, S. 521 f.; Dr. RT., Nr. 130 ex 1884/85, und Sitzung vom 27. Januar 1885, S. 329; Dr. RT., Nr. 32 ex 1881, und Sitzung vom 8. März 1881, S. 180), so bewirkt dies keinen Verlust des Abgeordnetenmandats. Auch der Eintritt in das Amt einer Korporation selbst, wenn diese in mehr oder weniger inniger Verbindung mit dem Reich oder Einzelstaat steht, hat nicht den Verlust des Abgeordnetenmandats zur Folge. Nur dort, wo den Beamten einer solchen Korporation, wie z. B. den Reichsbankbeamten, ausdrücklich die Rechte der Reichsbeamten zugestanden sind, wird der Verlust des Abgeordnetenmandats angenommen werden müssen (Dr. RT., Nr. 238 ex 1890/91). Ob das neu übertragene Amt ein Staats- oder Kommunalamt ist, ist nach den Grundsätzen des partikulären Einzelstaatsrechts zu beurteilen (Dr. RT., Nr. 221 ex 1892/99, und Sitzung vom 6. Februar 1891, S. 1364).

Besoldet ist auch ein Staatsamt oder Reichsamt nicht, wenn die Besoldung nicht die Form einer Lebensrente annimmt, sondern die Entschädigung des Beamten in der Erhebung von Gebühren für geleistete Verwaltungsakte besteht. Wohl liegt aber Übertragung eines besoldeten Amts dann vor, wenn dieses Amt nur mit einer beschränkten Dienstpflicht übertragen ist, z. B. eine Postagentur (siehe Dr. RT., Nr. 338 ex 1895/97 und Sitzung vom 19. Juni 1896, S. 2685 ff. und Sitzung vom 1. Juli 1896, S. 3101 ff.). Zweifelhaft könnte man sein, ob das Amt an sich ein besoldetes im Staatsorganismus sein muß oder ob es auch, wenn ausnahmsweise für einen bestimmten Amtsträger mit einer Besoldung verbunden, den Verlust des Abgeordnetenmandats herbeiführt. Hier greift die oben aus der historischen Entwicklung der temporären Inkompatibilität (unter 1) angeführte Vermutung zugunsten der Neuwahl ein. Man wird sich also für den Mandatsverlust entscheiden müssen (Seydel, a. a. O., S. 398; anders aber einmal die Praxis des Reichstags in den ersten Jahren, siehe Sitzung vom 30. Januar 1875, S. 1455 f.).

Das übertragene besoldete Amt braucht nicht ein dauerndes zu sein, um den Mandatsverlust zu bewirken. Auch die Übertragung eines vorübergehenden Kommissoriums genügt (Dr. RT., Nr. 30 ex 1869 und Sitzung vom 15. März 1869, S. 60 ff.). Der Amtsverlust ist an den Neueintritt in ein Staatsamt geknüpft. Wo sich der betreffende Abgeordnete schon in einer allgemeinen Dienstpflicht des Staates befindet, die ihn zur Übernahme eines besonderen Amts verpflichtet, da ist die besondere Übertragung dieses Amts und der besonderen Amtspflicht ebenfalls ein Neueintritt in ein Amt im Sinne des Mandatsverlustes. Wird also z. B. einem Regierungsassessor das Amt eines Regierungsrats übertragen, so bewirkt diese Übertragung einen Mandatsverlust (siehe Sitzung vom 5. November 1874, S. 37 und Sitzung vom 16. November 1874, S. 149). In gleicher Weise ist die Stellung zur Disposition zu beurteilen. Auch sie beläßt die Dienstpflicht des zur Disposition Gestellten und schafft einen Zustand der Verfügungsmöglichkeit des Staats über den zur Disposition Gestellten (a. M. die Reichstagspraxis, welche in der Übertragung eines neuen Amts an den zur Disposition Gestellten einen Ämterwechsel [1]) ansieht und eine temporäre Inkompatibilität im Sinne des Schlußsatzes Art. 21 unter Umständen gegeben findet [Sitzung vom 5. Februar 1889, S. 785 ff. und Dr. RT., Nr. 81 ex 1888/89]).

---

[1]) nicht Neueintritt in ein Amt.

Wird ein Staatsamt als ein unbesoldetes verliehen und nachträglich in ein besoldetes umgewandelt, so sieht die Reichstagspraxis dies als Neueintritt in ein besoldetes Staatsamt an (Sitzung vom 14. Januar 1890, S. 986 ff. und Dr. RT., Nr. 95 ex 1889/90).

Der Fall der kumulativen Ämterübertragung müßte als besonderer Grund und als besondere Voraussetzung des Eintritts der temporären Inkompatibilität angesehen werden. Die Reichstagspraxis hat deshalb diesen Grund der temporären Inkompatibilität eingeführt, trotzdem die Verfassung ihn nicht erwähnt. Wenn also jemand neben seinem Amte, welches er bereits inne hat, noch ein weiteres besoldetes Amt übertragen wird, dann tritt ebenfalls Mandatsverlust ein (siehe Seydel, a. a. O., S. 399 und Dr. RT., Nr. 212 ex 1875/76, S. 749; siehe ferner Dr. RT., Nr. 212 ex 1875/76).

2. Die temporäre Inkompatibilität kraft Ämterwechsels.

Sie bewirkt den Verlust des Abgeordnetenmandats, wenn nämlich (Art. 21, Absatz 2 der Verf.) ein Abgeordneter, der bereits Beamter ist, „im Reichs- oder Staatsdienst in ein Amt eintritt, mit welchem ein höherer Rang oder ein höheres Gehalt verbunden ist". Um die temporäre Inkompatibilität daher zu begründen, ist notwendig, daß zu dem Ämterwechsel eine Rang- oder Gehaltserhöhung hinzutritt. Mandatsverlust wird daher nicht bewirkt:

a) wenn überhaupt kein Ämterwechsel sondern bloß eine Gehalts- oder Rangerhöhung oder beides zugleich vorliegt (siehe z. B. Sitzung vom 27. April 1873, S. 93; Sitzung vom 26. Januar 1876, S. 934; Dr. RT., Nr. 45 ex 1880; Sitzung vom 4. Februar 1892, S. 4003 ff. und Dr. RT., Nr. 631 ex 1890/92);

b) wenn zwar ein Ämterwechsel, aber keine Gehalts- oder Rangerhöhung gegeben ist.

Wann eine Rang- oder Gehaltserhöhung vorliegt, bestimmt sich nach partikulärem Staatsrecht; die Rang- oder Gehaltserhöhung im Reichsdienst wird bezüglich des Ranges durch die Tarifposition des Wohnungsgeldzuschusses, betreffs des Gehalts durch das Dispositiv (nicht die Erläuterungen!) der Etatposition der betreffenden Amtsstelle bestimmt (Sitzung vom 15. Mai 1885, S. 2835 ff.).

Die Gehaltshöhe und die Gehaltserhöhung schließt auch die nichtpensionsfähigen Gehaltszulagen für die Frage, ob temporäre Inkompatibilität eintritt, ein[1]).

---

[1]) Unrichtig daher Dambitsch, Kommentar zur Reichsverfassung, S. 416, der die hier in Betracht kommende Einkommensverbesserung bloß durch pensionsfähige Nebeneinnahmen gegeben sieht. Siehe aber Sitzung vom 15. Mai 1885, S. 2836, Berichterstatter

Für die Frage des Vorliegens der Gehaltserhöhung ist nicht maßgebend, ob das Amt als solches im Etat objektiv mit einer höheren Gehaltsposition ausgewiesen erscheint. Es kommt immer darauf an, ob für den konkreten Amtsträger eine solche Gehaltserhöhung stattgefunden hat (Dr. RT., Nr. 95 ex 1881/82 und Seydel, a. a. O., S. 400, der aber diesen Fall [Bernards] aus der Reichstagspraxis nicht berücksichtigt).

Der die Voraussetzung dieser Inkompatibilität bildende Ämterwechsel muß ein Ämterwechsel „im Reichsdienst oder Staatsdienst" sein. Ein Übertritt aus dem Staatsdienst in den Reichsdienst oder aus dem Staatsdienst eines Einzelstaates in den Staatsdienst eines anderen Einzelstaates ist demnach kein Ämterwechsel im Sinne der hier in Frage stehenden Inkompatibilität, wohl aber fällt er unter die Begründung temporärer Inkompatibilität kraft Neueintritts in ein Amt. Es ist nämlich dieser Übertritt als Aufgeben des alten Amts und Neueintritt in ein Amt anzusehen (siehe zutreffend Seydel, a. a. O., S. 399 und Sitzung vom 16. März 1880, S. 448; schwankend die Reichstagspraxis Dr. RT., Nr. 56 ex 1888/89; Sitzung vom 20. Januar 1890, S. 1128 f. und Dr. RT., Nr. 123 ex 1889/90). Eine interessante in der staatsrechtlichen Theorie nicht berührte Frage ist, inwieweit der Ämterwechsel durch Übertritt in das Amt eines Verwaltungsvereins (z. B. thüringischer Zollverein, hessisch-preußische Eisenbahngemeinschaft u. dgl.) temporäre Inkompatibilität bewirken kann. Man wird sich dabei zu vergegenwärtigen haben, daß ein Verwaltungsverein nicht die Schaffung einer neuen Staatsgewalt und eines neuen Staatsdienstes, sondern bloß einer Sozietätsgewalt darstellt. Die betreffenden Beamten bleiben auch im Vereinsdienst das, was sie früher waren, preußische, hessische usw. Beamte (siehe aus der Praxis Sitzung des deutschen Zollparlaments vom 17. Juni 1869, S. 156 und Entscheidung des preußischen OVG. vom 24. Oktober 1905, preußisches Verwaltungsblatt, 28. Jahrgang, S. 205). Es begründet demnach dieser Ämterwechsel nicht an und für sich eine Inkompatibilität, sondern nur dann, wenn zugleich mit ihm eine Gehalts- oder Rangerhöhung verbunden ist.

Übergeht bei solcher Verwaltungsvereinsgemeinschaft ein Staatsbeamter aus dem Dienst des einen Einzelstaats in den Dienst des anderen, so liegt prinzipiell N e u eintritt in ein anderes Amt, nicht bloßer Ämterwechsel vor. Inkompatibilität im Sinne des Art. 21, Absatz 2 ist an und für sich begründet ohne Rücksicht auf eine gleichzeitig erfolgte Rang-

---

Abg. Freiherr von Landsberg-Steinfurt: „Hiergegen ist jedoch zu bemerken, daß im § 21 der Verfassung von pensionsberechtigtem Gehalt absolut nicht die Rede ist, sondern daß es doch wohl nach dem ganzen Sinne der betreffenden Bestimmungen der Verfassung hin nur darauf ankommen kann, ob für den Beamten eine finanzielle Besserung eingetreten ist oder nicht, oder überhaupt eine höhere Besoldung."

oder Gehaltserhöhung. Dieser prinzipielle Standpunkt kann auch selbst dann nicht aufgegeben werden, wenn, wie z. B. für den Verwaltungsverein zwischen Waldeck und Preußen vorgeschrieben ist (Art. 7 des Akzessionsvertrages vom 2. März 1887, Ges.-Sammlung 177), daß im Gegenseitigkeitsverkehr beider Staaten „die Übernahme eines Beamten als Versetzung innerhalb des übernehmenden Staates" angesehen wird. Reichsrecht kann nicht durch Landesrecht abgeändert werden.

3. Die Kontrolle der temporären Inkompatibilität durch den Reichstag.

Prinzipiell überläßt es der Reichstag dem von der temporären Inkompatibilität Betroffenen, dem Hause die nötige Anzeige zu machen. Tritt dies aber nicht ein, so kann jedes Mitglied im Hause die nötige Frage und den nötigen Antrag für die Untersuchung des Falles unterbreiten (siehe Sitzung vom 25. Februar 1880, S. 116, Abg. Richter).

Es ist üblich, daß die Frage der Inkompatibilität in der Geschäftsordnungskommission untersucht wird. Doch kommt es vor, daß bei klarliegenden Fällen das Haus auf Antrag des Präsidenten sofort nach Einlaufen der Anzeige sich über die Frage schlüssig wird (siehe z. B. Sitzung vom 29. April 1889, S. 12; Sitzung vom 8. Januar 1895, S. 189).

Die einzige Möglichkeit, der Untersuchung eines zweifelhaften Falles durch den Reichstag zu begegnen, ist die Niederlegung des Mandats[1]).

Unzulässig und ein schwerer Eingriff in die Rechte des Reichstags (Art. 27, RV.) wäre es aber, wenn die Reichsregierung ohne die Entscheidung des Reichstags abzuwarten, sofort eine Neuwahl ausschreiben ließe. Wenn der Abgeordnete nicht selbst das Mandat niederlegt, so hat nicht die Regierung, sondern der Reichstag die Untersuchung des Falles einer temporären Inkompatibilität[2]).

[1]) Obgleich auch dies nach der Art, wie der Präsident in der Sitzung vom 6. November 1874, S. 149, eine solche Mandatsniederlegung begleitete, nicht zweifellos erscheint. Der Präsident sagte damals (es schwebte gerade die Untersuchung der Inkompatibilität durch die Geschäftsordnungskommission): „Nachdem der Herr Abgeordnete jetzt erklärt, daß er sein Mandat für erloschen erachte, und im Reichstag gegen diese Erklärung ein Widerspruch nicht erhoben wird — wie ich hiermit konstatiere — erachte ich die Angelegenheit für erledigt, einen weiteren Bericht der Geschäftsordnungskommission nicht für notwendig, werde vielmehr, da das Mandat erloschen ist, den Herrn Reichskanzler ersuchen, die Neuwahl zu veranlassen — Widerspruch gegen diese meine Bemerkungen wird nicht erhoben; ich werde demnach so verfahren."

[2]) Energisch muß daher die Ansicht von Dambitsch, Komm. zur Reichsverfassung S. 716, zurückgewiesen werden, wonach die Erledigung des Mandats vom Tage des Eintritts in das neue Amt und nicht erst auf Grund der Entscheidung des Reichstages erfolge. Vorsichtiger, aber ungenau drückt sich Seydel, a. a. O., S. 400, aus, wenn er der Ansicht ist, daß es einer ausdrücklichen Aberkennung durch den Reichstag nicht bedürfe. Er fügt aber auch hinzu: „Selbstverständlich steht der Ausspruch, ob der Fall des Art. 21, Abs. 2 der RV. vorliegt, wenn Zweifel oder Streit sich ergibt, dem Reichstag zu."

§ 57. Rechte des Abgeordneten.

I. Das Recht auf Zulassung zum Reichstag.

Jeder gewählte Abgeordnete, dessen Wahlvollmacht von der Abteilung als äußerlich gültig angesehen wird und gegen den auch keine Wahlproteste eingelaufen sind, hat ein Recht auf Zulassung zum Sitzen und Stimmen im Reichstag, das zunächst innerhalb der nächsten zehn Tage ein provisorisches, nach Ablauf der 10 tägigen Frist ein definitives Recht wird (§ 7, GO. des Reichstags). Aber auch die Abgeordneten, deren Wahl angefochten oder mittels Einsprache seitens eines anderen Abgeordneten, oder von der Abteilung oder von 10 anwesenden Mitgliedern derselben beanstandet worden ist, hat bis zur Ungültigkeitserklärung der Wahl Sitz und Stimme im Reichstag (§ 8 in Verbindung mit § 4 und 5 der Geschäftsordnung).

Eine besondere gesetzliche Regelung bedurfte bloß der Fall, wo die Ausübung des Abgeordnetenmandats mit der Erfüllung anderer öffentlicher Pflichten, insbesondere der Amts- und Dienstpflicht von öffentlichen Beamten in Konkurrenz tritt. Diese rechtliche Norm findet sich in Art. 21, Abs. 1 der RV.: „Beamte bedürfen keines Urlaubs zum Eintritt in den Reichstag."

Dazu kommt noch § 14, Absatz 2 des Reichsbeamtengesetzes: „... in solchen Abwesenheitsfällen, zu denen die Beamten eines Urlaubes nicht bedürfen (Reichsverfassung Art. 21) findet ein Abzug vom Gehalt nicht statt. Die Stellvertretungskosten fallen der Reichskasse zur Last."

1. Diese beiden Normen haben eine wichtige konstitutionelle Vergangenheit, mit welcher mannigfache Kämpfe verknüpft waren. Denn es ist auf den ersten Blick klar, daß in Deutschland bei seiner aus dem Polizeistaat herstammenden Staatsdienstpragmatik sowie der damit stark gesicherten Rechtsstellung der Beamten einerseits und der durch das Abgeordnetenmandat geschaffenen Möglichkeit andererseits, der Staatsregierung Opposition zu machen, der nötige Konfliktsboden wie in keinem anderen Staat geschaffen war. Das Ergebnis der historischen Entwicklung[1]) ist kurz das folgende: Während bis zum Jahre 1848 die süddeutschen und mitteldeutschen Staatsregierungen sich auf den Standpunkt stellten, und zwar teils durch Verfassungssätze ermächtigt, teils ohne solche, daß die Staatsbeamten zum Eintritt in die parlamentarische Körperschaft die Genehmigung der vorgesetzten Behörden erlangen müßten, bestimmte die Frankfurter Nationalversammlung im Reichswahlgesetz (Art. II, 6):

„Personen, die ein öffentliches Amt bekleiden, bedürfen zum Eintritt ins Volkshaus keines Urlaubs."

---

[1]) Vgl. dazu Clauß, a. a. O., S. 27—169.

Die Verfassungen der deutschen Einzelstaaten, welche nach 1848 entstanden, insbesondere die preußische, übernahmen diesen Satz (Art. 78, Absatz 2 der preußischen VU.: „Beamte bedürfen keines Urlaubes zum Eintritt in die Kammer“), und aus der preußischen Verfassungsurkunde gelangte der Satz in die Verfassung des Norddeutschen Bundes und in die deutsche Reichsverfassung. In Preußen war aber mit ihrer Regelung noch lange nicht die Möglichkeit eines Konflikts zwischen Staatsregierung und Landtag in dieser Frage beseitigt. Man begann einen Unterschied zu machen, der bis dahin dem Rechte nicht bekannt war. Den Urlaub glaubte man auf seiten der Staatsregierung gewähren zu müssen. Die Stellvertretungskosten aber für den zum Landtag beurlaubten Staatsbeamten bürdete man dem Staatsbeamten durch Gehaltsabzüge auf. Ein Staatsministerialbeschluß von 1863, gestützt durch eine Entscheidung des preußischen Obertribunals vom 17. März 1865 regelte diese Form der Stellvertretungskosten.

Erst ein Staatsministerialbeschluß vom 4. Oktober 1867 hob den vom Jahre 1863 auf und übernahm die Vertretungskosten auf die Staatskasse. Aber einer gesetzlichen Regelung entbehrt noch heute diese Frage in Preußen.

Gewitzigt durch die Erfahrungen, die man während der Konfliktzeit in Preußen gemacht, rückte der Reichstag der Frage der Vertretungskosten bezüglich der Beamten des Reiches näher an den Leib. Der von der Regierung im Jahre 1869 eingebrachte Gesetzentwurf betreffend die Rechtsverhältnisse der Bundesbeamten (Dr. RT., Nr. 59 ex 1869) hatte noch keine Regelung unserer Frage vorgesehen. Auch der von der Regierung im Jahre 1870 wiederholt eingebrachte Entwurf (Dr. RT., Nr. 83 ex 1870) bestimmte nichts für unsere Frage. Aber die Reichstagskommission fügte einen besonderen Paragraphen ein, der in § 19 Absatz 2 die auch noch heute maßgebende oben angeführte Bestimmung enthält.

Der damalige Gesetzentwurf blieb unerledigt, wurde aber mit den von der Reichstagskommission vorgenommenen Verbesserungen im wesentlichen im Jahre 1872 wiederholt und dann auch Gesetz.

2. Das geltende Recht spricht (Art. 21, Absatz 1) von „Beamten“ im allgemeinen, und es entsteht die Frage, welche Beamte darunter zu verstehen seien. Insbesondere, ob Kommunal- und Kirchenbeamte mit inbegriffen sind. Zur Beantwortung dieser Frage empfiehlt es sich, kurz auf die Entstehungsgeschichte der Bestimmung einzugehen.

Der Verfassungsausschuß der Frankfurter Nationalversammlung hatte an Stelle des oben angeführten Artikels die Bestimmung: „Staatsdiener bedürfen zur Annahme der auf sie gefallenen Wahl keiner Genehmigung ihrer Vorgesetzten. „Der Abg. Tafel von Zweibrücken stellte den Antrag, man möge nach dem Worte Staatsdiener noch den Ausdruck „Kirchen- und Gemeindebeamte" beifügen. Er begründete diesen Antrag wie folgt (sten. Ber. der Frankfurter Nationalversammlung, Bd. VII, S. 5406): „Sonst erleben wir, was wir bereits erlebt haben, nämlich, daß die Kirchenbehörden von ihrem Recht, Urlaub zu erteilen und zu verweigern, einen solchen Gebrauch machen, daß nur jene Männer, welche in ihrem Sinn wirken, in den Reichstag eintreten dürfen, daß aber diejenigen Männer, welche nicht ihren eigenen, sondern in eigenem unabhängigen Sinne wirken, durch sie verhindert werden, in das Volkshaus einzutreten, und so das Volk um die Männer seines Vertrauens gebracht wird. Wir haben das in Baden erlebt, wo einem Geistlichen hartnäckig der Urlaub verweigert wurde und er infolgedessen nicht in die badische Kammer eintreten konnte."

Auch den möglichen Einwand, der übrigens auch heute erhoben werden könnte, daß nämlich durch eine so weit gefaßte Bestimmung ein Eingriff in der inneren Verwaltung der Kirche vorgenommen würde, begegnete Tafel mit dem richtigen Hinweis, daß das kanonische Recht selbst eine Ausnahme von der Residenzpflicht des Geistlichen gestatte, wenn es sich um „evidens rei publicae utilitas" handle[1]). Der Antrag von Tafel wurde in erweiterter Form seitens des Abg. Günther aufgenommen: „Personen, die ein öffentliches Amt bekleiden, bedürfen zum Eintritt ins Volkshaus keines Urlaubs." Dieser Antrag wurde in namentlicher Abstimmung mit 219 gegen 166 Stimmen angenommen.

Berücksichtigt man, daß das Reichswahlgesetz der Frankfurter Nationalversammlung, welches diese Bestimmung enthält, in der Hauptsache auch dem Reichsgesetzgeber vorbildlich war, berücksichtigt man ferner, daß Bismarck gleichfalls bei Beratung des Art. 21 von der Ansicht ausging, daß die Geistlichen unter den Begriff der Beamten im Sinne der genannten Gesetzbestimmung fallen[2]), so wird man sich für die Anwendbarkeit des Art. 21, Abs. 1, RV. auch auf Kirchenbeamte entscheiden müssen.

---

[1]) Siehe auch Sägmüller, Katholisches Kirchenrecht, 1909, S. 261. Daß die kanonische Obedienz gegenüber dem Bischof eine Genehmigungspflicht herbeiführt, behauptet allerdings Schneider im Arch. f. kathol. Kirchenrecht, Bd. 82, S. 318; doch ist dies abzulehnen, weil die kanonische Obedienz sich nur auf kirchliche Angelegenheiten erstrecken kann.

[2]) Der Abg. Graf von der Schulenburg hatte nämlich (sten. Ber. des konstituierenden Reichstags-Sitzung vom 28. März 1867, S. 429) den Antrag gestellt, an Stelle der von der Regierung beantragten Fassung der letzten Alinea des Art. 21: „Nicht wählbar sind Beamte", zu setzen: „Nicht wählbar sind geistliche und richterliche Beamte im Dienste eines der Bundesstaaten". Bismarck erklärte, die durch jenes Amendement herbeigeführte Annäherung an den Regierungsentwurf würde den verbündeten Regierungen annehmbar

Was man den Kirchenbeamten, die doch zweifellos nicht Staatsbeamte sind, als Recht zugestehen muß, das wird man den Volksschullehrern, bei denen in allen Staaten eine mehr oder minder große Annäherung an die Staatsbeamteneigenschaft gegeben ist, nicht versagen können (s. auch oben S. 328).

Freiheit von der Erwirkung eines Urlaubes zum Eintritt in den Reichstag setzt zweifellos ein Gewähltsein voraus. Es ist unzulässig, wenn daher in einem Wahlprotest als Beschwerdegrund angeführt wird, daß einem Wahlkandidaten der Urlaub für Agitationsreisen nicht gewährt wurde (siehe Sitzung vom 20. Februar 1899, S. 988 B).

Was die Vertretungskosten anlangt, so fallen dieselben für Reichsbeamte der Reichskasse zur Last. Keine ausdrückliche Regelung hat diese Frage für die Einzelstaaten gefunden, sofern ihre Landesbeamten in den Reichstag einzutreten haben. Ausdrücklich festgesetzt ist bloß die Zahlung der Vertretungskosten von solchen Landesbeamten, z. B. in Baden, in Preußen durch den obengenannten Staatsministerialbeschluß vom 4. Oktober 1867, ferner durch die Praxis in Sachsen und Bayern[1]).

Aber auch in Staaten, wo Bestimmungen über diese Frage fehlen, wie z. B. in Anhalt, Sachsen-Altenburg, Sachsen-Meiningen und Reuß ältere Linie wird man einen Gehaltsabzug für die Vertretungskosten als unzulässig ansehen müssen. Denn wenn das Reichsgesetz und die Reichsverfassung jemandem ein Recht geben, dann dürfen die Einzelstaaten dieses in den Mitteln seiner Ausübung nicht verkürzen[2]).

Bloß die Ausübung des Abgeordnetenmandats und die Amtspflichterfüllung konkurrieren miteinander und der Rechtssatz des Art. 21, Absatz 1 bestimmt nur, daß im Falle solcher Konkurrenz die Ausübung des Abgeordnetenmandats der Erfüllung der Amtspflicht vorzugehen habe. Wo eine solche Konkurrenz nicht vorliegt, wie z. B. nach Sessionsschluß, da hört das Recht des Beamten auf Freiheit von der Erfüllung der Amtspflicht auf. Fraglich könnte es nur sein, ob während einer Vertagung im Sinne des Art. 26 der RV. eine solche Freiheit vom Dienst

---

sein, und brachte so indirekt zum Ausdruck, daß auch er die Geistlichen unter den Begriff der Beamten gefaßt sehen wollte. Er sagte damals, a. a. O., S. 430: „Wenn sich für diese Übelstände eine Abhilfe nicht vollständig schaffen läßt, so würden die verbündeten Regierungen für jede partielle Abhilfe, die hier durch Reichstagsbeschluß gewährt würde, immer noch dankbar sein. In dieser Richtung würde z. B. das Amendement, welches zuletzt eingebracht wurde, welches auf die geistlichen und richterlichen Beamten den Ausschluß beschränkt, wie ich glaube, sämtlichen verbündeten Regierungen annehmbar sein."

[1]) Siehe Freund im Archiv f. öff. Recht, III, S. 156 ff.

[2]) Übereinstimmend Clauß, a. a. O., S. 182; Jagemann, Die deutsche Reichsverfassung, S. 121; Dambitsch, Komm. zur RV., S. 413. Siehe auch die Ausführungen des Staatssekretärs Graf Posadowsky in der Sitzung des RT. vom 13. Mai 1907, S. 1598 B: „. . . und der Heimatsstaat hat demgemäß auch die Kosten der Stellvertretung zu tragen".

eintrete für die Dauer der Vertagung. Man hat dies z. B. in Preußen für richterliche Beamte grundsätzlich anerkannt, in anderen Justizverwaltungen der Einzelstaaten dies Recht negiert (Sitzung vom 13. Mai 1907, S. 1604). Man wird die Frage verneinen müssen[1], da auch hier keine wirkliche Konkurrenz zwischen Ausübung des Abgeordneten mandats und Erfüllung der Amtspflicht vorliegt. Freilich liegt solche vor bei der „Selbstvertagung" des Hauses.

II. Teilnahme an Beratung und Abstimmungen.

Zu den Befugnissen des Abgeordneten gehört, daß er an den Beratungen und Abstimmungen des Hauses teilnehmen darf. So sehr ist dieses gewahrt, daß selbst der Abgeordnete, dessen Wahl angefochten ist, bis zur Ungültigkeitserklärung Sitz und Stimme im Reichstag hat (§ 8 der GO.), und daß dieses Recht durch die Praxis (siehe oben S. 543) dahin erweitert ist, daß er selbst an der namentlichen Abstimmung über seine Wahl teilnehmen kann, sich aber der Stimme enthalten muß (durch Abgabe eines Abstimmungszettels mit der Überschrift: „Ich enthalte mich"), nur, um keinen Abzug von der Aufwandsentschädigung zu erfahren, welcher sonst zulässig wäre, wenn sich der Abgeordnete bei der namentlichen Abstimmung nicht beteiligt hätte (siehe darüber weiter unten).

Auch der § 60, Absatz 3 der GO. wäre hier heranzuziehen, wonach, wenn während der disziplinarmäßig verhängten Ausschließung des Abgeordneten in anderen als Geschäftsordnungsfragen eine Abstimmung erfolgt ist, bei welcher die Stimme des ausgeschlossenen Mitgliedes den Ausschlag hätte geben können, die Abstimmung in der nächsten Sitzung wiederholt werden muß.

Gegenüber dieser Befugnis fordert es die parlamentarische Etikette, daß man an Abstimmungen, an denen man persönlich interessiert ist, sich der Abstimmung enthalte (siehe Abg. Hammacher in der Sitzung vom 15. Juni 1896, S. 2628 D., und Abg. Rösicke in der Sitzung vom 13. Mai 1896, S. 2290 C). Diese Pflicht zur Stimmenthaltung bei persönlichem Interesse ist in anderen Parlamenten nicht bloß Anstands-, sondern Rechtspflicht. So in England (May, Parl. Practice, p. 373 f., für Frankreich, Pierre, a. a. O., p. 1168, für Italien, Manzini e Galeotti Norme ed Usi 1887, p. 300 f., für Schweden, Hagman Sveriges Grundlagar 1902, S. 436 u. a. m.).

III. Die Aufwandsentschädigung.

Die nach dem Reichsgesetz vom 21. Mai 1906 (RGBl., S. 468) gewährte Aufwandsentschädigung (siehe über dieselbe ausführlich im § 59).

---

[1] Anders, wie es scheint, die RT.-Praxis, die sich grundsätzlich auf den Boden stellt, daß bei der Vertagung des Art. 26 RV. der RT. noch immer als „versammelt" gilt. (Abg. Spahn, Sitzung vom 15. Mai 1906, S. 3208).

§ 58. Die Pflichten des Abgeordneten.

I. Anwesenheitspflicht, der Urlaub.

1. Die Anwesenheitspflicht während der Tagung des Reichstags folgt schon an sich aus der Rechtstellung des Abgeordneten. Sie ist zum Überfluß dann noch durch die GO. (§ 65) sanktioniert, welche von der Notwendigkeit der Urlaubserteilung spricht, von der wir weiter unten näher handeln werden.

Sie wird gewöhnlich durch den Präsidenten geltend gemacht, eventuell auch auf telegraphischem Wege (siehe z. B. Akten des Reichstags: Reichstagsangelegenheiten, Reichstagsmitglieder, Urlaub, Präsenzstand Nr. 12, I. Bd., Verfügung vom 23. Mai 1872, vom 17. Juni 1879, vom 9. März 1880, vom 10. November 1890 u. a. m.). In der Praxis des Reichstags kam es auch einmal vor, daß der preuß. Ministerpräsident Graf Roon mit Rücksicht auf die wiederholte Beschlußunfähigkeit des Reichstages die Abgeordneten, die zugleich Beamten waren, auf ihre Pflicht hinwies, ihre Plätze schleunig einzunehmen. Seit Beginn der achtziger Jahre erfolgte unter Umständen die Geltendmachung der Anwesenheitspflicht auch durch die Fraktionsführer. (Siehe z. B. Akten, a. a. O., am 25. April 1880. Am 21. März 1881 fordert der Bürodirektor „die Herren Mitglieder der nationalliberalen Fraktion auf, in der nächsten Sitzung zu erscheinen, da ihre Anwesenheit dringend geboten“. Namens der konservativen Fraktion fordert am 23. April 1881 der Vorstand durch den Grafen Kleist die nichtanwesenden Mitglieder auf, zu erscheinen. Am 7. April 1891 — es handelt sich um die Beratung der Arbeiterschutzgesetze — teilen die Fraktionsvorsitzenden auf Grund eines Seniorenkonventsbeschlusses den Fraktionsgenossen mit, daß ihr Erscheinen zu den nächsten Sitzungen des Reichstages dringend erwünscht sei u. a. m.) Ein direkter Zwang zur Erfüllung der Anwesenheitspflicht, entsprechend dem in England früher üblichen „Call“[1]), ist im deutschen Reichstag nicht vorhanden. Ein Antrag des Grafen Münster, der in der Sitzung vom 6. Juni 1868, S. 296, bei Beratung der Geschäftsordnung gestellt wurde und dahin ging:

> „Fehlt ein Mitglied ohne Urlaub während zehn aufeinander folgender Plenarsitzungen, so wird dasselbe durch das Präsidium aufgefordert, seinen Sitz im Hause binnen einer vom Präsidenten zu bestimmenden Frist einzunehmen.
>
> Folgt dasselbe trotz bescheinigten Empfanges dieser Aufforderung nicht, so wird angenommen, daß das ausbleibende Mitglied sein Mandat niedergelegt habe, und eine Neuwahl veranlaßt“,

wurde von dem Antragsteller in einer der nächsten Sitzungen

---

[1]) Siehe mein engl. Staatsrecht I, S. 385.

(Sitzung vom 15. Juni 1868, S. 457) wieder zurückgezogen, nachdem sich die Geschäftsordnungskommission durch ihren Berichterstatter (Abg. Dr. Harnier) dagegen ausgesprochen hatte. In ihrer Begründung, heißt es, daß eine solche Regelung durch die Geschäftsordnung die verfassungsmäßige Kompetenz des Reichstags überschreite und nur im Wege eines Gesetzes möglich wäre.

Seit der Zeit hat sich der Reichstag zur Erzwingung der Anwesenheitspflicht immer an einem indirekten Zwang genügen lassen. So z. B. wurde durch Beschluß des Seniorenkonvents zu Beginn der neunziger Jahre (siehe Reichstagsakten, a. a. O., vom 7. April 1891) den Fraktionsvorständen die Ermächtigung gegeben, ihre Fraktionskollegen zum Erscheinen im Reichstag mit dem Hinweis darauf zu mahnen, daß bei „wieder zu erwartender Beschlußunfähigkeit" Auszählungsanträge gestellt würden, damit durch den Namensaufruf die abwesenden Mitglieder festgestellt werden könnten. Seit dem Reichsgesetz vom 21. Mai 1906 bilden die §§ 2 und 4, Absatz 2 des Gesetzes, welche vorschreiben, daß der Abgeordnete, der einer Plenarsitzung ferngeblieben ist oder an einer namentlichen Abstimmung nicht teilgenommen, einen Abzug von 20 Mark für den betreffenden Tag von seiner Aufwandsentschädigung zu gewärtigen habe, einen indirekten Zwang zur Erfüllung der Anwesenheitspflicht.

2. Die Urlaubserteilung. Zur Erteilung des Urlaubs bis zur Dauer von acht Tagen ist der Präsident, zur Urlaubserteilung für längere Zeit nur der Reichstag berechtigt (§ 65, Absatz 1, GO.). Urlaubsgesuche auf unbestimmte Zeit sind nach der Geschäftsordnung (§ 65, Absatz 1) unstatthaft, doch werden sie deswegen in der Praxis des Reichstags nicht zurückgewiesen, sondern der Reichstag nimmt an, daß der Abgeordnete auch mit einem begrenzten Urlaub zufrieden ist und erteilt auf Grund des Gesuches einen solchen (Sitzung vom 4. November 1908, S. 5237).

Als gerechtfertigte Urlaubsgründe sieht der Reichstag schon seit seiner frühen Praxis bloß an: a) Krankheit [1]), b) Unabweisliche Verhältnisse in der Familie [2]), c) Fernhaltung durch parlamentarische Geschäfte eines Landtages, ja sogar eines Provinziallandtages (siehe Sitzung vom 7. März 1892, S. 4603 C, Urlaub zur Teilnahme an Sitzungen des pommerschen Provinziallandtages; Sitzung vom 9. Dezember 1903, S. 15 C, Urlaub wegen Teilnahme an den Verhandlungen des mecklenburgischen Landtags; abgelehnt aber einmal am 25. Mai 1897, S. 6083 D ein Urlaub wegen Teilnahme an den Verhandlungen des hessischen Landtags).

---

[1]) Sitzung vom 8. März 1869, S. 9, Abg. Freiherr von Hagke; Sitzung vom 17. Juni 1879, S. 1678, Abg. Windthorst; Sitzung vom 7. März 1892, S. 4603C, u. a. m.

[2]) Sitzung vom 17. Juni 1879, S. 678, Abg. Windthorst.

Als nichtgerechtfertigte Entschuldigungsgründe werden in der Praxis des Reichstages angesehen: dienstliche Zurückhaltung, und zwar sowohl im öffentlichen Dienst (siehe Sitzung vom 8. März 1869, S. 9; Sitzung vom 20. Mai 1897, S. 5963 C, wo ein Abgeordneter, der zugleich Bürgermeister war und in seiner Gemeinde wegen „Hochwasserzerstörung" unabkömmlich zu sein glaubte, nicht beurlaubt wurde), als auch im Privatdienst (Sitzung vom 24. Mai 1897, S. 6051 ff.); ferner angegriffene Gesundheit, Notwendigkeit einer Badekur (Sitzung vom 20. Juni 1896, S. 2755 D).

Das Urlaubsgesuch ist gewöhnlich schriftlich abzufassen, mündliche Entschuldigungen für eine Sitzung sind geschäftsordnungswidrig (Sitzung vom 21. Februar 1892, S. 4447).

Das nach der Geschäftsordnung (§ 65, Absatz 2) geforderte Register über Urlaubsgesuche und Abwesenheitsfälle wird seit 1905 nicht mehr geführt und ist auch seit dem Reichsgesetz vom 21. Mai 1906 nicht mehr notwendig, da ein anderes Mittel, die Anwesenheit der Abgeordneten zu konstatieren, in der sogenannten Anwesenheitsliste (§ 4 leg. cit.) gegeben ist, in welche sich jedes Mitglied des Reichstags während der Dauer der Sitzung einzutragen hat.

II.

Eine Pflicht zur Teilnahme an Abstimmungen besteht nur, sofern die Abstimmungen namentlich sind. Selbst das Mitglied, welches sich der Stimme enthalten will, muß einen Stimmzettel mit der Aufschrift: „Ich enthalte mich" abgeben. Wer nicht mindestens in dieser Form an der Abstimmung teilnimmt, hat (§ 4 des RG. vom 21. Mai 1906) einen Abzug von 20 Mark an seiner Aufwandsentschädigung zu gewärtigen. Auch für den Hammelsprung existiert nach altem Brauch des Reichstages die Pflicht, sich wenigstens auf dem Bureau zu melden und zu erklären, daß man sich der Abstimmung enthalte (siehe Sitzung vom 24. Mai 1897, S. 6053, der Abg. Gröber und der frühere Präsident Dr. v. Levetzow). Nur bei den einfachen Abstimmungen kann sich der Abgeordnete ohne Anmeldung der Stimmgebung enthalten.

III.

Jeder Abgeordnete hat die Pflicht, sich der Disziplin des Hauses und seiner Disziplinargewalt unterzuordnen (siehe darüber im letzten Teile dieses Werkes).

IV.

Jedes Mitglied hat, wie wir oben dargestellt haben, die Pflicht, gewisse Ehrenämter des Hauses (Schriftführeramt, Quästorenamt) zu übernehmen sowie das ihm übertragene Mandat als Mitglied einer Kommission pünktlich zu erfüllen.

§ 59. Die sogenannte „Aufwandsentschädigung" des Reichstagsabgeordneten.

I. Die konstitutionelle Doktrin.

Ihre Geschichte, die zugleich die Geschichte des Wechsels in der Auffassung und juristischen Struktur des Begriffs der Diäten bedeutet, läßt sich in drei Entwicklungsperioden teilen: in die der ständischen Form der Tagegelder, sodann in die der „Entschädigung" (Indemnität) nach belgischem Vorbild, schließlich in die neueste Periode, die des sogenannten Staatsorgan- oder Dienstaufwands.

1. Die Zeit der ständischen Form der Tagegelder. Der deutsche Frühkonstitutionalismus, namentlich in den süddeutschen Staaten, schließt sich bei Ausbildung des Instituts der Abgeordnetenentschädigung nicht so sehr an ausländisches Vorbild, als vielmehr an das Vorbild des vorausgehenden Ständestaats an.

Auch der Ständestaat hat nämlich Diäten oder Tagegelder (mitunter auch Auslösung[1]) genannt). Diese Diäten waren in manchen Staaten von den Ständen[2]) in anderen von dem Landesherrn zu zahlen. Mitunter bittet der Landesherr die Stände, namentlich, wenn er in Geldverlegenheit ist, daß sie für den betreffenden Landtag „sich selbst aus den Herbergen aus quittieren möchten (siehe Moser, a. a. O., S. 1431). Die Tagegelder sind also Zehrgelder. Ihre Höhe hängt von dem effektiven Konsum ab.

In allen ständischen Staaten, nicht bloß den deutschen, finden wir solche Tagegelder. Zunächst in England (siehe mein englisches Staatsrecht, I S. 339 ff), in Frankreich[3]), in den Niederlanden (Collenbrander Onsdan der Grondwet, 1908, S. 364), in Schweden (Rydin, a. a. O., I, S. 230, Anm.). Der süddeutsche Konstitutionalismus, namentlich in Bayern, Württemberg, Baden und Hessen schließt sich durchaus an diese Entwicklung an, nur daß die Abgeordneten, da sie nicht mehr Vertreter eines besonderen Standes sind, sondern Vertreter des gesamten Volks, ihre Tagegelder aus der Staatskasse beziehen. In Baden bestimmt die Verordnung über die Diäten und Reisekosten der Wahlmänner, landesherrlichen Kommissarien und der Abgeordneten vom 23. Dezember 1818, daß die Abgeordneten „als Entschädigung für die auf der Hin- und Herreise zugebrachte Zeit und für den Aufenthalt am Versammlungsort eine Tagesgebühr von 5 Gulden, für die Reisekosten aber den Ersatz

---

[1]) So namentlich genannt in Kursachsen und Kurbrandenburg. Siehe Moser, Neues teutsches Staatsrecht, Teil 13. Von der teutschen Reichsstände Landen (1769), S. 1407 und 1411. Vergl. auch O. Mayer, Sächsisches Staatsrecht, S. 155 [6].

[2]) Also auch von den die Vertreter entsendenden Kommunalkörperschaften.

[3]) Siehe Teissié-Solier, L'indemnité parlementaire en France, Paris 1910, p. 8 ff.

des gehabten Aufwands" erhalten sollten. Für Bayern schreibt der § 49 der zehnten Beilage zur Verfassungsurkunde vor, daß den Mitgliedern der Kammer der Abgeordneten „auf die Dauer der Versammlung eine bemessene Entschädigung der Reise- und Zehrungskosten" gewährt werden sollte, nämlich eine Tagesgebühr von 5 Gulden und Reisekosten, nach der Entfernung berechnet. Für Württemberg ordnet das Gesetz vom 22. Juni 1821 die Zahlung von „Tagegeldern" für die Mitglieder der zweiten Kammer im Betrage von 5 Gulden 30 Kreuzer und Reisekosten an. § 6 desselben Gesetzes verbietet „Zulagen" an einzelne Mitglieder der zweiten Kammer, an Abgeordnete ohne vorhergehende gesetzliche Form (Verabschiedung). In Hessen wird nach der landständischen Geschäftsordnung vom 25. März 1820, Art. 26 den „nicht durch ihre Geburt berechtigten Mitglieder der Ständeversammlung", welche nicht an dem Ort, wo der Landtag abgehalten wird, wohnen, auf „Begehren" aus der Staatskasse ein Reisegeld von fünf Gulden für je zwei Meilen und ein Tagegeld von fünf Gulden zur Entschädigung für ihren Aufenthalt „an dem Ort der Versammlung" gewährt.

Die juristische Struktur dieser Tagegelder ist die der sonst Staatsbeamten für Dienstreisen gewährten Diäten. Sie charakterisieren sich insbesondere durch drei Merkmale:

a) sie werden nur auf Begehren gezahlt, ein Verzicht ist also möglich;

b) sie sind so bemessen, daß sie den vollständigen Lebensunterhalt des Abgeordneten am Tagungsort decken;

c) ihre Auszahlung erfolgt gewöhnlich nur dann, wenn der Abgeordnete an den Sitzungen teilgenommen oder wenigstens am Ort der Versammlung die ganze Zeit, ohne Urlaub zu nehmen, anwesend gewesen. Charakteristisch ist insbesondere, daß die Staatskontrolle scharf zusieht, daß nur den Anwesenden Diäten gezahlt werden. Ganz besonders charakteristisch ist hierfür die Regelung in Bayern. Art. 28 der GO. vom 28. Februar 1825: „Die Diäten können nur in Übereinstimmung mit dem im § 23 vorgeschriebenen Präsenzprotokoll ausbezahlt werden. Ein Auszug aus diesem Protokoll gilt als Anweisung zur Auszahlung. Wenn ein Abgeordneter in der Sitzung nicht erscheint, und sich bei dem Präsidenten nicht entschuldigt hat, so wird er als abwesend angenommen und so im Präsenzprotokoll aufgezeichnet, bis er wieder in der Sitzung erscheint. Für die Zeit der Abwesenheit werden die Diäten nicht ausbezahlt. Hat aber ein Abgeordneter sich nur so lange entfernt, daß derselbe keine Sitzung versäumt, so findet ein Abzug an den Tagegeldern nicht statt. Die Auszahlung der Diäten geschieht monatlich. Die Empfänger übergeben dem Sekretär monatliche Interimsquittungen, welche bei der Schließung der Kammer gegen Hauptquittungen mit dem gesetzlichen Gradationsstempel vertauscht werden."

Eine ähnliche Praxis wird auch in den anderen süddeutschen Staaten bestanden haben, so daß die damals gezahlten Tagegelder den Charakter von „Anwesenheitsgeldern" in erster Linie tragen.

2. Die zweite Entwicklungsstufe geht nicht von Frankreich, sondern von Belgien aus. In Frankreich hielt man damals, wie schon seit 1815, an der Auffassung fest, daß die Zahlung von Diäten an die Abgeordneten unvereinbar sei mit dem damals in Frankreich bestehenden Zensuswahlrecht (siehe darüber Georg Meyer, a. a. O., S. 521). In Belgien aber war man sich bei Beratung der Verfassungsurkunde im Nationalkongreß von 1830-31 über die Notwendigkeit, hier vom französischen Vorbild abzugehen, klar geworden. Man wollte unbedingt den Abgeordneten, um niemanden von der Wählbarkeit auszuschließen, eine Entschädigung gewähren. Aber die Frage spitzte sich dahin zu, ob diese Entgeltung eine „Indemnité" oder ein „traitement", also Entschädigung oder Besoldung sein sollte. Der Unterschied zwischen diesen beiden Begriffen [1]) wurde damals klar in folgender Weise erfaßt (der Abg. Devaux): „Diejenigen, welche sich darauf beschränkten, den Deputierten eine Indemnität zu gewähren," sagt der Abg. Devaux, „machen sich einen falschen Begriff von der Frage. Es handelt sich nicht um die Kosten des Aufenthalts oder die Kosten der Wohnung, wenn man von dem Zugestehen eines traitement spricht. Es handelt sich vielmehr darum, um dem D. eine gerechte Kompensation für das, was er ausgibt, zu gewähren. Um seinem Vaterland zu dienen, gibt er vielleicht einen liberalen Beruf, einen industriellen Wirkungskreis auf; man muß ihn daher schadlos halten dafür, was er durch Aufgabe seines Berufes an Schaden erfährt." Deshalb erklärt sich Devaux für die Notwendigkeit eines „traitement". Trotzdem siegt die Auffassung, daß bloß eine „indemnité", also eine Entschädigung, nicht ein Gehalt dem Abgeordneten zu zahlen sei. Die Majorität des Nationalkongresses ging damals von der Ansicht aus, daß es unmöglich wäre, den Abgeordneten für seine Dienste vollkommen zu entschädigen. Die Zahlung von Gehältern würde ein Berufsparlamentariertum schaffen, welches der Volksvertretung nicht zur Ehre gereichen würde. Am schärfsten präzisiert dies der Abg. Frison: er will eine Indemnität, aber er will kein traitement: „pour qu'on ne puisse pas dire que les députés ne servent leur pays que par amour de l'argent".

Dementsprechend wird auch der Art. 52 der belgischen Verfassung abgefaßt. Die belgische Theorie begegnet uns auch in Deutschland, insbesondere in der Frankfurter Nationalversammlung. Die radikale Gruppe, unter ihnen Venedey von Köln, forderte zwar (sten. Ber., a. a. O.

---

[1]) Siehe darüber Huyttens, Discussions du congrès national de Belgique II, p. 33 ff.

VII, 5555): „Geben wir den Abgeordneten einen Gehalt, womit sie leben können", während die Majorität wohl auf dem Standpunkt stand (sten. Ber., a. a. O., S. 5552): „daß die Besoldung von Staatsdienern zugleich das Mittel zur Erhaltung der Familie des Beamten ist; die Tagegelder der Abgeordneten aber nur den Ersatz für einen durch die Sitzungsperiode gebotenen außerordentlichen Aufwand darbieten sollen". So ist damals auch in Deutschland der Begriff der „außerordentlichen Aufwandsentschädigung" im Gegensatz zur Besoldung der Abgeordneten entstanden. Diese Auffassung wurde, namentlich seit Preußen sie ebenfalls, durch belgisches Vorbild angeleitet, in Art. 85 der Verfassung zur Anerkennung gebracht hatte, Gemeingut der deutschen konstitutionellen Doktrin. Wie nach 1849 die Staatspraxis in den einzelnen Staaten die Aufwandsentschädigung im Gegensatz zur Besoldung auffaßte, läßt sich gerade durch den Kontrast mit den nach ständischer Form geschaffenen Tagegeldern des Frühkonstitutionalismus scharf erfassen.

a) Während man die Tagegelder des älteren Systems nur auf „Begehren" gezahlt erhielt, also auf sie verzichten konnte, war ein Verzicht der Aufwandsentschädigung unzulässig. Diese Unverzichtbarkeit stammt allerdings nicht aus dem belgischen, sondern aus dem französischen Recht, wo die Verfassung vom 4. November 1848 den Satz aufgestellt hatte (Art. 38): „Chaque représentant du peuple reçoit une indemnité à laquelle il ne peut renoncer."

b) Während das System des Frühkonstitutionalismus die Tagegelder der Abgeordneten den Tagegeldern der Beamten gleichsetzte, und sie so reichlich ausmaß, daß sie den vollständigen Lebensunterhalt am Tagungsort der parlamentarischen Körperschaft deckten, lehnte die Theorie „der außerordentlichen Aufwandsentschädigung" es vollständig ab, dem Abgeordneten den Lebensunterhalt zu verschaffen, sondern sie wollte nur eine Deckung des Mehraufwands sein, der ihm durch seine Funktion als Abgeordneter erwachse.

c) Während nach dem Tagegeldersystem des Frühkonstitutionalismus in mehr oder weniger starker Form der Charakter des „Anwesenheitsgeldes" überwiegt, ist es bei der Aufwandsentschädigung gleichgültig, ob der Abgeordnete an den Sitzungen der parlamentarischen Körperschaft wirklich teilnimmt, ja selbst gleichgültig, ob er wirklich am Tagungsorte sich aufhält, wenn er nur sich zeitgerecht bei Besuch der Sitzungsperiode im Bureau gemeldet hat (auf diesem Standpunkt steht z. B heute noch Preußen, Österreich, die Niederlande, Dänemark und andere mehr).

d) Während im System des süddeutschen Frühkonstitutionalismus die Kontrolle durch die Staatsbehörden scharf betrieben wird, bleibt die Kontrolle der Präsenz beim System der Aufwandsentschädigung der „Observanz" des Hauses, d. i. der parlamentarischen Körperschaft, überlassen. (Siehe statt aller Preußen, Motive zum Gesetz vom 30. März 1873, Dr. RT., Nr. 223 ex 187273, S. 1026: „daß die Staatsregierung es nicht für erforderlich erachtet habe, in den Entwurf Bestimmungen über die Voraussetzungen aufzunehmen, unter denen der Anspruch auf die Zahlung der Reisekosten usw. eintreten oder ausgeschlossen sein soll, weil sich in dieser Beziehung bereits eine zweckmäßige Observanz gebildet habe, und weil eine unmittelbare Nötigung, die gesetzliche Regelung auch hierauf auszudehnen, in Art. 85 der Verfassungsurkunde kaum zu finden sein dürfte.")

3. Die dritte Entwicklungsstufe der Abgeordnetenentschädigung ist im heutigen Frankreich und im Deutschen Reich in für beide Länder verschiedener Auffassung zu finden. In Frankreich hatte schon durch die Verfassung des Jahres 1848, Art. 38, die Fortentwicklung der bloßen Aufwandsentschädigung zu einer Besoldung statt: wenngleich der Art. 38 nur von Indemnität spricht, so ist zweifellos darunter Besoldung (traitement) gemeint. Das ergeben die Verhandlungen, die zur Beschlußfassung des Artikels führten. Den für die politische Theorie besonders charakteristischen Satz sprach der Abg. Dufaure aus (Compte rendu des séances de l'assemblée nationale IV, p. 634). Es handle sich nicht bloß um ein vorübergehendes Palliativmittel, sondern „um ein konstituionelles Prinzip, das wesentlich mit unserer Staatsform zusammenhängt. Sie haben, meine Herren, erklärt, daß alle Bürger, die sich ihrer bürgerlichen und politischen Rechte erfreuen, das Recht hätten, gewählt zu werden. Sie hätten sich nun einer argen Selbsttäuschung hingegeben, wenn sie nach solcher Erklärung die Ungleichheit des Vermögens fortbestehen ließen, die den einen den Eintritt in diese Versammlung gestatten, die anderen davon ausschließen würde. Deshalb haben die Mitglieder aller demokratischen Volksvertretungen von ihrem Vaterlande ein Gehalt bezogen." („C'est pour cela que les membres de toutes les assemblées populaires ont toujours reçu de la patrie un traitement.") Die Ordnung dieser Rechtsverhältnisse, wie sie in der französischen Nationalversammlung auf Grundlage des Art. 38 der Verfassung vorgenommen wurde und im Gesetz vom 15. März 1849 (Art. 96 und 97) ihren Ausdruck fand, billigte den Mitgliedern der gesetzgebenden Körperschaft 9000 Fr. jährlich zu und wurde dann auch von der dritten Republik angenommen. Schon der Art. 5 des Dekrets der provisorischen Regierung vom 29. Januar 1871 übernahm die Regelung der Frage, wie sie die Nationalversammlung von 1848/49 vorgenommen hatte, und die Gesetze vom 2. August (Art. 26) und vom 30. November 1875 (Art. 17) sprachen den Mitgliedern des französischen Senats und der französischen Deputiertenkammer 9000 Fr. jährlicher

Besoldung zu, eine Summe, die im Jahre 1906 (durch das Gesetz vom 23. November dieses Jahres) auf 15 000 Fr. erhöht wurde [1]).

Im Deutschen Reich wollte sich die Entwicklung zunächst an die auch in Preußen bestehende „Aufwandsentschädigung" durch Tagegelder anschließen.

Schon als bei Beratung des Wahlgesetzes zum konstituierenden Reichstag im preußischen Abgeordnetenhause im September 1866 die Frage der Diäten für die konstituierende Versammlung angeregt wurde, erklärte sich Bismarck gegen die Zubilligung solcher Diäten: das Wahlgesetz sei mit einer Reihe deutscher Regierungen vereinbart; wenn man nun hier zu viele Änderungen anbringe, so seien jene Abmachungen gefährdet. Man möge dem wichtigen Werk nicht Schwierigkeiten in den Weg legen. ‚Die Entscheidung dieser Frage gehöre in das deutsche Parlament; werde sie da bejaht, so glaube er, daß der Widerstand schwierig sein werde' [2]). Im konstituierenden Reichstag war die Majorität für die Gewährung von Reichstagsdiäten. Bismarck erklärte, daß für die verbündeten Regierungen die Bewilligung solcher unter keinen Umständen annehmbar sei. Er fügte aber damals ausdrücklich hinzu (sten. Ber. des konstituierenden Reichstags, S. 474): „Die Regierungen bitten vielmehr die Hohe Versammlung, die Entscheidung dieser Frage der Gesetzgebung zunächst zu überlassen, nachdem man im Stande gewesen sein wird, beruhigende Erfahrungen über die Wirkungen eines bisher noch wenig erprobten Wahlgesetzes zu sammeln." Darauf sprach der Vertreter des Königreichs Sachsen, und Bismarck ergriff hierauf nochmals das Wort und erklärte seine Ausführungen dahin, er habe mit den früheren Ausführungen nur sagen wollen: „Wenn sich Mißstände aus der Diätenlosigkeit ergeben haben würden, oder wenn sich aus dem Verlaufe der Handhabung des Wahlgesetzes ergeben würde, daß es ohne Gefahr geschehen kann, so ist es später immer unbenommen, im Wege der Gesetzgebung Diäten einzuführen." Auch im Jahre 1871 erklärte Bismarck (Sitzung vom 19. April 1871, S. 297), ebenso wie 1884 (Sitzung vom 26. November, S. 31), daß ihn bei der Frage der Diätenlosigkeit nur die Rücksicht auf kurze Parlamente leite, die durch Einführung der Diäten in Frage gestellt werden könnten. Im Jahre 1884 prägte er das Wort von der Gefahr, die durch das „Berufsparlamentariertum" geschaffen würde: „Dann aber ist die unendliche Dauer der Session mit dem Berufsparlamentarier in der engsten Verbindung."

---

[1]) Über diese Entwicklung siehe Teissié-Solier, a. a. O., Ch. V. Über die juristische Natur der französischen „indemnité parlementaire" als traitement (Besoldung) siehe Baron, Du caractère juridique de l'indemnité parlementaire, Paris 1905.

[2]) Siehe die Ausführungen des Abg. Schulze in der Sitzung des Reichstags vom 19. April 1871, S. 292, und Bismarcks Antwort darauf, a. a. O., S. 297.

Dies alles ist wichtig, festzustellen[1]), um jedenfalls die landläufige Auffassung fernzuhalten, als sei Bismarck ein prinzipieller Gegner der Diäten gewesen.

Um nun zum konstituierenden Reichstag zurückzukehren, so hatte dieser, trotz der Erklärung Bismarcks, auf Antrag der Abg. Weber und v. Thünen mit 136 gegen 130 Stimmen die Gewährung von Diäten und den Ersatz der Reisekosten der Mitglieder des Reichstags beschlossen (Sitzung vom 30. März 1867, S. 482). In der Schlußberatung (Sitzung vom 15. April 1867, S. 695) erklärte Bismarck nochmals, daß die Einführung der Diäten für die verbündeten Regierungen nicht annehmbar sei und ein Hindernis des Zustandekommens der Verfassung bedeute, worauf der Reichstag die Wiederherstellung der Regierungsvorlage, also Diätenlosigkeit mit 178 gegen 90 Stimmen und 6 Stimmenthaltungen annahm (Sitzung vom 15. April 1867, S. 712).

Seit dem Inkrafttreten der norddeutschen Bundesverfassung bis zum Jahre 1896 wurden beinahe jährlich immer wieder [2]) Anträge auf Einführung von Diäten und Reisekosten im Reichstag gestellt, nicht selten auch durch Formulierung schon ausgearbeiteter Gesetzentwürfe.

---

[1]) Diese aktenmäßige Feststellung hat zuerst der Abg. Gröber in der Sitzung des Reichstags vom 8. Mai 1901, S. 2627 gemacht.

[2]) Es sind hier vornehmlich folgende Anträge zu nennen: a) Antrag Dr. Waldeck und Gen. auf Annahme des Entwurfs eines Gesetzes, betreffend die Abänderung des Art. 32 der Verfassung des Norddeutschen Bundes: Sitzung vom 30. März 1868, S. 27. Sitzung vom 2. April 1868, S. 47/61. Sitzung vom 3. April 1868, S. 65—68. Beschluß Dr. RT., Nr. 40. Sitzung vom 18. April 1868, S. 136 u. 137. Abgelehnt. — b) Antrag Dr. Waldeck u. Gen. auf Annahme des Entwurfs eines Gesetzes, betreffend die Abänderung des Art. 32 der Verfassung des Norddeutschen Bundes: Dr. RT., Nr. 54. Sitzung vom 5. Mai 1869, S. 815—822. Sitzung vom 12. Mai 1869, S. 937 bis 939. Abgelehnt. — c) Antrag Schulze-Delitzsch u. Gen. auf Annahme des Entwurfs eines Gesetzes, betreffend die Abänderung des Art. 32 der Verfassung des Norddeutschen Bundes: Dr. RT., Nr. 26. Sitzung vom 2. März 1870, S. 139—150. Übergang zur Tagesordnung. — d) Antrag Schulze-Delitzsch u. Gen. auf Annahme des Entwurfs eines Gesetzes, betreffend die Abänderung des Art. 32 der Verfassung des Deutschen Reichs: Dr. RT., Nr. 36. Sitzung vom 19. und 20. April 1871, S. 291—308; Antrag auf motivierte Tagesordnung: Dr. RT., Nr. 49. Sitzung vom 20. April 1871, S. 308—315. Beschl.: Dr. RT., Nr. 55. Ab.-Antr.: Dr. RT., Nr. 59. Sitzung vom 25. April 1871, S. 374—381. Angenommen seitens des Reichstags. — e) Interpellation Schulze-Delitzsch: Ist etwas in bezug auf den vom Reichstag in der Sitzung vom 25. April 1871 angenommenen Gesetzentwurf, die Gewährung von Reisekosten und Diäten an die Mitglieder des Reichstags betreffend, seitens des Bundesrats geschehen? Dr. RT., Nr. 12. Sitzung vom 20. Oktober 1871, S. 17 u. 18. Beantwortet. — f) Antrag Schulze-Delitzsch u. Gen. auf Annahme des Entwurfs eines Gesetzes, betreffend die Abänderung des Art. 32 der Verfassung des Deutschen Reichs: Dr. RT., Nr. 16. Sitzung vom 26. März 1873, S. 75—85. Sitzung vom 30. April 1873, S. 381—391. Angenommen seitens des Reichstags. — g) Antrag Schulze-Delitzsch u. Gen. auf Annahme des Entwurfs eines Gesetzes, betreffend die

Diese Anträge wurden gewöhnlich von den Führern der Fortschrittspartei eingebracht und auch seit 1871 immer angenommen. Der Bundesrat verhielt sich aber stets ablehnend. Man erblickte immer in der Diätenlosigkeit ein „Korrektiv gegen das allgemeine Wahlrecht". Die Anträge, die der Reichstag damals annahm, wollten nichts weiter als die Einführung der Aufwandsentschädigung durch Tagegelder, wie sie in Preußen bestand. Erst im Jahre 1900 kam ein neuer Gesichtspunkt, der auch für unsere Dogmengeschichte von Bedeutung ist, in die Debatte. Am 27. März 1900 verlangte der Abg. Bassermann, in dem Antrag des Abg. Bargmann und Genossen zum Reichsetat für das Jahr 1900, der ähnlich wie in früheren Jahren die Einführung von Diäten und Reisekosten für die Reichstagsmitglieder aus Reichsmitteln wünschte, das Wort „Diäten" zu ersetzen durch das Wort „Anwesenheitsgelder" (siehe Dr. RT., Nr. 698 ex 1898/1900, und Sitzung vom 27. März 1900, S. 4997 ff.). Dem Abg. Bassermann schloß sich auch der Abg. Gröber an. Das Verlangen nach Anwesenheitsgeldern brachte nun die Forderung mit sich, daß man nur dann Diäten bekommen sollte, wenn man auch wirklich im Parlament sich betätigte.

Abänderung des Art. 32 der Verfassung des Deutschen Reichs: Dr. RT., Nr. 18. Sitzung vom 12. Februar 1874, S. 24—29; 12. Sitzung vom 3. März 1874, S. 224 (Berichtigung). Sitzung vom 18. Februar 1874, S. 97/98. Angenommen seitens des Reichstags. — h) Antrag Schulze-Delitzsch u. Gen. auf Annahme des Entwurfs eines Gesetzes, betreffend die Abänderung des Art. 32 der Verfassung des Deutschen Reichs: Dr. RT., Nr. 33. Sitzung vom 9. Januar 1875, S. 905—913. Sitzung vom 20. Januar 1875, S. 1136. Angenommen seitens des Reichstags. — i) Antrag Schulze-Delitzsch u. Gen. auf Annahme des Entwurfs eines Gesetzes betreffend die Abänderung des Art. 32 der Verfassung des Deutschen Reichs: Dr. RT., Nr. 38. Sitzung vom 30. November 1875, S. 350—359; Sitzung vom 3. Dezember 1875, S. 411 (Berichtigung). Sitzung vom 15. Dezember 1875, S. 657—659. Angenommen seitens des Reichstags. — k) Antrag Dr. Schulze-Delitzsch u. Gen. auf Annahme des Entwurfs eines Gesetzes, betreffend die Abänderung des Art. 32 der Verfassung des Deutschen Reichs: Dr. RT., Nr. 42. Sitzung vom 11. Dezember 1876, S. 728 u. 729; Sitzung vom 13. Dezember 1876, S. 795. Angenommen seitens des Reichstags. — l) Antrag Virchow wegen Gewährung von Diäten: Dr. RT., Nr. 162 ex 1880 (unerl.). — m) Antrag Ausfeld u. Gen. auf Annahme des Entwurfs einer Gesetzes, betreffend die Abänderung des Art. 32 der Verfassung des Deutschen Reichs: Dr. RT., Nr. 12. Sitzung vom 26. November 1884, S. 17 ff. Sitzung vom 17. Dezember 1884, S. 434 u. 435. Angenommen seitens des Reichstags. — n) Antrag Hasenclever u. Gen. auf Annahme des Entwurfs eines Gesetzes, betreffend die Abänderung des Art. 32 der Verfassung des Deutschen Reichs: Dr. RT., Nr. 45. Sitzung vom 17. Februar 1886, S. 1093—1098. Unerledigt geblieben. — o) Resolution Dr. Baumbach u. Gen. bei Beratung des Reichshaushaltsetats für 1892/93: Den Bundesrat zu ersuchen, eine Abänderung der Reichsverfassung Art. 32 in dem Sinne herbeizuführen, daß die Mitglieder des Reichstags aus Reichsmitteln Diäten und Reisekosten erhalten: Dr. RT., Nr. 566. Sitzung vom 12. Januar 1892, S. 3572—89. Angenommen. — p) Resolution Ancker u. Gen. bei Beratung des Reichshaushaltsetats für 1895/96 — gleichlautend mit dem Antrag unter o): Dr. RT., Nr. 108. Sitzung vom 11. Februar 1895, S. 798—804. Angenommen.

Formuliert ist die veränderte Sachlage gegenüber dem preußischen Recht in der Sitzung vom 27. März 1900 vom Abg. Gröber: „Wenn wir aber Entschädigungsgelder einführen, dann glauben meine Freunde und ich, daß die Form von Diäten wohl nicht das richtige ist, wenigstens dann nicht, wenn man die Diäten so behandelt, wie in gewissen Landtagen, wo dieselben einfach vom Tage der Eröffnung bis zum Schluß berechnet werden ohne nähere Kontrolle, ob auch der einzelne Abgeordnete an den Arbeiten des Landtages mitwirkte. In diesem Sinne stellen wir mit den Herren von der nationalliberalen Fraktion den Antrag, Anwesenheitsgelder einzuführen. Wie die Anwesenheit festgestellt werden soll, ist Aufgabe der Geschäftsordnung; das läßt sich im Gesetz nicht regulieren" (S. 4999). Den beiden süddeutschen Reichstagsabgeordneten mochte wohl der oben angeführte Standpunkt des deutschen Frühkonstitutionalismus in den süddeutschen Staaten vor Augen geschwebt haben. Schon längst war nämlich die Diätenlosigkeit des Reichstags als Ursache seiner oft vorhandenen Beschlußunfähigkeit erkannt worden. Nun suchte man die Diätenfrage mit der Frage der Verbesserung des Besuchs und der Anteilnahme an den Sitzungen zu kombinieren. Die im Jahre 1900 beschlossene Resolution zum Reichstagsetat fand eine noch nachdrücklichere Unterstützung in dem Gesetzentwurf, den die Zentrumspartei im Jahre 1901 einbrachte und der auf Abänderung des Art. 32 und Einführung von Anwesenheitsgeldern usw. gerichtet war (siehe Dr. RT., Nr. 34 ex 1900/03). Der Gesetzentwurf wurde in dritter Beratung am 10. Mai 1901 angenommen. Der Bundesrat erteilte ihm aber nicht die Sanktion. Im Jahre 1904 wurde eine Resolution zum Reichsetat auf Antrag des Abg. Sattler vom Reichstag angenommen, welche ebenfalls Anwesenheitsgelder verlangte (Sitzung vom 25. Januar 1904, S. 460 ff.). Auch darauf ließ sich der Bundesrat nicht näher ein. Im Jahre 1906 am 17. Januar wurde die Frage im Reichstag von zwei Seiten in Angriff genommen: durch einen Gesetzentwurf der Zentrumspartei (Dr. RT., Nr. 41 ex 1905/8), der im großen ganzen sich an den früheren von 1901 anschloß, und einen Antrag des Abg. Bassermann, die Regierung aufzufordern, unverzüglich einen Gesetzentwurf über die Einführung von Anwesenheitsgeldern und freier Eisenbahnfahrt für die Reichstagsmitglieder vorzulegen. Der Antrag Bassermann wollte dem Antrage der Zentrumspartei nicht vorgreifen. Er sollte nur der Regierung die Möglichkeit geben, falls der Zentrumsgesetzentwurf vom Bundesrat abgelehnt würde, noch immer einen besonderen Gesetzentwurf vorzulegen. Auch bekam die Forderung reiner Anwesenheitsgelder damals noch eine leichte Umbiegung, indem man auf nationalliberaler Seite lieber ein Pauschquantum mit Abzügen für den Fall unentschuldigten Fehlens eingeführt wissen wollte (siehe Abg. Bassermann in der Sitzung vom 17. Januar 1906, S. 613). Bei dieser Form der Forderung des

Pauschquantums schwebte die schon früher ausgesprochene Befürchtung vor Augen, es könnte durch die Forderung von Anwesenheitsgeldern zu viel Kontrolle und beengende Reglementierung der Abgeordneten eintreten Der Gesetzentwurf des Zentrums wurde in dritter Lesung (Reichstagsverhandlungen 1905/06, Bd. I, S. 761C), ebenso wie der Antrag Bassermann (Reichstagsverhandlungen a. a. O., S. 611C) angenommen. Auf beide Parlamentsbeschlüsse antwortete die Reichsregierung durch Einbringung eines Gesetzentwurfs, welcher u. a. (nämlich außer dem Vorschlag einer damals vom Reichstag nicht akzeptierten Änderung des Art. 28 der RV.) die Gewährung einer Jahresentschädigung an die Mitglieder des Reichstags vorschlug, und zwar in der Form eines Pauschquantums mit Abzügen für jedes (auch das entschuldigte) Fehlen. Dieser Gesetzentwurf ist denn auch nach bedeutender Umgestaltung durch die Reichstagskommission das heutige Reichsgesetz vom 21. Mai 1906, RBl. S. 468 ff. geworden.

Die sog. Aufwandsentschädigung, die heute den Reichstagsabgeordneten gezahlt wird, hat eine juristische Struktur, die als Kombination der ersten und zweiten Entwicklungsstufe der Abgeordnetendiäten aufzufassen ist. Mit der oben dargestellten zweiten Entwicklungsstufe hat sie folgendes gemein:

a) Auch die heute gewährte Reichstagsentschädigung soll keine Besoldung sein, sondern eine Entschädigung des Mehraufwands.

b) Auch sie soll unverzichtbar sein.

Dazu kommen aber Momente, welche aus der ersten Entwicklungsperiode unserer Frage uns bekannt sind, die Verbindung der Diätenzahlung mit der Frage der wirklichen Anwesenheit in den Sitzungen. Um aber nicht in eine lästige Kontrolle und Reglementierung der Abgeordneten zu verfallen, welche unausbleiblich gewesen wäre, wenn wie zur Zeit des Frühkonstitutionalismus dem Abgeordneten der Beweis seiner Anwesenheit für jede Zahlung von Tagegeldern auferlegt worden wäre, hat man durch Einführung des Pauschquantums die Beweislast umgekehrt. Nicht der Abgeordnete hat seine Anwesenheit zu beweisen, um die Entschädigung zu erhalten, sondern ihm muß nachgewiesen werden, daß er abwesend war, um einen Abzug an dem Pauschquantum herbeizuführen.

Diese Gesichtspunkte werden noch weiter unten bei der Erörterung der juristischen Natur der heutigen Aufwandsentschädigung klarzulegen sein.

II

Wenn wir die den Abgeordneten bei den Kulturnationen gewährte Entschädigung überblicken[1]), so lassen sich vier Systeme, vier Typen aufstellen.

---

[1]) Die näheren Details siehe in der tabellarischen Zusammenstellung von Pitamic, Das Recht der Abgeordneten auf Diäten, S. 913 (und Wiener Staatswissenschaftliche Studien, XI, 2).

1. Der Typus der „Anwesenheitsgelder". Die Tagegelder werden nur gezahlt, wenn der betreffende Abgeordnete mindestens an den Plenarsitzungen teilgenommen hat.

Krankheit und andere im Rechte aufgezählte Verhinderungsgründe sind die allein zugelassenen Ausnahmen, welche die Unterbrechung des Bezugs nicht bewirken. Auf diesem Standpunkt stehen z. B. von deutschen Staaten Württemberg, Oldenburg, Braunschweig, Sachsen-Koburg-Gotha, Waldeck, Lippe, Sachsen-Meiningen u. a. m., von anderen Staaten namentlich die Schweiz.

2. Der zweite Typus ist durch die sog. einfache Aufwandsentschädigung gegeben, welche gewöhnlich gezahlt wird, gleichviel, ob man an den Sitzungen wirklich teilnimmt oder nicht. Meldung im Bureau zu Beginn der Session genügt. Mitunter wird auch wenigstens Anwesenheit am Tagungsort der Versammlung gefordert. Nur der formelle Urlaub bewirkt für die Urlaubszeit die Einstellung des Bezuges. Auf diesem Standpunkt steht Preußen, Hessen, Sachsen-Weimar, Reuß j. L., Österreich, Belgien, Niederlande, England, Dänemark, Luxemburg, Norwegen, Italien u. a. m. Ob die Zahlung dieser Aufwandsentschädigung in Form von Tagegeldern, wie z. B. in Preußen, oder in Form eines Pauschquantums, wie z. B. in Belgien, den Niederlanden, in England, Italien u. a. m. erfolgt, ist für die juristische Struktur der Aufwandsentschädigung gleichgültig.

3. Der dritte Typus wird dargestellt durch die Aufwandsentschädigung in Form eines Pauschquantums mit Abzügen für den Fall des Abwesenheitsnachweises. Wir haben diese Form außer im Deutschen Reich nunmehr in Baden, Sachsen, Schweden, Ungarn und Griechenland (Art. 75 und 76 der Verfassung vom Jahre 1911).

4. Der vierte Typus ist durch die Demokratie gegeben, in denen das Abgeordnetenmandat mit einer Besoldung verbunden ist. Hier sind namentlich Frankreich und die Vereinigten Staaten zu nennen [1]).

III. Das geltende Reichsrecht.

1. Die juristische Natur der sogenannten Aufwandsentschädigung.

Die Theorie hat der Frage bisher keine ausreichende Antwort gegeben. Der Grund wird wohl in einer unzureichenden Erfassung der Dogmengeschichte unseres Instituts zu suchen sein. Laband bezeichnet sie als eine Jahresrente, deren Bezug an eine Bedingung geknüpft sei, nämlich

[1]) Darüber, daß in den Vereinigten Staaten die den Mitgliedern des Repräsentantenhauses bezahlten Entschädigungen als Jahresgehalt aufgefaßt werden, siehe Freund, Staatsrecht der Verein. Staaten im öffentlichen Recht der Gegenwart, Bd. XII, S. 107. (Betrag jetzt seit 1907 7500 Dollar.)

„die Anwesenheit des Reichstagsmitgliedes in den Plenarsitzungen des Reichstags“. Diese Auffassung ist unrichtig, denn sie übersieht, daß unter Umständen ein Reichstagsmitglied, das allen Plenarsitzungen des Reichstags während der Sitzungsperiode (mag diese durch Vertagung oder Schließung der Session ihr Ende gefunden haben) ferngeblieben, dennoch einen nicht unbeträchtlichen Betrag der Jahresrente bezieht. Dies ist nämlich der Fall, wenn die Tagungen des Reichstags kurz sind. So hat die Tagung von 1909/10 im ganzen (in der Zeit vom 30. November 1909 bis 10. Mai 1910) 82 Sitzungen aufzuweisen. Wenn der Abgeordnete all diesen Sitzungen ferngeblieben wäre, so hätte ihm bloß ein Abzug von 82 mal 20 Mark gleich 1640 Mark gemacht werden dürfen. Er hätte also auf jeden Fall, trotzdem er keiner Plenarsitzung beigewohnt, 1460 Mark als Jahresrente eingestrichen.

Eine andere Auffassung will die Aufwandsentschädigung als öffentlich-rechtliche Alimentation [1]) ansehen. Sie übersieht aber, daß diese sog. Alimentation in einem Falle, nämlich der Krankheit, wo sie am wichtigsten und notwendigsten erschiene, durch Geltendmachung von Abzügen versagt wird.

Die Aufwandsentschädigung ist vielmehr dem sog. Dienstaufwand der Staatsbeamten nachgebildet, wie er im § 850 ZPO. genannt ist und darin besteht, daß dem Beamten Repräsentationsgelder als Entschädigung für unvermeidlichen Dienstaufwand an bestimmten Orten und bei Bekleidung gewisser Stellungen gezahlt werden. Auch finden sich hier Pauschsummen, z. B. für das Halten von Pferden und Wagen, für Unterhaltung eines Bureaus, Pflege der Geselligkeit, für Dienstreisen u. dgl. [2]).

Der Dienstaufwand stellt sich demnach als *eine Entschädigung für Auslagen dar, welche von einem Staatsorgan aus Anlaß der Ausübung seiner Organstellung zu machen sind* [3]). Dieser Dienstaufwand kann in Form von Tagegeldern oder auch in Form einer Pauschsumme gezahlt werden. Er kann an Staats-

[1]) So Pitamic, a. a. O., S. 45. Der Hauptmangel dieser äußerst tüchtigen und scharfsinnigen Abhandlung ist, daß er die oben geschilderten drei Entwicklungsstadien des Diätenbegriffs ganz übersieht. Insbesondere ist ihm die Verknüpfung des Diätenbegriffs mit der Anwesenheits*pflicht* entgangen.

[2]) Art. „Diensteinkommen“ in Fleischmanns Wörterbuch des Staats- und Verwaltungsrechts I, S. 565.

[3]) So auch der Graf v. Posadowsky in der Kommission, welche den Gesetzentwurf betreffend die Aufwandsentschädigung von 1906 beriet. (Siehe Sitzung vom 12. Mai 1906, S. 3138: „Nach meiner persönlichen Auffassung würden die Aufwandsentschädigungen der Mitglieder des Reichstags der Besteuerung ebensowenig unterliegen wie die Repräsentationsgelder oder Tagegelder der Beamten, da sie ebenso wie diese keine Einnahme darstellen, sondern eine Entschädigung für Auslagen sind, die dem Betreffenden aus Anlaß der Ausübung eines *öffentlichen Mandats* erwachsen sind.“)

beamte gezahlt werden, aber auch an andere Staatsorgane, z. B. Abgeordnete. Er ist wohl zu unterscheiden von dem Beamtengehalt oder von einer Besoldung überhaupt. Diese ist eine Lebensrente, welche den gesamten Lebensunterhalt des öffentlichen Staatsorgans bestreiten soll. Darin unterscheidet sich der Dienstaufwand, daß er nur in beschränktem Maße den durch die Organstellung notwendigen Mehraufwand ausgleichen soll. Wir werden weiter unten die praktischen Unterschiede zwischen Besoldung und Dienstaufwand des Abgeordneten näher kennen lernen.

2. Die Begründung des Anspruchs.

Sie erfolgt durch die Erlangung der Eigenschaft als Mitglied des Reichstags (Arg. § 1 sub b: „Die Mitglieder des Reichstags erhalten ..."). Nun haben wir oben festgestellt, daß die Eigenschaft als Mitglied des Reichstags durch die Proklamierung des Gewählten zum Abgeordneten seitens des Wahlkommissars erlangt wird (§ 27 WR., siehe auch oben S. 578). Dagegen beginnt sie nicht erst mit dem Eintreffen der amtlichen Mitteilung des Wahlkommissars und dem Einlangen der Wahlakten beim Reichstag. Langen diese später ein, nachdem schon der Reichstag die Tagung begonnen, hat aber der gewählte und proklamierte Abgeordnete schon früher, gleich mit Beginn der Tagung, seinen Platz im Reichstag eingenommen, so schadet ihm das keineswegs im ungeschmälerten Bezug der Jahresrente. (Siehe die Ausführungen des Abg. Spahn im Fall des Abg. Kunert, Akten des Reichstags „Reichstagsentschädigung", Abteilung II, Reichstagsangelegenheiten Tit X, Folio 188: „Die Benachrichtigung des Gewählten, der Behörde und des Reichstags sind reglementarische Vorschriften, aus denen das Entschädigungsgesetz nicht erklärt werden kann.")

Dies gilt sowohl für Abgeordnete, welche vor der Tagung gewählt, als auch für Abgeordnete, welche, während der Reichstag versammelt ist, gewählt werden. Auch diese erhalten für jeden Tag der Anwesenheit ihre Entschädigung, mag auch die amtliche Nachricht von ihrer Proklamierung noch so spät im Reichstag einlangen[1]).

3. Die Form der Zahlung.

Zunächst ist festzustellen, daß im allgemeinen die Jahresrente in Teilzahlungen gewährt wird, die ungleich hoch sind und in steigender

---

[1]) Wenn die in Akten, a. a. O., S. 143, erlassene Verfügung des Präsidenten zur Ausführung des Aufwandsentschädigungsgesetzes vom Jahre 1906 unter Punkt 2 anführt: „Wenn ein Mitglied des Reichstags, während der Reichstag versammelt ist, gewählt wird, so wird sein Name in die Liste erst nach erfolgter amtlicher Mitteilung über die Wahl aufgenommen", so ist sie zwar nicht gesetzwidrig, aber für die Frage, von wann an der Abgeordnete seine Entschädigung bezieht, ist sie vollkommen irrelevant. Sie schafft also bloß eine Präsenzfreiheit des Abgeordneten bis zu seiner Aufnahme in die Anwesenheitsliste und erscheint demnach zum mindesten als überflüssig.

Skala wachsen, um insbesondere dem Umstande Rechnung zu tragen, daß während einer Tagung des Reichstags der Umfang der Geschäfte vom Monate Dezember bis zum Monate Mai oder Juli immer höher anwächst, so daß es natürlich geboten erscheint, dementsprechend den Abgeordneten immer höhere Teilzahlungen zu machen (siehe die Ausführungen des Abg. Gröber in der Sitzung vom 15. Mai 1906, S. 3207)[1]).

Im übrigen muß unterschieden werden, ob das Mitglied des Reichstags vor Beginn der Tagung oder während der Tagung sein Abgeordnetenmandat erhalten hat. Hat das Mitglied des Reichstags vor Beginn der Tagung sein Abgeordnetenmandat erlangt, so erhält er vom 1. Dezember an 3000 Mark in folgenden Teilzahlungen:

200 Mark am 1. Dezember,
300 Mark am 1. Januar,
400 Mark am 1. Februar,
500 Mark am 1. März,
600 Mark am 1. April,
1000 Mark am Tage der Vertagung (Art. 26, RV.) oder Schließung des Reichstags.

Erhält das Mitglied des Reichstags sein Abgeordnetenmandat, während der Reichstag versammelt ist, und als versammelt gilt er auch dann, wenn er sich z. B. während der großen Feiertage (Weihnachten, Ostern) selbst vertagt (arg. § 7 leg. cit.), so bezieht das Mitglied an Stelle der nächstfälligen Entschädigungsrate bis zu deren Höhe ein Tagegeld von 20 Mark für jeden Tag der Anwesenheit in einer Plenarsitzung (§ 3, Absatz 1, leg. cit.).

4. Von der Jahresrente werden Abzüge gemacht, wenn dem Abgeordneten nachgewiesen wird:

---

[1]) Gröber, a. a. O.: „Diesen verschieden bemessenen Monatsraten der Pauschalentschädigung entsprechen, wenn man den Betrag von 25 Mark für den Sitzungstag als Durchschnittsbetrag zugrunde legt, bei der Dezemberrate für die Sitzungen des November 8 Sitzungen; diese Rate geht also tatsächlich über die regelmäßige Zahl der Novembersitzungen hinaus. Für den Dezember sind in der Januarrate mit 300 Mark 12 Sitzungen vorgesehen, für den Januar mit den am 1. Februar fälligen 400 Mark 15, für den Februar mit dem am 1. März fälligen 500 Mark 20, für den März mit den am 1. April fälligen 600 Mark 24 Sitzungen. Meine Herren, die Statistik der Jahre 1904/5 und 1905/6 erweist, daß im Januar 17 oder 18 Sitzungen, im Februar 20 und 21 Sitzungen stattgefunden haben, also ungefähr die Zahl von Sitzungen, denen die vorgesehene Entschädigungssumme entspricht, im März dagegen 26 und 27 Sitzungen, worauf der Höchstbetrag von 600 Mark gleich 24 Sitzungen entfällt. Letzterer Betrag entspricht mehr als der Beschluß zweiter Lesung mit 400 Mark, und sogar mehr als die Regierungsvorlage mit 500 Mark dem tatsächlichen Aufwand, der durchschnittlich im Monat März erforderlich sein wird."

a) daß er an einem Tag der Plenarsitzung sich in die Anwesenheitsliste nicht eingetragen hat. Zu welcher Zeit des Tages nach Beginn der Sitzung der Abgeordnete diese Eintragung besorgt, ist gleichgültig, er kann auch den größten Teil der Sitzung versäumt haben. Der Anforderung des Gesetzes genügt er, wenn er im letzten Augenblick vor Schluß der Sitzung die Eintragung vollzieht (§ 4, Absatz 1, leg. cit.).

b) daß er an einer namentlichen Abstimmung nicht teilgenommen, selbst, wenn er sonst in die Liste eingetragen ist (§ 4, Absatz 2, leg. cit.).

Diese Abzüge betragen 20 Mark für jeden Tag, an dem das Mitglied des Reichstags die Eintragung in die Anwesenheitsliste versäumt und für jeden Tag, an welchem er auch nur einer namentlichen Abstimmung ferngeblieben ist (§ 2 in Verbindung mit § 4, leg. cit.).

Die Abzüge haben durchaus keinen Strafcharakter. Sie treten auch ein, wenn den Abgeordneten bei Versäumung der oben angeführten Handlungen gar kein Verschulden trifft, z. B. weil er krank ist.

Die Nichteintragung in die Anwesenheitsliste, das Nichtangeführtsein in der Liste der bei der namentlichen Abstimmung mit „Ja", „Nein" oder „ich enthalte mich" Stimmenden begründet eine praesumptio juris et de jure, gegen welche nach der Praxis des Reichstags ein Gegenbeweis unmöglich ist. Hat also z. B. das Mitglied des Reichstags zweifellos die ganze Sitzung über an derselben teilgenommen, z. B. was jedermann sehen konnte, als Alterspräsident, versäumt er aber die Eintragung in die Anwesenheitsliste, so gilt er trotzdem als „abwesend" im Sinne des Gesetzes (Fall des Abgeordneten von Winterfeldt; siehe Abgeordn. Arendt im „Tag", 1911 Nr. 145; anders entschieden aber im Falle des Abg. Dr. Hermes, Schriftführer, der sich in die Anwesenheitsliste nicht eintragen konnte, „da er während der ganzen Sitzung als Schriftführer tätig sein mußte", Akten, a. a. O., S. 182). Aus demselben Grunde erfährt der Abgeordnete, der bei einer namentlichen Abstimmung den Stimmzettel nicht auf seinen, sondern auf den Namen eines anderen Abgeordneten lautend, irrigerweise abgibt, den gesetzlich vorgeschriebenen Abzug (so entschieden im Falle der Abg. von Wolff-Metternich und Fischer [siehe Akten, a. a. O., Bescheid des Präsidenten vom 13. Januar 1909]).

Das gleiche gilt für den Fall, wenn der Abgeordnete zwar seinen Stimmzettel richtig abgegeben hat, derselbe aber bei Feststellung der Abstimmungsliste durch das Bureau nicht vorgefunden wird (Fall Merkel, Verfügung des Präsidenten vom 1. Juni 1909).

Auch rechtmäßig nachgesuchter und bewilligter Urlaub schützt nicht vor Abzügen, da die Vorschrift der Eintragung in die Anwesenheitsliste (§ 4, leg. cit.), die persönlich vorzunehmen ist, nicht erfüllt werden kann.

5. Die Anwesenheitsliste.

Ihre äußere Form und Verwendung schreibt der Präsident auf Grund gesetzlicher Ermächtigung (§ 5, leg. cit.) vor. Gegenwärtig gilt die Verfügung des Präsidenten vom 25. Mai 1906. Die Anwesenheitsliste hat ungefähr folgende Form:

Name:	Nachweis der Anwesenheit durch eigenhändige Unterschrift	Teilnahme an namentlichen Abstimmungen 1 . 2 . 3 . 4	abwesend
Dr. Ablaß			
Aichbichler			
Aigner			

Sie wird in je einem Exemplar für die Buchstaben A bis F, G bis K, L bis R und S bis Z ausgelegt. Die Auslegung hat durch einen Bureaubeamten auf dem Pult zu erfolgen, welches im westlichen Umgange um den Plenarsitzungssaal gegenüber der Tür nach dem Kuppelraum aufgestellt ist; sie beginnt mit der auf der Tagesordnung für die Plenarsitzung angegebenen Zeit und endigt mit dem Schluß der Plenarsitzung.

Die Mitglieder des Reichstags zeichnen sich in die Liste ein. Ist ein Mitglied des Reichstags am Gebrauch seiner Hand behindert, so meldet er dies persönlich dem Präsidenten, der die Eintragung in die Liste verfügt.

Wenn ein Mitglied des Reichstags gewählt wird, während der Reichstag versammelt ist, so wird sein Name in die Liste erst nach erfolgter amtlicher Mitteilung über die Wahl aufgenommen. (Siehe aber oben S. 607.)

Nach dem Schlusse der Plenarsitzung ist die Liste abzuschließen und das Ergebnis in eine Hauptliste zu übertragen. Auf Grund dieser mit Anweisung zu versehenen Hauptliste hat die Kasse des Reichstags am Tage der Fälligkeit der Entschädigungsraten Zahlung zu leisten.

6. Der Verlust des Fortbezuges der Jahresrente erfolgt:

a) durch Erlöschen des Abgeordnetenmandats (Tod, Niederlegung des Mandats, Ungültigkeitserklärung der Wahl, Vorhandensein der absoluten oder temporären Inkompatibilität), wobei zu bemerken ist, daß die Streichung des Namens aus der Anwesenheitsliste erfolgt, sobald der Reichstag davon Kenntnis erhält (§ 3 der Verfügung des Präsidenten vom 25. Mai 1906). Nur für den Fall der zweifelhaften temporären Inkompatibilität wird die Streichung aus der Anwesenheitsliste erst durch die Entscheidung des Reichstags, nicht aber durch seine Kenntnisnahme möglich.

b) durch Auflösung des Reichstages [1]).

Durch eine Vertagung im Sinne des Art. 26 der RV. oder durch Schluß der Session erlischt der Anspruch keineswegs. Selbst wenn diese Tatsachen vor den 1. April fallen (siehe Abg. Spahn in der Sitzung vom 15. Mai 1906, S. 3208). Es werden dann auch noch die später fälligen Teilzahlungen ausgezahlt. Ist aber einmal die gesamte Jahressumme von 3000 Mark durch die Teilzahlungen ausgefüllt, dann kann für eine sogenannte Herbsttagung oder für eine zweite Session während des Jahres nur auf dem Wege des Gesetzes ein neues Pauschquantum gewährt werden, wie dies z. B. auch im Jahre 1911 (RG. vom 15. Juni 1911, RGBl., S. 247) für die Herbsttagung dieses Jahres geschehen ist.

Der Verzicht auf die Entschädigung begründet niemals ihren Verlust (§ 8, leg. cit.).

Die oben angeführten Verlustgründe machen nur die Fortzahlung der Jahresrente unzulässig. Was der Abgeordnete bis dahin von seiner Jahresrente erworben hat, insbesondere für die Zeit, welche zwischen der letzten Entschädigungsrate und dem Eintreten des Verlustgrundes liegt, wird ihm durch 20 Mark Tagegeld für jeden Tag der Anwesenheit in einer Plenarsitzung, jedoch mit der Maßgabe vergütet, daß der Gesamtbetrag der Tagegelder den Höchstbetrag der nächsten fälligen Entschädigungsrate nicht übersteigen darf (§ 3, Absatz 2, leg. cit.).

7. Charakteristische Eigenschaften der Aufwandsentschädigung.

Die Aufwandsentschädigung des Abgeordneten unterscheidet sich durch folgende Eigenschaften von einer Beamten- oder öffentlichen Besoldung, die ja noch immer unzulässig [2]) ist (Art. 32, Absatz 1, RV.):

a) Sie ist absolut unpfändbar (§ 850, CPO. und § 8, Satz 2, leg. cit.).

---

[1]) Das Gesetz regelt ausdrücklich nur den Fall (§ 3, Absatz 2, i. f. leg. cit.), daß die Auflösung erfolgt, während der Reichstag versammelt ist, umfaßt aber natürlich auch den andern Fall, daß die Auflösung während einer Vertagung oder nach Sessionsschluß stattfindet.

[2]) Und zwar jede, auch die auf privatem Rechtstitel ruhende, nicht bloß die öffentliche. Wenn aber Dambitsch, Kommentar zur RV., S. 479, im Gegensatz zur herrschenden Meinung (Laband, a. a. O. I[5], S. 362, v. Buchka, D. J. Z. 1901, S. 241, u. a.) meint, daß § 172 ALR. I. 16, der in den achtziger Jahren des neunzehnten Jahrhunderts (s. RG. in ZS., 16. Bd., S. 88 ff.) dem Fiskus die Möglichkeit gab, die aus Privatmitteln an Abgeordnete gezahlte Aufwandsentschädigung als „verbotenen Gewinn zu entreißen", noch in Kraft wäre, weil diese Vorschrift „sich auf das öffentliche Recht bezieht", und durch das BGB. nicht beseitigt wurde, so übersieht er, daß es sich um eine Entschädigung handelt, die auf privatrechtlichem Titel ruht, und daher in ihrem Rechtsbestand nach BGB. zu beurteilen ist. Das Heimfallsrecht, das der Staat in Form der „Entreißung" ausübt, ist ebenfalls nach bürgerlichem Recht zu beurteilen: „Fiscus iure privato utitur".

b) Sie unterliegt nicht der Einkommenbesteuerung (siehe Graf Posadowsky, oben S. 615[3]).

c) Sie ist durch Rechtsgeschäfte inter vivos unübertragbar (§ 8, Satz 2, leg. cit.), doch kann sie vererbt werden, auch kann über sie testamentarisch verfügt werden. Eine eigentümliche cessio ex lege kennt das Gesetz (§ 9, leg. cit.), wonach im Falle des Todes eines Reichstagsabgeordneten seine Ehefrau die Zahlung der für ihn fällig gewordenen Aufwandsentschädigung ohne Nachweis ihres Erbrechts verlangen kann. Der Grund dieser Bestimmung ist wohl darin zu suchen, daß die durch die Ehe begründete Lebensgemeinschaft (§ 1353 BGB.) auch eine Aufwandsgemeinschaft in sich schließt, weshalb auch das Gesetz die cessio ex lege verfügt.

d) Da die Aufwandsentschädigung kein Gehalt darstellt, so findet auch durch ihren Bezug keine Kürzung einer Beamtenpension (z. B. im Sinne der §§ 57—59 des Reichsbeamtengesetzes) statt.

Dagegen ist bei Innehabung von sogenannten Doppelmandaten, nämlich des Reichstagsabgeordnetenmandats und eines Mandats in den einzelstaatlichen Legislaturen eine besondere Regelung getroffen.

Bei Beratung des Aufwandsentschädigungsgesetzes von 1906 machten sich für die Lösung dieser Frage zwei Auffassungen geltend. Die eine wollte den Abzug der im einzelstaatlichen Parlament empfangenen Diäten von der Reichstagsentschädigung durch den Reichstag vornehmen lassen. Die andere, insbesondere auf die Regierungsvorlage sich stützende, wollte den Abzug der vom Reichstag geleisteten Entschädigung den einzelstaatlichen Parlamenten überlassen. Man entschied sich mit Recht für die letztere Ansicht, weil die Lösung der Frage im Sinne der ersteren dazu geführt hätte, die Reichstagsabgeordneten zum größten Teil auf Kosten der einzelstaatlichen Parlamente zu erhalten, sofern sie eben Doppelmandatare waren. Dies wurde mit Recht als des Reichstags unwürdig angesehen.

Als Rechtsnorm haben wir nun festzuhalten: Während der gemeinsamen Tagung vom Reichstag und einzelstaatlichem Landtag ruht grundsätzlich die sonst im einzelstaatlichen Landtag gezahlte Entschädigung. Ausnahmsweise wird sie nur für die Tage gewährt, für welche dem Abgeordneten, d. i. dem Doppelmandatar an der Reichstagsentschädigung Abzüge infolge der Nichteintragung in die Anwesenheitsliste oder infolge der Nichtbeteiligung an einer im Reichstag stattfindenden namentlichen Abstimmung gemacht werden (§ 6, leg. cit.). Daraus ergibt sich, daß dem Doppelmandatar auch für diejenigen Tage keine Entschädigung in dem einzelstaatlichen Landtag gezahlt wird, an welchen der Reichstag nicht tagt (also z. B. bei Selbstvertagung). Unter diesen Umständen ist es nicht ausgeschlossen, daß dem Abgeordneten in den einzelstaatlichen Landtagen mehr abgezogen wird, als er effektiv an Reichstagsentschädigung erhält. Dauert z. B. die gemeinsame Tagung mehr als 200 Tage, so werden dem Abgeordneten, der außer seinem Reichstagsmandat noch ein Mandat im preußischen Landtag hat, in diesem letzteren mehr als 3000 Mark abgezogen, während er vom Reichstag bloß eine Entschädigung von 3000 Mark für dieselbe Zeit erhält. So ist es im Jahre 1910 vorgekommen, daß dem Landtagsabgeordneten, der 3000 Mark Reichstagsdiäten erhielt, im Landtag 3600 Mark Landtagsdiäten abgezogen wurden, er also 600 Mark weniger als seine Kollegen erhielt, die dem Reichstag nicht angehörten[1]).

Der oben angeführte Satz des Reichsrechts gilt auch selbst dann, wenn das System der einzelstaatlichen Landtagsdiäten auf Präsenzgeldern ruht. Dadurch verlieren allerdings diese Präsenzgelder ihren Stachel und Antrieb zum Erscheinen im einzelstaatlichen Landtag. Und es ist deshalb auch die reichsrechtliche Lösung der Frage (durch § 6) als eine „Prämie auf die Abwesenheit" in den Landtagen bezeichnet worden. Jedenfalls ist dies als unzulässiger Eingriff in die den Einzelstaaten zugehörige verfassungsmäßig gewährleistete Rechtssphäre angesehen worden. Dieser letztere Einwand ist nicht stichhaltig, da die Reichsverfassung außer dem Art. 4 noch den Art. 32 kennt und dieser die Lösung der Diätenfrage für das Reichsparlament selbstverständlich dem Reichsgesetzgeber und dem Weg des Art. 78, Satz 1, der RV. überweist[2]).

8. Die besonderen Entschädigungen für die Tätigkeit von Kommissionen.

Prinzipiell wird für die Tätigkeit der Reichstagsabgeordneten in den Reichstagskommissionen keine besondere Entschädigung geleistet, sondern sie ist mit einbegriffen in der Gewährung der Aufwandsentschädigung für die Plenarsitzungen. Ausnahmsweise ist aber schon zur Zeit, da überhaupt keine Diäten gezahlt wurden, Reichstagskommissionen, welche zur Beratung umfangreicher Gesetzentwürfe während der Vertagung des Reichstags oder nach Sessionsschluß doch noch weiter beraten sollten, auf dem Wege des besonderen Gesetzes eine besondere Entschädigung meist

[1]) Deshalb ist die Darstellung der Sachlage bei Laband, Staatsrecht, I[5] S. 363, ungenau. Er sagt: „Wenn ein Mitglied des Reichstags zugleich Mitglied einer anderen politischen Körperschaft, insbesondere eines Landtags ist, und beide Körperschaften gleichzeitig versammelt sind, so soll es nicht in beiden Eigenschaften zugleich Entschädigungen beziehen, es darf vielmehr als Mitglied einer solchen Körperschaft eine Vergütung nur für diejenigen Tage erhalten, für welche es sie nicht als Reichstagsmitglied erhält. Ges. § 6." Das läßt die Auffassung zu, als ob dem Doppelmandatar von den Landtagsdiäten nur dasjenige abgezogen wird, was er an Reichstagsdiäten erhält. Eine solche Auffassung entspräche aber nicht der rechtlichen Sachlage.

[2]) Siehe die Ausführungen des Staatssekretärs Graf Posadowsky in der Sitzung des Reichstags vom 12. Mai 1906, S. 3155 f.

in Form des Pauschquantums, in neuester Zeit aber in Form von Tagegeldern (siehe Reichsgesetz vom 2. Juni 1910, RGBl., S. 859) gewährt worden. Man führte gegen das Pauschquantum bei solchen Gelegenheiten insbesondere ins Treffen, daß der notwendige Eintritt von Stellvertretern und insbesondere die Abrechnung zwischen Kommissionsmitglied und Stellvertreter in bezug auf die Entschädigung schwierig sei (siehe Sitzung vom 6. Mai 1910, S. 2946). Die Hauptfälle, in denen bisher auf dem Wege des Gesetzes eine besondere Entschädigung für Kommissionsmitglieder gewährt wurde, sind: das Gesetz vom 23. Dezember 1874, RGBl., S. 194/95; das Gesetz vom 1. Februar 1876, RGBl. S. 15 f. (Kommissionsberatung der Justizgesetze); das Gesetz vom 20. Juni 1902, RGBl., S. 235 (Beratung des Zolltarifs) und das schon oben genannte Reichsgesetz vom 2. Juni 1910, RGBl., S. 859 (Beratung der Reichsversicherungsordnung).

Was für Kommissionsmitglieder gilt, die vom Reichstag eingesetzte Kommissionen bilden, gilt auch von denjenigen, welche vom Reichstag in Kommissionen entsendet werden, die von der Reichsregierung ins Leben gerufen werden. Ohne gesetzliche Anordnung erhalten diese keine besondere Aufwandsentschädigung.

9. Die außerparlamentarische Kontrolle der Zahlung der Aufwandsentschädigung.

Der Anspruch des Abgeordneten auf Zahlung der Aufwandsentschädigung ist ein gesetzlich begründeter. Trotzdem besteht nicht der ordentliche Rechtsweg zur Einklagung einer vom Präsidenten aus Gründen der Reichstagsordnung und Disziplin versagten Zahlungsanweisung. Denn die Offenlassung des Rechtswegs, von der übrigens im Gesetze über die Aufwandsentschädigung mit keiner Silbe die Rede ist, würde die Möglichkeit eröffnen, daß der ordentliche Richter sich eine Kontrolle über die Führung der Reichstagsdisziplin anmaßen müßte, was ihm aber zufolge des Art. 27, RV. verboten ist.

Nur dort, wo die Ansprüche auf Zahlung der Aufwandsentschädigung von Nichtmitgliedern des Reichstags rechtlich geltend gemacht werden, z. B. von der Witwe, infolge der durch § 9 des Gesetzes von 1906 angeordneten cessio ex lege oder von den mit Erbschein ausgewiesenen Erben des Abgeordneten, wird eine gerichtliche Klage zulässig sein, da hier die Disziplin des Reichstags, die sich ja nur auf Mitglieder erstreckt, nicht in Frage kommen kann. Nur wenn auch bei solchen Klagen der Klageangriff der Ehefrau oder der Erben darauf gerichtet ist, daß dem Verstorbenen die Zahlung für gewisse Tage zu Unrecht versagt worden sei, wird sich auch hier der Richter jeder Kognition infolge des Art. 27, RV., enthalten müssen, ganz so wie er nach § 155 des Reichsbeamtengesetzes gewisse Entscheidungen der Disziplinar- und Verwaltungsbehörden für die Beurteilung der vor dem Gerichte geltend gemachten vermögensrechtlichen Ansprüche als ihn endgültig bindend erachten muß[1]).

In Frankreich unterliegt ebenfalls der Anspruch auf das Jahresgehalt des Abgeordneten und die Versagung eines Teils desselben nicht der gerichtlichen Nachprüfung (siehe Pierre, a. a. O., S. 507 ff.), wohl aber in Österreich (siehe Pitamic, a. a. O., S. 96 ff.). Ebensowenig wie die Gerichte kann aber auch der Rechnungshof des Deutschen Reiches die materielle Zulässigkeit der gemachten Auszahlung beanstanden. So kommt es z. B., wenn die Reichstagssitzung nur zu Trauerkundgebungen dient, vor, daß der Präsident anordnet, keine Anwesenheitslisten auszulegen, und auf diese Weise einen präsenzfreien Tag aus eigener Machtvollkommenheit schafft. (So geschehen anläßlich des Todes des verstorbenen Reichstagspräsidenten von Stolberg-Wernigerode und aus Anlaß der Trauerkundgebung für den Prinzregenten Luitpold [Reichstagsakten, a. a. O.].) Der Rechnungshof darf daran keinen Anstoß nehmen, ebensowenig an der Reichstagspraxis, wonach Auszahlungen der Entschädigungsraten in Form von Vorschüssen gewährt werden (Verfügung des Präsidenten, 14. März 1907: „Den Mitgliedern des Reichstags kann auf Wunsch ein Vorschuß auf die nächstfälligen Entschädigungsraten gezahlt werden. Die Höhe des Vorschusses darf den Betrag nicht übersteigen, den der Abgeordnete nach Lage der Umstände am nächsten Fälligkeitstage zu beziehen einen zweifellosen Anspruch haben würde").

Ähnlichen Ansprüchen der Oberrechnungskammer gegenüber hat das preußische Abgeordnetenhaus sein Recht auf Observanz und Autonomie mit Erfolg geltend gemacht (siehe die Ausführungen des Bureaudirektors Plate in Reichstagsakten, a. a. O., Folio 156). Hingegen wird man dem Rechnungshof die Prüfung der formellen Rechnungsmäßigkeit unbedingt zugestehen müssen.

IV. Andere vermögensrechtliche Begünstigungen des Abgeordneten.

a) Den Reichstagsabgeordneten steht für die Dauer der Sitzungsperiode, sowie acht Tage vor deren Beginn und acht Tage nach deren Schluß freie Fahrt auf den deutschen Eisenbahnen (nicht aber auf Kleinbahnen und Straßenbahnen) zu (§ 1 lit. a., leg. cit.). Doppelmandatare dürfen in der Eigenschaft als Landtagsabgeordnete, solange sie freie Fahrt auf den deutschen Eisenbahnen als Reichstagsabgeordnete haben, keine Eisenbahnfahrkosten annehmen (§ 6 i. f. leg. cit.). Es wurde in

---

[1]) § 155 Reichsbeamtengesetz: „Die Entscheidungen der Disziplinar- und Verwaltungsbehörden darüber, ob und von welchem Zeitpunkt ab ein Reichsbeamter aus seinem Amte zu entfernen, einstweilig oder definitiv in den Ruhestand zu versetzen oder vorläufig seines Dienstes zu entheben sei, und über die Verhängung von Ordnungsstrafen, sind für die Beurteilung der vor dem Gerichte geltend gemachten vermögensrechtlichen Ansprüche maßgebend."

neuerer Zeit (zuletzt Sitzung vom 5. April 1913, S. 4888 ff.), freie Fahrt für die Mitglieder des Reichstags während der Dauer der Legislaturperiode (nicht nur Sitzungsperiode, wie jetzt) gefordert.

b) Jeder Abgeordnete hat ein Recht, ein Exemplar der Drucksachen und stenographischen Berichte des Reichstags zu fordern.

c) Eine Portofreiheit genoß der Reichstagsabgeordnete nur kurze Zeit zu Beginn des Norddeutschen Bundes[1]). Diese Portofreiheit war durch Verordnung im Anschluß an die in Preußen und anderen Staaten bestehende Portofreiheit für die Mitglieder der legislativen Körperschaften eingeführt (siehe Dr. RT., Nr. 14 ex 1869, S. 141).

Daß man dies damals als ein Privileg des Reichstags auffaßte, geht am besten daraus hervor, daß in der oben angeführten Drucksache der Kanzler des Norddeutschen Bundes direkt zugestand, daß eine Aufhebung dieser Portofreiheit nur mit Zustimmung des Reichstags möglich sei[2]).

Der Entwurf des Portofreiheitsgesetzes, der 1869 dem Reichstag vorgelegt wurde, enthielt auch, offenbar um die Einnahmen der Postverwaltung zu heben (siehe weiter unten, Anm. 2), keine Portofreiheit der Reichstagsmitglieder mehr. In der Sitzung des 8. Mai 1869 machte der Abgeordnete Hausmann darauf aufmerksam, daß durch den Entzug der Portofreiheit für die Mitglieder des Reichstags der Verkehr der Abgeordneten mit ihrer Wählerschaft wesentlich erschwert werde. Er sagte (Sitzung vom 8. Mai 1869, S. 890): „Meine Herren, mir scheint — und hierin liegt der Kern der Sache — durch die Portofreiheit

---

[1]) Sie war wie folgt geregelt (Dr. RT., Nr. 14 ex 1869): „In Reichstagsangelegenheiten, sowohl wie in persönlichen Angelegenheiten eines Reichstagsmitgliedes sind portofrei: a) die von einem Mitgliede des Reichstags in Berlin zur Post gegebenen und b) die an ein Mitglied des Reichstags gerichteten Briefe, mit Einschluß der Kreuz- und Streifbandsendungen. Diese Portofreiheit (zu a und b) ist dadurch bedingt, daß die genannten Briefschaften höchstens 2 Lot schwer sind, und daß bei Briefschaften an Mitglieder des Reichstags, dieselben ausdrücklich in dieser Weise bezeichnet sind, und daß bei Briefschaften von Mitgliedern des Reichstages der Abgeordnete der Bezeichnung ‚Mitglied des Reichstags' seinen Namen eigenhändig hinzusetzt; ausgenommen sind hierbei von der portofreien Beförderung die regelmäßigen Sendungen von Zeitungen und Tagesblättern. — Briefe (einschließlich der Kreuz- oder Streifbandsendungen), welche von Berlin abgesandt werden, und nach Orten in Baden, Bayern, Württemberg, Österreich oder Luxemburg gerichtet sind, genießen ebenfalls die Portofreiheit. Dagegen unterliegen Briefe, welche aus Baden, Bayern, Württemberg, Österreich oder Luxemburg nach Berlin gesandt werden, der Portozahlung."

[2]) Dr. RT., Nr. 14 ex 1869, S. 141: „Die seit dem 1. Januar 1868 eingetretene erhebliche Portoermäßigung und die damit verbundene Verminderung der Posteinnahmen hat der Postverwaltung des Bundes die Pflicht auferlegt, eine durchgreifende Beschränkung der bestehenden Portobefreiungen einzuleiten. Die Portofreiheit für die Mitglieder der legislativen Körperschaften in persönlichen Angelegenheiten, soweit sie in einzelnen Bundesstaaten hergebracht war, welche eine Einnahme des Bundes im Interesse eines

wenigstens ein wünschenswerter Wechselverkehr mit der Wählerschaft unterhalten zu werden, eben weil alsdann niemand genötigt ist, fortwährend Briefmarken bei sich in der Tasche zu führen. Falls man auf der einen Seite die Vielschreiberei der Behörden durch die Verpflichtung zur Portozahlung beschränken zu können glaubt, wird man mir auf der anderen Seite auch zugeben müssen, daß, wenn man die Portofreiheit gegenüber den Reichstagsmitgliedern aufhebt, diese Aufhebung ebenfalls eine große Verminderung des Wechselverkehrs zwischen der Bevölkerung des Norddeutschen Bundes und seinen Reichstagsvertretern zur Folge haben wird, zumal die letzteren nicht wie die Behörden oder Beamten die Begünstigung genießen, unentgeltlich Briefmarken zu bekommen, deren sie sich beliebig bedienen können. Umgekehrt wird aber eben dadurch, daß man die Portofreiheit der Reichstagsmitglieder bestehen läßt, der Verkehr gefördert oder mit anderen Worten ein reger Gedankenaustausch zwischen dem Reichstagsabgeordneten und seinen Wählern herbeigeführt, dadurch, meine Herren, wird dann gerade dasjenige erreicht, was wir vor allen Dingen wünschen müssen. Wir müssen wünschen und bestrebt sein, in möglichst engem Wechselverkehr mit unsern Wählern zu stehen; wir müssen wünschen, von den Vorgängen in der Heimat beständig Kenntnis zu erhalten; wir müssen wünschen, von alledem genau unterrichtet zu werden, was unsere Bevölkerung bedarf — denn, meine Herren, die berechtigten Bedürfnisse der vertretenen Bevölkerung zur gesetzlichen Geltung zu bringen, darin besteht ja eigentlich die Aufgabe einer jeden gesetzgebenden Versammlung, also auch der unsrigen. Im Vergleich zu den Portovergünstigungen und der übrigen Organisationen des Bundestages wird der portofreie Verkehr der Mitglieder des Reichstages nur einen verschwindend geringen Ausfall in den Einnahmen der Post hervorbringen."

Und in der Tat läßt sich nicht verkennen, daß dieselben Motive, welche für die Gewährung der Eisenbahnfreikarte für die ganze Legislaturperiode geltend gemacht werden, auch für die Portofreiheit der Mitglieder sprechen: insbesondere die Erleichterung des Verkehrs zwischen Abgeordneten und Wählerschaft.

Auch der Ausfall in den Reichseinnahmen wäre, wie der Abgeordnete Hausmann schon ausgeführt hat, nur ein geringfügiger, allein der Miß-

---

einzelnen Bundesstaates schmälerte, hat deshalb aufhören müssen, und es ist vom Bundeskanzleramte gegen die Königlich Preußische Regierung die Ansicht ausgesprochen, daß in gleicher Weise rücksichtlich der Portofreiheit für die Herren Mitglieder des Reichstages zu verfahren sein werde. Der Reichstag hat über die Einnahmen des Bundes zu befinden, und ich habe deshalb die Fortdauer der Portofreiheit seiner Mitglieder seinem Beschlusse anheimgegeben. Bis dahin wird, wie die Anlage ergibt, diese Portofreiheit fortdauern."

brauch, der mit der Portofreiheit getrieben werden könnte, wie man dies aus englischen Erfahrungen weiß (siehe Porritt, The unreformed House of Commons, I, p. 290: hier abgeschafft 1840), ist ein gewichtiges von Hausmann nicht berücksichtigtes Gegenargument.

Jedenfalls wurde die Portofreiheit der Mitglieder des Reichstages fallen gelassen und durch das Portofreiheitsgesetz vom 5. Juni 1869 (Bundesgesetzblatt, S. 141) beseitigt, denn danach (§ 4) genießen bloß Portofreiheit Sendungen, welche von dem Reichstage des Norddeutschen Bundes ausgehen oder an den Reichstag gerichtet sind.

V. Die Form der rechtlichen Regelung.

Vermögensvergünstigungen, welche dem Abgeordneten gewährt werden, sollen nur auf gesetzlichem Wege, nicht auf dem Wege der Verordnung der exekutiven Gewalt stattfinden. Diesen Rechtssatz schrieb bereits, wie wir gesehen haben, ein württembergisches Gesetz von 1821 vor (siehe oben S. 605). Er ist gegenwärtig als Rechtssatz unseres Reichsparlamentsrechts aufzufassen, jedenfalls durch die gesetzliche Regelung des Reiches vom 21. Mai 1906, RGBl., S. 468 anerkannt.

Eine Frage besteht in republikanischen und parlamentarisch regierten Staaten, wo der Wille der Volksvertretung ausschlaggebend ist, ob die jeweilige Legislatur für sich selbst eine Erhöhung der bestehenden Diäten beschließen darf. Mangels jedes anderen Gegengewichts (Monarch, 1. Kammer) erscheint solches verfassungspolitisch nicht am Platze. So wurde denn auch in der französischen Nationalversammlung (Sitzung vom 4. Oktober 1848, Compte Rendu, a. a. O., t. IV., p. 632 f.) der Antrag gestellt: „Chaque représentant de peuple reçoit un traitement auquel il ne peut renoncer, est qui est déterminé par une loi dans une des législatures qui précèdent à l'élection." Die Feststellung des Abgeordnetengehaltes sollte nur in einer der vorhergehenden Legislaturperioden vorgenommen werden, ehe sie wirksam würde. Der Antrag fand keine Unterstützung. In der jetzigen Republik ist diese Frage im Jahre 1907[1]) eingehend erörtert, aber von der Deputiertenkammer nicht weiter berücksichtigt worden[2]), insbesondere auch nicht der Einwand, daß bei jeder Wahl der Abgeordnete mit seinen Wählern gleichsam einen stillschweigenden Vertrag abschließe, keine höhere Entschädigung, als die zurzeit der Wahl gesetzlich feststehende für sich entgegennehmen zu wollen. Daraus wird als Forderung abgeleitet, erst einen Appell an das Volk (durch Neuwahl) vorzunehmen, wenn man eine Erhöhung des Abgeordnetengehalts be-

[1]) Siehe darüber Teissié-Solier, a. a. O., S. 75 ff. Dort auch andere Präzedenzfälle.

[2]) In einigen amerikanischen Einzelstaaten ist jedoch dieses vom Standpunkte der Demokratie sehr heilsame Verbot vorgeschrieben. Siehe Stimson, ‚The Law of the Federal and State Constitutions of the U. St.', Boston 1908, p. 206.

schließen wollte. Für konstitutionell-monarchisch regierte Staaten, wie das Deutsche Reich, hat die Frage deshalb keine praktische Bedeutung[1]), weil bei uns durch die Notwendigkeit der Zustimmung des Bundesrats zu solchen Gesetzen ein wirksames Korrektiv dagegen geboten ist, daß der Reichstag nach seinem Belieben und in egoistischem Interesse Diätenpolitik triebe.

Aber ihre Erkenntnis hilft uns auf den richtigen Weg für die Lösung einer anderen Frage, die auch bei uns von praktischer Bedeutung werden kann, nämlich ob eine Erhöhung der Aufwandsentschädigung auf dem Wege der Aufnahme in den Reichsetat durch den Reichstag erzwungen werden darf. Denn die in Preußen und anderen Staaten bestehende heilsame Kontrolle, daß eine Erhöhung von Etatpositionen nur durch Initiative der Regierung vorgenommen werden könnte, besteht im Reichstagsrecht n i c h t (wie wir noch im folgenden sehen werden). Wir müssen diese Frage verneinen, denn sie würde im letzten doch auf den Willen der Volksvertretung hinauslaufen, in unkontrollierbarer Weise selbstsüchtige Diätenpolitik zu treiben, und eine solche Durchsetzung des eigenen Willens auf dem Wege parlamentarischer Resolution mag in parlamentarisch regierten Staaten angängig sein[2]), wo der Wille der Volkskammer in zweifelhaften Fragen die Entscheidung gibt nicht aber in konstitutionell regierten Staaten.

Aus der deutschen Reichstagspraxis wäre hier ein wichtiger Präzedenzfall festzustellen. In der Sitzung des Gesamtvorstandes vom 2. Dezember 1890 (siehe Reichstagsakten: Gesamtvorstand) verfiel man auf das Auskunftsmittel, die freie Eisenbahnfahrt für die Abgeordneten durch das ganze Reich, die von 1874—1884 bestanden hatte, dann aber durch Bismarck auf die Reise vom Wohnort nach dem Sitz des Reichstags und zurück beschränkt worden war, dadurch wieder zu erlangen, daß man die durch sie erforderlichen Mehrkosten einfach in den Hausetat des Reichstags einsetzte. Dieser Weg wurde aber von der Mehrheit des Gesamtvorstand es als „nicht praktisch" abgelehnt, da, wie der Abg. Graf Kleist ausführte, „selbst bei einer Erhöhung des Fonds ein Zwang auf die Regierung nicht ausgeübt werden könne", das Geld auch zu verausgaben.

[1]) Sie wurde auch bei Beratung der Frage der Aufwandsentschädigungen im Reichstage mit Recht als „graue Theorie" bezeichnet. Sitzung des Reichstags vom 17. Januar 1906, S. 616.

[2]) So hat denn auch in England die Einführung der Diäten im Jahre 1911 einfach auf dem Wege der Einstellung der Position in den Etat stattgefunden, aber auch hier wurde diese Methode stark angefochten. Siehe darüber Pitamic, a. a. O., S. 101 f.

Bei Fragen zur Produktsicherheit wenden Sie sich bitte an:
If you have any questions regarding product safety,
please contact:

Walter de Gruyter GmbH
Genthiner Straße 13
10785 Berlin
productsafety@degruyterbrill.com